商品市场大类资产配置的圣经
商品衍生产品交易策略的锦囊
商品组合构建与风险管理的利器
商品资产选取与业绩优化的指南

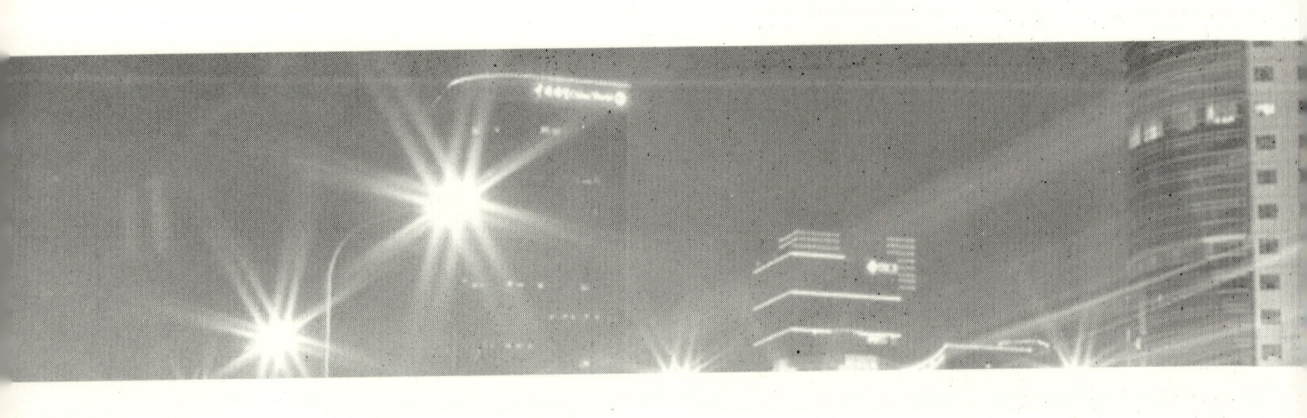

The Handbook of Commodity Investing

商品投资手册

弗兰克·J·法博齐（Frank J.Fabozzi）
罗兰·福斯（Roland Füss） 著
迪特尔·G·凯瑟（Dieter G.Kaiser）

刘澜飚 文艺 等译

经济科学出版社
Economic Science Press

前 言

一百多年前，哲学家、诗人乔治·桑塔亚纳曾经写道："记不住过去的人，注定要重蹈覆辙。"当然，他写的不是关于商品投资，但毫无疑问，他指出了当今资本市场上的难题。颇有影响且持久的商品周期——例如我们当下所处的商品周期——是极少见的现象，因为在此前的很长时间里商品一直表现疲软。当这种周期真的来临时，很少有人具备专业的知识来正确地解读它。换句话说，每一代的基金经理和资产配置人员都应该重温商品市场的特征。投资知识的缺乏和许多终端市场的不透明性，为商品市场增添了几分神秘感。因此新闻媒体常将商品市场描绘为"赌场"，把市场的参与者称为"投机者"而不是"投资者"。

将商品投资庸俗化和妖魔化，新闻媒体在一定程度上阻碍了基金经理做出适当的营利性资产配置决策。例如在上一个商品周期的波谷阶段，《金融时报》将关于商品投资的新闻报道缩减至1/8个版面——这等同于新闻封锁。难怪当时许多机构完全不知道该如何进行商品交易，也没有将任何资产配置到商品中。备有这本汇集了商品市场各个领域专家观点的手册，市场专业人士就能够在复杂的投资过程中获得启发、重拾信心。本书的章节为读者指引了一条"知识捷径"，或许还可以让粗心大意的投资者绕开投资陷阱。

当然，我们可以用很多方法开展商品投资。一个好的出发点是形成从上至下的投资观念，之后再调整投资期限、实施投资策略。例如在"软质商品"和"农产品"市场中，交易商往往关注短期的、"高频"的、与作物产地的天气模式相关的季节性周期。因此农产品投资的长期观念是12~24个月——等同于一两个种植和收获周期。农产品交易仍然是由生产者和消费者所主导；金融市场的投资者刚刚涉足这一领域，也许他们是被期货曲线时常出现的大幅波动给耽搁了。另一方面，在金属市场中，由于供给方对价格涨跌的反应极为缓慢，所以短缺或过剩的趋势能够持续很多年。面临高铜价，大概需要5年或更长的时间才能够兴建新的铜矿。在这种情况下，长期观念就要以"年"来衡量，而不是以"月"来衡量。因此，金属期货市场往往具有更大的深度和更多的机会，允许投资者们形成基本面观念。对于黄金这类战略商品，投资者、政府和央行可能会关注数十年的供求周期。这类商品存在着有效且深度的期货市场，这些期货市场有时是由金融市场参与者主导，而不是由生产者和消费者主导。

不论投资者们的投资期限如何，他们寻求商品敞口的一个共同原因是想获得

"超长周期"敞口。世界经济正在发生巨大的变化,中国和印度的城市化进程不同程度地驱动着基建开支的增加。人类历史上第一次出现城市人口超过农村人口的现象,这也导致了人们对金属、能源和食品等物质需求的急速增加。供给方对这一变化反应迟缓,其中的原因有很多:技术短缺、环境因素、基础设施限制以及政治干预等。许多商品都已处于从过剩变为短缺的"临界点"。

事实证明这些变化是持续的。经济增长的天平从发达国家向发展中国家倾斜是不可逆转的。曾经主要为发达国家服务的行业,现在必须重新改造从而服务于新的世界,这将会需要花费大量的资金和很长的时间。总之,本轮的商品价格上涨可能会持续很久,由于供给方面难以立即做出反应,商品价格将决定需求的配给。

虽然有很多硬数据可以用来分析历史,却没有这样好的数据可用以预测未来,这是市场的症结所在。这就意味着,分析员在预测未来的商品价格走势时,往往过度依赖过去的商品价格数据,结果导致市场评论员一贯地低估许多商品的价格。在20世纪80年代和90年代,"实际商品价格在长期内总会下跌"这一观念深入人心。世界经济结构的变化将可能导致工业原材料的实际成本永久上涨,许多人还很难立刻认识到这一点。

当然,人们涉足商品市场的原因有很多,他们获取商品敞口的途径也有很多。一些投资者,特别是养老基金,为了寻求分散化而开展商品投资。商品能提升组合收益,而且商品的收益与通货膨胀存在相关性、与股票和证券的收益不存在相关性。通常这类投资者只将一小部分资产配置于商品投资,并且至今仍然主要关注被动型商品期货策略。其他投资者则更多地关注顺周期敞口所提供的长期收益。这些策略既可以通过主动管理型的商品股票投资来执行,也可以通过商品期货投资来执行。尽管波动率比较大,但这些途径所实现的收益都极为可观。不过,随着时间的推移,人们将更多的资产配置于各类商品敞口已经成为明显的趋势。

无论你开展商品投资的动机是什么,这本书都有助于你加深理解,从而降低风险,并且——希望能够提高收益。

格雷厄姆·伯奇 博士
常务董事
全球自然资源基金主管
贝莱德投资管理公司(伦敦)

序

《商品投资手册》概述了商品投资的基本知识以及近期关于商品市场的理论和经验证据。本书的每一章均由位居业界和学术界前沿的人士编写，阐释了商品投资的复杂性和相关风险，以及投资者怎样通过纳入不同种类的商品期货来优化其资产组合。无论是对于正在开展或计划开展商品配置的从业人员，还是对于从理论或经验上分析商品市场的学者而言，本书的每一章都包含很有价值的信息。

本书共分为六大部分。第一部分是关于商品市场的运行机制。第1章由弗兰克·法博齐、罗兰·福斯和迪特尔·凯瑟编写，初步介绍商品投资基本情况。三位作者对市场参与者、商品行业、商品交易所、商品期货的收益构成以及各商品行业的风险和业绩特征等，提供了深刻见解。本章的结论是，基于马科维茨均值-方差分析方法，商品期货可以为由美国股票、全球股票、债券和无风险资产构成的传统投资组合提供分散化收益。在第2章中，马克·安森探讨了商品期货的定价和经济原理。在第3章中，约书亚·伍达德从战术性和战略性多个维度回顾了分散化组合中的商品投资。在第4章中，芝诺·亚当斯、罗兰·福斯和迪特尔·凯瑟探讨了商品期货收益的宏观决定因素，并发现大多数商品与美国通胀率相比，都表现出对冲通货膨胀的特性。在第5章中，维奥拉·玛克特和海因茨·兹默曼讨论了风险溢价模型与便利收益模型之间的关系。他们从理论和经验上证明了期货的期限结构、便利收益和滚动收益在很大程度上能预测后续的现货价格变化。第6章是弗里茨·赫尔迈达所做的一篇综述，它以木材行业为例，探讨可再生资源最优轮作周期的各种计算方法。

第二部分主要介绍商品投资业绩的衡量方法。在第7章中，罗兰·福斯、克里斯汀·霍佩和迪特尔·凯瑟概括地介绍了几种商品期货指数，并进一步分析了因这些基准指数的异质性所导致的问题。在第8章中，克劳德·厄尔布、坎贝尔·哈维和克里斯汀·坎普着重考察商品战略价值如何决定的问题。在第9章中，莱茵霍尔德·哈夫纳和玛丽亚·海登利用道琼斯-美国国际集团（Dow Jones - AIG）商品指数对商品期货的收益进行了统计分析。在第10章中，贝恩德·舍雷尔和李和运用均值-方差扩展检验来判定商品本身是否应当被视为一种资产类别。在第11章中，托马斯·施内魏斯、拉杰·古普塔和杰森·雷米拉德在理论上概述了商品交易顾问基金（CTA）业绩评价指数的构建。这一章也是一项关于CTA投资策略相对业绩的经验研究。

第三部分涵盖商品投资风险管理方面的重要议题。在第12章中，杰弗里·克里斯汀以从业人员的视角介绍了风险管理问题。在第13章中，莫扎姆·霍加提出了商品期货组合有效风险管理的七条黄金准则。在第14章中，特德·库里介绍了一个具有时变波动率和时变相关性的远期价格模型。该模型可用来量化期货合约组合的跨商品风险。在第15章中，查克里亚·鲍曼和阿希姆·侯赛因展示了如何运用期货进行商品价格预测。他们的经验结果表明，对于未来较长期限内的现货价格走势，期货价格能够提供合理的借鉴。

第四部分由7章组成，主要探讨如何在投资者的资产组合中配置商品。在第16章中，弗朗索瓦-塞尔·拉比唐概括地介绍了商品投资顾问基金用以管理期货组合的工具，并解释了它们与其他商品投资的不同之处。在第17章中，希拉里·梯尔和约瑟夫·伊利展示了怎样有效地设计商品期货交易方案。在第18章中，马库斯·梅兹格区分了商品投资收益的不同来源，说明了投资经理如何从商品投资中获取超额收益（阿尔法）。在第19章中，朱莉安·普勒尔斯和丹尼斯·施韦策尔展示了怎样达到商品投资的有效边界。他们强调在考虑将某一商品作为组合分散因子之前，应当先分析其收益分布特征。在第20章中，麦克福尔·拉姆讨论了对于寻求主动型商品投资的投资者来说，商品投资顾问和对冲基金是不是合适的选择。在第21章中，马克·肖尔分析了商品、对冲基金和商品投资顾问的引入如何能改变传统投资组合的风险和业绩指标。同时，他还对比了这些不同形式的另类投资的影响。在第22章中，西奥·尼曼和劳伦斯·斯温科斯阐明了对于那些债务结构对名义或实际利率和通胀率很敏感的投资者，商品投资所能带来的好处。

第五部分介绍了当前市场上可供投资者交易的各种商品产品。在23章中，琳·恩格尔克和杰克·约恩概括地介绍了不同类型的商品投资。在第24章中，卡罗尔·亚历山大和阿纳德·万卡特拉曼讨论了商品期权的估值原理。在第25章中，马赛厄斯·穆克和马库斯·鲁道夫从理论和经验两个角度，阐明了无套利定价方法不能有效地用于为不可储存的商品定价，例如电力期货价格。在第26章中，保罗·阿里探讨了商品价格风险的证券化问题，解释了金融机构怎样利用抵押型商品债券来对冲信用风险，以及投资者怎样运用这种形式的债务工具获取商品价格敞口。在第27章中，马丁·伊林利用 CISDM CTA 指数和一些业绩衡量指标考察了商品投资顾问基金的历史业绩。在第28章中，格雷格·格雷戈里奥和法布里斯·达格拉斯·罗哈考察了微型商品投资顾问基金的业绩和生存状况。他们的研究结果表明：微型商品投资顾问基金的失败风险很高，但对投资者而言还是很有吸引力的，这是因为它们有潜力成长为明日之星。在第29章中，奥利弗·恩格伦和迪特尔·凯瑟对投资于能源市场的对冲基金进行了概述和统计分析。

最后一个部分——第六部分，涵盖一些较为重要的商品行业。在第30章中，罗兰·埃勒和克里斯汀·萨格瑞尔概括地介绍了全体商品行业，同时还提出了一种商品分类方法。在第31章中，查理·蔡、伊恩·克拉契、罗伯特·法弗和戴维·希尔尔提供了黄金投资的实务指南。在第32章中，托马斯·海多恩和纳得什达·德米多瓦-门泽尔指出，黄金或许能够对冲美元与"软"货币之间的汇率风险，但不能对冲美元与欧元之间的汇率风险。在第33章中，杰弗里·克里斯汀分析了世界白银市场的基本面。他解释了白银为什么是一项有意思的投资——无论是白银投资本身，还是作为分散化投资组合的一部分。第34章介绍基本金属投资的入门知识，迈克尔·基利克概述了基本金属行业及其市场结构以及相关的投资策略。在第35章中，斯特芬·乌尔赖希研究的是欧盟的电力交易，能源市场行情、天气事件、政治决策以及整体经济状况都能影响该市场的价格。在第36章中，克里斯·哈里斯概括地介绍了英国的天然气市场，特别是天然气与其他商品之间的关系，例如石油、电力、煤炭和二氧化碳等。在第37章中，斯特芬·乌尔赖希研究了欧盟的碳排放交易，并得出结论：通过将欧盟的碳排放交易方案与其他国家的方案相结合，该市场很有潜力成为一个全球性市场。第38章是关于小麦、牛、猪等商品市场基本面情况的概述，罗纳德·斯普尔加指出，农产品价格的影响因素包括供给、需求、季节性因素、结转量和库存占使用比例。在第39章中，罗希特·萨文特对世界糖市场做出基本面分析，并强调在洲际交易所（ICE）、纽约期货交易所（NYBOT）和伦敦金融期货与期权交易所（LIFFE）中交易的糖期货和期权之间存在套利机会。

  我们希望向本书的参编人员表达最诚挚的感谢。虽然每一位作者自身都工作繁忙，但他们努力写好每一章节，来打造一本我们认为具有里程碑意义的商品投资手册，为此，我们感到由衷的喜悦。同时也非常感谢格雷厄姆·伯奇为本书撰写前言。最后，要感谢我们的家人对本书编写工作的长期理解和支持。

弗兰克·J·法博齐
罗兰·福斯
迪特尔·G·凯瑟

目录 Contents

第一部分　商品市场机制

第1章　商品投资入门
弗兰克·J·法博齐　罗兰·福斯　迪特尔·G·凯瑟 …………（ 3 ）

第2章　商品期货的定价和经济原理
马克·J·安森 …………………………………………………（ 26 ）

第3章　商品期货投资：战略动因和战术机会回顾
约书亚·D·伍达德 ……………………………………………（ 38 ）

第4章　影响商品期货收益的宏观经济因素
芝诺·亚当斯　罗兰·福斯　迪特尔·G·凯瑟 ……………（ 60 ）

第5章　风险溢价模型与便利收益模型的关系
维奥拉·玛克特　海因茨·兹默曼 …………………………（ 77 ）

第6章　可再生资源的最优轮伐期：木材行业的理论证据
弗里茨·赫尔迈达 ……………………………………………（100）

第二部分　业绩测度

第7章　商品期货业绩的基准回顾
罗兰·福斯　克里斯汀·霍佩　迪特尔·G·凯瑟 …………（119）

第8章　商品期货的业绩特征
克劳德·厄尔布　坎贝尔·R·哈维　克里斯汀·坎普 ……（144）

第9章　商品期货收益的统计分析
　　莱茵霍尔德·哈夫纳　玛丽亚·海登 ································ (160)

第10章　商品期货指数的分散化收益：均值方差扩展检验
　　贝恩德·舍雷尔　李和 ································ (171)

第11章　商品交易顾问基金/管理型期货的策略基准：业绩与回顾
　　托马斯·施内魏斯　拉杰·古普塔　杰森·雷米拉德 ················ (188)

第三部分　风险管理

第12章　关于商品组合风险管理的若干思考
　　杰弗里·M·克里斯汀 ································ (219)

第13章　商品组合风险管理的有效策略
　　莫扎姆·霍加 ································ (225)

第14章　量化期货合约组合中的跨商品风险
　　特德·库里 ································ (235)

第15章　在商品价格预测中纳入期货信息
　　查克里亚·鲍曼　阿希姆·M·侯赛因 ································ (252)

第四部分　资产配置

第16章　商品交易策略：商品交易顾问基金交易规则与信号举例
　　弗朗索瓦-塞尔·拉比唐 ································ (279)

第17章　如何设计商品期货交易方案
　　希拉里·梯尔　约瑟夫·伊格利 ································ (289)

第18章　商品投资中阿尔法的来源
　　马库斯·梅兹格 ································ (302)

第19章　商品组合的有效边界
　　朱莉安·普勒尔斯　丹尼斯·施韦策尔 ································ (325)

第20章　主动管理型商品投资：商品交易顾问基金和对冲基金的作用
　　R·麦克福尔·拉姆 Jr. ································ (343)

第21章　传统组合中引入另类投资：商品、对冲基金及管理型期货
　　马克·S·肖尔 ………………………………………………………… (360)

第22章　退休储蓄金计划的战略性和战术性商品配置
　　西奥·E·尼曼　劳伦斯·P·斯温科斯 ……………………………… (374)

第五部分　商品投资品种

第23章　商品投资的类型
　　琳·恩格尔克　杰克·C·约恩 ……………………………………… (395)

第24章　商品期权
　　卡罗尔·亚历山大　阿纳德·万卡特拉曼 …………………………… (409)

第25章　电力远期合约定价
　　马赛厄斯·穆克　马库斯·鲁道夫 …………………………………… (428)

第26章　商品价格风险证券化
　　保罗·U·阿里 ………………………………………………………… (440)

第27章　商品交易顾问基金：历史业绩回顾
　　马丁·伊林 ……………………………………………………………… (449)

第28章　把握微型商品交易顾问基金中的未来之星
　　格雷格·N·格雷戈里奥　法布里斯·道格拉斯·罗哈 …………… (462)

第29章　能源对冲基金入门
　　奥利弗·恩格伦　迪特尔·G·凯瑟 ………………………………… (472)

第六部分　特殊商品类别

第30章　商品行业概览
　　罗兰·埃勒　克里斯汀·萨格瑞尔 …………………………………… (489)

第31章　黄金投资实务指南
　　查理·X·蔡　伊恩·克拉契　罗伯特·法弗　戴维·希利 ……… (510)

第32章　黄金在传统投资组合中的作用
　　托马斯·海多恩　纳得什达·德米多瓦－门泽尔 …………………… (528)

第33章 世界白银市场的基本面分析
杰弗里·M·克里斯汀 ………………………………………… (549)

第34章 基本金属投资
迈克尔·基利克 ……………………………………………… (558)

第35章 欧盟的电力交易
斯特芬·乌尔赖希 …………………………………………… (579)

第36章 英国的天然气市场
克里斯·哈里斯 ……………………………………………… (596)

第37章 欧盟的碳排放交易
斯特芬·乌尔赖希 …………………………………………… (610)

第38章 农产品和畜类商品的基本面分析
罗纳德·C·斯普尔加 ………………………………………… (624)

第39章 世界糖市场的基本面分析
罗希特·萨文特 ……………………………………………… (641)

第七部分 技术分析

第40章 技术分析在商品市场中的盈利性
朴哲浩 斯科特·H·埃文 …………………………………… (657)

索　引 ………………………………………………………………… (684)
译后记 ………………………………………………………………… (798)

第一部分
商品市场机制

第1章
商品投资入门

弗兰克·J·法博齐（Frank J. Fabozzi）博士，CFA
金融学教授
管理学院
耶鲁大学

罗兰·福斯（Roland Füss）博士
金融学教授
资产管理讲座教授
欧洲商学院
赖希阿特豪森古堡国际大学

迪特尔·G·凯瑟（Dieter G. Kaiser）博士
另类投资主管
Feri 机构顾问有限公司
研究员
实用数量化金融中心
法兰克福金融管理学院

在养老基金和传统的组合基金等机构投资者的推动下，商品交易正逐渐复苏。许多市场人士将近来商品价格急剧上涨的原因归结为不断增加的消费品需求，尤其是源自印度和中国等人口大国的需求。此外，源于当前经济增长速度最快的两个国家——巴西和俄罗斯的需求，无疑也产生了很大影响（上述国家统称"金砖四国"（BRIC））。

在很大程度上，各国政治经济的趋同和全球化是刺激这些经济体增长的动力。除了企业层面的投资扩张，中国不断增加的政府基建投资也导致了巨大的商品需求。这对世界范围内的商品供求状况造成了冲击，至少引起了短期内的价格上涨。

如此剧烈的商品价格上涨通常可以用**商品超长周期理论**来解释。希普（Heap）认为，超长周期是指主要经济体内实际商品价格的持续上涨，它通常是由城市化和工业化带动的①。所以,超长周期是由商品需求所驱动的,这是因为密集的经济活动会引起物质生产的扩张,进而产生商品需求。中国的经济形势对商品市场影响甚大。在过去的几年里,中国占据的全球商品消费份额明显上升,因而被视为当前商品牛市的主要推手。

举例来说,2001—2005 年,中国对铜、铝和铁矿石的需求分别上升了 78%、85% 和 92%,这足以表明中国对商品价格的显著影响。但 2006 年 5 月的事件表明,本轮超长周期并非以持续的价格上涨为特征。当时许多商品供过于求,而且价格下跌了大约 25%。

在当前市场条件下,我们不禁要问,这是短暂的价格调整,还是趋势的根本改变?超长周期理论认为,未来持续的商品价格上涨趋势不失为一种可能,因为经过通胀调整之后,大多数商品的价格还远低于其历史高位。

与外汇和股票市场不同,我们对商品市场的干预几乎是不可行的。由于生产方面对于市场扭曲的反应极为迟缓,所以短期的供求失衡只能通过价格变化来调节②。尽管很多投资者都知道,商品与债券、股票的低相关性可以给传统的投资组合带来可观的分散化收益,但考虑商品资产固有的波动性,多数投资者只好作罢③。

本章首先介绍商品市场的概况,如市场参与者、商品的子行业,以及可供投资者选择的各种投资品种;随后在价格发现过程中,阐述指数化(即被动型只做多的)商品期货投资收益的组成部分,并研究商品期货指数的风险/收益特征;继而,对传统证券投资组合的资产配置进行经验分析,在组合优化过程中,我们明确地考虑了商品期货投资。

市场参与者

期货市场的参与者一般被划分为对冲者、投机者(交易者)和套利者。商品生产者将价格风险转移给投机者并为此支付一笔溢价,这些价格风险来源于商品期货市场的高度波动性和难以预测性。商品生产者出于自身利益需要提前锁定产品的卖出价(空头对冲)。

比如,我们考察典型的农产品市场。农产品供给的波动性很大,农民靠天吃饭,但农产品的需求却相对稳定。饲养耕畜、购买种子等农事开支是预知的,但是与之相反,只有当农作物出售时,农民才能知道其价格。

制造行业则相反,为了对冲商品原料价格上涨的风险(多头对冲),它们持有与商品生产者相反的市场头寸。例如,航空公司通常会在期货市场上充当多头对冲者,以此规避燃油的价格上涨风险,因为航空公司需要燃油。如果市场参与者运用反向的期货合约抵消掉既有的或预期的现货头寸,那么该市场参与者就属于**对冲者**。于是,商品生产者的净利润可以锁定,商品制造企业的购买价格也可以锁定。

---

① Alan Heap "China-The Engine of Commodities Super Power", *Citigroup Global Equity Research* (March 2005)。过去的 200 年见证了若干次这类价格上涨,持续的时间从 15~25 年不等。例如,在 19 世纪末期,美国的工业化引发了类似的繁荣。在 1945—1975 年的战后时期,欧洲重建对资源产生的巨大需求,就是以超长周期为特征。

② 相比之下,中央银行掌控着多种货币市场工具,用来维持货币的价值和稳定性。同时,中央银行可以通过改变利率以避免通胀或通缩趋势,从而至少在某种程度上控制经济的发展。

③ Kenneth A. Froot, "Hedging Portfolios with Real Assets," *Journal of Portfolio Management* (Summer 1995), pp. 60–70.

投机者是期货市场上规模最大的参与者。他们的主要任务在于一方面为市场提供流动性,另一方面也平衡着多方和空方的对冲头寸。商品生产者和制造企业试图避免价格走势的不利影响,而投机者却是有意地建立市场头寸,以期从价格的变动中获利。为了赚取利润,投机者在价格的涨跌走势上投注,从而刻意承担风险。与对冲的情形不同,由于投机者并不持有抵补性的现货头寸,他们面临的将是巨额的盈利或亏损。

第三个群体是套利者,人数最少。他们试图利用商品期货市场内部或者现货市场与期货市场之间的期限价差或地域价差,赚取无风险收益。当然,他们也是以盈利为目的,但交易活动并不涉及承担风险头寸。此外,他们利用经济金融数据寻找期限或地域因素所造成的价差。如果这些价格差异超过了跨时空的转移成本,比如运输、利率、仓储、保险等支出费用,套利者即可获得无风险收益。受套利行为影响,市场之间的价格差异会调整,价格关系会修复,套利者的存在能够保证市场的平衡。

在持有现货套利的情形中,杠杆化现货头寸的转售价格可以通过出售商品期货而锁定。期货的空方头寸意味着无条件地承诺在到期日交付标的商品。期货到期时,所持有的商品用于平盘期满的空方头寸。如果该实物商品现货交易的盈利超过了期货价值与债务融资成本的总和,套利者就会从所谓的**基差交易**中盈利。

商品行业

在某些重要方面,国际商品市场上的投资与其他类型的投资大相径庭。首先,商品是实物资产——主要用于消费而不是投资的物品。它们具有内在价值,它们的工业用途或消费品功能可以为我们带来效用。商品供给是有限的,因为在任何给定的时期,商品都是有限可得的。比如,谷物作为可再生资源几乎可以无限地生产,但它的年产量却非常有限。另外,某些商品的供给表现出很强的季节性。金属的冶炼几乎全年都可进行,而大豆这类农产品的供应则依赖于收割周期。

商品作为资产类别的另外一个重要方面是它的异质性。商品的品质不是标准化的,每种商品都有各自的属性。一种常用的区分方法将商品分为硬质商品和软质商品两类。**硬质商品**是指能源、贵金属和工业金属等行业的产品。**软质商品**则通常指来自农业部门的消费产品,它们对天气依赖性较强并且容易腐烂,例如谷物、大豆以及牛、猪等畜类。

可储存性和可获得性(或可再生性)也是商品的重要特征。鉴于储存性能对价格形成的决定性作用,我们又区分出可储存商品和不可储存商品。如果某种商品不易腐烂而且储存成本相对于总价值较小,我们就称这类商品具有高度可储存性。铝、铜等工业金属即是典型的例子:它们高度符合这两条标准。相反,由于畜类在饲养过程需要持续的开支,并且我们只能从其生长周期的特定阶段获利,所以其可储存程度非常有限。

白银、黄金、原油以及铝等商品是不可再生的。不可再生资源的供给状况依赖于生产者足质足量地采掘原材料的能力。

商品的产能状况也影响供应量。对于某些金属(不包括贵金属)以及原油来说,勘探和开采新的原料储备同样是大问题。不可再生资源的价格与当期需求紧密相关,而可再生资源的价格更依赖于预计的未来生产成本④。**便利收益**是指相对于在期货市场上做多头而言，持有商品实货所带来的货币收益。便利收益反映的是市场参与者对短期不可再生商品未来稀缺情况的预期。

商品单独作为资产类别

在投资组合中，商品相对于其他资产可自成一类，学术界和实务界针对这一点已达成广泛共识⑤。资产类别是指一类相似的资产，它们具有同质的风险收益状况（高度内部相关性），而与其他资产类别表现出异质的风险收益状况（低度外部相关性）。同类资产的关键性质在于它们具有共同的价值决定因素，而不在于表现出共同的价格走势。它依据的是这样的理念：每种资产类别包含独特的风险溢价，这种风险溢价不能通过整合其他商品类资产而复制出来⑥。除此之外，我们通常要求每个资产类别的长期收益和流动性足够可观，唯有这样，它参与资产配置才有理可依（见图表1.1）。

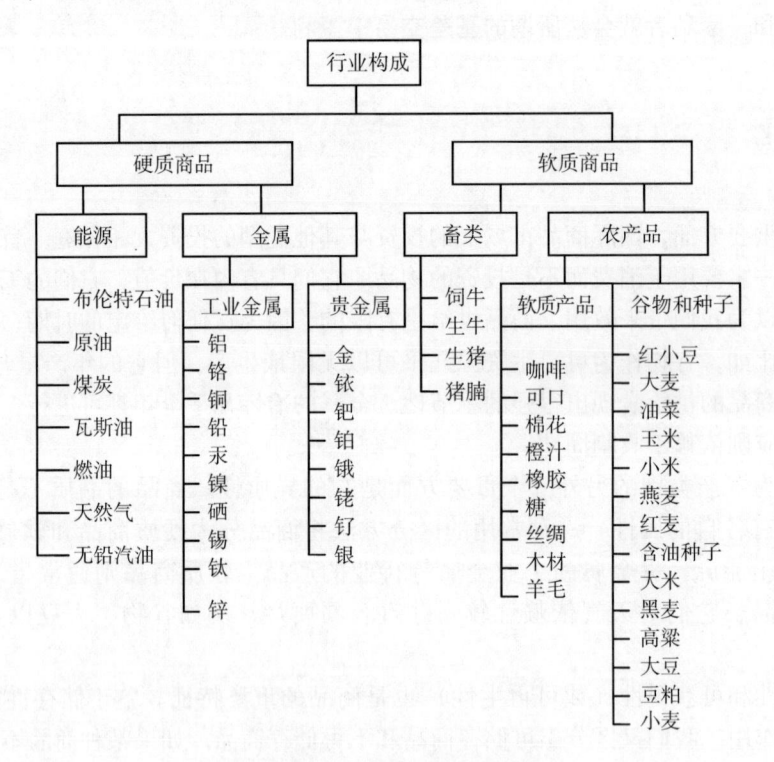

```
                          行业构成
                    ┌────────┴────────┐
                 硬质商品            软质商品
              ┌─────┴─────┐      ┌─────┴─────┐
            能源        金属     畜类       农产品
                    ┌───┴───┐          ┌─────┴─────┐
布伦特石油       工业金属  贵金属   饲牛       软质产品  谷物和种子
原油              铝       金     生牛        咖啡      红小豆
煤炭              铬       铱     生猪        可可      大麦
瓦斯油            铜       钯     猪腩        棉花      油菜
燃油              铅       铂                 橙汁      玉米
天然气            汞       铱                 橡胶      小米
无铅汽油          镍       铑                 糖        燕麦
                  硒       钌                 丝绸      红麦
                  锡       银                 木材      含油种子
                  钛                          羊毛      大米
                  锌                                    黑麦
                                                        高粱
                                                        大豆
                                                        豆粕
                                                        小麦
```

图表 1.1　商品行业的分类

---

④ 2005年，卡特里娜飓风之后的种种事件清楚地说明了原油和天然气冶炼产能的不足。近年来，这些行业的投资下降导致了供给瓶颈。工业金属行业的投资不足也对其供给造成了影响。

⑤ 现实中，绝大多数的另类投资如对冲基金或私募股权等，都不能单独构成资产类别，而是现有资产类别中的另类投资策略。

⑥ Bernd Scherer, "Commodities as an Asset Class: Testing for Mean Variance Spanning under Arbitrary Constraints," *Deutsche Bank-An Investor's Guide to Commodities* (April 2005), pp. 35-42.

为区分现有的资产类别,格里尔(Greer)将全体资产归纳成如下总纲目(super class):**资本资产,价值储存类资产以及消费类资产(也称可转移资产)**[7]。业绩连续性是资本资产的特征。股权资本(如股票)提供连续的红利支付流,在债务人不违约的情况下,固定收益证券也能保证定期的利息支付。这样,已付资本的回收部分又可以分配到其他投资中去。

全体资本资产的共同特点是其价值可由净现值法确定,即对预期的未来现金流进行贴现。这样一来,房地产在资产类别中的归属情况就不唯一了。一方面,房地产可归为资本资产,因为它能够带来连续的租金收入并且它具有市场价值;另一方面,房地产的一些属性又将其划分为价值储存类资产(例如,业主自己使用房产的情况)。价值储存类资产不能用于消费,也不带来收入,典型的例子包括外汇、艺术品和古董。

商品属于第三个总纲目——**可消费或可转移(C/T)资产**。C/T资产与股票和债券的不同点在于,实物商品如能源、谷物或畜类等虽不产生现金流,但具有经济价值。例如,谷物可用于消费或用作工业投入品;原油可被加工成多种产品。这种差异性使得商品成为单独的资产类别。

从上述分析可知,商品价格不能通过净现值法或者说通过贴现未来的现金流而决定,因此,利率对商品价格形成的影响甚微。事实上,商品价格是特定市场上供求变动的结果[8]。这样,**资本资产定价模型(CAPM)**不能充分解释商品期货的收益也就不足为奇了。正如我们所指出的,商品不属于资本资产[9]。

在黄金归类时,总纲目之间的界限变得模糊。一方面黄金属于商品,它优良的导电性能使其用作电子线路;另一方面,黄金属于价值储存类资产,因为它是贵金属,与货币一样可用作投资。2002年股市下挫,商品需求的上升很好地说明了这一点。考虑到黄金可用于租赁,安森(Anson)甚至将其划分为资本资产。[10]

商品区别于资本资产的另一个具体标准是其在全球范围内用美元标价,因为商品的价格由全球性而非区域性的需求所决定。相比之下,股票市场只反映一个国家或地区特定的经济发展状况。

商品市场的投资前景

总体而言,种类繁多的金融工具为投资者提供了多种参与市场的途径。最主要的几种

---

[7] Robert J. Greer, "What is an Asset Class, Anyway?" *Journal of Portfolio Management* (Winter1997), pp. 86 – 91.

[8] James H. Scott, "Managing Asset Classes," *Financial Analysts Journal* (January-February 1994), pp. 62 – 69.

[9] CAPM框架中考虑的风险分为两个部分,系统(市场)风险和非系统(企业特定)风险。由于在高度分散化的组合中非系统风险被化解,投资者只能按系统风险获得补偿。风险溢价是系统性风险(贝塔)与风险市场价格的乘积,风险的市场价格定义为市场组合的期望收益与无风险利率的差额。在CAPM中,市场组合仅由股票和债券组成,所以商品的收益不能由金融市场的收益来表示。因此,商品投资的系统性风险和非系统性风险难以区分。最后,商品价格取决于全球性的供给和需求状况,而不是取决于资产市场中的风险溢价水平(See Claude Erb and Campbell R. Harvey, "The Tactical and Strategic Value of Commodity Futures," *Financial Analysts Journal* (May/June1980), pp. 27 – 39)。

[10] 贵金属如黄金、白银和铂等,按照市场租赁利率出租可以带来可观的收入流(See Mark J. P. Anson, *The Handbook of Alternative Assets*, 2nd ed. (Hoboken, NJ: John Wiley&Sons, 2006))。

是（1）直接投资于商品实货；（2）购买自然资源公司的股票进行间接投资；（3）商品共同基金；（4）商品期货投资；（5）投资于跟踪商品期货指数的各类结构化产品。

购买商品实货

首先，在现货市场购买商品实货显然是直接的商品投资。但是对于投资者而言，即刻交割或者两天内交割的实货交易通常不太可行。格曼（Geman）认为，黄金、白银或铂等贵金属则例外，因为其并不涉及大额交易，成本也不占用大量的储存空间[11]。不过仅由贵金属构成的投资组合，并不是适合投资者持有的足够分散化的组合。

商品股票

自然资源公司的利润主要来自购买和销售实货商品的经营活动，因此持有这些公司的股票（商品股票）也可以看成是一种另类投资策略。通常，"商品股票"这个术语的含义难以被精确地界定。商品股票的发行方包括业务与商品相关的上市公司（即那些从事商品勘探、开采、冶炼、制造、交易或者供应等业务的公司）。这种间接进行商品投资的方式（如购买石化公司的股票），仅仅是对直接商品投资策略的不完全替代。因为这些上市公司也存在个体特征和内在风险，所以持有其股票的投资者并不直接承担商品敞口。

乔治耶夫（Georgiev）[12]指出，特定行业公司的股价走势与商品价格仅仅呈现微弱的相关性，因而股票价格并不能完全反映出商品市场的波动。这是因为股价走势反映的是多种相关因素的影响，比如公司的战略定位、管理能力、资本结构（资产负债率）、公司评级、盈利增长预期、风险敏感度以及信息的透明度和可信度等[13]。

同时，股票市场快速灵敏地对各种影响公司价值的潜在因素做出反应。所以除纯粹的商品投资之外，还存在其他独立的因素影响价格发现过程。市场还可能处于短暂的非均衡状态，特别是对于流通量较少的股票，小规模的交易即可导致股价大幅变动。除此之外，自然资源公司还受到操作风险的影响，操作风险的诱因包括人为的或技术性失误、内部规章或外部事件等。这就意味着投资于上市公司，投资者必须慎重地考虑市场风险以及个股风险[14]。

但是，商品股票的风险不仅在于股价的波动性。首先，特别是对于能源和金属行业而言，开采耗竭性的资源会威胁其业务根基，这就构成了矛盾。一方面，资源储备总量的持续减少意味着价格将不断上涨，这给投资者和商品生产者带来乐观的盈利前景；另一方面，资源消耗殆尽时，商品生产者的经营也难以为继。

---

[11] Helyette Geman, *Commodities and Commodities Derivatives: Modeling and Pricing for Agricultures, Metals and Energy* (Chichester: John Wiley & Sons, 2005).

[12] Georgi Georgiev, Benefits of Commodities Investment, Working Paper, 2005.

[13] 例如，在1995年布兰特史帕尔（Brent Spar）石油钻井平台事件中，壳牌公司糟糕的信息政策导致了该公司股票价格的大幅下跌。

[14] 其实，多数的大型石油和能源公司会对冲掉购销石油产品过程中的价格风险，以平滑年度利润。

其次，如果商品价格下跌到总生产成本以下，企业则面临亏损和歇业的风险。戈登和鲁文赫斯（Gorton and Rouwenhorst）[15] 构造了一种商品股票指数，他们的经验研究表明，该指数与商品期货之间的收益相关性甚至低于该指数与S&P500指数的收益相关性。此外，商品股票指数的历史收益率要低于直接的商品投资[16]。

商品基金

与商品股票投资不同，我们可以主动地投资于商品基金，实现足够的分散化收益，而且只需支付少量的交易费用。各种商品基金表现出不同的管理风格、配置策略、投资期限、投资区域或者投资方式。投资者应当区分主动型基金和被动型基金（如指数跟踪型基金），这一点很重要。商品股票指数（如摩根斯坦利资本国际（MSCI）世界原料指数，富时（FTSE）全球矿业股指数，汇丰（HSBC）全球矿业指数、摩根斯坦利商品指数、富时世界石油与天然气工业指数、富时金矿指数等）和商品期货指数可以作为基准，用以评价主动管理型商品基金的业绩。**商品交易顾问基金（CTA）**也是主动管理型的投资品种之一。时至今日，世界上约有450家对冲基金从事与能源和商品相关的投资。

商品期货指数

如今，投资者从事**被动型**商品投资时，能够选择的可投资商品期货指数日益增多（见图表1.2）。商品能在众多的另类投资中脱颖而出，是因为它们提供的可投资指数涵盖了门类广泛的商品行业。多伊尔、希尔和杰克（Doyle, Hill and Jack）研究发现，在2007年3月份，有550亿~600亿美元投资于高盛商品指数（GSCI），另外还有约150亿美元投资于道琼斯-AIG商品指数[17]。2006年12月的一份预测则指出，养老基金和共同基金将大约900亿美元投资于商品期货指数或商品相关的产品[18]。

对于大多数投资者而言，指数化投资是一种最合理的寻求商品敞口的投资途径。商品投资可以借助下面两种性价比高的金融产品实现：

- 追踪商品指数的交易所交易基金（ETF）；
- 与商品指数密切挂钩的商品指数存单。

指数基金具有交易简便和定价合理的优点。与存单相比，指数基金的另一个优点是发行方不存在信用风险。因为ETF代表的是一类特殊的资产，即使投资公司破产，投资者

---

[15] Gary Gorton and K. Geert Rouwenhorts, "Facts and Fantasies about Commodity Futures." *Financial Analysts Journal* (April-May 2006) pp. 47–68.

[16] 例如，欧洲石油企业的收益与Euro-Stoxx指数高度相关，与石油价格的相关性则较低。金银股票属于例外情况，它们对国内股票市场的贝塔值要低于其对金银价格的贝塔值。

[17] Emmet Doyle, Jonathan Hill, and Ian Jack, "Growth in Commodities Investment: Risks and Challenges for Commodities Market Participants", Financial Service Authority, Working Paper, 2007.

[18] 2001年投资于高盛商品指数的资本总额为40亿~50亿美元。2007年年初，标准普尔公司收购了高盛商品指数，随后将其更名为标普高盛商品指数。

的存款依然安全。

存单代表着银行的法定偿债义务,银行可以迅速地低成本地发行存单。商品指数存单的发行机构在期货市场上投资,滚动期货合约并收取手续费。存单的期限大多是固定的(如红利存单、贴现存单以及标的物为各种分类指数或资产类别的彩虹式存单等),市场上也有开放型的存单。

然而,商品期货指数与商品实货一样,都是以美元标价的,投资者面临着货币风险。筐投存单(Quanto certificate)是一类带有货币对冲的贴现存单,可用来减轻货币风险。

图表1.2 商品期货指数

	路透/Jefferies 商品研究局指数(RJ/CRB)	高盛商品指数(GSCI)	道琼斯-AIG 商品指数(DJ-AIGCI)
引入时间	2005 年	1991 年	1998 年
历史数据始于	1982 年	1970 年	1991 年
商品种类个数	19	24	19
权重	基于流动性和经济上的相关性划分成4个权重等级	过去5年世界产量的滚动平均值	流动性数据,并结合过去5年内美元加权的产量
指数维护频率	每月	每年	每年
配置限制	无	无	每个行业的权重上限为33%;每种商品的权重下限为2%
指数计算所依据的期货价格	下一月份合约/交割月份合约	流动性够好的下一月份合约	下一月份合约/交割月份合约
滚动周期	4 天	5 天	5 天
计算方法	算术平均值	算术平均值	算术平均值

指数存单的主要缺点在于其标的物通常是超额收益指数。与总收益指数不同,超额收益指数并不反映全部的收益,因此在高利率时期,它通常表现出较低的收益率。另外,总收益指数并未考虑初始成本和年度管理费用,造成了投资业绩的高估,所以,投资于低业绩的超额收益指数也有其优势。比如在低利率时期,追踪超额收益指数的存单对于投资期限较短的投资者而言,是一个明智的选择。

基于指数的商品投资另一个缺点在于,它的结构限定了其只能投资于短期期货合约。不与商品指数挂钩的商品基金,通过直接投资于商品期货,则可自主地决定其最优投资期限。与购买基于多种资产的彩虹式存单类似,我们也能购买到某些商品基金,它们不仅投资于商品指数,而且从事部分的商品股票投资。

商品期货

除了期权和其他的衍生品之外,商品的交易主要还是通过期货合约进行。期货合约是一份对双方具有法定约束力的交货与付款(或者用现金结算)协议,其中涉及的事项包括:(1)明确规定质量等级的标的物(这里指的是商品);(2)确定的数量;(3)固定的到期日；(4) 签订合约时即已决定的、固定的价格。期货可以被描述成相互约束的、场内交易的、"无条件的"远期合约，因为投资者如果没有进行相反头寸的对冲操作，那么在到期日买卖双方必须履行法定的交割义务[19]。

商品市场期货合约的规模是标准化的。可交易的最小单位是一份合约，期货价格的最小变动单位被称为一个**基点**（tick）。最小变动单位的价值（又称为**点值** point value）等于以美元或美分标价的基点乘以商品的合约规模。依照惯例，投资者要为持有的每一份合约缴纳保证金。保证金额度由交易所规定，但一般为期货合约的2%~10%[20]。保证金额度也根据期货合约的价格和波动率进行调整。

在这里，我们还要区分初始保证金和维持保证金，前者指签订期货合约时必须缴纳的最低存款金额；后者则指为维持该期货头寸，投资者的交易所账户上应具备的最低存款余额。如果由于期货价格的变动，账户上资金额度降至维持保证金水平或以下，经纪人就会通知投资者追加保证金，将账户金额补足至初始保证金水平；如果投资者不愿意追加保证金，他也可以将部分或全部的期货头寸平盘，并承担损失。至于初始保证金这笔抵押存款，期货投资者可以按照货币市场利率获得利息收入。

一般而言，商品期货有两种结算方式：第一种是在到期日交割商品，这种情况发生的概率大约为2%；另一种是期货头寸平盘（即在到期日之前买入或卖出相同数量的合约进行对冲）。每日价格限制是商品期货市场的特征之一。它的设立使得市场在极端走势时期稳定下来（如冷静期[21]）。每日价格限制也是由交易所规定的，它限定了在前一交易日结算价的基础上，期货价格所允许的最大涨跌幅度。当期货价格达到涨幅限时，卖方在人数上不敌买方，后者愿意在涨幅限的价位上买入期货；跌幅限时的情形则与此相反。在限制价位上，交易活动仍然可以进行，但成交价格不得高于涨幅限或低于跌幅限。

下面列出的是期货交易所定期发布的合约规格：
- **期货标的物的种类和质量**，商品的种类、缩写和期货交易所名称；
- **合约规模**，每份期货合约所代表的标的资产数量和计量单位；
- **价格决定**，交易所内期货价格的正式标注；
- **交易时间**；
- **基点**，交易所允许的价格波动的最小单位；
- **币种**，商品以何种货币标价；
- **每日价格限制**；
- **最后交易日**；
- **交割规定**（如交割月份、结算方式）。

商品期货投资者可以从标的商品的价格变动中获利，而且无需履行直接购买商品所涉及的运输和储存等要求。然而期货持有者只是在到期日之前平仓的前提下，才能享有上述

---

[19] 相比之下，对于例如期权这种具有附加条件的远期合约，期权持有者并没有义务去执行期权，因此在到期日可以放弃该期权。

[20] 然而，期货经纪商可能会收取比交易所更高的保证金。

[21] Franklin R. Edwards and Salah Neftci, "Extreme Price Movements and Margin Levels in Futures Markets," *Journal of Futures Markets* (December1998), pp. 639–645.

优势。由于资本金要求较低,期货投资的特殊优势还在于期货头寸的极度灵活性和杠杆性。即使是短期内的任何时点,投资者都可以调整其持有的期货头寸。通过持有多方或空方头寸,投资者能够从市场的涨跌中获利。除此之外,期货市场的特征还在于高度的流动性与较低的交易成本。

尽管主动型期货投资具有上述诸多好处,但我们并不总是建议私人投资者持有那些高波动率商品的期货头寸。即使许多不同种类的合约能保证将风险分散化,投资者仍然需要维持对商品价格变化的敞口,只是不需要实际地交割标的物。这就要求投资者一方面不断地平盘现有的期货头寸,另一方面买入更多的期货合约来构建新的头寸。此举被称为**滚动期货合约**,它的成本可能比较高,视期货市场的远期曲线形状而定[22]。另外,如果期货价格持续下跌,投资者将不断地被通知补足保证金(如果商品的远期价格上涨,投资者也可从账户中提取多余的保证金)。但总体上看,管理商品期货头寸比管理传统资产需要耗费更多的时间和精力[23]。

商品交易所

商品期货交易在专门的交易所内进行,交易所的功能类似于公共集市,在这里商品以固定的价格和确定的交割日自由地买卖。绝大多数的商品期货交易所都采用会员制结构,并且为会员的利益服务。每笔交易必须以标准化的期货合约形式经由经纪人执行,经纪人也是交易所的会员。只有会员才具备交易的资格[24]。商品交易所的主要功能是作为统一规范的市场,提供标准化的期货合约。

世界上第一个商品交易所位于大阪,是日本农民为交易大米期货合约而建立的。成立于1848年的芝加哥期货交易所是美国第一家商品交易所,即使到今天,大多数的商品交易也是在这里成交。英国伦敦金属交易所成立于1877年[25]。

然而,直到1980年伦敦国际石油交易所(IPE)成立之后,才开始了能源期货的交易[26]。美国纽约商业交易所(NYMEX)西得克萨斯中质原油(WTI)的交易始于1983年;IPE在1988年推出了布伦特原油期货交易。以交易量衡量,成立于1998年的芝加哥商业交易所(CME)是世界上最重要的商品交易所。世界范围内目前约有30家商业交易所,图表1.3列出了最主要的几家。从交易量来看,大多数的商品期货交易发生在美国、英国、日本和中国。

---

[22] 购买期货合约并且在到期日之前平仓,即可实现主动型的间接商品投资。为了保持对商品的敞口,投资者必须购买另外一份到期日更久的期货合约(这被称作滚动,而且必须在每个到期日之前重复地进行)。

[23] 投资者也可以考虑商品互换或者商品远期。但这些投资工具的流动性较低,因为它们是为个人投资者量身定制的。而且,这些衍生品不在交易所内交易,因而无法公开地观测到个人投资者的投资策略。

[24] 商品交易所的会员资格只授予那些以投资银行、经纪人或生产商的名义开展业务的个人。

[25] 格曼认为,尽管世界上许多交易所已经通过电子平台运作,但是目前美国大多数期货交易所的运作仍然类似于公开喊价的交易系统(See Geman, *Commodities and Commodities Derivatives: Modeling and Pricing for Agricultures, Metals and Energy*, p.11)。

[26] 2005年以后,伦敦国际石油交易所(IPE)更名为伦敦洲际交易所(ICE)。

图表 1.3　　　　　　　　　　主要的商品交易所

交易所名称	缩写	所属国家	交易的期货种类	网址
芝加哥期货交易所	CBOT	美国	农产品与石油	cbot.com
芝加哥商业交易所	CME	美国	农产品与畜类	cme.com
纽约商业交易所	NYMEX	美国	能源与金属	nymex.com
洲际交易所	ICE	英国	能源	theice.com
伦敦金属交易所	LME	英国	金属	lme.co.uk
温尼伯商品交易所	WCE	加拿大	农产品	wce.ca
东京商品交易所	TOCOM	日本	能源与金属	tocom.or.jp
上海金属交易所	SHME	中国	金属	shme.com
大连商品交易所	DCE	中国	农产品与石油	dce.com.cn
巴西商品期货交易所	BM&F	巴西	农产品	bmf.com.cn
风险管理交易所	RMX	德国	农产品与畜类	wtb-hanover.de
国家商品及衍生品交易所	NCDEX	印度	农产品与金属	ncdex.com

商品期货交易所内的价格

现货溢价和期货溢价

与商品期货相关的一个重要问题是其市场上存在风险溢价[27]，是指商品期货市场的价格发现过程以及与之相关的期限结构。假设现货/期货套利关系成立，t 时点上商品现货价格为 $S_0(t)$，剩余到期时间为 T，期货价格 $F(t,T)$ 等于现货价格 $S_0(t)$ 与无风险利率 r 连续复利的乘积（这里忽略储存成本）：

$$F_0 = S_0 e^{rT} \tag{1.1}$$

与金融证券不同，商品涉及储存成本。我们以 U_t 表示以货币衡量的储存成本，假定储存成本与商品价格成比例，因而可以将其理解为负的收益：

$$F_0 = S_0 e^{(r+U)T} \tag{1.2}$$

然而，上述套利关系对商品不成立！现货/期货平价与期货平价（future parity）不同，后者认为当前观测到的期货价格是对商品到期日现货价格的无偏估计 $E_t[S(T)]$。如果考察某种商品的远期曲线（它描绘的是不同到期日期货合约的价格），我们可以发现两种不同的趋势：在**现货溢价**（Backwardation）情形中，期限结构曲线呈现下降趋势（也就是说，剩余到期日较长的期货合约的价格要低于现货价格，对于递增的 T，$F_{t,T} < S_t$）。所以投资收益一般会高于远期溢价（也就是说，投资者持有该期货合约的多头可以

---

[27] See Kat and Oomen, "What Every Investor Should Know About Commodities: Part I."

获利)。但是在**期货溢价**(*Contango*)情形中,根据理性预期假设,我们可以得出与现货溢价情形相反的结论。在**期货溢价型**情况下,期货价格高于现货价格,所以期限结构曲线显示出正的斜率。

学术文献对此做出了多种解释,但每种理论都只能部分地解释如此复杂的"期货之谜"[28]。刘易斯(Lewis)用**储存成本理论**和**便利收益**(Y)[29]假设来解释商品之间的期限结构差异。在考察消费品的期货价格时,由于投资者持有稀缺性的商品实货,我们必须对(1.2)式做出调整:

$$P_0 = S_0 e^{(r+U-Y)T} \tag{1.3}$$

商品的便利收益随时间而变化(比如,商品供给出现意外增加或减少的情况)。突发性供求冲击会引起商品存货价格的剧烈波动,相应的,其期限结构会发生变化甚至逆转。期限结构曲线因而反映出商品存量的变化和市场对其未来供应状况的预期[30]。

期货溢价和现货溢价主要取决于该商品在世界范围内的供求情况。安森[31]区分了为生产者提供价格风险对冲的市场,和为商品需求者提供价格风险对冲的市场。根据现货溢价理论,空头对冲的需求远远超出了多头对冲的需求,因而激励投机者承接这些多余的头寸。为了补偿投机者,空头对冲者为此支付一笔溢价,于是造成了预期现货价格与期货价格的差额。当买方依据交货日程来安排进货时(如制造行业),期货溢价的情况就可能出现。此时市场上就可能存在大量的多头对冲者,导致期限结构曲线呈现下降趋势。

经验研究表明,商品期限结构曲线的走势取决于该种商品的储存性能(**储存假设**),因此现货溢价理论得到了证实。伊格利和梯尔(Eagleeye and Till)认为,选择一种低储存性能商品占比较大的指数,是长期投资获得成功的关键。他们指的是高盛商品指数,因为能源行业在其中占了很大的比重(2006年1月的比重为74.5%)[32]。

---

[28] 如果需要回顾各种相关方法,可参见 Claude Erb and Campbell R. Harvey, "The Tactical and Strategic Value of Commodity Futures," *Financial Analysts Journal* (May/June1980), pp. 69 -97; and Barry Feldman and Hilary Till, "Separating the Wheat from the Chaff: Backwardation as the Long-Term Driver of Commodity Futures Performance; Evidence from Soy, Corn and Wheat Futures from 1950 to 2004," Working Paper, 2007.

[29] 根据卡尔多的储存理论,便利收益反映了相对于持有商品交割的期货协议而言,持有该商品实货所带来的效用。这种效用源于持有实货可以避免因生产过程中断而导致的损失(See Helyette Geman, "Energy Commodity Pricing: Is Mean-Reversion Dead?" *Journal of Alternative Investments* (Fall 2005), pp. 31 -45; and Nicolas Kaldor, "Speculation and Economic Stability," *Review of Economic Studies* (October1939), pp. 1 -27)。

[30] 凯恩斯的现货溢价理论与便利收益理论密切相关。现货溢价理论指出,期货价格要低于预期的未来现货价格,$F(t,T) < E[S(T)]$。凯恩斯认为,商品市场上的现货溢价不是市场的反常现象,而是源于商品生产者比需求者更加频繁地寻求价格风险对冲的事实[See John M. Keynes, *A Treatise on Money* (London: Macmillan, 1930)]。由这个观点引发的学术讨论一直延续到今天。See, for example, Colin A. Carter, Gordon C. Rausser, and Andrew Schmitz, "Efficient Asset Portofolio and the Theory of Normal Backwardation," *Journal of Political Economy* (April1983), pp. 319 -331; Lester Telser, "Futures Trading and the Storage of Cotton and Wheat," *Journal of Political Economy* (June1958), pp. 233 -255; and Paul Cootner, "Returns to Speculators: Telser versus Keynes," *Journal of Political Economy* (August1960), pp. 398 -404)。

[31] Anson, *The Handbook of Alternative Assets*.

[32] Joseph Eagleeye and Hilary Till, "Commodities-Active Strategies for Enhanced Return," in *The Handbook of Inflation Hedging Investments*, edited by Robert J. Greer (Hoboken, NJ: John Wiley&Sons, 2005), pp. 127 -158.

为检验存货假设，我们分析了高盛商品指数的各个分类指数。据此确定在观测期内，期货溢价和现货溢价分别所占的月度百分比份额，数据涉及农产品、能源、工业金属和贵金属等行业[33]。我们选择高盛商品指数是因为它的数据容易获取且数据积累时间较长。三种版本指数（总收益指数、超额收益指数和现货收益指数）的各个分类指数都容易搜集，并且它提供了自 1992 年以来实际计算的最长指数序列。

图表 1.4 表明现货溢价不是短暂的现象。能源和畜类行业的特点是现货溢价发生的概率很高，二者包括了绝大多数的不可储存商品。而贵金属部门由于储存成本较低，在大多数情形下都处于期货溢价。

图表 1.4　　　　　　　　商品的现货溢价现象

商品行业	观测期间	观测次数（以月计）			
		总观测数	计算次数	现货溢价次数	现货溢价次数占比
农产品	1970—2006 年	444	281	69	15.54%
能源	1983—2006 年	288	275	140	48.61%
工业金属	1977—2006 年	360	236	66	18.33%
畜类	1970—2006 年	444	275	150	33.78%
贵金属	1973—2006 年	408	264	14	3.43%

商品期货投资收益的组成部分

为了便于比较商品与其他资产类别的长期业绩，我们假定商品期货头寸是全额抵押的。这是一种分散化的被动型长期投资，它的特征是只做多商品期货合约。一般而言，期货投资可以按照投资金额缴纳一定的保证金，但此处的期货头寸用全额的现金做抵押品。这就意味着，我们构建了一个无杠杆的总收益指数：初始保证金、维持保证金以及账户内其余的现金，都投资于无风险利率产品。该指数投资的收益可分为三项[34]：现货收益、滚动收益（将期满的期货合约调换为临近月份到期的合约）和抵押收益（现金头寸的利息收入）。如果我们考察的是一个商品期货组合而不是一份单一商品的合约，还可能存在额外的收益部分，即所谓的指数维护（分散化）收益：

$$总收益 = 现货收益 + 滚动收益 + 抵押收益 + 指数维护收益 \quad (1.4)$$

大多数投资者关注的是标的商品价格上涨所带来的收益，即**现货收益 R_s**。它指的是

---

[33] 出于这个目的，我们比较现货收益指数和超额收益指数的月度收益。如果超额收益大于现货收益，市场就是现货溢价型的；反之亦然。价差小于 0.1% 的月份忽略不计。

[34] For example, Ernest M, Ankrim and Chris R. Hensel, "Commodities in Asset Allocation: Real-Asset Alternative to Real Estate?" *Financial Analysts Journal* (May/June1993), pp. 20 - 29; Claude Erb and Campbell R. Harvey, "The Tactical and Strategic Value of Commodity Futures." and Robert J. Greer, "The Nature of Commodity Index Returns." *Journal of Alternative Investments* (Summer 2000), pp. 45 - 52.

标的商品现货价格 S_t 的百分比变化：

$$R_S = \frac{S_t - S_{t-1}}{S_{t-1}} \tag{1.5}$$

现货价格受基本面因素的影响，如供给量的变化、全球需求波动或者意外的价格冲击[35]。这些现货市场上的价格变化立即会反映到期货市场上。

理论上，在商品期货投资收益的各个组成部分中，现货收益是与未预期的通货膨胀相关性最高的收益部分[36]。

由于影响现货收益的各项因素难以预料，我们很难对现货价格做出预测。此外，由于商品种类、提炼方法、生产状况以及用途等方面的差异，商品之间的价格差别会非常大。举例来说，工业金属是制造业的原料，因而其需求高度依赖于全球经济形势。相比之下，农产品的供给主要由收成决定[37]，收成又依赖于多种因素（与能源行业类似）；极端的干旱、霜冻或暴风雨等都会导致农业收成减少甚至颗粒无收。此外，所有商品的供求都受政治因素的影响。除了事先可知的层层市场壁垒之外，不可预知的政局动荡或者战争等都会导致商品价格的波动。

滚动收益 R_r 产生于期货合约的展期操作，并且依赖于商品期限结构曲线的形状。滚动收益反映的是随着时间推移，期货价格向现货价格趋同所产生的收益，再加上滚动期满的合约至下一份最近月期货合约所产生的收益。在现货溢价型市场中，上述滚动操作能产生正的收益；而期货溢价型的市场中则相反[38]。我们知道，在合约到期时商品的现货价格 S_t 等于期货价格 $F_{t-1,t}$，因此在到期前，近月期货合约的售出价与新的期货合约价格 $F_{t,T}$ 的差额即是现货溢价部分（或期货溢价部分），如图表 1.5 所示。我们将 t 时刻的滚动收益表示为：

$$R_r = \frac{F_{t,T} - F_{t-1,t}}{F_{t-1,t}} = \frac{F_{t,T} - S_t}{S_t} \tag{1.6}$$

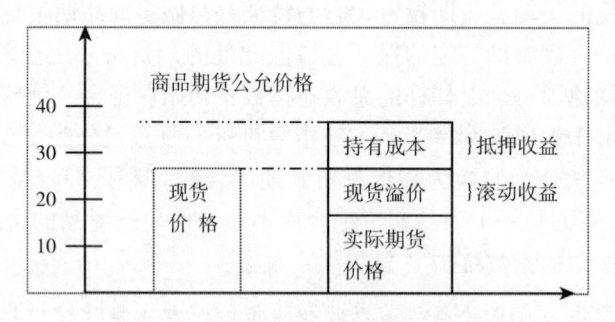

图表 1.5　商品期货收益的组成部分

---

[35] Adam De Chiare and Daniel M. Raab, "The Benefits of Real Asset Portfolio Diversification," *Euromoney International Commodities Review* (2002), pp. 3–10.

[36] Ernest M., Ankrim and Chris R. Hensel, "Commodities in Asset Allocation: Real-Asset Alternative to Real Estate?"

[37] 供给呈现出很强的季节性变化。农产品只能在特定的时间生产，并且产量可能会波动。

[38] 注意，期货合约在到期之前即被滚动，所以是在卖出期满的合约并将收益投资于近月合约，在这一过程中产生了滚动收益。在现货溢价型的市场中，滚动收益为正；而在期货溢价型的市场中，滚动收益为负。在期货溢价的情形中，初始期货合约所趋同的现货价格，要低于新期货合约的价格。

负的 R_r 值对应着正的滚动收益,因此是现货溢价;反之,正的 R_r 值对应着负的滚动收益,因此是期货溢价。

通常情况下的期货合约投资,投资者只需在经纪人处缴纳保证金(标的资产价值的固定比例),而不是缴存全部的头寸金额。但抵押收益的计算则假定全部的期货头寸都用现金抵押。抵押资金按照美国国库券息票率计算收益,抵押收益明确考虑在总收益指数之内。

布兹和法玛(Booth and Fama)引入**指数维护收益**(rebalancing return)作为总收益指数的第四个组成部分。他们指出,按价值加权的商品指数有很大一部分收益是来自资产在指数中不同行业或不同商品之间的重新配置[39]。这是因为单个商品之间相关性微弱或者完全不相关[40]。商品价格的走势如果遵循随机游走,或是回归至长期平均水平(即生产成本),那么构造价值加权的指数就会产生盈利[41]。随着现货价格的波动,指数构成会呈现出规律性变动。如果某种商品现货价格持续地上涨,那么该商品占投资组合价值的比重将逐渐上升。

参照他们的指数构造原理,我们此处所考察的商品指数对每种商品赋予固定的权重,根据其在指数中的相对价值而定。所以,期货投资组合必须定期进行指数维护,卖掉价格上升的商品期货,买进价格下跌的商品期货。

在纯粹的"买入并持有"策略下,期货投资组合的价值与商品的市场价值保持同步增长;而上述动态的资产配置策略则不然,它使投资者能够积极地参与到上涨的市场行情中[42]。所以,投资者可能会享受"免费的午餐":通过降低组合的标准差来弱化系统性风险,而且不影响预期收益[43]。根据以上的分析,指数维护方法[44]能大幅地提高收益,特别是对于商品市场这类波动的无趋势市场。

图表 1.6 将行业指数的年代月度总收益分解为各个组成部分以及相应的标准差。在整个样本期间,所有的分类指数都显示出正的总收益[45]。工业金属、贵金属和农产品行业总体上显示出负的滚动收益,而能源和畜类商品在滚动操作中产生正的收益。这与**储存理论**相吻合。

图表 1.6 同样清楚地显示出**抵押收益率**约为 6%,它在总收益中占据着较大的比重,因而解释了总收益指数与超额收益指数差异如此悬殊的原因。此外,现货收益特别值得关注,它的波动率很高,而且各个行业的现货收益都为正值。所以,总收益的差别主要是源于现货收益。这与安克瑞姆和亨塞尔(Ankrim and Hensel)[46]以及厄尔布和哈维(Erb and

---

[39] 指数维护收益常被称为分散化收益(See, for example, David Booth and Eugene F. Fama, "Diversification Returns and Asset Contributions," *Financial Analysts Journal*(January/February1992), pp. 26 - 32)。

[40] 通过对道琼斯 - AIG 商品指数和自制的固定权重指数进行比较分析,奇亚拉和拉布(Chiara and Raab)证实了只要标的商品之间不完全相关,年度指数维护就会导致更高的收益(See Chiara and Raab, "The Benefits of Real Asset Portfolio Diversification")。

[41] Greer, "The Nature of Commodity Index Returns"。

[42] Andre F. Perold and William Sharpe, "Dynamic Strategies for Asset Allocation," *Financial Analysts Journal*(January/February1988) pp. 16 - 27.

[43] John Y. Campbell, "Diversification: A Bigger Free Lunch," *Canadian Investment Review*(Winter2000), pp. 14 - 15.

[44] 文献资料中常提到恒定混合策略,它指的是相对于整体投资组合保持固定的比例。

[45] 各个分类指数涉及的投资期限与图表 1.4 相同。

[46] Ankrim and Hensel, "Commodities in Asset Allocation: Real-Asset Alternative to Real Estate?"

Harvey)[47] 等人的研究结果高度切合。

图表 1.6　　　　　　　　　　高盛分类指数的收益组成部分

行业	现货收益		滚动收益		抵押收益		总收益	
	μ（%）	σ（%）	μ（%）	σ（%）	μ（%）	σ（%）	μ（%）	σ（%）
农产品	4.60	19.68	-3.86	5.60	6.15	0.87	6.89	19.44
能　源	7.87	31.14	2.55	7.64	5.26	2.03	15.68	31.54
工业金属	7.52	22.62	-1.07	6.31	6.21	0.93	12.65	23.74
畜　类	4.02	19.41	1.20	8.26	6.17	0.95	11.38	18.30
贵金属	8.96	23.13	-6.22	2.49	6.24	0.91	8.98	23.15

在下一节中，我们将进一步分析用于业绩衡量的各种期货指数。这些指数与期货收益的各个组成部分紧密相关。总收益指数作为业绩衡量的指标，是实际的期货收益与抵押品的利息收益之和。期货收益被称为超额收益，又可以分解为现货收益和滚动收益两部分：

$$总收益 = 抵押收益 + 期货收益 = 抵押收益 + 现货收益 + 滚动收益 \quad (1.7)$$
$$超额收益 = 现货收益 + 滚动收益 = 期货收益 \quad (1.8)$$

现货收益指数并不表示现货市场上商品的价格，而是测度期货市场上价格的变动，因为我们不能直接搜集到所有商品的真实价格。因此，我们可以将**近月合约**或当月合约作为每种商品现货价格的替代指标来计算现货收益指数[48]。在即将到期时，上述计算可以参照下一份合约的价格执行。这种替代并未考虑到近月合约与次近月合约[49]的价差。所以，现货收益指数只是商品市场上价格趋势的一般性指标，不能用作业绩测度或者用作与其他金融资产收益的比较。

对于**超额收益指数**，通过把即将到期的合约调换为新的合约（通常在该月份的第5个至第9个工作日内完成），期货合约就变成滚动合约。由此可见，滚动收益计入了超额收益指数内，所以超额收益由现货收益和滚动收益这两个部分构成（见图表1.7中GSCI能源指数）。由于投资者本人也能够持有并滚动标的商品的期货合约，理论上超额收益指数可以被复制，该指数也就可以用来设计金融工具。由它的构造可知，超额收益指数的标的物被假定为**无抵押的期货合约**（也就是说，杠杆化的现货头寸）。

与超额收益指数不同，总收益指数依据的是全额现金抵押的商品投资。所以，长期来看，总收益指数和超额收益指数[50]可能会存在巨大的差异。但我们不能直接将总收益指数和超额收益指数进行比较，也就是说，超额收益加上国库券息票率并不等于总收益。我们

---

[47]　Erb and Harvey, "The Tactical and Strategic Value of Commodity Futures."
[48]　Viola Markert, Commodities as Assets and Consumption Goods: Implications for the Valuation of Commodity Futures, Doctoral Dissertation, University of St. Gallen and Basel (2005); and Gorton and Rouwenhorst, "Facts and Fantasies about Commodity Futures."
[49]　滚动操作会引起指数的涨跌变化，视标的商品的远期曲线而定。
[50]　例如，相比于业绩较差的超额收益指数存单，投资于总收益指数存单通常是可取的，因为它不涉及初始的本金支付和年度管理费用。然而在低利率时期，购买看似收益稍差的超额收益指数存单是有道理的。我们注意到，投资于总收益指数存单也包含着机会成本，因为所有的资本金都投资于国库券，也就不能被更有效地配置。

图表 1.7　商品期货的超额收益

必须考虑，将抵押资金的利息收入再投资于期货合约对收益所造成的影响，也要考虑将期货合约的收益投资于国库券等情形。

预期收益模型

文献中若干模型可以用于商品期货收益的预测。关于这一点，厄尔布和哈维[51]介绍了四个模型：

- 资本资产定价模型（CAPM）；
- 保险观点；
- 对冲压力假设；
- 储存理论。

在 CAPM 的框架中，市场贝塔值决定了资本资产的预期收益。但我们已经讨论了商品期货不属于资本资产，所以 CAPM 模型的作用非常有限。

保险观点认为，如果对冲者运用商品期货来规避价格风险，风险溢价就随之产生了。对冲者（生产者）持有存货，因此必须在商品期货市场上做空头。为了吸引投机者，对冲者得支付保费。因此，商品的期货价格会低于预期的未来现货价格（"现货溢价"）[52]。遗憾的是，现货价格的预期值不可观测。这种理论认为商品期货市场上所有的多头都存在正的预期超额收益，也就可以为"只做多型"投资策略提供理论依据。但该模型隐含假定对冲者持有商品存货，并且是为了减轻价格风险而卖出期货合约。

我们可以把对冲压力假设当作保险观点的拓展，它也强调了对商品存在需求的消费者

---

[51] Erb and Harvey, "The Tactical and Strategic Value of Commodity Futures."
[52] John M. Keynes, *A Treatise on Money* (London: Macmillan, 1930).

希望对冲掉价格风险这一事实。安森[53]用波音公司作为金属铝的需求方举例。飞机制造商波音公司对铝有需求，因为它不拥有与铝开采相关的产业，为了消除铝价走高的风险，它在期货市场上做多头，这导致了铝的期货价格高于预期的未来现货价格。在这种情况下，以赚取保费为目的的投资者会选择卖空铝期货。对冲压力假设认为，在"期货溢价型"商品市场上做空头的投资者能赚取风险溢价，即一笔正的超额收益。

储存理论强调库存的作用，并将库存与商品期货价格联系起来。期货价格与现货价格的差额可以用储存成本和**便利收益**来解释，所谓的便利收益是指持有商品实货所带来的好处。理由在于，可储存商品的持有者享有消费选择权，该消费选择权隐含地嵌入便利收益中。库存可作为价格波动的减震器，因为它提供了另外一种平衡供求关系的方式。储存理论认为，库存水平与便利收益呈反向的变动关系——库存量越低，便利收益越高。因此，与易于储存的商品相比，难以储存的商品应当具有更低的存货水平和更高的便利收益。梯尔（Till）[54]给出了难以储存商品的例子，其中包括燃油、生牛和生猪等。

风险与业绩特征

从历史收益、风险以及相关性等方面来看，商品投资要优于传统资产投资，但商品表现出一些与股票相似的性质。例如，卡普兰和卢默（Kaplan and Lummer）[55]在他们的经验分析中总结道，商品在长期内表现出类似股票的特征。这一结论被多项研究所证实，例如格里尔[56]指出，1970—1999年未杠杆化的商品指数收益总体上为正，而且其收益和波动率都与股票相当。

博迪和罗桑斯基（Bodie and Rosansky）[57]分析了等权重型商品期货组合在1949—1976年的业绩；戈登和鲁文赫斯[58]研究的则是1959—2004年的数据。他们的研究都证实了商品具有与股票相似的收益特征。除此之外，在20世纪70年代的高通胀时期，商品取得了全体资产类别中迄今为止最高的实际收益。戈登和鲁文赫斯还发现了商品与传统资产的一些差异，并指出商品收益呈现正的偏度；而股票具有负的偏度，因而含有更高的下跌风险[59]。

图表1.8将传统资产与另类资产的业绩进行比较，起始点都设为参照值100（1993年）。经过2006年整固之后，高盛商品指数因为偏重能源行业投资，目前与间接房地产投资以及对冲基金一起，表现出极为强劲的业绩。相比之下，新兴市场的股票投资则表现出最小幅度的价格上涨。

---

[53] Anson, The Handbook of Alternative Assets.

[54] Hilary Till, "Two Types of Systematic Return Available in the Futures Markets," *Commodities Now* (September 2000), pp. 1-5.

[55] Paul D. Kaplan and Scott L. Lummer, GSCI Collateralized Futures as a Hedging and Diversification Tool for Institutional Portfolios: An Update, Working Paper, 1997.

[56] Greer, "The Nature of Commodity Index Returns."

[57] Bodie and Rosansky, "Risk and Return in Commodity Futures."

[58] Gorton and Rouwenhort, "Facts and Fantasies about Commodity Futures."

[59] Gorton and Rouwenhort, "Facts and Fantasies about Commodity Futures."

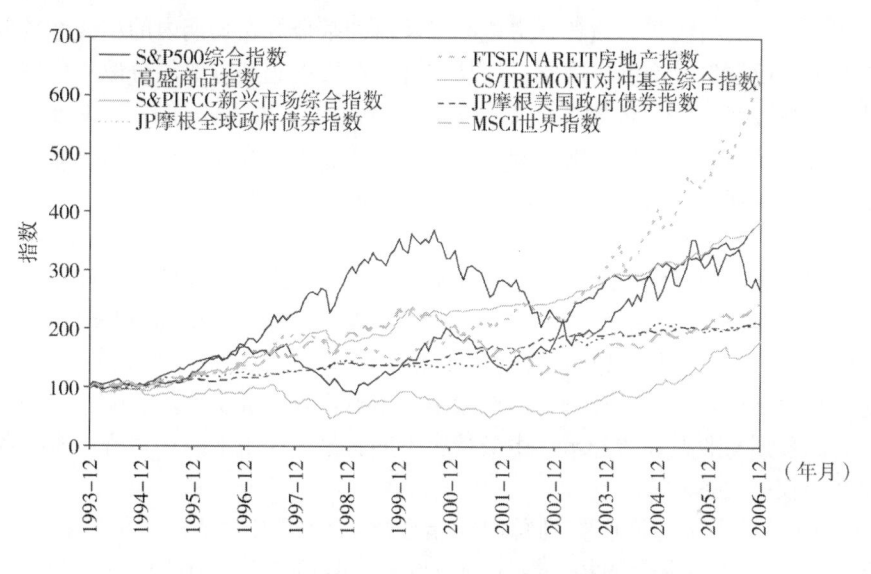

图表 1.8　高盛商品指数与其他金融资产的业绩对比

在 1994 年 1 月至 2006 年 12 月这段时期，商品投资的年化收益率为 9.46%，波动率为 20.25%（见图表 1.9）[60]。与其他资产相比，商品具有更高的平均波动率。但我们应该注意到，S&P500、S&P/IFCG 新兴市场以及 FTSE/NAREIT 房地产指数都存在更高的下跌风险，因为它们的偏度都是负的；而商品具有正的偏度。

图表 1.9　年化的平均月度收益率和标准差
1994 年 1 月—2006 年 12 月

	r_{ann}	σ_{ann}（%）	r_{Min}（%）	r_{Max}（%）	偏度	超额峰度	夏普比率
GSCI 综合指数	9.64	20.25	-14.41	16.88	0.063	0.024	0.281
S&P500 综合指数	11.43	14.27	-14.46	9.78	-0.622	0.838	0.524
MSCI 国际指数	7.91	13.43	-13.45	8.91	-0.658	0.890	0.294
新兴市场指数	6.76	20.62	-25.52	12.37	-0.765	1.877	0.136
对冲基金综合指数	10.71	7.66	-7.55	8.53	0.099	2.465	0.883
房地产指数	14.99	13.04	-14.58	10.39	-0.510	1.472	0.846
JP 摩根美国政府债券指数	5.91	4.65	-4.68	3.71	-0.509	1.084	0.421
JP 摩根全球债券指数	5.98	6.23	-4.30	5.65	0.320	0.336	0.325
美国国库券利率	3.96	0.49	0.07	0.53	-0.644	-1.049	—

以夏普指标衡量，CS/Tremont 对冲基金指数是最盈利的投资品种。但对冲基金的投资者同时也面临着很高的超额峰度。如果仅仅考虑收益和波动率，间接房地产投资似乎不太令人满意，因为收益的偏度为负而且超额峰度为正。此外图表 1.8 中新兴市场股票的业绩惨淡，多个描述性统计量都证实了这一点，尤其是它的波动率过高。

---

[60]　波动率较高的原因在于高盛商品指数（GSCI）中能源的比例较高。目前能源行业在该指数中的权重超过了 70%（2006 年年底）。原油在能源行业中占了 40% 的份额，而油价在过去的几年里经历了数次大起大落。

如上所述，商品与股票、债券、房地产以及对冲基金等在长期内的相关性较低，而且商品投资的绝对业绩也不逊色，因此，商品在资产配置中起到重要的分散化作用。格里尔认为商品指数与股票、债券负相关，而与通胀率正相关，尤其是非预期的通胀变化。不过，各商品行业之间也存在显著的差异，能源、金属、畜类和糖类表现的抗通胀潜力最为突出。格里尔还发现不同商品行业之间存在非常高的相关系数[61]。

凯特和欧门（Kat and Oomen）认为，商品期货与股票债券等传统资产并不相关[62]。但在市场的某些特定阶段，它们之间的相关性确实会上升，因此并非所有的商品在市场的任何阶段都能起到分散化投资的作用。但商品这一类资产，即使在市场下跌时期也不失分散化作用。安森认为，商品与股票/债券之间低相关甚至负相关的原因有三个[63]。首先，通货膨胀对商品价格产生正面的影响，但对股票和债券市场造成负面的影响；其次，商品市场中投资者的预期与股票和债券市场中的情况不同；最后，工业生产过程中资本收益和商品收益存在着权衡关系。

图表 1.10 显示了不同资产类别总收益指数之间的相关性结构。可以看出，只是在 5% 水平上，商品和对冲基金的相关性才较为显著，但相关性 0.167 也是比较低的。原因可以归结为，CS/Tremont 对冲基金综合指数已经纳入了商品交易顾问和管理型期货基金。

图表 1.10　　　　　　　　　相关性矩阵

	GSCI 综合指数	S&P500 综合指数	MSCI 国际指数	S&P/IFCC 新兴市场指数	CS/Tremont 对冲基金综合指数	FTSE/NAREIT 房地产指数	JP 摩根美国政府债券指数	JP 摩根全球政府债券指数	美国国库券收益率
GSCI 综合指数	1								
S&P500 综合指数	0.003	1							
MSCI 国际指数	0.068	0.937[b]	1						
S&P/IFCG 新兴市场指数	0.136	0.643[b]	0.724[b]	1					
CS/Tremont 对冲基金综合指数	0.167[a]	0.487[b]	0.493[b]	0.503[b]	1				
FTSE/NAREIT 房地产指数	0.005	0.299[b]	0.314[b]	0.350[b]	0.223[b]	1			
JP 摩根美国政府债券指数	0.079	−0.098	−0.159[a]	−0.216[b]	0.098	0.032	1		
JP 摩根全球政府债券指数	0.156	−0.016	0.064	−0.069	−0.050	0.118	0.597[b]	1	
美国国库券收益率	−0.063	0.084	0.008	−0.180[a]	0.102	−0.066	0.105	−0.084	1

a,b 分别标示 95% 和 99% 置信水平的相关系数。

---

[61]　Greer, "The Nature of Commodity Index Returns."

[62]　Harry M. Kat and Roel C. A. Oomen, "What Every Investor Should Know About Commodities, Part II: Multivariate Return Analysis," *Journal of Investment Manegement* (Third Quart2007).

[63]　Anson, *The Handbook of Alternative Assets*.

另外，货币市场与商品市场的收益相关性为负。所以在我们的样本期间里，若干学术研究[64]的结论得到了证实：在传统证券组合和另类证券组合中，商品都能起到高度的分散化作用。庄和米弗尔（Chong and Miffre）支持这样的结论：在市场下跌时期（即市场风险上升、亟待分散化效应的时候），商品期货与S&P500指数之间的条件相关性会降低[65]。但另一方面，商品和固定收益证券之间的条件相关性也随着债券波动率上升而增加。

包含商品的组合优化问题

在本节中，我们分析的是对于由美国股票、外国股票、固定收益证券和无风险资产构成的投资组合，商品资产的加入能否带来分散化收益（也即在预期收益－标准差图表中，有效边界是否向左上角移动），投资组合中的无风险资产用国库券的息票率表示。马科维茨[66]认为，应当在全体有效投资组合构成的集合中考虑上述问题（这里有效的意思是，不存在某个组合拥有更优的风险收益特征）。**最小方差组合（MVP）**和**最大收益组合（MaxEP）**之间的全体投资组合构成了一个集合，这些有效投资组合就位于该集合的边界线上。

图表 1.11 显示了在传统组合中加入商品后，组合效率的改进状况，具体表现为有效边界绕着 MVP（国债收益率）点沿逆时针方向旋转。有效边界的上移带来了更高的风险调整后收益。传统组合的有效边界被限制在 MVP 与 MaxEP 之间，MVP 中 98% 的权重为国库券投资，而在 MaxEP 点处 100% 投资于 S&P500 指数。

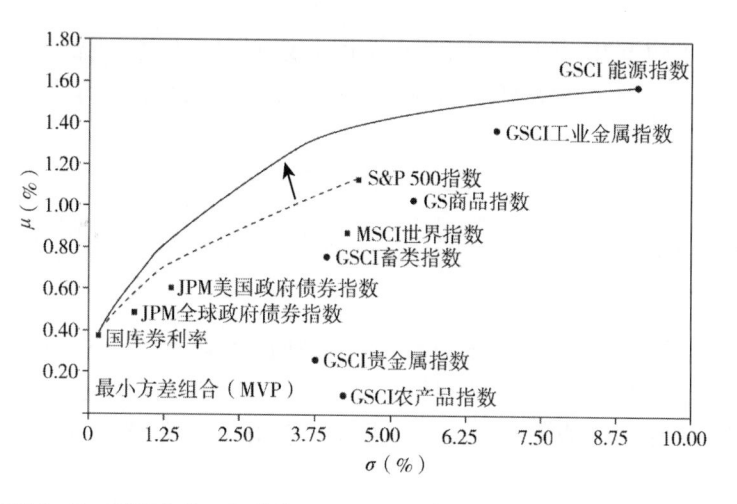

图表 1.11　预期收益－标准差（$\mu-\sigma$）组合优化（月度收益以百分比计）

---

[64] See, for example, Kat and Oomen, "What Every Investor Should Know About Commodities: Part I."; Hilary Till, "Taking Full Advantage of the Statistical Properties of Commodity Invesments," *Journal of Alternative Investments*（Summer 2001）, pp. 63–66; Evert B. Vrugt, Rob Bauer, Roderick Molenaar, and Tom Molenaar, Dynamic Commodity Timing Strategies, Working Paper, 2004; and Gorton and Rouwenhort, "Facts and Fantasies about Commodity Futures."

[65] James Chong and Joelle Miffre, Conditional Risk Premia and Correlations in Commodity Futures Markets, Working Paper, 2006.

[66] Harry M. Markowitz, "Portfolio Selection," *Journal of Finance*（March1952）, pp. 77–91.

以 MVP 作为初始的组合配置，并逐个地加入商品行业，全球政府债券的份额先是增至 69%（见图表 1.12）。随后，能源、工业金属以及美国股票的份额都逐渐上升。在 1% 的月收益水平上，畜类所占的比重为 4%~5%。但此时农产品和贵金属尚未参与组合的配置。在 1.4% 的月收益水平上，投资组合仅由 S&P500 指数（28%）、能源（37%）以及工业金属（35%）构成。

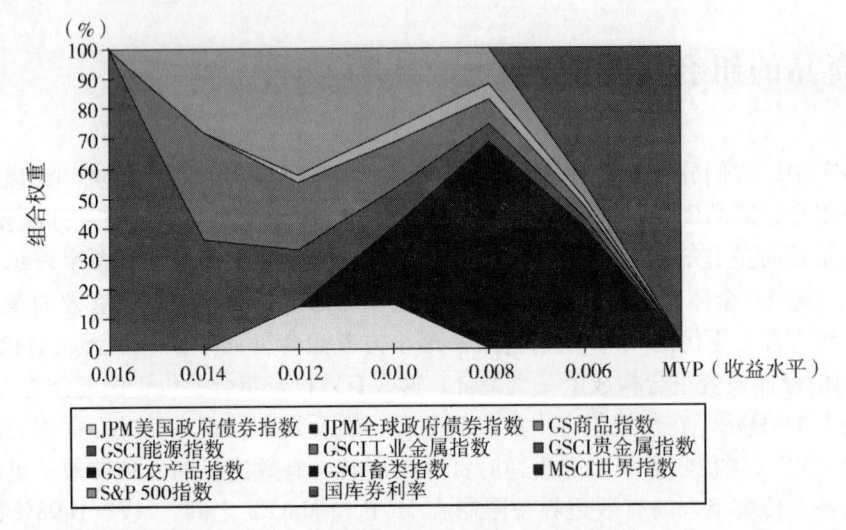

图表 1.12　$\mu-\sigma$ 组合配置（月度收益以百分比计）

随着收益水平的上升，组合中商品和美国股票所占的比重均会增加。值得一提的是，GSCI 综合指数并不包含在任何一种配置中。因此，直接投资于各商品子行业似乎是可行的。

结　论

利率水平处于历史低位、市场上扬的潜力剧减而且传统资产的风险溢价持续下降，在这样的大环境下，机构投资者和私人投资者对另类资产的需求越来越大。配置商品资产不仅可以对冲通货膨胀，还能够有效地实现投资分散化，因为商品与传统资产的相关性较低。

长期来看，商品投资显示出与股票收益相类似的特征，但同时它的波动率与缺口风险（译者注：缺口风险（shortfall risk）指投资收益达不到投资目标的风险）都有所降低。商品期货指数被看作是商品价格走势的指标，这一优势支持被动型的商品期货指数投资。然而，各个指数供应商发布的期货指数在行业权重、指数构造以及计算方法等方面存在区别，相应的，风险收益特征也就差异悬殊。

在总收益指数和超额收益指数中，一个重要的收益部分是与滚动收益相关的风险溢价。它产生于在现货溢价型期限结构中滚动商品期货头寸。在某些现货溢价型市场中，直接的商品投资也能获得正的滚动收益。无论期限结构曲线呈何种形状，被动型商品期货指数的投资者都应当注意到,其自身只能持有多方头寸。阿基(Akey)认为,采用主动型战术性的基准指数如商品投资顾问基金指数(CTA 指数),可以解决上述问题[67]。

考虑当前全球市场的需求状况,我们认为商品消费的增长,特别是"金砖四国"(巴西、印度、俄罗斯和中国)的消费,将会继续对各个商品行业产生强劲的需求。由于过去二十多年里商品价格较低,商品行业没有进行足够的投资以扩张产能,预期商品市场价格上涨的压力将会加剧。而且由于囤积居奇,我们预期短期内商品市场上的供给会出现短缺。鉴于这些巨大的变化并且依据商品超长周期理论,我们预测在不远的将来,商品市场会呈现持续繁荣。

---

[67] Rian P. Akey, "Commodities: A Case for Active Management," *Journal of Alternative Investments* (Fall 2005), pp. 8 – 30.

第 2 章
商品期货的定价和经济原理

马克·J·安森（Mark J. Anson）博士、特许金融分析师、
特许另类投资分析师、注册会计师
投资服务部门主席、常务董事
Nuveen 投资有限公司

资本资产，例如股票和债券，可以依据预期未来现金流的净现值来确定价值。预期的现金流和折现率是确定资本资产价值的主要因素。然而商品与股票和债券不同，它们并不能提供持续的收入流；金、银、铂等贵金属除外，这些贵金属能够以市场租赁利率租借出去。因此商品不能通过净现值来估值，并且利息率对其价值的影响很小。

资本资产与商品之间的另一个区别是商品市场的全球性特征。在全球范围内，商品都是以美元计价的。并且商品的价值是由全球性供求状况决定的，而非由区域性供求状况所决定。因此商品价格是在全球范围内而非在区域范围内决定的。商品市场与债券和股票市场有很大不同，后两者主要反映了本国和地区内的经济发展状况。

最后，商品并不遵循传统的资产定价模型，例如**资本资产定价模型**（CAPM）。在资本资产定价模型的框架下，风险由两部分组成：市场风险（或称系统性风险）与企业特定风险（或称非系统性风险）。在投资组合中，非系统性风险可以通过分散化来消除，所以投资者只能获得系统性风险的补偿，即**贝塔**（β）。因此金融市场通过提供一笔高于无风险利率的市场风险溢价来补偿市场风险。博迪和罗桑斯基、杜撒克（Bodie and Rosansky[1]，Duask[2]）的研究结果证实，商品的贝塔值并不符合资本资产定价模型。原因出自两个方面。首先，在资本资产定价模型中，市场组合通常被定义为金融资产的组合，如股票和债券投资组合，但商品收益很难与金融市场的收益相对应。因此市场（系统性）风险与非系统性风险很难被区分开来。其次，商品价格取决于全球性的供给和需求因素，而非取决于市场认为这类资产应当具有多大的风险溢价。

---

[1] Zvi Bodie and Victor Rosansky, "Risk and Return in Commodity Futures," *Financial Analysts Journal* (May/June 1980), pp. 27–39.

[2] Katherine Dusak, "Futures Trading and Investor Return: An Investigation of Commodity Market Risk Premiums," *Journal of Political Economy* (November-December 1973), pp. 1387–1406.

因此商品可以被看作是不同于股票、债券和房地产的一种资产类别。但是同股票和债券类似，这类资产也有不同的投资策略。在本章中，我们将对实货商品市场的定价方法及其背后的经济意义进行概述。

期货价格与现货价格的关系

获得商品敞口的最简单方法即是持有商品期货合约。这些合约是在交易所交易的、透明的、标准规格的、流动性较好的产品，其价格依赖于标的商品的现货价格。最后一点，为了理解商品期货市场的动态运行方式，我们必须先分析现货价格与期货价格之间的关系。

期货合约要求卖方在某个确定的时间、以确定的价格出售标的资产；相反，期货合约买方同意在确定的时间、以确定的价格购买标的资产。如果期货合约的卖方不想出售标的资产，就必须买入一份反向的期货合约来轧平其空头头寸；同理，如果期货合约的买方不想接收标的资产，就必须卖出一份反向的期货合约来轧平其多头头寸。只有很小比例（通常不足1%）的期货合约会进行实物交割。

根据商品期货交易委员会的规定，期货合约总体上分成三类：金融期货、货币期货和商品期货。商品交易顾问基金和商品基金经理开展全部三种期货合约的投资。并且，许多对冲基金经理利用金融和货币期货进行套利。下面的例子会介绍这些套利机会。我们从金融期货开始。

金融期货

金融期货包括美国国债期货、政府机构债期货、欧洲美元大额可转让存单（CD）期货和股票指数期货。在美国，这些合约在芝加哥期货交易所、芝加哥商品交易所以及纽约期货交易所下属的外汇信用交易所（FINEX）中进行交易。我们考虑一个不支付利息的金融资产例子。

在最简单的情形中，如果标的资产不支付利息收入，那么期货价格与现货价格的关系即

$$F = Se^{r(T-t)} \tag{2.1}$$

其中：F = 期货合约的价格；
S = 标的资产的现货价格；
e = 指数算子，用于计算连续复利；
r = 无风险利率；
$T - t$ = 期货合约的剩余到期时间。

换言之，期货合约的价格取决于标的金融资产的当前价格、无风险利率以及期货合约的剩余到期时间。请注意，期货合约的价格取决于无风险利率，而非取决于该金融资产的必要收益率；否则的话，投机者（如对冲基金）就存在套利机会。

假设市场出现 $F > Se^{r(T-t)}$ 的情形，对冲基金经理可以实施以下策略来获利：
(1) 以无风险利率 r 借入现金，以当前价格 S 购买标的资产；

（2）出售标的资产的期货合约，交割日为 T、期货价格为 F；
（3）在期货到期时，交割标的资产，偿还借款的本金和利息，并且收取期货价格 F。
图表 2.1 展示了这一套利策略。

图表 2.1 $F > Se^{r(T-t)}$ 时的金融资产套利

时点	现金流入	现金流出	净现金
t（开始套利交易）	S（借入现金）	S（购买资产）	$S - S = 0$
T（期货合约到期日）	F（交割时的资产价格）	$Se^{r(T-t)}$（偿还本金和利息）	$F - Se^{r(T-t)}$

图表 2.1 中有两点需要注意。首先，开始套利交易时，并不需要净现金。现金的流出与流入相匹配，这是套利策略如此受欢迎的原因之一。其次，在到期日（时刻 T），对冲基金经理获得正的净现金支付 $F - Se^{r(T-t)}$。我们如何知道这一净现金支付为正呢？很简单，已知在套利策略开始实施时，有 $F > Se^{r(T-t)}$，所以，$F - Se^{r(T-t)}$ 一定为正。

如果 t 时刻出现相反的情况，即 $F < Se^{r(T-t)}$，那么反向的套利策略将获得与此相同的收益：买入期货合约并卖空标的资产。这一策略展示在图表 2.2 中。

图表 2.2 $F < Se^{r(T-t)}$ 时的金融资产套利

时点	现金流入	现金流出	净现金
t（开始套利交易）	S（卖空资产）	S（以利率 r 做投资）	$S - S = 0$
T（期货合约到期日）	$Se^{r(T-t)}$（收回本金和利息）	F（期货合约到期时所支付的资产价格）	$Se^{r(T-t)} - F$

图表 2.2 显示套利策略的盈利为 $Se^{r(T-t)} - F$。如何知道这是一笔盈利呢？因为我们开始就假设 $Se^{r(T-t)} > F$。在期货合约到期日，对冲基金经理将以价格 F 买入标的资产，并用所收到的资产来抵补其现货空头。

大体来说，金融资产的期货合约是以现金结算的，并不进行标的证券的实物交割③。但是，这并没有改变上述的动态套利机制。对冲基金经理将同时轧平现货空方头寸和期货多方头寸，并计算出收益与损失的净额。盈利也与图表 2.2 中显示的相同。

大多数金融资产都支付某种形式的利息。我们考虑股指期货合约的例子。股票指数追踪股票组合的价值变动。随着时间的变化，股票指数价值的百分比变动通常等于构成该指数组合的所有股票总价值的百分比变动。但是，股票指数通常不对股利作出调整。换句话说，投资者实际持有股票所获得的现金股利，并没有反映到股票指数价值的变动之中。

标准普尔 500 指数、日经 225 股票指数、纳斯达克 100 指数、罗素 100 指数和道琼斯工业股票指数等都有股指期货。到目前为止，最受欢迎的合约是在芝加哥商业交易所交易

---

③ 但是，某些期货交易所允许进行实物交易，即在期货合约到期时，金融资产的持有者可以交易金融资产，而不采用现金结算。

的标准普尔 500 期货合约（SPX）。

以标准普尔 500 期货合约为例。（2.1）式中的定价关系依然适用。不过，我们需要对（2.1）式做出调整，因为股票的持有者会收到现金股利，而期货合约的持有者却不能获得。

在图表 2.2 中，我们分析以无风险利率借入现金并且购买标的金融资产的套利策略。就股票而言，对冲基金经理能够从购买的股票上获得现金股利。现金股利可以减少对冲基金经理的借款成本。这应该反映到期货定价公式中，并可以将这一关系表示为

$$F = Se^{(r-q)(T-t)} \tag{2.2}$$

式中各字母的含义与前文相同，q 等于股票篮子的股息收益率。

我们将股息收益率 q 从借款成本 r 中减掉，从而反映出股票篮子投资能降低持有成本。以 3 个月的标准普尔 500 期货合约为例。假设目前的股票指数为 1200，无风险利率为 6%，标准普尔 500 指数当前的股息收益率为 2%。利用（2.2）式可以计算出 3 个月的标准普尔 500 期货合约的公允价格为

$$F = 1200e^{(0.06-0.02)(0.25)} = 1212$$

需注意，股指期货的价格并不取决于股票的预期收益率；相反，它取决于无风险利率和股息收益率。资产的预期收益也不会影响当前资产价格与未来资产价格之间的定价关系，因为标的资产的任何预期收益都将反映到期货价格中。因此扣除期货合约期限内金融资产的任何收入之后，期货价格与现货价格之间的差额应该仅仅反映出货币的时间价值。

假设 3 个月的标准普尔 500 期货合约的价格被定为 1215 而非 1212。那么对冲基金可以实施以下套利交易：以 6% 的利率借入现金，购买价值 300 000 美元的标准普尔 500 股票篮子 [250 美元×1200，在上述期货中标准普尔 500 指数每一点（译者注：点（point）指期货报价中的最小变动单位）的价值为 250 美元]，并以 1215 的价格出售标准普尔 500 期货合约。3 个月后，对冲基金将获得如下的套利交易盈利：

收取标准普尔 500 股票的期货价格 = 1215×250 美元 = 303 750 美元

加上股票的股利收益 = 300 000×($e^{(0.02)\times(0.25)}-1$) = 1504 美元

减去贷款本息 = 300 000 美元 $\times e^{(0.06)\times(0.25)}$ = 304 534 美元

套利交易的盈利 = 704 美元

图表 2.3 展示股票指数套利交易的现金流情况。当 $F < Se^{(r-q)(T-t)}$ 时可以进行反向的套利操作，与图表 2.2 相类似。也就是说，卖空股票，将卖空所得投资于无风险资产，并且买入期货合约。

图表 2.3　　$F > Se^{(r-q)(T-t)}$ 时的股票指数套利

时点	现金流入	现金流出	净现金流
t（开始套利交易）	S（借入现金）	S（购买标普 500 股票）	$S-S=0$
T（期货合约到期日）	F（标普 500 股票的交割价格）	$Se^{(r-q)(T-t)}$（偿还贷款本息并减去股利收入）	$F-Se^{(r-q)(T-t)}$

货币

外汇可以被视为生息资产,因为外汇持有者可以按照外国的无风险利率获取利息。我们记外国的无风险利率为 f。在这种情况下,外汇期货合约与当前的即期汇率之间的关系可以表达为

$$F = Se^{(r-f)(T-t)} \tag{2.3}$$

式中各字母的含义与前文相同,f 是外国的无风险利率。

(2.3) 式与 (2.2) 式相似,原因在于外汇与生息资产或派息股票相类似。(2.3) 式也表示出我们熟知的利率平价定理。该定理认为两种货币之间的汇率取决于两国利率的差异。

以美元和日元之间的汇率为例。假设美国的无风险利率为 6%,而日本的无风险利率为 1%。同时,假设当前的即期汇率为 120 日元/美元,或者说 0.00833 美元/日元。3 个月的美元/日元汇率期货合约价格为

$$F = 0.00833 e^{(0.06-0.01)(0.25)} = 0.0084382$$

3 个月的日元期货价格为:0.0084382 美元/日元,或曰 118.51 日元/美元。

以 $F > Se^{(r-f)(T-t)}$ 时的货币套利交易为例。假设对冲基金经理能够以 1% 的利率借入 12 000 日元,期限为 3 个月;3 个月后,其需要偿还 $12\,000 e^{(0.01 \times 0.25)} = 12\,030$ 日元。按照 120 日元/美元的即期汇率,基金经理将借入的日元兑换成 100 美元,继而将 100 美元投资于美国的无风险资产,3 个月后可以收回 $100 e^{(0.06 \times 0.25)} = 101.50$ 美元。如果 3 个月的日元期货价格还等于当前的即期汇率 120 日元/美元,基金经理需要卖掉 12 030/120 = 100.25 美元来偿还日元债务。由于基金经理在其 3 个月的美国投资中收回 101.50 美元,其将赚得差额部分 101.50 美元 – 100.25 美元 = 1.25 美元,即为套利交易的盈利。

图表 2.4 展示了当期货价格未将本外币之间的利率差异考虑在内时,基金经理可以获得 150 日元的套利交易盈利。这笔 150 日元的套利交易盈利可以兑换成 150 日元/120 = 1.25 美元。因此,为了消除套利机会,日元的期货价格必须为 118.51 日元/美元。这样,现金流入将刚好等于偿还日元贷款所需的现金流出:101.50 美元 × 118.51 日元/美元 = 12 030 日元。

图表 2.4　　　$F > Se^{(r-f)(T-t)}$ 时的货币套利

时间	现金流入	现金流出	净现金
t(签订期货合约)	以 1% 借入 12 000 日元	12 000 美元/120 = 100 美元 按 6% 的利率投资	0
T(期货合约到期日)	美国生息资产收入 101.50 美元	12 030 日元偿还贷款本息	(101.50 美元 × 120) − 12 030 日元 = 150 日元

在实践中,套利机会并不会像我们给出的例子那样明显。汇率可能只是在很短的时期

内偏离均衡值。只有思维敏捷的对冲基金经理才能够利用定价扭曲来获利。而且，大牌对冲基金经理更多的是开展货币投机活动，而不是进行套利交易。在外汇市场投机中，对冲基金经理持有未对冲的单方向风险敞口。因此这一头寸的建立涉及现金支出。最著名的实例就是1992年乔治·索罗斯做空英镑的投机事件。

商品期货

商品并非金融资产，但商品现货价格与期货价格之间的定价机制与金融资产相类似。两者之间也存在重要的区别，这会影响定价关系。

首先，商品实货会带来储存成本。这些成本应该反映到定价公式中。储存成本可以被看成是负的收入。换句话说，持有商品实货会造成现金流出。这与已讨论的金融资产正好相反。我们已讨论金融资产的标的收益可以抵减其购买成本，但对于商品实货来讲，不仅存在购买成本，而且持有它还会产生储存成本。这一关系可以表示为

$$F = Se^{(r+c)(T-t)} \qquad (2.4)$$

式中字母含义与前文相同，c 表示持有商品实货带来的储存成本。

在（2.4）式中，储存成本 c 增加了购买商品的融资成本。例如，考虑一年期的原油期货合约。假设（1）每桶原油的储存成本是原油价格的2%，储存成本在年底支付；（2）当前原油价格（现货价格）为50美元；（3）无风险利率为6%[④]。那么一年期原油期货合约的价格应为

$$F = 50e^{(0.06+0.02)(1)} = 54.16(美元)$$

商品期货和金融期货之间的第二个差异是**便利收益**。商品实货的消费者感觉到持有商品实货存在许多优势，而这些优势不能从持有期货合约中获得；换句话说，持有商品实货带来不少便利之处。这种优势可以是从暂时性的或局部性的供求失衡中获利，或者是保障生产流水线平稳而持续地运转。另外，某些金属的便利收益率可以用**租借利率**来衡量。黄金、白银和铂金可以租借（贷放）给珠宝和电子制造商，并约定一段时期后偿还该贵金属。

同时考虑储存成本和便利收益，期货合约的价格可以表示为

$$F = Se^{(r+c-y)(T-t)} \qquad (2.5)$$

式中字母的含义与前文一致，y 表示便利收益率。

特别提示，便利收益率 y 必须从无风险收益率 r 和储存成本 c 中减去。与金融资产相似，便利收益率 y 降低了持有资产的成本。

例如，一盎司黄金的当前价格为400美元，无风险利率为6%，储存成本为购买价格的2%，黄金的租借利率为1%。6个月期的黄金期货合约价格为

$$F = 400e^{(0.06+0.02-0.01)(0.5)} = 429(美元)$$

---

④ 如果储存成本是以美元金额表示的，那么相应的公式为 $F = (S+C)e^{r(T-t)}$，C 代表在期货合约存续期内所引致的全部储存成本的现值。

假设 $F > Se^{(r+c-y)(T-t)}$。通过借入 S、购买标的商品并卖出期货合约，投资者就可以赚取套利交易的盈利。图表（2.5）详细地展示了这一套利交易[5]。

图表2.5展示了从这一套利交易中获得的收益。在期货合约到期日，投资者收到一笔正的现金流入 $F - Se^{(r+c-y)(T-t)}$，其中 $Se^{(r+c-y)(T-t)}$ 代表应当偿还的金额（贷款本息和储存成本）与黄金租借收益之差。

图表 2.5　　　　　　　$F > Se^{(r+c-y)(T-t)}$ 时的商品期货套利

时间	现金流入	现金流出	净现金
t（开始套利交易）	S（借入现金）	S（购买资产）	$S - S = 0$
T（期货合约到期日）	F（商品的交割价格）	$Se^{(r+c-y)(T-t)}$（贷款本息加上储存成本减去租赁收入）	$F - Se^{(r+c-y)(T-t)}$

如果投资者事先并未持有商品，就不能进行这一套利的反向操作（译者注：即不能卖空现货，买入期货）。除了贵金属之外，其他商品难以借贷。因此，商品不能像金融资产那样被卖空。除此之外，企业持有标的商品看重的是其消费价值，而非投资价值。

商品市场的经济学原理：现货溢价与期货溢价

在讨论了定价关系之后，我们下一步要讨论商品消费、生产和对冲的经济学原理。商品期货合约表现出与利率相似的期限结构。它的期限结构曲线可以向下倾斜或是向上倾斜。曲线形状不同的原因在于对冲者和投机者的行为。

考虑石油生产商的例子，比如埃克森美孚公司。由于涉及勘探、开发、冶炼和市场营销等业务，该公司自然具有原油的多头风险敞口。这使得埃克森美孚公司面临原油价格下跌的风险。为了降低风险敞口，埃克森美孚会卖出原油期货合约[6]。

从埃克森美孚公司的角度来看，通过卖出原油期货合约，它可以将商品价格风险从经营风险（即勘探、冶炼原油并将其出售给消费者的能力）中分离出开。借助对冲，埃克森美孚可以更好地运用其资本来管理经营风险，而不是保留一部分资本储备金以应对原油价格波动。简单地说，对冲使得埃克森美孚公司能更有效地运用股东资本。埃克森美孚公司的股票价格基本上就与石油价格的波动没有经济关系了。这一点可以从图表2.6看出来，它显示埃克森美孚公司以及其他三家大型石油公司的股票收益率与标准普尔500指数的相关系数和贝塔值。同时，表中还显示了这四家石油公司的股票收益率与原油价格之间的相关系数和贝塔值。当埃克森美孚公司卖出期货时，必须有交易对手方来购买这些期货合约，并承担油价下跌的风险。这就是投机者。

---

[5] 在实践中，储存成本可以是用美元表示，而不表示为商品价值的百分比，但便利收益率用商品价值的百分比表示。例如，当C等于期货合约持续期内应付储存成本的现值时，(2.5) 式就可以表示为
$$F = Se^{(r-y)(T-t)} + Ce^{r(T-t)}$$

[6] 石油生产商设有能源交易席，以此对冲原油多头敞口。埃克森公司对冲风险的另一种方法是通过长期交货合约，合约中原油价格是固定的。

图表2.6　　　　　　　　　　四大石油公司的贝塔系数和相关系数

	股票市场贝塔	股票市场相关系数	原油贝塔	原油相关系数
埃克森美孚	0.67	0.86	-0.04	-0.14
雪佛龙/德士古	0.67	0.60	-0.08	-0.22
荷兰皇家壳牌	0.85	0.78	0.38	0.02
英国石油阿莫科	0.71	0.55	0.12	0.26

如果埃克森美孚公司将它的风险转移给投机者，那么后者必须得到补偿。投机者以低于预期未来现货价格的价格从石油生产商处购入期货合约，以此获得补偿。也就是说，商品期货合约中规定的价格会低于预期的未来原油现货价格。期货价格与预期的现货价格之差将作为对投机者的风险补偿。可以表示为

$$E(S_T) > F_T \tag{2.6}$$

其中：$E(S_T)$ = 标的商品在 T 时刻（期货合约到期日）的预期现货价格

F_T = 期货合约中约定的 T 时刻支付价格

如果不等式（2.6）在期货合约到期日时仍然成立，投机者将获得 $S_T - F$ 的盈利。但是，任何事情都是不确定的，商品价格会不断波动。期货合约中约定的价格可能会超过 T 时刻的现货价格。这样的话，投机者将亏损 $F_T - S_T$。

石油生产商将这种风险从其利润表转移到投机者的利润表中。因此，为了确保在大部分时间里投机者因承担商品价格风险而得到补偿，必须使得期货价格 F_T 足够小于预期的未来现货价格 S_T。期货市场的这种情况被称为**常态现货溢价**，简称为**现货溢价**。

现货溢价一词源于约翰·梅纳德·凯恩斯。凯恩斯首次理论化地提出了在商品市场中，商品生产者是天然的对冲者，因此生产者需要为投机者提供风险溢价，从而吸引投机者承担商品价格波动的风险。这笔风险溢价即为 $E(S_T) - F_T$；相反，由于对冲者试图降低风险，他们愿意签订预期收益为负的合约（译者注：收益为负反映出生产商支付溢价）[⑦]。

在现货溢价型的商品市场中，期货价格曲线向下倾斜。期货合约的期限越长，期货价格相对于预期未来现货价格的折价程度越大，以此来补偿投机者更长时间地承担标的商品价格风险。因此，期限长的期货合约比期限短的期货合约定价更低。

与现货溢价相反的商品市场是期货溢价市场。在期货溢价市场中，（2.6）式的不等号要反过来——预期的未来现货价格 S_T，小于当前的期货价格 F_T。

当最有可能的对冲者天然地对标的商品存在需求时，就会发生期货溢价的情况。以飞机制造商波音公司为例。制造喷气式飞机最主要的原材料是铝，但波音公司并不拥有任何铝矿资产。因此，它天然地存在对铝的需求，并且必须购买铝来弥补这种敞口，以满足其生产需要。

---

⑦　现货溢价这个词通常用于描述期货价格低于当前现货价格的情况，常态现货溢价这个词是指预期的未来现货价格大于当前期货价格的情况。我很感谢 CalPERS 投资公司的雷·文纳（Ray Venner）博士，他指出了这一重要的差异。

这使得波音公司面临铝价上升的风险。为了对冲这一风险,波音公司可以购买铝期货⑧。但是必须有投机者被吸引到这一市场,出售期货合约给波音公司,并承担铝价风险。为了吸引投机者,波音公司必须愿意以价格 F_T 购买期货合约,该价格大于预期的未来现货价格

$$F_T > E(S_T) \tag{2.7}$$

波音公司愿意以预期会产生损失的价格购买期货合约,因为这可以消除铝价的不确定性。投机者将会出售期货合约,并预期得到 $F_T - E(S_T)$ 的收益。当然,投机者的收益可能会多一些也可能少一些(甚至会赔本),这取决于期货合约到期时铝的实际现货价格。如果在合约到期时(2.7)式仍然成立,那么投机者将获利 $F_T - S_T$。

读者可能会问:为什么投机者是不可或缺的?为什么波音公司不直接与铝生产商签订固定价格的合约来锁定铝的价格,从而消除商品价格的风险敞口呢?波音公司已经尽了最大努力。事实上,在商品生产者和消费者能够直接与对方协商的范围内,价格风险不需要投机者的介入就可以被消除。但是,铝的生产并不总是符合波音公司的生产周期,短期的铝需求将使波音公司面临价格风险。投机者即填补这一空缺。

同理,埃克森美孚石油公司的原油价格敞口难以分散掉。它可以通过事先卖出产品来降低石油价格风险。但是在很多情况下,可能没有消费者愿意提前购买原油产品。因此,埃克森美孚公司只能以一个折扣价出售其期货产品,从而吸引投机者/投资者进入这一市场。

在期货溢价市场中,期货价格曲线向上倾斜。也就是说,期货合约期限越长,投机者出售期货合约给对冲者就应该收取更高的期货价格。更高的价格反映出投机者在更长时期内承受额外风险。

市场是现货溢价还是期货溢价,也取决于标的商品的全球性供求状况。以原油为例。1999年年初,原油市场供给充裕。伊拉克的原油产量增加、1998年亚洲金融危机导致亚洲经济下滑,以及欧佩克成员国之间不能(就减产)达成一致,这些因素致使原油供应过剩。如此,原油期货合约表现出期货溢价现象。

市场是现货溢价还是期货溢价,也反映出在特定时刻谁承担了最大的商品价格变动风险。例如2005年12月,大多数原油消费国都经历了一段长时间的油价上涨。2005年深秋,美国每加仑汽油的成本达到3.25美元的最高值。另外,由于市场持续地担忧伊拉克(欧佩克第二大石油生产国)的局势稳定问题,导致了原油价格的不稳定。继而卡特里娜飓风(想想新奥尔良市全员撤离的情形)的毁灭性影响和2005年秋季其他热带风暴的影响,扰乱了整个美国市场的石油供给。

因此,在2005年年末,石油消费者直接感受到商品价格波动的风险,而石油生产者却没有感受到这种风险。石油消费者对原油存在需求,2005年发生的所有不利事件都对石油供应造成负面影响,因而消费者比石油生产者承担更大的期货价格风险。为了对冲掉该风险,石油消费者购买原油期货合约来锁定其消费价格。结果如图表2.7中所示,原油

---

⑧ 这不是波音公司对冲铝空头敞口的唯一方法。它可以签订长期合约,以固定的价格购买铝。这些合约实质上是为客户量身定制的期货合约,或者说远期合约。

市场出现期货溢价。由于之前18个月的原油价格冲击完全让石油消费者措手不及，自然而然，他们对于近期石油价格的走势变得非常谨慎并且厌恶风险。如此，2005年年末石油价格的主要对冲者就不是石油生产者，而是消费者。于是市场出现期货溢价，石油消费者购买的期货价格高于预期的未来现货价格（见（2.7）式），以此作为对投机者的补偿。

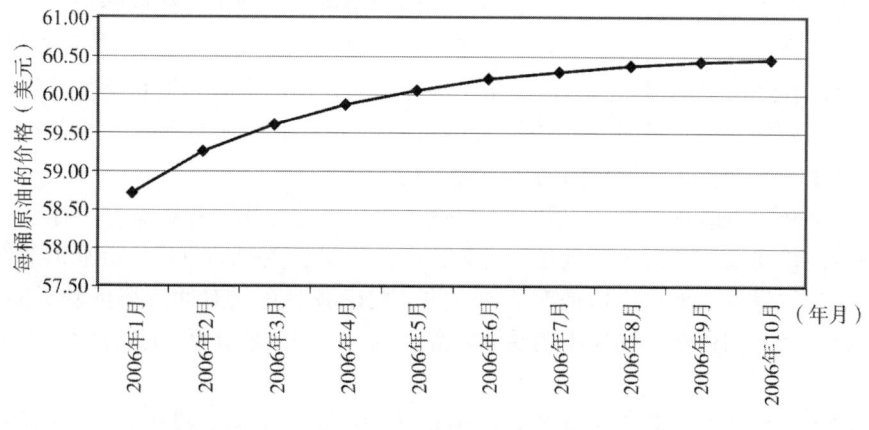

图表 2.7 期货溢价型原油市场（2005年12月）

作为对照，再看图表2.8。这是2008年4月的原油期货市场。市场上的原油价格曲线清楚地显示出现货溢价。

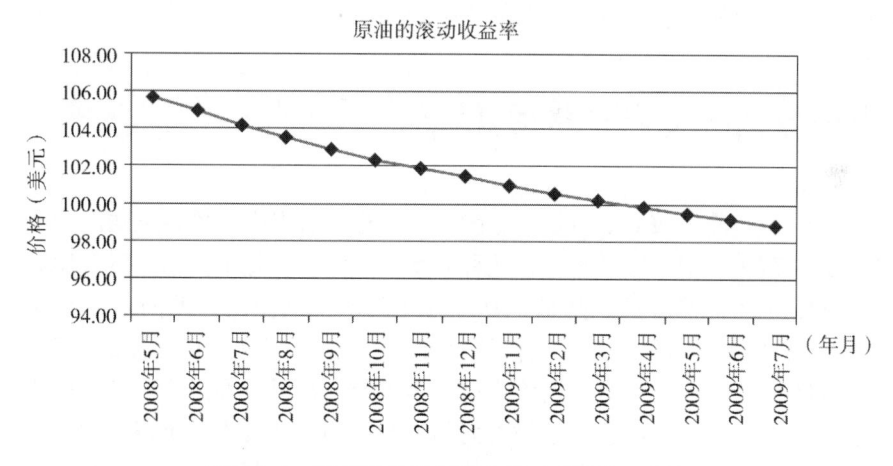

图表 2.8 现货溢价型原油市场（2008年4月）

为什么会出现这样的差异呢？在2008年，原油市场运转正常。这一年没有过多的价格冲击，没有极端的天气现象，并且伊拉克已经从萨达姆·侯赛因的压迫统治之下解放出来。在这样的时期，原油的价格风险落在了原油生产者的肩膀上。为了对冲风险，他们必须以足够低于预期未来现货价格的期货价格来吸引投机者。结果就是图表2.8所示的现货溢价曲线。

商品市场大部分时间内都是现货溢价。事实上，原油市场大约有70%的时间处于现货溢价状态。这是因为现货溢价市场鼓励商品生产者更多地生产。考虑图表2.8。埃克森美孚公司面临一个选择：它可以立刻生产原油，并以106.00美元每桶的价格将产品卖出；

或者它可以等待 12 个月，然后以 98.00 美元一桶的预期价格出售。这个选择很简单：美孚公司倾向于现在生产并以较高的价格出售，而不是以后再生产而且以较低的价格出售。因此，现货溢价是鼓励当前生产更多标的商品的必要条件。

但是，有时供给和需求会出现失衡，例如 2005 年的原油市场。当这种情况发生时，商品期货市场可能会一反常态，在现货溢价与期货溢价之间做出突然的转变。此外，当风险从商品生产者转移到消费者身上时，市场还可能出现期货溢价。这种情况在 2005 年 12 月就发生过。在经历了前两年间多次的价格冲击之后，原油消费者变得极度风险厌恶。风险厌恶程度的增加使得消费者承担原油价格风险，于是他们成了原油市场中的主要对冲者。于是出现了图表 2.7 中显示的期货溢价市场现象。

图表 2.7 和图表 2.8 也强调了另一个要点：投机者的作用。投机者并不在意商品市场是处于现货溢价还是期货溢价；她是不可知论者。投机者关心的只是为所承担的价格风险收取一笔恰当的溢价。如果市场是现货溢价的，投机者愿意从对冲者那里购买期货合约，但必须是以一个折扣价格。如果市场是期货溢价的，投机者将出售期货合约，但是必须存在溢价。

最后，关于图表 2.7 和图表 2.8 还有很重要的一点要强调。投机者/投资者能够从商品期货中获利，无论市场出于何种状态。我们的结论是，预期的商品投资长期收益独立于商品价格的长期趋势。正如我们刚刚说明的，投机者对原油价格的当前趋势是不可知论者。无论市场上是现货溢价还是期货溢价，投资都能够获利。因此商品市场的盈利由风险资本的供求状况所决定，而不是由长期的价格趋势所决定。

商品价格与金融资产价格的比较

在本节中，我们将比较商品价格与金融资产价格。金融资产价格反映出预期未来现金流在长期内的折现值。对于股票价格，这种未来现金流可能是永恒的。对于债券，现金流期间是有限的，但可能非常长，例如，10～20 年的预期现金流入期间。金融资产的投资者将获得现金流波动风险的补偿，这种风险反映在用于折现这些现金流的利率上。因此，长期内的预期和利率对于金融资产定价来说最为关键；相反，商品投机者和投资者因承担短期的商品价格风险而获得收益。通过替商品生产者和消费者承担价格风险，投资者和投机者面临着对冲者短期收益的风险敞口，而非长期现金流的敞口。从商品市场在期货溢价和现货溢价之间的迅速转变上，我们可以更明确地看出这一点。图表 2.7 和图表 2.8 表明，风险承担者的角色可以在商品生产者和消费者之间迅速地转移。

对冲者收益的短期风险敞口表明商品定价与金融资产定价会有很大差异。长期内的预期和利率对商品价格影响很小。因此，当短期预期和长期预期发生偏离时，商品价格与金融资产价格的反应会有很大不同。这种偏离作为经济周期的部分环节自然而然会发生。

例如，在衰退的谷底，对经济增长的短期预期是消极的。由于原材料需求降低，商品价格将下降。但是衰退谷底时的贴现率很低，而且长期收益的预期也开始上调，因此股票和债券开始向好；反之，在繁荣之巅会出现相反的情形。商品价格很高，但是长期收益的预期开始下调。

对于商业周期不同阶段的不同反应表明，商品往往与股票和债券的变动方向相反。这一点对于投资组合具有重要的意义。现在，我们就可以理解为什么商品价格的定价机制与金融资产存在区别了。

结　论

无论是对于对冲者还是投机者，商品期货合约都是很重要的工具。目前，许多机构投资者利用期货市场来获得风险溢价。本章简要介绍了商品期货市场的定价机制，并讨论相关的经济学原理。之后从金融和货币期货市场的套利策略入手，重点讨论了商品现货价格与期货价格之间的定价关系，并强调商品市场重要特征对这种定价关系的影响。商品实货存在储存成本和便利收益，这些因素都应该反映在商品期货的定价公式中。随后在这种定价关系的框架下，分析了商品消费、生产和对冲的经济学原理。商品期货合约的期限结构取决于对冲者和投机者在商品市场中的行为。现货溢价的市场呈现出向下倾斜的期货价格曲线；反之，期货溢价的市场中期货价格曲线向上倾斜。因此投机者/投资者可以从商品期货中获利，无论商品市场处于什么状态。本章的结论是，商品投资的预期长期收益与商品价格的长期趋势无关，所以商品市场的盈利由风险资本的供求状况所决定，而不是由长期的价格趋势所决定。

第3章
商品期货投资：
战略动因和战术机会回顾*

约书亚·D·伍达德（Joshua D. Woodard）
博士候选人
期货和期权研究室
伊利诺伊大学厄本那—香槟分校

关于商品期货投资动因的研究至少可以追溯到20世纪30年代，当时约翰·梅约德·凯恩斯（John Maynard Keynes）[1]提出了常态现货溢价理论。常态现货溢价理论认为期货市场是重要的保险市场。在对冲者主要是商品生产者的假定之下，凯恩斯通过推理认为，多头投机者应该赚取一笔风险溢价，因为他们承担了对冲者想要规避的现货价格风险。在随后的40年中，这一观点被广泛地讨论，但这些讨论都是在独立的单个市场框架中进行的[2]。然而，马柯维茨均值—方差模型的出现和夏普**资本资产定价模型（CAPM）**的扩展，推动了对商品期货市场上投机收益的新思考。

在1973年，杜撒克（Dusak）[3]通过把CAPM框架应用于商品期货收益，对传统的风险溢价概念提出了挑战。她认为，在原则上期货市场和其他风险资产市场并无区别。具体来说，资产组合方法并未对绝对收益是正、是负、还是零做出假定，而是假定任何风险资产的收益由其对整个分散化资产组合的风险－收益贡献程度来决定。杜撒克的经验分析显示风险溢价非常接近零，而且实际上几乎没有系统性风险。孤立地看，这些结论意味着商品期货对投资组合可能只有微小的影响。然而杜撒克的数据只涵盖玉米、小麦和大豆，其

---

* 笔者感谢本书主编、Philip Garcia、Jason Franker和Thorsten Egelkraut对之前版本的有益评论和建议。

[1] John M. Keynes, *A Treatise on Money*, vol. 2 (London: Macmillan, 1930).

[2] See, for example, Paul H. Cootner, "Returns to Speculators: Telser versus Keynes," *Journal of Political Economy* 68, no. 4 (1960), pp. 396–404; and Lester G. Telser, "Futures Trading and the Storage of Cotton and Wheat," *Journal of Political Economy* 66, no. 3 (1958), pp. 233–255.

[3] Katherine Dusak, "Futures Trading and Investor Returns: An Investigation of Commodity Market Risk Premiums," *Journal of Political Economy* 81, no. 6 (1973), pp. 1387–1406.

范围有限，而且她并不是从评估商品期货在分散化组合中的投资业绩的角度得出研究结果的。

在 20 世纪 70 年代后期，研究者们开始考虑，商品期货或许可以作为投资组合中具有吸引力的成分。在这方面的第一篇论文中，格里尔（Greer）④ 证实了非杠杆化期货投资比股票投资的风险小，而且能对冲通胀风险，从而凸显出商品期货的投资潜力。博迪和罗桑斯基（Bodie and Rosansky）⑤ 采用的数据比杜撒克更为全面，他们发现等权重型商品期货投资组合具有与标准普尔 500 指数相类似的风险调整后超额收益，而且其股票市场贝塔值为负数。这些结论与杜撒克在 CAPM 框架下得出的结论并不十分相符，但确实进一步地提供了证据，支持将商品期货作为广义投资策略中的一部分。

这些早期的研究结果引出了许多研究商品期货的潜在投资利益的文献。商品天然的经济周期对冲功能以及近期的商品价格上涨，再次引起了人们对商品期货的兴趣。本章的目的就是回顾商品期货投资相关的研究文献。我们综合多个早期研究的结论，并利用 1996 年 7 月至 2006 年 6 月的股票、债券和商品期货数据，检验这些研究结论与现实情况是否一致⑥。本章的样本数据期间与早期研究相比较短，可能会导致结论存在个案效应。尽管如此，这些结果可能对早期研究结论的稳定性和稳健性提供更广泛的信息。

通常的文献资料把商品期货投资分为战略投资和战术投资两个层面。我们将在下一节讨论的战略投资通常是在静态框架下做分析，即研究只做多型投资。借助被动投资方式，战略性资产配置试图利用不同资产类别的长期特征来获利。在之后的一节中，我们还将讨论战术投资，它利用期货投资收益随结构性因素（如通货膨胀）而变化的性质来获利，这意味着可以根据宏观经济状况和短期偏差来制订动态的交易方案。

商品投资的战略动因

在股票和债券资产组合中，持有被动只做多型的商品期货的战略动因有很多⑦。其中

---

④ Robert J. Greer, "Conservative Commodities: A Key Inflation Hedge," *Journal of Portfolio Management* 4, no. 4 (1978), pp. 26 – 29.

⑤ Zvi Bodie and Victor I. Rosansky, "Risk and Return in Commodity Futures," *Financial Analysts Journal* 36, no. 3 (1980), pp. 27 – 39.

⑥ 关于商品投资的文献还有一个分支专门研究管理型期货和商品基金（See Scott H. Irwin, Terry）. R. Krukemyer, and Carl R. Zulauf, "Investment Performance of Public Commodity Pools: 1979 – 1990," *Journal of Futures Markets* 13, no. 7 (1993), pp. 799 – 820; Franklin R. Edwards and Mustafa Onur Caglayan, "Hedge Fund and Commodity Fund Investments in Bull and Bear Markets," *Journal of Portfolio Management* 27, no. 4 (2001), pp. 97 – 108; and Edwin J. Elton, Martin J. Gruber, and Joel C. Rentzler, "Professionally Managed, Publicly Traded Commodity Funds," *Journal of Business* 60, no. 2 (1987), pp. 175 – 199. 我们在本章不讨论这些问题，因为它们引入了另一个维度的问题，即组合经理的技能。

⑦ 关于空头的研究不在本章讨论范围之内。虽然卖空操作会在一定程度上使估计变得复杂，但本章研究的问题可以很容易推广到允许做空的情况中。

包括赚取风险溢价的可能性[8]、商品与股票和债券的低相关性,以及对通货膨胀和经济周期的防御作用。

风险溢价的经验证据

长期以来,风险溢价是否得到经验性证实一直都存有争议[9]。正如加西亚和路佛德(Garcia and Leuthold)[10]所指出的,是否检测出大额的风险溢价似乎对估计中所采用的方法和假设很敏感。此外,不同研究结果之间似乎受到样本期间的很大影响。单个商品期货尤其是这样,它们具有很高的特定风险。然而,商品期货组合通常显现出大额的多头风险溢价,这与针对股票的研究结果相似[11]。这一效应主要是投资组合的风险比组合成分风险低的缘故。

如前所述,杜撒克[12]在她的样本中没有发现任何风险溢价的证据。博迪和罗桑斯基[13]发现在他们所研究的23种商品中,22种商品具有正的超额收益,但只有微弱的统计显著性。萨缪尔森(Samuelson)[14]认为,商品期货价格整体上不应该存在任何上涨或下跌的漂移趋势[15]。卡特、劳泽和施密茨(Carter, Rausser and Schmitz)[16]改写了杜撒克的模型,他们的市场模型中包含商品期货,并且根据对冲压力的大小而持有投机性净空头或净多

---

[8] 本章也不讨论关于基差行为的观点,比如便利收益假说(See Holbrook Working "Theory of the Inverse Carrying Charge in Futures Markets," *Journal of Farm Economics* 30, no. 1 (1948), pp. 1 – 28; Holbrook Working, "The Theory of Price of Storage," *American Economic Review* 39, no. 6 (1949), pp. 1254 – 1262; Colin A. Carter, "Commodity Futures Markets: A Survey," *Australian Journal of Agricultural and Resource Economics* 43, no. 2 (1999), pp. 209 – 247; Martin Benirschka and James K. Binkley, "Optimal Storage and Marketing over Space and Time," *American Journal of Agricultural Economics* 77, no. 3 (1995), pp. 512 – 524; and Eugene F. Fama and Kenneth R. French, "Commodity Futures Prices: Some Evidence of Forecast Power, Premiums, and the Theory of Storage," *Journal of Business* 60, no. 1 (1987), pp. 55 – 73)。

[9] See, for example, Cootner, "Returns to Speculators: Telser versus Keynes," Dusak, "Futures Trading and Investor Returns: An Investigation of Commodity Market Risk Premiums"; Eugene F. Fama and Kenneth R. French, "Commodity Futures Prices: Some Evidence of Forecast Power, Premiums, and the Theory of Storage," *Journal of Business* 60, no. 1 (1987), pp. 55 – 73; Telser, "Futures Trading and the Storage of Cotton and Wheat"; Colin A. Carter, Gordon C. Rausser, and Andrew Schmitz, "Efficient Asset Portfolios and the Theory of Normal Backwardation," *Journal of Political Economy* 91, no. 2 (1983), pp. 319 – 331; and Bruce Bjornson and Colin A. Carter, "New Evidence on Agricultural Commodity Return Performance under Time-Varying Risk," *American Journal of Agricultural Economics* 79, no. 3 (1997), pp. 918 – 930.

[10] Philip Garcia and Raymond Leuthold, "A Selected Review of Agricultural Commodity Futures and Options Markets," *European Review of Agricultural Economics* 31, no. 3 (2004), pp. 235 – 272.

[11] See, for example Bodie and Rosansky, "Risk and Return in Commodity Futures"; Zvi Bodie, "Commodity Futures as a Hedge against Inflation," *Journal of Portfolio Management* 9, no. 3 (1983), pp. 12 – 17; Claude B. Erb and Campbell R. Harvey, "The Tactical and Strategic Value of Commodity Futures," *Financial Analysts Journal* 62, no. 2 (2006), pp. 69 – 97; and Gary Gorton and K. Geert Rouwenhorst, "Facts and Fantasies about Commodity Futures," *Financial Analysts Journal* 62, no. 2 (2006), pp. 47 – 68.

[12] Dusak, "Futures Trading and Investor Returns: An Investigation of Commodity Market Risk Premiums."

[13] Bodie and Rosansky, "Risk and Return in Commodity Futures."

[14] Paul Samuelson, "Proof that Properly Anticipated Prices Fluctuate Randomly," *Industrial Management Review* 6, no. 2 (1965), pp. 41 – 49.

[15] See also, Telser, "Futures Trading and the Storage of Cotton and Wheat."

[16] Carter, Rausser, and Schmitz, "Efficient Asset Portfolios and the Theory of Normal Backwardation."

头,他们证实存在随时间变化的季节性风险溢价。在另一项研究中,常(Chang)[17]运用非参数方法研究了1951—1980年的小麦、玉米和大豆的收益。他发现了市场存在显著风险溢价的经验证据,但指出了风险溢价的大小随时间变化。

法玛和弗伦奇(Fama and French)[18]通过分析农产品、木材、畜类和金属等21种商品,研究了常态现货溢价问题。对于21种商品之中的7种商品,他们找到了随时间变化的风险溢价的证据。然而,他们的检验只是为了检测出预期溢价的变化。所以,使用他们的检验方法未找到风险溢价的证据,并不能排除存在正的预期风险溢价的可能性。

为了进一步研究这个问题,法玛和弗伦奇对样本平均收益做了 t 检验,目的是检验单个商品以及所有商品的等权重组合是否存在显著不等于0的收益。他们指出,21种商品中只有5种显示了统计显著的正收益。另一方面,他们发现所有商品等权重组合的月均收益为0.54%,t 统计量为1.87,这表明存在"轻度可靠且幅度不小的常态现货溢价"。因此,尽管单个商品市场看上去不能提供一致的风险溢价,但期货投资组合看上去确实能提供显著的风险溢价。对这个结论的一种解释是,分散化减小了商品期货组合的风险却没有降低其收益。博迪和罗桑斯基[19]关于商品期货组合的研究也得出了类似的结论。

在最近的一项研究中,戈登和鲁文赫斯(Gorton and Rouwenhorst)[20]构建了一个包含36种商品期货的等权重指数,样本期间为1959年7月至2004年12月,他们也得出了类似的结论。他们的组合平均收益和 t 统计量分别为5.23%和2.92。但对单个商品而言,并非都存在正的风险溢价。厄尔布和哈维(Erb and Harvey)[21]也得出了相似的结论,他们研究的是在1982—2004年的多种商品期货和商品期货分类指数[22]。

在本章中,我们采用与戈登和鲁文赫斯类似的方法来研究风险溢价问题,即对算术收益率进行 t 检验[23]。我们的分析所选用的单个商品包括原油、铜、白银、黄金、小麦、大豆、玉米、瘦肉猪和生牛,它们都是各个主要商品子类中交易最频繁的期货合约,这些子类包括能源、工业金属、贵金属、农产品和畜类。我们将高盛商品指数(GSCI)[24]的期货

---

[17] Eric C. Chang, "Returns to Speculators and the Theory of Normal Backwardation," *Journal of Finance* 40, no. 1 (1985), pp. 193–208.

[18] Eugene F. Fama and Kenneth R. French, "Commodity Futures Prices: Some Evidence of Forecast Power, Premiums, and the Theory of Storage," *Journal of Business* 60, no. 1 (1987), pp. 55–73.

[19] Bodie and Rosansky, "Risk and Return in Commodity Futures."

[20] Gary Gorton and K. Geert Rouwenhorst, "Facts and Fantasies about Commodity Futures," *Financial Analysts Journal* 62, no. 2 (2006), pp. 47–68.

[21] Claude Erb and Campbell Harvey, "The Strategic and Tactical Value of Commodity Futures," *Financial Analyst Journal* 62, no. 2 (2006), pp. 69–97.

[22] 这里不详尽讨论。关于进一步的讨论,可参见 Garcia and Leuthold, "A Selected Review of Agricultural Commodity Futures and Options Markets"; Colin A. Carter, "Commodity Futures Markets: A Survey," *Australian Journal of Agricultural and Resource Economics* 43, no. 2 (1999), pp. 209–247; and Hendrik Bessembinder, "Systematic Risk, Hedging Pressure, and Risk Premiums in Futures Markets," *Review of Financial Studies* 5, no. 4 (1992), pp. 637–667.

[23] 我们的研究采用的是算术收益。或者,也可采用对数收益或几何收益;但这些选择不大可能影响我们的定性分析结论。

[24] GSCI 是由高盛发布的一种按经济产量加权的指数。合约的权重由根据世界产量决定,因此目前 GSCI 对能源赋予很高的权重。GSCI 指数的期货合约在芝加哥商业交易所(CME)交易。我们的分析是基于期货合约,而不是基于标的指数。

合约也包含进来，并作为总体商品市场业绩的测度指标。

图表 3.1 显示 1996 年 7 月至 2006 年 6 月的十年间，所选商品全额抵押型期货收益的描述性统计量。在样本期间内，10 种商品中的 7 种具有正收益，玉米、小麦和生猪则有负收益。简单地从 t 统计量来看，原油、铜、畜类和 GSCI 指数等 4 种合约都具有显著的正收益。玉米和小麦则呈现出显著的负收益。这个样本的研究结果与早期研究的一致之处在于：虽然单个商品的收益差别很大，但商品市场综合指数 GSCI 提供有力的正收益证据——统计显著的月均收益 1.31%。与上述情况相背离的是原油期货，它的平均收益率比 GSCI 指数更高，而且统计显著性更高，这主要归因于能源价格在此期间迅速上涨。

图表 3.1　　描述性统计量：月度算术收益（1996 年 7 月至 2006 年 6 月）

	平均值	标准误	t 统计量	中位数	标准差	偏度	峰度	组距	最小值	最大值
股票	0.0064	0.0041	1.5446	0.0087	0.0451	-0.4814	0.3350	0.2425	-0.1458	0.0967
债券	0.0057	0.0011	5.3652	0.0066	0.0117	-0.5527	0.9007	0.0681	-0.0368	0.0313
国库券	0.0030	0.0001	22.7571	0.0035	0.0015	-0.3038	-1.4070	0.0048	0.0007	0.0055
玉米	-0.0112	0.0059	-1.8798	-0.0193	0.0625	0.0536	-0.0535	0.3259	-0.1715	0.1545
大豆	0.0070	0.0065	1.0729	-0.0015	0.0711	-0.0364	0.8091	0.4193	-0.2097	0.2096
小麦	-0.0105	0.0060	-1.7495	-0.0174	0.0660	0.2733	-0.3778	0.3261	-0.1648	0.1612
原油	0.0225	0.0087	2.5855	0.0208	0.0951	0.1671	0.3605	0.5777	-0.2205	0.3573
白银	0.0091	0.0067	1.3623	0.0016	0.0731	-0.0932	0.6225	0.4208	-0.2349	0.1858
黄金	0.0050	0.0038	1.3230	-0.0006	0.0417	0.7701	1.1927	0.2587	-0.0947	0.1640
铜	0.0171	0.0070	2.4418	0.0069	0.0768	1.1049	2.5822	0.4918	-0.1327	0.3592
生猪	-0.0008	0.0077	-0.1066	-0.0011	0.0842	-0.1089	1.4314	0.5184	-0.2587	0.2597
生牛	0.0085	0.0040	2.1224	0.0057	0.0440	-1.2621	6.5614	0.3522	-0.2301	0.1221
GSCI	0.0131	0.0054	2.4465	0.0119	0.0587	0.1462	-0.3506	0.2752	-0.1121	0.1631

商品期货作为资产类别

尽管一些研究对凯恩斯意义上的正预期风险溢价概念提出了质疑，但许多研究还是证实了在分散化组合中持有商品期货的好处。鉴于商品期货组合往往具有正的预期收益，至少大体上如此，我们自然要问它们与传统资产相比如何。博迪和罗桑斯基[25]发现，1950—1976 年等权重期货指数具有统计显著的收益，而且与股票收益相当。卡普兰和卢默（Kaplan and Lummer）[26]利用 1970—1997 年的数据研究发现，抵押型 GSCI 指数投资的收益和风险比股票投资的收益和风险稍高。戈登和鲁文赫斯[27]发现，1959—2004 年，36 种商品期货等权重组合的收益与股票收益相当。在此期间，股票（债券）的平均超额收益

---

[25] Bodie and Rosansky, "Risk and Return in Commodity Futures."
[26] Paul D. Kaplan and Scott L. Lummer, GSCI Collateralized Futures as a Hedging and Diversification Tool for Institutional Portfolios: an Update, Working Paper, Ibbotson Associates, 1997.
[27] Gorton and Rouwenhorst, "Facts and Fantasies about Commodity Futures."

和标准差分别是 5.65%（2.22%）和 14.85%（8.47%），而商品的平均超额收益和标准差分别是 5.23% 和 12.10%。此外，商品期货组合的夏普比率比股票和债券的夏普比率都高。最后，他们认为，相对而言股票和债券与商品是不相关的。

商品的高收益和低系统性风险表明，商品可能是有价值的组合添加物。博迪和罗桑斯基[28]发现在仅由股票构成的投资组合中，配以 40% 的商品期货可以显著地降低组合风险并提高预期收益。卡普兰和卢默发现，在由股票和债券组成的分散型组合中，加入 GSCI 可以提高预期收益并降低风险。贾菲（Jaffe）[29]则指出，在 1971—1987 年期间，分散化组合中加入黄金期货，可以提高收益降低风险。伍达德、伊歌克劳、加西亚和彭宁斯（Woodard, Egelkraut, Garcia and Pennings）[30]分析了 1994 年 1 月至 2006 年 6 月的数据，他们发现，GSCI 以及某些单个商品期货的加入能够显著提高股票和债券组合的夏普比率。

安森[31]发现，在 1970—2000 年期间，商品期货在整体收益上要优于股票和债券，但商品期货表现出略高的波动率。他还运用股票和债券组合推导出两个"有效边界"，一个往股票和债券组合中加入 10% 的几种商品期货指数，另一个则不加入商品期货指数。在全部情形中，他发现对于几乎所有的风险水平，期货的加入都可以显著地上移"有效边界"。在另一项研究中，福滕伯里和豪泽（Fortenbery and Hauser）[32]分析了玉米、大豆、生牛和生猪期货的投资优势。运用 1976 年 7 月至 1985 年 12 月的数据，他们发现尽管加入商品期货很少能提高组合收益，但确实能通过分散掉非系统性风险来降低组合风险。

对近期数据的分析能够证实早期研究的结论。图表 3.1 包含标普 500 总收益指数（股票）、雷曼兄弟美国综合债券总收益指数（债券）和商品期货的描述性统计量，图表中 GSCI 的收益大幅高于股票和债券的收益（1.31%、0.64% 和 0.57%），但 GSCI 的标准差也较高（5.87%、4.51% 和 1.17%）。股票（债券）的 t 统计量为 1.55（5.37）。令人吃惊的是，原油、铜、生牛和 GSCI 等 4 种期货合约的 t 统计量比股票高，表明这些商品具有正的只做多风险溢价。

图表 3.2 列出股票、债券和商品的月度收益相关性，以及由消费物价指数（CPI）衡量的通胀变化。与之前的研究相似，我们发现 GSCI 与股票和债券的相关性很低。总体而言，不同商品大类之间相对而言是不相关的。但是，商品大类内部存在显著的相关性，例如，白银、黄金和铜之间高度相关，它们的相关系数在 0.33~0.57。原油与小麦、白银、黄金及铜存在一定的相关性。由于 GSCI 中的能源权重很高，GSCI 与原油之间的相关系数达到 0.89 也就不足为奇了。小麦、原油、白银、黄金和铜都与通货膨胀正相关，而股票和债券与通货膨胀负相关。相对而言，生猪与其他资产以及通货膨胀都是不相关的。

---

[28] Bodie and Rosansky, "Risk and Return in Commodity Futures."

[29] Jeffrey F. Jaffe, "Gold and Gold Stocks as Investments for Institutional Portfolios," *Financial Analysts Journal* 45, no. 2 (1989), pp. 53-60.

[30] Joshua D. Woodard, Thorsten M. Egelkraut, Philip Garcia, and Joost M. E. Pennings, Portfolio Diversification with Commodity Futures: Properties of Levered Futures, Working Paper, August 2006.

[31] Mark J. P. Anson, *Handbook of Alternative Investments*, 2nd ed. (Hoboken, NJ: John Wiley &Sons, 2006).

[32] T. Randall Fortenbery and Robert J. Hauser, "Investment Potential of Agricultural Futures Contracts," *American Journal of Agricultural Economics* 72, no. 3 (1990), pp. 721-727.

图表 3.2　月度算术收益相关性，1996 年 7 月至 2006 年 6 月

	股票	债券	国库券	玉米	大豆	小麦	原油	白银	黄金	铜	生猪	生牛	GSCI	CPI
股票	1.0000													
债券	-0.0550	1.0000												
国库券	0.0439	0.1102	1.0000											
玉米	0.1246	0.0033	-0.0487	1.0000										
大豆	0.1716	0.0728	-0.1187	0.6681	1.0000									
小麦	0.0770	-0.0296	-0.0859	0.5923	0.4214	1.0000								
原油	-0.0252	0.0214	-0.0394	-0.0123	-0.0377	0.1447	1.0000							
白银	0.1689	-0.0781	-0.0954	0.0310	-0.0478	-0.0254	0.1154	1.0000						
黄金	-0.0346	0.1241	-0.1709	0.0173	0.0186	0.0796	0.1973	0.5694	1.0000					
铜	0.2937	-0.1716	-0.0840	0.1117	0.0963	0.1042	0.1781	0.3463	0.3296	1.0000				
生猪	-0.0584	0.0493	0.0193	-0.0362	0.0285	-0.0085	0.0884	-0.0125	0.0420	0.0357	1.0000			
生牛	0.0013	-0.2024	-0.1201	0.1549	0.0466	0.2244	-0.0140	-0.1247	-0.0431	0.0344	0.3143	1.0000		
GSCI	0.0054	0.0308	-0.0768	0.1200	0.0824	0.2883	0.8969	0.1033	0.2534	0.2739	0.0964	0.0168	1.0000	
CPI	-0.0993	-0.0877	0.0315	-0.0466	0.0051	0.0169	0.1492	0.0468	0.1370	0.1160	0.0597	0.0840	0.1954	1.0000

事实上，在这些商品中生猪与 GSCI 的相关性最低。最后，农产品之间全都高度相关，它们的相关系数介于 0.421～0.668。

为了研究商品在股票和债券的分散化组合中所扮演的角色，我们关注最优组合的估计。下面将估计根据不同选择标准划分的几个投资组合。对每一种选择标准，我们估计三个投资组合。这三个投资组合的设计方法如下：组合 1 只包含股票和债券；组合 2 包括股票、债券和 GSCI；组合 3 可以投资于股票、债券和单个商品。对组合 3 做估计是为了识别出商品收益的来源。

单个商品期货的收益都是由只做多、全额抵押型指数来近似表示。最优权重通过最大化夏普比率估计出来，夏普比率是超额收益与标准差的比率。超额收益等于组合的平均收益减去短期国债的平均收益。所得到的计算结果可能有较大的取值范围。因此，夏普比率这个标准确实很简单，我们选用它是因为它简单明了。假设指数每个月进行一次基准维护。同时，由于我们的分析是在事后进行的，因此，它是对最好情景的后视估计。

图表 3.3 列出 1996 年 6 月至 2006 年 7 月期间全样本的组合估计。这个全样本组合将作为后续几节中所估计组合的参照底线（baseline）。全样本组合 1 由 91.3% 的债券和 8.7% 的股票组成。它的夏普比率是 0.246，月度算术平均收益和标准差分别为 0.58% 和 1.12%。因为这一时期的股票增长有很大的不确定性，所以股票的最优配置比重特别小。在上述组合中加入 GSCI 能大幅提高整体业绩，组合 2 的夏普比率被提高到 0.296。GSCI 的收益主要来自于能源期货，因为它赋予能源很高的权重，而且能源在该时期表现很好。从权重上来看，组合 2 中所加入另外 2 种期货（铜和生牛）的重要性甚至比原油还要高。原因在于这些商品期货收益高，并且与组合中其他资产负相关，特别是与债券负相关。组合 3 中加入了单个商品期货，它的夏普比率为 0.405。组合 2 和组合 3 的收益大幅高于组合 1，但风险只是略微高一点。

图表 3.3　　最高夏普比率组合的权重（1996 年 7 月至 2006 年 6 月）

全样本	组合 1	组合 2	组合 3
股票	0.0870	0.0780	0.0210
债券	0.9130	0.8070	0.7230
GSCI	—	0.1150	0.0000
玉米	—	—	0.0000
大豆	—	—	0.0040
小麦	—	—	0.0000
原油	—	—	0.0490
白银	—	—	0.0180
黄金	—	—	0.0000
铜	—	—	0.0640
生猪	—	—	0.0000
生牛	—	—	0.1200
夏普比率	0.2460	0.2960	0.4050
国库券平均	0.0030	0.0030	0.0030
平均收益	0.0058	0.0066	0.0077
标准差	0.0112	0.0122	0.0115

并不是所有的单个商品期货都能成为最优组合的一部分。玉米、小麦、黄金和生猪的最优权重都是 0.0%，大豆小于 0.5%。这表明尽管某些商品期货能够在长期内提供较高的收益，但是并非所有的商品期货都具有可靠的只做多收益[33]。

商品与通货膨胀

长期以来，商品被视为对冲通货膨胀的工具。在格里尔[34]之后，博迪和罗桑斯基[35]检验了股票、债券和商品对通胀加速的反应，研究期间为 1950—1976 年。他们发现，商品的年均超额收益与通货膨胀的变化正相关，相关系数为 0.52，而股票和债券与通货膨胀的变化负相关，相关系数分别为 -0.48 和 -0.20，这表明商品在高通胀时期能够提供有效的对冲。另一方面，股票和债券在高通胀期的业绩较差。

贝克尔和芬纳蒂（Becker and Finnerty）[36]得到了相似的结论，他们的研究期间为 1970 年到 1990 年。他们发现等权重型商品指数和按产量加权型商品指数都是有价值的组合成分。商品在 20 世纪 70 年代比 20 世纪 80 年代更有价值，他们将这种现象归因于商品的通胀对冲能力。盖伊和马纳斯特（Gay and Manaster）[37]也指出，商品可以有效地对冲通货膨胀。

安克瑞姆和亨塞尔（Ankrim and Hensel）[38]发现，商品现货价格对未预期到的通胀变化做出正向反应；金融资产则相反。卡普兰和卢默[39]也支持这种观点：在通货膨胀时期商品的表现较好，而股票和债券的表现较差。戈登和鲁文赫斯[40]考察了股票、债券和商品与通货膨胀的相关性，研究的期限为 1 个月至 5 年。他们得出结论是：商品（股票和债券）在所有的期限上都与通货膨胀正（负）相关。最后，凯特和欧门[41]发现，在 1965 年 6 月至 2005 年 2 月期间，商品在非预期的通胀变动时期表现突出，但这一点在各个商品中还存在显著的差异。能源、金属和糖对冲通胀的潜力最大，而谷物、油菜籽、软质商品、猪肉和钯与非预期的通胀几乎不相关。

总体讲，上述研究的结论都认为虽然单个商品期货对冲通胀的作用不同，但整体上商

---

[33] 尽管我们在这里没有讨论卖空的问题，但并不排除某些商品在做空时也有很好的盈利可能。例如，玉米有显著的负收益。厄尔布和哈维发现，基于期限结构因素的空头策略的表现显著地优于多头战略。Erb and Harvey, "The Tacticaland Strategic Value of Commodity Futures."

[34] Greer, "Conservative Commodities: A Key Inflation Hedge."

[35] Bodie and Rosansky, "Risk and Return in Commodity Futures."

[36] Kent G. Becker and Joseph E. Finnerty, "Indexed Commodity Futures and the Risk and Return of Institutional Portfolios," in Advances in Investment Management and Portfolio Analysis, vol. 4, edited by Cheng-Few Lee (Greenwich: JAI Press, 1997), pp. 1 - 14.

[37] Kent G. Becker and Joseph E. Finnerty, "Indexed Commodity Futures and the Risk and Return of Institutional Portfolios," in Advances in Investment Management and Portfolio Analysis, vol. 4, edited by Cheng-Few Lee (Greenwich: JAI Press, 1997), pp. 1 - 14.

[38] Ernest M. Ankrim and Chris R. Hensel, "Commodities in Asset Allocation: A Real-Asset Alternative to Real Estate," Financial Analysts Journal 49, no. 3 (1993), pp. 20 - 29.

[39] Kaplan and Lummer, GSCI Collateralized Futures as a Hedging and Diversification Tool for Institutional Portfolios: An Update.

[40] Gorton and Rouwenhorst, "Facts and Fantasies about Commodity Futures."

[41] Harry M. Kat and Roel C. A. Oomen, "What Every Investor Should Know about Commodities, Part II: Multivariate Return Analysis," Journal of Management (forthcoming 2007).

品期货与通胀正相关，并且能够为传统资产提供合理的通胀对冲功能。我们认为有如下几个原因支持上述结果。首先，商品是通货膨胀的一个组成部分。它们影响制成品的成本价格。此外，股票和债券代表对未来收益的求偿权，而这些收益的价值会被通货膨胀和高投入成本侵蚀。

另一方面，比昂逊和卡特（Bjornson and Carter）[42] 得出了略有不同的结论。他们设计了一种单贝塔条件均衡资产定价模型来描述商品收益，研究发现，风险溢价是随时间而变化的，并且根据不同的利率和经济形势信息，风险溢价也会有所变化。有意思的是，他们得出的结论是商品的期望收益与利率、经济增长和通货膨胀反向变化[43]。

图表3.2给出了各类资产收益与月度通胀变化之间的相关性。与之前的研究一致，10种商品中的9种与通货膨胀正相关。商品市场综合指数GSCI与通货膨胀高度相关，相关系数为0.195。对于单个商品而言，与通货膨胀相关性的强弱有所差别。整体上，谷物与通货膨胀相关性不高，而玉米与通胀负相关。然而，原油、黄金和铜与通胀高度相关。与戈登和鲁文赫斯[44]的研究一致，股票和债券都与通胀具有很强的负相关性。

下面，我们分析高通胀期和低通胀期的最优商品投资。为了考察极端的通货膨胀对最优资产配置的影响，将根据75%分位点（高通胀）和25%分位点（低通胀）对月度CPI数据进行分组。图表3.4列出了高通胀组合和低通胀组合的最优夏普比率配置。

图表3.4　最优的组合权重：高通胀与低通胀（1996年7月至2006年6月）

	低通胀			高通胀		
	组合1	组合2	组合3	组合1	组合2	组合3
股票	0.2476	0.2495	0.2294	0.0000	0.0000	0.0000
债券	0.7524	0.7328	0.6604	1.0000	0.7877	0.6779
GSCI	—	0.0177	0.0000	—	0.2123	0.0916
玉米	—	—	0.0000	—	—	0.0000
大豆	—	—	0.0000	—	—	0.0000
小麦	—	—	0.0000	—	—	0.0000
原油	—	—	0.0127	—	—	0.0119
白银	—	—	0.0647	—	—	0.0853
黄金	—	—	0.0000	—	—	0.0000
铜	—	—	0.0000	—	—	0.0286
生猪	—	—	0.0000	—	—	0.0000
生牛	—	—	0.0329	—	—	0.1048
夏普比率	0.7343	0.7378	0.8406	0.2361	0.6212	0.9310
国库券平均	0.0027	0.0027	0.0027	0.0028	0.0028	0.0028
平均收益	0.0108	0.0108	0.0114	0.0053	0.0110	0.0126
标准差	0.0110	0.0110	0.0104	0.0106	0.0132	0.0106

---

[42] Bruce Bjornson and Colin A. Carter, "New Evidence on Agricultural Commodity Return Performance under Time-Varying Risk," *American Journal of Agricultural Economics* 79, no. 3 (1997), pp. 918–930.

[43] 参见比昂逊和卡特关于把资产定价模型应用于商品的讨论。

[44] Gorton and Rouwenhorst, "Facts and Fantasies about Commodity Futures."

组合 1 和组合 2 在低通胀月份表现得比高通胀月份好。股票在低通胀期的配置权重为 24.67%，明显高于全样本组合（即参照底线）的 8.7%。这与早期研究得出的股票与通胀负相关的结论相一致。在组合 2 中，GSCI 的权重极小，为 1.77%。而且低通胀组合 1 和组合 2 的业绩基本相同。原油、白银和生牛在低通胀组合 3 中配有一定的权重，但对组合业绩的影响较小。

尽管商品在低通胀组合中几乎没有作用，它们却能显著提升高通胀组合的业绩。例如，在组合中加入 GSCI 几乎把夏普比率提高至 3 倍。在高通胀组合 2 中，GSCI 的配置权重为 21.23%，而股票为 0.0%。白银和生牛在高通胀组合中的比重（8.53% 和 10.48%）都比在低通胀组合中（6.47% 和 3.29%）更高。原油同样如此，因为在高通胀组合中，GSCI 的作用就近似于原油的代替物[45]。这与凯特和欧门[46]关于单个商品期货业绩的研究结论一致。

有意思的是，两组投资组合均显示出国债收益低于平均收益。短期国债经常作为预期通货膨胀的替代变量，因此表明上述结果的差异多是由非预期的通货膨胀所引起的。这与戈登和鲁文赫斯[47]的结论一致：股票、债券和商品的收益对非预期的通货膨胀更敏感。但这些结论也在意料之中。如前所述，商品是通货膨胀的组成部分之一。通胀对股票的不利影响已被普遍认同，至少非预期的通胀是这样的。总之，对近期数据的研究佐证了早期投资组合研究的结论，即通胀往往对股票和债券造成负面影响，特别是非预期的通胀，而对商品表现产生正面影响。

商品收益、经济周期和经济增长

比昂逊和卡特[48]提出，由于宏观经济因素对商品和资本资产的影响不同，商品可以作为对冲经济周期的工具。部分原因在于股票和债券受长期现金流预期的影响，而商品主要受短期冲击的影响。因此我们预计，在经济周期的不同阶段，商品和资本资产会表现出很大差异。另外，我们预计经济增长对某些商品产生正的需求效应。

不过，我们还没有完全理解宏观经济因素对于商品、股票和债券三者相互关系的影响。特别是经济增长和经济形势对单个商品的影响可能是不同的。例如比昂逊和卡特预言，农产品的收益与经济周期呈反向变动；而法玛和弗伦奇[49]发现，金属在很大程度上受经济周期的影响。戈登和鲁文赫斯[50]发现，在经济扩张期，股票和商品整体上表现得更好；在经济衰退期，债券表现突出，而在衰退的末期，商品需求最低，因而往往表现得最差。凯特和欧门[51]发现在经济衰退期，能源是很好的分散因子；而在经济扩张的末期，金

---

[45] 如果不包含 GSCI 而复制该组合，原油的配置为 7.62%。

[46] Kat and Oomen, "What Every Investor Should Know about Commodities, Part II: Multivariate Return Analysis."

[47] Gorton and Rouwenhorst, "Facts and Fantasies about Commodity Futures."

[48] Bjornson and Carter, "New Evidence on Agricultural Commodity Return Performance under Time-Varying Risk."

[49] Eugene F. Fama and Kenneth R. French, "Business Cycles and the Behavior of Metals Prices," *Journal of Finance* 43, no. 5 (1988), pp. 1075–1093.

[50] Gorton and Rouwenhorst, "Facts and Fantasies about Commodity Futures."

[51] Kat and Oomen, "What Every Investor Should Know about Commodities, Part II: Multivariate Return Analysis."

属、畜类和软质商品表现得更好。

图表 3.5 列出了各类资产的季度收益与经过季节调整的实际 GDP 变化之间的相关性。采用季节调整的 GDP 是为了滤除季节性因素的影响（后文将讨论季节性）。从整体上看，商品期货收益往往与 GDP 正相关。股票也与 GDP 高度相关，而债券则与 GDP 负相关。因为股票和商品与实际经济增长正相关，所以我们预计它们在经济扩张时期表现良好。

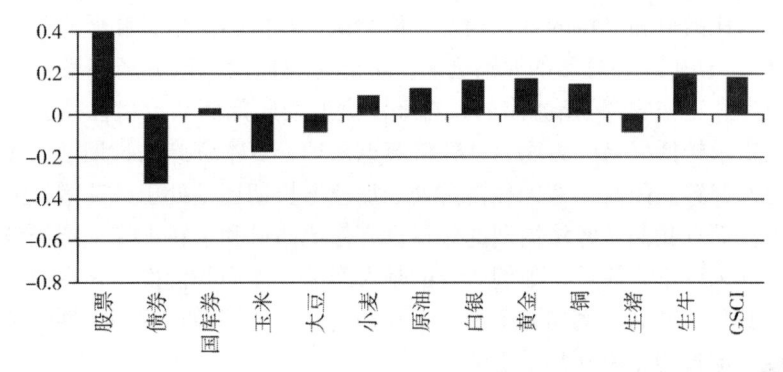

图表 3.5　各类资产收益与 GDP 变化的相关性：季度收益（1996 年 7 月至 2006 年 6 月）

图表 3.6 给出了经济增长高时期和增长低时期的组合最优化权重。为了简化分析，我们不区分经济周期的具体阶段，而只考虑经济增长的幅度。在 GDP 低增长时期，债券的

图表 3.6　最优的组合权重：GDP 增长（1996 年 7 月至 2006 年 6 月）

	低增长			高增长		
	组合 1	组合 2	组合 3	组合 1	组合 2	组合 3
股票	0.0000	0.0000	0.0000	0.6131	0.4321	0.2934
债券	1.0000	1.0000	0.8072	0.3869	0.2396	0.3183
GSCI	—	0.0000	0.0000	—	0.3283	0.0000
玉米	—	—	0.0000	—	—	0.0000
大豆	—	—	0.0817	—	—	0.0000
小麦	—	—	0.0000	—	—	0.0000
原油	—	—	0.0000	—	—	0.1391
白银	—	—	0.0130	—	—	0.0324
黄金	—	—	0.0000	—	—	0.0000
铜	—	—	0.0448	—	—	0.0210
生猪	—	—	0.0000	—	—	0.0000
生牛	—	—	0.0535	—	—	0.1958
夏普比率	0.3853	0.3853	0.6286	0.3078	0.4421	0.5004
国库券平均	0.0069	0.0069	0.0082	0.0112	0.0149	0.0140
平均收益	0.0101	0.0101	0.0082	0.0264	0.0268	0.0219
标准差	0.0030	0.0030	0.0030	0.0031	0.0031	0.0031

表现优于股票和商品；在 GDP 高增长时期则相反。当经济高增长时，组合 2 中股票和 GSCI 的最优配置分别是 43.21% 和 32.83%；而当经济低增长时，二者的最优配置都是 0%。此外，高增长时期的投资组合比低增长时期的投资组合业绩更好，因为它们的收益和夏普比率都更高。

这些结果表明，经济高速增长可能增加商品需求，因而推动商品的整体价格。与戈登和鲁文赫斯[52]的研究一致，我们发现在经济增长阶段，股票和商品往往表现良好而债券则表现较差。这与比昂逊和卡特的观点相反，他们认为在低经济增长和低通胀时期，商品的期望收益较高[53]。产生这一分歧的原因之一，可能是我们没有区分经济增长加速时期和经济增长减速时期。正如安森[54]所指出的，在经济衰退期底部商品价格往往会下跌，因而反映出原材料的需求较低。另一方面，在经济衰退末期，资本资产的长期期望收益上调，随后收益开始逐渐好转。因此，考虑经济是处于加速增长期还是处于减速增长期，可能会得出不同的结论。而且我们对经济周期的分析没有像比昂逊和卡特那样，把经济增长与通货膨胀问题结合起来讨论。最后，他们研究的是农产品。然而我们发现，在商品中存在显著的异质性，尤其是农产品。例如，玉米、大豆和生猪与经济增长的相关性是负的，而所有其他商品与经济增长的相关性都是正的。

商品投资的战术机会

商品期货投资的战略动因有很多，但历史上并不是所有商品都存在一致的正的风险溢价。对这些发现的一种解释是时变风险溢价的概念。时变风险溢价的存在表明，即使是在理性的有效市场上，在一些时期持有期货是最优的，而在另一些时期不持有期货是最优的。例如，在近期的研究中，乌如吉特、鲍尔、莫勒奈尔和斯蒂恩康普（Vrug, Bauer, Molenaar and Steenkamp）[55]发现，商品期货收益的可预测性足够强，使得动态的交易策略可以利用这种可预测性来获利。顺着这条主线，几种战术性交易机会随即显现出来。其中包括基于货币环境、季节性标准、期限结构和动量的战术性交易策略。在战术性投资机会部分，我们列举出的组合结果是基于事前标准的事后优化结果。这种方法与之前研究采用的方法相类似[56]。

货币政策环境和利率

利率是宏观经济和商品市场的常见因素。但是，我们还没有很好地理解利率在商品投

---

[52] Gorton and Rouwenhorst, "Facts and Fantasies about Commodity Futures."

[53] Bjornson and Carter, "New Evidence on Agricultural Commodity Return Performance under Time-Varying Risk."

[54] Mark J. P. Anson, Handbook of Alternative Investments, 2nd ed. (Hoboken, NJ: John Wiley & Sons, 2006).

[55] Evert B. Vrugt, Rob Bauer, Roderick Molenaar, and Tom Steenkamp, Dynamic Commodity Timing Strategies, Working Paper, July 2004.

[56] See, for example, Gerald R. Jensen, Robert R. Johnson, and Jeffrey M. Mercer, "Efficient Use of Commodity Futures in Diversified Portfolios," *Journal of Futures Markets* 20, no. 5 (2000), pp. 489–506.

资业绩上的作用。弗兰克尔（Frankel）[57]认为，实际利率与实际商品价格应该是反向变化的，因为利率的高低与持有商品存货的意愿存在反向关系（译者注：利率上升增加存货商品的持有成本）。如此一来，利率是决定消费需求和存货需求的重要决定因素，因此也就决定价格。依循这一逻辑，扩张性货币政策由于降低实际利率，应该会导致实际商品价格的上涨，而紧缩性货币政策则相反[58]。比昂逊和卡特的研究结果支持这种观点，他们认为在低利率时期商品期货的收益较高[59]。

与之相反，詹森、约翰逊和默瑟（Jensen, Johnson and Mercer）[60]发现在货币政策紧缩时期，商品投资的业绩较好。他们运用一种对美联储政策的事前测度指标，即通过美联储贴现率的最后一次变化是正的（紧缩）还是负的（扩张），来确定货币政策的松紧。在扩张性货币环境中，管理型期货和非管理型期货（unmanaged futures）几乎都不能产生收益。他们还指出，在紧缩时期，金属、能源和谷物期货表现得较好。畜类在货币扩张时期表现得较好，而在货币紧缩时期则表现糟糕。他们还发现，在扩张时期持有非管理型期货空头、而在紧缩时期持有非管理型期货多头的投资组合策略，比简单的买入并持有策略的业绩要好。

图表3.7列举了针对近期货币政策分析的结果。我们把数据分为扩张型和紧缩型两类，然后估计最优组合[61]。如果联邦基金利率最后一次变动为正（负），就将其划分为紧缩期（扩张期）[62]。其中，58个月份被归为货币政策扩张期，而62个月份被归为货币政策紧缩期。

图表3.7　　最优的组合权重：货币政策（1996年7月至2006年6月）

	扩张性			紧缩性		
	组合1	组合2	组合3	组合1	组合2	组合3
股票	0.0999	0.0840	0.0434	0.0573	0.0556	0.0000
债券	0.9001	0.7882	0.6055	0.9427	0.8472	0.8649
GSCI	—	0.1278	0.0000	—	0.0927	0.0000
玉米	—	—	0.0000	—	—	0.0000
大豆	—	—	0.0773	—	—	0.0000
小麦	—	—	0.0000	—	—	0.0000
原油	—	—	0.0618	—	—	0.0252
白银	—	—	0.0353	—	—	0.0102

---

[57] Jeffrey A. Frankel The Effect of Monetary Policy on Real Commodity Prices, NBER Working Paper Series, December 2006.

[58] 有意思的是，由于较低的实际利率可以刺激宏观经济，这个命题和我们研究商品在经济周期中业绩的结论相吻合。

[59] Bjornson and Carter, "New Evidence on Agricultural Commodity Return Performance under Time-Varying Risk."

[60] Jensen, Johnson, and Mercer, "Efficient Use of Commodity Futures in Diversified Portfolios."

[61] 其他人认为，这里未讨论的利率期限结构也可能对商品期货的动态价格产生影响。可参见比昂逊、卡特和乌如吉特等人对有关这面的研究。

[62] 这与詹森、约翰逊和默瑟所采用的测度指标相似，除了我们用联邦基金利率代替贴现率（Jensen, Johnson, and Mercer, "Efficient Use of Commodity Futures in Diversified Portfolios"）。

续表

	扩张性			紧缩性		
	组合1	组合2	组合3	组合1	组合2	组合3
黄金	—	—	0.0000	—	—	0.0000
铜	—	—	0.0000	—	—	0.0997
生猪	—	—	0.0000	—	—	0.0000
生牛	—	—	0.1768	—	—	0.0000
夏普比率	0.2005	0.2394	0.4326	0.3016	0.3614	0.5063
平均收益	0.0047	0.0054	0.0081	0.0068	0.0077	0.0089
标准差	0.0121	0.0133	0.0136	0.0100	0.0107	0.0101
国库券平均	0.0022	0.0022	0.0022	0.0038	0.0038	0.0038

从最优配置的角度看，我们的分析结果表明，在货币政策扩张时期商品表现得相对较好，但不是很明显。然而在两种情况下，商品都能提高组合的整体业绩。以组合2为例，在扩张时期，GSCI的权重比紧缩时期略高。在扩张时期，股票的权重也更高。总体而言，在紧缩时期，我们观测了优异的组合业绩。在所有情形中，紧缩性组合都比扩张性组合具有更高的收益和更低的风险。这是由高利率环境下债券的强劲表现决定的。

对组合3的评估表明，四种商品——大豆、原油、白银和生牛——在扩张性组合中表现较好。生牛期货表现得最好。在紧缩时期，它们的配置权重是0.0%，而在扩张期是17.68%。铜在紧缩性政策环境中则表现较好。然而从总体上来看，商品往往在扩张性货币环境中表现得更好。

此处得到的结果与詹森、约翰逊和默瑟的结论并不十分吻合。可能的原因有很多。首先，在货币政策扩张期商品预计会表现得更好，这个观点固然有很强的理论依据和经验证据，但从另一角度来看，詹森、约翰逊和默瑟研究的是长达27年的数据，这比其他相关研究的数据期间长很多。因此他们的结果可能在统计意义上更为可靠。然而问题在于：如果战术策略在最近十年没有起作用，那么我们需要坚持多少年它才会带来成效？并且最近十年还有可能发生过重大的结构变化，因而这些结果中反映的系统性关系可能已经发生改变。此外，在数据观测期内，利率的波动性也很强。相比之下，近期的利率水平相对偏低，并且只发生了小幅的变化。

更重要的是，詹森、约翰逊和默瑟采用的是贴现率，而我们采用的是联邦基金利率。虽然二者往往联系紧密，但分析中采用不同利率可能会使分析结果产生很大差异。对这一问题的研究表明，与采用贴现率相比，采用联邦基金利率造成样本数据期间内一个期间的分类发生了变化。在1997年3月25日，联邦基金利率上升了0.25%，而贴现率并未改变。在1997年3月之前，货币环境在两种测度指标下都被归为扩张期。因此当采用联邦基金利率作为划分标准时，1997年4月到1998年10月被归为紧缩期，但基于贴现率的划分结果则与之相反。

将1997年3月25日的联邦基金利率上升理解为紧缩性货币政策的信号，这似乎是合理的。的确，商品价格在此期间大幅下跌了。在此期间，如果以贴现率作为划分标准，将会错误地把这种价格的大幅下跌归因于扩张性货币政策。这样一来，紧缩性组合的估计结果就存在偏差，它倾向于认为商品在紧缩时期表现很强劲。在詹森、约翰逊和默瑟的样本期间内，多数情况是联邦基金利率先于贴现率而变动。这一事实可以部分地解释他们的结论。但是很明显，该领域还需要进一步研究。

采用事前货币政策指标，意味着商品的配置在扩张性货币环境下会略有提高。这种效应不仅与詹森、约翰逊和默瑟的结论相反，而且高度敏感。这说明虽然基于宏观经济关系的战术策略可能很有成效，但它们在某种程度上也是脆弱、不稳定和不确定的。

期限结构

对冲压力理论[63]被用来解释常态现货溢价假说与现实的明显矛盾之处，事实上，不是所有的商品长久以来都提供正的只做多风险溢价。凯恩斯的最初观点是假设对冲者为净空头方，因而投机者为净多头方。对冲压力理论放松了这个假设，它假定净对冲压力（多头或空头）会对风险溢价的大小和方向产生重大影响。这意味着投机者不应该关心市场的走向，因为无论市场处于现货溢价（通过做多）还是期货溢价（通过做空），他们都可以赚取风险溢价。

正如厄尔布和哈维[64]指出，战术性资产配置的目标之一应该是识别出可靠的收益来源。顺着这些思路，关于预期的期货收益，商品的期限结构可能提供有价值的信息。厄尔布和哈维指出，当某种商品的期限结构是现货溢价时，投资者可以预期整体上的只做多头超额收益将大于零，期货溢价时则相反。他们发现在1992年7月至2004年5月期间，GSCI的平均年化超额收益在现货溢价时是11.2%，在期货溢价时是-5.0%。他们还发现在1982年12月至2004年5月期间，单个商品具有相似的结果。利用由12种商品构成的组合，他们构建了一个等权重的、月度维护的、多头/空头策略组合，该组合做多（空）6种现货溢价（期货溢价）最高的商品，其中，现货溢价（期货溢价）采用最近月期货与次近月期货的价格之比来衡量。这个多头/空头策略组合的平均超额收益，比只做多头组合高出3倍以上，而且夏普比率大概高出5倍，这意味着商品的期限结构可能是风险溢价的优良指标。庄和米弗尔（Chong and Miffre）[65]在关于期限结构和预期风险溢价的研究中得到了类似结论，而且他们发现随着时间的推移，风险溢价由正变负。

图表3.8展示了针对1996年7月至2006年6月这段时间的期限结构分析结果。根据每个月头一天之前的原油是现货溢价还是期货溢价，把样本分为两部分。我们把原油的期限结构作为分类标准，是因为全球范围内能源的总产量价值相对于其他商品非常高。此外，能源是其他商品生产的投入品，这个事实也鼓励我们这样做。然后估计出每个类别的最优只做多型夏普比率组合[66]。

---

[63] See, for example Bessembinder, "Systematic Risk, Hedging Pressure, and Risk Premiums in Futures Markets."

[64] Erb and Harvey, "The Tactical and Strategic Value of Commodity Futures."

[65] James Chong and Joëlle Miffre, Conditional Risk Premia, Volatilities and Correlations in Commodity Futures Markets, Working Paper, April 2006.

[66] 为了简化分析，我们不考虑空头头寸。虽然这些分析可以被扩展到允许做空的情况下，但不会对结果造成影响。不论是否允许空头，当期限结构为现货溢价时，我们都认为组合为净多头，期货溢价时则相反。

图表 3.8　最优的组合权重：期限结构（1996 年 7 月至 2006 年 6 月）

	现货溢价			期货溢价		
	组合 1	组合 2	组合 3	组合 1	组合 2	组合 3
股票	0.0139	0.0154	0.0000	0.2028	0.1914	0.1110
债券	0.9861	0.7991	0.6944	0.7972	0.7736	0.7784
GSCI	—	0.1855	0.0000	—	0.0351	0.0000
玉米	—	—	0.0000	—	—	0.0000
大豆	—	—	0.0048	—	—	0.0000
小麦	—	—	0.0000	—	—	0.0000
原油	—	—	0.0599	—	—	0.0033
白银	—	—	0.0000	—	—	0.0293
黄金	—	—	0.0000	—	—	0.0000
铜	—	—	0.0524	—	—	0.0780
生猪	—	—	0.0070	—	—	0.0000
生牛	—	—	0.1816	—	—	0.0000
夏普比率	0.2720	0.3717	0.5929	0.2512	0.2564	0.3358
平均收益	0.0061	0.0084	0.0100	0.0062	0.0062	0.0068
标准差	0.0121	0.0149	0.0121	0.0114	0.0111	0.0104
国库券平均	0.0028	0.0028	0.0028	0.0033	0.0033	0.0033

原油期限结构具有很强的预测商品正收益的能力。当原油处于现货溢价时，股票在最优组合中只扮演很小的角色。在现货溢价组合 1 中股票的配置为 1.3%；而在期货溢价组合 1 中，股票的配置为 20.28%。在组合 1、组合 2、组合 3 中都存在这种现象。以现货溢价的组合 2 为例，GSCI 的加入把夏普比率提高了 35% 以上。在现货溢价的情况下，GSCI 的配置权重为 18.55%，高于其平均值；而在期货溢价时却只有很小的权重，为 3.51%。这与下列事实相吻合：原油往往能决定 GSCI 的收益；而且在现货溢价型期限结构中，人们预期的只做多收益会更高。

组合 3 的结果给出了相似的预测能力。在原油为现货溢价时，4 种商品——大豆、原油、铜和生牛——都在组合中占很高的权重。而当原油为期货溢价时，这些商品中只有铜的权重很高。在期货溢价时，原油只占极小的 0.33% 权重，白银的权重为 2.93%。在总体业绩上，加入商品能极大地提高现货溢价组合的业绩，而商品的加入对期货溢价组合只有微弱影响。上述研究结果表明，基于期限结构的战术交易策略可能对资产配置产生重要影响。

季节性

戈登和鲁文赫斯[67]认为，商品现货价格的季节性不大可能影响到期货收益，因为季

---

[67] Gorton and Rouwenhorst, "Facts and Fantasies about Commodity Futures."

性变动可以被预期，因而应该已经被嵌入期货价格中了。然而法玛和弗伦奇[68]指出，某些商品供求的季节性特征意味着它们的基差中包含季节性，因而期限结构中包含季节性。例如，卡特、劳泽和施密茨[69]找到了风险溢价中存在季节性的证据，格劳尔（Grauer）[70]找到了商品贝塔中的季节性证据。

法玛和弗伦奇[71]研究了农产品、木材、畜类和金属等期货的季节性假说。他们在金属的基差中没有找到季节性的证据。然而，他们发现许多农产品（包括玉米、大豆和小麦）的确存在季节性特征。畜类产品的季节性证据最为明显。他们把这种现象归结为畜类在本质上不可储存，而且与金属相比，其他农产品的储存成本相对于其自身价值较高。因此名义利率只能解释一小部分的畜类基差变动，所以在很大程度上，基差变动可以归因于季节性。

依循这一推理思路，我们认为组合的最优配置可能体现出季节性特征。根据春（3—5月份）、夏（6—8月份）、秋（9—11月份）、冬（12—2月份）4个季节将数据进行分类，然后对组合进行优化，我们据此研究最优配置的季节性特征。图表3.9给出了季节性分析的结果。

组合1表明，在春季月份，股票比债券表现得好。在组合中加入GSCI能显著提高组合的业绩。在春季组合2中，股票、债券和GSCI的权重分别为47%、0和53%。春季组合3表明，春季的风险调整后收益主要来自于大豆、原油、铜和生牛；这些商品的最优权重分别为15.77%、19.83%、16.75%和37.26%。

在夏季月份中，股票的业绩出现逆转，债券和商品同样如此。债券在夏季组合1、组合2、组合3中都占据主导地位，权重分别为100%、82.16%和75.91%。GSCI在夏季组合2中占据很大比重（17.84%），但不如春季组合中那么大（53%）。夏季组合与春季组合相比，风险和收益都较低，但夏普比率较高。最后，在夏季单个商品的配置权重都很低，因而体现出很强的季节性。只有原油和生牛出现在夏季组合3中，但比春季的权重小很多（11.45%和12.64%）。

总体上讲，秋季组合比其他季节组合的业绩更为出色，因为它们的夏普比率是最高的。传统资产在秋季组合中占主导地位。股票在秋季组合1和组合2中的配置权重超过平均值，均为17.16%，而在全样本中的配置仅为8.70%和7.80%。GSCI没有出现在秋季组合中。至于单个商品，白银、铜和生猪只占较小的权重，而生牛的权重为20%。但单个商品期货的加入确实显著提高了整体组合业绩，把夏普比率提高了0.37左右。而且加入商品的好处既包括大幅降低风险，还包括显著提高收益。

冬季组合的风险最低，但收益也最低。冬季组合2的最优组合权重与全样本分析的权重相当。然而，对单个商品的分析得到了一些有意思的结果。令人惊讶的是，玉米在冬季组合3中具有4.35%的配置，而在全样本中的最优权重为0.0%。白银和生牛在冬季月份中也表现出很强的季节性，它们的权重分别为14.54%和1.88%。

---

[68] Fama and French, "Commodity Future Prices: Some Evidence of Forecast Power, Premiums, and the Theory of Storage."

[69] Carter, Rausser, and Schmitz, "Efficient Asset Portfolios and the Theory of Normal Backwardation."

[70] Frederick L. A. Grauer, Equilibrium in Commodity Futures Markets: Theory and Tests, PhD. Dissertation (1977).

[71] Fama and French, "Business Cycles and the Behavior of Metals Prices."

图表 3.9　最优组合权重：季节性组合（1996 年 7 月至 2006 年 6 月）

	春季			夏季			秋季			冬季		
	组合 1	组合 2	组合 3	组合 1	组合 2	组合 3	组合 1	组合 2	组合 3	组合 1	组合 2	组合 3
股票	1.0000	0.4700	0.1040	0.0000	0.0000	0.0000	0.1716	0.1716	0.0602	0.0441	0.0838	0.0000
债券	0.0000	0.0000	0.0000	1.0000	0.8216	0.7591	0.8284	0.8284	0.6729	0.9559	0.8106	0.7431
GSCI	—	0.5300	0.0000	—	0.1784	0.0000	—	0.0000	0.0000	—	0.1056	0.0000
玉米	—	—	0.1577	—	—	0.0000	—	—	0.0000	—	—	0.0435
大豆	—	—	0.0000	—	—	0.0000	—	—	0.0000	—	—	0.0000
小麦	—	—	0.1983	—	—	0.1145	—	—	0.0334	—	—	0.0397
原油	—	—	0.0000	—	—	0.0000	—	—	0.0000	—	—	0.1454
白银	—	—	0.1675	—	—	0.0000	—	—	0.0370	—	—	0.0000
黄金	—	—	0.0000	—	—	0.0000	—	—	0.0027	—	—	0.0095
铜	—	—	0.0000	—	—	0.0000	—	—	0.1937	—	—	0.0000
生猪	—	—	0.3726	—	—	0.1264	—	—	—	—	—	0.0188
生牛												
夏普比率	0.1632	0.2588	0.3650	0.2967	0.4058	0.5252	0.5444	0.5444	0.9145	0.2966	0.3566	0.6423
平均收益	0.0099	0.0138	0.0150	0.0070	0.0092	0.0105	0.0092	0.0092	0.0112	0.0058	0.0066	0.0106
标准差	0.0420	0.0415	0.0327	0.0131	0.0150	0.0140	0.0113	0.0113	0.0090	0.0093	0.0101	0.0119
国库券平均	0.0030	0.0030	0.0030	0.0031	0.0031	0.0031	0.0030	0.0030	0.0030	0.0030	0.0030	0.0030

总体而言，在 4 个季节中的 3 个季节，将 GSCI 加入股票和债券组合能够大幅提高夏普比率，而在所有情形中，纳入单个商品几乎可以令夏普比率翻倍。研究结果还表明，大多数商品存在强烈的季节性业绩特征。在组合层面上，石油在春季和夏季表现得最好。生牛期货体现出强烈的季节性特征，它在春季的最优权重为 37.26%，而冬季则变为 1.88%。玉米、大豆、铜和白银也体现出很强的季节性。最后，3 种商品——生猪、黄金和小麦——在所有季节中都表现很差。

这些结果表明在全年中，最优组合的权重配置可能发生很大变化。这与早期关于基差中季节性问题的研究相一致。戈登和鲁文赫斯[72]认为季节因素是人们可以预期的，因此市场会把季节性信息嵌入期货价格中，他们在这一点上是正确的；但是，他们关于季节性不会影响期货风险溢价的论断可能是错误的。原因之一是，尽管市场"预期到"季节变化，但在一年中，不同商品的对冲压力大小和方向可能会变化。这些结果表明，投机者在不同季节中承担的风险不同，所获得的回报也不同。

商品收益的动量

近期的研究表明，商品收益中存在动量[73]。对这种现象的解释颇多。对冲压力假说认为，在市场经历大额的收益之后，更有可能出现多头风险溢价；反之，当市场近期经历亏损时，更有可能出现空头风险溢价。在市场经历大的变动之后，如果市场调整导致对冲压力增加的话，则可能会造成动量效应。其他的相关解释包括投资者行为上的偏差，如过度反应[74]。

米弗尔和拉利斯[75]发现市场波动率与动量收益正相关。有意思的是，他们还能把动量与期限结构联系起来。他们发现市场波动率与期限结构的期货溢价或现货溢价倾向是正相关的，而且成功的动量策略应当是买入现货溢价型的高波动率期货，卖出期货溢价型的高波动率期货，而且忽略低波动率的期货合约。对于 1979 年 1 月至 2004 年 9 月期间的 31 种商品，动量策略的平均年度收益率为 9.38%，比等权重只做多策略的业绩要好，后者亏损了 2.64%。研究还发现动量收益与传统资产类别的收益不相关。

乔治耶夫[76]针对 1993—2004 年期间的原油、天然气、无铅汽油和燃油，考察了 4 种短期动量策略的业绩。他发现在全部情形中，主动交易型组合比被动的买入并持有型组合的业绩要好，并且在分散化的组合中加入主动策略能极大地降低风险并提高预期收益。芒特·卢卡斯（Mount Lucas）管理指数（MLMI）效仿一种简单的 12 个月趋势跟随策略，

---

[72] Gorton and Rouwenhorst, "Facts and Fantasies about Commodity Futures."

[73] See, for example Jolle Miffre and Georgios Rallis, Momentum Strategies in Commodity Futures Markets, Cass Business School Research Paper, August 2006; Craig Pirrong, Momentum in Futures Markets, EFA 2005 Moscow Meetings Paper, February 2005; and Erb and Harvey, "The Tactical and Strategic Value of Commodity Futures."

[74] See, for example N. Barberis, A. Shleifer, and R. Vishny, "A Model of Investor Sentiment," *Journal of Financial Economics* 49, no. 3 (1998), pp. 307–343.

[75] Miffre and Rallis, Momentum Strategies in Commodity Futures Markets.

[76] Georgi Georgiev, "Active Long-Only Investment in Energy Futures," *Journal of Alternative Investments* 7, no. 2 (2004), pp. 32–43.

安森[77]发现，在股票和债券组合中加入10%的MLMI投资能够提高风险调整后收益。厄尔布和哈维[78]也研究了动量策略的收益，他们根据上一年收益的正负构建多头/空头组合。其结论是，12种商品的简单等权重型分散化组合的收益和夏普比率（6.45%和0.85）比只做多型GSCI（4.39%和0.25）高。

我们根据上一期原油期货收益是正是负来估计组合的最优权重，从而研究中期动量的影响。原油期货的收益水平往往决定GSCI的收益，因此原油的动量也可能决定GSCI的动量。同时，能源也是生产其他商品的主要投入品，因此能源可被视作其他商品价格的一个先行指标，或者至少是它们同期价格的一个因素。而且之前的研究已经确认了商品价格存在联动和"羊群"效应[79]。

图表3.10列出动量组合的研究结果。这些结果强烈暗示投资组合中存在动量因素。当滞后（译者注：上一期）的原油收益为正时，（组合2中）GSCI的配置权重是26.11%，而当滞后的原油收益为负时，GSCI的配置权重是0%。另外，当滞后的原油收益为正时，单个商品的配置权重很高（组合3），合计约为40%；而当滞后的原油收益为负时，单个商品的配置权重很小，合计约为9%。

图表3.10 最优的组合权重：动量（1996年7月至2006年6月）

	滞后的原油收益为正			滞后的原油收益为负		
	组合1	组合2	组合3	组合1	组合2	组合3
股票	0.0000	0.0000	0.0000	0.1682	0.1682	0.0952
债券	1.0000	0.7389	0.6050	0.8318	0.8318	0.8147
GSCI	—	0.2611	0.1226	—	0.0000	0.0000
玉米	—	—	0.0000	—	—	0.0000
大豆	—	—	0.0165	—	—	0.0000
小麦	—	—	0.0000	—	—	0.0000
原油	—	—	0.0051	—	—	0.0147
白银	—	—	0.0446	—	—	0.0000
黄金	—	—	0.0000	—	—	0.0000
铜	—	—	0.0196	—	—	0.0754
生猪	—	—	0.0000	—	—	0.0000
生牛	—	—	0.1866	—	—	0.0000
夏普比率	0.1764	0.3278	0.4857	0.4384	0.4384	0.5101
平均收益	0.0050	0.0083	0.0088	0.0086	0.0086	0.0091
标准差	0.0127	0.0169	0.0123	0.0119	0.0119	0.0112
国库券平均	0.0028	0.0028	0.0028	0.0034	0.0034	0.0034

---

[77] Anson, Handbook of Alternative Investments, 2nd ed.
[78] Erb and Harvey, "The Tactical and Strategic Value of Commodity Futures."
[79] See, for example Robert S. Pindyck and Julio J. Rotemberg, "The Excess Co-Movement of Commodity Prices," *Economic Journal* 100, no. 403 (1990), pp. 1173–1189 (但其他人对商品价格中的过度联动性提出了质疑，见 Kat and Oomen, "What Every Investor Should Know about Commodities, Part II: Multivariate Return Analysis," and Chunrong Ai, Arjun Chatrath, and Frank Song, "On the Comovement of Commodity Prices," *American Journal of Agricultural Economics* 88, no. 3 (2006), pp. 574–588).

股票与滞后的原油收益负相关。考虑到能源在许多企业投入成本中占了很大比重,这也就不足为奇了。当原油的上一期收益为正时,最优组合(组合 1、组合 2 和组合 3)中不包括股票,而当原油的上一期收益为负时,股票在最优组合中的权重超过其平均权重。如前所述,GSCI 也对滞后的原油价格变动呈现出很强的动量效应。当上一期的原油价格变动为正时,GSCI 的最优配置权重较高,当上一期的原油价格变动为负时,GSCI 的权重较低(组合 2)。对单个商品的研究结果与这个结论相一致。例如,在滞后的价格变动为正时,生牛(白银和 GSCI)的权重为 18.86%(4.46% 和 12.26%),滞后的价格变动为负时,其权重为 0%(0% 和 0%)[30]。

这些结果支持了早期研究关于动量策略具有正业绩的结论。另外,在分散化的组合中,我们也建立起商品收益与后续股市表现的联系。即在原油取得正的收益之后,股票市场往往会表现糟糕,而商品价格倾向于表现出动量特征。这些结果表明,原油可能对资产配置决策存在普遍的影响。

结　论

本章的目的在于回顾分散化组合中商品投资的情况。针对最近一段时期(1996 年 7 月至 2006 年 6 月)的数据,我们探讨了多个战略和战术维度的期货投资问题,并研究了它们对组合业绩的影响。我们可以从以往和目前的研究中发现四个主要问题。

第一,尽管一直争论商品期货市场上风险溢价的存在性问题,但历史数据表明,期货多头组合表现出了正的风险溢价。然而单个商品期货是否存在一致的只做多风险溢价则不能确定,因为它们的风险调整后收益受到特定风险的巨大干扰。

第二,历史数据表明,商品指数投资表现出与股票相似的风险调整后收益。而且在战略意义上,商品与股票、债券、通胀以及经济周期的相关性使它们成为有吸引力的投资组合成分。

第三,之前的研究已经指出了商品呈现出随时间变化的、时常为负的风险溢价。市场可以通过期限结构传递这方面的重要信息,指明商品期货是否应该被纳入投资组合,以及做多或是做空策略能否赚取风险溢价。

第四,商品期货收益可能由于经济、货币、通胀和季节性因素而产生系统性的、可预测的变化,还可能体现出动量特征。考察这些因素对于最优投资行为具有重大意义。然而事前很难察觉到经济、通胀和货币等变量中的有用信号。此外,至少在投资组合框架下,随着货币形势的不同,商品收益的变化也不稳定。

我们的大部分分析都是根据各种事前和事后的标准,在简单的均值方差框架下估计出"最优"组合。正如我们的文献回顾和分析所指出的,期货投资的业绩会随着时间、不同商品甚至结构性因素发生很大变化。因此在做组合配置的决策时,商品价格行为的动态性强调了理解资产之间根本关系的重要性。

---

[30] 原油在组合中占的比重不大,是因为 GSCI 代替了它的大部分敞口。我们在去除 GSCI 的情况下重新分析组合 3,得到原油的权重为 7.5%。这与原油正的动量相吻合。

第 4 章
影响商品期货收益的宏观经济因素

芝诺·亚当斯（Zeno Adams）
研究助理
资产管理讲座教授
欧洲商业学院
赖希阿特豪森古堡国际大学

罗兰·福斯（Roland Füss）博士
金融学教授
资产管理讲座教授
欧洲商学院
赖希阿特豪森古堡国际大学

迪特尔·G·凯瑟（Dieter G. Kaiser）博士
另类投资主管
Feri 机构顾问有限公司
实用数量化金融中心研究员
法兰克福金融管理学院

　　最近几年，投资者和学者们对商品产生了新的浓厚兴趣，并且投入越来越多的关注。20 世纪 70 年代的石油价格冲击曾引发过关于石油价格的大讨论，但随后 20 多年里商品价格持续下跌，学术界因此也就不再关注。然而截至 2007 年第三季度，大部分商品的名义价格创造了历史最高纪录，实际价格也处于高位，并且以期货价格来看，这种较高的价格水平预计将保持一段时间。

　　关于商品的大多数文献都把注意力集中在商品期货的长期被动型投资策略。然而，纯粹的"买入并持有"策略，可能将投资者置于较高的风险头寸和更加不利的境况当中。一方面，投资者不能选择时机，也不能调整投资组合成分的权重，因此不能对市场变化作出反应；另一方面，阿基（Akey）指出主动管理型策略使得投资者有机会减少风险，并充分利用市场环境的优势。① 为了实现成功的投资，投资者需要全面地理解商品期货价格的决定因素，以及期货价格与传统资产的相互依存关系。商品是极度异质性的资产类别，每日价格波动主要由各种各样的商品特定因素所驱动。但是商品价格也受到宏观经济变动的影响，宏观因素会影响到所有商品。平狄克和罗特博格（Pindyck and Rotemberg）发现，在某些共同的宏观经济冲击的影响下，关联度不高的商品之间会表现出价格联动性②。因此诸如通货膨胀、利率和工业产出等宏观经济因素的当前值和预期值会影响商品的供求状况，进而影响商品的当前价格和预期价格。他们认为，商品的需求可被直接地决定，例如世界工业产出增加，这将提高能源需求以及工业金属和贵金属的需求，但商品需求也受到储存成本的间接影响。对于可储存的商品，它的存货需求以及当前价格由持有存货的机会成本所决定。例如利率上升能直接降低商品价格，因为更高的利率对整体经济状况，尤其是商品需求会造成负面影响。同时，由于持有存货的机会成本增加，商品价格也会下跌。因此本章的目的在于说明商品与宏观经济之间的关系③。

商品作为对冲通货膨胀的工具

格里尔认为，除了可以被用作分散化工具之外，商品投资的一个重要特性是商品可以用作对冲通货膨胀的工具④。当通货膨胀和非预期的通货膨胀上升时，债券和股票这类名义计价资产的价值会下降。理论上，股票代表着对实物资产的求偿权，但由于公司与供应商、工人和资产方已经签订了名义合同，因此不会对通胀上升做出直接反应。债券代表着对债务的求偿权，因此与股票不同，债券持有人将获得事先确定的现金流。未来现金流的现值取决于获得现金流的时间、现金流大小以及假定的利率；相反，商品期货代表的是预期的未来现货价格，因此当预期的通货膨胀增加时，商品期货价格会上涨。事实上，商品价格上涨本身就会引起通货膨胀，因为商品包含在计算经济总体通胀所依据的物品篮子中。此外，由于期货是一种短期合约，当滚动到下一期期货时，人们会把新的信息考虑在内，所以期货会对非预期的通货膨胀做出反应。以往的经验研究显示，商品期货的年收益与通货膨胀的变化正相关，并在高通胀时期提供有效的通货膨胀对冲作用⑤。戈登和鲁文赫斯说明在1959—2004年期间，商品可以作为对冲通胀的工具，因此商品总收益指数与美国

---

① Rian P. Akey, "Commodities: A Case for Active Management," *Journal of Alternative Investments* (Fall 2005), pp. 8 – 29.

② Robert S. Pindyck and Julio J. Rotemberg, "The Excess Co-Movement of Commodity Prices," *The Economic Journal* (December 1990), pp. 1173 – 1189.

③ 商品整体上与股票和债券市场受到相同宏观经济因素的影响，关于这方面的经验证据，参见 Warren Bailey and K. C. Chan, "Macroeconomic Influences and the Variability of the Commodity Futures Basis," *Journal of Finance* (June 1993), pp. 555 – 573.

④ Robert J. Greer, "Conservative Commodities: A Key Inflation Hedge," *Journal of Portfolio Management* (Summer 1978), pp. 26 – 29.

⑤ See, for example, Zvi Bodie and Victor I. Rosansky, "Risk and Return in Commodity Futures," *Financial Analysts Journal* (May-June 1980), pp. 3 – 14; Ernest M. Ankrim and Chris R. Hensel, "Commodities in Asset Allocation: A Real-Asset Alternative to Real Estate," *Financial Analysts Journal* (May-June 1993), pp. 20 – 29; and Kenneth A. Froot, "Hedging Portfolios with Real Assets," *Journal of Portfolio Management* (Summer 1995), pp. 60 – 77.

CPI（消费价格指数）存在正相关关系，相关性介于 CPI 与月度期货收益的 0.01 和 CPI 与月度期货收益 5 年平均值的 0.45 之间[6]。相比之下，股票、债券与通货膨胀的相关系数介于 -0.12 ~ -0.32，具体数值视考察的时期而定。

在经验分析中，我们用包含能源、工业金属、贵金属、农产品和畜类等行业的高盛商品指数（GSCI）中的超额收益指数，来构造一个等权重的综合指数[7]。超额收益指数不包含抵押品的收益，因此与严重受到抵押品无风险利率影响的总收益指数相比，它提供了更密切的商品敞口。在 1983 年第一季度，所有分类指数被标准化为 100。在此之后，该指数没有进行过指数维护；指数维护属于一种主动交易策略，即卖出那些上涨的行业指数，买入那些下跌的行业指数。不进行指数维护能够保证指数反映出纯粹的商品价格变动，也就是说，尽量避免由组合维护所造成的业绩影响。我们利用美国消费物价指数以及欧洲和亚洲消费物价指数作为衡量通货膨胀的指标。通常，在关于商品的文献中只使用美国消费物价指数，这未免过于狭隘[8]。投资者各自担心本国的通货膨胀，但并不一定担心美国的通货膨胀。例如，当欧洲或亚洲的通货膨胀加剧时，欧洲或亚洲投资者就会将资金转移到商品中。但是，纳入亚洲和欧洲的通货膨胀可以解决这个问题，但也引起其他问题。首先，这些地区的通胀率是不同国家通胀率的平均数，这可能使得估计出的相关性存在偏差；其次，当投资于以美元标价的商品时，欧洲或亚洲的投资者还必须考虑汇率风险，因此也必须考虑汇率变动的影响。图表 4.1 显示不同地区通胀率与商品指数收益之间的相关系数，样本期间为 1983 年第一季度至 2007 年第一季度[9]。从图表 4.1 中可以看出，商品综合指数与美国通胀率正相关，但相关性几乎可以完全归因于能源指数。

图表 4.1　不同国家月度通胀率与商品收益之间的相关性（1983 年 1 月至 2007 年 1 月）

变量	美国通胀率	欧洲通胀率	亚洲通胀率
综合	0.3131[a]	0.1022	-0.0619
农产品	-0.0148	0.0008	0.0301
能源	0.3405[a]	0.2141[a]	-0.1251[b]
工业金属	0.0735	-0.0578	0.0890
畜类	0.0400	-0.0159	-0.0183
贵金属	0.0735	-0.0844	-0.0245
MSCI 世界指数	-0.0301	-0.0994	0.1044
JPM 全球债券指数	-0.0750	-0.0049	-0.0833

注：a、b 和 c 分别表示在 1%、5% 和 10% 水平上显著。

---

[6] Gary Gorton and Geert K. Rouwenhorst, "Facts and Fantasies about Commodities Futures," *Financial Analysts Journal* (April 2006), pp. 47-68.

[7] 高盛提供的综合指数是一个能源占 70% 左右的生产加权指数。我们的等权重指数具有使能源部门不再占主导地位的优势。然而，如上所述，该指数没有进行维护，因此随着时间的推移，这个被动型指数的权重可能会因各个商品行业的价格变动而变化。

[8] See, for example, Claude B. Erb and Campbell R. Harvey, "The Strategic and Tactical Value of Commodity Futures," *Financial Analysts Journal* (March-April 2006), pp. 69-97.

[9] 我们也可以把欧洲通胀率与以欧元计价而不是美元计价的商品指数相比较。结果（这里未给出）没有明显改变。

世界股票和债券与美国通胀率负相关,原因在于当通胀率上升时,这些资产的名义价值会缩水。因此更高的通胀率意味着股票和债券具有更低的实际收益。欧洲的通胀率与能源显著正相关,但与其他商品指数不相关。令人费解的是,亚洲的通胀率与能源收益负相关。然而这些相关系数出现偏差,可能是由于汇率变动的影响和平均通胀率的计算问题,因为它将经济发展水平各异的不同国家的通胀率取平均值。此外,还要考虑短期的市场波动因素,月度数据与生俱来就容易受其影响。

这些短期的价格波动可能掩盖了真实的相关关系,因此较长时期内的平均值可以更好地反映出内在关系。如果投资期限延长至 1 年、3 年或 5 年,商品收益与欧盟和亚洲通货膨胀的相关性将显示出非常不同的画面。图表 4.2 显示在不同时间期限内,美国、欧盟和亚洲通胀率与商品收益的平均相关性。从图表中可以看出,大多数商品与美国、欧盟和亚洲的通胀率显著正相关。而且时期越长相关性也越强,这表明短期相关性会受到短期市场波动的严重影响。在美国,能源行业的 1 年期收益与通胀的相关性特别高,而工业金属和畜类行业的 3 年和 5 年平均收益与通胀的相关性特别高。在亚洲和欧洲,农产品指数与通胀率之间的相关性比在美国更强,并随着投资期限的延长而增加。这再一次说明,我们必须谨慎地解读欧洲和亚洲市场。尤其在亚洲,通胀与农产品指数的一致性看上去非常明显。通胀与其他指数则呈现出显著的负相关性。特别的,贵金属指数与通胀负相关,在美国市场两者也存在轻度的负相关。因此就欧洲和亚洲市场而言,商品综合指数不能用来抵御通货膨胀,但综合指数中的某些行业确实显示出对冲通胀风险的特性,而且投资期限越长越有效。

图表 4.2　　　　不同时间期限内通胀率与商品收益滚动平均值的相关性

指数	美国通胀率			欧盟通胀率			亚洲通胀率		
	1 年	3 年	5 年	1 年	3 年	5 年	1 年	3 年	5 年
综合	0.532ª	0.568ª	0.658ª	-0.269ª	-0.323ª	-0.188ª	-0.118	-0.025	-0.026
农产品	0.058	0.216ª	0.426ª	0.114	0.283ª	0.520ª	0.407ª	0.672ª	0.786ª
能源	0.550ª	0.467ª	0.332ª	-0.064	-0.255ª	-0.406ª	-0.255ª	-0.324ª	-0.461ª
工业金属	0.367ª	0.586ª	0.743ª	-0.224ª	-0.184ª	0.018	0.108	0.172ª	0.191ª
畜类行业	0.402ª	0.694ª	0.907ª	-0.051	0.087	0.322ª	-0.015	0.274ª	0.394ª
贵金属	-0.312ª	-0.380ª	-0.404ª	-0.706ª	-0.770ª	-0.792ª	-0.272ª	-0.334ª	-0.511ª

注:a、b 和 c 分别标示在 1%、5% 和 10% 水平上显著。

用期间内的平均数计算相关性,这种做法的缺点是不能考察极端时期(收益和通胀特别高或特别低的时期)商品收益与通胀之间关系,因为平均值使得时间序列变得平滑。然而,这些极端时期尤其值得关注,因为在高通胀时期,对冲通胀风险的特性变得极有价值。此外,了解这种相关性能否随着时间的推移而保持稳定,也是很有意义的。鉴于此,我们计算了美国消费物价指数与商品指数的 1 年期和 5 年期滚动相关系数,从而显示出相关性如何随着时间而变化。图表 4.3 显示不同时期的滚动相关系数[10]。

---

[10] 图表 4.2 显示 1 年、3 年和 5 年期平均收益与通货膨胀的相关性,而图表 4.3 显示 1 年和 5 年观察期间的月度滚动相关系数。

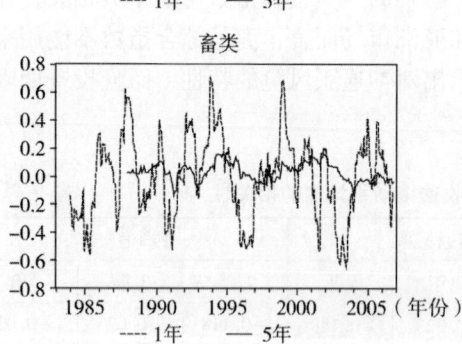

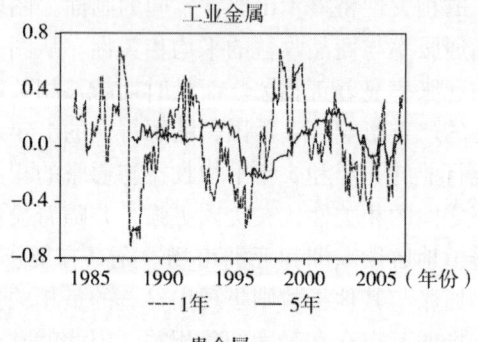

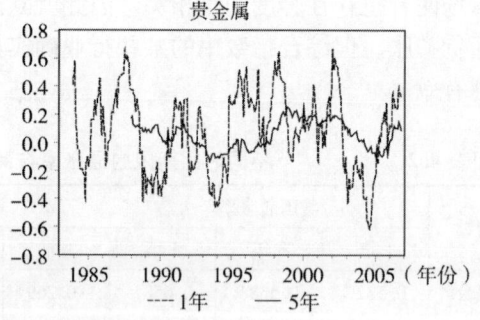

图表 4.3 不同投资期限的滚动相关系数

所有商品指数的共同现象是 1 年期相关系数逐年地剧烈波动,如工业金属和综合指数的相关系数范围介于 +0.8 ~ -0.8[11]。由这一点可以得出结论,在短期内商品投资不能有效地抵御通货膨胀。在 5 年期这一较长时间里,相关性更为稳定,但相关系数一般较小,其范围介于农产品指数 0 和能源指数约 0.4 之间。

因此,文献[12]中常常宣称通胀对冲特性可能会很强烈,在短期内也可能为负值,但是当考虑到欧洲或亚洲的通胀率时,这种通胀对冲特性并不明确。邓森(Denson)指出,美国通胀的滚动相关性在短期内剧烈波动,但当滚动窗口超过 3 年时,它会比较稳定而且

---

[11] 然而需要指出的是,由于滚动窗口会产生自相关性,所以系数存在部分偏差。另外,在正态假设下,这种衡量方法只能捕捉到线性依存关系。此外,只有多元分布属于椭圆形,相关系数才有意义。由于大多数月度商品指数的收益存在正偏及/或超额峰度,联合分布远不是椭圆形的,因此相关系数没有取尽 [-1, +1] 区间内的所有值。

[12] See, for example, Robert J. Greer, "The Nature of Commodity Index Returns," *Journal of Alternative Investments* (Summer 2000), pp. 45-52.

整体上为正值。因此从长期来看，美国通胀率与商品之间存在正相关关系[13]。为了更加详尽地检验这种通胀对冲特性，我们把通胀分解为预期的通胀和非预期的通胀。原因在于，在某种程度上预期的通胀可能已经纳入股票和债券的价格当中，所以对于非预期的通胀变化，通胀对冲特性会变得特别有价值。因此，我们将商品收益对通胀的两个成分做回归，得到（4.1）式

$$R_t = \beta_0 + \beta_1 E(\pi_t) + \beta_2(\pi - E(\pi_t)) + e_t \quad (4.1)$$

R_t 代表相应 GSCI 商品超额收益指数的收益，β_0 是常数项，$\beta_1 E(\pi_t)$ 代表预期的通胀率，$\beta_2(\pi - E(\pi_t))$ 代表非预期的通胀率，e_t 是误差项。系数 β_1 和 β_2 衡量通胀对冲的有效性，分别对应于预期的通胀和非预期的通胀。衡量市场通胀预期的常用指标是短期利率，也就是说，非预期的通胀率等于通胀率减去短期利率。假设实际利率 r_t 不变，费雪方程式 $i_t = r_t + E(\pi)$ 表明预期的通胀率可以由短期名义利率来表示。另一种衡量非预期的通胀的指标是通胀率变化 $\Delta \pi_t$，这在本章中也会用到。基于随机游走假设，今年通胀率的最准确期望值是去年的通胀率[14]。我们用消费物价指数的百分比变化来计算月度通胀率，用通胀率的变化来计算非预期的通胀率

$$\pi_t = (\log CPI_t - \log CPI_{t-1}) \cdot 100 \quad (4.2)$$

$$\pi_t^{unexpected} = \pi_t - \pi_t - 1 \quad (4.3)$$

图表 4.4 显示依据月度商品指数估计出的系数，括号内为 t 统计量。可以看出，预期的和非预期的美国通胀率与综合指数以及能源指数之间，存在正相关关系。对这两种商品指数来说，非预期的通胀的影响要远远大于预期的通胀的影响，因此当发生非预期的通货膨胀时，商品的对冲特性会更加明显。对于欧洲的通货膨胀，商品的通胀对冲特性实际上只对非预期的通胀成立。虽然预期的通胀也应包含在名义计价资产（如股票和债券）的价格中，但商品对非预期的通胀的对冲特性使得商品投资格外具有价值。厄尔布和哈维得出如下结论：与易于储存的商品相比，储存程度有限的商品如铜、燃油和畜类，更能抵御非预期的通货膨胀[15]。原因之一可能在于，难于储存的商品的需求增加会直接导致价格上涨，而易于储存的商品只有在其库存已经耗尽后，才会出现价格上涨。

图表 4.4　　　　　　　　　通胀对冲特性的回归结果

指数	美国的通胀			欧洲的通胀			亚洲的通胀		
	β_0	β_1	β_2	β_0	β_1	β_2	β_0	β_1	β_2
综合	-0.439	2.859ª	5.532ª	0.295	-0.021	2.535ᶜ	0.353	-0.137	0.321
	[-1.307]	[2.833]	[6.329]	[0.569]	[-0.022]	[2.805]	[1.183]	[-0.373]	[0.257]
农产品	-0.063	-1.103	0.198	-0.785	0.903	-0.718	-0.601ᶜ	0.479	0.095
	[-0.156]	[-0.901]	[0.186]	[-1.310]	[0.816]	[-0.688]	[-1.770]	[1.151]	[0.296]

---

[13] Edwin Denson, "Should Passive Commodities Investments Play a Role in Your Portfolio?" *Investment Viewpoints*, UBS Global Asset Management (2006).

[14] Harry M. Kat and Roel C. Oomen, "What Every Investor Needs to Know About Commodities, Part II: Multivariate Return Analysis," *Journal of Investment Management* (3rd Quarter 2007), pp. 1 – 25.

[15] Erb and Harvey, "The Strategic and Tactical Value of Commodity Futures."

续表

指数	美国的通胀			欧洲的通胀			亚洲的通胀		
	β_0	β_1	β_2	β_0	β_1	β_2	β_0	β_1	β_2
能源	-1.393^c	7.601^a	12.699^a	-0.977	3.114	9.249^a	1.105^c	-1.141	-1.303^b
	[-1.909]	[3.469]	[6.691]	[-0.881]	[1.520]	[4.879]	[1.701]	[-1.431]	[-2.119]
工业金属	0.490	0.236	2.274^c	1.469^c	-1.896	-0.641	0.122	0.852	0.556
	[0.945]	[0.151]	[1.686]	[1.918]	[-1.341]	[-0.481]	[0.281]	[1.604]	[1.356]
畜类	-0.311	1.637	0.104	0.133	-0.057	-0.365	0.198	-0.164	-0.075
	[-0.832]	[1.460]	[0.107]	[0.810]	[-0.955]	[-0.380]	[0.633]	[-0.426]	[-0.254]
贵金属	-0.248	-0.276	2.033^c	0.783	-2.271^b	-0.679	-0.294	-0.096	-0.143
	[-0.615]	[-0.228]	[1.933]	[1.312]	[-2.060]	[-0.654]	[0.339]	[0.230]	[0.446]

注：a、b和c分别标示在1%、5%和10%水平上显著。

在一定程度上，非预期的通胀也对美国的工业金属和贵金属价格产生影响，这种影响在10%的置信水平上显著。在亚洲的通货膨胀情形中，几乎没有一个t统计量是显著的，这也并不奇怪，因为月度数据的相关系数就不显著[16]。阿基试图解释股票和商品与通胀之间的反向关系[17]。如果产出价格具有黏性是一个合理的假设，那么商品价格上涨所引起的通胀会增加企业的成本，因为这些企业需要购买商品作为投入原料。较高的生产成本会削减企业的利润，从而使股票价格产生下跌的压力。随着时间的推移，较高的商品价格导致新的商品生产企业进入市场[18]。这就使商品供给增加，而同时由于生产成本较高，企业对商品的需求减少，这两种影响都会降低商品价格。于是，随着中央银行将通胀率下调至更加正常的水平，企业的利润和股票价格都再次上升。

格里尔（Greer）提出了另一种或许更为相关的解释[19]。当通货膨胀加剧时，市场预期央行将提高利率，这将减少未来现金流量的现值，从而降低股票和债券价格。但是，商品价格已经将新的通胀率纳入其中，因而投资者有动机将股票和债券脱手，并转做商品投资。

货币政策和商品收益之间的动态联系：向量自回归分析

美联储的通胀目标是核心通货膨胀，其中不包括极具波动性的能源指数和农产品指数，所以这些商品价格的变化不会立即影响通胀目标。但是，当商品价格上升到非常高的水平时，这些影响就开始在核心通货膨胀中显现，从而导致央行采取措施以控制通货膨胀。这就是为什么本节要描述货币政策与商品价格之间的相互依存关系。紧缩性货币政策的影响可以被认为是通货膨胀影响的延续。正如上一节已讨论过的，通货膨胀的上升会提高商品价格，因为投资者都在利用商品的对冲通胀性质，从而增加了商品需求。较高的通

---

[16] 能源指数除外，它的相关系数和OLS回归系数都是负值。
[17] Akey, "Commodities: A Case for Active Management."
[18] 一些商品生产公司如石油公司，具有相当大的沉没成本，因此即使在长期内，这些公司的产品供给也可能极度缺乏弹性。
[19] Greer, "The Nature of Commodity Index Returns."

货膨胀继而促使央行提高利率,以降低通货膨胀。接下来的反通胀阶段会减少商品需求,使它们的价格回归至长期水平。阿梅斯托和加文(Armesto and Gavin)证实,通过提高市场参与者对未来 3~9 个月的通胀预期,商品期货市场对非预期的联邦基金利率目标上调会做出正向反应[20]。詹森、约翰逊和默瑟(Jensen, Johnson and Mercer)[21] 分析美国货币政策的影响,他们区分了扩张性货币政策时期和紧缩性货币政策时期[22]。对于 1973—1999 年这段时期,他们发现在紧缩性货币政策下,商品有更高的收益,而在扩张性货币政策下,商品的收益则相对较低。这在能源和工业金属中表现得尤为明显,畜类行业则呈现出相反的情形,但是其系数并不显著。凯特和欧门也发现类似的现象,他们研究的是单个商品指数,而非加总型指数[23]。

弗兰克尔提出了一个带有多恩布什汇率超调模型风格的套利模型,以解释实际利率与商品价格之间的反向关系[24]。他的主要理由是,高实际利率会增加投资者商品存货的机会成本,因而导致可储存商品的暂时性需求下降[25]。另外,投机者此时更有动机将商品脱手,转而投资于固定收益资产如债券。这两种效应都会减少商品需求,从而降低商品价格。在这个理论模型中,货币量的紧缩会增加名义利率 i,同时往往会降低预期的通货膨胀,因而事前的实际利率 $r = i - \pi^e$ 上升。由于上述原因,商品价格会下跌。价格会持续下跌,直到人们普遍认为商品被低估,并且预期商品价格的升值幅度会超过商品的储存成本。因此,投资者愿意储存商品,商品需求也就再次增加。长期来看,尽管实际利率和商品价格保持不变,但紧缩性货币政策减轻了通货膨胀,也抑制了实际货币的增长。超调效应的理论依据在于,商品价格是灵活的并且迅速调整,而其他大多数资产的价格在短期内具有黏性。用 s 代表商品名义价格的对数,p 代表总体价格水平的对数,因此 $q = (s-p)$ 代表实际商品价格,预期的实际价格水平变化可以表示为

$$E[\Delta(s-p)] = E[\Delta(q)] = -\theta(q - \bar{q}) \tag{4.4}$$

$$E[\Delta(s)] = -\theta(q - \bar{q}) + E[\Delta p] \tag{4.5}$$

如果商品的实际价格高于长期内的预期价格水平 $\bar{q}$,那么我们预计商品价格将以 θ 的速度下跌,因此存在恢复至长期均衡水平的趋势。此外,出于套利方面的考虑,名义汇率 i 应等于预期的商品价格上涨 $E[\Delta(s)]$ 加上调整成本后的便利收益

$$E[\Delta(s)] + c = i \quad \text{其中 } c \equiv cy - sc - rp \tag{4.6}$$

---

[20] Michelle T. Armesto and William T. Gavin, "Monetary Policy and Commodity Futures," *Federal Reserve Bank of St. Louis Review* (2005).

[21] Gerald R. Jensen, Robert R. Johnson, and Jeffery M. Mercer, "Tactical Asset Allocation and Commodity Futures," *Journal of Portfolio Management* (Summer 2002), pp. 100–111.

[22] 如果在很长时间的单向利率变动之后,联邦储备银行改变利率走向,我们就可以观察到货币政策的变化。例如,如果美联储在前期一直压低利率,然后上调利率,我们就观察到紧缩性货币政策。

[23] Harry M. Kat and Roel C. Oomen, "What Every Investor Needs to Know About Commodities, Part I: Univariate Return Analysis," *Journal of Investment Management* (First Quarter 2007).

[24] Jeffrey Frankel, Commodity Prices, Monetary Policy, and Currency Regimes, NBER Working Paper No. C0011 (May 2006). See also Rüdiger Dornbusch, "Expectations and Exchanges Rate Dynamics," *Journal of Political Economy* (December 1976), pp. 1161–1176.

[25] 一方面,持有商品存货给投资者带来商品未来升值的收益,而且带来便利收益——如果发生不利的供给冲击,存货能保证关键的供给;另一方面,投资者必须支付机会成本,也就是说,实际利率、储存成本以及针对未来价格变动不确定性的风险溢价。

cy 表示持有商品存货所带来的便利收益，它可以理解为在不利供给冲击的情况下，有保障的商品供给所提供的保险价值（译者注：不缺货的价值）。储存成本 sc 包括租金和安保费用，而风险溢价 rp 是指在未来商品价格不确定的情况下，今天购买并储存商品所支付的溢价。

用（4.5）式来替换（4.6）式中的 $E[\Delta(s)]$，移项之后可得

$$-\theta(q - \bar{q}) + E[\Delta(p)] = i - c \qquad (4.7)$$

于是

$$q - \bar{q} = \left(\frac{1}{\theta}\right)(i - E[\Delta p] - c) \qquad (4.8)$$

其中 $i - E[\Delta p] \equiv i - \pi^e = r$。（4.8）式指出，如果实际利率高于便利收益减去储存成本和风险溢价之后的余额，投资者会觉得投资于固定收益产品更有利可图，从而会减少他们对商品的需求，这样就导致商品的实际价格低于其长期价格 $\bar{q}$。这能在一定程度上解释为什么在 20 世纪 80 年代高利率时期，商品价格会很低，而在最近几年实际利率低时，商品价格变得很高。为了对负相关关系进行实证检验，我们可以采用普通最小二乘法回归。弗兰克尔运用的是现货价格的年度数据，他发现在 1950—2005 年期间，三大综合指数与实际利率之间存在显著的负向关系[26]。

我们用的是期货超额收益指数的月度数据，并运用向量自回归（VAR）模型，VAR 是一个联立方程模型，通过加入滞后变量它考虑了时间维度因素。我们的理由是，运用实际商品价格的水平值进行 OLS 回归会导致估计偏差，因为商品指数是不平稳的。此外，实际利率的变动不太可能影响当月的商品价格，因此模型中需要考虑滞后值的影响。实际商品指数的计算公式为

$$index_{real} = \log\left(\frac{index_{nominal}}{CPI} \cdot 100\right)$$

为了获得平稳的变量，需要对实际商品指数做差分[27]

$$\Delta index_{real} = index_{real,t} - index_{real,t-1}$$

实际利率的水平值已经是平稳的，它由一年期美国国债利率减去通胀率而计算得到。带有 n 期滞后项的双变量 VAR 模型可以表示为

$$\Delta p_t = \mu_1 + \alpha_1 \Delta p_{t-1} + \alpha_2 \Delta p_{t-2} + \cdots + \alpha_n \Delta p_{t-n}$$
$$+ \beta_1 r_{t-1} + \beta_2 r_{t-2} + \cdots + \beta_n r_{t-n} + \varepsilon_{1,t} \qquad (4.9a)$$

$$r_t = \mu_2 + \gamma_1 \Delta p_{t-1} + \gamma_2 \Delta p_{t-2} + \cdots + \gamma_n \Delta p_{t-n}$$
$$+ \lambda_1 r_{t-1} + \lambda_2 r_{t-2} + \cdots + \lambda_n r_{t-n} + \varepsilon_{2,t} \qquad (4.9b)$$

其中 Δp_t 是 t 时刻实际商品指数的变化，r_t 是实际利率，μ_i 是常数项，$\varepsilon_{i,t}$ 是误差项。从第一个方程中可以看出，商品实际价格取决于之前 n 期的价格以及滞后的实际利率。第

---

[26] Frankel, Commodity Prices, Monetary Policy, and Currency Regimes.

[27] 对差分变量的平稳性检验是通过单位根检验进行的（See Peter C. B. Phillips and Pierre Perron, "Testing for a Unit Root in Time Series Regression," *Biometrika* (1988), pp. 335–346）。

二个方程中的实际利率依赖于相同的变量,因此这两个变量具有动态的相互依存关系。与普通最小二乘法回归相比,此处估计出的参数 α_i,β_i,γ_i 和 λ_i 不能理解成弹性系数,因为第一个方程中的冲击 $\Delta\varepsilon_{1,t}$ 在同期增大了 Δp_t,并通过 $\gamma_1\Delta\varepsilon_{1,t}$ 增大了下一期的 r_{t+1},这反过来又通过参数 β_1 对 $t+2$ 期的实际商品价格产生影响,以此类推。如果这个模型的设定是正确的,那么误差项 $\varepsilon_{1,t}$ 和 $\varepsilon_{2,t}$ 的均值为 0。此外,这两个误差项之间应该存在着相关性,但各自不存在自相关性;否则,通过包含更多的变量和更多的滞后项,可以提高模型的拟合优度。但包含更多的滞后项或变量会增加数据要求。此外,太多参数会降低自由度,这可能会导致参数的估计偏差。最优滞后期的数目可以根据赤池准则(Akaike criterion)来判定,赤池准则对滞后变量的多少进行权衡

$$AIC = \ln|\hat{\Omega}| + \frac{2p^d}{T} \tag{4.10}$$

其中 $|\hat{\Omega}|$ 是估计出的残差协方差矩阵的行列式,p 是滞后期的数目,d 是方程的数目,T 是观测值的数目。对于 VAR 模型,赤池准则建议使用 5~8 个滞后项,这取决于相应的商品指数㉘。图表 4.5 列出了 VAR 模型 8 个滞后项的系数,括号中为 t - 统计量。不出所料,实际利率的变动在第 1 个月并不产生任何影响,而是从第 4 个滞后期起,对实际商品价格产生显著的影响。此外,对于几乎所有的商品指数,实际利率变动的影响似乎并不总是负的,而是呈现出一种交替的迹象。

图表 4.5　　　　　　　　　实际利率上升对商品价格的影响*

	综合	农产品	能源	工业金属	畜类	贵金属
β_1	0.001	0.009	-0.004	0.008	-0.013	0.020
	[0.127]	[0.893]	[-0.173]	[0.671]	[-1.347]	[2.143]
β_2	-0.006	0.002	-0.010	-0.004	0.010	-0.001
	[-0.563]	[0.162]	[-0.439]	[-0.295]	[0.929]	[-0.126]
β_3	-0.020	-0.023	-0.035	-0.023	-0.006	-0.021
	[-1.989]	[-1.941]	[-1.468]	[-1.556]	[-0.604]	[-2.002]
β_4	0.045	0.041	0.069	0.036	0.005	0.051
	[4.546]	[3.390]	[3.060]	[2.451]	[0.479]	[4.694]
β_5	-0.026	-0.027	-0.038	-0.027	0.004	-0.017
	[-2.955]	[-2.244]	[-1.951]	[-2.137]	[0.405]	[-1.544]
β_6	—	0.023	—	—	-0.007	-0.019
		[1.905]			[-0.681]	[-1.730]
β_7	—	—	—	—	-0.005	0.016
		[-0.974]			[-0.524]	[1.454]
β_8	—	—	—	—	—	-0.024
						[-2.418]
R^2	0.110	0.061	0.064	0.077	0.056	0.185

* 括号内的是 t 统计量。滞后长度准则:赤池信息准则;基于 1983 年 1 月至 2007 年 1 月期间 289 个月度观测值。

㉘ 关于 VAR 模型的介绍及其应用,参见 Walter Enders,*Applied Economic Time Series* (Hoboken, NJ: John Wiley & Sons, 2004),pp. 264-272。为了节省空间,我们没有给出商品价格滞后项和方程 (4.9b) 的系数。

但是，仅通过观察估计系数，无法得知实际利率的整体影响及其动态的传导机制。脉冲响应函数可以显示随着时间变化，商品价格对利率上升的动态反应。使用矩阵符号，脉冲响应函数可以简写为

$$y_t = \sum_{k=0}^{\infty} C_k \varepsilon_{t-k} \qquad (4.11)$$

其中 C_0 为单位矩阵。这是 VAR 模型的向量移动平均（VMA）形式，它用历史冲击 ε_{t-k} 的加权形式来解释变量矩阵 y_t 的变化情况。相对于无冲击状态下的 y_t 值，脉冲响应函数给出受到冲击之后，y_t 值随着时间的变化情况㉙。然而，这隐含地假设两个方程的误差项 ε_{i-k} 是不相关的。由于这种情况十分罕见，我们必须要估计"正交脉冲响应函数"。通过变换（4.11）式中的参数矩阵 C_k 使得残差不相关，这就可以表示为 $\widetilde{C}_k = C_k \cdot T$，其中 T 是变换矩阵并具有性质 $T^{-1} \cdot \hat{\Omega} \cdot T^{-1} = I$。修正的残差于是变为 $V_{t-k} = T^{-1} \cdot \varepsilon_{t-k}$，即生成一个正交向量，因此得到不相关的协方差矩阵 Ω。这个变换的想法是把影响整个系统的冲击归结为一个特定的变量。这也意味着在方程之间存在高度相关性的情况下，脉冲响应函数对于将冲击归结为哪个变量反应灵敏。对于下文所示的脉冲响应函数，我们对乔莱斯基排序（cholesky ordering）做出变动以检验结果的稳健性。图表4.6 显示实际商品价格与实际利率的残差相关性矩阵。

图表 4.6　　　　　　　　　　残差相关性矩阵

变量	Δp_t，综合	Δp_t，农产品	Δp_t，能源	Δp_t，工业	Δp_t，贵金属	Δp_t，畜类
r_t	0.060	0.081	0.047	0.089	-0.001	-0.011

可以看出，实际利率与商品价格变化之间的残差相关性较小，作为其中最高的相关关系，利率与工业金属的相关系数也只有 0.089。因此，对于乔莱斯基排序，脉冲响应函数是很稳健的。根据假设，实际利率的冲击对商品价格造成影响，因而乔莱斯基排序按照实际利率——商品指数的顺序确立了。图表 4.7 显示实际利率上升约两个标准差情况下的脉冲响应函数。

在贵金属行业中可以最明显地看出，实际利率开始时是我们所预期的负值，但随后变成正值，之后再次变回负值。除了畜类行业，这种情况似乎发生在所有的商品指数上，但这可能只是市场波动造成的结果。实际利率上升导致商品需求下降，从而导致商品的实际价格下降。较低的价格继而会导致一些市场参与者增加商品持有量，进一步提高价格。总之，实际利率与商品价格的负向关系是显著的，但不是很强烈，并且证实上述理论推导以及许多其他的研究结果㉚。

㉙ 冲击通常是一个或两个标准差大小。

㉚ 弗兰克尔进一步考察对存货量和小型经济所造成的影响（See, for example, Frankel, "Commodity Prices, Monetary Policy, and Currency Regimes"）。

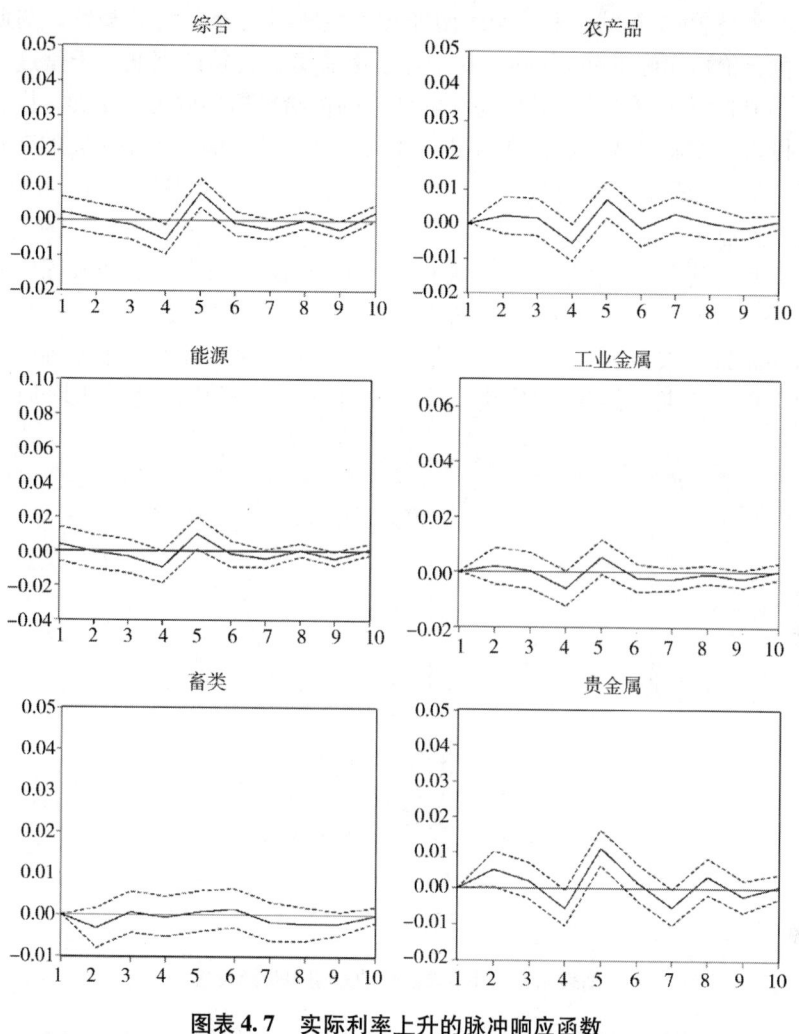

图表 4.7　实际利率上升的脉冲响应函数

商品与汇率

　　商品占货物贸易的 1/4，而货物贸易又占世界 GDP 的 1/4。由于许多发展中国家依赖于少数几种商品的出口，所以理解汇率波动对商品价格的影响是很重要的。许多商品都以美元计价，所以美元汇率的变动影响商品进出口价格。因此除了市场风险，投资者还面临汇率风险。

　　然而，汇率大幅度波动不仅仅是投资者的风险。例如美元大范围贬值会导致以美元标价的商品价格上涨，因为其他国家的商品出口商会索要更高的价格来弥补汇率损失；反之亦然。[31] 单个货币的汇率变动可能对商品生产企业的利润以及对供给变化产生重大影响[32]。

---

[31] See Robert Keyfitz, Currencies and Commodities: Modelling the Impact of Exchange Rates on Commodity Prices in the World Market, Development Prospect Group, World Bank, 2004.

[32] 汇率变动可能在一段时间以后才显示出影响，因为在实践中这类风险往往被提前对冲掉了。

一个著名的例子是2001年的南非,当时南非货币兰特对美元贬值了35%,与此同时,以美元标价的黄金价格实际下跌2.9%。这增加了南非黄金公司的利润,于是这些公司扩大了后续生产。但是应当注意到,难以储存的商品的供给在短期内是固定的,因为这类商品的基础设施投资可能需要数年,由此可见,商品价格变动可能是由于美元的变化或需求的变化所引起。从长期来看,只有进一步地投资于商品产能才会增加供给。在某种程度上,只要商品生产企业仍有库存,易于储存的商品的短期供给就会更具弹性。图表4.8显示了供求之间的关系,其中有一条随着价格的升高而下降的需求曲线D,以及固定的短期供给曲线$S^s(ns)$和$S^s(s)$。如果需求增加,难以储存商品的供给曲线$S^s(ns)$在短期内是固定的,易于储存商品的供给$S^s(s)$也只是略有增加,因此主要是商品价格做出上涨反应。随着时间的推移,长期供给S^l对价格水平的变化会做出反应,使供给增加、价格略有下降。

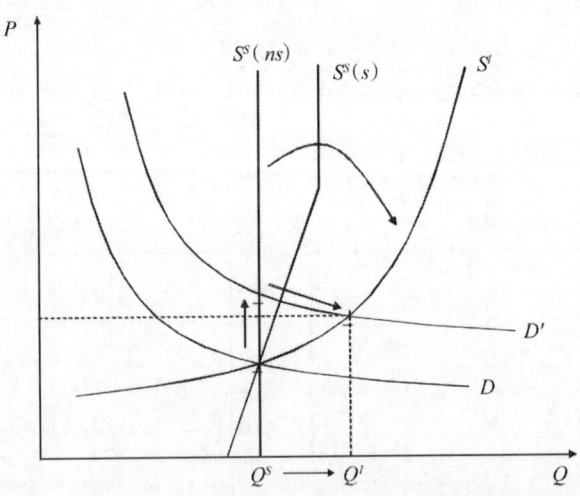

图表4.8 对需求变化的短期和长期反应

这使我们难以预测未来商品价格的走势。今后几年,如果全球需求仍然很旺盛、商品的新增投资尚未完成、美元继续贬值,那么商品价格将保持高位,或是在不久的将来进一步上涨。另一方面,美元升值和更高的供应量会促使商品价格均值回归至长期实际价格水平,即理论上的生产成本。美元汇率与商品综合指数之间的关系可以从图表4.9中看出,其中美元汇率指数是美元相对于一篮子货币的加权平均汇率。权重为美国对货币发行国双边进出口份额的平均值㉝。为了更加明确地说明负相关关系,左坐标轴反向地标示汇率指数(译者注:由下往上汇率值逐渐减小),右坐标轴表示商品指数。

可以看出,在大部分观测期中,美元汇率与商品价格存在负相关关系,只是在20世纪80年代中期和过去几年里发生了偏离,近来商品价格指数大幅上行,而汇率保持相对稳定。在新兴市场(特别是印度和中国)的高增长背景下,商品价格的上涨源于世界较高的需求,而不是汇率变动。图表4.10显示加权汇率指数与各个商品指数收益之间的月度相关系数。

㉝ 该指数是由联邦储备银行提供(http://www.federalreserve.gov/pubs/bulletin/2005/winter05_index.pdf)。

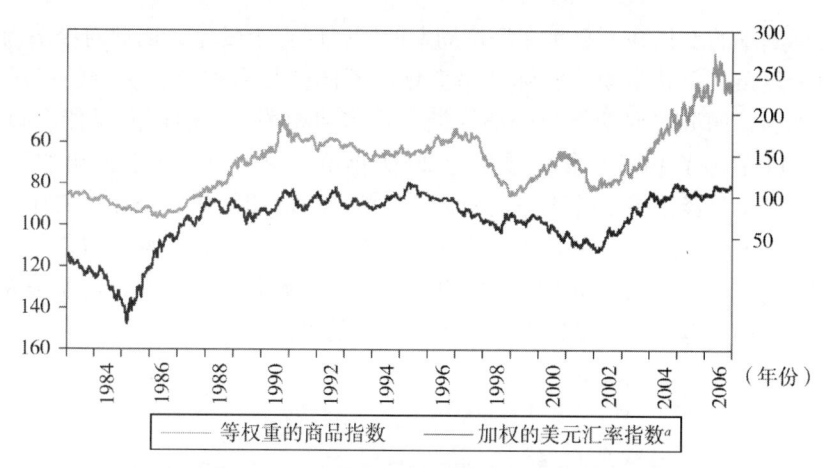

图表 4.9　加权美元汇率与商品价格之间的关系

注 a：左坐标轴反向标示汇率指数，右坐标轴标示商品指数；基于 1983 年 1 月至 2007 年 1 月期间的 289 个月度观察值。

图表 4.10　商品与汇率之间的相关性（1983 年 1 月至 2007 年 1 月）

变量	综合	农产品	能源	工业金属	畜类	贵金属
Δ 汇率指数	-0.122	0.058	-0.084	-0.339[a]	0.026	-0.384[b]

注：a 和 b 分别标示在 1% 和 5% 水平上显著。

可以看出，大部分相关系数符合我们的预期，即呈现负值，但只有工业金属和贵金属存在显著的负相关。这支持了一个论点：尽管并不是所有商品都同等程度地受到影响，但在汇率上升——即美元升值时，商品价格下跌；反之亦然。

商品与经济周期

前面几节中所讨论的通胀和实际利率影响蕴含着商品周期性行为。在强劲扩张时期，消费需求高，失业率低，工资的增长也高于正常情况。这会加剧通货膨胀，如果商品表现出通胀对冲特性，它还将推高商品价格。此外，由于大多数商品都可作为原料投入企业的生产中，较高的经济活力也就意味着商品需求的增加。通胀上升会促使央行提高实际利率以防止经济过热。当实际利率上升时，因为较高的融资成本会造成投资下降，所以在经济增长放缓前，生产扩张即已达到峰值。经过几个月之后，较高的实际利率开始降低商品需求，从而导致商品价格下跌。在衰退期，商品价格预计也会表现出类似的走势：在经济衰退的初期，商品的需求降低，从而降低商品价格。当中央银行削减实际利率时，商品价格会再次上涨[34]。

---

[34] 关于商品价格与经济周期关系的更多文献，可参考 Bruce Bjornson and Colin A. Carter, "New Evidence on Agricultural Commodity Return Performance under Time-Varying Risk," *American Journal of Agricultural Economics*（August 1997），pp. 918-930；and Eugene F. Fama and Kenneth R. French, "Business Cycles and the Behavior of Metals Prices," *Journal of Finance*（December 1988），pp. 1075-1093；以及其他文献。

由于实际利率的变化并不总是在经济周期的同一时点上发生,因此对经济周期行为的经验研究更为复杂;也就是说,实际利率变化对不同商品需求产生影响的滞后期长短不一,而且其他因素如汇率变动等与经济周期并不密切相关,这些因素可能会掩盖这种关系㉟。图表 4.11 显示了 1983 年第一季度至 2007 年第一季度世界工业产出的季度变化㊱。一方面,工业产出与经济周期并不完全相关,经济活力的增加使得企业在增加生产之前先降低存货;另一方面,经济衰退导致企业在减少生产之前先补充存货。但是,工业产出指标的优势在于它与商品需求有更紧密的关系,特别是能源和工业金属,这就是为什么我们选择工业产出,而不选择与商品需求联系不够直接的世界 GDP。

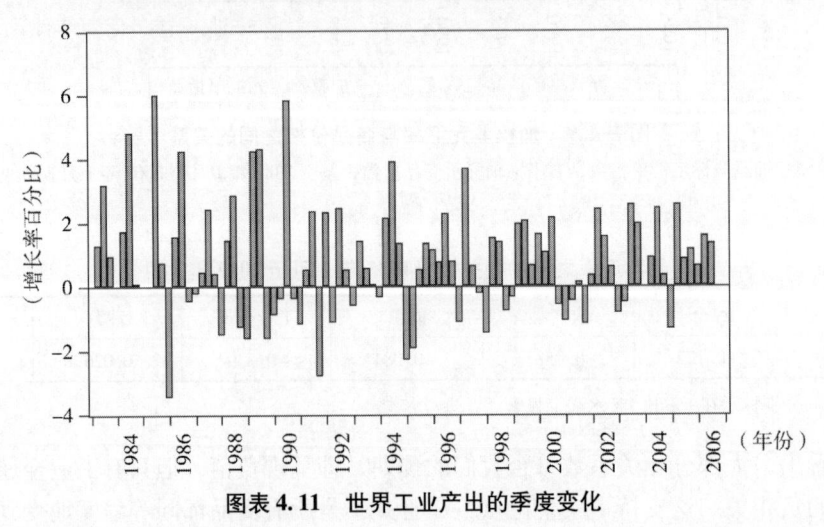

图表 4.11 世界工业产出的季度变化

我们把工业产出的季度变化划分为不同的子时期:强扩张、弱扩张、强衰退和弱衰退。我们把强扩张定义为这样一段时期:期间内的增长为正值,而且至少有 2 个季度的增速出现攀升。弱扩张对应于相同的时期,期间内存在正增长,但增速放缓。当至少有 2 个季度出现加快负增长时,即发生强衰退;弱衰退对应于连续 2 个季度的负增长,但负增长速度减缓。图表 4.12 显示了经济周期的四个阶段。

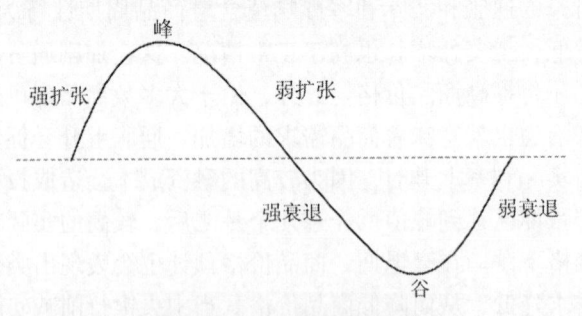

图表 4.12 经济周期的阶段

㉟ 此外,经济周期并没有规律性的反复模式。事实上,许多经济学家认为,经济周期是市场上唯一的随机波动(See, for example, Robert G. King, Charles I. Plosser, James H. Stock, and Mark W. Watson, "Stochastic Trends and Economic Fluctuations," *American Economic Review* (September 1991), pp. 819 – 840)。

㊱ 我们的世界工业产出的替代指标包括全体经合组织国家以及巴西、墨西哥、印度和中国。中国的指标相关部分包含在 1990 年第一季度以后的指数中。

1983年第一季度至2007年第一季度，由于工业产出正处于长期增长路径，我们发现所识别出的阶段大多数是强扩张和弱扩张。相应的，只有4个和8个观察期分别呈现出强衰退和弱衰退，而强扩张和弱扩张分别发生了18次和23次。图表4.13显示了在经济周期的相应阶段中，各个商品指数、股票和债券的平均收益。可以明显地看出，能源指数受工业产出变化的影响最为强烈。在强扩张阶段，能源的需求特别高，从而推高了能源价格；而在经济衰退时期，能源价格下降。对经济周期作出强烈反应的另一种指数，我们认为是工业金属指数。在强扩张阶段，其收益是正的，而在其他阶段，其收益将下降，强衰退阶段除外。其中，22.14%的收益似乎令人费解，但这是由于1989年第一季度39.32%这个唯一的异常值所导致的。如果剔除这个异常值，收益会变为较合理的-5.73%。值得注意的是，在弱扩张时期，能源和工业金属指数的收益均比强扩张时期低得多。这可能是由于在这些阶段商品需求降低所致。不过，也可能是因为利率的提高导致商品价格下跌。事实上，如果强扩张发生在弱扩张之前，那么弱扩张可能是因为实际利率提高所致。对于几乎所有阶段，农产品指数和贵金属指数均显示出负收益，原因是在考察期内这些指数普遍下挫。至于贵金属指数，衰退时期的收益比扩张时期的收益要低得多。

图表4.13　　　　　　　　　　经济周期不同阶段的收益性质

指数	强扩张（#18）	弱扩张（#23）	强衰退（#4）	弱衰退（#8）
综合	7.09	2.62	-3.52	-9.99
农产品	-5.81	-6.43	-1.76	-12.76
能源	37.37	10.03	-7.45	-4.89
工业金属	4.12	-4.39	-5.73（22.14）	-6.30
畜类	-4.03	5.79	-1.06	-9.76
贵金属	-1.79	1.21	-13.87	-13.77
JP摩根债券	7.77	7.58	-4.74	5.04
MSCI世界	15.86	6.17	6.37	2.69

许多商品指数如农产品、工业金属和畜类，强衰退时期的负收益不如弱衰退时期的负收益那么严重。这可能是因为在经济衰退时期实际利率较低。在强衰退时期，债券指数呈现出负收益，普遍较低的实际利率可能促使投资者转移部分资本于商品投资中，因此在那些时期，较低的需求在一定程度上被商品相对吸引力的增加所弥补。

结合经济周期的需求效应与前文所述的汇率效应，估计方程可以通过以下回归式来表示

$$R_t = \alpha + \beta_1 \cdot \Delta IPW_{t-1} + \beta_2 \cdot \Delta EXC_t + \varepsilon_t \tag{4.12}$$

其中R_t代表各个商品指数的季度收益，ΔIPW_{t-1}是世界工业产出相对于上一季度的百分比变化，ΔEXC_t是加权汇率指数的百分比变化。考虑到大多数商品都是在一定程度上可储存的，商品需求的上升直到下一个季度才会提高商品价格，因此以滞后项的形式出现。相比之下，汇率变动直接影响商品价格，因而在本期就引入（4.12）式。图表4.14列出对1983年第一季度至2007年第一季度的回归结果。在综合指数中，系数β_1表明如果世界商

品需求上升 1%，商品价格平均会上升 0.6%，滞后期为 1 个季度。但是，实际上这个效应只是对能源指数显著，对其他指数则不显著。

图表 4.14 世界需求和汇率对商品收益的影响（1983 年第一季度至 2007 年第一季度）

变量	综合	农产品	能源	工业金属	畜类	贵金属
α	-0.106	-0.577	-1.059	1.023	0.296	-1.234^c
	[-0.162]	[-0.655]	[-0.583]	[0.799]	[0.334]	[-1.871]
β_1	0.600^c	-0.750^c	3.060^a	0.312	0.102	0.265
	[1.816]	[-1.681]	[3.325]	[0.481]	[0.227]	[0.795]
β_2	-0.182	0.080	-0.324	-1.048^a	0.041	-0.603^a
	[-1.182]	[0.386]	[-0.755]	[-3.478]	[0.195]	[-3.882]

注：a，b 和 c 分别标示在 1%、5% 和 10% 水平上显著；基于季度数据（96 个观测值）。

美元指数大范围升值 1%，贵金属的价格会降低大约 0.6%，工业金属的价格降低约 1%。由此可见，美元的升值会对商品价格产生不利影响。

结　论

本章概括地介绍了宏观经济因素对商品价格的影响，并提供了商品价格与通货膨胀、货币政策、汇率变动以及经济周期之间关系的经验证据。商品是一个非常异质化的资产类别，但一些效应对所有指数都适用：对于美国的通货膨胀，大多数商品表现出通胀对冲特性。对于欧洲和亚洲的通货膨胀，并且当考虑到不同的时间期限时，这种通胀对冲特性变得更加模糊，因此总体的效应并不明确。与通货膨胀密切相关的是实际利率的变化。当实际利率提高时，商品实际价格会下跌，滞后期为 2 个或 2 个以上季度，原因在于投资者的机会成本上升，于是他们会将金融资本从商品市场转移出来。因为大多数商品是以美元标价的，所以汇率变动可能对商品的需求和供给产生相当大的影响；由于出口国将索要更高的价格以弥补汇率损失，因此美元的大范围贬值会提高商品价格。随着时间的推移，商品投资收益会发生变化，这反映在经济周期的不同阶段中。在经济扩张时期，商品需求增加，同时央行可能会提高实际利率，从而降低商品需求。虽然前者增加商品价格，但后者又降低商品价格，所以分解这些效应将是必要的，而且有待进一步研究。然而整体情形是商品的收益在扩张期较高，在衰退期较低甚至为负值，这意味着与实际利率效应相比，需求效应更为强劲。

第5章
风险溢价模型与便利收益模型的关系

维奥拉·玛克特（Viola Markert）博士
常务董事
CYD 研究公司

海因茨·兹默曼（Heinz Zimmermann）博士
金融学教授
巴塞尔大学商务与经济中心

商品期货合约的估值往往比金融资产及其衍生品的估值更加复杂。原因在于其标的商品的混合特性：一方面，商品可作为消费和加工的物品；另一方面，商品具有唯一的均衡市场价格，并且受到投机性存货的影响，从这个意义上说，商品又与金融资产具有某些相同的特性。总而言之，商品的现货价格是消费品价格和资产价格的混合体，前者反映的是商品当前的稀缺性，后者反映出未来现货价格的预期和预期的风险溢价。分别从两种观点来看，商品期货是：

- 以资产类证券作为标的物的衍生品，其估值应该运用基于套利理论的技术。或者：
- 以不可交易的状态变量或商品现货价格作为标的物的衍生品，其估值应该运用均衡资产定价技术。

基于这种混合特性，有两大类估值模型被用于商品期货的定价：**风险溢价模型**（RPM）和**便利收益模型**（CYM）。风险溢价模型从预期的商品现货价格角度为商品期货估值，它使用适当的风险溢价对预期的商品现货价格进行折现。其中的风险溢价是从特定的均衡条件和基本面因素中推导出来的，这些基本面因素的例子包括总财富、实际消费或对冲压力。

便利收益模型则是基于套利的估值概念。这种模型用当前的商品现货价格和适当的便利收益为商品期货定价。便利收益取决于库存量，它反映出对商品可得性的预期，有时这种商品可得性也称作市场的"即时性"。如果库存量低,便利收益就大;反之亦然①。

由于商品既具有资产属性又具有消费品属性,因此存在许多商品期货的定价模型。除了商品期货以外,难以再有其他类型的衍生品证券,使得套利定价法与均衡资产定价法能够并行不悖而且长期共存——从20世纪30年代的早期文献时期至今。凯恩斯(1930)的"常态现货溢价"理论②是最早的商品期货均衡资产定价模型之一,卡尔多(Kaldor)(1939)和沃金(Working)(1948,1949)的著作中最先介绍了有关套利的概念③。近期的例子是德容恩、尼曼和费尔德(DeRoon,Nijman and Veld)的风险溢价模型(2000),以及卡瑟斯和科林-杜福赫斯(Cassus and Collin-Dufresne)的便利收益模型(2005)④。

本章重点研究风险溢价模型和便利收益模型在商品期货估值中的应用,并讨论它们之间的关系。我们将说明这些模型是一致的,并且讨论怎样用这些模型来解释商品期货价格的期限结构和期货合约的收益组成部分。例如,业界人士常将期货收益分解成"滚动收益"和"现货收益",但这种分解方法与经济定价模型的关系却不是很清晰。我们重点分析定价模型与商品期货收益经验特征之间的基本联系。

风险中性定价的局限性

从一般的金融学教科书中可得知,商品具有消费和加工方面的价值,因此套利定价不能用于商品期货合约。金融期货合约的标的物是金融资产(如股票、债券、或者其他衍生品),依据定义,这些金融资产具有严格大于零的供给、容易获得并且完全可交易。所以,我们总是可以构建组合来复制期货合约的收益。为了排除套利机会,期货价格应满足

$$F_{t,T} = S_t e^{[r-\delta](T-t)}$$

这个等式表示经过调整时间(利率,r)和收益(股息或息票,$δ$)之后,期货的价格完全由标的资产当前的现货价格 S 所决定。用业界人士的话来说,这个等式表明期货价格与**持有成本**相对应,持有成本是指在一份期货合约(或者更一般地说:一份衍生品合约)的有效期内持有(维持)现货头寸所涉及的成本,它是由现货价格、无风险利率以及标的资产的股息收益率决定的。

商品在多个重要的方面与金融资产存在区别。首先,商品不向持有者支付金融收益,

---

① 这个概念是卡尔多为凯恩斯的商品市场常态溢价做出理论解释而提出的(See Nicholas Kaldor,"Speculation and Economics Stability",*Review of Economic Studies* 26, no. 1 (1939), pp. 1 – 27)。

② 在实践中,"现货溢价"指的是期货价格低于当前现货价格的市场。凯恩斯的"常态现货溢价"指的是期货价格低于预期的到期日现货价格(详见 John M. Keynes, *A Treatise on Money*, vol. 2: *The Applied Theory of Money* (London: Macmillan, 1930), pp. 142 – 147)。

③ Holbrook Working, "Theory of the Inverse Carrying Charge in Futures Markets," *Journal of Farm Economics* 30, no. 1 (1948), pp. 1 – 28; and Holbrook Working, "The Theory of Price of Storage," *American Economic Review* 39, no. 6 (1949), pp. 1254 – 1262.

④ Frans A. De Roon, Theo E. Nijman, and Chris Veld, "Hedging Pressure Effects in Futures Markets", *Journal of Finance* 55, no. 3 (2000), pp. 1437 – 1456; and Jaine Casassus and Pierre Collin-Dufresne, "Stochastic Convenience Yield Implied from Commodity Futures and Interest Rates."

比如股息或息票，但是会产生储存成本。假设储存成本可以表示为标的资产价值的一个固定比例，那么它可以被当作负的股息收益率。因此商品期货的持有成本就包括商品现货价格、无风险利率以及储存成本 m。上述等式变为

$$F_{t,T} = S_t e^{[r+m](T-t)} \tag{5.1}$$

即商品期货的持有成本公式。

其次，更重要的是商品的主要用途在于消费和加工，这与金融资产不同。从定义上看，商品并不是旨在从一个时期持有到另一个时期，而且随着时间变化，商品供给也不稳定。因此，我们就不能构建复制组合（译者注：复制组合（replicating portfolio）指复制收益的投资组合），也不能指望（5.1）式在任何情况下都成立。

为了说明消费和加工用途对复制交易策略的可行性所造成的影响，我们假设有两种类型的商品存货：

- 商品供给过剩而产生的**投机性存货**，它在期货合约有效期内不需要用于消费或加工。
- 商品的**消费性存货**，它在不久的将来需要被用于消费与加工。

如果商品期货价格超过了（5.1）式中的持有成本价格，即

$$F_{t,T} > S_t e^{[r+m](T-t)}$$

那么套利策略就是卖空期货合约，并且投资于复制组合。对于复制组合，套利者应该借入数额为 $S_t e^{m(T-t)}$ 的资金，从而在现货市场上购买商品并支付储存成本 m。通过这种交易策略，套利者可以增加商品的投机性存货，压低期货价格并抬高商品的现货价格，直到（5.1）式重新成立。所以，如果不存在套利机会，（5.1）式中的期货价格就不能超过持有成本价格（译者注：买入并持有策略所决定的价格）[5]。

当期货价格低于（5.1）式中的价格时，商品期货的特殊性就显得很重要了，即

$$F_{t,T} < S_t e^{[r+m](T-t)}$$

在这种情况下，套利策略就是卖空复制组合并且做多期货合约：在期货合约中做多头，出售（卖空）商品实货以节省储存成本 m，并且将卖空的所得以无风险利率 r 进行投资。

只要投机性存货有正的供给，就可以出售（卖空）商品实货。如果商品变得稀缺，并且存货量降低至零，期货价格就可能低于（5.1）式中的价格，或者说，现货价格会超过（5.1）式中期货价格的折现值。如果消费性存货的拥有者需要将商品实货用于消费或加工，他们就无法出售（卖空）商品存货。换句话说，对于消费性存货的拥有者来说，商品与商品期货合约是不同的物品，商品期货合约不能用于生产和消费。所以，商品的消费性存货不能用来构建商品期货合约的复制组合，并且期货合约不能替代商品存货用于消

---

[5] 应该注意的是，标的商品只有在期货合约有效期内是可储存的情况下，这个机制才行得通。交易策略的可储存性和可行性依赖于商品的类型。一些商品例如电，不可储存而应当立即被消费掉；其他的商品例如肉类或者谷物，容易腐坏而且只能储存有限的时间。另外，不同收获年份的农产品具有不同的质量，去年储存的农产品和今年收获的农产品就可能存在区别。对于这些商品，$F_{t,T} > S_t e^{(r+m)(T-t)}$ 是可能成立的；也就是说，期货价格可以超过持有成本。

费或加工。

套利和复制组合只能单向行得通,反向则行不通。这种机制为商品期货建立了套利(上)边界,而不是套利价格,即

$$F_{t,T} \leqslant S_t e^{[r+m](T-t)} \tag{5.2}$$

事实上,投机性存货并不一定要降低至零。在期货合约有效期内,只要零存货的概率为正值,就足以将现货价格抬高至期货价格的折现值之上,即 $F_{t,T}e^{-[r+m](T-t)} \leqslant S_t$。如果存在缺货的可能性,拥有商品实货就比拥有商品期货更具价值,因为只有商品实货才能从潜在的暂时性商品短缺中获利。

一些研究者指出,持有商品存货的收益与期权的收益相等[6]。在期货合约有效期内,如果存货降至零的概率为正,那么这份期权的价值严格为正。所以,商品的现货价格总是比期货价格高,高出的部分即为这份期权的价值,(5.2)式就成为一个严格的不等式,$F_{t,T} < S_t e^{[r+m](T-t)}$。

如果商品的投机性存货为零,就不可能如同前述,构建一个复制组合或者用复制组合去为商品期货估值。同样的道理,风险中性估值概念也不能成立:即使存货为零,商品仍然具有市场价格。但是这个价格只反映出商品当前的稀缺性和消费价值,而不反映它的资产价值。正如内夫茨(Neftci)所言[7],如果存货为零,"任何关于标的商品未来供求状况的信息,都不能影响相应的现货价格"。从金融的角度来说,标的物不再是可交易的资产,并且商品的现货价格也已经与价格预期相脱离了。

如果标准的套利理论不能用于商品期货定价,我们就不得不寻求其他的方法。下一节中将研究两个比较成熟的模型——便利收益模型(CYM)和风险溢价模型(RPM),并考察它们之间的关系。

两个基本模型

本节的第一部分推导出风险溢价模型的一般函数形式,它假设商品期货是纯资产,而且可以用均衡资产定价方法来估值。第二部分推导出便利收益模型的一般函数形式,原因在于商品实货并不是纯资产,这一点不同于期货合约。本节最后一部分将这两个模型结合到一个等式中。在本章剩余的部分,我们将说明这两个模型有助于解释商品期货的期限结构以及(真实的和预期的)期货合约收益(见图表5.1)。

---

[6] Robert H. Litzenberger and Nir Rabinowits, "Backwardation in Oil Futures Markets: Theory and Empirical Evidence," *Journal of Finance* 50, no. 5 (1995), pp. 1517–1545; Nikolaos T. Milonas and Stavros B. Thomadakis, "Convenience Yield and the Option to Liquidate for Commodities with a Crop Cycle," *European Review of Agricultural Economics* 24, no. 2 (1997), pp. 267–283; Nikolaos T. Milonas and Stavros B. Thomadakis, "Convenience Yields as Call Options: An Empirical Analysis," *Journal of Futures Markets* 17, no. 1 (1998), pp. 1–15; and Richard Heaney, "Approximation for Convenience Yield in Commodity Futures Pricing," *Journal of Futures Markets* 22, no. 10 (2002), pp. 1005–1017.

[7] Sahli N. Neftci, *An Introduction in the Mathematics of Financial Derivatives*, 2nd ed. (Orlando, FL: Academic Press, 2000).

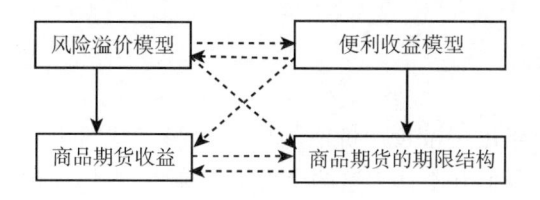

图表 5.1 风险溢价模型与便利收益模型的关系

资料来源：Viola Market, Commodities as Assets and Consumption: Implications for the Valuation of Commodity Futures (Doctoral Dissertation, University of St Gallen and Basel, 2005).

风险溢价模型

商品实货不是一种纯资产，因为生产和消费用途为其带来附加价值。为了明确地表示出这种区别，我们记商品实货的现货价格为 S_t^C，资产的现货价格为 S_t^A。

资产价值的一般形式为⑧

$$S_t^A = e^{-[r+rp+m](T-t)} E_t[S_T^A] \tag{5.3}$$

这里 S_T^A 代表资产在时刻 $T \geqslant t$ 时的价格；r 是无风险利率，rp 是资产特定的风险溢价，它用连续复利形式表示。m 表示已知的收益率，既可以理解为商品的储存成本，也可以是股票的（负）股息率，即 $m = -\delta$。

我们可以给商品定义一个假设的价值或曰**准资产价值**，即为预期的 T 时刻商品现货价格的风险调整后现值

$$S_t^A = e^{-[r+rp+m](T-t)} E_t[S_T^C] \tag{5.4}$$

我们注意到由于实货商品具有额外的消费用途，实际的现货价格要高于准资产价格，即 $S_t^C \geqslant S_t^A$，但是这个模型并不能确定差额有多大。

由于套利的缘故，商品期货价格 $F_{t,T}$ 与准资产价格的关系遵循持有成本公式 (5.1)⑨，

$$F_{t,T} = e^{[r+m](T-t)} S_t^A \tag{5.5}$$

但是在本节的模型中，商品期货价格与当前现货价格不能直接地产生联系，而是通过将 (5.4) 式代入 (5.5) 式，得到

$$F_{t,T} = e^{-rp(T-t)} E_t[S_T^C] \tag{5.6}$$

上式即为商品期货一般形式的风险溢价模型，它表明商品期货价格等于经风险溢价折现的预期商品现货价格；这里的风险溢价或者说超额收益，是为了补偿商品价格风险。由于期货合约在签订时价值为零，所以期货合约不占用任何资本，也不支付无风险利率。

---

⑧ 资产价值可以更一般地表示为：$S_t^A = E_t[\Lambda_{t,T} X_T]$，其中 $\Lambda_{t,T}$ 是一个随机平减指数，X^T 代表资产在时刻 T 的收益。

⑨ 在随机平减指数情形中，我们有 $0 = E_t[\Lambda_{t,T}(S_t^C - F_{t,T})]$，这个公式可以表示为 $F_{t,T} E_t[\Lambda_{t,T}] = E_t[\Lambda_{t,T} S_T^C]$。考虑到 $E_t[\Lambda_{t,T}] = e^{-(r+m)(T-t)}$ 和 $S_t^A = E_t[\Lambda_{t,T} S_T^C]$，我们直接可以得出 (5.5) 式和 (5.6) 式。

便利收益模型

风险溢价模型并未给出"准资产价格"(由(5.4)式给出)与商品实际现货价格之间的关系。一般而言,我们并不认为这两个价格相等[⑩];具体地说,我们认为 $S_t^C \geqslant S_t^A$,原因在于实货商品具有额外的消费价值,而且存货量面临非负的约束条件。便利收益模型可以确定 S_t^A 与 S_t^C 之间的差额。不同的模型在便利收益来源以及函数形式上有所区别。我们选择一个十分简单的形式,即

$$\frac{S_t^C}{S_t^A} = [1+CY]^{(T-t)} = e^{cy(T-t)} \tag{5.7}$$

其中 $CY(cy)$ 表示用单利(复利)计算的便利收益。它可以看作是商品现货价格的一定比例,便利收益不能被归因于商品作为资产的价值,而应当被归因于商品的其他用途,特别是它的消费价值[⑪]。人们经常将便利收益与股息收益做比较,股息收益是普通股持有者获得的收益。与股息收益类似,便利收益反映出实货商品拥有者获得的(非货币)收益。

用(5.7)式替代(5.5)式中的 S_t^A,期货价格便可以直接与商品现货价格联系起来,即

$$F_{t,T} = e^{[r+m](T-t)} S_t^A \equiv e^{[r+m](T-t)} \frac{S_t^C}{e^{cy(T-t)}} = e^{[r+m-cy](T-t)} S_t^C \tag{5.8}$$

很明显,便利收益反映出期货价格相对于(5.1)式中持有成本公式的偏离。由于我们假定 CY 是正的,期货价格要低于依据持有成本公式所得的值。

综合

比较(5.6)式和(5.8)式,得出两个模型的综合模型,即

$$F_{t,T} = e^{-rp(T-t)} E_t[S_T^C] = e^{[r+m-cy](T-t)} S_t^C \tag{5.9}$$

商品期货价格等于经过适当风险溢价折现后的预期现货价格。由于实货商品可以储存,所以商品现货价格就与资产价格具有类似的行为特征,而且包含这方面的预期以及预期的风险溢价等信息。便利收益模型可以衡量现货价格的信息量具有多大价值。存货越多,便利收益就越低;也就是说,现货价格的行为就越类似于资产价格行为,而且越能反映出现货价格预期和预期的风险溢价。随着存货的减少,当前的商品现货价格与价格预期之间的关系将会减弱,这表现为更高的便利收益。

---

⑩ 参见 Kenneth R. French,"A Comparison of Futures and Forward Prices," *Journal of Financial Economics* 12, no. 3 (1983), pp. 311–342(文中写道:"对于大多数商品来说,到期时现货价格的现值是不可观测的",p. 314)。

⑪ 请注意,对于不可储存的商品,比如电力,商品现货价格只反映当前的供求状况,并且与现货价格预期或者"准资产价格"是完全脱离的。对于这些商品,$S^C < S^A$,或者 $CY < 0$,$cy < 0$ 也是可能的。

上述的推导阐明了两个观点：

- 商品期货的便利收益模型可以从风险溢价模型中"推导"出来，即这两种估值方法是一致的。
- 将便利收益看作是商品现货价格资产定价公式（(5.4)式）中的残余项似乎更合适，而不应当将其看作是商品期货价格持有成本公式（(5.1)式）中的残余项。毕竟，违背资产定价法则的是商品现货价格，而不是商品期货价格。

许多便利收益模型都隐含着上述观点，但只有少数几篇文章给出了这两种模型的直接比较与应用。法玛和弗伦奇（Fama and French）强调，"关于商品期货价格的两种流行观点"是"互补的而不是非此即彼的"，而且（隐含地）将风险溢价模型和便利收益模型结合到一个式子中[12]。贝斯姆宾德尔等人（Bessembinder et al.）将风险溢价公式与便利收益公式等同起来，并结合当前的商品现货、期货价格来估计商品现货价格的预期均值回归[13]。这两篇文章都将风险溢价模型和便利收益模型互相通用，但是却都没有讨论两个模型在经济上的关系。

商品价格的期限结构

在前文讨论的两个模型框架下，本节研究如何理解商品期货价格的期限结构。

风险溢价模型下的期限结构

我们考察到期日分别为 T_1 和 T_2 的两种期货合约，并且将（5.6）式取自然对数形式。对数形式的期货价格变为

$$\ln F_{t,T_1} = -rp(T_1 - t) + \ln E_t[S^C_{T_1}]$$

和

$$\ln F_{t,T_2} = -rp(T_2 - t) + \ln E_t[S^C_{T_2}]$$

用 $\ln \dfrac{F_{t,T_2}}{F_{t,T_1}}$ 表示期限结构曲线相关部分的斜率，可以得到

$$\ln \frac{F_{t,T_2}}{F_{t,T_1}} = \ln E_t[S^C_{T_2}] - \ln E_t[S^C_{T_1}] - rp(T_2 - t - T_1 + t)$$

前两项表示在 t 时刻预期的 T_1 与 T_2 期间现货价格增长率；这可以记为

$$\hat{\alpha}^C_S(t, T_1, T_2) \equiv \ln E_t[S^C_{T_2}] - \ln E_t[S^C_{T_1}]$$

---

[12] Eugene F. Fama and Kenneth R. French, "Commodity Futures Pricing: Some Evidence on Forecast Power, Premiums, and Theory of Storage," *Journal of Business* 60, no. 1 (1987), pp. 55–73.

[13] Hendrik Bessembinder, Jay F. Coughenour, Paul J. Seguin, and Margaret Monroe Smoller, "Mean Reversion in Equilibrium Asset Prices: Evidence from the Futures Term Structure," *Journal of Finance* 50, no. 1 (1995), pp. 361–375.

它蕴含着

$$\ln \frac{F_{t,T_2}}{F_{t,T_1}} = \hat{\alpha}_S^C(t, T_1, T_2) - rp(T_2 - T_1) \tag{5.10}$$

所以，经过风险溢价调整之后，期限结构反映出投资者当前对于未来现货价格变化的预期。向下倾斜的期限结构（现货溢价）可以用大幅的风险溢价来解释，或者用预计现货价格下跌来解释，或者二者共同起作用。

金融期货的表达式会有些不同。此处，资产价格满足（5.4）式；用 SA 替代 SC，求解出预期的现货价格，再取对数形式，得到

$$\ln E_t[S_{T_1}^A] = \ln S_t^A + [r + rp + m](T_1 - t)$$

它蕴含着

$$\ln \frac{F_{t,T_2}}{F_{t,T_1}} = \ln \frac{E_t[S_{T_2}^A]}{E_t[S_{T_1}^A]} - rp(T_2 - T_1)$$

$$= \ln E_t[S_{T_2}^A] - \ln E_t[S_{T_1}^A] - rp(T_2 - T_1)$$

$$= [r + rp + m](T_2 - T_1) - rp(T_2 - T_1)$$

而且

$$\ln \frac{F_{t,T_2}}{F_{t,T_1}} = [r + m](T_2 - T_1) \tag{5.11}$$

所以，对于金融期货而言，期限结构的斜率恰好反映了经过股息 δ = -m 调整后的无风险收益率。

（5.10）式是我们能得到的最具体的商品期货期限结构表达式。与金融期货的期限结构（5.11）式不同，商品期货的期限结构几乎可以呈现出任何形状——向上倾斜、向下倾斜以及驼峰状——具体形状取决于预期的现货价格如何变化。与利率的远期结构相类似，它反映出投资者预期的商品现货价格走势。基于此，贝斯姆宾德尔等人用期货价格的期限结构来检测商品现货价格的预期均值回归趋势。他们得到了有关农产品和金属价格，预期均值回归的有力证据，但没有证据表明金融资产价格存在预期均值回归趋势[14]。

便利收益模型下的期限结构

在便利收益模型下，（5.8）式中商品期货价格的自然对数形式是

$$\ln F_{t,T} = [r + m - cy](T - t) + \ln S_t^C$$

于是，期限结构的斜率变为

$$\ln \frac{F_{t,T_2}}{F_{t,T_1}} = [r + m - cy](T_2 - T_1) \tag{5.12}$$

---

[14] Bessembinder et al., "Mean Reversion in Equilibrium Asset Prices: Evidence from the Futures Term Structure."

第 5 章　风险溢价模型与便利收益模型的关系

在便利收益模型中，商品期货的期限结构反映的是无风险利率、储存成本以及便利收益因子。期限结构向下倾斜（现货溢价）的原因是便利收益高于利率和储存成本；如果当前现货市场上的商品稀缺，并且存货水平低，就会出现这种情形。如果投机性存货降为零的风险很大，那么便利收益也会很高，从而进一步压低期限结构曲线[15]。

请注意，为了简便起见，我们假定无风险利率和便利收益是恒定的，并且不依赖于合约的期限 $T-t$。这意味着在时间期限 (T_1, T_2) 上，对数形式的期限结构曲线是线性的。但是在现实中，无风险利率和便利收益都是随着时间而变化的（可能是随机的），而且依赖于剩余到期时间 r_t^T 和 cy_t^T。在这种情况下，商品价格的期限结构既反映了利率的期限结构，也反映了便利收益的期限结构。

关系

至此，这两个模型的关系就很容易建立。由于（5.10）式和（5.12）式是一致的，所以下式也一定成立

$$\hat{\alpha}_S^C(t, T_1, T_2) - rp(T_2 - T_1) = [r + m - cy](T_2 - T_1)$$

这表明[16]

$$\hat{\alpha}_S^C(t, T_1, T_2) = [r + rp + m - cy](T_2 - T_1) \tag{5.13}$$

对于金融资产而言，由于 $cy = 0, m = -\delta$，所以上式表明现货价格应该以无风险利率加风险溢价再减股息率的速度增长——这是我们很熟悉的资产定价关系。

对于商品而言，现货价格同样也以无风险利率、风险溢价与储存成本之和的速度增长，但是，今天的现货价格 S_t^C 可以超过预期现货价格的折现值[17]。便利收益 $cy(T_2-T_1)$ 反映出这种偏离，因而也就反映出预期的商品现货价格下跌。

实例

为了说明前面的讨论，我们在图表 5.2 中列出 4 种商品截至 2007 年 1 月的期限结构：黄金、原油、咖啡以及天然气。原油期货价格的期限结构很有意思，因为它同时表现出期货溢价和现货溢价（译者注：期限结构的曲线一部分斜率向下，一部分斜率向上）。黄金的期限结构是一条直线。天然气的期限结构曲线呈现出很强的周期性趋势，咖啡的期限结构则是递增的，但稍显凹状。运用我们前文所讨论的知识，便可以对这些期限结构做出解释，如图表 5.3 所示。

---

[15] 前面的脚注已做出解释，如果商品不可储存，那么便利收益可正可负，这反映出当前的商品现货价格与准资产价格之间偏离的正负。

[16] 也可参见 Kenneth R. French, "Detecting Spot Price Forecasts in Futures Prices," *Journal of business* 59, no.2 (1986), pp.39–54 中的等式（4）。

[17] 对于不可储存的商品，现货价格也可以低于预期现货价格的折现值。

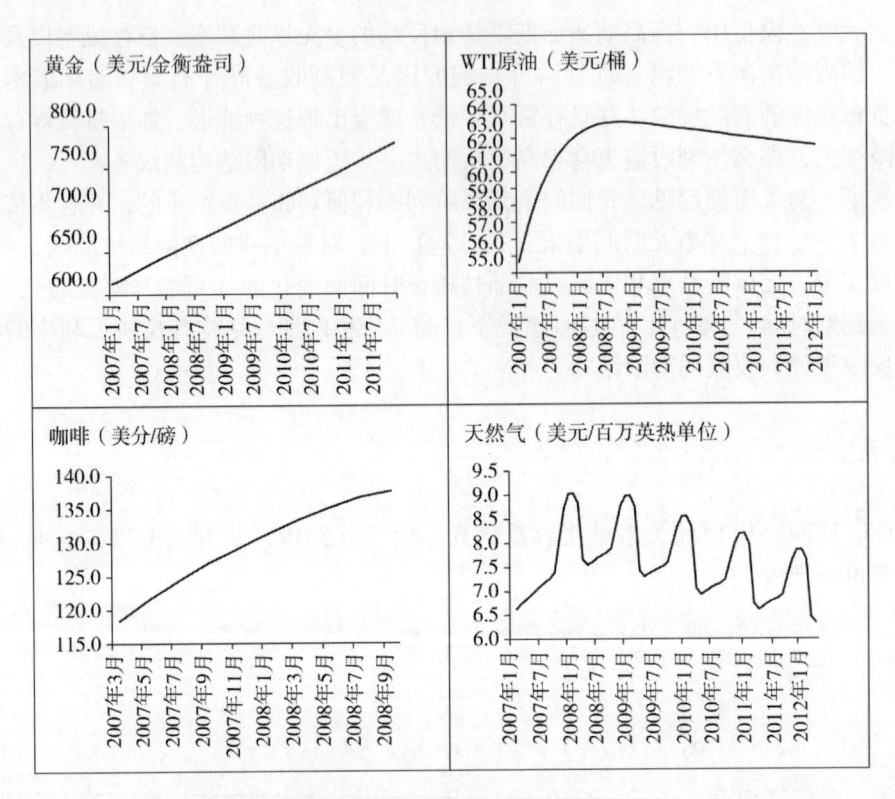

图表 5.2　不同商品的期限结构（2007 年 1 月 9 日）

资料来源：根据 Datastream 的数据创建图表。

图表 5.3　图表 5.2 中期限结构的解释

	风险溢价模型	便利收益模型
	预期的现货价格变化——风险溢价 $\hat{\alpha}_S^C(t,T_1,T_2) - rp(T_2,T_1)$	无风险利率 + 储存成本 − 便利收益（= 暂时的稀缺性） $(r + m - cy)(T_2 - T_1)$
原油	扣除风险溢价之后——油价预期会一直上涨，直到 2008 年 6 月，然后会逐渐下跌	旺盛的原油供给和负的持有成本制约了更多的原油储存
黄金	扣除风险溢价之后——黄金价格预期会上涨，涨幅为持有成本（无风险利率和储存成本）	无风险利率和储存成本
天然气	扣除风险溢价之后——天然气价格预期会在冬季上涨（此时天然气稀缺而且有用）、在夏季下跌，2007 年 1 月属于例外情形（由于出现暖冬，天然气不稀缺）	夏季供给过旺（而且 2007 年冬天暖和）；在以后年份的冬季里预期会短缺
咖啡	扣除风险溢价之后——咖啡价格预期会上涨	咖啡供给过旺，持有成本小于零

　　黄金是一种与金融资产相近的商品，其曲线斜率反映的是无风险利率与储存成本之和（见 (5.11) 式）。原油的期限结构有些不同：经过风险溢价调整之后，其期限结构反映出投资者预期未来的现货价格会上涨，该预期一直持续到 2008 年 6 月，此后逐渐下跌

((5.10)式)。短端上升的期限结构一般被理解为是由于在过去的几个月里,大量资金流入商品市场,特别是流入到那些原油占有很大比重的商品指数中。期货合约的滚动操作使得近月合约的价格低于远月合约的价格。在实际的市场中,期货溢价可以被看成是原油市场暂时性供给过剩的信号,原油存货的积累会压低便利收益,因而抑制进一步的库存囤积。从更长的期限来看,这种情形被扭转了;如果对商品供给前景的担忧主导了市场,并且存货水平下降,那么当前的现货价格与价格预期之间的关系就会减弱,这表现为较高的便利收益(现货溢价)。

在整个期限内,咖啡期货的曲线也呈现期货溢价情形,我们可以作出这样的理解:它反映的是经过风险溢价调整后,咖啡的现货价格预计会上涨。在实际的市场中,由于当前的现货价格较低,而且存货水平较高,因此造成持有成本小于零。关于咖啡市场的一份近期市场评论阐释了这一点:

> 看涨的投资者认为,2007年巴西3150万袋的预计产量是当下买进咖啡的一个好理由。毕竟,它比2006年4300万袋的产量降低了很多,并且有些分析家预计巴西咖啡的出口量将因此减少10%。虽然关于产量的推测或许是对的,但这个观点并未考虑到2006年所留下的大量剩余库存。南美的咖啡收成一般在10月份结束。绝大部分的咖啡还滞留在巴西的仓库里等待买家。但是在当前的价格水平上,巴西的出口活跃了不少。在12月份,巴西出口的咖啡与上年同期相比增长了26.4%[⑱]。

天然气的期限结构要更复杂一些,除风险溢价的影响之外,它还是由冬季较高的现货价格预期(在冬天天然气稀缺并且有价值)和夏季较低的现货价格预期所驱动的。请注意,由于出现暖冬而且供给充足,本例中2007年1月次近月合约并不遵循正常的期限结构曲线形状。当然,由于天然气储存性能有限,所以便利收益可以是正值,也可以是负值,并且达到持有成本的很大一部分。

期货收益

在本节中,我们将从风险溢价模型和便利收益模型的角度理解期货收益。

风险溢价模型下的收益

在(5.6)式给出的风险溢价模型下,在 t 时刻,到期日为 T 合约的期货价格的自然对数形式为

$$\ln F_{t,T} = -rp(T-t) + \ln E_t[S_T^C]$$

一期之后,相应的表达式变为

$$\ln F_{t+1,T} = -rp(T-t-1) + \ln E_{t+1}[S_T^C]$$

---

⑱ James Cordier and Michael Gross, Liberty Trading Group, Tampa, FL.

于是在 $[t, t+1]$ 期间,连续复利计算的期货收益即为

$$\tilde{r}_{F,t,t+1,T} = \ln\tilde{F}_{t+1,T} - \ln F_{t,T}$$
$$= -rp(T-t-1) + \ln\tilde{E}_{t+1}[S_T^C] - \left(-rp(T-t) + \ln E_t[S_T^C]\right)$$
$$= -rp(-1) + \ln\tilde{E}_{t+1}[S_T^C] - \ln E_t[S_T^C]$$
$$= rp + \ln\tilde{E}_{t+1}[S_T^C] - \ln E_t[S_T^C]$$

我们定义 $\tilde{\Delta}\ln E_{t,t+1,T} \equiv \ln\tilde{E}_{t+1}[S_T^C] - \ln E_t[S_T^C]$,它表示在 t 到 $t+1$ 期间、T 时刻现货价格**条件期望的变化**,我们有

$$\tilde{r}_{F,t,t+1,T} = rp + \tilde{\Delta}\ln E_{t,t+1,T} \tag{5.14}$$

因此,根据风险溢价模型,期货价格的变化就是风险溢价与现货价格期望的变化之和。请注意,$\tilde{\Delta}\ln E_{t,t+1,T}$ 不能与期限结构(5.10)式中的 $\hat{\alpha}_S^C(t, T_1, T_2)$ 相混淆,简单地说,后者是指在 t 感知的 T_1 和 T_2 期间现货价格的预期"变化"(具体说是增长率)。"期望的变化(change of expectation)"(它是 t 时刻的随机变量)和"预期的变化(expected change)"(在 t 时刻它不是随机的)在后文中会有所讨论,在本章的附录中也有所涉及。

便利收益模型下的收益

便利收益模型下的期货价格由(5.8)式给出,它在时刻 t 和 $t+1$ 的自然对数形式分别为

$$\ln F_{t,T} = [r + m - cy](T-t) + \ln S_t^C$$
$$\ln F_{t+1,T} = [r + m - cy](T-t-1) + \ln S_{t+1}^C$$

我们暂时先假定便利收益为常数,期货收益就可以表示为

$$\tilde{r}_{F,t,t+1,T} = \ln\tilde{F}_{t+1,T} - \ln F_{t,T}$$
$$= [r + m - cy](T-t-1) + \ln\tilde{S}_{t+1}^C - ([r + m - cy](T-t) + \ln S_t^C)$$
$$= [r + m - cy](-1) + \ln[\tilde{S}_{t+1}^C] - \ln[S_t^C]$$

相应的

$$\tilde{r}_{F,t,t+1,T} \equiv -[r + m - cy] + \tilde{r}_{S,t,t+1}^C \tag{5.15}$$

其中 $\tilde{r}_{S,t,t+1}^C$ 表示商品现货价格在 $[t, t+1]$ 期上的对数变化。根据这一表达式,期货收益有两个组成部分:第一个部分对应的是,在相应期限(这里是 $[t, t+1]$)上观测到的期限结构的斜率。由于我们假设 r, m 和 cy 是恒定的,这一部分是非随机的。第二个部分是商品随机的现货收益。

但是在一般情况下,利率和便利收益是变化的。如果允许存在一个随时间而变化的便

利收益，上式可以推广为

$$\tilde{r}_{F,t,t+1} = \ln \tilde{F}_{t+1,T} - \ln F_{t,T}$$

$$= [r+m](T-t-1) - c\tilde{y}_{t+1}(T-t-1) + \ln \tilde{S}^C_{t+1} - ([r+m](T-t) - cy_t(T-t) + \ln S^C_t)$$

$$= [r+m](-1) - \underbrace{[c\tilde{y}_{t+1}(T-t-1) - cy_t(T-t)]}_{+cy_t - (c\tilde{y}_{t+1} - cy_t)(T-t-1)} + \ln[\tilde{S}^C_{t+1}] - \ln[S^C_t]$$

因此

$$\tilde{r}_{F,t,t+1} = -[r+m] + [cy_t - \Delta c\tilde{y}_{t,t+1}(T-t-1)] + \tilde{r}^C_{S,t,t+1} \tag{5.16}$$

所以，根据便利收益模型，期货价格的变化可以表示为以下几项之和：期间内的持有成本、期间内的便利收益、期间内现货价格的实际变化，以及剩余期限内的便利收益变化。最后，还需要注意：（5.15）式和（5.16）式是在便利收益模型下，说明期货收益、现货收益和便利收益之间的解析关系——但是它并未假定存在因果关系，即便利收益（或者便利收益的变化）造成期货价格的波动。关于这一问题将在下文进一步讨论。

关系

将（5.14）式风险溢价模型（RPM）下的期货收益，与（5.15）式便利收益模型（CYM）下的期货收益联系起来，我们得到

$$\tilde{\Delta}\ln E_{t,t+1,T} = -[r + rp + m - cy] + \tilde{r}^C_{S,t,t+1} \tag{5.17}$$

再取数学期望，得到

$$E_t[\tilde{\Delta}\ln E_{t,t+1,T}] = -[r + rp + m - cy] + E_t[\tilde{r}^C_{S,t,t+1}] \tag{5.18}$$

在本章的附录部分，（A5.4）式表明如果现货价格服从对数正态分布，那么条件期望变化的预期值为

$$E_t[\tilde{\Delta}\ln E_{t,t+1,T}] = -\frac{1}{2}\sigma^2 \tag{5.19}$$

这个数值"很小"，但也不是人们所预期（根据迭代期望法则）的零。当然，现货价格服从对数正态分布是很强的假设，所以这个关系式充其量是一个近似表达式。

在单位间隔期内，如果 RPM 和 CYM 模型都成立，那么预期的对数商品现货收益就应该满足

$$E_t[\tilde{r}^C_{S,t,t+1}] = [r + rp + m - cy] - \frac{1}{2}\sigma^2 \tag{5.20}$$

与期限结构综合

请注意，（5.20）式的条件与（5.13）式给出的期限结构条件密切相关，因此我们得到

$$\hat{\alpha}^C_S(t,T_1,T_2) = [r + rp + m - cy](T_2 - T_1)$$

左边代表 t 时刻预期的 T_1 和 T_2 期间的现货价格增长率。为了比较这两个表达式，我们令 $T_1 = t+1$，$T_2 = T$，上式就变为

$$\hat{\alpha}_S^C(t, t+1, T) = [r + rp + m - cy](T - t - 1)$$

结合（5.20）式，可以推出[19]

$$\hat{\alpha}_S^C(t, t+1, T) = (E_t[\tilde{r}_{S,t,t+1}^C] + \frac{1}{2}\sigma^2)(T - t - 1) \tag{5.21}$$

这个等式的证明将在附录中给出，其中涉及把（A5.5）式 $E_t[\tilde{r}_{S,t,t+1}^C] = \mu$ 代入（A5.6）式。

因果关系的处理

虽然前两节的目的在于给出一个关于 RPM 和 CYM 统一的观点——即把便利收益、风险溢价、价格预期以及其他变量联系起来，但单独分析因果关系也是很重要的。例如（5.13）式可以写成

$$cy(T_2 - T_1) = [r + rp + m](T_2 - T_1) - \hat{\alpha}_S^C(t, T_1, T_2) \tag{5.22}$$

于是给人以这样一种感觉：便利收益是由风险溢价引致的。这种理解是错误的，原因在于便利收益并不包含预期风险溢价方面的信息。它只反映出商品现货价格的预期变化与资产价值变化有多大的偏离——正如（5.7）式定义的那样，或者更确切地说：便利收益反映的是商品现货价格的预期变化比例，这种变化不可归因于风险溢价和无风险利率。

当我们把（5.4）式中以金融资产作为标的物（其中 $m = -\delta$）的预期现货价格变化

$$\hat{\alpha}_S^A(t, T_1, T_2) \equiv \ln E_t[S_{T_2}^A] - \ln E_t[S_{T_1}^A] \equiv [r + rp - \delta](T_2 - T_1)$$

与（5.13）式中以商品作为标的物的相应表达式

$$\hat{\alpha}_S^C(t, T_1, T_2) \equiv \ln E_t[S_{T_2}^C] - \ln E_t[S_{T_1}^C] \equiv [r + rp + m - cy](T_2 - T_1)$$

进行比较时，就可以很清楚地看出这一点。

便利收益只反映了商品作为消费品的额外价值，$\ln S_t^C - \ln S_t^A$。而风险溢价是对价格风险的补偿，而且它影响的是商品作为可交易资产的价值，$\ln S_t^A$。除非额外的消费价值与风险溢价存在相关性，否则，便利收益或者期限结构不会包含任何有关预期风险溢价的信息。纯粹的风险溢价变化只会影响 $\ln S_t^A$、$\ln S_t^C$，以及 $\ln F_{t,T_1}$ 和 $\ln F_{t,T_2}$，而不会对便利收益 $\ln S_t^C - \ln S_t^A$ 产生影响。

图表 5.4 中给出了（5.22）式的一种简化情形，它取自戈登和鲁文赫斯（Gorton and Rouwenhorst）论文的图 1 并做了些许扩展[20]。我们令 $T_1 = t, T_2 = T$，于是 $\ln E_t(S_{T_1}^C) \equiv \ln S_t^C$

---

[19] 眼前的标记可能看起来有些混乱，（5.21）式也可以表示为 $\hat{\alpha}_S^C(t,t+1,T) = E_t[\tilde{r}_{S,t+1,T}^C] + \frac{1}{2}\sigma^2(T-t-1)$。

[20] 戈登和鲁文赫斯论文中的图 1 与此处的图表 5.4 相似，但它只关注风险溢价。便利收益并未在他们的图 1 中显示出来。图表 5.4 将便利收益与"准资产价值"结合起来做分析（See Gorton and Rouwenhorst, "Facts and Fantasies about Commodity Futures"）。

第 5 章 风险溢价模型与便利收益模型的关系

$$cy(T-t) \equiv [r + rp + m](T-t) - \hat{\alpha}_S^C(t,t,T)$$
$$= [r + rp + m](T-t) + (\ln S_t^C - \ln E_t(S_T^C))$$

这就强调了前文的讨论。

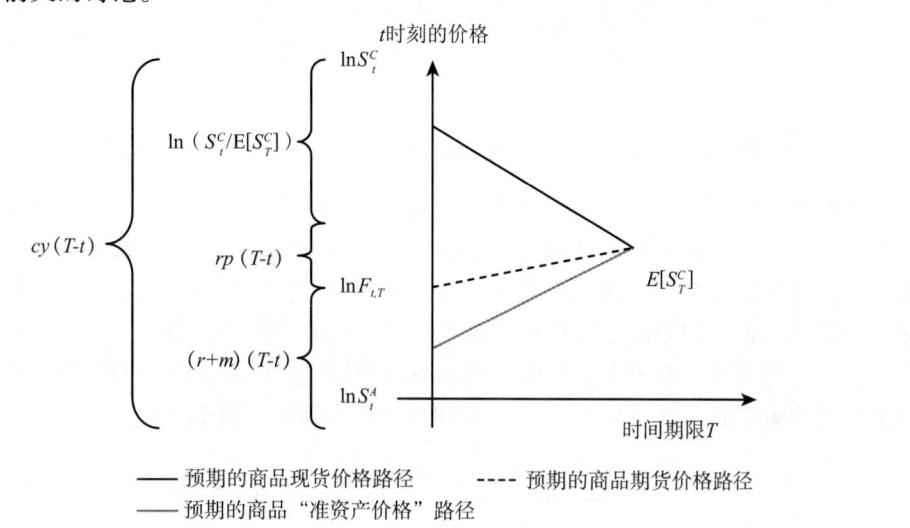

图表 5.4 风险溢价模型与便利收益模型之间的关系

图中标注：
- $cy(T-t)$ 包含 $\ln(S_t^C/E[S_T^C])$、$rp(T-t)$、$(r+m)(T-t)$
- $\ln S_t^C$、$\ln F_{t,T}$、$\ln S_t^A$
- t 时刻的价格、$E[S_T^C]$、时间期限 T
- —— 预期的商品现货价格路径　　---- 预期的商品期货价格路径
- —— 预期的商品"准资产价格"路径

期货收益的常用分解方法

在风险溢价模型（5.14）式中，期货收益可以被理解为风险溢价与现货价格条件期望的变化之和。这些成分的识别面临一个实际问题：无法直接观测到风险溢价与期望的变动。或者，我们也可以利用由便利收益模型推导出的分解形式，如（5.15）式所示，至少可以容易地观测到等式右边的第二项，但第一项的经济理论依据则不那么直接[21]。不过，它可以很容易地用 CYM 模型期限结构中一个已知的表达式来替换，如（5.12）式所示。

现货收益加滚动收益

考虑（5.12）式中的两份期货合约，到期日分别为 $T_1 = t+1$（近月期货[22]）和 $T_2 = T$（次近月期货合约），得到

$$\ln \frac{F_{t,T}}{F_{t,t+1}} = [r + m - cy](T - t - 1) \tag{5.23}$$

---

[21] 对于业界人士来说，它可能看起来荒谬，因为这里运用便利收益来解释商品价格的期限结构，而不是表示期货收益。具体说，它给我们的感觉是便利收益（或者它的变动）引起期货价格的波动。这是古怪的而且在经济学上也是令人怀疑的理解，因为从收益成分上说，便利收益不是实际的"收益"。我们更倾向于把它刻画为消费品的额外价值成分，这种额外价值成分不能从标准的资产定价角度考虑。

[22] 在经验文献中，到期日最近的期货价格常被用作现货价格的替代指标。它保证期货价格和现货价格指的是相同质量的商品，并且避免现货价格与期货价格的非同步观测问题（See Fama and French, "Commodity Futures Pricing: Some Evidence on Forecast Power, Premiums, and the Theory of Storage"）。

可以用（5.15）式来替换 $[r+m-cy]$，得到

$$\tilde{r}_{F,t,t+1,T} = -\frac{\ln\frac{F_{t,T}}{F_{t,t+1}}}{T-t-1} + \tilde{r}^{C}_{S,t,t+1} = \underbrace{\frac{\ln\frac{F_{t,t+1}}{F_{t,T}}}{T-t-1}}_{\text{滚动收益率}} + \underbrace{\tilde{r}^{C}_{S,t,t+1}}_{\text{现货收益率}} \quad (5.24)$$

$\frac{\ln\frac{F_{t,t+1}}{F_{t,T}}}{T-t-1}$ 被专业投资人士称为**滚动收益**[23]。不同于一直维持现货头寸，期货合约会到期，因此随着时间的推移，需要定期地"滚动"期货头寸：卖掉即将到期的期货合约，买入次近月合约。在期货价格曲线向下倾斜的现货溢价型市场中，投资者将卖掉一份价格较高的即将到期的合约，而以较低价格买入次近月期货合约——滚动收益为正值。很明显，短端期货价格的期限结构形状决定了滚动收益的正负与大小。

需要注意的是：业界人士有时把滚动收益与风险溢价联系在一起。这是一种过于简化且危险的理解方式。在（5.14）式中对期货收益取期望，得到

$$E_t[\tilde{r}_{F,t,t+1,T}] = \underbrace{E_t[\tilde{\Delta}\ln E_{t,t+1,T}]}_{=-\frac{1}{2}\sigma^2} + rp = \underbrace{-[r+m-cy]}_{\text{滚动收益率}} + E_t[\tilde{r}^{C}_{S,t,t+1}]$$

蕴含着

$$\underbrace{-[r+m-cy]}_{\text{滚动收益率}} = rp - (E_t[\tilde{r}^{C}_{S,t,t+1}] + \frac{1}{2}\sigma^2) \quad (5.25)$$

再结合（5.21）式，得到

$$\underbrace{-[r+m-cy]}_{\text{滚动收益率}} = rp - \frac{\hat{\alpha}^{C}_{S}(t,t+1,T)}{(T-t-1)}$$

自然而然，如果现货价格的预期增长率 $\hat{\alpha}^{C}_{S}$ 为零，滚动收益就只等于风险溢价 rp。但是在一般情况下，这并不成立，而是像（5.25）式那样，（平均的[24]）滚动收益反映出预期现货价格变化对风险溢价的预期偏离。滚动收益是收益的组成部分，它来源于这样一个经济事实：商品的预期现货收益与金融资产的预期收益具有不同的决定因素。对于金融资产来说，由于预期的对数现货价格变化（资产收益）等于无风险利率加风险溢价（减去股息收益；（5.4）式），所以滚动收益等于无风险利率（减去股息收益）。

业界人士将滚动收益与风险溢价联系起来，这种常见的理解过于简单化，而且在一般情况下也是不正确的。毕竟它与（5.22）式中对便利收益的解释相同：便利收益反映的是商品现货价格预期变化的比例，它不可归因于风险溢价和无风险利率。滚动收益与风险溢价的关系直接可由（5.23）式推导出来，接下来将对此做出说明。

---

[23] 请注意，在（5.15）式中我们假设便利收益是恒定的。（5.16）式的推广形式采用随时间变化的收益率，这使得滚动收益的组成部分稍微复杂些。

[24] 在推导中，我们假定了一些恒定的参数，包括便利收益；在现实中，这种假设不成立，所以应当是就"平均"滚动收益而言。

近似地表示便利收益

在实践中,不可能直接观测到便利收益。将(5.23)式稍加变换可以得到

$$\frac{\ln \frac{F_{t,T}}{F_{t,t+1}}}{T-t-1} = -r + [cy - m]$$

但是,我们也不可能直接地观测到储存成本。方便起见,我们测算出**扣除储存成本**的便利收益,记为 $\hat{cy}$:

$$\hat{cy} \equiv cy - m = r + \underbrace{\frac{\ln \frac{F_{t,T}}{F_{t,t+1}}}{T-t-1}}_{\text{滚动收益率}} \tag{5.26}$$

上式即为滚动收益与无风险利率之和。在实际应用中,这种近似很有用处。

数据

在图表5.5和图表5.6的实例中,我们选取了在全球不同交易所交易的23种商品期货合约。我们的分析是基于次近月合约的每日结算价格,(大部分数据)始于1986年1月并截止到2006年12月。在收益的计算中,我们确保期货头寸的滚动操作发生在交割期开始之前,亦即收益数据反映出可复制交易策略的收益。

图表5.5　滚动收益、现货收益、期货收益及其波动率　　单位:%

商品	年化的便利收益率	年化的对数收益率			便利收益	年化的波动率			
		滚动	现货	期货		滚动	现货	期货
玉米	-6.3	-11.1	2.2	-8.9	19.8	8.0	22.7	20.7
豆粕	8.6	4.1	1.3	5.5	16.7	6.8	23.4	22.2
豆油	-1.5	-6.7	1.5	-5.2	9.6	4.1	23.3	22.8
大豆	0.3	-1.5	1.2	-0.3	13.0	8.3	22.5	20.8
小麦	-2.9	-8.2	1.8	-6.4	22.2	8.7	24.2	22.5
架子牛	6.9	2.2	1.9	4.0	10.7	4.6	13.3	12.5
生牛	5.7	1.6	2.0	3.5	22.4	8.9	16.4	13.8
瘦肉猪	-1.2	-3.4	1.3	-2.1	45.5	21.5	30.7	22.5
可可	-5.7	-9.9	-1.6	-11.5	10.3	4.5	29.4	28.8
咖啡	-3.7	-7.7	-3.1	-10.8	21.1	9.2	39.0	37.6
棉花	-0.3	-1.2	-0.5	-1.7	26.0	18.7	29.2	22.8
糖	5.4	-0.3	3.5	3.2	20.6	10.1	34.7	33.1
木材	1.4	-2.7	2.9	0.2	25.4	10.0	27.0	25.1

续表

商品	年化的便利收益率	年化的对数收益率			便利收益	年化的波动率		期货
		滚动	现货	期货		滚动	现货	
橙汁	-1.3	-5.5	2.9	-2.5	17.4	6.9	27.6	26.6
铜[a]	5.7	3.1	5.8	8.9	7.1	4.2	23.6	23.1
钯	4.1	0.0	6.0	6.1	6.9	2.9	29.6	29.4
铂	4.7	0.5	5.7	6.2	4.9	2.5	21.0	20.8
WTI 原油	8.2	4.0	4.0	8.0	24.7	7.0	35.7	35.2
Brent 原油[a]	5.5	3.8	6.8	10.6	9.8	5.5	31.9	31.5
天然气[b]	-20.4	-24.4	7.3	-17.1	63.3	18.2	52.6	48.7
汽油	9.8	5.6	4.0	9.6	40.1	11.6	35.1	33.3
燃油	5.3	1.0	3.5	4.5	32.9	9.4	34.9	33.9
瓦斯油	6.1	3.5	3.8	7.3	14.6	8.0	32.8	32.0
Ø	1.5	-2.3	2.8	0.5				
期货收益对便利收益、现货收益、滚动收益做单变量回归的 R^2								
		85.7	88.6	19.7				

a：1989 年 12 月 29 日至 2006 年 12 月 29 日；b：1990 年 12 月 31 日至 2006 年 12 月 29 日。
注：数据来源于 1985 年 12 月 31 日至 2006 年 12 月 29 日期间的每日观测值。
资料来源：根据 Datastream 的数据创建图表。

图表 5.6 滚动收益、现货收益和按滚动收益划分的期货收益   单位:%

商品	现货溢价时期				期货溢价时期				条件年化的对数收益
		年化的对数收益				年化的对数收益			
	时期占比	滚动	现货	期货	时期占比	滚动	现货	期货	
玉米	10.3	28.7	-67.5	-38.8	89.7	-15.6	10.2	-5.5	0.9
豆粕	54.8	14.4	-13.6	0.8	45.2	-8.4	19.5	11.1	-4.6
豆油	19.1	8.9	0.4	9.3	80.9	-10.4	1.8	-8.6	8.8
大豆	23.8	19.0	-18.9	0.1	76.2	-7.9	7.4	-0.5	0.4
小麦	20.0	23.1	-19.0	4.1	80.0	-16.0	7.0	-9.0	8.0
架子牛	55.5	10.6	-2.9	7.7	44.5	-8.4	7.9	-0.6	4.5
生牛	46.3	21.5	-17.0	4.5	53.7	-15.6	18.2	2.7	0.6
瘦肉猪	49.8	40.1	-42.6	-2.5	50.2	-46.6	44.9	-1.7	-0.4
可可	12.3	9.9	-17.0	-7.0	87.7	-12.7	0.5	-12.2	9.8
咖啡	19.4	27.4	-24.3	3.1	80.6	-16.2	2.0	-14.1	12.0
棉花	30.6	26.3	-22.2	4.0	69.4	-13.3	9.1	-4.2	4.2
糖	47.7	15.3	-20.1	-4.7	52.3	-14.5	25.0	10.5	-7.7
木材	43.6	20.1	-29.1	-9.1	56.4	-20.3	27.7	7.3	-8.1
橙汁	35.2	13.0	-16.2	-3.2	64.8	-15.2	13.3	-2.1	0.3

续表

商品	现货溢价时期				期货溢价时期				条件年化的对数收益
	年化的对数收益				年化的对数收益				
	时期占比	滚动	现货	期货	时期占比	滚动	现货	期货	
铜[a]	51.3	10.1	6.7	16.8	48.7	-4.3	5.8	1.5	7.8
钯	46.4	4.2	22.0	26.3	53.6	-3.6	-7.8	-11.4	18.3
铂	46.4	4.7	5.7	10.4	53.6	-3.2	5.7	2.5	3.5
WTI 原油	55.7	20.5	-4.5	16.0	44.3	-16.8	14.7	-2.1	9.9
Brent 原油[a]	56.5	16.6	-3.0	13.6	43.5	-12.8	19.5	6.7	4.8
天然气[b]	22.7	44.3	-47.4	-3.1	77.3	-44.6	23.4	-21.2	15.7
汽油	55.9	31.6	-20.6	11.0	44.1	-27.4	35.2	7.8	2.7
燃油	34.9	34.9	-30.3	4.7	65.1	-17.2	21.6	4.4	-1.2
瓦斯油	48.5	22.6	-13.0	9.6	51.5	-14.4	19.5	5.1	2.0
∅	38.6	20.3	-17.1	3.2	61.4	-15.9	14.4	-1.5	4.0
期货收益对现货收益、滚动收益做单变量回归的 R^2									
		12.50	72.32			5.39	23.49		

a：1989 年 12 月 29 日至 2006 年 12 月 29 日；b：1990 年 12 月 31 日至 2006 年 12 月 29 日。
注：数据来源于 1985 年 12 月 31 日至 2006 年 12 月 29 日期间的每日观测值。
资料来源：根据 Datastream 的数据创建图表。

经验结果

图表 5.5 列出各种商品的平均现货收益、滚动收益和期货收益。大约半数商品的期货收益为负（第 5 栏）。如果平均期货收益反映的是风险溢价，负值就意味着期货空头方赚取了正的风险溢价。我们可以观察到玉米、豆油、小麦、可可、咖啡和天然气存在大幅的空头溢价。对于其余大多数商品，平均期货收益为正。

现货收益（第 4 栏）与期货收益的对比表明，在长期内，商品期货收益与商品现货价格变化并没有密切的关系。对于许多期货收益为负（空头溢价）的商品而言，现货收益甚至为正值，比如玉米、豆油、小麦以及天然气。对于期货收益为正（多头溢价）的能源商品而言，现货收益也为正，但这只能解释 30% ~ 50% 的期货收益（见 WTI 原油、布伦特原油、或者瓦斯油）。从截面数据分析看，期货收益对现货收益的单变量回归表明，现货收益仅能解释 19.7% 的横截面方差（见图表 5.5 最后一行）。与许多商品投资工具的营销卖点不同，商品期货或商品指数（由商品期货计算而来）的投资者不可能从市场范围的现货价格上涨预期中获利；根据（5.6）式中的风险溢价模型，预期的现货价格已经反映在商品期货价格中，或者从（5.7）式来看，预期的现货价格上涨已经反映在商品期货的期限结构中。

根据（5.24）式中的收益分解，期货收益与现货收益的区别在于滚动收益（如第3栏所示）。滚动收益反映出期货价格的期限结构，并且它可以为正（负斜率，现货溢价）或者为负（正斜率，期货溢价）。我们在豆粕、生牛、铜、原油以及汽油合约中观察到正的滚动收益，但在其余大部分商品中，观察到小幅的或者负的平均滚动收益。有意思的是，许多商品的期货收益与滚动收益之间存在密切联系。大部分农产品和天然气的期货收益为负，这主要归结为它们的大幅负滚动收益；能源合约的期货收益为正，也是由于滚动收益为正。期货收益对滚动收益回归的 R^2 为 88.6%[25]。

期货收益与滚动收益之间的经验关系意味着存在两种理解：（1）期货收益由滚动收益驱动；（2）滚动收益反映的是风险溢价。这与我们对（5.16）式、（5.22）式和（5.25）式的解释相矛盾。但是，如果依据滚动收益的符号（即现货溢价和期货溢价）来分解期货收益，那么情况就会有所不同。从图表5.6中可以看出这一点。

根据（5.25）式，正的滚动收益体现出现货价格的下跌预期（以及多头风险溢价），负的滚动收益体现出现货价格的上涨预期（以及空头风险溢价）。这在图表5.6的数据上有所反映。在现货溢价型市场中，大多数商品的现货价格会下跌，而在期货溢价型的市场中，现货价格会上涨。事实上，观察到的滚动收益有很大一部分会被后续的现货价格变化所抵消。平均来看，现货溢价（期货溢价）市场上20.3%（−15.9%）的滚动收益被后续17.1%的现货价格下跌（14.4%的上涨）所抵消。这意味着（1）滚动收益在很大程度上被后续的现货价格变化所抵消；（2）滚动收益在很大程度上反映出预期的商品现货价格变化。

但是，这些数据也表明，滚动收益超过预期的现货价格变化：平均来看，我们在现货溢价时（期货溢价时）观测到正的（负的）净期货收益。如果平均期货收益反映的是风险溢价，则意味着滚动收益中确实有一小部分反映出风险溢价，这与我们对（5.25）式的理解相矛盾，（5.25）式依赖于无条件的恒定风险溢价假设。如果这个假设稍宽泛，图表5.6的结果就可以提供商品风险溢价随时间变化的证据，而且风险溢价取决于便利收益或者预期的现货价格变化。

结　论

套利定价不能应用于商品期货，原因在于实货商品并不是纯资产——商品的消费和加工会将存货消耗殆尽，所以我们并不总能为期货合约构建一个复制组合，并且商品现货价格也不能（完全地）反映价格预期与风险溢价。

商品期货的两个估值原则是**风险溢价模型**（RPM）和**便利收益模型**（CYM）。风险溢价模型从预期的到期日商品现货价格推导出期货价格，而便利收益模型从当前的商品现货价格推导出期货价格。

---

[25]　在此之前，厄尔布和哈维针对类似的数据研究过这种关系（See Claude B. Erb and Campbell R. Harvey, "The Tactical and Strategic Value of Commodity Futures," *Financial Analysts Journal* 62, no. 2 (2006), pp. 69–97）。

第 5 章　风险溢价模型与便利收益模型的关系

本章指出，如果便利收益被看作是商品现货价格对其资产价格（预期的到期日商品现货价格的现值）的偏离，那么这两个估值原则是一致的。通过把风险溢价模型与便利收益模型结合起来，可以说明，便利收益模型反映出预期的商品现货价格变化比例，这个变化不可归因于风险溢价和无风险利率（也就是说，商品的准资产价值）。图表 5.7 概括了所有的关系。

图表 5.7　各种关系汇总

	期限结构	期货收益
	$\ln \dfrac{F_{t,T_2}}{F_{t,T_1}}$	$\tilde{r}_{F,t,t+1,T}$
风险溢价模型	$\hat{\alpha}_S^C(t,T_1,T_2) - rp(T_2,T_1)$	$rp + \tilde{\Delta}\ln E_{t,t+1,T}$
便利收益模型	$(r+m-cy)(T_2-T_1)$	$\underbrace{-[r+m-cy]}_{\text{滚动收益}} + \tilde{r}_{S,t,t+1}^C$
关系	$\hat{\alpha}_S^C(t,T_1,T_2) = (r+rp+m-cy)(T_2-T_1)$	$\tilde{\Delta}\ln E_{t,t+1,T} = -[r+rp+m-cy] + \tilde{r}_{S,t,t+1}^C$ $E_t[\tilde{\Delta}\ln E_{t,t+1,T}] = -[r+rp+m-cy]$ $+ E_t(\tilde{r}_{S,t,t+1}^C) = -\dfrac{1}{2}\sigma^2$

$$T_1 = t+1, T_2 = T:$$
$$\hat{\alpha}_S^C(t,t+1,T) = \left(E_t[\tilde{r}_{S,t,t+1}^C] + \dfrac{1}{2}\sigma^2\right)(T-t-1)$$

我们特别关注期货收益与便利收益之间的关系，或者说与期限结构之间的关系。可以根据期限结构或便利收益预测出期货收益吗？从表面上看，（5.15）式与（5.16）式意味着存在这样一层关系。但是我们已经论证，便利收益仅仅反映商品的暂时性"消费价值"，并且往往与预期的风险溢价无关。再次强调，便利收益反映出预期的商品现货价格变化，它不取决于风险溢价或者持有成本。这一点对于滚动收益同样适用，因为滚动收益与（经过储存成本调整的）便利收益的区别在于无风险利率。所以，平均滚动收益反映出预期的现货价格变动对风险溢价的偏离。

实例证实了这一点：大体上，可以根据期货的期限结构、便利收益以及滚动收益预测出后续的现货价格变化。但是，一小部分的滚动收益并没有被后续的现货价格变化所抵消，并且可以解释为随着时间变化的风险溢价，而且这种风险溢价取决于滚动收益和预期的现货价格变化。这需要更详尽的分析。

附　录

直觉上，我们可能认为 $E_t[\tilde{\Delta}\ln E_{t,t+1,T}]$ 等于零，下文将说明并不是这样的。请注

意，这个表达式被定义为

$$E_t[\tilde{\Delta}\ln E_{t,t+1,T}] \equiv E_t(\ln\tilde{E}_{t+1}[S_T^C]) - \ln E_t[S_T^C] \quad (A5.1)$$

右边第一项是 $\tilde{E}_{t+1}[S_T^C]$ 自然对数的预期值，它是一个随机变量，依赖于 t 时刻的信息。简单起见，我们假设现货价格服从几何维纳过程，即现货价格的自然对数服从均值为 μ、方差为 σ^2 的正态分布，这两个参数都与价格发生变化的时间间隔成比例。那么条件期望就为

$$\tilde{E}_{t+1}[S_T^C] = \tilde{S}_{t+1}^C e^{(\mu+0.5\sigma^2)(T-t-1)}$$

这是应用伊藤引理而得到的一个近似表达式。所以，自然对数 $\ln\tilde{E}_{t+1}[S_T^C]$ 服从正态分布，它的期望为

$$E_t(\ln\tilde{E}_{t+1}[S_T^C]) = E_t(\ln\tilde{S}_{t+1}^C) + (\mu+0.5\sigma^2)(T-t-1)$$

代入 $E_t(\ln\tilde{S}_{t+1}^C) = \ln S_t^C + \mu$，我们得到

$$E_t(\ln\tilde{E}_{t+1}[S_T^C]) = \ln S_t^C + \mu + (\mu+0.5\sigma^2)(T-t-1) \quad (A5.2)$$

（A5.1）式右边第二项为：

$$\ln E_t[S_T^C] = (\ln S_t^C) + (\mu+0.5\sigma^2)(T-t) \quad (A5.3)$$

将（A5.2）式和（A5.3）式代入（A5.1）式得到

$$\begin{aligned}E_t[\tilde{\Delta}\ln E_{t,t+1,T}] &= E_t(\ln\tilde{E}_{t+1}[S_T^C]) - \ln E_t(S_T^C) \\ &= \ln S_t^C + \mu + (\mu+0.5\sigma^2)(T-t-1) - [\ln S_t^C + (\mu+0.5\sigma^2)(T-t)]\end{aligned}$$

相应的，

$$E_t[\tilde{\Delta}\ln E_{t,t+1,T}] = -0.5\sigma^2 \quad (A5.4)$$

相比于（单位）时间间隔上的预期现货收益

$$E_t(\tilde{r}_{S,t,t+1}^C) = E_t(\ln[\tilde{S}_{t+1}^C] - \ln[S_T^C]) = \mu \quad (A5.5)$$

或者相比于 t 时刻感知的 T_1 和 T_2 之间现货价格的预期"变化"（增长率）

$$\begin{aligned}\hat{\alpha}_S^C(t,T_1,T_2) &\equiv \ln E_t[S_{T_2}^C] - \ln E_t[S_{T_1}^C] \\ &= \{\ln S_t^C + (\mu+0.5\sigma^2)(T_2-t)\} \\ &\quad - \{\ln S_t^C + (\mu+0.5\sigma^2)(T_1-t)\}\end{aligned}$$

即

$$\hat{\alpha}_S^C(t,T_1,T_2) = (\mu+0.5\sigma^2)(T_2-T_1) \quad (A5.6)$$

关于标的现货价格遵循维纳过程这一简化假设，可以很容易地将其一般化（参见罗

斯（Ross）的研究㉖）。对于均值回归过程

$$dS_t^C = \kappa(\alpha - S_t^C)dt + \sigma(S_t^C)^\gamma dz_t$$

其中 α 是价格趋于回归的长期均值，κ 是价格被拉向长期均值的速度，γ 是价格波动率对价格水平的敏感性，预期的现货价格为

$$E_t[S_T^C] = e^{-\kappa(T-t)}[S_t^C - \alpha(1 - e^{\kappa(T-t)})]$$

期货价格为

$$F_{t,T} = e^{-[\kappa+rp](T-t)}[S_t^C - \alpha(1 - e^{\kappa(T-t)})]$$

据此，可以将此前的分析推广至一般情形。

㉖ Stephen A. Ross, "Hedging Long-Run Commitments: Exercises in Incomplete Market Pricing," Chapter 19 in *Corporate Hedging in Theory and Practices: Lessons from Metallgesellschaft*, edited by Christopher L. Culp and Merton H. Miller (London: Risk Books, 1999), pp. 269–288.

第 6 章
可再生资源的最优轮伐期：木材行业的理论证据

弗里茨・赫尔迈达（Fritz Helmedag）博士
经济学教授
开姆尼茨工业大学

自古以来，木材一直是最重要的自然资源之一。它可以用来照明取暖，用作家具的原材料，还可以用于修造建筑物和船舶。树木覆盖着地表近 1/3 的面积。每年木材的采伐量大约为 20 亿吨，比钢铁和水泥年产量的总和还要多。仅是这些数据就足以将林业经济学提上议事日程。在当前关于气候变化和可再生资源重要性的讨论中，最优砍伐策略值得特别关注。但是两个世纪以来，并没有人专门研究过这个问题。事实上，何时伐木取决于决策者具体的目标。但是人们并非总是能够精确地表述这个目标。本章梳理不同的研究方法，并指出每种方法适用的条件。

耗费时间的生产过程

商品生产的过程有长有短。但在大多数情况下，生产能够以各种半成品流水线的形式组织起来，一部分产品刚开始生产，另一部分产品则已经完工。此外，在某些特殊的工艺中，等待产品成熟需要耗费一段时间。将汽车制造厂与木材厂对比，即可发现两者在生产过程上的明显区别。

在工业部门，利润数或成本数所处的时间区间是任意选取的。与这些数字相联系的时间跨度可以是一天、一周、一个月甚至一年。相似的，木材企业的培育方案通常也互有差异，因为林地具有混合的树林结构。当树木生长到指定的大小时就会被砍掉。因此，在制订森林库存量同步方案前，需要事先知道何时采伐是最赚钱的：林业管理需要弄清楚每棵树应当长多高。这就是所谓的"最优轮伐期"问题，所有的可再生资源(renewable resource)都存在这个问题,不仅栽培植物如此,养殖动物(如养猪)也是这样[1]。

然而令人惊讶的是,在最优林业管理这个"简单问题"上,仍然会碰到一些错误的分析[2]。例如,约翰逊和洛夫格伦(Johansson and Löfgren)指出:"最伟大经济学家中的一些人解错了这个问题[3]。"依据普遍接受的解法也许看起来很方便,但是仔细研究其他方法,理清它们解决的具体问题则是大有裨益的[4]。从研究案例的过程中我们会明白,如何确定林业的最优培育周期,可以作为例子来比较各种经济学计算方法。特别的,投资者的行事规则可以与企业家的目标区分开来。

考虑以下的情形。假定树木在一块土地上生长,在树木采伐时,伐木和运输的费用与经营收入成比例。每单位数量(重量或体积)木材的净价是给定的,因此可以作为计价物。根据这些假设,实物产出就等价于以货币衡量的价值。1公顷树龄为 t 的树木的收入,可以由下式求得

$$f(t) = \frac{1}{30}t^4(15-t) \tag{6.1}$$

时间 t 可以理解为年数。图表6.1描述了生长时期对产量的影响。

单位时间生产率的计算如下

$$f'(t) = \frac{4}{30}t^3(15-t) - \frac{1}{30}t^4 = \frac{1}{6}t^3(12-t) \tag{6.2}$$

令上式等于零,一阶导数条件推出在 $t_m = 12$ 处产出有最大值。每个时间间隔内的平均产出为

$$\frac{f(t)}{t} = \frac{1}{30}t^3(15-t) \tag{6.3}$$

为了得出极值,下式应当成立

$$\left(\frac{f(t)}{t}\right)' = \frac{1}{10}t^2(15-t) - \frac{1}{30}t^3 = \frac{1}{30}t^2(45-4t) = 0 \tag{6.4}$$

培育期内平均产量的最大值在 $t_d = 11.25$ 处取得。图表6.2对(6.2)式和(6.3)式两式做出了解释。

---

[1] 当再生周期少于一年时,偶尔也使用可再生资源(reproducible resource)这种表述方式;大米和玉米的栽培即是如此。考察这类生产过程时,优化的对象是劳动投入,而不是这里所讨论的生产周期。

[2] See, for example Holger Wacker and Jürgen-E. Blank, *Ressourcenökonomik, Band I: Einführung in die Theorie regenerativer natürlicher Ressourcen* (München/Wien: Oldenbourg 1998), p. 105; and Ulrich Hampicke, *Ökologische Ökonomie, Individuum und Natur in der Neoklassik, Natur in der Ökonomischen Theorie*, Teil 4 (Opladen: Westdeutscher Verlag 1992), p. 76.

[3] Per-Olov Johansson and Karl-Gustaf. Löfgren, *The Economics of Forestry and Natural Resources* (Oxford: Blackwell, 1985) p. 74.

[4] See, for instance Paul A. Samuelson, "Economics of Forestry in an Evolving Society," *Economic Enquiry* 14, no. 4 (1976), pp. 466–492; and Ulrich van Suntum, "Johann Heinrich von Thünen als Kapitaltheoretiker," in *Studien zur Entwicklung der? konomischen Theorie XIV, Johann Heinrich von Thünen als Wirtschafts-theoretiker*, edited by Heinz Rieter (Berlin: Dunker & Humblot 1995), pp. 87–113. 4.

图表 6.1 生产函数

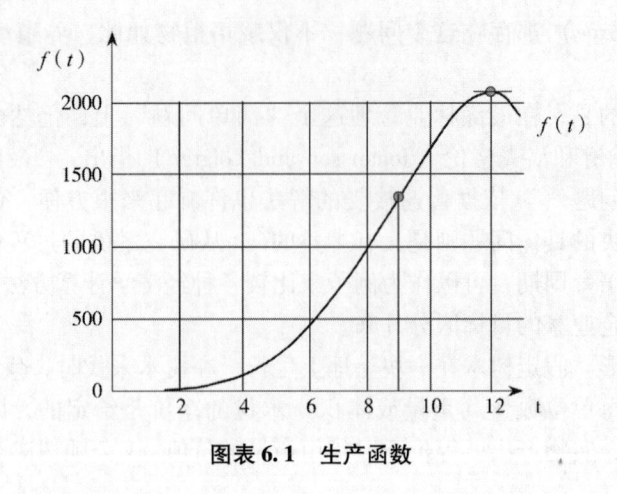

资料来源：作者。

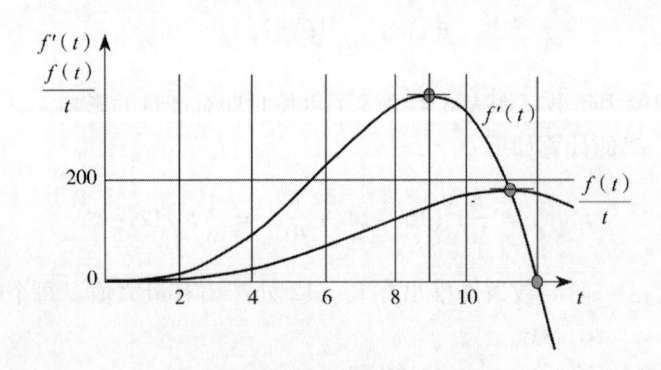

图表 6.2 生产率和平均产出

资料来源：作者。

需强调，在比较不同解法时，最重要的是分析它们的目标函数。首先，分析利润最大化问题——哪种林地培育方案能实现这个目标？为了正确地回答这个问题，必须考虑具体做决策时的实际情况。

净收入与成本收益

未来利润最大化

在第一种情形中考察的是，休耕林地的种植者靠借款来支付种植成本，每公顷的借款额为 L。为简化计算，假设银行贷款以连续复利 i 计息，在树木被砍伐时还本付息。如果种植成本的利息负担不会太高，那么在 t 时刻每公顷的盈余，即本章所指的**利润**将大于 0

$$G(t) = f(t) - Le^{it} > 0, \text{其中} 0 \leq L < f(t) \text{ 且 } 0 \leq i < i_{max} \tag{6.5}$$

由收入最大化⑤可得

$$G'(t) = f'(t) - iLe^{it} = 0 \tag{6.6}$$

从 (6.6) 式推出

$$it = ln(\frac{f'(t)}{iL}) \tag{6.7}$$

因此推导出生长周期

$$t_G = \frac{1}{i} \cdot ln(\frac{f'(t_G)}{iL}) > 0 \quad 其中: f'(t_G) > iL \tag{6.8}$$

假设 $i = 10\%$，$L = 100$，我们计算出 $t_G = 11.883$。

在该时点上，每公顷的利润为 $G(t_G) = 1743.517$。但是种植者需要等待 t_G 年才能得到这笔收益。但我们可以把未来价值换算为现值。一般情况下，与 T 时刻预期收入 $E(T)$ 等价的年金 z 可以由下式算出

$$E(T) = \int_0^T z \cdot e^{i(T-t)} dt = \int_0^T z \cdot e^{it} dt = \left[\frac{z}{i} e^{it}\right]_0^T = \frac{z}{i}(e^{iT} - 1) \tag{6.9}$$

因此

$$z = \frac{iE(T)}{e^{iT} - 1} \tag{6.10}$$

将 $E(t_G)$ 和其他数据带入 (6.10) 式，得到

$$z_G = \frac{1743.517 \cdot 0.1}{e^{0.1 \cdot 11.883} - 1} = 76.424$$

年金 z_G 等价于 t_G 年后所获利润的现值。这笔租金也适用于描述投资项目的盈利性能⑥。

利率的上限

虽然文献资料中不考虑未来利润的最优化问题，但是如何确定投资的最优期限却有章可循。这种方法常常与克努特·维克塞尔（Knut Wicksell，1851—1926）和肯尼斯·E·鲍尔丁（Kenneth E. Boulding，1910—1993）这两个名字联系在一起，举例来说，如果已知价格走势是时间的函数，我们就会问新买的葡萄酒应当在酒窖里储存多久⑦。采用连续复利，维克塞尔解决的是预付资本**生息能力** r（维克塞尔的术语）的最大化问题，约束条件为收入等于包括利息在内的初始投资：

---

⑤ 此处以及后文中我们都不讨论充分性条件，只给出有经济学含义的解。
⑥ 不同时间长度的备选投资项目假定可以被多次执行；进行比较时使用的最短时期为各个培育周期的最小公倍数。
⑦ See Knut Wicksell, Vorlesungenüber Nationalökonomie auf Grundlage des Marginalprinzips, vol. 1 (Jena: Gustav Fischer, 1913), p.238; Kenneth E. Boulding, *Economic Analysis*, vol. 2, 4th ed. (New York: Harper and Row, 1966), p.672.

$$r \to \text{Max}! \quad \text{s.t.} \ Le^{rt} = f(t) \tag{6.11}$$

图表 6.3 对这一问题给出图解：代表连续复利收益的曲线与生产函数刚好相交。

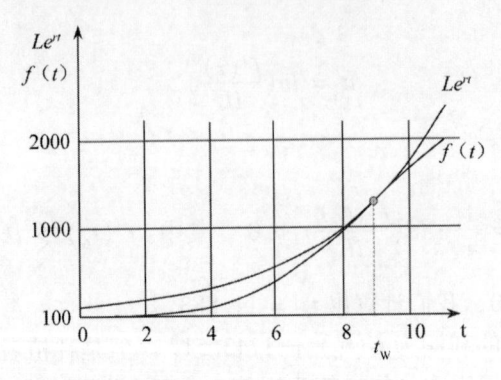

图表 6.3　利率的上限

资料来源：作者。

为了计算 t，将（6.11）式取对数并求解 r

$$r = \frac{\ln(\frac{f(t)}{L})}{t} \tag{6.12}$$

求出对时间的一阶导数，即

$$\frac{dr}{dt} = \frac{(\frac{f'(t)}{f(t)})t - \ln(\frac{f(t)}{L})}{t^2} \tag{6.13}$$

令一阶导数为 0，得出投资间隔期 t_W

$$t_W = \frac{f(t_W) \cdot \ln(\frac{f(t_W)}{L})}{f'(t_W)} \tag{6.14}$$

在我们的例子中，（6.14）式计算出生长期间为 $t_W = 8.893$。运用这个（最低的）生长年限，就可以得出该项目所能获得的最高收益率 r^*。同时，市场利率的临界值 $i_{\max}$ 也就确定了。如果投资要实现盈利，利率就一定不能超过 r^*。预付费用的最大收益率为

$$r^* = \frac{f'(t_W)}{f(t_W)} = i_{\max} = 0.286 \tag{6.15}$$

未来利润为

$$f(t_W) = Le^{r^* t_W} = 1273.038$$

根据（6.10）式计算等价的利润流（年金）时，还需要考虑预付费用的利率 $i = 0.1 < r^*$

$$z_W = \frac{(1273.038 - 100 \cdot e^{0.1 \cdot 8.893}) \cdot 0.1}{e^{0.1 \cdot 8.893} - 1} = 71.835$$

该年金比上一例中的年金要小。因此维克塞尔－鲍尔丁解（Wicksell-Boulding solution）（或最大化利润率，也即最大化预付费用的收益）是次优的。

林业资本管理

未伐树木的价值

首先研究一个以利率 i 借入种植成本 L 的种植者。如果用未砍伐的树木作抵押，用经营利润来偿还利息，我们想知道银行贷款的限额是多少。于是，问题就转化为找出当期树木在今日期货市场上的价格上限。我们求解这些树木的最大资本价值（KW_H）

$$KW_H = f(t)e^{-it} - L = \frac{f(t) - Le^{it}}{e^{it}} = \frac{G(t)}{e^{it}} \to Max! \tag{6.16}$$

最优化条件得到

$$\frac{dKW_H}{dt} = f'(t)e^{-it} - f(t)i \cdot e^{-it} = 0 \tag{6.17}$$

因此

$$i = \frac{f'(t)}{f(t)} \tag{6.18}$$

威廉·杰文斯（William St. Jevons，1835—1882）和艾文·费雪（Irving Fisher，1867—1947）分别阐述了单个投资项目的最优期限规则⑧。树木生长率下降到利率水平的时候，木材存量的价值达到最大。因此，提高利率会缩短轮伐期。（6.15）式对应的是（6.18）式中 $t_W = t$ 的情况，它给出了前文提到的利率最大值 i_{max}。如果市场利率给定为 $i = 10\%$，我们可以计算出培育周期和资本价值：$t_H = 11.140$，$KW_H = 550.433$。

出于对比的目的，我们也分析相应的现金流，把所有现值都换算成未来价值（"收回资本"），首先

$$KW(0) = \int_0^T v \cdot e^{-it} dt = \left[\frac{v}{-i} e^{-it}\right]_0^T$$

$$= -\frac{v}{i}(e^{-iT} - 1) = \frac{v}{i}(1 - e^{-iT}) \tag{6.19}$$

求解年金 v 得到

$$v = \frac{KW(0) \cdot i}{1 - e^{-iT}} \tag{6.20}$$

---

⑧ See William St. Jevons, *The Theory of Political Economy*, 2nd ed. (London: Macmillan, 1879), p. 266; and Irving Fisher, *The Theory of Interest* (New York: Macmillan, 1930), p. 164.

本例中的年金到目前为止是最高的

$$v_H = \frac{550.433 \cdot 0.1}{1 - e^{-0.1 \cdot 11.140}} = 81.939$$

因此杰文斯-费雪（Jevons-Fisher）公式似乎值得优先考虑，毕竟其收益超过了维克塞尔-鲍尔丁方法解出的投资收益最大值。然而林地的最优使用不是关于单笔投资的问题，而是与连续造林相关的问题。

林地的生产能力

在上述资本价值最大化问题中，树龄都是相同的。除此之外，一块只能用于种树的休耕地的潜在利润有多大，这也是一个问题。因此未来木材的全部价值和林地的确切价格都应该被计算出来。该方法由林业学家马丁·福斯特曼（Martin Faustmann，1822—1876）在19世纪提出："今后每年，荒地产生的等量货币净收益是多少[9]？"

考虑复利的影响，地产的价值（KW_F）反映的是同一种植项目永续经营的收益流。为此，福斯特曼希望对"森林被火灾、害虫和人为破坏等情况进行必要地了解[10]"。福斯特曼认为，土地的生产价值（而不是受毁林木的价值）为

$$KW_F = -L + (f(t) - L)e^{-it} + (f(t) - L)e^{-2it} + \cdots \quad (6.21)$$

整理得

$$KW_F = (f(t)e^{-it} - L) + (f(t)e^{-it} - L)e^{-it} + (f(t)e^{-it} - L)e^{-2it} + \cdots \quad (6.22)$$

再使用无穷几何数列的求和公式，得到

$$KW_F = \frac{f(t)e^{-it} - L}{1 - e^{-it}} = \frac{KW_H}{1 - e^{-it}} = \frac{G(t)}{e^{it} - 1} \quad (6.23)$$

当然，与所有的无限期营利性投资一样，当利率趋向0时，福斯特曼资本价值会趋于无穷大。这种现象与未来利润$G(t)$无关。在这种情况下就需要寻找另一种可精确计算轮伐期的方法。此外，利率不得超过i_{max}；否则利润$G(t)$和资本价值都会变为负数。在$i < i_{max}$区间内，资本价值与利率的走势呈反方向变化。

福斯特曼价值最大化的必要条件为

$$\frac{dKW_F}{dt} = \frac{[f'(t)e^{-it} + f(t)(-ie^{-it})](1 - e^{-it}) - (f(t)e^{-it} - L)(ie^{-it})}{(1 - e^{-it})^2} = 0 \quad (6.24)$$

因此

$$f'(t)(1 - e^{-it}) = i(f(t)(1 - e^{-it}) + f(t)e^{-it} - L) \quad (6.25)$$

---

[9] Martin Faustmann, "Berechnung des Werthes, welchen Waldboden, sowie noch nicht haubare Holzbestände für die Waldwirthschaft besitzen," *Allgemeine Forstund Jagd-Zeitung* (December 1849), pp. 441-455, p. 442（注：除非另有说明，所有翻译均为本文作者所做）。

[10] Faustmann, "Berechnung des Werthes, welchen Waldboden, sowie noch nicht haubare Holzbestä nde für die Waldwirthschaft besitzen," p. 441（显然，这意味着林业生产最终会耗尽土地的价值；这也提出了充分补偿的问题）。

于是得出

$$f'(t) = \frac{i(f(t) - L)}{1 - e^{-it}} \qquad (6.26)$$

由上式可知，如果利率和生产函数都是已知的，t 就可以计算出来。从我们的例子中可以得到 $t_F = 10.666$，$KW_F = 828.745$。如果该资本价值可以通过出售（或出租）土地而实现，那么可得到下面的永续年金[11]

$$z_F = i \cdot KW_F = 0.1 \cdot 828.745 = 82.8745$$

根据（6.10）式对 $G(t)$ 做现值换算也得出相同的结果[12]。在检验林地能否实际获得福斯特曼价值之前，我们在下一节中先介绍一种完全不同的模型。

收入为支出融资

杜能（Thünen）：过犹不及

到目前为止，我们设想的都是在林地上培育一茬同龄的树，砍伐也是在同一期进行。但是在现实中，培育和采伐是一个持续进行的过程。这就意味着在我们的例子中，取决于轮伐期 t，林地上第 t 部分的树木被砍伐并补种。

约翰·海因里希·范·杜能（Johann Heinrich von Thünen，1783—1850）在其著作中关注**永续经营型**企业的问题，而不是**暂停歇业型**企业的问题[13]。与福斯特曼相比，杜能不仅指出了两者的区别，而且运用该理论对每期获得的收入进行研究。上文中讨论的各种解法都把其当作投资决策问题来研究，而杜能关注的是育林人的**定期利润**（PG）。这样，他从经营收入中扣除种植成本 L 和（所放弃的）林木货币价值的利息。在函数连续的情况下，林木价值等于对生产函数 $f(t)$ 的积分 $F(t)$。因此，杜能的最大化目标为[14]

$$PG_T = \frac{f(t) - if(t) - L}{T} \qquad (6.27)$$

这种方法的优点是从一开始就将目标函数设定为连续性盈余，因此直接得到了同步育林方案。这种分层树林的收入可用于支付新树的种植成本，因此不会造成任何的利息支

---

[11] 本式由（6.20）式中 $T \to \infty$ 得出。

[12] 另一种推导福斯特曼轮伐期的方法是将未来利润 $G(t) = f(t) - Le^{it}$ 代入（6.10）式中，然后进行 z 对 t 的优化计算。这与求出最大年金的假设推理过程相一致。

[13] See Johann H. v. Thünen, *Der isolierte Staat in Beziehung auf Landwirtschaft und Nationalö-konomie*, *Dritter Theil*, *Grundsätze zur Bestimmung der Bodenrente*, *der vorteilhaftesten Umtriebszeit und des Werths der Holzbestände von verschiedenem Alter für Kieferwaldungen* (1863), 3rd edition, edited by H. Schumacher-Zarchlin (Berlin: Wiegant, Hempel&Parey, 1875).

[14] See Ulrich van Suntum, "Johann Heinrich von Thünen als Kapitaltheoretiker," p. 108; 离散情况可参见 Peter Manz, "Forestry economics in the steady state: the contribution of J. H. von Thünen," *History of Political Economy* 18, no. 2 (1986), pp. 281–290.

出。在杜能的方法中，必要条件为

$$\frac{dPG_T}{dt} = \frac{(f'(t) - if(t))t - f(t) + iF(t) + L}{t^2} = 0 \quad (6.28)$$

根据该方法，每棵树的年龄应达到

$$t_T = \frac{f(t) - iF(t) - L}{f'(t_T) - if(t_T)} \quad (6.29)$$

于是得到 $t_T = 10.453$，$PG_T = 113.488$。

同步化生产相对于前文中的接替方法能够产生更大的盈余，因此鼓励我们关注交错育林的定期利润最大化问题。但是，从经济学的角度看，把机会成本引入目标函数的做法是遭受诟病的。林业是否应当继续经营的判断标准，应该是林木的其他用途是否更有价值。因此，杜能的想法不能令人信服。

追根溯源：1788 年

尽管如此，林业经济学家们还曾讨论过另外一种砍伐规则。根据该规则，每单位时期（和单位面积）收入与种植成本的差额（PG_J）起决定性作用

$$PG_J = \frac{f(t) - L}{t} \quad (6.30)$$

事实上，约瑟夫二世执政期间的皇家与帝国奥地利政府曾在 1788 年颁布一项类似的法令[15]。该法令相当于杜能公式中 $i=0$ 的情形。最优化条件要求

$$\frac{dPG_J}{dt} = \frac{f'(t)t - (f(t) - L)}{t^2} = 0 \quad (6.31)$$

求解 t 得到

$$t_J = \frac{f(t_J) - L}{f'(t_J)} \quad (6.32)$$

有意思的是，当利率趋于 0 时，福斯特曼解也收敛于（6.32）式。对（6.26）式运用罗必塔法则即可得到

$$f'(t) = \lim_{i \to 0} \frac{i(f(t) - L)}{te^{-it}} = \frac{f(t) - L}{t} \quad (6.33)$$

将收入函数代入（6.32）式和（6.30）式中，得出 $t_J = 11.296$，$PG_J = 169.108$。在这个例子中，最优轮伐期能够很容易地用图形推演出来（见图表 6.4）。

从种植成本 L 点向生产函数 $f(t)$ 作切线，得到的切角 α 表示每公顷林地的最大盈余。这是能够获得的最高利润流。

因此，我们知道在什么情况下种树是不划算的。当另一种方案更有利可图时，林木和土地会被出售，从而将销售收入（U）资本化。这时，以下条件成立

$$U \cdot i > PG_J \quad (6.34)$$

---

[15] See F. C. Osmaston, *The Management of Forests* (London: George Allen and Unwin, 1968), p.188.

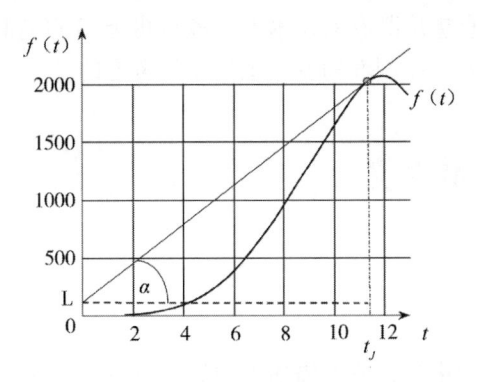

图表 6.4　土地租金最大值

资料来源：作者。

检验上述观点

在一篇经常被引用的论文中，萨缪尔森讨论了上述永续性净收入的最大化问题[16]。他认为，**奥地利法令估值方法**是不正确的，因为它没有考虑到利率的影响[17]。在他看来，木材收入与种植成本的年均差额并不是那么重要：

> 连外行人听起来都会觉得荒谬——当经济学家向农民透露这则消息时……经营森林他可以将树木砍倒、用不着补种，卖掉土地，再把所有的收入存入银行……接着永远收取利息就行了[18]。

根据上文内容，我们能够理解萨缪尔森的批判。假设育林人拥有一公顷约瑟夫二世（法令规定的）同步树林，他听取了经济学家的建议，将树林砍掉、出售木材而且还找到一家土地买主，买家支付的是福斯特曼价值。那么育林人总共获得

$$U = \int_0^{t_J} \frac{1}{t_J} f(t) dt + KW_F = 606.401 + 828.745 = 1435.146$$

另一方面，之前计算的定期利润 PG_J（理解为永续年金）的现值为

$$\frac{PG_J}{i} = \frac{169.108}{0.1} = 1691.08$$

显然，如果听取了萨缪尔森的建议，就会遭受损失：（最大的）企业价值 U 比我们自己计算的要小。的确，经济行为的基本原理指出，企业的持续性盈余应当超过企业资产资本化所得的利息。本例不符合这个原理，因为明摆的条件（6.34）被违反了。因此在本例中，从 1788 年开始，按照"经验法则"[19] 经营比听取伐木指示能获取更多的收益。

也应该考虑，将不同的理论直接进行比较是不恰当的：福斯特曼计算的是空地的价

---

[16][17][18]　Samuelson, "Economics of Forestry in an Evolving Society", p. 477, p. 477, p. 474.

[19]　See Philip A. Neher, "Forests," in *The New Palgrave*, vol. 2 (London, New York, and Tokyo: Macmillan/Stockton Press/Maruzen, 1994), pp. 412–414.

值，而约瑟夫二世则一直想从既有的树木上获取尽可能多的利润[20]。这种差异对现代的育林人来说也很重要。此外，体制性的变化也是需要考虑的。

从封建主义到资本主义

积累阶段

下文将追求利润最大化的企业家描述为理想化经济人。在投资项目上，此人不受资本金的约束，而是受到需求方面的约束。他的主要任务是以不低于单位成本的价格提供产品。为了便于分析，我们假设企业家不动用自己的财产——他的名誉和令人信服的经营理念使其获得贷款。从这一点上看，收益率——描述盈余和预付资本之间关系的数据——并不适合于反映经济成就。林地价格和树木价值的浮动范围，主要反映的是投资者的想法，而不是那些寻求利润最大化的企业家的想法。

在我们的模型中，企业家的问题中至少有一个不复杂。即木材产量的收入是已知的，销售也不成问题。如果需要支付包括森林用地在内的所有成本，哪一种轮伐期是最优的呢？

在第一步中，育林人在积累土地，他只能按福斯特曼价值一块一块地购买林地。在此后的每一期中，他购买 $1/T$ 公顷额外的土地，视生长周期 T 而定。除此之外，还存在种植成本。因此，待到（尚且未知的）最优轮伐期 T 时，即已积累了如下债务

$$D_{Buy}(T) = \int_0^T \frac{1}{T}(KW_F + F)e^{i(T-t)}dt = (KW_F + L)\left(\frac{e^{iT}-1}{iT}\right) \quad (6.35)$$

将福斯特曼轮伐期 t_F 和其他数据代入上式，我们得到

$$D_{Buy}(T) = (828.745 + 100)\left(\frac{e^{0.1 \cdot 10.666} - 1}{0.1 \cdot 10.666}\right) = 1659.20$$

在造林过程中，这笔债务累计的利息恰好等于同步林的定期盈余

$$PG_F = \frac{f(t_F) - L}{t_F} = i \cdot D_{buy}(t_F) = 165.920$$

上式从买方的视角刻画了福斯特曼林地价值的性质：它表示随着时间流逝，身无分文的企业家为了种植交错林，购买额外土地所能支付的最高价格[21]。如果该买家想要获利，每年购买额外土地的实际价格就必须低于福斯特曼价值。因此它和最高利率 i_{max} 一样，都

---

[20] 在科学史上，这些对立学派之间存在长期的冲突。关于该争论的历史，可参见 Cristof Wagner, *Lehrbuch der theoretischen Forstein-richtung* (Berlin: Parey, 1928)。他总结：“因此，我们有可持续性与盈利性之间的对立，普鲁士与萨克森之间的对立”(p. 199)。但是，该冲突忽略了重点。福斯特曼的轮作周期也可以产生持续性收入，只不过这个收入是次优解。把我们例子中的 t_F 代入（6.30）式可以得到：$PG_F = 165.920 < PG_J = 169.108$。

[21] "赫尔·福斯特曼（Herr Faustmann）一定也是沿着下述思路推理：如果我计划从头开始种植林木，我能为荒地支付多少钱？"（G. Robinson Gregory, *Forest Resource Economics* (New York: John Wile & Sons, 1972), pp. 286）在本章的附录 A 中，我们证明了以福斯特曼价格购买土地以及随后整块地的种植成本，这一过程中所累积的债务是无法用收入偿清的，因为收入仅够支付利息。

是林业经营的约束条件。

作为下一节的准备工作，我们现在初步地考察购买土地以外的投资方案：企业家每期为每公顷土地支付的租金为 R。虽然在树木长到合意的年龄之前，植树的必要开支一直在累加，但租金支出所导致的债务累积公式却发生了变化。T 时刻的总贷款为

$$D_{Rent}(T) = \int_0^T t \frac{1}{T} Re^{i(T-t)} dt + \int_0^T \frac{1}{T} Le^{i(T-t)} dt = \frac{R(e^{iT} - iT - 1) + Li(e^{iT} - 1)}{i^2 T} \tag{6.36}$$

当培育同步树林结束后，企业家的利润为

$$PG(T) = \frac{f(T) - L}{T} - R - i \cdot D_{Rent}(T) \tag{6.37}$$

给定租金 R，我们模型中的育林人就可以选择适当的 T。依赖于模型中数据和变量的假设条件，偿清债务的时间会有些差异。因此如果该投资项目终获成功，那么从某一天开始将不会再有借款开支，这与购买土地的情形相同。那么我们得到

$$PG(t) = \frac{f(t) - 1}{t} - R \tag{6.38}$$

让我们认真地考察长期内的情况以及租金的决定。

竞争市场中的地租

以现代的观点来看，1788 年的法规有一个缺陷。它充当着封建社会的行事准则：林业由土地所有者自己经营，土地所有者有时会占有大量的地产。他兼有土地所有者和木材生产者双重身份，因而不需要考虑地租的问题。此外，大自然无偿地滋养第一批树木。在这种情况下，财产带来的收入流被土地所有者尽数装进口袋。

在现代资本主义社会，所有权与经营权的分离具有重要意义：企业家和资源供应者的作用被区分开了；否则，**木材生产的利润**与**土地租赁的收入**就无法隔离开来。接下来，我们考虑长期内的情形，此时培育同步化生产结构的投资开支已经偿清了。我们假设使用一公顷土地需要支付租金 $R \geq 0$，此外，在每一期都有一公顷树木等待采伐。(6.39) 式给出了每公顷的利润 (HG)

$$HG = t \cdot PG(t) = f(t) - L - R \cdot t \tag{6.39}$$

(6.39) 式右端最后一项代表的是应付的租金总额。求导得到

$$HG' = f'(t) - R \tag{6.40}$$

因此最优解的必要条件是

$$f'(t) = R \tag{6.41}$$

从经济学的视角来看，上式结果是有意义的：在均衡状态下，树木的边际生长率等于租金。如果土地的使用不需要任何成本，那么不管利率和种植成本是多少，在最大收益 $f(t_m)$ 处进行采伐。正如我们所料，每公顷林地的收入会小于 1788 年法令下的收入

$$\frac{HG_m}{t_m} = \frac{f(t_m) - L}{t_m} - R = \frac{2\,073.6 - 100}{12} - 0 = 164.466$$

尽管如此，由于免费地种植了更多的土地，总收入会提高

$$HG_m = 164.466 \cdot 12 = 1973.6 > PG_J \cdot t_J = 169.108 \cdot 11.296 = 1910.24$$

在上述情况中，我们不需要考虑土地的使用成本。不过，现在看来有必要选定同等数额的成本 L（L 也可能是工资支出），以此作为参照点来比较不同的砍伐策略。(6.41) 式告诉我们应当在何时终止树木的生长。最小化每单位木材的成本是林业中选择培育方案的重要标准。

如果必须支付租金，那么树木的生长周期就会被缩短，相对于其最大的尺寸而言。此外，如果买家之间竞争同等肥沃度的稀缺土地导致利润消失了，那么 (6.39) 式中的 HG 将会变为 0。因此土地所有者能够获得的最大利润就是每公顷土地的租金

$$R_{\max} = \frac{f(t) - L}{t} \tag{6.42}$$

这等价于约瑟夫二世的情形：不存在富有企业家精神的育林人，只有土地所有者在最大化每公顷土地的收入；这种经济显示了封建主义的迹象[22]。近代以来，大卫·李嘉图（1772—1823 年）对资本主义的探索是值得肯定的。他考察的是随着经济体的不断扩张，质量越来越低的土地被开垦出来。这样的话，农民们不必为产出最低的土地支付租金；但另一方面，优等土地能够获得溢价，其租金因而视肥沃程度而定。

回顾与环顾

起初，育林人向经济学家寻求建议，但得到了不恰当的方案。这还是发生在被认定为确立了牢固知识基础的领域中——条理分明的微观经济决策分析理论。

问题是为什么学术信条引申出错误的结论？答案在于不同的解题方法被混杂了。例如，计算预付费用的利率上限、或者确定木材或土地的资本价值（依赖于利率），在投资学中可能是很重要的计算，但以长期林业管理的视角来看，它并不能给出最优的砍伐策略。

广为接受的福斯特曼方法还存在理论与实践相脱节的问题，这一点有待解释。毋庸置疑，计算过程中利率的选择或多或少会存在任意性。但值得一提的是，为了得出理想的结果，人们常常选择低得离谱的利率。许多年前，有人提出育林利率应该为 3.5%[23]。但是依然缺乏有力的依据来支撑这种做法[24]。事实上，若采用林业利率，就能够使福斯特曼公式与实际行为相一致。因此可观测到的森林管理实践就与那些感觉上合乎情理的行事方案

---

[22] 在本章的附录 B 中，我们阐明了土地的所有者需要怎样做才能实现同步育林。

[23] See Max Robert Pressler, *Der Rationelle Waldwirth und sein Waldbau des höchsten Ertrages*, Zweites (selbstständiges) Buch, *Die forstliche Finanzrechnung mit Anwendung auf Wald-Werthschätzung und -Wirtschaftsbetrieb* (Dresden: Tuerk, 1859), p. 10.

[24] 参见 Wolfgang Sagl 的反思 (*Bewertung in Forstbetrieben* (Berlin and Wien: Blackwell Wissenschafts-Verlag, 1995), p. 59)。

相一致,但遗憾的是,它与这个方案并不十分相符。相应的,科学家们主张的伐林政策也就可以不采纳了[25]。

在育林人向土地所有者支付租金时,他补偿的是土地肥沃程度的差异——如果所有者不能提供质量高的土地,那么也将得不到任何回报。利润最大化轮伐期的选择取决于这些租金率。当树木价值的增幅下降至土地租金时,采伐就可以着手进行。如果土地是免费的,树木就会生长至最大收益 $f(t_m)$ 处,此处也等价于育林成本的最小化。另一方面,肥沃土地上的高效产出包含了对大自然额外能力的补偿。最优的伐木时间处于 t_J(约瑟夫二世每公顷林地租金最大化的间隔期)和 t_m(树木生长至峰值的时间跨度)之间。

上述思辨过程揭示了为什么休耕地一般都很便宜:土地价格作为租金的资本化,仅反映出肥沃程度的差异。在这种情景中,福斯特曼公式就失去了意义,尽管它的意图并没有错——决定土地本身的价值。土壤的生产力只是给出实践中无法达到的极值解。

当供给不能增加的时候,需求就决定了地产的价格。与木材不同,可供使用的土地及其质量都是固定的。所以,为使用土地而缴纳的租金反映了稀缺状况。在资本主义社会中,这些因素决定了地产的价值。

不过林业还有另外一个特性:在当今的中欧几乎没有树林可供出租。漫长的孕育期要求租赁合同的法律效力能够延续几代人。德国民法典第 594b 条规定,超过 30 年期的租赁合同,在期满后只存在一年的解约通知期。除此之外,唯一的选择只能是签订承租人或土地所有者的终生合同,但此举也不能保证长期规划所需的确定性。因此,林业几乎专门由土地所有者经营。

结 论

我们要指出前文分析的资本理论含义。只要林地具有完全可调节的树龄结构,利率就不具有特殊的重要性。尽管单棵树的收益取决于它的生长期,但是最大盈余的获取存在近乎机械性的决定方式。在积累过程中,应当有效地安排最优生产结构。

类似于工业部门的连续循环生产,我们必须从具体的产品和完工时间中解脱出来,才能够整体性地考察流量。不管怎样,将生产期间预付费用的利息理解为利润,而不关注收入与成本之间的差异,这是误导性的做法[26]。生产过程一般不是相继进行的,而是同步进行的。因此,我们的研究结果形成了一套统一的、初步的技术选择理论,而且它比此问题的其他解法更有解释力。

---

[25] 瑞士的育林人需要应对以下指示:"瑞士境内的培育周期需要缩短 1/3……而且平均木材供应量要削减至当前水平的 50%"(Peter Manz, *Die Kapitalintensität der schweizerischen Holzproduktion, Eine theoretische und empirische Untersuchung*(Bern: PaulHaupt, 1987), p. 189)。

[26] See in detail Fritz Helmedag, "Warenproduktion mittels Arbeit oder dieNeuer? ffnung der Debatte," in *Nach der Wertdiskussion*, edited by KaiEicker-Wolf, Torsten Niechoj, and Dorothee Wolf (Forschungsgruppe Politische Okonomie: Marburg, 1999), pp. 67–91.

附录 A

脚注 21 中已经提到，以福斯特曼价值（6.23）式购买土地所累积的债务以及随后整块林地的种植费用，并不能由经营收入清偿。利息占总债务的份额为

$$\left(\frac{f(t)e^{-it} - L}{1 - e^{-it}} + L\right)(e^{it} - 1) = f(t) - L \tag{A6.1}$$

因此净收入仅够支付利息。

如果土地被相继购买，那么生产也仅够支付利息。在交错林地的孕育期，该企业家必须一步一步地购买额外的土地。将福斯特曼价值（6.23）式代入逐步买地的债务（6.35）式中，在时间 t 上的利息费用为

$$i \cdot D_{Buy} = i(KW_F + L)\left(\frac{e^{it} - 1}{it}\right) = i\left(\frac{f(t)e^{-it} - L}{1 - e^{-it}} + L\right)\left(\frac{e^{it} - 1}{it}\right) \tag{A6.2}$$

上式可以归结为

$$i \cdot D_{Buy} = \frac{f(t) - L}{t} \tag{A6.3}$$

显然，以福斯特曼价值相继地出售土地就限定了生产应是同步化的。只有这样才能用所得的收入偿还利息负担。连偿清贷款都办不到，更别提盈利了。事实上，福斯特曼资本价值给出了土地价格的上限。

附录 B

现在我们来履行脚注 22 中的承诺，从细节上说明如何种植一片同龄林。假设育林人拥有一块土地，他的投资由贷款支撑。我们要弄清楚此人在造林期结束时能否摆脱"利息的枷锁"，这样的话，根据约瑟夫二世法则他就能源源不断地赚取利息了。

也许有人会想，尽管最终目的是培育出交错林，但起初整块地都可以种上树。在随后的每年里，$1/t$ 部分的树林被卖掉并补种新树。但这个做法存在一些缺陷：初创期被砍掉的树木不能够收回其种植成本的复利值。必须排除掉这类赔本的交易。最低生长时间 t_K 的临界值可由下式得出

$$f(t_K) = Le^{it_K} \tag{B6.1}$$

将数据代入例子中得到

$$t_K = 4.63 \tag{B6.2}$$

在植树项目的初期，闲置土地的占比为

$$\frac{1}{t_J} \cdot t_K = 40.99\% \tag{B6.3}$$

因此育林人最初种植大约60%的土地。接下来，我们先计算到最低生长年限 t_K 时所累积的成本。第一笔种植成本为

$$FP = 0.5901 \cdot 100 \cdot e^{0.1 \cdot 4.63} = 93.757 \tag{B6.4}$$

除此之外，还必须考虑后期的树苗成本

$$SP = \int_0^{4.63} \frac{1}{t_J} \cdot 100 \cdot e^{0.1(4.63-t)} dt = 52.127 \tag{B6.5}$$

经过4.63年后，育林人将会拥有一片栽满树木的林地，并且背负一大笔的债务

$$D(t_K) = FP + SP = 93.757 + 52.127 = 145.884 \tag{B6.6}$$

先不管偿还方案是如何规定的，直到 t_J 为止我们还要支付利息

$$D(t_J) = 145.884 \cdot e^{0.1(t_J - 4.63)} = 284.124 \tag{B6.7}$$

但是从 t_K 开始就会有净收入，这笔钱存入银行获取利息

$$N(t_J) = \int_{4.63}^{t_J} \frac{1}{t_J}(f(t) - 100) e^{0.1(t_J - t)} dt = 665.408 \tag{B6.8}$$

结余为

$$V(t_J) = N(t_j) - D(t_J) = 665.408 - 284.124 = 381.284 \tag{B6.9}$$

显然，育林人完成了同步育林之后，他不仅拥有 $V(t_J) = 381.284$ 的财富，此后每年在每公顷林地上还可取得 $PG_J = 169.108$ 的最大化利润。

第二部分
业绩测度

第 7 章
商品期货业绩的基准回顾

罗兰·福斯（Roland Füss）博士
金融学教授
资产管理讲座教授
欧洲商学院
赖希阿特豪森古堡国际大学

克里斯汀·霍佩（Christian Hoppe）
德国商业银行
证券与信用衍生品资深专家

迪特尔·G·凯瑟（Dieter G. Kaiser）博士
另类投资主管
Feri 机构顾问有限公司
实用数量化金融中心研究员
法兰克福金融管理学院

随着投资者对商品投资兴趣的不断增加，在全球范围内发布的商品指数也急剧增多。这些指数被经济学家和投资者广泛地用作价格指标。而且，它们迅速地担当起投资组合管理的基准，同时也充当某些衍生品的标的工具。

近期的经验研究主要关注同一指数供应商的单个商品指数或者一组分类指数，它们运用比较分析法来对比这些指数与传统资产类别在风险收益上的差异。然而，这种方法忽视了有效性和可靠性等问题，在我们使用不同供应商的商品指数时，就会出现这些问题。行之有效的经验方法应当关注商品指数的异质性，它通过比较单个商品不同子指数的风险收益状况，来检测出各个基准组合中的重大变动。

本章将首次考察三类指数的全部商品指数体系，这三类指数分别是现货收益指数、超额收益指数以及总收益指数。我们的数据来自 9 家指数供应商，涵盖 2001 年 1 月至 2006 年 9 月这段时期。借助多种统计变量，我们考察业绩衡量指标的异质性，并分别研究加总型指数（综合指数）和行业特定指数（行业指数），其中，加总型指数包含所有的商品行业，但各指数的权重方案会有所不同。由文献资料可知，代表性基准问题的解决办法之一是对各指数赋予相等的权重；当各种基准投资组合表现出异质性风险收益特征时，就存在代表性基准的选择问题。但由于等权重加权方案并不能完全消除基准中的扭曲因素，所以我们建议使用无偏性方法，例如主成分分析法。

一般而言，风险收益特征的巨大差异不仅存在于各个行业指数**之内**，而且存在于各个指数供应商提供的同一商品行业指数**之间**。由于商品行业的异质性以及多种因素的影响，我们预计到虽然某些指数之间有很多重叠的商品期货，但这些指数可能存在业绩差异。然而，即使在工业金属等行业内部，我们也发现各个子指数之间存在严重背离的业绩结果①。此外，由于指数构造上的区别，我们发现总收益指数和超额收益指数存在巨大的业绩差异。

本章的安排如下：下一节概述各个商品指数及其构造特点；继而介绍本文的数据资料并比较其统计性质，这里关键的问题是：在多大程度上，选择特定的指数系列会导致业绩评估的扭曲及/或结论相左；接下来的一节对上述指数的异质性问题提出一种可能的解法，即利用主成分分析法来构造某种隐性指数，该隐性指数是对各个现有"竞争性"指数的加总；最后，概括本章的主要结论，并对投资者的行事方案谈些建议。

商品指数概述

当进行某类资产的投资时，选择业绩基准应当是第一个步骤。它表明投资者将偏好付诸行动，并充当业绩衡量的参照点。夏普认为，合适的基准应该是一个划算的投资项目，它在市场上可供购买，而且面临着与主动（或被动）管理型投资组合相同的约束条件②。经过风险调整之后，它应该很难被战胜，而且在管理实际的投资组合之前，它就应该被选定。对于主动型和被动型投资策略，某个广泛接受的指数常被选定为中性的参照点。在传统市场上，老牌供应商发布的指数已经被当做参照组合。但在商品领域中，选择基准却是一项非常复杂的任务。

厄尔布和哈维（Erb and Harvey）探讨了如何确定代表性的商品期货基准③。他们注意到加总型股票指数或固定收益指数中的市值概念，并不能简单地套用于商品期货指数，因为期货合约中未平仓的买卖头寸会相互抵消。因此，商品期货指数在设计上并没有统一的规定，它们在组成部分、权重方案及维护频率等方面差异很大，这些差异可能导致风险收益特征的严重背离。于是厄尔布和哈维提议将各种商品指数看成不同的组合策略④。

---

① 最大幅的年化收益差异出现在工业金属中——总收益指数（商品研究局指数相对于罗杰斯国际商品指数）。如果剔除历史不足一年的指数，从而对RICI作出调整，最大差别将降至13.45%，这就明显淡化了关于异质性程度的论断。

② William F. Sharpe, "Asset Allocation: Management Style and Performance Measurement," *Journal of portfolio Management* 18, no. 2 (1992), pp. 7-19.

③ Claude B. Erb, Campbell R. Harvey, "The Tactical and Strategic Value of Commodity Futures," *Financial Analysts Journal* 62, no. 2 (2006), pp. 69-97.

④ Erb, Harvey, "The Tactical and Strategic Value of Commodity Futures."

第 7 章 商品期货业绩的基准回顾

由于商品期货领域在不断扩大，对历史数据也就可以做时间序列分析。商品研究局/路透社指数（CRB/Reuters）和高盛商品指数（GSCI）的历史最为久远；后者的未平仓合约量最大。GSCI 是在 1991 年推出的，并回溯历史数据至 1970 年⑤。此外，罗杰斯国际商品指数（RICI）和德意志银行流动商品指数（DBLCI）分别是在 1998 年和 2003 年推出的，指数推出时人为地将基准年份分别追溯至 1984 年（RICI）和 1988 年（DBLCI）。由此可见，在基准推出之时，最理想的做法就是将前些年份的业绩数据补充完整⑥。雷曼兄弟（雷曼商品价格指数 LBCI）和德国证券交易所（德国证交所商品价格指数 CXCI）是最新的两家指数供应商，它们的指数发布都始于 2006 年。商品期货的权重是根据商品产量推算出来的，例如（1）滞后 5 年的滚动平均值（如 GSCI）；（2）流动性（如 DJAIG）；（3）产量（如 DJAIG）；（4）未平仓合约数（如 CXCI）；（5）等权重加权（CRB）。随着时间的推移，指数可能会发生重大的变化，视权重方案而定。图表 7.1 中 GSGI 指数的例子说明，很难在长期内做出有意义的权重比较。

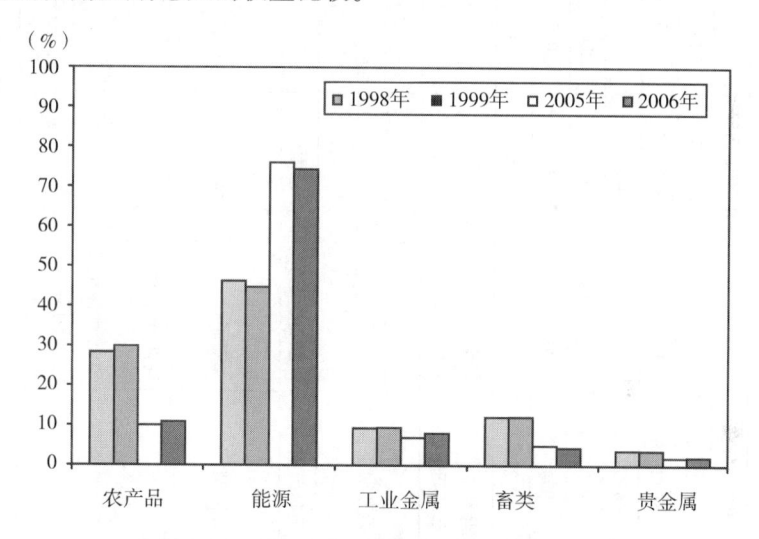

图表 7.1　GSCI 指数随时间变化的权重

资料来源：根据彭博的数据创建图表。

大体上，商品指数市场是由图表 7.2 所示的商品指数决定的。各个商品指数的涵盖范围因供应商而异。举例来说，道琼斯－美国国际集团（DJAIG）计算 84 种商品指数，涵盖不同的子行业和商品种类；而 Mount Lucas 资产管理公司（MLM）仅仅计算一种指数⑦。但大多数的指数供应商都会发布若干个商品行业的指数，例如能源、金属和农产品等。唯独标准普尔（S&P）一家公司提供综合指数。我们注意到，供应商一般都会计算总收益指

---

⑤ 1970 年的综合指数只由生牛、玉米、大豆和小麦构成。如今，这些商品仅占综合指数的 12.3%，所以在重要性上远不及当前最大的组成部分——原油，其占比达到 34.4%（截至 2007 年 3 月 23 日）。现在典型的分类方法包括能源、农产品（包括软质商品、谷物与种子）、工业金属、贵金属、畜类及其他（例如橡胶和木材）。

⑥ 例如，GSCI 的指数被回填补充至 1970 年。

⑦ MLM 指数与众不同，它还包含固定收益和外汇期货。委员会监测它的组成部分并且每年调整一次。此外它的权重和滚动（展期）规则遵循趋势跟踪策略：每年都会进行调整，但年内的其余时间不去碰它。这样一来，MLM 仍然被划分为被动型指数。它与图表 7.2 所示的其他指数存在明显区别。

图表 7.2 指数供应商一览

标准	CRB/Reuters	DJAIG	RICI	GSCI	S&P	LBCI	MCCI	DBLCI	CXCI	MLM
指数数目	20	84	31	43	5	69	6	60	36	1
子行业	8	23	n.a.	7	None	4	n.a.	4	5	3
指数类型	SR, TR	SR, TR, ER	TR, ER	SR, TR, ER	SR, TR	SR, TR, ER	TR, ER	TR, ER	SR, TR, ER	TR
发布日期	1957-01	1999-01	1998-01	1991-01	2001-10	2006-07	2000-01	2003-03	2006-11	1988-01
基准日期	1967-01	1991-01	1984-01	1970-01	1997-12	2000-01	2000-01	1988-12	2006-11	1988-01
回溯起始于	1957-01	1991-01	1984-01	1970-01	1970-01	2000-01	2000-01	1988-12	2006-11	2000-01
最早起始于	1947-01	1991-01	1984-01	1970-01	1988-01	2000-01	2000-01	2003-03	2006-11	1988-01
可投资始于	1986-01	1988-07	1988-07	1994-01	2001-08	2000-01	2000-01	2003-03	2006-11	1988-01
商品数目	17	19	36	24	17	20	n.a.	6	21	约25
选取标准	分散化	流动性和分散化	世界范围的需求	重要经济意义的组合	商业性未平仓合约	以美元计的交易量	n.a.	6种商品每种代表一个行业	未平仓合约	交易量未平仓合约
期货选取	6个月之内到期的2~5种期货合约AA	近月期货合约	近月期货合约	近月期货合约	两种近月期货合约的平均值	流动性最高的期货	n.a.	滚动收益率最高的期货(流动性高)	未平仓合约量最大的期货	趋势跟随
期货来源	国际范围	国际范围	国际范围	国际范围	仅限美国期货	国际范围	n.a.	国际范围	国际范围	国际范围
分散化	无限制	每个行业最大33%；每种商品最小2%	无限制	无限制	无限制	无限制	n.a.	无限制	无限制	无限制
指数权重方案	等权重加权[a]	流动性和产量的4年平均值	产量	世界产量的5年平均值	商业性未平仓合约(美元)和流动性的2年平均值	滚动2年的交易量(以美元计)	n.a.	交易量	未平仓合约	等权重加权
指数计算	GA	AA	AA	AA	AA 和 GA	n.a.	n.a.	AA	AA	AA
滚动频率	每月	n.a.	每月	每月	一年六次	每月	n.a.	每月	动态变化	视策略而定
维护频率	永久性	每年	每年	每年	每年	每年	n.a.	每年	每年	每年

注释：AA = 算术平均，GA = 几何平均，n.a. = 不可得。

[a] 因为CRB/Reuters综合指数由17个等权重加权的子指数构成，受商品数目的影响，它可能与行业权重存在差异。例如，燃油和天然气在能源指数中的比重为17.65%，但工业金属仅包括铜一种商品，棉花的比重为11.76%（见图表7.3）。

资料来源：作者。

第 7 章 商品期货业绩的基准回顾

数,但现货指数和超额收益指数却不是每家供应商都有提供[8]。

每种(综合)指数涵盖的商品类型与子行业数量,取决于指数供应商各自的选择标准。目前比较流行的标准有流动性(DJAIG、S&P、LBCI、CXCI)、经济上或工业上的重要性(RICI、GSCI),以及覆盖最宽泛的商品市场(CRB)。德意志银行流通商品指数(DBLCI)由6种商品构成,这6种商品都在各自行业内占有很大比重[9]。罗杰斯国际商品指数(RICI)包含36种商品,因此它涵盖的子行业数目最多,也是最为别致的。本章中,我们所研究的指数在成分商品的数目和广度上会存在差异,这些指数涵盖的商品数目从6~36种不等。

指数供应商都需要维护各个行业的权重,并且调整指数的构成,通常一年进行一次,但CRB和CXCI除外,前者是永久性维护的,因为它采用等权重加权,后者每季度维护一次。DJAIG是唯一对各个行业(最高为33%)和各种商品(2%~15%)设有固定限制的指数。

指数中的大部分期货都是国际性的(一般在美国和英国发起)。标准普尔是个例外,它只包含美国的期货,极少考虑日本、加拿大以及澳大利亚的期货(例如RICI)。

大部分指数供应商会逐月地执行滚动操作,商品指数的滚动操作一般利用近月期货合约进行(例如DJAIG、RICI、GSCI;而S&P采用两种近月期货的平均值)。这种滚动方法通常被称为**连续近月**。CXCI是唯一的例外情形,只要新期货的未平仓合约量超过了旧合约,它就滚动期货,如此一来总能够包含流运性最好的期货。DBLCI的做法与之不同,它选定预计滚动收益最大的期货。

CRB使用另一种被称为**前向平均**的方法:先选合约再取平均(算术均值),计算中使用的是到期日不超过6个月的2~5种期货。

指数的计算和加权遵循商品选择的规则。两种流行的方法分别采用产量(DJAIG、RICI、GSCI)和流动性数据(S&P、LBCI、DBLCI、CXCI)的算术平均值。CRB采用的是几何平均,并对指数的成分赋予相等权重。这种做法使得CRB免受极端变化的影响,而石油、能源等重要商品(类)就常面临极端事件的影响,但是它也让一些不太重要的商品分配到了较高的权重。

然而这种方法限制了对上涨商品的敞口,同时增加了对下跌商品的敞口。有鉴于此,我们认为算术平均值是最好的选择,通过将敞口均匀地配置给各个商品成分,它能够更好地反映市场的趋势。标准普尔指数却是个例外——它提供算术平均和几何平均两种指数。借助每月一次的维护,该指数权重的稳定性和一致性得以维持。

图表7.3比较了综合指数中各个商品行业的权重,这些指数由最主要的几家商品指数供应商提供[10]。

---

[8] 只有DJAIG这一家供应商提供综合指数的远期指数。

[9] 能源行业的例子是西得克萨斯中质原油,工业金属的例子是铝。

[10] 各行业参照CRB分类标准进行加总,如下:能源(原油、燃油、天然气)、谷物和种子(玉米、大豆、小麦)、工业(铝、铜、棉花、镍、锌)、牲畜(生牛、瘦肉猪)、贵金属(金、铂、银)和软质商品(可可、咖啡、橙汁、糖)。

图表 7.3　　　　　　　截至 2007 年 1 月的商品行业权重　　　　　　　单位：%

	CRB	DJAIG	RICI[a]	GSCI
能源	17.65	32.98	48.00	67.85
谷物与种子	17.65	20.91	16.52	8.64
工业金属	11.76	21.62	10.30	12.29
畜类与肉类	11.76	9.15	3.00	5.30
贵金属	17.65	9.11	6.80	2.53
软质商品	23.53	6.16	15.38	3.66
总计（舍入）	100.00	100.00	100.00	100.00

资料来源：根据商品研究局、道琼斯公司、彼兰德（Beeland）资产管理公司和高盛集团的数据创建图表。

上标[a] 表示截至 2005 年年底。

商品基准问题的经验分析

本节参照 CRB 的行业分类方法，比较 9 家商品指数供应商的指数序列。我们的计算是基于连续复利的日度收益及月度收益数据，样本期间为 2001 年 1 月到 2006 年 9 月[⑪]。我们考察综合指数现有的三种类型：**总收益（TR）指数、超额收益（ER）指数和现货收益（SR）指数**。我们也考察 6 个行业指数：能源、谷物与种子、工业金属、畜类与肉类、贵金属以及软质商品。图表 7.4 总结了指数供应商的指数发布情况。

为了确定不同指数间是否存在异质性，我们研究了一维和二维的量化测度指标，以及这些指标的极端值和极差（组距），极差可以理解为两种商品指数之间的最大偏差。在实际操作中，这意味着与其他供应商的指数相比，某种指数的差异程度或者选择某个指数会影响且/或扭曲投资者的投资决策。

收益与波动率

如果我们考察总收益综合指数的历史走势，如图表 7.5 中 2001 年 1 月以来的指数走势，会注意到除 MLM 之外的所有指数都遵循不同强度的整体性趋势。前文已讨论过，这种现象可归结为指数构造、选择标准以及权重方案等方面的差异（参见图表 7.2）。

图表 7.4　　　　　　数据库中的商品指数成分

行业/指数		CRB	DJAIG	RICI	GSCI	SPCX	LBCI	MCCI	DBLCI	MLM
综合	TR		X	X	X	X	X	X	X	X[c]
	ER			X	X		X	X	X	
	SR	X	X		X		X			

---

⑪　我们的观察期间是由数据历史最短的指数——雷曼兄弟总收益综合指数决定的，它的数据跟踪从 2000 年 12 月 29 日开始。

第 7 章 商品期货业绩的基准回顾

续表

行业/指数		CRB	DJAIG	RICI	GSCI	SPCX	LBCI	MCCI	DBLCI	MLM
能源	TR	X	X	11/2004	X		X	X	X	
	ER			11/2004	X		X	X	X	
	SR		X		X		X			
谷物与种子	TR	X	X		X		X		X[a]	
	ER			01/2006[a]	X		X		X[a]	
	SR		X		X		X			
工业金属	TR	X	X	01/2006	X		X	X[b]	X	
	ER			01/2006	X		X		X	
	SR	X	X		X		X			
畜类与肉类	TR	X	X		X		X		X[a]	
	ER				X		X		X[a]	
	SR	X	X		X		X			
贵金属	TR	X	X	01/2006	X		X		X	
	ER			01/2006	X		X		X	
	SR		X		X		X			
软质商品	TR	X	X	11/2004	X		X		X[a]	
	ER			11/2004	X		X	X	X[a]	
	SR		X		X		X			

注：上标[a] 指数构造是按等权重加权的，与图表 7.2 不同；

上标[b] 仅能获得周度数据；

上标[c] 仅能获得月度数据。

资料来源：根据彭博的数据创建图表。

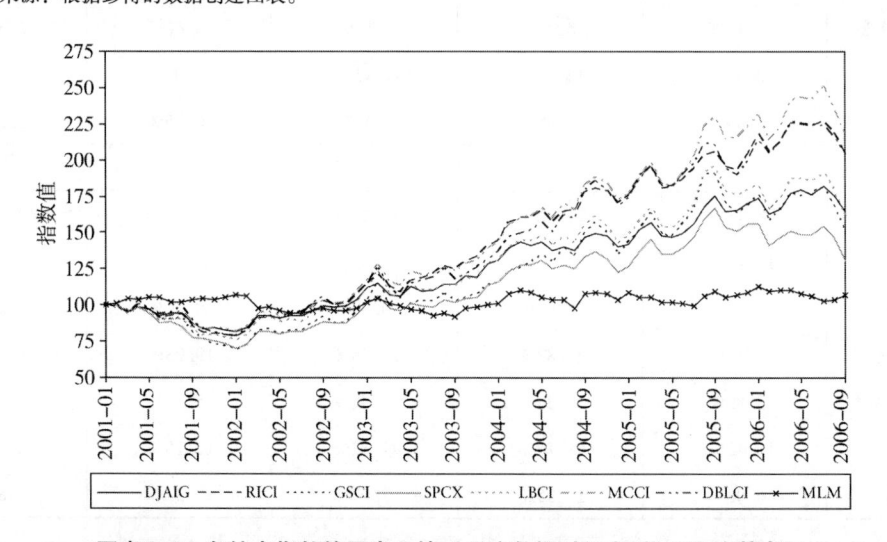

图表 7.5　各综合指数的历史业绩（月度数据时间序列，100 为基点）

资料来源：根据彭博的数据创建图表。

为了衡量不同商品指数的差异程度，下文将比较其年化收益。图表 7.6 表明各个商品行业内存在显著的差异，并且随指数版本的不同而增减变化。在各种总收益指数中，最大的收益极差在工业金属（44.9%）、能源（28.5%）以及软质商品（17.6%）中表现得最为明显。工业金属行业收益的最大极差由 CRB 和 RICI 这两个指数给出。然而我们注意到 RICI 的数据只是在 2006 年 1 月才开始发布。剔除掉这个历史太短的指数，最大的收益极差就变为 13.5%（CRB 相对于 LBCI）。

图表 7.6　　年化收益（2001 年 1 月至 2006 年 9 月）

行业指数	最小值	最大值	组距	均值	弗里德曼检验
总收益指数					
综合	1.67%	16.34%	14.67%	10.72%	11.691
能源	3.03%	31.49%	28.46%	15.09%	33.513[a]
谷物与种子	-2.45%	7.11%	9.56%	2.71%	18.553[a]
工业金属	14.63%	59.53%	44.90%	29.14%	10.782[c]
畜类与肉类	2.04%	11.10%	9.06%	4.43%	8.859[c]
贵金属	15.70%	17.16%	1.46%	16.44%	2.788
软质商品	-5.97%	11.66%	17.63%	1.59%	12.259[b]
超额收益指数					
综合	7.43%	13.79%	6.36%	10.86%	7.212
能源	-0.24%	28.35%	28.59%	12.40%	36.335[a]
谷物与种子	-26.46%	2.43%	28.59%	-7.24%	3.176
工业金属	21.04%	52.99%	31.95%	29.11%	6.653[c]
畜类与肉类	0.12%	8.43%	8.31%	3.06%	6.382[b]
贵金属	10.93%	14.35%	3.42%	13.09%	1.971
软质商品	-6.09%	8.98%	15.07%	-0.35%	3.294
超额收益指数					
综合	8.18%	25.36%	17.17%	15.62%	12.053[a]
能源	18.43%	25.91%	7.48%	21.05%	2.735
谷物与种子	7.89%	8.87%	0.97%	8.30%	1.059
工业金属	9.37%	25.82%	16.45%	19.93%	6.265[c]
畜类与肉类	3.80%	9.25%	5.46%	5.76%	3.335
贵金属	16.43%	17.75%	1.32%	17.15%	2.735
软质商品	6.08%	14.05%	7.97%	10.32%	1.853

资料来源：根据彭博的数据创建图表。

注：弗里德曼检验的计算是基于 $N=68$ 个月度收益观测值。生命周期较短的指数不予考虑。

上标[a]、[b] 和[c] 分别表示 99%、95% 和 90% 置信水平上的显著性。

对能源指数极差的解释也是类似的。不过它的最大极差会减少6.8%，降至21.7%（DBLCI31.5%对LBCI9.8%）。贵金属总收益指数呈现出最高的同质性，它们的最大极差小于1.5%。只有谷物与种子现货收益指数的最大极差低于这一数值，它的最大极差尚不足1%。

总体来说，这些大幅的极差表明商品指数之间存在异质性。为了验证所计算的指数收益是否差异显著，对图表7.6中的相依样本进行非参数弗里德曼检验。弗里德曼秩方差分析法同时检查l个相依样本在居中趋势方面的差异。在相依样本的假设下，我们使用非参数检验，原因在于商品期货指数的收益一般不呈正态分布。另外，各家指数供应商只是部分地参考同一期货合约，因此，我们假定这些样本为合并样本（combined sample）。原假设和备择假设分别是[12]：

H_0：若干相依样本来自同一总体，或者来自遵循相同收益水平的l个样本。

H_1：若干相依样本来自不同总体，或者至少来自l个发散型收益样本中的一个。

因此，考察原假设就涉及验证总体是否符合居中趋势，l个样本取自该总体。由于n个单位中每个单位的秩和$\sum_{j=1}^{l} R_{ij}$等于$[l \cdot (l+1)]/2$，其中$i=1, \cdots, n$，n单位的总秩和即为$[n \cdot l \cdot (l+1)]/2$，检验统计量可以根据样本秩与各自期望值的离差得出。

为了避免出现离差相互抵消，按照方差的计算方法，计算出平方差。由于存在抽样误差，我们必须考虑l个样本和n个单位可能的秩方差，也要考虑有限总体的修正因子$[(l-1)/l]$。因此得到以下检验统计量

$$F = \frac{l-1}{l} \sum_{j=1}^{l} \frac{\left[R_j - \frac{n \cdot (l+1)}{2}\right]^2}{\frac{n \cdot (l^2-1)}{12}} = \frac{12}{n \cdot l \cdot (l+1)} \sum_{j=1}^{l} R_j^2 - 3n \cdot (l+1) \qquad (7.1)$$

对于大样本的情形（$n \geq 10$且$l \geq 4$），该统计量近似服从自由度为$v = l-1$的χ^2分布[13]。

显著的极差主要出现在总收益指数中。我们注意到，在1%的显著性水平上，谷物与种子指数以及能源指数存在非常显著的差异。如果考察超额收益指数，能源行业显著的收益极差依然存在。总收益指数中的差异情况最为明显，是因为它们采用不同的构造方法；但构造方法对现货收益指数的影响则非常有限。然而还应当注意，对于定序调整的变量（ordinally scaled variable），弗里德曼检验考察的是秩的次序，而不是绝对收益之间的极差。

图表7.7通过比较各家指数供应商的正收益时期在全部时期中的占比（最小值、最大值以及平均百分比），来进一步考察收益的性质。从日均收益数据来看，21个指数中仅有8个指数的正收益占比超过50%（工业金属和贵金属的现货收益指数及总收益综合指数）。但从月均收益来看，全体指数——谷物与种子的超额收益指数和总收益指数、软质

---

[12] Myles Hollander and Douglas A. Wolfe, *Nonparametric Statistical Methods* (New York: John Wiley & Sons, 1999).

[13] Peter Sprent and Nigel C. Smeeton, *Applied Nonparametric Statistical Methods* (Boca Raton, FL: Chapman and Hall/CRC, 2007); Myles Hollander and Douglas A. Wolfe, *Nonparametric Statistical Methods* (New York: John Wiley&Sons, 1999). 在大多数情况下，这种近似检验较为保守。

商品的超额收益指数和总收益指数除外——在全部月份的50%以上时间里实现了正收益。

在分类指数的层面上，LBCI指数的正收益占比增加得最明显，从49.6%上升至66.2%。然而使用月度数据可产生强烈的平滑效应，这意味着相应的参考数值会更加发散。例如，现货综合指数的最大差异从1.5%增加到8.8%；工业金属总收益指数的最大差异从7.8%增加到22.1%。

图表7.8接着又计算出了正负收益时期所形成的损益比例，分为日度数据和月度数据两种情形。图表中的结果表明在全体指数中，能源行业的日均收益和月均收益最大。我们认为能源行业是高度波动的，因为它在每个时期内的平均亏损也是最大的。

相比之下，从日度收益来看，工业金属、贵金属以及软质商品等行业的业绩最差。从月度收益来看，业绩最差的要属综合总收益指数（4.12%）、综合现货收益指数（4.05%）以及畜类与肉类超额收益指数（3.49%）。对于大部分指数而言，这段时期内平均收益的增加幅度要大于价值的亏损。畜类与肉类以及贵金属是仅有的例外情形。

决定投资成功与否的另一个决策标准是隐含的风险，此处将其表示为收益的波动率（年化标准差）。虽然RICI数据历史的缺失会扭曲研究结论，但即使对此做出调整之后（将其剔除），指数之间仍然存在显著的极差。因此，假设各指数在波动率方面存在异质性是有道理的，波动率用收益偏离均值的幅度来表示。

现货收益综合指数的风险最低，如CRB（6.3%）；风险最高的是GSCI指数（23.3%）（见图表7.9）。谷物与种子现货收益指数（最大极差为0.1%）和贵金属现货收益指数（最大极差为0.8%）的波动率是相同的。

月度数据的结果表明，最小值比最大值出现更明显的下挫，部分指数的最大值还有上升的迹象。如此的话，与日度数据相比，这些极端值之间的极差（组距）会增大。因此，RICI总收益指数的波动率从13.2%降至11.9%。

另一方面，德意志银行指数的年化标准差从21.8%增加到23.3%。这些描述性统计量有力地说明了，在进行投资决策或者业绩评价时，投资者会得出截然不同的结论。在样本期内，我们发现各行业的波动率均值介于13.95%~34.02%。对于全体行业及全部指数类型，得出的波动率均值为20.25%。

相关性

在考察商品指数业绩相违背的现象时，通过分析不同供应商指数的行业内部相关性结构，可以发现另一条线索。从日度数据来看，不同供应商提供的行业指数之间相关系数的最大极差从0.021（贵金属超额收益指数）跨度到0.924（畜类与肉类现货收益指数）。从月度数据来看，该数字从0.021（贵金属现货收益指数）跨度到0.728（综合总收益指数），如图表7.10所示。

图表 7.7　正收益的时期 2001 年 1 月至 2006 年 9 月

单位：%

日度收益—正收益的月数

行业收益	总收益指数				超额收益指数				现货收益指数			
	最小值	最大值	组距	均值	最小值	最大值	组距	均值	最小值	最大值	组距	均值
综合	48.6	52.5	3.8	50.9	48.4	52.0	3.6	49.9	49.6	51.1	1.5	50.1
能源	47.3	53.0	5.7	49.0	46.8	51.6	4.8	49.2	47.4	48.5	1.1	47.9
谷物与种子	46.0	50.7	4.7	47.5	45.3	47.6	2.4	46.5	47.2	48.3	1.1	47.6
工业金属	48.6	56.4	7.8	52.4	48.8	55.2	6.4	51.7	49.5	51.7	2.2	50.3
畜类与肉类	48.4	54.4	6.0	49.9	47.8	50.0	2.2	48.8	48.0	48.4	0.4	48.2
贵金属	51.6	56.0	4.4	53.0	50.5	53.6	3.1	51.8	51.7	52.2	0.5	52.0
软质商品	43.8	53.7	9.9	47.9	43.6	48.8	5.2	46.4	47.0	49.2	2.2	48.4

月度收益—正收益的月数

行业收益	总收益指数				超额收益指数				现货收益指数			
	最小值	最大值	组距	均值	最小值	最大值	组距	均值	最小值	最大值	组距	均值
综合	52.9	61.8	8.8	57.9	54.4	60.3	5.9	57.6	57.4	66.2	8.8	62.1
能源	48.5	61.8	13.2	54.7	50.0	60.3	10.3	55.3	52.9	57.4	4.4	55.9
谷物与种子	45.6	54.4	8.8	49.1	41.2	50.0	8.8	45.6	54.4	55.9	1.5	55.4
工业金属	52.9	75.0	22.1	61.1	57.4	75.0	17.6	61.8	58.8	64.7	5.9	61.4
畜类与肉类	50.0	63.2	13.2	55.9	52.9	63.2	10.3	56.9	48.5	54.4	5.9	51.8
贵金属	50.0	63.2	13.2	58.1	50.0	58.8	8.8	55.9	57.4	60.3	2.9	58.8
软质商品	40.9	57.4	16.4	47.3	40.9	55.9	15.0	45.5	52.9	54.4	1.5	53.9

资料来源：根据彭博的数据创建图表。

图表 7.8 平均收益和亏损（2001 年 1 月至 2006 年 9 月）

单位：%

日度收益

行业指数		总收益指数				超额收益指数				现货收益指数			
		最小值	最大值	组距	均值	最小值	最大值	组距	均值	最小值	最大值	组距	均值
综合	收益	0.77	1.14	0.37	0.92	0.83	1.14	0.32	0.98	0.32	1.15	0.83	0.82
	亏损	-1.13	-0.74	0.39	-0.90	-1.13	-0.81	0.32	-0.94	-1.12	-0.30	0.83	-0.77
能源	收益	1.28	1.75	0.47	1.57	1.31	1.76	0.46	1.53	1.62	1.81	0.19	1.73
	亏损	-1.65	-1.23	0.42	-1.51	-1.66	-1.24	0.42	-1.49	-1.61	-1.53	0.08	-1.58
谷物与种子	收益	0.82	1.05	0.23	0.98	0.75	0.99	0.24	0.86	1.01	1.06	0.05	1.03
	亏损	-0.96	-0.82	0.14	-0.92	-0.97	-0.70	0.26	-0.82	-0.97	-0.95	0.02	-0.96
工业金属	收益	0.87	1.54	0.67	1.06	0.78	1.83	1.05	1.11	0.30	1.00	0.70	0.83
	亏损	-1.65	-0.85	0.81	-1.04	-1.90	-0.75	1.15	-1.07	-0.94	-0.29	0.65	-0.77
畜类与肉类	收益	0.54	0.76	0.22	0.69	0.58	0.73	0.15	0.68	0.73	0.82	0.10	0.77
	亏损	-0.78	-0.57	0.21	-0.71	-0.74	-0.57	0.17	-0.68	-0.82	-0.69	0.12	-0.75
贵金属	收益	0.74	1.34	0.60	0.88	0.79	1.27	0.48	0.92	0.79	0.83	0.04	0.81
	亏损	-1.61	-0.79	0.83	-0.96	-1.53	-0.80	0.73	-1.00	-0.85	-0.80	-0.06	-0.83
软质产品	收益	0.72	0.98	0.26	0.88	0.71	1.06	0.35	0.87	0.87	1.02	0.15	0.95
	亏损	-1.05	-0.59	0.46	-0.86	-1.05	-0.60	0.45	-0.83	-0.98	-0.78	0.20	-0.90

月度收益

行业指数		总收益指数				超额收益指数				现货收益指数			
		最小值	最大值	组距	均值	最小值	最大值	组距	均值	最小值	最大值	组距	均值
综合	收益	2.20	5.02	2.82	4.12	3.81	5.09	1.28	4.57	1.98	5.53	3.56	4.05
	亏损	-5.61	-2.32	3.28	-3.70	-5.43	-3.37	2.07	-4.16	-4.77	-1.61	3.16	-3.40
能源	收益	6.45	9.14	2.69	7.81	6.19	8.57	2.39	7.42	7.59	8.85	1.26	8.38
	亏损	-8.71	-4.78	3.93	-6.75	-8.98	-4.82	4.16	-6.97	-7.14	-6.88	0.26	-6.97
谷物与种子	收益	4.10	4.88	0.78	4.47	3.73	5.01	1.28	4.21	4.49	4.91	0.42	4.72
	亏损	-4.18	-3.50	0.68	-3.88	-3.83	-2.53	1.30	-3.39	-4.61	-4.22	0.39	-4.36
工业金属	收益	4.16	6.48	2.32	5.70	4.57	6.10	1.53	5.46	2.11	5.64	3.53	4.54
	亏损	-4.69	-2.67	2.02	-3.46	-3.87	-2.76	1.11	-3.35	-3.77	-1.74	2.03	-3.18
畜类与肉类	收益	2.97	3.88	0.91	3.49	2.76	3.45	0.69	3.18	4.06	5.26	1.20	4.58
	亏损	-4.08	-2.71	1.37	-3.57	-3.96	-2.90	1.06	-3.54	-4.34	-3.71	0.62	-3.95
贵金属	收益	4.09	6.67	2.58	4.68	4.13	6.30	2.17	4.68	4.25	4.44	0.19	4.34
	亏损	-4.23	-2.97	1.25	-3.33	-4.57	-2.87	1.70	-3.48	-3.10	-2.73	0.37	-2.98
软质产品	收益	2.88	5.44	2.57	4.35	2.61	5.39	2.77	4.06	3.88	6.19	2.31	5.05
	亏损	-5.16	-2.12	3.04	-3.80	-5.19	-2.39	2.80	-3.67	-4.62	-3.55	1.07	-4.11

资料来源：根据彭博的数据创建图表。

图表 7.9 波动率（2001年1月至2006年9月）

单位：%

日度收益

行业收益	总收益指数				超额收益指数				现货收益指数			
	最小值	最大值	组距	均值	最小值	最大值	组距	均值	最小值	最大值	组距	均值
综合	15.42	23.25	7.83	18.90	16.94	23.26	6.32	19.78	6.34	23.30	16.95	16.31
能源	26.36	35.05	8.68	31.73	26.37	35.06	8.69	31.26	32.57	35.11	2.54	34.02
谷物与种子	17.62	20.91	3.29	19.97	13.82	20.53	6.71	17.43	20.75	20.87	0.12	20.82
工业金属	19.75	33.12	13.37	22.83	17.58	55.86	38.29	27.12	6.50	21.23	14.72	17.49
畜类与肉类	12.03	15.62	3.59	14.50	12.03	15.06	3.03	13.95	15.22	18.36	3.14	16.34
贵金属	17.04	32.32	15.28	20.27	17.66	29.62	11.96	20.75	17.66	18.41	0.75	17.97
软质商品	13.22	21.84	8.62	18.06	13.24	21.84	8.61	17.70	18.16	20.41	2.25	19.13

月度收益

行业收益	总收益指数				超额收益指数				现货收益指数			
	最小值	最大值	组距	均值	最小值	最大值	组距	均值	最小值	最大值	组距	均值
综合	10.35	22.30	11.95	16.68	15.10	22.34	7.24	18.49	8.14	22.09	13.95	16.05
能源	24.32	35.28	10.96	31.13	24.35	35.29	10.95	30.59	31.08	35.07	3.99	33.26
谷物与种子	15.89	21.03	5.14	18.87	9.65	21.05	11.41	15.46	19.85	22.85	3.00	21.19
工业金属	15.84	24.59	8.75	20.75	16.17	24.56	8.38	20.08	8.59	21.11	12.52	17.42
畜类与肉类	11.99	16.18	4.19	15.08	11.96	15.87	3.91	14.48	16.90	20.26	3.37	18.37
贵金属	15.52	23.77	8.26	17.50	15.13	23.74	8.61	17.78	15.24	16.65	1.42	16.06
软质商品	11.88	23.32	11.44	17.92	11.94	23.30	11.37	17.23	16.42	22.83	6.41	19.96

资料来源：根据彭博的数据创建图表。

图表 7.10 商品期货指数的相关性和异质性（2001 年 1 月至 2006 年 9 月）

日度数据

行业指数	总收益指数					超额收益指数					现货收益指数				
	最小值	最大值	组距	均值	HI	最小值	最大值	组距	平均值	HI	最小值	最大值	组距	均值	HI
综合	0.840	0.965	0.125	0.923	7.7%	0.875	0.956	0.081	0.932	6.8%	0.266	0.959	0.693	0.619	38.1%
能源	0.882	0.989	0.107	0.937	6.3%	0.885	0.981	0.096	0.945	5.5%	0.947	0.977	0.030	0.964	3.6%
谷物与种子	0.835	0.966	0.131	0.903	9.7%	0.233	0.835	0.601	0.571	42.9%	0.850	0.956	0.106	0.910	9.0%
工业金属	0.120	0.986	0.866	0.647	35.3%	0.450	0.987	0.537	0.750	25.0%	0.363	0.958	0.595	0.656	34.4%
畜类与肉类	0.792	0.979	0.187	0.881	11.9%	0.866	0.972	0.107	0.905	9.5%	0.021	0.945	0.924	0.461	53.9%
贵金属	0.855	0.998	0.144	0.911	8.9%	0.974	0.995	0.021	0.986	1.4%	0.939	0.997	0.058	0.960	4.0%
软质商品	0.297	0.940	0.642	0.579	42.1%	0.244	0.965	0.721	0.606	39.4%	0.398	0.926	0.528	0.578	42.2%

月度数据

行业指数	总收益指数					超额收益指数					现货收益指数				
	最小值	最大值	组距	均值	HI	最小值	最大值	组距	平均值	HI	最小值	最大值	组距	均值	HI
综合	0.252	0.980	0.728	0.776	22.4%	0.903	0.982	0.079	0.951	4.9%	0.250	0.957	0.706	0.683	31.7%
能源	0.913	0.990	0.077	0.956	4.4%	0.932	0.990	0.058	0.971	2.9%	0.938	0.989	0.051	0.957	4.3%
谷物与种子	0.831	0.971	0.140	0.921	7.9%	0.837	0.889	0.051	0.870	13.0%	0.862	0.974	0.111	0.925	7.5%
工业金属	0.671	0.990	0.319	0.885	11.5%	0.905	0.990	0.085	0.960	4.0%	0.650	0.997	0.346	0.826	17.4%
畜类与肉类	0.830	0.997	0.166	0.901	9.9%	0.843	0.997	0.153	0.902	9.8%	0.321	0.981	0.660	0.636	36.4%
贵金属	0.878	0.998	0.120	0.970	3.0%	0.964	0.998	0.033	0.983	1.7%	0.977	0.998	0.021	0.987	1.3%
软质商品	0.289	0.966	0.677	0.605	39.5%	0.338	0.966	0.629	0.635	36.8%	0.445	0.934	0.489	0.619	38.1%

资料来源：根据彭博的数据创建图表。

如果不包括 MLM 综合指数，各总收益指数之间的最大极差为 0.130。对极端值的研究表明，它们显然不存在负相关性。这意味着，各个指数至多是独立编制的，而不可能相互对立。

贵金属现货收益指数之间存在最高程度的同质性，它们的平均相关系数为 0.987。畜类与肉类现货收益指数的平均相关系数 0.461 是最小的。此外，研究注意到，42 个最小值中只有 15 个低于 0.500，4 个介于 0~0.250 之间。因此，考虑到相关性分析的结论，商品价格指数同质化更明显[14]。

除了上述的相关性分析之外，为了确定不同供应商所提供的指数是否存在异质性，我们也推导出了一个简单的参考数值

$$HI = 1 - 平均相关系数 \qquad (7.2)$$

因此，异质性指标（HI）为 1 就表示完全异质化的情形。异质性最强的当属软质商品行业，不管考察何种频率的收益数据，它的 HI 均在 40% 左右。同时，按日计算的指数收益具有更明显的异质性趋势，尤其是工业金属指数。表中清楚地显示，综合收益指数、工业金属现货收益指数、畜类与肉类现货收益指数，以及软质商品现货收益指数的异质性都比较高。

偏度和峰度

为了进一步验证商品指数收益的性质，我们必须更细致地考察其偏度和峰度，因为这些性质能让我们得出关于期货收益概率分布的结论。图表 7.11 给出了总收益综合指数月收益率的典型频率分布，它们显然没有表现出均匀的分布模式。我们没有看到收益围绕一个正的均值作小幅波动，同时也没能杜绝极端值（厚尾）的出现，而这两者都是投资者理想的收益特征。

为了量化图表 7.11 中的非正态分布假设，我们计算出标准化三阶中心分布矩，即偏度，它被定义为非对称的单峰频率分布。我们还区分左偏、右偏和正态三种收益分布。如果相对偏度参数值小于零（左偏），那么与正态分布相比，它出现大幅负月度收益的概率会更大。

图表 7.12 中的结果表明各个偏度值之间的差异非常小。最大的偏度极差 2.201 在工业金属超额收益指数中（RICI 相对于 MCCI），因为 2006 年开始跟踪记录 RICI 指数，当年正值商品投资的"牛市"。但如果剔除 RICI 指数，偏度值的最大极差会缩小至 0.260，几乎可以忽略不计了。从图表中可以看出，一方面日度数据表明左偏指数占比很高，另一

---

[14] 各商品期货与相应商品行业之间的平均相关性一般很低。厄尔布和哈维研究了 12 种商品期货，他们指出，在 1982 年 12 月到 2005 年 5 月期间，这些期货与 GSCI 综合指数之间的平均相关系数仅为 0.20。他们发现，各商品期货的平均相关系数只有 0.09。鉴于商品期货收益的极度异质性，作者总结出不存在平均的商品投资，但商品市场是"各种不相似资产的市场"。这些结论被戈登和鲁文赫斯汀证实，他们自己构造了一种商品期货指数，考察期间为 1959 年 7 月到 2004 年 12 月。他们发现各商品期货之间的相关性为 0.0975。由于各商品市场之间的相关性较低，低风险的分散化商品组合也就得以构建。这些商品组合能进一步降低金融资产组合的总风险（See Erb and Hervey, "The Tactical and Strategic Value of Commodity Futures" and Gary Gorton and K. Geert Rouwenhorst, "Facts and Fantasies about Commodity Futures," *Financial Analysts Journal* 62, no. 2 (2006), pp. 47-68）。

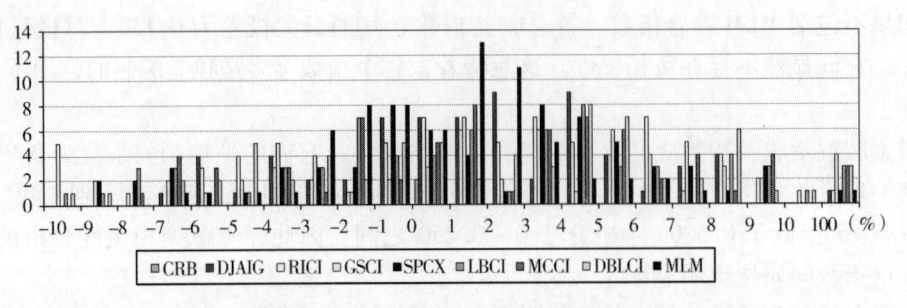

图表 7.11 综合指数月度收益的频率分布

资料来源：根据彭博的数据创建图表。

方面换为月度数据后，该比例又出现明显的下降。工业金属总收益指数当中的变化最为明显。根据偏度参数的平均值判断，月度数据表明左偏分布的行业数量下降了 25%。对于风险厌恶型投资者来说，工业金属超额收益指数的月度收益分布是最有利的，它的平均偏度为 0.817；而畜类与肉类超额收益指数是最糟糕的，其偏度仅为 -0.744[15]。

峰度是反映某一分布在其期望值附近集中程度的测度指标。它计算的是标准化四阶中心矩。峰度分析的结果也列于图表 7.12 中，如果峰度值为 3 或者超额峰态系数为 0，则认定存在正态分布。对照正态分布，如果某个分布的两端比较厚（"厚尾"），就称它具有正的超额峰态系数；反之，尾部比较薄则表明超额峰态系数为负。

风险厌恶型投资者喜好负的超额峰态系数，换句话说，与正态分布相比，出现极端值的概率越小越好。投资者不喜欢负的偏度和正的超额峰态系数这两种分布特征，因为这些特征与正态分布相比，更容易出现极端的收益（或正或负）。较大幅的负收益常常不足以被大幅正收益所弥补。

从图表 7.12 中可以看出，峰度值大体上呈现出同质性特征。只有三个行业指数的最大差异较大：

从日度数据来看，工业金属超额收益指数的超额峰态系数的最大极差为 34.4。但剔除 RICI 这个超额峰态系数为 39.4 的指数之后，最大极差降至 1.21。

从日度数据来看，畜类与肉类现货收益指数的超额峰态系数的最大极差为 26.5——DJAIG（27.45）相对于 LBCI（0.98）。

从日度数据来看，软质商品现货收益指数的超额峰态系数的最大极差为 13.4——DJAIG（0.59）相对于 GSGI（13.99）。

畜类与肉类 DJAIG 指数的峰度受两个日度收益极端值的影响很大：12.83%（2006 年 2 月 10 日）和 +14.28%（2006 年 1 月 13 日）。剔除这两个数值之后，平均超额峰态系数下降至 1.91。类似的，软质商品 GSGI 指数的日度收益极端值为 -11.76%（2004 年 6 月 7 日）和 +10.34%（2004 年 6 月 8 日）。将其剔除之后，峰度变为 2.64。如果一连几天出

---

[15] 凯特（Kat）和欧门（Oomen）认为，商品指数的日度收益分布几乎没有偏度性质。但是，这与安森、戈登和鲁文赫斯的结论相左。利用月度数据，这些作者经验性地证实了商品期货价格遵循右偏收益分布，原因在于商品容易遭受供给冲击（Harry M. Kat and Roel C. A. Oomen, "What Every Invstor Should Know About Commodities, Part I," *Journal of Investment Management* 5, no.1 (2007), pp. 1 - 25; Mark J. P. Anson, *The Handbook of Alternative Assets* (Hoboken, NJ: John Wiley & Sons, 2006); and Gorton and Rouwenhorst, "Facts and Fantasies about Commodity Futures"）。

第7章 商品期货业绩的基准回顾

图表7.12 偏度、超额峰度和正态分布（2001年1月至2006年9月）

行业指数		总收益指数				日度收益 超额收益指数				现货收益指数			
		最小值	最大值	组距	均值	最小值	最大值	组距	均值	最小值	最大值	组距	均值
综合	偏度	-0.162	0.093	0.255	-0.039	-0.163	0.088	0.252	-0.078	-0.096	0.175	0.271	0.046
	超额峰度	0.508	1.478	0.970	1.134	1.184	1.467	0.283	1.303	0.971	1.812	0.840	1.326
	J.B.检验	16.5	142.9	126.3	88.5	90.0	141.3	51.3	110.7	60.5	206.3	145.8	119.4
	#NV/#nNV			0/7				0/5				0/4	
能源	偏度	-0.164	0.097	0.261	-0.046	-0.170	0.100	0.269	-0.064	-0.166	0.023	0.189	-0.060
	超额峰度	0.687	3.645	2.958	1.682	0.680	3.645	2.965	1.790	1.689	1.889	0.201	1.781
	J.B.检验	10.3	838.3	828.0	229.2	10.2	838.3	828.2	265.5	179.3	231.2	51.9	202.2
	#NV/#nNV			0/7				0/5				0/3	
谷物与种子	偏度	0.139	0.520	0.381	0.349	0.137	0.550	0.413	0.303	0.065	0.398	0.333	0.234
	超额峰度	1.796	2.948	1.151	2.203	0.695	8.234	7.539	3.326	1.782	2.036	0.254	1.882
	J.B.检验	226.1	613.5	387.4	351.3	3.7	4265.1	4261.4	1228.4	224.4	261.3	36.9	241.6
	#NV/#nNV			1/5				0/5				0/3	
工业金属	偏度	-0.346	0.297	0.643	-0.136	-0.391	1.811	2.201	0.161	-0.366	0.113	0.479	-0.158
	超额峰度	0.738	6.188	5.450	4.229	4.968	39.401	34.433	12.373	4.231	6.388	2.157	5.268
	J.B.检验	5.0	2408.4	2403.3	1355.9	1561.4	11 806.8	10 245.4	3971.0	1127.1	2567.3	1440.2	1793.8
	#NV/#nNV			0/5				0/5				0/4	
畜类与肉类	偏度	-0.257	-0.130	0.127	-0.179	-0.194	-0.142	0.052	-0.169	-0.085	0.590	0.675	0.194
	超额峰度	0.564	1.871	1.307	1.071	0.743	1.218	0.474	0.981	0.975	27.449	26.473	9.469
	J.B.检验	24.2	236.3	212.1	93.8	42.1	102.5	60.4	70.1	61.5	47,329.0	47 267.4	12 947.5
	#NV/#nNV			0/5				0/3				0/4	
贵金属	偏度	-0.692	-0.454	0.238	-0.576	-0.879	-0.286	0.593	-0.599	-0.658	-0.274	0.383	-0.516
	超额峰度	5.662	2.298	4.848	2.258	7.065	4.807	4.877	4.730	7.971	3.241	5.914	
	J.B.检验	2095.7	2002.7	1478.2	61.8	3155.1	3093.3	1666.1	1500.4	4008.6	2508.2	2404.6	
贵金属超额峰度 J.B.检验 3.363 93.0	#NV/#nNV			0/6				0/4				0/4	
软质商品	偏度	-0.154	0.373	0.527	0.112	-0.157	0.364	0.522	0.128	-0.150	0.251	0.401	0.043
	超额峰度	8.222	7649	2.312	1.287	8.234	6.947	3.214	0.594	13.993	13.399	5.290	
	J.B.检验	4251.0	4230.4	773.3	44.3	4265.1	4220.8	1167.8	22.4	12 300.1	12 277.7	4147.2	
软质商品超额峰度 J.B.检验 0.572 20.6	#NV/#nNV			0/6				0/4				0/3	

续表

行业指数		总收益指数				月度收益 超额收益指数				现货收益指数			
		最小值	最大值	组距	均值	最小值	最大值	组距	均值	最小值	最大值	组距	均值
综合	偏度	-0.188	0.470	0.659	-0.034	-0.188	-0.041	0.147	-0.114	-0.404	0.030	0.434	-0.160
	超额峰度	-0.653	1.483	2.136	-0.157	-0.672	-0.054	0.618	-0.428	-0.327	1.154	1.481	0.227
	J.B.检验	0.02	8.87	8.84	1.73	0.03	1.47	1.44	0.83	0.09	5.71	5.62	1.63
	#NV/#nNV		7/1				5/1				3/0		
能源	偏度	-0.217	0.254	0.471	0.081	-0.208	0.256	0.464	0.049	0.037	0.241	0.203	0.166
	超额峰度	-0.981	1.120	1.101	-0.317	-0.985	0.110	1.095	-0.428	-0.141	0.283	0.424	0.059
	J.B.检验	0.32	1.10	0.79	0.66	0.52	1.10	0.57	0.78	0.07	0.90	0.82	0.51
	#NV/#nNV		6/0				5/0				3/0		
谷物与种子	偏度	-0.056	0.205	0.261	0.101	0.107	0.210	0.103	0.150	-0.067	0.000	0.067	-0.038
	超额峰度	-0.222	1.252	1.474	0.554	-0.228	1.216	1.444	0.325	0.140	1.036	0.895	0.727
	J.B.检验	0.25	4.65	4.41	2.15	0.13	4.45	4.32	1.75	0.06	3.11	3.05	2.04
	#NV/#nNV		4/0				3/0				3/0		
工业金属	偏度	0.528	1.269	0.741	0.761	0.568	1.285	0.717	0.817	0.297	0.863	0.567	0.648
	超额峰度	-0.016	2.616	2.632	1.137	-0.069	2.654	2.723	1.229	0.072	1.431	1.360	0.733
	J.B.检验	3.94	17.11	13.17	8.39	3.72	13.75	10.03	8.22	1.03	14.46	13.43	7.60
	#NV/#nNV		2/4				2/3				3/0		
畜类与肉类	偏度	-0.809	-0.088	0.721	-0.554	-0.798	-0.639	0.159	-0.744	-0.421	-0.099	0.322	-0.238
	超额峰度	-0.497	1.134	1.631	0.386	0.375	1.063	0.688	0.800	0.062	0.876	0.814	0.327
	J.B.检验	0.80	11.22	10.42	6.01	5.09	10.55	5.46	8.54	0.12	4.24	4.12	1.43
	#NV/#nNV		2/2				1/2				3/0		
贵金属	偏度	-0.428	1.400	0.828	-0.027	-0.046	0.411	0.457	0.104	-0.110	0.048	0.158	-0.013
	超额峰度	-0.460	1.179	1.638	0.450	-0.438	0.568	1.007	0.162	0.172	0.734	0.562	0.463
	J.B.检验	0.04	6.10	6.06	1.66	0.07	0.95	0.88	0.46	0.11	1.69	1.58	0.82
	#NV/#nNV		5/0				4/0				3/0		
软质商品	偏度	0.105	1.155	1.050	0.482	0.107	1.186	1.079	0.442	-0.020	0.553	0.573	0.245
	超额峰度	-0.349	2.599	2.948	0.491	-0.014	2.700	2.714	0.917	-0.498	1.149	1.647	0.311
	J.B.检验	0.13	11.59	11.46	4.06	0.13	12.38	12.24	4.02	0.23	7.31	7.08	2.91
	#NV/#nNV		3/2				3/1				2/1		

资料来源：根据彭博的数据创建图表。

注：J.B.检验统计量渐近于自由度为2的 χ^2-分布。当检验统计量分别超过9.21、5.99和4.61时，可以拒绝正态分布的假设。#NV = 正态分布指数的数目；#nNV = 非正态分布指数的数目。

现极端值，则表明更可能是指数计算存在问题，而不是收益真的发生了变化。

日度数据中的峰度现象表明，几乎所有指数都是尖峰状分布的。在工业金属和贵金属行业中，这种不利于风险厌恶型投资者的分布特征尤为明显[16]。与股票的收益相类似，图表 7.12 证实如果改用月度数据来研究，尖峰状分布就会转变为平峰状或常峰状分布。

根据经验分布的偏度 S 和峰度 K，可以用雅克－贝拉统计量来检验正态分布假设。检验的原假设 H_0 为"收益服从正态分布"，而备择假设 H_1 为"收益不服从正态分布"。相应的 JB 统计量为

$$JB = \frac{n}{6} \cdot \left[S^2 + \frac{1}{4} \cdot (K-3)^2 \right] \tag{7.3}$$

当服从正态分布时，偏度和超额峰态系数（$K-3$）都为 0（或者说峰度为 3），这使得 JB 值也为 0。图表 7.12 中 JB 统计量的值较高，表明可以拒绝正态分布假设。与日度数据相比，月度数据的 JB 统计量更为同质化。

从月度数据来看，JB 统计量的最大值出现在工业金属的各种版本指数中——LBCI 与 MCCI（总收益指数分别为 14.62 和 17.11；超额收益指数分别为 13.75 和 11.27；现货收益指数分别为 14.46 和 n. a.）。图表 7.12 总结了指数**出现正态分布**（#NV）和**出现非正态分布**（#nNV）的频率（见最后一行）。从月度数据来看，42 个策略指数中的 19 个（即 45%）显示出非正态的收益分布。结合 JB 统计量的平均值与原假设（存在正态分布）的临界值来判断，只在 5 个策略指数中——工业金属、畜类与肉类——原假设被拒绝。虽然说检验统计量只有落于临界值以内，才可接受原假设（存在正态分布），但这些检验统计量的值超出临界值的程度也没有太高。

总而言之，在样本期内，本章所研究的商品指数月度收益倾向于服从正态分布。这表明指数之间的同质性，因为各行业指数之间仅有较小的极差。

夏普比率与索尔蒂诺比率

继续前文关于日度和月度收益的分析，运用二维业绩测度指标考察不同指数间的差异性。这些测度指标的优势在于，将收益与风险同时整合到一个业绩比率中。夏普比率将已实现的超额收益（定义为投资组合收益率与无风险利率之差）与所承担的风险联系起来，因此可以理解为每一单位总风险的风险溢价[17]。由此可知，对所承担风险的补偿额度越高，夏普比率就越大。

平均来看，风险调整后收益最具吸引力的是工业金属的各种版本指数（见图表 7.13）。日度数据的业绩分析结果要逊色于月度数据。除工业金属之外，贵金属的所有版本指数也显示出正的夏普比率，即风险溢价大于零。

---

[16] 这与凯特和欧门的经验研究结果一致，他们验证了除牛、猪、可可豆、赤豆、橡胶、丝绸、木材和蛋类之外，所有商品均存在超额峰度或者厚尾（See Kat and Oomen, "What Every Invstor Should Know About Commodities, PartI"）。

[17] William F. Sharpe, "Mutual Fund Performance," *Journal of Business* 39, no. 1 (1966), pp. 119 – 129（在本文中，我们使用的无风险收益率为 4%）。

图表7.13 夏普比率与索尔蒂诺比率（2001年1月至2006年9月）

日度收益

行业指数		总收益指数				超额收益指数				现货收益指数			
		最小值	最大值	组距	均值	最小值	最大值	组距	均值	最小值	最大值	组距	均值
综合	夏普	-0.03	0.57	0.60	0.30	-0.04	0.42	0.46	0.23	0.25	0.84	0.59	0.57
	索尔蒂诺	-0.01	0.15	0.16	0.08	-0.01	0.11	0.13	0.06	0.06	0.26	0.20	0.14
能源	夏普	-0.28	0.86	1.14	0.13	-0.38	0.74	1.12	0.06	0.19	0.36	0.17	0.26
	索尔蒂诺	-0.12	0.33	0.45	0.05	-0.16	0.29	0.45	0.02	0.09	0.17	0.09	0.12
谷物与种子	夏普	-0.35	0.08	0.43	-0.15	-0.60	0.05	0.65	-0.26	0.08	0.13	0.05	0.10
	索尔蒂诺	-0.11	0.02	0.13	-0.04	-0.16	0.01	0.17	-0.07	0.03	0.04	0.02	0.03
工业金属	夏普	0.32	1.71	1.39	1.00	0.73	0.97	0.24	0.88	0.70	0.93	0.23	0.80
	索尔蒂诺	0.10	0.81	0.72	0.36	0.23	0.65	0.42	0.34	0.07	0.30	0.23	0.21
畜类与肉类	夏普	-0.27	0.47	0.74	-0.08	-0.39	0.25	0.64	-0.17	-0.16	0.12	0.28	-0.05
	索尔蒂诺	-0.06	0.09	0.15	-0.02	-0.09	0.05	0.13	-0.04	-0.04	0.03	0.07	-0.01
贵金属	夏普	0.06	0.58	0.52	0.47	-0.09	0.42	0.51	0.27	0.55	0.63	0.08	0.58
	索尔蒂诺	0.03	0.16	0.13	0.13	-0.04	0.11	0.15	0.07	0.15	0.17	0.02	0.16
软质商品	夏普	-0.62	0.29	0.91	-0.21	-0.60	0.07	0.67	-0.34	0.05	0.31	0.25	0.20
	索尔蒂诺	-0.19	0.07	0.26	-0.05	-0.16	0.02	0.18	-0.08	0.01	0.09	0.08	0.06

月度收益

行业指数		总收益指数				超额收益指数				现货收益指数			
		最小值	最大值	组距	均值	最小值	最大值	组距	均值	最小值	最大值	组距	均值
综合	夏普	-0.28	0.63	0.91	0.29	0.04	0.48	0.44	0.29	0.36	0.95	0.59	0.61
	索尔蒂诺	-0.17	0.59	0.76	0.28	0.04	0.44	0.40	0.26	0.27	1.02	0.75	0.56
能源	夏普	-0.18	0.98	1.16	0.22	-0.28	0.85	1.14	0.15	0.25	0.42	0.17	0.32
	索尔蒂诺	-0.18	1.15	1.33	0.25	-0.28	0.98	1.26	0.18	0.30	0.52	0.22	0.39
谷物与种子	夏普	-0.44	0.06	0.50	-0.16	-3.18	-0.18	3.00	-1.09	0.08	0.11	0.03	0.09
	索尔蒂诺	-0.36	0.06	0.41	-0.14	-1.30	-0.17	1.13	-0.55	0.07	0.10	0.02	0.09
工业金属	夏普	0.32	2.11	1.78	1.08	0.75	1.85	1.10	1.09	0.58	0.95	0.37	0.77
	索尔蒂诺	0.35	3.81	3.46	1.42	0.82	3.17	2.35	1.42	0.36	1.10	0.75	0.80
畜类与肉类	夏普	-0.20	0.53	0.73	-0.02	-0.32	0.31	0.63	-0.10	-0.10	0.15	0.25	-0.01
	索尔蒂诺	-0.16	0.40	0.56	-0.02	-0.25	0.22	0.47	-0.08	-0.08	0.14	0.22	0.00
贵金属	夏普	0.38	0.73	0.35	0.63	0.18	0.56	0.38	0.45	0.70	0.75	0.05	0.73
	索尔蒂诺	0.42	0.69	0.26	0.60	0.19	0.51	0.31	0.41	0.67	0.72	0.05	0.68
软质商品	夏普	-0.58	0.26	0.84	-0.25	-0.73	0.09	0.82	-0.42	0.04	0.32	0.27	0.19
	索尔蒂诺	-0.49	0.23	0.71	-0.18	-0.52	0.09	0.62	-0.29	0.04	0.33	0.29	0.20

资料来源：根据彭博的数据创建图表。

最不具吸引力的行业是谷物与种子、软质商品（总收益和超额收益指数）以及畜类与肉类（所有指数版本）。整体看，它们的平均夏普比率或者说风险溢价均为负值。从指数供应商的层面看，RICI 工业金属指数（总收益和超额收益指数）取得了最高的夏普比率，因为其短短的历史都处于有利环境。而 RICI 谷物与种子超额收益指数表现得最糟糕，自发布以来的夏普比率仅为 -3.18。

不管将极端值剔除与否，图表 7.13 的结果都证实了相当同质化的特征。如果不包括 RICI，月度最大极差从谷物和种子现货收益指数微乎其微的 0.03（DJAIG 相对于 GSCI），跨度到工业金属总收益指数的 1.78（CRB 相对于 RICI），或是 0.88（CRB 相对于 MCCI）。

德意志银行指数系列（DBLCI）包含最多的风险收益主导（risk-return-dominating）指数，夏普比率"最大值"多达 7 个，CRB 和 DJAIG 各以 4 个紧随其后。另一方面，高盛指数系列中有 8 个夏普比率"最小值"。如果剔除 RICI 指数（6 个最小值），它在这个指标方面会更为糟糕——劣质商品期货指数的数目将会增加 2 个。在超额收益指数中，夏普比率为负的行业指数最多，月度数据显示 37% 的夏普比率为负，而日度数据显示 43% 的夏普比率为负。现货收益指数中该数目最低，月度数据显示 8% 的指数夏普比率为负，日度数据显示 13% 为负。

通过用下跌标准差（译者注：下跌标准差（downside deviation），也称下半偏差）替代夏普比率中的标准差，可以得到索尔蒂诺比率，这是一种基于违约方差的业绩测度指标，它衡量每单位下跌标准差的超额收益（超出最低收益的部分）。这种下跌风险测度指标使我们能够修正风险的概念，从而只将既定最低收益（目标收益）左侧的不利变化视为风险。因此我们只考察分布的偏度——包含下跌风险而忽略右侧的概率分布。

索尔蒂诺比率与夏普比率的结果相比，收益分布左偏的行业指数显得吸引力有所下降。索尔蒂诺比率最大值为正的范围介于 0.0～0.80（基于日度数据的工业金属总收益指数，RICI 指数的索尔蒂诺比率最低值与最高值分别为 1.51 和 2.50）。工业金属指数内的极端值还是由于 RICI 的历史数据偏短造成的。

较高的夏普比率策略也往往具有较高的索尔蒂诺比率。因此由日度数据可以看到，工业金属总收益指数（包括 RICI）的索尔蒂诺比率为 1.46，软质商品超额收益指数为 -0.49。这分别是最高和最低的索尔蒂诺比率均值。从指数供应商的层面看，日度数据显示 RICI 工业金属总收益指数的索尔蒂诺比率为 2.50，其次是 DBLCI 的 1.65（最高的索尔蒂诺比率），而日度数据显示 GSCI 软质商品总收益指数为 -0.86（最低的索尔蒂诺比率）。类似于依据夏普比率所得到的结论，不同指数供应商之间存在相背离的现象。

异质性指数问题的解决办法

鉴于商品指数存在异质性且缺乏代表性等问题，本节试图构造一个更具代表性和稳定性的基准。我们遵循阿曼克和马特里尼（Amenc and Martellini）的方法，并把这种基准称为**指数的指数**[18]。方法是将各个指数结合起来，使得这些指数共同的内在信息能够被有效

---

[18] Noel Amenc and Lionel Martellini, The Brave New World of Hedge Fund Indices, Working Paper, Edhec Business School, Lille, 2002.

地利用。关于这方面的文献往往建议构造一个由各指数组成的等权重投资组合，从而得到一维的指标来对比这些收益信息。由于各指数供应商考察不同的期货合约，在合约类型的选择及合约规模等方面存在差异，因此等权重的指数似乎能够更全面地反映业绩。

如果某一个指数（或一小组指数）的业绩明显区别于所研究的大多数指数，那么该方法就会造成扭曲。为了避免这种信息上的偏差，也为了保证高度的代表性，我们采用因子分析法，这种方法明确地抛弃了等权重假设。从统计－计量的意义上说，提取商品期货行业相关信息的最佳一维指标同时也能够解释最大比重的方差，即指数供应商数据中所含的最大比重信息。运用于因子分析法中，意味着主成分（PC）分析所生成的第一个成分代表着"纯粹的"综合指数或行业指数，因为它在所考察指数中的方差比重最大。

在执行这种多元分析方法时，首先分析各指数的相关性结构，从而发掘它们的相互依存关系。我们的目标是从可观测的诸多变量中选取若干因子，这些因子可以高度地复制该数据结构，并且用隐性因子来解释这些变量的方差。从数学角度讲，M 个具有相关性的变量被转化为少数几个正交因子 F，使得每个隐性因子都可以表示为初始变量的线性组合。

从收益矩阵 R[19] 的定义入手

$$R = (R_{tm})_{1 \leq t \leq T, 1 \leq m \leq M} \tag{7.4}$$

运用 M 个变量或曰相应的行业指数，以及 $T=68$ 个月度收益观察值，我们得到如下的因子记号

$$R_{tm} = \sum_{i=1}^{m} \sqrt{\lambda_i U_{im} V_{ti}} \tag{7.5}$$

其中：$(U) = (U_{im})_{1 \leq i,m \leq M}$ 是 $R'R$ 的 μ 个特征向量所成的矩阵，

$(U^T) = (U_{mi})_{1 \leq i,m \leq M}$ 是 U 的转置矩阵，

$V = (V_{ti})_{1 \leq t \leq T, 1 \leq m \leq M}$ 是 RR' 的特征向量矩阵。

定义 $S_{im} = \sqrt{\lambda_i} U_{im}$ 为第 m 个变量对第 i 个因子的敏感度，（7.5）式可以写成

$$R_{tm} = \sum_{i=1}^{l} \sqrt{\lambda_i} U_{im} V_{ti} + \varepsilon_{tm} = \sum_{i=1}^{l} S_{im} F_{ti} + \varepsilon_{tm} \tag{7.6}$$

其中，$i = 1, \cdots, M$ 代表因子，F_t 代表一组正交变量。我们依据凯泽标准（Kaiser criterion）来选取因子。前 I 个因子解释商品指数收益方差中尽可能大的比重，而将未被解释的部分理解为白噪声，也就是说残差 ε_{tm} 是不相关的。前 I 个因子所解释的方差比重因此由 $\sum_{i=1}^{l} \lambda_i / \sum_{i=1}^{M} \lambda_i$ 给出。

为了得到一组竞争性指数的"最优一维汇总指标"，我们设定（7.6）式中的 $I=1$，因此只考虑第一个因子，它解释了最大比重的方差。

图表 7.14 中以总收益指数为例，显示了主成分分析所提取的隐性纯粹综合指数，以及各个行业指数。在所有情形下，都仅生成一个因子，因此保证了一维性，也就不需要运用极大方差旋转法来生成普通结构。

---

[19] 符号最初出现在 Amenc and Martellini，"The Brave New World of Hedge Fund Indices"。

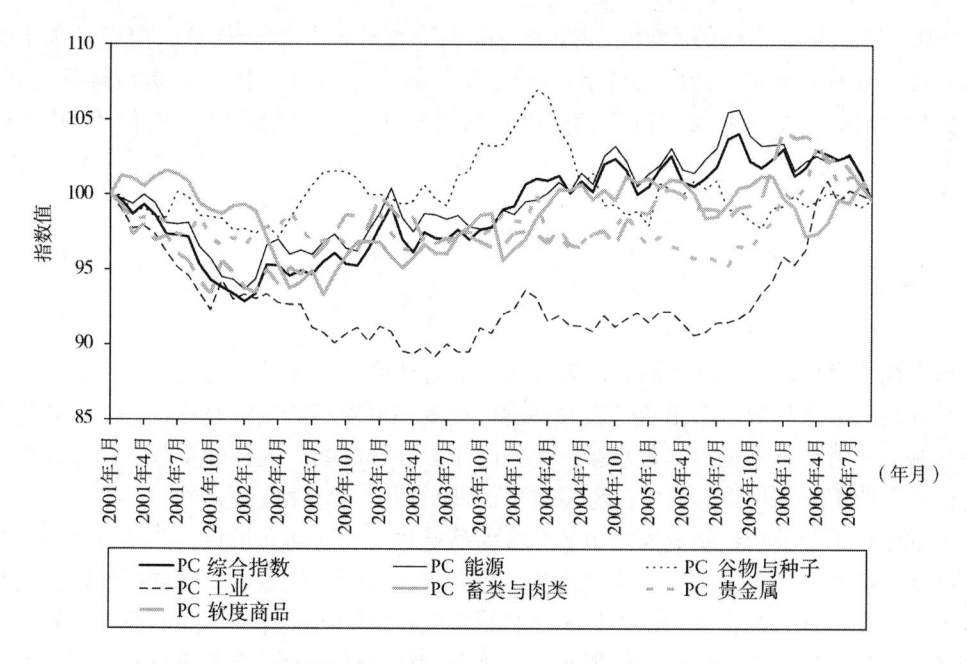

图表 7.14　主成分分析之后的总收益指数

资料来源：根据彭博的数据创建图表。

综合指数的被解释方差为 83.79%。在行业指数方面，能源为 96.37%、谷物与种子为 93.69%、工业金属为 89.13%、畜类与肉类为 92.14%、贵金属为 96.48%，以及软质商品为 68.93%。为了简便起见，在表示业绩时，省略了把标准化因子转化成初始变量水平这一步骤，尽管在主成分分析之前，收益时间序列已经被标准化了。

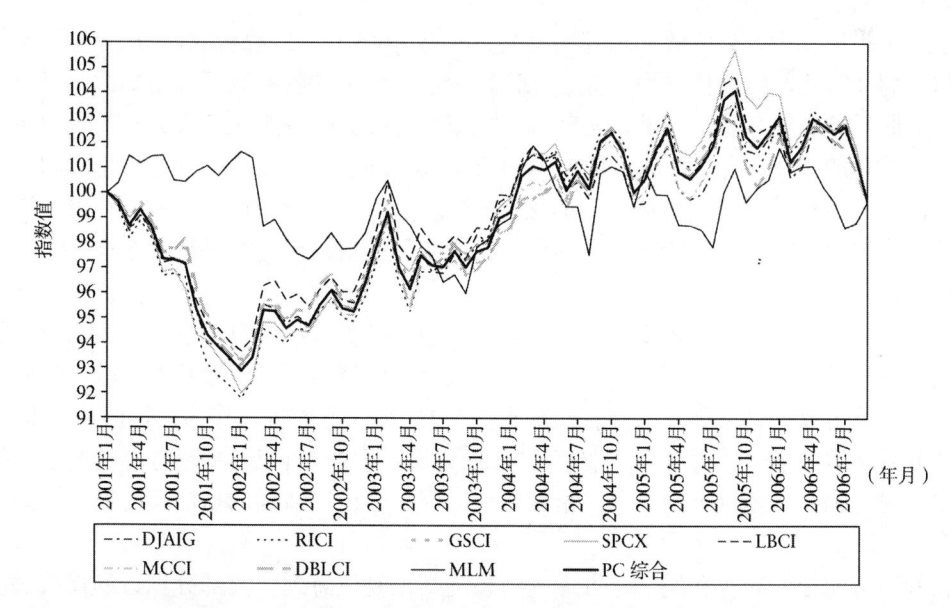

图表 7.15　原始总收益综合指数与隐性总收益综合指数的比较

资料来源：根据彭博的数据创建图表。

比较总收益综合指数的原始时间序列与隐性"纯粹的"综合指数，前者是基于标准化的收益，后者由主成分分析而得出。图表 7.15 清楚地表明，因子分析与等权重相比，存在更少的扭曲。因为在我们构造指数的指数过程中，并未包含逆势变化的 MLM 综合指数[20]。

结　论

借助期货市场，商品期货指数能够提供针对各个商品行业的广泛敞口。因此，基于技术交易规则的被动只做多型指数代表着一种可投资和可复制的投资途径，一方面它们可以被用作基准，另一方面也可作为众多衍生金融工具的标的物。这样的指数多达十几个，但是它们在组成部分和构造方法上差异悬殊，因此呈现出差异化业绩属性。

本章分析了 9 个指数供应商发布的综合商品指数与行业商品指数，涉及总收益、超额收益和现货收益三种指数类型。这些指数供应商在涵盖行业的数量、选取标准以及指数权重等方面存在差异。经验分析结果显示，各指数策略之间可能存在明显的业绩差异，视其所选择的统计比率而定。从日度数据来看，观测到样本期间的各个行业总收益指数都存在极差，具体幅度的上限为年化收益率 44.90%，夏普比率 1.39，索尔蒂诺比率 2.03，相关系数 0.866，波动率 15.28%。

在全体指数中，工业金属行业指数、能源行业指数以及各个综合指数的年化业绩指标呈现出最高的异质性。研究发现，谷物与种子现货收益指数之间具有最高的同质性，它们的极差不到 1%。总的来说，所观测的年化收益业绩在总收益指数中的极差最大，在现货收益指数中的极差最小。

研究结果还显示，日度数据比月度数据更容易生成同质性商品指数。从异质性指标来看，软质商品行业的异质性最为明显，无论采用何种频率的收益数据都是如此。至于商品期货指数收益分布的高阶矩，结论是从月度数据来看商品指数服从正态分布，因此更可能表现出同质化的特征。夏普比率或索尔蒂诺比率等二维业绩测度指标的分析也表明，商品期货可能是一类相当同质化的资产。不管观测到多大程度的异质性，投资者在做投资决策时都应当多考虑几个变量。依据孤立的变量或指数所做出的优化结果缺乏全面性，因此是不可取的。

尽管商品指数存在一定程度的同质性，有兴趣的投资者也可以通过计算商品投资的算术平均值和极端值来判断投资前景，而不是将该投资项目与某一个指数做比较。如此所得的结果一方面可以作为某种基准（在指数意义上），另一方面也可作为统计值的范围。

此外，指数的指数也可以用于业绩比较的目的。例如，可以与主成分分析的结果作比较；也可以验证，与等权重型指数的指数相比，因子分析法造成的扭曲程度更小，因而更受投资者青睐。

在判断行业指数异质性偏低这方面的结果和结论时注意到，大部分现行的指数供应商都是随着商品市场繁荣而创立的，而且可得的数据也是回溯补充的。因此很可能是计算出

---

[20] MLM 指数走势中的强烈偏差是由指数成分导致的，该指数中包括商品期货以及金融和利率期货。

的指数值反过来引导它们得出相应指数的实际值，从而在一定程度上导致了同质性。这些"新"指数必须首先用其真实的历史证明自己，之后才能够最有效地发挥作用。对于感兴趣的投资者来说，这意味着本研究中发掘的同质性可能只是初步论断。在未来投资决策过程中，应当格外小心地选择合适的基准。

第 8 章
商品期货的业绩特征

克劳德·厄尔布（Claude Erb）特许金融分析师
执行董事
TCW 集团

坎贝尔·R·哈维（Campbell R. Harvey）博士
国际商务学 J. Paul Sticht 讲座教授
富卡商学院
杜克大学

克里斯汀·坎普（Christian Kempe）CFA
投资组合经理
FOCAM 公司

在 21 世纪的早些年里，投资者们都不愿意进行商品投资。个中原因在于 20 世纪 80 年代和 90 年代的商品投资仅获得了微薄的回报，也在于投资者认为商品投资的风险较高，还在于对商品投资缺乏研究。关于商品这种资产类别的知识，人们了解甚少。但最近几年来，许多投资者将资金投入商品期货中，这是因为在截至 2006 年年底的 5 年时间里，商品期货投资产生了非常可观的收益。比较有名的机构投资者，包括哈佛大学、PGGM（荷兰卫生与福利行业基金）以及安大略教师养老金计划，都将其部分资产投资到商品市场。莱亚德-利欣（Layard-Liesching）认为，机构投资者已将 1200 亿美元投入至只做多型的商品投资策略里，同时估计有 500 亿美元投资至高盛商品指数（GSCI）中[1]。阿基（Akey）估测，至 2006 年第 1 季度末，与被动型商品指数相关联

---

[1] Ronald G. Layard-Liesching, "Investment in Commodities," in *Global Perspectives on investment Management: Learning from the Leaders*, edited by Rodney N. Sullivan (Charlottesville: CFA Institute, 2006).

的资产规模已飙升至 840 亿美元，比上一年估计的 400 亿美元几乎翻了一倍[②]。加州政府养老基金（CalPERS）估测，至 2005 年年底，商品期货的未平仓合约金额约为 3500 亿美元[③]。投资界与学术界重新对商品表现出兴趣。商品投资已然从之前的无人问津，登上了主流投资杂志的头版头条。本章旨在介绍商品期货的业绩特征，并梳理相关的文献资料。

持有金融资产的目的是为了投资，而商品的根本用途是生产最终产品。金融资产有活跃的借贷市场，但商品则并非如此。相对于商品的储存而言，金融资产的"储存"是很便宜的，而在某些情况下，商品的储存成本可能会高得难以接受。商品的内在特征是供求时常出现不平衡，因而会导致偶尔的剧烈价格波动。而这其中最主要的原因是当发现商品供给失衡时，做出增产/减产决策与实际产出调整之间存在较长的间隔期。

投资于商品市场的途径很多。但最可行的方法是持有抵押型商品期货的多头。期货合约是在未来日期购买或出售商品的协议，但交易的价格在今天就已协商敲定。除了作为头寸保证金的抵押品要求之外，期货的多头方/空头方均不需要现金支出。

历史收益

为了研究期货的长期风险/收益特征，戈顿和鲁文赫斯构造了一个商品期货指数，涵盖的时期为 1959 年 6 月至 2004 年 12 月[④]。该指数由 30 天期限的美国国库券头寸作为全额抵押品，并且按月进行维护以保证各种合约的权重相等。指数维护操作等价于这样一种交易策略：在每个月末，买入价格下跌的合约，卖出价格上涨的合约[⑤]。暂时性价格波动使得等权重指数的业绩优于买入并持有型指数的业绩，因为价格在下个月能部分地恢复。

在不同的假设条件下，通过对等权重的现货商品价格投资组合进行维护，戈顿和鲁文赫斯计算了通胀调整后指数的平均年化收益率[⑥]。他们的研究结果显示，在整个样本期间，商品期货投资的收益超过了现货商品投资的收益，也超过了通货膨胀。"买入并持有"策略下微薄的现货收益率仅为 3.47%，还不及 4.13% 的通货膨胀率，这一点与 1959—2004 年期间商品价格的涨幅不及通货膨胀相一致。另外，他们发现按月进行维护的期货指数的历史收益不及维护频率更低的期货指数。

---

② Rian P. Akey, "Alpha, Beta and Commodities: Can a Commodities Investment Be Both a High Risk-Adjusted Return Source, and a Portfolio Hedge?" *Journal of Wealth Management* (Fall 2006), pp. 63 – 84.

③ CalPers, Investments in Commodity Futures, Presentation (March 2006).

④ 该指数最初由 9 只商品期货组成，现在已经渐渐发展至 36 只。他们声称，利用涵盖范围广泛的指数研究商品期货将有助于"减少单个商品期货数据的内在噪音"（See Gary Gorton and K. Geert Rouwenhorst, "Facts and Fantasies about Commodity Futures," *Financial Analyst Journal* (March-April 2006), pp. 47 – 68）。

⑤ 常见的抵押型商品期货指数，例如高盛商品指数（GSCI）和道琼斯 – AIG 商品指数，并不是等权重型的，前者的权重方案是基于产量水平，而后者的权重方案是基于流动性情况。路透/杰弗瑞 CRB 期货价格指数在历史上曾经是几何平均且等权重的指数，但在改变权重计算方法以后，它现在与道琼斯 – AIG 商品指数非常类似。

⑥ Gorton and Rouwenhorst, "Facts and Fantasies about Commodity Futures."

另外，戈顿和鲁文赫斯研究认为，商品期货月收益的年化历史风险溢价大约为 5.23%，大致等于由标普 500 指数衡量的股票风险溢价 5.65%。与此同时，商品期货收益显示出低于股票的风险，两者的标准差分别为 12.10% 和 14.85%。将收益与风险一并考虑，他们给出了夏普比率，该衡量指标被定义为平均超额收益与标准差之比。结果表明，商品期货收益提供了更优的夏普比率 0.43，而股票和债券分别为 0.38 和 0.26。

相反，厄尔布和哈维则强调寻找商品期货类资产的客观代表性指数所面临的困难，并讨论了确定收益数据所面临的挑战[7]。例如在股票市场和债券市场，市值这个概念可以衡量总体市场的构成情况，但是它不适用于商品期货市场，因为期货合约的多头和空头未平仓价值是正好抵消的。因此就如何界定商品期货市场的构成，目前尚无定论。最出名的 3 个商品期货指数（GSCI、道琼斯 – AIG 指数和路透/杰弗瑞期货指数）在组成部分、权重方案和维护规则方面都不相同，因而给出了不同的收益和风险特征[8]。因此，厄尔布和哈维（Erb and Harvey）提议，投资者应该将不同的商品指数看成是不同的商品投资组合策略。

随着时间的流逝，商品期货的种类在不断增加。在进行历史时间序列分析时，研究者需要做出权衡，是要分析足够长的时间序列，还是识别出普遍代表性的横截面商品期货。在现有的商品期货指数中，GSCI 的历史最为久远。它创建于 1991 年，历史可以追溯至 1970 年 1 月 2 日。商品期货权重由滞后的 5 年滚动平均产量而决定。1970 年时，该指数仅包括 4 种商品期货：牛、玉米、大豆和小麦。截至 2007 年 2 月，这些最初的成分仅占整个指数的 13.4%，已经明显小于当前最重要的两个成分，即占比 48.3% 的（译者注：西德克萨斯中质）原油和布伦特原油。该指数构成的变化使得长期的历史对照显得很困难。

在厄尔布和哈维的分析中，他们研究了 GSCI 指数的 12 个成分，这 12 种商品自 1982 年 12 月以来就一直包含在 GSCI 指数中。当时，燃油作为首个能源成分编入 GSCI 指数。图表 8.1 提供了历史风险溢价的详细回顾，其中涉及单个商品期货、GSCI 的 6 个行业指数、GSCI（综合指数）以及美国债券和股票。厄尔布和哈维证实 12 种商品期货中只有 4 种（铜、燃油、生牛和棉花）提供了正的超额收益。因此，可以认为单个商品期货的年化超额收益平均值接近于零。图表 8.1 进一步地给出了其他投资策略的超额收益信息，包括初始**等权重**（EW）的买入并持有型投资组合、每月进行维护的等权重投资组合，以及 12 种商品期货的平均组合。每月进行维护的等权重投资组合取得了 1.01% 的年化超额收益率，比起 GSCI 高达 4.49% 的超额收益率显然要小得多[9]。

---

[7] Claude Erb and Campbell Harvey, "The Strategic and Tactical Value of Commodity Futures," *Financial Analyst Journal* (March-April 2006), pp. 69 – 97.

[8] 一般来说，商品收益指数可以被分为三个类型。现货收益指数衡量商品价格变动所带来的收益。**超额收益**（*ER*）指数衡量商品期货投资的收益，且同时考虑期货收益和滚动收益。最后，**总收益**（*TR*）指数还纳入了抵押品收益。

[9] Erb and Harvey, "The Strategic and Tactical Value of Commodity Futures."

图表8.1　　　　　　历史超额收益（1982年12月至2004年12月）

指数/行业/商品期货/投资组合	几何均值（%）	标准差（%）	夏普比率
GSCI	4.49	16.97	0.26
行业			
非能源	-0.12	9.87	-0.01
能源	7.06	31.23	0.23
畜类	2.45	14.51	0.17
农产品	-3.13	14.35	-0.22
工业金属	4.00	22.82	0.18
贵金属	-5.42	14.88	-0.36
商品期货			
燃油	5.53	32.55	0.17
生牛	5.07	13.98	0.36
生猪	-2.75	24.21	-0.11
小麦	-5.39	21.05	-0.26
玉米	-5.63	22.65	-0.25
大豆	-0.35	21.49	-0.02
糖	-3.12	38.65	-0.08
咖啡	-6.36	38.69	-0.16
棉花	0.10	22.64	0.00
黄金	-5.68	14.36	-0.40
白银	-8.09	25.03	-0.32
铜	6.17	25.69	0.24
投资组合			
初始等权重；买入并持有策略	0.70	10.61	0.07
等权重且每月维护	1.01	10.05	0.10
12只商品期货的平均组合	-1.71	25.16	-0.07
债券（雷曼综合指数）	3.45	4.65	0.74
股票（标普500指数）	7.35	15.30	0.48

资料来源：厄尔布和哈维，"商品期货的战略和战术价值"，第74页。2006年CFA协会版权。经CFA协会许可，自《金融分析家杂志》复制并转载保留一切权利。

在另一份研究中，凯特和欧门考察了42种不同的商品期货，他们使用的是（可以获得的）每日结算价格，涵盖的时期为1965年1月至2005年2月。他们认为，大多数商品期货并未提供风险溢价。凯特和欧门谨慎地提醒投资者，"仅仅观察某一特定指数的收益，而得出商品期货风险溢价的一般性结论，会是多么的危险"[⑩]。

戈登和鲁文赫斯经验性地研究了商品期货、股票和债券的月度收益分布。他们发现，在1959年至2004年这段时期商品期货的月度收益标准差为3.47，而股票和债券的标准差分别为4.27和2.45。两位作者进一步地研究收益模式，得出了偏度和峰度指标。于是他们给出证据，商品期货、股票和债券都不能完全地由标准正态分布来描述。股票的偏度为-0.34，也就是说，投资者面临的分布是以许多小幅的盈利为特征，然而比起正态分布，它存在更高概率的极端损失——这给股票投资者带来了不利的额外风险。相反，商品期货具有大幅为正的价格异常值，其偏度为0.71。商品期货收益的峰度为4.53，这表明分布模式更为尖峰状，而且收益落入尾部区域的可能性会高于正态分布[⑪]。

商品市场经常面对一系列的供给与需求失衡。在短期内，新的商品供给不可能立刻被抽取、种植或是开采出来。在缺乏及时的新增供给情况下，市场只可以调整两个变量来实现供求的平衡——库存的变化与（或）价格的变化。在第一种情境中，我们不妨考察石油需求意外激增，这可能是由于天气异常寒冷或军事行动所导致的。如果库存充足，那么可以动用石油储备，价格可能会轻微上调，甚至还可能维持不变；然而，如果缺乏足够的库存量，那么只有价格能做出反应，因此它会在几天内大幅上涨。在与之相反的第二个情境中，市场供给可能会非常充裕，例如，欧佩克增加了产量配额。在这种情况下，石油市场有两种反应方式：库存增加和价格下跌。这一非对称模式就是收益存在正偏度的原因[⑫]。

收益分解与分散化收益

计算并了解历史收益固然很重要，但投资者还必须形成前瞻性收益预期。通过将收益分解为各个组成部分，这个问题可以得到解决。

厄尔布和哈维建议，现金抵押型商品期货组合的收益可以分解成三个部分[⑬]：

- 现金收益 = 抵押品收益
- 超额收益 = 期货收益 + 滚动收益
- 分散化收益[⑭]

考虑第一个组成部分，在现金抵押型商品期货指数投资中，对于每一美元商品期货的投资敞口，投资者都保有1美元的抵押品，投资于国库券或类似的现金等价物。因而该头寸不存在杠杆操作，而是全额抵押的。现金收益则取决于所用抵押品的类型。假设投资者

---

⑩ Harry M. Kat and Roel C. A. Oomen, "What Every Investor Should Know about Commodities, Part Ⅰ: Univariate Return Analysis," *Journal of Investment Management* 5, no. 1 (2007), pp. 1–25.

⑪ Gorton and Rouwenhorst, "Facts and Fantasies about Commodity Futures."

⑫ Hilary Till, "Risk Management Lessons in Leveraged Commodity Futures Traditional Trading," *Commodities* (September 2002), pp. 1–4.

⑬ Erb and Harvey, "The strategic and Tactical Value of Commodity Futures."

⑭ 布兹和法玛创造了**分散化收益**这个词 (See David Booth and Eugene Fama, "Diversification Return and Asset Contributions," *Financial Analysts Journal* (May-June 1992), pp. 26–32)。

利用国库券作为抵押，现金收益（抵押品收益）就等于国库券利率。

第二个部分由超额收益构成，它是现货收益与滚动收益之和。现货收益源自现货市场上商品价格的变化，也是投资者最易于理解的收益部分。当大部分投资者认为商品市场将迎来牛市并决定开展投资时，就会寻求这种定向的商品投资敞口。有时，投资者也会揣摩哪只商品期货能提供最高的预期期货收益。但是从历史上看，现货价格并不是总收益的主要驱动因素，所以这些投资者中的部分人也许会有些意外了。关于这方面，宾尼（Beenen）写道："长期而言，价格变动对历史收益的贡献非常小，这是由于商品价格往往呈现出均值回归，即回归到通胀/生产成本水平[15]。"期货投资者几乎从未打算交割实货商品。相反，他们希望维持商品期货头寸。这是通过持续地"滚动"市场敞口来实现的，也就是出售即将到期的期货合约，并买入尚未到期的合约。滚动收益由此而来。从技术层面上讲，滚动收益取决于向上或向下"滚动"期货曲线所获得的收益，视商品期货期限结构曲线的形状而定。一共存在两种不同形状的期限结构：现货溢价和期货溢价。在现货溢价的情形中，随着剩余到期日的减少，商品期货价格下降（期货价格比现货价格低，并且随着交割日期的临近，期货价格"向上滚动"至现货价格）。当期货曲线处于现货溢价状态时，投资者获得正的滚动收益，这就好比长期债券投资者沿着陡峭的收益率曲线向下滚动所获得的收益。而在期货溢价的情形中，随着剩余到期日的减少，商品期货价格出现上涨（商品期货价格比现货价格高，并且随着交割日期的临近，商品期货价格"向下滚动"至现货价格）。需要注意的是，滚动收益与实际商品的直接敞口并无关联。现货价格可以保持不变（现货收益等于零），而如果购买的商品期货处于现货溢价状态，投资者仍旧可以获得正的滚动收益；如果是期货溢价而且现货价格不变，情况则正好相反。在这些情形中，由于期货价格向较低的现货价格收敛，投资者将会面临亏损。这被称为负的滚动收益。总而言之，只有当未来的现货价格偏离期货价格时，才存在滚动收益。很明显，在签订期货协议时，未来的现货价格尚不可知。滚动收益可以看作是一笔风险溢价，它被纳入期货合约价格中，以补偿投资者承担的商品价格风险。在图表8.2中，厄尔布和哈维阐释了1982年12月至2004年5月这段时期里，滚动收益对于解释商品期货超额收益的重要性。调整后的可决系数（R^2）表明，滚动收益解释了单个商品期货收益91.6%的变动。值得一提的是，从历史的角度来看，滚动收益是商品期货业绩的主要驱动因素[16]。

至于第三个组成部分，厄尔布和哈维指的是分散化收益，它源于通过整合不同资产而构建投资组合。由于组合中各种类型资产的价格走势互不相同，业绩好的资产的相对权重会上升，而业绩差的资产的权重会下降。当各个组合成分的权重需要重新调整至指数权重时，即会发生组合维护。这种等权重组合的投资收益可能会超过其组成部分的平均收益。厄尔布和哈维称之为**组合维护效应**，比喻其"将水变成葡萄酒"。所谓的"分散化收益"

---

[15] Jelle Beenen, "Commodity Investing: A Pension Fund Perspectives," *Futures Industry* (September-October 2005), pp. 18 – 22.

[16] 许多其他的研究同样表明，在长期内，滚动收益是商品期货投资者主要的、可靠的收益来源，特别是商品期货多头投资的绝大部分收益来源（for example, Kat and Oomen, "What Every Investor Should Know about Commodities, Part I: Univariate Return Analysis"; Daniel J. Nash, "Long-Term Investing in Commodities," *Global Pensions Quarterly* (January 2001), pp. 25 – 31; and Hilary Till and Joseph Eagleeye, "Timing is Everything, Especially with a Commodity Index," *Futures Magazine* (August 2003))。

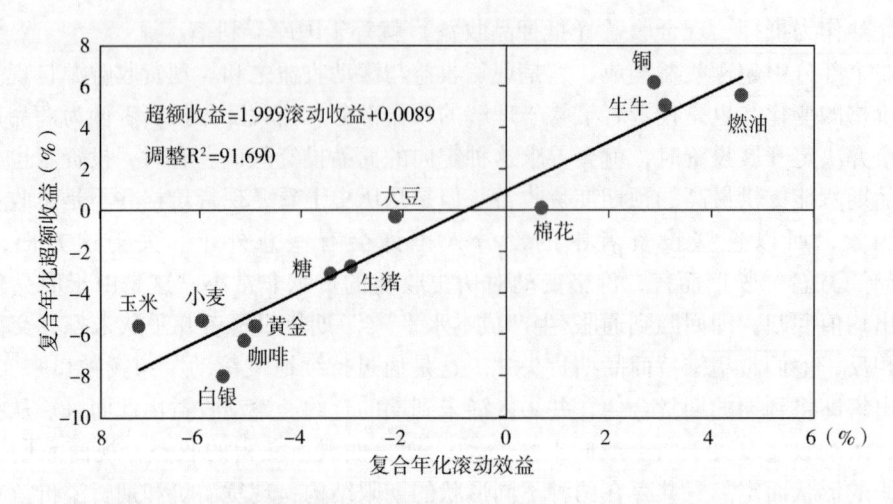

图表 8.2 商品超额收益与滚动收益（1982 年 12 月至 2004 年 5 月）

资料来源：厄尔布和哈维，"商品期货的战略和战术价值"，第 80 页。2006 年 CFA 协会版权。经 CFA 协会许可，自《金融分析家杂志》复制并转载。保留一切权利。

被定义为，维护型组合的几何收益与该组合各资产成分几何收益加权平均值之间的差异。厄尔布和哈维称分散化收益为"可以提高投资组合几何收益的一顿免费午餐"[17]。图表 8.3 利用 1994—2003 年间 GSCI 燃油指数和标普 500 指数的年均超额收益数据，描述等权重投资组合获取分散化收益的机制。燃油的几何年均超额收益为 8.21%；标普 500 指数的几何年均超额收益为 6.76%；这两种资产按等权重加权的超额收益平均值为 7.49%。如果投资者投资于等权重的投资组合，并且每年进行一次组合维护，将调整权重至相等水平，那么年均几何超额收益可达 10.95%。这个收益明显大于投资组合两个成分中任意一个的收益。分散化收益为 10.95% 与 7.49% 之差，即 3.46%[18]。

图表 8.3　分散化收益的机制：标普 500 指数和燃油（1994—2003 年）

年份	燃油超额收益（%）	标准普尔 500 超额收益（%）	等权重组合超额收益（%）
1994	19.96	-2.92	8.52
1995	7.73	31.82	19.78
1996	67.37	17.71	42.54
1997	-35.06	28.11	-3.48
1998	-50.51	23.51	-13.50
1999	73.92	16.30	45.11
2000	66.71	-15.06	25.82
2001	-36.62	-15.97	-26.30

---

[17] 坎贝尔称投资组合分散化为金融里的"免费午餐"，因为它允许投资者在不减少投资组合算术收益的情况下，降低投资组合收益的标准差（See John Y. Campbell, "Diversification: A Bigger Free Lunch," *Canadian Investment Preview* (2000 年冬), pp. 14-15）。

[18] Erb and Harvey, "The strategic and Tactical Value of Commodity Futures."

续表

年份	燃油超额收益（%）	标准普尔500超额收益（%）	等权重组合超额收益（%）
2002	41.40	-23.80	8.80
2003	21.90	27.62	24.76
几何收益	8.21	6.76	10.95
标准差	43.51	19.85	21.26
等权重几何均值			7.49
分散化收益			3.46

资料来源：厄尔布和哈维，"商品期货的战略和战术价值"，2006年CFA协会版权，第85页。经CFA协会许可，自《金融分析家杂志》复制并转载。保留一切权利。

在图表8.4中，厄尔布和哈维指出投资组合各个成分的平均标准差较高，而各成分之间的收益相关性较低，所以会产生较高的分散化收益[19]。

厄尔布和哈维批评戈登和鲁文赫斯将分散化收益错误地理解为风险溢价。戈登和鲁文赫斯指出，其等权重且进行维护的投资组合的超额收益为 4.52%[20]。厄尔布和哈维近似地估计出戈登和鲁文赫斯所用指数的分散化收益处于 3.0%~4.5%。这几乎是全部的超额收益。厄尔布和哈维对这方面的批评使得关于风险溢价的争论更加复杂。作为对厄尔布和哈维的回应，戈登和鲁文赫斯发表了一份备注，并总结道："分散化收益是几何平均值的数学属性……从风险溢价的估计值中减去这个差额并不是常见的做法[21]。"

图表8.4 分散化收益的驱动因素

平均相关性	平均标准差（%）	分散化收益组合中的证券数目				
		10	15	20	25	30
0.0	10	0.45%	0.47%	0.48%	0.48%	0.48%
0.1	10	0.41%	0.42%	0.43%	0.43%	0.44%
0.2	10	0.36%	0.37%	0.38%	0.38%	0.38%
0.3	10	0.32%	0.33%	0.33%	0.34%	0.34%
0.0	20	1.80%	1.87%	1.90%	1.92%	1.93%
0.1	20	1.62%	1.68%	1.71%	1.73%	1.74%
0.2	20	1.44%	1.49%	1.52%	1.54%	1.55%
0.3	20	1.26%	1.31%	1.33%	1.34%	1.35%
0.0	30	4.05%	4.20%	4.28%	4.32%	4.35%
0.1	30	3.65%	3.78%	3.85%	3.89%	3.92%
0.2	30	3.24%	3.36%	3.42%	3.46%	3.48%

---

[19] 在其文章的第86页，厄尔布和哈维也给出了一个分散化收益公式：$1/2\,(1-1/K)\,\sigma^2(1-\sigma)$，其中$K$=证券数目，$\sigma^2$=投资组合全部成分的方差平均值，而$\sigma$=投资组合各成分间的相关系数平均值。

[20] Gorton and Rouwenhorst, "Facts and Fantasies about Commodity Futures."

[21] 关于更完整的讨论，参见 G. Gorton and K. Geert Rouwenhorst, A Note on Erb and Harvey, Yale ICF Working Paper No. 06-02, January 2006.

续表

平均相关性	平均标准差（%）	分散化收益组合中的证券数目				
		10	15	20	25	30
0.3	30	2.84%	2.94%	2.99%	3.02%	3.05%
0.0	40	7.20%	7.47%	7.60%	7.68%	7.73%
0.1	40	6.48%	6.72%	6.84%	6.91%	6.96%
0.2	40	5.76%	5.97%	6.08%	6.14%	6.19%
0.3	40	5.04%	5.23%	5.32%	5.38%	5.41%

资料来源：厄尔布和哈维，"商品期货的战略和战术价值"，2006 年 CFA 协会版权，第 86 页。经 CFA 协会许可，自《金融分析家杂志》复制并转载。保留一切权利。

相关性

即使某种资产自身的风险非常高，但如果它和现有组合呈现出负相关，那么配置一部分资金到该资产上，仍然可以改善整体组合的收益与风险特征。戈登和鲁文赫斯研究发现，在季度、年度和 5 年的期限内，商品期货收益与股票和债券的收益是负相关的。他们发现在 5 年的期限内，商品期货收益与股票和债券的负相关系数分别为 -0.42 和 -0.25。这些数字进一步表明，随着持有期延长，相关性模式也会增强。此外他们还总结：在更长时间期限上衡量时，分散化收益会更大。

于是问题出现了，为什么是负相关呢？或者说，为什么商品价格行为与股票和债券等金融资产的价格行为相背离呢？这其中存在多种原因，而最重要的是在经济周期内，商品对通货膨胀和各种投资活动的正向反应。商品市场具有其自身独一无二的特征。例如干旱、严寒、极端天气、罢工等事件以及当前经济状况都可能会严重地影响商品价格，而这些事件对股票和债券的影响则非常有限。

在不利的市场环境中，股票和债券往往会先后下降。在不利的时期里，不存在相关性、又或者更好一点的负相关性，对投资者而言似乎非常有价值。因此，戈登和鲁文赫斯将 1959—2004 年 5% 和 1% 的最差股票市场月份分离出来。他们发现这段时期里，商品期货投资的分散化收益持续存在。戈登和鲁文赫斯指出，在股票取得最低收益的 1% 的月份里，股票价格整体上每月下跌 13.87%，而商品期货赚取了 2.38% 的平均收益。在另一份研究中，伊德雷克（Idzorek）分析的是 1970—2004 年期间的年度数据，并发现美国股票的总收益有 8 年为负值。在这 8 年当中，虽然美国股票遭遇了 -12.28% 的算术年均亏损，商品期货的算术年均收益却高达 19.02%[22]。这些经验结论提供了证据，表明当大部分股票和债券下跌时，商品期货的历史收益明显更优。

戈登和鲁文赫斯考察自己构造的商品期货指数的相关性特征，厄尔布和哈维则广泛地研究单个商品期货之间以及商品期货行业之间的相关性模式。图表 8.5 显示，平均相关性

---

[22] Thomas M. Idzorek, "Strategic Asset Allocation and Commodities," 参阅希拉里·蒂尔和约瑟夫·伊格尔耶主编的 *Intelligent Commodity Investing* 第六章（伦敦：Risk Books, 2007）。为了分析商品期货的收益属性，伊德雷克用 4 个总收益商品指数构造出一个等权重综合指数，这 4 种指数分别为高盛商品指数（GSCI）、道琼斯-AIG 指数（DJ-AIG）、路透/杰弗瑞 CRB 指数（RJ-CRB）以及戈登和鲁文赫斯商品指数（GRCI）。

图表8.5　超额收益相关性（1982年12月至2004年5月，月度观测数据）

A. 行业与商品的相关性

	GSCI	非能源	能源	畜类	农产品	工业金属	贵金属
行业							
非能源	0.36						
能源	0.91	0.06					
畜类	0.20	0.63	0.01				
农产品	0.24	0.78	0.01	0.12			
工业金属	0.13	0.31	0.03	−0.02	0.17		
贵金属	0.19	0.20	0.14	0.03	0.08	0.20	
商品							
燃油	0.87	0.08	0.94	0.04	0.00	0.05	0.13
牛	0.12	0.50	−0.03	0.84	0.07	0.03	0.01
猪	0.21	0.52	0.06	0.81	0.13	−0.06	0.05
小麦	0.25	0.66	0.06	0.18	0.79	0.05	0.06
玉米	0.14	0.58	−0.03	0.10	0.78	0.12	−0.01
大豆	0.20	0.58	0.02	0.11	0.72	0.18	0.14
糖	0.03	0.21	−0.06	−0.05	0.35	0.14	0.05
咖啡	−0.01	0.15	−0.04	−0.07	0.23	0.07	0.01
棉花	0.11	0.25	0.06	0.00	0.27	0.17	0.04
黄金	0.20	0.16	0.16	0.01	0.01	0.18	0.97
白银	0.08	0.19	0.02	0.02	0.10	0.19	0.77
铜	0.15	0.36	0.04	0.01	0.22	0.94	0.20

B. 商品相关性

	燃油	牛	猪	小麦	玉米	大豆	糖	咖啡	棉花	黄金	白银
燃油											
牛	0.00										
猪	0.06	0.37									
小麦	0.06	0.12	0.17								
玉米	−0.04	0.05	0.11	0.52							
大豆	0.05	0.03	0.14	0.43	0.70						
糖	−0.04	0.02	−0.10	0.11	0.12	0.09					
咖啡	−0.07	−0.06	−0.06	0.00	0.03	0.07	−0.01				
棉花	0.05	−0.06	0.06	0.05	0.11	0.18	−0.02	−0.01			
黄金	0.15	−0.02	0.04	0.07	−0.01	0.14	0.02	0.00	0.03		
白银	0.02	−0.01	0.05	0.03	0.09	0.13	0.07	0.04	0.04	0.66	
铜	0.07	0.03	−0.02	0.08	0.16	0.23	0.14	0.11	0.19	0.18	0.21

资料来源：厄尔布和哈维："商品期货的战略和战术价值"，第75页，2006年CFA协会版权。经CFA协会许可，自《金融分析家杂志》复制并转载。保留一切权利。

注：平均相关性：GSCI与商品行业为0.34；GSCI与单个商品为0.20；燃油与其他商品为0.03；燃油与单个商品为0.09。

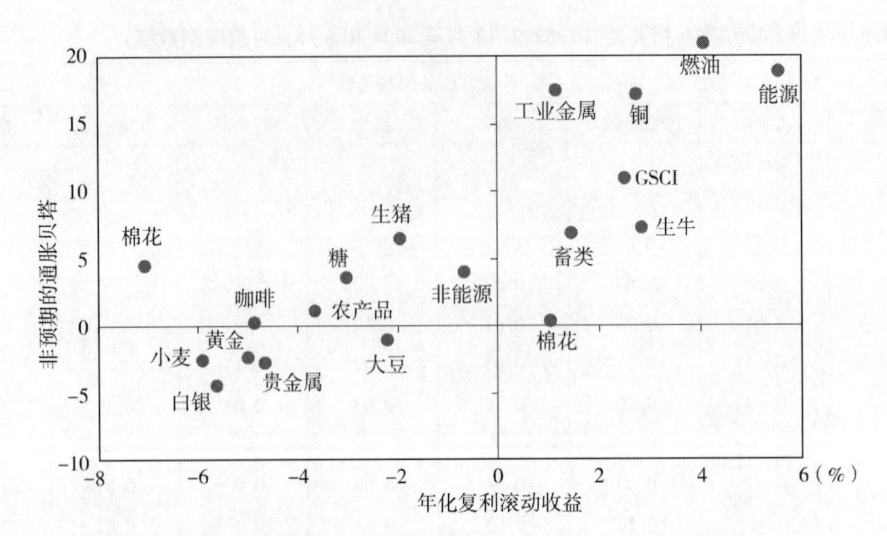

图表 8.6　非预期的通胀贝塔与滚动收益（1982 年 12 月至 2003 年 12 月）

资料来源：厄尔布和哈维，"商品期货的战略和战术价值"，第 83 页，2006 年 CFA 协会版权，经 CFA 协会许可，自《金融分析家杂志》复制并转载。保留一切权利。

很低。12 只商品期货与 GSCI 指数的平均相关系数为 0.2，单个商品期货之间的平均相关系数仅为 0.09，这证明它们是由关联度不高的基本面因素所决定。例如农业和畜类商品，更可能受到季节性天气和收成的影响，而能源和工业金属则非常依赖于当前世界经济增长的态势。在这些高度异质性商品期货收益中，似乎并不存在所谓的"平均商品"。厄尔布和哈维建议，商品期货代表的是"各个不相似资产组成的市场"。因此在实践中，有可能在商品市场处于上涨或下跌趋势的同时，某个商品期货呈现出完全相反的价格走势。

通货膨胀

投资者的终极目标是维持其资产的实际购买力。为此，必须考虑通货膨胀。理想情况下，组合中的资产与通货膨胀呈正相关关系。但不幸的是，许多传统资产类别很容易受到高通胀的影响，因而对冲通胀的能力很差。分析商品期货对冲通胀的能力是很复杂的，正如阿基指出，"在此前的 25 年里，我们没有经历任何幅度的通胀环境，并且我们不能奢望向数据库中回填补充 20 世纪 70 年代的数据[23]。"

戈登和鲁文赫斯研究认为，1959 年 6 月至 2004 年 12 月，股票和债券 1 年期收益与通货膨胀的相关系数分别是 -0.19 和 -0.32。这些数字表明，股票和债券等传统资产类别通常在高通胀时期面临亏损。为什么这些传统资产类别不能很好地对冲通胀呢？债券是根据已经确定的未来现金流来计价的名义资产。债券投资人面临的问题是，通货膨胀可能会

---

[23] Akey, "Alpha, Beta and Commodities: Can a Commodities Investment Be Both a High-Risk Adjusted Return Source, and a Portfolio Hedge?"

超出预期。在这种不利条件下，债券现金流的实际购买力就会低于预期值。以股票投资为例，通胀上升通常会使得公司的供给成本上升，如果假定产出价格具有黏性，成本上升将挤压利润空间，使得利润降低、股价下挫。我们也可以认为，当使用股息贴现模型时，通货膨胀的上升会提高名义利率，从而降低未来股息的现值。

相反，商品期货价格具有对冲通胀的特性，也就是说它们的价格与通胀正相关。凯特和欧门通过对1965年1月至2005年2月期间142只商品期货合约的日结算价格研究发现，商品期货收益与非预期的通胀呈正相关关系[24]。以1年期为例，戈登和鲁文赫斯研究发现，1959年6月至2004年12月，商品期货收益与通胀的相关系数为0.29。厄尔布和哈维对这种正相关关系的一种解释是，因为商品占了美国消费价格指数（CPI）中40%的权重，所以它们在某种程度上与通货膨胀存在联系。

厄尔布和哈维还研究了单个商品期货对通胀的敏感度。他们发现并不是所有的商品期货都是优良的通胀对冲工具。他们认为，具有最高历史滚动收益的商品期货与通胀的相关性最高，如图表8.6所示。在过去，商品是难以储存的，例如燃油、铜与生牛等，它们既有较高的滚动收益，又有正的通货膨胀贝塔系数。关于通货膨胀敞口，厄尔布和哈维给出下列结论：

- 单个商品期货不同程度地受到通胀影响；
- 商品期货对冲通胀的能力与其滚动收益相关；
- 商品期货组合的对冲通胀能力由该组合的构成所决定；
- 历史上，最大化对冲通胀能力的投资组合主要包含那些难以储存的商品期货。

经济周期内的收益

我们已经阐述了商品期货与股票和债券呈现出负相关关系。如上一节所示，这种现象的原因之一是它们对通货膨胀作出相反的反应。

另一个原因就是它们在经济周期内的不同表现。显而易见，随着经济周期的阶段不同，资产收益也发生变化。然而背后的原因是什么呢？回答这个问题，一个好的起点是思考商品期货、股票、债券等概念分别代表什么。商品期货多头是对非预期的商品价格变化的求偿权，其中并不涉及现金流；相反，股票代表的是对公司所有权和剩余现金流的享有权。债券代表的是债务的求偿权，与股票不同，债券持有人获得一系列的现金流。未来现金流的现值取决于现金流的大小与支付时间，也取决于假设的利率。由于"将来"是不确定的，它是一种预期，或更精确地说，是预期的变化决定股票与债券的业绩。在这个意义上，当前的经济环境只扮演一个很小的角色。一般地说，当经济环境处于最坏或者存有最大的改善潜力时，股票和债券的表现是最好的；另一方面，当经济很强劲而且遭遇不利冲击的可能性很大时，股票和债券的表现则最糟糕。相反，商品则更直接地与当前经济状

---

[24] Harry M. Kat and Roel C. A. Oomen, "What Every Investor Should Know about Commodities, Part II: Multivariate Return Analysis," *Journal of Investment Management* 5, no. 3 (2007).

况相联系。总而言之，在经济活力上升时期，商品投资往往产生最高的收益，而经济活力下降时期，商品投资的收益最糟糕。

针对 1959—2004 年间数据的研究，戈登和鲁文赫斯识别出来 7 个完整的经济周期。他们研究发现，在经济衰退的初期阶段，商品期货的平均收益率为正的 3.74%，而股票和债券的平均损失分别是 18.64% 和 8.8%。而在经济衰退的后期，上述资产类别的收益则发生了逆转：股票和债券取得很高的业绩，而商品期货的收益则为负值。戈登和鲁文赫斯提醒投资者，这些都是**事后的研究事实**而且是纯粹的描述，因为研究者只能"在事后"依据数据识别出经济周期。然而这些结论表明，商品期货投资能够给由股票和债券构成的传统组合增加多样性。

战术性资产配置

戈登和鲁文赫斯认为，分散型商品投资能够赚取与股票投资一样的风险溢价。但两位作者并没有提及主动型投资策略。

相反，厄尔布和哈维描述了四种战术性投资策略，现在我们对其逐一考查。这四种策略是基于两种主要的思想：采用动量策略和利用期限结构信息。这些策略中的一些与传统只做多型投资相去甚远，因此可能会涉及卖空某些商品期货。前两种策略旨在从收益的动量趋势中获利。它的基本假设是在一段时间内，如 6 个月或 12 月，资产价格走势往往预示着价格将继续按照这一方向发展。

首先，厄尔布和哈维将这种策略应用于 GSCI 指数，如果 GSCI 前一年的超额收益为正，则持有该指数的多头，持有期为一个月；如果前一年的超额收益为负，则卖空该指数。图表 8.7 描绘了该策略的结果。在各个时间段里，动量投资策略的效果都很明显，在样本期间的前 13 年里则尤为强劲：当 GSCI 存在上涨动量的时候，该投资策略的收益达到 17.49%，当 GSCI 存在下跌动量的时候，该投资策略的收益为 −9.89%。

图表 8.7　　GSCI 指数动量策略的收益（1969 年 12 月至 2004 年 5 月）

跟踪年度超额收益	1969 年 12 月至 2004 年 5 月	1969 年 12 月至 1982 年 12 月	1982 年 12 月至 2004 年 5 月
大于 0	13.47%	17.49%	11.34%
小于 0	−5.49%	−9.89%	−4.07%

资料来源：厄尔布和哈维，"商品期货的战略和战术价值"，第 91 页，2006 年 CFA 协会版权，经 CFA 协会许可，自《金融分析家杂志》复制并转载。保留一切权利。

接下来，他们针对单个商品期货应用动量策略，在此策略中构建了三个组合，一个组合由 4 种商品期货合约按照等权重构成，这 4 种商品期货在过去 12 个月间的收益最高（赢家组合）；另一个组合由 4 种商品期货合约按照等权重构成，这 4 种商品期货在过去 12 个月里的收益最差（输家组合）；以及一个多头/空头策略并用的投资组合。其中，多头/空头组合获得的超额收益最高，为 10.8%，结果列于图表 8.8 中。图表 8.9 中显示的是不同策略下，投资收益的变化。

图表 8.8　动量投资组合（1982 年 12 月至 2004 年 5 月）

投资组合	超额收益
赢家	7.0%
输家	-3.4%
多头/空头	10.8%

资料来源：厄尔布和哈维，"商品期货的战略和战术价值"，第 92 页。2006 年 CFA 协会版权。经 CFA 协会许可，自《金融分析家杂志》复制并转载。保留一切权利。

图表 8.9　动量投资组合（1982 年 12 月至 2004 年 5 月）

资料来源：厄尔布和哈维，"商品期货的战略和战术价值"，第 92 页。2006 年 CFA 协会版权。经 CFA 协会许可，自《金融分析家杂志》复制并转载。保留一切权利。

或者，动量策略也可以应用另外一种原则，即做多那些过去 12 个月间收益为正的单个商品期货合约，做空那些收益为负的商品期货合约。在所有单个商品期货合约的过去收益均为负的情况下，整个投资组合的头寸均为空头；相反，如果所有单个商品期货合约的过去收益均为正，那么整体投资组合的头寸均为多头。图表 8.10 显示的是在这种趋势跟随策略中（每月维护）、在 GSCI 指数 12 个成分的等权重组合中，以及在 GSCI 指数中，1 美元投资的增长对比。趋势跟随型投资组合的收益率最高，为 6.54%；只做多型 GSCI 指数投资的收益率为 4.39%；而等权重组合的收益率仅为 1.01%[25]。

第三种和第四种投资策略利用了期货价格曲线的期限结构信息，这可以被看成是识别未来投资业绩的最有用信息。自 1992 年推出以后，GSCI 指数的期货合约有大约 50% 的时间处于现货溢价状态。

在第三种策略中，厄尔布和哈维研究了一个相对简单的利用 GSCI 期限结构信息的方法。他们建议的策略是在 GSCI 为现货溢价时将其做多，在 GSCI 为期货溢价时将其做空。

---

[25] Erb and Harvey, "The Strategic and Tactical Value of Commodity Futures."

如图表 8.11 所示，在 1992—2004 年期间，这种多头/空头策略的年化超额收益为 8.18%。当 GSCI 处于现货溢价时，多头产生的年超额收益为 11.25%。相比之下，如果期限结构呈现期货溢价而且投资者做多该期货，则会面临 −5.01% 的年化超额收益。这些结果令人印象深刻，并且给投资者提供了重要的投资参考。历史上，基于期限结构的择时策略是非常成功的投资策略。假定同样的因素在将来仍然发挥作用，那么对于审慎的投资者而言，遵循同一种策略或相似的投资策略可能会比较合适。

图表 8.10　单个商品的动量投资组合（1982 年 12 月至 2004 年 5 月）

资料来源：厄尔布和哈维，"商品期货的战略和战术价值"，第 93 页。2006 年 CFA 协会版权。经 CFA 协会许可，自《金融分析家杂志》复制并转载。保留一切权利。

图表 8.11　GSCI 期限结构策略（1992 年 7 月至 2004 年 5 月）

策略	年化复利超额收益（%）	年化标准差（%）	夏普比率
GSCI 为现货溢价时做多	11.25	18.71	0.60
GSCI 为期货溢价时做多	−5.01	17.57	−0.29
GSCI 为现货溢价时做多；GSCI 为期货溢价时做空	8.18	18.12	0.45

资料来源：厄尔布和哈维，"商品期货的战略和战术价值"，第 93 页。2006 年 CFA 协会版权。经 CFA 协会许可，自《金融分析家杂志》复制并转载。保留一切权利。

厄尔布和哈维提出了第 4 种策略：对于那些近月合约价格/次近月合约价格比率最高的 6 种合约采取做多策略，对于那些近月合约价格/次近月合约价格比率最低的 6 种合约采取做空策略。从图表 8.12 的结果可以很明显地看出，在投资者配置单个商品期货的过程中，商品期货价格曲线的期限结构提供了非常有价值的战术配置框架。只做多型 GSCI 指数投资的年化超额收益最高，为 4.49%。但如果同时考虑到风险，多头/空头投资组合的夏普比率几乎是只做多型 GSCI 指数策略夏普比率的 2 倍，而且是等权重组合夏普比率的 4 倍以上。厄尔布和哈维总结道："历史上，关于何时做多或做空分散型商品期货组合，期限结构似乎是有效的战术指标。"

图表 8.12　单个商品期限结构的投资策略（1982 年 12 月至 2004 年 5 月）

策略	年化复利超额收益（%）	年化标准差（%）	夏普比率
做多现货溢价商品并做空期货溢价商品	3.65	7.79	0.47
做多等权重投资组合	1.01	10.05	0.10
做多 GSCI	4.49	16.97	0.26

资料来源：厄尔布和哈维，"商品期货的战略和战术价值"，第 93 页。2006 年 CFA 协会版权。经 CFA 协会许可，自《金融分析家杂志》复制并转载。保留一切权利。

结　论

本章概述了商品期货的业绩特征。根据本章所引用的研究文献，我们可以说明商品期货与股票和债券具有较低的相关性，商品期货是较好的通胀对冲工具，因此能够为传统的投资组合提供分散化收益。历史上，单个商品期货表现出独一无二的特征，这使得商品期货领域是否作为一个资产类别的争论更为复杂化。商品期货的内在特征与高度异质性要求投资者进行主动型投资，而不是纯粹的被动型投资。通过熟练的投资管理，例如运用基于动量的策略和基于期货价格曲线的期限结构策略，可以提高投资收益。一些研究人员认为，商品期货的收益前景可能比历史经验要低[26]。可以想象，随着商品投资者而不是商品生产者和消费者，以递增的份额吞噬商品期货市场的容量，可能会导致商品期货的滚动收益日益减少[27]。如今许多商品期货的期限结构显示出较低的甚至负的期货滚动收益[28]。因此潜在的商品投资者必须对整个商品期货领域进行认真而仔细的分析。

虽然审慎的投资者可能获得不及历史收益水平的商品期货投资收益，但是那些优良特征，如商品与股票和债券不相关的性质，以及它们的通胀对冲特性，在将来也很可能继续存在，虽然我们不能百分之百地保证会是这样[29]。因此战略性配置背后的驱动力不一定非要寻求高额投资收益，也可能是在降低总体组合风险的同时，增加组合的分散化程度。

---

[26]　威尔希尔公司预测商品期货的年收益为 5.5%，其中包括 2.5% 的通胀率和 3.0% 的滚动收益与组合维护收益（See Steven Foresti and Thomas Toth, Commodity Futures Investing: Is All That Glitters Gold? Presentation, Wilshire Associates, Inc.（March 2005））；巴克莱的研究认为，商品期货年收益的保守预测为 6.0%，其中包括 2.0% 的实际现货收益，加上预计为 3.25% 的无风险利率，再加上预计为 0.75% 的滚动收益（See David W. Burkart, *Commodities and Real-Return Strategies in the Investment Mix*（Charlottesville: CFA Institute, 2006））。

[27]　See also Kat and Oomen, "What Every Investor Should Know about Commodities, Part Ⅰ: Univariate Return Analysis."

[28]　阿基指出："虽然许多人将商品市场上现货溢价到期货溢价的转变，归因于资金流入现象（例如，借助指数挂钩产品，偏好做多的投资者资金涌入商品市场，扰乱了期限结构的平衡性），另一些人发现上述分析忽略了还有许多商品市场上存在现货溢价的期限结构"（See Akey, "Alpha, Beta and Commodities: Can a Commodities Investment Be Both a High Risk-Adjusted Return Source, and a Portfolio Hedge?"）。

[29]　凯特和欧门甚至认为："某种资产类别的风险溢价为零甚至为负，并不一定是限制投资者对其配置资金的理由。在很大程度上，它还取决于收益分布的其余部分是什么样的。只要预期收益的劣势足以由正偏度与/或低的甚至负的（与其他资产类别）相关性所补偿，那么投资于它也是有意义的，尽管它的预期收益较低"（See Kat and Oomen, "What Every Investor Should Know about Commodities, Part Ⅰ: Univariate Return Analysis"）。

第9章
商品期货收益的统计分析

莱因霍尔德·哈夫纳（Reinhold Hafner）博士
常务董事
risklab 德国股份有限公司

玛丽亚·海登（Maria Heiden）
分析师
Varengold 投资银行

近几年来，商品投资在投资者中间变得日益普遍。最初，商品投资只面向高净值人士，而现在，商品逐渐地引起了私人投资者和机构投资者的注意。商品投资的吸引力大致有两个主要方面。首先，商品往往能为股票和债券等其他投资机会提供分散化收益；其次，近些年来，商品表现出了惊人的投资业绩，例如2002—2006年，道琼斯-AIG商品指数系列中的总收益指数年收益高于16%。

在低息环境下，商品投资成功背后的主要因素是其强劲的收益。由于所有行业的需求强劲，某些行业的供给面临冲击（如原油），各种类型的投资者（私人投资者、机构投资者、银行和对冲基金）均投资于商品行业，这些因素导致了近期商品价格的上涨。特别值得一提的是，中国、印度、巴西等发展中国家的快速经济增长，以及随之而来的能源和工业金属需求，促使商品市场呈现出结构性超额需求。

投资者一般通过期货合约来获取商品敞口。商品期货并不代表着对实际商品的直接敞口。事实上，商品期货代表的是对预期未来现货价格的一种赌博。存货决策、储存成本以及利率将预期的未来现货价格与当前现货价格联系起来。股票赋予持有人对公司的持续性权益，而商品期货合约与股票不同，它指定了标的实货商品的交割日期。为了避免交割，同时又能维持商品期货的多方头寸，就需要卖出即将到期的商品期货合约，并且买入尚未到期的合约。这种操作被称为**滚动**期货头寸（译者注：也称为展期操作）。与这种操作相关的收益——**滚动收益**（或展期收益）——是商品投资总收益中的重要组成部分①。

虽然学者们广泛地研究了金融资产收益的统计特性，但很少有人对商品价格的波动情况进行研究。除戈登和鲁文赫斯、②厄尔布和哈维（Erb and Harvey）③以及凯特和欧门（Kat and Oomen）④以外，将商品期货当作一种资产类别来进行深度分析的研究一直是少之又少。在本章中，我们将以道琼斯-AIG商品指数为例，研究分散型商品期货组合的经验特征。该指数被构造成一种**展期指数**，它没有预先设定的到期日。它充当衍生品和被动型投资产品（如交易所交易基金）的标的物。在本章分析中，我们得出商品期货的一些典型事实，并且解决投资者共同关注的一些问题：

- 商品的风险收益状况如何？
- 各个收益组成部分（现货收益、滚动收益和抵押品收益）对商品投资总收益的贡献度如何？
- 商品收益是遵循正态分布，还是表现出偏度与/或超额峰度特征？
- 商品收益是否显示出序列相关性？
- 商品能否为传统的资产组合提供分散化收益？
- 商品能否对冲通货膨胀风险？

收益的来源：一个例子

为了保证商品期货与其他资产类别在投资业绩上的可比性，在计算期货收益时，就需要控制杠杆化因素。参照一般情形，假设期货头寸是全额抵押的，在这种假设下，商品期货投资的总收益为⑤

$$总收益 = 期货收益 + 抵押品收益 \tag{9.1}$$

抵押品收益指的是该项投资（即全额抵押的商品期货头寸）的货币价值所能产生的利息。**期货收益**或者说**超额收益**指的是相关期货合约价格的百分比变化。它可以分解为现货收益和滚动收益两个部分

$$期货收益 = 现货收益 + 滚动收益 \tag{9.2}$$

现货收益是指标的商品现货价格的百分比变化。因为对于大部分商品来说，"优质的"现货价格数据并不容易获得，所以**近月合约**（也称作**现货月份合约**）的价格常被用

---

① 在谈论商品和商品指数时，我们实际上指的是商品期货和商品期货指数。
② Gary Gorton and K. Geert Rouwenhorst, "Facts and Fantasies about Commodity Futures," *Financial Analysts Journal* 62, no. 2 (2006), pp. 47–68.
③ Claude Erb and Campbell R. Harvey, "The Tactical and Strategic Value of Commodity Futures." *Financial Analysts Journal* 6, no. 2 (2006), pp. 69–97.
④ Harry M. Kat and Roel C. A. Oomen, "What Every Investor Should Know About Commodities Part Ⅰ" *Journal of Investment Management* 5, no. 1 (2007), pp. 1–25; and Harry M. Kat and Roel C. A. Oomen, "What Every Investor Should Know About Commodities, Part Ⅱ: Multivariate Analysis," *Journal of Investment Management* 5, no. 3 (2007), pp. 1–25.
⑤ See Harry M. Kat and Roel C. A. Omen, "What Every Investor Should Know About Commodities Part Ⅰ."

来近似地估算现货价格⑥。**滚动收益**是由（9.2）式间接地定义。在期货合约到期时，如果现货价格并未发生变化，则可获得滚动收益；也就是说，滚动收益产生于向上或向下"滚动"期货价格的期限结构。当市场处于现货溢价状态时，滚动收益是正的；反之，当市场处于期货溢价状态时，滚动收益是负的。

结合（9.1）式和（9.2）式，可以得到抵押型商品期货投资总收益的分解

$$总收益 = 现货收益 + 滚动收益 + 抵押品收益 \tag{9.3}$$

为了阐述期货收益（超额收益）如何分解为现货收益和滚动收益两部分，我们以 2005 年 11 月至 2006 年 6 月的原油市场为例进行考察。从图表 9.1 中可以看到不同期限的原油期货合约价格。对于每个月份的观测日期（按行显示），图表显示 2006 年 6 月之前到期（按列显示）的期货价格曲线。我们用现货月份期货合约的价格（图表中以黑体显示）作为现货价格的替代指标。

图表 9.1　　　　　　　　　　　　原油的期货价格

原油（美元）	1 月	2 月	3 月	4 月	5 月	6 月	7 月
2005 年 12 月 30 日	**57.98**	61.04	62.09	62.35	62.70	63.00	63.25
2006 年 1 月 31 日		**68.35**	67.92	68.74	69.28	69.70	70.01
2006 年 2 月 28 日			**61.10**	61.41	63.01	64.06	64.83
2006 年 3 月 31 日				**60.57**	66.63	67.93	68.67
2006 年 4 月 28 日					**71.95**	71.88	73.50
2006 年 5 月 31 日						**69.23**	71.29
2006 年 6 月 30 日							**68.94**

资料来源：根据彭博的数据创建图表。

先计算期货收益的时间序列。在 2005 年 12 月底（"展期日"），投资者以 61.04 的价格买入 2 月份期货合约。在 1 月份期货合约到期前，投资者以 68.35 的价格卖出 2 月份合约；同时又以 67.92 的价格买入 3 月份合约。这样，1 月份合约（简单的）期货收益就可以计算为

$$期货收益（1月份） = \frac{68.35}{61.04} - 1 = 11.98\%$$

类似的，2 月份期货的收益也可以计算为

$$期货收益（2月份） = \frac{61.10}{67.92} - 1 = 10.04\%$$

完整的期货收益序列（或超额收益序列）列入图表 9.2 中"期货收益"栏中。

在第二步中，计算相应的现货收益序列。1 月份期货合约的现货收益为

$$现货收益（1月份） = \frac{68.35}{57.98} - 1 = 17.89\%$$

---

⑥ See Viola Markert, Commodities as Assets and Consumption Goods: Implications for the Valuation of Commodity Futures, Ph. D. thesis, University St. Gallen (2005); and Gary Gorton and K. Geert Rouwenhorst, "Facts and Fantasies about Commodity Futures," *Financial Analysts Journal* 62, no. 2 (2006), pp. 47–68.

第 9 章 商品期货收益的统计分析

按同样的方法，可以得到 2 月份期货合约的现货收益

$$现货收益（2月份）= \frac{61.10}{68.35} - 1 = -10.61\%$$

图表 9.2　　原油的期货收益、现货收益及滚动收益

	期货收益（%）	现货收益（%）	滚动收益（%）
2006 年 1 月	11.98	17.89	-5.91
2006 年 2 月	-10.04	-10.61	0.57
2006 年 3 月	-1.37	-0.87	-0.50
2006 年 4 月	7.98	18.79	-10.80
2006 年 5 月	-3.69	-3.78	0.09
2006 年 6 月	-3.30	-0.42	-2.88

资料来源：根据彭博的数据创建图表。

现货收益的完整序列显示在图表 9.2 的"现货收益"栏中。期货收益与现货收益的差额即为滚动收益。滚动收益列在图表 9.2 的最后一栏。显然，在样本期间尽管原油的现货价格上涨，但滚动收益基本上是负的。原因在于市场处于期货溢价情形，这也是原油市场 2005 年和 2006 年大部分时间里的特征[7]。

单变量分析

本节及下一节的目标是刻画商品期货资产类别的特征。我们利用道琼斯指数和 AIG 国际公司的公开数据来识别商品期货（指数）收益的主要（统计）特性。本节对商品收益做单变量分析，下一节则考察其多变量特征。

数据

道琼斯 - AIG 商品指数（DJ - AIGCI）是一种滚动的、流动性很好的、高度分散化的且可供投资的商品期货指数[8]。它模拟的是一大篮子期货合约的业绩，这些合约在美国的交易所和伦敦金属交易所（LME）交易，并涵盖能源、工业金属、贵金属以及农产品行业的 19 种实货商品[9]。

---

[7] 在过去的二十多年里，NYMEX WTI 原油市场大概有 60% 的时间处于现货溢价情形，40% 的时间处于期货溢价情形。

[8] 芝加哥期货交易所（CBOT）在 2001 年 11 月 16 日推出了追踪道琼斯 - AIGCI 指数的期货合约。此外，还存在许多交易所交易基金、结构化产品、存单等投资工具，它们很方便地提供针对道琼斯 - AIGCI 指数的敞口。

[9] DJ - AIGCI 指数的权重方案主要参照流动性数据，而且在一定程度上，也参照按美元调整的产量数据。为了保证敞口的分散化，该指数采用多个分散化规则。例如指数中每种商品的权重不得超过 15%，或者不得低于 2%。监督委员会每年对该指数进行一次维护。

我们的样本包含道琼斯-AIGCI总收益指数、超额收益指数和现货收益指数的月度数据，样本期间为1991年1月至2006年7月。为了研究商品与传统资产类别之间的关系，我们的样本还包含了标准普尔500总收益指数（S&P500），以及JP摩根的美国政府债券总收益指数（JPM美国债券）的月度时间序列数据。为了研究商品是否可以充当通胀对冲工具，我们的样本还包括了经济合作与发展组织（OECD）美国消费价格指数（CPI）的月度数据。

风险和收益特征

图表9.3将道琼斯-AIG总收益指数与超额收益指数和现货收益指数做了比较，样本期间为1991年1月至2006年7月。显然，从历史业绩来看，现货收益指数、超额收益指数与总收益指数之间存在很大的差异。总收益指数的业绩优于现货收益指数和超额收益指数。在样本期间内，由于大部分商品都是在期货溢价状态下交易，所以现货收益指数的业绩要优于超额收益指数。

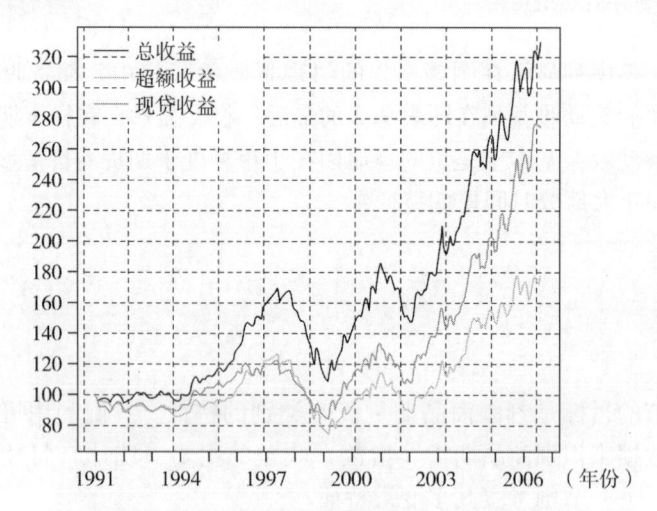

图表9.3　DJ-AIGCI现货收益指数、超额收益指数与总收益指数的业绩（1991年1月至2006年7月）

资料来源：根据彭博的数据创建图表。

图表9.4显示年度滚动收益率的（算术）平均值为-2.76%。这意味着投资者在滚动期货至下一个到期日的操作中，一般会损失2.76%的年收益。接近50%的总收益，或者说大约4%的年收益率，产生于利率收益部分——抵押品收益。抵押品收益足够抵消负的滚动收益，因此在1991—2006年这段时间内，商品期货投资者可以充分地从大幅商品现货收益上获利。

图表9.5将道琼斯-AIGCI总收益指数（"商品"）、标准普尔500总收益指数（"股票"）以及JP摩根美国债券总收益指数（"债券"）三者的业绩做了比较，样本期间为1991年1月至2006年7月。从表中我们可以得出三个观测结论：

（1）在样本期内，股票的业绩超过了商品；这两类资产的业绩都超过了债券；

（2）同债券相比，股票和商品的波动率更高；

（3）自1999年以来，商品市场一直处于牛市。

第 9 章 商品期货收益的统计分析

图表9.6总结了3种资产的风险收益特征。它列出了3种资产的年化几何均值收益和年化算术均值收益、年化波动率即标准差、（超过抵押品收益平均值的）风险溢价和夏普比率，另外还列出了这3种资产对应于零风险溢价的 t 统计量。从 t 统计量的值可知，这3种资产都具有统计显著的正风险溢价。虽然在样本期内，商品的波动率与股票差不多，但商品的平均收益明显要比股票低一些，这就导致了商品的夏普比率低于股票的夏普比率。

图表9.4　　DJ – AIGCI 指数的平均年化总收益、现货收益、
滚动收益及抵押品收益（1991年1月至2006年7月）　　单位：%

	总收益	现货收益	滚动收益	抵押品收益
几何均值	7.95	6.69	-2.74	4.02
算术均值	8.73	7.45	-2.76	4.04

资料来源：根据彭博的数据创建图表。

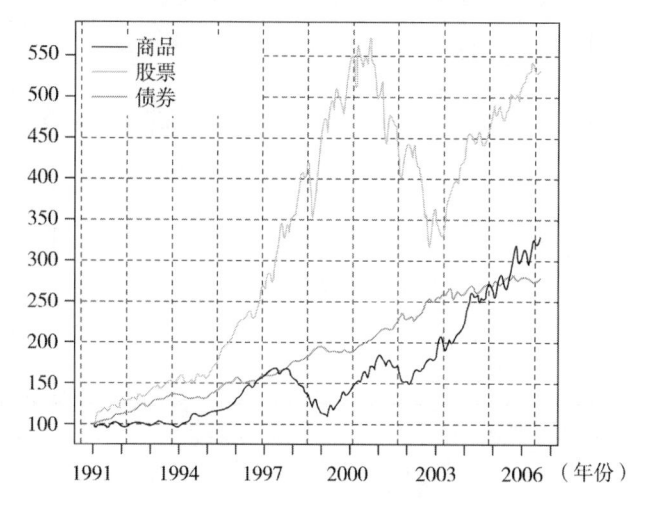

图表9.5　商品（DJ – AIGCI 总收益）、股票（标准普尔500）和
债券（JP 摩根美国债券）的业绩（1991年1月至2006年7月）

资料来源：根据彭博的数据创建图表。

图表9.6　　商品（DJ – AIGCI 总收益）、股票（标准普尔500指数）、
债券（JP 摩根美国债券指数）的年度风险收益特性（1991年1月至2006年7月）

	商品	股票	债券
几何均值	7.95%	11.31%	6.79%
算术均值	8.73%	12.36%	6.90%
波动率	12.14%	13.81%	4.53%
风险溢价	4.69%	8.32%	2.86%
t 统计量	5.28	8.24	8.63
夏普比率	0.39	0.60	0.63

资料来源：根据彭博的数据创建图表。

分布特征

表9.7列出了商品、股票和债券月度总收益分布的描述性统计量。商品收益的分布看起来接近于正态分布，因为其偏度和超额峰度值都接近于零，而且其中位数与均值近似相等[10]。为了做出更严谨的验证，我们进行雅克-贝拉（Jarque-Bera）和安德森-达林（Anderson-Darling）正态性检验[11]。在这两种检验中，我们都不能在5%的水平上拒绝正态分布的原假设，因而为商品收益的正态分布假设提供支持。图表9.8用图示的方法说明了上述结论。我们利用正态核通过经验密度函数计算形成直方图上的一条平滑函数[12]。叠加在经验密度曲线之上的是正态分布曲线，它的均值和方差与样本估计结果相同。与商品的情况不同，在所有相关的显著性水平下，我们都拒绝股票与债券的高斯分布假设。

图表9.7　　商品、股票和债券月度总收益的汇总统计量

	商品	股票	债券
最小值	-7.54%	-14.46%	-4.68%
25%分位数	-1.23%	-1.62%	-0.23%
均值	0.70%	0.98%	0.56%
中位数	0.72%	1.24%	0.57%
75%分位数	2.54%	3.74%	1.44%
最大值	10.23%	11.44%	3.72%
偏度	0.10	-0.48	-0.51
超额峰度	0.05	0.90	0.98

资料来源：根据彭博的数据创建图表。

序列相关性

为了检验商品的月度收益数据是不是独立的，我们在图9.9中绘制了**样本自相关函数**（ACF）。虽然在5%的水平下，一些自相关系数（例如，三阶滞后）在统计意义上不等于0，但是并不存在系统性的自相关模式。为了对此做出进一步的研究，我们将联合原假设增设前10阶自相关系数均为0，并计算出Ljung-Box统计量。p值为0.11，它表明在10阶以内的滞后期里，商品收益并不存在显著的自相关性。对于股票和债券市场指数，我们也没有找到多少统计显著的自相关证据。这与信息有效市场的结论是一致的，在信息有效的市场中，价格的变化是不可预测的，即便市场参与者正确地预料到价格会变化。

---

[10] 正态分布的偏度和超额峰度（被定义为峰度值减去3）都为0。

[11] 关于本章中的这些检验以及其他统计概念的详细叙述，参见 Ruey S. Tsay, *Analysis of Financial Time Series* (Hoboen, NJ: John Wiley & Sons, 2005)。

[12] See Bernard W. Silverman, *Density Estimation for Statistics and Data Analysis* (London: Chapman and Hall, 1986)。

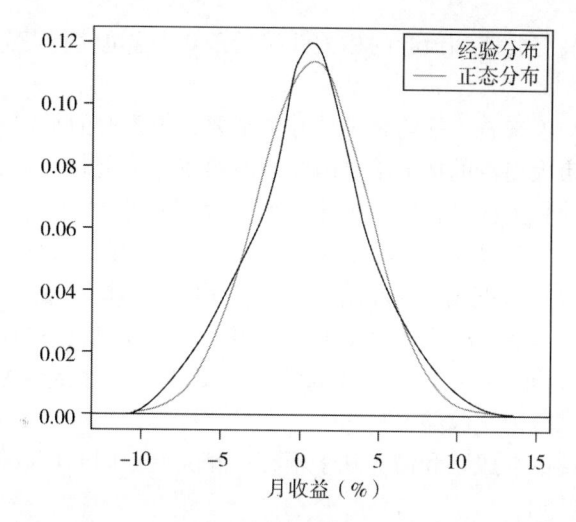

图表 9.8　月度商品收益的经验密度函数和正态密度函数
（以 DJ – AIGCI 为例，1991 年 1 月至 2006 年 7 月）

资料来源：根据彭博的数据创建图表。

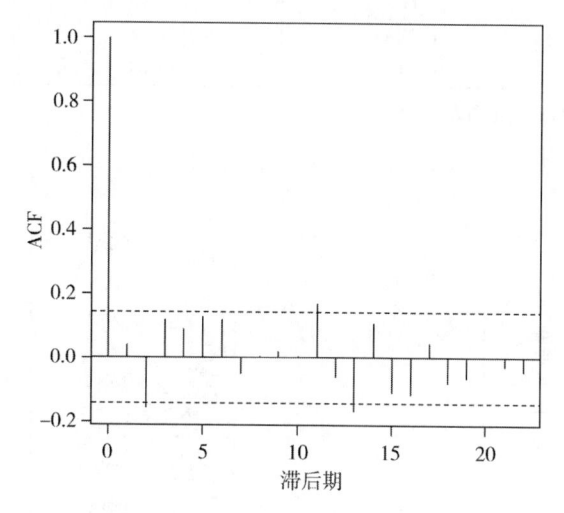

图表 9.9　月度商品收益的样本自相关函数（ACF）（1991 年 1 月至 2006 年 7 月）

注：平行线代表 95% 的置信区间。

资料来源：根据彭博的数据创建图表。

多变量分析

股票和债券的相关性结构

图表 9.10 显示了商品、股票和债券之间的（线性）相关系数。与戈登和鲁文赫斯[13]

---

[13] See Gorton and Rouwenhorst, "Facts and Fantasies about Commodity Futures."

的研究结论一样，商品与股票和债券的相关性接近于0。这也使得商品可以有效地分散化股票和债券投资组合。

然而从资产配置角度来看，平均相关性并不重要，更重要的是在不利的市场环境中的相关性，尤其是在股市大崩盘的情形中。因此当股票收益为负时——最需要资产分散化的时候，商品和股票之间相关性是否依然为零的研究就显得很重要。图9.11列出了商品和股票收益的散点图，图上正（负）的股票收益用十字叉（圆）来标记。数据点的分布情况表明，无论股票的收益为正或负，商品收益和股票收益都是不相关的。事实上，当股票收益为正（负）时，样本的相关系数为0.03（0.07）。在股票收益为负的月份期间，股票平均每月下跌3.13%，而商品的收益平均每月上涨0.20%。由此看来，在股市低迷的情况下，商品确实能带来分散化收益。

这项分析表明，商品与股票和债券几乎不存在相关性。因此可以得出结论，实际上商品本身就是一种资产类别。

图表9.10　　商品、股票及债券月度收益的相关性（1991年1月至2006年7月）

	商品	股票	债券
商品	1.00	0.08	0.01
股票	0.08	1.00	−0.04
债券	0.01	−0.04	1.00

资料来源：根据彭博的数据创建图表。

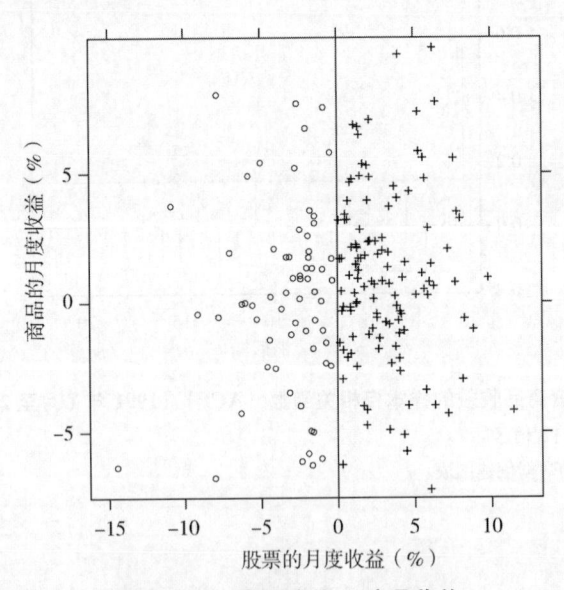

图表9.11　股票收益 vs 商品收益

注：正的（负的）股票收益用十字叉（圆圈）标注。
资料来源：根据彭博的数据创建图表。

商品收益与通货膨胀

归根结底，投资者在乎的是实际收益，即他们想跑赢通货膨胀。众所周知，传统资产通常与通货膨胀呈现出负的相关性。原因是：在经济增长时期，价格和利率往往会上升，越来越高的价格和利率会降低公司的增长潜力和利润，这样就降低了未来现金流的现值，因而股票和债券价格下跌；商品的情况则正好相反。在经济增长时期，存货下降而且商品价格往往上涨。从这个角度来看，高通货膨胀可能伴随着负的股票和债券收益，但会与正的商品收益共存。由于预期的未来通胀已经被纳入资产价格中，因此资产价格也会对非预期的通胀十分敏感。非预期的通胀并不容易衡量。遵循凯特和欧门的做法[14]，我们使用通胀的变化作为非预期的通胀的替代指标。

图表 9.12 商品、股票和债券的月度收益与不同通胀部分的相关性（1991年1月至2006年7月）

	通胀	未预期到的通胀
商品	0.14[a]	0.28[a]
股票	−0.10	−0.05
债券	−0.06	0.04

[a] 表示在5%的水平上具有显著性。
资料来源：根据彭博的数据创建图表。

图表9.12显示商品、股票和债券的月度收益与通货膨胀（定义为月度CPI的相对变化）以及非预期的通胀的相关关系。非预期的通货膨胀则被定义为通胀的变化。正如经济理论所指出的那样，股票和债券与通货膨胀之间是负相关的，而商品与通胀是正相关的。在5%的水平上，只有商品与通胀的相关系数显著地不为0。商品收益与非预期的通货膨胀甚至表现出更高的正相关性。另外，相关系数在5%的水平上具有统计显著性。因此，不同于股票和债券，商品往往会为投资者提供对冲通货膨胀的功能。

结 论

利用1991年1月至2006年7月期间的道琼斯–AIG月度数据，我们分析得出了以下关于商品（期货）指数收益的观测结论[15]：

- 平均来说，无杠杆化的商品指数投资的总收益为正值，而且在额度和波动率上与股票的收益相当。
- 平均的现货收益和抵押品收益大于零，而平均的滚动收益小于零。这意味着平均来看，市场处于期货溢价状态。
- 商品指数收益近似服从正态分布。偏度和超额峰度的数值很小，并且大部分都不显著。
- 商品指数收益只存在极低的序列相关性。
- 商品指数收益与股票和债券收益并不存在相关性。这一点在不利的股市环境中，

---

[14] See Kat and Oomen, "What Every Investor Should Know About Commodities Part Ⅱ: Multivariate Return Analysis."
[15] 应当注意，这些结论在一定程度上依赖于样本期间和观测频率。

即最需要分散化的时候，依然是成立的。
- 商品指数收益与通货膨胀正相关。它们甚至与非预期的通货膨胀（定义为通胀率的变化）表现出更高的正相关性。

我们的研究表明，商品是一种资产类别，它在股票和债券等传统组合的分散化方面很有吸引力。

第10章
商品期货指数的分散化收益：均值方差扩展检验

贝恩德·舍雷尔（Bernd Scherer）博士
常务董事
定量结构化产品全球主管
摩根斯坦利投资管理部

李和（Li He）博士
定量研究分析师
德意志银行资产管理部

众所周知，商品投资为资产组合提供分散化收益（例如，亚伯纳美和马瑟（Abanomey and Mathur）[1]、安森（Anson）[2]、戈登和鲁文赫斯（Gorton and Rouwenhorst）[3]、詹森、约翰逊和默瑟（Jensen, Johnson and Mercer）[4]、CISDM 研究部[5]）。商品期货往往具有与股票类似的收益，并且与股票和债券负相关。当债券或股票的收益较低时，商品期货的收益可能会较高。因此，将商品添加到投资领域中，可能使整个投资组合在不增加风险的情况下实

---

[1] Walid S. Abanomey and Ike Mathur, "The Hedging Benefits of Commodity Futures in International Portfolio Diversification," *Journal of Alternative Investments*（Winter1999），pp. 51 – 62.

[2] Mark J. P. Anson, "Maximizing Utility with Commodity Futures Diversification," *Journal of Portfolio Management* 25, no. 4（1999），pp. 86 – 94.

[3] Gary Gorton and Geert K. Rouwenhorst, "Facts and Fantasies about Commodity Futures," *Financial Analysts Journal* 62, no. 2（2006），pp. 47 – 68.

[4] Gerald R. Jensen, Robert R. Johnson, and Jeffrey M. Mercer, "Tactical Asset Allocation and Commodity Futures," *Journal of Portfolio Management* 58, no. 2（2002），pp. 100 – 111.

[5] CISDM Research Department, "The Benefits of Commodity Investment: 2006 Update," Center for International Securities and Derivatives Markets, Isenberg School of Management, University of Massachusetts, Amherst, Massachusetts（2006），http://cisdm.som.umass.edu/research/pdffiles/benefitsofcommodities.pdf.

现更高的收益。此外，在通胀攀升时，商品往往具有更高的收益，所以商品有助于投资者对冲通货膨胀，而债券和股票的业绩则在高通胀时期较为糟糕。投资者因而对商品投资的统计学与经济理论基础愈发感兴趣。在本章中，我们将研究商品是否为美国投资者扩大了投资领域。换句话说，将商品纳入投资组合中会统计**显著**地改善投资者的组合效率（最佳的风险—收益权衡）吗[6]？

本章的框架如下：首先，从金融经济学家的视角回顾资产类别这一术语。资产类别的要义在于它可以提供风险溢价（无风险利率之外的额外收益），这种风险溢价不能由既有的资产类别所解释。接下来，运用标准的统计检验查明商品是否真正地向投资者敞开资产类别特定收益。也就是说，往给定的投资组合中添加商品，投资者的境况能否变得更好[7]？最后，回顾在商品投资中存在无条件风险溢价的机理，并且阐述通过无条件只做多型商品指数投资来获取资产类别特定收益的现实困难。

金融经济学家如何看待资产类别

在实际的投资管理中，投资者将资产类别看成是具有足够同质性（高内部相关性）和足够独特性（低外部相关性）的一组资产，使得投资者在这组资产上的战略性配置值得单独考虑。股票和政府债券是资产类别的例子之一，它们具有明显不同的经济特征。股票让投资者分享到经济增长的成果，政府债券则提供对经济衰退的防护以保证投资者的名义财富。这两种资产具有不同的特点，并且这些特点不能被其他资产复制。所以这些资产绝不是可有可无的。

为什么投资者关注资产类别的概念？换句话说，为什么投资者想要将资产划归为不同的类别？首先，如果各种资产对不同的经济力量做出反应，那么我们更容易按自上而下的方式做投资决策。就资产类别本身而言，类别的划分应该反映经济意义，也就是说，它们应该在经济敏感度上有所不同[8]。其次，资产类别使分析师更容易运用量化方法构建组合（资产配置）。均值-方差优化程序往往会放大估计误差对组合权重的影响。比如，如果资产A和资产B具有类似的特征（即相关性高且风险相似），并且资产A受估计误差影响而具有略微较高的收益率，资产组合优化程序则会把大部分（或者全部）权重放在资产A上，即使资产A和资产B十分相似。这两种资产被看成是近似替代物，然而依据定义，资产类别则不能被看成是替代物。最后，金融业对新的资产类别孜孜以求。毕竟，找到新的资产类别就可以向客户提供更大程度的风险分散保证，资产管理人也就能推出新的投资产品。由于这些原

---

[6] 对于寻求规范化论证的读者来说，我们需要检验的是，在投资机会集合（美国股票和美国债券）中添加商品后能否显著提高均值方差决策投资者的效用。

[7] 我们从只拥有资产的投资者（即具有隐性现金基准的投资者）角度考虑资产配置问题。对于拥有固定收益类养老金负债的投资者，本章的许多论据并不成立。例如，对于只拥有资产的投资者而言，商品与其他资产的低相关性会降低风险，但对于负债驱动型的投资者而言，商品实际上会增加风险。商品与特定贴现因子（债券）的低相关性意味着资产和负债可能会逐渐偏离，致使商品不是风险分散化而是风险增加型的投资。

[8] 这句话使我们很容易明白为什么对冲基金不能成为一种资产类别。它们不具有独特的经济风险敞口，因为它们只是一种不受约束的投资形式。

因，资产类别常被用于将投资领域细分为不同的板块，从而达到方便资产配置以及管理人搜索的目的。也正出于此类原因，资产管理人在业务运作中往往涉足多个资产类别。

既然明白了定义（以及寻找）新资产类别的潜在好处，那么就需要回答一个很重要的问题：怎样才能可靠地检测出资产类别？从业人员经常关注低度（外部的）相关性，以此判定一组资产能否构成资产类别。但是我们可以证明这种做法是错误的。低相关性远远不够。毕竟彩票与股票债权具有（根据定义）零相关性。负的预期收益将阻止我们把任何财富投资到这类资产上。那么资产类别的正确（统计上）理解是什么呢[9]？在下一节中我们给出它的定义。

移除界限

任何潜在的资产类别 i，如果其收益 R_i 包含现金收益（c）以上的风险溢价，而且该风险溢价不能被其他既有的资产类别 $j=1,\cdots,J$ 的风险溢价（R_j-c）所解释，那么 i 本身就可以被看成是一个资产类别。

这句话的含义是什么？假设股票与债券分别取得 5% 和 2% 的风险溢价，波动率分别为 15% 和 5%，并进一步假设这两种资产类别不相关。我们构造一个新的资产，它由 25% 的股票、25% 的债券和 50% 的资产类别特定风险构成，它的波动率为 30%、预期收益为 0。这个新资产与股票的相关系数即为

$$\rho = \frac{\text{Cov}(0.25R_e + 0.25R_b + 0.5R_a, R_e)}{\sqrt{\text{Var}(0.25R_e + 0.25R_b + 0.5R_a)}\sqrt{\text{Var}(R_e)}}$$

$$= \frac{0.25\text{Var}(R_e)}{\sqrt{0.25^2\text{Var}(R_e) + 0.25^2\text{Var}(R_b) + 0.5^2\text{Var}(R_a)}\sqrt{\text{Var}(R_e)}} = 0.24 \quad (10.1)$$

这个资产具有低相关性，但是与 25% 股票、25% 债券和 50% 现金的投资相比，它没有获得额外的收益。更糟糕的是，这种资产使投资者面临过多的风险，因为 25% 股票、25% 债券和 50% 现金的投资能够带来同等收益，而且风险更低。于是我们明白，低相关性和风险溢价的存在，并不足以断定我们发现了一种资产类别。稍做组合优化运算即可发现，投资机会已经被既有的资产所扩展，新的资产只会将投资者置于额外的风险。均值-方差优化程序不会投资于该资产，有效边界也不会向左上方移动。区分资产类别与冗余资产的标准在于其资产特定风险的预期收益。如果资产特定风险的预期收益为正，情况会怎样？在这种情况下，我们怀疑可能找到了一种新的资产类别，但是必须确保它不仅为正，而且在统计上是显著的。这意味着有效边界向左上方移动也是不够的，它必须是具有统计显著的移动。

如何检验我们的投资领域出现了有统计意义的改善？首先需要找到一个由既有资产类别构成的投资组合，这个投资组合能尽可能密切地追踪任何潜在资产类别。换句话说，我们试图用已有的资产类别来复制一种潜在新资产类别的收益。找到这个投资组合以后，接下来可以测算出差异化的（资产类别特定的）收益，并且检验它们是否在统计上显著。除了

---

[9] See Robert J. Greer, "What is an Asset Class, Anyway?" *Journal of Portfolio Management* 23, no. 2 (1997), pp. 86–91.

这两个步骤之外，我们还对候选资产类别与其他既有资产类别之间的超额收益进行回归[10]

$$(R_i - c) = \alpha + \sum_{j=1}^{J} \beta_j (R_j - c) + \varepsilon \qquad (10.2)$$

如果回归式中的常数项（α）与零相差很大，就认为它是一种资产类别。回归系数 β_j 可以被理解为追踪组合的权重，该组合由"旧"资产构成并且试图复制出"新"资产。这就是学术上称为均值方差扩展（mean-variance spanning）检验的基本思想。只有当资产类别特定收益与零在统计上相去甚远时，才能找到新的资产组合。我们注意到相关性只起到间接的作用。真正重要的是风险溢价部分能否被其他资产类别所解释。很明显，相关性越高，系统性风险敞口越大，被解释的风险溢价也就越多。但是高相关性还不足以支撑否定性的判断。低相关性也不足以证明独特性。毕竟，掷硬币也会得到非常多样的结论。事实上，我们按照统计显著性方法检验某种资产类别能否扩展均值－方差边界（向左上方移动）。

风险、收益和分散化

在本节中，我们研究的是目前持有美国股票（由纽约证券交易所 NYSE、美国证券交易所 AMEX 以及纳斯达克（Nasdaq）全部股票的价值加权收益来表示[11]）和美国债券（由雷曼兄弟综合债券指数表示）的投资者。我们考察 5 个商品指数的分散化属性。其中 4 个是通常意义的商品指数，也就是说，它们代表的是现金抵押型商品期货投资组合[12]：高盛商品指数（GSCI），德意志银行流动商品指数（DBLCI），德意志银行商品指数——均值回归（DBLCI-MR）以及德意志银行农产品指数——最优收益（DBLCI-OY）。第 5 个是商品股票指数（CSI）。CSI 由摩根斯坦利资本国际 MSCI 世界能源和世界原料两种指数按 50/50 构成。数据期间是从 1989 年 1 月到 2006 年 6 月。我们以美元计算月度超额收益（超出一月期国库券利率的部分）[13]。图表 10.1 梳理了各种指数的概念[14]。GSCI 和

---

[10] 大多数规范的均值－方差扩展检验使用的是总收益（而不是风险溢价）。这些检验也要求既有资产的风险敞口（贝塔）之和等于1。但是，由于我们用了现金收益以外的超额收益，贝塔值（复制型组合的有效权重）不需要加总为1。配置的缺口总是可以用现金（在杠杆化情形里现金为负）填补，从而构造出贝塔值加总为1的资产组合。关于均值－方差扩展检验的文献梳理，参见 Frans A. DeRoon, Theo E. Nijman, "Testing for Mean Variance Spanning: A Survey," *Journal of Empirical Finance* 8, no. 2 (2001), pp. 111–155。

[11] 数据来源：肯尼思·弗伦奇博士网站上的数据库（http://mba.tuck.dartmouth.edu/pages/faculty/ken.french/data_library.html）。

[12] 商品期货合约是指在未来日期里买卖定量定价标的物商品的协议。所规定的价格即为期货价格，它在期货合约双方签订合约时就协商确定了。可供交易的合约涵盖能源、畜类、农产品、工业金属以及贵金属等商品行业。商品指数对这些行业存在风险敞口，视其具体的指数构造规则而定。

[13] 在谈论商品投资时，我们指的是现金抵押型商品期货投资，如此，它的收益就与未加杠杆的投资收益持平。我们所说的现金抵押是指，例如价值 20 万美元的期货合约要以 20 万美元的现金存款作为支撑。这等价于一个要求我们缴存全额合约价值的保证金账户。

[14] GSCI 信息来源于高盛的网站：http://www2.goldmansachs.com/gsci/。德意志银行商品指数的信息来源于德意志银行（2006 年 7 月）的《商品用户指南》，http://dbfunds.db.com/Pdfs/dbuserguidetocomm.pdf；以及与德意志银行迈克尔·刘易斯的电子邮件交流。图表 10.1 中 CSI 的信息是关于其组成部分的信息：MSCI 世界能源指数和世界原料指数。数据来源于 http://www.mscibarra.com/以及与 MSCI 客服的电子邮件交流。CSI 的数据来源为 Factset 数据库。

DBLCI 都是试图获取无条件风险溢价的被动型指数。理念与此相反的是 DBLCI – MR 和 DBLCI – OY 指数。这两种指数反映的是主动型策略（上调相对便宜商品的权重，下调相对较昂贵商品的权重，或者滚动期货合约来优化滚动收益率）。

创建图表依据的是从高盛、德意志银行和 MSCI Barra 公司处获得的数据。

图表 10.1　　　　　　　　　　另类指数的构造规则

特征	GSCI	DBLCI	DBLCI – MR	DBLCI – OY	CSI
发布时间	1991 年	2003 年	2003 年	2006 年	1999 年
指数理念	权重由世界产量的平均值决定	对相关行业内流动性最高商品的敞口	利用商品价格的均值回归趋势	利用商品的期限结构信息	对商品股票的市值加权敞口
权重调整	每年一次指数维护	每年一次、每月调整中质低硫原油（WTI）和燃油的权重	每年一次	每年一次	每个季度一次
目前采样范围	24 种商品	6 种商品	6 种商品	6 种商品	MSCI 世界能源指数与世界原材料指数各取 50%
历史	回溯至 1969 年	回溯至 1969 年	回溯至 1969 年	回溯至 1969 年	回溯至 1994 年

图表 10.2 给出了投资机会集合的相关性与年化波动率。我们把月度波动率乘以 $\sqrt{12}$ 即可得到年化波动率。4 种商品期货指数在波动率与相关性上极为相似。我们注意到即使 DBLCI – OY 的波动率（15%）最低，但与同期的美国股票相比，还是显得偏高。如果将相关性视作相似性的测度指标，那么商品股票指数（CSI）与商品期货指数是存在差异的。首先，这 4 种商品期货指数互相之间高度相关，而 CSI 与这 4 种商品期货指数之间的相关性相对较低。举例来说，DBLCI 与 DBLCI – OY 的相关系数为 0.95，而 CSI 与 DBLCI – OY 的相关系数只有 0.26。其次，4 种商品期货指数与美国债券和股票负相关，而 CSI 与美国债券和股票是正相关的。例如，CSI 与美国债券的相关系数为 0.63，这是很直观的，因为 CSI 是由商品股票构成的投资组合。

图表 10.2　　投资机会集合（基于月度超额收益）的无条件历史相关性与
　　　　　　　年化波动率（主对角线）（1989 年 1 月至 2006 年 6 月）

	GSCI	DBLCI	DBLCI – MR	DBLCI – OY	CSI	美国债券	美国股票
GSCI	0.19	0.93	0.79	0.89	0.24	– 0.01	– 0.04
DBLCI	0.93	0.20	0.89	0.95	0.20	– 0.06	– 0.04
DBLCI – MR	0.79	0.89	0.17	0.87	0.22	– 0.07	– 0.03
DBLCI – OY	0.89	0.95	0.87	0.15	0.26	– 0.09	0.00
CSI	0.24	0.20	0.22	0.26	0.15	0.04	0.63
美国债券	– 0.01	– 0.06	– 0.07	– 0.09	0.04	0.04	0.12
美国股票	– 0.04	– 0.04	– 0.03	0.00	0.63	0.12	0.14

资料来源：根据彭博、Factset、Datastream 和肯尼思·弗伦奇网站（http：//mba.tuck.dartmouth.edupages/faculty/ken.french/data_library.html）的数据创建图表。

图表 10.3 给出了投资机会集合的月度风险溢价、标准差和相应的 t 值。三个德意志银行商品期货指数（DBLCI、DBLCI-MR 和 DBLCI-OY）中每个指数都有较高的月度风险溢价（超过 80 个基点），并且 t 值大于 2。DBLCI-OY 的 t 值[15]（$2.76 = \frac{0.0084}{0.0438}\sqrt{210}$）最大。由于 DBLCI-OY 考虑了商品期限结构走势的因素，这一点也就不太出乎意料了。CSI 具有相对较高的月度风险溢价（59 个基点），其 t 值为 1.93。但是这还不足以使商品投资成为一个合格的资产类别。

图表 10.3 投资机会集合（基于月度超额收益）的月度风险溢价、标准差以及相应的 t 值（210 个观测值）（1989 年 1 月至 2006 年 6 月）

	GSCI	DBLCI	DBLCI-MR	DBLCI-OY	CSI	美国债券	美国股票
风险溢价	0.57%	0.85%	0.80%	0.84%	0.59%	0.22%	0.64%
标准差	5.56%	5.70%	5.04%	4.38%	4.42%	1.09%	4.13%
t 值	1.50	2.16	2.31	2.76	1.93	2.93	2.24

资料来源：根据彭博、Factset、Datastream 和肯尼思·弗伦奇网站（http://mba.tuck.dartmouth.edupages/faculty/ken.french/data_library.html）的数据创建图表。

我们看到商品投资能为投资组合提供分散化效益，因为它们与既有资产的相关性较低。但如同前文讨论的那样，这不是成为合格资产类别的充分条件[16]。全体商品指数也提供了非常可观的风险溢价，而且幅度与股票的风险溢价水平相当甚至在股票之上。再强调一次，这只是商品作为资产类别的有力旁证，而不能证明商品自身成为资产类别。真正重要的是资产类别特定风险溢价的显著性，而不是总风险溢价的显著性。

经验研究结果

持有股票和债券的投资者

本节运用均值方差扩展检验这种回归方法研究美国投资者的资产配置。为了规范地检验商品是否扩大了投资机会集合，需要把风险溢价中已经被既有资产（这里指股票和债券）解释了的那部分去掉，并且检验所剩余部分（α）的显著性。我们对商品指数运用均值方差扩展检验这种回归方法[17]。具体来说，将 5 种商品指数对美国股票和债券指数做回归[18]。换言之，从一个投资于美国股票和美国债券的美国投资者入手，看商品投资能否改善他的风险收益权衡。我们给出了回归系数以及相应的 p 值。p 值计算的是一个给定的统

---

[15] t 值（月度平均收益的显著性）是用风险溢价与标准差之比乘以观察值个数的平方根而得到的。请注意，要使 t 检验有效，收益必须为正态分布；否则就要用到非参数检验，如威尔科克森检验。

[16] See Gorton and Rouwenhorst, "Facts and Fantasies about Commodity Futures."

[17] 更为复杂的统计程序可以克服数据缺失问题，可以解释商品之间的协方差结构且能处理较长历史的时间序列，这些程序都隐含地假设均值方差扩展。这使得它们缺乏吸引力。

[18] 关于 Microsoft Excel 的操作，参见本章附录。

计量由偶然因素而产生（即纯粹偶然）的可能性。p 值为 5% 意味着显著性水平为 5%；也就是说，在所有的随机抽样中，只看到 5% 的样本具有那样高的检验统计量。它也意味着原假设在 5% 的显著性水平下被拒绝。为考察稳健性，我们报告出通常的 p 值、经过怀特（White）调整的 p 值和经过纽维-韦斯特（Newey-West）调整的 p 值。后两者（经过怀特和纽维-韦斯特调整的 p 值）对经典回归假设的偏差具有稳健性[19]。

图表 10.4 给出了回归系数以及它们各自的 p 值。虽然对于 GSCI 和 CSI 这两个指数，我们不能拒绝原假设（在 5% 的水平上），即认为商品不是一种独特的资产类别，但对于 DBLCI、DBLCI-MR 和 DBLCI-OY，我们可以拒绝原假设。在这段时间里，投资于 DBLCI、DBLCI-MR 或 DBLCI-OY 能够显著扩大投资领域。主要的原因在于，相应时期内 GSCI 和 CSI 指数的风险溢价从一开始就不具有显著性。

唯一的例外是 CSI。它不仅显示出最大幅且最显著的股票贝塔，而且具有最低且最不显著的阿尔法。这一点证实了许多从业者的直觉：商品股票交易的性质更像是股票交易，而不那么像商品交易。

图表 10.4　商品超额收益对股票、债券市场超额收益（基于月度超额收益）进行线性回归得到的估计参数和相应的 p 值（1989 年 1 月至 2006 年 6 月）

		回归估计	p 值	经过怀特调整的 p 值	经过纽维-韦斯特调整的 p 值
GSCI	α	0.01	0.13	0.14	0.16
	$\beta_{美国债券}$	-0.02	0.96	0.96	0.96
	$\beta_{美国股票}$	-0.05	0.59	0.66	0.70
DBLCI	α	0.01	0.02	0.02	0.03
	$\beta_{美国债券}$	-0.31	0.39	0.34	0.35
	$\beta_{美国股票}$	-0.05	0.62	0.69	0.73
DBLCI-MR	α	0.01	0.01	0.02	0.03
	$\beta_{美国债券}$	-0.33	0.31	0.28	0.29
	$\beta_{美国股票}$	-0.03	0.76	0.79	0.82
DBLCI-OY	α	0.01	0.00	0.00	0.01
	$\beta_{美国债券}$	-0.36	0.20	0.15	0.15
	$\beta_{美国股票}$	0.01	0.93	0.94	0.95
CSI	α	0.00	0.45	0.44	0.43
	$\beta_{美国债券}$	-0.14	0.52	0.43	0.42
	$\beta_{美国股票}$	0.68	0.00	0.00	0.00

资料来源：根据彭博、Factset、Datastream 和肯尼思·弗伦奇网站（http://mba.tuck.dartmouth.edupages/faculty/ken.french/data_library.html）的数据创建图表。

扩大投资领域：将通胀挂钩债券添加进来

由于投资者和商品指数供应商一直很看重通胀对冲收益，对商品的兴趣也随之增长。

---

[19] 经典回归模型假设回归残差为球型的，也就是说，残差具有恒定的方差而且不相关。当回归残差不具有恒定的方差时，怀特调整具有稳健性；当回归残差为序列相关且/或不具有恒定的方差时，纽维-韦斯特调整是稳健的。详见 William H. Greene, *Econometric Analysis* (Upper Saddle River, NJ: Prentice Hall, 2003)。

通胀上升时，商品往往具有更高的收益，而股票和债券在通胀攀升时往往业绩下滑。商品尤其是能源，是一种重要的投入要素。商品价格上升因而很可能会传递至更广义的CPI（消费品价格通货膨胀）测度指标。但是，如果通胀挂钩债券——**通胀保值债券**（TIPS）[20]与商品指数的相关性很高，或者更确切地说，如果商品赚得的风险溢价已经部分地被通胀挂钩债券所解释，进行商品投资的理由就削弱了[21]。

在我们的研究框架中，可以通过建立商品收益对债券、股票、通胀挂钩债券收益之间的线性回归来研究这个问题。换句话说，将通胀挂钩债券添加至投资者的核心投资领域中，并检验商品的加入能否显著提高投资组合的风险收益效率。对于通胀挂钩债券，我们采用的是美林US. TIPS月度收益（美林公司美国财政部通胀挂钩债券，自2000年9月面市[22]）。在本节的余下部分，首先给出汇总统计量，然后给出回归系数与相应的p值。

图表10.5和图表10.6给出了商品、股票和债券指数的汇总统计量。请注意，美国股票的风险溢价在这段时间里是负的（−12个基点）。但这个负的风险溢价在统计上并不显著。CSI的风险溢价为正（105个基点），t值为1.84。CSI和美国股票的相关性为0.7。

图表10.5也证实了我们的直觉，即商品指数和通胀挂钩债券应该表现出正的相关性。美国股票和CSI二者与TIPS反而表现出负的相关性。商品风险溢价的一些部分自然可以归因于TIPS。这将会如何改变我们的结果呢？商品自身看起来仍然是一个资产类别吗？

图表10.5　投资机会集合（基于月度超额收益）的无条件历史相关性和年化波动率（主对角线）（1989年1月至2006年6月）

	GSCI	DBLCI	DBLCI-MR	DBLCI-OY	CSI	美国债券	美国股票	TIPS
GSCI	0.22	0.93	0.69	0.88	0.34	0.02	−0.02	0.21
DBLCI	0.93	0.18	0.80	0.93	0.33	0.01	0.02	0.23
DBLCI-MR	0.69	0.80	0.13	0.77	0.29	0.04	0.08	0.22
DBLCI-OY	0.88	0.93	0.77	0.15	0.43	−0.06	0.14	0.14
CSI	0.34	0.33	0.29	0.43	0.17	−0.21	0.70	−0.12
U.S.债券	0.02	0.01	0.04	−0.06	−0.21	0.04	−0.34	0.85
U.S.股票	−0.02	0.02	0.08	0.14	0.70	−0.34	0.15	−0.24
TIPS	0.21	0.23	0.22	0.14	−0.12	0.85	−0.24	0.06

资料来源：根据彭博、Factset、Datastream和肯尼思·弗伦奇网站（http://mba.tuck.dartmouth.edupages/faculty/ken.french/data_library.html）的数据创建图表。

---

[20]　TIPS是由美国财政部发行的通胀保值债券。其本金与消费物价指数（CPI）挂钩。利息每半年支付一次，它的息票率固定而本金则根据通胀调整。有关TIPS的更多细节，见网址：http://www.treasurydirect.gov/indiv/research/indepth/tips/res_tips_rates.htm。

[21]　鉴于商品投资的高波动率，商品对冲通胀这一理由被削弱了，因为这种"对冲"同时会将投资者置于大量（与通胀无关的）噪音中。存在锁定通胀风险的资产又进一步削弱了这一理由。

[22]　如果我们使用2000年3月面市的雷曼兄弟TIPS，结果是类似的。

图表 10.6　　投资机会集合（基于月度超额收益）的月度风险溢价、标准差以及相应的 t 值（210 个观测值）（1989 年 1 月至 2006 年 6 月）

	GSCI	DBLCI	DBLCI – MR	DBLCI – OY	CSI	美国债券	美国股票	TIPS
风险溢价	0.81%	1.06%	0.96%	1.49%	1.05%	0.20%	−0.12%	0.44%
标准差	6.27%	5.32%	3.86%	4.32%	4.77%	1.06%	4.45%	1.75%
t 值	1.07	1.66	2.08	2.88	1.84	1.60	−0.22	2.12

资料来源：根据彭博、Factset、Datastream 和肯尼思·弗伦奇网站（http://mba.tuck.dartmouth.edupages/faculty/ken.french/data_library.html）的数据创建图表。

图表 10.7 给出了回归估计和相应的 p 值，其中怀特 p 值仍表示经过怀特调整的 p 值，NW p 值表示纽维·韦斯特调整的 p 值。左栏显示出包含 TIPS 的回归结果，右栏是不包含 TIPS 的回归结果。为了进行比较，我们需要分别建立两组回归。限于 TIPS 数据的可得性，只能考察较短的时间期间。

图表 10.7　　资产类别回归（基于月度超额收益）（2000 年 9 月至 2006 年 6 月）

		回归式中包含 TIPS				回归式中不包含 TIPS			
		估计值	p 值	怀特 p 值	NW p 值	估计值	p 值	怀特 p 值	NW p 值
GSCI	α	0.00	0.60	0.61	0.56	0.01	0.32	0.32	0.26
	$\beta_{美国债券}$	−3.59	0.01	0.00	0.00	0.12	0.87	0.86	0.87
	$\beta_{美国股票}$	−0.07	0.68	0.65	0.63	−0.01	0.94	0.94	0.93
	$\beta_{US\,TIPS}$	2.58	0.00	0.00	0.00				
DBLCI	α	0.01	0.28	0.29	0.24	0.01	0.12	0.11	0.07
	$\beta_{美国债券}$	−3.33	0.00	0.00	0.00	0.12	0.86	0.86	0.86
	$\beta_{美国股票}$	−0.02	0.88	0.88	0.87	0.03	0.83	0.84	0.82
	$\beta_{US\,TIPS}$	2.39	0.00	0.00	0.00				
DBLCI – MR	α	0.01	0.13	0.13	0.11	0.01	0.06	0.05	0.04
	$\beta_{美国债券}$	−1.79	0.04	0.02	0.06	0.29	0.54	0.57	0.56
	$\beta_{美国股票}$	0.06	0.58	0.55	0.53	0.09	0.42	0.43	0.38
	$\beta_{US\,TIPS}$	1.44	0.00	0.00	0.02				
DBLCI – OY	α	0.01	0.02	0.02	0.01	0.02	0.01	0.01	0.00
	$\beta_{美国债券}$	−2.45	0.01	0.01	0.01	−0.06	0.91	0.91	0.90
	$\beta_{美国股票}$	0.09	0.43	0.35	0.33	0.13	0.30	0.28	0.20
	$\beta_{US\,TIPS}$	1.66	0.00	0.00	0.00				
CSI	α	0.01	0.01	0.01	0.00	0.01	0.01	0.01	0.00
	$\beta_{美国债券}$	−0.24	0.76	0.74	0.67	0.11	0.79	0.73	0.65
	$\beta_{美国债券}$	0.75	0.00	0.00	0.00	0.76	0.00	0.00	0.00
	$\beta_{US\,TIPS}$	0.25	0.60	0.50	0.46				

资料来源：根据彭博、Factset、Datastream 和肯尼思·弗伦奇网站（http://mba.tuck.dartmouth.edupages/faculty/ken.french/data_library.html）的数据创建图表。

有趣的是，我们看到添加 TIPS 后，债券贝塔（以及它的显著性）的符号和大小都出现了实质性变化。这意味着商品收益与通胀呈正相关，因为该回归式构造了一个杠杆化的名义和实际债券组合以隔离出通胀的影响。加入 TIPS 之后，所有的阿尔法值都下降了（因为收益被既有的通胀挂钩资产解释了），同时所有的 p 值都上升了，从而削弱了商品作为资产类别的理由。在 10% 的置信水平上，只有 DBLCI - OY 和 CSI 依然是显著的。CSI 的显著性是惊人的。但这是由于在简单市场收益之外，它们存在巨大的价值和规模敞口。引入这些因素会导致阿尔法值很不显著[23]。

DBLCI - OY 指数具有最佳的资产特定风险收益，这一事实与笔者在哪家公司供职并无关联。更可能是其他一些微妙的因素在起作用。请注意，所有的指数都遵循不同的构造规则。本质上它们是将某种构造规则应用于已知的期货收益历史数据。在首次发布时，它们很完美地体现了样本内优化篮子，除非你认为指数提供商发布的指数在风险收益特征上要劣于其竞争者。随着时间的推移，业绩将越来越偏离样本结果，而且风险溢价的显著性通常也会下降。有鉴于此，1991 年推出的 GSCI 到现在为止并未表现出较强的业绩也就不足为奇了。截至 1992 年，GSCI 指数收益率为 11.6%，而标准普尔 500 指数为 11.6%（根据回填数据），但是在 1992—2004 年间，GSCI 的收益率还不到它原来的一半（7%），而标准普尔 500 指数为 10.4% 几乎保持不变[24]。

商品作为一种资产类别的证据，不像我们一般认为的那样明确。对于关注债券和股票的传统投资者来说，商品确实是非常有用的，但对于希望把通胀挂钩债券包括在内的投资者来说，商品的作用则要小得多。不过，上述结果仍然显示出商品作为资产类别的经济显著性（即它们在经济上是有意义的），并且可能与具体的样本有关。毕竟即使 0.24 的 p 值也表明检验统计量更倾向于支持商品作为一个资产类别。

到现在为止，我们隐含着假设商品指数反映出资产类别收益，就好比按市值加权的股票指数反映出股票这个资产类别的收益。商品指数能否代表资产类别、是否反映被动形式的投资，还有待争论。我们将在下一节中论证由于缺乏客观的市场权重分配方案，商品指数更像是主动型策略，而不是被动型投资[25]。

商品指数业绩的潜在误区

常态现货溢价并不是常态

为了回答商品自身是否为一种资产类别，我们需要回答商品投资是否存在无条件风险

---

[23] 如果把价值和规模因素加入回归式的右端，CSI 指数 α 的 p 值会变为 0.49、0.45（经怀特修正）、0.24（经纽维-韦斯特修正）。引入价值和规模因素，DBLCI - OY 在 10% 水平上依然是显著的。价值和规模因素的数据来源为肯尼思·弗伦奇博士的数据库（http://mba.tuck.dartmouth.edu/pages/faculty/ken.french/data_library.html）。

[24] See Claude B. Erb and Campbell R. Harvey, "The Tactical and Strategic Value of Commodity Futures," Financial Analysts Journal 62, no. 2 (2006), pp. 69 - 97.

[25] 参见厄尔布和哈维关于这个见解的广泛讨论（Erb and Harvey, "The Tactical and Strategic Value of Commodity Futures"）。

溢价。作为对承担商品风险的补偿，遵循买入并持有策略的投资者可以获得无条件风险溢价。这一点与条件风险溢价形成对比，条件风险溢价只是在特定的经济环境下才会出现。遵循买入并持有策略的商品投资者不能够获得条件风险溢价。在此我们要提出的问题是：有多少理论支持无条件风险溢价的存在[26]？

对于遵循商品期货多头策略的投资者而言，无条件风险溢价的存在是以凯恩斯常态现货溢价理论（译者注：也简称为现货溢价理论）为依据的[27]。现货溢价假设今天的期货价格低于预期的未来现货价格。它的想法是商品生产者会出售商品期货以规避商品价格的波动风险。例如，玉米生产者将出售玉米期货以对冲玉米未来价格可能下跌的风险。购买玉米期货的投资者实质上就为玉米生产者提供保险。因此，他们要求期货价格低于预期的未来现货价格。玉米期货的多头方面由于承担了未来现货价格波动的风险，因此从玉米生产者那里获取无条件风险溢价。实质上，现货溢价理论隐含着这样一层意思：为了诱使风险规避型投资者持有商品期货，必须存在一笔风险溢价。该理论只能被间接地证明，因为现货溢价是不可观测的。毕竟预期的未来现货价格是不可观测的。但如果我们能够查明所有商品期货的超额收益都大于零，就能够以此作为现货溢价存在的事后证据（即无条件风险溢价）。

现货溢价的经验研究结果是否定的。比如，博迪和罗桑斯基（Bodie and Rosansky）[28]、科尔布（Kolb）[29]、戈登和鲁文赫斯[30]记录了各种商品期货的超额收益，他们发现现货溢价理论大体上被各商品期货所否决。在图表10.8中我们绘制了年化超额收益与年化滚动收益的对比图。滚动收益是假定期货合约的期限结构不变时，随着时间的推移（持有期货）而获得的收益。如果市场处于现货溢价（期限更久的期货合约以更低的价格出售，即期货价格的期限结构向下倾斜），沿着曲线滚动操作所赚得的收益（例如，手头上3月期的期货在一个月后作为2月期的期货出售，预期的滚动收益）是正的，而如果市场处于现货贴水状态（向上倾斜的期限结构），滚动操作的收益即为负值。期限结构的斜率越大，盈亏幅度越大。

---

[26] 研究结构性风险溢价存在性的最常用框架是**资本资产定价模型**（CAPM）。根据CAPM，证券的期望收益率等于无风险利率加上市场风险溢价与该证券β值的乘积，其中市场风险溢价是无风险利率以上的超额收益，β测度的是该证券对市场的敏感度（或者说测度系统性风险）。这里的市场为整个股票市场。市场一般由按市值加权的股票市场指数表示，比如标准普尔500指数。在CAPM中，商品期货经过市场风险调整的超额收益应当与其市场β值成比例。经验文献显示出CAPM风险溢价缺乏支持。杜撒克（Dusak）的研究指出，1952—1967年，小麦、玉米和大豆的预期收益较低，同时相应的股票市场β值也较低（Katherine Dusak, "Futures Trading and Investor Returns: An Investigation of Commodity Market Risk Premiums," *Journal of Political Economy* 81, no. 6 (1973), pp. 1387–1406）。最近，厄尔布和哈维指出，许多风险指数的β值并不显著，例如市场指数、价值股减增长股指数、小盘股减大盘股指数以及债券市场风险指数。这些结论与我们的数据是相符的，我们的数据表明基于期货的商品指数与股票收益之间的相关性很低（例如，美国股票与DBLCI-OY之间的相关性为零）。鉴于CAPM在理论上与经验上存在的问题，我们不应该给予它过多关注。我们在本章将忽略CAPM，毕竟如果商品不是市场组合的一部分，那么很难想象如何将CAPM应用到商品上（Claude B. Erb and Campbell R. Harvey, The Tactical and Strategic Value of Commodity Futures, Working Paper, Unabridged Version, January 2006）。

[27] John M. Keynes, *A Treatise on Money*, vol. 2 (London: Macmillan, 1930).

[28] Zvi Bodie and Victor Rosansky, "Risk and Return in Commodity Futures," *Financial Analysts Journal* 36, no. 3 (1980), pp. 27–39.

[29] Robert W. Kolb, "Is Normal Backwardation Normal?" *Journal of Futures Markets* 12, no. 1 (1992), pp. 75–91.

[30] Gorton and Rouvenhorst, "Facts and Fantasies about Commodity Futures."

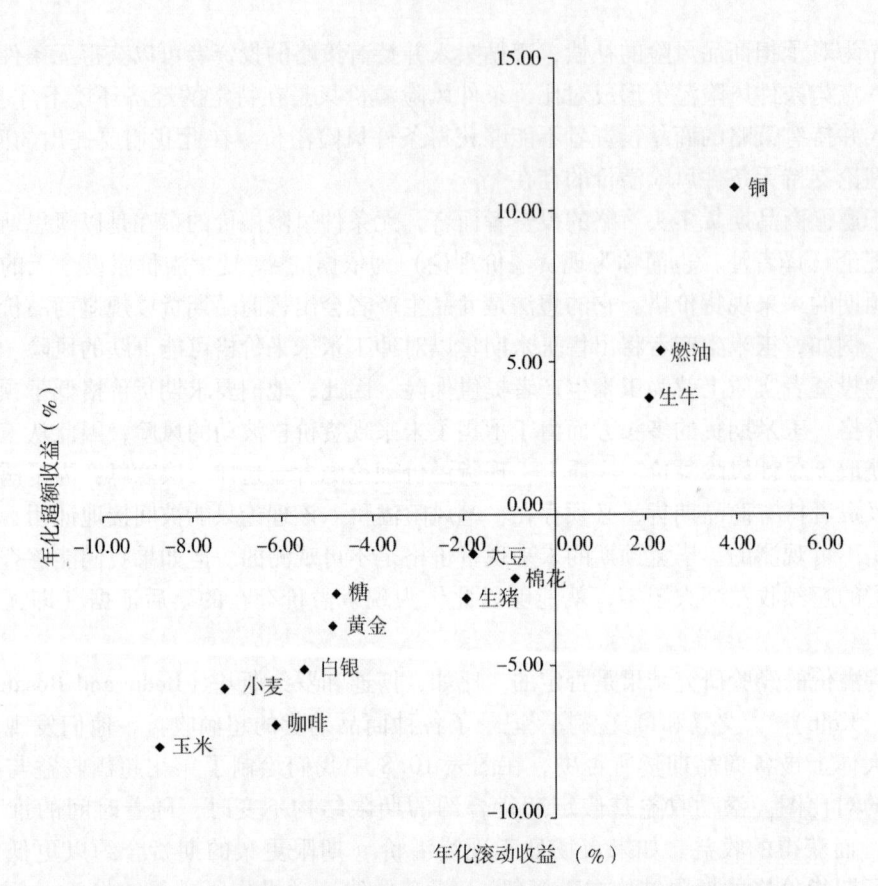

图表 10.8　各种商品期货的超额收益与滚动收益对比（基于月度数据，1982 年 12 月至 2006 年 10 月）

资料来源：根据 Datastream 的数据创建图表。

与现金收益相比，12 种商品期货中只有 3 种存在正的超额收益，而且只有 3 种商品期货的滚动收益大幅为正。现货溢价理论与这些观测结果不相符，正如科尔布所言，常态现货溢价并不正常。这与凯恩斯的现货溢价理论形成鲜明对比，该理论（如果它是对的）也适用于期货溢价型的市场（就像金融市场常常出现的那样，期货价格高于当前的现货价格）[31]。

更多的现代理论认为存在条件风险溢价。对冲压力假说[32]是这些理论中最突出的。凯恩斯现货溢价理论认为，商品供给方常常需要支付风险溢价以诱使投机者持有商品，而对冲压力假说从双方的角度考虑问题。如果需求方需要持有商品以避免生产的中断或瓶颈问题，于是不得不对冲掉商品供给的不确定性，他就得向期货合约空头方支付一笔风险溢

---

[31] 需注意，现货溢价理论与现货溢价是不同的。现货溢价是指一种现象，即随着剩余到期时间的延长，期货价格会降低；也就是说，期限较短的期货以较高的价格交易。我们可以将现货溢价视作商品期货合约的正收益，但这还不能确保正的超额收益。

[32] 对冲压力假设出自于以下文章：Paul H. Cootner, "Returns to Speculators: Telser versus Keynes," *Journal of Political Economy* 68, no. 4 (1960), pp. 396–404; and Richard Deaves and Itzhak Krinsky, "Do Futures Prices for Commodities Embody Risk Premiums?" *Journal of Futures Markets* 15, no. 6 (1995), pp. 637–648.

价。一些研究找到了经验证据来支持对冲压力假说[33]。这种形式的风险溢价适用于从事战术性资产配置的投资者,而不适用于战略性买进并持有型的投资者。但对冲压力不能被用来佐证商品指数收益将提供结构性风险溢价。

总而言之,现货溢价并不存在。不出所料,商品指数(事后优化至其发布日)主要针对的是那些显示出最佳超额收益的商品期货(能源,特别是石油)。更糟糕的是,对冲压力可以变化而且也会变化,如此一来,无条件风险溢价就缺乏理论支持,这导致指数供应商走向另一个极端。DBLCI-OY 明确指出要查明超额收益的条件性。虽然这与理论探讨以及经验证据更为一致,但它还是主动型策略。

风险溢价还是分散化收益

我们可以将商品指数看作是各个商品收益的组合。因此它的收益高度依赖于权重分配方案以及各个期货收益[34]。虽然各个商品期货的超额收益(随时间变化的风险溢价,其是否大于零在事前尚不可知)有正有负,但商品指数的超额收益都大于零。博迪和罗桑斯基、戈登和鲁文赫斯指出,等权重组合具有统计显著的收益,等权重组合是指对超额收益为正的期货合约没有特殊偏倚的投资组合。这种矛盾从何而来呢?即便各个组成部分大体上没有正的超额收益,为什么商品指数能提供正的超额收益?

厄尔布和哈维[35]认为,由于部分超额收益是指数维护效应造成的,商品期货指数不一定是商品市场整体业绩的优良测度指标。如果不对商品指数成分按市场加权[36],期货头寸将被重新加权至初始权重。我们从图表10.8中可以间接推知指数的维护红利效应。把12种商品期货收益按等权重加权将得出年化超额收益为 -1.88%。这与商品收益的经验证据有很大不同,同一时期内 GSCI 给出了高达3.97%的超额收益,而同期内等权重组合的超额收益为1.21%。启发性地说,维护红利通过以下方式起作用。我们知道几何收益是方差的减函数。降低这种方差拖拽(variance drag)可以增加投资组合的几何收益。因此经过维护的组合几何收益往往超过其组成部分的加权平均收益。我们可以将维护收益近似为各组合成分 $i=1,\cdots,n$ 的方差 σ_i^2 平均值与等权重组合方差 σ_{ew}^2 之差的 $1/2$[37]

---

[33] **天气风险溢价**是最明显的随时间变化风险溢价,原因在于季节性的对冲压力。需求方愿意在期货价格上设置一笔溢价以确保供给免受干扰。例如,需求方(星巴克)由于担心巴西出现霜冻,会签下重金以保证生产经营的确定性。但是,请注意这是有条件的,即它是一个随时间变化的风险溢价。经验证据参见:Hendrik Bessembinder, "Systematic Risk, Hedging Pressure and Risk Premiums in Futures Markets," *Review of Financial Studies* 5, no. 4 (1992), pp. 637 - 667; and Frans DeRoon, Theo E. Nijman, and Chris Veld, "Hedging Pressure Effects in Futures Markets," *Journal of Finance* 55, no. 3 (2000), pp. 1437 - 1456.

[34] **维护红利**(也称**波动率抽利** volatility pumping)在下述文献中均有描述:Robert Fernholz and Brian Shay, "Stochastic Portfolio Theory and Stock Market Equilibrium," *Journal of Finance* 37, no. 2 (1982), pp. 615 - 624; and David G. Luenberger, *Investment Science* (NewYork: Oxford University Press, 1998)。

[35] Erb and Harvey, "The Tactical and Strategic Value of Commodity Futures."

[36] 根据期货合约的定义,在同一份合约中每个多方(头寸)投资者必然对应着一个空方(头寸)投资者。这样一来,期货合约多头和空头的未平仓价值必须恰好互相抵销。因此就不存在商品期货市场市值这个概念。按这种逻辑,所有商品指数都应该是主动型策略,因为我们不可能定义出自然属性的被动型头寸。

[37] 厄尔布和哈维推导出分散化收益的几个近似表达式(See Erb and Harvey "The Tactical and Strategic Value of Commodity Futures")。

$$\text{分散化收益} \approx \frac{1}{2}(n^{-1}\sum_{i=1}^{n}\sigma_i^2 - \sigma_{ew}^2)$$

由于商品表现出较高的个体波动率以及较低的内部相关性,商品是实施这种策略的理想环境。这样一来,持有等权重的组合并且通过组合维护来保持风险最小化,即可实现最大的分散化收益(降低方差拖拽)。

请注意,实质上这是凹型策略[38],这种策略只在商品合约具有长期明显趋势的情况下才会失效。在这种情况下,我们要不断地减持业绩好的商品,而增加投资于业绩差的商品(此处凸型策略的业绩最好)。在前一种情况下,分散化收益为2.96%。这不是风险溢价而是主动型策略的收益。

结 论

随着商品投资兴趣的增长,投资者逐渐将商品看作是股票和债券以外的一种资产类别。我们首先回顾了资产类别的概念,并且认为问题的本质在于资产类别特定风险溢价的显著性,而不在于风险溢价本身的显著性。

在所考察的任何时段内,把商品添加到由美国债券和股票构成的组合中可以大幅改善风险收益权衡。这种影响在经济和统计意义上都是很大的,并且形成了关于商品战略价值的传统智慧。

但是,商品投资的传统理由有三点值得怀疑。第一,商品指数的历史收益实质上是一个混合体,在其发布日之前它是样本内优化的(事后构造的)商品期货篮子,在发布日之后便是真正的样本外业绩。第二,鉴于各个期货合约一般不产生风险溢价,指数风险溢价的大小(和符号)必然要考虑到标的物商品的收益。第三,商品指数的收益受益于(不同程度地)组合维护红利,这种组合维护红利并不反映风险溢价,而是一种主动型策略。我们将通胀挂钩债券加入投资领域后,商品无条件多头策略的盈利性被减弱。毕竟商品投资的动机来自于其对冲通胀的性质。因此将纯粹的通胀对冲资产引入投资机会中是很重要的。不出所料,我们发现统计证据减弱了,即使其经济显著性依然很强。

本章表明了进行商品投资时应当格外谨慎,而不要像股票或者债券投资中浅薄的投资者那样,天真地买入指数基金以获取结构性风险溢价的敞口。为了收获承担商品风险的回报,明智的主动型策略至关重要。

附 录

Microsoft Excel 中的资产扩展回归

本附录给出 Microsoft Excel 中资产扩展回归的例子。图表 10A.1 给出了 Excel 工作表

---

[38] Andre F. Perold and William F. Sharpe, "Dynamic Strategies for Asset Allocation," *Financial Analysts Journal* (January/February, 1995), pp. 149–160.

中 1989 年 1 月至 1990 年 9 月 DBLCI – OY、美国债券和美国股票的月度超额收益[39]。为了检验 DBLCI – OY 是否获得了不能被美国债券和美国股票所解释的风险溢价，我们将 DBLCI – OY 的月度超额收益对美国债券和股票的月度超额收益进行回归。我们用 Excel 的线性回归工具（Linear Regression Tool of Excel）来做回归。例如，在菜单栏，我们点击工具、数据分析，然后从分析工具中选择回归，然后点击 OK。在弹出窗口中，我们在"输入 Y 区间"中输入 \$B\$2：\$B\$22，在"输入 X 区间"中输入 \$C\$2：\$D\$22，然后点击 OK，图表 10A.2 显示的是回归输出结果。我们注意到截距项、美国债券、美国股票的回归系数分别为 0.02、0.08、– 0.65。相应的 p 值为 0.03、0.92、0.02。截距项较小的 p 值（0.03）表明 DBLCI – OY 在 3% 的显著性水平上不是由美国债券和美国股票所扩展的。

图表 10A.1　　DBLCI – OY、美国债券和美国股票的月度超额收益
（1989 年 1 月至 1990 年 9 月）

	A	B	C	D
1	日期	DBLCI – OY	美国债券	美国股票
2	1989 – 0131	0.0023	0.0093	0.0606
3	1989 – 0228	0.0378	– 0.0133	– 0.0225
4	1989 – 0331	0.0586	– 0.0040	0.0148
5	1989 – 0428	0.0297	0.0142	0.0415
6	1989 – 0531	– 0.0225	0.0169	0.0314
7	1989 – 0630	0.0336	0.0233	– 0.012
8	1989 – 0731	– 0.0459	0.0114	0.0701
9	1989 – 0831	0.0380	– 0.0219	0.0147
10	1989 – 0929	0.0467	– 0.0014	– 0.008
11	1989 – 1031	0.0018	0.0179	– 0.0361
12	1989 – 1130	0.0158	0.0026	0.0109
13	1989 – 1229	0.0484	– 0.0034	0.0122
14	1990 – 0131	– 0.0145	– 0.0222	– 0.0758
15	1990 – 0228	0.0023	– 0.0025	0.0092
16	1990 – 0330	– 0.0191	– 0.0057	0.0177
17	1990 – 0430	– 0.0139	– 0.0161	– 0.0352
18	1990 – 0531	– 0.0369	0.0219	0.0821
19	1990 – 0629	– 0.0237	0.0098	– 0.0105
20	1990 – 0731	0.0729	0.0075	– 0.0162
21	1990 – 0831	0.1344	– 0.0201	– 0.0985
22	1990 – 0928	0.1474	0.0023	– 0.0598

资料来源：根据彭博、汤姆森金融 Datastream 和肯尼思·弗伦奇网站（http：//mba.tuck.dartmouth.edupages/faculty/ken.french/data_library.html）的数据创建图表。

---

[39] 请注意，由于版面限制，该回归例子只包括了 21 个观察值。正文中回归式的样本规模要更大一些。

其他回归数据

为了对回归系数作出有意义的解释,需要检验 OLS 回归的隐含假设是否得以满足。因此我们检查下列回归诊断值。

图表 10A.3 给出了图表 10.4 中回归式的回归诊断值。我们需要检验回归残差是否不相关并且服从正态分布。第二列"DW 统计量"显示出杜宾-沃森序列相关性检验的统计量。如果杜宾-沃森统计量为 2,意味着残差中不存在序列相关性。如果杜宾-沃森统计量大于(小于)2,意味着残差中存在负的(正的)序列相关性。第三列显示出相关性检验(龙格-博克斯检验)的 p 值。原假设为不存在相关性。第四栏是正态性检验(雅克-贝拉检验)的 p 值。原假设为残差是正态分布的。我们注意到图表 10A.3 中 GSCI、DBLCI、DBLCI-MR 和 DBLCI-OY 的 p 值较小,这意味着这些指数的零相关性和正态性原假设被拒绝。

图表 10A.4 给出了图表 10.7 回归式的回归诊断值。所有回归正态性检验的 p 值都较大,这意味着正态性原假设不能被拒绝。除 DBLCI-OY 外,相关性检验的 p 值都较大,所以经过怀特和纽维-韦斯特调整的 p 值应该比未经过调整的 p 值更准确些。

图表 10A.2   DBLCI-OY 月度超额收益对美国债券、美国股票月度超额收益的回归结果(1989 年 1 月至 1990 年 9 月)

输出结果汇总	
回归统计量	
R	0.570891396
R-平方	0.325916986
调整的 R-平方	0.251019974
标准误	0.044099412
观测值个数	21

方差分析

	自由度	SS	MS	F	F 显著性
回归	2	0.016925119	0.008462559	4.351471287	0.028735612
残差	18	0.035005647	0.001944758		
总计	20	0.051930766			

	系数	标准误	t 统计量	p 值	下 95%	上 95%
截距	0.02309118	0.00968636	2.38388582	0.02834815	0.00274087	0.04344149
X 变量 1	0.08212403	0.82220385	0.09988281	0.92154142	-1.64526350	1.80951156
X 变量 2	-0.64988523	0.25623885	-2.53624787	0.02068561	-1.18822349	-0.11154697

资料来源:根据彭博、汤姆森金融 Datastream 和肯尼思·弗伦奇网站 (http://mba.tuck.dartmouth.edupages/faculty/ken.french/data_library.html) 的数据创建图表。

图表 10A.3　扩展回归诊断（基于 1989 年 1 月至 2006 年 6 月期间的月度超额收益）

	DW 统计量	p 值（相关性检验）	p 值（正态性检验）
GSCI	1.83	0.00	0.00
DBLCI	1.89	0.00	0.00
DBLCI – MR	1.80	0.00	0.00
DBLCI – OY	1.77	0.03	0.00
CSI	1.93	0.84	0.07

资料来源：根据彭博、Factset、Datastream 和肯尼思·弗伦奇网站（http://mba.tuck.dartmouth.edupages/faculty/ken.french/data_library.html）的数据创建图表。

图表 10A.4　扩展回归诊断（基于 2000 年 9 月至 2006 年 6 月期间的月度超额收益）

A 部分：回归式中包含 TIPS			
	DW 统计量	p 值（相关性检验）	p 值（正态性检验）
GSCI	1.85	0.15	0.56
DBLCI	1.74	0.12	0.29
DBLCI – MR	1.80	0.51	0.22
DBLCI – OY	1.66	0.00	0.36
CSI	2.30	0.15	0.68
B 部分：回归式中不包含 TIPS			
	DW 统计量	p 值（相关性检验）	p 值（正态性检验）
GSCI	1.90	0.15	0.81
DBLCI	1.88	0.11	0.39
DBLCI – MR	1.94	0.22	0.29
DBLCI – OY	1.74	0.01	0.37
CSI	2.31	0.20	0.69

资料来源：根据彭博、Factset、Datastream 和肯尼思·弗伦奇网站（http://mba.tuck.dartmouth.edupages/faculty/ken.french/data_library.html）的数据创建图表。

第11章
商品交易顾问基金/管理型期货的策略基准：业绩与回顾

托马斯·施内魏斯（Thomas Schneeweis）博士
主任
国际证券与衍生品市场研究中心
伊森伯格管理学院
马萨诸塞大学

拉杰·古普塔（Raj Gupta）博士
研究主任
国际证券与衍生品市场研究中心
伊森伯格管理学院
马萨诸塞大学

杰森·雷米拉德（Jason Remillard）
量化分析师

管理型期货是指由**商品交易顾问基金**（CTA）[①] 或**商品基金经理**（CPO）[②] 等职业组合经理构成的行业，它们以投资全球范围的远期、期货和期权市场为主要投资手段，自主

[①] 商品期货交易委员会（CFTC）将**商品交易顾问基金**（CTA）定义为，以获得回报或盈利为目的的机构或个人，就买卖商品期货或期权合约的可行性，直接或间接地向他人提供建议。

[②] 商品期货交易委员会将**商品基金经理**（CPO）定义为经营商品基金的个人或公司（例如：如果商品基金按照有限合作制组建，那么其普通合伙人通常为 CPO）。商品基金是投资信托、集团或者类似形式的企业，经营目的是交易期货或期权合约。

地管理客户的资产。管理型期货能够提供针对国际性金融类与非金融资产行业的直接敞口，并（借助其承担多/空投资头寸的能力）提供某些风险收益模式的敞口，这种敞口难以从传统的只做多型股票和债券组合中获取，也难以从房地产、私募股权或商品等另类投资方式中获取。之前的研究表明，管理型期货往往：（1）降低股票和债券组合的波动率，这是由于管理型期货与股票、债券市场的相关性较低；（2）增加股票、债券以及股票和债券组合的收益，特别是在传统股票和债券投资的收益机会受限的经济环境中[3]。

学术研究主要是围绕着管理型期货的优势与风险展开，却较少涉及评判个体 CTA 或 CTA 策略的相对业绩优势。该领域研究不足的原因之一在于，传统的多因素基准模型虽然可以用于刻画驱动传统股票和债券的各种市场因素，也可以用于刻画许多对冲基金的策略，但在解释 CTA 的收益状况上则无用武之地。这主要是由于 CTA 内在的策略重心决定了投资配置，而这些投资并不以传统的只做多型股票和债券指数作为基准。事实上，管理型期货曾一度被描述成绝对收益策略，因为它们的目标是在不同市场间获取正的收益。这种做法往往使它们对传统权益类基准的敞口较低（零贝塔值），因而在测度业绩时，常以无风险利率作为参照基准。时至今日，我们都很明白，需要对管理型期货策略的内在风险结构作出更全面的了解，同时，为了理解 CTA 策略的内在收益以及该 CTA 相对于类似策略的业绩，也需要用各种各样的基准指标。

在本章分析中，不可能涉及管理型期货基准的方方面面。本章涉及的问题是：（1）管理型期货投资优势的简单介绍；（2）基于组合经理的 CTA 基准构造的简要回顾；（3）各种 CTA 基准（基于组合经理的不可投资指数、基于组合经理的可投资指数、基于证券的被动型指数）相对业绩的经验分析。在本章中，参照零风险（如国库券）、总风险（夏普比率）、市场因素风险（如标普 500 指数）、策略风险（如基于期货的被动型 CTA 指数）以及同业组合基准（基于组合经理的可投资和不可投资指数），比较各种 CTA 指数的相对业绩情况。最后，对于在分析期间内数据齐全的一组 CTA，以零风险、总风险、市场风险、策略风险（基于期货的被动型 CTA 指数）和同业组合为基准，决定其超额收益。

管理型期货的优势与增长

几个世纪以来，期货与期权一直被用作风险管理工具和增强收益工具。管理型期货作为一种投资品种，最早于 20 世纪 70 年代面市，并在过去数十年里经历了迅猛增长。目前，法国农业信贷银行结构化资产管理部门（CASAM）和国际证券与衍生品市场研究中心（CISDM）管理着一个包含所有存活与死亡 CTA 基金组合经理的数据库。如图表 11.1 所示，CASAM/CISDM CTA 数据库的资产管理总额，已经从 1990 年的近 100 亿美元增长至 2006 年 9 月的 1620 亿美元。

投资者对管理型期货的需求增加，表明投资者越来越青睐管理型期货的潜在优势。这些优势包括降低组合风险、增加组合收益的潜力，在不同经济环境中获利的能力以及全球

---

[3] Thomas Schneeweis and Jason Remillard, Benefits of Managed Futures, CISDM Working Paper Series, 2006.

分散化的便利性④。此外，管理型期货还受益于得天独厚的交易环境，因为期货/期权交易商只涉及较低的交易费用、较低的市场影响成本，它们采用杠杆化运作并且在流动性好的市场中进行交易。

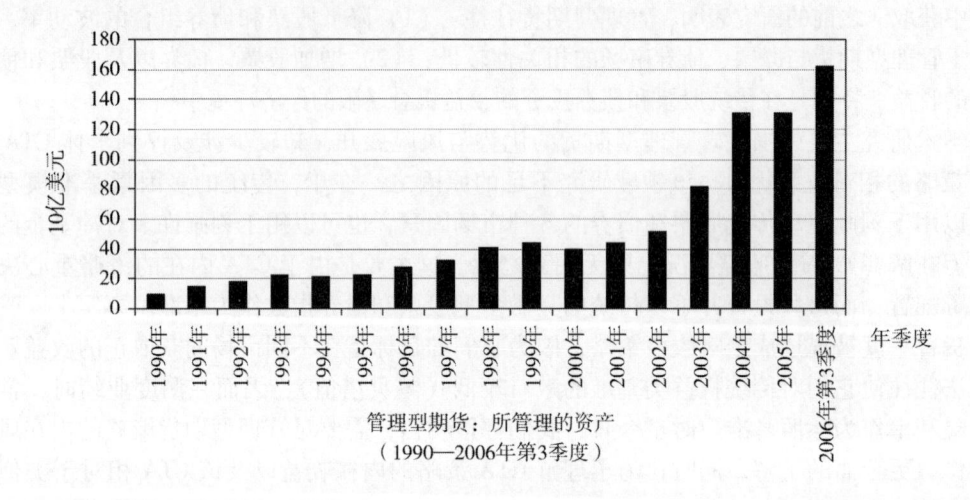

图表 11.1　管理型期货所管理的资产

资料来源：根据 CASAM/CISDM、巴克莱对冲、瑞士信贷银行、东方汇理金融、富时集团、MLM 和标普等网站的数据创建图表。

管理型期货的一般性描述

长期以来，管理型期货都被认为是基于技巧性的投资策略。基于技巧性策略通过交易商的独特技巧或策略而获得收益。由于这些策略的收益是基于组合经理试图在其交易策略的参数内寻求收益最大化，而非单纯地追踪某一个股票或债券指数，因而常常称 CTA 为**绝对收益策略**。由于管理型期货采用的是主动型管理策略，交易商的技巧就很重要。然而，CTA 不直接跟踪股票或债券指数，并不意味着组合经理对传统市场因素缺乏敏感度，也不意味着无法为拥有共同收益走势的相似组合经理创建 CTA 指数。事实已经表明，具体管理型期货的收益也同样是由市场因素（例如价格动量）的系统性变化所驱动，这些市场因素可以利用类似的证券（期货）来复制⑤。事实上，绝大部分的 CTA 使用基于动量的投资策略。

应当注意，许多管理型期货策略主要是在期货市场上交易，因而可以被看成是净的零和博弈。如果 CTA 只与其他的 CTA 做交易，那么我们可以认为管理型期货的收益仅仅依

---

④　对于美国投资者而言，境外期货合约投资一个常被忽视的优势是，投资者仅仅面临期货价值变动的汇率风险，以及外国期货交易所的最低保证金要求。

⑤　Richard Spurgin, Thomas Schneeweis, and Georgi Georgiev, Benchmarking Commodity Trading Advisor Performance with a Passive Futures-Based Index, CISDM Working Paper Series, 2003.

赖于组合经理的技巧。然而学者⑥和从业人员⑦的研究证实，即使现货市场的参与者预期现货头寸会朝着有利的方向或涨或跌（例如，在充分了解到政府会采取平抑价格波动的政策之后，交易商可以通过交易货币和利率期货来谋利），他们仍然愿意卖出或是对冲掉相应的头寸⑧。简言之，可以将管理型期货收益看成是组合经理技巧与策略本身收益的结合体。

CTA 指数的构造

CTA 指数设计

在传统的资产领域中，存在一大类基于组合经理的指数（例如，晨星、理柏）和系统化的被动型股票和债券指数（例如，标普500指数、罗素2000指数）。每种指数在业绩、资产选择以及分类等方面有所不同。类似的，在CTA领域内，存在许多基于组合经理的、或是基于同业组合的，以及基于证券（期货）的系统化被动型可投资CTA指数。投资者应该注意，每一个基于组合经理与/或基于证券的CTA指数系列都以各自的方式展示业绩、选择组合经理并划分投资风格；然而，普遍看来，每一个CTA指数都在试图满足一系列属性。虽然创建指数的标准尚无定论，但CTA指数为了反映投资实践，并且体现出与股票和债券指数共有的指数特征，应该考虑下列属性：

- **清晰性**。指数中包含的CTA信息、分配给每只基金的权重都应当完整披露而且立等可取。指数意图追踪的因素或市场策略也应当明确界定。指数成分和权重变更的准则也应事先说明。
- **可投资性**。虽然各种"风格"指数本身或许不能直接地用于投资，但我们预期，投资者能够以最小的追踪误差和相对较低的成本来赚取这些指数上的收益。
- **可测度性**。投资者可以接触到指数计算所使用的价格或收益数据，这样就能独立地核实各个指数收益。
- **适当性**。指数会摒弃掉一般投资者不会持有的基金，并且采用符合常识的权重方案和维护方法。
- **问责性**。指数成分和计算方法的变更应当由委员会斟酌决定，该委员会的成员是公开的。此外，整个过程应当依照既定的且表述清晰的程序进行。

---

⑥ 关于管理型期货收益来源方面的讨论，参见"Richard Spurgin, Some Thoughts on the Source of Return to Managed Futures", CISDM Working Paper Series, 2005。

⑦ 关于带有远期利率偏差的最优货币对冲政策讨论，参见：Mark Kritzman, "The Optimal Currency Hedging Policy with Biased Forward Rates," *Journal of Portfolio Management*, no. 4 (1993), pp. 94 – 100。

⑧ 其他的例子如保险购买者，这些人愿意为降低风险而支付费用。保险公司从愿意对冲掉风险的个人身上获得正的风险投资收益。

主要的 CTA 指数

基于组合经理 公开可得的基于组合经理的 CTA 指数大致上可以分为两类：基于组合经理的不可投资（主动型）指数和基于组合经理的可投资（主动型）指数。基于组合经理的不可投资指数通常由主要的数据库供应商构造，因为组合经理向其各自的数据库报告数据。需要指出的是，在这些基于组合经理的不可投资 CTA 指数中，没有一个指数能完全代表 CTA 行业，此外，虽然各数据库可能包含类似的组合经理，但某些组合经理仅向单独一家数据库报告，如图表 11.2 所示。相比之下，构造基于组合经理的可投资指数一般只涉及较少量的组合经理，这些组合经理直接向该指数供应商报告；此外，这类指数通常是基于管理型账户而非基于集合投资工具。事实上，在各个数据库供应商或可投资型 CTA 平台供应商之间，创建不可投资指数所使用的标准会存在巨大差异，可以归纳如下：

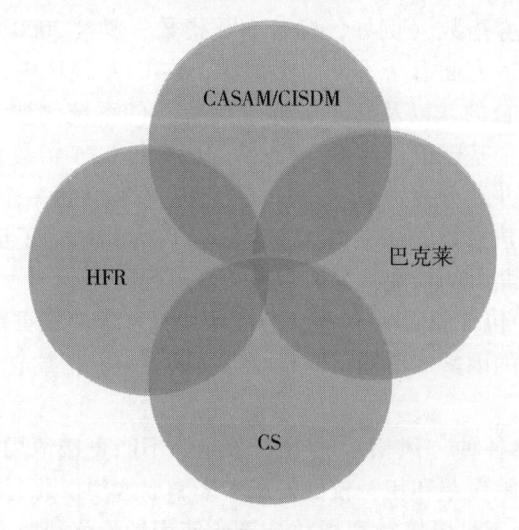

图表 11.2　公开数据库中组合经理领域的示意

资料来源：作者。

- **选择标准**。这些决策规则决定把哪一家 CTA 包含至指数中。选择标准的例子包括追踪记录的长度、管理资产的规模以及对新投资的限制等。
- **风格分类**。如何将每一家 CTA 归入特定风格的指数。某只不满足风格分类方法的基金是否应从指数中剔除。
- **权重方案**。在指数中，某只基金收益被赋予的权重。常见的权重方案包括等权重和对所管理的资产按美元价值加权。
- **可投资性**。指数是直接可投资还是间接可投资。

对于 CTA 行业中的一些人来说，对前文所述的指数标准存有疑虑也是可以理解的。如果将上述标准应用到基于策略（如同业组合）的 CTA 指数上，那么基于组合经理的不可投资指数中没有一个算得上是真正的指数。目前绝大部分的可投资同业组合指数也都不是真正的指数，这样看来，基准这个词语或许更为贴切。图表 11.3 简要地比较了基于组合经理的可投资和不可投资 CTA 指数，以及目前存在的基于证券的被动型 CTA 指数。

第 11 章 商品交易顾问基金/管理型期货的策略基准：业绩与回顾

图表 11.3　现有 CTA 指数之间的比较

	基于组合经理的主动型与基于债券的被动型不可投资和可投资 CTA 指数								
	不可投资 CTA 指数				可投资 CTA 指数			被动型 CTA 指数	
	CASAM/ CISDM	巴克莱商品交易指数CTA	瑞士信贷/ 特莱蒙	东方汇理金融/ 巴克莱	BTOP50	标普管理型期货	CSFB/ 特莱蒙 INVX	FTSE CTA/ 管理型期货	MLM	MFSB
权重	等权重	等权重	资产	等权重	资产	等权重	资产	多种标准	多种标准	多种标准
数据可得性	2001 年	1987 年	2003 年	2000 年	2003 年	2002 年	2003 年	2004 年	1998 年	2003 年
策略分类	7	6	无	无	无	无	无	无	3	3
更新	月度	月度	月度	日度	月度	日度	月度	日度	月度	月度
成分披露	否	否	否	是	是	是	是	是	基于证券	基于证券

资料来源：根据 CASAM/CISDM、巴克莱对冲、瑞士信贷、东方汇理金融、富时、MLM 和标普等网站的数据创建图表。

基于证券（期货）的被动型可投资 CTA 指数　对于许多 CTA 策略，基于证券（期货）的被动型可投资 CTA 指数都是存在的。创建这些指数的目的在于，反映基于组合经理的不可投资与/或可投资 CTA 指数的收益特征。既然这些指数旨在反映基于组合经理的 CTA 策略业绩，那么基于证券的可投资 CTA 指数往往就是趋势跟随型的，这是因为自主判断型 CTA 在本质上很难被系统化地跟踪。

CTA 策略指数

管理型期货这一术语的意义很宽泛，它包含多种多样的 CTA 策略。CTA 按交易策略一般划分为两大类：自主判断型与系统化。在每种常见形式的交易策略里，组合经理可以交易特定的市场板块，例如货币、金融类、商品实货和股票。

交易策略重心

- **自主判断型**。依据各种各样的交易模型，交易金融产品、货币和商品期货/期权，这些模型中有的是基于基本面经济数据和/或交易商个人理念。
- **系统化**。主要运用既定的系统化模型进行交易。绝大部分的系统化 CTA 遵循趋势跟随型交易方案，但也有一些 CTA 从事逆趋势交易。此外，趋势跟随型 CTA 可能专注于短期、中期或长期趋势，也可能综合运用这些趋势。

所交易的期货市场

- **货币**。交易货币期货/期权和远期合约。
- **分散型**。交易金融期货/期权、货币期货/期权和远期合约，以及商品期货/期权。
- **金融类**。交易金融期货/期权，以及货币期货/期权和远期合约。
- **商品实货**。交易场外（OTC）和场内（ETF）的能源、农产品和金属市场的期货与/或期权。
- **股票类**。交易场外和场内的股票类期货与/或期权。

基于组合经理的主动型不可投资 CTA 指数　不可投资指数构成了 CTA 指数的最大部分。基于组合经理的不可投资 CTA 指数主要包括巴克莱 BTOP 50 指数、CASAM/CISDM CTA 指数、巴克莱 CTA 指数、瑞士信贷/特莱蒙管理型期货指数，以及东方汇理金融/巴克莱指数。各指数特征的不同之处如下：

- **CASAM/CISDM**。CASAM/CISDM 是一套按资产加权和等权重加权的指数。这些指数跨越多个市场板块，例如货币、金融类和分散型等，而且跨越多种交易战略如系统化和自主判断型。
- **巴克莱集团指数**。巴克莱集团指数是一套等权重指数。这些指数跨越多个市场板块，例如货币、金融类和分散型等，而且跨越多种交易战略如系统化和自主判断型。巴克莱集团 CTA 数据库被多个指数用于选择组合经理。这些指数每月都更新，而且历史数据可追溯至 1987 年。除了由巴克莱 CTA 数据库编制的 CTA 指数外，巴克莱集团还提供两个反映整体 CTA 领域收益状况的指数。

- **东方汇理金融/巴克莱指数**。东方汇理金融巴克莱指数提供主要 CTA 的日度收益，这些主要 CTA 对新投资是开放的。它每年选择出一批合格的 CTA 用于构造指数，指数维护在每年 1 月 1 日进行。该指数是等权重的，而且每日更新。巴克莱指数在 2000 年推出，而且每月更新。
- **巴克莱 BTOP 50 指数**。BTOP 50 指数试图在交易风格和整体市场敞口方面，复制出管理型期货行业的整体构成。在选择指数中的 CTA 成分时，BTOP 50 使用的是自上而下的方法。按所管理的资产规模计，选出最大的可投资交易顾问基金并纳入指数中。每年所选出的交易顾问基金，总体上代表了巴克莱 CTA 领域中不低于 50% 的可投资资产。该指数是在 2003 年推出的，并且每月更新。
- **瑞士信贷/特莱蒙管理型期货指数**。瑞士信贷/特莱蒙管理型期货指数是资产加权指数，它依据的是向 TASS 数据库报告的基金。与 CISDM 或巴克莱集团不同，瑞士信贷/特莱蒙并不提供各种市场板块或策略的指数。TASS 数据库用来为该指数选择组合经理。该指数每月更新，而且历史数据可追溯至 1994 年。

基于组合经理的可投资 CTA 指数 除基于组合经理的主动型不可投资 CTA 指数之外，市面上也有基于组合经理的可投资 CTA 指数。基于组合经理的可投资指数主要包括标普管理型期货指数、瑞士信贷/特莱蒙 INVX，以及富时对冲型 CTA/管理型期货指数。每种指数的特征如下：

- **标普管理型期货指数**（S&P MFI）。S&P MFI 是等权重的可投资指数，旨在表现出管理型期货/CTA 项目的投资状况。具体说来，该指数的目标是追踪系统化组合经理的业绩，这些组合经理主要使用技术分析里的趋势跟随和模式识别等交易方法。该指数在 2002 年推出，而且每日更新。目前标普管理型期货指数还不是投资产品。
- **瑞士信贷/特莱蒙管理型期货 INVX 指数**。瑞士信贷/特莱蒙管理型期货 INVX 指数是资产加权指数，基于向 TASS 数据库报告数据的合格可投资基金建立。TASS 数据库被用来为该指数选择组合经理。合格基金所管理的资产不得低于 5 千万美元，而且追踪记录应长于 12 个月。该指数每半年进行一次评估与维护。该指数是在 2004 年推出的。
- **基于组合经理的 CTA 指数**。还有许多基于组合经理的可投资 CTA 指数，如富时对冲型 CTA/管理型期货指数。每一只指数的选择方法、权重方案和风格分类都不相同[9]。

被动型可投资 CTA 指数

与其他基于证券的可投资指数（如标普 500 指数）一样，基于证券的被动型 CTA 指数也是依据系统化方法而创建，并且它反映了期货/期权交易的目标——复制出特定 CTA 策略的内在收益流。例如，MLM 指数™ 依据的是一种期货价格趋势跟随模型，该模型反映一篮子商品、全球债券和货币等主动交易型期货合约的价格。其他的被动型可投资 CTA 指数，如 MFSB，也提供 CTA 指数，并且试图产生与某种趋势策略相类似的收益[10]。

---

[9] 我们没有将 MSCI 系统化 CTA 指数包括在内，原因在于它包括更多的全球宏观参与者、更具异质性。

[10] Spurgin, Schneeweis and Georgiev, "Benchmarking Commodity Trading Advisor Performance with a Passive Futures-Based Index." MFSB 指数构造是基于本文中所述的方法。

CTA 基准设计方面的问题

由于每一个基准指数在构造方法上都有所不同,所以在设计恰当的 CTA 基准时,就有必要了解可能会造成影响的一些潜在问题和制约因素。我们接下来就讨论这些潜在的问题。

数据问题 如果我们使用现行的数据库来构造自己的指数,那么该指数可能会包含选择偏差、回溯偏差和生存偏差。如果公开数据库被用于指数的计算,那么在指数推出日之前的收益数据中,也可能包含回溯偏差和生存偏差。

- **选择偏差**。大多数指数都存在这种偏差。它是由选择方法引起的,指数供应商采用不同的方法选择指数成分基金。选择偏差会以多种形式存在(如:如果基金按资产加权,指数会受到大型基金的影响;而如果基金按照等权重加权,指数则会受到高波动率基金的影响)。

- **回溯偏差**。由于组合经理一般是自愿地向基准指数供应商报告业绩数据,这就会出现问题,这些问题影响了基准指数的业绩,甚至可能扭曲相关行业或策略的真实业绩。组合经理可能会等到业绩好转时,才向指数供应商报告他(或她)的业绩。主要 CTA 指数的回溯偏差大都有限,因为许多指数于 20 世纪 90 年代早期就已存在,而且新组合经理只是在首个(业绩)报告月份才被加入至指数。在实践中,由于某些组合经理随时都可能开始向新数据库报告,所以回溯偏差难以估计。

- **新组合经理偏差**。新组合经理往往管理较少的资产,交易的组合也更为集中。因此,他们的业绩也许并不能反映出大型成熟组合经理的业绩。为了消除新组合经理偏差可能引起的业绩高估偏差,指数供应商在计算指数时,一般会剔除前 12~24 个月的报告收益,或是要求该组合经理管理的资产达到一定额度再予以考虑。

- **生存偏差**。当我们依据现行的数据库创建 CTA 指数时,就会造成生存偏差,因为现行的数据库中只包含存活下来的组合经理。由于它没有考虑到那些由于业绩不佳而停止运营或停止汇报的组合经理,所以导致基准指数报告中存在高估偏差。大部分的主要 CTA 指数都不带有生存偏差,因为它们自 20 世纪 90 年代早期就已经存在,于是当组合经理停止报告时,它们并不需要重新发布指数的历史收益数据。

权重 加权方法会对指数业绩的解读造成显著影响。

- **资产加权相对于等权重**。在计算指数业绩时,资产加权指数会依据比例,更加突出大型 CTA 的收益。这会给基准的设计带来问题,因为资产加权指数假定,指数中资产规模较大的 CTA 的业绩能更好地体现出基准的业绩。这种方法更为常见的是依据公司规模赋予权重,而不是依据行业规模赋予权重。等权重指数则不存在任何与规模有关的偏差,因为在计算基准指数时,每只基金都被赋予同等权重。

组合经理选择 构造 CTA 指数必然会涉及选择一组组合经理,并试图用这些组合经理代表一大类的 CTA。制订选择组合经理的步骤,确保这些组合经理代表了意图构造的综合指数或策略指数,决定指数中恰当的组合经理数目——这些都是指数构造所面临的问题。

- **基金综合/策略列表**。定义 CTA 领域并非易事。应当体现出哪种投资策略、综合指数的业绩中应当使用哪种权重方案,这些问题并不存在一般性答案。如此一来,绝大部分的可投资指数都是在策略层面上构造的,因而我们预期历史收益模式或许能够反映未来的业绩特征。

- **基金/组合经理的数目**。指数为了体现某一特定的策略,在组合经理的数目上并不存在限制。然而学术研究表明,大约需要 4~6 个 CTA 才能代表某一特定的 CTA 策略。但一个重要的问题是,指数中的组合经理是按照等权重加权还是按资产加权,其中的度如何把握。严格的资产加权做法可能导致指数中仅包含一种类型的组合经理,这样,策略的分散化程度将会降低。此外,如果指数中的组合经理具有明显不同的波动率,那么波动率最高的组合经理会主导指数的收益走势。
- **组合经理选择的步骤**。在选择组合经理上,指数大都遵照一套公布的量化指标与定性的监测方法。不同策略使用的量化方法各不相同,但它们都是为了构建一个组合经理集合,这些组合经理一般在类似的领域里交易,而且对类似的经济因素很敏感。

经验分析

数据和方法

对于任何投资者而言,使用某种 CTA 指数或基准的根本原则在于,相应的 CTA 或 CTA 策略应当具有相似的交易特征和市场因素特征。在本章分析中,我们提供各种指数的交易特征和市场因素特征等多方面信息,这些指数包括基于组合经理的不可投资指数、可投资另类 CTA 指数,以及基于证券(期货)的被动型可投资指数。需要指出的是,CTA 指数反映的是 CTA 组合的业绩。因此类似于股票指数与个股之间的关系,虽然 CTA 指数的收益可能反映出某个具体 CTA 的预期收益,但在某个特定的策略中,指数的风险估计值会小于任何一个 CTA 的风险。

我们的分析使用月度数据,涵盖了基于组合经理的主动型可投资与不可投资 CTA 指数,以及基于证券的被动型可投资 CTA 策略指数,样本期间为 2001 年 1 月至 2006 年 9 月。需要注意的是,本文中使用的一部分可投资与不可投资组合经理指数是在 2001 年 1 月以后创建的。鉴于创建日之前的指数数据中可能包含生存偏差与/或选择偏差,所以其收益可能存在高估偏差。从研究目的来看,依据主要数据库创建的指数如 CISDM、巴克莱和瑞士信贷等,并不受生存偏差或回溯偏差的影响。然而 BTOP 50、S&P、FTSE 等指数以及 CS 基于组合经理的可投资指数均为 2001 年 1 月以后创建的,因而在 2001 年 1 月至其创建日之间,可能包含某种程度的组合经理选择偏差或回溯偏差。类似的,MSFB 指数于 2001 年重新推出,由于它采用的被动型系统化趋势跟随模型是基于 2001 年的数据,所以受测试期间内收益的影响,这段时期的收益可能存在高估偏差[11]。

最后,就如何用其他方法来确定 CTA 的阿尔法,学者们做出了大量的探讨。如前文所述,CTA 被描述成基于技巧性的投资策略。学术研究已经证实,CTA 收益在一定程度

---

[11] Spurgin, Schneeweis and Georgiev, "Benchmarking Commodity Trading Advisor Performance with a Passive Futures-Based Index".

上是系统地由市场因素（如价格动量）所驱动，而不是仅由单个组合经理的阿尔法所驱动[12]。简而言之，我们可以认为 CTA 收益是组合经理技巧与 CTA 策略（或投资风格）内在收益的结合产物。因此，为了获取阿尔法（超额收益），我们的收益应当超过同等风险或同等可投资的 CTA 策略。当可投资指数不能反映出与 CTA 相类似的风险时，我们便只能使用无风险利率或基于标普 500 指数的 CAPM。这样一来，所得出的 CTA 超额收益就不应该被看成是组合经理技巧的产物。类似的，基于夏普比率或不可投资的多因素模型而得到的超额收益，也不能被看成是组合经理的阿尔法，而只能看作他（或她）相对于单个风险测度指标的超额收益[13]。

简言之，虽然许多 CTA 继续将自己的业绩与国库券收益、标普 500 指数进行比较，甚至与基于夏普比率的预期收益进行比较，但如果考虑到一系列风险程度与之相似的资产，那么这些 CTA 的真实超额收益接近于零（见图表 11.4）。这并不是说 CTA 不能提供价值，只是说 CTA 的收益与其承担的潜在风险是相称的。例如，CTA 收益可能是源于一系列市场因素风险（如交易过程），这些风险给出了多因素基准模型适用于 CTA 策略的一个例子（见图表 11.5）。某些 CTA 策略对股票和债券市场或是对共同的交易过程具有类似敏感度，于是它们表现出对共同市场因素的敏感度。简言之，CTA 策略对各种收益因素的敏感度是基于它们类似的风险敞口。

图表 11.4　　基于单因素和多因素基准的超额收益/阿尔法的确定

基准比较			
超额收益阿尔法的确定			
基于市场：	基准	计算公式	计算结果
	国库券	$R_i - R_f$	5.00%
	CAPM	$R_i - (R_f + (R_m - R_f) \times B_i)$	4.50%
	预期夏普比率（方差）	历史收益－夏普比率预期收益（=0.66）	2.00%
	多因素	$R_i - (B_1 \times R_1(标普500) + \cdots + B_N \times R_N(雷曼高收益) + \cdots)$	4.50%
基于证券（期货）	策略复制（被动型）	$R_i - (基于期货的被动型复制策略)$	0.50%
相对业绩确定			
基于组合经理	基准	计算公式	计算结果
	指数	$R_i - (可投资 + 不可投资指数 R_i)$	2.00%
	同业组合	$R_i - (基于策略的同业组合 R_i)$	1.00%

注：图表中描述的各种超额收益测度指标，并未考虑为了增加单个投资组合的夏普比率，收益应如何变化。一般而言，为了验证往组合中添加资产能否达到改善风险调整后业绩（夏普比率）的目的，我们应当考查该资产与既有组合之间的相关性。鉴于绝大部分 CTA 对股票和债券的 β 值较低，使用这种方法的结果与使用 CAPM 或詹森测度的结果相类似。

资料来源：作者。

---

[12] Scheneewise and Remillard, "Benefits of Managed Futures".

[13] 事实上，我们可以使用许多业绩测度指标来检验 CTA 的相对业绩收益（See Simon Taylor, "A brief History of Performance Ratios," Hedgequest, Searching for the Perfect Risk-Adjusted Performance Measure, pp. 4 – 8, 2005 summer）。如前文所述，例如，由于其收益被认为与传统指数不相关，CTA 曾被描述成绝对收益工具。如果 CTA 的股票市场贝塔值接近 0，那么所参照的基准收益可以是无风险利率。但当今的学术研究表明，如此简单的基于"CAPM"的业绩测度通常低估 CTA 预期风险，因而低估 CTA 的预期收益。

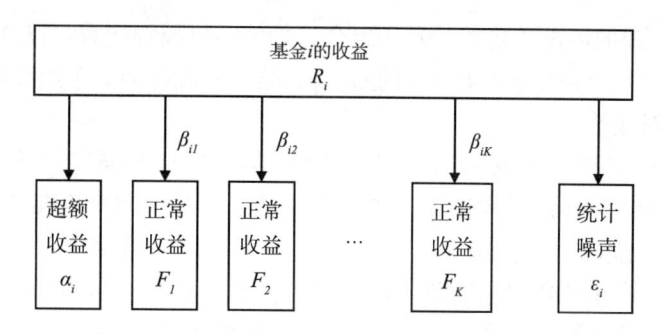

第 11 章 商品交易顾问基金/管理型期货的策略基准：业绩与回顾

```
                    基金i的收益
                        Rᵢ
     │      │βᵢ₁   │βᵢ₂         │βᵢₖ     │
     ▼      ▼      ▼     ...    ▼        ▼
   超额    正常    正常         正常     统计
   收益    收益    收益         收益     噪声
    αᵢ     F₁      F₂           Fₖ       εᵢ
```

图表 11.5　多因素回归式

资料来源：作者。

$$R_i = \alpha_i + \beta_{i,1}F_1 + \cdots + \beta_{i,K}F_K + e_i$$

其中：R_i = 基金 i 的收益，

　　　α_i = 投资组合 i 的超额收益（或阿尔法），

　　　$\beta_{i,K}$ = 基金 i 对市场因素 K 或交易因素 K 的 β 系数，

　　　F_K = 市场因素 K 的收益，

　　　e_i = 基金 i 的统计噪声。

在本章中，我们使用多个基于可投资证券（期货）策略的 CTA 收益估计指标。由于这些指标完全反映了风险程度相当的可投资收益，所以这些可交易的投资方案提供了一种方法来衡量组合经理的阿尔法。此外，还使用一套基于组合经理的不可投资和可投资 CTA 指数，它们提供一种方法进行同业收益的相对比较。然而基于同业组合的相对收益估计值并不能衡量组合经理的绝对技巧，而只能衡量组合经理的相对技巧。

为了集中考察各种潜在基准的影响，我们同样估计出相对于基准的超额收益，并与 CASAM/CISDM 数据库中 77 家 CTA 的收益作对比，详细结果列于图表 11.4，这 77 家 CTA 具有 2001 年 1 月至 2006 年 9 月期间的全部月收益数据。这些 CTA 按照 CASAM/CISDM 投资策略/市场类别（自主判断型、系统化、货币、分散型和金融类）进行分组。根据其交易决策模型（如系统化的趋势追随型 CTA）所使用的时间期限，这些 CTA 进一步被分为短期、中期、长期以及多重期限等类型。将 CTA 划分为这些交易期限的类别之后，我们对这些 CTA 的平均业绩进行比较，以此确定不同的交易期限对超额收益测度所造成的影响，因为基于组合经理的 CTA 基准采用不同的交易期限。在本章分析中，我们关注的是使用短期、中期、长期和多重期限等交易时期框架对于分散型 CTA 和金融类 CTA 的影响，我们的基金样本足够大，可以细分成较小的子样本。最后，由于是在 2006 年 12 月的 CASAM/CISDM 数据库中选取 77 个 CTA 样本，所选择出的组合经理既包含生存偏差也包含回溯偏差，因而所报告的收益水平预计会超出基于分析期间内全体 CTA 的指数业绩。

行业层面的经验结果

在本节中，我们回顾 CTA 指数的历史业绩、市场因素特征以及相对收益比较。首先分析基于组合经理的主动型可投资和不可投资 CTA 策略指数的业绩，以及基于证券的被动型可投资 CTA 策略指数的业绩。其次，回顾 CTA 基准与各种市场因素之间的相关性，并比较基于组合经理的可投资指数、基于组合经理的不可投资指数,以及基于证券的被动型可投资指数。最后,参照前文所讨论的 CTA 基准,分析各种基于组合经理的 CTA 指数与样本 CTA 的相对业绩。

不可投资 CTA 指数 图表 11.6 描述了 2001 年 1 月至 2006 年 9 月期间,不可投资 CTA 指数的收益业绩、市场因素相关性和基准比较。在此期间,主要的行业层面不可投资指数都报告了年化收益和波动率水平。例如,瑞士信贷/特莱蒙管理型期货指数具有最高的收益(6.74%)和最高的标准差(12.49%),而巴克莱交易商指数收益具有最低的收益(4.70%)和最低的标准差(7.92%)。收益和风险方面的巨大差别反映出指数构造上的差异(例如瑞士信贷集团指数按资产加权,而巴克莱指数按等权重加权),这些差异会使形式上看似相同的指数存在巨大的收益差别。

图表 11.6　　不可投资 CTA 指数的业绩和基准比较

2001—2006 年 9 月	年化收益	年化标准差	夏普比率	最大跌幅	偏度	峰度
CASAM/CISDM CTA 资产加权指数	6.53%	7.98%	0.50	-8.25%	-0.03	-0.37
CASAM/CISDM CTA 等权重指数	6.40%	8.51%	0.46	-8.75%	0.20	-0.32
瑞士信贷/特莱蒙管理型期货	6.74%	12.49%	0.34	-13.92%	-0.09	-0.33
巴克莱交易商指数 CTA	4.70%	7.92%	0.28	-7.74%	0.12	0.03
东方汇理金融/巴克莱指数	6.12%	9.39%	0.39	-10.30%	-0.15	0.54
BTOP 50	6.20%	9.78%	0.38	-10.92%	-0.05	0.13
标普 500 总收益指数	1.91%	14.10%	-0.04	-38.87%	-0.45	0.49
雷曼美国政府债/信贷	5.78%	4.64%	0.71	-4.58%	-0.76	1.50
雷曼美国高收益公司债	8.99%	8.25%	0.79	-12.04%	-0.64	3.16

	相关性						
2001—2006 年 9 月	标普 500 总收益指数	雷曼美国政府债/信贷	雷曼美国高收益公司债	MLM 综合指数	MFSB 综合指数	CASAM/CISDMCTA 资产加权指数	标普 500 管理型期货可投资指数
CASAM/CISDM CTA 资产加权指数	-0.17	0.34	-0.10	0.52	0.71	1.00	0.93
CASAM/CISDM CTA 等权重指数	-0.24	0.33	-0.16	0.49	0.74	0.95	0.94
瑞士信贷/特莱蒙管理型期货	-0.25	0.34	-0.16	0.52	0.69	0.97	0.95
巴克莱交易商指数 CTA	-0.24	0.35	-0.18	0.49	0.74	0.95	0.95
东方汇理金融/巴克莱指数	-0.24	0.31	-0.16	0.49	0.72	0.96	0.93
BTOP 50	-0.27	0.35	-0.17	0.50	0.72	0.96	0.95
标普 500 总收益指数	1.00	-0.31	0.52	-0.19	-0.23	-0.17	-0.32
雷曼美国政府债/信贷	-0.31	1.00	0.13	0.26	0.21	0.34	0.35
雷曼美国高收益公司债	0.52	0.13	1.00	-0.04	-0.21	-0.10	-0.21

续表

指数	不可投资 CTA 指数的基准（超额收益）比较：2001—2006 年 9 月						
	基于绝对收益	基于总收益	基于市场因素	基于证券（期货）	基于证券（期货）	基于组合经理的不可投资	基于组合经理的可投资
	国库券	夏普比率	CAPM	MLM 综合指数	MFSB 综合指数	CASAM/CISDM CTA 资产加权指数	标普管理型期货可投资指数
CASAM/CISDM CTA 资产加权指数	4.03%	-1.24%	2.12%	4.33%	1.03%	0.00%	2.10%
CASAM/CISDM CTA 等权重指数	3.89%	-1.72%	1.98%	4.19%	0.90%	-0.13%	1.97%
瑞士信贷/特莱蒙管理型期货指数	4.23%	-4.01%	2.32%	4.53%	1.23%	0.20%	2.31%
巴克莱交易商 CTA 指数	2.19%	-3.04%	0.28%	2.49%	-0.81%	-1.84%	0.27%
东方汇理金融/巴克莱指数	3.62%	-2.58%	1.71%	3.92%	0.62%	-0.41%	1.70%
BTOP 50	3.69%	-2.76%	1.78%	3.99%	0.70%	-0.33%	1.77%

资料来源：根据 CASAM/CISDM、巴克莱对冲、瑞士信贷、东方汇理金融、富时、MLM 和标普等网站的数据创建图表。

不可投资 CTA 指数与主要市场因素之间的比较表明，这些指数都与股票市场以及高收益债券市场呈现负相关；然而 CTA 指数与雷曼美国政府债/信贷指数之间存在微弱的正相关关系。这些 CTA 指数与基于组合经理的可投资和不可投资指数之间都高度相关，这一点从它们与 CASAM/CISDM 以及标普指数的相关性上即可看出。它们与 MFSB 综合指数的相关性约为 0.7、与 MLM 综合指数的相关性约为 0.5，由此可见，不可投资 CTA 指数与基于策略的 CTA 指数之间是中度相关的。简言之，在相对收益走势或市场因素敏感度方面，行业层面组合经理基准的主要供应商之间几乎无差别。

图表 11.6 还表明，在不可投资 CTA 指数之间，各种基准超额收益的估计值存在区别。不出所料，各个 CTA 指数相对于国库券基准的超额收益，都超过相对于其他基准的超额收益。鉴于 CTA 的贝塔值较低，使用国库券作为基准的结果与使用 CAPM 的结果相类似。然而当考虑到总风险而且要求夏普比率为 0.66 时，各个指数都会呈现出负的超额收益[14]。

图表 11.6 显示了各种超额收益估计值之间的差异，这些估计值是依据市场基准和基于组合经理/期货的基准而获得的。如果将 CTA 看成是分散化工具，而不是独立的投资品种，那么 CTA 的优势就体现出来了——基于市场基准的超额收益明显超过基于夏普比率的超额收益。然而与基于市场的超额收益估计值相比，基于期货的被动型指数所造成的较低超额收益（和高度相关性），也表明简单的基于市场的超额收益估计值模型可能会低估

---

[14] 夏普比率（0.66）与资产的标准差以及相应的无风险利率结合起来，共同确定资产的必要收益率。

CTA 策略的真实策略收益情况。简单地说,这些结果表明超额收益或同业组合估计值会严重受到基准的影响,因为它们是依据这些基准而计算得出的。

绝大部分的主要 CTA 基准指数都不可直接用于投资。这样一来,它们就不能反映可投资方案的真实业绩。图表 11.7 描述了基于组合经理和基于证券的可投资 CTA 指数之间的收益业绩、市场因素相关性以及基准比较,样本期间为 2001 年 1 月至 2006 年 9 月。在这段分析时期内,标普管理型期货指数的收益/标准差(7.73%/15.63%)要低于类似的基于组合经理的可投资 CTA 指数:富时 CTA/管理型期货(7.73%/14.64%)、瑞士信贷/特莱蒙(6.98%/12.82%)。FTSE 和 CS 收益较高的部分原因可能在于它们创建得比较晚。若如此,它们的历史收益可能包含一定程度的回溯偏差和生存偏差,因而相对于标普指数会存在收益的高估偏差。比较基于组合经理的可投资 CTA 指数(标普管理型期货)与基于组合经理的不可投资 CTA 指数的业绩后可以发现,使用可投资组合经理指数会导致更高的超额同业收益。其中的部分原因在于,标普管理型期货指数与其他类型的可投资 CTA 指数相比,相对收益较低。

图表 11.7 描述了基于证券的被动型可投资 CTA 指数的收益业绩和市场因素相关性。与基于组合经理的可投资 CTA 指数的情形相类似,两个代表性的基于证券的 CTA 指数(MLM 和 MFSB)具有相似的风险敏感度和市场因素相关性。此外,在分析期间内,MFSB 指数与基于组合经理的可投资指数具有类似的收益、风险特征以及同业组合相关性[15]。

图表 11.7 可投资 CTA 指数的业绩和基准比较

2001—2006 年 9 月	年化收益	年化标准差	夏普比率	最大跌幅	偏度	峰度
基于组合经理的主动型						
标普管理型期货可投资指数	4.43%	15.63%	0.12	-17.84%	-0.07	-0.41
富时 CTA/管理型期货	7.73%	14.64%	0.36	-16.67%	0.33	-0.29
瑞士信贷/特莱蒙 INVX 管理型期货	6.49%	13.27%	0.30	-16.53%	-0.16	-0.25
瑞士信贷/特莱蒙 SECT 管理型期货	6.98%	12.82%	0.35	-15.62%	-0.01	-0.12
MSCI 对冲投资系统化交易指数	3.94%	6.97%	0.21	-10.92%	0.03	0.06
基于证券的						
MLMCITR 指数	2.21%	6.35%	-0.05	-8.94%	0.33	2.41
MFSB 综合	5.50%	10.65%	0.28	-15.00%	0.07	1.37
标普 500 总收益指数	1.91%	14.40%	-0.04	-38.87%	-0.45	0.49
雷曼美国政府债/信贷	5.78%	4.64%	0.71	-4.58%	-0.76	1.50
雷曼美国高收益公司债	8.99%	8.25%	0.79	-12.04%	-0.64	3.16

---

[15] 目前 MFSB 投资方案还没有面向大众。但这些收益估计值都是样本外的,并且反映了交易成本和 50 个基点的管理费。需要披露的是,本章的一位作者在 MFSB 投资方案中拥有直接的可投资利益。

第 11 章　商品交易顾问基金/管理型期货的策略基准：业绩与回顾

续表

2001—2006 年 9 月	相关性						
	标普 500 总收益指数	雷曼美国政府债/信贷	雷曼美国高收益公司债	MLM综合指数	MFSB综合指数	CASAM/CISDM CTA资产加权指数	标普 500 管理型期货可投资指数
基于组合经理的主动型							
标普管理型期货可投资指数	-0.32	0.35	-0.21	0.53	0.71	0.93	1.00
富时 CTA/管理型期货	-0.24	0.32	-0.14	0.52	0.69	0.91	0.91
瑞士信贷/特莱蒙 INVX 管理型期货	-0.28	0.31	-0.18	0.52	0.67	0.94	0.93
瑞士信贷/特莱蒙 SECT 管理型期货	-0.32	0.32	-0.20	0.49	0.72	0.95	0.95
基于证券的							
MLMCITR 指数	-0.19	0.26	-0.04	1.00	0.12	0.52	0.53
MFSB 综合	-0.23	0.21	-0.21	0.12	1.00	0.71	0.71
标普 500 总收益指数	1.00	-0.31	0.52	-0.19	-0.23	-0.17	-0.32
雷曼美国政府债/信贷	-0.31	1.00	0.13	0.26	0.21	0.34	0.35
雷曼美国高收益公司债	0.52	0.13	1.00	-0.04	-0.21	-0.10	-0.21

	不可投资 CTA 指数的基准（超额收益）比较：2001—2006 年 9 月						
	基于绝对收益	基于总收益	基于市场因素	基于证券（期货）	基于证券（期货）	基于组合经理的不可投资	基于组合经理的可投资
指数	国库券	夏普比率	CAPM	MLM综合指数	MFSB综合指数	CASAM/CISDM CTA资产加权指数	标普管理型期货可投资指数
标普管理型期货可投资指数	1.92%	-8.39%	0.01%	2.22%	-1.08%	-2.10%	0.00%
富时 CTA/管理型期货指数	5.22%	-4.44%	3.31%	5.52%	2.22%	1.20%	3.30%
瑞士信贷/特莱蒙 INVX 管理型期货	3.98%	-4.78%	2.07%	4.28%	0.98%	-0.05%	2.06%
瑞士信贷/特莱蒙 SECT 管理型期货	4.47%	-3.99%	2.56%	4.77%	1.47%	0.44%	2.55%

资料来源：根据 CASAM/CISDM、巴克莱对冲、瑞士信贷、东方汇理金融、富时、MLM 和标普等网站的数据创建图表。

图表11.7还表明，可投资CTA指数的基准超额收益估计值各不相同。当考察总体风险水平、并假定夏普比率为0.66时，各种指数都呈现出负的超额收益。前文已提到，由于CTA对标普指数的贝塔值较低，使用基于市场因素的超额收益（CAPM）作为基准与使用短期国库券作为基准的结果相类似。与前文中基于组合经理的不可投资CTA指数类似，相比于其他基于组合经理的不可投资指数、基于组合经理的可投资CTA指数和基于证券的被动型可投资指数而言，基于组合经理的可投资CTA指数存在超额收益估计值，具体的收益值大小因指数供应商而异。虽然可投资CTA指数的收益比MFSB综合指数低了不少，但是比MLM综合策略指数要高。这两个代表性的被动型可投资CTA指数收益有所不同，原因之一是在交易决策过程中，MFSB指数使用各种各样的移动平均时间框架，而MLM主要使用长期时间框架。因此本章分析中所使用的两个基于证券的基准，在构造方面有所不同。可投资CTA指数或MFSB综合指数以及类似的基于组合经理的可投资和不可投资指数，它们的超额收益一般会低于使用基于绝对收益（国库券）和基于市场因素（CAPM）的基准。这些结果再次表明，计算中所使用的指数会对超额收益估计值造成严重影响。

策略指数层面的经验结果

前一小节在整体指数层面上回顾了基准业绩，而针对个体CTA的分析则应当在其相对策略分组内进行。本节我们将回顾各种CTA策略（如货币、金融类和分散型）的某些业绩特征、市场因素相关性和基准收益比较。

货币CTA 图表11.8显示了基于组合经理的不可投资货币CTA指数和基于证券的可投资货币CTA指数的收益业绩、相关性和基准比较。在CTA货币策略的层面上，基于组合经理的可投资基准的公开信息非常少。这段时期内，各种不可投资货币CTA指数的业绩很相似，年化收益是2.66%~5.29%，标准差是6.11%~6.36%；相反，基于证券的可投资MLM货币指数与不可投资的货币CTA指数具有相似的风险/收益状况，而MFSB货币CTA指数的年化收益则要低得多，仅为0.96%，标准差22.27%倒是高出不少。

除CASAM/CISDM CTA资产加权货币指数外，基于证券的不可投资和可投资CTA指数都与标普500指数和雷曼高收益指数的市场因素相关性为零或很小，却与雷曼美国政府债/信贷指数有微弱的正向相关性。与基于策略的指数和基于市场的指数相比，货币CTA指数之间表现出更高的相关性。这也在预料之中，因为基于证券的和基于市场的CTA指数都是由策略或基金构造的，这些策略或基金交易的是基于商品的金融工具，如此一来，相对于把该CTA与由传统股票和债券资产类构成的指数作比较而言，它们之间更具有可比性。

货币CTA指数的超额收益估计值表明，所用的基准不同，所得的结果也会不同。与前文的分析类似，当我们从使用基于绝对收益的基准（短期国库券）、过渡到使用基于市场因素的业绩测度指标（CAPM），再过渡到基于总风险的测度指标（夏普比率）时，超额收益会随之下降。在本章的分析中，当我们从不可投资的CTA货币指数、过渡到基于证券的MLM货币指数时，不可投资指数的超额收益会下降；但当我们从不可投资CTA货币指数过渡到基于证券的MFSB货币指数时，超额收益则会略有上升。不可投资货币 CTA 指数相对于基于组合经理的不可投资 CASAM/CISDM 指数的超额收益（0.55%），与相对于绝对收益基准的超额收益（0.71%）和相对于市场因素基准的超额收益（-1.20%）幅度相当。这些指数的例子表明，指数设计会对基准比较造成显著影响。

图表 11.8　　　　货币 CTA 指数业绩和基准比较

2001—2006 年 9 月	年化收益	年化标准差	夏普比率	最大跌幅	偏度	峰度
组合经理（不可投资）						
CASAM/CISDM CTA 资产加权货币指数	2.66%	6.36%	0.03	-9.74%	0.12	-0.32
CASAM/CISDM CTA 等权重货币指数	5.29%	6.11%	0.45	-7.37%	0.96	0.85
巴克莱交易商指数 货币	3.22%	6.22%	0.11	-6.61%	1.13	1.47
组合经理（可投资）	NA	NA	NA	NA	NA	NA
证券（可投资）						
MLMCFXTR 指数	5.14%	5.83%	0.45	-5.06%	0.30	0.49
MFSB 货币	0.96%	22.27%	-0.07	-35.33%	1.03	0.71
标普 500 总收益指数	1.91%	14.10%	-0.04	-38.87%	-0.45	0.49
雷曼美国政府债/信贷	5.78%	4.64%	0.71	-4.58%	-0.76	1.50
雷曼美国高收益公司债	8.99%	8.25%	0.79	-12.04%	-0.64	3.16

	相关性					
2001—2006 年 9 月	标普 500 总收益指数	雷曼美国政府债/信贷	雷曼美国高收益公司债	MLM 综合指数	MFSB 综合指数	CASAM/CISDM CTA 资产加权指数
组合经理（不可投资）						
CASAM/CISDM CTA 资产加权货币指数	0.26	0.13	0.28	0.56	0.55	1.00
CASAM/CISDM CTA 等权重货币指数	-0.10	0.14	-0.29	0.62	0.79	0.60
巴克莱交易商指数货币	-0.04	0.21	-0.06	0.72	0.82	0.64
组合经理（可投资）	NA	NA	NA	NA	NA	NA
证券（可投资）						
MLMCFXTR 指数	0.04	0.22	0.03	1.00	0.58	0.56
MFSB 货币	-0.03	0.06	-0.06	0.58	1.00	0.55
标普 500 总收益指数	1.00	-0.31	0.52	0.04	-0.03	0.26
雷曼美国政府债/信贷	-0.31	1.00	0.13	0.22	0.06	0.13
雷曼美国高收益公司债	0.52	0.13	1.00	0.03	-0.06	0.28

指数	货币 CTA 指数的基准（超额收益）比较：2001—2006 年 9 月					
	基于绝对收益	基于总收益	基于市场因素	基于证券（期货）	基于证券（期货）	基于组合经理的不可投资
	国库券	夏普比率	CAPM	MLMCFXTR 综合指数	MFSB 货币指数	CASAM/CISDM CTA 资产加权货币指数
CASAM/CISDM CTA 资产加权货币指数	0.16%	−4.04%	−2.75%	−2.48%	1.70%	0.00%
CASAM/CISDM CTA 等权重货币指数	2.78%	−1.25%	0.87%	0.14%	4.32%	2.62%
巴克莱交易商指数 货币	0.71%	−3.39%	−1.20%	−1.92%	2.25%	0.55%

资料来源：依据巴克莱对冲、MLM 和标普网站和 Datastream 的数据创建图表。

金融类 CTA 图表 11.9 显示了可投资和不可投资金融类 CTA 指数的收益业绩、相关性和基准比较。在此期间，与可投资的金融类 CTA 指数和标普 500 指数相比，不可投资的金融类 CTA 指数呈现出高于 0 的风险调整后收益。从风险指标上来看，金融类 CTA 指数表现出一些差异性，其年化标准差的范围在 6.57%～13.43%。在这段时期内，与基于组合经理的不可投资金融类 CTA 指数相比，基于证券的金融类 CTA 指数的最大跌幅也更大一些。全部金融类 CTA 指数都与标普 500 指数具有负的市场因素相关性，与雷曼美国高收益公司债指数负相关，而与雷曼美国政府债/信贷指数正相关。出乎意料的是，与其他金融类 CTA 指数相比，MLM 金融类 CTA 指数与雷曼政府债/信贷指数具有高得多的正相关性（系数为 0.67）。

全体金融类 CTA 指数均与基于策略和基于市场的指数具有正相关性。整体看来，金融类 CTA 指数与基于策略的 MLM 和 MFSB 金融类指数中度相关，相关性大约为 0.55。这类 CTA 一般与基于组合经理的 CASAM/CISDM 金融类指数存在更高的相关性。这些结果再次表明，在行业和市场因素相关性上，各种可投资和不可投资指数之间存在差异。在不同的基准之间，金融类 CTA 指数的超额收益估计值存在巨大的差异。然而重要的是，除 MLM 金融指数的业绩明显不及类似的金融类 CTA 指数之外，相比于市场基准下的金融类 CTA 超额收益而言，使用基于组合经理和基于证券的被动型指数作基准，往往会得出较低的超额收益估计值。

分散型 CTA 图表 11.10 显示了可投资综合 CTA 指数和不可投资分散型 CTA 指数的收益业绩、相关性和基准比较。在此期间内，不可投资分散型 CTA 指数的业绩要大幅优于 MLM 综合指数，而与 MFSB 综合指数相一致。可投资综合 CTA 指数和不可投资分散型 CTA 指数的风险调整后业绩，均不及主要的传统资产类指数，标普 500 指数除外。与前文的结论一致，分散型 CTA 指数与标普 500 指数和雷曼美国高收益公司债指数均为负相关，与雷曼美国政府债信贷指数正相关。分散型 CTA 指数与基于策略的 MLM 和 MFSB 综合指数中度相关，与基于组合经理的不可投资 CASAM/CISDM CTA 资产加权分散型指数则具有更高的相关性。

图表 11.9　金融类 CTA 指数业绩和基准比较

2001—2006 年 9 月	年化收益	年化标准差	夏普比率	最大跌幅	偏度	峰度
组合经理（不可投资）						
CASAM/CISDM CTA 资产加权金融指数	10.32%	10.05%	0.78	−10.25%	0.07	0.35
CASAM/CISDM CTA 等权重金融指数	6.17%	8.69%	0.42	−8.69%	0.14	−0.21
巴克莱交易商指数 金融&金属	5.12%	6.57%	0.40	−6.04%	0.43	0.74
组合经理（可投资）	NA	NA	NA	NA	NA	NA
证券（可投资）						
MLMCFITR 指数	2.27%	6.89%	−0.03	−14.05%	−0.66	1.14
MFSB 金融	6.02%	13.43%	0.26	−21.01%	−0.02	2.36
标普 500 总收益指数	1.91%	14.10%	−0.04	−38.87%	−0.45	0.49
雷曼美国政府债/信贷	5.78%	4.64%	0.71	−4.58%	−0.76	1.50
雷曼美国高收益公司债	8.99%	8.25%	0.79	−12.04%	−0.64	3.16

2001—2006 年 9 月	相关性					
	标普 500 总收益指数	雷曼美国政府债/信贷	雷曼美国高收益公司债	MLMCFITR 指数	MFSB 金融指数	CASAM/CISDM CTA 资产加权金融指数
组合经理（不可投资）						
CASAM/CISDM CTA 资产加权金融指数	−0.22	0.33	−0.17	0.52	0.56	1.00
CASAM/CISDM CTA 等权重金融指数	−0.30	0.41	−0.21	0.58	0.60	0.86
巴克莱交易商指数 金融&金属	−0.34	0.47	−0.16	0.58	0.53	0.85
组合经理（可投资）	NA	NA	NA	NA	NA	NA
证券（可投资）						
MLMCFITR 指数	−0.32	0.67	−0.14	1.00	0.37	0.52
MFSB 金融	−0.22	0.21	−0.18	0.37	1.00	0.56
标普 500 总收益	1.00	−0.31	0.52	−0.32	−0.22	−0.22
雷曼美国政府债/信贷	−0.31	1.00	0.13	0.67	0.21	0.33
雷曼美国高收益公司债	0.52	0.13	1.00	0.14	−0.18	−0.17

金融类 CTA 指数的基准（超额收益）比较（2001—2006 年 9 月）						
	基于绝对收益	基于总收益	基于市场因素	基于证券（期货）	基于证券（期货）	基于组合经理的不可投资
指　数	国库券	夏普比率	CAPM	MLMCFXTR 指数	MFSB 金融指数	CASAM/CISDM CTA 资产加权金融指数
CASAM/CISDM CTA 资产加权金融类指数	7.82%	1.18%	5.90%	8.05%	4.30%	0.00%
CASAM/CISDM CTA 等权重加权金融类指数	3.66%	−2.07%	1.75%	3.89%	0.15%	−4.15%
巴克莱交易商指数 金融&金属	2.62%	−1.72%	0.71%	2.85%	−0.90%	−5.20%

资料来源：依据巴克莱对冲、MLM 和标普等网站以及 Datastream 的数据创建图表。

图表 11.10　　分散型 CTA 指数业绩和基准比较

2001—2006 年 9 月	年化收益	年化标准差	夏普比率	最大跌幅	偏度	峰度
组合经理（不可投资）						
CASAM/CISDM CTA 资产加权分散型指数	5.69%	9.19%	0.35	-11.36%	-0.06	-0.70
CASAM/CISDM CTA 等权重分散型指数	7.18%	10.76%	0.44	-11.37%	0.06	-0.40
巴克莱交易商指数 分散型	5.32%	11.40%	0.25	-11.96%	0.01	-0.17
组合经理（可投资）	NA	NA	NA	NA	NA	NA
证券（可投资）						
MlMCITR 指数	2.21%	6.35%	-0.05	-8.94%	0.33	2.41
MFSB 综合	5.50%	10.65%	0.28	-15.00%	0.07	1.37
标普 500 总收益指数	1.91%	14.10%	-0.04	-38.87%	-0.45	0.49
雷曼美国政府债/信贷	5.78%	4.64%	0.71	-4.58%	-0.76	1.50
雷曼美国高收益公司债	8.99%	8.25%	0.79	-12.04%	-0.64	3.16

2001—2006 年 9 月	相关性					
	标普 500 总收益指数	雷曼美国政府债/信贷	雷曼美国高收益公司债	MLMCITR 指数	MFSB 综合指数	CASAM/CISDM CTA 资产加权分散型指数
组合经理（不可投资）						
CASAM/CISDM CTA 资产加权分散型指数	-0.18	0.30	-0.11	0.54	0.67	1.00
CASAM/CISDM CTA 等权重分散型指数	-0.24	0.33	-0.14	0.50	0.71	0.96
巴克莱交易商指数分散型	-0.25	0.33	-0.18	0.50	0.72	0.96
组合经理（可投资）	NA	NA	NA	NA	NA	NA
证券（可投资）						
MLMCITR 指数	-0.19	0.26	-0.04	1.00	0.12	0.54
MFSB 综合	-0.23	0.21	-0.21	0.12	1.00	0.67
标普 500 总收益指数	1.00	-0.31	0.52	-0.19	-0.23	-0.18
雷曼美国政府债/信贷	-0.31	1.00	0.13	0.26	0.21	0.30
雷曼美国高收益公司债	0.52	0.13	1.00	-0.04	-0.21	-0.11

分散型 CTA 指数的基准（超额收益）比较（2001—2006 年 9 月）						
	基于绝对收益	基于总收益	基于市场因素	基于证券（期货）	基于证券（期货）	基于组合经理的不可投资
指　数	国库券	夏普比率	CAPM	MLMCFXTR 综合指数	MFSB 货币指数	CASAM/CISDM CTA 资产加权分散型指数
CASAM/CISDM CTA 资产加权分散型指数	3.18%	-2.88%	1.27%	3.48%	0.18%	0.00%
CASAM/CISDM CTA 等权重分散型指数	4.68%	-2.42%	2.77%	4.98%	1.68%	1.50%
巴克莱交易商指数分散型	2.81%	-4.71%	0.90%	3.11%	-0.18%	-0.37%

资料来源：依据巴克莱对冲，MLM 和标普等网站和 Datastream 的数据创建图表。

最后，一些分散型 CTA 指数的超额收益变动较大，但在模式上与前几个情形相类似。使用基于市场因素的基准时，我们从绝对收益（国库券）到基于市场的业绩测度指标（CAPM），再到总风险测度指标（夏普比率），超额收益随之下降。不出所料，当分散型 CTA 指数与同业组合、不可投资的 CASAM/CISDM CTA 资产加权分散型指数相比时，超额收益会下降。

自主判断型 CTA 图表 11.11 显示了不可投资的自主判断型 CTA 指数和可投资的综合 CTA 指数的收益业绩、相关性和基准比较。从其构造方法上来看，自主判断型 CTA 指数难以寻觅基准。如图表 11.8 所示，CASAM/CISDM 指数与其他不可投资的自主判断型指数之间的相关性较低。这与自主判断型交易策略领域内缺乏同质性的情况相吻合。由于它们的标准差比其他 CTA 策略更低，所以与其他类型的 CTA 指数相比，它们在基于绝对收益（短期国库券）、市场因素（CAPM）和总风险（夏普比率）三种基准指标下的超额收益区别相对较小。不出所料，基于组合经理的自主判断型不可投资 CTA 指数可能是合理的同业组合基准。在自主判断型 CTA 中，目前不存在基于期货的可投资指数。

系统化 CTA 图表 11.12 显示了不可投资系统化 CTA 指数和可投资综合 CTA 指数的收益业绩、相关性和基准比较。不可投资系统化 CTA 指数的业绩要大幅优于 MLM 综合 CTA 指数，因为它的收益更高、波动率更低而且最大跌幅也更小。MFSB 综合指数与不可投资的系统化 CTA 指数相比，虽然绝对收益较高，但风险调整后的收益却与之相似。

全部系统化 CTA 指数都与标普 500 指数和雷曼美国高收益公司债指数具有负相关性，而与雷曼美国政府债/信贷指数正相关。全部系统化 CTA 指数与基于策略和基于市场的指数的相关性均为正。整体来看，系统化 CTA 指数往往与基于策略的 MLM 和 MFSB 综合指数中度相关，相关性分别为 0.48 和 0.75 左右。这类 CTA 往往与基于组合经理的 CASAM/CISDM CTA 资产加权系统化指数存在更高的相关性。这些结果再次表明，各种可投资和不可投资指数之间，在行业和市场因素相关性方面存在相对差异。

鉴于它们与标普 500 指数、基于绝对收益（国库券）和基于市场因素（CAPM）的基准之间相关性较低，所以不可投资的系统化 CTA 指数的超额收益指标存在某些相似性。如前文中的例子表明，当使用相应的夏普比率预期值作为基准时，超额收益会小于零。与基于组合经理的基准指标相比，每一个不可投资的系统化 CTA 均表现出负的超额收益估计值。

平均组合经理层面的经验结果

上一节使用既有的 CTA 基准来代替基于策略的 CTA 组合；在本节中，我们使用的一组 CTA 在 2001 年 1 月至 2006 年 9 月期间具有完整数据。我们来确定每一家 CTA 的业绩、市场相关性和相对基准业绩。金融类 CTA 和分散型 CTA 被用来充当评估 CTA 平均业绩、平均市场因素相关性和平均相对基准业绩的参照指标。重要的问题是，许多 CTA 在制订交易策略时，使用各种各样的动量模型。我们将 CTA 样本进一步划分为许多子样本时，绝大部分都不是依据做出买/卖建议所使用的时期长度。例如，许多 CTA 的动量模型在性质上可能是短期（如 7 天）、中期（如 15 天）或长期（如 30 天以上）的。如图表 11.13 和图表 11.14 所示，我们按照各个 CTA 的交易时间框架来划分样本，并绘制出 CTA 的平

图表 11.11 自主判断型 CTA 指数业绩和基准比较

2001—2006 年 9 月	年化收益	年化标准差	夏普比率	最大跌幅	偏度	峰度
组合经理（不可投资）						
CASAM/CISDM CTA 资产加权自主判断型指数	9.56%	5.82%	1.21	-3.82%	1.43	3.25
CASAM/CISDM CTA 等权重自主判断型指数	9.85%	4.24%	1.73	-2.41%	0.24	-0.64
巴克莱交易商指数 自主判断型	5.95%	3.66%	0.94	-3.29%	0.22	1.38
组合经理（可投资）	NA	NA	NA	NA	NA	NA
证券（可投资）						
MLMCITR 指数	NA	NA	NA	NA	NA	NA
MFSB 综合	NA	NA	NA	NA	NA	NA
标普 500 总收益指数	1.91%	14.10%	-0.04	-38.87%	-0.45	0.49
雷曼美国政府债/信贷	5.78%	4.64%	0.71	-4.58%	-0.76	1.50
雷曼美国高收益公司债	8.99%	8.25%	0.79	-12.04%	-0.64	3.16

2001—2006 年 9 月	相关性					
	标普 500 总收益指数	雷曼美国政府债/信贷	雷曼美国高收益公司债	MLMCITR 指数	MFSB 综合指数	CASAM/CISDM CTA 资产加权自主判断型指数
组合经理（不可投资）						
CASAM/CISDM CTA 资产加权自主判断型指数	0.08	0.13	0.05	1.21	0.28	1.00
CASAM/CISDM CTA 等权重自主判断型指数	0.14	0.27	0.13	1.73	0.20	0.59
巴克莱交易商指数自主判断型	0.27	-0.01	-0.02	0.94	0.16	0.34
组合经理（可投资）	NA	NA	NA	NA	NA	NA
证券（可投资）						
MLMCITR 指数	NA	NA	NA	NA	NA	NA
MFSB 综合	NA	NA	NA	NA	NA	NA
标普 500 总收益	1.00	-0.31	0.52	-0.19	-0.23	0.08
雷曼美国政府债/信贷	-0.31	1.00	0.13	0.26	0.21	1.13
雷曼美国公司高收益	0.52	0.13	1.00	-0.04	-0.21	0.05

	自主判断型 CTA 指数的基准（超额收益）比较（2001—2006 年 9 月）					
	基于绝对收益	基于总收益	基于市场因素	基于证券（期货）	基于证券（期货）	基于组合经理的不可投资
指 数	国库券	夏普比率	CAPM	MLMCFXTR 综合指数	MFSB 货币指数	CASAM/CISDM CTA 资产加权自主判断型指数
CASAM/CISDM CTA 资产加权自主判断型指数	7.06%	3.22%	5.15%	NA	NA	0.00%
CASAM/CISDM CTA 等权重自主判断型指数	7.34%	4.54%	5.43%	NA	NA	0.28%
巴克莱交易商指数自主判断型	3.45%	1.03%	1.53%	NA	NA	-3.62%

资料来源：依据巴克莱对冲、MLM 和标普等网站以及 Datastream 的数据创建图表。

图表 11.12 系统化 CTA 指数业绩和基准比较

2001—2006 年 9 月	年化收益	年化标准差	夏普比率	最大跌幅	偏度	峰度
组合经理（不可投资）						
CASAM/CISDM 资产加权系统化指数	5.34%	7.10%	0.40	-5.88%	0.01	-0.05
CASAM/CISDM 等权重系统化指数	5.99%	9.05%	0.39	-9.91%	0.18	-0.37
巴克莱交易商指数 系统化	4.27%	9.66%	0.18	-10.13%	0.10	-0.07
组合经理（可投资）	NA	NA	NA	NA	NA	NA
证券（可投资）						
MLMCITR 指数	2.21%	6.35%	-0.05	-8.94%	0.33	2.41
MFSB 综合	5.50%	10.65%	0.28	-15.00%	0.07	1.37
标普 500 总收益指数	1.91%	14.10%	-0.04	-38.87%	-0.45	0.49
雷曼美国政府债/信贷	5.78%	4.64%	0.71	-4.58%	-0.76	1.50
雷曼美国高收益公司债	8.99%	8.25%	0.79	-12.04%	-0.64	3.16

2001—2006 年 9 月	相关性					
	标普 500 总收益指数	雷曼美国政府债/信贷	雷曼美国高收益公司债	MLMCITR 指数	MFSB 综合指数	CASAM/CISDM CTA 资产加权系统化指数
组合经理（不可投资）						
CASAM/CISDM CTA 资产加权系统化指数	-0.12	0.36	-0.07	0.47	0.73	1.00
CASAM/CISDM CTA 等权重系统化指数	-0.26	0.33	-0.16	0.48	0.74	0.91
巴克莱交易商指数 系统化	-0.28	0.36	-0.18	0.48	0.75	0.92
组合经理（可投资）	NA	NA	NA	NA	NA	NA
证券（可投资）						
MLMCITR 指数	-0.19	0.26	-0.04	1.00	0.12	0.47
MFSB 综合	-0.23	0.21	-0.21	0.12	1.00	0.73
标普 500 总收益	1.00	-0.31	0.52	-0.19	-0.23	-0.12
雷曼美国政府债/信贷	-0.31	1.00	0.13	0.26	0.21	0.36
雷曼美国高收益公司债	0.52	0.13	1.00	-0.04	-0.21	-0.07

系统化 CTA 指数的基准（超额收益）比较（2001—2006 年 9 月）						
指 数	基于绝对收益	基于总收益	基于市场因素	基于证券（期货）	基于证券（期货）	基于组合经理的不可投资
	国库券	夏普比率	CAPM	MLMCFXTR 综合指数	MFSB 货币指数	CASAM/CISDM CTA 资产加权系统化指数
CASAM/CISDM CTA 资产加权系统化指数	2.84%	-1.85%	0.93%	3.14%	-0.16%	0.00%
CASAM/CISDM CTA 等权重系统化指数	3.49%	-2.49%	1.57%	3.78%	0.49%	-0.41%
巴克莱交易商指数 系统化	1.77%	-4.61%	-0.15%	2.06%	-1.23%	-2.13%

资料来源：依据巴克莱对冲、MLM 和标普等网站以及 Datastream 的数据创建图表。

图表 11.13　　　　投资组合平均业绩水平：金融类 CTA

金融类 CTA 的平均业绩（2001—2006 年 9 月）						
时间期限	平均年化收益	平均年化标准差	平均夏普比率	平均最大跌幅	平均偏度	平均峰度
全部	4.58%	21.80%	0.12	-28.54%	0.27	0.54
短期	4.05%	11.81%	0.08	-17.65%	0.40	1.33
多重期限	3.99%	19.72%	0.08	-25.21%	-0.14	0.44
中期	2.47%	33.80%	0.00	-41.30%	0.10	-0.12
长期	5.33%	23.81%	0.16	-31.01%	0.33	0.38

金融类 CTA 平均相关性（2001—2006 年 9 月）						
时间期限	标普500总收益指数	雷曼美国政府债/信贷	雷曼美国高收益公司债	CASAM/CISDM CTA 资产加权指数	标普500管理型期货可投资指数	CASAM/CISDM CTA 资产加权金融指数	MFSB 金融指数
全部	-0.30	0.28	-0.20	0.73	0.72	0.71	0.46
短期	-0.28	0.17	-0.21	0.41	0.38	0.46	0.37
多重期限	-0.35	0.30	-0.26	0.85	0.89	0.77	0.42
中期	-0.43	0.36	-0.23	0.79	0.83	0.80	0.68
长期	-0.27	0.31	-0.18	0.82	0.80	0.79	0.46

金融类 CTA 基准（超额收益）比较（2001—2006 年 9 月）						
时间期限	国库券	CAPM	夏普比率	CASAM/CISDMCTA 资产加权指数	标普500管理型期货可投资指数	CASAM/CISDMCTA 资产加权金融指数	MFSB 金融指数
全部	2.07%	0.16%	-0.12	-1.96%	0.15%	-5.74%	-1.44%
短期	1.54%	-0.37%	-0.06	-2.48%	-0.38%	-6.27%	-1.97%
多重期限	1.49%	-0.42%	-0.12	-2.54%	-0.43%	-6.33%	-2.03%
中期	-0.03%	-1.95%	-0.22	-4.06%	-1.96%	-7.85%	-3.55%
长期	2.82%	0.91%	-0.13	-1.21%	0.90%	-4.99%	-0.69%

资料来源：依据标普网站和 Datastream 的数据创建图表。

图表 11.14　　　　分散型 CTA 的平均业绩和基准比较

分散型 CTA 的平均业绩（2001—2006 年 9 月）						
时间期限	平均年化收益	平均年化标准差	平均夏普比率	平均最大跌幅	平均偏度	平均峰度
全部	9.52%	20.31%	0.36	-23.87%	0.21	0.51
短期	3.66%	7.95%	0.26	-11.75%	0.30	1.63
多重期限	9.35%	17.74%	0.40	-20.30%	0.27	0.25
中期	8.55%	21.21%	0.32	-25.29%	0.17	0.45
长期	12.62%	26.19%	0.40	-30.31%	0.22	0.51

续表

分散型 CTA 平均相关性（2001—2006 年 9 月）							
时间期限	标普 500 总收益指数	雷曼美国 政府债/信贷	雷曼美国 高收益公司债	CASAM/CISDM CTA 资产加权指数	标普 500 管理型期货 可投资指数	CASAM/CISDM CTA 资产加权 分散型指数	MFSB 综合指数
全部	-0.20	0.23	-0.14	0.67	0.69	0.69	0.52
短期	-0.19	0.13	-0.18	0.38	0.41	0.39	0.49
多重期限	-0.20	0.31	-0.11	0.71	0.73	0.73	0.58
中期	-0.15	0.15	-0.11	0.65	0.66	0.67	0.48
长期	-0.26	0.27	-0.17	0.74	0.75	0.77	0.52

分散型 CTA 基准（超额收益）比较（2001—2006 年 9 月）							
时间期限	国库券	CAPM	夏普比率	CASAM/CISDMCTA 资产加权指数	标普 500 管理型期货可投资指数	CASAM/CISDMCTA 资产加权分散型指数	MFSB 综合指数
全部	7.01%	5.10%	-0.06	2.99%	5.09%	3.83%	4.01%
短期	1.15%	-0.76%	-0.04	-2.88%	-0.77%	-2.03%	-1.85%
多重期限	6.85%	4.93%	-0.05	-2.82%	4.92%	-3.67%	-3.85%
中期	6.05%	4.13%	-0.08	2.02%	4.12%	2.86%	3.05%
长期	10.12%	8.20%	-0.07	6.09%	8.19%	6.94%	7.12%

资料来源：根据标普网站和 Datastream 的数据创建图表。

均业绩。最后，创建 CASAM/CISDM 指数和基于相似 CTA 组合的指数，目的是为了提供同业组合基准的参照指标。请注意，在本章分析中，同业组合基准是基于向数据库报告的现有 CTA 数据而构造出来的，因而含有相当严重的回溯误差。如此的话，所构造的 CTA 基准收益估计值就存在高估偏差。为了得出更精确的同业组合分析，我们应当确保所评估的组合经理不存在过大的回溯误差。

平均组合经理层面的比较：金融类 CTA 图表 11.13 给出了金融类 CTA 组合样本的平均业绩，样本分类依据的是各自的交易时间框架。在本例中，交易时期短的金融类 CTA 与交易时期长的金融类 CTA 相比，整体上的收益和波动率都要低得多。这些交易时期短的 CTA 与传统金融类 CTA 的相关性一般也较低，它们的收益常常是用传统金融类 CTA 指数来表示的。这表明在金融类 CTA（在其他 CTA 策略中也一样）的同业组合比较或其他类型的比较中，为了提供 CTA 比较的更好参照指标，我们一般得考虑到各种策略的交易时间框架。

平均组合经理层面的比较：分散型 CTA 在前一节中，我们依据交易时间，集中考察 CTA 组合的特征。图表 11.14 给出了分散型 CTA 的平均业绩，样本分类依据的是各个 CTA 的交易时间框架。如前文所示，交易时期短的分散型 CTA 往往具有低得多的收益和波动率。此外，交易时期短的 CTA 与绝大部分市场因素的相关性较低，与采用较长期交易策略的 CTA 指数的相关性也较低。然而时间框架较长的 CTA 具有更高的风险调整后收益。无论交易时期长短如何，分散型 CTA 与美国股票指数和高收益债券指数都具有类似的负相关性。

图表 11.14 还给出了分散型 CTA 样本与各种基准指标之间的比较结果，CTA 分类依据的是各自的时间期限。所使用的基准不同，各时间期限的分散型 CTA 的超额收益估计值也不相同。然而在本例中，交易时期短的 CTA 具有最低的零风险超额收益和 CAPM 收益，它们基于夏普比率的收益比较结果却与其他组合经理相似。这与它们整体上较低的波动率相吻合。类似的，它们的平均同业组合比较与基于期货的指数收益比较，都低于更长交易期限的类似组合经理。前文中已讨论过，将交易重心不同的组合经理进行比较，会导致投资者得出错误的比较结果。

业绩测度中的问题

关于 CTA 基准的创建和业绩测度，前几节中的结果给出了"装满一半"还是"空余一半"的观点。长期以来，人们将 CTA 收益与短期国库券收益进行比较，因为 CTA 与股票市场表现出较低的相关性（贝塔值低）。因此，根据 CAPM 理论，无风险利率可以看作是基于 CAPM 的收益替代指标。至于其他类型的投资收益，由于期货仅对保证金做出要求，因此可投资的替代品种通常是国库券。鉴于 CTA 提供了正的"交易商"收益，那么其收益应该会超过国库券收益。

然而，现代资产理论将资产的必要收益看成是各种风险收益权衡因素的函数。风险常被刻画为总风险（用标准差和传统的夏普比率表示）或者市场风险（由 CAPM 表示）。然而，基于国库券、基于调整后贝塔值、抑或是基于总风险的收益比较，都不能得出真实**阿尔法**的估计值。阿尔法的衡量要求参照资产是可投资的，并且参照资产的内在策略与风险反映出来。如此一来，基于证券（期货）的被动型策略复制方法，可能是一种衡量组合经理技巧以及相应**组合经理阿尔法**的途径，组合经理技巧会使得投资收益超过策略的内在收益。鉴于绝对业绩比较、市场业绩比较或被动型指数业绩比较中所涉及的问题，同业组合比较仍然是 CTA 研究领域的中心问题，即使它不能给出绝对组合经理技巧的估计值。即使在这种情况下，绝大部分的同业组合比较都不能得出深入的比较结果。为了使之真正具有可比性，同业 CTA 必须与所参照的 CTA 组合经理使用相似的交易期限决策规则。

本章短短的概述，不可能详细讨论关于 CTA 基准业绩比较的所有研究。本章中没有直接解决包括回溯偏差和生存偏差的重要问题，原因在于我们运用现有数据库建立参照组合与自创的同业组合基准。除非我们拥有一套历史数据库，并据此创建相似规模、相似年龄和其他基于组合经理特征的组合；否则，比起在数据库内待了许多年的老组合经理，新加入的组合经理和同业组合就会具有收益优势。最后，研究表明，在诸多设计方面，公开可得的指数存在区别。一些指数按照资产加权，另一些则是等权重指数；一些指数按月度进行维护，另一些则按年度进行维护。这些区别会使得策略指数看似相同，实则存在巨大的差异。除非频繁地进行指数维护，否则指数会对某个 CTA 或 CTA 组合赋予过高的权重。此外在同一种策略 CTA 组合中，一些 CTA 比起其他 CTA 具有更高的波动率。不管指数中的组合经理数目如何，波动率大的组合经理对收益过程所造成的影响也会相对较大。对代表性组合经理作出波动率调整的 CTA 指数寥寥无几。

显而易见，虽然CTA基准的业绩测度存在问题，但现存的基准或指数很少会尝试纠正这些问题。然而，随着指数供应商以及咨询公司之间的竞争加剧，我们也许可以期待更多的新方法被提出来，这些方法能够提供深入的同业分析和组合经理技巧评估。

结　论

学术研究主要是围绕着管理型期货的优势展开，而很少涉及评判个体CTA或CTA策略的相对业绩优势。该领域研究不足的原因之一在于，虽然传统的多因素基准模型可以用于描述驱动传统股票和债券的各种市场因素，也可以用于描述许多对冲基金的策略，但在解释CTA的收益状况上则无用武之地。这主要是由于CTA内在的策略重心决定了投资配置，而这些投资并不以传统的只做多型股票和债券指数为基准。事实上，管理型期货曾一度被描述成绝对收益策略，因为它们的目标是在不同市场间获取正的收益。这种做法往往使得它们对传统股票类基准的敞口较低（零贝塔值），因而在测度其业绩时，常以无风险利率作为参照基准。时至今日，我们都很明白，需要对管理型期货策略的内在风险结构作出更全面的了解；同时为了理解CTA策略的内在收益以及该CTA相对于类似策略的业绩，也需要用到各种各样的基准指标。我们的经验结果表明，各种基于组合经理的指数和基于证券的指数对市场因素具有类似的敞口，同种策略指数内部也具有中度的相关性。但这些结果也表明，各种可投资和不可投资指数之间，以及各种基于风险的预期收益测度指标之间，在基准收益方面存在差异。简言之，分析结果既表明使用不同的基准或许能够捕获内在收益过程，也表明需要切实理解每一种基准方法的内在结构和收益过程。

第三部分
风险管理

第12章
关于商品组合风险管理的若干思考

杰弗里·M·克里斯汀（Jeffrey M. Christian）
常务董事
CPM 集团

几个世纪以来，商品一直都是投资者投资组合的一部分。一些投资者专注于商品投资，另一些投资者将商品作为更广泛的投资组合中的成分，据此配置不同比例的资产；还有一些投资者完全忽略了商品。

五年来，基金经理逐渐意识到商品是投资分散化的一部分。一些人推出了投资专项基金。某些情况下，这些基金只投资于期货、远期和期权；而本质上，这些基金是在期货市场，尤其是美国市场上运营多年的多种商品型投资基金和商品基金。一些基金扩展了商品投资的定义，包括诸如商品生产企业的股票及其期权。自20世纪70年代以来创建的一些专门的多头商品基金，在许多方面与同期出现的自然资源股权共同基金类似。

商品组合的风险管理问题，在很大程度上取决于如何定义商品组合及其组成部分。专门持有多头的商品期货和期权基金的风险管理问题，与作为大型分散化组合的商品子账户的风险管理问题有很大区别。此外，这种风险管理很大程度上取决于证券组合的诸多因素，从期限结构风险到持有时间，并包括投资组合经理的投资目标。

本章重点是介绍商品组合的相关概念，包括实物商品、期货、远期、交易所交易期权、场外交易期权、商品股票、股票期权，以及现金部分。这种商品导向型的对冲基金对一篮子资产的多/空头进行交易。基金的一部分应以现金或现金等价物形式持有；另一部分则以股票或其他与商品无直接关系的证券形式持有。组合里的这些资产可以对冲掉基金的大部分商品风险。

从长期来看，商品组合的风险管理对组合的整体表现具有重要意义。虽然人们大谈风险管理，但对多数基金来说，风险管理项目的建立、实施和维持并不理想。不仅商品导向型的基金和组合是这样，对多数的投资组合，从对冲基金到更为保守的管理型基金也是如此。

理想与现实

不同商品导向型组合所应用的风险管理技术、策略、战术以及方法大不相同。事实上，大部分商品导向型组合运用的风险管理技术和方法都是十分低级和定量化的。虽然运营中的商品交易顾问和商品导向型对冲基金超过了6000多家，但它们中的绝大多数都是利用台式电脑中简单的电子表格来管理资产组合，包括计算和监控风险。只有最大型的几家基金具备财力和管理能力，来安装和使用复杂的风险管理程序。

与软件相关的是基金的管理结构，以及是否对资产组合管理人员、风险管理者和审计人员予以足够的划分和隔离。许多基金对上述功能并没有足够广泛的分工。事实上，许多基金仅由几个人打理，不具备开发独立的风险监控项目所需的人员。这又使得商品组合管理者与大部分股票资产组合管理者并无太大的实质差别。

这种现象的很大一部分原因是财务资源的匮乏。管理和运用优质的风险管理程序，年开销通常为150 000美元或者更多，这超出了许多小型基金的财力范围。大型基金会使用这些服务，但许多时候它们并没有充分利用这些服务。就像家庭用户新买了高级电器产品，却仅用了该电器产品的最简单功能，许多大型基金选择购买昂贵的高端风险管理程序和服务，但只用它们完成最简单的数据处理，而忽视了该程序能够提供更复杂的、或许更有效的风险指标数据。

在2006年，奥维咨询公司针对对冲基金进行了一项调查，不仅涵盖了商品导向型基金，也包括所有对调查做出反馈的对冲基金。调查结果表明，最大、最著名的对冲基金运用了极其复杂的风险管理程序和系统，并开展了复杂详尽的风险分析。然而许多基金并没有达到这样的风险管理水平。

因为有许多商品交易量非常小，并且关于它们流动性的深度和广度通常缺乏准确可靠的统计数据，所以商品市场上这些风险分析和管理的差距可能招致风险。此外，基金会购买场外的奇异型衍生产品，并且只能回售给发行银行或经纪公司。这些基金通常对此类投资工具流动性不足这一固有性质缺乏认识。

基金管理圈中的许多人对批评风险管理严重不足的言论反应强烈。许多人认为，不论是在投资组合层面，还是在个别资产头寸层面，目前还没有普遍接受的精确测度风险的定量方法。因此要求管理者采用风险管理程序的想法是不合理的干预。这些言论通常听起来更像是为放松监管寻找理由，而不是经验上合理的立场。至于哪种风险度量方法最适于识别投资组合内在的真实风险，人们的意见不统一，但这并不意味着我们就可以不运用管理技术来监控投资组合中的潜在风险。据说，以非量化的"直觉"方式来"管理"风险的商品基金经理和其他基金经理的比例高得惊人。

多种方法

风险管理的方法有许多种。基金业偶尔出现的金融灾难说明，并不是所有基金都对其投资组合、头寸和基金（组合）经理采取并维持严格的风控措施。风险管理最常见的方法是追踪投资组合的涉险价值。一些基金经理更注重独立头寸的固有风险。

为了充分理解投资组合面临的风险，应该采取许多方式。在管理过程中，也应对基金经理面临的风险种类加深认识。基金的各种投资组合以及个别资产头寸都面临风险。通常单个头寸的风险与其他头寸相联系，因此在某些风险测度的计算中，它们对整个投资组合的影响可能被掩盖。风险类别包括操作风险、流动性风险、系统风险、监管风险以及其他类型风险。

大部分风险可以量化。一旦为某种风险选择了一种定量方法，就需要说明该风险度量的方法。许多基金会运用标准差、最大跌幅或夏普比率作为唯一的或主要的风险度量指标；一些基金则关注涉险价值或其他的度量。最高端的风险管理者会运用多种度量技术，从不同角度考察风险。

基金也会运用压力测试来考察重大经济或金融市场变动，以及价格对投资组合的冲击如何影响个体头寸或整个投资组合。基金不仅会通过评估单个投资的涉险价值来管理风险，而且会评估投资组合在各种经济和金融市场形势下的涉险价值。最好在建立头寸并将其纳入投资组合之前，先检验各种金融市场变化对该项资产价值的影响：在不同的价格、货币、利率和其他情况下，它的价值会发生什么变化。此外，也要研究将该项资产纳入现有投资组合所产生的影响，从而了解在初始状态和各种形势下，资产价值与组合其他成分之间的相互作用。

硬件设施

合理地管理风险，需要一个坚实而独立的计算机系统，可以是内部或外部管理，最好是二者兼备。风险度量应由风险管理者在日内的基础上在公司内部执行；同时，风险度量应由外部风险管理程序和服务在日末基础上执行，以检查和核实内部管理程序的效果。管理这些程序的软件稀缺并且昂贵。这不仅对专门从事商品投资的基金来说是个问题，对所有基金管理公司来说也是如此。然而由于为基金管理行业提供服务的大多数程序、软件、服务和供应商并没有覆盖所有商品基金所利用的市场和工具类型，因此对商品组合来说问题尤其严重。大多数主要经纪人并没有丝毫准备，来为场外商品期权之类的交易提供优质的风险管理服务，而这类交易对于组合经理而言，往往是最具价值和意义的商品投资工具。对更多奇异商品资产来说也是如此。

与稀缺的软件和服务同样稀缺的是管理头寸的人员。由于20世纪80年代中期至2005年左右，人们对商品毫无兴趣，因此当前对市场风险管理具备现代的定量的认识，并且熟悉商品的专家屈指可数。这些稀少的专家大多被雇主委以重任，因此不可能被行业中其他基金聘请或担任顾问。

资产组合指南及其限制

许多基金对其持有的头寸以及基金管理的其他方面设置了限制。这些限制由基金管理委员会在基金开始交易之前，根据基金经理的知识和经验简单地拟定出来。人们并不清楚是否存在典型的限制和指南。在许多商品基金指南中可以看到，投资某一头寸或资产是有金额限制的（比如不能超过所管理资产的15%）。这些限制在头寸建立之前计算出来，之后每天进行追踪。

如何衡量和计算头寸也是非常重要的。我们用两种方法定义头寸：一个是占所管理资产的百分比；另一个更重要的衡量方式是，某一头寸在特定时期所产生的最大收益和损失占所管理资产的百分比。

在建立头寸之前，利用迭代方法来计算不同价格形势下某一策略的潜在收益和损失，并且将其与其他替代策略的潜在风险和收益进行比较，这也是可取的。这使投资组合经理能够检验某一商品头寸的购入策略是否优于替代策略。

在贵金属基金中，某一市场——金、银、铂、钯——的投资占组合的比重可以很高（比如达到资产总额的35%）。但在分散化对冲基金中，投资比重的上限则要低一些（比如占所管理资产的20%）。

测度或估计头寸规模占整个市场价值的比重也十分有用，投资组合对每个市场的敞口应当做出限制。如何定义标准至关重要，每一种测度指标都是如此。基金经理应该关注每一份远期或期权合约，比如2008年7月纽约商品交易所白银期货合约，或2008年4月以675美元为执行价格的看涨期权合约。某些基金管理公司近来出现的交易问题说明，关注某一资产头寸的规模占其市场的比重是非常重要的。

商品投资的一个主要相关问题是场外交易市场的流动性不足。比如许多投资者追逐钯期权。因为没有以钯为标的物的期权交易，所以对钯期权感兴趣的投资基金必须借助愿意提供该期权的金属交易商。这种限制导致基金只能将这些期权回售给发行者。流动性问题大幅削减这种期权价值的情况并不罕见，所以尽管标的资产价格的变动可能会产生诱人的收益，但交易商给出的标的商品期权却可能有着截然不同的收益。

一些基金度量头寸可能引发流动性问题；另一些基金采用类似的度量，但运用其他方式来管理流动性不足的头寸，而不是因为这些头寸可能遭受较大损失而将其清算。

在极端情况下，基金会规定业绩方面的要求和限制。基金通常会规定，如果从近期高价值点位算起，净资产价值损失了25%或更多，则必须止损清盘，并且基金经理根据大多数股东的投资指引来进行下一步操作。

投资技巧

随着头寸价值的变动，无数的投资管理策略可以用来避免损失、利用收益，并将不利风险最小化。不管是增值的头寸还是亏损的头寸，都是如此。

基金可能会在获得收益时减少头寸，或利用反向头寸来锁定收益。比如，如果一种资产价值上升一定比例，或到达投资组合经理认为的价格会停止上涨，或可能转而下跌的水平，经理可能会卖出全部或一部分头寸，并可能利用10%的所得款项净额来购买该资产或相似资产的价外看涨期权。通过这种方法，基金经理利用了收益，但同时保留了资产继续升值可能带来的价格上升潜力。另一种方法是经理买入价外看跌期权同时维持头寸。基金经理可以卖出一部分多方头寸来支付看跌期权的费用，或动用额外的资本来购买看跌期权。如果资产停止升值并开始回落，看跌期权会获得价值收益，从而在抵销一些标的头寸价值损失的同时维持总体多方头寸。基金可以转售看跌期权，实现盈利，同时维持多头。基金也可以重置看跌期权，将其卖回给发行者，并买入低成本的执行价格更低的看跌期权，以防价格进一步走弱，同时维持多方头寸并将看跌期权所赚得的部分收益再投资。

这些策略中哪个最为有效，取决于基金经理对未来价格走势的看法。如果基金经理认为未来价格会进一步上升，但价格目前涨得太快了，那么后一种策略更合适；如果投资组合经理认为市场还会出现大幅上扬，那么前一种策略更适宜。基金经理对价格的预期只是决定这些策略之间相对价值的一个因素。根据市场状况，经理所面对的看跌或看涨期权价格会使某些策略有效，而使另一些投资技巧失去吸引力。如上所述，应比较多种策略，在执行某种策略之前考察该策略是否具有优良的风险收益特征。对这两种策略来说，基金经理应注意，切勿对冲掉了所有的升值潜力。

相同的操作可用于价格正下跌的资产。如果组合经理的空头资产的价值下跌了，那么在价值急剧下跌时他可以买回头寸平仓，并运用一部分收益以低于销售价格的水平购买看跌期权。或者投资组合经理可以买入一些看涨期权来对冲价格反弹，同时维持标的资产的整体空头。类似的技巧可以用于市场上正在遭受亏损的头寸，不管是多头还是空头。

许多期权套利也可以用于任何情况来减少整体头寸的风险，同时维持市场中多头或空头的基本立场，其机制与上述机制类似。此外，其他的策略涉及看跌和看涨期权套利、蝶式套利，以及其他各种承担价格变动风险的期权形式。

从上述内容可以看出，笔者倾向于运用期权，事实也是这样的。实际上，大多数商品基金经理主要关注期货，运用期权为期货头寸对冲风险，与此同时也可以利用期权来建立适当的头寸，然后利用期货或远期来为期权头寸对冲风险。随着标的商品价格的变动，头寸调整的灵活性增加了。

期权交易的风险管理分析

期权的运用派生了对高级期权风险分析工具的需求。这些工具应该能够测度并报告某个将商品期权和期货相结合的主动管理型组合的风险。与期权相关的主要风险测度通常被称为"希腊字母"，这是由于人们用希腊文（及类似单词）对其进行标识。**德尔塔**（Delta，Δ）测量期权价格对标的商品价格变动的敏感程度。对每个购买并纳入投资组合的期权来说，计算当前的 Δ 和未来时点上的 Δ，并且随时跟踪每笔交易的 Δ 都是非常重要的。**伽马**（Gamma，γ）测度标的资产价格变动一单位时，该期权 Δ 变动的速度。**维加**（Vega）表示波动率变化1%而引起的期权价格改变（维加不是希腊字母）。**希塔**（Theta，θ）表示期权行权期限变动引起的期权溢价的变化，用来衡量不同期限情况下期权的时间衰减因子。

测度和监控期权的"希腊字母"，对于每个头寸以及在加总意义上对于每种资产类别都非常关键，因为它可以在投资组合层面上度量这些风险。在每日末，应利用隐含波动曲面（基于交易所期权收盘价格）来计算当天的 Δ 和上述其他的"希腊字母"。这样会生成一条波动率曲线或网格。价内期权与价外期权的波动率不同。对场外期权来说，也应当每日甚至整个交易日都查看波动率网格。

结　论

321　　管理商品导向型分散化投资组合的诸多风险是一项重要的任务。不幸的是，许多基金似乎忽视了这一问题，或运用定性或草率的方式来管理风险。这部分地反映了许多基金管理过程中出现的财务资源匮乏、统计精度不高的缺陷。即使在具备充足财务资源和先进硬件设施的公司，其风险管理通常也非常草率，并且缺乏定量导向型的管理人员和观察员。

　　风险管理程序的性质差别很大，它取决于基金的性质和所管理的资产。主要从事期货和场内交易期权的基金可以运用专门管理这些资产的风险管理软件。投资于柜台市场奇异复合期权、股票或股票期权、期货、远期以及场内交易期权等工具的分散化基金，会发现投资组合的内部相关性更为复杂，因此需要购买更复杂、高端的风险监控程序。

第13章
商品组合风险管理的有效策略

莫扎姆·霍加（Moazzam Khoja）特许金融分析师
高级策略副总裁
Sungard Kiodex 公司

近来，商品市场传出了许多振奋人心的消息，尤其是能源市场——在油价达到历史高位时，媒体和社论的连篇报道能够证实这一点。这使许多行业专家预言在不久的将来能源交易会成为广义金融市场不可或缺的一部分。越来越多的银行、期货委员会、商户和对冲基金，正在进入或准备进入利润丰厚的商品市场。

然而商品市场与股票、货币、利率和外汇等市场具有根本性差异。本章着重阐述这些差异，列举公司进行商品交易时最好采纳的7个操作指南，并介绍投资者在投资商品交易公司之前的须知事项。

本章中的数据和结论依据的是笔者为商品交易公司提供咨询的经验，并建立在对三家顶级商品交易公司的最优操作调查的案例分析基础之上。

商品收益的均值回归行为

在目前市场上，绝对均值回归仍然是一种猜测，它被定义为商品现货价格（即月合约（译者注：即月合约（front month）指短端最近月份即将到期的合约））回归至长期平均价格的趋势。图表13.1显示了2002—2005年西得克萨斯中质原油（WTI）的历史价格，纽约商业交易所（NYMEX）的WTI即月合约并没有回归至长期平均水平。

尽管绝对的均值回归在商品市场中并不存在，但价格的确会回归至一个平均水平——这种现象被称为**相对均值回归**。图13.2显示了以相对水平（具体来说是自然对数）表示的即月合约和长期纽约商业交易所合约的相对价格差异。图中黑线代表即月合约和第10个月份合约的变化，灰线代表即月合约和第30个月份合约的相对变化。

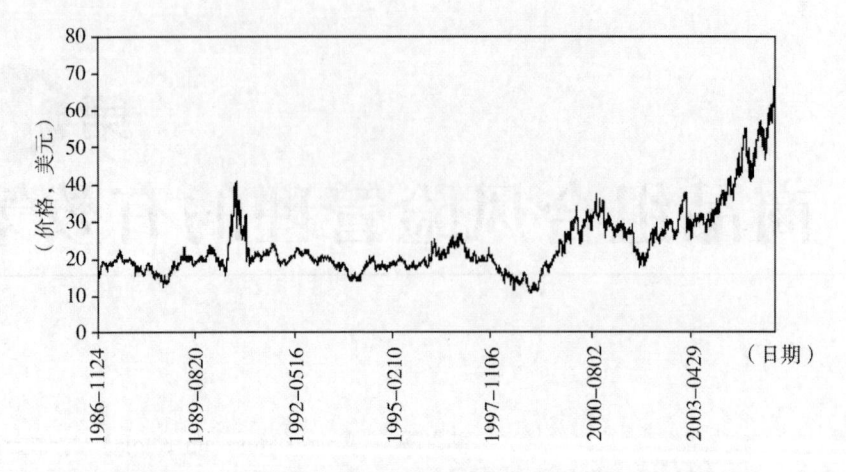

图表 13.1　纽约商业交易所 WTI 现货价格（1986—2005 年）

资料来源：数据来自纽约商业交易所。

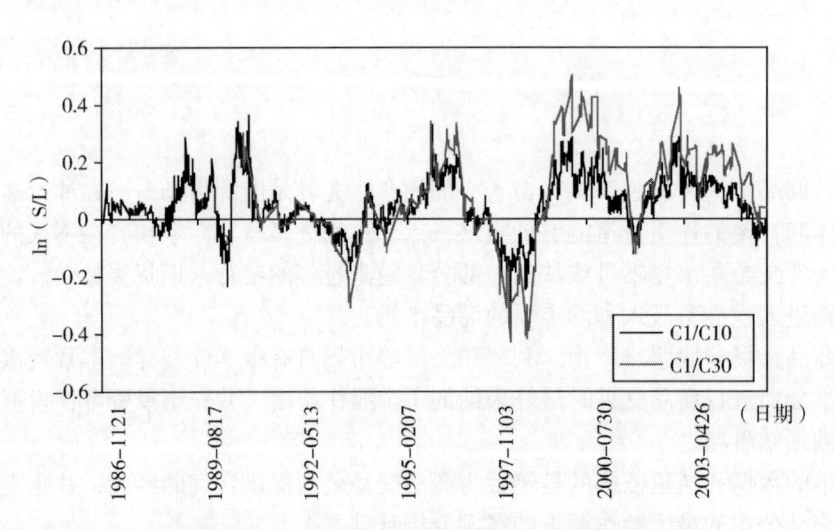

图表 13.2　纽约商业交易所 WTI 相对均值回归

资料来源：数据来自纽约商业交易所。

从图表 13.2 中可以看到，虽然即月合约价格没有回归至长期平均价格的绝对水平，但曲线也并不是无限制地移动。所以商品价格（本例中指的是 WTI 价格）受到自身与长期合约相对位置的限制。总之，未利用相对均值回归模型来评估和计算交易风险的风险管理系统，可能会错误地描述公司风险并做出错误的涉险价值报告。

确定净资产价值

大多数商品交易都是通过**场外**（OTC）合约进行，并且需要借助经纪商和交易商网络，所以商品市场具有众人皆知的不透明性。由于不能通过交易所获得 OTC 数据，因此准确地标记个人投资，并且在任何时候准确了解市场的交易情况，这是很困难甚至不可能的。即使 OTC 合约能通过交易所进行清算，如纽约商业交易所清算端口，衍生品定价常用的远期曲线也很少在场内交易，因此衍生品的价值取决于这些合约的 OTC 远期价格。为了独立地为头寸估值，风险管理者和投资者必须能接触精确且独立的远期曲线。运用场内交易合约或纽约商业交易所清算价格作为 OTC 市场的替代指标，则会麻痹投资者和风险管理者，使其以为自己拥有为 OTC 衍生品定价的市场数据，并获得了准确的净资产价值，从而产生错误的安全感。

为了展示未将适当的市场数据纳入风险管理操作的危害性，请关注图表 13.3 中交易所数据与独立来源数据之间的差异。其中的远期价格是 IF Transco Z6 合约的价格（交易所数据）和同一天然气区域的 OTC 经纪商数据。两条曲线之间存在区别，是由于交易所数据并未提供 2007 年冬季（2007 年 11 月至 2008 年 3 月）的季节性变动。对于同一冬季带，即使假设交易所数据和经纪商数据具有相似的平均价格，但由于 OTC 经纪商数据曲线具有不同的季节形状，那么公司在冬季月份建立不同权重的头寸，将会产生不同的净资产价值。当交易量不匀称时，对形状不断变化的曲线按成交量加权得到的平均价格将不会是一条平坦曲线。

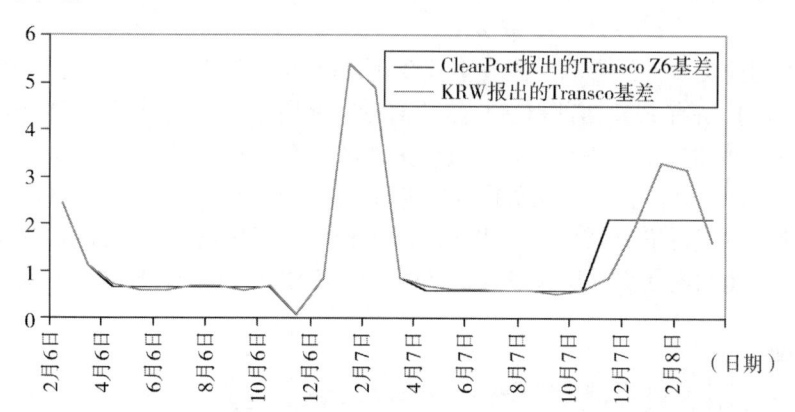

图表 13.3　交易所数据和独立市场数据（Transco Z6 合约的基差远期曲线）

资料来源：纽约商业交易所清算端口和 Kiodex 全球市场数据。

图表 13.4　百万英热单位* 净资产价值的差异

	百万英热单位头寸	以清算端口价格计的净资产价值	以 Kiodex 市场数据计的净资产价值
11 月 7 日	300 000	$ 630 000	$ 254 752
12 月 7 日	620 000	$ 1 302 000	$ 1 202 796
1 月 8 日	620 000	$ 1 303 000	$ 2 041 658
2 月 8 日	280 000	$ 588 000	$ 881 944
3 月 8 日	310 000	$ 651 000	$ 496 579
总计		$ 4 473 000	$ 4 877 729

*：百万英热单位（MMBTU）是天然气合约的单位，它是给定热含量的天然气所产生能量的交易单位。

图表 13.4 显示出对于假定的交易量头寸，交易所价格数据与独立市场数据分别报告的净资产价值之间的差异。

为了保证净资产价值的准确性，获得准确数据是至关重要的。如果 Transco Z6 的多头冬季价差的交易量如上例那样不均匀，那么净资产价值可能会被低估；如果没有高质量的独立市场数据，商品交易公司就无法准确了解其净资产价值，并且会高估或低估风险。

测度事件风险

事件风险即灾难性的不可预见事件，通常会带来不同寻常的市场异象。其中一种异象是商品间的相关性出现问题，正如我们在"卡特里娜飓风"事件中所看到的。商品之间的基本经济联系能够保证某些商品市场之间大致保持相关性，在上述飓风事件中，这种经济联系指的是原油价格和成品油价格之间的关系（原油是精炼过程的主要投入品）。类似的，可以预期电力与天然气是紧密联系的，因为天然气是发电厂的主要能源。但在 2005 年 8 月，卡特里娜飓风席卷海湾之后，原本同步变动的电价和天然气价格，变得无法把握。

下例将说明此类事件的影响。假设某基金在 2005 年 8 月 26 日（"卡特里娜飓风"袭击海湾之前 3 日）持有 PJM 西部枢纽与纽约商业交易所亨利枢纽（NYMEX HH）之间的 500 兆瓦/小时点火价差的空头头寸，并且该头寸名义价值 1300 万美元，需要 10% 的保证金或经济资本，即 130 万美元的现金投资。卡特里娜导致 2005 年 8 月 29 日前后几日，纽约商业交易所天然气价格与 PJM 公司电价之间的相关性突然消失了。图表 13.5 显示 PJM 价格的日变动与纽约商业交易所天然气价格的相应变动并不匹配，导致套利头寸面临不同寻常的压力。

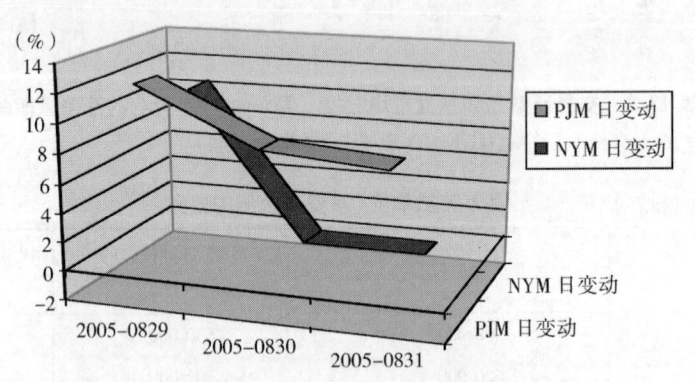

图表 13.5　纽约商业交易所和 PJM 公司的每日价格变动
（2005 年 8 月 29 日至 2005 年 8 月 31 日）

图表 13.6 中损益（P&L）的变动，在 3 日内可使基金的净损失达到 280 万美元左右，这比该项投资总投入资本的 2 倍还多。

对事件风险进行预测是不可能的，但我们可以测度事件对投资组合的影响。通过测度事件对投资组合的影响，公司可以追踪事件发生情况下的流动性状况。下一节将会详细介绍如何检验事件对投资组合的影响。

用涉险价值进行压力测试

许多风险管理者将**涉险价值**（VaR）看作是管理商品公司风险的唯一测度指标。这是错误的。VaR 固然重要，但并不能衡量诸如卡特里娜飓风等不可预见的灾难事件。VaR 对基金所需要的"风险资本"进行量化。例如在信用管理程序的应用中，VaR 可用于识别商品衍生品操作带来的最大潜在信用风险。VaR 也可通过对公司内不同交易员进行限制来配置风险资本。

商品市场比其他资本市场更易受"事件"的影响。VaR 方法能够识别 5% 最坏情况下的公司风险，但在历史相关性模式崩溃时，VaR 则不能够反映出事件的影响。处理这类问题的唯一方式是进行压力测试。对投资组合进行压力测试有三种方法。第一，任意地移动远期曲线，观察净资产价值的相应变化；第二，模拟价格变动来模仿诸如飓风等历史事件；第三，运用每种商品的**即月合约等价量**（FME）来建立不同相关性的价格变动矩阵。

FME 是一种统计测度指标，它用等量的即月合约来测定全部的商品头寸。它运用相对价格、相关系数和标准差来为 FME 估值。FME 等价量将不同月份的所有头寸转换为等价头寸的即月合约。于是我们考察商品间不同的相关性假设对 FME 的冲击。例如考察图 13.7 中显示的纽约商业交易所燃油和纽约商业交易所无铅汽油的 FME。

例如 FME 分别为 11 813 桶燃油多头和 11 882 桶无铅汽油空头，在受到图表 13.8 矩阵中显示的冲击时，我们可以看出所导致的净资产价值变动情况。

图表 13.8 中，假设燃油和无铅汽油价格都有每加仑 3.00 美元的大幅变化，我们通过两种不同的相关性假设来考察公司净资产价值相应的变化。相关性系数为 -1 是极不可能的，它假设燃油和无铅汽油将沿相反方向变动。但如果出现这种情况，可以看到它对组合价值的影响，并且当存在流动性约束时，测度出流动性约束。因此，进行压力测试是任何风险管理过程的最佳操作，因为它能够确定灾难性事件对投资组合的潜在影响。在这种情况下，应该从确定公司流动性需求的视角来进行压力测试。

图表 13.6			损失占资本的比重			
		名义	$ (13 023 920)			
		资本	$ 1 302 392			
日期	PJM	IF Transco Z6	MTM	收益/损失变动	PJM 日变动	NYM 日变动
2005-0826	$77.52	$10.3210	$ (47)	$		
2005-0829	$87.20	$11.4120	$ (256 166)	$ (256 119)	12.48%	10.57%
2005-0830	$94.76	$11.4120	$ (1 522 560)	$ (1 266 393)	8.68%	0.00%
2005-0831	$102.41	$11.4095	$ (2 806 972)	$ (1 284 412)	8.07%	-0.02%
		损失占资本的比重	-215.52%			

图表 13.7　　　　　　　　　　　基差报告

能源　　　　交易量
　基差：能源

报告 id: 20905733	报告描述:	外部 id: 所有	收益条款: 所有
报告名称: 基差	交易类型: 所有	外部 id2: 所有	MOT: 所有
投资组合: WP（美元）	市场: 所有	交易对手外部 id: 所有	运输: 所有
数据来源: 官方	商品: 所有	组别 id: 所有	实物 M2M: 所有
撰写人: Moazzam.khoja@kiodex.com	交易对手: 所有	交易 id: 所有	装运地点: 所有
截至日期: 2005-1202	撰写时间: 2006-0112 2:19 PM	交易员: 所有	卸货地点: 所有
频率: 每月		交易日期: …	事件类型:
		条款日期:	事件日期:

月	纽约商业交易所 WTI		纽约商业交易所 HO		纽约商业交易所 UNL		总计	
	Δ（桶）	头寸（桶）	Δ（桶）	头寸（桶）	Δ（桶）	头寸（桶）	Δ（桶）	头寸（桶）
总量	366 507	500 000	11 813	11 905	(11 813)	(11 905)	366 507	500 000
FME	366 507	—	11 813		(11 813)	—	366 438	
1月6日	366 507	500 000	11 813	11 905	0	(11 905)	378 320	500 000
2月6日	0		0		(11 813)	—	(11 813)	—

资料来源：数据来自 Kiodex 风险工作平台。

测度流动性风险

你的基金可以承受意外的头寸清算吗？你的经理累积了流动性不足的头寸吗？头寸清算导致1998年的长期资产管理公司（LTCM）危机，也被广泛认为是阿玛兰斯（Amaranth）和母岩（Mother-Rock）崩溃的主要原因。当交易商持有大量单一的头寸时，容易遭受"市场冲击成本"。

图表 13.8　　　　　　　　　价格变动对净资产价值的影响

价格变动情景	$3.00		
	FME	相关性 1	相关性 -1
纽约商业交易所燃油	11 813	35 439	(35 439)
纽约商业交易所无铅汽油	(11 882)	(35 646)	(35 646)
净资产价值的变动		$(207)	$(71 085)

市场冲击成本是指将大量头寸平盘所造成的损失占投资组合的百分比。图表 13.9 利用 5 分钟间隔数据进行分析，计算出 MYMEX 亨利枢纽天然气最近月合约的异常大幅交易量（两单位标准差变动）所导致的价格变动系数。笔者对 5 分钟间隔数据和交易量数据进行回归估计，发现如果有人发出大笔订单，即订单规模等于每个 5 分钟间隔的正常交易

量标准差的两倍，那么会产生 0.00025% 的冲击成本。假设你的基金持有 5000 个未平仓合约头寸，将该头寸平仓会产生 500 万美元的成本。风险管理者应该计算每一合约的冲击成本，而后根据冲击成本及其承受能力，来确定最大未平仓头寸的限制。如果一家公司的经理强制规定**最大未平仓头寸**限制，该公司就能够在清算事件中存活下来。

总百万英热单位 = 合约数量 × 10 000（NYMHH）

每百万英热单位的冲击成本 = 总百万英热单位 × 价格变动系数

可能的冲击成本 = 每百万英热单位的冲击成本 × 每百万英热单位价格 × 总百万英热单位

图表 13.9　　　　　　　　　　　　　计算冲击成本

合约数量	5000
总百万英热单位	50 000 000
价格变动系数	0.00025%
每百万英热单位的冲击成本	1.2449%
每百万英热单位的价格	$8.00
可能的冲击成本	$（4 979 406）

资料来源：数据来自 GLOBEX 平台。

通常许多经理在管理商品基金时忽视清算成本，这会造成严重后果。基金经理必须测度流动性成本，并对交易员规定最大未平仓头寸限制，以保证基金能够承受这种灾难性清算事件的冲击。

业绩归因

你的投资损益是依赖投资策略还是依赖运气？图表 13.10 显示的是由于远期曲线、波动率、时间、利率和汇率等因素的变动，不同策略如何产生损益。风险管理者必须能够将损益归结成几个组成部分。重要的是了解哪种策略会赚钱，以及公司坚持其策略能否赚钱，还是进行策略"漂移"。

假设基金按三种策略进行投资：单向投机、对价差投机和对隐含波动率投机。图表 13.11 显示了每种策略中假定的 2006 年 1 月合约投资头寸。对每种策略来说，需要计算不同日期盯市价值（MTM）的变动；对波动率策略来说，MTM 变动被进一步分解为远期曲线的变动和隐含波动率的变动。收益是根据在纽约商业交易所持有这些头寸所投入的资本（规定的保证金）计算出来的。

从图表 13.11 中可以得出一些有意思的观测结果。波动率策略本应显示由波动率变动造成的盈亏，但实际上它显示大部分收益来源于远期曲线的变动。尽管投资收益很高，但投资者和风险管理者应该意识到这种现象，即收益来自远期曲线的变动，而不是波动率的变动。

价差投机和单向投机策略也显示了有意思的变动形式。尽管价差投机策略在这段时期遭受了损失，但其标准差很低。如果投资者希望基金的一部分资产配置遵循波动率较低的策略，那么价差投机策略无疑能达到这个目的。每单位标准差的收益是反映策略效率优劣的事后指标。

你必须能够解释你的投资损益。如果你不知道你的公司如何赚钱或赔钱，那么就不知道策略是否有效；如果你能够解释你的损益，那么就能够采取补救措施来保证自己将资源配置给稳赚的策略。

图表 13.10　　　　　　　　　　　盯市价值报告

投资组合	总数量	交易 id	标的物	总损益	远期	汇率	波动率	时间	利率
WP	n/a	—	—	(916 171)	(893 599)	0	4131	(17 596)	(1)
WP 单向投机	500 000	—	—	(339 833)	(339 994)	0	0	203	(2)
WP 价差	500 000	—	—	(10 779)	(10 774)	0	0	(4)	0
WP 波动率策略	500 000	—	—	(565 559)	(542 832)	0	4131	(17 795)	0
总计	n/a	—	—	—	—	—	—	—	—
配置报告									
查看市场数据来源									

资料来源：数据来自 Kiodex 风险平台。

图表 13.11　　　　　　　　　　远期策略和波动率策略

日期	远期造成的变动		远期和波动率造成的变动	
	单向投机	价差投机	远期期权	波动率期权
2005 - 1129	50 780	1587	(202 446)	13 782
2005 - 1130	423 697	(14 776)	192 070	871
2005 - 1201	219 334	(3576)	335 869	(9365)
2005 - 1202	450 427	(2036)	291 891	(21 653)
2005 - 1203	—	—	—	—
2005 - 1204	—	—	—	—
2005 - 1205	(135 004)	12 651	227 057	(19 636)
2005 - 1206	(85 197)	(7542)	12 173	(333)
2005 - 1207	105 138	(12 754)	(288 079)	(14 633)
2005 - 1208	644 860	(7 544)	605 416	(1900)
2005 - 1209	(339 833)	(10 779)	(542 832)	4131
2005 - 1210	—	—	—	—
2005 - 1211	—	—	—	—
2005 - 1212	263 751	(943)	879 378	23 937
2005 - 1213	267 772	32 329	34 152	2480
2005 - 1214	(348 594)	11 473	(256 211)	3976
2005 - 1215	(447 890)	(14 057)	(424 184)	—

续表

日期	远期造成的变动		远期和波动率造成的变动	
	直接投机	价差投机	远期期权	波动率期权
总损益	1 069 241	-15 967	864 254	-18 343
STDEV	36.48%	7.98%	41.52%	
资本	$810 000	$145 238	$847 500	
资本收益	132.01%	-10.99%	99.81%	
STDEV 收益	3.62	(1.38)	2.40	

资料来源：数据来自 Kiodex 全球市场数据和多因素模型。

降低操作风险

许多亏损的公司将损失归咎于松散的操作监管。一个特别容易出现操作失误的方面是界定能源商品的属性。能源商品有上千种（以产品或地点划分），其中的许多具有特定的结算机制、假日规则，以及 OTC 市场数据统计惯例（OTC averaging convention）。由于起作用的变量很多，交易风险大为增加。为了减轻这种风险，公司需要一个可审核的交易记录程序，该程序应该包括与主要经纪商的协商以及场外确认。交易的记录和确认或协调也应由公司内部不同人员操作，以保证客观性，并起到把关作用。所有的交易改动也必须记录在案。因此微软 Excel 软件还不是一款合适的风险管理系统。风险管理程序应该包含一个可审核的记录所有交易的风险管理报告系统。交易录入和确认过程的分离会导致公司错误地向股东报告其风险与净资产价值。

结　论

商品市场为投资者提供独一无二的机遇。它为投资者带来更高的收益，并且降低投资组合的风险，原因在于它与股票收益的相关性较低。如果投资者谨慎行事，投资于商品交易基金会得到很高的收益。本章提供了谨慎行事基础上的七条黄金准则：

（1）商品交易基金应采用纳入了相对均值回归的商品专用模型进行风险测度。

（2）必须运用独立来源的市场数据来计算净资产风险；通过独立来源的数据进行测度也会降低欺诈和虚假陈述的可能。

（3）诸如卡特里娜飓风之类的事件对商品交易公司来说是最大的威胁。没有人能够阻止此类事件的发生，但公司可以度量灾难性事件对公司存续能力的影响。

（4）对容易受到大规模冲击并且交易员可以持有高杠杆化头寸的商品交易公司来说，仅仅依靠涉险价值测度风险会招致灾难。在任何时候，一个公司如果不能清算其头寸，会带来人们不希望看到的结局。长期资本管理公司和阿玛兰斯对冲基金的灾难，归咎于它们无法对不需要的头寸进行清算。

（5）基金应当建立机制来测度头寸清算所产生的市场冲击成本。持仓限制能确保基金公司备有必要的资金来支付清算成本。

（6）一只优秀的基金不仅可以测度收益，也可以积极地测度其业绩归因。它知道收益来自何处，哪种策略有效，哪种策略无效。

（7）只有当公司执行适当的控制，并且对交易进行记录和汇报时，上述指南才会有效。

没有人能保证基金不会破产或倒闭。但如果按照上述指南操作，将会大幅降低破产或倒闭的可能性。

第14章
量化期货合约组合中的跨商品风险

特德·库里（Ted Kury）
资深结构化与定价分析师
能源局

远期价格模型是风险管理框架的重要组成部分。它虽然有用，但在能源行业，现货价格模型远比远期价格模型运用得普遍。然而对大多数关于组合价值变动的问题，只有远期价格模型才能提供有益的结果。本章将介绍一个具有时变波动率的简单远期价格模型。该模型并没有试图为整个远期曲线确定波动率参数，而是认识到每份远期合约都会呈现出不同的波动率特征和误差结构。此外模型还纳入了同种商品合约和跨商品合约的相互联系，并允许这些相互联系暂时改变。

商品期货组合的风险管理

评估远期价格变动风险

不同机构的风险管理过程各不相同，但不论是简单还是复杂的风险管理过程，关键的第一步永远是相同的。在管理风险之前，必须将风险量化。许多不同类型的交易主体会通过买入或卖出商品期货合约来对冲风险。石油生产商会在当前卖出一部分预期的石油产量，在未来某一时点进行交割。生产商以确定的价格卖出产品，从而避免了部分产品因价格波动导致的现金流变动。然而对冲者并未消除风险，其只是简单地用远期价格风险替换现货价格风险。如果对冲者愿意持有期货合约至期满，那么远期价格风险可能就不重要。但是，某些外部因素可能会令远期价格风险变得重要。首先，如果期货合约在纽约商业交易所出售，那么远期头寸需要缴纳保证金。如果远期价格上涨，就需要追加抵押品来维持头寸。此外，生产商的风险政策可能规定远期头寸的涉险价值或止损限制。如果在面临抵押品要求或内部风险限制时不能维持远期头寸，那么可能会导致头寸被清算并遭受损失。这时，对冲者不仅面临着原先的现金流风险，还因为建立远期头寸而付出额外的成本。因此在风险管理过程中，对远期价格变动风险进行适当地评估至关重要。

现货价格和远期价格建模

首先，我们有必要区分对现货价格建模和对远期价格建模两种情况。虽然现货和期货产品具有许多相同的特性，但它们也有区别。商品的现货价格是为单位商品支付的价格，通常是交付前一天或前一小时的价格。商品的期货价格是为单位商品协定支付的价格，该商品在未来某一时点上交割。在大部分情况下，这是针对在特定月份里每一天的等量商品来说的。为现货和期货定价的模型各有其作用，但二者不可相互替代，因为它们具有不同的时间特性。

学者们已经详细研究了现货商品价格的特点，出现了许多不同的模型，比如平狄克（Pindyck）[1]和施瓦茨（Schwartz）[2]的单一或多因素均值回归模型，克卢落和斯特里克兰（Clewlow and Strickland）[3]及克卢落、斯特里克兰和卡明斯基（Clewlow, Strickland and Kaminski）[4]的跳跃扩散模型，克洛德尼（Kholodnyi）[5]的价格上涨模型和源自汉密尔顿（Hamilton）[6]的体制转换模型。这些模型可以帮助人们量化交割日或交割时点上的预期价格分布，但对于交割时点上现货商品之外的其他产品的价格分布，这些模型不能提供任何见解。比如，如果你想知道2008年5月14日的天然气价格分布，这些定价模型会对你有所帮助；但如果你想知道5天后的2008年5月天然气期货合约的价格分布，这些模型将毫无用处。

除了标的产品的时间特性之外，不同市场的波动率期限结构也有所不同。假设冲击是正态分布的，现货价格的不确定性与时间的平方根成比例增加。而期货价格的波动率行为则有所不同。交割期限较近的合约，也称**远期曲线的即月合约**（译者注：远期曲线的短端月份），通常比交割期限较远的合约，也称远期曲线的远月合约（译者注：远期曲线的长端月份），更具有波动性。一般来说，远期价格波动率随着到期日的临近而增加。这一现象是现货价格均值回归特性[7]的结果，远期价格模型应该将这种市场特性纳入研究范围。

除远期价格波动率的期限结构之外，研究同种商品和不同商品的期货合约之间的关系

---

[1] Robert Pindyck, "The Long Run Evolution of Energy Prices," *The Energy Journal* 20, no. 2 (April 1999), pp. 1–27.

[2] Eduardo Schwartz, "The Stochastic Behavior of Commodity Prices: Implications for Valuation and Hedging," *Journal of Finance* 52, no. 3 (July 1997), pp. 923–973.

[3] Les Clewlow and Chris Strickland, *Energy Derivatives: Pricing and Risk Management* (London: Lacima Publications, 2000).

[4] Les Clewlow, Chris Strickland, and Vince Kaminski, "Extending Mean-Reversion Jump Diffusion," *Energy Power Risk Management* (February 2001).

[5] Valery Kholodnyi, The Stochastic Process for Power Prices with Spikes and Valuation of European Contingent Claims on Power, TXU Preprint, 2000.

[6] James Hamilton, *Time Series Analysis* (Princeton: Princeton University Press, 1994).

[7] Les Clewlow and Chris Strickland, "Simulating Spots," *Energy Risk* (May 2004), pp. 48–51.

也非常重要。与波动率相似,这种关系并不是一致的。连续几个月的合约比相隔几年的合约更倾向于同步变动。同一冬季或夏季的合约比不同季节的合约更倾向于同步变动。不同商品之间,近似替代商品与非替代商品的远期曲线的移动规律也不一样。最后,远期曲线中下一个到期的合约即最近月合约(prompt month contract),与远期曲线其余部分的相关性会随着合约到期日的临近而改变。这一特性也应反映在模型中。库瑞(Kury)[8]引入了这种模型,但也认识到一些局限性。本章扩展此类模型的处理方法,同时提出一种新方法为远期价格收益的超额峰度建模。

一个时变的远期波动率模型

远期价格模型

远期价格模型的推导需要对商品的现货价格特性作出假设。出于此目的,我们将采用平狄克[9]的单因素均值回归框架进行分析。这一框架非常灵活、强大和直观。布莱克和斯科尔斯(Black and Scholes)[10]开创性的资产定价模型假设资产价格遵从几何布朗运动。平狄克检验了原油、天然气和煤的价格,发现它们趋于回归至一个长期价格。对于任何看到供给或需求冲击导致了商品价格变动,认为其"高得离谱"并注定要下跌的投资者来说,这一结论都具有直观的含义。也许最重要的是,价格遵循几何布朗运动的可能性在单因素均值回归模型中依然存在。这个假设在 $\alpha = 0$ 的特殊情况下依然成立。因此,商品的现货价格(S)可以假设服从下列形式

$$\ln S_t = \ln S_{t-1} + \alpha(\mu - \ln S_{t-1}) + \varepsilon_t \tag{14.1}$$

其中 $\varepsilon_t \sim N(0, \sigma^2)$,$\alpha$ 是均值回归率,μ 是长期均衡价格的对数。

从这一模型来看,克卢落和斯特里克兰[11]及卢西亚和施瓦茨(Lucia and Schwartz)[12]认为远期价格波动率可以表示为

$$\sigma_t = \frac{\sigma}{2\alpha t} \cdot (1 - e^{-2\alpha t}) \tag{14.2}$$

亦即任何时间 t 的远期波动率与商品的均值回归率成反比,与期货合约的到期时间也成反比,而与到期时的理论波动率成正比。我们可以运用(14.2)式对 σ 和 α 的偏导数

---

[8] Ted Kury, "A Model of Time-Varying Volatilities in Futures Contracts," *Energy Risk* (June 2006), pp. 66–70.

[9] Robert Pindyck, "The Long Run Evolution of Energy Prices," *The Energy Journal* 20, no. 2 (April 1999), pp. 1–27.

[10] Fischer Black and Myron Scholes, "The Pricing of Options and Corporate Liabilities," *Journal of Political Economy* 81, no. 3 (July 1973), pp. 637–654.

[11] Les Clewlow and Chris Strickland, Valuing Energy Options in a One Factor Model Fitted to Forward Prices, Working Paper, University of Technology, Sydney, 1999.

[12] Julio Lucia and Eduardo Schwartz, Electricity Prices and Power Derivatives: Evidence from the Nordic Power Exchange, Working Paper, UCLA, 2001.

图来描述这些关系。图表14.1显示，σ变动，α不变，会导致波动率曲线的上下移动并且斜率小幅增加。图表14.2显示，α变动，σ不变，会导致斜率变动。

$\alpha = 0.002$

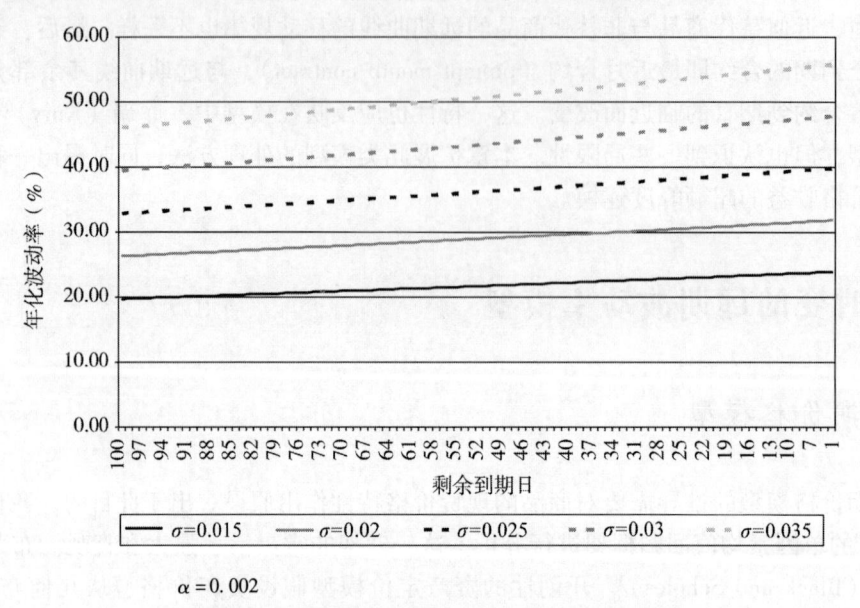

图表14.1 均值回归率恒定的样本波动率曲线

$\sigma = 0.03$

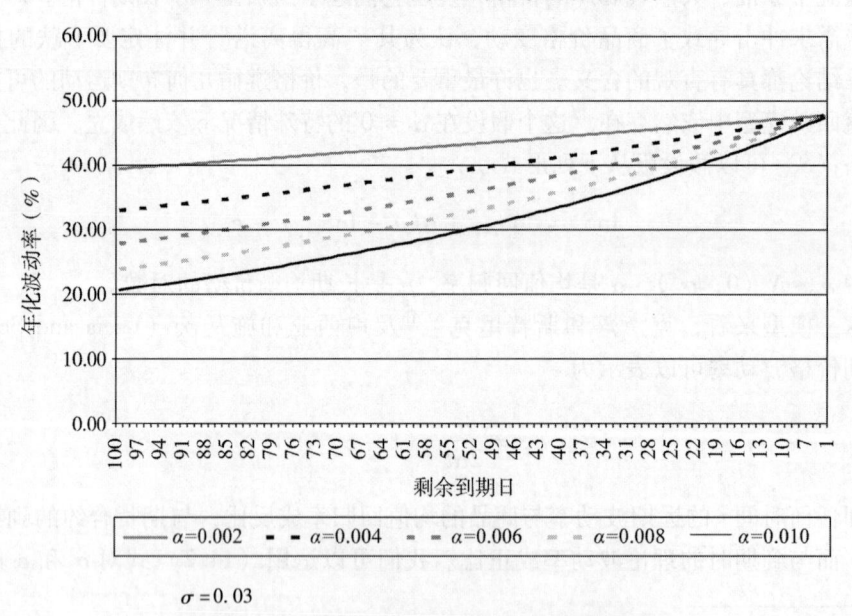

图表14.2 终值波动率恒定的样本波动率曲线

该模型中，假设期货价格本身遵循随机游走。例如，平狄克[13]和亚历山大（Alexander）[14]试图利用GARCH模型研究期货价格，但其结果并不确凿。天然气市场的弱式有效

---

[13] Robert Pindyck, Volatility in Natural Gas and Oil Markets, Working Paper, MIT, 2004.
[14] Carol Alexander, "Correlation in Crude Oil and Natural Gas Markets," in *Managing Energy Price Risk*, 3rd ed., edited by Vincent Kaminski (London: Risk Books, 2004).

性假设已经得到检验[15]，而且期货价格的随机游走模型也得到了经验支持。期货价格收益的确呈现出条件异方差性，但我们将会看到所依据的条件是到期时间。

波动率曲线表现出鲜明的特征

需要强调的是，这些波动率曲线对每份远期合约来说都是不同的，因为每份合约都会呈现不同的波动率结构。比如电力的现货价格比天然气价格更快地向均值回归，因此它的期货合约的波动率曲线更加陡峭。在某些月份，天然气现货价格会比石油的现货价格更快地向均值回归，但在另一些月份则不是如此。此外，夏季相比于其他季节而言，电价的波动率更大，因而夏季电力的期货价格波动率比其他月份更大。冬季天然气价格表现出相似的特征。因此如果允许每一份合约遵从其自身的波动率期限结构，所得的模型将会更加稳健。

为了描述不同月份天然气合约的波动率特征，我们用图表14.3所显示的纽约商业交易所天然气期货合约的历史波动率作为例子，其中每年波动率最大的3份合约用灰线表示。请注意，波动率最大的合约并没有固定模式。正如我们所预期的，它们常常是冬季合约，但在某些年份，一些春季、夏季、秋季合约比冬季合约的波动率更大。例如墨西哥湾沿岸是否存在飓风威胁，会影响秋季天然气合约的波动率。

波动率函数的非线性最优化

运用非线性最优化方法，可以将每份期货合约的日度价格收益对数的绝对值与波动率函数相拟合。波动率函数是连续的并且二阶可导，由于只含有两个自由参数，所以二阶导数矩阵不难处理。因此我们可以利用某种爬山法来执行非线性最优化，比如牛顿—拉弗森（Newton-Raphson）[16]、高斯—牛顿（Gauss-Newton）[17]、戈德菲尔德、匡特和特罗特（Goldfeld, Quandt and Trotter）[18]、布洛伊登、弗莱彻、戈德法布和珊诺（Broyden, Fletcher, Goldfarb, Shanno；BFGS）[19]、伯恩特、霍尔、霍尔和豪斯曼（Berndt, Hall, Hall and Hausman；BHHH）等[20]。这些爬山算法的好处在于它们操作起来非常直观。然而，这些算法只能求解局部最优值，因此需要对一系列的初值进行最优化，以保证计算结果收敛于全局最大值，而不是局部最大值。一个更为有效的最优化方法是先迭代几次全局搜索算法，比如

---

[15] Ted Kury and John Lehman, Testing the Efficiency of the Natural Gas Futures Market, Working Paper, The Energy Authority, 2006.

[16] William Press, Saul Teukolsky, William Vetterling, and Brian Flannery, *Numerical Recipes in C: The Art of Scientific Computing* (Cambridge: Cambridge University Press, 1992).

[17] Estima, *RATS Version 6 User's Guide* (Evanston: Estima, 2004).

[18] 18 Stephen Goldfeld, Richard Quandt, and Hale Trotter, "Maximization by Quad-ratic Hill Climbing," *Econometrica* 34 (July 1966), pp. 541–551.

[19] William Press, Saul Teukolsky, William Vetterling, and Brian Flannery, *Numerical Recipes in C: The Art of Scientific Computing* (Cambridge: Cambridge University Press, 1992).

[20] Ernst K. Berndt, Bronwyn H. Hall, Robert E. Hall, and Jerry A. Hausman, "Esti-mation and Inference in Nonlinear Structural Models," *Annals of Economic and Social Measurement* 3/4 (October 1974), pp. 653–665.

丹齐克（Dantzig）单纯型算法[21]，然后再调用某种爬山算法。在确定了波动率曲面上要搜索的合适区域之后，每天重复这种最优化并加入额外的数据点，并不会大幅改变波动率曲面。也就是说，并不需要每天重复初始的拟合方法。定期地重复该操作则是一种谨慎的做法。

图表 14.3　　　　　　纽约商业交易所天然气期货合约的历史波动率　　　　　　单位：%

	年化波动率						
	2000	2001	2002	2003	2004	2005	2006
1 月	20.03	28.27	32.73	31.90	31.68	25.88	24.86
2 月	19.21	32.69	33.41	33.33	32.98	26.40	25.68
3 月	18.76	33.67	33.50	38.68	31.87	25.55	27.03
4 月	17.41	28.76	33.90	38.29	27.28	21.76	23.61
5 月	16.18	25.55	34.54	35.44	26.44	21.43	23.65
6 月	16.82	26.41	34.61	34.42	26.45	21.24	24.24
7 月	20.35	27.80	34.83	33.60	25.59	21.41	25.11
8 月	20.93	29.06	34.79	32.25	24.85	21.70	26.01
9 月	21.30	31.59	35.90	32.43	24.93	22.85	27.79
10 月	20.97	32.59	37.13	32.27	25.61	24.63	28.17
11 月	21.54	33.09	34.39	30.97	25.52	23.55	26.05
12 月	22.77	32.50	32.42	29.92	25.44	22.92	23.05

非线性最优化通常会无法收敛至某一解。较复杂的模型更容易出现这种情况，因此参数的个数越少越好。我们检验了一些变量，以观察波动率函数的拟合度能否提高，比如所有商品的季节性参数以傅里叶级数形式出现，为周一（2 个非交易日之后的第一个交易日）和周四（能源部能源情报署发布美国储存设施的天然气总量）设定虚拟变量，但这些做法在增加计算复杂性的同时，并不能够相应地提高拟合度。

图表 14.4 和图表 14.5 分别显示出截至 2007 年 1 月，纽约商业交易所 2007 年 4 月和 2007 年 11 月天然气合约的日度对数价格收益的波动率曲线和绝对值。正如我们所预期，到期日越近产品的波动率曲线越陡峭。

对于 4 月份合约，大约 40% 的波动率高于最优拟合线，6% 的波动率处于最优拟合线高度的 2 倍以上，1% 的波动率高于 3 倍的最优拟合线。对 11 月份合约来说，大约 52% 的波动率高于最优拟合线，16% 的波动率高于 2 倍最优拟合线，5% 的波动率高于 3 倍的最优拟合线。这远大于我们所预期的正态分布误差，同时意味着误差分布可能存在超额峰度。当图表 14.4 和图表 14.5 中的波动率曲线乘以由蒙特卡洛模拟[22]生成的标准正态随机变量时，如果价格收益存在峰度，那么可能会对波动率分布的尾部表征不足。

---

[21] William Press, Saul Teukolsky, William Vetterling, and Brian Flannery, *Numerical Recipes in C：The Art of Scientific Computing* (Cambridge：Cambridge University Press, 1992).

[22] 蒙特卡洛模拟是一种估计技术，它对给定的分布进行一系列随机抽取或迭代，从而生成一系列可能的结果。如果抽取量足够大，大数定理蕴含着迭代的均值将近似等于真实值（See, for example, Bruno Dupire (ed.), *Monte Carlo：Methodologies and Applications for Pricing and Risk Management* (London：Risk Books, 1998)）。

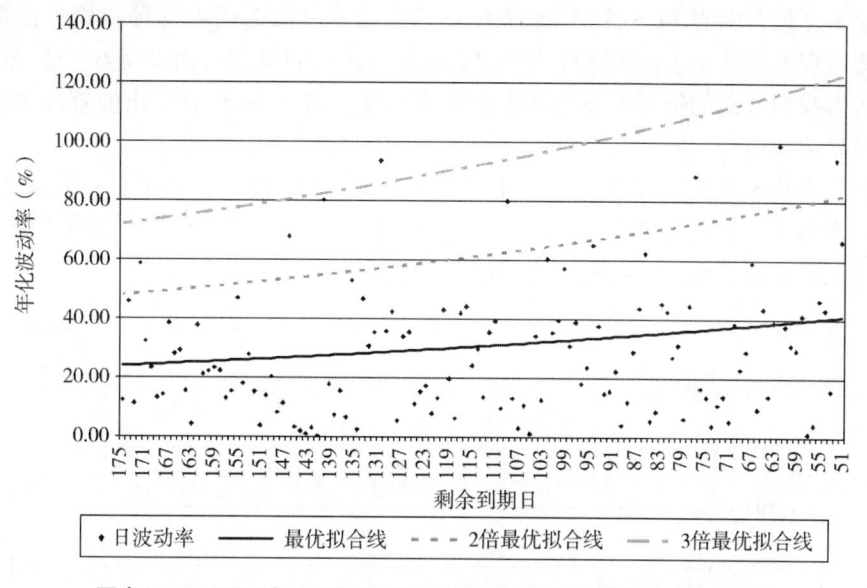

图表 14.4　2007 年 4 月纽约商业交易所天然气合约的波动率曲线

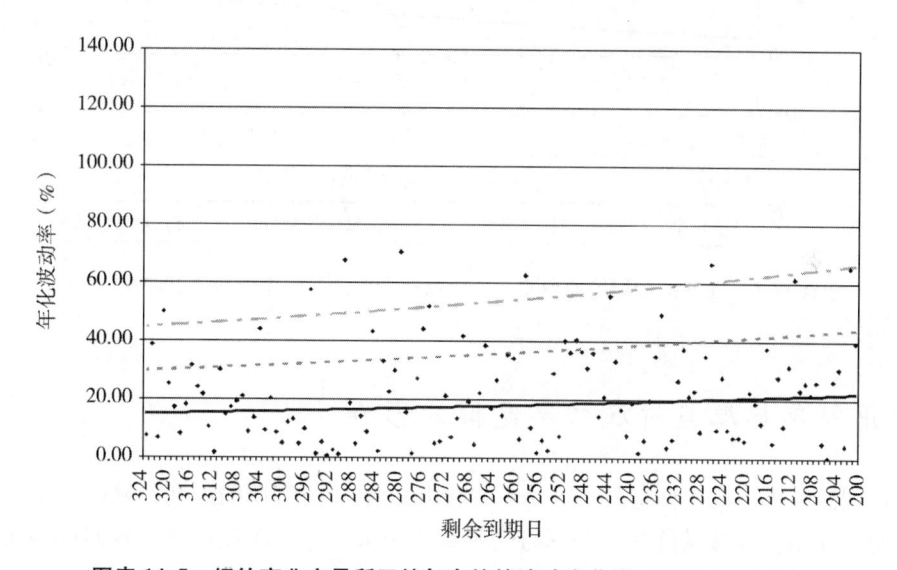

图表 14.5　纽约商业交易所天然气合约的波动率曲线（2007 年 11 月）

为波动率函数的超额峰度建模

假定误差服从学生氏 t 分布而不是正态分布，我们可以通过拟合波动率曲线来反映任何价格收益分布的超额峰度。除标准差参数之外，学生氏 t 分布还采用了自由度参数。自由度无穷大时，学生氏 t 分布退化为正态分布。但随着自由度减少，学生氏 t 分布的峰度增加。采用学生氏 t 分布的一个优点在于我们不必放弃正态分布误差的假设。正态分布依然作为一个特例而存在。因此如果自由度参数值非常大，那么两种模拟几乎无差异；然而如果自由度参数值很小，那么模拟最好要能够反映收益分布的超额峰度。

通过重新拟合图表 14.4 中的 2007 年 4 月合约,可以阐明由这种建模方法造成的差异。当假设误差服从学生氏 t 分布并进行最优化时,我们发现自由度是 6。这一参数值很低,它告诉我们合约的价格收益具有相当大的峰度。图表 14.6 显示出能够反映这一假设的修正波动率曲线。

现在,大约 33% 的日度波动率高于最优拟合线,3% 的波动率高于 2 倍最优拟合线,没有波动率高于 3 倍最优拟合线。这离我们的预期更近了。用波动率曲线乘以蒙特卡洛模拟的标准正态随机变量,可以更好地描述波动率的分布。

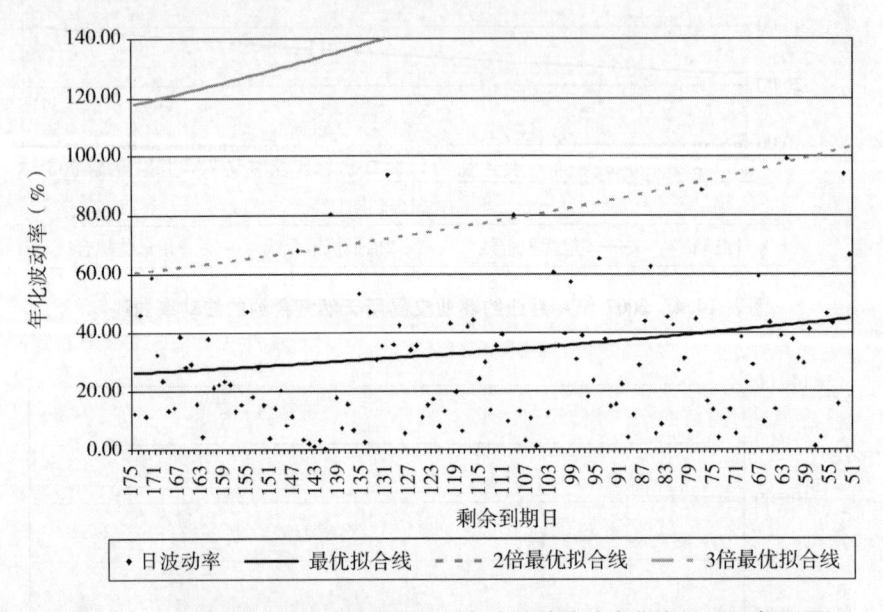

图表 14.6 重新拟合纽约商业交易所天然气合约的波动率曲线(2007 年 4 月)

使用简单标准差对波动率建模的影响

在远期曲线模型的一些应用中,人们选择用一定历史时期的远期价格收益的标准差来描述远期波动率,并假设这些波动率将会延续到未来。这一假设违背了我们模型所反映的远期价格波动的两个特征。第一,由于波动率随剩余到期时间的减少而增加,今天预期的波动率总是比昨天大,并比明天预期的波动率小。因此,利用从历史价格得出的波动率来估计今天的波动率会低估今天的波动率。第二,预期明天的波动率会比今天的大,因此利用估计结果描述即将到来的波动率会低估未来的波动率。将图表 14.6 放大倍数,如图表 14.7 所示,可用来阐明基于历史价格的方法与我们的时变波动率方法之间的区别。虚线是我们模型中用于模拟的预期远期波动率,灰线是前 30 天内价格收益的标准差。

或许两种方法之间的差异看上去并不明显,但仅 10% 的波动率差异就可以将 2000 万美元投资组合的涉险价值改变 300 万美元左右,或在第 95 百分位上改变 15% 的组合总价值。也就是说,采用不严格的远期波动率模型将会低估第 95 百分位上的涉险价值,低估的数额为组合总价值的 15%。

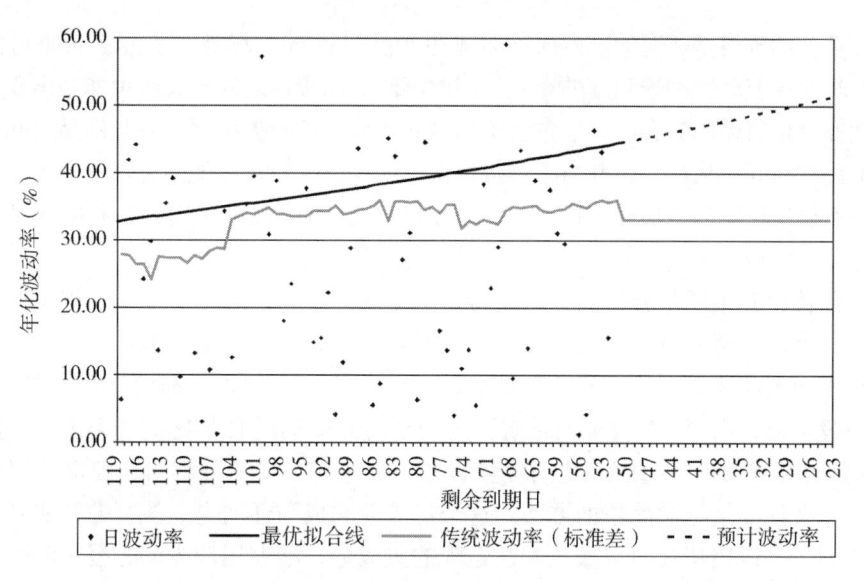

图表 14.7　纽约商业交易所天然气合约的历史波动率曲线和预计波动率曲线（2007 年 4 月）

合约间关系模型

分解相关性矩阵

在将每份合约的期限结构波动率参数化之后，就应该把注意力转向为远期合约之间的关系建模。这样不仅可以尽可能有效地找出同种商品合约间的关系，也能找出不同商品合约间的关系。由于远期价格的非线性系统模型随时间而演化，因此我们的问题并不存在封闭式的解，只能运用模拟来对远期曲线系统建模。

一般方法涉及对日度价格收益对数的相关性矩阵进行分解。然而采用这种方法，合约间未来的相关性被简单地用历史相关性来表示。在现实中，随着到期日的临近，最近月合约和远期曲线其他点上的合约之间的相关性会发生改变。我们的方法涉及分解已标准化的冲击矩阵。对于特定日期的特定合约，利用我们的波动率模型，构建经过预期波动率调整的日价格收益相关性矩阵。标准化冲击与我们模拟远期价格所得的标准正态随机变量具有相同的分布，这样就不会高估最近月合约和远期价格曲线其余部分之间的相关性。

生成相关随机数据的方法之一涉及对相关矩阵进行完全分解。这可以利用乔莱斯基分解[23]进行。给定一个 $N \times N$ 维的相关性矩阵 C，可以得到三角矩阵 A，满足 $C = AA'$。这样就能生成向量 B，向量 B 是 N 维独立标准正态随机变量。向量 $D = AB$ 则是具有适当交叉相关性的标准正态随机变量构成的向量。

能源行业的数据很难获得。此外，收集到的任何价格数据可能并非完整地反映商品市场价格，因为它们并不能反映许多买方和卖方之间的互动。纽约商业交易所是一个流动性好的

---

[23] William Greene, *Econometric Analysis* (New York: Macmillan, 1990).

市场，并且合约价格是透明的。然而许多能源产品只进行"场外"交易，价格可能会受到商品交易时市场流动性和透明度的影响。因此不同商品价格之间的关系可能会出现内部不一致性。此外价格数据的集合中可能包含不同时间框架下的数据序列，并且商品之间的相互关系可能不具有时间一致性。因此由这些数据得出的相关性矩阵可能不是半正定的。如果相关矩阵至少不是半正定的，那么矩阵 A 会包含复数，这对模拟没有用处。乔莱斯基分解也会得出所有合约的相互关系，其中一些可能是无意义的，即为噪声。

另一种替代乔莱斯基分解的方法是特征分解[24]。给定相同的 $N \times N$ 维相关矩阵 C，可以推导出一个特征值向量 λ，以及 $N \times N$ 维特征向量矩阵 X，满足 $CX = \lambda X$。X 的行向量描述的是不同远期曲线合约之间的互动关系，λ 中相应值的大小描述其解释系统的相对重要性。一般来说，由第 i 个特征向量解释的变动占总变动的百分比等于第 i 个特征值除以 N。特征分解与乔莱斯基分解相比的优势有几个。第一，特征分解对任何对称矩阵，比如相关性矩阵来说都是绝对简单的方法。这个优点使它成为任何自动执行的算法系统中可靠的部分。第二，运用特征向量或相关性矩阵的主成分，能够用较少的方程来解释大型矩阵中的相关关系，并尽可能对相关性进行建模。这样可以逐次选择特征向量来解释相关性矩阵中 95%、99% 甚至 100% 的变动。如果相关性矩阵不是半正定的，特征分解的结果将包含 1 个或多个负的可忽略的小特征值。

原油远期曲线的主成分

从图表 14.8 中可以看到原油远期曲线的前三个主成分，它们解释了相关性矩阵中 99% 以上的变动关系。

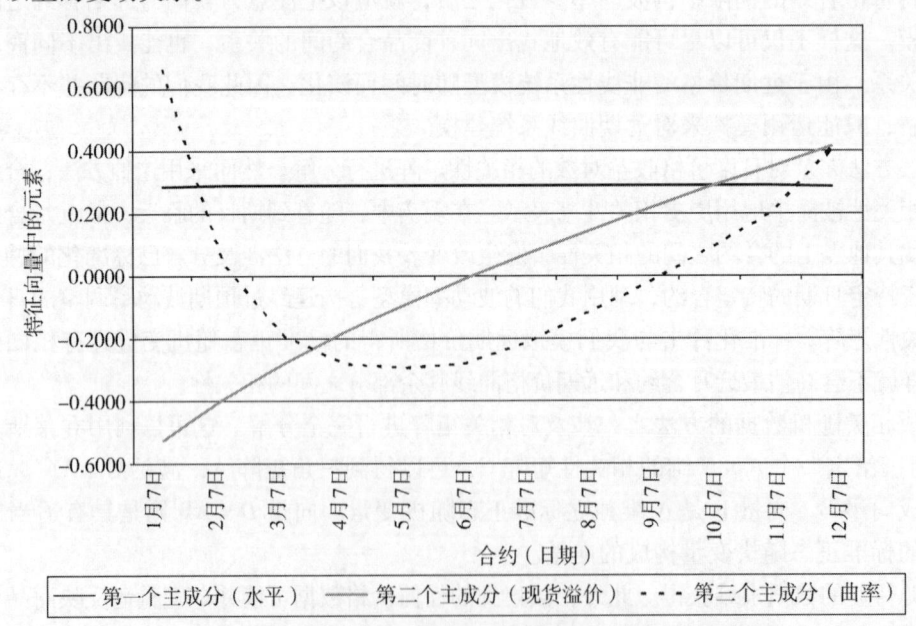

图表 14.8 纽约商业交易所原油远期曲线的前三个主成分

---

[24] William Greene, *Econometric Analysis* (New York: Macmillan, 1990).

如图表14.9所示，我们可以用相应特征值的平方根为权重，来获得这些主成分相对重要性的一些信息。

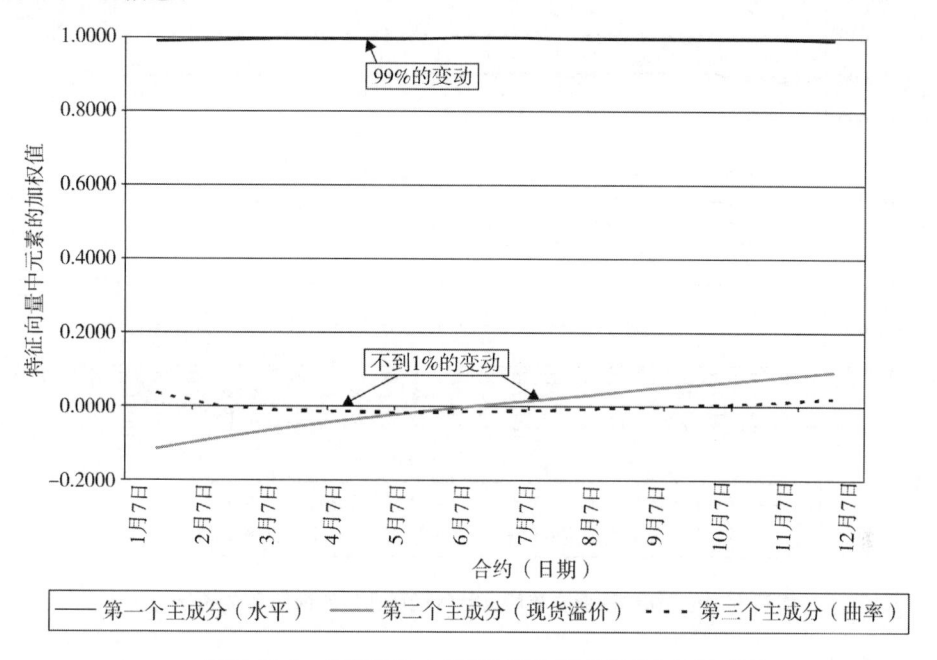

图表14.9　纽约商业交易所原油远期曲线的加权主成分

第一个主成分是水平成分，它反映出原油远期合约共同上移或下移的趋势。请注意，所有合约的加权特征向量几乎是相等的。这意味着生成的第一个随机数据对每份合约都具有几乎相同的影响。仅这一个特征向量就解释了原油远期曲线前12个月份99%的日变动。第二个主成分反映了曲线倾斜度改变的趋势。如果第二个随机数据为正，那么1月份合约将下跌，12月份合约将上涨。也就是说，远期曲线中现货溢价的程度将会下降。如果第二个随机数据为负，那么1月份合约将上涨，12月份合约将下跌，因而远期曲线现货溢价的程度将会上升。这个特征向量解释1%以下的远期曲线变动。第三个主成分反映了远期曲线曲率改变的趋势。当1月份和12月份的合约上升时，5月份、6月份、7月份的远期曲线会下降。这一特征向量也解释1%以下的远期曲线变动。

天然气远期曲线的主成分

我们从图表14.10中可以看到天然气远期曲线的前四个主成分，它们解释了相关性矩阵中99%的变动关系。我们也可以通过对其加权来了解它们的相对重要性，如图表14.11所示。

与原油类似，第一个主成分是水平成分，但它不如原油的水平成分那般平坦。天然气合约同时上升或下降的趋势较小，并且主成分只解释了天然气远期曲线92%的变动。如果我们只运用原油相关矩阵的第一个主成分，我们仍可以掌握相关矩阵几乎所有的变动。然而对天然气来说，一个主成分不够用。第二个主成分反映的也是曲线倾斜度改变的趋势，但需要注意的是，天然气曲线不像原油远期曲线那样平直，而是在每份3—4月

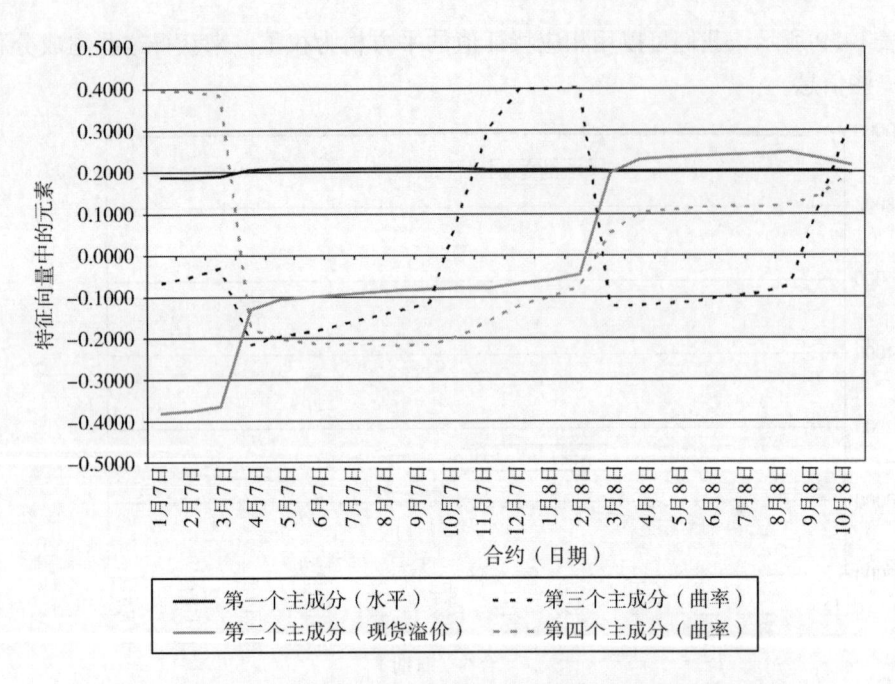

图表 14.10　纽约商业交易所天然气远期曲线的前四个主成分

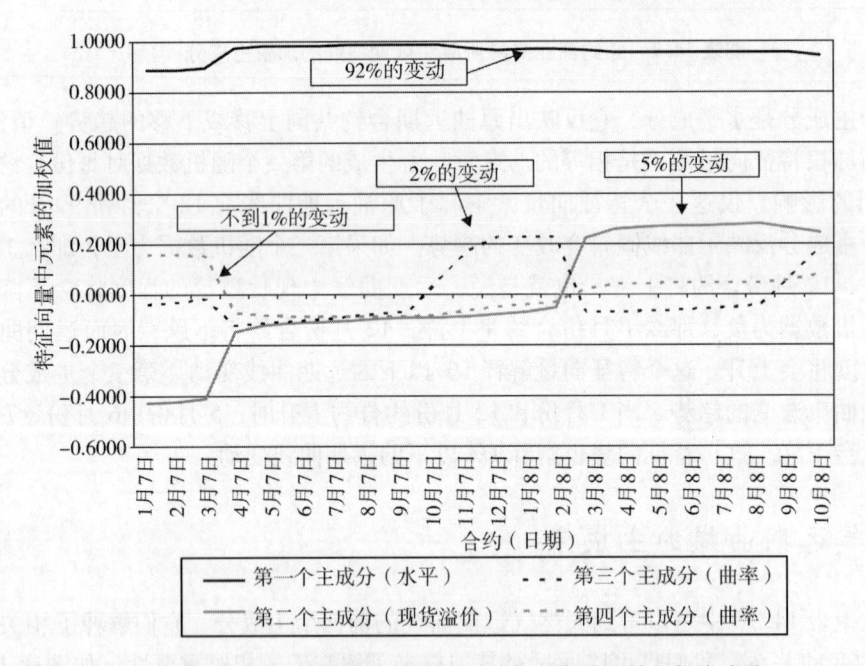

图表 14.11　纽约商业交易所天然气远期曲线的加权主成分

份合约中有跳升。第二个主成分解释了5%的变动，并且在天然气中比原油中更为重要。第三个和第四个主成分反映了曲率改变的趋势。第三个主成分描述了冬季和夏季合约之间关系的变化，并解释了大约2%的变动。第四个主成分显示出远期曲线的2007年4月至2008年3月部分与曲线的其余部分呈反向移动的趋势，它解释1%以下的变动。

两商品远期曲线的主成分

最后,我们在图表 14.12 和图表 14.13 中看到,运用五个主成分可以解释天然气(NG 合约)与原油(CL 合约)曲线之间 99% 的关系。

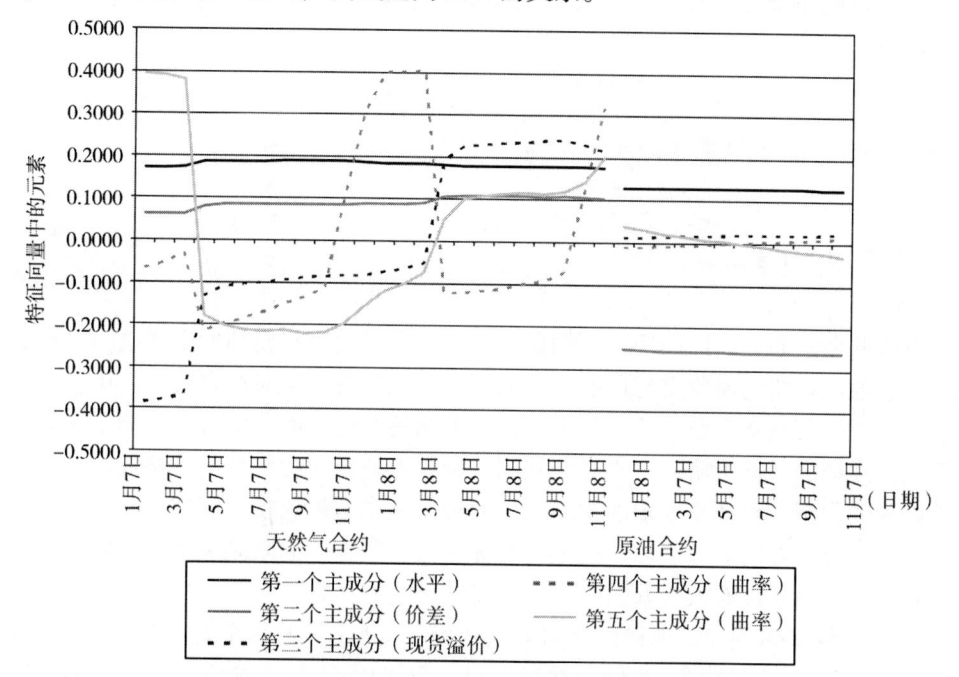

图表 14.12 天然气和原油远期曲线的前五个主成分

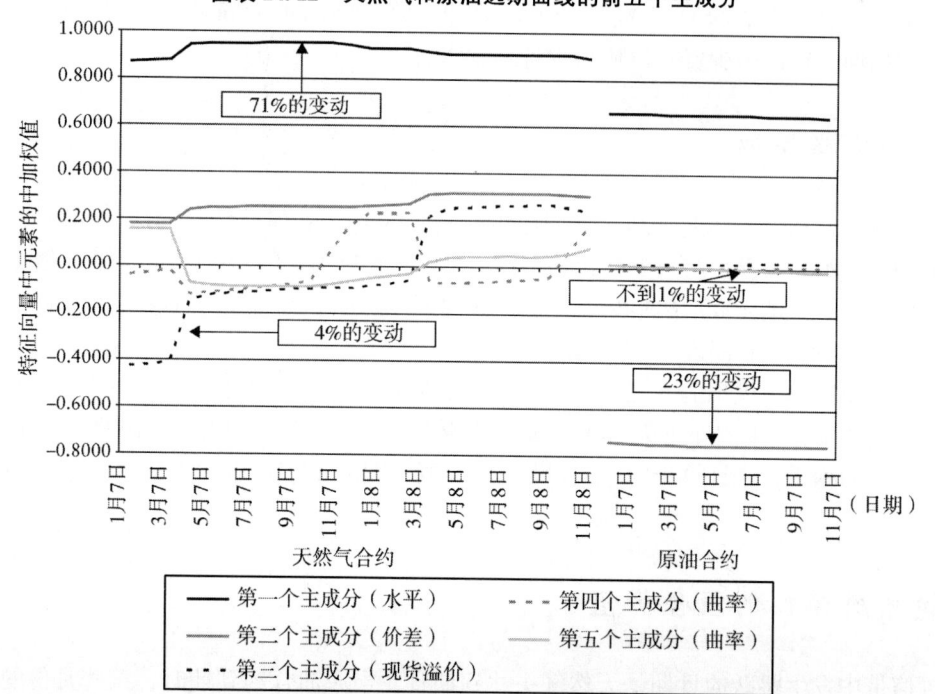

图表 14.13 天然气和原油远期曲线的加权主成分

其中的4个主成分应该很熟悉了，它们是天然气和原油曲线本身表现出来的水平、倾斜度和曲率成分。然而我们加入了一个新的成分，并且它解释了两条曲线23%的变动。第一个主成分是水平成分，在考虑两种商品时所能够解释的变动大大减少。同种商品的不同合约会表现出更大的共同移动的趋势；而对于不同种商品则不是这样。第二个主成分反映出天然气和原油向反方向移动的趋势，或者说天然气/原油价差随时间变化的趋势。

一个实际的对冲例子

对冲考虑因素

所有这些因素如何共同作用？我们思考一个使用天然气和石油发电的电力生产商的简单例子。它通过在纽约商业交易所购买原油和天然气期货，来对冲实货燃料市场上的价格风险。这一对冲策略本身受到公司的涉险价值限制的约束，而期货合约受制于交易所的保证金要求。在斟酌对冲策略时，它必须找到一种既能减轻现货市场的价格风险，又符合公司的涉险价值限制和保证金要求的策略。后两种考虑常常被忽视。即使你是对冲专家，设计出了金融史上最好的对冲策略，但某些在你直接控制之外的限制因素也可能迫使你提前清算投资组合，也就没有人会知道你的对冲策略到底有多好。

假设现在是2004年12月初，这家公司决定为2005年的每个月购买50份天然气合约，为2006年的每个月购买25份天然气合约，为2005年每个月购买5份原油合约。该项投资组合的名义价值约为6200万美元。对冲专家面临的重大问题是：风险限制如何，止损限制如何，预留多少资本以应付保证金要求？

远期价格模拟

我们可以运用波动率期限结构模型和相关性矩阵的主成分来模拟天然气和原油曲线。图表14.14显示5条模拟的天然气价格曲线。图表14.15显示5条模拟的原油曲线。

在模拟了5天的1000条曲线后，截至2004年12月中旬的天然气和原油远期曲线置信区间如图表14.16和图表14.17所示。

值得注意的是，模拟的天然气曲线交割月份的置信带明显更宽。原油曲线则没有显示出如此幅度的变化，因为它们同步移动的趋势较明显。我们可以利用这1000条模拟曲线和检验组合的构成，来计算1000个日度盯市价值。图表14.18显示出这些盯市价值的置信带。

运用所模拟的组合价值

置信带中发生跳跃的日期是天然气头寸到期日。当原油合约到期时，某些月份的中旬也出现了相似的跳跃，但它们只占了整个组合中较小的部分，因此并不突出。灰色折线是

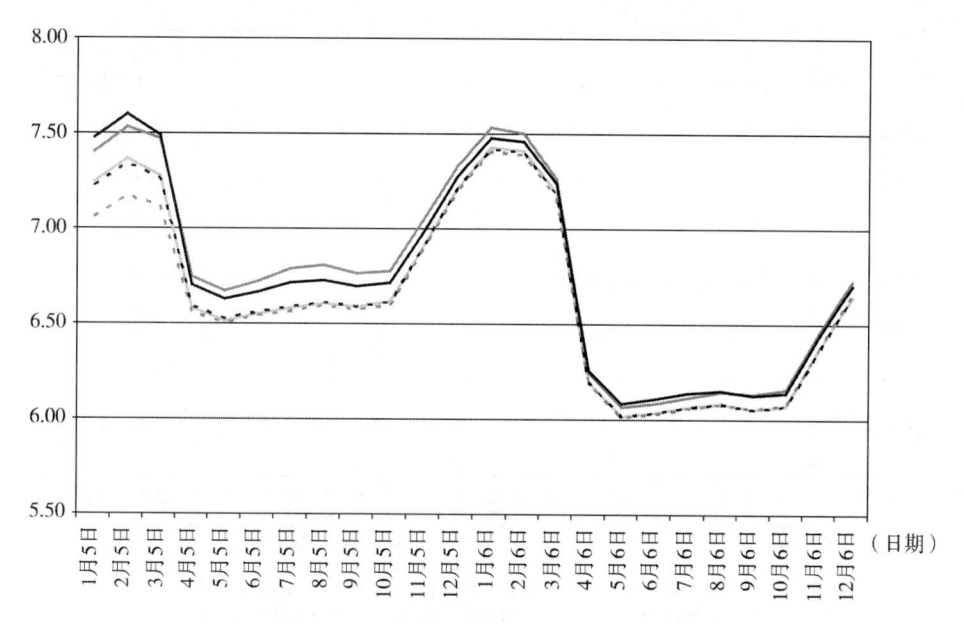

第 14 章 量化期货合约组合中的跨商品风险

图表 14.14 天然气远期曲线的 5 个样本模拟

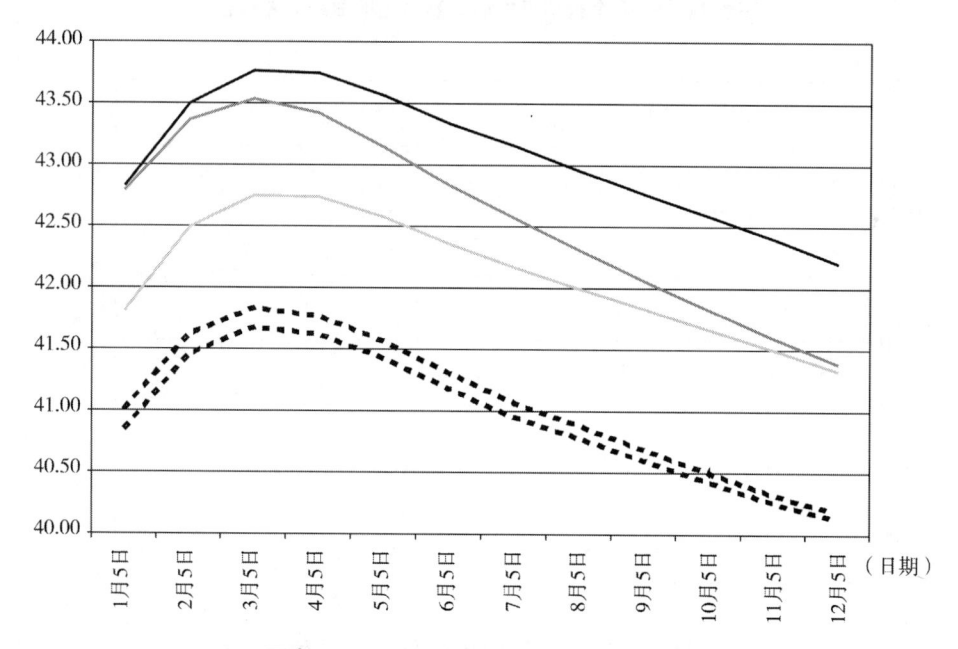

图表 14.15 原油远期曲线的 5 个样本模拟

真实的 2005 年第一季度投资组合的盯市价值。在这一段时间之内，41% 的真实价值落在 60% 置信区间以外，18% 落在 80% 置信区间以外，6% 落在 90% 置信区间以外。这与我们的预期一致，但事后检验并不是我们的目的。购买投资组合时，其名义价值大约 6200 万美元，如果公司内部并没有做足在某一时点承担 630 万美元盯市价值损失的准备（就像在 1 月中旬发生的事实那样），那么其投资头寸在 3 月末就不可能赚得收益，而是被提前清算。在这种情况下，公司会在期货市场遭受 630 万美元的损失，并仍然在现货市场支

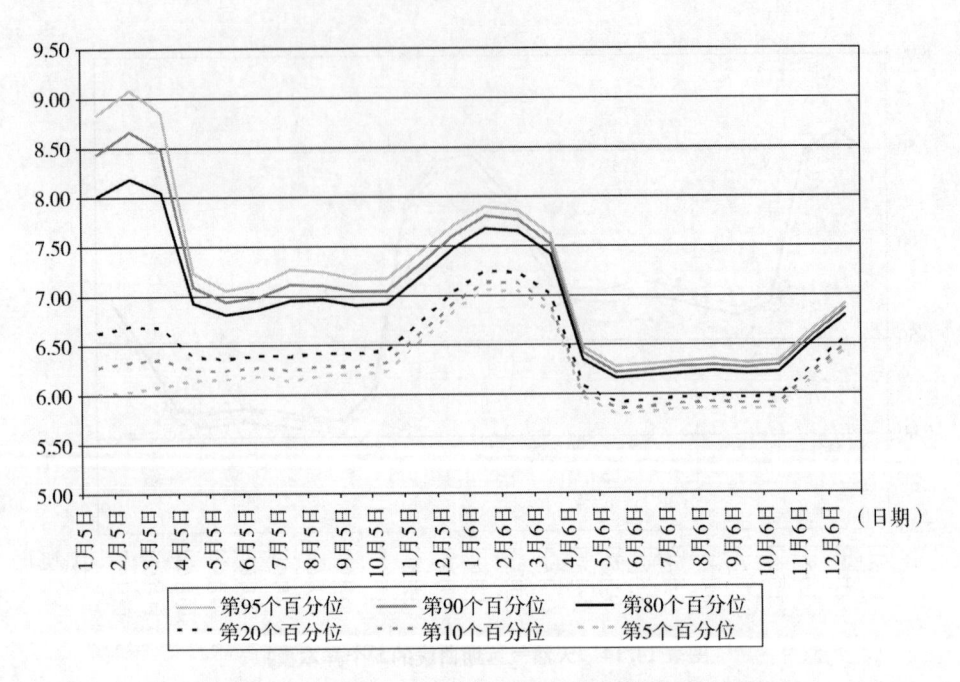

图表 14.16　5 个模拟日之后天然气远期曲线的置信带

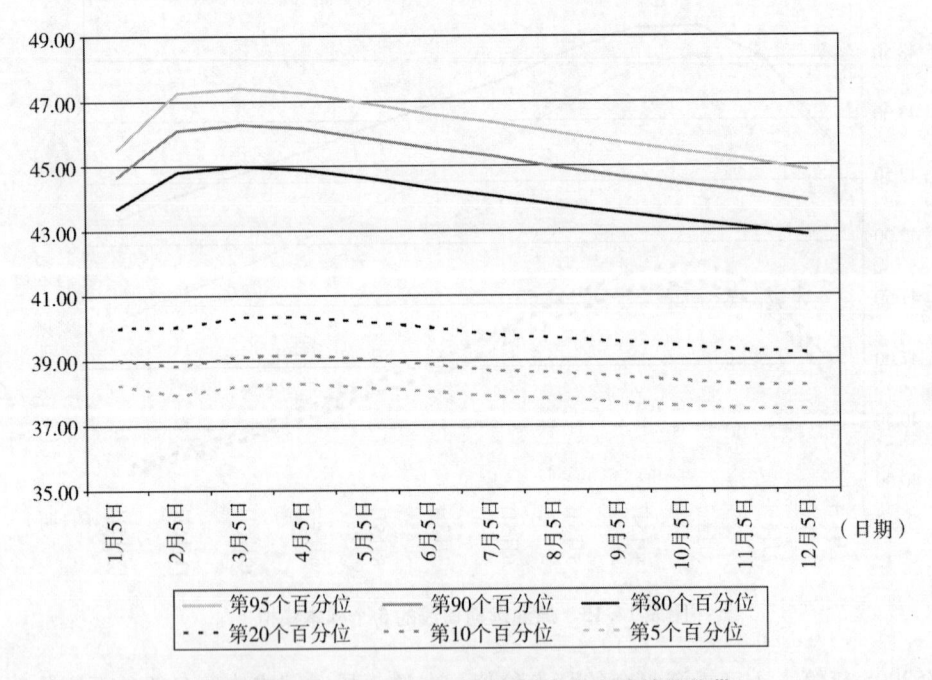

图表 14.17　5 个模拟日之后原油远期曲线的置信带

付更高的燃料成本。公司如果没有进行对冲可能会更好。然而，如果公司知道该对冲策略具有违反内部风险规章限制或现金储备的危险，那么它会减少购买远期合约的数量。提供些许保障的对冲策略总比不能够维持的策略要好。

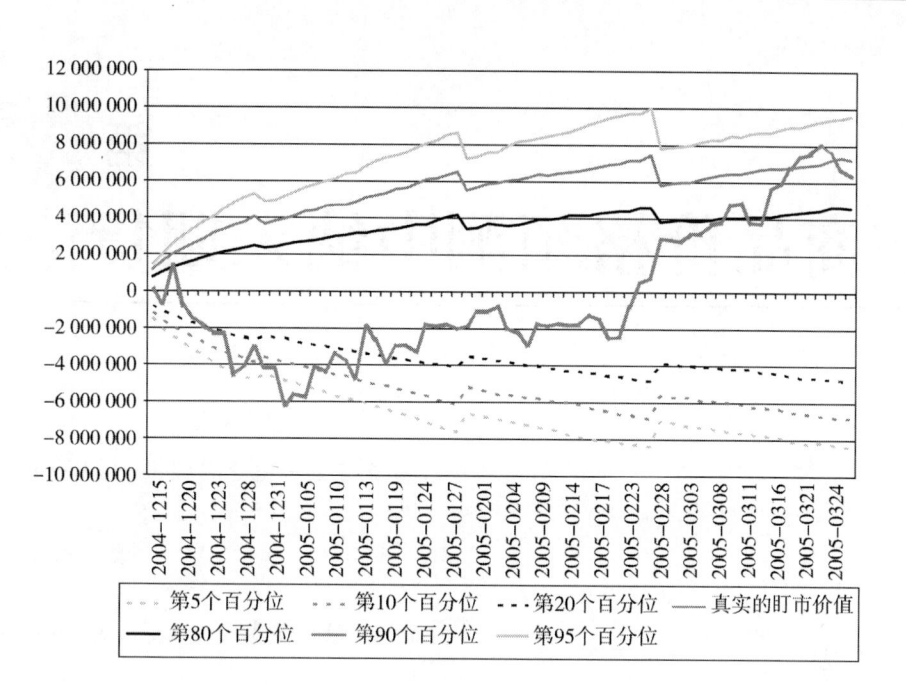

图表 14.18　投资组合盯市价值的时间序列

结　论

许多日度的风险度量和风险管理应用程序依赖远期价格模型。对于任何需要反复执行的程序，采用一个能反映市场动向、同时既简约又简单的模型将是很有帮助的。我们给出了一个具有时变波动率和时变相关性，且具备上述三种性质的远期价格模型。

模型反映了我们观测到的市场动向，即远期价格的波动率随着远期合约到期日的临近而增加，并且远期价格遵循随机游走。每份合约遵循其特有的波动率特征，因此保持了商品的任何基本面差异对远期价格的影响。

我们的模型简单而又简约，运用普通的非线性最优化技术来拟合波动率函数。模型也运用相关性矩阵的特征分解来反映同种商品或不同商品的各类合约之间的相互作用。

对于需要评估远期合约价格的内在风险和评价对冲策略的任何应用来说，这个模型都是有用的。

第15章
在商品价格预测中纳入期货信息*

查克里亚·鲍曼（Chakriya Bowman）博士
访问学者
澳大利亚国立大学

阿希姆·M·侯赛因（Aasim M. Husain）博士
助理处长
中东和中亚分处
国际货币基金组织

在过去的一个世纪中，虽然初级商品占全球产出和贸易的份额一直下降，但商品价格的波动仍然影响着全球的经济活动。对于许多国家，尤其是发展中国家，初级商品仍然是重要的出口收入来源，商品价格的波动对宏观经济的总体走势有重要影响。因此商品价格预测对于宏观经济政策的规划和制定来说，是一个关键的输入变量。

商品价格巨大的波动率加大了精确预测的难度。即使是对商品价格长期趋势的判断，学者们也存在争议，例如库丁顿（Cuddington）[1]发现，很少有证据能够支持普雷维什和辛格（Prebisch and Singer）[2]提出的、现已普遍接受的观点，即初级商品的价格

---

* 本文仅代表笔者本人的观点，与国际货币基金组织及其政策并无直接关系。本章是笔者之前研究成果的更新和修订版本（Chakriya Bowman and Aasim M. Husain, "Forecasting Commodity Prices: Future versus Judgment", International Monetary Fund Working Paper WP/04/41 (2004)）。笔者感谢 Paul Cashin, David Hallam, Sam Ouliaris, and George Rapsomanikis 等人对之前版本论文的有益评论。

[1] John T. Cuddington, "Long-run Trends in 26 Primary Commodity Prices: A Disaggregated Look at the Prebisch-Singer Hypothesis," *Journal of Development Economics* 39, no. 2 (1992), pp. 207–227.

[2] Raul Prebisch, *The Economic Development of Latin America and its Principle Problems* (New York: United Nations, 1950); and Hans Singer, "The Distributions of Gains between Investing and Borrowing Countries," *American Economic Review* 40, no. 2 (1950), pp. 473–485（这些研究中阐述的理论是关于同一个问题并在同一时间发表，于是被称为"普雷维什-辛格假说"）。

在长期内存在下跌趋势。卡欣和麦克德莫特（Cashin and McDermott）[3] 找到的一些证据表明，商品价格呈现出小幅且变化的长期下跌趋势，但同时发现，这种趋势被商品价格持续的高波动率掩盖了。最近，国际货币基金组织（IMF）[4] 注意到，在过去的10年里，由于制造业全球化抑制了生产者价格的过快上涨，因此商品价格相对于制造业产品价格保持稳定。

本章的目的是评估多种预测方法的精确度，这些方法对过去10年中15种初级商品的价格走势作出预测。鉴于准确地预测期货价格存在种种困难，我们对预测效果的评估也只能是相对性的——以某种预测方法相对于其他方法的预测效果来衡量。出于这个目的，我们考察三种预测方法：（1）判断型预测，即定性和定量地分析各种与商品价格相关的因素，比如供求基本面因素；（2）只依赖历史价格信息的统计模型预测；（3）系统地纳入当前所有可得信息（商品期货价格所包含的信息，以及历史价格数据）的模型预测。我们运用了多个评价预测效果的指标，从而考察统计性精度与方向性精度[5]。

分析结果表明，虽然在短期内（1个季度），一些商品的判断型预测要比基于模型的预测效果更好，但是在一年或更长的期间内，纳入期货价格的模型预测效果通常更好。人们通常认为现货价格和期货价格数据是非平稳的，但在许多情况下，现货和期货价格可能存在协整关系。虽然现货价格和期货价格存在很强的联动性，但期货价格的波动率往往小于现货价格的波动率。因此期货价格可以作为现货价格的锚；此外误差修正模型由于利用了长期协整关系，因此能更好地预测未来现货价格走势。

商品价格走势：一些事实

本章"计量结果"一节的分析涵盖了15种初级商品，它们是IMF商品指数的构成部分，而且过去10年里的3个月期（或更长期限）期货价格数据都可以获得。这些商品包括6种工业金属（铝、铜、铅、镍、锡、锌）和9种农产品（小麦、玉米、大豆、豆粕、豆油、糖、棉花和咖啡——分为麦尔德咖啡和罗巴斯塔咖啡）。

1970—2003年，这些商品的实际价格大幅下跌。在这段时期内，每种商品实际价格的季度平均变动是负值（见图表15.1）。以累计水平计算，咖啡、铜和锡的实际价格下跌最为剧烈，约为70%或以上；而糖（美国市场）、小麦、锌的价格下跌了23%~27%。但2003年以来，某些逆转趋势也很明显，全球市场上飙升的金属需求推高了价格——最明显的是镍、铜和锌，在2006年第4季度，它们的实际价格都处于高位，铅的价格几乎逼

---

[3] Paul Cashin and C. John McDermott (2002), "The Long‐Run Behavior of Commodity Prices: Small Trends and Big Variability," International Monetary Fund Staff Papers, pp. 175–199.

[4] International Monetary Fund (2006), "The Boom in Non‐Fuel Commodity Prices: Can It Last?," *World Economic Outlook*, September, pp. 139–169.

[5] 在商品价格预测中，某种预测方法预言反向变动的能力可能是一个更直接的精确性指标。格兰杰和佩萨兰注意到，对预测效果进行评估的文献看重统计精度指标，而忽视经济意义指标（See Clive W. J. Granger and M. Hashem Pesaran, Economic and Statistical Measures of Forecast Accuracy, DAE Working Paper 9910, University of Cambridge, 1999）。

图表 15.1　样本商品的现货价格与期货价格变动

商品	实际价格跌幅自 1970 年起（百分比）	标准差ᵃ 现货	标准差ᵃ 期货	期货头寸	开始时间ᵇ
铝	39.3	0.096	0.082	3 个月期货	87：Q2
咖啡：麦尔德	68.0	0.164	0.140	6 个月期货	87：Q1
咖啡：罗巴斯塔	79.6	0.155	0.171	6 个月期货	91：Q3
铜	69.5	0.088	0.064	2 个月期货	89：Q1
棉花	56.0	0.112	0.071	6 个月期货	86：Q3
铅	58.9	0.095	0.091	3 个月期货	87：Q1
玉米	53.1	0.106	0.078	3 个月期货	72：Q2
镍	33.6	0.144	0.140	3 个月期货	88：Q1
豆粕	52.8	0.085	0.066	9 个月期货	82：Q4
豆油	56.4	0.101	0.073	9 个月期货	80：Q2
大豆ᶜ	49.5	0.063	0.054	9 个月期货	75：Q1
糖（US）	23.0	0.036	0.023	6 个月期货	88：Q1
锡	69.5	0.070	0.070	3 个月期货	89：Q3
小麦	53.1	0.087	0.068	6 个月期货	76：Q4
锌	27.3	0.093	0.080	3 个月期货	89：Q1

注：ᵃ名义美元价格的标准差。

ᵇ除玉米外，所有商品的价格数据截至 2003 年第 1 季度。玉米序列则截至 2002 年第 3 季度。

ᶜ1994 年第 3 季度为离群数据，舍去。

资料来源：根据 IMF 初级商品价格数据库及彭博的数据创建图表。

近 1979 年的高价位。农产品对商业周期的敏感度比其他商品（尤其是金属）低，因为农产品需要很长的时间才能调整供给量，所以农产品价格跌得更加厉害。不过，截至 2006 年年底，某些农产品（小麦、糖、玉米和豆油）的价位已经超过了 36 年间的平均值。

图表 15.2　现货价格与期货价格的相关性（一阶差分对数值之间的相关性，以百分比表示）
（1991 年第 3 季度至 2003 年第 1 季度）

商品	期货合约的期限			
	3 个月	6 个月	9 个月	12 个月
铝	95.44			
咖啡：麦尔德	93.22	91.70		
咖啡：罗巴斯塔	94.18	93.20		
铜	93.15			90.76
棉花	62.73	74.07		
铅	96.80			
玉米	79.70	81.80		

续表

商品	期货合约的期限			
	3 个月	6 个月	9 个月	12 个月
镍	94.97			
豆粕	76.78		69.96	
豆油	74.54		61.07	
大豆ª	85.75		83.24	
糖,美国	82.49	84.73		
锡	93.48			
小麦	70.82	79.23		
锌	93.03			

注:ª 根据大豆 9 个月期货价格与现货价格之间的相关性,我们舍去了一个离群值（1994 年第 1 季度）。
资料来源:根据 IMF 初级商品价格数据库及彭博的数据创建图表。

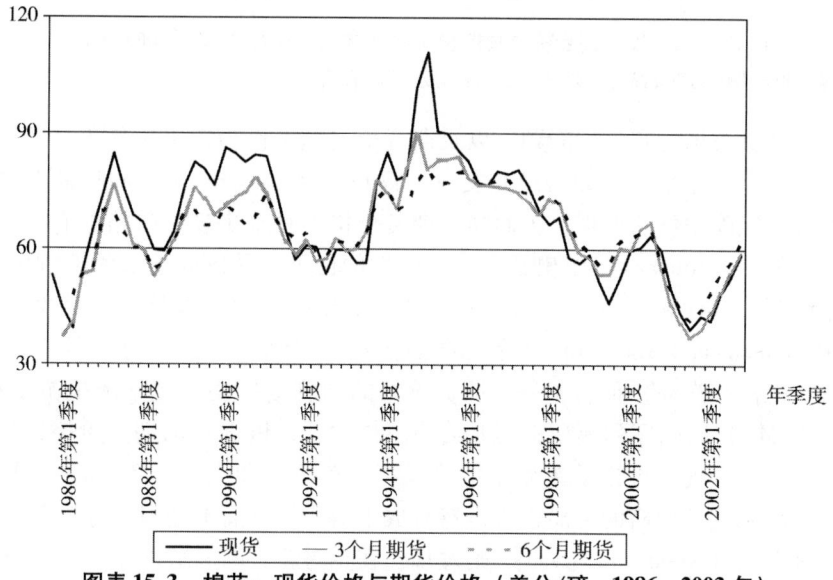

图表 15.3 棉花:现货价格与期货价格（美分/磅,1986—2003 年）

资料来源:根据国际货币基金组织初级商品价格数据库的数据创建图表。

期货价格与现货价格保持同步变动（见图表 15.2）,但几乎对于所有的商品,期货价格的波动率要比现货价格的波动率低得多。一般来说,金属价格要比农产品价格具有更小的波动率,对此艾森基蒂娜、埃文和古德（Isengildina, Irwin and Good）[⑥] 结合了需求和生产两方面的原因:食品需求缺乏弹性,同时生产技术容易遭受自然因素的影响,比如天气、疾病和害虫等。图表 15.3 和图表 15.4 显示棉花和铜的价格变动,两图均反映出期货价格的波动率相对较低。

[⑥] Olga Isengildina, Scott H. Irwin, and Darrel L. Good, "Evaluation of USDA Interval Forecasts of Corn and Soybean Prices," *American Journal of Agricultural Economics* 86, no. 4 (2004), pp. 990 – 1004.

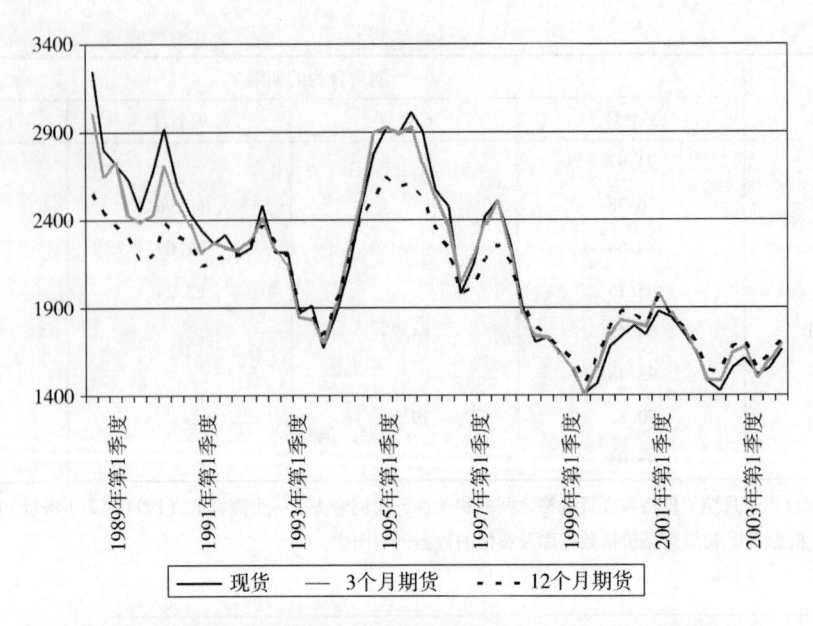

图表 15.4　铜：现货价格与期货价格（美元/公吨，1989—2003 年）

资料来源：根据 IMF 初级商品价格数据库及彭博的数据创建图表。

363　　关于商品期货市场的有效性问题，以及期货价格能否作为未来现货价格的无偏预测，研究者们的结论存在分歧。例如穆萨和艾-罗汉尼（Moosa and Al-Loughani）[7] 找到了原油期货市场存在风险溢价的证据，因而断定期货价格不是未来现货价格的有效预测指标。

364　　另一方面，库马尔（Kumar）[8] 给出了市场有效性的证据，并倾向于认为期货价格是原油价格的无偏预测。这种观点最近得到了陈、勒布朗和柯依毕昂以及亚伯桑德拉（Chinn, LeBlanc and Coibion[9] and Abosedra）[10] 等人的证据支持。他们发现，对于 4 种能源商品（石油、天然气、燃油和汽油）而言，基于期货价格的预测结果要略优于随机游走和**自回归移动平均**（ARMA）时间序列模型；而亚伯桑德拉发现，依据石油期货价格做出的预测，要优于简单的、基于现货价格的单变量定价模型。布伦纳和克朗（Brenner and Kroner）[11] 认为期货价格和现货价格的背离也许是持有成本造成的，而不是因为有效市场假设不成立；阿维萨和戈斯（Avsar and Goss）[12] 则发现，在相对新兴的和缺乏深度的市场中，比如

---

[7] Imad A. Moosa and Nabeel E. Al-Loughani, "Unbiasedness and Time-Varying Risk Premia in the Crude Oil Futures Market," *Energy Economics* 16, no. 2（1994）, pp. 99–105.

[8] Manmohan S. Kumar, "The Forecasting Accuracy of Crude Oil Futures Prices," *International Monetary Fund Staff Papers*（1992）, pp. 432–461.

[9] Menzie D. Chinn, Michael LeBlanc, and Olivier Coibion, "The Predictive Content of Energy Futures: An Update on Petroleum, Natural Gas, Heating Oil and Gasoline," *National Bureau of Economic Research Working Paper* no. 11033, January 2005.

[10] Salah Abosedra, "Futures versus Univariate Forecast of Crude Oil Prices," *OPEC Review* 29, no. 4（2005）, pp. 231–241.

[11] Robin J. Brenner and Kenneth F. Kroner, "Arbitrage, Cointegration and Testing the Unbiasedness Hypothesis in Financial Markets," *Journal of Financial and Quantitative Analysis* 30, no. 1（1995）, pp. 23–42.

[12] S. Gulay Avsar and Barry A. Goss, "Forecast Errors and Efficiency in the US Electricity Futures Market," *Australian Economic Papers* 40, no. 4（2001）, pp. 479–499.

在电力市场中，市场无效性问题更为严重，因为这些市场中的预测误差仍然与真实的市场模型相一致。在交易量稀薄或剩余到期日较长的市场中，无效性可能会更严重，这是因为市场流动性也会影响风险溢价[13]。

我们的目标不是直接检验市场的有效性，而是探究期货价格能否预测未来两年内现货价格的变动。如果商品的现货价格和期货价格是非平稳的，而且有证据表明两者之间存在协整关系，那么我们可以预期：期货价格变量添加至预测模型中将会提高模型的预测效果。卡明斯基和库马尔（Kaminsky and Kumar）[14]做了一个与此相关的研究，他们考察在9个月期限内，7种商品期货价格预测未来现货价格的能力，但他们并没有用到现货和期货价格之间可能存在的协整关系。另外，贝克（Beck）[15]用协整方法来检验市场的有效性和风险溢价的存在性，他研究了5种商品市场，样本期间为8周和24周。麦肯齐和霍尔特（McKenzie and Holt）[16]针对4种农产品市场，用协整和误差修正模型来检验市场的有效性和无偏性，他们发现，在统计意义上，对于样本里4种商品中的2种商品依据统计模型做出的预测，要优于期货价格预测。

期货价格、"专家"意见（判断）、统计模型这三种方法的预测能力孰优孰劣，之前的相关研究并没有得出确定的结论。例如，贝斯勒和勃兰特（Bessler and Brandt）[17]发现，在牛肉市场上的1个季度期限内，专家意见型畜类价格预测指标在统计意义上要显著优于期货市场的预测，在猪肉市场上则非如此；另一方面，埃文、葛洛和刘（Irwin, Gerlow and Liu）[18]的研究结论是在1个或2个季度的期间内，专家意见型预测并不能显著地优于期货市场预测，在牛肉和猪肉市场上均如此。应当注意的是，由于期货合约受到了时间因素的限制，期货价格尚未用于期限更长的预测（1~5年）。因此，针对更加广泛的商品类别、在更长的时期跨度内，这些预测的效果如何（特别是相较于判断型预测而言），尚未得到一致的检验。此外，这些研究也没有评估不同预测方法对方向性的把握——即预测转折点的能力。

平稳性和协整

商品价格通常被认为是非平稳的，但其趋势的确切性质——确定性、随机性或包含结

---

[13] Graciela Kaminsky and Manmohan S. Kumar, "Time-Varying Risk Premia in Futures Markets," *International Monetary Fund Working Paper* WP/90/116, 1990.

[14] Graciela Kaminsky and Manmohan S. Kumar, "Efficiency in Commodity Futures Markets," *International Monetary Fund Staff Papers*, (1990), pp. 671–699.

[15] Stacie E. Beck, "Cointegration and Market Efficiency in Commodities Futures Markets," *Applied Econometrics* 26, no. 3 (1994), pp. 249–257.

[16] Andrew M. McKenzie and Matthew T. Holt, "Market Efficiency in Agricultural Futures Markets," *Applied Economics* 34, no. 12 (2002), pp. 1519–1532.

[17] David A. Bessler and Jon A. Brandt, "An Analysis of Forecasts of Livestock Prices," *Journal of Economic Behavior and Organizations* 18, no. 2 (1992), pp. 249–263.

[18] Scott H. Irwin, Mary E. Gerlow, and Te-Ru Liu, "The Forecasting Performance of Livestock Futures Prices: A Comparison to USDA Expert Predictions," *Journal of Futures Markets* 14, no. 7 (1994), pp. 861–875.

构突变——还存在争议[19]。普雷维什－辛格（Prebisch-Singer）假说认为初级商品价格呈现普遍的下跌趋势，除库丁顿之外，许多后续研究者支持[20]这一假说——他们发现商品价格序列[21]呈现出小幅且长期的确定性下跌趋势，并伴有一些周期性的波动[22]。这种趋势通常伴随着持久的价格冲击[23]，而且随着时间推移，商品价格的波动率会越来越大[24]。

本章所分析的绝大多数商品价格都具有非平稳特征（见图表15.5和图表15.6）。商品价格（现货价格和期货价格）的时间序列性质是用单位根检验来评估的。在增广型迪基－福勒检验（Augmented Dickey Fuller，ADF）和菲利普斯－佩荣检验（Phillips-Perron，PP）下，如果单位根假设都被拒绝，那就说明价格序列具有平稳性。正如这些图表所示，我们不能拒绝平稳性假设的只有豆粕现货价格。

图表15.5　　　　　　　　　　单位根检验：对数现货价格

商品	增广型迪基－福勒[a] t统计量（p值）	样本期间（滞后期长度）	菲利普斯－佩荣[b] t统计量（p值）	样本期间（带宽）
铝	-4.9561^c (0.00)	1970：1－2003：1 (1)	-2.4976 (0.33)	1970：1－2003：1 (4)
铜	-3.2944 (0.07)	1970：1－2003：1 (0)	-3.0447 (0.12)	1970：1－2003：1 (3)
铅	-2.6932 (0.24)	1970：1－2003：1 (1)	-2.4655 (0.35)	1970：1－2003：1 (2)
镍	-4.2437^c (0.00)	1970：1－2003：1 (3)	-3.1011 (0.11)	1970：1－2003：1 (5)

---

[19] Paul Cashin, Hong Liang and C. John McDermott, "How Persistent are Shocks to World Commodity Prices?," *IMF Staff Papers* (2000), pp. 177–217.

[20] See, for example, Matthias G. Lutz, "A General Test of the Prebisch-Singer Hypothesis," *Review of Development Economics* 3, no. 1 (1999), pp. 44–57; and Paul Cashin and C. John McDermott, "The Long-Run Behavior of Commodity Prices: Small Trends and Big Variability," *International Monetary Fund Staff Papers* (2002), pp. 175–199.

[21] See, for example, Rodolfo Helg, "A Note on the Stationarity of the Primary Commodities Relative Price Index," *Economics Letters* 36, no. 1 (1991), pp. 55–60; Javier Leo'n and Raimundo Soto, "Structural Breaks and Long-Run Trends in Commodity Prices," *Journal of International Development* 9, no. 3 (1997), pp. 347–366; and Paul Cashin and C. John McDermott, "The Long-Run Behavior of Commodity Prices: Small Trends and Big Variability," *International Monetary Fund Staff Papers* (2002), pp. 175–199.

[22] See, for example, Cashin and McDermott, "The Long-Run Behavior of Commodity Prices: Small Trends and Big Variability."

[23] See, for example, Rodolfo Helg, "A Note on the Stationarity of the Primary Commodities Relative Price Index," *Economics Letters* 36, no. 1 (1991), pp. 55–60; John T. Cuddington, "Long-run Trends in 26 Primary Commodity Prices: A Disaggregated Look at the Prebisch-Singer Hypothesis," *Journal of Development Economics* 39, no. 2 (1992), pp. 207–227; Javier León and Raimundo Soto, "Structural Breaks and Long-Run Trends in Commodity Prices," *Journal of International Development* 9, no. 3 (1997), pp. 347–366; and Paul Cashin, Hong Liang, and C. John McDermott, "How Persistent Are Shocks to World Commodity Prices?," *IMF Staff Papers* (2000), pp. 177–217.

[24] See Cashin and McDermott, "The Long-Run Behavior of Commodity Prices: Small Trends and Big Variability," *International Monetary Fund Staff Papers* (2000), pp. 175–199.

续表

商品	增广型迪基-福勒[a] t 统计量（p 值）	样本期间（滞后期长度）	菲利普斯-佩荣[b] t 统计量（p 值）	样本期间（带宽）
锡	−2.3549 (0.40)	1970：1−2003：1 (2)	−2.0096 (0.59)	1970：1−2003：1 (4)
锌	−3.5434[d] (0.04)	1970：1−2003：1 (1)	−2.8584 (0.18)	1970：1−2003：1 (6)
小麦	−3.9887[d] (0.01)	1970：1−2003：1 (0)	−3.1688 (0.09)	1970：1−2003：1 (6)
玉米	−3.3869 (0.06)	1970：1−2003：1 (1)	−3.2192 (0.085)	1970：1−2003：1 (1)
大豆	−3.8390[d] (0.02)	1970：1−2003：1 (1)	−3.4013 (0.06)	1970：1−2003：1 (7)
豆粕	−4.0548[c] (0.01)	1970：1−2003：1 (1)	−3.5545* (0.04)	1970：1−2003：1 (5)
豆油	−4.1239[c] (0.01)	1970：1−2003：1 (3)	−3.3624 (0.06)	1970：1−2003：1 (5)
糖（US）	−4.0799[c] (0.01)	1970：1−2003：1 (1)	−3.2117 (0.09)	1970：1−2003：1 (10)
棉花	−3.7001[d] (0.03)	1970：1−2003：1 (1)	−3.1343 (0.10)	1970：1−2003：1 (1)
咖啡：麦尔德	−2.5325 (0.31)	1970：1−2003：1 (1)	−2.2919 (0.43)	1970：1−2003：1 (0)
咖啡：罗巴斯塔	−2.9624 (0.15)	1970：1−2003：1 (3)	−2.2449 (0.46)	1970：1−2003：1 (2)

注：若两个检验的原假设均被拒绝，则视为存在平稳性。检验结果表明，大豆、锡、小麦、镍和玉米的期货价格序列是 I（0）型的。所有的检验都包含趋势项和截距项。

[a] 增广型迪基-福勒统计量所检验的原假设是存在单位根。滞后期长度由最小化施瓦茨（Schwarz）信息准则来确定。

[b] 菲利普斯-佩荣统计量所检验的原假设是存在单位根，它对标准的迪基-福勒（Dickey-Fuller）统计量进行非参处理，以克服序列相关性。我们还采用了巴特利特（Bartlett）核密度估计并根据纽维-韦斯特（Newey-West）方法做了宽带估计。

[c] 表明在1%水平上拒绝单位根假设。

[d] 表明在5%水平上拒绝单位根假设。

资料来源：根据国际货币基金组织初级商品价格数据库及彭博的数据创建图表。

图表 15.6　　　单位根检验：对数 3 月期期货价格

商品	增广型迪基-福勒[a] t 统计量（p 值）	样本期间（滞后期长度）	菲利普斯-佩荣[b] t 统计量（p 值）	样本期间（带宽）
铝[c]	-2.7701 (0.21)	1987：2 - 2003：1 (1)	-2.4970 (0.33)	1987：2 - 2003：1 (3)
铜[d]	-3.0264 (0.13)	1989：1 - 2003：1 (1)	-2.4936 (0.33)	1989：1 - 2003：1 (1)
铅[c]	-2.5875 (0.29)	1987：1 - 2003：1 (1)	-3.0222 (0.13)	1987：1 - 2003：1 (2)
镍[c]	-4.5162[h] (0.00)	1987：1 - 2003：1 (1)	-3.6610[i] (0.03)	1987：1 - 2003：1 (3)
锡[c]	-18.4609[h] (0.00)	1989：2 - 2003：1 (0)	-11.8541[h] (0.00)	1989：2 - 2003：1 (4)
锌[c]	-2.8849 (0.17)	1989：1 - 2003：1 (1)	-2.8842 (0.17)	1989：1 - 2003：1 (0)
小麦[e]	-4.3683[h] (0.00)	1972：1 - 2003：1 (4)	-4.4731[h] (0.00)	1972：1 - 2003：1 (7)
玉米[e]	-3.8003[i] (0.02)	1972：1 - 2003：1 (1)	-3.8555[i] (0.02)	1972：1 - 2003：1 (0)
大豆[e]	-3.5232[i] (0.04)	1975：1 - 2003：1 (0)	-3.7568[i] (0.02)	1975：1 - 2003：1 (4)
豆粕[e]	-3.7646[i] (0.03)	1978：1 - 2003：1 (2)	-3.3851 (0.06)	1978：1 - 2003：1 (1)
豆油[e]	-2.6274 (0.27)	1979：2 - 2003：1 (0)	-3.0474 (0.13)	1979：2 - 2003：1 (3)
糖（US）[f]	-3.5857[i] (0.04)	1988：1 - 2003：1 (1)	-2.6563 (0.26)	1988：1 - 2003：1 (0)
棉花[f]	-3.6600 (0.03)	1986：2 - 2003：1 (1)	-3.3315 (0.07)	1986：2 - 2003：1 (2)
咖啡：麦尔德[f]	-2.2277 (0.47)	1986：3 - 2003：1 (1)	-2.4779 (0.34)	1986：3 - 2003：1 (2)
咖啡：罗巴斯塔[g]	-3.0968 (0.12)	1991：3 - 2003：1 (1)	-1.7741 (0.70)	1991：3 - 2003：1 (2)

注：检验针对的是每季度 3 个月期的期货价格序列。若两个检验的原假设均被拒绝，则视为存在平稳性。检验结果表明，大豆、锡、小麦、镍和玉米的期货价格序列是 I (0) 型的。所有的检验都包含趋势项和截距项。
[a] 增广型迪基-福勒统计量所检验的原假设是存在单位根。滞后期长度由最小化施瓦茨信息准则来确定。
[b] 菲利普斯-佩荣统计量所检验的原假设是存在单位根，它对标准的迪基-福斯统计量进行非参处理，以克服序列相关性。我们还采用了巴特利特核密度估计并根据纽维-韦斯特方法作了带宽估计。
[c] 合约在伦敦金属交易所交易。
[d] 合约在纽约商业交易所（NYMEX）或纽约商品交易所（COMEX）交易。
[e] 合约在芝加哥期货交易所交易。
[f] 合约在纽约期货交易所的咖啡、糖与可可期货交易所或棉花交易所交易。
[g] 合约在伦敦国际金融期货与期权交易所交易。
[h] 表明在 1% 水平上拒绝单位根假设。
[i] 表明在 5% 水平上拒绝单位根假设。
资料来源：根据国际货币基金组织初级商品价格数据库及彭博的数据创建图表。

在 3 个月期的期货价格序列中，大豆、锡、小麦、镍和玉米的价格看上去是平稳的。之前已讨论，可以认为商品价格和期货价格都是非平稳的；平稳性只是某个时期的特殊情况，它可能是由于价格序列存在结构突变或是其他因素造成的。我们从非平稳性假设出发，如果得到虚假回归的结果，那么说明我们的假设存在问题。对于大多数商品而言，现货价格至少与 3 个月期或 6 个月期的期货价格存在协整关系。图表 15.7 列出了约翰森 (Johansen) 协整检验的结果[25]。对于现货价格与期货价格序列不存在协整迹象的情形（铅和麦尔德咖啡），原因可能是时间序列发生了结构突变，从而使约翰森检验偏向于接受原假设，即认为不存在协整关系。下文的结论表明，误差修正模型对几乎所有的商品都很有效，这意味着现货和期货价格是同阶单整的，而且存在协整关系。

图表 15.7　　约翰森协整检验结果

商品	样本期间	统计检验		滞后期[d]
		$k=0$	$k \leq 1$	
铝 3 个月[a]	1987：2 – 2003：1	19.04[e]	0.27	6
铜 3 个月[a]	1989：1 – 2003：1	19.26[e]	0.74	6
铜 6 个月[b]	1989：1 – 2003：1	28.73[f]	5.50	6
铜 9 个月[b]	1989：1 – 2003：1	21.36	8.08	1
铜 12 个月[b]	1989：1 – 2003：1	22.99	8.53	1
铅 3 个月[b]	1987：1 – 2003：1	18.76	7.97	2
镍 3 个月[b]	1987：1 – 2003：1	58.14[e]	10.84	6
锡 3 个月[a]	1989：2 – 2003：1	14.62[f]	0.87	2
锌 3 个月[b]	1989：1 – 2003：1	18.71	5.61	6
小麦 3 个月[c]	1972：1 – 2003：1	21.20[f]	6.63	6
小麦 6 个月[b]	1976：4 – 2003：1	16.59	5.27	1
玉米 3 个月[b]	1972：1 – 2003：1	29.34[f]	10.45	3
玉米 6 个月[b]	1972：1 – 2003：1	30.05[f]	11.40	2
大豆 3 个月[c]	1975：1 – 2003：1	23.26[f]	5.12	5
大豆 6 个月[c]	1975：1 – 2003：1	22.18[f]	4.54	3
大豆 9 个月[a]	1989：2 – 2003：1	15.64[f]	0.09	1
豆粕 3 个月[c]	1978：1 – 2003：1	25.19[e]	8.57	1
豆粕 9 个月[c]	1982：3 – 2003：1	14.25	3.97	6
豆油 3 个月[c]	1979：2 – 2003：1	26.16[e]	8.24	1
豆油 6 个月[c]	1979：4 – 2003：1	21.23[f]	7.31	1
豆油 9 个月[c]	1980：2 – 2003：1	22.91[f]	8.14	2
糖美国 3 个月[b]	1988：1 – 2003：1	20.36	8.01	2
糖美国 6 个月[b]	1988：1 – 2003：1	19.32	5.81	2
棉花 3 个月[b]	1986：2 – 2003：1	16.14	3.30	4
棉花 6 个月[a]	1986：3 – 2003：1	14.48[f]	0.09	5
咖啡：麦尔德 3 个月[b]	1986：3 – 2003：1	17.03	6.30	1

---

[25]　每种商品的最适滞后期是通过对每组现货和期货价格最小化赤池信息准则来确定的，所检验的最大滞后期为 6。

续表

商品	样本期间	统计检验		滞后期[d]
		$k=0$	$k \leq 1$	
咖啡：麦尔德6个月[b]	1987：1－2003：1	15.89	6.53	1
咖啡：罗巴斯塔3个月[a]	1991：3－2003：1	14.34[f]	0.48	1
咖啡：罗巴斯塔6个月[a]	1991：3－2003：1	11.33	0.48	1

注：现货价格与期货价格存在协整关系的证据，可以在大多数商品的3个月期货价格中找到，也可以在某些商品期限更长的合约价格中找到。但铅、锌、糖和麦尔德咖啡除外，因为没有找到协整关系的证据。这可能是由多种因素造成的，包括序列中存在结构突变。存在协整证据的合约用黑体字标出。
[a] 结果表明数据中没有确定性趋势，而且协整方程没有截距项或趋势项。
[b] 结果表明数据中含有线性趋势，协整方程既有截距项又有趋势项。
[c] 结果表明数据中没有确定性趋势，协整方程有截距项但没有趋势项。
[d] 滞后期长度为6，滞后期长度由最小化施瓦茨信息准则来确定。弱外生性可由约束检验证实。
[e] 表明在1%水平上拒绝单位根假设。
[f] 表明在5%水平上拒绝单位根假设。
资料来源：根据国际货币基金组织初级商品价格数据库及彭博的数据创建图表。

预测模型

最简单的预测模型是随机游走模型，它包含趋势项和漂移项。该模型可表述为

$$S_t = \alpha + \beta S_{t-1} + \gamma T + e_t \tag{15.1}$$

S_t 表示 t 时刻商品现货价格的自然对数，T 是一个趋势变量，可见这个模型包含趋势项和漂移项两部分。误差项 e_t 假定为白噪声过程。如果商品价格含有单位根，那么就应该用其他的平稳模型来描述价格；否则我们就认为这个基本的趋势平稳模型是合适的。这个简单模型可以作为与其他复杂模型进行比较的基准。

备择预测模型可以令 S_t 的一阶差分项服从自回归过程，而且误差项适用移动平均模型。ARIMA模型就属于这种形式的时间序列模型，它可以写成

$$\Delta S_t = \alpha + \sum_{j=1}^{p} \beta_j \Delta S_{t-j} + u_t \tag{15.2}$$

误差项为

$$u_t = \sum_{i=1}^{q} \gamma_i \varepsilon_{t-i} + \varepsilon_t$$

其中 ε_t 为白噪声。对于价格服从均值回归的商品，这类模型可能尤为适用[26]。

如果市场是有效的，那么期货价格应当是未来现货价格的无偏预测指标，因而以期

---

[26] 相关的讨论可参见 Scott H. Irwin, Carl R. Zulauf, and Thomas E. Jackson, "Monte Carlo Analysis of Mean Reversion in Commodity Futures Prices," *American Journal of Agricultural Economics* 78, no. 2 (1996), pp. 397–399。

货价格作为变量的简单预测模型应优于采用其他变量的模型。期货预测模型的一般形式为

$$S_t = \alpha + \beta F_{t|t-k} + e_t \qquad (15.3)$$

其中 $F_{t|t-k}$ 是 $t-k$ 期的期货市场所隐含的 t 期价格。此处的目的是研究期货价格能否提高简单模型的预测能力,而不是去检验市场的有效性,有效市场则意味着 $\alpha = 0$ 和 $\beta = 1$[27]。为此,期货价格可以加入到随机游走模型和 ARIMA 模型中,从而尽可能地获得更准确的预测。

最后,如果商品现货和期货价格存在协整关系,那么**误差修正模型**(ECM)就可以充分地利用这一层关系。恩格尔和格兰杰(Engle and Granger)[28] 证明了由两个协整序列组成的系统蕴含着一个误差修正方程。假设期货价格存在弱外生性[29],ECM 的一般形式即为

$$\Delta S_t = \alpha + \beta_0 \varepsilon_{t-1} + \sum_{i=1}^{m} \beta_i F_{t-i|t-k} + \sum_{j=1}^{n} \gamma_j \Delta S_{t-j} + u_t \qquad (15.4)$$

其中 ε_t 是式(15.3)给出的协整方程的残差。在本章中 ECM 充当参照组,它用来与随机游走模型和 ARIMA 模型(纳入和不纳入期货价格)的最优预测以及判断型预测做比较。

当然,也可以构造更复杂的模型,例如希尼(Heaney)[30] 将持有成本纳入铅价格预测模型中,于是模型中就包含利率部分。此外还可以采用 GARCH 模型[31]和基于概率的预测模型[32]。然而,由于本章的研究目的是判断纳入期货价格能否提高预测能力,所以我们的预测仅采用了历史现货价格和期货价格信息,试图据此识别一些简单的模型,使得这些模型能够有效地用于多种商品,而不是仅仅适用于特定的商品。

评估预测的效果

当评估预测的事后效果时,我们通常采用标准的统计指标。需要计算的统计量一般包括定价误差均值、绝对定价误差均值、**绝对相对定价误差均值**(MARPE)、绝对相对定价

---

[27] 有效性检验要求仔细地匹配期货合约的期限与实际现货价格的到期日。如下文所述,我们的数据集合中将期货价格与现货价格取平均值的做法并不能保证这类检验具有合理的精度。

[28] Robert F. Engle and Clive W. J. Granger, "Cointegration and Error Correction: Representation, Estimation and Testing," *Econometrica* 55, no. 2 (1987), pp. 251–276.

[29] 这一点可以通过协整检验来证实。感兴趣的读者可以向作者索要相关结论。

[30] Richard Heaney, "Does Knowledge of the Cost of Carry Model Improve Commodity Futures Price Forecasting Ability? A Case Study Using the London Metal Exchange Lead Contract," *International Journal of Forecasting* 18, no. 1 (2002), pp. 45–65.

[31] Claudio Morana, "A Semiparametric Approach to Short-Term Oil Price Forecasting," *Energy Economics* 23, no. 3 (2001), pp. 325–338.

[32] Bruce Abramson and Albert Finizza, "Probabilistic Forecasts from Probabilistic Models: A Case Study in the Oil Market," *Journal of Forecasting* 11, no. 1 (1995), pp. 63–72.

误差中位数和**均方根误差**（RMSE），并依据这些统计量判断预测的精度[33]。本章将主要关注 RMSE，作为预测效果的测度指标，RMSE 反映出平均预测误差的大小。但应当注意，RMSE 测度的是特定的时间序列，因而不可用于商品之间的比较[34]。

RMSE 可以定义为

$$RMSE = \sqrt{\frac{1}{n}\sum_{i=1}^{n}(S_i - FC_i)^2} \qquad (15.5)$$

其中 S_i 为实际的（现货）商品价格，而 FC_i 为预测的商品价格。

由于 RMSE 的大小因每种商品价格序列而异，所以该统计量不能立即对模型的预测效果作出评价。为了便于不同模型之间的比较，我们将所得的 RMSE 与随机游走模型或判断性预测的 RMSE 取比值。基本模型（判断型预测）的值被设定为 1。如果比较模型（comparison model）的相对 RMSE 大于 1，则认为比较模型在统计性精度方面不如基本模型；反之，如果相对 RMSE 小于 1，则表明比较模型的 RMSE 指标要优于基本模型。

方向性精度（directional accuracy）也是与商品价格预测有关的指标，这是因为识别出未来价格拐点的能力十分重要。评价预测效果时，对方向性变动的识别甚至可能比预测误差的大小更为重要。本章采用两种方法来评估方向性精度。第一个是哈丁和蒲甘（Harding-Pagan）[35] 的一致性检验，该检验旨在确定两个序列转折点的同步性。哈丁-蒲甘统计检验对预测"重大"变化的能力，与准确地预测出小幅变化方向的能力并无偏颇。它可以与坎比-莫迪斯特（Cumby-Modest）[36] 检验结合使用，后者对预测重大拐点的能力赋予更大权重，因而通常可以作为预测效果的测度指标。

我们通过计算预测价格与实际价格同方向变化的次数可以获得一个粗略的方向性精度指标，在此基础上，可以为每个模型计算出准确方向性预测所占的比重。大体上看来，在 50% 的情形中随机游走模型可以正确地预测变动方向，所以更加准确地预测模型应当在此基础上有所改善。哈丁和蒲甘拓展了方向性精度的概念，他们构造了一个同步性的测度指标，该指标可用来判断预测价格是"同步于"实际价格变动，还是运气成分导致预测与现实相吻合。检验通过构造两组序列进行，X_F 代表预测（期货）序列，X_S 代表实际的现货价格序列

$$X_{F,t} = 0, \text{如果 } F_{t+n|t} - S_t < 0$$

---

[33] See, for example, Richard E. Just and Gordon C. Rausser, "Commodity Price Forecasting with Large-Scale Econometric Models and the Futures Market," *American Journal of Agricultural Economics* 63, no. 2 (1981), pp. 197–208; GordonLeitch and J. Ernest Tanner, "Economic Forecast Evaluation: Profits Versus the Conventional Error Measures," *American Economic Review* 81, no. 3 (1991), pp. 580–590; David A. Bessler and Jon A. Brandt, "An Analysis of Forecasts of Livestock Prices," *Journal of Economic Behavior and Organizations* 18, no. 2 (1992), pp. 249–263; and Mary E. Gerlow, Scott H. Irwin, and Te-Ru Liu, "Economic Evaluation of Commodity Price Forecasting Models," *International Journal of Forecasting* 9, no. 3 (1993), pp. 387–397.

[34] 泽尔 U 系数也可用于比较不同商品间的预测误差，但由于本章关注的是方向性精度和拐点，所以在此不考虑泽尔系数。关于泽尔 U 系数，可参见 Henri Theil, *Economic Forecasts and Policy* (Amsterdam: North-Holland Publishing Company, 1958)。

[35] Don Harding and Adrian Pagan, "Synchronisation of Cycles," *Journal of Econometrics* 127, no. 1, pp. 59–79.

[36] Robert E. Cumby and David M. Modest (1987), "Testing for Market Timing Ability: A Framework for Forecast Evaluation," *Journal of Financial Economics* 19, no. 1, pp. 169–189.

$$X_{F,t} = 1, 如果 F_{t+n|t} - S_t \geq 0$$

及

$$X_{S,t} = 0, 如果 S_{t+n} - S_t < 0$$
$$X_{S,t} = 1, 如果 S_{t+n} - S_t \geq 0$$

其中 F 和 S 分别是期货价格和现货价格序列，n 代表预测的期限。

对于给定的预测期限，一致性统计量（Concordance statistic）由下式决定

$$C_{S,F} = T^{-1}\left[\sum_{t=1}^{T}(X_{S,t}X_{F,t}) + \sum_{t=1}^{T}(1-X_{S,t})(1-X_{F,t})\right] \quad (15.6)$$

因此上述统计量测度的是从方向性角度看，期货所蕴含的价格与实际现货价格紧密变动的程度。如上所述，随机游走模型预测的一致性统计量大约为 0.5。为了对两组序列同步性的统计显著性加以认识，运用纽维－韦斯特（Newey-West）[37]的异方差自相关一致性标准误差作如下形式的回归

$$X_{S,t} = \alpha + \beta X_{F,t} + u_t \quad (15.7)$$

如果两组序列不是同步的，那么哈丁－蒲甘统计量（β）将等于零。因此我们可以认为，系数 β 的 t 统计量反映出序列同步性的统计显著情况。

另一种检验预测模型方向性效果的方法，是关于市场择时能力的坎比－莫迪斯特检验，它是对默顿（Merton）[38]市场择时检验的扩展，旨在运用价格变化的幅度和方向等信息来生成预测效果统计量。为了进行坎比－莫迪斯特检验，我们首先应从以下的回归形式中估计出 β 系数

$$S_t = \alpha + \beta X_t + \varepsilon t \quad (15.8)$$

其中 S 是实际现货价格的自然对数，X 是虚拟变量，如果预测显示价格将在 t 期下跌，则虚拟变量 X 取 0；如果预测显示价格将在 t 期上涨（或维持不变），则虚拟变量 X 取 1[39]。坎比－莫迪斯特检验与哈丁－蒲甘检验的本质区别在于，前者的被解释变量同时包含了变动的幅度与方向信息。因此如果预测指标正确地预测出现货价格大幅度变动的方向，那么坎比－莫迪斯特统计量对其赋予更大的权重；如果预测指标错误地判断了价格小幅变动的方向，那么坎比－莫迪斯特统计量对其施加的惩罚也不像哈丁－蒲甘统计量那样严重。

数 据

之前已经提到过，本章的目标是比较三种商品价格预测方法的效果：（1）判断型预

---

[37] Whitney K. Newey and Kenneth D. West (1994), "Automatic Lag Selection in Covariance Matrix Estimation," *Review of Economic Studies* 61, no. 4 (2006), pp. 631–653.

[38] Robert C. Merton, "On Market Timing and Investment Performance, I. An Equilibrium Theory of Value for Market Forecasts," *Journal of Business* 54, no. 3 (1981), pp. 363–406.

[39] 我们在估计过程中对异方差性进行了怀特调整（See Halbert White, "A Heteroskedasticity-Consistent Covariance Matrix Estimator and a Direct Test for Heteroskedasticity," *Econometrica* 48, no. 4 (1980), pp. 817–835).

测；（2）仅使用历史价格数据的统计模型预测；（3）同时纳入期货价格和历史现货价格信息的统计预测。然而在评估各种预测的效果之前，需要简单地介绍如何获取和（或）构造预测指标。

在判断型预测中，我们使用 IMF 与世界银行合作编制的商品价格预测数据。对于 IMF 初级商品价格指数中 50 来种商品，预测大约每季度进行一次。这些预测是季度平均价格，通常针对未来的 5~8 个季度，1993 年第 4 季度以来的数据均可获得。鉴于判断型预测纳入了期货价格信息，尽管它并未遵循系统性的处理方式，但我们可以认为它至少与基于期货价格的预测一样准确。

统计预测是根据（15.1）式和（15.2）式的模型生成的，分为包含期货价格和不包含期货价格两种版本[40]。估计方程用来生成未来 1 个季度、4 个季度和 8 个季度的预测。对于每种商品的 4 个统计预测，以统计性精度和方向性精度衡量，效果最好的模型被选为"最佳模型"，并被用做与判断型预测及 ECM 预测相比较。

对于 15 种商品中的 8 种商品，1 个季度期限内的最佳模型纳入了期货价格[41]。对于大多数的金属（铜、铅、镍和锡）以及小麦和棉花，它的形式是带有期货价格的随机游走模型（即（15.1）式加上期货价格作为额外的解释变量），而锌和豆油的最佳模型是带有期货价格的 ARIMA 模型（即（15.2）式加上期货价格作为额外的解释变量）。在 4 个季度的期限内，15 种商品中有 6 种商品（锡，锌，小麦，玉米，豆粕，和豆油）的最佳模型包含了期货价格，大部分属于随机游走模型。在 8 个季度的期限内，有 10 种商品（铝、铜、铅、镍、锡、锌、小麦、豆油、棉花和罗巴斯塔咖啡）的最佳模型中纳入了期货价格。

类似的，ECM 季度预测也是模型（15.4）估计式生成的未来 1 个季度、4 个季度和 8 个季度预测。图表 15.8 和图表 15.9 分别将 1994 年第 2 季度的判断型预测和 ECM 预测与实际的价格变动进行比较。结果表明，在 1 个季度的期限内，铝的预测价格趋同于实际价格，而麦尔德咖啡则并非如此。然而 8 个季度期限的结果则恰好相反。咖啡的 ECM 预测和判断型预测表现出了趋同性，但这两种方法对铝预测的差别很大。在下一节中，我们将依据方向性精度和统计性精度等指标，来考察这两种方法的预测结果与实际价格走势的大体偏离程度，并且考察最佳随机游走/ARIMA 模型预测与实际价格走势的偏离程度。

为了便于与判断型预测中季度平均价格预测的比较，我们构造了季度期货价格序列。对于样本中的全部 15 种商品，如果其合约到期日处于未来 1~5 个月的月末，则相关的月度期货价格数据均可从彭博获得。因此，计算下季度到期合约在本季度每个月末价格的平均值，就作为期货所蕴含的下季度价格。采用这种方法，我们可以构造全部 15 种商品的下季度价格。对于小麦、玉米、豆油、糖、棉花以及麦尔德咖啡和罗巴斯塔咖啡，我们还能够构造下 2 个季度的期货价格。我们分别构造了大豆、豆粕和豆油的下 3 个季度的价

---

[40] 根据特伦斯·C·米尔斯，*The Econometric Modelling of Financial Time Series*（Cambridge：Cambridge University Press，1999），通过反复检验 p 和 q 的参数组合，得到能最小化施瓦茨准则的参数，即生成 ARIMA（p，q）模型，标准序列应满足 max（p，q）≤10，期货序列应满足 max（p，q）≤6（因为大多期货价格序列的规模所限）。该检验拟合样本内所有的数据（即起始日至 2003 年的所有可得数据），参数确定之后再应用于适当的样本外检验及窗口预测。

[41] 图表 15.2 至图表 15.12 给出了最佳随机游走/ARIMA 模型对每种商品在每个期限内的预测信息。

格，并且构造了铜的下 4 个季度的期货价格㊷。

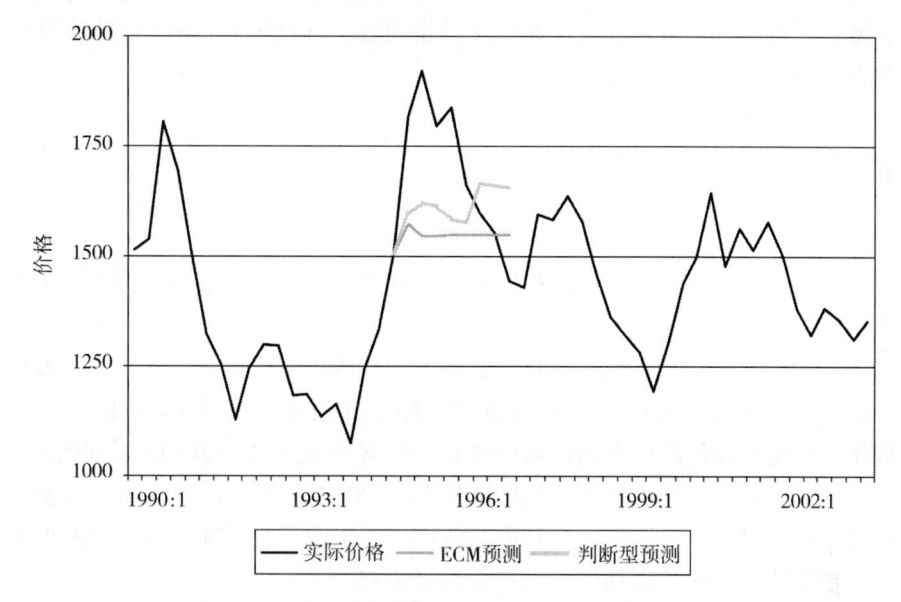

图表 15.8　铝：判断型预测和 ECM 预测（1994 年第 3 季度）

资料来源：根据 IMF 初级商品价格数据库及彭博的数据创建图表。

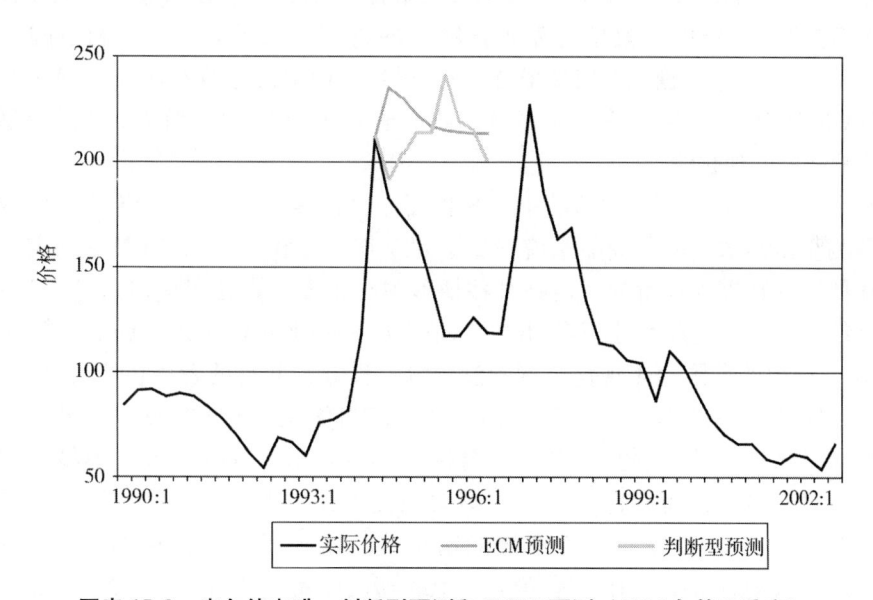

图表 15.9　麦尔德咖啡：判断型预测和 ECM 预测（1994 年第 3 季度）

资料来源：根据 IMF 初级商品价格数据库及彭博的数据创建图表。

从市场深度方面看，我们使用的大多数期货合约都有很好的流动性，未平仓量都在 10 万份以上，而且日均交易量一般都超过 15 000 份。但糖（美国）、罗巴斯塔咖啡和棉

㊷ 对于模型预测，其计量模型中所使用的期货价格是与预测期限（1 个、4 个或 8 个季度）最密切吻合的期货价格。

花除外，它们的日均交易量通常不超过 1 万份㊸。伦敦金属交易所公布了金属远期交易量的月度数据，铝和锌的交易量最大（月度交易量超过 1 百万份），锡的交易量最小（月交易量约为 10 万份）。

计量结果

各种方向性精度和统计精度指标都倾向于支持纳入期货价格信息的预测，特别是在 4 个季度和 8 个季度的期限内。但是，在较短的期限如 1 个季度内，样本 15 种商品中仅有 6 种商品（图表 15.10）的期货价格模型至少表现得与判断型预测一样好。对于镍和锌，从方向性精度和统计性精度来看，ECM 战胜了判断型和最佳随机游走/ARIMA 模型。对于豆粕和棉花，从统计性精度或方向性精度来看，ECM 预测至少与其他形式的预测一样好。对于铅和豆油，从方向性精度来看，最佳随机游走/ARIMA 模型在纳入期货数据之后，要优于其他类型的预测。至于剩下的 8 种商品价格，在 1 个季度的期限内，判断型预测的效果要优于模型预测——无论模型中是否包含期货价格。

在 4 个季度的期限内，15 种商品中仅有 4 种商品（图表 15.11）的判断型预测战胜了模型预测。在其余的商品中，ECM 预测对 4 种商品（铝、锡、锌和玉米）的预测效果最好，最佳随机游走/ARIMA 模型对麦尔德咖啡的预测效果最好。至于剩下的 6 种商品（铅、镍、豆粕、豆油、糖和罗巴斯塔咖啡），虽然把期货信息纳入到 ECM 或最佳随机游走/ARIMA 模型中——其中 5 种商品的预测效果至少与其他预测一样好，但没有哪一种预测能一致地战胜其他预测。

在 8 个季度期间内，15 种商品中有 8 种商品（图表 15.12）的 ECM 预测战胜其他类型的预测。虽然对于一些商品来说（铝、铅、镍、锌和玉米），ECM 优良的方向性精度是以降低统计精度为代价的，但在某些情形中（小麦、大豆和豆粕），ECM 的预测效果在统计精度和方向性精度上都很出色。对于另外 4 种商品（锡、豆油、糖和棉花），ECM 在 8 个季度的期限内表现得与判断型预测一样好，并且两者均优于最佳随机游走/ARIMA 模型预测。对于剩下的 3 种商品，最佳随机游走/ARIMA 模型是最好的预测方法。罗巴斯塔咖啡的最优预测模型中包含期货，而麦尔德咖啡的最优模型中则不包含期货成分。只是对于铜而言，判断型预测大幅优于其他类型的预测，但它的方向性精度并不是非常突出。总之，在 8 个季度的期间内，对于 15 种商品中的 13 种商品而言，模型中如果纳入期货价格（在误差修正模型或随机游走/ARIMA 框架下），那么它的预测效果至少不劣于——并在大多数情况下要优于——未明确纳入期货信息的预测，包括判断型预测。

应当注意到，由于期货价格数据中存在尖峰（译者注：急剧上涨的价格序列），罗巴斯塔咖啡的模型预测遇到了麻烦。随着预测价格迅速走高，在较长的时期内预测误差会变

㊸ 咖啡和锌的交易量最少（日均交易量大约为 8000~10 000 份），小麦期货的交易量稍大（日均交易量大约为 24 000 份），玉米期货市场的流动性很好（日均交易量大约为 62 000 份）。所以，小麦和玉米期货往往属于"最佳"模型，而咖啡期货不属于"最佳"模型，这一点也就不足为奇了。

得非常大，这致使预测的统计性精度过低。因此从实际应用的角度来看，基于期货的预测和基于模型的预测可能都需要执行"理智检查"，以确保短期的价格恐慌不会造成荒谬的模型预测结果。另外为了提高预测的精度，在估计方程中选择性地引入虚拟变量以调整尖峰也是可行的做法。

图表 15.10　1 个季度期限内的预测效果

商品	RMSE 比值 (RMSE 实际值)			哈丁-蒲甘统计量 (β) (t-统计量) 一致性统计量			坎比-莫迪斯特统计量 (t-统计量)		
	判断型	最佳 RW/ ARIMA 模型	ECM	判断型	最佳 RW/ ARIMA 模型	ECM	判断型	最佳 RW/ ARIMA 模型	ECM
铝[a]	*1.00* (*82.58*)	1.31 (108.43)	1.15 (95.00)	*0.36*[e] (*2.08*) (*0.68*)	0.24 (1.30) (0.62)	*0.34*[e] (*1.91*) (*0.68*)	*0.07*[f] (*3.60*)	*0.04* * (*1.76*)	*0.07*[f] (*3.43*)
铜[b]	*1.00* (*124.72*)	1.38 (172.08)	1.26 (157.34)	*0.48*[f] (*3.22*) (*0.73*)	*0.30*[f] (*2.32*) (*0.65*)	*0.41*[f] (*2.54*) (*0.70*)	*0.09*[f] (*3.70*)	*0.07*[f] (*2.49*)	*0.07*[f] (*2.32*)
铅[b]	*1.00* (*36.78*)	1.07 (*39.24*)	1.03 (37.91)	0.21 (1.37) (0.59)	*0.28*[e] (*2.02*) (*0.62*)	0.19 (1.10) (0.59)	0.03 (1.16)	0.02 (*0.75*)	0.03 (1.19)
镍[b]	*1.00* (*670.36*)	1.04 (697.62)	0.90 (603.99)	0.30 (1.62) (0.65)	*0.40*[f] (*2.27*) (*0.70*)	*0.47*[f] (*3.05*) (*0.70*)	*0.10*[f] (*2.60*)	*0.09*[f] (*2.29*)	*0.13*[f] (*4.41*)
锡[b]	*1.00* (*99.66*)	3.31 (329.64)	3.28 (327.22)	*0.89*[f] (*11.87*) (*0.95*)	*-0.36*[f] (*-4.71*) (*0.62*)	0.07 (0.40) (0.46)	*0.10*[f] (*7.86*)	-0.01 (*-0.76*)	-0.00 (*-0.20*)
锌[c]	*1.00* (*71.72*)	1.32 (94.87)	1.24 (89.20)	0.19 (0.92) (0.59)	*0.34*[f] (*2.44*) (*0.68*)	*0.31*[e] (*2.25*) (*0.62*)	*0.07*[f] (*2.73*)	*0.08* ** (*3.08*)	*0.08*[f] (*2.61*)
小麦[b]	*1.00* (*11.38*)	1.54 (17.47)	1.48 (16.80)	*0.42*[f] (*2.51*) (*0.70*)	*0.44*[f] (*3.94*) (*0.70*)	*0.42*[e] (*2.13*) (*0.70*)	*0.10*[f] (*3.13*)	*0.07*[e] (*2.14*)	*0.09*[f] (*2.51*)
玉米[a]	*1.00* (*11.11*)	1.26 (13.95)	1.17 (13.00)	*0.44*[f] (*2.44*) (*0.70*)	0.08 (0.61) (0.54)	*0.24*[e] (*1.92*) (*0.62*)	*0.09*[f] (*2.35*)	*0.08*[e] (*1.92*)	0.06 (1.48)

续表

商品	RMSE 比值（RMSE 实际值）			哈丁-蒲甘统计量（β）（t-统计量）一致性统计量			坎比-莫迪斯特统计量（t-统计量）		
	判断型	最佳 RW/ARIMA 模型	ECM	判断型	最佳 RW/ARIMA 模型	ECM	判断型	最佳 RW/ARIMA 模型	ECM
大豆[d]	**_1.00_** (14.71)	**1.08** (15.86)	**1.16** (16.99)	**0.56**[f] (3.71) (0.78)	**0.24**[e] (1.77) (0.62)	**0.29**[e] (1.89) (0.65)	**0.07**[f] (3.46)	0.02 (1.12)	**0.05**[e] (2.19)
豆粕[a]	**_1.00_** (18.01)	**1.00** (17.96)	**_1.01_** (18.13)	**0.32**[f] (2.58) (0.65)	0.18 (1.27) (0.59)	_0.18_ (0.99) (0.59)	**0.07**[f] (2.35)	0.01 (0.36)	**0.09**[f] (2.42)
豆油[e]	**1.00** (44.51)	**_1.13_** (50.10)	**1.01** (45.17)	0.13 (0.86) (0.57)	**0.32**[f] (2.64) (0.68)	−0.03 (−0.18) (0.51)	0.04 (1.44)	0.01 (_0.43_)	0.05 (1.47)
糖（US）[d]	**_1.00_** (0.72)	**1.41** (1.02)	**1.39** (1.00)	**0.51**[f] (4.15) (0.76)	**0.31**[e] (2.09) (0.62)	0.26 (1.50) (0.62)	**0.04**[f] (3.02)	**0.03**[e] (1.93)	**0.03**[e] (2.10)
棉花[b]	**_1.00_** (5.81)	**0.97** (5.64)	**0.96** (5.59)	**0.45**[f] (3.35) (0.73)	**0.34**[f] (2.52) (0.68)	**0.29**[f] (2.58) (0.65)	**0.11**[f] (3.42)	**0.11**[f] (3.75)	**0.10**[f] (3.12)
咖啡：麦尔德[d]	**_1.00_** (18.26)	**1.43** (26.16)	**1.38** (25.15)	0.22 (1.17) (0.68)	0.20 (1.34) (0.59)	0.11 (0.57) (0.59)	0.10 (1.36)	0.07 (1.14)	0.09 (1.35)
咖啡：罗巴斯塔[d]	**_1.00_** (7.97)	**2.11** (16.82)	**4.04** (32.20)	**0.73**[f] (5.48) (0.86)	**0.29**[e] (1.71) (0.65)	0.19 (1.05) (0.57)	**0.20**[f] (3.86)	**0.13**[f] (2.49)	0.08 (1.64)

注：显著的统计量用黑体标示，最佳预测数据用斜体标示。
[a] 最佳 RW/ARIMA 模型是标准的随机游走模型。
[b] 最佳 RW/ARIMA 模型是带有滞后期货价格的随机游走模型。
[c] 最佳 RW/ARIMA 模型是带有期货价格的 ARIMA (p, q) 模型，锌的 (p, q) 等于 (1, 2)，豆粕的 (p, q) 等于 (3, 3)。
[d] 最佳 RW/ARIMA 模型是 ARIMA (p, q) 模型，大豆的 (p, q) 等于 (7, 8)，糖等于 (2, 5)，麦尔德咖啡等于 (1, 1)，罗巴斯塔咖啡等于 (2, 10)。
[e] 表明在 5% 的水平具有显著性。
[f] 表明在 1% 的水平具有显著性。
资料来源：根据 IMF 初级商品价格数据库及彭博的数据创建图表。

图表 15.11　4 个季度期限内的预测效果

商品	RMSE 比值（RMSE 实际值）			哈丁-蒲甘统计量（β）（t-统计量）一致性统计量			坎比-莫迪斯特统计量（t-统计量）		
	判断型	最佳 RW/ARIMA 模型	ECM	判断型	最佳 RW/ARIMA 模型	ECM	判断型	最佳 RW/ARIMA 模型	ECM
铝[a]	**1.00** (257.23)	1.18 (303.09)	*0.94* (*241.22*)	0.30[e] (2.11) (0.61)	0.50[f] (2.97) (0.76)	0.63[f] (5.04) (0.76)	0.05 (0.92)	*0.14*[e] (*2.43*)	*0.18*[f] (*4.22*)
铜[a]	**1.01** (*468.65*)	1.08 (508.36)	1.18 (554.36)	*0.34*[e] (*2.05*) (*0.70*)	−0.10 −0.49 (0.43)	0.12 (0.56) (0.54)	*0.14*[e] (*2.29*)	−0.06 (−0.90)	−0.01 (−0.10)
铅[a]	**1.00** (*94.00*)	1.14 (*107.06*)	1.02 (95.84)	0.15 (*1.33*) (*0.52*)	0.29[f] (2.78) (0.65)	−0.06 (−0.26) (0.43)	0.11[e] (2.03)	0.05 (0.99)	0.01 (0.16)
镍[a]	**1.00** (2 006.69)	*0.85* (*1 703.79*)	0.93 (*1 858.68*)	0.38[e] (1.83) (0.73)	0.45[f] (2.41) (0.65)	0.52[f] (2.85) (0.62)	0.05 (0.37)	0.27[f] (2.90)	0.44[f] (7.24)
锡[b]	**1.00** (585.76)	1.13 (660.10)	*1.16* (*679.95*)	0.26 (1.35) (0.67)	0.19 (0.91) (0.57)	0.35[e] (*1.68*) (0.65)	−0.01 (−0.26)	−0.00 (−0.09)	*0.02* (*0.51*)
锌[c]	**1.00** (185.69)	1.15 (213.09)	*0.98* (*181.40*)	0.23 (1.31) (0.55)	−0.21 −0.88 (0.54)	0.54[f] (4.17) (0.68)	0.16[e] (1.69)	−0.16[e] (−1.88)	0.22[f] (*3.48*)
小麦[b]	**1.00** (*31.69*)	1.28 (40.51)	*0.93* (29.40)	0.24 (1.20) (0.61)	−0.35[f] (−2.42) (0.35)	0.21 (0.96) (0.59)	0.15[e] (1.73)	−0.21[f] (−3.31)	0.12 (1.51)
玉米[b]	**1.00** (26.08)	1.06 (27.77)	*0.93* (*24.14*)	0.30[e] (1.88) (0.58)	0.09 (0.57) (0.57)	0.27[e] (*1.78*) (*0.62*)	0.21[e] (1.87)	0.05 (0.69)	*0.16*[e] (*1.79*)
大豆[d]	**1.00** (*29.36*)	1.31 (38.48)	1.32 (38.65)	*0.63*[f] (*5.05*) (*0.82*)	0.12 (0.41) (0.49)	0.36[e] (1.90) (0.68)	*0.19*[f] (*4.14*)	−0.05[e] (−1.75)	0.08 (1.44)

续表

商品	RMSE 比值 (RMSE 实际值)			哈丁-蒲甘统计量 (β) (t-统计量) 一致性统计量			坎比-莫迪斯特统计量 (t-统计量)		
	判断型	最佳 RW/ARIMA 模型	ECM	判断型	最佳 RW/ARIMA 模型	ECM	判断型	最佳 RW/ARIMA 模型	ECM
豆粕[b]	*1.00* (38.09)	*1.03* (39.16)	*1.01* (38.47)	**0.51**[f] (3.29) (0.76)	**0.73**[f] (6.96) (0.86)	**0.53**[f] (3.21) (0.76)	**0.27**[f] (2.78)	**0.33**[f] (4.72)	**0.28**[f] (3.30)
豆油[c]	*1.00* (102.88)	*1.09* (112.06)	**0.94** (96.84)	**0.32**[e] (2.29) (0.67)	-0.26 (-1.08) (0.38)	0.30 (1.13) (0.68)	**0.20**[f] (2.61)	**-0.19**[f] (-2.69)	**0.16**[e] (1.99)
糖 (US)[a]	*1.00* (1.69)	*1.14* (1.93)	**0.89** (1.50)	**0.38**[e] (2.24) (0.70)	**0.45**[f] (3.83) (0.54)	**0.34**[f] (2.29) (0.65)	0.01 (0.17)	**0.07**[e] (1.92)	0.05 (1.61)
棉花[a]	*1.00* (13.49)	*1.08* (14.51)	*1.25* (16.88)	**0.36**[e] (2.72) (0.58)	0.06 (0.32) (0.51)	0.16 (0.77) (0.59)	0.10 (1.64)	-0.04 (-0.52)	-0.01 (-0.19)
咖啡：麦尔德[d]	*1.00* (49.14)	*1.21* (59.48)	**0.96** (47.33)	-0.22 (-1.23) (0.45)	**0.37**[f] (2.39) (0.70)	-0.12 (-0.58) (0.49)	-0.06 (-0.54)	**0.22**[e] (2.02)	0.02 (0.21)
咖啡：罗巴斯塔[a]	*1.00* (31.52)	*1.43* (44.99)	—[g] —	0.06 (0.27) (0.58)	**0.42**[f] (3.12) (0.70)	**0.38**[e] (1.86) (0.49)	-0.03 (-0.29)	**0.33**[f] (3.43)	—[h] —

注：显著的统计量用黑体标示，最佳预测数据用斜体标示。
[a]最佳 RW/ARIMA 模型是 ARIMA (p, q) 模型，参数 (p, q) 铝等于 (1, 1)，铜等于 (4, 4)，铅等于 (2, 6)，镍等于 (2, 6)，糖等于 (2, 5)，棉花等于 (1, 2)，罗巴斯塔咖啡等于 (2, 10)。
[b]最佳 RW/ARIMA 模型是 ARIMA (p, q) 模型，参数 (p, q) 锡等于 (4, 4)，小麦等于 (2, 3)，玉米等于 (2, 2)，豆粕等于 (3, 1)。
[c]最佳 RW/ARIMA 模型是带有滞后期货价格的随机游走模型。
[d]最佳 RW/ARIMA 模型是标准的随机游走模型。
[e]表明在 5% 的水平具有显著性。
[f]表明在 1% 的水平具有显著性。
[g]结果受到数据中尖峰的影响，因此统计结果大体上是不准确的；方向性统计量则不受影响。
[h]结果表明在所有的估计期间里，价格呈现出类似的变动模式；因此我们无法计算坎比-莫迪斯特和哈丁-蒲甘统计量。
资料来源：根据 IMF 初级商品价格数据库及彭博的数据创建图表。

第15章 在商品价格预测中纳入期货信息

图表15.12 8个季度期限内的预测效果

商品	RMSE 比值（RMSE 实际值）			哈丁-蒲甘统计量（β）（t-统计量）一致性统计量			坎比-莫迪斯特统计量（t-统计量）		
	判断型	最佳 RW/ARIMA 模型	ECM	判断型	最佳 RW/ARIMA 模型	ECM	判断型	最佳 RW/ARIMA 模型	ECM
铝[a]	**1.00** (264.28)	1.60 (422.95)	*1.04* (275.69)	—[e] — (0.43)	-0.22 (-0.15) (0.62)	*0.35*[f] (2.66) (*0.59*)	—[e] —	-0.05 (-0.75)	*0.11*[f] (2.74)
铜[b]	**1.00** (542.42)	1.22 (660.28)	1.19 (643.98)	—[e] — (0.86)	-0.12 (-0.86) (0.62)	0.23 (1.14) (0.62)	*0.08* (0.75)	-0.24[f] (-3.32)	0.12 (1.33)
铅[b]	**1.00** (126.12)	1.32 (167.09)	*1.04* (131.47)	—[e] — (0.71)	0.11 (0.40) (0.70)	*0.07* (0.34) (0.54)	0.21 (1.97)	-0.12 (-0.98)	*0.18*[g] (2.24)
镍[b]	**1.00** (1971.64)	1.37 2710.85	*1.13* (2221.59)	0.50 (1.20) (0.86)	-0.01 (-0.03) (0.51)	*0.44*[f] (2.99) (*0.62*)	0.20 (0.50)	-0.23 (-1.52)	*0.24*[g] (2.28)
锡[a]	**1.00** (733.11)	1.50 1093.49	*1.11* (810.76)	*0.50* (*1.20*) (0.86)	0.21 (1.41) (0.54)	*0.17* (*1.08*) (0.60)	*0.20* (*1.53*)	0.05 (0.81)	-0.00 (-0.03)
锌[a]	**1.00** (174.64)	1.52 (264.90)	*1.35* (236.38)	0.33 (1.04) (0.71)	-0.47[f] (-3.48) (0.46)	*0.68*[f] (5.36) (*0.81*)	0.44[f] (5.46)	-0.29[f] (-4.85)	0.29[f] (4.21)
小麦[b]	**1.00** (42.59)	1.20 (51.18)	**0.80** (34.11)	0.50 (1.15) (0.83)	0.55[f] (3.05) (0.65)	*0.56*[f] (2.83) (*0.78*)	0.23 (0.93)	—[e] —	*0.38*[f] (3.91)
玉米[e]	**1.00** (22.85)	1.16 (26.48)	*1.15* (26.38)	0.50 (1.15) (0.83)	0.09 (0.63) (0.62)	*0.39*[g] (2.54) (*0.70*)	0.08 (0.49)	0.10 (0.93)	*0.32*[f] (3.23)
大豆[d]	**1.00** (47.86)	1.16 (55.34)	**0.91** (43.42)	-0.17 (-0.91) (0.71)	0.41[f] (2.72) (0.54)	*0.31*[g] (*1.67*) (*0.68*)	0.13 (1.07)	—[e] —	0.21[f] (2.94)
豆粕[d]	**1.00** (56.66)	1.33 (75.24)	**0.80** (45.14)	—[e] — (0.00)	0.27 (1.15) (0.59)	*0.67*[g] (4.17) (*0.84*)	—[e] —	-0.15 (-1.41)	*0.55*[f] (5.18)

续表

商品	RMSE 比值 （RMSE 实际值）			哈丁 - 蒲甘统计量（β） （t - 统计量） 一致性统计量			坎比 - 莫迪斯特统计量 （t - 统计量）		
	判断型	最佳 RW/ARIMA 模型	ECM	判断型	最佳 RW/ARIMA 模型	ECM	判断型	最佳 RW/ARIMA 模型	ECM
豆油[b]	**1.00** (*101.56*)	1.65 (167.92)	1.25 (126.81)	**0.80**[f] (3.66) (0.86)	-0.15 (-0.64) (0.43)	**0.58**[f] (2.58) (0.81)	0.32 (1.13)	**-0.31**[f] (-2.68)	**0.37**[f] (3.11)
糖（US）[c]	**1.00** (*1.48*)	1.54 (2.29)	1.01 (1.50)	—[e] — (1.00)	**0.46**[f] (2.72) (0.59)	**0.59**[f] (4.34) (0.81)	**0.24**[g] (3.68)	—[h] —	0.06 (2.24)
棉花[b]	**1.00** (*18.98*)	1.28 (24.35)	1.00 (18.93)	—[e] (0.57)	0.13 (1.41) (0.46)	0.11 (0.92) (0.68)	-0.15 (-1.29)	0.05 (1.20)	0.06 (1.11)
咖啡：麦尔德[c]	**1.00** (*50.20*)	1.39 (70.02)	1.11 (55.93)	-0.17 (-0.91) (0.71)	**0.32**[g] (2.15) (0.59)	-0.16 (-1.00) (0.54)	-0.62 (-2.56)	**0.23**[g] (2.06)	-0.14 (-1.15)
咖啡：罗巴斯塔[a]	**1.00** (*46.75*)	1.91 (89.28)	1.61 (75.26)	-0.17 (-0.91) (0.71)	**0.32**[f] (2.80) (0.65)	0.11 (0.99) (0.39)	**-0.92**[g] (-5.55)	**0.44**[f] (3.54)	—[e]

注：显著的统计量用黑体标示，最佳预测数据用斜体标示。

[a] 最佳 RW/ARIMA 模型是含有期货价格的 ARIMA（p, q）模型，参数（p, q）的取值铝等于（4, 3），锡等于（4, 4），锌等于（1, 2），罗巴斯塔咖啡等于（2, 2）。

[b] 最佳 RW/ARIMA 模型是带有滞后期货价格的随机游走模型。

[c] 最佳 RW/ARIMA 模型是 ARIMA（p, q）模型，参数（p, q）的取值玉米等于（6, 10），糖等于（2, 5），麦尔德咖啡等于（1, 1）。

[d] 最佳 RW/ARIMA 模型是标准的随机游走模型。

[e] 结果表明在所有的估计期间里，价格呈现出类似的变动模式；因此我们无法计算坎比 - 莫迪斯特和哈丁 - 蒲甘统计量。

[f] 表明在 5% 的水平具有显著性。

[g] 表明在 5% 的水平具有显著性。

[h] 结果表明不存在异方差性；因而无法计算该统计量。

资料来源：根据 IMF 初级商品价格数据库和彭博的数据创建图表。

结　论

研究结果表明，在长期内期货价格可以为现货价格走势提供合理的参考，至少在价格变动的方向上是这样的。对于本章所分析的大多数商品，在误差修正模型中纳入期货价格之后，可以提高对未来两年内价格走势的预测效果。由于大多数商品的期货价格和现货价格是协整的，而且期货价格表现出更低的易变性，所以在长期内，现货价格的走势似乎可以由期货价格决定。

判断型预测可能已纳入（不是系统性纳入）期货价格信息，并且构造期货价格序列所使用的方法与判断型预测相类似，但是包含期货价格的模型在整体上显示出更优的预测效果，这一点令人颇感意外。将种类不同的期货合约与标价日不同的合约取平均值的做法，可能导致期货价格中所包含的信息严重丢失。如果进一步研究将期货合约的日期与预测期限相匹配，从而获取更完整的信息，显然是很可取的；此外，这还可能增强期货预测模型的效果。的确，如果更仔细地进行日期匹配，那么在较短的预测期限内，期货预测模型都有可能战胜判断型预测。为了提高模型的预测能力，我们可以在模型中纳入反映每种商品需求状况的变量，比如经济活动变量，或者将多种统计模型的预测结果整合，或者采用更加复杂的时间序列方法——比如 ARCH、GARCH 以及其他包含结构突变的模型——来生成基于模型的预测。以上这些都是后续研究需要解决的问题。

第四部分
资产配置

第16章
商品交易策略：商品交易顾问基金交易规则与信号举例

弗朗索瓦-塞尔·拉比唐（François-Serge Lhabitant）博士
首席投资官
Kedge 资本
金融学教授
洛桑高等商学院　法国高等商学院

商品交易顾问基金（CTA）是一类专业的资产管理者，其活动主要集中在为客户交易期货合约。有些 CTA 以顾问的身份来运作管理型账户，其他的 CTA 则以基金的形式来运作。CTA 总共管理着超过 1400 亿美元的资产，它们构成了被称为管理型期货的另类投资领域。与对冲基金不同，它们不受证券交易委员会（SEC）的监管，而是以美国国家期货协会会员的身份在商品期货交易委员会（CFTC）注册。

如今，CTA 采用着数以百计的各类投资策略。尽管每家 CTA 都声称自己是独一无二的，但实际上它们主要可以分为三种类型：系统交易商、自主交易商和混合交易商。系统交易商开发基于计算机技术的数学模型来分析历史数据，它们的目标是识别某些由无效市场造成的价格走势，这些价格走势可以被用来预测市场走势并生成交易策略；相比之下，自主交易商依靠对市场情况的基本面分析来决定它们的交易策略；混合交易商试图综合利用系统交易方法和自主交易方法来获取最大的收益。

不出所料，随着近几年来计算机处理能力和数据可得性的提高，系统交易商的数量也急剧增加，它们现在占到商品交易顾问基金总数的 80% 以上。这些交易商在决策制定过程中都排除了人为的主观判断或干扰。它们的计算机模型通常也被称为"**系统**"，简单到电子表格中的公式，复杂到专门开发的软件，五花八门应有尽有。它们分析诸如价格和交易量信息等市场数据，并试图识别出特定的价格走势，比如市场趋势和市场反转。然后它们生成买卖信号，并且不折不扣地执行这些信号。从构造上看，它们是非情绪化的，不晦涩也不含糊、不眨眼也不点头——几乎就像一个完美的女朋友。最复杂的系统被设计得可以像人类那样"学习",或者可以在信息的海洋中检测出不容易被人类察觉的非直观联系。最终它们应该比人类更优秀,因为它们反应更快、交易成本更低、可以更冷静地做出决定、处理更多的信息,并发觉那些人类由于受大脑皮层限制而根本无法发觉的信号。

然而这些系统的缺点是它们的黑箱性质。尽管接到请求时,系统交易商通常会提供某些交易和头寸的信息,但对于组成其系统的交易规则,其通常守口如瓶。处理增加透明度的请求时,它们的积极性堪比瑞士银行处理国外税务部门的披露要求。所以对外行而言,系统性交易规则仍然是一个秘密。因此在本章的后续内容中,我们的目的是打开黑箱,介绍 CTA 惯用的基本交易规则和交易信号。我们将会看到,许多规则和信号就直接沿用了技术分析中流行过的图表分析方法。

技术分析

技术分析是基于这样的假设:心理因素对市场的影响要大于基本面价值对市场的影响。它的支持者相信商品价格不仅反映了商品的基本面"价值",还反映了市场参与者的希望与恐惧。如果投资者的情绪没有变化,那么在一组特定的环境下,投资者会以一种与过去相似的方式反应,因此价格的走势可能会相同——即历史趋势往往会重演。

这些年来,许多经验研究考察了技术分析规则在各种市场中的盈利能力。最初的研究主要检验一些简单的规则如过滤[1]、止损[2]、移动平均[3]、通道[4]、动量振荡指标[5]和相对强度[6]。这些规则在股票市场上的效果往往令人失望,但针对外汇市场和商品期货市场进行的检验则经常呈现出可观的净盈利。然而大多数早期研究并未对技术交易的收益进行统

---

[1] See, for instance, Sidney S. Alexander, "Price Movements in Speculative Markets: Trends or Random Walks," *Industrial Management Review* 2, no. 2 (1961), pp. 7 – 26; Sidney S. Alexander, "Price Movements in Speculative Markets: Trends or Random Walks," *Industrial Management Review* 5, no. 2 (1964), pp. 25 – 46; Eugene F. Fama and Marshall E. Blume, "Filter Rules and Stock Market Trading," *Journal of Business* 39, no. 1 (1966), pp. 226 – 241; or Richard J. Sweeney, "Some New Filter Rule Tests: Methods and Results," *Journal of Financial and Quantitative Analysis* 23, no. 2 (1986), pp. 285 – 300.

[2] See, for instance, Hendrik S. Houthakker, "Systematic and Random Elements in Short – Term Price Movements," *American Economic Review* 51 no. 1 (1986), pp. 164 – 172; or Roger W. Gray and Soren T. Nielsen, Rediscovery of Some Fundamental Price Behavior Characteristics, Paper presented at the meeting of the Econometric Society, Cleveland, Ohio, 1963.

[3] See, for example, Paul H. Cootner, "Stock Prices: Random vs. Systematic Changes," *Industrial Management Review* 3, no. 1 (1963), pp. 24 – 45; James C. Van Horne and George G. C. Parker, "The Random – Walk Theory: An Empirical Test," *Financial Analysts Journal* 23, no. 2 (1967), pp. 87 – 92; James C. Van Horne and George G. C. Parker, "Technical Trading Rules: A Comment," *Financial Analysts Journal* 24, no. 4 (1968), pp. 128 – 132; or Dale and Workman, "The Arc Sine Law and the Treasury Bill Futures Market," *Financial Analysts Journal* 36 no. 6 (1980), pp. 71 – 74.

[4] See, for example, Richard D. Donchian, "High Finance in Copper," *Financial Analysts Journal* 16, no. 6 (1960), pp. 133 – 142; Scott H. Irwin and J. William Uhrig, "Do Technical Analysts Have Holes in Their Shoes?," *Review of Research in Futures Markets* 3, no. 3 (1984), pp. 264 – 277.

[5] See Seymour Smidt, "A Test of Serial Independence of Price Changes in Soybean Futures," *Food Research Institute Studies* 5, no. 2 (1965), pp. 117 – 136.

[6] See, for instance, Robert A. Levy, "Relative Strength as a Criterion for Investment Selection," *Journal of Finance* 22, no. 4 (1967), pp. 595 – 610; or Michael C. Jensen and George A. Benington, "Random Walks and Technical Theories: Some Additional Evidence," *Journal of Finance* 25, no. 2 (1970), pp. 469 – 482.

计显著性检验,也没有在业绩评估中考虑风险因素,或是充分地重视数据探测问题以及样本外检验。相比之下,近期的研究试图进行更全面的分析[7]。这些研究一般都加大了被检验交易系统的个数、评估交易规则的风险、检验投资业绩的统计特征,并且进行参数最优化和样本外检验。但令人吃惊的是,其中某些研究依然显示技术交易有利可图,只不过这些盈利似乎是在逐渐减少。作为例证,近期的一篇文献综述[8]指出,在总共95份近期研究中,56份研究支持技术交易策略的盈利性或预见性,只有20份研究得出了否定的结论,其余19份研究则不能给出明确的结论。这似乎支持了以下观点:技术分析可能是一种有用的工具,CTA能够借以捕捉商品价格的明显走势,而不必了解这些走势背后的经济因素。

下面,我们将回顾CTA惯用的一些规则。这些规则和信号当然都经过了改造以便于构建计算机算法,它们不带有任何主观成分,原因在于主观性规则难以实际运用或检验。为了简单易读,我们把CTA划分成了两类,即趋势跟随者和非趋势跟随者。

趋势跟随者和移动平均信号

目前在系统化CTA中,趋势跟随者占据主导地位[9]。简单来说,它们试图抓住趋势的主体部分(上升或下降)来获利。顾名思义,它们通常先等趋势做出改变,然后跟进趋势。

商品的趋势一经确立,最简单的识别方法就是寻找某项滞后指标,并将其与当前的市场价位进行比较。虽然我们很难为所使用的任何特定滞后指标提供充分的理论依据,但移动平均规则相对简单易懂且易于检验,所以CTA广泛地运用它们。另外它们在马尔科夫时间意义下具有明确的统计定义,也就是说,它们只利用当前可得的信息来生成信号[10]。

最简单的移动平均形式是对给定时间段内的价格数据求平均值。在数学上的计算方法如下

$$MA_N = \frac{1}{N}\sum_{t=k-N+1}^{k} P_t \qquad (16.1)$$

---

[7] See, for example, Louis P. Lukac B. Wade Brorsen, and Scott H. Irwin, "A Test of Futures Market Disequilibrium Using Twelve Different Technical Trading Systems," *Applied Economics* 20, no. 5 (1988), pp. 623–639; Louis P. Lukac and B. Wade Brorsen, "A Comprehensive Test of Futures Market Disequilibrium," *Financial Review* 25, no. 4 (1990), pp. 593–622; Stephen J. Taylor, "Rewards Available to Currency Futures Speculators: Compensation for Risk or Evidence of Inefficient Pricing?," *Economic Record* 68, no. 2 (1992), pp. 105–116; Stephen J. Taylor, "Trading Futures Using a Channel Rule: A Study of The Predictive Power of Technical Analysis with Currency Examples," *Journal of Futures Markets* 14, no. 2 (1994), pp. 215–235; or Blake LeBaron, "Technical Trading Rule Profitability and Foreign Exchange Intervention," *Journal of International Economics* 49, no. 1 (1999), pp. 125–143.

[8] See Cheol-Ho Park and Scott H. Irwin, "What Do We Know about the Profitability of Technical Analysis?" *Journal of Economic Surveys* 21, no. 4 (2007), pp. 786–826.

[9] See William Fung and David A. Hsieh, "The Information Content of Performance Track Records: Investment Style and Survivorship Bias in the Historical Returns of Commodity Trading Advisors," *Journal of Portfolio Management* 24, no. 1 (1997), pp. 30–41.

[10] 相反,任何非马尔科夫时间的交易规则都考虑到未来因素。与此相关的一些有意思探讨,读者可以参考Saher N. Neftci, "Naive Trading Rules in Financial Markets and Wiener-Kolmogorov Prediction Theory: A Study of Technical Analysis," *Journal of Business* 64, no. 4 (1991), pp. 549–571.

其中 N 是总时期数，k 是当前时期在总时期数中的相对位置，P_t 是时点 t 上的资产价值。我们注意到，历史价格的相关度与近期价格是等同的，因为移动平均中每一个价格都是等权重的，不管其在时间序列中的相对位置如何。N 可以是任意长的时间跨度，从几分钟到几年。例如，15 天移动平均采用的是过去 15 天的收盘价，将其求和之后再除以 15。次日再把最旧的价格去掉，加入最新的价格，这 15 个价格数据之和除以 15 就得到新的移动平均价格。平均价格每天都通过这种方式"移动"。

通过这样的构建方法，移动平均就像一种价格平滑装置——它们剔除价格运动中的"噪声"，并降低短期波动的影响。例如，如果趋势上涨的市场突然经历了一天的低价，移动平均规则把该日的价格同其他几天的价格放在一起计算，因此可以减小单个交易日对移动平均的影响，并且便于识别潜在趋势⑪。

在公元前六世纪，哲学家老子曾说过："知者不言，言者不知。"时至今日，我们应当明白移动平均不能**预测**市场趋势，而只是系统性地**滞后于**市场现价。在同一张图表中画出移动平均线和价格走势线就能很容易地理解这个道理（见图表 16.1）。移动平均线能够很好地捕捉趋势，但比油价走势线更平滑。在一个上涨的市场中，由于滞后的缘故，移动平均线位于市价线的下方，而在下跌的市场中则会位于市价线的上方。当市价改变方向时，移动平均线和市场价格线交叉。这是因为移动平均的构建方法使其具有滞后性，所以仍反映"旧"的趋势。这一交叉点的方向因而提供了最基本的系统化规则，所有的移动平均系统都按这一规则运作。简单来说，交易者应该（1）在市价从下方向上穿越移动平

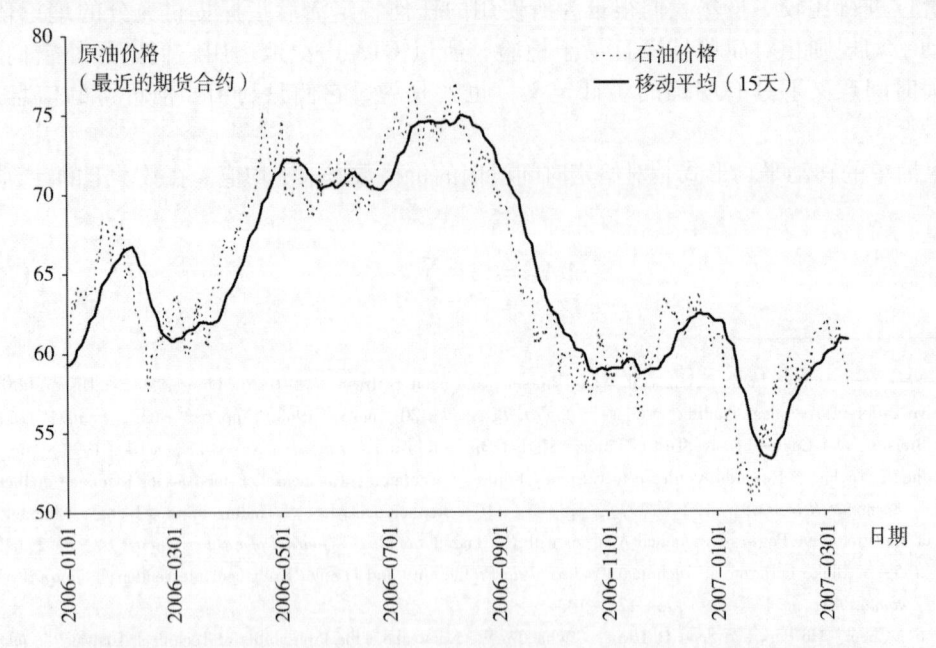

图表 16.1　石油价格（滚动到期日最近的期货合约）与 15 天移动平均的比较

资料来源：根据彭博的数据创建图表。

---

⑪ 注意，还有一些更加复杂的加权方式。例如**线性加权移动平均**（LMWA）和**指数加权移动平均**（EWMA）根据每个观测值在平均中的相对位置来加权，通常观测值越近权重越高。

均价时买入；（2）在市价从上方向下跌破移动平均价时卖出⑫。比如在图表16.2中，上三角形发送的是买入信号，图中的黄金市价从下方向上穿越了移动平均价；相反，当黄金市价从上方向下穿越移动平均价时，下三角形代表的是卖出信号。

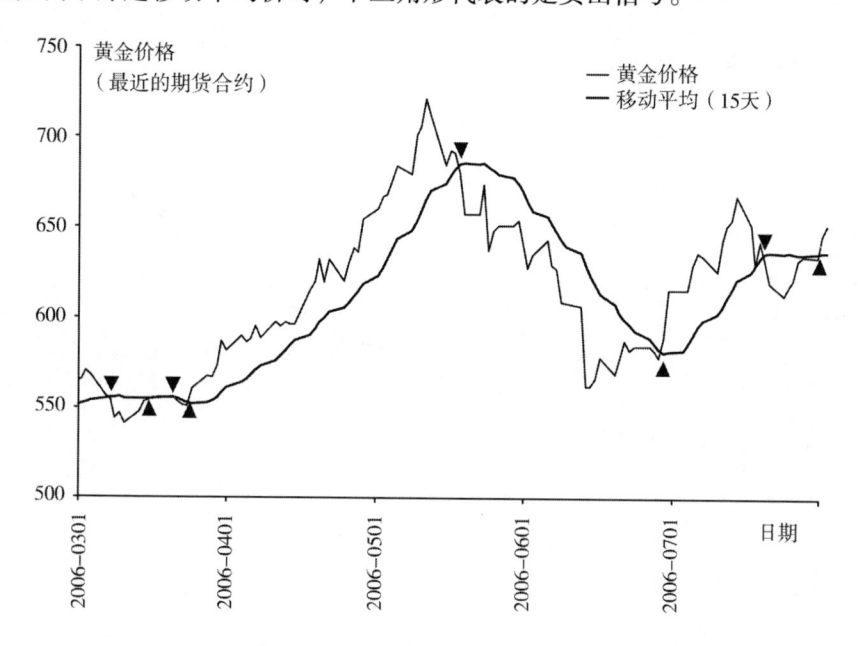

图表 16.2　15 天移动平均生成的黄金期货买入和卖出信号

资料来源：根据彭博的数据创建图表。

当然，计算移动平均窗口所使用的天数会对其走势产生很大影响。较短期的移动平均与标的资产的价格变动关系更加紧密。它们对趋势非常敏感，但也容易遭受"锯齿"亏损，因为价格的小幅无规律变动可能会生成错误的交易信号。系统化运作就会造成高频的头寸调整，产生高额的交易成本和相对较多的错误信号。后者在区间震荡市场中尤其令人烦恼，原因在于短期规则总是迟买（在价值上涨之后）并迟卖（在价值下跌之后）；相反，较长期的移动平均则对资产价格变动较不敏感，只会突出重大趋势。它们的缺点是生成的信号比短线移动平均要少，因而可能错过一些机会。所以长期移动平均（60 天而不是 15 天）使得系统可以很好地捕捉长期趋势并减少交易次数（见图表 16.3）。但当市场没有趋势时，该系统会产生无用的信号。

因此，投资者的目标是找到足够敏感的移动平均规则，使得在新趋势的早期阶段就发出信号，但又不至于敏感到受市场噪声干扰的程度。绝大多数的重大趋势可以由 40 周（200 天）移动平均监测，中期趋势可以由 40 天移动平均监测，短期趋势由 20 天（或更短）移动平均监测。但是，"最优"的移动平均长度应视具体情况而定，因为它取决于所考虑的市场及其周期性。除了移动平均的长度之外，投资者还必须决定使用何种价格（收盘价、开盘价、最高价、最低价、平均价等）以及发送买卖信号的阈值。在大多数情况下，管理型期货所使用的模型都是耗费数百个小时研发、检验和微调的成果。它们的基

---

⑫ 注意，这些规则可能的变体形式之一是在价格与移动平均相差一定百分比时生成信号。

本规则都非常简单，但在具体的市场对这些规则进行校准时就不那么容易了。应当谨记系统化交易系统一经建立，就应该独立地不受干扰地运行，直到（或者除非）它不能妥当地运行为止。对系统的质量保持信心是至关重要的。

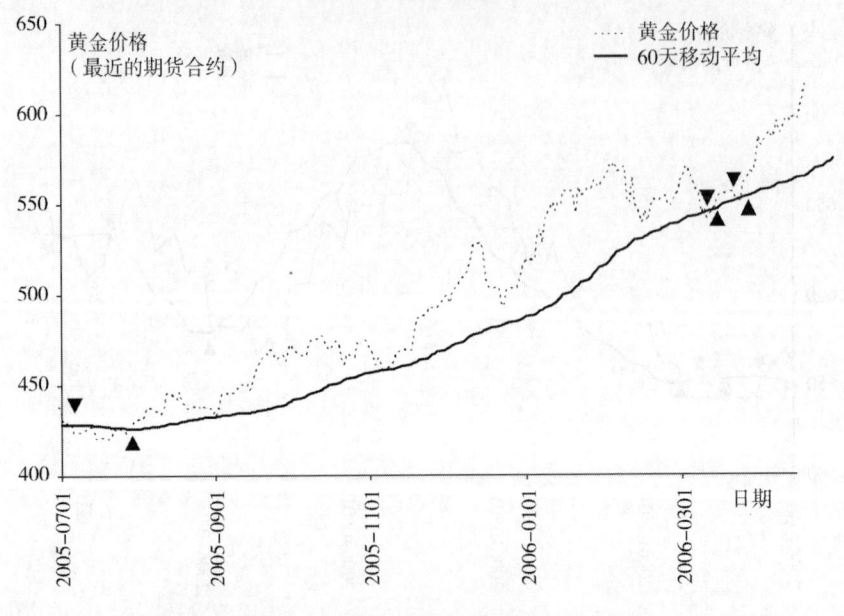

图表 16.3　长期移动平均（60 天而非 15 天）

资料来源：根据彭博的数据创建图表。

移动平均型趋势跟随系统的局限性

即使定期进行适当的校准，移动平均型的趋势跟随系统通常还存在两个缺陷。

第一个缺陷是它们的反应迟缓。由于相对于市场价格而言，移动平均有其固有的滞后性，它们跟进趋势与退出趋势都会比较迟，也就是说，在趋势反转之后才跟进、损失发生之后才退出。CTA 的投资者大都熟悉在趋势结束阶段得"交还"大部分收益的理念。举例来说，考察图表 16.2 中在 5 月、6 月和 7 月观测到的三个信号。它们都给出了正确的信息，但是有 10~15 天的延迟——近似于移动平均的窗口长度。

第二个缺陷是移动平均规则的设计初衷在于利用商品价格中的动量。为了使这类规则生效，商品价格应该背离随机游走模式，价格走势应该呈现出显著的自相关性。这在趋势市场中显然成立，但移动平均规则在没有实际趋势的窄幅震荡市场中表现欠佳。在这种情况下，移动平均规则倾向于生成许多高成本的垃圾信号，即它们买高（在上涨趋势开始之后）卖低（在下跌已经发生之后）。

当然，CTA 一直在完善其系统，试图寻找并检验更加复杂的移动平均规则。在此，我们只提及其中的几个规则。

- **可变长度移动平均**（VMA）规则通常基于对两个移动平均的比较。其中一个移动平均是短期的（相对于另一个移动平均而言），另一个是长期的。从数学角度看，长期移动平均的方差较小且与短期移动平均同方向移动，只是速度不同。趋势的速度不同导致两个移动平均在一些点上相交，即在这些点上的值相等——这些点被称作交叉点。当短期平均从下方与长期平均相交时，便生成买入信号；与之相反，当短期平均从上方与长期平均相交时，便生成卖出信号。跟随信号买入（卖出）之后，投资者应保持多头（空头）头寸直至收到相反的信号。

- **固定长度移动平均**（FMA）规则与 VMA 大体相似，区别之处在于跟随信号建立起来的头寸只保持固定的持有期。CTA 运用固定长度移动平均规则来规避趋势反转的风险。
- **适应性移动平均**（AMA）依赖的假定条件是，当市场具有趋势时，短期移动平均反应更迅速，而当市场呈现震荡模式时，长期移动平均则更恰当。所以 AMA 系统试图辨别当前的市场状况，据此调整所使用的移动平均长度，以及交易（买入或卖出）启动之前价格应当偏离交叉点的最低额度。
- **最高－最低移动平均**（HLMA$_S$）参照两个移动平均，一个是最高价（High），另一个是最低价（Low），这就有效地构造了一个价格通道。最高/最低移动平均一般不是交叉系统。一些交易者用它来衡量市场的支撑区和阻力区（买方在什么价位进场支撑价格，卖方在什么价位止盈从而打压市场）。最高价位的移动平均可以作为阻力区，而最低价位的移动平均则是支撑区。一些交易者喜欢在阻力区或支撑区被突破之后进行买卖操作；另一些交易者则把阻力区和支撑区作为建仓地带，跟进市场的主要趋势。
- **三重移动平均**（TMA）规则同时运用三个移动平均。当商品价格的短期移动平均与中期移动平均交叉，而且中期移动平均与长期移动平均相交时，牛市或熊市信号就生成了，视交叉点的方向而定。

不幸的是，在无趋势市场中这些高级的移动平均规则大都表现糟糕——至少没赚到钱。奇怪吗？其实不然。记住，我们观察的是趋势跟随者。如果我们想看到在区间震荡交易时期盈利的 CTA，就要观察另一类交易者，即非趋势跟随者。

非趋势跟随者与成交价格区间信号

非趋势跟随型 CTA 的交易方式与趋势跟随者完全不同而且相互补充。尽管它们采用的规则同样沿袭技术分析和图表分析方法，但它们的目标是在市场的窄幅波动中捕获机会。为了说明这些规则如何运作，我们研究其中的两种，即**相对强度指数**和**随机震荡指标**。

相对强度指数（RSI）是一种逆势指标，它衡量市场的上行趋势（盈利）与下行趋势（亏损）的比率，并把计算过程标准化，使得指数可以用 1~100 之间的数字表示。RSI 的计算如下

$$RSI = 100 - (\frac{100}{1+RS}) \tag{16.2}$$

其中 RS 是过去 N 天中收盘价上涨的总天数与收盘价下跌的总天数之比，N 是投资者

所考察的总天数[13]。70%和30%（有时是80%和20%）处的RSI值被看成是超买/超卖水平。当市场超卖时就生成买入信号，市场超买时就生成卖出信号。实际操作中，N天标准意味着同一方向N天以上的价格变动将会产生非常高的RSI值，因而空头头寸的建立可能导致亏损。然而和其他许多信号一样，RSI在区间震荡阶段内的效果较为理想，而在趋势阶段会造成损失。

随机震荡指标通过对比收盘价与市场在某一段时期的价格区间，计算出0~100%的比率来判断该市场是超买还是超卖。它依据的是这样的观测结果：当市场将要反转时，比如说从上涨到下跌，它的高价位会更高，但收盘价经常落于之前的价格区间内。

最初的随机震荡指标是由乔治·莱恩（George Lane）[14]提出的，由两条线组成：%K快速线和%D慢速线。%K的计算公式是：

$$\%K = 100 \times \left(\frac{\text{Closing price} - \text{Lowest low}_N}{\text{Highest low}_N - \text{Lowest low}_N} \right) \tag{16.3}$$

其中Lowest low$_N$表示过去N个时期内低价位达到的最低值，Highest low$_N$表示过去N个时期内低价位达到的最高值。%D的公式是%K在一定时期内的简单移动平均，是什么时期需具体规定。

尽管看起来很复杂，但这与画移动平均是类似的——只需把%K想象为快速移动平均，把%D想象成慢速移动平均。随机震荡指标生成信号的方式主要有三种：

- 极值：第一个规则是当随机指标（%D或%K）跌至20%以下再涨至其上时，通常应买入。第二个原则是在随机指标涨至80%以上再跌至其下时，通常应卖出[15]。
- %D和%K线交叉：它与移动平均规则非常相似，即当%K线涨过%D线时买入，而当%K线跌过%D线时卖出。
- 随机震荡指标与标的价格的背离。例如，如果价格创出一系列新高而随机震荡指标趋于下降，这通常是市场走弱的预警信号。

随机震荡指标在区间震荡市场里非常有效，但在趋势市场中则不然。在区间震荡里，由于价格在窄幅区间内不断波动，指标会在区间的下部发出超卖信号，在区间的上部发出超买信号；相反，在上涨或下跌单边趋势中，随机震荡指标将过早地发出买卖信号，让投资者建立与趋势相反的头寸。

回溯检验与校准

在应用一个新交易规则之前，趋势跟随者和非趋势跟随者都必须利用历史数据，检验

---

[13] 交易者通常采用$N=14$天，因为它代表半个自然周期。但是实际上N可以任意地选取。注意，RSI有时也采用另一种计算方法：加总上涨日的价格涨幅，然后除以价格上涨次数，得出上涨平均值；把下跌日价格跌幅的绝对值相加，然后除以价格下跌次数，得到下跌平均值。所得的结果就比较出近期盈亏的相对幅度。

[14] See George C. Lane, "Lane's Stochastics," *Technical Analysis of Stocks and Commodities* 2（May-June 1984），pp. 87-90.

[15] 一些系统还使用更复杂的规则来分析随机震荡的模式。例如，如果指标在40%~50%区间停留一段时间然后上扬，就说明市场正偏离超买，于是发出买入信号；如果它在50%~60%停留一段时间然后下挫，情况则相反。

该规则如果用在过去会表现得如何。回溯检验的基本原理是：如果一个交易规则在过去表现差劲，那么它在将来发挥作用的机会也渺茫。我们都知道，过去的业绩实际上不一定能作为未来业绩的预测，但大多数人在接受一个交易规则之前，仍然想要确认它在回溯检验中是有效的。

在大多数情况下，CTA 使用的经过回溯检验的交易规则看起来很奏效，但这可能掩盖了一些偏差。

- **验前偏差**（Pretest bias）。交易规则主要来自于个人经验或对过去市场行情的观察。在这两种情况下，交易规则的形成都深受历史情况的影响，所以利用同样的历史时期对其表现进行回溯检验很可能会得出满意的结果。
- **数据挖掘**（Data mining）。在最极端的情况下，投资者可能从上千种可能的交易规则开始，全都利用某一历史时期检验。有些交易规则显得有效可能只是巧合而已。
- **交易成本偏差**（Trading cost bias）。许多回溯检验都忽略了隐性和显性交易成本，而这些交易成本是执行交易所必须支付的，如买卖价差、佣金、保证金存款等。未考虑这些交易成本将高估交易规则的业绩，尤其是那些要求频繁交易而且涉及流动性较低或波动率较高市场的交易规则。
- **滑点控制**（Slippage control）。许多回溯检验假设可以按收盘价买入和卖出。但现实中存在滑点效应，即触发买入或卖出指令的价格与指令被执行时不是同一价格。对 CTA 来说，滑点价差可能是一笔大额的支出，它比在佣金上省几分钱重要多了。为了保证最优的执行并控制滑动价差，大多数 CTA 会做如下分析：所下指令的种类、下指令的时间、下指令的方式、以及向谁下指令。但回溯检验中很少分析这些因素。
- **前视偏差**（Look ahead bias）。在回溯检验中，有些交易规则利用了交易时尚且不可得到的信息，例如闭市几个小时或几天后才发布的信息。回溯检验期间内如果未排除此类未来信息，可能会严重夸大交易规则的以往业绩。

回溯检验期内的所有这些偏差都能导致虚假盈利，因此过去的业绩并不总是可以预测未来的业绩。所以在运用任何交易规则之前，对其在不同子期间和不同市场条件下的业绩进行稳健性评估是至关重要的。我们经常可以观察到，趋势跟随者倾向于低估商品价格的波动率，这导致他们在毫无规律的数据序列中发掘图表模式[16]。而且他们还过于相信自己的预测能力。有意思的是，格里芬和特沃斯基（Griffin and Tversky）发现，恰恰是在可预测性较低时他们变得过于自信[17]。

资产组合的构建

大多数 CTA 在**多个**期货市场中**同时**应用**若干交易规则**来构建它们的投资组合。这些

---

[16] See David A. Hirshleifer, "Investor Psychology and Asset Pricing," *Journal of Finance* 56, no. 4 (2001), pp. 1533 – 1597.

[17] See Dale Griffin and Amos Tversky, "The Weighing of Evidence and the Determinants of Confidence," *Cognitive Psychology* 24, no. 3 (1992), pp. 411 – 435.

规则可能采用不同类型的分析，或涵盖不同的收益来源（趋势或非趋势）以及不同的时间期限。这样就可以从不同的来源收益，同时把每笔期货头寸的固有风险分散化。特别的，在某个市场趋势结束阶段所遭受的损失，可能很容易地被另一个市场上趋势开始阶段所获得的收益弥补。

分析管理型期货时，关键的一点是基金管理者运用什么规则来构建资产组合。交易期货合约与交易标的资产相比，一个关键的优势是期货合约要求的保证金相对较低。因此，管理者在设计自己的投资方案时有很大的灵活性，综合考虑客户预期的收益、风险和相关性等因素。

最简单的方法是按照投资的名义金额（多头或空头）或保证金来系统化地下达指令，每份指令的规模都完全相同。这种方法的危险在于没有真正考虑每笔头寸的风险，因为有些商品比其他商品的波动率大很多。还有一种更好的解决方法是考虑涉险资本，对组合中每笔头寸都配置等量的**风险资本**，例如运用止损指令来限制下跌风险。考虑一个打理200 000美元股权资本的管理型期货基金。假定我们收到一个买入黄金的信号，价格为400美元每盎司，而且基金管理者计划在每笔交易中承担初始资本1%的风险。买入一份期货并把止损指令设定为390美元，这就使每份合约具有1000美元的风险（(400 – 390)×\$100/点）。如果基金管理者愿意在每笔交易中承担其资本1%的风险（本例中即为2000美元），他应该买两份合约。注意，随着价格变动，需要连续地对头寸进行重新评估。例如，如果黄金价格上涨，基金管理者可以选择维持头寸并上调止损值，也可以把止损值维持在390美元但减少持有的合约数——随着期货价格和止损价格的价差扩大，涉险资本也增加了。有些基金管理者在计算涉险资本时，甚至进一步地将不同头寸的分散化效果考虑进来。也就是说，他们不考虑各个头寸的风险总和，而是考虑各个头寸在资产组合中实际贡献的风险[18]。这种方法使得他们可以把投资组合的风险均匀地分配给所有头寸。

结　论

在本章中，我们对CTA打理期货组合所运用的一些工具进行了简要概述。尽管大多数CTA将其交易系统视作独家使用的复杂工具，实际上大多数系统从概念上看都是很简单的——它们沿袭技术分析中盛行的规则，试图找出不同商品市场的进出价位。因此附加值通常不在于系统本身，而在于不停地针对当前市场情况校准规则，尽快地发展出新规则以应对市场情况的变化。确实，认为固定的、不随时间变化的规则在不同商品市场或不同时期都会表现良好是很幼稚的。在商品期货市场中，灵活的系统是任何技术交易程序成功的关键。

---

[18]　See François‐Serge Lhabitant, *Hedge Funds: Quantitative Insights* (London: John Wiley&Sons, 2004), pp. 315–319.

第17章
如何设计商品期货交易方案*

希拉里·梯尔（Hilary Till）
主管
Premia 资产管理有限责任公司

约瑟夫·伊格利（Joseph Eagleeye）
主管
Premia 资产管理有限责任公司

本章将逐步介绍如何设计商品期货交易方案。有远见的商品投资经理不仅应当发掘出预计能盈利的交易策略，还应当仔细分析每种策略在年内不同时期以及市场动荡时期的相关性特征。他（她）还必须确保投资品种具有足够独特的收益，并且预期能为投资者的整体投资组合带来分散化效果。

在设计商品期货交易方案时，商品投资组合经理的投资步骤中需要解决以下问题：(1) 寻找交易机会；(2) 交易的构造；(3) 组合的构造；(4) 风险管理；(5) 杠杆化水平；(6) 这一方案如何为投资者的整体投资组合带来独特的贡献。

本章将依次讨论这些问题。

寻找交易机会

第一步就是要大量地发掘那些投资者本人可能存在优势的交易机会。虽然许多期货交易策略已被公之于众且广为人知，但商品投资组合经理仍然在运用它们。以下介绍其中的三种策略。

---

* 本章摘自 Greg N. Gregoriou, Vassilios Karavas, Francois–SergeLhabitant, and Fabrice Douglas Rouah（eds.），*Commodity Trading Advisors：Risk，Performance Analysis*，and Selection，John Wiley and Sons. Inc.，2004。

谷物实例

在讨论一贯盈利的谷物期货交易时，库特纳（Cootner）指出这样的事实：谷物期货盈利性"在众所周知的情况下依然持续存在，表明赚取这些利润是得不偿失的。这进一步证明了……（商业参与者）并非依据预期的价格行事，（这些人）愿意为规避风险而支付风险溢价"[1]。库特纳的文章探讨了农产品市场参与者在对冲压力集中时期所引起的"期货价格存在……可预见的趋势"；论文中列举了关于这种现象的几个实例，其中包括"7月份小麦合约偶然性的多头对冲效应"；并注意到期货合约价格"一般在净多头对冲高峰之后下跌"的趋势；他指出，7月份小麦合约应该"相对于同一农事年中月份靠后的合约而言出现价格下跌，因为后者不太可能出现多头对冲。"图表17.1总结了库特纳关于小麦期货价差的经验研究结果。在这一期间里，价差平均下降了大约2.5美分。我们关注的问题是，这种与对冲活动相关现象的研究是在1967年发表的。这种价格压力效应现在是否还存在呢？答案似乎是肯定的。

图表17.1　库特纳关于7月份对12月份小麦期货价差的经验研究

1948—1966年间相应日期的7月份对12月份小麦期货价差平均值	
1月31日	−5.10美分
2月28日	−5.35美分
3月31日	−5.62美分
4月30日	−5.69美分
5月31日	−6.55美分
6月30日	−7.55美分

资料来源：Paul Cootner, "Speculation and Hedging", 100.

在1979—2003年期间，价差平均降低了3.8美分，Z统计量为−3.01。图表17.2给出了每年该价差的变化。

这种交易显然不是没有风险的。要想从中获利，组合经理通常需要做空此价差，因此图表17.2中的正值就代表亏损。从图中可以看出，在过去25年间这笔交易可能带来的损失额度。这说明，库特纳最初的观点在36年之后似乎得到了证实：盈利性交易在为人所知的情况下，依然有利可图。

图表17.3归纳了图表17.2中的信息，不同的是，图表17.3强调了7月份对12月份小麦价差策略的"尾部风险"。如果基金组合经理持有这一价差的空头，可能遭受的亏损是平均收益的数倍。同样，持有空头的组合经理希望价格下跌，图表17.3中的正值就代表了期间内这笔交易的损失。因此，组合经理可能会得出这样的结论：这笔交易能继续存在的原因是，在交易中，必须承担这种令人不愉快的尾部风险。

---

[1] Paul Cootner," Speculation and Hedging", Food Research Studies, Supplement 7 (1967), p. 98.

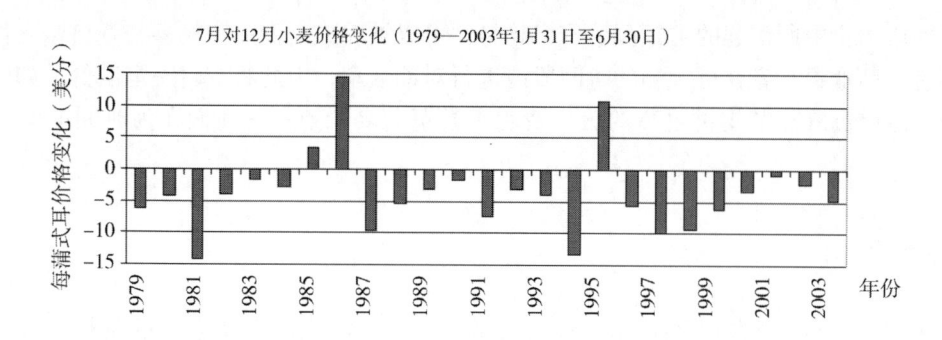

图表 17.2 库特纳的实例

资料来源：Premia 资产管理有限责任公司。

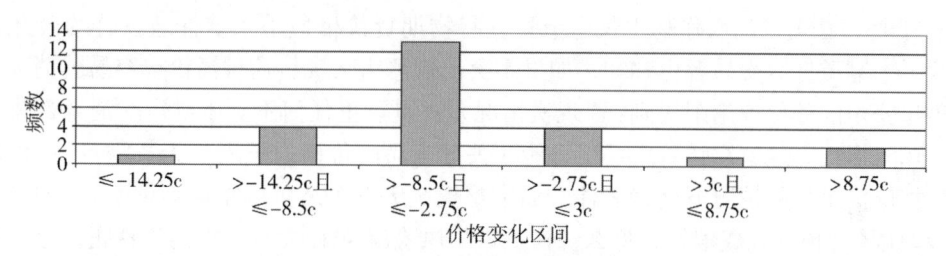

图表 17.3 7月份对 12 月份小麦价格变化的频数分布直方图（1979—2003 年）

资料来源：Premia 资产管理有限责任公司。

石油产品实例

在价差结构方面，石油市场是否也存在某种持续性的价格趋势呢？针对石油期货市场中商业参与者的研究表明，他们的对冲活动集中在特定时间段内。这些时段里似乎也存在明显的价格趋势，反映出商业性的对冲压力。

与其他商品类似，石油产品的消费和生产也集中在一年中的特定时期，如图表 17.4 所示。这就是为什么商业性对冲压力也高度集中在年内特定时期的根本原因。

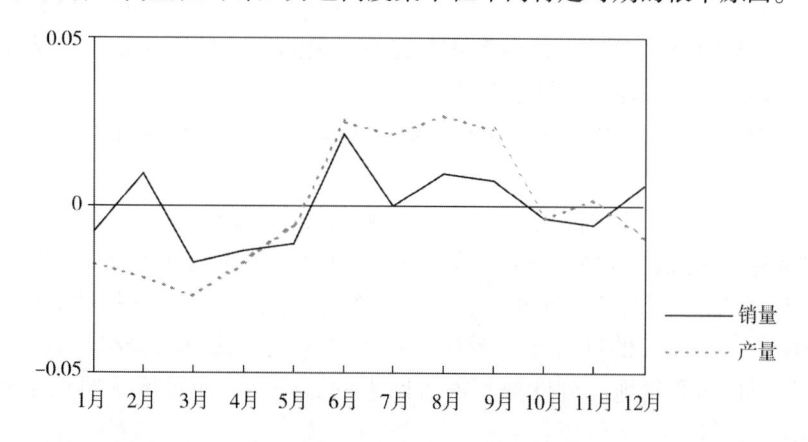

图表 17.4 石油的每月销量和产量

注：图中绘制的季节性系数是每月数量与对数时间趋势的平均百分比差额。

资料来源：Jeffrey Miron, *The Economics of Seasonal Cycles* (Cambridge, MA：MIT Press, 1996), p. 118.

对冲压力集中所引起的可预测的价格趋势，可以被看成是商品市场参与者自愿支付的某种溢价。商业参与者在可预测的时间段内进行对冲活动，因此将支付一笔溢价，如同人们愿意在旅游高峰季节支付更高的旅店费用去游览著名景点——他们在为时间的便利性买单。

玉米实例

玉米提供了另一个持续性价格压力效应的例子。一些商品期货合约的价格，包括玉米，因为即将来临的、息息相关的天气事件而被植入了一笔恐惧溢价。瑞富公司（Refco）评论道："当食品供给遭受到实际的或是臆测的威胁时，谷物市场总是往最坏的情况考虑。"② 于是，在美国的农作物生长季节里，谷物期货价格似乎系统性地在合约公允价格中加入了一笔溢价。交易者也熟知，如果不会出现恶劣天气，这种溢价很容易就消失。所罗门美邦公司的一份评论中提到："现实情况是：夏季里任何不利于耕作的消息都将引发产量下降的担忧。这就意味着市场很可能在关键商品的价格中植入'天气溢价'。市场短端的期货价格很高的情况下（译者注：通常是担忧天气等恶劣因素影响供给），如果下一场'及时雨'，预计收成偏好，那么价格下跌的风险就越来越大。"③ 到 7 月底，对玉米收成具有关键影响的天气状况都会结束。那时，如果还没有出现恶劣天气，玉米期货价格中就不需要天气溢价了。普尔商品交易服务公司认为："天气预报改口会引起价格趋势立即变动，在任何与天气有关的市场中都存在这种可能性，但是在周末之前谷物价格似乎还会一直跌下去。在75%的玉米都吐须的时候，市场才开始放心地剔除天气溢价。"④ 这一例子再次表明，商业交易充分意识到了商品期货价格反映的是对未来价值的有偏估计，但是这种效应却依然持续。

交易的构造

商品期货交易的经验表明，交易者可能具备正确的商品投资观点，但是他（她）如何构造交易组合来表达这种观点将会造成巨大的盈利性差异。

单向买入/卖出期货合约、期权或是期货合约的价差交易都能够用于表达商品投资观点。

有时，期货价差交易比单向买入/卖出期货合约交易更便于分析。一些经济上的边界约束条件常常将相关商品联系在一起，因此可以（但并非总能）限制所持头寸的风险。此外，投资者的差价交易能对冲掉很多主要的一阶外部风险。例如在燃油对原油的期货价差交易中，两条"腿儿"的价格（译者注：一条"腿儿"是燃料价格，另一条"腿儿"是原油价格）都同等程度地受到欧佩克冲击因素的影响。因而具体影响价差的就是次要

---

② Refco, Daily Grain Commentary (May 2, 2000), Report, Chicago.
③ Salomon Smith Barney, Daily Grain Commentary (May 2, 2000), Report, New York.
④ Pool Commodity Training Service. Daily Market Commentary (July 29, 1999), Internal Report, Winnipeg, Manitoba.

的二阶风险因素了，例如两种商品库存变动的时间差异。通常次要风险因素比主要风险因素更容易预测。

组合的构造

投资者发掘了一系列预计盈利的交易策略之后，接下来的步骤就是将这些交易整合成分散化投资组合。其目标是整合彼此不相关的策略，形成风险弱化的投资组合。

分散化

图表17.5显示了起始于2000年6月的商品期货组合，它整合了对冲压力交易与天气恐惧溢价交易。图表中数据反映的是依次加入不相关交易后对组合波动率的影响。

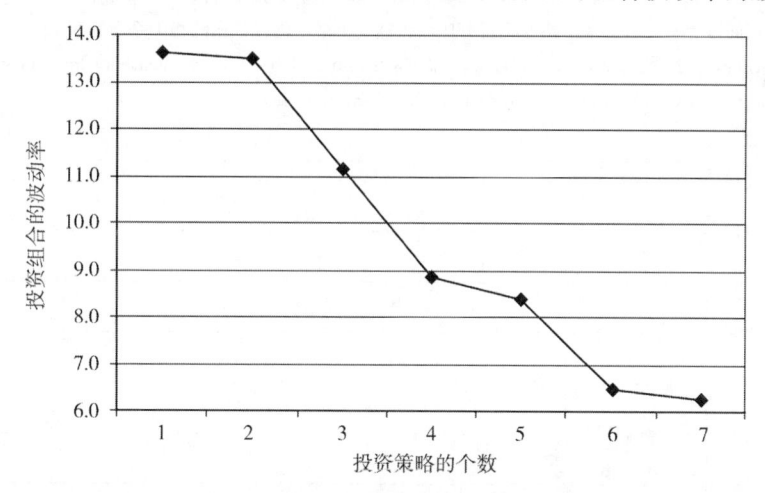

图表17.5 投资组合年化波动率与商品投资策略个数关系（2000年6月）

资料来源：Hilary Till，"Passive Strategies in the Commodity Futures Markets," *Derivatives Quarterly*（2000），Exihibit 5. Copyright Institutional Investor, Inc.

不经意的风险集中

对于所有类型的杠杆化投资而言，最关键的问题是不经意的风险集中。在杠杆化的商品期货投资中，投资者必须注意商品之间的相关性。表面上无关联的商品市场之间，可能会暂时呈现高度相关性。商品投资组合经理在设计投资组合时，如果给每份策略只分配特定量的风险，上述情况就会带来很大麻烦。如果两个策略之间存在意想不到的相关性，那么投资组合经理可能在不经意间就将风险加倍了。

图表17.6和图表17.7的例子显示了自1999年夏季开始，表面上无关联的市场如何暂时性地变为高度相关。

正常情况下，天然气价格和玉米价格之间没有关联性，如图表17.6所示。但是在7月份，它们可能变得高度相关。在1999年7月的三周内，天然气价格和玉米价格的相关性为 0.85，如图表 17.7 所示。

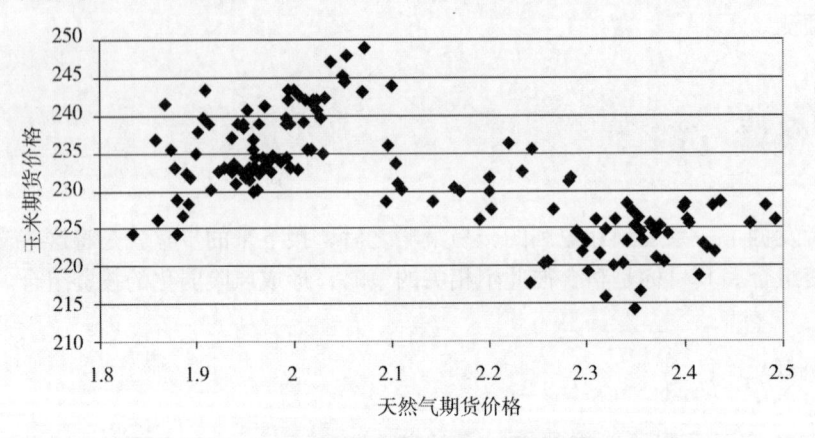

**图表 17.6　9 月玉米期货价格与 9 月天然气期货价格关系
（1998 年 11 月 30 日至 1999 年 6 月 28 日）**

注：样本数据间隔为 3 天，玉米价格变化百分比与天然气价格变化百分比的相关系数为 0.12。

资料来源：Hilary Till, "Taking Full Advantage of the Statistical Properties of Commodity Investments," *Journal of Alternative Investments* (2000), Exhibit 3. Copyright Institutional Investor, Inc.

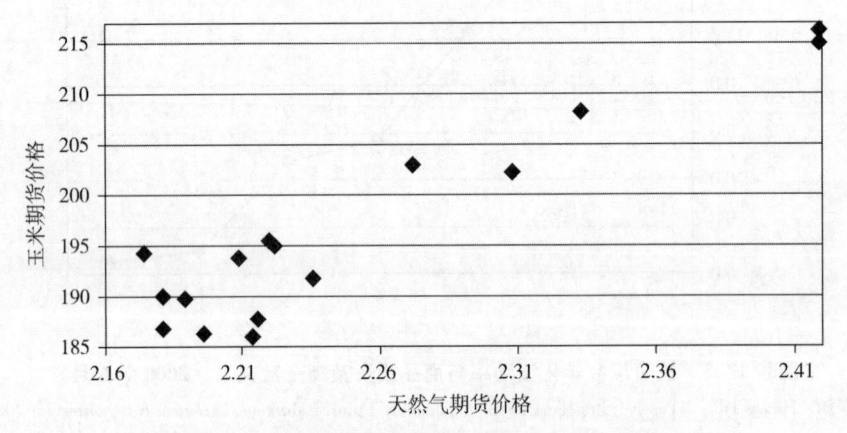

**图表 17.7　9 月玉米期货价格与 9 月天然气期货价格关系
（1999 年 6 月 29 日至 7 月 26 日）**

注：样本数据间隔为三天，玉米价格变化百分比与天然气价格变化百分比的相关系数为 0.85。

资料来源：Hilary Till, "Taking Full Advantage of the Statistical Properties of Commodity Investments," *Journal of Alternative Investments* (2000), Exhibit 4. Copyright Institutional Investor, Inc.

7 月份玉米期货合约与天然气期货合约都与美国中西部的天气状况密切相关。1999 年 7 月，中西部天气十分炎热（甚至导致了局部的电力供应不足），此期间玉米和天然气的期货价格对天气预报和实际天气情况做出了近乎相同的反应。

在此期间，如果商品组合组合经理将天然气和玉米期货交易同时纳入组合中，那么他不经意地就将风险加倍放大了。

为了避免这种不经意的相关性，仅仅测算历史相关性数据是不够的。运用图表 17.6 中的数据，投资者会认为玉米和天然气价格的变化呈弱相关性。为了更好地鉴别某笔交易能否充当组合的分散化因子,投资者需要理解该项交易运作的经济机理。这样,投资者就可以避免图表17.7中显示的风险加倍情形。

风险管理

设计商品期货交易方案的第四个步骤是风险管理,因为投资组合经理需要确保无论是正常时期还是动荡时期,投资方案的损失都不能超过客户可接受的水平。

风险测度

在单一策略层面上,需要分析每一策略的以下因素:
- 基于近期波动率和相关性的涉险价值(VaR);
- 正常时期的最坏情况损失;
- 动荡时期的最坏情况损失;
- 对投资组合涉险价值的增量作用;
- 对最坏情况下投资组合事件风险的增量作用。

最后两项指标能反映该策略将降低组合风险,还是提高风险。在投资组合层面上,需要考察组合的:
- 基于近期波动率和相关性的涉险价值;
- 正常时期的最坏情况损失;
- 动荡时期的最坏情况损失。

每一项测度指标都应该与某一限额做比较,该限额视期货产品的设计而定。举例来说,如果客户预期投资方案的最高和最低收益差额不超过7%,那么以上三个组合指标都应该限制在7%以内。如果要求产品在金融危机期间的业绩不能太差,那么就应该把动荡时期的最坏情况损失限定为较小的数值;如果最坏情况损失超过了限额,那么投资组合经理就应当设计相应的宏观组合对冲策略。稍后我们将讨论这一问题。

为了进行超常规压力测试,我们建议考察组合在以下四个动荡时期的业绩(见图表17.8)。

图表 17.8	动荡时期举例
1987年10月股市崩盘	
1990年海湾战争	
1998年秋季债券市场崩溃	
2001年9月11日恐怖袭击后的一段时期	

对于分散化考虑而进行非传统投资的客户而言,在以上时期中表现糟糕的商品投资组合可能是无法接受的。因此,组合经理除了运用涉险价值指标考察组合在近期波动状况下的风险,还应该考察在图表17.8所示的动荡时期,投资组合的表现如何。

图表 17.9 和图表 17.10 推荐了一些针对特定商品期货组合的风险测度指标。如注意大豆榨磨价差交易的性质，虽然它能降低组合的事件风险，但同时也增加了组合的波动率。然而仅仅基于近期波动率和相关性的风险测度，不能提供足够的信息来判断某笔交易是降低风险还是提高风险。

图表 17.9　　策略层面的风险测度

策略	涉险价值	正常时期最坏情况损失	动荡时期最坏情况损失
递延反转大豆榨磨价差	2.78%	−1.09%	−1.42%
多头递延天然气单向	0.66%	−0.18%	−0.39%
空头递延小麦价差	0.56%	−0.80%	−0.19%
多头递延汽油单向	2.16%	−0.94%	−0.95%
多头递延汽油对燃油价差	2.15%	−1.04%	−2.22%
多头递延生猪价差	0.90%	−1.21%	−0.65%
组合	3.01%	−2.05%	−2.90%

资料来源：Hilary Till, "Risk Management Lessons in Leveraged Commodity Futures Trading," *Commodities Now*（September 2002）。

图表 17.10　　组合效应的风险测度

策略	对组合涉险价值的贡献度[a]	对最坏情况组合事件风险的贡献度[a]
递延反转大豆榨磨价差	0.08%	−0.24%
多头递延天然气单向	0.17%	0.19%
空头递延小麦价差	0.04%	0.02%
多头递延汽油单向	0.33%	0.81%
多头递延汽油对燃油价差	0.93%	2.04%
多头递延生猪价差	0.07%	−0.19%

注：[a] 正值表示该策略将增加组合的风险，负值表示该策略将降低组合的风险。

资料来源：Hilary Till, "Risk Management Lessons in Leveraged Commodity Futures Trading," *Commodities Now*（September 2002）。

宏观组合对冲

了解投资组合对某些金融冲击或经济冲击的敞口，将有助于宏观组合对冲策略的设计，从而削减对这些事件的敞口。例如 2002 年夏季以来，某一商品组合由以下头寸组成：单向小麦多头、汽油多头和单向白银空头。对投资组合进行的事件风险分析表明，最坏的情形是"9·11"事件。因为上述组合中做多的商品对经济事件敏感度很高，同时却又做空了"安全投资转移时期"（译者注：安全投资转移时期（time of flights to quality）就是市场风险厌恶情绪高涨，投资者追求避险资产的时期）中表现良好的商品。虽然在正常情况下，这些头寸之间并无关联。鉴于对该组合负面影响最严重的是商业信心遭受巨大冲击这一情景，宏观组合保险的备选策略之一是做空短期汽油合约，从而与这种情景相对冲。

杠杆化水平

设计商品期货方案时另一个要考虑的问题就是使用多大的杠杆率。期货交易只要求相对较少的保证金。交易规模的选择主要取决于投资者想要承担多大的风险。投资者不会受到初始资本金额方面的太大制约。

投资方案选定多大的杠杆率是产品设计方面的问题。组合经理还需要确定该投资方案的销售策略以及客户的期望值。

2001年度的《巴克莱管理型基金报告》指出，许多顶级的**商品交易顾问基金**（CTA）经历过40%以上的亏损，但这都是客户可以接受的，因为这些投资方案有时会赚得100%的年收益。投资者事先清楚这些组合经理预计会提供的盈亏幅度[5]。

确定期货方案的杠杆化水平是个很关键的问题，因为成功的期货交易商能够利用的盈利空间很小。只有通过杠杆化他们的收益才能显得有吸引力。图表17.11表明只有采用所有对冲基金策略中最高的杠杆化，期货方案（图中标记为"管理型期货"）的收益才能显示出竞争力。

图表 17.11 对冲基金策略的杠杆化和去杠杆化收益率（1997—2001年）

类型	平均杠杆化收益率（%）[a]	平均去杠杆化收益率（%）[a]
偏重卖空策略	13.7	9.3
全球宏观策略	16.8	8.9
新兴市场策略	16.9	8.8
事件驱动策略	14.7	8.3
并购套利策略	14.7	7.0
多头/空头股票投资策略	14.0	6.3
固定收益策略	9.6	4.8
可转债套利策略	10.6	4.2
管理型期货策略	10.5	4.2
困境证券策略	n/a	n/a

注：[a] 杠杆化分析所针对的基金具有5年的杠杆化与业绩历史数据。
资料来源：Altvest, CSFB/Tremont, EACM, HFR, *Institutional Investor*（June 2002）, and CMRA, in Lesli Rahl, "Hedge Fund Transparency: Unraveling the Complex and Controversial Debate," RiskInvest 2002, Boston, December 10, 2002, Slide 52.

---

[5] Barclay, *Barclay Managed Funds Report* (2001), p. 7.

在帕特尔（Patel）的访谈中，坎贝尔公司的布鲁斯·克里兰（Bruce Cleland）——期货投资的先驱之一，探讨了杠杆率在自己公司的成功中所起的关键作用：

"坎贝尔在过去31年中的长期平均净收益率超过了17.6%。没有任何市场会无效到那种地步，以至于那段时期里系统化的投资策略会如此成功。'我们真正的年均盈利只有4%左右，但是通过4-1到5-1的杠杆化，你能够获得极有吸引力的收益，'克里兰说。"⑥

这段坎贝尔公司总裁的引言对新入行的期货交易者很有指导意义，他们必须决定运用多大的杠杆化从而给客户带来有吸引力的收益。

对投资者整体组合的独特贡献

设计期货交易方案最后一个需要考虑的因素是该方案与投资者整体组合的适合程度。要吸引投资者对一项新投资的兴趣，该项投资必须具有独一无二的收益流——这种收益流是其他投资品种所无法达到的。更正式地说，无论是在正常时期还是动荡时期，这项新的投资必须是风险分散化因子。

一项新投资与所持组合的适合程度如何，视投资者个人而定。可以从期货交易方案对股票组合的分散化效果来评估其价值；或者，也可以从它对现有商品交易顾问基金篮子的分散化效果进行评价；最后，还可以从新的期货交易方案如何改善对冲基金组合的风险调整后收益这一角度进行评价。以下是各种评价方法的例子。

股票分散化实例

一种可行的商品期货投资是基于高盛商品指数（GSCI）进行的。评价商品期货投资对于国际股票组合的潜在效果，方法之一是通过优化过程来构造组合的有效边界，并比较加入GSCI前后的有效边界。图表17.12给出了这种方法的例子，它取自桑亚纳拉洋和瓦安吉斯（Satyanarayan and Varangis）⑦的论文。加入商品资产的有效边界在每一点上都高于未加入商品资产的投资组合，这意味着在同样的收益（风险）水平下，加入商品资产的组合风险更低（收益更高）。如果优化过程中所使用的收益率、波动率和相关性等历史数据能代表未来的水平，那么图中结果就是很有吸引力的。

CTA分散化的例子

只从事商品投资的期货方案对于CTA组合具有天然的分散化作用。如图表17.13所

---

⑥ Navroz Patel "Its All in the Technique," *Risk*, (2002, July) no. 49.

⑦ Sudhakar Satyanarayan and Panos Varangis, An Efficient Frontier for International Portfolios with Commodity Assets, Policy Research Working Paper 1266, The World Bank, March 1994.

示，管理型期货的收益指数与专注于货币、利率及股票的投资策略均具有高度相关性。它与商品的相关性排在第四位。

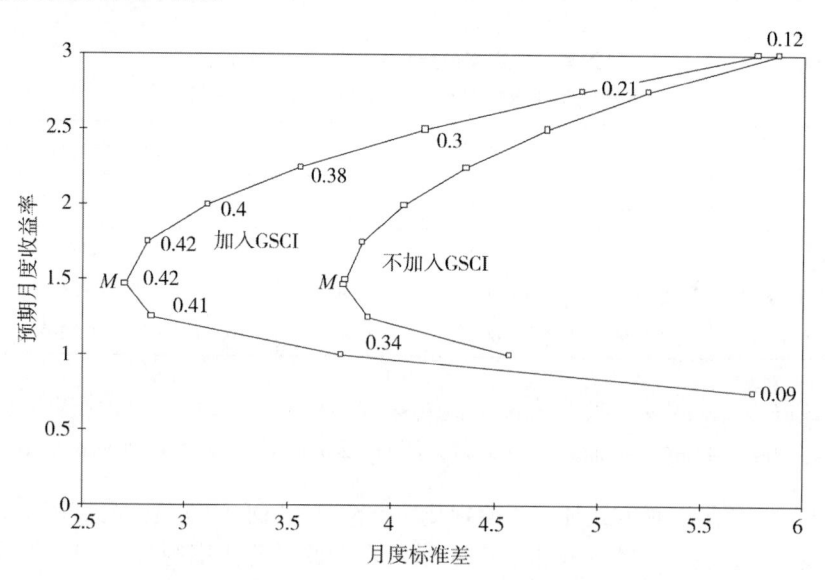

图表 17.12　加入和不加入商品资产的最优国际组合

注：均值–标准差边界上标示的数字表示组合投资于商品资产的比例。M = 最小风险组合。

资料来源：Sudhakar Satyanaraya and Panos Varangis, An Efficient Frontier for International Portfolios with Commodity Assets, *Policy Research Working Paper* 1266, The World Bank, March 1994, p. 19.

图表 17.13　管理型期货收益率对被动型指数和各种经济变量的回归结果（1996—2000 年）

	系数	标准差	t 统计量
截距项	0.00	0.00	0.01
标准普尔 500 指数	0.00	0.07	0.05
雷曼美国	0.29	0.39	0.76
信贷利差变化	0.00	0.01	0.30
期限利差变化	0.00	0.00	0.18
MFSB/利率	1.27	0.24	5.24
MFSB/货币	1.37	0.25	5.48
MFSB/实物商品	0.27	0.15	1.79
MFSB/股票指数	0.36	0.11	3.17
R^2	0.70		

注：管理型期货证券指数（MFSB）旨在模拟采用趋势跟随或逆势策略的商品交易顾问（CTA）投资业绩。

资料来源：国际证券及衍生品市场研究中心（CISDM），2002 年 5 月 22 日第二届芝加哥年度研讨会。幻灯片第 48 页。

一种验证某项商品投资策略是否有益于 CTA 分散化组合的方法，是计算这项新投资加入组合后夏普比率（超额收益率除以标准差）的变化。图表 17.14 显示了某项商品投资方案分别加入三个分散化组合之后，每个组合夏普比率提高的情况。这里的三个分散化投资组合是丹尼尔·斯塔克公司（Daniel B. Stark & Co）提供的CTA指数。

图表17.14　加入某一特定商品期货方案对于CTA指数夏普比率的影响（1999年9月至2003年3月）

指数	指数投资			加入10%的GA[b]头寸		
	CARR[a]	波动率	夏普比率	CARR	波动率	夏普比率
斯塔克基金指数	6.80%	13.60%	0.50	7.80%	11.80%	0.66
斯塔克300CTA指数	8.70%	10.80%	0.80	9.40%	9.60%	0.98
斯塔克分散化CTA	9.50%	11.60%	0.82	10.10%	10.30%	0.98

注：[a]年化复利收益率。
　　[b]全球投资顾问自主判断型方案，一种期货交易方案。
资料来源："The Case for Commodities," *Global Advisors*（June 2003）. Copyright Daniel B. Stark & Company.

图表17.15用另一种方式证实了期货交易方案对于既有的期货交易商篮子具有分散化功能。图表17.15显示斯塔克分散化CTA指数自身的夏普比率约为0.72。如果投资组合的60%配置给斯塔克指数，40%配置给某一特定的投资顾问方案，那么夏普比率将上升至1.0，即便该投资顾问方案自身的夏普比率低于1.0。

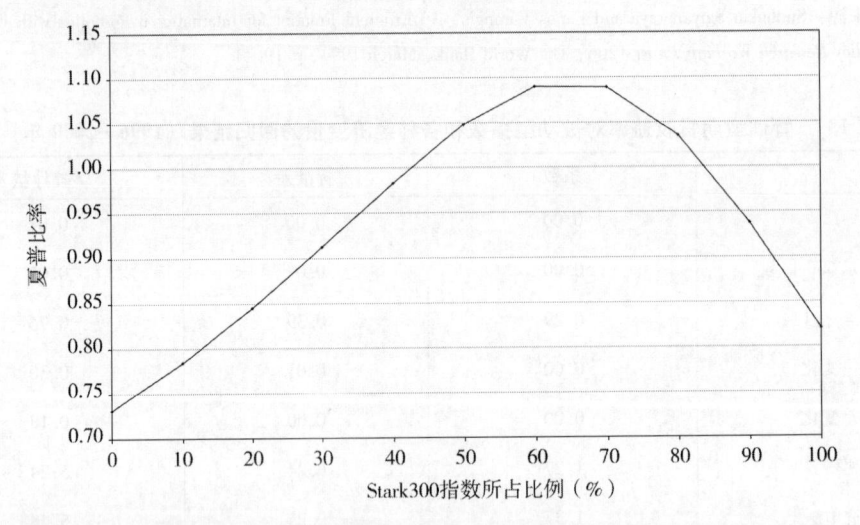

图表17.15　有效组合GALP[a] + 斯塔克分散化CTA指数（1999年9月至2003年3月）
注：纵轴是夏普比率。横轴是斯塔克指数所占的投资比例；其余的为GALP交易方案。
[a]全球投资顾问有限合伙人。
资料来源："The Case for Commodities," *Global Advisors*（June 2003）, Chart 1. Copyright Daniel B. Stark & Company.

对冲基金的基金分散化实例

同样的，如果认为期货交易方案对由对冲基金构成的组合起到分散化作用，就必须验证添加该方案后的增强型组合能否提高夏普比率。如图表17.16所示。

图表 17.16　　添加某一特定商品期货方案对于对冲基金组合
夏普比率的影响（1999 年 9 月至 2003 年 3 月）

指数	指数投资			加入 10% 的 GA[a] 头寸		
	CARR[b]	波动率	夏普比率	CARR	波动率	夏普比率
基金的基金模拟组合[c]	7.80%	5.00%	1.56	8.50%	5.00%	1.7

注：[a] 全球投资顾问自主判断型方案，一种期货交易方案。
[b] 年化的复利收益率。
[c] 基金的基金模拟组合是由法国高等商学院系列指数按以下权重组成的：40% 多/空股票投资策略，10% 可转债套利策略，10% 全球宏观策略，10% 管理型期货策略，5% 股票市场中性策略，5% 固定收益套利策略，5% 困境证券策略，5% 新兴市场策略，5% 并购套利策略以及 5% 事件驱动策略。

资料来源："The Case for Commodities," *Global Advisors* (June 2003).

结　论

本章主要介绍了设计商品期货交易方案时需要考虑的事项。商品投资组合经理需要注意，在某些时期，交易策略之间可能呈现高度的相关性，这会使其风险加倍。我们论述了将商品期货加入投资组合中可能会降低整个组合的风险，还论述了期货投资必须引入杠杆化才能使其收益具有竞争力。为了向投资者提供具有分散化效果的投资组合，商品投资组合经理必须创造出与其他组合经理策略以及传统投资方式足够不相关的收益流。

第18章
商品投资中阿尔法的来源

马库斯·梅兹格（Markus Mezger）
常务董事
Tiberius 资产管理公司

商品期货是最古老的资产类别之一。如今，商品期货代表着主动型资产管理的机遇，原因有两点。

其一，如本章所述，商品市场是异质性的，并且涵盖了多种收益形式。因此相对而言，主动管理型商品组合的潜在阿尔法收益也会比较高。**阿尔法**的定义为，主动管理型商品组合的收益超过商品指数（基准）的部分，而且这部分收益与商品指数收益不相关。主动管理型商品组合的收益可以分成两部分：（1）贝塔部分代表着与基准指数相关的收益；（2）独立的残差收益由阿尔法收益和随机项组成[1]。

其二，商品期货作为一种资产类别，主要的形式为被动型商品指数投资。据估计，投资于只做多型商品指数产品的资产规模，由2002年的400亿美元左右增长到2007年初的1200多亿美元。但商品指数存在一些很严重的缺陷。商品指数中各成分的初始权重主要取决于供求状况和流动性程度；每年这些权重的变化较小，不能反映相对业绩的变化趋势；此外，商品指数投资于近月合约。随着大量的资金进入被动型商品投资领域，一个明显的后果就是在远期曲线的期限结构中，即月合约价格的吸引力通常不及长期合约。最后，按照商品指数的定义，它是全额投资的。由于商品价格天生就具有周期性，我们应当预料到被动型投资出现严重下跌的可能性。

本章内容分为两个部分。第一部分描述一系列商品期货的收益构成及其风险收益特征；第二部分包括产生阿尔法的三个不同出发点：商品权重的分配、合约的选择和时机的选择。本章的目的是要说明在这三个决策层次上，主动型资产管理都能够增加价值。

---

[1] See Richard C. Grinold and Ronald N. Kahn, *Active Portfolio Management* (New York: McGraw-Hill, 2000), p.111.

商品期货作为一种资产类别

商品期货的历史很长,因此关于商品期货收益特征的实证研究已经很多了[2]。但由于债券和股票投资在 1982—2000 年期间非常兴盛,21 世纪初仅有少数业界人士宣传商品资产优良的风险收益状况[3]。2005 年以来,学术界再次将商品作为一种资产类别来研究。其中有四篇论文比较突出。

戈登和鲁文赫斯(Gorton and Rouwenhorst)的研究表明,由 36 种商品期货按等权重构成的投资组合,其总收益[4]和夏普比率与 1959—2004 年的美国股市很相近。并且他们发现,由于在经济周期中的不同表现,商品期货的收益与股票和债券收益呈负相关,因此它很适合充当风险分散因子[5]。

与戈登和鲁文赫斯的结论不同,厄尔布和哈维(Erb and Harvey)构造了一个由 12 种商品期货构成的投资组合,在 1982—2004 年期间,这一组合并未显示出正的超额收益和风险溢价。厄尔布和哈维指出,商品期货的收益在不同商品行业间变动很大,并且各种收益之间的相关性很低[6]。他们证实了滚动收益是超额收益的主要驱动因素,而且期限结构对于每种商品的收益特征都具有很强的解释能力。

凯特和欧门(Kat and Oomen)的研究得出了相似的结论。他们研究了由 27 种商品组成的样本,发现在 1987—2005 年期间"除了能源这一明显的反例之外,商品期货并未获得稳定的风险溢价"[7]。与厄尔布和哈维类似,他们同样认为滚动收益率是期货收益的主要来源。他们还认为远期曲线是期货收益的重要决定因素之一。凯特和欧门证明了商品的现货收益与非预期的通货膨胀呈正相关,因而与股票和债券的收益不相关[8]。

玛克特(Markert)分析了一个由 28 种商品期货组成的样本,样本期为 1986—2003

---

[2] See, for example, Katherine Dusak, "Futures Trading and Investor Returns. An Investigation of Commodity Market Risk Premiums," *Journal of Political Economy* 81, no. 6 (1973), pp. 1387 – 1406; Zvi Body and Viktor I. Rosansky, "Risk and Return in commodity Futures," *Financial Analysts Journal* 36, no. 3 (1980), pp. 27 – 39; and Robert W. Kolb, "Is Normal Backwardation Normal?" *Journal of Futures Markets* 12, no. 1 (1992), pp. 75 – 91.

[3] See, for example, Robert J. Greer, "The Nature of Commodity Index Returns," *Journal of Alternative Investments* 3, no. 1 (2000), pp. 45 – 52; Hilary Till, "Two types of Systematic Returns Available in the Commodity Futures Markets," *Commodities Now* (September 2000), pp. 1 – 5.

[4] 商品期货的总收益包括现货收益、滚动收益以及期货投资抵押品的收益,其中滚动收益在期货价格低于现货价格时(现货溢价)为正值。

[5] Gary B. Gorton and K. Geert Rouwenhorst, "Facts and Fantasies about Commodity Futures," *Financial Analysts Journal* 62, no. 2 (2006), pp. 47 – 68.

[6] Claude B. Erb and Campbell R. Harvey, "The Strategies and Tactical Value of Commodity Futures," *Financial Analysts Journal* 62, no. 2 (2006), pp. 69 – 97.

[7] Harry M. Kat and Roel C. A. Oomen, "What Every Investor should Know About Commodties Part Ⅰ: Univariate Return Analysis," *Journal of Investment Management* 5, no. 1 (2007), pp. 1 – 25.

[8] Harry M. Kat and Roel C. A. Oomen, "What Every Investor should Know About Commodties Part Ⅱ: Multivariate Return Analysis," *Journal of Investment Management* 5, no. 3 (2007), pp. 1 – 25.

年⑨。她指出大量的超额收益集中在能源和畜类行业,而咖啡和可可等软性商品存在负的风险溢价。此外,她证实了期货收益最高的商品的先验便利收益率显著为正,先验便利收益率被定义为递延合约与近月合约的价格之比减去无风险利率(译者注:递延合约(deferred contract)也称远端合约,近月合约(nearby contract)也称近端合约)。尽管如此,玛克特得出结论:"没有证据能表明便利收益与持续性期货收益之间存在联系,这一点符合有效市场理论"⑩。

显然,上述实证研究都探讨了商品期货的极端异质性,但是它们都存在某些共同的缺陷。首先,我们应当谨记 1980—2004 年的数据并不能代表商品现货收益的长期平均水平。我们将在后文"商品周期和时机选择"中看到,商品市场在这一时期之前和之后都出现了大牛市。

其次,某些实证研究并未涵盖全部资产类别。除了戈登和鲁文赫斯的研究之外,我们提到的文章都忽略了基本金属,但它们是商业性商品期货指数中(除能源以外的)的明星业绩行业。基本金属在过去 15 年中显示出很高的现货收益和滚动收益⑪。我们根据这些事实可以驳回厄尔布和哈维以及凯特和欧门等人的观点——一般而言,商品期货不能提供正的风险溢价。即便我们对商品指数(如 GSCI、道琼斯 - 美国国际集团商品指数(DJAIG)、罗杰斯全球指数(RICI)以及德意志银行流动商品指数(DBLCI)⑫)的"后视偏差"进行了调整,戈登和鲁文赫斯所构建的等权重组合的收益率仍远远高于无风险收益率。另一方面,戈登和鲁文赫斯的研究没有将每种商品的总收益分解成现货收益、滚动收益和抵押品收益。收益率是根据单种商品合约的存续期计算的,这意味着芝加哥期货交易所的铜合约(在 1959 年推出)的年化总收益率为 12.16%,相比之下纽约商业交易所的天然气合约(在 1990 年推出)的年化总收益率仅为 1.7%。

商品期货收益的统计指标

我们采用商品研究局(CRB)的每日价格数据,对于伦敦金属交易所的合约,我们参考 Datastream 和彭博发布的数据。至少对于芝加哥商品交易所内交易的金属合约和大多数的农产品,在最后一个交易日之前,期货合约的通知与交割期限就已经开始了,因此我们滚动每个期货头寸至第一个通知日或最后一个交易日(取决于哪个日期在前)的前十天左右。对于每个日历月份都能交易的合约(我们一年滚动 12 次),贵金属和农产品的

---

⑨ Viola Markert, Commodities as Assets and Consumption Goods: Implications for the Valuation of Commodity Futures, Ph. D. Thesis, University of St. Gallen, May 2005.

⑩ Markert, Comodities as Assets and Consumption Goods: Implications for the Valuation of Commodity Futures.

⑪ 基本金属的远期合约在伦敦金属交易所(LME)交易,这种远期合约有固定的剩余到期时间,而非固定的到期日。LME 内交易的全部 6 种基本金属的现货合约和 3 个月期远期合约都是流动性好的合约。铜、铝、镍和锌等金属还具有 15 个月期和 27 个月期的流动合约。历史价格数据至少可以追溯到 1989 年;镍、铅和锌的价格数据至少自 1979 年以来是可得的。从 1991 年 1 月开始,LME 基本金属被纳入至 GSCI 和道琼斯 - 美国国际集团商品指数(DJAIG)。通过买入 3 个月期的远期合约并在 3 个月后滚动该头寸,即可计算出现货收益和滚动收益,因为此时该 3 个月期的远期合约就变成了现货合约。

⑫ 关于各种商品指数之间的比较可参见第 7 章。

滚动频率取决于现有流动合约的月份（如拇指规则：4~6次）⑬。收益率的计算方法是取日收益率的几何平均数。滚动收益率等于超额收益率与现货收益率之差。

收益的构成

图表18.1表明商品确实不能被当成一种同质化的资产类别来处理。在图表18.1分析的所有时段中，不同商品组类之间及其内部的收益水平和收益构成均存在较大差别。交易历史最悠久的商品——谷物和软质商品——大都呈现出负的滚动收益和超额收益，这一趋势在过去的20年中更加明显。但是，豆类产品整体上实现了正的滚动收益和超额收益，而同一时期的其他谷物商品却遭受着巨大的滚动损失。畜类商品在每一时期都表现突出，具有显著为正的滚动收益和超额收益。生牛期货的夏普比率与美国股市尤为相似，而且其价格的波动率更低。自20世纪80年代的后半期以来，商品期货领域显然被能源和基本金属市场主导。这两个行业都享有很高的滚动收益，年均超额收益率一般都达到两位数。即使在始于2003年的能源大牛市期间，现货收益也只占超额收益的很小一部分。而天然气是个例外，从2000年开始，天然气在所有能源商品中一直保有最高的现货收益率。但是，这些收益都被超过30%的年均滚动亏损湮没了。

在现货溢价时期，能源和畜类是仅有的占比超过50%的市场。这一现象在WTI原油和纽交所汽油的一年期递延合约中表现得尤为明显。在现货溢价时期里，近月合约相对于一年期递延合约的年均溢价，要低于最近月合约相对于次近月合约的溢价；也就是说，期限结构曲线在即月部分要更为陡峭一些。天然气再一次表现得很突出。现货溢价时期的比重（近月到次近月）仅为24%，但在这些时期近月合约的平均年化溢价高达57.6%。即月合约比一年期递延合约的现货溢价更为剧烈，这种现象在所有农产品中都存在。这一点突出了农产品行业内强烈的季节性定价效应。

天然气的年化滚动亏损超过了20%，这表明商品与金融期货不同，商品的现货价格和期货价格之间无法形成套利机制。当期货溢价超过了融资和储存成本时，理论上讲投资者应该卖出期货买入实货商品。但是，这种套利机会只能为地下仓库的业主所考虑，因为天然气需要储存在合适的地下洞穴中。除金属商品外，金融投资者对所有实货商品的储存能力都很有限。同理，投资者也不能对现货溢价型的商品期货合约进行套利，因为卖空现货买入期货需要借助流动性强的实货租赁市场。这仅对黄金和白银市场而言是可行的。这两种金属都可以作为金融和货币资产而持有，因此市面上的存量很大。与那些"工业化"贵金属如铂、钯和银等无章可循的租赁利率相比，黄金的租赁利率被中央银行压制着（目前看来，18个月内的一年期租赁利率仍然低于0.5%）。中央银行观点发生急剧转变是黄金市场上出现现货溢价的关键因素。虽然期货头寸具有负的滚动收益，但持有黄金实货的收益还是要低于黄金期货，因为黄金实货投资不能像期货投资那样，获得抵押品收益⑭。

---

⑬ 超额收益的起算点是滚动日期，其被定义为距最后一个交易日的天数。合约月份取自本章附录A18.1。

⑭ 由于存在抵押品收益，黄金期货的总收益比黄金实货的收益约高出1.5%（See Christoph Eibl and Markus Mezger, "The Precious Commodity", *The Alchemist* (April 2005)）。

图表 18.1 部分商品期货的收益率统计量（截至 2006 年 12 月）

	商品	交易所	标识	起始	存在期[a] 现货溢价(BW)			1 年期		波动率	1970—2006 年			1992—2006 年		
					平均 BW	1. NB/2. NB 天数 BW(%)	平均 BW(%)	天数 BW(%)			现货	滚动	超额	现货	滚动	超额
能源	Brent	IPE	LCO	1989	20.6%	56.1%	12.0%	49.6%	33.4%				8.4%	5.5%	13.8%
	WTI 原油	NYMEX	CL	1983	22.8%	57.3%	11.9%	67.5%	33.7%				7.8%	1.3%	9.1%
	汽油	NYMEX	RB/HU	1984	36.3%	58.1%	12.4%	75.3%	34.3%				7.1%	5.2%	12.2%
	天然气	NYMEX	NG	1990	57.6%	24.0%	13.5%	47.6%	49.8%				11.0%	-21.4%	-10.4%
	燃油	NYMEX	HO	1978	37.5%	35.4%	10.7%	58.2%	32.8%				8.1%	-0.4%	7.8%
	瓦斯油	IPE	LGO	1986	27.2%	46.5%	12.3%	54.7%	33.2%				8.0%	2.9%	10.9%
基本金属	铝	LME	MAL	1980	7.1%	18.3%	2.8%	42.8%	20.6%				6.3%	-6.1%	0.3%
	镍	LME	MNI	1979	11.7%	46.0%	9.0%	72.8%	43.9%				11.0%	0.6%	11.6%
	铜	COMEX	HG	1959	19.8%	44.1%	11.8%	47.4%	24.7%	3.8%	0.4%	4.2%	7.7%	1.2%	8.8%
	铜	LME	MCU	1991	12.7%	36.7%	10.6%	37.5%	21.8%				7.4%	3.3%	10.7%
	铅	LME	MPB	1979	14.0%	33.3%	9.0%	36.9%	25.0%				8.3%	-4.2%	4.1%
	锌	LME	MZN	1988	7.7%	12.4%	5.1%	26.8%	21.5%				9.0%	-5.7%	3.3%
	锡	LME	MSN	1989	6.5%	32.9%	3.6%	46.3%	18.5%				5.1%	-2.0%	3.1%
贵金属	黄金	COMEX	GC	1974	5.1%	0.2%	1.3%	0.9%	19.2%	5.3%	-7.3%	-2.0%	4.0%	-3.7%	0.4%
	白银	COMEX	SI	1963	4.6%	0.8%	3.0%	17.5%	27.1%	5.3%	-3.2%	2.0%	8.2%	-4.4%	3.8%
	铂	NYMEX	PA	1977	6.0%	31.8%	7.2%	14.2%	31.6%				9.8%	0.3%	10.1%
	钯	NYMEX	PL	1968	6.4%	28.6%	14.0%	64.0%	26.4%				8.3%	1.7%	10.0%
畜类	瘦肉猪	CME	LH	1966	39.8%	52.2%	14.0%	64.0%	23.0%	1.3%	6.1%	7.4%	1.1%	-3.5%	-2.4%
	架子牛	CME	FC	1971	14.4%	61.2%	5.1%	46.1%	15.2%	3.1%	2.3%	5.5%	1.6%	4.6%	6.2%
	生牛	CME	LC	1964	20.7%	53.8%	11.9%	42.6%	16.0%	1.9%	-5.9%	-4.0%	6.5%	-1.0%	5.5%
	猪腩	CME	PB	1961	20.2%	55.1%			31.7%					1.6%	3.3%

第18章 商品投资中阿尔法的来源

续表

类别	商品	交易所	标识	起始	存在期"现货溢价(BW)				波动率	1970—2006年			1992—2006年		
					1. NB/2. NB		1年期			现货	滚动	超额	现货	滚动	超额
					平均BW	天数BW(%)	平均BW	天数BW(%)							
谷物	玉米	CBOT	C	1959	19.6%	20.2%	8.3%	25.1%	19.0%	3.2%	-8.2%	-4.9%	3.0%	-11.9%	-8.9%
	小麦	CBOT	W	1959	25.5%	26.1%	7.0%	37.1%	21.7%	3.4%	-6.8%	-3.3%	1.5%	-10.1%	-8.5%
	小麦	KCBOT	KW	1970	18.8%	38.6%	8.2%	39.1%	21.2%	2.8%	-2.9%	-0.1%	1.7%	-1.9%	-0.2%
	大豆	CBOT	S	1959	22.1%	27.7%	9.0%	35.4%	21.4%	3.4%	0.2%	3.6%	1.5%	0.4%	2.0%
	豆油	CBOT	BO	1959	26.1%	34.0%	9.6%	35.3%	25.0%	2.6%	-0.6%	2.0%	3.1%	-5.3%	-2.2%
	豆粕	CBOT	SM	1959	23.0%	41.3%	10.9%	45.7%	25.0%	4.0%	-8.5%	-4.5%	0.9%	6.1%	6.9%
	燕麦	CBOT	O	1959	23.6%	33.3%	19.1%	21.1%	26.0%	1.5%	-11.9%	-10.3%	4.9%	-5.9%	-1.1%
	大米	CBOT	RR	1986	29.9%	15.5%	17.2%	13.1%	23.4%	4.0%	-3.7%	0.3%	1.5%	-8.9%	-7.3%
软质商品	橙汁	NYBOT	OJ	1967	20.6%	36.8%	8.7%	36.7%	28.1%				3.1%	-8.1%	-4.9%
	阿拉比卡咖啡	NYBOT	KC	1972	23.7%	34.3%	12.2%	38.8%	34.7%						
	罗巴斯塔咖啡	LIFFE	LKD	1991	27.5%	31.3%	7.5%	27.0%	32.8%	3.8%	-5.4%	-1.6%	3.6%	-1.5%	2.0%
	11号糖	NYBOT	SB	1961	17.4%	38.3%	12.4%	46.3%	43.8%	2.0%	-2.5%	-0.5%	2.2%	1.9%	4.1%
	白糖	LIFFE	LSU	1990	21.1%	67.3%	8.4%	71.8%	19.7%				1.6%	9.2%	10.8%
	可可	NYBOT	CC	1959	21.8%	25.1%	14.2%	22.6%	28.4%	2.2%	-2.7%	-0.6%	1.8%	-9.6%	-7.8%
	棉花	NYBOT	CT	1959	20.8%	29.1%	10.1%	45.9%	20.3%	3.2%	-6.8%	-3.6%	-0.3%	-8.2%	-8.5%
外来产品	木材	CME	LB	1969	25.2%	38.6%	9.9%	22.1%	26.2%				1.8%	-5.5%	-3.7%
	大麦	WCE	AB	1989	16.3%	21.4%	11.9%	39.1%	17.1%				5.0%	-3.7%	1.3%
	油菜籽	WCE	RS	1974	32.5%	24.3%	7.9%	51.4%	20.2%				2.5%	-3.0%	-0.5%
	羊毛	SFE	YGS	1995	13.4%	29.7%	5.9%	21.8%	18.3%						

注:[a] 可以获得的LME金属期限结构数据始于1997年。

资料来源:根据商品研究局的数据创建图表。

现货溢价理论

现货溢价型商品市场的技术性前提条件之一是不存在套利。但是能源、基本金属和畜类产品却具有很高的滚动收益,这背后的经济原因是什么呢?最古老的解释是凯恩斯爵士提出的现货溢价理论[15]。根据他的理论,难以储存或易腐商品的生产者寻求对冲的压力要大于此类商品的消费者。如果这些对冲者为了降低风险肯支付一笔溢价,那么投机者将愿意进入市场。已经有很多实证研究检验商品市场的现货溢价问题。从处于现货溢价状态的时间和未来价格上涨来看,畜类市场可能是最常见的现货溢价型市场[16]。猪腩在较长时期内负的滚动收益就与这个概念相吻合,因为这种期货的标的物可以冷冻保存;而瘦肉猪、架子牛和生牛等合约都是针对活的动物,因此在确定的时间窗口内销售固定重量的此类"商品"就面临更迫切的压力。

如果生产者持有净空头头寸只是经验性的假设,而不能实际地观察,那么对冲压力就难以解释现货溢价。纽约商品交易所(COMEX)金属铜合约的《交易商持仓报告》数据显示,自从2005年以来,虽然只做多型投资者赚取了巨额滚动收益和超额收益,但并不存在一致的商业性净空头头寸。沃金、特尔瑟、布伦南(Working, Telser and Brennan)[17]提出的储存成本理论和便利收益概念填补了这一解释空缺。便利收益反映了立即可用的消费品存货所具有的流动性溢价。工业应用中的商品尤其会呈现出相对较小的需求弹性。在出现供给中断和存货不足的情况下,消费者会将现货价格哄抬至远高于期货价格,直到超额需求被挤出市场。许多商品的存货水平与期限结构之间确实存在很紧密的联系。在关于合约选择模型一节中,我们将详细讨论这个问题。

上述两种理论都不能完全解释能源行业的高额滚动收益。一些证据表明,2002—2005年,原油生产者和分析师非理性的价格怀疑论使得原油市场一直维持着现货溢价状态[18]。

商品市场中的阿尔法策略

商品选择模型

商品期货为商品选择策略提供了多种出发点,从利用对冲压力到赚取天气恐惧溢

---

[15] John Maynard Keynes, *A Treatise on Money*, vol. 2 (London, 1930), pp. 127–129; John R. Hicks, *Value and Capital*: *An Inquiry into Some Fundamental Principles of Economic Theory*, 2nd ed. (Oxford: Oxford University Press, 1946), pp. 135–139.

[16] See Thomas Benedix, Cross-Examining Backwardation, An Investigation into the Term Structure of Commodity Futures, Master Thesis of Economics of the University Ulm, August 2005, pp. 31–39 and 78–89.

[17] Holbrook Working, "The Theory of Price of Storage," *American Economic Review* 39, no. 6 (1949), pp. 1254–1262; Lester G. Telser, "Futures Trading and the Storage of Cotton and Wheat," Journal of Political Economy 66, no. 3 (1958), pp. 233–255; and Micheal J. Brennan, "The Supply of Storage," American Economic Review 48, no. 1 (1958), pp. 50–72.

[18] 因此,当每桶100美元的目标现货价格在投资业界传播开来的时候,WTI原油合约的现货溢价恰好消失了。

价[19]。但是在本节中,我们将关注动量策略,这一策略通常被商品交易顾问基金(CTA)和对冲基金采用;我们还会关注稀缺模型,这一模型将远期曲线的形状作为主要的权重因素。

技术策略和经理选择 阿基(Akey)提议商品期货市场上应当采取间接的阿尔法策略。他认为商品交易顾问基金(CTA)最擅长利用短期战术性的价格走势[20]。他用只进行非金融期货交易的CTA构造了一个基准组合。从1991年1月到2004年12月,CTA组合赚取了15.9%的年收益率,其标准差为7.6%,而被动型指数投资的年收益率在3%~10%,标准差在14%左右[21]。这一结论与我们的研究相符。我们用30家CTA的样本构建了一个多重策略的投资组合。在2001年1月到2006年12月期间,该组合的年化总收益率为15.7%,标准差为8.4%(见图表18.2)。

米弗尔和拉利斯(Miffre and Rallis)详细地论证了动量策略对商品市场阿尔法的贡献度[22]。鉴于逆向交易策略并没有显示出盈利性,同时等权重多头组合每年亏损2.64%,因此动量策略赚取了9.38%的年收益率。这一业绩结果"表明动量策略买进高波动率的现货溢价型合约,卖出高波动率的期货溢价型合约,而忽略低波动率的合约。"[23]

基于现货溢价的稀缺模型 从图表18.2中可以明显看出,现货溢价期间长度与年化超额收益之间存在高度相关性[24]。事后看来,我们很容易就能推出"买进现货溢价型合约,卖出期货溢价型合约"的交易规则。但是,期货价格的期限结构是否真的具有预测期货收益的能力,因而与有效市场理论相悖呢?

图表18.2　　CTA组合的收益统计量(2001年1月至2006年12月)

年份	1月	2月	3月	4月	5月	6月	7月	8月	9月	10月	11月	12月	年度
2001	-0.5%	0.84%	5.78%	-1.18%	-4.08%	9.52%	8.01%	-2.33%	0.31%	1.20%	2.74%	-1.21%	19.76%
2002	0.09%	0.30%	3.06%	-1.66%	4.69%	2.70%	2.93%	3.23%	-0.61%	0.19%	0.81%	-0.78%	15.77%
2003	1.90%	2.49%	-4.01%	-1.17%	3.62%	1.13%	3.37%	0.15%	0.89%	4.61%	-1.30%	2.09%	14.30%
2004	0.98%	4.70%	0.29%	1.38%	-0.25%	-1.19%	3.30%	-0.82%	2.51%	-0.12%	0.94%	-0.66%	11.45%
2005	-0.92%	2.52%	1.63%	-0.16%	1.10%	0.79%	1.76%	0.19%	2.52%	0.08%	1.37%	2.95%	14.65%
2006	5.62%	-0.04%	4.42%	4.45%	1.42%	-0.59%	-2.19%	-0.71%	0.33%	2.26%	1.85%	0.56%	18.48%

资料来源:根据Tiberius资产管理公司的数据创建图表。

汉弗莱斯和西姆科(Humphreys and Shimko)开发了一个交易模型,其投资权重取决于能源期货市场现货溢价的程度[25]。他们的研究表明,在1984—1994年期间,该模型能

---

[19] 希拉里·梯尔和约瑟夫·伊格利对此做了概述(See "Commodities: Active Strategies for Enhanced Return," Robert Greer (ed.), *The Handbook of Inflation Hedging Investments* (McGraw-Hill companies, 2006), pp.127ff)。

[20] Rian P. Akey, Commodities: A Case for Active Management, Cole Partners White Paper, May 2005.

[21] Akey, Commodities: A Case for Active Management.

[22] Joelle Miffre and Georgios Rallis, Momentum in Commodity Futures Markets, Cass Business School Working Paper, April 2006.

[23] Miffre and Rallia, Momentum in Commodity Futures Markets.

[24] 丹尼尔·纳什最早强调现货溢价和超额收益之间的内在一致关系(See Daniel J. Nash "Long Term Investing in Commodities," Global Pensions Quarterly (January 2001))。

[25] H. Brett Humphreys and David Shimko, Beating the JPMCI Energy Index, Working Paper, JP Morgan, August 1995.

够实现20%以上的年均超额收益率。戈登和鲁文赫斯将他们样本里的所有商品划分为不同的组合,这些组合权重相等且每2个月维护一次[26]。高基差组合中所包含的商品,其现货溢价程度要高于近月和次近月合约之间的平均现货溢价,其余的商品则属于低基差组合。平均而言,高基差组合的业绩要优于低基差组合,二者的差额约为年均10%。费尔德曼和梯尔(Feldman and Till)证明,随着大豆、玉米和小麦投资期限的延长,现货溢价天数的比重与超额收益之间的相关性是递增的[27]。

麦兹格和埃比(Mezger and Eibl)的研究表明,基于期限结构的商品投资组合能够显著地战胜各大商品指数[28]。我们将进一步分析这个方法,并论证绝大多数商品的远期价格曲线对期货业绩确实具有很强的预测能力。

将期限结构作为一种标准化的选择参数,这种方法涉及几个操作性问题。第一,近月和次近月合约之间的时间差异可能会变化很大。例如,在每年12月份,NYBOT糖期货的近月和次近月合约之间相差5个月,而在每年1月份,近月合约与次近月合约之间只相差2个月。因此,预期滚动收益率在进行年化处理时,应当采用两个不同的时间系数。第二,期限结构在很大程度上受到现货价格的季节性影响。农产品价格尤其具有季节性,因为不同合约的到期时间可能与不同的作物年份相关[29]。季节性价格变动的另一个典型例子,是纽约商业交易所(NYMEX)交易的天然气合约。由于季节性的取暖需求,地下天然气的储备在冬季月份会减少。因此,冬季月份的远期价格相对于稍晚一些的春季月份来说,总是出现溢价。第三,局限于近月合约会丢失一些信息,其中涉及期限结构曲线远端部分的形状和滚动收益。在关于合约选择的一节中我们将会说明,即月合约可能会呈现出大幅的期货溢价,与此同时,期限更长的合约相对于近端月份的合约则呈现出现货溢价。

为了解决这些问题,我们构造了一个指标,它以近月合约作为起点,并以整一年期的递延合约作为终点。这两点之间直线的斜率反映了月均滚动收益率。由于两份合约对应着相同的日历月份,所以季节性影响可以不考虑。期限结构的形状和凸性,可以通过真实的期限结构与上述直线之间的差异来衡量(见图表18.3)。在关于合约期限的选择一节中将会说明,商品实货供应紧张和存货水平偏低与期限结构的陡峭度呈正相关关系。如果期限结构的即月部分显现出上偏,且远月部分的滚动收益趋于平坦,则意味着明确的信号——商品极度短缺而且存货水平低于正常值。因此将所有处于该直线之下的价格理解为正值,将该直线之上的价格则理解为负值。差额总和构成了我们期限结构的形状指标。

图表18.3给出了原油和镍的远期曲线。这两条曲线的斜率均为负值,而且镍的现货溢价(月均滚动收益率=2.2%)比原油(月均滚动收益率=0.55%)更为严重。如果两条曲线对应的日期相同,那么单独考察该指标所得结论可能是增加镍的权重,并相应地减

---

[26] Gorton and Rouwenhorst, "Facts and Fantasies about Commodity Futures."

[27] Barry Feldman and Hilary Till, Separating the Wheat from the Chaff: Backwardation as the Long-term Driver of Commodity Futures Performance: Evidence from Soy, Corn and Wheat Futures from 1950 to 2004, White Paper, Premia Capital and Prism Analytics, revised version, November 2006.

[28] Markus Mezger and Christoph Eibl, "Gewinne mit Rohstoffen, [Profits with commodity futures]," *Die Bank* 51, no. 7 (2006). pp. 20–26.

[29] Eugene Fama and Kenneth French, "Commodity Futures Prices: Some Evidence on Forecast Power, Premiums, and the Theory of Storage," *Journal of Business* 60, no. 1 (1987), pp. 55–73.

少原油的权重。形状指标所指的方向相同。镍的远期曲线是凸的，原油的远期曲线是凹的。镍合约 13 个月期的近似直线和实际曲线之间的差额总和为 +229%，而原油的差额总和是负值，因为所有数据点都位于线性化期限结构之上。

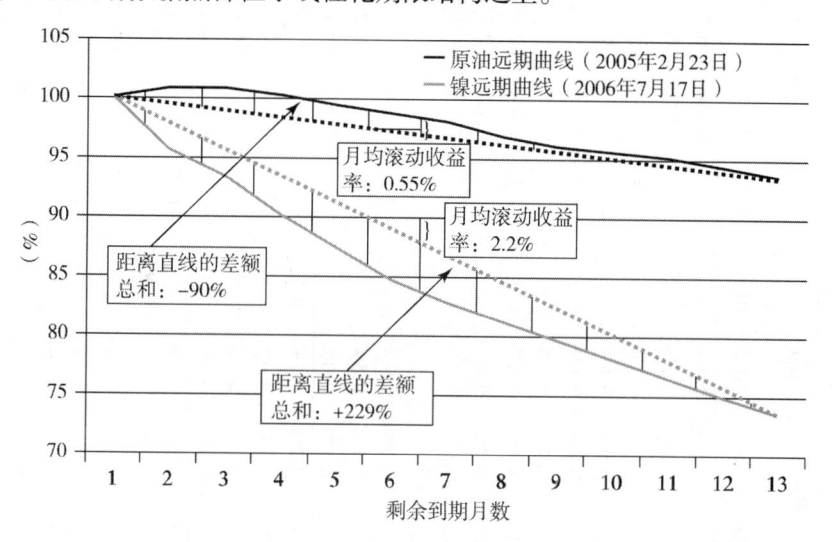

图表 18.3　基于相对期限结构的选择指标

资料来源：根据路透社的数据创建图表。

我们考察只做多型投资策略，检验以上两种信号的组合（Combination），并与 GSCI、DJAIG、RICI 和 DBLCI 等商品指数相比较（见表 18.4），将回溯组合的成分限制在相应指数所包含的商品合约种类之内。每种商品的权重增减的上下限分别为 ±10%，不能检测出期限结构信号的商品则赋予中性的权重。如果某种商品在指数中的权重太小，以至于降低该商品权重的信号不能被完全地执行，就将这一商品的组合权重设为 0，并相应调整组合中其他商品的权重，从而使得组合的权重之和仍然为 100%。这一组合按两种频率进行维护：方法一是每月首个交易日维护并且每日维护[30]。月度维护按两种不同的方法进行。原始方法是取期限结构信号的按月加权平均值并参考指数的权重方案。因此，月末期限结构的信息被纳入到该月的平均权重中。方法二是在每个月末确定期限结构，而将已获得的信号应用到下个月初始的组合权重中。在两个维护日期之间，则不计算组合或指数权重的变化。就所有指数中的绝大多数商品而言，这一结果都是正值。基本金属对此业绩的贡献尤其突出。但是，平均信号的结果明显优于前一月末的信号结果。这表明现货价格和现货溢价在很大程度上是紧密联动的。如果远期曲线变陡峭所需的调整时间达到数周甚至更长些，期限结构给出的商品短缺信号就不能被充分地利用。因此，我们将反应时间缩短，使得每天都进行组合的维护[31]。结果显然改进了不少，但其中某些商品的业绩贡献依然为负。天然气尤其如此，其一年期期限结构是期货收益的一个反向指标。

---

[30] 1982 年 1 月以来，GSCI 在每月首个交易日的指数权重数据都可以获得，可得的 DJAIG 权重数据则始于 1991 年 1 月。我们通过超额收益率来计算 DJAIG 的日度指数权重，超额收益数据可在 DJAIG 的网站上获取。可得的 DBLCI 日度权重数据始于 1988 年 1 月，RICI 的则始于 1998 年 7 月。

[31] 每份期货直接的双向交易费用在 0.004%~0.008%，因此可以忽略。

图表 18.4　每种商品期限结构指标的年化算术超额业绩

			近月-次近月			每日一次			前13个月期限结构指标的斜率和形状						
									每月一次（旧的）				每月一次（新的）		
	商品	交易所	DJAIG	RICI	DBLCI	DJAIG	RICI	DBLCI	DJAIG	GSCI	RICI	DBLCI	DJAIG	GSCI	RICI	DBLCI
能源	Brent	IPE	0.6%	3.5%		0.3%	1.9%		0.8%	0.5%	0.8%		0.1%	0.0%	0.7%	
	WTI原油	NYMEX	0.2%	-1.0%	0.7%	0.3%	-0.1%	0.4%	0.8%	0.3%	0.2%	0.4%	-0.1%	-0.2%	-0.3%	0.3%
	汽油	NYMEX	-0.4%	0.2%		-0.4%	0.6%		0.8%	0.4%	1.1%		-0.8%	-0.6%	-0.1%	
	天然气	NYMEX	0.5%	0.3%	-0.6%	-0.1%	-0.6%	0.1%	0.4%	0.9%	0.6%	0.3%	0.0%	0.0%	-0.6%	0.1%
	燃油	NYMEX		0.6%			0.2%			0.2%	0.6%			0.1%	0.4%	
	瓦斯油	IPE		-0.5%			0.4%			0.4%	0.3%				0.0%	
基本金属	铝	LME	0.0%	0.0%	-1.1%	0.0%	0.0%	-1.0%	0.1%	0.1%	0.2%	0.1%	0.0%	-0.1%	0.0%	0.0%
	镍	LME	0.7%	1.1%		0.5%	0.9%		0.6%	0.0%	0.9%		0.4%	-0.1%	0.7%	
	铜	COMEX	4.7%	0.8%		3.5%	0.6%		3.8%	0.6%	0.7%		3.1%	0.2%	0.5%	
	铜	LME	0.3%	1.1%		0.2%	0.4%			0.3%	0.7%			0.1%	0.3%	
	铅	LME		0.7%			0.5%		0.3%	0.1%	0.6%		0.2%	0.0%	0.3%	
	锌	LME	0.3%	0.3%		0.2%	0.0%			0.2%	0.0%			0.0%	-0.1%	
贵金属	锡	COMEX	0.2%	0.1%	0.5%	0.1%	0.0%	0.3%	0.2%	0.2%	0.1%	0.1%	0.1%	0.2%	0.0%	0.2%
	黄金	COMEX	0.2%	0.0%		0.1%	-0.1%		0.2%	0.1%	0.0%		0.0%	0.0%	-0.1%	
	白银	NYMEX		0.0%			0.2%				0.1%				-0.1%	
	钯	NYMEX		0.2%			0.1%			0.2%	0.1%			0.2%	0.2%	
	铂	CME	0.5%	0.4%		-0.2%	-0.3%		0.2%	0.3%	0.1%		-0.1%	-0.3%	-0.4%	
畜类	瘦肉猪	CME		0.2%						0.6%				0.4%		
	架子牛	CME	-0.8%	1.1%		-0.3%	0.9%		0.2%	0.1%	-0.3%		-0.2%	-0.1%	-0.4%	
	生牛	CME		-1.1%			-0.6%									
	猪腩	CBOT	0.3%	0.8%	0.2%	0.4%	0.8%	0.2%	0.5%	0.3%	0.7%	0.6%	0.3%	0.2%	0.7%	0.1%
合物	玉米	CBOT	0.2%	1.1%	0.4%	0.2%	0.9%	0.4%	0.4%	0.6%	1.1%	0.6%	0.3%	0.4%	0.9%	0.5%
	小麦	KCBOT	0.3%	0.1%		0.1%	0.0%		0.2%	0.3%	0.1%		0.0%	0.1%	-0.1%	
	小麦	CBOT	0.1%	0.1%		0.1%	0.0%		0.2%	0.1%	-0.1%		0.0%	-0.1%	-0.1%	
	大豆	CBOT	0.1%	-0.1%		0.0%	-0.2%		0.1%				-0.1%		-0.3%	

第18章 商品投资中阿尔法的来源

续表

商品	交易所	近月/次近月 每日一次 DJAIG	RICI	DBLCI	每日一次 DJAIG	RICI	DBLCI	期限结构指标斜率和形状前13个月 每月一次(旧的) DJAIG	GSCI	RICI	DBLCI	每月一次(新的) DJAIG	GSCI	RICI	DBLCI
谷物(续) 豆粕	CBOT		-0.7%			-0.4%					-0.2%				-0.5%	
燕麦	CBOT		0.6%			0.2%					0.6%				0.1%	
大米	CBOT		-0.1%			-0.2%					0.0%				0.0%	
橙汁	NYBOT		-0.3%			-0.2%					0.0%				-0.2%	
阿拉比卡咖啡	NYBOT	0.7%	0.5%		0.7%	0.3%		0.9%		0.4%		0.6%		0.3%	
罗巴斯塔咖啡	LIFFE															
软质商品 11号糖	NYBOT	-0.5%	-0.3%		-0.4%	-0.2%		0.0%		0.0%		-0.2%	-0.2%	0.0%	
白糖	LIFFE															
可可	NYBOT	0.2%	-0.1%		0.2%	0.1%		0.3%	0.1%	0.3%		0.1%	0.0%	0.1%	
棉花	NYBOT	0.1%	0.5%		0.4%	0.3%		0.4%	0.3%	0.4%		0.2%	0.0%	0.3%	
木材	CME		-0.6%			0.0%				0.0%			0.0%	0.0%	
大麦	WCE		0.3%			0.0%				0.0%			0.0%	0.0%	
油菜籽	WCE		-0.2%			0.0%				0.0%			0.0%	0.0%	
羊毛	SFE		0.3%			0.1%				0.4%			0.0%	0.0%	
外来产品 橡胶	TOCOM		-0.7%			0.0%				0.0%			0.0%	0.0%	
红豆	TGE		-1.6%			0.0%				0.0%			0.0%	0.0%	
亚麻籽	WCE		0.0%			0.0%				0.0%			0.0%	0.0%	
生丝	YCE		0.0%			0.0%				0.0%			0.0%	0.0%	
年度超额业绩		8.6%	6.4%	1.4%	5.5%	5.5%	0.5%	11.4%	7.7%	10.6%	2.2%	4.1%	0.2%	2.0%	1.2%

GSCI	1983年2月至2006年3月
DJAIG	1991年1月至2006年12月
DBLCI	1988年12月至2006年12月
RICI	1998年7月至2006年12月

资料来源:根据商品研究局、彭博和路透的数据创建图表。

鉴于其他研究中发现了很好的业绩结果，我们根据最近月和次近月合约的现货溢价，检验在多大程度上这两种合约的标准化信号能够改进这些业绩结果。的确，对于 RICI 和 DI-AIG 指数，年度超额业绩由 5.5% 分别上升到 6.4% 和 8.5%。这清晰地表明，即使最近月和次近月合约之间的关系被季节性因素扭曲，当前月份合约还是显示出商品短缺。如果取消仅使用指数成分中的商品以及增减权重的上下限等约束条件，这一结果可能进一步增强。我们构建了一个单向交易期货合约的投资组合（译者注：单向交易期货合约的投资组合（outright portfolio），指不使用价差产品的投资组合），只有平均水平以上的商品才能根据各自的期限结构信号来赋予权重。初步研究结果显示，超额业绩是指数的 2 倍以上[32]。

合约期限和日历价差的选择

在选定了商品之后，资产配置的下一个步骤是识别出最佳的合约期限。正如上一节所示，远期曲线很少呈现出线性结构。即便是当近月合约与递延合约之间的直线表现为大幅期货溢价时，滚动收益率依然为正值。典型的例子是 2006 年春季的原油价格曲线（见图表 18.5）。前 12 个月内的期货合约的滚动收益率均为负值，但是曲线远端期限较长的合约比期限较短的期货合约更便宜。在期限结构不发生改变的条件下，卖出 10 个月期合约并买入 18 个月期合约可以带来大额的滚动收益。

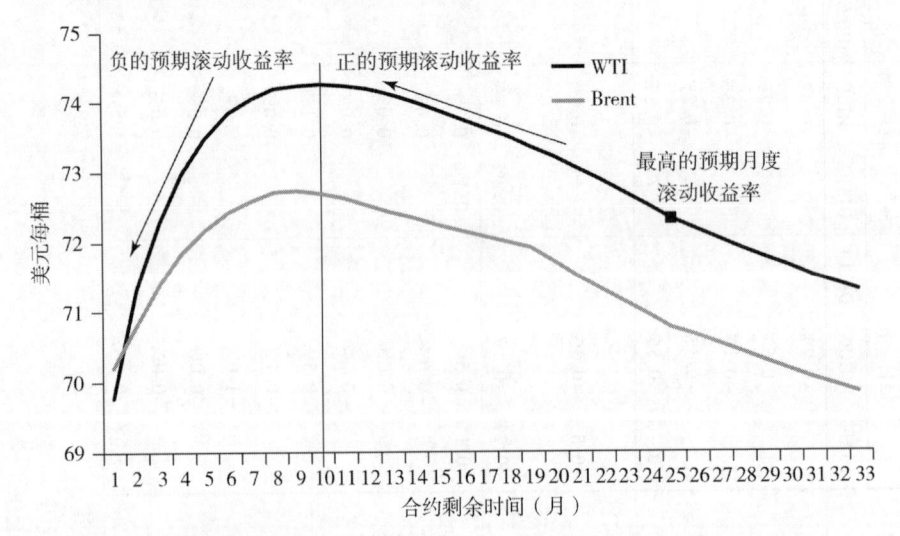

图表 18.5　纽约商业交易所（NYMEX）原油的远期价格结构（2006 年 5 月）
资料来源：根据路透社的数据创建图表。

此处关键的问题是，期限结构是否会保持不变，以及是什么因素驱动着远期曲线形状的变化？按照储存理论，便利收益反映了标的商品的稀缺程度和供货紧张状况。因此，显然可以假设存货水平的变化与便利收益的变化之间存在着联系[33]。由于缺少代表性和可靠

---

[32] 关于单向交易组合与指数组合之间业绩的比较，可参见 Mezger and Eibl, "Gewinne mit Rohstoffen, [Profits with commodity futures]", p. 23。

[33] 我们将**便利收益**定义为：近月合约与递延合约之间的价差百分比加上无风险收益率。

的数据,针对存货数据和远期曲线之间关系的实证研究寥寥无几。波什(Boesch)认为,在2003年以后,原油现货价格与美国原油存货量之间的关系消失了[34]。但最近月和次近月合约的价差之间反倒呈现出稳健的关系。因此他建议,将均值回归这一概念应用于期限结构的合约差价,而不是应用于现货价格。希尼(Heaney)分析了铜、铅和锌的伦敦金属交易所(LME)存货量与便利收益之间的关系,其中便利收益是3个月期的远期价格与现货价格之差并扣除利率,样本期为1964年11月到2003年12月[35]。他的统计分析支持便利收益的存在性,它是存货的非线性递减函数。

丁杰尔莱尔、霍哈尔和斯敏(Dincerler, Khokher and Simin)就便利收益理论模型做了一份很好的综述[36]。他们发现便利收益关于现货价格呈非线性递增,便利收益与现货价格的相关性是负的且与存货水平的关系十分密切。他们认为均值回归率是随时间变化的,并且在存货水平低时达到最高值。通过分析四种商品(原油、天然气、铜和黄金)按每周、每日和每季度调整的存货数据样本,他们发现,原油、天然气和铜的存货量与便利收益呈现出显著的负相关关系。费尔德曼和梯尔绘制了大豆的月均现货溢价和库存占使用比率的曲线图。他们发现二者存在"清晰可见的"负相关关系[37]。

在图表18.6中,我们分析三类不同商品(能源、基本金属和谷物)的存货水平与便利收益之间的相关性。从能源部和伦敦金属交易所发布的报告中可以获得周度数据。国际性的研究公司也会对某些金属的全球存货数据做出估算,并且按月更新。对于谷物市场,美国农业部(USDA)发布的月度报告中会估计不同销售年份(9月到次年8月)农产品的期末全球剩余存货数据。我们在回溯检验中使用的是下两个连续销售年度的平均数。能源和谷物的存货数据呈现出很强的季节性模式。我们对能源数据进行了调整,计算的是周度存货数据超出其5年平均值的部分。由于谷物数据一般指的是该销售年度的期末值,因此不需要进行季节性调整。对于其中的一些商品,我们考察的是运用库存占使用比率能否改进基于绝对存货数据的预测。

基本金属的存货和便利收益之间表现出最密切的关系,铅、铜、铝和锡的皮尔逊相关系数都远高于0.6。伦敦金属交易所基本金属的期限结构看上去与该交易所存货量的变化完全一致,因而并未反映出金属投资咨询公司所估算的月度全球存货量。石油存货量同样如此,美国的存货数据与便利收益之间的相关性,要高于经合组织(OECD)的广义存货指标与便利收益之间的相关性。对于原油、燃油尤其是天然气而言,调整存货量的季节性因素显然能提高相关性。在谷物产品中,只有玉米期限结构的定价是部分地由存货量变动所决定。库存占使用比率数据并不能改进燃油、玉米和小麦的结果。当存货量的临界值被突破时,基本金属的期限结构定价函数对存货数据明显是非线性的。这一抛物线形特点对于较小的存货数据更加明显。因此可以肯定储存理论的假设,也就是说,便利收益随着存货的增加而降低,且降低的速度是递减的。

---

[34] Rick Boesch, Is Mean Reversion Dead in the Crude Oil and Natural Gas Markets, 2006 Sungard Kiodex White Paper.

[35] Richard Heaney, Pricing LME Commodity Futures Contracts, Working Paper, RMIT University Australia, May 2004.

[36] Cantekin Dincerler, Zeigham Khokher, and Timothy Simin, "An Empirical Analysis of Commodity Convenience Yield," *Risk Management Abstracts* 6, no. 11 (2006).

[37] Feldmanand Till, Separatting the Wheat from the Chaff: Backwardation as the Long-term Driver of Commo-dity Futures Performance; Evidence from Soy, Corn and Wheat Futures from 1950 to 2004, p. 23.

图表18.6 存货量与一年期便利收益的相关性

商品	存货描述	数据来源	始于	频率	批注	斜率	线性函数 坐标轴截距	Pearsson (R^2)	抛物线形函数 Pearsson (R^2)
原油	美国商业性存货量	DOE/EIA	1984年	每周一次	按季度调整	$-2.5480E-06$	0.9184	0.291	0.351
	美国商业性存货量	DOE/EIA	1989年	每周一次		$-1.2977E+00$	1.3912	0.587	0.612
	OECD存货量	DOE/EIA	1984年	每月一次		$-2.9945E-04$	1.2631	0.139	0.158
燃油	美国商业性存货量	DOE/EIA	2001年	每周一次	按季度调整	$-3.5090E-03$	0.5220	0.197	0.351
	美国商业性存货量	DOE/EIA	1993年	每周一次	库存占使用比	$-5.0248E-06$	0.3531	0.302	0.399
	美国商业性存货量	DOE/EIA	1998年	每周一次		$-6.2999E-01$	0.6775	0.589	0.602
	美国商业性存货量	DOE/EIA	1993年	每周一次		$-1.6600E-02$	0.3683	0.289	0.291
天然气	美国商业性存货量		1993年	每周一次	按季度调整	$-6.9952E-05$	0.1955	0.084	0.086
	美国商业性存货量		1998年	每周一次		$-6.9952E-05$	-0.5864	0.417	0.422
铝	LME存货量	LMS	1997年	每周一次		$-6.4671E-01$	0.7002	0.645	0.632
	全球存货量	WBMS	1997年	每月一次		$-1.6834E-04$	-0.4881	0.319	0.328
铜	LME存货量	LME	1997年	每月一次		$-2.4278E-07$	0.1726	0.743	0.870
	全球存货量	ICSG	1997年	每月一次		$-2.0158E-04$	0.2854	0.715	0.840
	总存货量	WBMS	1997年	每月一次		$-7.7222E-08$	0.1094	0.481	0.528
镍	LME存货量	LME	1997年	每月一次		$-2.4793E-06$	0.1680	0.310	0.323
	全球存货量	WBMS	1997年	每月一次		$-1.7591E-06$	0.2890	0.194	0.234
铅	LME存货量	LME	1997年	每月一次		$-1.2478E-06$	0.1867	0.701	0.870
	全球存货量	WBMS	1998年	每月一次		$9.0140E-05$	0.0477	0.039	0.23
	总存货量	ILZSG	1995年	每月一次		$9.1002E-05$	0.2453	0.077	0.104
锌	LME存货量	LME	1997	每月一次		$-2.1261E-07$	0.1189	0.356	0.445
	总存货量	ILZSG	1995	每月一次		$2.0000E-04$	0.2453	0.448	0.5
锡	LME存货量	LME	1997	每周一次		$-3.4295E-06$	0.0903	0.597	0.647

第18章 商品投资中阿尔法的来源

续表

商品	存货描述	数据来源	始于	频率	批注	线性函数 斜率	线性函数 坐标轴截距	Pearsson（R^2）	抛物线形函数 Pearsson（R^2）
小麦	全球存货量估计	USDA	1995	每月一次	库存占使用比	$-2.2427E-03$	0.2730	0.120	0.328
玉米	全球存货量估计	USDA	1995	每月一次	库存占使用比	$-9.2590E-01$	0.1852	0.047	0.14
玉米	全球存货量估计	USDA	1995	每月一次		$-3.7686E-03$	0.3272	0.536	0.635
棉花	全球存货量估计	USDA	1995	每月一次		$-2.2600E+00$	0.3184	0.414	0.462
大豆	全球存货量估计	USDA	1995	每月一次		$-1.0207E-02$	0.3844	0.331	0.534
	全球存货量估计	USDA	1995	每月一次		$1.1400E-03$	0.0839	0.022	0.022

DOE/EIA	能源部/能源信息局
LME	伦敦金属交易所
USDA	美国农业部
WBMS	世界金属统计局
ICSG	国际铜研究小组
ILZSG	国际铅锌研究小组

资料来源：根据能源部/能源信息局、伦敦金属交易所、美国农业部、世界金属统计局、国际铜研究小组和国际铅锌研究小组的数据创建图表。

总之，我们的结论是能源和基本金属市场的存货变动与期限结构具有同步性。有意思的是，定价很可能是由本地区的数据所引导，而不是由全球性存货量的走势所引导。关键的问题在于，在多大程度上可以预测存货的变动，进而预测期限结构的变动呢？当本地数据和全球数据出现不匹配时，很有可能会产生阿尔法。比如 2007 年 1 月伦敦金属交易所的铜合约就是一个很好的例子（见图表 18.7）。交易所的铜库存数据显示在之前的 6 个月里大幅补进 85 000 公吨。相应的，期限结构变得平坦。一年期的便利收益率从 18% 下降到 6%。但是，伦敦金属交易所的存货增加很可能并非反映出精铜市场的供给过剩，而是将未公布的存货量公布出来。真正的阿尔法来自准确地估计期限结构的下述决定因素。

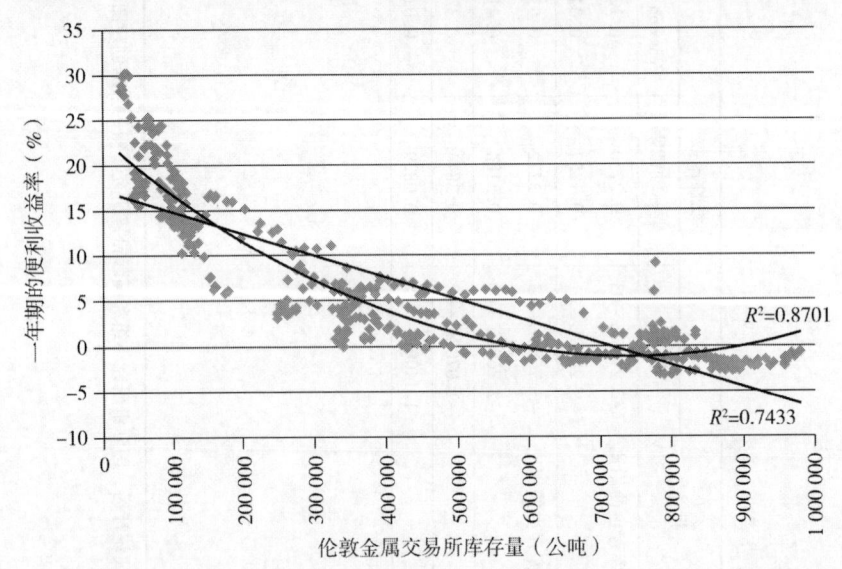

图表 18.7 伦敦金属交易所 1 年期便利收益与铜库存量的相关性（1997 年 7 月至 2006 年 12 月）
资料来源：根据 Datastream 和路透的数据创建图表。

- 不同到期日合约之间的预期滚动收益；
- 预期的季节性价格行为；
- 全球市场供需差额导致的预期存货变动；
- 即月到远月的均值回归。

商品周期和时机选择

商品价格变化的周期较长。班尼斯特和福沃德（Bannister and Forward）检测到 1870—2002 年的三个商品周期，其持续期从 16～22 年不等[38]。他们证实了能源、金属和农产品市场的走势是紧密相连的。两位作者认为，第四个商品周期始于 2002 年并将持续到 2015 年。班尼斯特和福沃德预计价格会上涨 130%，与前几次周期相比，本轮的涨幅较小（第一个周期为 219%，第二个周期为 1167%，第三个周期为 204%）。

---

[38] Barry B. Bannister, Paul Forward, The Inflation Cycle of 2002 to 2015, Legg Mason Equity Research Report, April 2002.

第 18 章 商品投资中阿尔法的来源

根据国家经济研究局（NBER）和商品研究局（CRB）的数据，我们通过构造一个等权重的商品现货价格指数，得到与上述研究相似的结论[39]。在图表 18.8 中可以明显看出，四个周期都是由一个整固阶段和一个价格上涨阶段所构成的。第一个周期持续的时间最长。它的整固阶段涵盖了金本位时期，这时的货币供应受到限制，因而能够避免商品和消费品价格的大幅攀升。商品牛市始于第一次世界大战前，此时货币秩序开始放松，并且在第一次世界大战后的商品短缺期间到达鼎盛时期。第二个牛市孕育于大萧条之后罗斯福新政的扩张性政策中。20 世纪 30 年代的经济危机是唯一一个价格下跌的整固时期。在 20 世纪 60 年代末期，货币制度再一次为 20 世纪 70 年代的商品牛市奠定了基础。这一次表现为美国的货币增长与美元对黄金及其他世界货币固定平价之间存在严重的错配现象。早在 1970 年，商品市场就开始预期布雷顿森林体系会在 1973 年崩溃。我们目前所处的牛市始于 2001 年 11 月，它是由战争威胁和世界经济关键区域的货币供给加快所导致的。

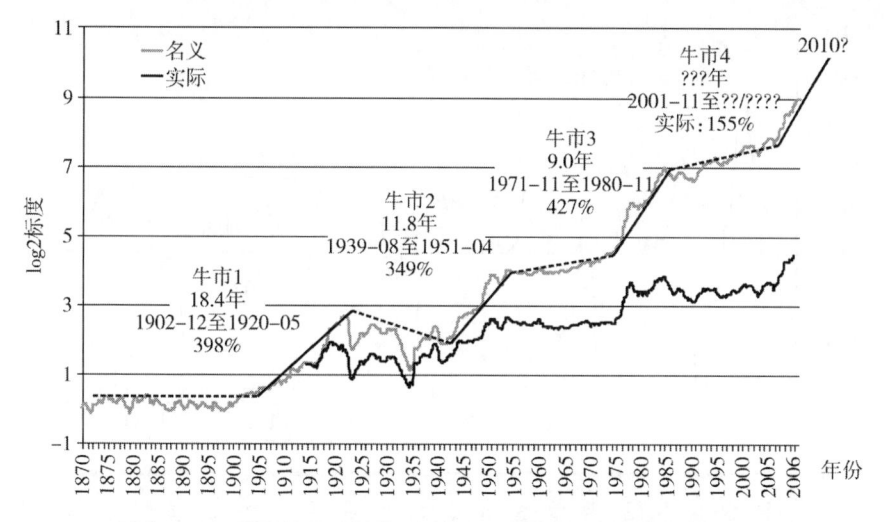

图表 18.8　商品现货价格的长周期（1870 年 1 月至 2006 年 10 月）

资料来源：根据商品研究局以及其他来源的数据创建图表（参见附录表 A18.2）。

从技术角度看，目前的牛市还将持续较长的时间。如果我们借鉴 20 世纪 70 年代的经验，2010 年可能是本轮商品价格上涨的终点；但是正如在 70 年代（1975—1976 年），商品的实际价格出现回落也是有可能的。因此，投资者在进行战略性投资时，还需要结合使用中期择时技巧。

在这种时间模式下，商品价格似乎受到经济周期的影响。戈登和鲁文赫斯研究了 1959—2004 年商品期货在 NBER 所定义的经济周期内的收益。不出所料，在经济活动繁荣、需求上升时，商品价格也上涨。扩张阶段的初期和末期收益率（6.67% 和 16.71%）远高于衰退阶段的初期和末期收益率（3.74% 和 -1.63%）[40]。凯特和欧门证实货币状况同样发挥重要的作用。其中的一些商品，包括能源和工业金属，在货币政策紧缩时表现得尤其出众[41]。由于大多数工业商品价格上涨是消费品价格上涨的重要推动因素，因此以上

---

[39] 指数的成分、价格的起始时间以及数据来源可以参见本章附录表 A18.2。
[40] Gorton and Rouwenhorst, "Facts and Fantasies about Commodity Futures."
[41] Kat and Oomen, "What Every Investor Should Know about Commodities, Paper I: Univariate Return Analysis."

观点符合商品价格在扩张阶段末期走强的现象，此时的货币政策常常需要转紧。

乌如吉特和鲍尔（Vrugt and Bauer）将经济周期和货币环境指标以及投资者情绪指标三者结合起来研究[42]。从 1992 年 8 月到 2003 年 12 月，他们的市场择时方法与具有类似标准差的被动型投资策略相比，在扣除交易成本之后获得了 2.9% 的年均超额收益，若不扣除交易成本，超额收益率则为 11.8%。在 1998 年商品市场大滑坡时，主动型投资策略表现得尤其突出。在我们的中期经济商品周期（midium-term economic commodity cycle）模型中，关注世界主要商品消费区域的工业活动先行指标，例如美国供给管理协会（ISM）的制造业采购经理人指数。我们将这些数据标准化并转化成非杠杆化的商品期货指数多空信号。我们研究的是，在 1970—1990 年期间，GSCI 指数的多/空信号，从 1991 年初开始将其替换为 DJAIG 指数[43]。图表 18.9 中模型显示出的收益率比货币市场高出 1.83%，虽然幅度不大但是比较稳定。

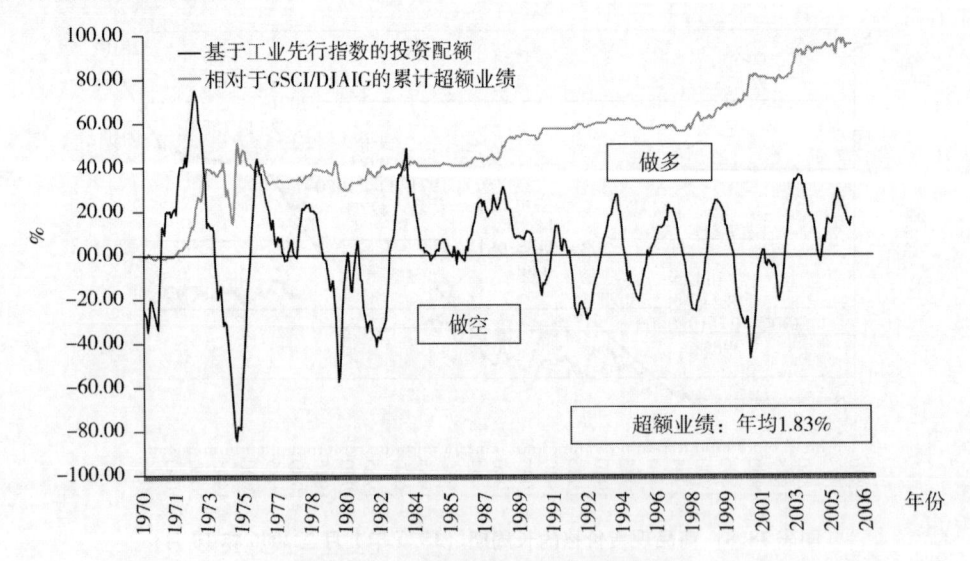

图表 18.9　经济周期与中期市场择时

资料来源：根据 Datastream 和彭博的数据创建图表。

模型的实际建议是适度买入，由于大多数的先行指标表现良好，这预示着至少在接下来的 6~9 个月内世界工业产出将实现强劲的增长。另一方面，在四年的经济繁荣之后，大多数商品的供给很难在短期内做出反应，而且其库存占使用比率也远低于历史平均水平。此外，近 18 个月以来美国和日本货币政策的趋紧，与扩张阶段末期商品高收益率的现象相吻合。上文已经说明，商品价格的期限结构可以看成是未来收益的优良预测指标。将这些指标应用于商品指数/投资组合的择时策略是理所当然的。梯尔和伊格利将被动型 GSCI 指数投资与另两种不同的投资策略进行了比较[44]。第一种只投资于 GSCI 指数，且此

---

[42]　Evert Vrugt, Rob Bauer, Roderick Molenaar, and Tom Steenkamp, "Dynamic Commodity Timing Strategies," Limburg Institute of Financial Economics Working Paper 04-012, July 2004.

[43]　在 1991—2006 年期间，DJAIG 指数的夏普比率要优于 GSCI 指数。

[44]　Hilary Till and Joseph Eagleeye, "Timing is Everything, Especially with a Commodity Index," *Futures Magazine*（August 2003）, pp. 46-48; and Hilary Till and Joseph Eagleeye, "Trading Scarcity," *Futures Magazine*（October 2000）, p. 50.

时的期货曲线处于现货溢价；第二种也是投资于 GSCI 指数，但此时处于期货溢价状态。1992—2000 年，现货溢价条件下的投资获得 39.1% 的收益率，而期货溢价条件下的投资却遭受 25.3% 的亏损。针对 2000—2003 年的研究也得出相似的结果。厄尔布和哈维为此补充了第四种方案：如果 GSCI 处于现货溢价就做多，期货溢价就做空[45]。从 1992 年 7 月直到 2004 年 5 月，多头/空头组合的收益率为 8.1%，远高于被动型指数投资（2.7%）和期货溢价条件下的投资（-5.0%），但是低于现货溢价条件下的投资（11.3%）。我们将所有可得的期限结构数据按等权重求周度平均值，下表列出了近月合约和整一年期递延合约的价格（见图表 18.10）[46]。模型的信号可以转化为 30%～175% 的净多头投资份额，回溯检验在 1970—1990 年针对的是 GSCI 指数，而在 1991—2006 年针对的是 DJAIG 指数。算出的结果为 2.1% 的年化超额收益率。与上面的结果相比，这个数字看上去不大，但是该超额收益的跟踪误差相对较小，并且能够很容易地进行杠杆化。在 20 世纪 80 年代初期和亚洲金融危机期间的剧烈抛售之前，期限结构都给出了明确的预警信号。

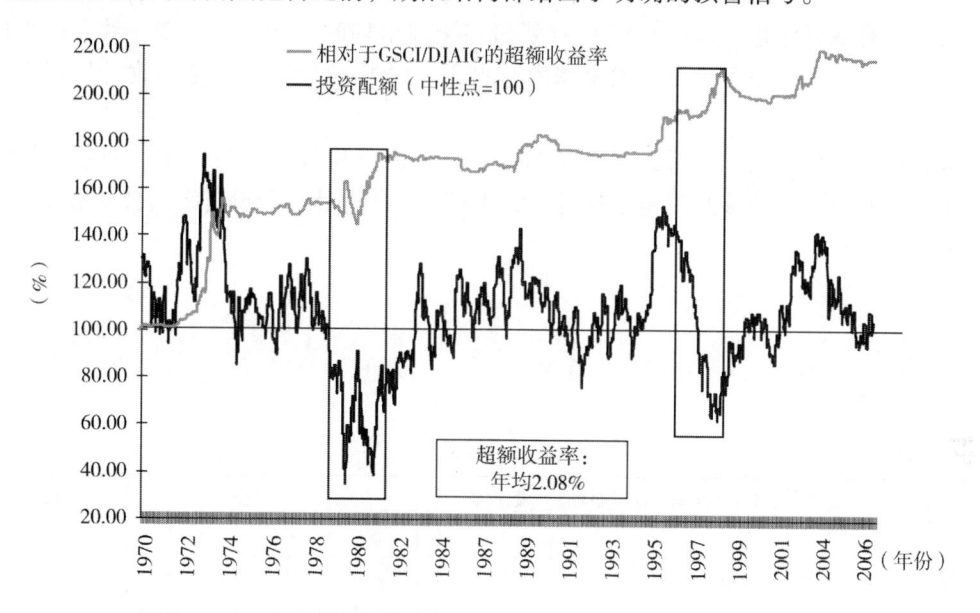

图表 18.10　平均期限结构择时指标（1970 年 1 月至 2006 年 12 月）

资料来源：根据商品研究局和彭博的数据创建图表。

2007 年初，市场状况比之前的三年都要严峻，因为能源合约的远期曲线从现货溢价转变为期货溢价；另一方面，谷物市场的大幅期货溢价在近两年里逐渐消失了。由于全球存货量的迅速减少，玉米和小麦的一年期递延合约再次陷入现货溢价状态。随着越来越多的资金流向商品市场，投资者很可能会抬高现货溢价型合约的价格。流入商品行业的资金在近几年间翻了三番，这表现为即月合约的定价相对缺乏吸引力，而即月合约是商业性商品指数的构成部分。目前看来，尚未出现投资者热情高涨和远期曲线进一步恶化的现象。因此做空商品市场还为时过早。

---

[45] Erb and Harvey, "The Strategic and Tactical Value of Commodity Futures."
[46] 参见本章关于商品选择模型的讨论。

结　论

近几十年来，在无风险利率的基础上，以商品指数为代表的分散型商品期货组合获取了大额的风险溢价。但表现抢眼的能源和基本金属行业与表现欠佳的农产品行业之间，也呈现出巨大的业绩差异。商品收益的主要推动因素可能是滚动收益。因此在很大程度上，如何运用上述阿尔法策略取决于远期曲线的具体结构，因为它反映了预期的滚动收益，而且是预测商品收益的主要指标。尽管存在季节性干扰因素，但相比于近月合约与远月合约之间的价差，近月合约与次近月合约之间的价差包含了更多关于未来价格走势的信息。

存货水平的变动可能是远期价格结构变化的主要影响因素，这与储存理论是相符的。存货水平与便利收益之间的关系，在伦敦金属交易所（LME）交易的基本金属上表现得尤为突出。有意思的是，虽然 LME 的存货量与全球市场的走势并不完全一致，但相比于国际性金属投资咨询公司所估计的全球库存水平，LME 的存货量与便利收益呈现出更高的相关性。

我们已经看到，在三个层面（商品选择、合约选择和时机选择）上，阿尔法策略相对于商品指数投资都能够实现超额收益。因此我们预期商品组合投资将由被动型逐渐趋向主动管理型。

附　录

图表 A18.1　　　　　　　　商品合约月份

合约	交易所	路透社标识	滚动日期[a]	数据始于	合约月份	批注
1. 能源						
Brent 原油	IPE	LCO	10	1989-0724	F,G,H,J,K,M,N,Q,U,V,X,Z	
WTI 原油	NYMEX	CL	10	1983-0330	F,G,H,J,K,M,N,Q,U,V,X,Z	
汽油	NYMEX	HU/RB	10	1984-1203	F,G,H,J,K,M,N,Q,U,V,X,Z	
天然气	NYMEX	NG	10	1990-0404	F,G,H,J,K,M,N,Q,U,V,X,Z	
瓦斯油	IPE	LGO	10	1986-0603	F,G,H,J,K,M,N,Q,U,V,X,Z	
燃油	NYMEX	HO	10	1978-1114	F,G,H,J,K,M,N,Q,U,V,X,Z	
2. 基本金属						
铝	LME	MAL	10	1980-0102	现货-,3M-,15M-远期	自1997年以来的所有月份
镍	LME	MNI	10	1979-0723	F,G,H,J,K,M,N,Q,U,V,X,Z	同上
优质铜	COMEX	HG	40	1959-0701	F,H,K,U,V,Z	
粗铜	LME	MCU	10	1991-0509	现货-,3M-,15M-远期	同上
铅	LME	MPB	10	1979-0102	现货-,3M-远期	同上
锌	LME	MZN	10	1988-1129	现货-,3M-,15M-远期	同上
锡	LME	MSN	10	1989-0629	现货-,3M-远期	同上

第18章 商品投资中阿尔法的来源

续表

合约	交易所	路透社标识	滚动日期[a]	数据始于	合约月份	批注
3. 贵金属						
黄金	COMEX	GC	40	1974-1231	G,J,M,Q,V,Z	
白银	COMEX	SI	40	1963-0612	F,H,K,N,U,Z	
钯	COMEX	PA	40	1977-0103	H,M,U,Z	
铂	COMEX	PL	40	1968-0304	F,J,N,V	
4. 畜类						
瘦肉猪	CME	LH	10	1966-0228	G,J,M,N,Q,V,Z	
架子牛	CME	FC	10	1971-1130	F*,H,J,K,Q,U,V,Z	*始于1978年
生牛	CME	LC	35	1964-1130	G,J,M,Q,V,Z	
猪腩	CME	PB	30	1961-0918	G,H,K,M,N,Q	
5. 谷物						
玉米	CBOT	C—	25	1959-0701	H,K,N,U,Z	
堪萨斯小麦	KCBOT	KW	25	1970-0105	H,K,N,U,Z	
小麦	CBOT	W—	25	1959-0701	H,K,N,U,Z	
大豆	CBOT	S—	25	1959-0701	F,H,K,N,Q,U,X	
豆油	CBOT	BO	25	1959-0701	F,H,K,N,Q,U,V,Z	
豆粕	CBOT	SM	25	1959-0701	F,H,K,N,U,V,Z	
燕麦	CBOT	O—	25	1959-0701	H,K,N,U,Z	
大米	CBOT	RR	35	1986-0820	F,H,K,N,U,X	
6. 软质商品						
橙汁	NYBOT	OJ	20	1967-0201	F,H,K,N,U,Z	
罗巴斯塔咖啡	LIFFE	LKD	40	1991-0301	F,H,K,N,U,X	
阿拉比卡咖啡	NYBOT	KC	40	1972-0816	H,K,N,U,Z	
糖	NYBOT	SB	10	1961-0103		
白糖	LIFFE	LSU	10	1990-0411	H,K,Q,V,Z	
可可	NYBOT	CC	40	1959-0701	H,K,N,U,Z	
棉花	NYBOT	CT	25	1959-0701	H,K,N,V,Z	
7. 外来产品						
木材	CME	LB	10	1969-1001	F,H,K,N,U,Z	
大麦	WCE	AB	25	1989-0524	G*,K*,Q**,X**,H,K,N,V,Z	**止于1996年
油菜籽	WCE	RS	25	1974-0903	F^2,H^2,K^3,M^3,N^2,U,X	^{2}始于1997年
羊毛	SFE	GW	15	1995-0418	G,J,M,Q,V,Z	^{3}止于1996年

[a] 滚动日期以最后交易日之前的天数计：

F	1月	J	4月	N	7月	V	10月
G	2月	K	5月	Q	8月	X	11月
H	3月	M	6月	U	9月	Z	12月

图表 A18.2　　现货价格指数的数据来源（1870—2006 年）

商品	始于	频率	数据来源
1. 农产品			
小麦，冬季，芝加哥	1841	月	1841—1870 年：报纸，1871—1922 年：COBT，1922—2006 年：CRB
咖啡，里约#7，纽约	1890	月	1890—1940 年：BLS 记录，1940—2006 年：CRB
玉米，2 号，芝加哥	1860	月	1860—1951 年：华莱士，勃力斯曼，1951—2006 年：CRB
燕麦，2 号，芝加哥	1890	月	1890—1952 年：BLS 公告，1952—2006 年：CRB
豆油，纽约	1911	月	CRB
棉花，纽约	1870	月	1890—1928 年：USDA，1929—1945 年：BLS，1945—2006 年：CRB
木材	1959	月	CRB
大米	1914	月	CRB
豆粕	1929	月	CRB
大豆	1890	月	CRB
糖，颗粒状，纽约	1890	月	1890—1945 年：BLS 公告，1945—2006 年：CRB
2. 畜类			
牛，等级 4-A1，芝加哥	1858	月	1858—1900 年：CBOT 记录，1900—1940 年：USDA，1940—2006 年：CRB
猪，等级 H.P.，芝加哥	1858	月	1858—1859 年：USDA，1860—1920 年：华莱士，1920—1940 年：COBT，1940—2006 年：CRB
猪腩	1914	月	CRB
3. 金属			
铝，98%~99%，纽约	1913	月	1913—1933 年：BLS 记录，1934—2006 年：CRB
铜，电解，纽约	1860	月	1860—1891 年："矿业"，1892—1955 年："矿业杂志"，1956—2006 年：CRB
锡，纽约	1889	月	1889—1955 年：钢铁时代，1955—2006 年：CRB
铅	1860	月	1860—1891 年："矿业"，1892—1955 年："矿业杂志"，1956—2006 年：CRB
钢铁	1929	月	CRB
锌，纽约	1910	月	"矿业"，"工程与矿业杂志"，1955—2006 年：CRB
黄金	1941	月	CRB
白银	1910	月	CRB
铂	1910	月	CRB
4. 能源			
天然气	1976	月	CRB
原油，油田中	1890	月	1890—1955 年：BLS 公告，1955—2006 年：CRB
汽油	1976	月	CRB
燃油	1966	月	CRB

第19章
商品组合的有效边界

朱莉安·普勒尔斯（Juliane Proelss）
研究助理
国际大学欧洲商学院

丹尼斯·施韦策尔（Denis Schweizer）
研究助理
国际大学欧洲商学院

  自从著名的马科维茨组合理论问世以来，我们认识到分散化能增加组合的期望收益，同时也能降低波动率[1]。但如果投资者没有仔细地考察其在组合中的性质，就不应该盲目地往自己的组合里添加分散因子[2]；否则，分散因子非但不能改进组合的风险收益特征，甚至可能使其下降。这就提出了一个问题：商品是否真的能够改善（由不同种资产构成的）组合的收益。

  在进一步探讨这个问题之前，先定义哪些资产可归类于商品。通常情况下，组合中可以包含两种商品：（1）硬质商品，不易腐坏的实物资产如能源（例如石油），工业金属（例如铝），贵金属（例如黄金）和木材；（2）软质商品，易腐坏且能用于消费的实物资产，如农产品（例如小麦）和畜类（例如生牛）[3]。商品用作金融投资，为潜在的资产领域开辟了一片新的天地。但又是什么使得一种新的资产或资产类别成为好的投资项目和"真正的"组合分散因子呢？

---

  [1] Harry M. Markowitz, "Portfolio Selection," *Journal of Finance* 7, no. 1 (1952), pp. 77–91.
  [2] 我们定义分散因子为某种资产，添加到现有的组合后能降低风险并/或提高收益。然而，并非所有的资产都是"好的"投资或"真正的"分散因子。许多资产不满足带来更高收益或/降低组合风险的条件。
  [3] Thomas M. Idzorek, "Strategic Asset Allocation and Commodities," PIMCO, 2006.

寻找什么样的商品

投资者应该仔细考虑资产的某些特性，比如风险溢价、收益的分布（更确切地说，二阶矩到四阶矩）、与组合中其他资产的相关性、该分散因子与通货膨胀的相关性，最后还要考虑流动性，也就是某项资产或某类资产的可兑换性[④]。比如如果某项资产带来高额的风险溢价，它可被看作是好的"单项"投资。至于收益的概率分布，二阶矩越大，收益的分布范围越广泛；三阶矩越大，获得极端收益的概率越小；而四阶矩越大，获得极端收益的概率越大。

相关性描述的是某项资产在投资组合中的表现。如果资产之间的相关性很小或者为负，投资组合的风险收益特征可能得以改善。此外如果某项资产与通货膨胀的相关性较高，它在通胀时期的表现也会较好。最后，资产的流动性越高，投资者就能够更快地出售这项资产。

下面我们来评价商品的这些特征。

风险溢价

股票存在风险溢价是显而易见的，但对于商品则不是那么明显。商品是否存在风险溢价的问题可以追溯至 20 世纪 30 年代，而且现今的研究文献依然对此展开广泛讨论。厄尔布和哈维（Erb and Harvey）的研究是最常被引用的当代文献之一，他们研究了商品的战略及战术价值。[⑤] 他们依据历史数据，发现商品组合的基本组成部分——单个商品期货的几何平均收益几乎为零。这意味在长期内，多数商品并不显示趋势性特征，而是服从均值回归过程[⑥]。鉴于存在有力的证据表明商品组合在长期内显示出类似股票的收益，那么投资组合肯定存在其他的收益来源，使其不同于单个商品的收益[⑦]。

厄尔布和哈维在分析了多种可能性之后得出结论，分散化是组合收益的唯一可靠来源。他们注意到，包含商品期货的投资组合可能会获得类似股权的收益——在长期内表现出正的滚动收益或现货收益。但是两位作者也认为，以往正的滚动或现货收益不一定对应着将来也会有类似的收益。

其他的研究者比如凯特和欧门（Kat and Oomen）[⑧]认为，除了能源之外，在其他商品

[④] Harry M. Kat, "How to Evaluate a New Diversifier with 10 Simple Questions," *Journal of Wealth Management* 9, no. 4 (2007), pp. 29 – 36.

[⑤] Claude B. Erb and Campbell R. Harvey, "The Strategic and Tactical Value of Commodity Futures," *Financial Analysts Journal* 62, no. 2 (2006), pp. 69 – 97.

[⑥] 问题归结为投资者是否相信经济周期理论（许多杰出的经济学家相信）。如果相信的话，就可从商品价格变动中找到趋势存在性的证据（比如，2002 年以来能源价格的上升趋势）(See Hélyette Geman, "Stochastic Modeling of Commodity Price Processes," Chapter 3 in *Commodities and Commodity Derivatives* (Chichester: JohnWiley&Sons, 2005))。

[⑦] Zvi Bodie and Victor I. Rosansky, "Risk and Returns in Commodity Future," *Financial Analysts Journal* 36, no. 3 (1980), pp. 27 – 39.

[⑧] Harry M. Kat and Roel C. A. Oomen, "What Every Investor Should Know About Commodities, Part Ⅰ: Univariate Return Analysis," *Journal of Investment Management* 7, no. 1 (2007), pp. 1 – 25.

中没有证据表明存在一致的风险溢价⑨。他们指出,应当谨慎对待所得的结论,因为可能存在反常的收益分布。他们认为由于来自金砖四国(巴西、俄罗斯、印度和中国)的商品需求上升,商品价格有可能存在泡沫。

但其他研究过商品的名家则不赞同以上观点。戈登和鲁文赫斯(Gorton and Rouwenhorst)发现,定期调整的等权重商品组合的收益均值,不仅统计特征显著而且与股票收益相当⑩。他们用商品风险溢价来解释这种现象,商品风险溢价遵循的是凯恩斯的现货溢价理论⑪。戈登和鲁文赫斯相信,由于进行对冲的人为了规避价格风险而愿意支付一笔溢价,因此商品存在风险溢价。

其他的研究者比如格里尔(Gree)⑫,相信存在自然收益率,即如果投资于完全抵押的商品指数,其内在收益会带来**商品战略溢价**。

综合以上观点,商品风险溢价的存在性依然是个有争议的命题。尽管如此,我们的结论是构造商品组合对投资者具有意义,原因很简单:即使单个商品不存在风险溢价,充分分散化的商品组合仍能够提供可靠的收益。接下来,我们关注商品的其他特征,目的是评价它们在组合中的战略价值。

高阶矩问题

与风险溢价的讨论不同,关于商品高阶矩的研究结论是一致的。除已经提及的研究者之外,格曼(Geman)⑬、梯尔和伊格利(Till and Eayleeye)⑭等人也对高阶矩的特征得出了相同的结论。他们使用的都是从法玛和弗伦奇(Fama and Frencl)⑮或博迪和罗桑斯基(Bodie and Rosansky)⑯等人研究中发掘的历史证据。下面几节的内容基于他们的研究成果。

方差或二阶中心矩

方差是组合理论中应用最广泛的一个风险测度指标。它的计算公式如下:$\sigma^2 = \sum_{i=1}^{n}(r_i - \bar{r})^2/n$。与人们的感觉不同,商品收益的标准差与美国大型公司股票收益的标准差并无明显差别。

---

⑨ 能源被看做是商品的子部分,它通常包括天然气、原油、无铅汽油和燃油。

⑩ Gary Gorton and Geert K. Rouwenhorst, "Facts and Fantasies about Commodity Futures," *Financial Analysts Journal* 62, no. 2 (2006), pp. 47–68.

⑪ "现货价格必须高于远期价格,差额为生产者为对冲风险而舍弃的收益。在正常情况下,现货价格高于远期价格,也就是说存在现货溢价"(John M. Kgynes, *The Applied Theory of Money* (London: Macmillan, 1930))。

⑫ Robert Greer, "Commodities—Commodity Indexes for Real Return and Diversification," in *The Handbook of Inflation Hedging Investments*, edited by Robert Greer (NewYork: McGraw-Hill, 2005).

⑬ Geman, "Stochastic Modeling of Commodity Price Processes."

⑭ Hilary Till and Joseph Eagleeye, "Commodities: Active Strategies for Enhanced Return," *Journal of Wealth Management*, 8, no. 2 (2005), pp. 42–61.

⑮ Eugene F. Fama and Kenneth R. French, "Commodity Futures Prices: Some Evidence on Forecast Power, Premiums, and the Theory of Storage," *Journal of Business* 59, no. 4 (1987), pp. 55–73.

⑯ Bodie and Rosansky, "Risk and Returns in Commodity Futures."

与均值和方差相联系的两个测度指标是偏度和峰度，它们包含了关于**概率密度函数**（PDF）形状的更多信息，因此，关于资产或组合收益分布的风险收益特征，它们能提供额外的信息。如果某个收益分布的偏度和峰度确实与正态分布有很大差别，那么方差作为风险的测度指标就没有准确地抓住相关收益分布函数的风险特征。为清楚某项非正态分布所涉及的风险，我们将仔细地研究怎样计算和理解所谓的"高阶矩"，也就是偏度和峰度。

偏度或三阶中心矩 偏度描述的是概率分布的不对称性。如果分布在右边（左边）含有更长的尾巴，那么它就称为正（负的）偏的（见图表19.1）。对称概率分布的偏度等于零。偏度S计算如下

$$偏度（S）= \left[\frac{1}{n}\sum_{i=1}^{n}(r_i - \bar{r})^3\right]/\sigma^3$$

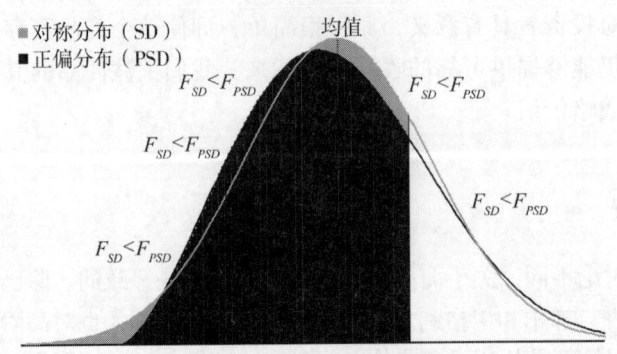

图表 19.1 对称分布和有偏分布

资料来源：作者。

基于25～40年的研究分析，商品月度收益率的三阶矩有如下结论：多数商品的收益分布是正偏的。正态分布的中位数等于众数且等于收益的均值，而正偏分布的均值大于众数，也大于中位数。

图表19.1将对称的收益分布与正偏分布进行了比较，两者的均值和标准差相同。我们注意到对称分布与正偏分布相比，在左边尾巴处呈现出更多的收益。如果对称分布 F_{SD} 的分布函数值等于正偏分布函数 F_{PSD}（图表19.1中黑色的竖线）的值，那么两种分布在竖线左端的收益一样多。这意味着在两条线之间，正偏分布的收益更多。

此外，正偏分布在均值以下的收益更多。这说明投资者整体上获取了更低的平均收益，同时避免了极端的损失。作为补偿，正偏度的收益分布与对称分布相比，获取较高收益的概率也更大。风险规避的投资者通常偏好正偏的收益分布，从而避免极端的损失。[17]

峰度或四阶中心矩 峰度描述的是某个概率分布与正态分布相比，是过尖还是过扁，正态分布的峰度为3。如果某个概率分布比正态分布更尖（扁），从而在尾部集中更多（少）的收益分布，那么这个概率分布就被称为尖峰（扁峰）。峰度K的计算如下：

$$(K) = \left[\frac{1}{n}\sum_{i=1}^{n}(r_i - \bar{r})^4\right]/\sigma^4$$

---

[17] Fred D. Arditti, "Risk and the Required Return on Equity," *Journal of Finance* 22, no. 1 (1967), pp. 19–36.

金融理论常提到超额峰态系数。超额峰态系数是指某个概率分布与正态分布的峰度差额。超额峰态系数等于峰度减去 3。

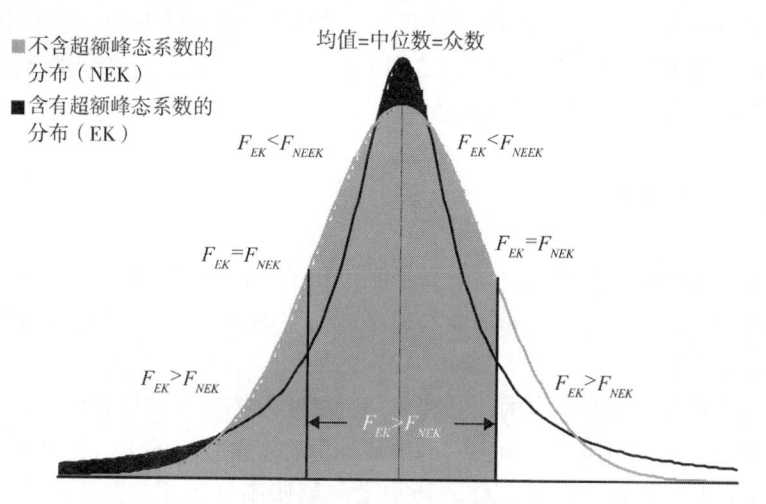

图表 19.2　含有超额峰态系数与不含超额峰态系数的分布

资料来源：作者。

与股票不同，商品收益常常显示出大于 3 的峰度，即超额峰态系数为正，图表 19.2 显示两个均值相同的对称分布，一个有超额峰态系数，另一个则没有。在一般情况下，具有超额峰态系数的收益分布会更频繁地出现极端收益。所以，当我们分析 F_{EK} 和 F_{NEK}（左边的竖线）相等点以下的分布时，具有超额峰态系数的分布的损失均值会更高。与不具有超额峰态系数的分布相比，这些分布通常显示出更高的或更尖的峰顶。因而大部分的收益集中在均值附近。

风险规避型投资者试图避免极端损失，他们可能会投资于收益分布不含超额峰态系数的资产。然而这种"保险"（译者注：保守的投资策略）的代价是在均值附近——不管均值是正还是负，收益的波动率都比较大。

相关性问题

由于商品的异质性，我们需要区分不同商品之间的相关性，以及商品与其他的资产类（比如股票和债券）之间的相关性。

商品之间的相关性　没有什么关联的商品之间，比如大豆和石油之间，相关性很低甚至为负值；相关系数可能会在 -0.3 ~ 0.3 之间变化[18]。现实中，紧密联系的商品比如燃油、原油和汽油，或者小麦与大豆，常常被归并到商品组或商品分类指数中。

非关联的商品组之间，比如"能源"和"软质"商品，或者"能源"与"谷物"，通常也显示出低度或者负的相关性。紧密联系的商品比如白银和黄金，或者商品组如"能源"和"石油"，常常表现高度的相关性，在 0.5 ~ 0.95 之间[19]。通常情况下，随着相关性下降，分散化的效果会上升，使得非关联的商品互为优良的分散因子。

---

[18][19]　Dow Jones Indexes, *Dow Jones AIG Commodity Indexes: Performance Summary* (2006).

商品和其他资产类之间的相关性　　商品指数（比如高盛商品指数 GSCI，道琼斯-AIG 商品指数，德意志银行商品指数）与股票、债券以及房地产投资信托基金（REIT）之间的相关性很小或者为负[20]。商品与其他另类投资（比如对冲基金、私募股权和房地产）之间的相关性则更为特殊。资产类之间的异质性使评估它们之间的相关性变得更加复杂，也正因此，人们没有对其进行任何研究。

商品和通货膨胀

一般说来，股票和债券的收益与通货膨胀负相关，使它们不适宜抵御通胀。但商品表现出相反的作用。它们与通胀、非预期的通胀或通胀率正相关[21]。这使商品在高通胀时期成为一项优质的投资。

但是应当注意到，并非所有的商品都对通货膨胀发挥充分的抵御作用。小麦和白银没有与通胀表现出高度相关性，因为它们的价格不随着物价水平的上升而上涨。能源或畜类则是较好的选择。但投资者应该记住，历史上与通胀高度正相关并不能保证将来也是正相关[22]。

尽管这样，从历史数据看来，商品在高通胀时期仍是好的投资选择，尤其比债券好；并且在低通胀时期，商品至少也能带来与债券相当的收益[23]。

市场怎么说

虽然商品有优良的特性，诸多因素使它们仍然很少用于组合的分散化。机构投资者如养老基金，几乎不存在监管方面的障碍，但它对商品投资也有很多顾虑。下面我们总结最主要的原因。

不熟悉这种资产类别以及不了解怎样更好地获取商品敞口，无疑是最重要的原因[24]。许多大型投资者，如养老基金、高净值的人士、保险公司和信托机构，缺乏接触商品基金或指数追踪基金的经验。这种资产类别处于起步阶段，因而时间序列资料还比较短，商品基金尤其如此。实际上，商品指数常常是往回填充数据的。

此外，机构投资者通常避免交割实货商品，所以它们可能被禁止投资于此类资产。最后，商品投资通常没有红利，而红利对于非盈利组织和信托非常重要。

但 2003 年以来，商品市场表现出明显的上升势头，投资于商品指数的金额显著增加即可以说明这一点。例如投资于 GSCI 商品指数的资金，2002 年至今翻了 3 倍，达到 600

---

[20] Thomas E. Toth, "Commodity Index Comparison," White Paper, 2005.

[21] Zvi Bodie, "Commodity Futures as a Hedge Against Inflation," *Journal of Portfolio Management* 9, no. 3 (1983), pp. 12–17.

[22] Erb and Harvey, "The Strategic and Tactical Value of Commodity Futures."

[23] Kenneth A. Froot, "Hedging Portfolios with Real Assets," *Journal of Portfolio Management* 21, no. 4 (1995), pp. 60–77.

[24] See Mark J. P. Anson, Chapter 14, Commodity Futures in a Portfolio Context, in *Handbook of Alternative Assets* (Hoboken, NJ: John Wiley & Sons, Inc., 2006).

亿美元。根据高盛公司 2006 年一份报告的估计，当前约有 900 亿美元投资于商品指数，这几乎是 2002 年投资金额的 7 倍。

商品行业，比如能源行业的价格长期上涨，起了很大的推动作用，但亚洲、印度和中国对全球商品需求的增加也是原因之一。其他引起商品投资增加的因素，包括产能投资下降以及通胀方面的考虑。

商品作为投资工具和潜在的组合分散因子

综合前文所表述的各种观点，我们没有找到商品组合中存在风险溢价的有力证据。但是，有效的且足够分散化的商品组合是可靠的收益来源。对于风险规避型的投资者而言，商品收益分布的三阶矩是有利的，因为大多数商品的收益是正偏的。商品的四阶矩，通常大于 3，对风险规避型的投资者则不那么有利。

相比之下，商品之间或商品与股票、债券以及 REIT 之间较低的相关性，意味着商品是优良的组合分散因子。之前已提到，在高通胀时期商品表现突出，并且在低通胀时期也能带来与债券相当的收益。在经济受不利因素冲击时，商品也可能表现良好，而在此期间股票和债券收益可能大幅下降[25]。

除了现有的商品投资途径之外，潜在的商品投资工具的数量也稳定增长，比如购买商品实货、商品期货或期权及相关的股票。商品类基金、商品指数和指数基金以及商品挂钩票据，都增强了市场的流动性。

考虑到上述观点，我们认为商品是经济体的一个基本组成部分，一个独特的资产类别。我们相信"一篮子"商品是合理的组合分散因子，是对战略性资产配置的改进，使得到达更优的有效边界成为可能[26]。

商品敞口

由于投资者对商品的接受度增加了，而且投资于商品的金额增加了，因此投资者日益关注商品投资工具，例如商品指数或指数基金。我们知道并非每个商品都是无差别的优质投资，所以构建一个有效的商品配置作为"真正的"分散因子将会很有用处。在本章中，我们分析怎样获得商品组合的有效边界，还要研究哪些商品在有效组合中起重要作用，以及风险从何而来。

然而要回答这些问题，首先必须解决的问题是：不同的商品怎样最优地获得敞口。之前已提到，直接的商品投资几乎是不现实的。投资者可以通过商品类股票来获得商

---

[25] Franklin R. Edwards and Mustafa O. Caglayan, "Hedge Fund and Commodity Fund Investment Styles in Bull and Bear Markets," *Journal of Portfolio Management* 27, no. 4 (2001), pp. 97–108.

[26] Geman, Chapter 14, Commodities as a New Asset Class, in *Commodities and Commodity Derivatives*: *Modeling and Pricing for Agriculturals*, *Metals and Energy*; Theo E. Nijman and Laurens P. Swinkels, Strategic and Tactical Allocation to Commodities for Retirement, Working Paper, 2003; and Robert Gordon, "Commodities in an Asset Allocation Context," *Journal of Taxation of Investment* 23, no. 2 (2006), pp. 101–189.

品敞口，也可以选择商品期货，或者是基于商品现货或期货的商品指数。在这些途径中，要想获得意愿的商品敞口和收益特征，且不涉及实际交割的问题，商品指数是一个简便的方法。

现货收益、超额收益和总收益指数

指数供应商提供三种基本的商品指数：现货收益指数、超额收益指数和总收益指数。现货收益指数追踪的是近月期货合约的价格（而不是收益，这一点与其他商品指数不同）。超额收益指数衡量的是，滚动即将到期的合约至相应的下一期合约所获得的收益。总收益指数衡量的是全额抵押型商品期货投资的收益，涉及定期地滚动合约以避免实际交割。在这种情况下，3个月期的国库券为期货投资增加了利息收益的部分。

由于不同的追踪方法，上述指数不具备直接的可比性。理论上可以把国库券收益加到超额收益指数上，但结果可能会有区别，原因有两点：（1）抵押收益再投资于商品期货的效应被忽略了；（2）商品期货的盈利（或亏损）不能被再投资于国库券。

虽然超额收益指数与杠杆化的期货投资相类似，但总收益指数与直接的商品实货投资却存在显著的区别。由于抵押物存在利息收益，即使商品价格下跌，总收益指数也可能获得正的收益[27]。为了尽可能清晰地展示商品的特征，我们将关注超额收益指数所包含的商品敞口。

商品指数供应商和商品指数特征

选定指数后还需要选择指数供应商。目前有五大商品指数，分别由不同的供应商提供：商品研究局指数（CRB）、高盛商品指数（GSCI）、道琼斯－美国国际集团商品指数（DJ－AIGCI）、标准普尔商品指数（SPCI）和德意志银行商品指数（DBLCI）[28]。初步看，投资者似乎拥有广泛的选择来满足需要。但怎样在这些不同的指数之间选取？商品指数通常显示不同的风险收益特征。这就导致这些指数的月度收益相关性处于0.65（CRB和GSCI）至0.96（DBLCI和GSCI）之间[29]。

如果考虑进行混合商品指数的投资，以上结论则强调选择正确指数和指数供应商的重要性[30]。投资者尤其会面临以下困难：了解相关指数风险收益特征，以及如何确定该指数是否有效且与投资目的相符。在下文的分析中，试图缩小这个差距。我们所估计的有效商品组合是基于上述指数的各种成分商品，这样才能直接投资于风险收益特征最理想的有效组合。

---

[27] Idzorek, Strategic Asset Allocation and Commodities.

[28] See Geman, Chapter 14, Commodities as a New Asset Class, in *Commodities and Commodity Derivatives: Modeling and Pricing for Agriculturals, Metals and Energy*.

[29] Thomas E. Toth, "CommodityIndexComparison," WhitePaper, 2005.

[30] 关于商品风险溢价，采用不同的数据可能会得出互相矛盾的结论。比如厄尔布和哈维使用的商品数据不对任何单个商品带有偏差，而戈登和鲁文赫斯则使用按能源加权的数据。

有效边界包含的数据

在分析中,选择正确的指数对于避免偏差至关重要。优质指数具有的特点是,一方面它准确地反映相关部门的变化,另一方面它应当为大众和金融投资者所接受。道琼斯-美国国际集团及其商品指数就满足这两条标准㉛。下面的分析采用道琼斯指数分类中的 20 个商品指数。指数中的商品差别很大,因而很好地代表了所有的投资工具。

单个商品的收益特征

为了介绍收益特征的概况,也为了便于后文对计算结果的理解,我们将计算前四阶矩,求出最小和最大的月度收益、不同商品收益的最大跌幅,最后还检验正态分布的收益。我们使用的收益数据是从 1991 年 2 月至 2006 年 11 月期间的超额价格指数推导出来的。在解读单个商品指数的收益特征之前,先仔细地考察最大跌幅这个重要的风险测度。

最大跌幅 之前已介绍了前四阶矩的重要性以及如何理解它们。为了更好地理解每个投资者考虑商品投资时所面临的风险,我们为每种指数求出最小跌幅和**最大跌幅**(MaxDD)。最大跌幅(MaxDD)特别有用,因为它衡量出样本期间最大的绝对损失。

图表 19.3 展示了怎样计算 MaxDD。以近期的价格峰值(用左上边的点标注)和历史最低价格(用低竖线和中间的低点标注)来衡量,除非有新的价格超越了原来的峰值(用上面的竖线和右上点标注)。

$$\text{MaxDD} = \left[\text{Min}\left(\frac{\text{Price}_{t+1}}{\text{Price}_t}\right) - 1\right] \times 100$$

Price_t 等于 $t=1, \cdots, n$ 时的价格峰值,1 指的是研究期的起始时间,n 则是结束时间。Price_{t+1} 小于或等于 Price_t;只要 Price_{t+1} 大于原来的价格峰值,它就成为新的价格峰值。

从数据资料来看,我们发现有 5 种商品的月度平均收益为较大的负值,主要是农产品或者畜类。在所分析的商品中,大约有一半商品的月度平均收益超过 0.30%,主要是金属或化石燃料。但是,某种商品的月度平均收益较高,并不能保证其最大的月度收益会超过每种商品最大月度收益的平均值。比如咖啡的月度平均收益较低,但它的最大月度收益很高。

月度平均收益较高,也不能排除出现较低的最小月度收益或者较高最大跌幅的可能性。在月度平均收益超过 0.50% 的商品中,一半以上的最大跌幅超过了 -80%。除了棉花以外,平均收益为负的商品的最大跌幅都没有超过 -60%。

㉛ 道琼斯-美国国际集团的目标,是为机构投资者提供连续的、流动的、足够分散化的商品基准。指数创立于 1998 年,指数的基点回填至 1991 年 1 月,数据涵盖的每种商品约有 190 个月度收益。商品指数追踪假设的商品期货多头投资。除了在伦敦金属交易所交易的某些金属(铝、铅、锡、镍和锌),其余的期货合约交易都在美国交易所进行(See DJ-AIGCI, *the Dow Jones-AIG Commodity Index Handbook* (2006))。

图表 19.3 最大价格跌幅（MaxDD）

资料来源：根据道琼斯的数据创建图表。

正态或非正态分布的月度收益 与文献资料相一致，我们发现 20 个商品指数的月度收益分布中只有 2 个不是正偏的（见图表 19.4）[32]。此外 20 个指数中有 12 个指数的超额峰态系数超过了 3.80。将这 2 个指标结合起来，可以很好地反映出大多数月度商品指数的收益分布不是正态的。在这里我们要提到咖啡和黄金，它们具有极高的正偏度和超额峰态系数。

图表 19.4　矩统计量，最大和最小收益，根据月度超额收益计算的 JB 统计量
（1991 年 2 月至 2006 年 11 月）

	均值(%)	最大收益(%)	最小收益(%)	最大跌幅(%)	标准差(%)	偏度	峰度	JB 统计量
DJ AIG – 铝指数	0.00	13.51	12.03	61.9	4.80	0.16	2.87	1.02
DJ AIG – 可可指数	-0.51	28.46	-19.90	59.2	7.69	0.69	4.30	25.70[a]
DJ AIG – 咖啡指数	0.06	67.27	-16.55	-87.7	12.01	1.74	9.56	402.77[a]
DJ AIG – 铜指数	0.93	25.93	-16.55	86.7	6.44	0.54	4.03	15.80[a]
DJ AIG – 玉米指数	-0.66	25.60	-18.26	-55.5	6.15	0.45	4.75	27.26[a]
DJ AIG – 棉花指数	-0.59	19.38	-14.98	89.2	6.40	0.41	3.05	5.19
DJ AIG – 原油指数	1.25	27.79	-25.22	-87.6	8.76	-0.05	3.01	0.10
DJ AIG – 黄金指数	0.04	20.13	-12.60	-66.0	3.89	1.10	6.96	148.50[a]
DJ AIG – 燃油指数	0.87	28.17	-18.51	-72.0	8.55	0.27	3.06	2.29

[32] Gorton and Rouwenhorst, "Facts and Fantasies about Commodity Futures."

续表

	均值(%)	最大收益(%)	最小收益(%)	最大跌幅(%)	标准差(%)	偏度	峰度	JB 统计量
DJ AIG – 瘦肉猪指数	-0.39	36.26	-24.33	-51.5	7.10	0.25	6.78	103.18[a]
DJ AIG – 生牛指数	0.07	9.98	-12.10	-79.6	3.49	-0.24	3.64	4.20
DJ AIG – 天然气指数	0.34	44.34	-33.01	-55.4	13.72	0.42	3.30	5.69
DJ AIG – 镍指数	0.99	30.93	-22.67	-84.2	8.47	0.55	3.98	15.57[a]
DJ AIG – 白银指数	0.48	21.08	-16.99	-47.5	6.53	0.30	3.88	7.61[b]
DJ AIG – 豆油指数	-0.08	17.23	-18.85	-61.2	5.86	0.29	3.69	5.55
DJ AIG – 大豆指数	0.20	20.42	-16.09	-69.2	5.96	0.39	3.99	11.10[a]
DJ AIG – 糖指数	0.63	29.16	-20.44	-49.5	8.51	0.51	3.80	11.93[a]
DJAIG – 无铅汽油指数	1.11	26.56	-22.37	-62.8	8.90	0.09	3.31	0.65
DJ AIG – 小麦指数	-0.38	26.22	-16.59	-59.3	6.89	0.77	4.14	26.72[a]
DJ AIG – 锌指数	0.51	25.38	-17.94	-89.7	6.03	0.67	5.08	43.75[a]

注：[a] 标示在 1% 水平上拒绝正态分布的原假设，如果 JB 统计量大于 9.21%。
[b] 标示在 5% 水平上拒绝正态分布的原假设，如果 JB 统计量大于 5.99%。
资料来源：根据道琼斯的数据创建图表。

为了验证这个假设，我们计算雅克-贝拉（JB）统计量，它检验的是正态收益分布假设[33]。该统计量服从渐进卡方分布，自由度为 2。

在 5%（1%）的水平上，如果 JB 检验统计量大于 5.99（9.21），那么正态分布的假设就被拒绝。以 a 标记的商品在 5% 水平上，正态分布的假设被拒绝；以 b 标记的商品则在 1% 的水平上被拒绝。

我们发现，有 11 种商品的正态收益分布假设在 1% 水平被拒绝，1 种商品（白银）在 5% 水平被拒绝。据此可以得出结论：一般情况下由不同商品构成的组合，只使用方差作为风险的衡量指标就会低估风险，而且该组合肯定是次优的组合，因为只用了方差来表示风险。如果面临非正态的收益分布，我们就要考虑高阶矩。

相关性

在仅由商品构成的组合中，为了分析各个商品互相分散化的潜力，我们对所研究的 20 种商品计算了相关系数矩阵。结果列在图表 19.5 中。

与先前描述的商品特征相一致，我们发现非关联的商品之间相关性很小甚至为负；同时，关联的商品之间相关性很高。可可是一个很好的例子，它与其他任何商品都没有关联；它与图表 19.5 中所示的商品之间的相关系数不大于 0.17。原油则相反：它与燃油及无铅汽油密切关联，它们的相关系数大约为 0.9；原油与其他商品之间的相关系数低于 0.18，但天然气除外，二者之间的相关系数约为 0.32。

---

[33] JB 检验的统计量是根据偏度 S 和峰度 K 算出的，定义为：$JB = n\ (S^2/6 + (K-3)^2/24)$，$n$ 是观测的次数 (See Bera and Carlos M. Jarque, "Efficient Tests for Normality, Homoscedasticity and Serial Independence of Regression Residuals," *Economics Letters* 6, no. 3 (1980), pp. 255-253).

图表 19.5 根据月度超额收益数据得出的商品指数相关性（1991年2月至2006年11月）

	铝	可可	咖啡	铜	玉米	棉花	原油	黄金	燃油	瘦肉猪	生牛	天然气	镍	白银	豆油	大豆	糖	无铅汽油	小麦	锌
铝	1.00	0.08	0.18	0.58	0.03	0.05	0.13	0.17	0.11	-0.09	0.05	0.05	0.50	0.22	0.07	0.06	0.07	0.13	0.05	0.52
可可		1.00	0.14	0.08	0.10	0.01	0.10	0.10	0.02	-0.12	-0.06	-0.02	0.03	0.06	0.06	0.12	0.17	0.12	0.15	0.05
咖啡			1.00	0.16	-0.07	-0.01	0.02	0.11	-0.02	0.01	-0.04	-0.10	0.15	0.21	-0.03	0.00	0.08	-0.02	0.03	0.16
铜				1.00	0.01	0.08	0.16	0.27	0.14	0.00	-0.11	0.07	0.50	0.28	0.21	0.16	0.07	0.12	0.05	0.52
玉米					1.00	0.12	0.00	0.11	-0.02	0.06	-0.06	0.02	0.11	0.13	0.49	0.65	-0.01	0.00	0.61	0.05
棉花						1.00	0.10	-0.07	0.10	0.05	0.10	0.05	0.08	-0.04	0.19	0.24	-0.04	0.07	0.00	0.09
原油							1.00	0.15	0.91	-0.05	0.02	0.32	0.18	0.11	-0.07	0.00	0.05	0.89	0.01	0.14
黄金								1.00	0.15	0.00	0.02	0.09	0.30	0.54	0.12	0.16	0.11	0.14	0.16	0.22
燃油									1.00	-0.03	0.04	0.44	0.16	0.09	-0.06	0.02	0.08	0.88	0.01	0.11
瘦肉猪										1.00	0.32	0.07	-0.03	-0.04	0.13	0.08	0.02	-0.05	0.02	-0.04
生牛											1.00	0.04	0.04	-0.14	-0.03	0.03	0.07	0.01	0.03	-0.03
天然气												1.00	0.03	0.04	0.01	0.09	0.06	0.32	-0.01	0.04
镍													1.00	0.28	0.10	0.12	0.00	0.13	0.10	0.47
白银														1.00	0.14	0.18	0.12	0.10	0.05	0.26
豆油															1.00	0.73	0.00	-0.07	0.32	0.05
大豆																1.00	0.05	-0.03	0.40	0.03
糖																	1.00	0.04	0.11	0.11
无铅汽油																		1.00	0.03	0.15
小麦																			1.00	0.00
锌																				1.00

资料来源：根据道琼斯的数据创建图表。

推导有效商品组合

总结单个商品的特征后发现，不能假设每种商品的月度收益都是正态分布的。我们也注意到单个商品的收益分布常常是有偏的，呈现出厚尾和大幅的最大亏损。

我们的结论是，马科维茨组合理论的基本假设之———收益正态分布，对很多商品都不适用。这使得标准差（或方差）不是单个商品收益特征的合适风险测度。关于马科维茨均值方差分析的局限性，文献中存在广泛的争议，并且提出了多种可能的解决办法和框架。我们在寻找这样一种风险测度——它考虑商品投资中涉及的高风险，也就是厚尾和大幅最大亏损。我们相信**条件涉险价值**（CVaR）是满足这些要求的测度。

条件涉险价值作为风险测度

条件涉险价值可能成为选择最优组合的标准，这引起研究者们的注意，其中包括阿茨纳等（Artzner et al.）[34]、洛克菲勒和尤亚赛夫（Rockafellar and Uryasev）[35] 以及恩布莱西斯、卡普兰斯基和克勒尔（Embrechts, Kaplanski and Kroll）[36] 等。但又是什么使CVaR 成为一个好的风险测度指标？在下一节中，我们进一步研究 CVaR，并且将其与另一个广泛使用的风险测度指标涉险价值（VaR）进行对比。

条件涉险价值与涉险价值 图表 19.6 给出了一个任意的非正态收益分布的例子。这个分布的下跌风险可由它的分位数度量。阿尔法分位数被定义为临界收益，因此，出现更低收益的概率仅为阿尔法（译者注：第 18 章中的阿尔法定义为超额收益，与此处不同）。阿尔法是 0（无收益分布的情形）和 1（所有的收益分布情形）之间的实数。

考虑图表 19.6 中阿尔法分位数为 5% 的情形。我们计算出此时的 VaR 为 –15%，它指的是收益有 95% 的可能性会大于 –15%（或者说收益低于 –15% 的可能性为 5%）。对于正态分布，VaR 是一个好的风险测度，因为超过阿尔法分位点的损失（即分布的尾部）衰减得很快。但正如图表 19.6 所示，VaR 对于严重负偏或者（和）厚尾的收益分布并不适用，因为 5% 的损失会大到难以接受的程度。VaR 在 5% 的水平处将分布截断，毫不理会截掉的是什么[37]。

CVaR 才是我们需要的风险测度：一种考虑了阿尔法分位数以外损失的风险测度。比如，CVaR 能够考察 –15% 截断点之外的损失额度，如果在此阿尔法分位数处 CVaR 超过了 VaR，则 CVaR 就被定义为预期的损失。在我们的样本里，CVaR 约等于 –17%。

---

[34] Philippe Artzner, Freddy Delbaen, Jean–Marc Eber, and David Heath, "Coherent Measures of Risk," *Mathematical Finance* 9, no. 3 (1999), pp. 203–228.

[35] Tyrrell R. Rockafellar and Stanislav Uryasev, "Optimization of Conditional Value–at–Risk," *Journal of Risk* 2, no. 3 (2000), pp. 21–41.

[36] Paul Embrechts, Claudia Klüppelberg, and Thomas Mikosch, *Modeling Extremal Events for Insurance and Finance* (Heidelberg: Springer, 2003).

[37] 计算 VaR 和 CVaR 依据的是拟合后的分布。

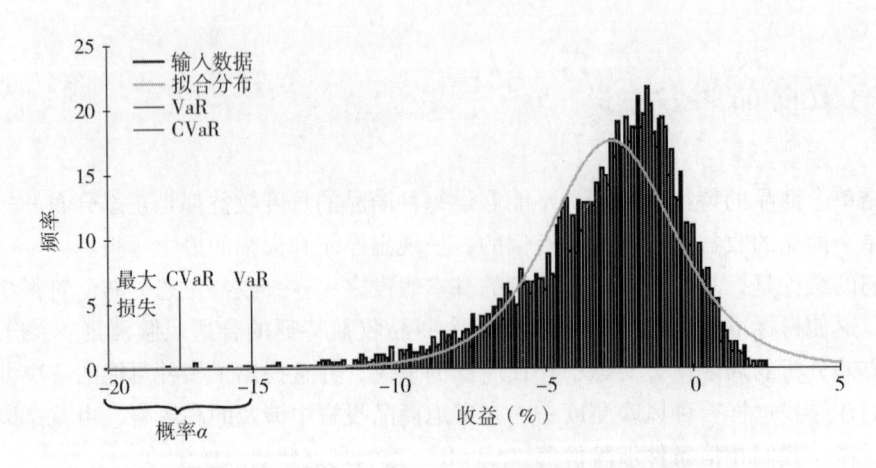

图表 19.6　VaR 和 CVaR 作为风险测度之间的比较

资料来源：作者。

VaR 的缺陷　正如图表 19.6 所示，VaR 具有某些属性，使得它在商品组合的优化和一般的金融应用中会带来问题。下面简要地总结不使用 VaR 的原因。

给定理性的效用函数，使用 VaR 可能的后果之一是风险收益框架下的排序出现不一致。VaR 可能会消除对罕见但极端损失事件的防御能力。这种观点与商品投资最为相关，因为其中可能存在高额的月度损失（比如，由能源商品所导致）和高额的最大跌幅（比如，由咖啡和棉花所导致）[38]。

图表 19.6 已经表明，临界概率之外的损失还有待进一步考查。因此，对于严重有偏分布的商品，基于 CVaR 和基于 VaR 的风险收益最优组合可能差别很大。如果通过最小化 VaR 来计算最优组合，就忽略了阿尔法分位点之外的分布形态。这使得理论上可以延长尾部和 VaR 之外的损失至无穷远处，而不改变最优化的结果[39]。

用 VaR 作为风险测度来估计商品组合边界的另一个缺点，是它的可决定性问题：如果收益不是正态分布的，估计均值方差有效组合将会变得极其困难，尤其对于离散的收益分布而言。在这种情况下，VaR 估计的边界依赖于组合的权重，而且该边界是非凸、不光滑、存在多重局部极值的[40]。

总之，VaR 有一些不理想的特点。阿茨纳等（Artzner et al.）[41] 认为它不是一致的风险测度，而 CVaR 是一致的风险测度。关于风险测度更详细的讨论可参见奥特贝利等（Ortobelli et al.）[42] 或吴和肖（Wu and Xiao）的著作[43]。VaR 在评估非正态收益分布的风

---

[38] Suleyman Basak and Alex Shapiro, "Value-at-Risk Based Risk Management: Optimal Policies and Asset Prices," *Review of Financial Studies* 14, no. 2 (2001), pp. 371–405.

[39] Alexei A. Gaivoronski and Georg Pflug, "Value-at-Risk in Portfolio Optimization: Properties and Computational Approach," *Journal of Risk* 7, no. 2 (2005), pp. 1–31.

[40] Pavlo Krokhmal, Jonas Palmquist, and Stanislav Uryasev, "Portfolio Optimization with Conditional Value-at-Risk Objective and Constraints," *Journal of Risk* 4, no. 2 (2001), pp. 43–68.

[41] Artzner, Delbaen, Eber, and Heath, "Coherent Measures of Risk."

[42] Sergio Ortobelli, Svetlozar T. Rachev, Stoyan Stoyanov, Frank J. Fabozzi, and Almira Biglova, "The Proper Use of Risk Measures in Portfolio Theory," *International Journal of Theoretical and Applied Finance* 8, no. 8 (2005), pp. 1–27.

[43] Guojun Wu and Zhijie Xiao, "An Analysis of Risk Measures," *Journal of Risk* 4, no. 4 (2002), pp. 53–75.

险特征方面的缺陷，推动了 CVaR 发展成为一致且优良的风险测度。

与卡普兰斯基和克勒尔（Kaplanski and Kroll）[44] 的观点一致，我们相信 CVaR 更适用于模拟商品收益分布的性质。所以使用均值 – 条件涉险价值（mean – CVaR）方法来估计由不同商品构成的投资组合的有效边界。

均值 – 条件涉险价值分析方法的技术实现

为了方法更客观，我们考查之前描述过的 20（n）种商品。对于每个时间点，形式上用向量 $\rho = (\rho_1, \rho_2, \cdots, \rho_n)$ 表示商品的收益，它测度出期间内商品价格的相对变化。在进行商品组合配置时，收益并不是已知的，因而看作随机变量。

在预算约束、卖空限制和最小分散化要求等条件下，投资者自主选择每种商品投资的权重，由投资组合向量 $x = (x_1, x_2, \cdots, x_n)$ 表示。在数学上，这就要求组合的权重总和为 1，权重不能为负值，并且上限为 30%。除了分散化要求的约束以外，这些都是金融理论中标准的假设。我们施加这个约束以避免组合被某一种商品主导。

在时期末，组合的收益等于 $\theta = \sum_{i=1}^{n} x_i \rho_i$。假定我们有给定的最小期望收益 $\bar{\mu}$，而且投资者运用 CVaR 方法进行决策。我们需要求解下面的最优化问题

$$\min_{x} CVaR(\Theta)_\alpha = (\int_0^\alpha VaR_\Theta d\Theta)/\alpha$$

约束条件为

$$\theta = \sum_{i=1}^{n} x_i \rho_i \geq \bar{\mu}, \quad 1 = \sum_{i=1}^{n} x_i,$$

$$30\% \geq x_i > 0, \forall i = 1, \cdots, n$$

均值 – CVaR 可行集的边缘是一条曲线，它表明该问题的最优价值依赖于参数 $\bar{\mu}$ 的选取。边缘曲线的一个子集形成 CVaR 的有效边界，在此处，投资者对于给定的风险水平无法获取更多的期望收益，对于选定的期望收益也不能进一步减少风险。这是对著名的马科维茨均值 – 方差有效边界计算方法的扩展。

商品组合的有效边界

按照这个步骤，我们估计均值 – 条件涉险价值的有效边界。首先计算包含 20 种商品的边界，然后再从中剔除能源商品（原油、燃油、天然气和无铅汽油），因为投资者惧怕投资于此类风险资产[45]，或是因为借助其他的资产（比如能源类股票）已获得足够的敞口。商品指数供应商如高盛，也提供不包括能源的商品指数，供投资者开展投资。

---

[44] Guy Kaplanski, and Yoram Kroll, "VaR Risk Measures versus Traditional Risk Measures: An Analysis and Survey," *Journal of Risk* 4, no. 3 (2002).

[45] 风险是按最大跌幅、标准差和最小月度收益测度的。根据这些测度标准，能源商品总体上含有更高的风险。

图表19.7和图表19.8显示出包含能源和不包含能源的商品组合有效边界。用竖轴表示有效组合的预期收益,横轴表示以CVaR测度的组合风险(或是5%阿尔法分位点以外的损失平均值)。注意到通常CVaR的值为正。在金融分析中,损失常以绝对值表示。所以我们用-1乘以CVaR来更好地标明有效边界,它是由全体有效风险-收益组合构成的曲线。

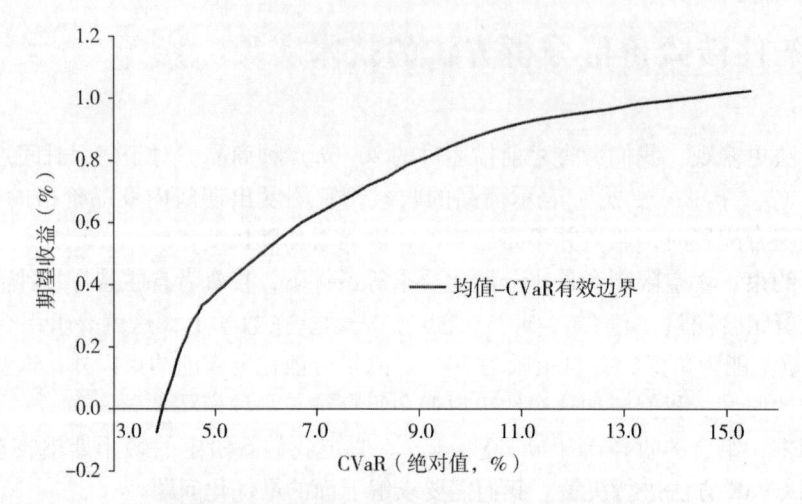

图表 19.7　商品组合的均值 – CVaR 有效边界

资料来源:根据道琼斯的数据创建图表。

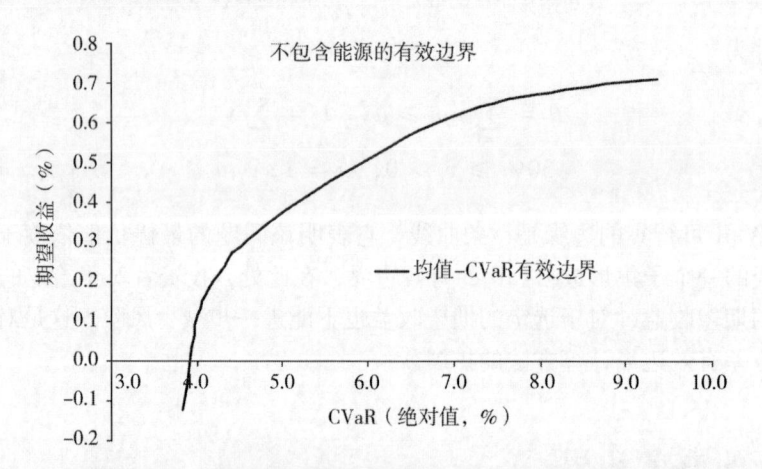

图表 19.8　不包含能源的商品组合的均值 – CVaR 有效边界

资料来源:根据道琼斯的数据创建图表。

我们也注意到,不管能源是否加入组合中,两张图表均显示最小风险组合的预期月度收益为负值。分析最小风险组合的成分发现,生牛和黄金占了最大的比重。在包含所有商品的组合中,生牛的权重为29%,黄金为30%。在不包含能源的最优化组合中,生牛的权重为25%,黄金为25%。这两种商品都比其他商品具有更低的最大损失和更小的标准差。

对于包含所有商品的最优化组合而言,随着风险和期望收益的上升,生牛的权重逐渐下降,直到它从组合中完全消失。在不包含能源商品的最优化组合中,生牛的权重起初随着期望收益的上升而逐渐增加,最终达到30%的权重限制。对于预期条件涉险价值大于

5%的有效商品组合，生牛的权重递减直至完全消失。随着风险和期望收益的上升，两个组合中黄金的权重都有所下降。可能的原因之一是两种商品对组合的风险起到缓冲作用，如图表19.9和图表19.10显示。

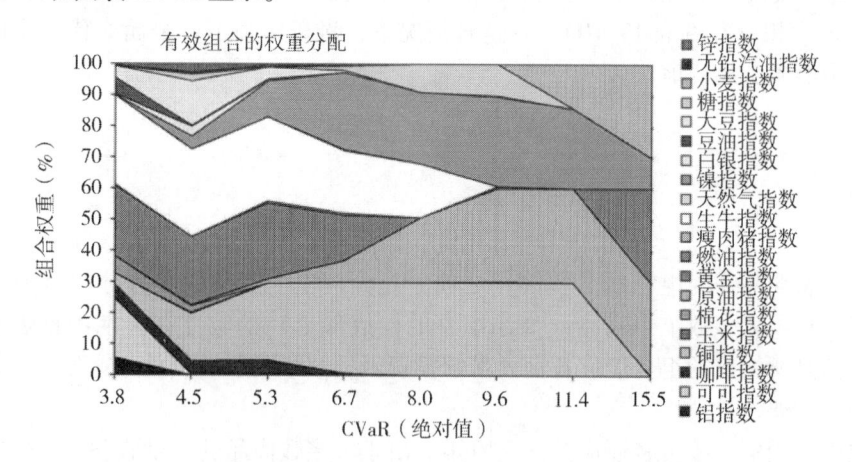

图表19.9　随着有效边界上预期收益增加，组合的变化情况

资料来源：根据道琼斯的数据创建图表。

注：该图表列出以CVaR表示的不同风险组合中每种商品的权重。区域越宽，则组合中该商品的权重或份额越大。请注意，较低水平的CVaR对应着较高的分散化程度，这意味着没有哪一种商品主导该组合。风险程度越高，分散化水平越低，这表明初始时单个商品主导该组合，直至达到最低的分散化限制条件。

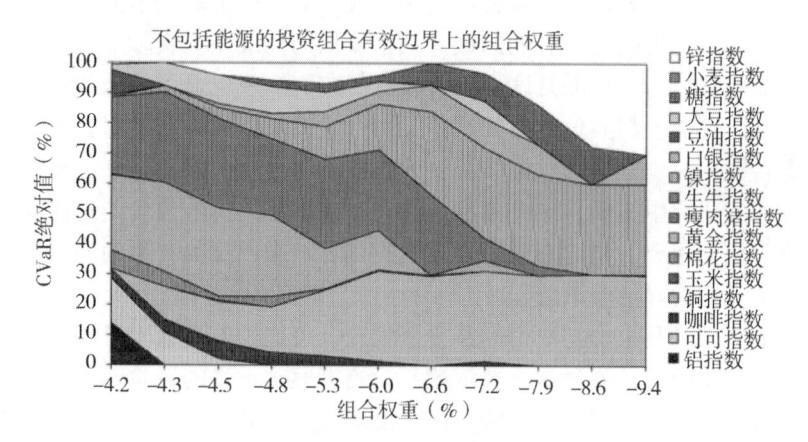

图表19.10　在不包括能源的投资组合中，随着有效边界上预期收益增加，商品权重的变化情况

资料来源：根据道琼斯的数据创建图表。

如果投资者对组合的风险施加很高的限制，那么他们会愿意将所考察的绝大多数商品装进组合中。对于包含所有商品的最优化，20种商品中的10种可以包含在有效组合中；对于不包括能源的最优化，16种商品的10种仍可构成有效组合。这与我们的结论相一致：非关联的商品之间显示低度相关性，从而相互可作为优良的分散因子（见图表19.5）。

随着有效商品组合的风险上升（以CVaR测度），商品数量逐渐下降，最后只剩下4种商品（那些具有最高预期收益的商品，见图表19.10）。它们是权重均为30%的无铅汽油、燃油和原油，再加上权重为 10% 的镍。因为预期收益过高，几乎只剩下能源商品包含在组合中（见图表 19.10）。

在不包含能源的最优化中，这些商品由权重均为 30% 的锌、镍和铜替代，再加上权重为 10% 的白银（见图表 19.10）。在这种情况下，贵金属和工业金属取代了全体商品最优化组合中能源商品的地位。

结　论

在考虑将商品作为组合的分散因子之前，先分析单个商品的收益分布特征是很重要的。我们发现绝大多数单个商品（商品组合的构成部分）的收益在长期内接近于零。然而由各种商品所构成的组合能在长期内带给投资者类似于股票的收益，这强调了合适商品组合成分的重要性。

开展商品投资，投资者还应关注高阶矩。由于大多数商品的月度收益波动率不显著区别于大公司的股票，所以单个商品的月度收益分布是正偏的，并且常常显示尖峰厚尾形态。此外非关联的商品之间，以及商品与股票、债券和 REIT 等资产之间都显示低相关性，使得商品成为优良的组合分散因子。单个商品的优点还在于它与通胀的高度相关性。但我们也发现，并非每种商品都是好的投资选择。

研究发现，各种商品表现的收益特征差别很大。对于样本期间里的商品，如果存在正的平均收益，它并不一定同时具有低的最大跌幅或低的标准差。实际上，通常呈现相反的情形。一些商品确实显示出负的月度平均收益，但它们一般也显示较低的最大跌幅和合理的最大月度收益。再加上与其他商品的低相关性，它们可能成为有效组合的分散因子。

鉴于以上特征，特别是最大跌幅较高，我们并不认为单个商品是好的投资选择。厄尔布和哈维在他们的研究中提到，单个商品可能并不带来正的风险溢价，这使谨慎地构建有效商品组合显得更为重要。构建有效组合会给投资者带来回报的：因为商品之间相关性较低，所以相互之间成为好的分散因子。

我们构建的有效商品组合与单个商品投资相比，可能风险更低而且收益更高。此外还可能赚取高额的期望收益，不过这主要依赖于投资者愿意承受的风险额度。最后，我们发现由多种商品构成的有效商品组合不仅具有投资潜力，而且可以作为优良的组合分散因子。

第20章
主动管理型商品投资：商品交易顾问基金和对冲基金的作用

R·麦克福尔·拉姆·Jr.（R. McFall Lamm Jr.）博士
首席投资策略师
全球投资管理部
德意志银行

在过去的几年里，商品投资已经变为组合管理的前沿问题，在很大程度上是由于商品相对于股票和债券有更为丰厚的收益。支持者推崇商品作为新的资产类别，他们相信随着新一轮"超长周期"逐步展开，商品投资会进一步地回馈投资者。相比之下，怀疑者认为商品价格有均值回归的趋势，担心当前正处于本轮周期性上行的收尾阶段。

不管人们对商品近期走势持何种观点，现在大多数的业界人士承认，在某些情况下，战术性商品配置是合理的。在本章中，笔者假设投资者已经决定进行商品投资，因而关注的是头寸的执行机制。虽然笔者主要关注主动型商品专业化基金经理的效率，但这必然要考虑到基准，因为主动型/被动型管理者的划分与此有关。

投资者对商品投资表现出日渐浓厚的兴趣只是近期的现象，所以，与基准比投资业绩的主动型商品投资经理的数量还很少。有鉴于此，与先前的研究一致，笔者定义的**主动型商品管理**包括**商品交易顾问基金**（CAT）和专门从事实货商品交易的对冲基金。本章的第一节简单地介绍商品投资的背景知识，之后一节讨论的是评价主动型商品经理的一般框架，接下来几节回顾商品专业化CTA和对冲基金的业绩特征。在本章中，强调应将经理提供的阿尔法与隐性商品贝塔敞口区分开。最后，讨论各种被动型/主动型商品配置的组合意义。

本文的核心结论是：主动型商品经理相比于被动型指数化投资而言，具有明显的优势。原因在于：商品专业化主动型经理的投资方法与股票经理和债券经理相比，存在显著的区别，因为它们进行贝塔调换而且不采用基准。就此而言，从表面上看它们是纯粹阿尔法生成因子。相应的，组合中纳入主动型商品经理不仅能带来分散化效益，而且在收益预测出现偏差的情况下，还能提供适当的防护作用。

背景知识

商品投资：非常短暂的历史

事实上，商品投资算不上是新的进展。毋庸置疑，在20世纪70年代到80年代初的高通胀时期，许多投资者大量配置了硬资产——包括商品和房产——他们规避日趋贬值的纸质资产。这导致商品期货交易的爆炸式增长和房地产部门的繁荣，给商品投资者带来异乎寻常的收益，也对肆虐的通胀提供了有效的防御。与此同时，股票和债券投资者经历了迷失的十年，收益率实质上为零。这时很少有人过问商品能否算作合格的资产类别。

不幸的是，20世纪70年代的商品繁荣过后是长期的业绩低迷，一直持续到20世纪末。转折点出现在1980年，亨特兄弟垄断白银市场的企图失败后，贵金属价格一路下跌。然而这段历史并非是巨大的商品泡沫破裂之后，各个市场之间相互传染；相反，在这20年的时期里，价格遵循逐渐下降的趋势并伴有曲折的波动，因为周期性的上涨之后总是价格的回落过程。图20.1即说明这一点，它将商品研究局的**商品价格指数（CRY）**与表示原料价格的**生产者价格指数（PPI）**以及**消费物价指数（CPI）**进行比较。

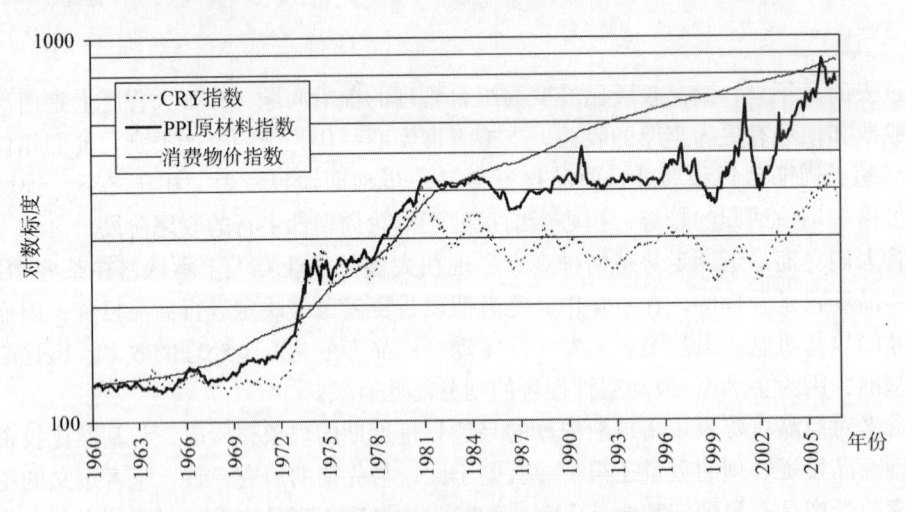

图表20.1 超长周期：商品 vs. 消费物价

尽管一些批评家相信，20世纪80年代和90年代商品价格长期的停滞，主要是由供给的基本面因素所导致，但中央银行加强纪律约束也起了重要作用。紧缩性货币政策压低了通货膨胀，因而防御纸质资产贬值的需求也逐渐减少。此外，通胀的降低拉下了利率，使得股票和债券投资又显现出吸引力。商品投资需求相应地减少，导致商品交易市场和辅助行业缩小规模。

1997年引入的**美国通胀保值证券**（TIPS）是对商品投资需求的最后一击。这些证券提供了近乎完美的通胀保值功能，使得商品作为货币贬值的防护层，这种概念上的吸引力不复存在①。

主动型商品经理的演化

20世纪70年代的商品繁荣催生了一代成功的交易商，他们在80年代早期演变为成熟的投资企业，即现在所说的CTA期货管理行业。当商品价格停滞的时候，CTA转行做金融工具的交易，比如现金、股票和利率衍生品。这是顺其自然的进展：当时商品交易所引进了金融期货合约，而且商品交易的技巧在其他市场中广泛运用，这些事实是主要的推动因素。CTA行业随后在20世纪八九十年代繁荣起来——在商品价格低迷的苦难中——实质上是跟随着主流的投资群体从商品转向金融资产②。

如今，伴随着能源、金属和其他实货商品在新世纪经历大牛市，商品投资需求也在新一轮的周期性上行中复苏。但商品投资的理由有了一点改变——投资者关注的不再是它的通胀保值功能，而是商品作为低相关性资产，而且提供吸引人的收益。但是这就存在一个困境——投资者面临的形势是许多商品专业化CTA早已改行做金融期货和期权。而且二十多年的商品熊市期间，人力资本的投资落后了。这个行业的主动型基金经理人数不足，缺少普遍接受的投资基准，还缺少流动性好的投资工具。

商品在投资组合中的作用

商品资产的配置

大多数投资者构建组合的传统做法是将均值方差最优化或其他的技术运用到既定的可投资品种上。给定投资者的波动率目标（有时还有其他的约束条件），首先预测出收益和协方差数据，再用数学方法推导最优组合。从20世纪八九十年代的大部分时期直到近来，大多数投资者在上述优化过程中只考虑股票和债券，很少考虑非传统资产，尤其是在股票市场提供丰厚收益的时候。

当然，还是有一些另类人士宣传商品投资。比如在1992年推出高盛商品指数（GSCI）之后，高盛公司推荐适度的商品配置。此外，笔者鼓励投资者纳入被动型的商品——以及其他的非传统资产比如CTA——以改善组合的业绩。弗洛特、格里尔和梯尔

---

① 笔者在 R. McFall Lamm, Jr. "Asset Allocation Implication of Inflation Protection Securities: Adding 'Real' Class to Portfolios,"一文中（*Journal of Portfolio Management* (Summer 1998), pp. 93 – 100）,讨论了TIPS作为通胀防护层的重要作用。

② 笔者注意到，在很大程度上，对冲基金行业是从20世纪90年代的CTA中衍生出来的，因为很多经理做大做强之后，就在股票市场和场外产品市场中寻求额外的流动性。

(Froot, Greer and Till)也认识到商品对组合的分散化作用③。然而绝大部分的研究则直接忽略了商品。

有意思的是,20世纪90年代CTA在资产配置的研究中确实引起很大的关注。然而CTA一般被看作独立的资产类别,毫不依赖于商品市场④。将CTA的投资业绩与商品市场割断是合理的,正如我们已经提到的,因为直到20世纪90年代,它们大部分的收益来源还是来自主动地交易金融市场衍生品。

最近,阿基(Rian Akey)认为组合中商品的配置应该分为两部分。第一部分由被动型的商品敞口组成,它通过投资于指数复制型工具而实现;第二部分是主动地配置于商品专业化CTA和对冲基金。阿基特别推荐使用GSCI和AIG商品指数以获取被动型敞口,同时从专用的商品专业化CTA和对冲基金样本中选取资产,从而构造出主动型经理的组合⑤。

阿基的想法是可取的,面对商品投资中较为复杂的资产配置过程,它引导我们前进了一步。据说阿基运用一个小样本来构造他的主动型经理业绩记录(比如只用一个经理代表1982—1984年的业绩),此外他使用的数据是私人专用的,因而并非是公开可得的。另外,当使用主动型经理的时候,需要解决组合构造中一个极为重要的问题。那就是在全面战略CTA(generalist CTA)、商品专业化CTA(specialist CTA)和商品主导型对冲基金的业绩中,实际上包含了多少商品敞口(如果有的话)?

商品投资的评价框架

在标准的资产配置问题中,如果投资者将商品看做是众多资产类别中的一员,那么主动型经理持有多少可识别且可持续的商品贝塔敞口就是一个很清晰的问题。就此而言,商品投资与股票和债券投资类似,可通过指数复制变成被动型投资,或是通过主

---

③ See S R. McFall Lamm, Jr., "The Exotica Portfolio," Chapter 9, in *Insurance and Weather Derivatives*, edited by Helyette Geman (Somerset, U. K.: Financial Engineering Ltd., 1999); R. McFall Lamm, Jr., "Asset Allocation Applications in Financial Management," Chapter 18, in *Handbook of Industrial Engineering*, edited by Gaviel Salvendy (New York: John Wiley & Sons, 2001); Kenneth Froot, "Hedging Portfolios with Real Assets," *Journal of Portfolio Management* (Summer 1995), pp. 60 – 77; RobertGreer, "The Nature of Commodity Index Returns," *Journal of Alternative Investments* (Summer2000), pp. 45 – 52; Hilary Till, "Passive Strategies in the Commodity Futures Market," *Derivatives Quarterly* (Fall 2000), pp. 49 – 54; and Hilary Till, "Taking Full Advantage of the Statistical Properties of Commodity Investments," *Journal of Alternative Investing* (Summer2001), pp. 63 – 66.

④ E. Elton, M. Gruber, and J. Rentzler, "Professionally Managed, Publicly Traded Commodity Funds," *Journal of Business* (April1987), pp. 175 – 199; E. Elton, M. Gruber and J. Rentzler, "The Performance of Publicly Offered Commodity Funds," *Financial Analysts Journal* (July-August1990), pp. 23 – 30; F. R. Edwards and J. M. Park "Do Managed Futures Make Good Investments?" *Journal of Futures Markets* (August 1996), pp. 475 – 517; Randall S. Billingsley and Don M. Chance, "Benefits and Limitations of Diversification Among Commodity Trading Advisors," *Journal of Portfolio Management* (Fall 1996), pp. 65 – 80; F. R. Edwards and J. Liew, "Hedge Funds versus Managed Futures as Asset Classes," *Journal of Derivatives* (Summer 1999), pp. 45 – 64; Thomas Schneeweis, Richard Spurgin, and David McCarthy, "Survivor Bias in Commodity Trading Advisor Performance," *Journal of Futures Markets* (October 1996), pp. 757 – 772; and Thomas Schneeweis, "The Benefits of Managed Futures," Chapter 5, in, edited by Thomas Schneeweis and Joseph E. Pescatore. *The Handbook of Alternative Investment Strategies*, (NewYork: InstitutionalInvestor, 1999).

⑤ See Rian P. Akey, "Commodities: A Case for Active Management," *Journal of Alternative Investments* (Fall 2005), pp. 8 – 30, and Rian P. Akey, "Alpha, Beta and Commodities: Can a Commodities Investment be Both a High Risk-Adjusted Return Source, and a Portfolio Hedge?" *Journal of Wealth Management* (Fall2006), pp. 63 – 84.

动型管理追求"附加贝塔（Beta plus）"。在各类情况下，遵循标准的途径，经理的业绩可表示为

$$r_{it} = \sum \beta_j r_{jbt} + (\alpha + \varepsilon_t) \qquad t \subset T \qquad (20.1)$$

r_{jt}是t期第i个经理的收益，r_{jbt}是基准收益，β_j是对第$j = 1, \cdots, J$个基准的敞口，括号里的表达式是经理的阿尔法，由投资技巧和随机因素组成。当对单个指数进行被动型投资时，$\beta_j = 1$且$r_{it} = r_{bt}$；如果投资于主动型经理，同时要求战胜某个指数的业绩，则有$r_t = \beta_0 r_{bt} + (\alpha_0 + \varepsilon_t)$。此外对于主动型经理交易商品及其他资产的情形（也就是说，他们采用不同的风格以战胜基准），还要加上限制$\sum \beta_j = 1$和$\beta_j \geq 0 \ \forall j$，通过受约束最小二乘估计可以进行标准的夏普风格分析，这就使敞口得以量化。

CTA还存在另一个复杂的因素，即我们都知道经理会进行贝塔转换。它指的是随着时间推移，经理从多头变为空头或进行相反的操作，视市场情况而定。比如，在简单的两期单因素敞口模型中，有

$$r_t = \beta_1 r_{bt} + (\alpha_1 + \varepsilon_t) \qquad t \subset T_1 \qquad (20.2)$$

和

$$r_t = \beta_2 r_{bt} + (\alpha_2 + \varepsilon_t) \qquad t \subset T_2 \qquad (20.3)$$

分析师有时会计算长期内的贝塔敞口，并估计$r_t = \beta_0 r_{bt} + (\alpha_0 + \varepsilon_t) \ t \subset T$。但除非有$\beta_1 = \beta_2$，否则是错误的做法，因为结合（20.2）式和（20.3）式，真正的模型应该是

$$r_t = [\alpha_1 + (\alpha_2 - \alpha_1) x_t] + \beta_1 r_{bt} + (\beta_2 - \beta_1) r_{bt} x_t + \varepsilon_t \qquad t \subset T \qquad (20.4)$$

其中x_t是二元取值的，$t \subset T_1$时取零值，$t \subset T_2$时取单位值。当β_1和β_2取符号相反的较大数值时，忽略CTA贝塔转换可能会成为严重的问题。在这个例子中，将总样本收益对基准进行回归可能得到不显著的贝塔，并可能将贝塔转换嵌入阿尔法中。

从主动型/被动型资产配置的角度看，商品投资要考虑三点。第一，哪一种被动型指数适合用作商品资产类别的基准？第二，CTA和对冲基金的配置中，隐含了多少的（如果有的话）商品因素敞口？第三，当商品专业化CTA和对冲基金被用作主动型经理时，投资者实际上承受了多少商品贝塔敞口？下面将依次考察每一个问题。

被动型商品投资

基准

在深入研究主动型商品经理的业绩之前，出于分析的目的必须先选定基准，因为选择基准就界定了可供投资的资产类别。此外基准的选择会影响主动型经理的决策，因为资产配置决策依据的是主动型与被动型投资的相对业绩。对于任何资产类别，这个问题都得解决。但由于权重方案或资产成分不同，商品指数的业绩可能相差很大；相比之下，股票指数或债券指数一般都表现出相似的风险收益特征，因此商品相对于股票和债券而言更需要

选择基准⑥。

过去的十年里，商品研究局 CRY 指数——始于 1959 年——被普遍看作是商品收益的"旗舰"指标。商品研究局 CRY 指数的定位是反映大范围商品价格变动的客观指数，它是主要交易商品近月期货价格的简单几何平均值。然而这个指数没有反映商品真正的业绩，因为它忽略了保证金利息所带来的金融收益。

为了克服 CRY 指数的缺陷，在 1992 年 GSCI 总收益指数诞生了。此后，1998 年道琼斯－AIG 指数和罗格斯国际商品指数（RICI），2001 年 S&P 商品总收益指数，以及不久以前 CRB 总收益指数等相继推出——这些指数试图将 CRY 指数转化为相应的总收益指数。虽然总收益指数相对于现货或近似现货的商品价格指数而言，显然更适合作为投资业绩的指标，但它们可能存在缺陷。例如，除了 CRB 指数之外，公开可得的总收益指数都是"事后"设计的，权重方案和组成部分也是任意的。这导致了它们存在设计偏差，因为其他形式的权重方案和商品成分也许能更好地反映投资业绩。

虽然一些指数比如 GSCI，有充足的跟踪记录来减轻这些疑虑，其余的指数则不然。图表 20.2 表明了这一点，它列出了 1995 年 1 月至 2006 年 8 月期间不同商品的现货收益指数和总收益指数⑦。虽然不同的业绩指标之间高度相关，但累计的业绩却相差很大。图表 20.3 的第一部分列出 CRY 和《商业日报》商品价格指数、CRB、GSCI 和 AIG 总收益指数的描述性统计量，突出反映了差异的程度。

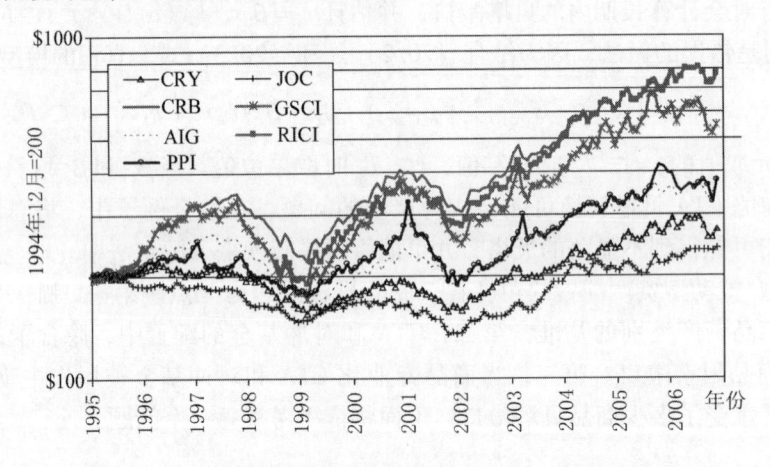

图表 20.2 部分商品价格指数和总收益指数（1995—2006 年）

总收益指数显然战胜了现货指数或近似现货指数，但同时它们的平均年度收益显示出相当大的差异，CRB、GSCI 和 AIG 指数的平均年度收益分别为 12.1%、9.5% 和 5.0%。波动率范围从 AIG 总收益指数的 13.4% 跨度到 GSCI 的 20.6%。将风险与收益结合起来可

---

⑥ 各种商品指数的不同特性已经是一个长期存在的问题（For example, See Nathan Ranga,"A Review of Commodity Indexes," *Journal of Indexes*（October 2004），pp. 30–35; Gerald R. Jensen, Robert R. Johnson, and Jeffrey M. Mercer, "Tactical Asset Allocation and Commodity Futures," *Journal of Portfolio Management*（Summer 2002），pp. 100–111; and David J. Nash,"Long-Term Investing in Commodities," *Global Pensions Quarterly*（January 2001），pp. 25–31）。

⑦ 将样本时期选定为 1995—2005 年，它就包含了商品收益相对疲软的时期（20 世纪 90 年代后期）和相对强劲的时期（从那时以后）。这段时期也是不同数据序列共同涵盖的最长期间。

以得出 CRB 的夏普比率，它是 AIG 夏普比率的 2 倍。两者的差别实在太大了，这就证实了商品基准的选择会造成很大差异。

至于在某种意义上哪种指数算得上是"最好的"，留给读者自己做判断，因为我们正处于商品投资演化进程的早期阶段，还没有达成多少共识。当然，CRB 总收益指数有很强的理论支撑，因为它可以与事先设计的价格指数相匹配，而且不是基于"回溯"设计的。又因 CRB 指数往回补充足够长时期的数据，所以可以反映商品周期的起伏——如前文所述，商品周期会持续数十年。尽管这样，CRB 却不能轻易地用于投资，但投资者可自由买卖 GSCI 或 AIG 期货或交易所交易基金（ETF）。

CTA 提供多少商品敞口

由于 CTA 行业存在的时间较久，对它的研究也更为深入。大多数研究得出的一般性结论是：（1）CTA 收益同股票、债券和其他的传统资产不相关；（2）历史收益率较高（尽管 2004—2006 年有些下滑）；（3）CTA 一般表现正的偏度，这与股票不同，股票的下跌风险比上涨风险要大[8]。由于 CTA 与其他资产市场的相关性较低，CTA 通常被看作是纯粹的阿尔法制造者，其收益主要来自于主动地交易货币、固定收益证券、股票和商品。

投资者自然要问 CTA 资产配置作为单独的投资，能否提供隐性的商品敞口。关于这一点，图表 20.3 中列出的相关系数可提供一些启发。比如 1995—2006 年，巴克莱系统型指数和 CISDM CTA 指数（SYS 和 CTA）与 CRB、GSCI、AIG 总收益指数之间的相关系数大约为 0.2[9]。虽然相关性不算高，但它表明 CTA 收益的一部分可能来自于商品敞口。此外，贝塔转换可能掩盖了一层更强的关系，这种关系不能由简单的相关性分析反映出来。

我们注意到，许多研究关注的是 CTA 收益及其与要素市场的联系。其中最主要的当属方和谢（Fung and Hsieh）的研究，他们发现 CTA 与商品收益存在弱关联性[10]。但是这些研究已经很久远了，并且结论也依赖于一个假定：在相当长的时期内，贝塔敞口是静态的。现实中，CTA 的行为更可能是属于参数时变型或贝塔转换型的。因为基于长期的估计可能忽略贝塔调换，方和谢的结论也就不足为奇。

为了探索贝塔随时间变化的可能性，笔者的估计方法是滚动 24 月期巴克莱 SYS 指数，对商品、股票、货币和固定收益证券的收益进行回归。SYS 指数的综合性很强，它始

---

[8] For example, See R. McFall Lamm, Jr., "The Answer to Your Dreams? Investment Implications of Positive Asymmetry in CTA Returns," *Journal of Alternative Investments* (Spring 2005), pp. 22 – 32; R. McFall Lamm, Jr., "Asymmetric Returns and Optimal Hedge Fund Portfolios," *Journal of Alternative Investments* (Fall 2003), pp. 9 – 21; and Chris Brooks and Harry M. Kat, "The Statistical Properties of Hedge Fund Return Index Returns and Their Implications for Investors," *Journal of Alternative Investments* (Fall2002), pp. 26 – 44.

[9] 低相关性的原因之一在于收益不是正态分布的，而且相关性系数是有偏的。此外，自回归可能导致较低的相关系数。

[10] See William Fung and David A. Hsieh, "Empirical Characteristics of Dynamic Trading Strategies: The Case of Hedge Funds," *Review of Financial Studies* (Summer 1997), pp. 275 – 302; Fung and Hsieh "Survivor Bias and Investment Style in the Returns of CTA," *Journal of Portfolio Management* (Fall 1997), pp. 30 – 41; and Fung and Hsieh "Risk in Hedge Fund Strategies: Theory and Evidence from Trend Followers," *Review of Financial Studies* (Summer2001), pp. 313 – 341.

于1980年,截至2006年已经涵盖了439支基金。在1995年1月到2006年8月期间,它与CISDM CTA指数的相关性系数是0.97。所以,采用哪个指数应该差别不大。笔者定义商品敞口为资产组合对CRY指数和WTI原油近月期货的综合贝塔,如此定义是为了反映一个事实,即CRY指数所采用的等权重处理方式低估了能源的重要性。**债券**定义为美林国库券指数的收益,**股票**指S&P500的收益,**货币**为FINEX美元指数(DXY)的收益。尽管这是非常粗略的方法,但它大体上可以反映CTA所持有的商品敞口大小。

图表20.3 投资业绩统计量:商品价格 vs. 被动型和主动型经理的总收益
(1995年1月至2006年8月)

度量	现货指数			总收益指数			主动型经理(CTA/对冲基金)				
	CRY	JOC	CRB	GSCI	AIG	SYS	CTA	PHY	AGR	BTU	S&P
年化的											
收益	2.9%	1.4%	12.1%	9.7%	5.0%	6.6%	8.8%	8.0%	2.9%	18.9%	9.4%
波动率	9.8%	8.9%	14.0%	20.6%	13.4%	9.9%	8.7%	7.6%	8.8%	18.4%	14.7%
偏度	-0.03	0.25	0.06	0.06	0.05	0.24	0.38	0.06	0.08	0.06	-0.62
峰度	-0.23	-0.01	0.09	-0.01	-0.31	0.12	0.02	0.37	0.71	0.81	0.78
JB检验	0.31	1.46	0.14	0.08	0.62	1.47	3.39	0.42	3.05	3.94	12.51
夏普比率	-0.11	-0.11	0.65	0.47	0.37	0.67	1.01	0.74	0.33	1.03	0.44
相关性											
CRY	1	0.57	0.84	0.72	0.85	0.13	0.13	0.12	0.02	0.34	0.15
JOC		1	0.54	0.44	0.55	0.05	0.24		0.01	0.28	0.04
CRB			1	0.93	0.94	0.18	0.17	0.24	0.07	0.50	0.09
GSCI				1	0.90	0.21	0.19	0.29	0.14	0.48	0.00
AIG					1	0.24	0.24	0.28	0.11	0.48	0.10
SYS						1	0.97	0.48	0.07	0.14	-0.09
CTA							1	0.49	0.10	0.16	-0.10
PHY								1	0.49	0.05	0.01
AGR									1	0.00	-0.04
BTU										1	-0.04
S&P											1

注:计算依据的是1995年1月至2006年8月期间140个月的数据,PHY除外,因为它始于2001年1月。

这些结果表明,1995—2006年平均的CTA商品敞口大约为13%多头(见图表20.4)。这略低于对所有市场平均62%净多头敞口的1/4,也符合普遍认同的观点:CTA的大部分敞口和收益主要来自固定收益证券、货币和股权衍生品。然而敞口随着时间的演变是惊人的。比如商品敞口从1996年7月的58%多头,变化为2002年7月的24%空头(11%的能源多头已包括在内);债券、股票和货币的平均敞口显示了相似的变动。

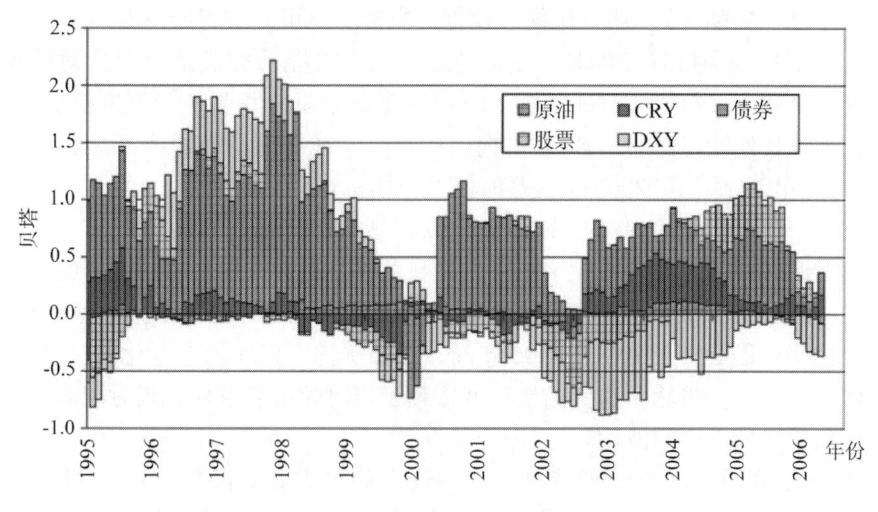

图表 20.4　CTA 市场因子敞口

注：依据 24 月期跟踪回归得出。

我们可以立即得出结论：CTA 持有的商品头寸可能并不低。然而这些敞口是极易随时间变化的，而且投资者无法确信在某一天将持有多少商品贝塔。这意味着如果投资者的组合中含有大量的 CTA 配置，那么该组合偶尔会隐含一些商品贝塔，但它不具有持续性。因此在整体组合中，将 CTA 配置与商品配置视作本质上相互独立的配置过程，可能是个合理的前提。

借助专业化 CTA 和对冲基金进行主动型商品投资

业绩概览

现在讨论更相关的问题：商品专业化 CTA 和对冲基金持有多少的商品敞口。如果经理没有持有系统性的商品贝塔而仅仅是生成阿尔法，这能否算作"主动型商品经理"？将其视为独立的阿尔法生成因子和整个组合配置问题中独特的资产类别，是否更恰当？

阿基重新构造了一个商品专业化 CTA 和对冲基金的组合，而笔者选择运用公开可得的数据。可以利用的数据库包括（1）CISDM，它持续地更新 CTA 业绩指数，这些 CTA 交易的实货商品包括能源、农产品和金属；（2）巴克莱，它公布农产品专业化 CTA 的收益；（3）对冲基金网（HFN），它编制能源专业化对冲基金的收益。尽管这个样本排除了一些商品种类，但它为推导主动型商品经理持有的贝塔，提供了客观的基础。

CISDM 实货指数（PHY）始于 2001 年 1 月，它存在的时间相对较短。但它是最广泛可得的指数，它所包含的 CTA 从事所有基础商品行业的交易。巴克莱农产品交易商指数（AGR）是等权重型指数，它始于 1987 年。2006 年它包含 15 支基金。在农产品内部或不同行业之间，经理专门交易特定的商品种类。这些包括粮食（玉米、小麦、大豆等），肉类（生牛、生猪、猪腩等）、热带作物（蔗糖、咖啡、可可）和纤维（棉花）。

HFN 能源对冲基金指数（BTU）涵盖的基金从事着能源类股票、商品期货或各种衍生品的投资。虽然大多数能源对冲基金专门交易能源公司的股票，但不少基金也对原油、天然气、燃油和其他能源商品做多/空方向上的赌注，或者交易能源产品之间的价差。该指数始于 1992 年 10 月，在 2006 年 9 月时已经包括了 67 支基金。

至于这三个经理样本的相对业绩，图表 20.3 显示，1995—2006 年按年度收益和夏普比率衡量，能源对冲基金的业绩优于现货商品和总收益指数，能源对冲基金的业绩是根据 BTU 测算的。相比之下，农产品 CTA——以 AGR 测算——赚取了区区 2.9% 的年度收益，相应的夏普比率也很低。在 2001—2006 年间，商品实货（PHY）专业化 CTA 与宽基 CTA 的业绩大体上相一致。当然，这些结果高度依赖于当时的市场条件，当时能源行业经历牛市，而农产品价格处于区间波动。

图表 20.3 也表明主动型经理持有了一些隐含的多头商品敞口。比如 PHY、AGR 和 BTU 与 CRB、GSCI 和 AIG 等总收益指数的相关性都为正，而且统计特征显著。BTU 与三个总收益指数之间呈现出最高的相关性（接近 0.5），而 AGR 与三个总收益指数之间的相关性最低。这可能只是表面现象，或者说，它可以简单归结为能源行业的规模比农产品大。尽管这样，它意味着能源对冲基金含有大量的隐性贝塔。

实货商品专业化 CTA

为了深入研究商品专业化战略的贝塔依赖度，遵循上文研究全面战略 CTA 所采用的步骤。首先要估计 CISDM 实货商品指数中隐含的商品敞口，通过用 24 月期 PHY 收益对商品近月期货价格的变化进行回归。商品类资产包括能源（NYMEX WTI 原油、汽油、燃油和天然气）、工业金属（COMEX 铜、LME 铝和镍）、贵金属（COMEX 黄金和白银，加上 NYMEX 铂）、农产品（CME 和 CBOT 玉米、小麦、大豆和肉类），以及热带作物（CSCE 蔗糖、咖啡、可可和冰冻橙汁精）。

与全面化 CTA 收益的滚动回归一样，这种方法是近似的，原因如下：

第一，24 月期的时间窗口是任意的，敞口在月度的间隔内传递。在现实中，CTA 间断性地进行交易，有时新建的头寸在几天或几个星期内就被轧平。因而实际头寸的波动率可能会远大于估计的波动率。

第二，时间序列**普通最小二乘法**（OLS）是否为合适的估计方法还存在争议。方和谢建议，使用其他的模型——模型中包含其他解释变量如商品波动率、收益/风险比率或期权指标等；自相关修正模型也可能适用[11]；或者还可以采用其他的估计方法，比如运用受约束最小二乘法进行纯粹的夏普风格分析。

第三，标的期货合约的总收益还未考虑进来，所以使用价格数据可能起到误导作用。最后，生存偏差或其他类型的偏差可能出现在 PHY 收益序列中，例如斯珀金和迪兹

---

[11] For example, see Mila Getmansky, Andrew W. Lo, Igor Makarov, "An Econometric Model of Serial Correlation in Hedge Fund Returns," *Journal of Financial Economics* (December 2004), pp. 529–609.

(Spurgin and Diz)及其他研究者已经发现这种现象[12]。虽然列举了这些注意事项,本文的目的却很简单——判断从事商品实货交易的 CTA 是否持续地承担商品贝塔敞口。所以将不追究技术性细节,因为它们可能不会改变本文的结论,笔者仍然采用前述的序列 OLS 方法,同时意识到它具有不精确性[13]。

计量结果列在图表 20.5 和图表 20.6 中。它表明商品实货交易商实际上持有大量的商品敞口。然而多头敞口或多或少地被空头头寸所抵消,所以在 2001—2006 年期间,平均的净敞口不显著区别于零。它同时也揭示了随着时间的推移,贝塔敞口表现出大幅的波动性。比如,在 2001—2004 年间,PHY 经理通常持有商品多头。但在过去的几年里,它们更多地转向买入能源和金属头寸,同时卖空农产品和热带作物。回归方程的平均解释能力是相当高的,R^2 和调整后的 R^2 分别为 0.70 和 0.37。截距——阿尔法的粗略估计量通常是正的,虽然小但统计特征显著。

农产品专业化 CTA

再研究专门交易农产品的 CTA,用 AGR 序列的四组商品作为解释变量进行回归,作出估计。这些包括农作物(玉米、小麦和大豆),肉类(牛和猪),热带作物(蔗糖、咖啡和可口)以及工业原料(棉花和木材)。与之前一样,笔者采用近月期货价格和等权重的分组方案。

请注意,加总后可能会出现信息丢失,因为农产品市场的结构尤其复杂。不仅季节性很重要(受储存成本影响,在收获季节之前农作物通常表现为期货溢价,直到新产品进入市场之后才下调价格),而且肉类和农作物表现出联动的变化关系——因为谷物饲料是生产过程的投入品。所以我们事前不难想象提取贝塔的难度。

这可由图表 20.6 和图表 20.7 中的估计量证实。它们表明农产品专业化 CTA 显示大幅的贝塔变动。但平均起来,1995—2006 年间的净敞口几乎为零。此外,与 PHY 相比,它的平均 R^2 值很低(平均值是 0.31)。所以只能将一小部分农产品专业化战略的收益,归结为月度商品价格的波动。

能源专业化对冲基金

下面研究专门交易能源的对冲基金,笔者再次采用相同的回归方法,这种方法在 BTU 收益序列中已讨论。对于解释变量,笔者将原油、燃油、汽油和天然气的近月期货价格包括在内。此外引入 S&P 收益以捕捉股市效应,因为能源对冲基金通常集中于能源

---

[12] See Richard Spurgin, "A Study of Survival: Commodity Trading Advisors, 1988-1996," *Journal of Alternative Investments* (Winter 1999), pp. 16-22; Fernando Diz, "CTA Survivor and Nonsurvivor: An Analysis of Relative Performance," *Journal of Alternative Investments* (Summer 1999), pp. 57-71; Gaurav S. Amin and Harry M. Kat, "Welcome to the Dark Side: Hedge Fund Attrition and Survivorship Bias over the Period 1994-2001," *Journal of Alternative Investments* (Summer 2003), pp. 57-73.

[13] 在其他的研究中,笔者确实运用了很多更加复杂的方法,此处就不一一介绍了。但是,总体上结论的核心部分没有大的变化。

股票的交易，裸露的能源头寸对它们而言只是次要问题。

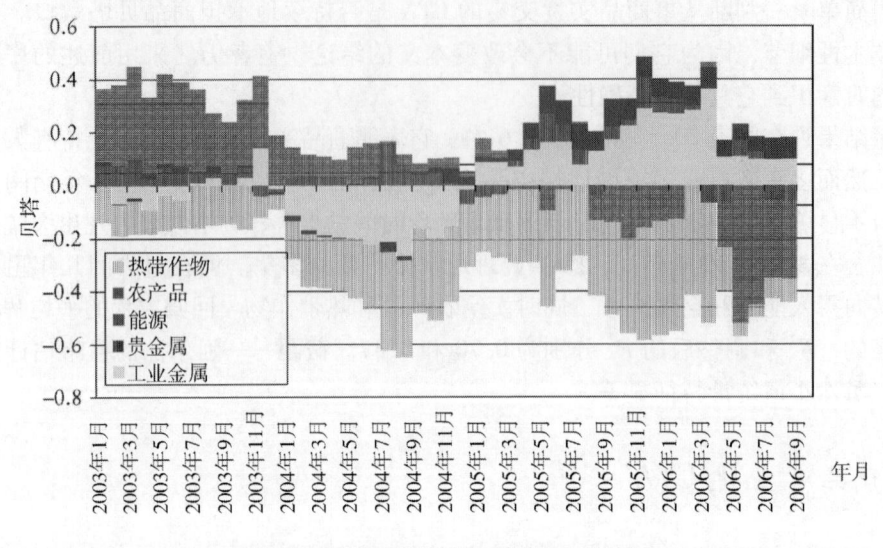

图表 20.5　"实货" CTA 的市场因子敞口

图表 20.6　估计商品专业化 CTA 和对冲基金中嵌入的商品敞口

商品大类	子 类	CTA 实货商品 均值	CTA 实货商品 最小	CTA 实货商品 最大	CTA 农产品 均值	CTA 农产品 最小	CTA 农产品 最大	能源对冲基金 均值	能源对冲基金 最小	能源对冲基金 最大
农产品	全体	0.03	-0.32	0.52	—	—	—	—	—	—
	粮食作物	—	—	—	0.09	-0.13	0.47	—	—	—
	肉类	—	—	—	-0.04	-0.40	0.26	—	—	—
	热带作物	-0.22	-0.45	-0.04	-0.08	-0.29	0.17	—	—	—
	工业原料	—	—	—	0.01	-0.15	0.30	—	—	—
能源	全体	0.04	-0.04	0.10	—	—	—	—	—	—
	原油	—	—	—	—	—	—	0.13	-0.19	0.77
	汽油	—	—	—	—	—	—	0.12	-0.14	0.41
	燃油	—	—	—	—	—	—	-0.03	-0.33	0.29
	天然气	—	—	—	—	—	—	0.07	-0.03	0.23
金属	贵金属	0.03	-0.07	0.15	—	—	—	—	—	—
	工业金属	0.02	-0.27	0.36	—	—	—	—	—	—
股票	S&P	—	—	—	—	—	—	0.42	-0.09	1.09
截距		0.006	-0.003	0.015	0.002	-0.010	0.014	0.009	-0.013	0.029
平均 R^2		0.70	0.43	0.84	0.31	0.15	0.56	0.52	0.31	0.73
调整的平均 R^2		0.37	-0.18	0.66	0.17	-0.05	0.47	0.38	0.14	0.66

注：依据的是滚动 24 月期回归；AGR 和 BTU 的数据期间是 1995 年 1 月至 2006 年 8 月，PHY 的数据期间 2001 年 1 月至 2006 年 8 月。

因为 BTU 的收益序列要长于 PHY，所以这些回归结果有助于深入理解随着时间推移

第20章 主动管理型商品投资：商品交易顾问基金和对冲基金的作用

贝塔转换的程度。图表20.6和图表20.8中列出的结果与前文中交易商品实货的CTA相类似，即随着时间推移经理的操作显示大幅的贝塔转换。也就是说，在20世纪90年代后期，经理买入原油和汽油——同时卖空燃油以冲抵头寸。然而近年来由于经理买入燃油，这种敞口发生了逆转。

更重要的是这样一个事实：能源对冲基金对股票市场的贝塔敞口相当高。确实，我们样本中的S&P贝塔均值略高于0.4，意味着股票市场走势是BTU业绩的重要影响因素。这就可以部分地解释为什么样本里能源对冲基金的收益超过了CTA[14]。

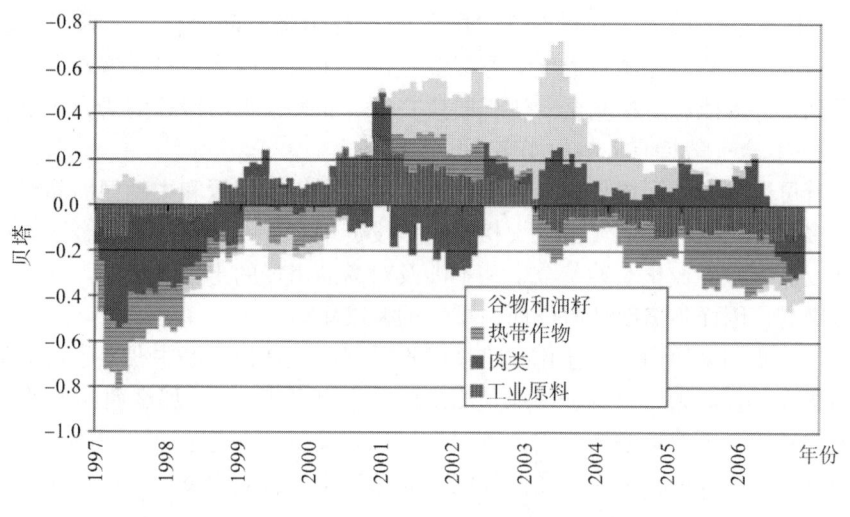

图表20.7 农产品CTA的市场因子敞口

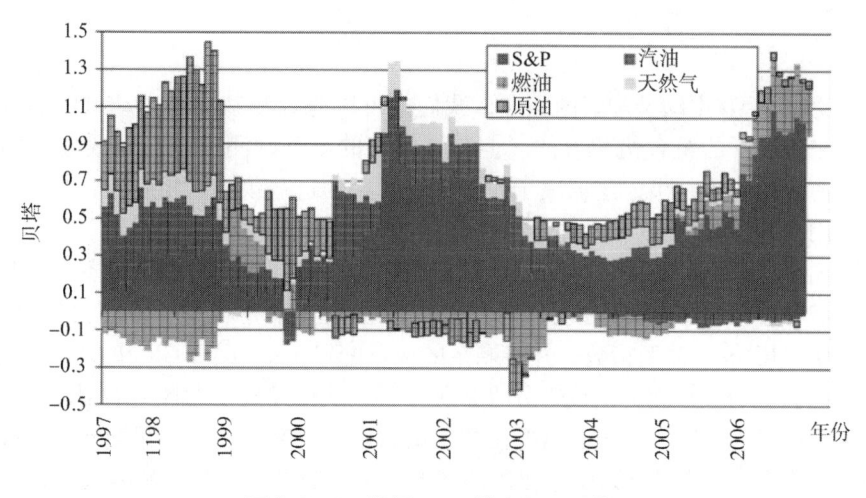

图表20.8 能源CTA的市场因子敞口

---

[14] 笔者也注意到，传统投资者常常认为获得商品敞口的另一个办法不过是能源股票投资。比如如果想获得贵金属敞口，适合的策略是购买金银或铂金采掘公司的股票，或XAU指数。类似的，如果想获得能源商品的敞口，那就买进石油生产企业、石油服务公司的股票或XOI指数。虽然这种途径有优点，但能源股票与能源对冲基金相比，对股票市场拥有更高的贝塔敞口。由于这个原因，笔者把商品类股票配置看成是股票组合经理所做出的行业选择。

组合含义

商品专业化 CTA 作为主动型经理

到目前为止的结论表明，商品专业化 CTA 持有很少的净商品敞口。在这种意义上，它们可看作是阿尔法生成因子——不管"阿尔法"是由随时间变化的贝塔产生的，还是由其他原因造成的。然而能源专业化对冲基金也持有净多头股票敞口。这并不奇怪，因为上文已经提到，许多能源对冲基金专注于股票交易。此外这也与以往的研究相吻合：股票多头/空头对冲基金一般持有大幅的净多头股票敞口。

这意味着可以将商品配置划分为两部分——被动型指数配置和主动型商品专业化策略——这与大多数资产类别的配置情况大相径庭。投资于实货专业化对冲基金、农产品专业化对冲基金以及能源专业化对冲基金，并不涉及对商品市场的走势下赌注。此类经理不参照基准进行交易，因而不需要持有任何系统性的基准敞口。

那么为什么我们采用商品专业化战略，而不采用能从任何市场中获得收益的阿尔法生成因子？答案在于，如果投资者准确地预测出商品牛市（熊市），那么商品专业化策略就能受益，因为它们会转换贝塔来利用盈利机会——毕竟这正是它们可以识别的技巧所在。这可由前面章节的统计分析证实，在两年的时间窗口中，我们观测到统计特征显著的贝塔转换。

被动型/主动型配置

下面讨论被动型/主动型配置的问题，我们本可以先预测基准和主动型经理的期望收益，然后再采用通常的组合优化方法。但是，主观的收益预测常常会导致极端的组合配置，至于如何看待配置结果，这取决于投资者是否相信这些预测。相应的，笔者将考察投资者可能采用的各种被动型/主动型配置的隐含收益，来避开这个困境。

按照下列步骤进行：首先，把商品配置看做事先给定的，并且假定投资者面临着如何配置于主动型和被动型经理的问题。笔者采用的权重方案是将 0~100% 的权重配置于 CRB、GSCI 和 AIG 等被动型指数，并将剩余的权重配置于 PHY、AGR 和 BTU 等主动型经理，配置于这些主动型经理的权重也分为多种方案，从仅配置于一种主动型经理到平均配置于多种主动型经理。其次，改动这些配置的隐含收益，来评估何种预期支撑着投资者的权重方案。假设投资者在 5% 无风险利率基础上，预期有 3% 的商品基准收益，同时假定协方差跟踪矩阵（trailing covariance matrix）不发生变化。这实质上建立起了中立的出发点。继而考察不同配置方案的组合特征，鉴于组合中配置了能源对冲基金，笔者也估计出对股票的隐含贝塔。

图表 20.9 列出了隐含的投资收益。它表明在多数情况下，主动型经理构建组合所要求的收益比基准低几个百分点。原因在于被动型基准通常比主动型经理组合显示出更高的波动率。所以投资者如果配置较高权重到商品专业化策略，其预期会给整个组合带来收益

和风险的抑制作用。所以商品配置决策实质上就变成这样一个问题：投资者准备为较低的风险放弃多少收益——而不是期待较高的风险能增加多少收益。

如果考察整体商品组合的特征，就可以明显看出这一点（见图表20.10和图表20.11）。重要的是，它意味着主动型经理之间的分散化，只能轻微地降低组合隐含的预期收益，同时大幅地减少风险。如果采用能源比重高的GSCI作为基准，这一点将特别明显，因为GSCI本身显示出高度的波动率。所以，可能要强烈推荐风险规避型投资者更多地配置于主动型经理，并降低对被动型指数化策略的配置。

图表20.9　　　　　被动型和主动型商品配置的隐含收益（%）

组合	1	2	3	4	5	6	7	8	9	10	11	12	13	14
混合配置														
被动型指数	—	25	25	25	25	50	50	50	50	75	75	75	75	100
CTA 实货	33	25	75	—	—	17	50	—	—	8	25	—	—	—
CTA 农产品	33	25	—	75	—	17	—	50	—	8	—	25	—	—
能源对冲基金	33	25	—	—	75	17	—	—	50	8	—	—	25	—
隐含收益														
CRB 基准	8.0	8.0	8.0	8.0	8.0	8.0	8.0	8.0	8.0	8.0	8.0	8.0	8.0	8.0
CTA 实货	7.4	6.1	7.1	6.5	5.3	5.7	6.1	5.8	5.3	5.5	5.6	5.5	5.4	5.4
CTA 农产品	7.6	6.1	6.1	8.0	5.0	5.6	5.5	6.2	5.1	5.3	5.3	5.5	5.1	5.1
能源对冲基金	8.5	7.0	6.0	5.8	8.3	6.6	6.1	6.1	7.3	6.3	6.2	6.1	6.6	6.2
GSCI 基准	8.0	8.0	8.0	8.0	8.0	8.0	8.0	8.0	8.0	8.0	8.0	8.0	8.0	8.0
CTA 实货	6.5	5.6	6.0	5.8	5.2	5.4	5.6	5.5	5.3	5.4	5.4	5.4	5.3	5.3
AIG 农产品	6.7	5.6	5.6	6.4	5.0	5.3	5.3	5.6	5.1	5.2	5.2	5.3	5.1	5.2
能源对冲基金	7.3	6.1	5.6	5.5	6.9	5.8	5.6	5.6	6.3	5.7	5.6	5.6	5.9	5.7
AIG 基准	8.0	8.0	8.0	8.0	8.0	8.0	8.0	8.0	8.0	8.0	8.0	8.0	8.0	8.0
CTA 实货	7.3	6.2	7.1	6.6	5.3	5.8	6.2	5.9	5.4	5.6	5.7	5.6	5.4	5.5
CTA 农产品	7.5	6.1	6.2	8.1	5.0	5.6	5.6	6.3	5.1	5.4	5.4	5.6	5.2	5.2
能源对冲基金	8.4	7.1	6.0	5.8	8.5	6.6	6.1	6.1	7.4	6.4	6.2	6.2	6.7	6.2

图表20.10　　　　　被动型和主动型商品配置的组合特征（%）

组合	1	2	3	4	5	6	7	8	9	10	11	12	13	14
混合配置														
被动型指数	—	25	25	25	25	50	50	50	50	75	75	75	75	100
CTA 实货	33	25	75	—	—	17	50	—	—	8	25	—	—	—
CTA 农产品	33	25	—	75	—	17	—	50	—	8	—	25	—	—
能源对冲基金	33	25	—	—	75	17	—	—	50	8	—	—	25	—
CRB 作为基准														
隐含收益	6.8	6.3	6.5	6.8	7.2	6.7	6.8	6.8	7.1	7.4	7.3	7.3	7.5	8.0
组合风险	6.1	8.5	8.9	9.0	12.1	12.6	12.6	12.3	14.4	17.2	17.1	16.8	17.8	21.9

续表

组合	1	2	3	4	5	6	7	8	9	10	11	12	13	14
股票敞口	5.8	2.8	1.4	1.3	4.9	2.1	1.6	1.6	3.2	1.9	1.6	1.6	2.3	—
拉姆达（λ）	5.0	1.8	1.9	2.2	1.5	1.1	1.2	1.2	1.0	0.8	0.8	0.8	0.8	0.6
GSCI 作为基准														
隐含收益	6.8	6.3	6.5	6.8	7.2	6.7	6.8	6.8	7.1	7.4	7.3	7.3	7.5	8.0
组合风险	6.1	8.5	8.9	9.0	12.1	12.6	12.6	12.3	14.4	17.2	17.1	16.8	17.8	21.9
股票敞口	5.8	2.8	1.4	1.3	4.9	2.1	1.6	1.6	3.2	1.9	1.6	1.6	2.3	—
拉姆达（λ）	5.0	1.8	1.9	2.2	1.5	1.1	1.2	1.2	1.0	0.8	0.8	0.8	0.8	0.6
AIG 作为基准														
隐含收益	7.7	6.9	7.3	8.1	8.4	7.0	7.1	7.2	7.7	7.5	7.4	7.4	7.7	8.0
组合风险	6.1	6.9	7.4	7.7	10.9	8.7	8.7	8.5	11.0	11.1	11.0	11.8	12.0	13.7
股票敞口	8.6	5.3	2.5	2.1	8.9	4.1	2.9	2.8	6.2	3.6	3.0	3.1	4.4	—
拉姆达（λ）	7.4	3.9	4.3	5.2	2.9	2.6	2.8	3.0	2.3	2.0	2.0	2.1	1.9	1.6

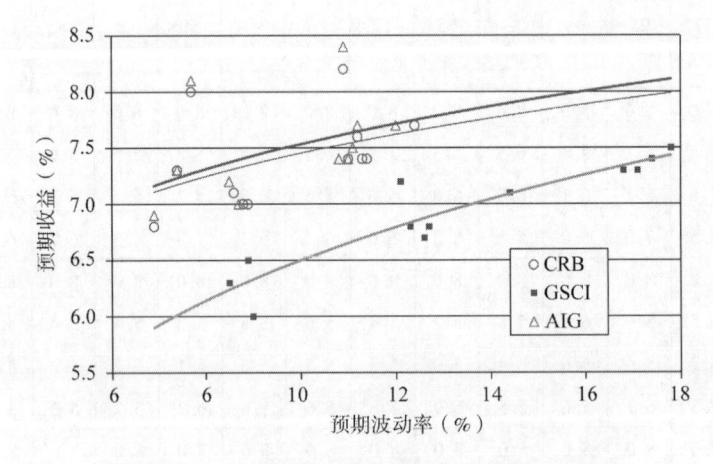

图表 20.11 各种商品权重方案所隐含的收益和风险

还有一个问题，主动型/被动型商品的划分可能对组合中其他资产的配置产生影响。如果投资者能投资于其他的阿尔法生成因子，比如各种对冲基金策略，那么这种影响尤为明显。尽管笔者不去评价这些影响的程度——这里关注的仅仅是主动型/被动型商品配置——但它可能改变整个投资组合的构成，增加或减少商品敞口。

宏观基本面和主动型经理作为对冲

诸多因素导致商品价格特别难预测：首先，多数商品是以美元标价交易的，因而隐含着货币因素的影响。比如，过去几年里商品价格飙升的同时，伴随着美元价值的急剧下跌，这不是偶然的。确实，在过去几十年间，按贸易加权的美元价值与 CRB 指数之间的相关系数接近 0.7，因此在很大程度上商品牛市对应着美元疲软。其次，商品价格最终会回归到生产成本。这是简单的经济动态反应——较高的价格鼓励产能投资，企业追求利润最大化最终会刺激供给。问题在于供给方面的反应可能要持续数年，因为它常常受制于资源的发掘和基础设施的扩张。所以预测新的供给何时会压低商品价格是很困难的——即使我们知道这要发生。最后，商品价格严重受到投资需求的影响。就这一点而言，过去几年已经积累了大量的净多头投机头寸。当然，投资需求在20世纪80年代和90年代相当长的时期内几乎微不足道，而后才产生了这些头寸。这种压力能否持续？是否像过去那样，可能会发生逆转？

如果我们进入一段漫长的美元疲软期，伴随着持续的经济复苏和投资需求积累，以及长期的供给反应滞后，那么在很长一段时间内商品价格可能继续上涨。确实得益于中国、印度和其他新兴市场的工业化进程，当前全球增长可能存在正的偏度。即使是农产品，也对新兴市场激增的蛋白质需求和生物燃料需求做出了反应。此外供给反应可能会受资源枯竭的限制，看涨能源者认为已经达到了产能高峰（消费量大于储备增加量的点位）。另外生产成本已经增加，部分原因在于环境保护的管制更加严格。

与此对立的观点是，商品需求增长在未来几年会减慢，理由是世界经济的增长率要均值回归至正常水平，当新的投资项目带来回报时，商品供给就会增加，并且美元的价值调整最终会完成——因而不利于商品价格的进一步上涨。商品投资的最好时机显然是在全球扩张周期的早期阶段，因为此时商品需求正在膨胀；或者是在投资不足的时期之后，因为环境保护监管等事件会导致成本上升；以及美元贬值、其他货币升值的时候。

还有一点或许是题外话——对于商品，预测的不确定性是相当高的。无论价格走势抑或滚动收益都是如此。近来，石油市场从现货溢价转为期货溢价就出乎很多人的意料。就此而言，如果投资者对商品的走势不确定，解决的办法可以是更多地配置于主动型商品经理。原因在于如果在事后看来收益预测严重偏离目标，或者更糟糕地预测错了方向，这时主动型商品经理可以提供保障，因为它们的贝塔敞口不是一成不变的。这样看来，主动型商品经理可以作为预测偏差的防护层，同时保持了商品资产类别的低相关性优势。

结　论

商品投资不是新近才取得发展的。从20世纪70年代高通胀时期直到1980年的市场顶峰，它们都处于投资的前沿。随后，投资需求的下降主要是因为商品的收益比股票和债券的收益要低。当然，商品丧失了有效的通胀保值功能（很大程度上被TIPS取代），但商品有很长的周期，在很长时期内价格可以比通货膨胀上升得快。当市场条件有利时，这种倾向支持长线战术性配置。

当然，与其他资产类相比，商品投资具有不同寻常的障碍。挑选主动型经理、竭力寻求正的贝塔，这种普通的办法已不再适用。投资者也不能认为投资于宽基CTA就能提供贝塔敞口。

精明的投资者的机会在于创造性地选取基准，并配套地投资于商品专业化CTA。后者一个特别的优势在于，主动型经理追求阿尔法而不考虑基准。这就带来了特别好的预测误差防护作用，同时还能够提供参与商品价格变动的途径。投资于由被动型指数和主动型经理构成的组合，可能是最好的方法。

第21章

传统组合中引入另类投资：商品、对冲基金及管理型期货*

马克·S·肖尔（Mark S. Shore）
风险主管
Octane 研究公司

近年来，商品投资的需求不断增加，尤其是来自机构投资者，同时商品指数的开发也有了新的进展。这种需求的增加启发我们提出三个简单但很关键的问题，这些问题引出了本章的内容：(1) 作为传统投资组合中的分散化工具和风险管理工具，商品配置的业绩如何？(2) 相对于其他另类投资如对冲基金和管理型期货，商品作为传统投资的分散化因子是否有效率？(3) 在组合中商品是否可以与其他另类投资相互补充？虽然这些年来第一个问题已经为许多评论家所讨论，但是我们认为在第二个和第三个问题中，商品与其他另类投资之间的关系则缺乏讨论。随着另类投资越来越受欢迎，对这些问题的讨论也越来越重要。

在这一章的讨论中，我们选择高盛商品指数（GSCI）作为样本商品指数，因为它是大多数可交易商品指数的组成部分。高盛商品指数可以划分为三个指数：现货指数、超额收益指数和总收益指数。在本章中我们会对这三个指数进行检验和比较。

股票指数中包含了增长的成分，因此随着经济增长和业务发展，投资者会逐渐实现更高的资产净值。就其性质而言，商品市场是均值回归型市场；在其真正意义上，商品价格反映的是供求之间不断的互动关系。因此人们必须意识到如果需求超过了供给，商品价格的上涨可能会持续数月甚至数年。一旦解决了生产瓶颈或发生了替代效应，供给往往会趋同于需求，价格趋向于均衡水平，市场很可能会呈现出横盘整理或下跌的价格走势①。

---

* 作者感谢 Joel L. Franks，Fabrice Rouah，Paul Gomm 和 Elissa Bloom 对本章写作的支持。
① 替代效应是指终端用户以具有相同的功能、但价格相对便宜的其他商品来代替原来的商品。

替代效应的例子包括,当原油价格变得相对昂贵时,替代燃料会乘势发展。在谷物市场,玉米和小麦的价格之间经常是同比例变化,因为二者都可以用作饲料;但小麦的蛋白质含量高于玉米。当玉米变得更加昂贵时,农民更有可能选择小麦;而当玉米变得相对便宜时,农民更有可能选择玉米。

商品作为对冲通货膨胀的工具

由于商品指数对应着只做多型投资策略,它们往往被看成是衡量通货膨胀的标准,而不是含有长期增长成分的投资工具。我们还必须认识到,商品的历史常常经受繁荣、萧条、季节性波动、政治问题、交通问题、天气问题等因素的影响,并且偶尔会出现投机者试图垄断市场的情况。例如,在1973年,得克萨斯州的亨特兄弟就开始积累白银作为对冲通货膨胀的工具(当时公民私人持有黄金是非法的)。到1979年,他们持有2亿盎司白银,约是全球可交付供应量的50%。1979年初的银价是每盎司5美元;到1980年初,银价涨到49美元。纽约商品交易所于是下调了该投机者的头寸限额,并且增加了白银交易的保证金要求,此举导致持仓大户被迫清算多头头寸,而且没有能力支付保证金,于是银价开始下跌。在1980年3月27日("白银星期四"),银价从21.62美元下跌至10.80美元。亨特兄弟最终在1988年被判操纵市场罪。

卡欣、麦克德莫特和斯科特(Cashin、McDermott and Scott)探讨了自1957年1月至1998年8月商品数据的检验结果:下跌("疲软")市场的平均持续时间比上涨("繁荣")市场的平均持续时间要长[②]。此外他们还发现,价格下跌的幅度要略高于价格上涨的幅度。1977年修订的《美国联邦储备法》规定了美联储的职责,即运用货币政策以实现最大化就业和物价稳定。美联储开始把商品指数作为通货膨胀的度量指标之一,同时关注其他一些通胀指标,如消费物价指数和个人支出指数[③]。如此一来,他们试图间接地保持商品价值的相对稳定。于是人们不禁要问,为什么要投资于商品指数?

正如我们在本章中所要阐述的,商品指数与传统资产以及另类资产具有较低的相关性。与投资组合低相关或相关的资产是很受欢迎的分散因子,但它不是唯一的因子。当资产收益被非预期的通货膨胀侵蚀时,商品作为通货膨胀的晴雨表,能够保护投资组合的价值。正如格里尔所言,与其说是通货膨胀水平对股票和债券造成了损害,不如说是非预期的通胀变化损害了股票和债券的收益[④]。如果通货膨胀率的增速起初为5%,而后变为7%,那么市场和经济体不必过于在意。但是,如果通货膨胀率从预期的5%变为非预期的10%或15%,这至少会对市场和经济体造成直接的冲击。戈登和鲁文赫斯(Gorton and

---

[②] Paul Cashin, C. John McDermott, and Alasdair Scott, Booms and Slumps in World Commodity Prices, IMF Working Paper No. 99/155, November 1999.

[③] Anthanasios Orphandies, "The Road to Price Stability," Finance and Economics Discussion Series, Divisions of Research & Statistics and Monetary Affairs, Federal ReserveBoard, Washington, D. C. (2006), pp. 1–11.

[④] Robert J. Greer, "Commodity Indexes for Real Return," Chapter 1 in *The Handbook of Inflation Hedging Investments*, edited by Robert J. Greer (New York: McGraw-Hill, 2006), pp. 114–115.

Rouwenhorst)考察了 1959—2004 年的等权重商品指数,从中获得同样的结论⑤。正是由于这种结构转换,商品类投资才能够体现出分散化作用的附加价值,即较低的相关性。诸多文章揭示了商品在长期内与通货膨胀是正相关的。本章将阐释商品配置权重从 5%～15% 对组合所造成的影响,并论证何种类型的另类投资能最好地与商品投资互补。人们可以认为商品类似于通胀保险。

商品的分布特征

在商品投资的附加值问题中,我们需要关注商品收益的分布状况,具体涉及偏度、峰度以及下跌风险的波动率。偏度描述的是收益分布的对称形态。右(左)偏指的是偏度值为正(负),从而产生非对称的收益。因此当考察投资组合的成分时,考察协偏度的尾部风险影响是极其重要的。偏度指的是单项投资的收益分布,而协偏度指的是投资组合成分之间的相对偏度及其对资产组合的总影响。添加具有负偏度的投资成分将会减少还是增加投资组合的偏度呢?峰度联系着收益分布的尾部厚度,视其尖峰或平坦而定。收益分部的尖峰现象越严重,该分布的超额峰态系数越高。巴克曼和肖尔茨(Bacmann and Scholz)阐明了随着峰度增加,任何投资出现极端收益的可能性会越来越大⑥。投资项目如果兼具正的偏度与高额峰度,从而得到正的极端收益的可能性大于得到负的极端收益的可能性,这就再理想不过了。

在讨论收益分布时,还需要提及缺口风险。缺口风险与负收益或收益低于既定目标的程度和频率有关。如果某项投资亏损频率相对较低,但具有更大的下跌偏差和负的偏度,那么该项投资被认为是更具风险性。养老基金和捐赠基金常将资产的目标收益不足以偿付债务的风险看做是缺口风险。缺口风险是根据发生特定额度亏损的概率来计算的⑦。

肖尔(Shore)运用标准差比率或 S 比率 =(上涨离差/下跌离差)研究了亏损一侧的尾部风险⑧。通过区分上涨离差和下跌离差,可以更好地理解波动率或固有风险从何而来。如果 S 比率大于 1,则较多的市场波动率产生于正收益月份。因此高标准差可能意味着更有可能出现正偏,而不是意味着具有更高的风险。S 比率与偏度可以说成是具有大体上的正相关性或方向上的相关性。

高标准差的投资通常被认为是有风险的,根据投资组合理论,它会被夏普比率或其他业绩指标惩罚,这是因为组合理论假设的是正态分布。然而从本章内容可以看出,大多数

---

⑤ Gary Gorton and K. Geert Rouwenhorst, "Facts and Fantasies about Commodity Futures," *Financial Analyst Journal* 62, no. 2 (2006), pp. 47–68.

⑥ Jean-Francois Bacmann and Stefan Scholz, "Alternative Performance Measures for Hedge Funds," *Alternative Investment Management Association Journal* (June 2003).

⑦ Brian M. Rom and Kathleen W. Ferguson, "A Software Developer's View: Using Post-Modern Portfolio Theory to Improve Investment Performance Measurement," in *Managing Downside Risk in Financial Markets*, edited by Frank Sortino and Stephen Satchell (Oxford: Butterworth-Heinemann, 2001), pp. 62–71.

⑧ Mark S. Shore, "Skewing Your Diversification," in *Hedge Funds: Insights in Performance Measurement, Risk Analysis, and Portfolio Allocation*, edited by Greg N. Gregoriou, Georges Hubner, Nicolas Papageorgiou, and Fabrice Rouah (Hoboken: JohnWiley & Sons, 2005), pp. 515–525.

资产类别是非对称的。索尔蒂诺比率 = [（收益 - 可接受的最低收益）/半离差][9] 只监测下跌风险，因而它比标准差能够更有效地反映出投资者所感知的风险[10]。某些因素会造成标准差比较低，从而可能会误导投资者，其中一些例子包括低杠杆化、价格信息过时导致的收益序列平滑化、S 比率 <1，以及负的偏度等。

佩恩（Payne）讨论了当控制均值和方差之后，一些投资者倾向于采用偏度指标；由于正偏投资的收益可能并不像负偏投资的收益那样一致，因此投资者可能感觉正偏比负偏具有更大的风险[11]。克里莫斯、克里兹曼和佩奇（Cremers，Kritzman and Page）发现，具有 S 形效用曲线的投资者更偏好峰度和负偏度，因为峰度越高意味着收益越稳定[12]。高阶矩和 S 比率可以为这种决策行为误区提供更深入的理解[13]。高峰度和负偏度的投资可能会表现出稳定的收益和相对较低的标准差，但是相对于收益正偏组合（投资者拥有多头期权）而言，那些偏度为负的组合包含更多的尾部风险（投资者持有空头期权）。哈维、利希蒂、利希蒂和穆勒（Harvey，Liechty，Liechty and Muller）等人注意到，当应用于马科维茨均值 - 方差有效组合时，将均值、方差和偏度结合在一起的效用函数不能得出最优的结果，在 1952 年，马科维茨也对此做出了解释[14]。由于投资者希望最大化收益同时最小化损失，而且他们还想让获得最大收益的概率比遭遇最大损失的概率更大，这就引出了高阶矩的思想。

优化过程中使用的指数

高盛商品指数

高盛商品指数的现货指数、超额收益指数和总收益指数的业绩如何？高盛商品指数的收益分布、波动率是否有特殊之处？它如何影响传统的投资组合？

首先，我们区分 GSCI 商品指数中的每一个指数。24 个商品期货市场构成了这些指数的成分。这些商品行业包括能源、工业金属、贵金属、农产品和畜类产品。所有的 GSCI 指数都是只能做多头的商品指数，它们按照全球产量加权，而且每年都可能会重新分配权重。这意味着每个成分商品的权重都是基于 5 年的平均产量，然后每年重新调整权重，使其与 5 年的平均产量保持一致。

---

[9] **可接受的最低收益**（MAR）是投资者在其投资结构基础上所能接受的最低额度，它不同于夏普比率，夏普比率使用的是无风险利率。在本章中，我们假定 MAR 等于 0%。

[10] Rom and Ferguson, "A Software Developer's View: Using Post-Modern Portfolio Theory to Improve Investment Performance Measurement."

[11] John W. Payne, "Alternative Approaches to Decision Making Under Risk: Moments Versus Risk Dimensions," *Psychological Bulletin* 80 no. 6 (1973), pp. 439–453.

[12] Jan-Heim Cremers, Mark Kritzman, and Sebastien Page, "Optimal Hedge Fund Allocations: Do Higher Moments Matter?" *Journal of Portfolio Management* 31, no. 3 (2005), pp. 70–81.

[13] Daniel Kahneman and Amos Tversky, "Prospect Theory: An Analysis of Decision Risk," *Econometrica* 47, no. 2 (1979), pp. 263–293.

[14] Harvey, Liechty, Liechty, and Muller, "Portfolio Selection With Higher Moments."

长期以来，能源市场特别是原油在高盛商品指数中的权重最高。据高盛的资料显示，该指数给予 WTI 原油和布伦特原油达 46% 的权重。请记住，历史上原油价格一直保持着现货溢价状态，从而使滚动收益（便利收益）向超额收益指数和总收益指数中添加正的收益部分。我们可以认为，这是高盛商品指数保持出色业绩的主要原因。2006 年，原油市场期货溢价导致滚动收益对超额收益指数和总收益指数产生了负面影响[15]。将 2005 年和 2006 年的现货指数与另外两个指数进行对比，即可说明这一点。

在这一章中，我们区分以下三种指数：

- **GSCI 现货指数**。根据每一种商品期货的近月合约权重，汇总其价值总和而构成该指数。
- **GSCI 超额收益指数**。它由近月合约的收益与滚动收益构成。如果现货溢价，那么滚动收益为正；如果期货溢价，滚动收益为负。由于其中含有期货成分，所以该指数是杠杆化的。
- **GSCI 总收益指数**。它计算在持有期间内，将理论头寸全额抵押所能获得的利息收益，从而使期货头寸成为非杠杆化的投资。把国库券的收益再投资于期货合约，并将期货合约的盈亏计入国库券组合中，于是得到了总收益指数[16]。该指数同样考虑了滚动收益。

1970 年 1 月至 1972 年 12 月期间，GSCI 现货指数上涨了 47.1%；1973 年 1 月至 1999 年 12 月期间，GSCI 现货指数主要处于横盘整理的状态，收益率为 32.2%。如果将滚动收益引入至该指数的收益中，那么 GSCI 超额收益指数的**资产净值**（NAV）呈现出逐渐增长，但存在一些波动性。1973 年 1 月至 1999 年 12 月期间，GSCI 超额收益指数的收益率为 108.3%，而同期 GSCI 总收益指数的收益率则高达 1295.5%。GSCI 总收益指数的资产净值表现出强劲增长的趋势，可见国库券收益是其主要来源。如果我们提取滚动收益和国库券收益，那么从绝对收益来看，高盛商品指数本身的表现并不出彩，但它显示出了分散投资风险的潜力。当把滚动收益和国库券收益计算在内时，高盛商品指数能比其他基准指数显示出更好的业绩。

在 1990 年 1 月至 2000 年 12 月期间，GSCI 的现货指数、超额收益指数和总收益指数处于横盘整理阶段，并带有下跌偏差（总收益指数有上涨偏差），如图表 21.4 所示，收益率分别为 19%、26% 和 119%。1990 年 1 月至 2006 年 6 月期间，现货指数的收益率为 133.86%，而超额指数的收益率为 85.21%，这说明在 2005 年 8 月至 2006 年 6 月时期，滚动收益对该指数的收益造成了负面影响，如图表 21.2 和 21.4 所示。在 1990—2006 年期间，总收益指数的收益率为 269%，这表明国库券收益对该指数的收益具有重大影响，如图表 21.2 所示。

有人认为，在 2000—2006 年期间，超额收益指数和总收益指数比现货指数的收益低，是因为原油从现货溢价市场转变为期货溢价市场而产生了负的滚动收益。因此 GSCI 总收益指数中的国库券收益抵消了负的滚动收益。

---

[15] **现货溢价**是指即月合约相对于远月合约以溢价交易，这往往是由于供应短缺造成的。于是当执行滚动操作时，投资者卖出即月合约，并以折扣价买入远月合约，因而产生了一笔正的收益。从本质上讲，折扣额是买方由于承担风险而期望获得的风险溢价。**期货溢价**（也称为**常态市场**）是指即月合约相对于远月合约以折价交易，这是由于存在持有成本。在期货溢价市场中滚动多头仓位，将会导致负的滚动收益。

[16] 收益数据的来源是高盛商品指数手册，2006 年 1 月。

在 1969—2006 年期间，每个指数（尤其是总收益指数）都有正的收益，如图表 21.1 所示。这三个指数之间，除了各自的总收益、平均月度收益、年收益之外，其余的度量指标都非常相似。总收益指数的年化收益率约为其他指数的 2 倍；所有指数都具有正偏度和大于 1 的 S 比率。梯尔指出，投资组合的维护可能也会为该指数增加收益来源，如果组合的权重是一成不变的，则不会出现这种情况[17]。图表 21.1 列出了 GSCI 三大指数的各项度量指标。

图表 21.1　GSCI 三大指数的度量指标（1969 年 1 月至 2006 年 6 月）

	GSCI 现货指数	GSCI 超额指数	GSCI 总收益指数
月均收益率（%）	0.51	0.60	1.12
月标准差（%）	5.45	5.39	5.40
年收益率（%）	6.08	7.20	13.40
年标准差（%）	18.89	18.65	18.71
总收益率（%）	384.68	639.99	6753.97
偏度	0.50	0.46	0.47
峰度	2.03	2.21	2.29
月度最高收益率（%）	26.19	24.89	25.77
月度最低收益率（%）	−16.62	−16.11	−15.63
夏普比率	0.06	0.12	0.45
索尔蒂诺比率	0.55	0.65	1.21
平均月份"+"（%）	4.28	4.20	4.44
平均月份"−"（%）	−3.82	−3.77	−3.56
标准差月份"+"（%）	4.03	3.96	4.00
标准差月份"−a"（%）	3.18	3.22	3.20
S 比率	1.27	1.23	1.25

资料来源：根据彭博的数据创建图表。

图表 21.2　GSCI 三大指数的度量指标（1990 年 1 月至 2006 年 6 月）

	GSCI 现货指数	GSCI 超额指数	GSCI 总收益指数
月均收益率（%）	0.58	0.47	0.82
月标准差（%）	5.60	5.63	5.65
年收益率（%）	7.00	5.60	9.80
年标准差（%）	19.39	19.51	19.57
总收益率（%）	133.86	85.21	268.78
偏度	0.38	0.45	0.46

---

[17] Hilary Till, Structural Sources of Return and Risk in Commodity Futures Investments, White Paper, EDHEC Risk and Asset Management Research Centre, Nice, France, 2006, p. 4.

续表

	GSCI 现货指数	GSCI 超额指数	GSCI 总收益指数
峰度	1.01	1.17	1.26
月度最高收益率（%）	19.84	22.23	22.94
月度最低收益率（%）	-16.62	-14.49	-14.41
夏普比率	0.10	0.03	0.25
索尔蒂诺比率	0.64	0.51	0.89
平均月份"+"（%）	4.51	4.47	4.57
平均月份"-"（%）	-3.99	-4.01	-3.92
标准差月份"+"（%）	4.07	4.16	4.20
标准差月份"-"（%）	3.15	3.19	3.17
S 比率	1.29	1.30	1.33

资料来源：根据彭博的数据创建图表。

图表 21.3　　GSCI 三大指数的度量指标（2000 年 1 月至 2006 年 6 月）

	GSCI 现货指数	GSCI 超额指数	GSCI 总收益指数
月均收益率（%）	1.16	0.74	0.94
月标准差（%）	6.38	6.31	6.30
年收益率（%）	13.87	8.88	11.32
年标准差（%）	22.10	21.87	21.83
总收益率（%）	89.04	43.79	64.71
偏度	-0.18	-0.10	-0.10
峰度	0.01	-0.28	-0.26
月度最高收益率（%）	15.71	14.78	15.14
月度最低收益率（%）	-16.62	-14.49	-14.41
夏普比率	0.40	0.18	0.29
索尔蒂诺比率	1.03	0.70	0.91
平均月份"+"（%）	5.61	5.18	5.10
平均月份"-"（%）	-4.68	-5.08	-5.21
标准差月份"+"（%）	3.77	3.76	3.84
标准差月份"-a"（%）	3.88	3.68	3.58
S 比率	0.97	1.02	1.07

资料来源：根据彭博的数据创建图表。

在图表 21.1 中，除了收益方面的度量指标之外，其余指标都相差不多。收益率之间的差异可以归因于滚动收益和国库券收益。

第 21 章　传统组合中引入另类投资：商品、对冲基金及管理型期货

图表 21.2 表明，以 1990—2006 年间的收益率衡量，GSCI 超额指数与其他指数相比业绩欠佳。但是，各项度量下跌风险的指标均显示 GSCI 超额指数大体上与其他指数不相上下。

即使算上了国库券收益，在 2000—2006 年间，总收益指数的业绩仍不及现货指数（图表 21.3），这意味着由于原油从现货溢价市场转变为期货溢价市场，滚动收益对该指数造成了负面影响。通过进一步研究可以发现，在 2005 年 9 月至 2006 年 6 月期间，现货指数的收益率为 3.22%，超额指数的收益率为 -9.65%，而总收益指数的收益率为 -6.64%。在此期间，各个指数都具有负偏度，而且 S 比率约为 1。

图表 21.4 展示了在 1990 年 1 月至 2006 年 6 月期间，GSCI 现货收益指数、GSCI 超额收益指数和 GSCI 总收益指数的资产净值。可以看出，直到 2005 年原油变为期货溢价市场之前，GSCI 超额收益指数与 GSCI 现货收益指数业绩相当，甚至略胜一筹。

债券、股票、对冲基金与管理型期货指数

在本节中，我们将逐一考察资产组合中的成分指数。这些指数包括标准普尔 500 总收益指数、花旗集团公司债指数（Citigroup Corp）、HFRI（对冲基金研究所）基金的基金指数[18]、CISDM（国际证券及衍生产品市场研究中心）公募 CPO（商品基金经理）资产加权指数[19]以及 GSCI 总收益指数（GSCI TR）[20]。

图表 21.4　GSCI 三大指数的资产净值（1990 年 1 月至 2006 年 6 月）

资料来源：根据彭博的数据创建图表。

---

[18]　HFRI 基金的基金指数包括 800 家美国和离岸的基金，它是等权重指数，而且报告的所有基金都扣除了费用。

[19]　CISDM 公募 CPO 资产加权指数中包含的 CPO 至少管理 50 万美元的资产，而且至少有 12 个月的跟踪记录。报告的所有基金都扣除了费用。

[20]　GSCI 期货合约类似于 GSCI 现货指数，它作为期货合约于 1992 年 7 月开始交易。据芝加哥商业交易所的资料显示，2006 年前 9 个月的交易增加了 22%。超额收益指数于 2006 年 3 月作为期货合约开始交易。总收益指数作为场内交易票据于 2006 年 6 月开始交易。

图表 21.5　各指数的度量指标（1990年1月至2006年6月）*

	S&P 500	Citigroup Corp	HFRI	CISDM	GSCI TR
月均收益率（%）	0.73	0.63	0.80	0.54	0.82
月标准差（%）	4.07	1.35	1.60	3.66	5.65
年收益率（%）	8.78	7.53	9.65	6.46	9.80
年标准差（%）	14.09	4.66	5.54	12.66	19.57
总收益率（%）	259.57	239.27	376.34	154.64	268.78
偏度	−0.45	−0.30	−0.26	0.46	0.47
峰度	0.80	0.80	4.16	1.13	1.26
月度最高收益率（%）	11.16	4.70	6.85	15.72	22.94
月度最低收益率（%）	−14.58	−4.42	−7.47	−9.60	−14.41
夏普比率	0.27	0.54	0.84	0.12	0.25
索尔蒂诺比率	0.91	2.60	2.39	0.98	0.89
平均月份"+"（%）	3.17	1.31	1.48	3.15	4.53
平均月份"−"（%）	−3.35	−1.02	−1.05	−2.49	−3.92
标准差月份"+"（%）	2.42	0.88	1.15	2.67	4.20
标准差月份"−"（%）	2.80	0.84	1.16	1.90	3.17
S 比率	0.86	1.05	0.99	1.41	1.33

注：所考察指数的统计结果旨在反映相应的资产类别。结果可能会随各基金和/或交易策略而异。

资料来源：标准普尔 500 总收益指数、花旗集团公司债指数、HFRI 基金的基金指数和 CISDM 公募 CPO 资产加权指数分别由 Strategic Financial Solutions、LLC、Memphis 和 TN 提供。高盛商品指数由彭博提供。

直接对比美国股票指数与高盛商品指数发现，在 1990—2006 年间，二者的某些度量指标很相似。GSCI 总收益指数呈现出略大的收益和标准差。如果分析 GSCI TR 指数的标准差，我们可以看出其上涨风险的波动率更大，原因在于它的偏度为正、S 比率大于 1、月度最大收益高于标准普尔 500 指数，而且月度最小收益也与后者一样大。这意味着，高盛商品指数的尾部风险可能会更低。戈登和鲁文赫斯指出，他们针对 1954—2004 年全额抵押型商品指数的研究也表明商品的各项度量指标与美国股市很相似[21]。如果仅检验夏普比率，那么公司债和对冲基金将是备受青睐的选项。

图表 21.5 中的指数覆盖了美国股票、公司债券、对冲基金、管理型期货和商品。只有 CISDM 公募 CPO 资产加权指数和 GSCI 总收益指数存在正的偏度、最大的月度最高收益率和最小的夏普比率。格里尔（Greer）如此评价商品："如果供给冲击比需求冲击的可能性更大，则往往会出现意外的价格上涨，从而创造出正的偏度——毫无疑问这比价格的下跌波动率要好[22]。"如果正偏的投资同时具有较低的峰度，则会导致不太一致的收益，因此它具有更高的标准差。对夏普比率的传统理解认为，夏普比率低对于组合而言并不是最理想的；但在无风险利率恒定不变的假设下，较低的夏普比率可能意味着价格上涨比下

[21] Gorton and Rouwenhorst, "Facts and Fantasies about Commodity Futures."

[22] Greer, "Commodity Indexes for Real Return."

跌的可能性更大。夏普指出，如果某项投资与投资组合中的其他成分具有低相关性，并且具有较低的夏普比率，那么该项投资可能会增加组合的价值[23]。高盛商品指数和CISDM指数符合这些要求。

在图表21.5中，HFRI指数的总收益率最大，其次是GSCI总收益指数。HFRI指数也具有最大的峰度以及负的偏度，这意味着相对于我们所研究的其他指数，它有更大的可能性获得稳定收益，同时具有更大的尾部风险。凯特和卢（Kat and Lu）研究了一些对冲基金的分类板块，发现标准差并不足以解释普通对冲基金的风险[24]。大多数分类板块具有较低的标准差、负的偏度以及较高的峰度。因此这意味着投资者无法获得"免费的午餐"。这个概念可以很容易地推广到任何具有相同属性的投资中。

如图表21.5所示，标准普尔500指数的S比率低于1，债券指数和HFRI指数的S比率也是在1附近徘徊。肖尔（Shore）论证了S比率是一个有效的度量指标，有助于判断波动率是来自于正的月度收益还是负的月度收益[25]。理解这个概念很重要，因为标准差仅反映了总的变动，而并没有考虑到月度收益分布的偏度。如果运用组合理论的传统方法，许多投资者都会避免标准差高、正偏且夏普比率低的投资，这是因为正偏可能会增加标准差。请记住图表21.7中的每个指数是如何影响协偏度及组合中其他度量指标的。

梅西纳（Messina）指出，标准差并不是大多数投资者所感知的风险[26]。相比较于上涨波动率和正偏度而言，下跌频率和潜在损失幅度更为贴近投资者的风险概念。如果把**最低可接受收益率**（MAR）包括在式子中，例如用在索尔蒂诺比率中，那么均值方差模型会给出次优的选项。

本章所得出的结果表明（图表21.6），GSCI总收益指数与其他资产类别具有低相关性，通过增加偏度并减少尾部风险，从而为分散化提供了可能。正如施内魏斯和斯珀金（Schneeweis and Spurgin）指出，与某项投资自身的收益率相比，该项投资添加至组合所造成的净影响更为重要[27]。

图表21.6　　　　基准指数之间的相关性（1990年1月至2006年6月）

	S&P 500	Citigroup	HFRI	CISDM	GSCI TR
S&P500	1	0.24	0.44	−0.09	−0.07
Citigroup		1	0.18	0.25	0.01
HFRI			1	0.19	0.19
CISDM				1	0.14
GSCI TR					1

资料来源：根据彭博的数据创建图表。

---

[23] William F. Sharpe, "The Sharpe Ratio," *Journal of Portfolio Management* 21, no.1 (1994), pp. 49–58.

[24] Harry M. Kat and Sa Lu, An Excursion into the Statistical Properties of Hedge Fund Returns, Working Paper, 2002, p. 9.

[25] S比率大于1意味着上涨波动率更大，它与月度收益分布的偏度具有普遍相关性（Shore, "Skewing Your Diversification"）。

[26] Joseph Messina, "An Evaluation of Value at Risk and the Information Ratio (for Investors Concerned with Downside Risk)," Chapter 6, In *Managing Downside Risk in Financial Markets*, edited by Frank Sortino and Stephen Satchell (Oxford: Butterworth-Heinemann, 2001), p. 85.

[27] Thomas Schneeweis and Richard Spurgin, Hedge Funds: Portfolio Risk Diversifiers, Return Enhancers or Both? Working Paper, CISDM, University of Massachusetts, 2000, p. 2.

高盛商品指数与 CISDM 指数之间的相关性较低，但是在某些时刻，二者可能会呈现出高度正相关的趋势。例如一些商品交易顾问基金（CTA）只能从事商品交易，但许多 CTA 能同时交易商品和金融期货。当商品（特别是能源期货）大幅涨价时，GSCI 指数和 CTA 的收益来源可能会很相似。不过，CTA 除了能持有金融期货的多头/空头之外，还能持有商品的空头。

另类投资对传统组合的影响

我们检验了 8 种组合配置，目的是考察各种度量指标的变化以及与下列组合的互补属性[28]。

- 100% 股票；
- 60% 股票，40% 债券；
- 55% 股票，30% 债券，15% 对冲基金；
- 55% 股票，30% 债券，15% 管理型期货；
- 55% 股票，30% 债券，15% GSCI 总收益指数；
- 55% 股票，30% 债券，7.5% 对冲基金，7.5% GSCI 总收益指数；
- 55% 股票，30% 债券，7.5% 管理型期货，7.5% GSCI 总收益指数；
- 55% 股票，30% 债券，5% 对冲基金，5% 管理型期货，5% GSCI 总收益指数。

图表 21.7 的度量指标整体上表明，使用另类投资可能会减少传统组合的部分下跌风险。每个投资组合的总收益没有发生太大变化，但月度收益的分布情况确实出现变化，这就意味着尾部风险发生了变化。组合#2 与组合#1 相比，偏度有所提高。当配置中包括对冲基金和/或商品时，偏度就会降低；但组合#7 和组合#8 除外，因为二者还配置了管理型期货。有意思的是，组合#3（股票、债券和对冲基金）与组合#5（股票、债券和商品）的结果非常相似。组合#5 的偏度和 S 比率相比于组合#3 都有所提高。至于组合的尾部特征，组合#5 的最高月度收益比组合#3 低，但它的最低月度收益比组合#3 高。以上结果表明，商品与对冲基金相比，能为组合带来轻度至适度的好处，这是因为对冲基金具有负偏度并且 S 比率 <1，而商品具有正偏度而且 S 比率 >1。

图表 21.7　　各投资组合的度量指标（1990 年 1 月至 2006 年 6 月）

	组合#1 S&P500	组合#2 S&B	组合#3 S, B, & HFRI	组合#4 S, B, & CISDM	组合#5 S, B, & GSCITR	组合#6 S, B, HFRI & GSCITR	组合#7 S,B,CISDM &GSCITR	组合#8 S, B, HFRI, CISDM & GSCITR
月均收益率（%）	0.73	0.69	0.71	0.67	0.71	0.71	0.69	0.70
月标准差（%）	4.07	2.62	2.48	2.40	2.46	2.46	2.39	2.40

---

[28] 我们还检验了 60% 股票、25% 债券和 15% 另类资产的投资组合，以及 60% 股票、30% 债券和 10% 另类资产的投资组合，结论与本章所给出的结果相类似。

续表

	组合#1 S&P500	组合#2 S&B	组合#3 S, B, & HFRI	组合#4 S, B, & CISDM	组合#5 S, B, & GSCITR	组合#6 S, B, HFRI & GSCITR	组合#7 S,B,CISDM &GSCITR	组合#8 S, B, HFRI, CISDM & GSCITR
年收益率（%）	8.78	8.28	8.53	8.06	8.56	8.56	8.31	8.38
年标准差（%）	14.09	9.08	8.59	8.33	8.52	8.52	8.26	8.33
总收益率（%）	259.57	264.81	83.02	255.61	284.90	284.61	270.76	275.03
偏度	-0.45	-0.36	-0.46	-0.07	-0.40	-0.46	-0.26	-0.33
峰度	0.80	0.52	0.85	0.51	0.71	0.79	0.46	0.58
月度最高收益率(%)	11.16	7.94	7.74	9.43	6.04	6.87	7.72	7.73
月度最低收益率(%)	-14.58	-8.67	-9.08	-6.79	-8.84	-8.96	-7.82	-8.24
夏普比率	0.27	0.36	0.41	0.37	0.42	0.42	0.40	0.41
索尔蒂诺比率	0.91	1.40	1.47	1.67	1.53	1.53	1.62	1.60
平均月份"+"（%）	3.17	2.19	2.13	2.03	2.10	2.09	2.05	2.05
平均月份"-"（%）	-3.35	-2.11	-1.94	-1.93	-1.94	-1.93	-1.90	-1.94
标准差月份"+"（%）	2.42	1.60	1.47	1.55	1.49	1.45	1.48	1.47
标准差月份"-a"(%)	2.80	1.71	1.67	1.39	1.61	1.62	1.46	1.51
S 比率	0.86	0.93	0.88	1.11	0.92	0.90	1.01	0.97

资料来源：标准普尔500总收益指数、花旗集团公司债指数、HFRI基金的基金指数和CISDM公募CPO资产加权指数分别由 Strategic Financial Solutions、LLC、Memphis 和 TN 提供。高盛商品指数由彭博提供。

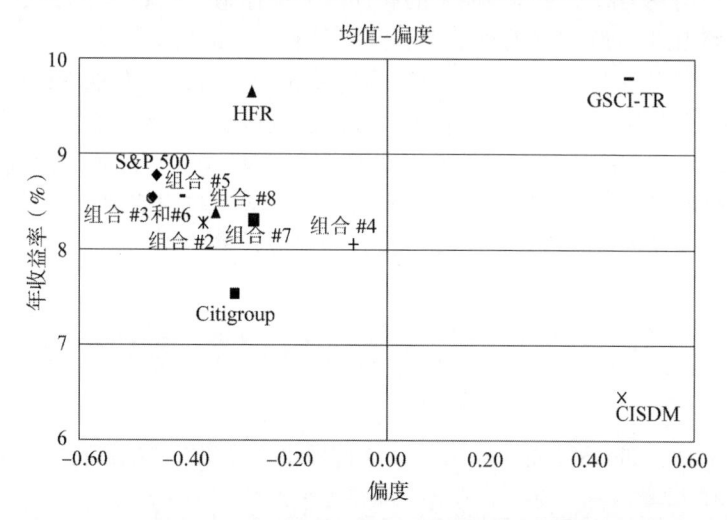

图表21.8 各个指数和投资组合的均值–偏度

资料来源：标准普尔500总收益指数、花旗集团公司债指数、HFRI基金的基金指数和CISDM公募CPO资产加权指数分别由 Strategic Financial Solutions、LLC、Memphis 和 TN 提供。高盛商品指数由彭博提供。

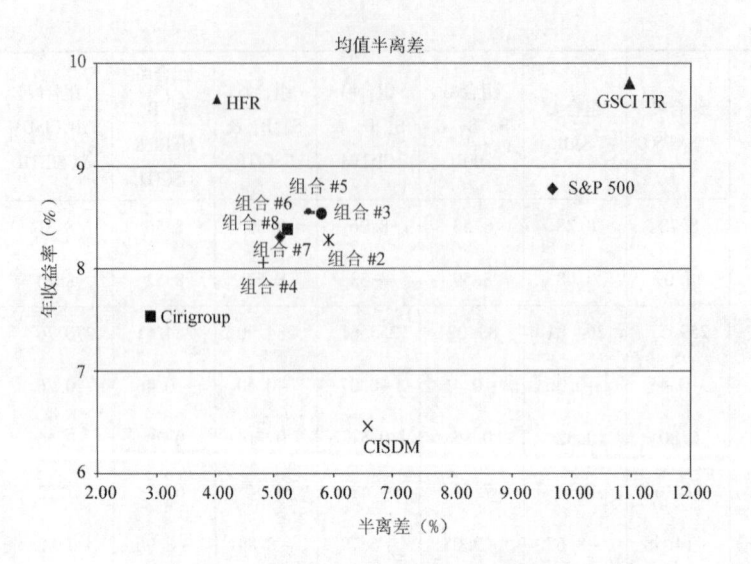

图表 21.9　各指数和投资组合的均值半离差模型

资料来源：标准普尔 500 总收益指数、花旗集团公司债指数、HFRI 基金的基金指数和 CISDM 公募 CPO 资产加权指数分别由 Strategic Financial Solutions、LLC、Memphis 和 TN 提供。高盛商品指数由彭博提供。

相关的研究有必要进一步细化，但如果将高盛商品指数与 HFRI 指数相比较，图表 21.7 表明商品在组合中的配置权重应当更大。这种逻辑与肖尔[29]和凯特[30]的研究相一致，他们认为管理型期货比对冲基金更能有效地减少组合的尾部风险。凯特进一步指出，如果在对冲基金和管理型期货中进行选择，则至少应将 45%～50% 的份额配置于管理型期货。

如图表 21.8 所示，投资组合的大多数收益指标都是非常相似的，但它们的偏度存在差别。组合#4 将资产配置于股票、债券和管理型期货，这显然提高了偏度。在配置了商品的投资组合中，组合#7 的偏度提高得最多。这还意味着为了达到组合#4 和组合#7 的偏度水平，必须利用到类似于管理型期货的属性。如果你想只对商品进行配置，那你必须注意到投资组合#5 比组合#7 有更高的收益，同时具有更大的尾部风险。

观察均值—半离差模型（图表 21.9）中这些投资组合，会发现它们的收益率非常相似。因此我们重点关注下跌风险，而且下跌风险也应该受到关注，因为它是我们前文讨论过的真实风险。在我们的检验中，投资组合#4 的效率最高。在配置了高盛商品指数的投资组合中，组合#7 表现得最好，组合#8 次之。这些结果与均值偏度分析的结论相一致，并且再次证实了商品投资工具添加至投资组合的积极效果。

结　论

商品投资工具，如 GSCI 总收益指数，通过提供商品敞口与国库券收益，可以为传统

---

[29] Shore, "Skewing Your Diversification."
[30] Harry M. Kat, "Managed Futures and Hedge Funds: A Match Made in Heaven," *Journal of Investment Management* 2, no. 1 (2004), pp. 1–9.

资产和另类资产的组合带来分散化效应并且降低尾部风险。商品与其他资产类别的相关性较低，具有正的偏度，而且下跌风险也较低。

GSCI 现货指数、GSCI 超额收益指数和 GSCI 总收益指数，三者收益率的差别可以归结为滚动收益和国库券收益。GSCI 总收益指数的业绩度量指标与 S&P500 指数的业绩度量指标相类似，但 GSCI 总收益指数具有正偏度，而且其 S 比率大于 1。

这些结果表明，商品配置能获得轻度至适度的好处，但如果商品与管理型期货相结合，则能得到更加有效的配置。当资产收益被非预期的通货膨胀所侵蚀时，商品作为通货膨胀的晴雨表能够起到支撑投资组合的作用。

第22章
退休储蓄金计划的战略性和战术性商品配置*

西奥·E·尼曼（Theo E. Nijman）博士
F. 范兰斯霍特银行讲座投资理论教授
蒂尔堡大学
科学董事会
储蓄、养老金、老龄化与退休网络

劳伦斯·P·斯温科斯（Laurens A. P. Swinkels）博士
资深量化研究员
荷宝基金管理公司
金融学助理教授
鹿特丹伊拉斯谟大学

保险公司和养老基金等金融机构，正在研究将部分资产投资于另类资产，比如商品所能带来的好处。例如，荷兰公务员养老基金 ABP 将 2.5%（50 亿欧元）投资于商品，而员工医疗保健养老基金 PGGM 将 5.0%（40 亿欧元）投资于商品。此外，2006 年英国电信的养老金计划将 3%（10 亿英镑）投资于商品，在 2006 年 12 月，美国加州公共雇员退休系统（CalPERS）宣布将开展价值 5 亿美元的商品投资试点计划。本章将考察这种新兴资产类别的风险收益状况，以及商品投资对于组合的意义。具体地说，我们的目的是进一步探讨，如果投资者的负债结构对名义或实际利率以及对通货膨胀很敏感，那么商品投资所能提供的好处。

对商品投资的研究兴趣至少是从博迪（Bodie[①]）开始的，他指出商品对养老基金具

---

* 我们感谢 Renée Bies、Frans de Roon、Betrand Melenberg、Roderick Molenaar、Tom Steenkamp 和 Bas Werker 的宝贵意见。这项研究的很大一部分是劳伦斯·斯温科斯在 ABP 投资部和蒂尔堡大学 CentER 研究生院时作出的。

① Zvi Bodie, "An Innovation for Stable Real Retirement Income," *Journal of Portfolio Management* (Fall 1980), pp. 5 – 13.

有潜在的好处。弗鲁特（Froot）②认为，与房地产或商品类企业的股票相比，商品是更好的组合分散因子，因为商品与传统资产的相关性通常更低。邹等（Chow et al.）③指出，在不利的经济环境下，商品是极具价值的分散因子，因为此时其他另类资产往往与传统资产的相关性更高。最近，厄尔布和哈维（Erb and Harvey）④以及戈登和鲁文赫斯（Gorton and Rouwenhorst）⑤研究了商品期货投资的潜在好处。这两篇论文发现，如果投资者持有股票和债券构成的传统平衡型组合，那么商品期货能提供巨大的分散化收益。这些研究关注的是资产收益率，它们发现商品（或其衍生品）为极度风险厌恶型投资者带来最明显的好处。然而，对许多机构投资者而言，最佳投资组合取决于资产超过负债后盈余部分的风险和收益率，而不是仅仅取决于资产。根据这些负债的性质，商品或多或少可能具有吸引力，具体取决于商品对冲负债的性能。霍文纳斯、莫勒奈尔、肖特门和斯蒂恩康普（Hoevenaars, Molenaar, Schotman and Steenkamp）⑥指出，在资产负债表中商品是具有吸引力的风险分散因子，它可以用来对冲通货膨胀风险，厄尔布和哈维以及戈登和鲁文赫斯也支持这一说法。

  本章的第一个贡献是我们检验了商品投资为持有金融负债的投资者带来的好处。长期以来，商品投资文献中只考虑资产方面，本章则进行了拓展。当把资产和债务的收益相关性考虑在内时，最优组合的权重可能会发生大幅变化。我们考察了两种类型的养老金计划：一种具有纯粹的名义型负债（最常见的例子是美国固定福利养老金计划），另一种具有通胀保值型负债（有时被称作生活费用调整后的养老金计划，这在欧洲比较流行）。第二个贡献是除了使用文献中经常提及的**经济**证据之外，还使用胡伯曼和坎德尔（Huberman and Kandel）⑦的框架来分析反映商品投资效益的**统计**证据。第三个也是最后一个贡献，即考察了多个投资期限的问题，并且对3年期的买入并持有策略与3个月期的买入并持有策略作了区分。前者记为战略性投资，后者记为战术性投资。因一些证据表明，预期收益和相关性随时间不断变化，我们也检验了当前经济状况能否为最优的商品投资提供参考。这样，我们也可以研究主动型商品择时策略能否改善战略性资产配置。

  研究结果表明，名义型负债养老金计划的商品价值是有限的，而从经济和统计的角度来看，通胀保值型养老金计划都能减少盈余的波动性。对于投资期限为一个季度的投资者来说，结论则大不一样。在某些经济形势下，我们的资料显示商品配置对于具有名义负债的养老金计划而言也有价值。最后，我们的实证研究结果还表明，商品投资的择时策略能改善战略性均值方差的有效边界，使其业绩超过商品权重固定的配置策略。因此，主动型

---

② Kenneth A. Froot, "Hedging Portfolios with Real Assets," *Journal of Portfolio Management* (Summer 1995), pp. 60–77.

③ George Chow, Eric Jacquier, Mark Kritzman, and Kenneth Lowry, "Optimal Portfolios in Good Times and Bad," *Financial Analysts Journal* (May-June 1999), pp. 65–74.

④ Claude B. Erb and Campbell R. Harvey, "The Tactical and Strategic Value of Commodity Futures," *Financial Analysts Journal* (March-April 2006), pp. 69–97.

⑤ Gary Gorton and K. Geert Rouwenhorst, "Facts and Fantasies about Commodity Futures," *Financial Analysts Journal* (March-April 2006), pp. 47–68.

⑥ Roy P. M. M. Hoevenaars, Roderick D. J. Molenaar, Peter C. Schotman, and Tom Steenkamp, Strategic Asset Allocation with Liabilities: Beyond Stocks and Bonds, (February 2007).

⑦ Gur Huberman and Shmuel Kandel, "Mean-Variance Spanning," *Journal of Finance* 42, no. 4 (1987), pp. 873–888.

的战术性交易策略能够改善商品权重固定的战略性资产配置。

战略性资产配置

养老基金的资产配置方案应当保证当参与者退休时,能顺利支付养老金。财务监管和会计标准越来越多地要求对养老金的债务进行市价重估。例如在丹麦,养老金负债的市场估值始于 2001 年推行的交通灯模型,最近英国、瑞典和荷兰也遵循类似的做法。此外,美国和欧洲的养老金会计标准也趋向于对债务进行市价重估。这意味着在上述国家,融资比率和基于风险的偿付能力要求已变得更加重要,而且负债驱动型的投资已经得到了普及。

夏普和廷特(Sharpe and Tint)⑧ 使用盈余优化方法,来反映负债的存在及其对最优投资组合选取的影响。t 时刻的盈余是 $\tilde{k}$ 的函数,该参数衡量负债的价值对养老基金管理的重要性,

$$kS_t(\tilde{k}) = A_t - \tilde{k} \times L_t \tag{22.1}$$

其中资产价值为 A_t,t 时刻养老金的负债为 L_t。将盈余的变动与上一期末的资产价值 A_{t-1} 联系起来,可以得出

$$R_t^S(\tilde{k}) = \frac{S_t(\tilde{k}) - S_{t-1}(\tilde{k})}{A_{t-1}} = \frac{A_t - A_{t-1}}{A_{t-1}} - \tilde{k} \times \frac{1}{FR_{t-1}} \times \frac{L_t - L_{t-1}}{L_{t-1}} \tag{22.2}$$

$$R_t^S(k) = R_t^A - k \times R_t^L$$

其中 FR_{t-1} 是 $t-1$ 时刻的融资比率,R_t^S、R_t^A 和 R_t^L 分别代表盈余收益率、资产收益率和负债收益率。在(22.2)式中,参数 k 被定义为在上期结束时,重要性参数 $\tilde{k}$ 与融资比率倒数的乘积。这意味着当资产超过养老金负债时,负债的实际重要性会下降。请注意,对于 $k=1$ 的养老基金,(22.2) 式可以简化为

$$R_t^S(k) = R_t^A - R_t^L \tag{22.3}$$

因此(22.3)式与融资比率收益这个概念密切相关,该概念由雷博维茨、科格尔曼和巴德(Leibowitz, Kogelman and Bader)⑨ 首先提出。

我们假设养老基金对于盈余的收益具有均值 – 方差效用函数

$$U(R_t^S) = E\{R_t^S\} - \gamma \times Var\{R_t^S\} \tag{22.4}$$

其中 $U(.)$ 是效用函数,γ 的风险规避系数。最优投资组合的权重 w^* 可以直接推导得出(见本章附录 A),它等于

$$w^* = \frac{1}{\gamma} \times \sum^{-1}(\mu - \eta \times \iota) + k \times \sum^{-1} \sum_L \tag{22.5}$$

---

⑧ William F. Sharpe and Lawrence G. Tint, "Liabilities—A New Approach," *Journal of Portfolio Management* (Spring 1990), pp. 5 – 10.

⑨ Martin L. Leibowitz, Stanley Kogelman, and Lawrence N. Bader, "Funding Ratio Return," *Journal of Portfolio Management* (Fall 1994), pp. 39 – 47.

其中 Σ 为资产收益的协方差矩阵，Σ_L 为资产和负债之间的协方差向量，μ 是资产的期望收益，ι 为分量均为 1 的向量。η 代表 β 等于零时的收益率，它与风险规避系数 γ 以及重要性参数 k 有直接的关系

$$\eta = \frac{\mu'\Sigma^{-1}\iota + \gamma \times k \times \Sigma'_L \Sigma^{-1}\iota - \gamma}{\iota'\Sigma^{-1}\iota} \tag{22.6}$$

(22.5) 式的第一项是纯资产最优组合的权重向量；第二项考虑了资产和负债收益的协方差。当这些收益相互独立时，融资比率收益的最优化与纯资产组合的最优化就得出相同的最优组合。当资产和负债之间存在正向关系时，与纯资产的情况相比，最优组合的权重将有所增加，因为融资比率的波动率随着该资产投资量的增加而降低（例如，参见布莱克（Blake）[10]）。

商品投资收益的经验研究

本章将检验两种类型的养老金计划。第一种养老金计划需要向参与者支付名义的养老金，而第二个养老金计划需要按生活费用进行调整，这意味着负债能够抵御物价上涨的影响。这类养老金计划更符合英国和荷兰的实际做法，虽然荷兰的大部分养老基金在形式上具有名义负债，但它们有强烈的愿望补偿退休人员因通货膨胀造成的损失。养老金负债的价值一般不容易确定，因为这些债权并没有流动性的市场进行交易。我们参照模型使用名义和实际利率为负债估值，并且不考虑精算风险，如死亡率的变化。

至于名义负债的收益，我们用的是艾伯森协会（Ibbotson Associates）[11] 的长期美国政府债券收益。之所以使用长期政府债券序列，是因为养老金负债往往比整体政府债券市场的久期更长。由于美国财政部从 1997 年才开始发行通胀保值债券，计算通胀保值债券的收益因而更加复杂。我们采用布里奇沃特公司[12]的收益序列，该收益序列构造的通货膨胀预期可以追溯到 1970 年。我们使用雷曼美国通货膨胀国库券（5 年期以上）指数，它是雷曼公司在 1999 年 1 月推出的。

养老基金可以投资的基础资产包括债券、股票和房地产。中期债券和股票的总收益数据取自艾伯森协会，并且更新至 2006 年 12 月[13]。上市房地产企业的收益，用的是关于房地产投资信托[14]的 NAREIT 指数；商品，采用高盛商品指数总收益序列。高盛商品指数是由许多商品期货构成的全额现金抵押型指数，它的权重反映相应商品的世界产量水平（安克瑞姆和亨塞尔（Ankrim and Hensel）[15]）。

---

[10] David Blake, "UK Pension Fund Management after Myners: The Hunt for Correlation Begins," *Journal of Asset Management* 3 (June2003), pp. 32–72.

[11] Roger Ibbotson, *Stocks, Bonds, Bills, and Inflation Yearbook* (Chicago: Ibbotson Associates, 2005).

[12] 见 http://www.bwater.com/for more information.

[13] 该序列利用雷曼美国中期国债指数和标准普尔 500 指数不断更新。

[14] 全美房地产投资信托协会（NAREIT）指数序列在 1972 年 1 月才首次推出。因此，我们使用股票收益来代替 1970 年 1 月至 1971 年 12 月期间上市房地产公司的收益率。

[15] Ernest M. Ankrim and Chris R. Hensel, "Commodities in Asset Allocation: A Real-Asset Alternative to Real Estate?" *Financial Analysts Journal* (May-June 1993), pp. 20–29.

基于3年的持有期，图表22.1列出1970年1月至2006年12月样本期间内，基础资产、商品以及两种类型负债的平均年收益率和波动率。我们注意到，股票和上市房地产的年均收益率相当，二者均为14%。商品具有最高的收益率（16.6%）和波动率（35.0%），房地产在3年间的收益率最低（-25.2%）。可以看出，传统债券组合的年均收益率比名义型养老金负债的年均收益率大约低1.1%，此外，由于名义养老金负债的久期更长，其波动率也就更高。这两种类型负债的平均收益率几乎相同，但通胀指数化的养老金与名义型养老金相比，波动率显然要低得多。

在图表22.2中，列出了负债、基础资产和另类资产的相关性矩阵。这些相关性是基于假设的3年期投资的季度数据计算出来。为了获得更多的估计结果，利用重叠的年度期间来估计相关性矩阵。

图表22.1　　基于三年持有期的描述性统计量（1970—2006年）

三年期（1970—2006年）	平均值	波动率	最小值	最大值
政府债券	9.1	8.1	-6.4	58.1
股票	14.3	20.8	-25.2	125.6
房地产	14.5	24.8	-24.8	141.8
商品	16.6	35.0	-20.2	247.9
名义型负债	10.2	11.6	-14.5	88.4
通胀保值型负债	10.4	6.4	-3.9	52.2

注：根据35个三年期进行计算，从每个日历年算起；算术平均收益率和波动率都进行了年化处理；最低值和最高值依据的是35个重叠收益率样本的三年期收益率。

图表22.2　　基于3年持有期的相关性矩阵（1970—2006年）

三年期（1970—2006年）	政府债券	股票	房地产	商品	名义型负债	通胀保值型负债
政府债券	1					
股票	0.19	1				
房地产	0.07	0.21	1			
商品	-0.27	-0.38	-0.52	1		
名义型负债	0.85	0.30	0.10	-0.32	1	
通胀保值型负债	0.01	-0.60	-0.16	0.48	-0.24	1

注：用资产、名义型和通胀保值型养老金负债35个重叠的三年收益率计算相关系数。

图表22.2给出了三点启发，这些启发引申出本节的全部结果：第一，名义负债与实际负债之间的关系是反向的，这表明在3年的战略投资期中，当名义债券收益率比其自身的历史平均值高时，通胀指数化债券的收益率比其自身的历史平均值要低。第二，商品是唯一与实际负债存在正相关关系的资产（同时它们与名义负债是负相关的）。因此，把商品纳入资产组合可以对冲掉通胀保值型负债的风险。请注意，我们的全额现金抵押型商品指数是由现金和商品期货构成的。现金与通胀保值型负债之间的相关系数为30%，因此，现金本身也可以对冲通胀风险。商品指数的超额收益与通胀保值型负债之间的相关性是

第 22 章 退休储蓄金计划的战略性和战术性商品配置

42%。这略小于图表 22.2 显示的 48%,但它表明我们的结果是由商品期货收益决定的,而不是由抵押方式的选取决定的。商品能够对冲通胀风险,这一结论与厄尔布和哈维[16]的观点相一致。第三,商品与债券、股票以及房地产之间的相关性是负的,这表明商品投资的分散化收益会非常可观。这些观测结果与戈登和鲁文赫斯[17]构造的等权重商品指数针对 1952—2004 年期间的研究结论相一致。

我们首先分析传统的纯资产情形,这是 (22.2) 式中重要性参数 $k=0$ 时的特殊情况。图表 22.3 分别列出了整个样本期间内,包含商品投资与未包含商品投资的商品均值-方差有效边界。商品投资创造了更有效的组合,我们可以从包含商品的有效边界向左移动看出这一点。这意味着对于相同的收益水平,商品投资可以降低风险。例如当没有包含商品投资时,13% 的预期必要收益率对应着最低波动率为 13.5% 的组合,但如果商品投资的权重为 22%,最低波动率可降至 7.2%。

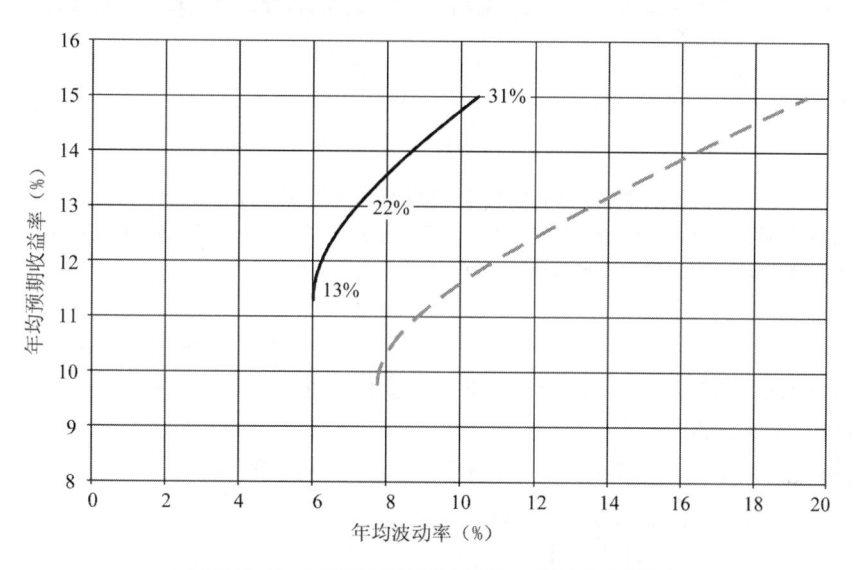

图表 22.3　3 年投资期限的纯资产均值方差边界

注:虚线的均值方差边界由中期政府债券、股票和上市房地产等基础资产构成。实线的均值方差边界包含这些基础资产和商品。实线附近的百分比表示商品在投资组合中的权重。

在图表 22.4 和图表 22.5 中,我们分别绘制了名义型和通胀保值型养老金计划盈余的均值-方差有效边界,分为包含商品投资与未包含商品投资两种情况。为了得到这些统计量,我们假定初始融资比率为 100%,从而 (22.2) 式中的 $k=1$。

对于图表 22.4 的计算结果,我们用债务匹配型组合代替了政府债券组合。债务匹配型组合可以看作是养老基金的无风险投资。这种无风险的替代方案得出了一条直线形状的均值-方差有效边界。最优组合现在是由债务匹配型组合投资和风险组合投资构成的。对所有的投资者而言,风险投资组合的成分都是相同的。风险投资组合的商品权重为 26%。将 22% 投资于商品,同时只将 15% 投资于负债匹配组合,即可实现 4% 的盈余收益率。

---

[16] Erb and Harvey, "The Tactical and Strategic Value of Commodity Futures."
[17] Gorton and Rouwenhorst, "Facts and Fantasies about Commodity Futures."

这个投资组合的盈余波动率为13%。如果养老基金极度厌恶风险，那么它会全部投资于负债匹配型投资组合，而不考虑商品投资。

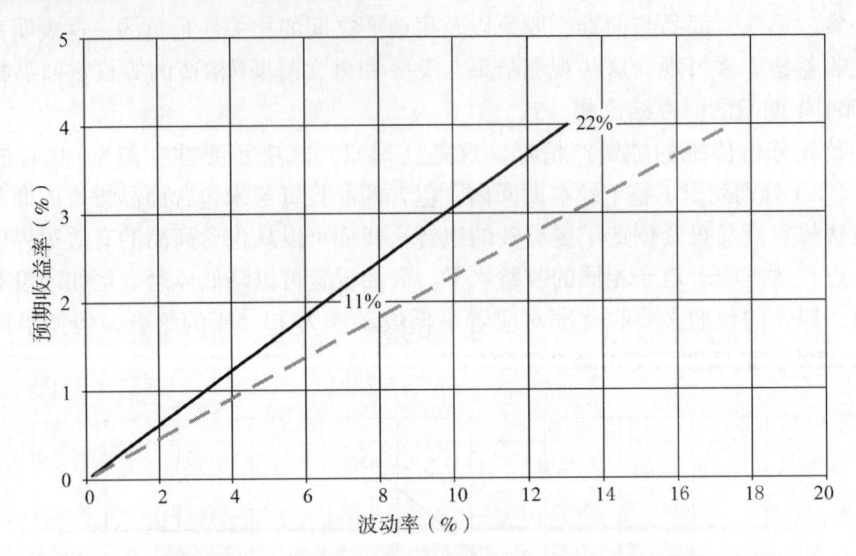

图表22.4　具有名义型负债的投资者的均值方差边界

注：虚线的均值方差边界由长期政府债券、股票和上市房地产等基础资产构成。实线的均值方差边界包含这些基础资产以及商品。实线附近的百分比表示商品在投资组合中的权重。

从图表22.5中可以明显看出，对投资者而言，我们假定了通胀保值债券（无风险资产）是不可得的。虽然在大多数的样本中，通胀保值债券都是不可得的；但人们也许会认为这不符合现实状况。然而目前看来，期限超过5年的通胀保值债券市场约有2500亿美元的规模，它只是全部债券市场的一小部分，根本不足以匹配所有的美国养老金负债。

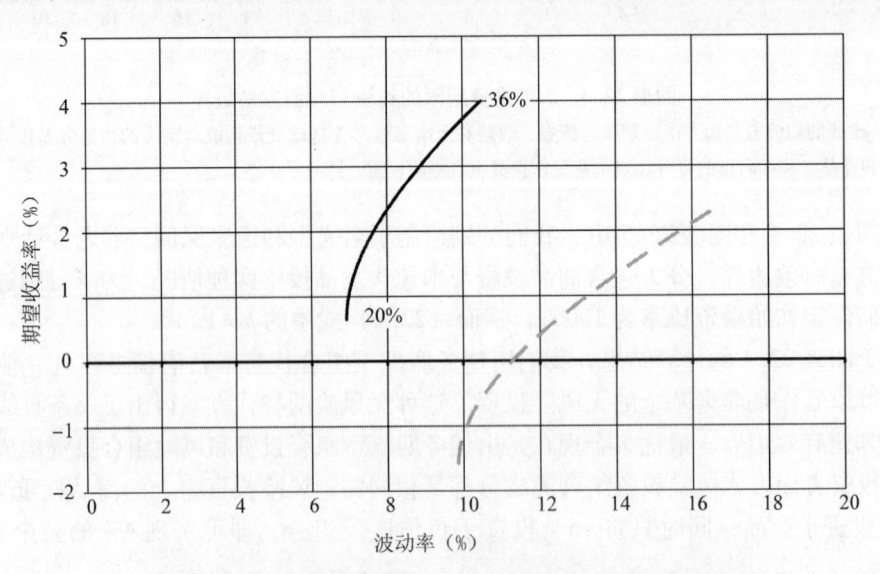

图表22.5　具有通胀保值型负债的投资者的均值方差有效边界

注：虚线的均值方差边界由中期政府债券、股票和上市房地产等基础资产构成。实线的均值方差边界包含这些基础资产以及商品。实线附近的百分比表示商品在投资组合中的权重。

图表 22.5 显示,当不允许商品投资时,最低风险组合意味着融资比率的波动率仍然为 10%。该组合主要投资于传统债券,由于样本中存在期限溢价,它最终会导致一个负的盈余收益。如果我们允许投资于商品,有效边界将左移,表明极度风险厌恶的养老基金将会因投资 20% 于商品而受益。风险厌恶程度较轻的投资者会将投资比例提高到 36%,从而获得 4%[18]的盈余收益。

从 (22.5) 式可以看出,最优的战略性组合既包含最优的纯资产组合,又包含负债对冲组合。对于名义型负债的养老金,我们已经看到,对冲负债的组合就是债券匹配型组合。在通胀保值型负债的情形中,负债对冲组合包含了所有的可得资产,它尽可能地复制负债的收益率。未包含商品的负债对冲组合,其成分包括 10.7% 的中期债券多头,19.0% 的股票空头,以及 1.1% 的上市房地产空头。如果允许商品投资,这个投资组合将变为 17.1% 的中期债券多头,15.8% 的股票空头,3.9% 的房地产多头以及 7.7% 的商品多头。因此与纯资产的投资者相比,具有通胀保值型负债的养老基金将在组合中多赋予商品 7.7% 的权重。当我们观察图表 22.3 和图表 22.5 中最低风险组合的权重时,即可看出这一点。对于纯资产的投资者,最优的战略性配置将投资 13% 于商品,而对于具有通胀保值型养老金债务的投资者而言,该权重将是 20%。

到目前为止,我们只考察了纯资产的投资者($k=0$)和将全部盈余优化的养老基金($k=1$)的最优组合。图表 22.6 显示 k 取中间值的最优组合,当资产价值超过养老基金负债的价值时,即属于这类情况。图表 22.6 显示,高度风险厌恶的纯资产投资者将配置

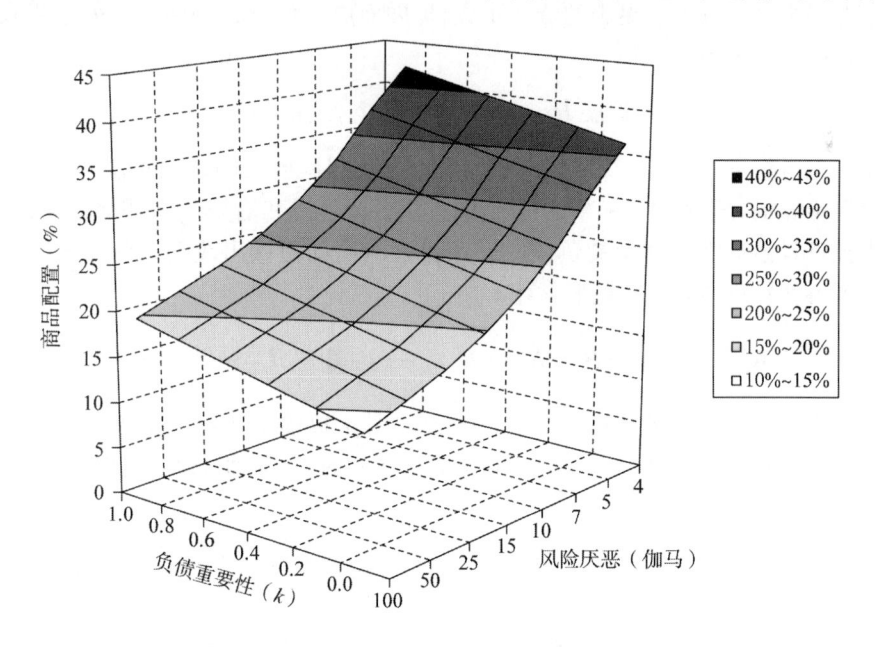

图表 22.6 通胀保值型负债的最优战略性商品配置

注:对应重要性参数 k 的不同取值,具有通胀保值负债的养老基金按 (22.5) 式计算出最优的战略性商品配置。$K=0$ 对应着纯资产的投资者,$k=1$ 对应着将全部盈余优化的投资者。

---

[18] 我们对低于历史平均值的预期收益率进行了稳健性分析,结果仍表明商品投资是有价值的,见本章附录 B。

13%于商品,而如果高度风险厌恶的养老基金全额优化了其通胀保值型负债,那么商品配置将会达到20%。对于不同的风险厌恶程度,图表22.6还列出了不同k值所对应的商品配置。风险承受能力越高意味着商品配置的比重越大,通胀保值型负债的重要性越高,则商品配置的比重也会越大。

组合改善效果的统计显著性

均值-方差有效边界因新资产类别的加入而向左移动,这种现象并不奇怪,因为只有当选择机会增多时,投资者才能获益。虽然上述分析表明,具有通胀保值型负债的养老基金应当大幅投资于商品,但我们并没有检验该结论在统计上的显著性。如果不进行这样的检验,根据我们的数据集得出上述配置可能只是统计上的巧合而已。我们采用胡伯曼和坎德尔的方法来检验统计显著性[19]。该检验方法等价于检验最优组合的权重是否显著为正。对于纯资产的养老基金而且假设不存在无风险资产,可以采用以下回归方程

$$R_t^{com} = \alpha + \beta_1 R_{1,t} + \beta_2 R_{2,t} + \cdots + \beta_K R_{K,t} + \varepsilon_t \quad (22.7)$$

其中R_t^{com}是商品的收益率,$R_{K,t}$是基础资产的收益率,K是组合中基础资产的数目。均值方差扩展(译者注:均值方差扩展mean-variance spanning也称均值方差张成,指资产集合的最小方差边界可以由子集中的资产张成/扩展而成)假设,即两个有效边界在统计上是相同的,可以表示为

$$\text{扩展} H_0: \alpha = 0 \text{ 而且 } \sum_{k=1}^{K} \beta_k = 1 \quad (22.8)$$

当存在无风险资产时,(22.7)式表示相对于无风险收益的超额收益,而扩展回归方程简化为检验α的显著性水平。采用类似的方法,德容恩和尼曼(De Roon and Nijman)[20]给出了当投资者面临不可交易的负债时,该检验应当如何做出改动。回归式(22.7)于是变为与不可交易负债相对应的收益率

$$R_t^{com} - R_t^L = \alpha + \beta_1 (R_{1,t} - R_t^L) + \cdots + \beta_k (R_{K,t} - R_t^L) + \varepsilon_t \quad (22.9)$$

但扩展检验仍与(22.8)式相同。我们注意到,对于负债结构不同的养老基金,另类资产的附加值可以不相同。德容恩、尼曼和沃克(Werker)[21]将组合检验推广至资产不能被卖空的情形。

---

[19] Huberman and Kandel, "Mean-Variance Spanning."

[20] Frans A. De Roon and Theo E. Nijman, "Testing for Mean-Variance Spanning: A Survey," *Journal of Empirical Finance* 8, no. 2 (2001), pp. 111–155.

[21] Frans A. De Roon, Theo E. Nijman, and Bas J. M. Werker, "Testing for Mean-Variance Spanning with Short-Sales Constraints and Transactions Costs: The Case of Emerging Markets," *Journal of Finance* 56 (2001), pp. 723–744.

图表 22.7 商品战略配置的统计意义

纯资产商品	1970—2006 年			1984—2006 年		
	系数	t 值	p 值	系数	t 值	p 值
α 系数	1.18	4.10	0.000	0.64	1.90	0.058
政府债券	−0.83	−1.66	0.096	−0.30	−0.50	0.616
股票	−0.41	−1.30	0.195	−0.17	−0.78	0.438
房地产	−0.64	−2.37	0.018	−0.21	−0.48	0.634
扩展（F - 统计量）		23.73	0.000		6.50	0.038

名义型负债商品	1970—2006 年			1984—2006 年		
	系数	t 值	p 值	系数	t 值	p 值
α 系数	0.24	1.19	0.232	0.02	0.11	0.912
股票	−0.10	−0.24	0.809	0.02	0.07	0.941
房地产	−0.30	−0.83	0.406	0.14	0.40	0.689
扩展（F - 统计量）		1.43	0.232		0.01	0.912

通胀保值型负债商品	1970—2006 年			1984—2006 年		
	系数	t 值	p 值	系数	t 值	p 值
α 系数	0.21	2.02	0.044	0.15	1.36	0.174
政府债券	−1.03	−2.28	0.023	−2.04	−2.53	0.012
股票	0.08	0.36	0.718	0.27	1.04	0.300
房地产	−0.61	−2.70	0.007	−0.45	−1.38	0.168
扩展（F - 统计量）		34.49	0.000		13.18	0.001

注：对于纯资产的投资者，使用普通最小二乘回归来估计（22.7）式，对于具有负债的养老基金则估计（22.9）式，其中 L 分别表示名义型负债和通货膨胀保值型负债。表中 t 值对应的原假设是待估参数等于零。扩展的 F 检验由（22.8）式给出。回归估计依据的是 1970—2006 年期间的 35 个 3 年期收益率，以及 1984—2006 年期间的 21 个 3 年期收益率。纽维和韦斯特（Newey and West）标准误差用来修正分析中所采用的重叠 3 年期收益率。

如图表 22.7 所示，我们分三种情况检验了商品权重的显著性。检验结果列在图表 22.7 的三个表格中。在整个样本期间以及 1984 年以后的子样本期间内，我们对纯资产的投资者检验了均值方差扩展。在这两种情况下，均值方差扩展均被拒绝了，这意味着上述最优组合中的商品权重具有统计显著性[22]。我们重复该检验，但这次针对的是具有名义型负债的养老基金。由于我们允许养老基金复制其名义负债，我们将不对中期政府债券投资进行分析。于是均值方差扩展的检验只关注截距项，该截距项的 p 值为 23.2%，可见并不显著。因此对于具有名义债务的养老基金，均值 - 方差有效边界的改善并没有统计显著性。最后，我们将名义型债务的养老金替换成通胀指数化债务的养老金。无论在整个样本还是在子样本中，较低的 p - 值均表明均值 - 方差扩展被拒绝了，这与纯资产的情况一致。以上分析的结论是：对于具有通胀保值型养老金负债的退休计划而言，战略性商品配置能够提高组合的效率，但对于名义型的退休计划而言，似乎并非如此。

---

[22] 请注意，我们的观测频率是每年一次，但投资期限为 3 年。运用普通的检验统计量将会高估显著性，因为我们的观测期是重叠的。我们用滞后两期的纽维和韦斯特协方差矩阵来修正这种潜在的自相关和异方差问题 (See Whitney K. Newey and Kenneth D. West, "A Simple, Positive Semi-Definite, Heteroskedasticity and Autocorrelation Consistent Covariance Matrix," *Econometrica* 55 (1987), pp. 703 - 708.)。

战术性资产配置

在本节中，我们将缩短上一节假设的3年期购买并持有投资期限，并且研究商品投资的短期收益。本节中首先进行投资期限为季度的短期投资行为分析。随后，允许资产的预期收益和协方差依据经济变量调整，据此研究关于经济状况的消息能否改善条件均值-方差有效边界。最后将判断战术性商品投资决策能否改善战略性均值方差有效边界。除了战略性资产配置外，战术性择时策略是否也有价值？最后一节将对这个问题做出回答。

短期的商品配置

在原则上，虽然养老金计划有一个长期目标，但它们的业绩却是根据较短的投资期限来评估的。随着养老金行业加强监管，短期视角变得更为重要。例如荷兰的大型养老基金必须每季度向监管机构报告它们的资产负债状况。此外它们必须每季度评估自身的风险偿付能力。由于协方差的结构随着投资期限的长短而不断变化，所以上一节中战略性均值方差扩展分析的结论与短期分析的结论可能会有出入[23]。

图表22.8和图表22.9列出了季度投资期限的描述性统计量和相关性矩阵。图表22.8中基于季度投资期限的平均收益率，要略低于图表22.1中基于3年投资期限的收益率，因为我们列出的是算术平均值。与上文讨论的3年战略性投资期限相比，通胀保值型养老金负债与其他资产类别之间的相关性有了相当大的变化。例如，在短期内政府债券可能适合对冲通胀风险，二者之间的相关关系为70%，在之前的情形下则为1%。政府债券与股票不再表现出明显的负相关性，从之前的-60%变为-6%。在季度期限内，商品不太适合对冲通胀风险，因为二者之间的相关性从48%下降至8%。

图表22.8　基于季度持有期的描述性统计量（1970—2006年）

季度（1970—2006年）	平均值	波动率	最小值	最大值
政府债券	8.1	6.5	-6.4	16.6
股票	12.2	16.5	-25.2	22.9
房地产	12.1	17.2	-24.8	36.0
商品	12.9	20.0	-20.2	55.2
名义型负债	9.2	11.4	-14.5	24.4
通胀保值型负债	9.0	4.3	-3.9	11.0

注：我们使用的是148个季度收益率。算术平均收益率和波动率都是年化的。最小值和最大值是季度收益数据。

---

[23] 霍文纳斯等人通过估计向量自回归模型，来捕捉资产和负债的长期协方差动态关系（See Hoevenaars et al., "Strategic Asset Allocation with Liabilities: Beyond Stocks and Bonds"）。

图表 22.9 基于季度持有期的相关性矩阵（1970—2006 年）

季度（1970—2006 年）	政府债券	股票	房地产	商品	名义型负债	通胀保值型负债
政府债券	1					
股票	0.15	1				
房地产	0.31	0.62	1			
商品	-0.09	-0.28	-0.22	1		
名义型负债	0.93	0.23	0.33	-0.14	1	
通胀保值型负债	0.70	-0.06	0.14	0.08	0.71	1

注：根据资产、名义型和通胀保值型养老金负债的 148 个季度收益率计算出相关系数。

根据季度收益率，运用（22.8）式进行均值-方差扩展检验，结果列在图表 22.10 中。从定性角度看，所得结论与战略性投资期限的情形相同。通过商品投资，纯资产的投资者和通胀保值型养老金计划能够显著地提高组合效率，但名义型养老金计划则非如此。

图表 22.10 短期商品配置的统计显著性

纯资产　商品	1970—2006 年			1984—2006 年		
	系数	t 值	p 值	系数	t 值	p 值
阿尔法	0.05	4.22	0.000	0.05	3.00	0.003
政府债券	-0.11	-0.42	0.675	-0.59	-2.47	0.014
股票	-0.29	-1.98	0.047	-0.30	-1.65	0.100
房地产	-0.07	-0.50	0.616	-0.08	-0.34	0.734
扩展（F-统计量）		28.65	0.000		29.23	0.000
名义型负债　商品	1970—2006 年			1984—2006 年		
	系数	t 值	p 值	系数	t 值	p 值
阿尔法	0.01	0.82	0.411	0.00	-0.06	0.953
股票	0.06	0.41	0.685	0.07	0.47	0.642
房地产	0.03	0.22	0.830	0.26	1.19	0.233
扩展（F-统计量）		0.68	0.411		0.00	0.953
通胀保值型　商品	1970—2006 年			1984—2006 年		
	系数	t 值	p 值	系数	t 值	p 值
阿尔法	0.01	1.35	0.176	0.01	1.12	0.263
政府债券	-0.68	-1.95	0.052	-1.50	-3.03	0.003
股票	-0.15	-1.05	0.296	-0.09	-0.53	0.597
房地产	-0.10	-0.82	0.410	-0.18	-0.84	0.403
扩展（F-统计量）		31.22	0.000		22.06	0.000

注：对于纯资产的投资者，使用普通最小二乘回归来估计（22.7）式，对于具有负债的养老基金则估计（22.9）式，其中 L 分别表示名义型负债或通货膨胀保值型负债。表中 t 值对应的原假设是待估参数等于零。扩展的 F 检验由（22.8）式给出。回归估计依据的是 1970—2006 年间 148 个季度的收益率，以及 1984—2006 年期间 92 个季度的收益率。

战术性商品配置

到目前为止，我们已经分析了无条件均值-方差有效边界，这意味着组合的权重是固定的，不允许其根据宏观形势或者随时间而变化。大量的学术文献指出，在一定程度内资产收益是可以预测的,相关概述可参见坎贝尔(Campbell)的著作[24]。此外资产收益的协方差可能会依赖于经济状况。本文的研究方法与尚肯(Shankan)[25]类似,我们允许预期资产收益和协方差随着经济形势的变化而变化,并且检验有效投资策略能否利用这种时变性。

参照费森和施莱德(Ferson and Schadt)[26]的研究,我们运用条件信息刻画经济形势:(1)政府债券收益率;(2)期限价差;(3)违约价差;(4)通货膨胀率。关于政府债券收益率,我们采用10年期政府债券的收益率,把期限价差定义为10年期政府债券收益率减去1年期政府债券收益率。违约价差定义为穆迪Baa级公司流通债券的收益率与穆迪Aaa级公司流通债券的季度收益率之差。这些数据从美联储圣路易斯分行获得。通货膨胀率采取滞后一个季度的数据,以避免由于这些数据公布滞后而造成前瞻性偏差。

图表22.11列出了条件数据。可以看到,自1985年以来通货膨胀一直很温和,债券收益率也是从那时起开始回落。在20世纪70年代末和80年代初,期限价差一直很不稳定,但自1983年以来该数值大体为正。在样本的大部分时间里,违约价差一直相对稳定,为1%左右。

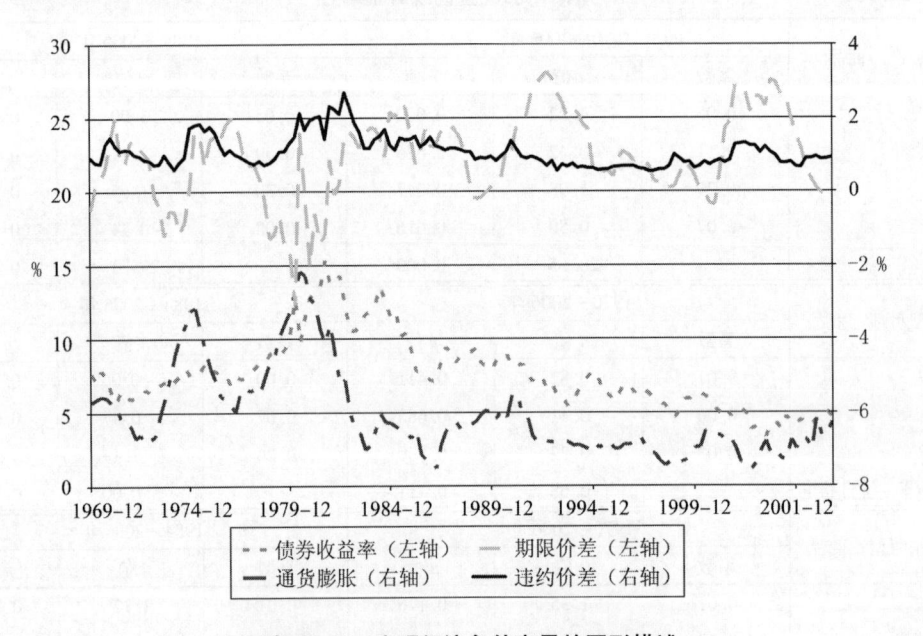

图表22.11 宏观经济条件变量的图形描述

注:图中列出了以下四个经济条件变量的原始时间序列:10年期债券的收益率,10-1年期的期限价差,Baa—Aaa评级的信用价差,以及每年的通货膨胀率。

我们可以对条件扩展进行检验,即给定当前的经济形势,考察在有效资产配置中,商品是否具有显著的正权重或负权重。用于检验条件扩展的回归方程可表示为

$$R_t^{com} = \alpha_0 + \alpha_1' Z_{t-1} + \beta_0' R_t^{basic} + \beta_1' (Z_{t-1}' \otimes R_t^{basic}) + \varepsilon_t \tag{22.10}$$

---

[24] John Y. Campbell, "Asset Pricing at the Millennium," *Journal of Finance* 55 (2000), pp. 1515–1568.

[25] Jay Shanken, "Intertemporal Asset Pricing: An Empirical Investigation," *Journal of Econometrics* 45 (1990), pp. 99–120.

[26] Wayne E. Ferson and Rudi Schadt, "Measuring Fund Strategy and Performance in Changing Economic Conditions," *Journal of Finance* 51 (1996), pp. 425–461.

其中 Z_{t-1} 是在 $t-1$ 期末已知的 L 维宏观经济变量向量，β_1 是基础资产和宏观经济变量收益率交叉乘积的 $K \times L$ 维向量。用 Z_{t-1} 表示当前的经济形势，如果我们要检验扩展，那么需要检验

$$H_0: \alpha_0 + \sum_{l=1}^{L}\alpha_{1,l}Z_{l,t-1} = 0 \quad \text{且} \quad \sum_{k=1}^{K}(\beta_{0,k} + \sum_{l=1}^{L}\beta_{1,k,l}Z_{l,t-1}) = 1 \quad (22.11)$$

如果我们要检验对于所有的经济形势，基础资产是否扩展了另类资产，那么我们的检验将推广为

$$H_0: \alpha = 0, \alpha_{1,l} = 0, \text{且} \sum_{k=1}^{K}\beta_{0,k} = 1, \beta_{1,k,l} = 0 \,\forall\, l,k \quad (22.12)$$

针对每种类型的负债，我们都执行以上两种条件扩展检验。在我们样本期间的每个季度里，对于纯资产投资者和通胀保值型养老基金，条件扩展假设都被拒绝了，这意味着无论经济形势如何，商品总能为其增加价值。对于具有名义负债的养老基金，情况则不一样，对（22.12）式的假设进行检验，所得 p 值为 15.7%，这证实了一般而言商品并不能增加价值。在图表 22.12 中，我们根据（22.11）式的检验结果绘制了 p 值的图形，（22.11）式考察的是对于特定的经济形势，我们是否具有均值-方差扩展。研究发现，在大部分的时间里，p 值高于 5%，但是在某些特定的时期，p 值会低于 5%，意味着在这些经济形势下，商品对名义型负债的养老基金同样具有吸引力。我们看到这种情况发生在始于 1974 年、1984 年和 2005 年的短暂期间内。这些时期或者是利率处于历史低位，同时期限价差和信用价差均比较低（1974 年，2005 年），或者是高利率伴随着较高的期限价差和违约价差（1984 年）。在后一种情况下，持有商品的空头会比较有吸引力；而在前一种情况下，持有商品的多头比较有利。

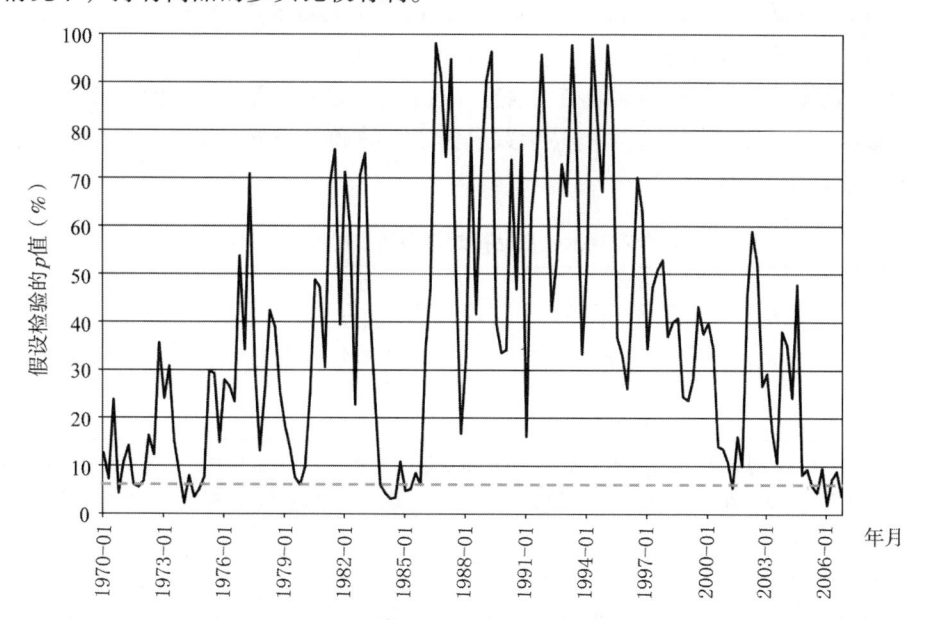

图表 22.12　名义型养老金负债的条件均值方差扩展检验

注：将每季度数据用（22.10）式回归，即可得到（22.11）式条件扩展假设的 p 值如上图所示。基础资产包括长期政府债券、股票和上市房地产；另类资产为商品。包括了下面四个条件变量：债券收益率、期限价差、信用价差和通货膨胀。

战术性择时策略是否扩展了战略性均值-方差有效边界

在本小节中,我们考察对于战略投资期为3年的养老基金,主动型战术性商品择时策略能否为其增加价值。这些动态的战术性配置策略(或管理型投资组合)被认为是一种新的资产类别,养老金计划可以对其作出投资决策。我们使用与前文相同的4个变量来考察商品与股票之间的择时效应。为了便于理解,我们将宏观经济变量标准化,于是交易策略的收益为

$$\frac{Z_{l,t-1} - Z_l}{\sigma\{Z_l\}} \times (R_t^{com} - R_t^{cash}) \quad (22.13)$$

正的信号意味着通过卖空现金,在商品市场中建立多头。我们根据各个宏观经济变量以及整体交易策略来对交易策略进行评价。请注意,我们已经考虑了养老基金的商品战略性配置是固定的。德容恩、尼曼和沃克[27]针对货币市场考察了类似的主动型交易策略。在这种情况下,扩展假设会发生变化,因为商品和股票之间的择时策略是超额收益策略或者是覆盖策略。

$$扩展 H_0: \alpha = 0 \text{ 且 } \sum_{k=1}^{K}\beta_k = 0 \quad (22.14)$$

我们逐一对上述4种交易策略的约束条件进行检验,这次针对的是纯资产以及具有名义型和通胀保值型负债的情形。

检验结果列在图表22.13中。我们看到,基于10年期国债收益率和通胀率的策略具有较低的p值,而且期限价差不够显著。较为复杂的战术性交易策略,比如乌如吉特、鲍尔、莫勒奈尔和斯蒂恩康普(Vrugt, Bauer, Molenaar and Steenkamp)[28]提到的例子,很可能会进一步改善各类型投资者的均值-方差边界。此外,厄尔布和哈维[29]发现,根据过去12个月的投资业绩并且使用期货价格的期限结构信息(现货溢价或期货溢价),投资者可以获得潜在的择时收益。这些策略也可用于商品指数成分之间的择时分析,从而在每个时间点选取最有吸引力的商品。

图表22.13   3年期战术性商品择时策略的扩展检验

p-值	纯资产	名义型负债	通胀保值型负债
10年期国债收益率	0.071	0.122	0.025
期限价差	0.789	0.894	0.117
信用价差	0.107	0.028	0.541
通货膨胀	0.032	0.017	0.021

注:根据(22.14)式的假设,它检验的是基于宏观经济变量的战术性商品择时策略,能否由被动型投资组合扩展。每个管理型组合都是建立在一个宏观经济变量的基础上,如(22.13)式所示,并对被动型的基础资产债券、股票、上市房地产和商品进行检验。

---

[27] Frans A. DeRoon, Theo E. Nijman, and Bas J. M. Werker, "Currency Hedging for International Stock Portfolios: The Usefulness of Mean-Variance Analysis," *Journal of Banking and Finance* 27 (2003), pp. 327–349.

[28] Evert B. Vrugt, Rob Bauer, Roderick Molenaar, and Tom Steenkamp, "Dynamic Commodity Timing Strategies," in *Intelligent Commodity Investing*, edited by Hillary Till and Joseph J. Eagleeye (London: Risk Books, 2007).

[29] Erb and Harvey, "The Tactical and Strategic Value of Commodity Futures."

以上检验结果表明，具有战略性投资期限的投资者，能从基于宏观经济信息的季度择时策略中获益，因为即使商品已经包含在其中，他们的收益也不能用基础资产的固定权重组合来表示。这一点对于通货膨胀而言尤其正确，因为纯资产、名义型负债和通胀保值型负债的养老金计划的 p 值都低于 0.05。期限价差是唯一不会因为战术性择时策略而增加价值的变量，因为其 p 值超过了 0.05。

结 论

我们分析了商品投资机会对退休储蓄金计划的好处，舍弃了传统的纯资产框架，并为名义型和通胀保值型的养老金负债纳入了市价重估收益。研究结果表明，对于名义型养老金计划来说，商品的价值是有限的；而对于通胀保值型养老金计划来说，商品投资从经济和统计角度都能减少盈余的波动性。

我们还考察了季度的投资期限。虽然上述无条件的结论对于较短的投资期限也成立，即商品主要是对通胀保值型的养老金计划有意义，但根据不同的经济形势，我们可以提出不同的见解。在某些经济情况下，商品投资对于名义型养老金计划来说也具有吸引力。

最后，实证结果还表明，商品投资的择时策略能够改善战略性均值方差有效边界，这是固定权重的商品配置策略所不及的。因此，主动型的战术性交易策略能够对固定化的战略性商品配置做出改进。

附录 A 具有养老金负债的最优均值 - 方差投资组合

均值 - 方差优化问题可以描述如下

$$\max_{\omega} E\{R_t^S\} - \gamma \times \sigma^2\{R_t^S\} \ s.t. \ \omega'\iota = 1 \qquad (A22.1)$$

相应的目标函数 L 定义如下

$$L(\omega,\eta) = E\{R_t^A - k \times R_t^L\} - \gamma \times \sigma^2\{R_t^A - k \times R_t^L\} - \eta \times (\omega'\iota - 1) \qquad (A22.2)$$

其中，$R_t^A = \omega'R_t$，R 是资产收益向量满足 $E\{R_t\} = \mu$，并且

$$\begin{aligned}\sigma^2\{R_t^A - k \times R_t^L\} &= \sigma^2\{R_t^A\} + \sigma^2\{-k \times R_t^L\} + 2 \times cov\{R_t^A, -k \times R_t^L\} \\ &= \omega'\sum\omega + k^2 \times \sigma_L^2 - 2 \times k \times \omega'\sum\nolimits_L \end{aligned} \qquad (A22.3)$$

$\sum$ 是资产收益的协方差矩阵，$\sum_L$ 是资产和负债的协方差向量。

将目标函数最大化可以得到如下一阶条件

$$\partial/\partial\omega L(\omega,\eta) = \mu - \gamma \times \sum\omega + \gamma \times k - \eta \times \iota = 0$$

$$\partial/\partial\eta L(\omega,\eta) = \omega'\iota - 1 = 0 \qquad (A22.4)$$

求解（22.18）式可以得到最优组合的权重 ω 和零贝塔收益 η 的表达式

$$\omega^* = \frac{1}{\gamma \times \sum^{-1}}(\mu - \eta \times \iota) + k \times \sum^{-1} \sum\nolimits_L$$

$$\eta = \frac{\mu' \sum^{-1} \iota + \gamma \times k \times \sum\nolimits_L' \sum^{-1} \iota - \gamma}{\iota' \sum^{-1} \iota} \quad (A22.5)$$

（A22.5）式包含了正文中的（22.5）式和（22.6）式。

附录 B 稳健性分析：不同的预期收益

厄尔布和哈维[30]指出，对于前瞻性投资决策来说，将过去收益率直接外推是危险的做法。他们认为如果投资者为商品生产者提供商品价格对冲的机会，那么前瞻性收益会降低，因为在很大程度上商品期货的历史平均收益率可以归结为滚动收益。我们赞同这一观点，而且考察的最优资产组合或许具有更为实际的预期未来收益，这些收益对于商品来说是非常保守的。我们在图表 B22.1 中列出了假设的预期收益。预期收益被设定为荷兰养老金监管机构所允许的最大预期收益，我们将其置于最后一列。请注意，除了商品之外，每种资产的预期收益都等于其最大值；商品的预期收益保守地设为 4%，这比债券收益还低 1%。

图表 B22.1　　　　　　　　预期收益的稳健性分析

稳健性	收　　益		荷兰养老金监管机构
	历史收益（%）	预期收益（%）	（%）
政府债券	9.1	5.0	5.0
股票	14.3	8.0	8.0
房地产	14.5	8.0	8.0
商品	16.6	4.0	6.5
名义型负债	10.2	—	—
通胀保值型负债	10.4	—	—

注：第一列给出了 1970—2006 年间的历史收益，数据取自正文部分的图表 22.1。预期的未来收益列在第二列中。这两个收益率序列可与最后一列进行比较，最后一列是荷兰养老金监管机构所允许的最高预期收益。

图表 B22.2 显示了具有通胀保值型负债的养老基金的均值–方差边界，其预期收益如图表 B22.1 所示，风险和相关性如图表 22.1 所示。从图表 B22.2 可以看出，即使在这些保守的假设下，商品也是具有吸引力的资产类别，其最优投资权重从 21%～28% 不等。

---

[30]　Erb and Harvey, "The Tactical and Strategic Value of Commodity Futures."

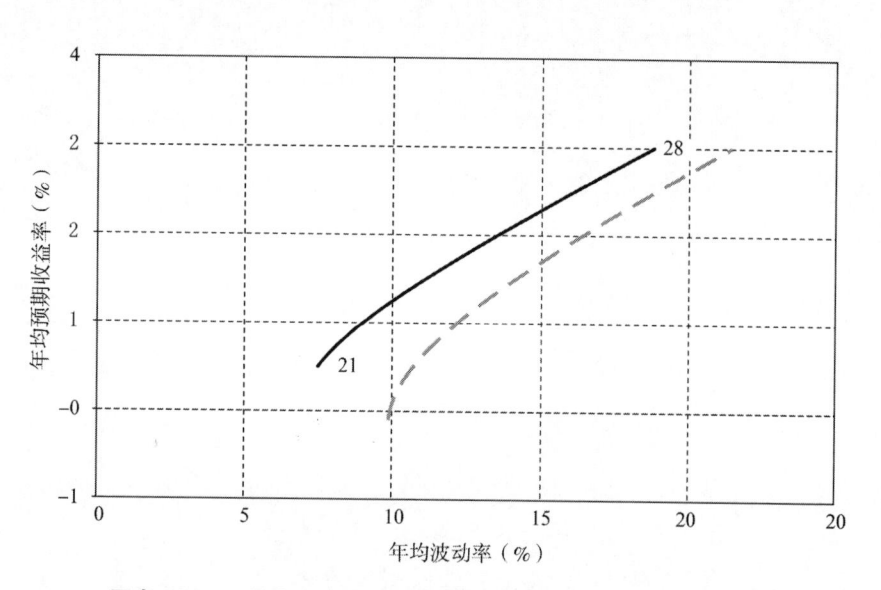

图表 B22.2 具有通胀保值型负债的投资者的均值方差有效边界

注：虚线表示的均值方差边界由中期政府债券、股票和上市房地产的基础资产构成。实线表示的均值方差边界包含了这些基础资产和商品。实线附近的百分数表示商品在组合中的权重。预期收益率数据取自于图表 B22.1。

第五部分
商品投资品种

第23章
商品投资的类型

琳·恩格尔克（Lynne Engelke）
业绩分析与风险管理负责人
对冲基金管理部
花旗集团另类投资公司

杰克·C·约恩（Jack C. Yuen）
副总裁/分析师
对冲基金管理部
花旗集团另类投资公司

商品给我们带来好处，不仅因为它是绝对收益的来源，是通货膨胀的对冲工具，而且还因为它是与传统股票和债券组合不相关的分散化资产。然而时至今日，商品仍然未能成为大多数投资者资产组合的一部分。许多机构投资者很少甚至没有直接商品投资的经历，而且其中很多是被政策法规明令排除在商品市场之外。长期以来，高净值人士以及散户投资者的直接投资也仅限于贵金属，例如金币或者金条。

近年来，随着新型投资工具的大量出现，越来越多的投资者能够接触商品投资，从而在一定程度上推动了商品投资的普及。投资者根据自身的风险收益标准以及具体要求，可以在花样繁多的金融工具和投资品种中进行选择。这些投资工具的优势在于，能够借助期货、期权以及商品类股票等金融产品，开展间接的商品投资。各种各样的投资工具包括：共同基金、**交易所交易基金**（ETF）、管理型期货和对冲基金，投资者利用这些工具可以进行相关类型的投资，并且可以寻求被动型或主动管理型的商品敞口。本章探讨投资者可以用来获取商品敞口的各种投资工具和投资方法；同时我们也会强调每一种工具的优点和缺点。

直接的现金投资

直接购买商品显然是一种投资方法，但它有很多缺点。由于商品资产的质量千差万别，直接购买商品存在诸多问题。储存费、保险费、现金的机会成本、检测和估价费用等，增加了持有商品的成本和难度。此外持有商品实货也不能获得当期收入，直到商品被售出时才能获得收益。在商品持有期内，上述成本会不断地侵蚀商品投资价值。

一些大型投资者转而购买林木、水资源等不易腐坏的硬质商品资产。只有经验丰富而且以长期投资为目标的投资者，才能够管理这类商品资产。为这些资产估值的难度很大，如果投资者很看重持有期间的定价和市价重估，那么这将是个大问题。

远期合约

投资者可以直接与卖方签订协议，在未来特定的日期以特定的价格交割现货。这种远期合约是私下协商的。卖方可能会要求买方提供一定的抵押品；否则这笔投资几乎不需要初始支出。价格的确定将会取决于以下几个因素：对交割日供求状况的预期（这也许是天气、季节、经济或者政策因素的函数）、当前现货价格和持有成本、无风险收益率以及购买并持有商品所涉及的所有成本。对于不易变质的商品，我们发现合约的期限越长，成本就越高。如果距交割时间越久的期货价格越高，那么这种期限结构就被称为**期货溢价**。由于市场非常善于利用成本结构和现货价格进行套利，所以远期价格总处于合理的水平。当短期内供不应求时，市场会呈现另一种成本结构——**现货溢价**（见图表23.1）。近年来，这种现象偶然发生，主要出现在石油和天然气市场。

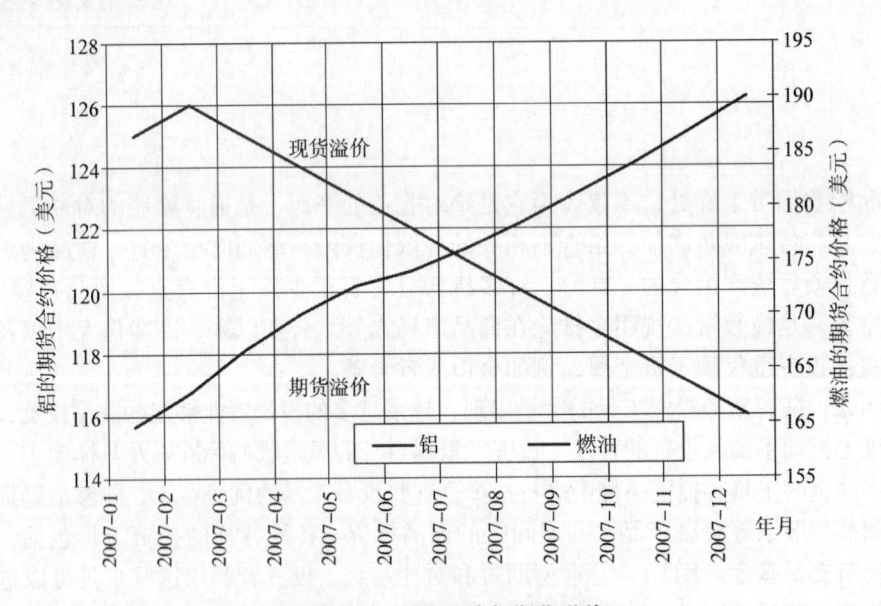

图表23.1 现货溢价与期货溢价

资料来源：数据来自彭博金融市场。

买方和卖方都可能面临交易对手的信用风险。这种风险是指交易的一方可能违约——他们并不诚心谈判或者缺乏足够的资金，或者突发事件导致其中一方无法在到期日履行合约的条款。这种风险溢价也会被计入到合约的价格中去。远期合约协议并不是标准化的，这满足了投资者特定的需求和时间框架，但不利于二级市场的成长。

期货

期货合约是一种标准化的法律协议，它规定了在指定的未来日期按照约定的价格，交易方有义务购买（或出售）商品。期货合约价格是在期货交易所大厅内或者在电子交易市场中，通过类似于拍卖的过程而决定的。图表23.2列出了全球主要的商品期货交易所及其交易品种。交易所的功能类似于结算中心。作为介于买卖双方之间的第三方，结算中心代替了单个买方和卖方之间的直接联系，使每一个参与者可以独立自由地进行买卖。结算中心为每笔交易提供担保，因而消除了交易对手的违约风险。

图表 23.2　　　　　　　　　世界上一些主要的商品期货交易所

交易所	交易的商品
美国	
芝加哥期货交易所（CBOT）	谷物，金属
芝加哥商业交易所（CME）	农产品，畜类
纽约期货交易所（NYBOT）	软质商品
纽约商业交易所（NYMEX）	能源，金属
欧洲	
伦敦金属交易所（LME）	工业金属
洲际交易所（IPE/ICE）	能源
泛欧交易所（伦敦）	软质商品
泛欧交易所（巴黎）	谷物
亚洲	
东京商品交易所（TOCOM）	金属，能源，橡胶
东京谷物交易所（TGE）	谷物，软质商品

另一种持有商品实货的办法是在期货交易所购买未来交割的合约，在合约到期时不交割实货商品本身，而交割仓库收据；仓库收据保证在某一指定交货点的仓库中，储存了一定数量和质量的商品。这些收据具有流动性，所以投资者可以留着为空头头寸平仓，从而转手给新的所有者。这样就可以简化实货商品买卖的质检问题，原因在于交易所制订了交割商品的质量标准。

然而在上述每一种方法中，投资者都面临着在某个特定市场过度集中的风险，而且对于价格走势也只能做单向赌博。购买多种实货商品则会使问题更加复杂，通常只有机构投资者才能够从事多种商品投资，因为这些机构聘用了具有买卖各种商品经验的专业员工。

总之，直接购买和持有商品是获得商品收益和升值的最简单方法，但是这种方法对大多数投资者来说都不切实际。

间接投资

为了避免直接购买商品的诸多弊端，投资者借助与硬质商品挂钩的金融工具，可以参与到商品价格的变动中。

期货交易

由于期货合约是标准化的，它就可能存在二级市场。买方和卖方可以买卖期货合约，从而抵消掉接收（或者交付）实货商品的义务。这种方法使投资者无需交割或者储存商品，就能够管理商品期货合约组合。在商品实货交割日之前，投资者"滚动"合约——出售即将到期的合约，同时购买期限更长的合约，从而既保持商品敞口又不需要实际交付。当前期货价格反映的是到期日现货价格的预期值。正如我们所讨论的，期货合约价格与实货商品的现货价格存在区别，因为期货合约价格考虑了合约持有期内的商品持有成本，而且考虑了预期的到期日供求状况。由于持有成本通常对时间比较敏感，长期期货合约的价格应该高于短期期货合约，从而反映出更长持有期所招致的额外费用（即期货溢价）。因此简单地投资并向前"滚动"通常会遭受亏损。但在某些情况下，近月合约比远月合约具有更高的价格（即现货溢价），这意味着存在可得性溢价（availability premium）。例如石油就经常处于现货溢价的状态，这反映出石油难以储存，且天气、地缘政治风险以及其他因素所导致的供给担忧。在现货溢价型的市场中，滚动操作也会增加收益（见图表23.3）。

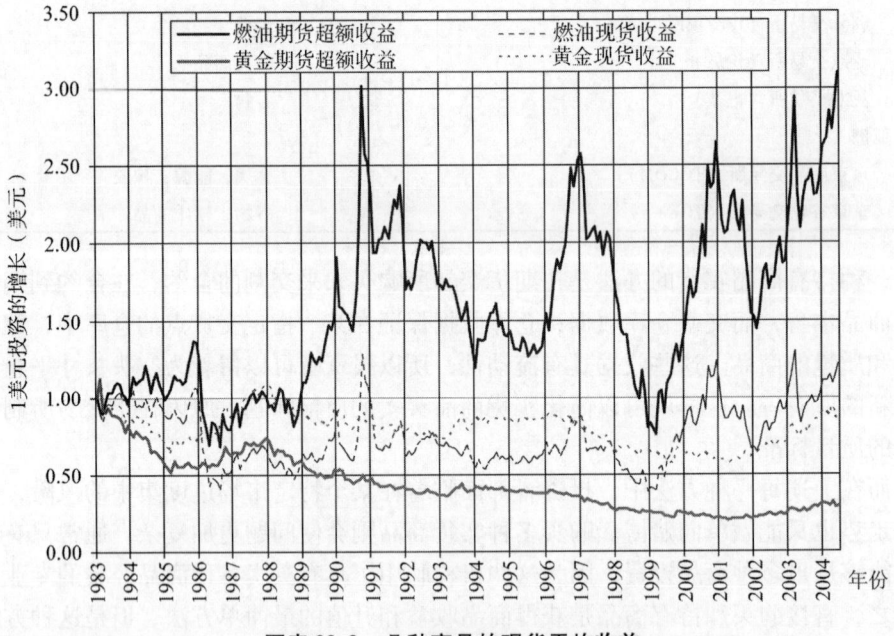

图表23.3 几种商品的现货平均收益

注：在相当长的时期里（1982-12至2004-05），燃油（该市场主要处于现货溢价状态）和黄金（期货溢价）的平均现货收益接近零。现货溢价型燃油市场上正的滚动收益使得期货的超额收益大于零，而期货溢价型黄金市场上负的滚动收益则减少了期货的超额收益。

资料来源：数据取自 GSCI 黄金和燃油分类指数；超额收益和现货收益数据取自 Claude B. Erb and Campbell R. Harvey, The Tactical and Strategic Value of Commodity Futures, 1-12, 2006。

通常情况下期货市场的参与者必须缴纳保证金，这是一种诚意保证金，旨在充分应对期货头寸的日内价值波动，并根据每日的损益进行调整。保证金是依据市场风险决定的，有利于保障期货交易所的资金安全，同时实现最低额度的资本滞结。保证金占合约中商品价值的5%~20%，从而允许投资者在合约存续期间运用大部分的资本。然而这一优势同时也是一个风险源。投资的杠杆化性质将会增加波动率，并且放大价格波动的影响，以实际投资额的百分比衡量，它相比普通形式的投资会带来更大的利润或者损失。因为初始投入资本较小，缺乏经验的投资者可能会尝试较大的持仓量，但头寸的内在杠杆性很可能会导致投资者无力承担最终的损失。

期货期权

除了期货交易，投资者还可以选择投资于期货期权。期权可以用来预防标的期货市场上不利的价格变动，也可以作为一种商品投资的手段。期权赋予的是权利而不是义务，在一定时间内（到期日）以特定的价格（执行价格，它由交易所确定，金额可能会高于或低于当前期货价格）购买（认购）或者出售（认沽）某种特定的期货合约。为了这项权利，期权买方支付给卖方一笔期权费。投资的风险仅限于这笔确定的预付款项。投资者可以在到期日之前的任何时间执行期权，购买或出售标的期货合约。如果期权没有被执行，那么该期权将一文不值，直至过期失效，而投资者损失的也只是原先的预付金额。只要期权合约具有价值，投资者就可以于到期之前在市场上为其平仓，这样投资者既可以利用期货市场的价格走势，又不必实际地持有期货头寸。期权的价格取决于标的期货市场的波动率、标的期货价格与执行价格的接近程度，以及期权剩余到期时间的长短。当标的期货合约的价格发生变化时，期权的价格也随之变化；当执行价格趋向期货价格时，期权对标的期货合约的敏感度德尔塔（Delta）趋于1。

经验丰富的期货交易商会充分利用期货曲线的期限结构、最低的滞结资本以及预期的价格变动。熟悉了期权之后，投资者就可以利用期权来对冲或者限制期货头寸的损失风险，甚至单纯依靠期权来获取敞口。然而由于商品价格的波动性，及其对季节、天气和经济等因素的依赖性，再加上期权定价的复杂性，运用这些工具开展投资要求具备很多市场知识。出于这个原因，大多数投资者都选用由专业投资经理拟订的投资方案。

被动型（只做多）投资：可投资的商品指数

商品指数提供商品资产或商品行业的各种敞口，这是借助期货市场来实现的；而且商品指数是依据固定的规则构造出来的。许多商品指数适合做投资基准，并且可以复制，因此机构投资者往往认为这些只做多的被动型指数具有吸引力。高盛公司估计截至2007年1月，约有1100亿美元投资于追踪主要商品指数的基金，与2002年120亿美元的商品指数投资相比，有了巨大的增长①。市场上有一些主要的可投资指数，不同

---

① Bill Barnhart, "Commodities Drawing Interest in Spite of Risks," *Chicago Tribune*10 (November 2006), p. 5.

指数的组成部分和构造方法差别很大。图表23.4列出了5种较受欢迎的可投资商品指数。

虽然指数提供了只做多的被动型商品敞口，但从长期看来，依赖价格上涨作为主要的内在收益来源并不是成功的投资战略。历史上，商品经历了多轮的牛市和熊市；但价格会均值回归至生产成本，而且在长期内生产成本是逐渐下降的。事实上，一些研究表明，商品实际价格的长期平均涨幅接近于零[②]。因此抵押收益（利息部分）、滚动收益（现货溢价型合约）以及某些情况下的组合维护收益，成为商品指数投资收益的重要来源。

图表23.4　　　　　　5种受欢迎的可投资商品指数

- **高盛商品指数（GSCI）**　包括24种商品，按照世界产量设计权重，能源的权重为75%，处于主导地位。在所有的指数产品中，高盛商品指数占据了最大的市场份额。高盛公司估计，有600亿美元投资于GSCI。
- **道琼斯－AIG商品指数**　包括19种商品，限制每种商品行业的权重，与高盛商品指数相比，该指数的能源权重大大降低了，能源占30%左右。目前有大约300亿美元投资于追踪DJ-AIG指数的金融产品。
- **标准普尔商品指数**　包括6个行业的17种商品，对各标的商品没有恒定的美元价值敞口。权重由期货市场上商业性未平仓合约的美元价值来决定。
- **德意志银行流动商品指数（DBLCI）**　从6大商品行业中选取流动性最好的商品——原油、燃油、黄金、铝、玉米和小麦。权重因素包括世界产量、商品用途以及储存量。
- **路透／杰弗瑞商品研究局指数（Reuters/Jefferies CRB指数）**　从广泛分散化的商品篮子中选取19种商品，按照流动性和"重要性"赋予权重（截至2005年）。

通常，商品指数采用的抵押品收益率与货币市场利率相当。在现货溢价时期，滚动操作实现的盈利将增加投资收益，使其高于商品价格的上涨幅度；相反，在期货溢价时，滚动操作将造成收益下降。过去几年中的大部分时间，能源市场都处于现货溢价状态。滚动收益的影响可以从GSCI指数的超常业绩看出来，在此时期，GSCI指数中能源比重非常高。但在2005年和2006年的大部分时间里，能源市场进入了期货溢价状态。投资者应该意识到，在商品价格下跌时期，现货价格会长时间地低迷，那么被动型长期投资将会导致他们面临短期的波动率和损失风险；如果期货曲线的期限结构一直处于期货溢价状态，那么每月常规性的滚动操作也会招致损失。商品指数采用各种固定的规则来确定滚动操作的方案和权重。DBLCI指数将能源合约每月滚动一次，将其余合约每年滚动一次，这样做是为了充分地利用现货溢价型的能源市场，并最小化其他指数成分在期货溢价型市场中的滚动损失。各种商品指数维护的策略也各不相同，并会影响收益。GSCI和DJ-AIG指数每年重新调整，CRB指数每月进行调整，德意志银行还推出了另一种版本的DBLCI指数——DBLCI均值回归指数（MR），该指数上调或下调商品成分的权重以利用商品价格的均值回归性质。在指数维护过程中，权重增加了的涨价商品会被售出，从而将其权重恢复至目

[②] Paul Anthony Cashin and C. John McDermott, The Long-Run Behavior of Commodity Prices: Small Trends and Big Variability, IMF Working Paper No. 01/68, May 2001; Enzo Grilli and M. C. Yang, and the Terms of Trade of Developing Countries: What the Long Run Shows, "Primary Commodity Prices, Manufactured Goods Prices," *World Bank Economic Review* 2, no. 1 (1988), pp. 1–47; K. Geert Rouwenhorst and Gary B. Gorton, "Facts and Fantasies about Commodity Futures," *Financial Analysts Journal* (April 2006), pp. 47–68.

标水平。由于商品价格往往是周期性的,指数维护实际上是将盈利变现,并且锁定一些额外收益。选择商品指数时,投资者应仔细考虑分散化和指数成分的问题。投资时机的选择也很关键。投资者常常等到价格趋势明朗化后才进行投资,但等到他们投资的时候,资产可能就不再便宜了。

投资者可以通过多个切入点来获得这些基准敞口。大多数指数都配有公开交易的商品期货指数合约,这些合约可供投资者购买并执行滚动操作。投资者还可以与对手方进行场外市场互换,从而直接地参与这些指数的交易。一些共同基金经理也提供绑定各种指数的基金,为此他们需要进行结构化票据或互换合约的投资:支付指数的国库券利息部分加上其他费用,从而换取该指数的总收益。太平洋投资管理公司(PIMCO)的商品实际收益基金借助互换合约来追踪 DJ-AIG 商品指数,而奥本海默实际资产基金则投资于绑定 GSCI 指数的票据。

主动型投资:管理型期货

由于商品的长期平均收益较低,同时主动型投资能够充分地利用短周期和市场趋势,所以它们可能会比被动型投资更受青睐。理想情况下,当商品价格上涨(或下跌)时,主动管理型投资组合通过做多(或做空)标的合约,可以从商品价格的变动中受益。但是现实中,价格有时在一个窄幅的交易区间内波动,随着买卖操作导致的小额亏损逐渐累积,主动型组合经理会面临严峻的市场条件。

管理型期货　作为一种资产类别,它将资金配置给所谓的**商品交易顾问基金**(CTA)来管理。CTA 一般交易分散化的期货合约篮子,其中包括金融市场和商品市场里的合约,但某些 CTA 会专门从事某一行业的交易。管理型期货是一种主动型策略,它运用系统性方法或者基本面方法来评价投资项目,并在期货市场中持有头寸。根据巴克莱交易集团的估计,截至 2006 年 9 月,管理型期货行业管理的资产超过了 1560 亿美元[3]。

通过投资于主动管理型组合,投资者在下行的市场中或上行的市场中都可能获利。主动管理型投资组合受商品市场下行的影响应该较小,因此可能实现更优的风险调整后收益。通过持有分散化的商品投资组合,主动型经理可以择机将资产配置到那些提供最优风险/收益前景的行业或市场,这最终会比被动型静态加权的组合获取更高的风险调整收益。例如我们可以将被动型 GSCI 指数和主动型 CISDM[4] 指数的长期业绩做比较(见图表 23.5)。GSCI 指数的年均收益率为 6.8%,低于 CISDM 的年均收益率 9.9%,而且它的波动性也要高得多,年均波动率约为 20%;而 CISDM 则为 10%。最大跌幅(从先前高点位处下降的比例)同样也更为严重,GSCI 为 48%,而 CISDM 为

---

[3]　Barclay Trading Group, Ltd. http://www.barclaygrp.com/indexes/cta/Money_Undr_Management.html(January 5, 2007)。

[4]　CISDM CTA 资产加权指数(管理型期货)是国际证券与衍生品市场研究中心(CISDM)发布的 300 多家商品交易顾问基金的美元价值加权指数,该中心隶属于马萨诸塞大学阿默斯特分校伊森博格管理学院。为了能够被纳入该指数,交易顾问基金必须管理至少 50 万美元并具有 12 个月的跟踪记录。相关 CTA 的业绩已扣除各类支出费用。

11%。然而与 GSCI 指数不同，CISDM 指数不能用于投资，该指数反映的是自愿向 CISDM 数据库提供信息的 CTA 的资产加权平均收益，而且它还可能存在**生存偏差**问题。如果 CTA 在倒闭之前即停止提交月度业绩的信息，那么生存偏差就产生了。平均值是根据"生存者"的业绩计算出来的，由于排除了这些未提交信息的 CTA，所得结果往往会被高估。管理型期货的投资者可能获得明显不同于该指数业绩的收益。

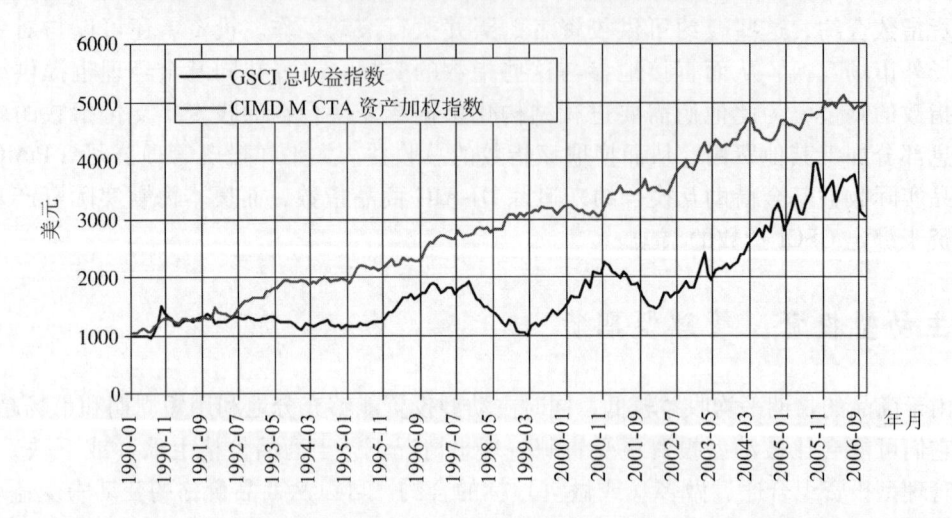

	CISDM CTA	GSCI TR
年收益率（%）	9.99	6.28
年化标准差（%）	9.63	19.70
最大跌幅（%）	-10.69	-48.26
夏普比率	0.61	0.22

图表 23.5 1000 美元投资于 CISDM CTA 资产加权指数与 GSCI 总收益指数的收益对比

（1990 年 1 月至 2006 年 10 月期间）

资料来源：数据来自彭博金融市场。

主动型投资组合在市场下行时期的盈利能力，表现为它们往往与价格上涨的市场正相关，而与下跌的市场负相关。高盛商品农产品分类指数（被动型投资组合）和巴克莱农产品交易商指数⑤（主动型投资组合）的统计数据表明，当玉米、糖、小麦等市场下跌时，农产品分类指数与这些市场正相关，因而损失价值，而主动管理型交易指数则可盈利。例如图表 23.6 分别显示了被动型投资组合和主动型投资组合与玉米市场的相关性。

在期货市场中，主动管理型投资方案的另一个优势是隐含的杠杆化操作。由于缴纳的保证金只占合约名义价值的很小比例，组合经理就有能力将交易杠杆化，而其余的资产可

---

⑤ 巴克莱农产品交易商指数是等权重综合指数，采用管理型期货的数量化方案进行投资，这些管理型方案开展农产品市场的交易，如谷物、肉类和食品等。2007 年，该指数共包括 20 种农产品方案。为了将管理型方案纳入该指数，方案交易商必须具备至少 12 个月的历史业绩记录，推断得出的盈利业绩不予接受。

a. GSCI农产品分类指数。被动型投资组合与上涨和下跌的市场均呈正相关。投资者在下跌的市场中蒙受损失。

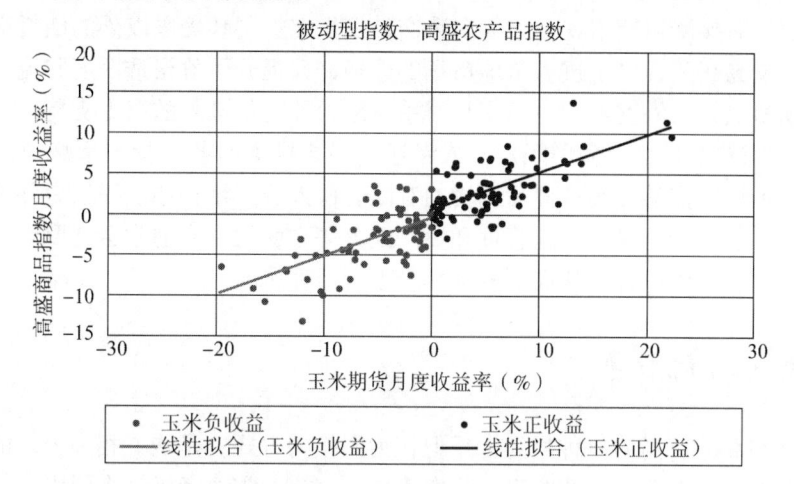

被动型指数—高盛农产品指数

(散点图：x 轴为玉米期货月度收益率（%），范围 −30 至 30；y 轴为高盛商品指数月度收益率（%），范围 −15 至 20。图例：玉米负收益、玉米正收益；线性拟合（玉米负收益）、线性拟合（玉米正收益）。)

b. 巴克莱农产品交易商指数。主动型投资组合与下跌的市场负相关，与上涨的市场正相关。投资者在市场上涨和下跌时都可以盈利。

主动型指数—巴克莱农产品交易商指数

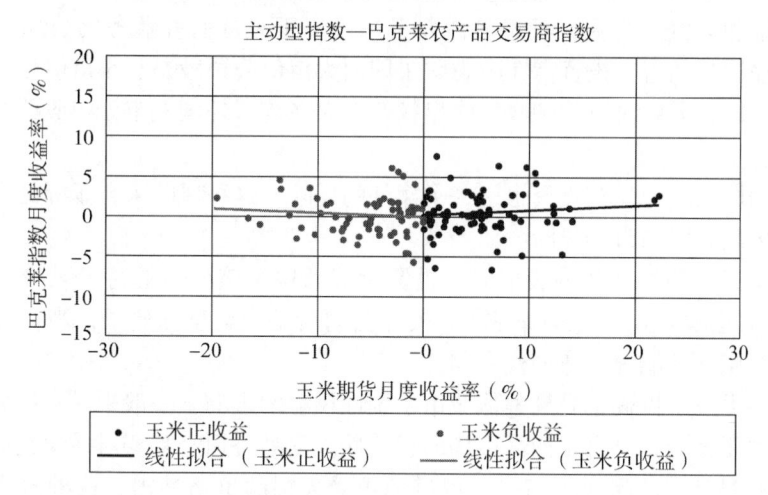

(散点图：x 轴为玉米期货月度收益率（%），范围 −30 至 30；y 轴为巴克莱指数月度收益率（%），范围 −15 至 20。图例：玉米正收益、玉米负收益；线性拟合（玉米正收益）、线性拟合（玉米负收益）。)

图表 23.6　上涨和下跌市场中的相关性，1994 年 3 月至 2006 年 6 月

资料来源：数据来自彭博金融市场。

以继续赚取利息，投资策略的总收益中就添加了利息收入的部分，这一点与抵押型商品指数投资类似。

然而组合经理并不一定能够保证管理型期货方案可以获取全部的或者部分的商品上涨收益。由于种种原因，组合经理跟进价格走势可能已经为时过晚，甚至是组合经理根本没能跟进价格走势。如果市场没有持续的定向走势，而是表现得起伏不定，那么也可能会导致组合经理在调整头寸时"进退维谷"，而且交易成本以及不恰当的买入/卖出会带来损失。不同组合经理的杠杆率、行业敞口、策略和专业技能差异很大。投资于管理型期货方案将会带来经理风险和商品风险。此外，由单一组合经理操盘的管理型期货基金可能比CISDM CTA 资产加权指数更具风险性，因为如果组合经理未进行分散化投资，那么波动率和跌幅常常会被放大。在投资之前，投资者或他们的顾问应当仔细地评估组合经理的交易策略及风险管理能力。

管理型期货的优点是受到严格监管。CTA 必须在美国的商品期货交易委员会（CFTC）注册，并接受定期审计。绝大多数交易发生在美国和美国以外的期货交易所，这些受到监管的交易场所提供了进入全球市场的途径，并提升了价格透明度和流动性。清算公司和清算所机制最大限度地减少了交易对手风险，并提供额外的财力支持。

通过每家 CTA 的各个管理型账户，或者通过混合投资的各个管理型账户，投资者可以参与到管理型期货交易方案。商品期货的有限合伙人资金结构还能提供另外的好处，包括有限责任和专业人士监督，风险管理和资产配置等方面的专家通常会选取和监测一个或多个主动型经理的投资组合，从而部分地减轻组合经理风险。

商品类公司的股票

投资者参与商品市场的一种最为常见但较为间接的方式，是购买相关公司的股票，这些公司与多种商品存在业务上的联系。投资于股票之前，需要考虑许多因素，比如关注哪些商品行业或市场，在商品价值链的哪一处进行投资，公司的地理位置和资本化情况如何。例如在石油和天然气行业，投资者需要考虑投资于经营何种业务的公司，勘探、开采、精炼、运输还是销售？投资者在考虑购买国内大市值公司股票、小市值公司股票、或者创业公司股票时，需要对风险和收益作出权衡；而在购买外国上市公司股票时，还需要考虑国家风险。

但是，借助股票进行间接投资也引入了额外的风险，这种风险来自于标的商品市场之外：公司特定风险和股票市场风险。

首先，在购买商品类公司的股票时，投资者即承担了该公司的特定风险（收入、企业管理风险等）。公司风险可能会非常大，安然公司就是个典型的例子，当初许多投资者把它看成是朝气蓬勃的能源行业的代名词。

其次，商品类股票投资也受到整体股市系统性风险的影响。一般来说，许多公司与股票市场的相关性要大于其自身与商品市场的相关性。商品公司经常要对冲掉它们的原材料敞口（这些原材料是其产品或依赖品）以避免遭受大幅的价格冲击，这种做法也会导致相关商品的价格与股价相背离。

如图表 23.7 所示，股票与商品价格的相关性一直不高也不稳定。公司股价与商品价格的相关性可能会相差很大。

除了投资于与商品有关的股票组合之外，市场上还有许多由专业组合经理操盘的投资工具，投资者可以借助这些工具参与到商品市场中。

被动型（只做多）投资：共同基金

某些投资者可以与对手方签订股票总收益互换，或者交易其他个性化的股票篮子衍生品，从而构建分散化的投资组合并降低个股风险。进入此类市场存在一定的限制条件，并且需要了解专业产品的投资机制和管理费用。开展与商品挂钩的股票组合投资，目前最简单最常见的途径是共同基金。共同基金行业管理的总资产超过了10 万亿美元，其中一半

图表 23.7　　商品与股票价格的 360 天滚动相关性（2000 年 10 月至 2006 年 12 月）

			原油	天然气	铜	铝	黄金	大豆	CRB指数	GSCI总收益指数	GSCI能源分类指数	GSCI工业金属分类指数
ishares DJ 能源指数中的前五位公司情况	埃克森美孚	最小值	(0.04)	(0.01)	(0.03)	0.01	(0.21)	(0.12)	0.02	0.00	0.00	(0.03)
	埃克森美孚	最大值	0.49	0.30	0.23	0.22	0.27	0.17	0.49	0.50	0.50	0.19
	埃克森美孚	平均值	0.24	0.15	0.14	0.13	0.01	0.05	0.21	0.25	0.25	0.07
	雪佛龙公司	最小值	(0.00)	0.09	0.07	0.03	(0.19)	(0.02)	0.05	0.05	0.05	0.05
	雪佛龙公司	最大值	0.52	0.35	0.28	0.25	0.31	0.13	0.52	0.54	0.53	0.22
	雪佛龙公司	平均值	0.30	0.21	0.19	0.16	0.06	0.04	0.26	0.32	0.31	0.13
	康菲	最小值	0.04	0.05	0.03	0.02	(0.17)	(0.05)	0.05	0.09	0.09	0.02
	康菲	最大值	0.56	0.36	0.30	0.26	0.32	0.16	0.56	0.57	0.56	0.25
	康菲	平均值	0.34	0.21	0.19	0.16	0.08	0.06	0.30	0.36	0.35	0.11
	斯伦贝谢	最小值	0.04	0.17	0.09	0.05	(0.08)	(0.05)	0.16	0.16	0.14	(0.03)
	斯伦贝谢	最大值	0.53	0.37	0.23	0.22	0.31	0.17	0.54	0.55	0.54	0.23
	斯伦贝谢	平均值	0.33	0.25	0.17	0.14	0.09	0.06	0.29	0.36	0.35	0.11
	西方石油公司	最小值	0.01	0.12	0.06	0.07	(0.09)	(0.02)	0.15	0.18	0.17	0.04
	西方石油公司	最大值	0.58	0.36	0.26	0.28	0.31	0.19	0.55	0.60	0.58	0.23
	西方石油公司	平均值	0.36	0.22	0.17	0.18	0.10	0.07	0.33	0.39	0.37	0.13
ishares DJ 美国基本材料指数中的前五位公司情况	杜邦	最小值	(0.26)	(0.01)	0.05	0.07	(0.31)	(0.04)	(0.11)	(0.23)	(0.26)	0.04
	杜邦	最大值	0.05	0.07	0.26	0.21	0.09	0.12	0.11	0.09	0.08	0.19
	杜邦	平均值	(0.09)	(0.03)	0.16	0.15	(0.01)	0.05	(0.01)	(0.07)	(0.08)	0.13
	陶氏化学公司	最小值	(0.20)	(0.15)	0.02	0.02	(0.26)	(0.06)	(0.08)	(0.19)	(0.21)	(0.06)
	陶氏化学公司	最大值	0.02	0.07	0.25	0.22	0.13	0.11	0.09	0.04	0.02	0.17
	陶氏化学公司	平均值	(0.09)	(0.03)	0.17	0.13	(0.06)	0.03	(0.00)	(0.06)	(0.08)	0.01
	美铝	最小值	(0.13)	(0.06)	0.16	0.09	(0.32)	(0.01)	(0.03)	(0.09)	(0.13)	0.08
	美铝	最大值	0.19	0.12	0.35	0.38	0.27	0.13	0.29	0.17	0.17	0.31
	美铝	平均值	0.02	0.05	0.27	0.24	0.00	0.07	0.01	0.05	0.03	0.21
	纽蒙特矿业	最小值	0.06	(0.06)	0.00	(0.05)	0.47	(0.00)	0.15	0.06	0.04	(0.03)
	纽蒙特矿业	最大值	0.36	0.23	0.40	0.40	0.69	0.19	0.50	0.40	0.35	0.36
	纽蒙特矿业	平均值	0.15	0.01	0.20	0.18	0.60	0.06	0.30	0.18	0.15	0.18
	孟山都	最小值	(0.19)	(0.09)	0.04	0.01	(0.15)	(0.07)	(0.14)	(0.17)	(0.18)	0.00
	孟山都	最大值	0.04	0.09	0.19	0.16	0.15	0.01	0.08	0.05	0.06	0.16
	孟山都	平均值	(0.06)	(0.02)	0.10	0.08	(0.00)	0.02	(0.03)	(0.05)	(0.06)	0.08

以上是投资于股票基金，几乎有一半的美国家庭投资于共同基金⑥。较低的进入壁垒吸引了大量的基金发起人进入市场，因此竞争激烈但高度管制的环境推动了投资品种迅速增长。

许多知名的基金公司提供了一系列投资于自然资源或者是其他商品的共同基金，其中包括富达、先锋和富兰克林坦伯顿共同基金。自然资源基金往往投资于能源、采矿、化工、造纸和林木等各类产品，以及自然资源类股票。除此之外，行业基金也提供能源、贵金属或基本材料等行业的敞口。更细化的子行业基金则专门投资于天然气、黄金、石油等商品，或投资于价值链的某个环节，如天然气勘探公司，或石油设备和分销公司。这些基金包含的风险与股票投资风险相类似，但它们提供更高的分散化水平、专业化的尽职调查和监管，从而降低了公司风险。但与商品指数投资的情形相似，共同基金投资者同样面临只做多投资以及成本等附加因素的制约。

交易所交易基金

对于散户投资者而言，**交易所交易基金**（ETF）可能是20世纪90年代具有里程碑意义的发明。自1993年1月标准普尔存托凭证（SPDR）问世以来，交易所交易基金日趋成熟⑦。虽然ETF的初衷是作为机构投资者的对冲工具，但散户投资者如今已在整个ETF市场占据很大的部分⑧。美国股票交易所（AMEX）提供200多种不同的交易所交易基金，包括宽基指数基金、国际股票基金和特定行业基金。截至2006年11月，全美ETF的资产总额为3970亿美元，其中448亿美元由专注于美国境内特定行业的ETF所管理⑨。ETF最大优势之一是投资者有机会分享特定市场板块（如某种商品或某地区经济）的升值潜力，而且无需承担个股风险。内在的分散化优势、比共同基金更低的成本结构以及被动管理型投资组合的税收优势，这些因素使得ETF成为投资者有效且灵活的投资工具。

商品类ETF 近年来，一些开展能源、自然资源和基本材料等商品投资的ETF迅速发展，这些基金投资于以生产、加工和分销特定商品为业务的公司股票（见图表23.8）。

图表23.8　几个较受欢迎的商品类交易所交易基金（截至2007年5月的资产）

- 道琼斯能源行业基金（IYE）8.471亿美元
- 标准普尔全球能源行业指数基金（IXC）6.535亿美元
- 高盛自然资源基金（IGE）15.56亿美元
- SPDR 能源（XLE）30.7748亿美元
- SPDR 材料（XLB）9.3269亿美元
- Powershares 水资源指数基金（PHO）12.996亿美元
- 美国基本材料指数基金（IYM）4.9051亿美元

资料来源：数据来自彭博金融市场。

---

⑥ 引自ICI的统计数据和研究结论（《投资公司概况2006年》）。投资公司协会（ICI）是美国投资公司的全国性协会，其成员持有的资产占了投资业总资产的95%，ICI公布有关该行业的统计数据。

⑦ "The Genesis Shows the Genius: ETFs and Nate Most," *Bloomberg Wealth Manager*, September 1, 2004, p.113.

⑧ Ian Salisbury, "ETF Appeal Shifts to Main Street," *Wall Street Journal*, August 1, 2006.

⑨ 引自投资公司协会的数据和研究结论。信托机构发行的票据不包括在这一数字之内。

借助 ETF 进行间接的股票投资，同样会引入商品风险之外的风险，即企业管理风险和整体市场风险。事实上，商品挂钩股票与标准普尔指数的相关性，往往会强于商品挂钩股票与商品本身的相关性。例如根据有记录的日收益数据（1998 年 12 月 12 日至 2006 年 12 月 29 日），能源产业 SPDR 基金与高盛能源分类指数的相关系数为 0.23，而与标准普尔 500 指数的相关系数达到 0.43。

商品挂钩 ETF 它是 ETF 行业内部一个快速增长的新品种，通过持有实货商品或期货合约，它提供了对商品本身的敞口，而不是对商品类股票的敞口。最近，**交易所交易票据**（ETN）被引入市场，它与 ETF 相类似，并且是在主要的股票交易所交易。目前已有专门与黄金、白银和原油等商品挂钩的 ETF。专注于特定商品的 ETF 存在诸多限制，而且不能实现分散化，但该行业正在迅速扩张，可能很快就会纳入其他的 ETF。投资者也可以通过 ETF 和 ETN 来投资商品指数，这为被动型只做多的商品指数投资提供了新的途径。图表 23.9 简要地介绍了一些产品。

图表 23.9　　　　商品挂钩 ETF 一览表（截至 2007 年 1 月 5 日的资产）

- 黄金 ETF
  - 巴克莱全球投资者 iShares COMEX 黄金信托基金（IAU）（始于 1/21/05）。该指数旨在反映黄金价格的每日波动。黄金信托基金的目标是，反映出所持黄金在扣除信托的开支和负债之后的价格（资产：8.64 亿美元）
  - 道富 Street Tracks 黄金信托基金（GLD）（始于 11/04）所持资产为黄金实货，它的目标是反映扣除开支后黄金价格的走势（资产：87.9931 亿美元）
- 巴克莱全球投资者 iShares 白银信托基金（SLV）（始于 4/28/06）它的资产主要由白银构成，白银由托管方以该信托的名义持有。该信托的目标是，基金份额能够反映出其所拥有的白银减去开支和负债之后的价格（资产：14.8213 亿美元）
- 美国石油指数基金（USOF）（始于 4/06）。USFO 是一个商品基金，它投资于石油期货合约和其他石油产品，目标是追踪西得克萨斯州中质低硫原油和其他类型的原油、燃油、汽油、天然气以及石油燃料期货的业绩。该基金的份额在 AMEX 可以买得到
- 德意志银行商品指数追踪基金（DBC）（始于 2/06）它通过投资于指数成分商品的 ETF 来追踪德意志银行商品指数（资产：6.6642 亿美元）
- iPath 道琼斯－AIG 商品指数总收益 ETN（DJP）（始于 6/06）。它反映的是无杠杆化地投资于 DJ-AIG 指数成分商品期货合约的潜在收益，加上现金抵押品投资于国债可赚取的利息率，再减去开支后所得的收益（资产：8.3703 亿美元）

资料来源：数据来自彭博金融市场。

ETF 便捷的交易及低廉的费用吸引了投资者买卖这些工具以捕捉短期的价格波动。然而这种交易策略要想在长期内获得成功，仍然需要专业的知识和经验。很多 ETF 投资者倾向于跟随热门行业，因为他们有能力轻松地进入或退出任何基金。但当趋势发生逆转时，不合时宜地进入和退出很容易使他们蒙受损失。

主动型投资：对冲基金 投资者可以投资于专业化的自然资源类股票对冲基金，也可以投资于分散型有偏重点的多空股票对冲基金，从而能够获得对商品类股票或商品期货的敞口。对冲基金是一种高杠杆化的主动管理型投资组合，它遵循各种主观或量化规则的投资策略，利用股票、期货、衍生品等各种类型的投资工具，在全球范围或者国内市场进行多头或者空头投资。根据对冲基金研究公司的研究，截至 2006 年 9 月，9000 多家对冲基

金管理着总额超过 1 万亿美元的资产,其中约有 670 亿美元投资于行业基金[10]。

由于对冲基金复杂的投资策略,以及缺乏信息披露和透明度,投资者可能会发现很难评价经理的能力高低,或者评价量化策略背后的模型优劣。一旦开始投资,商品敞口将很难追踪。

随着对商品投资的关注度增加,越来越多的对冲基金专注于这个领域,或者是引入商品策略以使投资组合分散化。在 2006 年,140 只致力于商品交易的对冲基金进行能源市场投资,总价值约为 600 亿美元[11]。

虽然添加商品有利于投资组合,但是也带来了风险。名义上分散化的对冲基金可能会将过多的风险转移到价格波动的商品上,但它们既不进行适当的风险管理,也不向客户披露信息。最近,能源交易亏损导致了几家著名对冲基金的崩盘,特别是在 2006 年 9 月阿玛兰斯(Amaranth)倒闭了,这说明即使老练的交易商也可能在投资组合中过多地持有单种商品。

对冲基金基本上不受管制,这一点迎合了那些符合收入和资产净值条件的老练投资者。对冲基金通常将最低投资额度设得很高;由于许多投资项目缺乏流动性,它们经常要求投资者保证一段时期的投资,即所谓的锁定期,锁定期可能会长达一年甚至更久;如果投资者提前赎回,还得缴付大额的罚金。

对冲基金的基金可以通过分散化来减少经理风险,并由经验丰富的专业员工进行基金的选取、监督和风险监控;此外,流动性也可能会提高。一些对冲基金的基金选择向美国证券交易委员会注册。这些基金必须向投资者提供招股章程,同时必须定期向美国证券交易委员会呈交报告。许多注册过的对冲基金的基金,所要求的最低投资额度远低于单个对冲基金。

结　论

商品给我们带来好处,不仅因为它是绝对收益的来源、通货膨胀的对冲工具,而且它还是与传统股票和债券组合不相关的分散化资产。虽然对大多数投资者来说,直接的商品投资不大可行,但是近来资本市场的创新使得商品投资渠道更加多样化。基于期货和期权的投资能与商品建立最直接的联系,但是商品敞口也可通过商品类股票而获得。投资者可以选择非分散化的专注型投资,或者宽基的商品敞口,也可以选择被动型投资,或者主动管理型组合。各种各样的投资工具,包括期货基金、共同基金、交易所交易基金及对冲基金等,为这些投资提供了途径。最重要的是,每个投资者必须根据自身的风险偏好和熟练程度来决定哪种投资方式是最合适的。

---

[10] HFR Industry Report Q3 2006#HFR Inc., 2006, www.hedgefundresearch.com.

[11] Peter C. Fusaro and Gary M. Vasey, "Energy & Environmental Funds: Continuing to Offer Superior Opportunities," *Commodities Now*, 2005.

第24章
商品期权

卡罗尔·亚历山大（Carol Alexander）
风险管理系主任、研究部主任
国际资本市场协会（ICMA）中心
雷丁大学

阿纳德·万卡特拉曼（Aanand Venkatramanan）
博士研究员
ICMA 中心
雷丁大学

交易商品期权的原因有三点：分散化、对冲和投机。投资组合中包含期权是因为与期货相比，期权具有向上可以封顶或者向下可以保底的特征。因为商品期权与股票和债券的相关性较低，所以它们能提供分散化作用。因此尽管它们是高风险的工具，将商品期权添加到标准的投资组合中仍有利于实现分散化。

风险管理者使用商品期权来对冲价格风险。例如当市场在期货溢价和现货溢价之间徘徊时，日历价差期权组合可用来保护生产者。平均价格期权（其收益取决于标的商品平均价格与期权执行价格的差异）也常用于风险管理，因为它们比标准期权更便宜——而且允许买方以固定的价格购买商品。

投机者利用期权对价格方向进行高杠杆化的赌博。例如关于 1 个月期货与 3 个月期货价格差异的美式日历价差看涨期权是一项赌博，它赌的是在期权到期前的一段时间内，期货将呈现出更强的现货溢价状态。如果期权被执行，那么按照行权日的期货市场价格，买方将接受 1 个月期货的多头头寸和 3 个月期货的空头头寸。

购买期权的同时也买入了波动率。因此商品期权可以用于投机波动率，也可用于对冲波动率风险。所有商品的价格都具有波动率，其中一些商品比另一些商品的波动率更大。农产品波动率可能是最低的，一般只有 30%～50%，但是金属和能源的价格波动率则要高得多。例如 2005 年美国用电高峰时期现货价格的波动率几乎达到了 200%。

本章概略地研究商品期权市场、经常交易的产品以及商品期权的定价和对冲模型。

商品期权市场

自 20 世纪 80 年代后期第一份期权合约的诞生至今，场内商品期权的交易量一直稳步增长。纽约商业交易所（NYMEX）和纽约商品交易所（COMEX）是最活跃的交易平台，主要交易各类能源和金属期货的美式期权。2006 年，NYMEX 和 COMEX 的商品期权合约总成交量达 6000 万份，比商品期货合约的总成交量高出了 25%（见图表 24.1）。

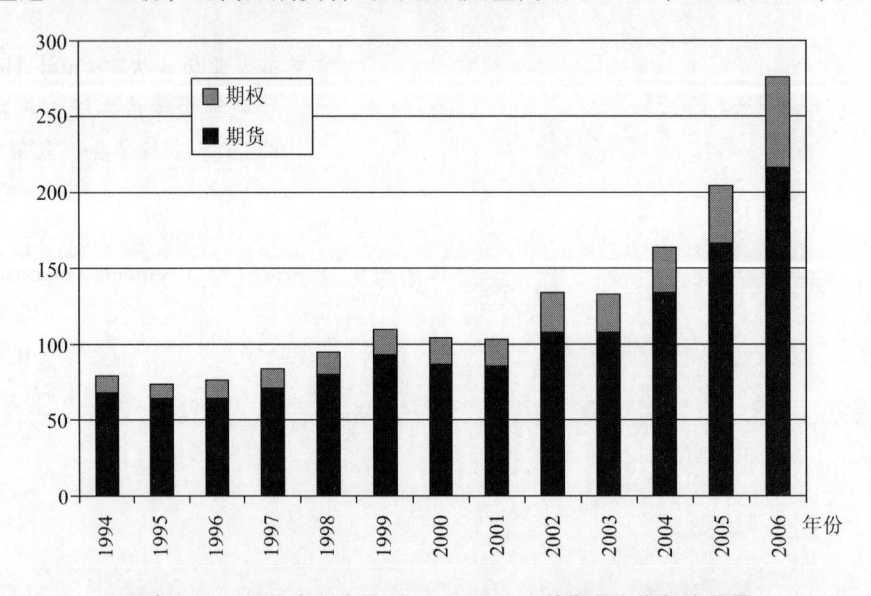

图表 24.1　纽约商业交易所（NYMEX）的期货和期权交易量

能源期权的交易量比金属期权的交易量要大得多。从图表 24.2 可以看出，纽约商业交易所中流动性最强的能源期权是原油和天然气的美式期权。美式裂解价差期权已经交易了很多年，但交易量仍然很低。美式日历价差期权和平均价格期权在过去几年中越来越流行（见图表 24.3）。日历价差期权和平均价格期权为商品期货的风险管理提供了灵活性；而且由于比标准的期权更便宜，它们用于投机的可能性也增加了。

流动性较强的能源合约还推出了用现金结算的欧式期权，这些欧式期权合约是在场内交易的：日内期权（daily option）只可用于清算，库存期权（inventory option）可用于管理对库存报告值的敞口。库存期权的行权单位是库存量与前一周报告值的差额，库存的变化决定了哪个期权是"价内"的，哪个期权是"价外"的，而期权费是由持有"价外"期权的人支付给持有"价内"期权的人。与普通香草型期权一样，数字库存期权也向"价内"期权合约持有人支付固定金额。

从图表 24.4 可以看出，虽然铜期货期权的日均成交量也很大，但在纽约商品交易所交易的期权大多是标准的美式黄金和白银期货期权。

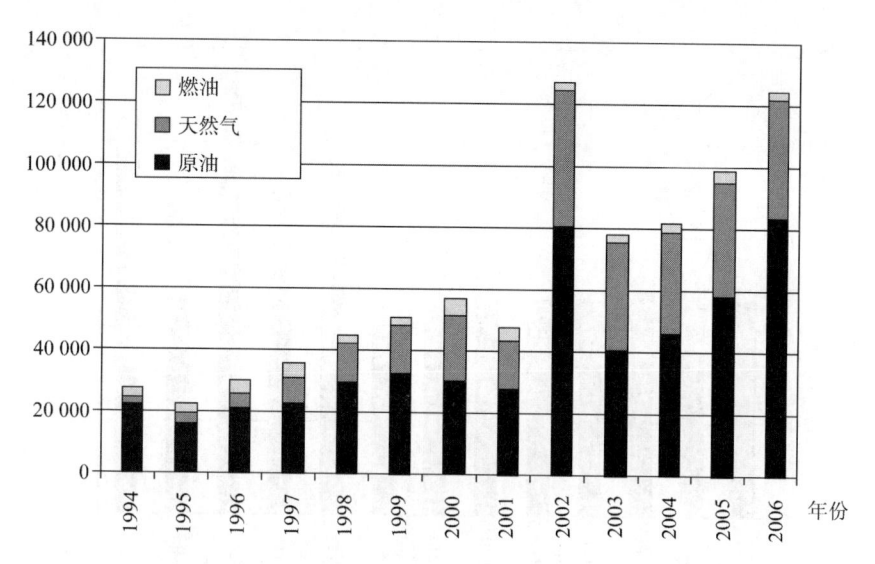

图表 24.2 纽约商业交易所（NYMEX）能源期权交易量

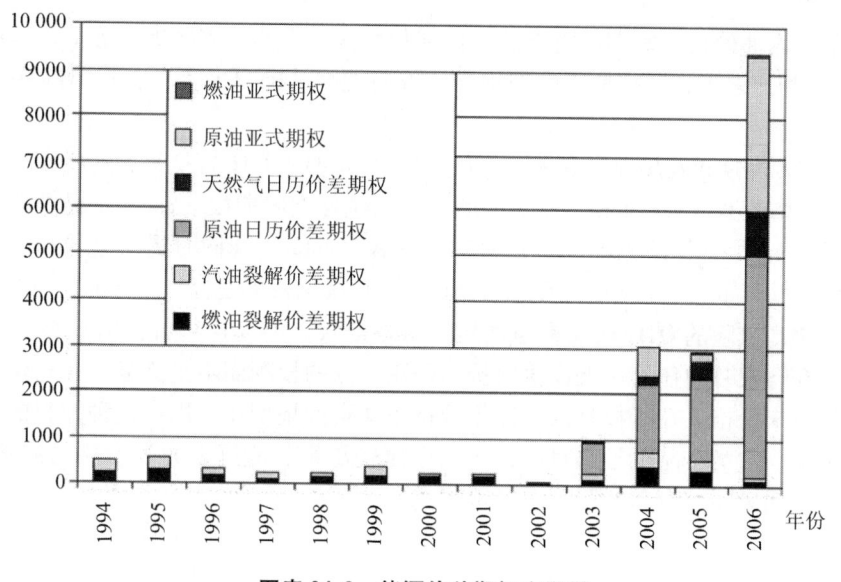

图表 24.3 能源价差期权交易量

除 NYMEX 和 COMEX 之外，还有两个大型的交易所专门从事农产品期货期权的交易，包括乳制品、可可、咖啡、糖、豆制品、玉米、小麦、生牛和生猪等期货期权；二者分别是 CME 集团（由芝加哥商业交易所（CME）和芝加哥期货交易所（CBOT）合并而成）和美国境外的主要商品期权交易所——欧洲交易所衍生品市场（Euronext. Liffe）。

由此可见，主要的商品交易所都交易与期货到期日相同的期货期权，而不交易现货价格的期权。两个理由可以很好地解释这种现象。第一，由于期货的流动性高于现货，它们是可用于对冲的流动性资产，因此可以将无套利理论运用于期权定价。第二，由于现货价格呈现出均值回归趋势，从而与季节性和长期性的经济均衡条件（需求和供给相等）相关，所以现货价格比期货价格更难确定（例如如果一个中国汽车制造商大幅增加了廉价

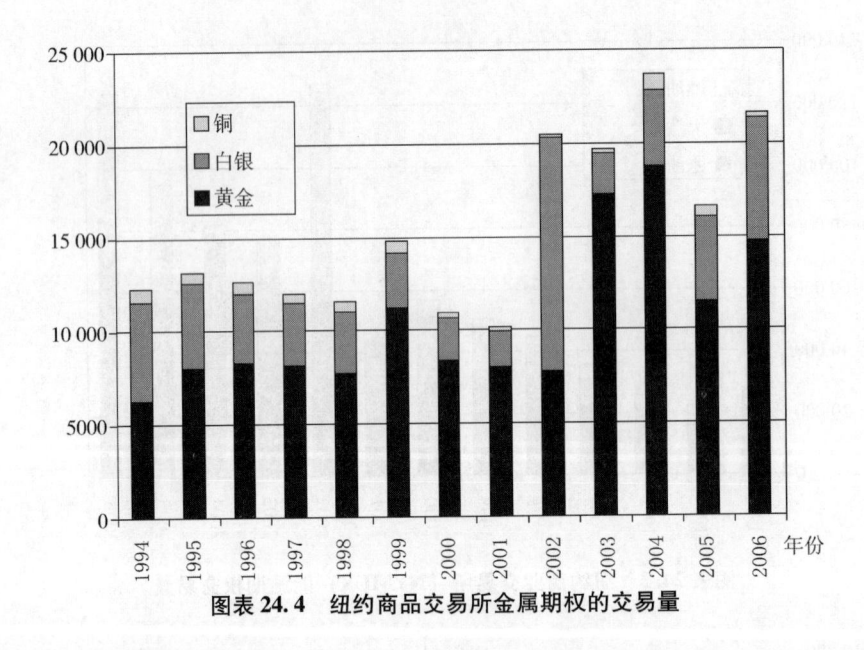

图表 24.4 纽约商品交易所金属期权的交易量

汽车的产量,汽油价格在短期内将上涨,但在长期内,人们会兴建更多炼油厂以满足对汽油的需求)。相比之下,固定期限的期货合约价格就容易确定多了,它在风险中性测度下是一个鞅过程。

也有许多商品期权在**场外**(译者注:也称柜台市场)(OTC)交易,这些期权的标的物可以是现货价格而不是期货价格。常见的期权产品包括上限期权(cap)(提供上限保护),下限期权(floor)(提供下限保护),以及双限期权(collar)(同时提供上限和下限保护)。路径依赖型期权,如平均价格期权和障碍期权,比标准期权更便宜,而且也在 OTC 交易。

一种特别高风险的 OTC 期权是**浮动执行价格期权**。浮动执行价格欧式看涨期权的持有者,拥有在行权月内任何一天以执行价格购买商品的权利而不是义务。执行价格依赖于前一个月的月末价格。在行权月内,商品价格可能会大幅变化,因此这种期权的卖方面临着巨大的风险。这类产品也很难对冲,所以会比较昂贵。但近来此类产品的需求量很大,甚至连复杂度和风险都更高的同类产品也很流行。

历史价格行为

本节考察 2005 年和 2006 年 5 种不同商品的每日现货和期货价格走势,这些商品在美国交易所内都具有交易活跃的期货期权。它们分别是玉米、瘦肉猪、白银、天然气和电力。它们代表着三个主要的商品类别:农产品、金属和能源。我们证明这 5 种商品的价格形成过程存在显著的区别。

玉米

图表 24.5 右边纵坐标表示现货价格,左边纵坐标表示几种期货的价格。在 2005 年和

2006年大部分时间里，市场处于期货溢价状态，不同期限的期货彼此之间以及与现货价格之间都是高度相关的。当美国农业部对作物产量作出预测时，或者当新的信息公布时，价格将出现跳跃。最近的一个例子是布什总统宣布增加乙醇产量时，玉米价格所做的反应，这在图表24.5中2007年1月处可以明显看出。

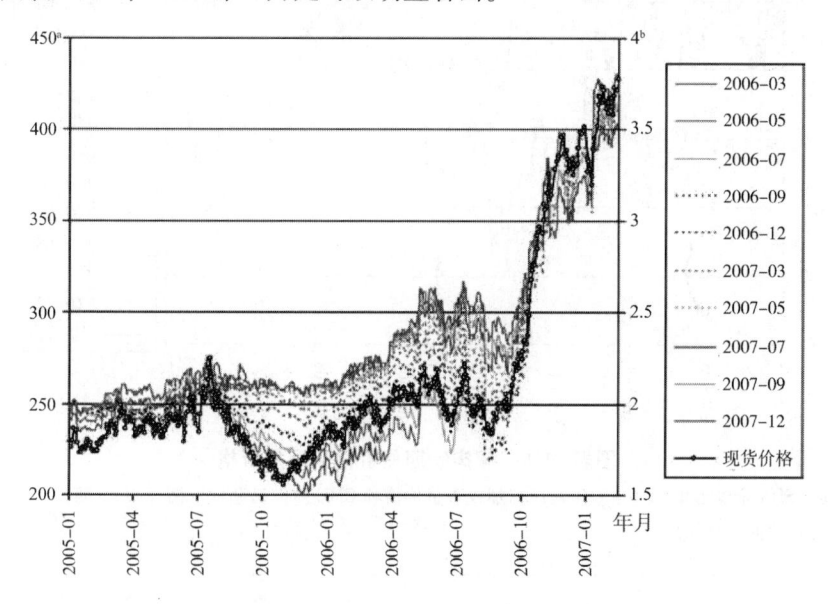

图表 24.5　玉米期货价格和现货价格

注：a 为 USDA 伊利诺伊州北部 2 号黄玉米的现货价格（美元/蒲式耳）。
　　b 为 CBOT2 号黄玉米的期货价格（美分/蒲式耳）。
资料来源：数据来自彭博。

瘦肉猪

图表24.6显示了瘦肉猪的现货价格和期货价格。不同到期日的期货价格之间呈现出低度相关性，而且冬季期货的价格明显低于夏季期货价格。市场的特点是相对平稳的需求和缺乏弹性的供给，供给由10个月前农民作出的养殖决策所确定。高价格诱导生产者保留更多的母猪进行繁殖，从而进一步地推高价格——价格通常也在夏季到达峰值，因为此时生猪供应量通常最低。价格跳跃可能对应着美国农业部关于生猪繁殖规模的官方报告。

白银

图表24.7显示了白银的现货和期货价格。在纽约商业交易所，白银期货合约每个月的交易都很活跃，图表24.7只显示了其中几个月的情况。白银市场比黄金市场规模要小，因为白银的储备要少于黄金。在需求方面，白银被用于工业生产过程（如镀银和电子行业），但这些都没有固定的季节性。因此实际上期限结构是高度相关的，基差风险也很小，而且价格并不表现出季节性。频繁的尖峰和跳跃是投机交易的结果。

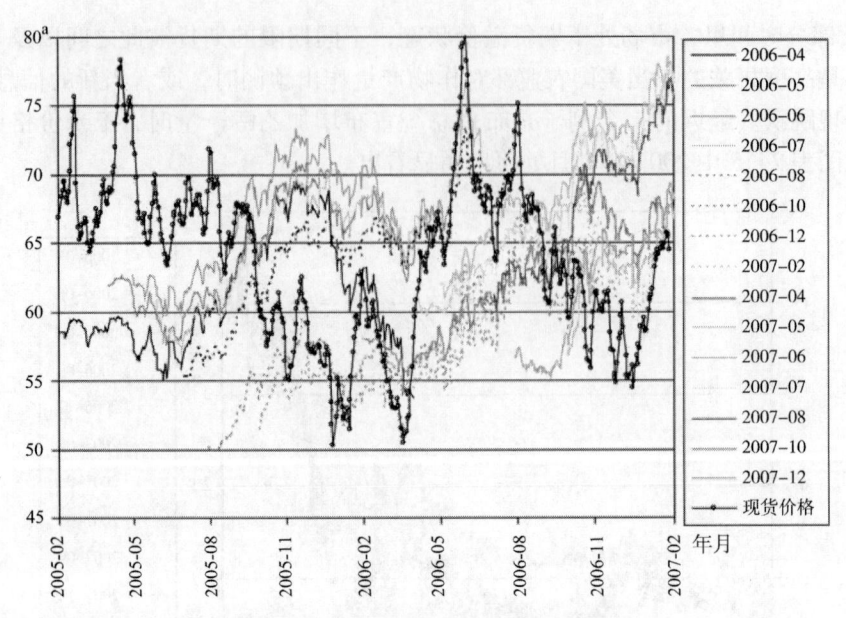

图表 24.6　瘦肉猪期货价格和现货价格

注：a 为 USDA 全国市场 51%～52% 瘦肉猪加权现货价格和 CME 瘦肉猪期货价格（美元/磅）。

资料来源：数据来自彭博。

图表 24.7　白银期货价格和现货价格

注：a 为纽约商品交易所白银现货价格和期货价格（美元/金衡盎司）。

资料来源：数据来自彭博。

天然气

图表 24.8 显示的是天然气的现货价格和期货价格。天然气期货价格之间的相关性不如石油期货价格，而且现货溢价和期货溢价之间的更替具有季节性。现货溢价往往发生在冬季月份，这时在短期内期货价格可以向上跳跃。期货溢价更可能发生在夏季月份。当意

想不到的寒流到来时,现货价格急剧上涨会造成较大的基差风险。当天然气存量足够多时,急剧的价格下跌也可能发生在夏季。

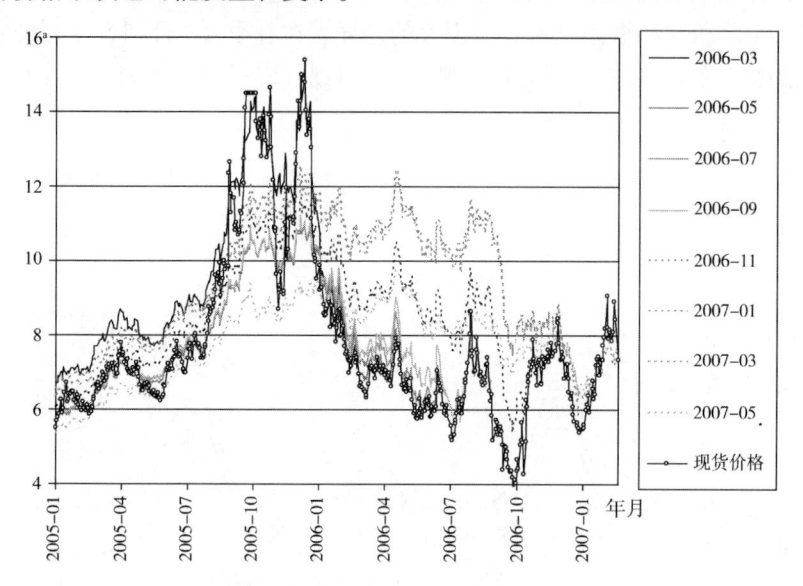

图表 24.8　天然气期货价格和现货价格

注：a 亨利枢纽天然气现货价格和期货价格（美元/百万英热单位）。
资料来源：数据来自彭博。

电力

图表 24.9 展示了 PJM 电力现货及相关期货合约的价格（只有 2005 年的数据）。由于

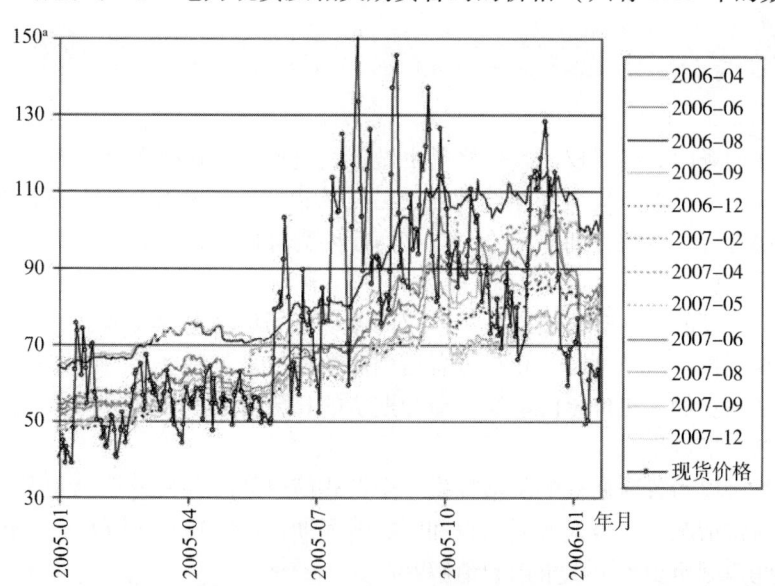

图表 24.9　电力期货价格和现货价格

注：a 实时 LMP 电力现货价格、西部 P-J-M 及 P-J-M 电力期货价格（美元/兆瓦时）。
资料来源：数据来自彭博。

电力不能储存，所以现货价格的波动性很大且能快速地回归至均值，尤其是在夏季月份当高温引致空调使用增加的时候。图表 24.10 显示了样本期内 6 个不同到期日的期限结构。它与其他商品期货价格的期限结构具有很大的差异。在春季（3 月到 5 月）期货价格水平通常是最低的，在冬季（11 月到 1 月）则最高，到期日在 7 月、8 月、1 月和 2 月的期货合约价格最高。

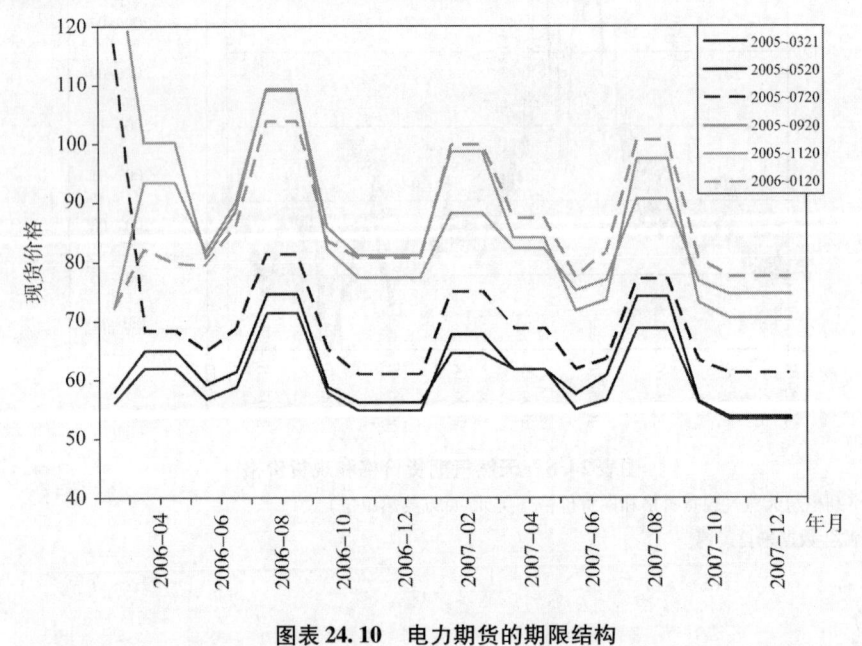

图表 24.10　电力期货的期限结构

资料来源：数据来自彭博。

随机过程

流动性强的场内商品期权，其价格是由做市商根据供求状况而设定的。但某些场内交易的商品期权流动性极低（例如纽约商业交易所的铝期货期权），而且许多商品期权的交易在场外市场进行。为此类期权定价，交易商需要为标的资产价格（现货或者期货价格）指定一个随机过程。

期权定价模型的参数应该根据相关期权的流动市场价格进行校准，例如场内交易的标准看涨和看跌期权。这样可以防止投资者运用流动期权来复制交易商的期权收益，从而对其报价进行套利。例如在价差的两端，原油期货的日历价差期权的价格，应该符合美式原油期货期权的市场价格。

随机过程可以为普通期权的价格提供一个形式简单的解，因为它大大简化了与市场数据的校准。通常情况下，美式普通期权和欧式普通期权都能够求出近似解析价格，即便不能求出，这些模型至少也可以求出数值解[①]。

---

① Peter James, *Option Theory* (New York: John Wiley & Sons, 2003); Helyette Geman, *Commodities and Commodity Derivatives: Modelling and Pricing for Agriculturals, Metals, and Energy* (Hoboken, NJ: John Wiley & Sons, 2005).

现货和期货价格过程的比较

现货价格的季节性和均值回归特征通常很明显，这可能引起期货的期限结构在期货溢价和现货溢价之间波动。但是必须指出，任何期限固定的期货都不存在季节性或均值回归的价格模式。

事实上，不论该种商品是投资资产还是消费资产，它的任何期限固定的期货价格都是鞅。由于期货合约几乎以零成本交易，那么其明天的风险中性期望价值应该是今天的价值；否则所有投资者都可以从购买期货（如果预期价格会上涨）或出售期货（如果预期价格会下跌）中获利。

大多数交易的商品期权是期货期权。此外只要收益是路径无关的，任何现货价格的期权价格都可以由期货价格过程求出。在合约到期时，现货价格和期货价格相等，所以他们具有相同的分布。但是路径无关型期权的价格只依赖于标的到期时的价格分布。因此对于此类期权，使用现货价格或期货价格进行估值是没有区别的。我们可以得出结论：只是对于场外交易的路径依赖型现货期权这种特殊情况，我们才需要指定现货价格的过程。因此在绝大多数情况下，期权价格可以根据期货的鞅过程来求出。

几何布朗运动

几何布朗运动（GBM）由于其简单性和灵活性被广泛使用。在几何布朗运动下价格服从对数正态分布，或者等价地说，收益的对数是正态分布的。在风险中性概率测度 Q 下，到期日为 T 的期货合约在 t 时刻价格，记做 $F_{t,T}$，其几何布朗运动是鞅过程

$$dF_{t,T} = \sigma F_{t,T} dW_t \tag{24.1}$$

其中波动率 σ 是常数，W 是维纳过程。将伊藤引理应用到在现货价格和期货价格之间的无套利关系上，可以得出现货价格过程 S_t 的表示如下②

$$dS_t = (r-y)S_t dt + \sigma S_t dW_t \tag{24.2}$$

其中 r 是持有成本（包括融资、运输、仓储和保险等），y 是便利收益。

需要指出的是，只有期货被公允地定价，（24.1）式和（24.2）式才是与现货和期货的市场价格相等价的过程；也就是说，$F^*_{t,T} = F_{t,T}$。但是商品期货可能会远低于其相对于现货市场的公允价格，因为只有单向套利是可能的（现货不能卖空）。期货市场价格与其相对于现货市场的公允价格之间的偏差源自便利收益，并且这个偏差非常不确定。

因此，基于现货价格基差的不确定性，（24.1）式和（24.2）式一般是由不同的维纳过程驱动的，但有一个事实从来没有改变，即期货价格必须是风险中性测度下的鞅。

---

② 无套利条件下期权的公允价格为：$F^*_{t,T} = S_t e^{(r-y)(T-t)}$。

现货价格过程

现货价格表现出季节性和均值回归趋势，而现货价格的不确定性包括基差的不确定性。本节将解释如何扩展随机过程 (24.2) 式以纳入这些因素。

吉布森和施瓦茨（Gibson and Schwartz）[3] 引入了以下带随机便利收益的两因素过程

$$dS_t = (r-y)S_t dt + \sigma_1 S_t dW_{1,t}$$
$$dy = (\kappa(\alpha-y) - \lambda)dt + \sigma_2 dW_{2,t} \quad \text{而且} \quad (dW_{1,t}, dW_{2,t}) = \rho dt \quad (24.3)$$

其中 κ 是便利收益的均值回归速率，α 是便利收益均值，λ 是便利收益的风险溢价[4]。

在这些过程中，现货和期货的公允价值关系可由下式给出[5]

$$F_{t,T} = S_t \exp\left(-y\frac{1-e^{\kappa(T-t)}}{\kappa} + A_{t,T}\right) \quad (24.4)$$

其中

$$A_{t,T} = \left(r - \alpha + \frac{\lambda}{\kappa} + \frac{1}{2}\frac{\sigma_2^2}{\kappa^2} - \frac{\sigma_1 \sigma_2 \rho}{\kappa}\right)(T-t) + \frac{1}{4}\sigma_2^2 \frac{1-e^{-2\kappa(T-t)}}{\kappa^3}$$
$$+ \left((\alpha - \frac{\lambda}{\kappa})\kappa + \sigma_1 \sigma_2 \rho - \frac{\sigma_2^2}{\kappa^2}\right)\frac{1-e^{-\kappa(T-t)}}{\kappa^2}$$

另一种对随机便利收益构建均值回归模型的方法，是将均值回归的随机过程应用于现货价格本身，例如单因素皮利波维奇（Pilipovic）模型[6]

$$dS_t = \kappa(X - S_t)dt + \sigma S_t^\gamma dZ_t \quad (24.5)$$

其中 κ 是均值回归的速率，X 是均衡价格，σ 是任何正实数。除此之外，还可以运用多因素均值回归模型，它假定均衡价格是随机的并且向均值回归[7]。

这些模型非常适用于为路径依赖型的现货期权定价，此类过程呈现出均值回归趋势，而且与季节性等模式相关联。

跳跃扩散

几何布朗运动（GBM）的一个主要局限在于，标的物价格服从对数正态分布，但在

---

[3] Rajna Gibson and Eduardo S. Schwartz, "Stochastic Convenience Yield and the Pricing of Oil Contingent Claims," *Journal of Finance* 45, no. 3 (1990), pp. 959–976.

[4] 由于便利收益的风险不能完全对冲，所以经风险调整的漂移项可能存在。

[5] Petter Bjerksund, "Contingent Claims Evaluation when the Convenience Yield is Stochastic: Analytical Results," Norwegian School of Economics and Business Administration. Department of Finance and Management Science, 1991.

[6] Dragana Pilipovic, *Energy Risk: Valuing and Managing Energy Derivatives* (McGraw-Hill), 1997.

[7] See Eduardo S. Schwartz, "The Stochastic Behavior of Commodity Prices: Implications for Valuation and Hedging," *Journal of Finance* 52, no. 3 (1997), pp. 923–973; and David Beaglehole and Alain Chebanier, "A Two-Factor Mean-Reverting Model," *Risk*, 15, no. 7 (2002), pp. 65–69.

实践中很难证实这一点。交易商知道资产收益的分布是有偏的而且存在厚尾，这就是为什么我们观测到普通欧式期权的市场价格具有波动率微笑和偏度。厚尾是商品收益分布的共同特点，特别是对于价格波动剧烈而且跳跃频繁的能源和电力市场[⑧]。

为了捕捉这种行为，需要运用**跳跃扩散**（JD）过程。我们在（24.1）式鞅过程的基础上，加入泊松分布型的随机跳跃变量，可以得到

$$dF_{t,T} = F_{t,T}(-\lambda k dt + \sigma dW_t + Y_t dq_t) \quad (24.6)$$

其中 q_t 是一个泊松过程；λ 是跳跃的风险溢价；k 是跳跃的强度；Y_t 是跳跃的幅度，它是一个具有特定分布的随机变量。我们通常遵循默顿（Merton）模型[⑨]，假定 Y_t 是对数正态分布，因为它可以给出期权价格的解析公式。但对数正态分布意味着价格的涨幅只能是正的，这对于能源和电力的市场价格而言并不是合理的假设，因为二者的市场价格剧烈波动而且频繁跳跃。双重跳跃过程则更适用于此类市场。

在理论上和实践上，跳跃扩散模型均有缺陷。由于无法对冲所有来源的风险，我们的市场框架是不完整的，而且这些模型的校准也是非常困难的。

随机波动率

在一般的随机波动率框架中，标的价格和方差服从相关过程（correlated process）：

$$dF_{t,T} = \sqrt{V_t} F_{t,T} dW_{1,t}$$
$$dV_t = \alpha dt + \beta V_t^\gamma dW_{2,t}$$

而且
$$<dW_1, dW_2> = \rho dt \quad (24.7)$$

参数 α 和 β 可能会依赖于 $F_{t,T}$ 和 V_t，此时连求解标准欧式期权的价格都必须使用数值方法。

赫斯顿模型（Heston's model）是用于求解标准欧式期权（准）解析解的少数几个随机波动率模型之一[⑩]。在这个模型中，α 是一个均值回归项，它的均值回归速率中含有波动率风险溢价；β 为常数；而 $\gamma = 0.5$。这个模型得以广泛应用的原因，在于它比较容易做校准[⑪]。

赫斯顿模型的价格-波动率相关性也不为零，并且如果模型要捕捉商品期货价格密度的偏度和峰度，这一点是必不可少的。如果价格和波动率之间的相关性为零，比如在赫尔

---

⑧ 跳跃在期货价格过程和现货价格过程中均可以发生，因为大多数商品期权都是期货期权，所以在下文中我们将描述期货价格过程，读者可以自行推断出相应的现货价格过程。

⑨ Robert C. Merton, "Theory of Rational Option Pricing," *Bell Journal of Economics and Management Science* 4, no. 1 (1973), pp. 141–183.

⑩ Steven L. Heston, "A Closed-Form Solution for Options with Stochastic Volatility with Applications to Bond and Currency Options," *The Review of Financial Studies* 6, no. 2 (1993), pp. 327–343.

⑪ See Darrell Duffie, Jun Pan and Kenneth J. Singleton, "Transform Analysis and Option Pricing for Affine Jump-Diffusions," *Econometrica* 68, no. 6 (2000), pp. 1343–1376.

和怀特（Hull and White）模型中[12]，那么价格密度具有峰度但无偏度。因此模型隐含的波动率必须有对称的微笑。对于几乎所有的市场，这都是不现实的。

随机波动率模型的最新进展是莱多里特、圣塔克拉拉和舍恩布赫（Ledoit, Santa-Clara and Schonbucher）[13]的随机隐含波动率模型，以及亚历山大和诺盖拉（Alexander and Nogueira）[14]的随机局部波动率模型。随机隐含波动率模型假定每一个隐含波动率都具有不同的相关随机过程，而随机局部波动率模型假定确定性波动率方程的参数是随机的。亚历山大和诺盖拉证明这两种方法是等价的。两类模型都给出相同的期权价格和对冲比率，但是随机局部波动率模型更容易校准。

局部波动率

局部波动率的概念首先是由迪皮尔和德尔曼（Dupire[15] and Derman[16]）提出的。**局部波动率** $\sigma(F_{t,T}, t)$ 也叫做**远期波动率**，它是由相应期权价格锁定的未来波动率，就像远期利率被相应债券的价格锁定那样。由于波动率是确定的，市场上不存在套利机会，于是我们可以找到一个独特的局部波动率曲面，使得该曲面与任何隐含波动率曲面相一致。

局部波动率方法能够避免完全地指定价格过程，而且还能维持 B-S 框架的简洁性。于是我们可以做到：只有一个风险源，市场是完全的，而且期权定价不依赖于个人的偏好。迪皮尔推导出一个著名的局部波动率方程：

$$\sigma(F_{t,T}, t) \mid (F_{t,T} = K, t = T) = 2 \frac{\dfrac{\partial f_{K,T}}{\partial T}}{K^2 \dfrac{\partial^2 f_{K,T}}{\partial K^2}} \tag{24.8}$$

其中 $f_{K,T}$ 是执行价为 K、到期日为 T 的期权的市场价格。

局部波动率意味着期货价格的鞅过程具有非恒定的波动率。局部波动率 $\sigma(Ft, T, t)$ 是标的价格和时间的确定性函数。问题在于，如何从向来稳定的市场数据中提取局部波动率函数。为此，现在许多从业者都用术语"局部波动率"，来指代任何具有非恒定但确定性的波动率过程。许多不同的参数形式被提出了，其中最流行的当属布雷格和墨丘里奥（Brigo and Mercurio）[17]的对数正态混合扩散模型，其价格密度假定为两个或多个对数正态密度的混合。对数正态混合方法有两大优点：它从价格密度中捕捉偏度和峰度，而且保留了对数正态模型的简洁性。特别的，欧式期权价格仅仅是波动率不同的 B-S 期权价格的加

---

[12] John Hull and Alan White, "The Pricing of Options on Assets with Stochastic Volatilities," *Journal of Finance* 42, (1987), pp. 281 – 300.

[13] See Olivier Ledoit and Pedro Santa-Clara, Relative Option Pricing with Stochastic Volatility, Technical Report, UCLA, 1998; and Philipp J. Schonbucher, "A Market Model for Stochastic Implied Volatility," Technical Report, Department of Statistics, Bonn University, 1999.

[14] Carol Alexander and Leonardo M. Nogueira, "Hedging with Stochastic Local Volatility," SSRN eLibrary, 2004.

[15] Bruno Dupire, "Pricing with a Smile" *Risk* 7, no. 1 (1994), pp. 18 – 20.

[16] Emanuel Derman, "Volatility Regimes," *Risk* 12, no. 4 (1999), pp. 55 – 59.

[17] Damiano Brigo and Fabio Mercurio, "Lognormal-Mixture Dynamics and Calibration to Market Volatility Smiles," *International Journal of Theoretical and Applied Finance* 5, no. 4 (2002), pp. 427 – 446.

权和。

广义自回归条件异方差（GARCH）模型

期权的市场价格信息总是不易搜集的，例如电力就没有场内交易期权。因此，为场外交易的电力期货期权合约定价，或是为任何无法获得市场数据的期权合约定价，可以考虑使用历史数据，并将漂移项调整为风险中性情形，以此来校准期权定价模型。

将上述任何连续时间过程转化为离散时间过程是可能的，并且很多过程等同于GARCH过程。GARCH（广义自回归条件异方差模型的简称）是在离散时间过程下描述时变波动率的标准框架，它首先由恩格尔和鲍勒斯列夫（Engle[18]and Bollerslev[19]）提出。时至今日，各种各样的GARCH模型已经不胜枚举，比较各类GARCH模型对历史收益数据拟合效果的文献也是浩如烟海。亚历山大和拉扎（Alexander and Lazar）[20]对此作了概述，并且在条件收益分布由两个正态分布混合而成的情况下，论证了使用GARCH模型的优势。

诸多文献得出的一致结论是，对于大多数的收益数据，条件收益分布带有任何偏度和峰度的非对称GARCH模型比普通对称正态分布GARCH（1，1）的拟合效果好得多：

$$\sigma_t^2 = \omega + \alpha \varepsilon_{t-1}^2 + \beta \sigma_{t-1}^2 \quad (24.9)$$

其中，$\omega > 0$ 是常数，$\alpha \geq 0$ 是误差项的系数，$\beta \geq 0$ 是滞后项的系数。

可以证明，这些模型的连续极限是连续时间随机波动率模型。因此利用一系列历史收益来估计GARCH模型的参数，可以使我们在随机波动率框架中推断出期权价格。尼尔森（Nelson）[21]证明标准正态分布GARCH（1，1）模型收敛于一个价格－波动率相关性为零的随机波动模型。不幸的是，这种模型的应用非常有限。但科拉迪（Corradi）[22]对尼尔森所做的假设提出了质疑，随后亚历山大和拉扎[23]的研究不仅表明尼尔森的结论应该受到质疑，而且认为在不附加任何假设条件下，（弱）GARCH模型的连续极限实际上是一个奇妙的随机波动率模型！它的形式为：

$$dF_{t,F} = \sqrt{V} F_{t,T} dW_{1,t}$$
$$dV_t = (\omega - \theta V) dt + \sqrt{\eta - 1}\, \alpha V_t dW_{2,t}$$
$$<dW_{1,t}, dW_{2,t}> = \rho dt$$
$$\rho = \frac{\tau}{\sqrt{\eta - 1}} \quad (24.10)$$

---

[18] Robert F. Engle, "Autoregressive Conditional Heteroscedasticity with Estimates of the Variance of United Kingdom Inflation," *Econometrica* 50, no. 4 (1982), pp. 987–1008.

[19] Tim Bollerslev, "Generalized Autoregressive Conditional Heteroskedasticity," *Journal of Econometrics* 31, no. 3 (1986), pp. 307–327.

[20] Carol Alexander and Emese Lazar, On the Continuous Limit of GARCH, ICMA Centre Discussion Papers in Finance 2005–13, 2005.

[21] Daniel B. Nelson, "ARCH Models as Diffusion Approximations," *Journal of Econometrics* 45, (1990), pp. 7–38.

[22] Valentina Corradi, "Reconsidering the Continuous Time Limit of the GARCH (1, 1) Process," *Journal of Econometrics* 96, (2000), pp. 145–153.

[23] Alexander and Lazar, "On The Continuous Limit of GARCH."

价格过程和波动率之间的非零相关系数 ρ 表示一个适当的波动率偏度，该相关系数与收益的偏度 τ 和峰度 η 有关，这一点是显而易见的。

远期曲线模型

截至目前，我们所考虑的单因素期货价格模型都忽略了不同期限期货之间的关系。然而商品期货的期限结构是高度相关的，依赖于一种以上期货价格的期权就需要考虑这种相关性，例如在纽约商品交易所交易活跃的日历能源期权。一般的商品远期曲线模型与利率 HJM 模型很相似：[24]

$$dF_{t,T} = \sum_{i=1}^{m} \sigma_i(t, T, F_{t,T}) F_{t,T} dZ_{i,T} \tag{24.11}$$

其中 m 是不相关的公共因素的个数。由于使用了大量的参数，并且价格通常由蒙特卡洛模拟算出，因此校准这些模型并不容易[25]。

期权定价

在本节中，我们将介绍几种常见类型的商品期权，并且尽可能地假设标的价格遵循不同的随机过程，以便研究期权价格。

标准欧式期权

假定期货价格遵循零漂移几何布朗运动（24.1）式，布莱克和斯科尔斯（Black and Scholes）[26] 推导出 t 时刻执行价格为 K、到期日为 T 的标准欧式期权的价格解析式：

$$f_t^{K,T} = \omega e^{-r(T-t)}(F_t \Phi(\omega d_{1,t}) - K\Phi(\omega d_{2,t})) \tag{24.12}$$

其中，Φ 是一个标准正态分布函数，看涨期权的 $\omega = 1$，看跌期权的 $\omega = -1$，而且

$$d_{1,t} = \frac{\ln\left(\frac{F_{t,T}}{K}\right)}{\sigma\sqrt{T-t}} + \frac{1}{2}\sigma\sqrt{T-t}$$

$$d_{2,t} = d_{1,t} - \sigma\sqrt{T-t} \tag{24.13}$$

对于（24.2）式中遵循几何布朗运动的现货价格，与之相关的欧式期权公式是著名

---

[24] David Heath, Robert Jarrow, and Andrew Morton, "Bond Pricing and The Term Structure of Interest Rates: A New Methodology for Contingent Claims Valuation," *Econometrica* 60, no. 1 (1992), pp. 77–105.

[25] See Carol O. Alexander, "Correlation and Cointegration in Energy Markets," *Managing Energy Price Risk* 3, (2004).

[26] Fischer Black and Myron Scholes, "The Pricing of Options and Corporate Liabilities," *Journal of Political Economy* 81, no. 3 (1973), pp. 637–654.

的 B-S 公式:

$$f_t^{K,T} = \omega(S_t e^{-y(T-t)}\Phi(\omega d_{1,t}) - Ke^{-r(T-t)}\Phi(\omega d_{2,t})) \qquad (24.14)$$

根据默顿[27]的对数跳跃扩散模型,标准欧式期权的价格是布莱克或布莱克-斯科尔斯价格之和的泊松分布,该价格带有调整的漂移项和波动率用以补偿跳跃的影响。确切地说,在 (24.7) 式中,假设 $\log(Y_t)$ 服从均值为 α、标准差为 β 的正态分布,即 $\log(Y_t) \sim N(\alpha,\beta)$。于是跳跃扩散过程下的标准欧式期权价格为:

$$f_t^{K,T} = \sum_{n=0}^{\infty} \frac{e^{-\lambda\Delta t}(\lambda\Delta t)^n}{n!} f_t^{BS}\left(S, K, T, r - Ak + \frac{n\lambda}{T}, \sqrt{\sigma^2 + \frac{n\beta^2}{T}}, \omega\right) \qquad (24.15)$$

其中,看涨期权的 $A = \lambda$、$\omega = 1$,看跌期权的 $A = \alpha$,$\omega = -1$,$f_t^{BS}(S, K, T, r, \sigma, \omega)$ 是 (24.14) 式中的 B-S 价格。

美式期权

在期权到期之前,提早行权的可能性意味着美式期权的价格总是高于或者等于相应欧式期权价格。由于所交易的任何期权都不是永久性的,到期日迫使美式期权的价格趋同于欧式期权价格。

大多数场内交易的商品期权是标准的美式期货期权。对于标准的美式看涨或看跌期货期权,如果假设期权费在到期时支付,我们可以证明,提早行权不会影响期权价格[28]。但期权费当然是要预先支付的,因此这一理论结果在实践中并不完全成立。提早行权的可能性意味着标准美式期货期权的价格可能会高于相应欧式期权的价格,但这种影响是很小的。

更一般的,对于路径依赖型期权,例如即将要讨论的亚式期权,美式期权的价格是由标的资产价格和贴现率决定的,如果是现货期权,还应包括便利收益。

美式期权定价可以采用麦肯恩、金、卡尔等、杰卡(McKean[29],Kim[30],Carr et al.,[31] Jacka, and others[32])及其他人的自由边界定价方法。例如,当商品的现货价格过程如 (24.2) 式所示时,收益为 $\max\{\omega(S_t - K), 0\}$ 的标准美式期权的价格由下式给出

$$P(S_t, t, \omega) = P^E(S_t, T, \omega) + \omega\int_t^T yS_t e^{-y(s-t)}\Phi(\omega d_1(S_t, B_t, s-t))ds$$
$$- \omega\int_t^T rKe^{-r(s-t)}\Phi(\omega d_2(S_t, B_t, s-t))ds \qquad (24.16)$$

其中看涨期权的 $\omega = 1$,看跌期权的 $\omega = -1$,B_t 为提早行权边界。也就是说,美式看涨期

---

[27] Merton, *Theory of Rational Option Pricing*.

[28] See James, *Option Theory*.

[29] Henry P. McKean, "Appendix: A free boundary problem for the heat equation arising from a problem in mathematical economics", *Industrial Management Review* 6 (2): 32 – 39, 1965.

[30] I. N. Kim, "The Analytic Valuation of American Options, *Review of Financial Studies*," 1990.

[31] Peter Carr, Robert A. Jarrow, and Ravi Myneni, Alternative Characterizations of American Put Options, Cornell University, Johnson Graduate School of Management, 1989.

[32] S. D. Jacka, "Optimal Stopping and the American Put", *Mathematical Finance* 1, no. 1 (1991), pp. 1 – 14.

权的价格,是相应欧式期权价格加上红利收入(执行后)再减去由于支付行权价格而造成的无风险利息损失。在边界上(最优行权时)美式期权的价格是其内在价值,即 $\omega(S_t - K)$,且价格函数的斜率是 1。它们分别被称为价值匹配和高接触条件。B_t 通常由梯度算法进行数值估计得出[33]。

亚式期权

亚式期权减少了卖方所面临的风险,同时使买方以较低的价格获得标的产品。对于价格容易暴涨暴跌或频繁跳跃的商品,亚式期权大大减少了日历基差风险。由于平均价格的波动率要低于瞬时价格的波动率,亚式期权比相应的标准期权也就更便宜。

亚式期权有两种类型:平均价格期权和平均行权价格期权。这些收益由下式给出

$$V_{Average\ Price} = \max(\bar{S}_{t_0,t_n} - K, 0)$$
$$V_{Average\ Strike} = \max(\bar{S}_T - \bar{S}_{t_0,t_n}, 0) \quad (24.17)$$

其中

$$\bar{S}_{t_0,t_n} = \frac{\sum_{t_i=t_0}^{t_n} S_{t_i}}{t_n - t_0}, 0 \leq t_0 < T; t_n = T$$

取平均值的时期可以从第 0 天开始,也可以从之后的某个日期开始。在一段时间内涉及不同交易量的合约可以使用加权(按交易量)平均数。

亚式期权在场外市场广泛交易,近年来期货期权也已在全球交易所推出。图表 24.2 显示了亚式期权交易量的急剧增加,特别是最近两年中的原油亚式期权交易量。场内合约主要是通过现金结算,而场外交易合约可能会涉及实货交割。

最广泛使用的亚式期权定价方法假设了(24.2)式所示的过程。但根据这个假设定价并不容易,因为平均价格不是对数化的。从而不存在封闭解,价格往往由数值计算或解析逼近得出。少数几种方法假设平均价格服从对数正态分布,但其结果并不精确[34]。

由沃斯特(Vorst)[35]提出的逼近方法,是使用算术平均值和几何平均值之差来计算期权价格。使用几何平均值的好处,在于对数正态分布变量的乘积仍然服从对数正态分布。例如,对于一个亚式现货期权,我们有

$$f_t^G \leq f_t^A \leq f_t^G + e^{-r(T-t)}(E[\bar{S}_A] - E[\bar{S}_G]) \quad (24.18)$$

近似价格由下式给出

$$\hat{f}_t = we^{-rt(T-t)}(S^*\Phi(\omega d_1^*) - K^*\Phi(\omega d_2^*)) \quad (24.19)$$

---

[33] See Giovanni Barone-Adesi and Robert E. Whaley, "Efficient Analytic Approximation of American Option Values," *Journal of Finance* 42, no. 2 (1987), pp. 301–320.

[34] See Edmond Levy, "Pricing European Average Rate Currency Options," *Journal of International Money and Finance* 11, no. 5 (1992), pp. 474–491; and Stuart M. Turnbull and Lee MacDonald Wakeman, "A Quick Algorithm for Pricing European Average Options," *Journal of Financial and Quantitative Analysis* 26, no. 3 (1991), pp. 377–389.

[35] Ton Vorst, Prices and Hedge Ratios of Average Exchange Rate Options White Paper, Econometric Institute, Erasmus University Rotterdam, 1990.

$$S^* = E[\bar{S}_G] = e^{\mu_G + \frac{1}{2}\sigma_G^2}$$

$$K^* = K - (E[S_A] - E[\bar{S}_G])$$

$$d_1^* = \frac{\ln\left(\dfrac{\bar{S}^*}{K^*}\right) + \dfrac{1}{2}\sigma_G^2}{\sigma_G}$$

$$d_2^* = d_1^* - \sigma_G$$

其中 $\ln(\bar{S}_G) \sim N(\mu_G, \sigma_G^2)$[36]。

价差期权

标准的价差期权与普通期权很相似,但它以两种期货的价差(或者,较少见的情形,以两种现货的价差)为标的物。价差期权包括一系列各种各样的产品,这些产品用来对冲多种风险和相关性,并且锁定收入。举例包括商品间价差(裂解价差和点火价差)、商品内价差(质量)、日历价差和地点价差等期权品种。

最基本的价差期权定价方法是假设价差服从算术布朗运动。但是忽略了两个价格过程之间的相关性,并且会导致结果不准确。拉文德兰、西姆科和柯克(Ravindran[37]、Shimko[38] and Kirk)[39] 等人假定两个价格过程服从相关性几何布朗运动(2GBM)。用这个框架来为欧式价差期权定价并不容易,因为对数正态过程的线性组合不是对数正态分布的。

柯克给出了欧式价差期货期权定价的解析逼近解

$$P_t = \omega e^{-r(T-t)}(F_{1,t}\Phi(\omega d_1^*) - (K + F_{2,t})\Phi(\omega d_2^*)) \quad (24.20)$$

像柯克提出的逼近方法存在着一定的问题,它只对行权价格极低的价差期权有效。一旦行权价格上升到平价(ATM)的水平,这个逼近就不精确了。亚历山大和万卡特拉曼(Venkatramanan)[40] 得出了一个更好的价差期权定价逼近方法,它对所有行权价格都适用。他们用两个复合的交换期权(exchange option)价格之和作为价差期权的价格,然后套用马格拉布(Margrabe)[41] 提出的交换期权价格模型。交换期权是指:用一种资产的看涨期权交换另一种资产的看涨期权,并用一种资产的看跌期权交换另一种资产的看跌期权。t 时刻价差期权的风险中性价格由下式给出

$$f_t = e^{-r(T-t)}E_Q\{[\omega(U_{1,T} - U_{2,T})]^+\} + e^{-r(T-t)}E_Q\{[\omega(V_{2,T} - V_{1,T})]^+\} \quad (24.21)$$

---

[36] 关于类似的(而且更好的)近似解析式见 Michael Curran, "Beyond Average Intelligence," *Risk* 5, no. 10 (1992), p. 60)。

[37] K. Ravindran, "Low-Fat Spreads," *Risk* 6, no. 10 (1993), pp. 56–57.

[38] David C. Shimko, "Options on Futures Spreads: Hedging, Speculation and Valuation," *Journal of Futures Markets* 14, no. 2 (1994), pp. 183–213.

[39] Ewan Kirk, "Correlation in Energy Markets," *Managing Energy Price Risk*, 1996.

[40] Carol Alexander and Aanand Venkatramanan, "Analytic Approximations For Spread Option," ICMA Centre Discussion Papers 2007–11, 2007.

[41] William Margrabe, "The Value of an Option to Exchange One Asset for Another," *The Journal of Finance* 33, no. 1 (1978), pp. 177–186.

其中，$U_{1,T}$ 和 $V_{1,T}$ 分别表示行权价格为 mK 的资产 1 的欧式看涨和看跌期权收益，$U_{2,T}$ 和 $V_{2,T}$ 分别表示行权价格为 $(m-1)K$ 的资产 2 的欧式看涨和看跌期权收益。E_Q 是风险中性测度下的期望，看涨期权的 $\omega=1$，看跌期权的 $\omega=-1$。

由于价差期权的收益随着相关性的上升而下降，因而对于行权价格不同的价差期权，其市场价格所隐含的相关性"皱眉"是很明显的。价外看涨和看跌价差期权的市场价格，要高于标准 2GBM 模型依据平价期权的隐含相关性得出的理论价格，因为交易商认识到商品价格收益的偏度和峰度性质。因此 2GBM 模型中价外期权所隐含的相关性，要低于平价（ATM）期权的隐含相关性。

卡莫纳和迪尔勒曼（Carmona and Durrleman）[42] 随机波动率跳跃扩散模型很好地体现了这一特性。但在这个模型中定价和对冲必须依赖计算量极大的数值解法，比如快速傅立叶变换。或者使用亚历山大和斯考斯（Scourse）[43] 的二元正态混合法，它推导的价差期权价格的解析逼近解很精确，与隐含波动率偏度相一致，而且与价差期权市场价格的相关性皱眉相一致。

摆动期权

摆动期权是关于标的物数量的合约，一般要求实货资产的交割具有高度灵活性。如在天然气市场中，因分销商的储存能力有限，他们可能要求调整供应量以应对终端用户需求的突然变化。在典型的合约中，期权持有人同意购买固定数量（基准数量）的天然气，并且有权以商定的行权价格、在事先确定的限额之内提高或降低其所需数量（摆动）。

剩余到期日为 N 天的摆动期权合约将允许持有人执行 $n \leq N$ 次摆动，频率为每天摆动一次。当 $n=N$ 时，定价问题就简化为相应行权价和期限的 n 份欧式期权定价。当 $n<N$ 时，该问题转化为最优行权问题，即等价于为 n 份提早行权的期权定价。当 $n=1$ 时，它的价格就是一份美式期权的价格。我们由此得出摆动期权的价格区间：

$$P_{European}^{n=N} \leq P_{Swing}^{0<n\leq N} \leq P_{American}^{n=1}$$

摆动期权可以使用与美式期权类似的 K 个联合二叉树模型来动态地定价[44]。

结　论

交易商品期权的目的是为了投资组合分散化、投机和风险管理。大部分期权交易在美

---

[42] Rene Carmona and Valdo Durrleman, "Pricing and Hedging Spread Options in a Log-Normal Model," Technical Report, 2003.

[43] Carol Alexander and Andrew Scourse, "Bivariate Normal Mixture Spread Option Valuation," *Quantitative Finance* 4, no. 6 (2004), pp. 637–648.

[44] 具体讨论参见 Patrick Jaillet, Ehud I. Ronn, and Stathis Tompaidis, "Valuation of Commodity-Based Swing Options," *Management Science* 50, no. 7 (2004), pp. 909–921.

国的交易所进行，期权品种包括能源期货期权、金属期货期权和农产品期货期权。这些期权大部分是标准的美式看涨和看跌期权；但在过去几年中，日历价差期权和平均价格期权的市场一直在增长。

商品价格的历史特点取决于具体的商品类型。我们检验了 5 种代表性商品：

- **玉米**。其市场目前一般处于期货溢价状态，价格的跳跃与新闻有关。
- **生猪**。其期货价格的相关性不高，季节性的价格高峰出现在夏季。
- **白银**。其价格期限结构基本是平的，没有季节性特征或投机交易引致的价格跳跃。
- **天然气**。其价格的期限结构在冬季现货溢价型和夏季期货溢价型之间变动，而且价格在冬季寒潮时飙升，在夏天储存充足时下跌。
- **电力**。其现货价格在夏天波动剧烈，期货价格在冬季达到最高点，到期日在冬季和春季的期货其期限结构出现跳跃。

几乎所有的商品期权定价都可以建立在期货鞅过程的基础上，可能会带有跳跃项。唯一的例外是现货价格的路径依赖型期权，其价格过程可能带有均值回归、跳跃，并可能涉及随机便利收益。

当贴现率溢价非常小时，美式期货期权的价格将等于或非常接近相应欧式期权的价格。对于标准期权、平均价格期权和价差期权，我们已经给出解析公式或近似解，这些都是交易最为活跃的期权。

第25章
电力远期合约定价*

马赛厄斯·穆克（Matthias Muck）博士
金融学教授
班贝格大学

马库斯·鲁道夫（Markus Rudolf）博士
金融学教授
德国奥托贝森管理研究院

随着交易量日益增长，电力市场越发重要。德国的欧洲能源交易商联盟（EFET）指出，2004年，电力市场的总交易量已经超过了2500万亿瓦时（TWh）。这相当于德国电力消费量的5倍，并且价值约为75亿欧元。英国的交易量略低于2500万亿瓦时；2004年，斯堪的纳维亚的交易量是2000万亿瓦时。而位于莱比锡的欧洲大型交易所——欧洲能源交易所（EEX），2005年的交易量就达到602万亿瓦时，与前一年相比增长了52%。除了EEX以外，还包括欧洲其他重要的能源交易所：法国的未来电力交易所（Powernext）、意大利的意大利电力交易所（IPEX）、荷兰的阿姆斯特丹电力交易所（APX）、奥地利的奥地利能源交易所（EXAA）、波兰的波兰电力交易所（PolPX）、斯堪的纳维亚的北欧电力交易所（Nordpool）、斯洛文尼亚的斯洛文尼亚电力市场公司（Borzen）、西班牙的西班牙电力市场公司（OMEL），以及英国的英国电力交易所（UKPX）。2006年1月份，共有来自17个国家的133家企业在EEX上进行能源交易。

一般来说，白天的电力价格波动率较高。夜间的电力价格通常仅为白天价格的一半。特别是在上午10点至下午1点和下午5点至9点，价格会达到峰值。这种奇怪的现象源于电力的不可储存性——电需要立刻被消费掉。因此，在家庭用电量特别高的时段，电价峰值就会出现。于是，能源交易所就为高峰负荷（8~20小时）和基本负荷（0~24小时）提供不同的合约。

---

* 我们感谢 Jan Marckhoff 提供的有益评论。

随着能源交易所和能源相关产品的重要性与日俱增，这方面的文献也日益增多。由于电力不可储存，吉布森和施瓦茨（Gibson and Schwartz）[1] 以及施瓦茨（Schwartz）[2] 等人提出的传统商品期货估值模型的适用性就受到限制。在近期的文献[3]中提出了一些新的电价建模方法，其中贝斯姆宾德尔和莱蒙（Bessembinder and Lemmon）[4] 建立的模型备受关注。他们的模型推导出一个可供检验的电力远期合约定价公式，在经济均衡状态下，这个公式必然会成立。因此我们就主要关注这个模型。在介绍了传统的远期定价方法之后，还将讨论电力远期合约的定价问题，然后用数值方法举例说明。

传统的远期定价方法

衍生品合约定价的传统方法是无套利定价法[5]。考虑一份远期合约。合约双方约定在未来的某个时点买入/卖出特定的商品。交换商品所需支付的价格在当天就被确定了。该合约是一个具有约束力的承诺。不论未来市场状况如何，卖方必须交割物品，买家必须支付约定的远期价格。

为了弄清楚远期是如何运作的，我们考察一个欧洲股市指数 EURO STOXX 50 的远期合约例子。EURO STOXX 50 可以看作是由欧洲最大的 50 家公司股票组成的"篮子"。当然，不能直接买卖 EURO STOXX 50，但是可以假设通过直接投资于相关股票，我们轻易地就能将其复制出来。图表 25.1 列出了在无套利假设下双方应该达成的远期价格。这个例子反映的是 2007 年 2 月 27 日观测到的市场数据。EURO STOXX 50 位于 4157 点，年利率为 4%。我们假定远期合约在 2007 年 9 月 21 日（从现在起的 0.5644 年）结算，并假定远期价格为 4500 点。

以上情形提供了套利的机会。我们是怎么看出来的呢？让我们从远期合约卖方的角度来考虑问题。她可以在当天以 4157 欧元的价格买入 EURO STOXX 50，为了给这笔交易融资，她可以向银行以无风险利率（4%）借入同等的金额。因此，在 2007 年 9 月 21 日，

---

[1] Rajina Gibson and Eduardo S. Schwartz, "Stochastic Convenience Yield and the Pricing of Oil Contingent Claims," *Journal of Finance* 45, no. 3 (1990), pp. 959–976.

[2] Eduardo S. Schwartz, "The Stochastic Behavior of Commodity Prices: Implications for Valuation and Hedging," *Journal of Finance* 52, no. 3 (1997), pp. 923–973.

[3] 例子包括 Martin T. Barlow, "A Diffusion Model for Electricity Prices," *Mathematical Finance* 12, no. 4 (2002), pp. 287–298; Francis A. Longstaff and Ashley W. Wang, "Electricity Forward Prices: A High-Frequency Empirical Analysis," *Journal of Finance* 49, no. 4 (2004), pp. 1877–1900; Julio J. Lucia and Eduardo S. Schwartz, "Electricity Prices and Power Derivatives: Evidence from the Nordic Power Exchange," *Review of Derivatives Research* 5, no. 1 (2002), pp. 5–50; Hendrik Bessembinder and Michael L. Lemmon, "Equilibrium Pricing and Optimal Hedging in Electricity Forward Markets," *Journal of Finance* 57, no. 3 (2002), pp. 1347–1382; Fred E. Benth, Lars Ekeland, Ragnar Hauge, and Bjoern F. Nielsen, "A Note on Arbitrage-Free Pricing of Forward Contracts in Energy Markets," *Applied Mathematical Finance* 10, no. 4 (2003), pp. 325–336; Shi-Jie Deng and Shmuel S. Oren, "Electricity Derivatives and Risk Management," *Energy* 31, no. 6–7 (2006), pp. 940–953; and Sascha Wilkens and Josef Wimschulte, "The Pricing of Electricity Futures: Evidence from the European Exchange," *Journal of Futures Markets* 27, no. 4 (2007), pp. 387–410.

[4] Bessembinder and Lemmon, "Equilibrium Pricing and Optimal Hedging in Electricity Forward Markets."

[5] See, for instance, John C. Hull, *Options, Futures, and Other Derivatives*: 6th Edition (Upper Saddle River, NJ: Pearson Prentice Hall, 2006).

她就可以交割 EURO STOXX 50 换取 4500 欧元。但是她需要偿还银行贷款的总额为

$$银行贷款 = 4157 \times 1.04^{0.5644} = 4250$$

图表 25.1　　EURO STOXX 50 远期合约的定价（2007 年 2 月 27 日）

	2007 年 2 月 27 日	2007 年 9 月 21 日
购买 EURO STOXX 50	-4157	???
借入	4157	-4250
远期	0	4500
现金流	0	0

注：EURO STOXX 50：4157；无风险利率：年均4%；到期日：2007年9月21日（206 天），期货价格：4500。

这样她就可以赚得 4500 - 4250 = 250 欧元的差额。请注意产生这笔（无风险）现金流并不需要初始投资。换句话说，250 欧元是"凭空"产生的。显然这种情形在一个运行良好的资本市场中是不能持续的：谁都愿意成为这笔"好的难以置信"交易的卖方。因此远期合约的价格一直会下跌（大家都在出售）直到 4250 欧元为止。

依照类似的方式，我们可以证明远期合约不可能低于 4250 欧元。换句话说，无套利原则将远期合约的价格与现货价格联系起来。它必须等于现货价格按复利计算到结算日的价值。但是请注意，无套利观点之所以起作用，是因为在这种情况下卖方可以在当天购买 EURO STOXX 50 并储存起来。因此我们确信能把这个模型应用于大多数实体商品中。有时相应的计算必须做些调整，例如涉及储存成本时，但总体的思路不会改变。

上述例子中所描述的是一份非常简单的远期合约。为了便于论述，我们假定交易不涉及信用风险，也就是说，卖方和买方在交割 EURO STOXX 50 和款项上并不存在不确定性。现实中的情形可不会如此简单，这就是市场参与者时常在诸如 EUREX 等交易所交易衍生品的原因之一。EUREX 承担了交易的对手方风险。市场参与者并不需要担心合约能否顺利结算。在衍生品交易所中交易的是所谓的"期货合约"，而不是远期合约。期货合约的设置与远期合约稍有不同，但是在经济上却是非常相似的[6]。例如，简单地假定利率不变时，期货价格就等同于远期价格。这种关系是由无套利原则保证的，与前文所述类似。

电力远期的定价

前文已提到，电力不能够以实物形式储存。因此需要提出另一种方法来给电力远期合约定价。在建模中，贝斯姆宾德尔和莱蒙的方法明确地纳入了远期合约的供求因素。模型的大体框架在图表 25.2 中列出。电力市场由 N_P 个电力供应商和 N_R 个零售商组成。供应商生产的电力可以在批发市场上卖给零售商。市场上不存在管制，并且价格是独立地由供

---

[6]　期货合约中，双方在交割日协定以市场价格买/卖标的物。交易所预计每日的合约结算量。市场参与者每天都报出自己愿意进行合约交易的期货价格。期货价格的买方收取今天与昨天的期货价差（如果价差是负的就支付）；卖方的情形则相反。交割日期货价格等于现货市场价格。

应商和零售商谈判达成的。零售商与最终消费者签订合约。

贝斯姆宾德尔-莱蒙（Bessembinder-Lemmon）模型是一个两期模型。零售商和消费者在今天协定一个固定价格 P_R，在这个价格下消费者可以依据个人喜好消费任意多的能源。下一期将被消费掉的能源总量是随机的。举例来说，如果下一期是夏天，我们不知道天气是炎热还是凉爽。如果是炎热的夏天，那么消费者会打开空调消费很多的能源，如果是凉爽且多雨的夏天，那么情况则相反。

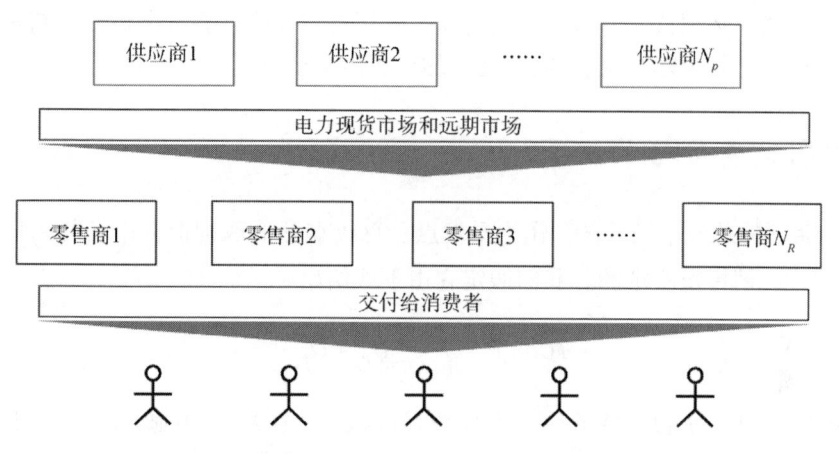

图表 25.2　关于电力市场的假设

零售商面临着不确定性。他们不知道消费者在下一期的总需求。由于电力不可储存，它在生产出来的同时必须被消费掉。因此较大的消费需求 Q^D 必然导致批发市场上的较大需求，这又会导致更高的价格 P_W。每单位电力的交易利润是批发市场上从供应商处买入的价格 P_W（随机的）与卖给消费者的电力价格 P_R 之差。因此消费者需求增加对于交易利润的影响是不确定的。如果交易利润为正，那么零售商卖给消费者的电力越多，零售商的收入也就越多。另外，批发市场上的价格随之上涨，交易利润将变小。

类似的，供应商也面临着不确定性：他们同样受到消费者需求风险的影响。但是，他们并不惧怕批发现货市场上的价格上涨，价格和需求上涨都能增加供应商的销售收入。

为了对冲掉价格风险，供应商和零售商可以签订电力远期合约；也就是说，他们可以在今天协商一个价格，在下一期他们愿意按照这一价格在批发市场上交易。从下文中我们将会看到，他们选择的远期价格将使得供应商和零售商都达到最优化其风险/预期收益的目的。

总而言之，我们将区分下列变量：

（1）下一期供应商 i（$1 \leq i \leq N_P$）提供给批发市场的电力数量 $Q^W_{P_i}$。

（2）下一期零售商 j（$1 \leq j \leq N_R$）出售给消费者的数量 Q_{R_j}。

（3）供应商 i（$1 \leq i \leq N_P$）出售的电力远期数量 $Q^F_{P_i}$。数量在今天就被确定了，并且在下一期交割。如果供应商购买远期合约，那么 $Q^F_{P_i}$ 将带有一个负号。

（4）零售商 j（$1 \leq j \leq N_R$）出售的电力远期数量 $Q^F_{R_j}$。数量在今天就被确定了，并且在下一期交割。如果零售商购买远期合约，那么 $Q^F_{R_j}$ 将带有一个负号。

（5）批发价格 P_W 是随机的，是下一期零售商与供应商交易电力所采用的价格。

(6) 远期价格 P_F 是远期市场采用的价格，也就是说，今天商定并且适用于所有远期合约的价格。

(7) 零售价格 P_R 在今天已经确定。它作为下一期零售商交割给消费者的电力价格。消费者能够消费的数量并不固定。请注意 P_R 是外生设定的，即它是被给定的，不能在今天被零售商"优化"。

最终目标是确定今天的远期价格。因此为了建立消费者总需求与批发（现货）价格之间的关系，我们必须首先分析下一期的情况；第二步才能计算远期价格，它是当供应商和零售商都最优化其风险/预期利润状况时的市场出清价格。

第二期批发价格的决定

以供应商 i 的总成本函数 TC_i 作为出发点。总成本是由现货批发市场的销售量和之前签订的远期合约销售量决定的。我们假定它由下式给出

$$TC_i = F + \frac{a}{c} \cdot (Q_{P_i}^W + Q_{P_i}^F)^c \tag{25.1}$$

其中 F 是固定成本，a 和 c 是可变成本参数（$c \geq 2$）。图 25.3 中显示了总成本函数的形状。能源生产是边际成本递增的。

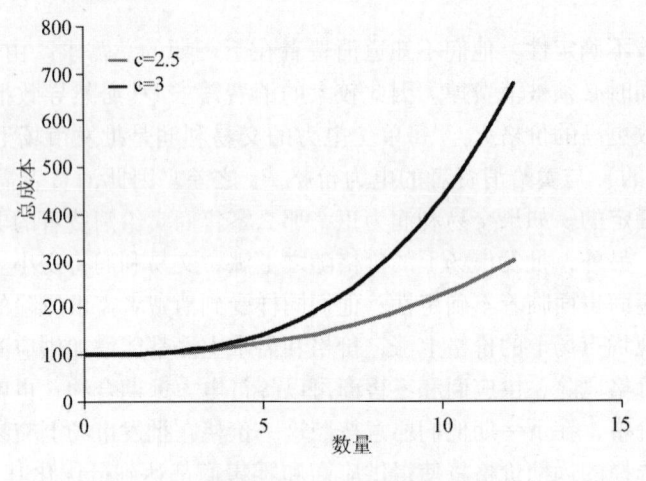

图表 25.3　总成本函数

供应商 i 的利润 π_{P_i} 等于批发市场和远期交易的总收益 TR_i 减去总成本

$$\pi_{P_i} = TR_i - TC_i = P_W \cdot Q_{P_i}^W + P_F \cdot Q_{P_i}^F - TC_i \tag{25.2}$$

从标准的微观经济理论来看，给定一个固定的现货批发价格 P_W，我们便知道如何确定供应商的最优供给数量，只需要设定 $d\pi_{P_i}/dQ_{P_i}^W = 0$。经过计算之后得到

$$Q_{P_i}^W = (\frac{P_W}{a})^x - Q_{P_i}^F \quad x \equiv \frac{1}{c-1} \tag{25.3}$$

为了确定最优的批发价格，电力的供给 Q^S 和需求 Q^D 在均衡情况下必须相等。单个

供应商的电力供给为 $Q_{P_i} \equiv Q_{P_i}^W + Q_{P_i}^F$,现货市场和远期市场全体 N_P 个供应商的电力供给就是

$$Q^S = \sum_{i=1}^{N_P} Q_{P_i} = \sum_{i=1}^{N_P} (Q_{P_i}^W + Q_{P_i}^F) = Q^D \tag{25.4}$$

用上式替换等式(25.3)中的 $Q_{P_i}^W$,得到均衡状态下的批发价格

$$P_W = a \cdot \left(\frac{Q^D}{N^P}\right)^{c-1} \tag{25.5}$$

直观地看,该价格能激励供应商去提供必要的电量以满足消费者需求。这种关系与经济直觉是一致的:消费者需求越高,批发现货市场上的价格就越高。

第一期远期价格的决定

下面我们假定供应商和零售商都是风险厌恶者。更确切地说,将供应商的目标函数定义为

$$\max_{Q_{P_i}^F} Z^W = E(\pi_{P_i}) - \frac{A}{2} \cdot Var(\pi_{P_i}) \tag{25.6}$$

直观地看,供应商喜欢较高的预期利润,因为它们能增加目标函数值。相比之下,他们不喜欢由利润的方差来刻画的不确定性。参数 A 越高,他们的风险厌恶程度越高。因此,我们可以通过 A 来控制市场参与者的风险厌恶程度。将成本函数(25.1)、最优的批发数量(25.3)和批发价格(25.5)代入利润函数(25.2),得出预期利润

$$\begin{aligned} E(\pi_{P_i}) &= E\left(P_W \cdot \frac{Q^D}{N^P} - F - \frac{a}{c} \cdot \left(\frac{Q^D}{N^P}\right)^c + Q_{P_i}^F \cdot (P_F - P_W)\right) \\ &\equiv E(\rho_{P_i} + Q_{P_i}^F \cdot (P_F - P_W)) \\ &= E(\rho_{P_i}) + Q_{P_i}^F \cdot (P_F - E(P_W)) \end{aligned} \tag{25.7}$$

其中 $\rho_{P_i} = P_W\left(\frac{Q^D}{N_P}\right) - F - \frac{a}{c}\left(\frac{Q^D}{N_P}\right)^c$ 表示批发现货交易所得的利润,$Q_{P_i}^F \times (P_F - P_W)$ 表示远期交易所得的利润。考察(25.7)式中两个随机变量 P_W 和 ρ_{P_i} 的协方差,可以计算出 $Var(\pi_{P_i})$。方差可以更精确表示为

$$Var(\pi_{P_i}) = Var(\rho_{P_i}) - 2 \cdot Q_{P_i}^F \cdot Cov(\rho_{P_i}, P_W) + (Q_{P_i}^F)^2 \cdot Var(P_W) \tag{25.8}$$

最后,两个随机变量的协方差可以由 ρ_{P_i} 的定义来确定

$$\begin{aligned} Cov(\rho_{P_I}, P_W) &= Cov\left(P_W \cdot \frac{Q^D}{N_P} - F - \frac{a}{c} \cdot \left(\frac{Q^D}{N_P}\right)^c, P_W\right) \\ &= \frac{1 - 1/c}{a^x} \cdot Cov((P_W)^{x+1}, P_W) \end{aligned} \tag{25.9}$$

运用这些中间结果,我们可以最大化供应商的目标函数。为此,我们计算目标函数关

于 $Q_{P_i}^F$ 的一阶导数,并且将它设为 0。考虑 (25.8) 式和 (25.9) 式,在市场远期价格给定为 P_F 的条件下,即可确定供应商的最优远期销售量。供应商 i 的最优远期销售量即为

$$Q_{P_i}^F = \frac{P_F - E(P_W)}{A \cdot Var(P_W)} + \frac{Cov(\rho_{p_i}, P_W)}{Var(P_W)}$$

$$= \frac{P_F - E(P_W)}{A \cdot Var(P_W)} + \frac{1 - 1/c}{a^x} \cdot \frac{Cov((P_W)^{x+1}, P_W)}{Var(P_W)} \tag{25.10}$$

直观地看,这是供应商 i 在给定远期价格 P_F 下,为了最优化其风险/预期收益状况,在当天所应当出售的远期数量。

接下来,我们可以计算出零售商 j 的最优远期销售量。我们假定零售商的目标函数与供应商相同。即

$$\max_{Q_{R_j}^F} Z^R = E(\pi_{R_j}) - \frac{A}{2} \cdot Var(\pi_{R_i}) \tag{25.11}$$

与供应商的计算过程类似,给定市场上的远期价格为 P_F,当天售出的最优远期数量为

$$Q_{P_j}^F = \frac{P_F - E(P_W)}{A \cdot Var(P_W)} + \frac{Cov(\rho_{R_j}, P_W)}{Var(P_W)} \tag{25.12}$$

这个数量保证了零售商最优化其风险/预期收益状况。在 (25.12) 中,零售商现货交易的利润 ρ_{P_i} 源自卖出价 P_R 和买入价 P_W 的差额。即

$$\rho_{R_j} = Q_{R_j} \cdot (P_R - P_W) \tag{25.13}$$

这使得我们可以将 (25.12) 式改写为

$$Q_{R_j}^F = \frac{P_F - E(P_W)}{A \cdot Var(P_W)} + \frac{P_R \cdot Cov(Q_{R_j}, P_W) - Cov(P_W \cdot Q_{R_j}, P_W)}{Var(P_W)} \tag{25.14}$$

(25.10) 式和 (25.14) 式是非常重要的结果。它们给出了在某一既定的远期价格 P_F 下,供应商和零售商的远期销售量。均衡情况下我们应该得出远期合约净供给为 0 的情形(即对应于每一份远期合约的卖方,我们都能找到一家买方)。在数学上这意味着所有远期销售量的总和必须为 0。因此,我们得到均衡条件

$$\sum_{i=1}^{N_P} Q_{P_i}^F + \sum_{j=1}^{N_R} Q_{P_j}^F = 0 \tag{25.15}$$

利用 (25.10) 式和 (25.14) 式,并运用本章附录 A 所示的一些代数变换,即可得到意愿的远期均衡价格

$$P_F = E(P_W) - \frac{N_P}{c \cdot a^x \cdot N} \cdot (c \cdot P_R \cdot Cov(P_W^x, P_W) - Cov(P_W^{x+1}, P_W))$$

$$N \equiv \frac{N_P + N_R}{A} \tag{25.16}$$

因此,电力的远期均衡价格取决于预期的批发价格和两个协方差表达式。

不幸的是，(25.16) 式中的协方差很难处理。本章附录 B 提供了 (25.16) 式中两个协方差表达式的进一步简化公式。它们可以推导出非常简单的远期价格近似公式

$$P_F \approx E(P_W) + \alpha \cdot Var(P_W) + \gamma \cdot Skew(P_W) \tag{25.17}$$

其中 $Var(P_W)$ 和 $Skew(P_W)$ 在附录 B 中给出了定义，因此远期价格可以简单地依据批发市场上现货价格分布的前三阶矩近似地计算出来。这种简便性强化了模型在实践中的适用性。

数值应用

为了更细致地探讨消费者需求、批发市场价格和远期价格的关系，现在我们转到模型的一个数值应用例子。模型参数由图表 25.4 给出，参数值的选取与莱蒙和贝斯姆宾德尔

图表 25.4　　数值例子中的输入参数

参数	Q	根据…
需求量 Q^D	100	
成本参数		
a	0.3	
c	3	
x	0.5	(25.3) 式
零售商和批发商		
N_P	10	
N_R	10	
风险厌恶参数 A	0.1111	
N	180	(25.16) 式
需求量 Q^D		
$E(Q^D)$	100	
$VAR(Q^D)$	20	

所使用的方法类似。由于在 (25.1) 式中固定成本参数 F 不会影响批发数量 $Q_{P_i}^W$ 以及后续结果，此刻我们不需要对它做任何假定。假设消费者的需求服从均值为 100、方差为 20 的正态分布；此外，假定零售商设定现货价格为

$$P_R = 1.2 \cdot E[P_W] \tag{25.18}$$

直观地看，零售商在预期批发价格之上设定了 20% 的安全缓冲区。本例中零售商数目等于供应商数目（=10）。

在第一步中，必须确定下一期批发价格的分布状况。因此我们运行蒙特卡洛模拟，根据正态概率分布考察消费者未来需求的 1000 个可能情形。在得到消费者需求的模拟值之后，我们可以根据 (25.5) 式立刻算出批发价格。

图表 25.5 显示了模拟出的前 18 个消费者需求量与相应的批发价格。例如，第一个批发价格由需求量 128.97 给出

$$P_W = 0.3 \cdot \left(\frac{128.97}{10}\right)^{3-1} = 49.90$$

图表 25.5　　　　　　　　需求量 Q^D 的 18 个模拟值

Q^D（模拟值）	P_W
128.97	49.90
92.88	25.88
131.59	51.95
68.54	14.09
71.10	15.17
105.73	33.54
111.65	37.40
87.91	23.18
93.04	25.97
84.79	21.57
104.98	33.06
67.82	13.80
77.00	17.79
103.31	32.02
123.06	45.43
114.47	39.31
154.09	71.24
62.53	11.73

按照类似的步骤，可以处理其他的模拟值。我们总共得到 1000 个未来批发市场现货价格的可能值。从这些可能值中，可以计算出算术平均值、方差和偏度，从而估计出批发价格分布的均值、方差和偏度。它们分别是

$$E(P_W) = €31.90/\text{MWh}$$
$$Var(P_W) = 142.54$$
$$Skew(P_W) = 0.57$$

根据上述定价策略，零售价格为

$$P_R = 1.2 \times 31.09 = 37.31$$

把上述结果带入定价公式（25.17）中得出

$$\alpha = -0.0566$$
$$\gamma = 0.005$$
$$P_F \approx 31.09 - 0.0566 \times 142.54 + 0.57 \times 0.0050 = 23.03$$

远期价格比现货价格低 8 欧元以上。在其他商品的远期市场和期货市场中,也经常能够观察到这种关系。这种远期价格低于预期现货价格的现象被称作**现货溢价**。当标的商品储存成本很高时,常常可以观察到现货溢价⑦。如石油从地下抽出的那一刻起,就会产生大额的储存成本。

但对于电力远期合约,我们不能把其折价与储存成本联系起来。实际上,折价主要是由批发价格的方差所引起。它显然与供应商和零售商的对冲需求相联系。一般说来,双方都从批发市场的价格上涨中获益(尽管如上文所述,由于零售商的交易利润缩水,价格上涨对他们的影响不太明确)。因此双方对出售远期合约都很感兴趣,这就导致了远期合约的折价现象。另外,价格上涨对零售商不利,因为他们要以低于生产成本的价格出售电力给消费者。这就构成了相反方向上的对冲需求(也就是说,诱使其购买远期合约)。因此,远期价格与偏度呈正相关。

结　论

远期合约估值的常用方法是无套利定价法。这种方法不能用于不可储存的商品,如电力。电力远期必须用不同的模型来定价。贝斯姆宾德尔 – 莱蒙模型是一个均衡模型。在这个模型中,电力现货远期市场的供求是相等的,这使贝斯姆宾德尔和莱蒙能推导出均衡的远期价格。均衡价格可以由批发价格分布的前三阶矩近似计算出来。

本章说明了电力远期价格与预期的批发价格相比可能偏低。这是由对冲需求引起的。在我们考察的例子中,远期价格与批发价格的方差负相关而与其偏度正相关。

附录 A

(25.16)式的推导——均衡的远期价格:
首先我们注意到

$$\sum_j \frac{P_R Cov[Q_{R_j}, P_W] - Cov[P_W Q_{R_j}, P_W]}{Var[P_W]}$$

$$= \frac{P_R Cov[Q^D, P_W] - Cov[P_W Q^D, P_W]}{Var[P_W]}$$

$$= \frac{N_P}{a^x} \frac{P_R Cov[P_W^x, P_W] - Cov[P_W^{x+1}, P_W]}{Var[P_W]}$$

均衡条件是: $\sum_i Q_{P_i}^F + \sum_j Q_{R_j}^F = 0$

---

⑦ 详细分析见 Markus Rudolf, Heinz Zimmermann, and Claudia Zogg-Wetter, "Anlage und Portfolioeigenschaften von Commodities am Beispiel des GSCI," *Financial Markets and Portfolio Management* 7, no. 3 (1993), pp. 339–359; Schwartz, "The Stochastic Behavior of Commodity Prices: Implications for Valuation and Hedging."

利用（25.10）式和（25.14）式，我们得到

$$\sum_i \frac{P_F - E[P_W]}{A \cdot Var[P_W]} + \frac{1}{a^x}\left(1 - \frac{1}{c}\right)\frac{Cov[(P_W)^{z+1}, P_W]}{Var[P_W]} + \sum_i \frac{P_F - E[P_W]}{A \cdot Var[P_W]} + \frac{P_R Cov[Q_{R_j}, P_W] - Cov[P_W Q_{R_j}, P_W]}{Var[P_W]} = 0$$

由此可得

$$P_F \frac{N_P + N_R}{A \cdot Var[P_W]} - \frac{E[P_W](N_P + N_R)}{A \cdot Var[P_W]} + \frac{N_P}{a^x}\left(1 - \frac{1}{c}\right)\frac{Cov[P_W^{x+1}, P_W]}{Var[P_W]} +$$

$$\frac{N_P}{a^x}\frac{P_R Cov[P_W^x, P_W] - Cov[P_W^{x+1}, P_W]}{Var[P_W]} = 0 \Leftrightarrow P_F \frac{N_P + N_R}{A \cdot Var[P_W]} - \frac{E[P_W](N_P + N_R)}{A \cdot Var[P_W]}$$

$$= \frac{N_P}{a^x}\frac{Cov[P_W^{x+1}, P_W] - P_R Cov[P_W^x, P_W]}{Var[P_W]} - \frac{N_P}{a^x}\left(1 - \frac{1}{c}\right)\frac{Cov[P_W^{x+1}, P_W]}{Var[P_W]}$$

$$= \frac{N_P}{ca^x}\frac{Cov[P_W^{x+1}, P_W]}{Var[P_W]} - \frac{N_P}{a^x}\frac{P_R Cov[P_W^x, P_W]}{Var[P_W]}$$

于是得到（25.16）式。

附录 B

P_W 的方差为

$$Var(P_W) = E[(P_W - E(P_W))^2] = E[P_W^2] - E^2[P_W]$$

偏度的计算如下

$$Skew(P_W) = E[(P_W - E(P_W))^3]$$
$$= E[P_W^3 - 3 \cdot P_W^2 \cdot E(P_W) + 3 \cdot P_W \cdot E^2(P_W) - E^3(P_W)]$$
$$= E[P_W^3] - 3 \cdot E[P_W^2] \cdot E[P_W] + 2 \cdot E^3[P_W]$$

函数 P^z 围绕 y 进行泰勒级数展开得到

$$P^z \approx y^z + zy^{z-1}(P - y) + \frac{1}{2}z(z-1)y^{z-2}(P - y)^2$$
$$= y^z\left(1 - z + \frac{1}{2}z(z-1)\right) + y^{z-1}z(2-z)P + \frac{1}{2}z(z-1)y^{z-2}P^2$$

上述三个式子用于推导远期均衡价格的简化公式（25.17）。它是由上述三个式子中的第一式围绕 $y = E(P) = \mu$ 进行泰勒级数展开而得到的。于是有

$$Cov[P^z, P]$$
$$\approx E[(\mu^{z-1}z(2-z)P + \frac{1}{2}z(z-1)\mu^{z-2}P^2 - \mu^{z-1}\mu z(2-z) - \frac{1}{2}z(z-1)\mu^{z-2}E[P^2])(P-\mu)]$$
$$= \mu^{z-1}z(2-z)\underbrace{E[(P-\mu)^2]}_{Var[P]} + \frac{1}{2}z(z-1)\mu^{z-2}E[(P^2-E[P^2])(P-\mu)]$$
$$= \mu^{z-1}z(2-z)Var[P] + \frac{1}{2}z(z-1)\mu^{z-2}E[(P^3 - PE[P^2] - P^2\mu + E[P^2]\mu)]$$
$$= \mu^{z-1}z(2-z)Var[P] + \frac{1}{2}z(z-1)\mu^{z-2}\{\underbrace{E[P^3] - \mu E[P^2]}_{=Skew[P] + \underbrace{2\mu E[P^2] - 2\mu^3}_{=2Var[P]\mu}}\}$$
$$= Var[P](\mu^{z-1}z(2-z) + z(z-1)\mu^{z-1}) + \frac{1}{2}z(z-1)\mu^{z-2}Skew[P]$$
$$= z\mu^{z-1}Var[P] + \frac{1}{2}z(z-1)\mu^{z-2}Skew[P]$$

由此得出

$$Cov[P_W^x, P_W] \approx xE[P_W]^{x-1}Var[P_W] + \frac{1}{2}x(x-1)E[P_W]^{x-2}Skew[P_W]$$

$$Cov[P_W^{x+1}, P_W] \approx (x+1)E[P_W]^x Var[P_W] + \frac{1}{2}x(x+1)E[P_W]^{x-1}Skew[P_W]$$

这就得出如下远期价格近似公式

$$P_F \approx E[P_W] - \frac{N_P}{ca^xN}\begin{pmatrix} cP_R xE[P_W]^{x-1}Var[P_W] + \frac{1}{2}cP_R x(x-1)E[P_W]^{x-2}Skew[P_W] \\ -(x+1)E[P_W]^x Var[P_W] - \frac{1}{2}x(x+1)E[P_W]^{x-1}Skew[P_W] \end{pmatrix}$$

$$\underbrace{E[P_W] + \frac{N_P}{ca^xN}(x+1)[E[P_W]^x - P_R E[P_W]^{x-1}]Var[P_W]}_{\equiv \alpha}$$

$$+ \underbrace{\frac{N_P}{2ca^xN}(x+1)[xE[P_W]^{x-1} - P_R(x-1)E[P_W]^{x-2}]Skew[P_W]}_{\equiv \gamma}$$

# 第 26 章
商品价格风险证券化*

保罗·U·阿里（Paul U. Ali）副教授
墨尔本大学法学院

证券化通常涉及从公司或金融机构的资产负债表中剥离出被选定的生息资产，例如抵押贷款、应收货款和企业贷款等，并在资本市场重新打包成能迅速出售给投资者的证券。投资者面临的是这些资产的风险，而不是相关公司或金融机构的风险，且公司或金融机构通过这种方式筹集到的资金，比直接依靠自身资产负债表的实力融资成本更低①。

在过去十年中，证券化已经从最初主要作为一种融资工具，逐渐发展成为包括以对冲目的为主的证券发行。后者涉及把风险分拆出售给只能持有特定敞口的投资者，这些特定敞口的范围从单个资产或业务线的风险到企业层面的风险，与投资者持有特定资产的全部风险敞口的情形不同。从理论上讲，任何能够被量化的风险都可以采用这种新的形式进行证券化。信用风险、巨灾风险和死亡风险等就属于这类特定风险，它们通过证券化方式都被成功地转移至投资者②。

经过重新设计，原本用于将上述个体风险证券化的金融工具，现已用于将各种商品的价格风险分离并转移给投资者，这些商品包括贵金属、基本金属、石油和天然气③。这些**商品抵押债券**（CCO）构成了本章的主要内容，它们被描述为"世界上最优质的信用工具，向固定收益投资者提供商品类资产的投资途径"④。CCO 市场仍然处于早期阶段。截

---

* 作者感谢 Jan Job de Vries Robbe 的帮助，他是海牙地区 FMO 公司的一位结构化融资咨询师。
① Steven L. Schwarcz, *Structured Finance*, 3rd ed. (New York: Practising Law Institute, 2002), §1:1.
② 这类证券化形式主要被银行用于对冲贷款组合的信用风险，被保险/再保险公司用于对冲保单的巨灾风险和死亡风险。至于企业使用这些工具所受的限制，见 Charles Smithson and David Mengle, "The Promise of Credit Derivatives in Nonfinancial Corporations (and Why It's Failed to Materialize)," *Journal of Applied Corporate Finance* (Fall 2006), pp. 54–60.
③ 第一只 CCO 是在 2004 年 12 月推出的 (See Deborah Kimbell, "Barclays Pioneers a Commodity Vehicle," *Euromoney* (January 2005)).
④ Saskia Scholtes, "Introducing CCOs," *Credit* (February 2005), 26–27.

至 2006 年年底，约有 9 亿美元的证券通过两家公开评级的 CCO 结构发行给投资者⑤。不过，这一数据并未计入私下向投资者发募的 CCO⑥。此外因机构投资者感兴趣而且熟悉 CCO 秉承的信用证券化结构，CCO 的市场前景看上去一片光明⑦。

然而 CCO 明显不同于其他的证券，如商品挂钩票据，后者也向投资者提供商品敞口。商品挂钩票据主要是作为资金筹集的工具，但也可能结合融资与对冲两项功能，视其结构而定。它们采用的结构可以归类为远期挂钩型或期权挂钩型⑧。

在远期挂钩型结构中，发行人的本金和/或利息支付是参考指定的商品、商品篮子或商品指数（如高盛商品指数）计算得出。当参考价格下跌时，所筹债务的偿还成本也降低了，因此发行人能够避免因参考价格的下跌而蒙受损失。通过把借款成本与商品价格联系起来，发行人可以更好地将所融资金的偿还负担与自身的现金流状况相匹配，从而降低破产或违约风险。这是因为其付款义务将随着商品价格的变化而变化，因而随着从这些商品上获取的现金流变化而变化⑨。

期权挂钩型结构也有利于筹集资金。这些证券也还本付息，就像传统的债券那样，但在到期时，投资者有权行使期权购买或出售定量定价的参考商品⑩。内嵌的期权对于投资者存在价值，这意味着发行人能够比传统的债券发行更廉价地筹集到资金⑪。

CCO 不是融资工具，而是以对冲工具为主，这一点与商品挂钩票据不同，无论后者使用的是远期挂钩型还是期权挂钩型结构。在 CCO 中，发行人是商品价格风险的导管。证券发行的目的是将原本由发行人持有的商品价格敞口传递给投资者，该敞口源自发行人对一个或多个第三方的对冲义务。因此实际上 CCO 代表着对发行人自身对冲义务的背对背对冲，发行人运用证券发行的收入来偿付对冲义务。从投资者的角度来看，他们购入商品价格风险的敞口是为了以证券利息的形式获取酬金。

---

⑤ "Barclays Breaks CDO Mould with Commodity Price Bond," *Euroweek*, December 2004, p. 61; and "Barcap Brings Managed Commodity CCO—Because It's There," *Euroweek*, June9, 2006, p. 68.

⑥ Fitch Ratings, "Considerations for Rating Commodities-Linked Credit Obligations (CCOs)," *Structured Credit Global Special Report*, November14, 2006.

⑦ "First Managed CCO Comes to Market," *Asset Securitization Report*, June 12, 2006, pp. 1and13.

⑧ Satyajit Das, *Structured Products and Hybrid Securities*, 2nd ed. (Singapore: John Wiley & Sons, 2001), pp. 339 – 350; and Calum G. Turvey, "Managing Food Industry Business and Financial Risks with Commodity-Linked Credit Instruments," *Agribusiness* (Autumn2006), pp. 523 – 545.

⑨ John D. Finnerty, "An Overview of Corporate Securities Innovation," *Journal of Applied Corporate Finance* (Winter 1992), pp. 23 – 39; Aswath Damodaran, "Financing Innovations and Capital Structure Choices," *Journal of Applied Corporate Finance* (Spring1999), pp. 28 – 39; N. K. Chidambaran, ChitruS. Fernando, and Paul A. Spindt, "Credit Enhancement through Financial Engineering: Freeport McMoRan's Gold-Denominated Depositary Shares," *Journal of Financial Economics* (May 2001), pp. 487 – 528; and Joel S. Telpner, "A Survey of Structured Notes," *Journal of Structured and Project Finance* (Winter2004), pp. 6 – 19.

⑩ Turvey, "Managing Food Industry Business and Financial Risks with Commodity-Linked Credit Instruments." 这种期权可以用实物或现金结算。

⑪ Robert J. Myers, "Incomplete Markets and Commodity-Linked Finance in Developing Countries," *World Bank Research Observer* (January 1992), pp. 79 – 94. Alternatively, option-linked structures may also incorporate a hedge against an adverse movement in commodity prices with the embedded option being sold by the investors: Das, *Structured Products and Hybrid Securities*; Turvey, "Managing Food Industry Business and Financial Risks with Commodity-Linked Credit Instruments." 作为承担风险的补偿，投资者以证券附着更多息票的形式收取期权溢价。

本章简要地介绍 CCO 参与者的动机和常见 CCO 的法律架构，参照的是巴克莱资本在 2004 年 12 月推出的第一只 CCO 阿波罗[12]。本章还考察了 CCO 参与者所面临的主要法律风险——涉及谨慎投资者规则的遵守，法庭或监管方将支撑 CCO 的衍生品重新定性为未经授权的保险产品等情况。

商品抵押债券的驱动者

发行人与发起人

CCO 的发行人仅仅是导管，它将所发行证券中的商品价格风险传递给投资者。如上所述，证券发行促成了商品价格风险的背对背对冲。因此，为了弄清楚 CCO 的动机，有必要调查当事人——发起人的动机，发行人向发起人承担证券化的商品价格风险。

与商品挂钩票据类似，发起人可能是一家公司，在平时业务经营中面临着商品价格不利变动的风险。例如，如果矿业公司生产的金属价格下跌，其收入和利润都将下降。同样的，农业公司也会因其农产品的价格下跌而蒙受损失。然而现实中 CCO 的发起人通常是金融机构，这些机构本身并不直接面临着 CCO 关联商品的价格风险。

CCO 提供给发起人的商品价格风险对冲，其实是作为信用风险对冲的替代品，商品价格风险充当信用风险的替代物。举例来说，商品价格下跌导致借款人的收入减少，这可能会损害借款人的信誉度，从而导致借款人对发起人所欠债务的信用风险增加。利用 CCO 对冲掉借款人自身业务面临的商品价格风险，发起人有可能实现信用风险的对冲。商品价格风险作为信用风险的替代物，如图表 26.1 所示。

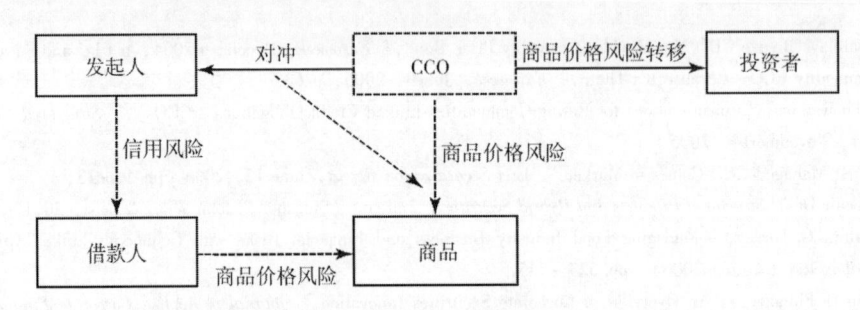

图表 26.1　商品价格风险作为信用风险的代理变量

鉴于许多企业的收入（因而信誉度）都与商品价格相关，CCO 有可能赋予发起人对冲掉大量企业和其他参考实体信用风险的能力，远非现今的信用衍生品和证券化信用衍生品所能及。CCO 的关键优势之一，在于它们能够处理在全球信用市场中交易的为数不多

---

[12] Kimbell, "Barclays Pioneers a Commodity Vehicle."

的流动性参考实体,这已成为其使用的主要推动力⑬。虽然数以千计的公司和实体被信用衍生品所参考,但只有约 650 家实体被例行参考⑭。

投资者和谨慎投资者规则

与其他证券化领域的投资者一样,CCO 证券的主要投资者是机构投资者,包括养老基金、对冲基金和共同基金⑮,但是这些投资者并不是为自己的账户投资,而是为第三方的利益而投资,第三方委托这些投资者管理资产(通过注资养老基金、投资对冲基金或共同基金等方式)。散户投资者为个人的资金投资,因而投资决策不受法律约束,机构投资者则不然,它们因向投资人承担法律职责而受到约束。

此处最主要的职责是选择投资产品时应谨慎行事,对于 CCO 证券(以及其他复杂的金融产品)的机构投资者而言,这也是一个重要的法律风险源。未履行这项职责,选择不合规的投资项目而造成了亏损或业绩低迷,机构投资者将要承担责任。

这种被称为**谨慎投资者规则**的谨慎职责,要求代表他人投资的人员确保所选定的投资是合适的(关于养老基金、对冲基金或共同基金的投资策略和目标,该项投资对基金的预期收益贡献,基金对收入的流动性、规律性与稳定性以及资本金的保值增值等方面的规定),而且对投资组合的分散化起到积极作用⑯。投资组合中是否应该包含 CCO 或其他工具,应当在考察此类投资是否与基金的策略和目标一致之后才能决定,考察的因素包括基金的风险和收益参数、该项投资对基金投资组合整体收益与风险的影响,以及该项投资对组合分散化的贡献等。

这种整体组合式投资选择并不会自动地排除复杂的或高风险的工具,但意味着机构投资者在考虑将所管理的基金配置到 CCO 证券时,至少应:

(1) 了解 CCO 的法律架构,包括投资者面临商品价格风险的机制、投资者与发行人在本金和利息求偿权方面的优先级别,以及 CCO 中发行的证券属于有限追索权证券的事实。

(2) 了解 CCO 的风险和收益性质,特别是证券的息票能否充分补偿投资者面临的本金损失风险。

(3) 了解某些情况下投资者的本金偿付将会因商品价格的不利变化而受损。

---

⑬ 全球信用市场中流动性参考实体的相对缺乏,也推动了股权价格风险的证券化,这种证券化采用股权抵押债券(ECO)的形式,ECO 是 CCO 的先驱(See Michael J. Logie and John-Peter Castagnino, "Equity Default Swaps and the Securitisation of Risk," Chapter 4, in Innovations in Securitisation edited by Jan Job de Vries Robbe and Paul U. Ali (The Hague: Kluwer Law International, 2006), p. 51)。

⑭ Fitch Ratings, "CDS Roundup: Volumes Expand across Most Sectors while Spreads Ratchet Higher," *Special Report*, November 17, 2006.

⑮ "First Managed CCO Comes to Market," pp. 1 and 13 (这既是源于投资者的需求,也是由于大多数证券化都不涉及证券公开发行的事实,它们这样做是为了利用监管安全港,监管安全港适用的募资对象仅限于经验丰富的高净值个人和实体)。

⑯ Paul U. Ali, Geof Stapledon, and Martin Gold, Corporate Governance and Investment Fiduciaries (Sydney: Thomson Legal & Regulatory, 2003), pp. 76-78 (本章所述的谨慎投资者规则适用于美国、英国、澳大利亚、加拿大以及主要的离岸普通法系地区,包括巴哈马、百慕大、英属维京群岛和开曼群岛)。

(4) 评估 CCO 证券的流动性。

CCO 对投资者的吸引力在于，与同等信誉度的传统债务工具相比，CCO 证券附着的息票更多，而且 CCO 参考的商品敞口能提供分散化收益[17]。一般而言，商品价格与传统债券和股票的收益只呈现低度相关性，所以在股票和债券组合中纳入商品应当有益于组合收益的优化[18]。这些一般化的特征为投资组合中纳入 CCO 证券提供了依据，但是就其自身而言并不能充分地确保与投资者谨慎规则相符。CCO 投资者实际上是为了赚取酬金而买入商品价格风险，并且将本金置于风险中。因此机构投资者必须确保该 CCO 证券的息票能够充分补偿所承担的商品价格风险，而且自己的投资组合确实得益于这些假定的分散化收益。

常见 CCO 的法律架构

商品衍生工具的证券化

CCO 采用的结构与银行惯用的信用衍生品证券化结构相同[19]。

这些证券化最简单的形式涉及银行组建一家**特殊目的机构**（SPV），并利用 SPV 对冲所持的企业贷款、债券及其他债务组合的信用风险。将信用风险转移到 SPV，是借助一种信用衍生品来实现的，SPV 向资本市场中的投资者发行证券，来为上述风险转移提供资金。当某些事件发生导致投资组合的信用风险增加时，这种信用衍生品通常会提供资金，支持 SPV 向银行支付预定的款项。这些事件包括借款人或组合中其他债务人的破产或违约行为。当事件发生并且触发信用衍生品的付款时，SPV 将动用证券发行所得的收入来支付该款项。这笔付款将导致投资者的本金遭受相应损失，这是因为向银行付款将会减少 SPV 的资产，而 SPV 的资产支撑着投资者证券的本息偿付。但是如果事件并未发生，证券到期时投资者将能够全额回收证券的本金。

将信用风险转移给投资者的证券化做法如图表 26.2 所示。

类似的，在 CCO 中发起人将商品池的价格风险转移给 SPV，该风险又通过证券发行转移给了资本市场中的投资者。下文 CCO 结构概况部分参照的是第一个 CCO 阿波罗的法律架构[20]。

---

[17] Turvey, "Managing Food Industry Business and Financial Risks with Commodity-Linked Credit Instruments."

[18] Ernest M. Ankrim and Chris R. Hensel, "Commodities in Asset Allocation: Areal Alternative to Real Estate?" *Financial Analysts Journal* (May-June 1993), pp. 20-29; Kenneth A. Froot, "Hedging Portfolios with Real Assets," *Journal of Portfolio Management* (Summer 1995), pp. 60-77; and Georgi Georgiev, "The Benefits of Commodity Investment: 2006 Update," Center for International Securities and Derivatives Markets, Working Paper, May 2006.

[19] Fitch Ratings, "CDO Structures and Definitions," *CDOs/Global Special Report*, July19, 2006.

[20] Standard & Poor's, "Belo PLC," *Synthetic CDO of Commodities Presale Report*, November 5, 2004; Turvey, "Managing Food Industry Business and Financial Risks with Commodity-Linked Credit Instruments"; Jan Job de Vries Robbe, "That's One Small Step for Man... Securitising Commodity Risk Through Apollo," Chapter 5, in *Innovations in Securitisation* edited by Jan Job de Vries Robbe and Paul U. Ali (The Hague: Kluwer Law International, 2006), pp. 77-78.

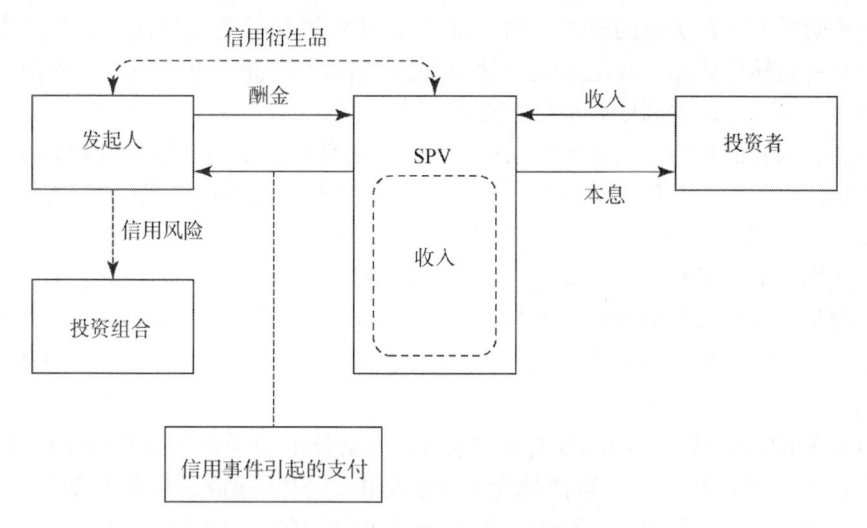

图表 26.2　信用风险的证券化

从发起人到 SPV 这一初步转移中，商品价格风险是通过 SPV 交易商品触发互换来实现的，互换参考的是商品池，在互换中 SPV 充当卖方的角色。投资者持有的证券与 SPV 在商品触发互换下的敞口相挂钩，因而与参考商品的价格走势相挂钩，于是风险被传递给了投资者。

证券发行的收入被 SPV 用于获取生息投资（一般是信用评级高、流动性高的固定收益证券）。这些生息投资支持或"担保" SPV 在互换中对发起人的义务，生息投资产生的现金流被 SPV 用于支付投资者所持债券的本金和利息。SPV 对发起人的债务优先级要高于 SPV 对投资者的债务优先级。因此 SPV 能否足额偿还证券的本金，取决于它是否在互换中因参考商品价格的不利变化而遭受损失。

从图表 26.3 中可以清楚地看到，在结构上 CCO 与信用风险的证券化很相似。

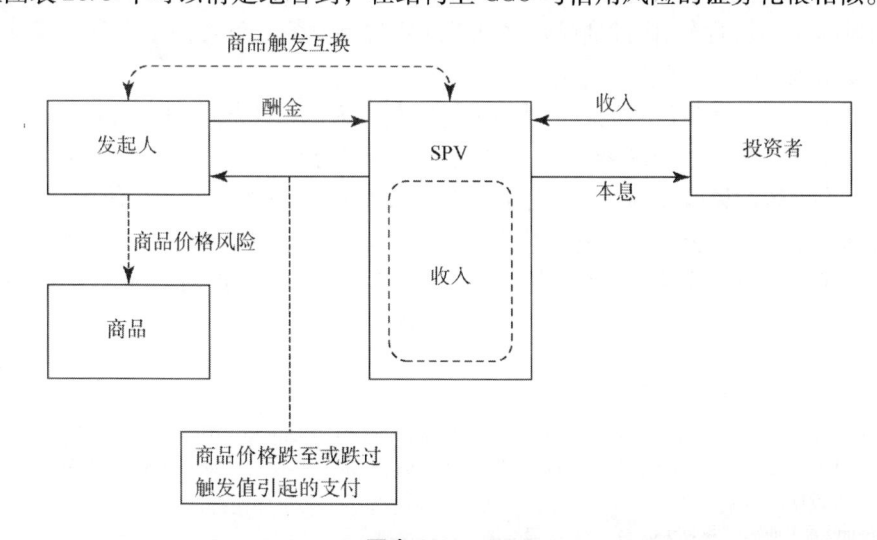

图表 26.3　CCO

如果 SPV 遭受了损失，就需要用所持有的生息投资来填补，于是消耗了证券到期时

SPV 可用于偿付投资者本金的资产。由于证券是 SPV 的有限追索权债务，互换中的亏损必然会一对一地转化成 SPV 本金偿还义务的减免；反之，如果 SPV 在证券期限内没有在互换中遭受损失，在证券到期时将全额偿还本金。

这些证券附着的息票要高于类似信用评级的传统债券，从而补偿投资者的本金和利息偿付所面临的风险。与其他证券一样，这些风险包括发行人的信用风险和 CCO 证券的流动性风险。CCO 证券的息票主要是用来补偿商品价格风险，即商品价格下跌的可能性及投资者受此损失的严重程度等不确定性[21]。一份针对 CCO 类似证券的调查表明，为了打消投资者对交易结构复杂性的顾虑、对这类证券的风险厌恶态度（这会导致投资者过高估计 SPV 在互换中遭受损失的可能性），以及对于失去全部本金的担忧，更多的息票支付是必需的[22]。

CCO 证券的息票结合了两部分的收入来源，一部分是 SPV 所持生息投资的利息收入；另一部分是 SPV 从发起人处收取的酬金——这是由于 SPV 在商品触发互换中充当卖方。相对本金而言，证券息票通常不会面临商品价格风险。在已经面市的 CCO 中，互换造成的损失只会转化为到期时本金的削减，因此在证券期限内，投资者将继续领取按照证券全额本金计算的利息[23]。

商品触发互换

类似于所效仿的信用违约互换，商品触发互换规定，在商品价格跌过阈值（触发值）时，SPV 支付固定金额给发起人，SPV 收取发起人的酬金作为回报。一旦触发值被突破了，SPV 将动用所购买的资产来履行互换下的付款义务，如上文所述，购买资产使用的是证券发行的收入。

在 CCO 的执行过程中，触发值通常设定为商品价格的 20%～80%[24]。发起人使用 CCO 来对冲信用风险，其所选定的触发值旨在模拟债务违约事件的发生，因为违约事件是与信用风险相联系的[25]。因此商品价格跌至或跌过触发值，就等同于借款人或其他债务人的信誉度出现实质性的恶化。

由于借款人面临商品价格风险，从对冲这些借款人的信用风险角度来看，商品触发互换和 CCO 可以充当信用违约互换的替代品。与信用违约互换相比，商品触发互换或 CCO 能够用于更多实体的风险交易，而且还具有透明度更高这一吸引力。在信用违约互换下，信用事件的确定取决于公开可得的借款人信息的质量，特别是对于中小企业和未上市实体而言，取决于对借款人实施监控的质量。此外，市场参与者仍然对"重组"这一信用事

---

[21] de Vries Robbe, "That's One Small Step for Man... Securitising Commodity Risk Through Apollo."

[22] Vivek J. Bantwal and Howard C. Kunreuther, "A Cat Bond Premium Puzzle?" *Journal of Psychology and Financial Markets* (Spring 2000), pp. 76–91.

[23] Standard & Poor's, "BeloPLC."

[24] de Vries Robbe, "That's One Small Step for Man…Securitising Commodity Risk Through Apollo." 商品触发互换可以参考多种商品，而且每种商品可以选择不同的触发值和支付额度。

[25] Fitch Ratings, "Considerations for Rating Commodities-Linked Credit Obligations (CCOs)."

件的界定存有争议，这就使我们难以认定借款人是否真的造成了信用事件[26]。但对于商品而言，参考现货价格或期货合约价格，很容易就能确定价格是否跌到了规定的触发值以下。

商品触发互换和重新定性风险

商品触发互换和类似衍生品的参与者——以及这些衍生品证券化的参与者——都要面对监管方或法庭将这些衍生品认定为变相保险产品的法律风险。这种重新定性风险源自商品触发互换（及其效仿的信用违约互换）的风险传递及保险产品表面上的相似性。

虽然市场早已认定这种衍生品不属于保险，但重新定性风险仍然不容忽视。2003年的事件就证明了这一点，美国保险监督官协会下属的财产与意外险委员会曾试图将气象衍生品（用来对冲天气出现不利变化的风险）归类为保险产品。在国际互换与衍生品协会和其他金融市场协会的频繁游说下，上述委员会才放弃了以往的观点[27]。

如果监管方或法庭将商品触发互换认定为保险产品，将会带来诸多不利后果。作为互换中承担风险的参与方，SPV将会被认定为开展保险业务，如果该SPV还是在没有获得必要监管授权的情况下开展此类业务，它自身及其管理者都将面临刑事责任。对于CCO中的SPV而言，获得这样的授权是不大可能的；否则在风险已投保的证券化上，SPV将享受到在美国大多数州和许多离岸地区适用的保险法免税优惠[28]。此外，相关的法律条文可能禁止实施商品触发互换。

商品触发互换是否属于保险产品，取决于互换中支付的性质[29]。这种互换显然具有保险产品两大公认性质中的第一条，即支付必须取决于未来不确定性事件的发生（商品价格跌至触发值或以下）。因此互换的身份就将根据它是否具有第二条性质来决定，即互换下的支付是否用于赔偿或补偿受款人因事件发生而引致的损失。

商品触发互换不可能拥有上述第二条性质。

并不存在规定要求发起人承担商品价格风险，或是因商品价格下跌而遭受实际损失。事实上，发起人唯一的商品价格敞口是互换本身所引起的风险，即由于商品没有跌至或跌过触发值，从而发起人没有收到互换提供的支付的风险。

此外，发起人使用商品触发互换常常是为了对冲信用风险，而不是商品价格风险。互换中的支付并非旨在赔偿或补偿发起人因商品价格下跌而遭受的损失，而是为了防止借款人或其他债务人因承担商品价格风险而引起的信用风险恶化。因此互换下的支付使得发起人能够挽回因借款人破产或违约而遭受的损失，这仅仅是巧合而已。无论是互换中传递给SPV的风险，还是互换中的支付，都不涉及信用风险，而且信用风险依然伴随着发起人。

---

[26] Jan Job de Vries Robbe and Paul U. Ali, *Opportunities in Credit Derivatives and Synthetic Securitisation* (London: Thomson Financial, 2005), p. 52.

[27] International Swaps and Derivatives Association, Member Update, March 24, 2004.

[28] Tamar Frankel and Joseph W. LaPlume, "Securitizing Insurance Risks," *Annual Review of Banking Law* (2000), pp. 203–226.

[29] Paul U. Ali, "The Legal Characterization of Weather Derivatives," *Journal of Alternative Investments* (Fall 2004), pp. 75–79.

结 论

CCO是全球证券化市场高度创新特征的又一例证。对于金融机构来说，CCO提供了一种新的对冲或交易信用风险的手段，而且相对于信用衍生品的证券化而言，CCO还具有透明度更高、借款人覆盖范围更广的优势。对于投资者来说，CCO以债券的形式提供了商品价格的敞口，这些债券很容易就能在二级市场上交易。这些优点以及CCO可以参考分散化商品池的性能，很可能将CCO打造成机构投资者从事商品和商品期货投资的另一种有效途径。

此外，目前市面上的CCO参考的是静态型或轻度管理型的商品池。这些CCO很可能尚处于CCO市场的早期阶段。参照CCO所效仿的信用衍生品的证券化历程，下一代的CCO问世很可能只是时间问题，特别是涉及SPV能够买卖商品触发互换的主动管理型商品池CCO（而不是像在现阶段的CCO这样，SPV局限于卖方地位）[30]。

---

[30] de Vries Robbe, "That's One Small Step for Man ... Securitising Commodity Risk Through Apollo."

第27章
商品交易顾问基金：
历史业绩回顾*

马丁·伊林（Martin Eling）博士
保险经济学院
圣加伦大学

近些年来，另类投资获得了广泛的认同，原因在于它们引人关注的风险收益特征和与传统资产类别的低相关性。本章主要讨论被称为管理型期货的一种另类资产类别，**管理型期货**指的是被称为**商品交易顾问基金**（CTA）的专业投资管理机构。这些人依据多种交易模型，在不同的市场中交易多种**场外**（OTC）及场内远期、期货和期权。

从1948年开始，CTA就在资本市场中开展交易，但是直到20世纪70年代，它们在市场中还只占很小一部分[1]。然而随着衍生品市场和卖空市场的不断扩大，CTA市场得到了发展。如今，CTA管理的资产约为1350亿美元[2]，使得它们成为另类投资行业的重要组成部分。

自20世纪70年代中期以来，CTA已经成为许多学术研究的主题。在学术文献和实际应用中，马科维茨投资组合选择理论和经典业绩衡量指标，如夏普比率，常被用于另类投资的业绩评估[3]。特别的，由于管理型期货与股票、债券等传统投资的相关性较低，它在这个模型框架下就显得很有吸引力。

然而，近期的文献指出了另类投资收益相关的一些问题，这些问题引发了质疑：传

---

* 作者感谢 Thomas Parnitzke、Hato Schmeiser 和 Denis Toplek 的有益建议与评论。

[1] See Harry M. Kat, "Managed Futures and Hedge Funds: A Match Made in Heaven," in *Commodity Trading Advisors*, edited by Greg N. Gregoriou, Vassilios N. Karavas, François-Serge Lhabitant, and Fabrice Rouah, (Hoboken, NJ: John Wiley & Sons, 2004), pp. 5–17.

[2] See CISDM Research Department, The Benefits of Managed Futures: 2006 Update, Center for International Securities and Derivatives Markets, May 2006. The number of CTA is about 650.

[3] See Scott H. Irwin, Terry R. Krukemyer, and Carl R. Zulauf, "Investment Performance of Public Commodity Pools: 1979–1990," *Journal of Futures Markets* 13, no. 7 (1993), pp. 799–820; and Franklin R. Edwards and Jimmy Liew, "Hedge Funds versus Managed Futures as Asset Classes," *Journal of Derivatives* 6, no. 4 (1999), pp. 45–64.

统的业绩分析是否适用于评估另类投资[4]。特别的,业绩衡量中输入参数的估计极为关键,因为一些研究表明,这些参数在不同时期和不同市场环境下是不稳定的。方和谢在不同的市场条件下分析了 CTA 的经验特征,他们指出某些 CTA 的风险收益状况与期权很相似[5]。霍伯纳和帕帕耶奥尔尤(Hübner and Papageorgiou)分析了不同市场环境下和极端事件下 CTA 的业绩,他们发现,传统的多因素和多阶矩资产定价模型并不足以描述子期间中 CTA 的收益[6]。格雷戈里奥和陈(Gregoriou and Chen)发现,由于涉及多/空头寸和衍生品,CTA 的收益是非线性的,而且他们运用数据包络分析克服了经典业绩衡量中存在的问题[7]。

本章中,我们研究国际证券与衍生品市场研究中心(CISDM)CTA 指数的月度收益,目的是分析它们在不同时期和不同市场条件下的稳定性问题。我们的目标是把关于时期稳定性和市场阶段稳定性的研究成果结合起来,并指出它们对于 CTA 业绩衡量的意义。本文的分析表明,CTA 投资的吸引力取决于时期和市场阶段。但这主要是因为传统投资的业绩衡量结果具有很大的差异,而 CTA 的收益和业绩数据则相对稳定。因此建议投资者慎重地解读经典业绩衡量指标。

输入参数的不确定性是业绩衡量中常见的问题,也是文献中经常讨论的问题。半个多世纪之前,马科维茨讨论了这个问题:投资组合选择所不可或缺的输入参数是无法观测的[8]。一些研究者试图把这种估计风险作为一种新的风险源,整合到业绩衡量中[9];另一些研究者试图改进业绩衡量中的参数估计程序[10]。

我们之所以在本章集中讨论 CTA,是因为有两个理由常被引以支持 CTA 投资和其他另类投资,而输入参数的估计问题与这两个理由密切相关。首先,分析 CTA 是否表现出吸引人的风险收益特征,因而风险调整后的业绩较高(尽管分析中存在上述估计问题)。其次,探究 CTA 收益和传统投资收益的相关性是否真的很低(考虑到参数估计问题)。

CISDM CTA 指数

在经验研究中,我们考察的是 1996 年 6 月至 2005 年 12 月期间 CISDM CTA 指数的月

---

[4] See, for example, Clifford Asness, Robert Krail, and John Liew, "Do Hedge Funds Hedge?" *Journal of Portfolio Management* 28, no. 1 (2001), pp. 6–19.

[5] See William Fung and David A. Hsieh, "Survivorship Bias and Investment Style in the Returns of CTA," *Journal of Portfolio Management* 24, no. 1 (1997), pp. 30–41.

[6] See Georges Hübner and Nicolas Papageorgiou, "The Performance of CTA in Changing Market Conditions," in Commodity Trading Advisors, edited by Greg N. Gregoriou, Vassilios N. Karavas, François-Serge Lhabitant, and Fabrice Rouah (Hoboken, NJ: John Wiley & Sons, 2004), pp. 105–128.

[7] See Greg N. Gregoriou and Yao Chen, "Evaluation of Commodity Trading Advisors Using Fixed and Variable and Benchmark Models," *Annals of Operations Research* 145, no. 1 (2006), pp. 183–200.

[8] See Harry M. Markowitz, "Portfolio Selection," *Journal of Finance* 7, no. 1 (1952), pp. 77–91.

[9] See, for example Christopher B. Barry, "Portfolio Analysis under Uncertain Means, Variances, and Covariances," *Journal of Finance* 29, no. 2 (1974), pp. 515–522.

[10] See, for example Peter A. Frost and James E. Savarino, "An Empirical Bayes Approach to Efficient Portfolio Selection," *Journal of Financial and Quantitative Analysis* 21, no. 3 (1986), pp. 293–305.

度收益。指数中包含 6 种 CTA 策略：货币型、自主判断型、分散型、金融型、权益型和系统型。此外，还包括两种加总型指数，第一种为资产加权指数，第二种为等权重指数，这两种加总型指数对向数据库报告的全体 CTA 进行分散化投资⑪。

我们把 CTA 指数分别与 5 种市场指数进行对比，它们分别衡量股票、债券、货币市场、房地产和商品的业绩。我们把摩根斯坦利资本国际（MSCI）世界指数作为股票指数，把 JP 摩根（JPM）全球政府债券指数作为债券指数。我们用 JP 摩根美元 3 个月期限的短期国债收益率指数表示货币市场走势，用全球地产研究机构普通地产份额指数（GPR General PSI Global）表示房地产资产类别的走势。商品市场则用高盛（GS）商品指数总收益指数来表示。

全体指数的业绩是用美元计算的，因此我们以美国投资者的视角建立模型，在每个月的月末计算收益。为了衡量源自价格变动部分的收益和红利部分的收益，我们考察业绩指数。市场指数的数据取自 Datastream 数据库。

CTA 收益的业绩分析

CTA 有两种常被提及的优势⑫：（1）CTA 表现出吸引人的风险收益特征，因而风险调整后的业绩较高；（2）CTA 收益与传统投资收益的相关性较低，因此在传统的投资组合中，它们成为非常有吸引力的分散化因素。

为了考察这两种说法，我们的业绩分析以四组财务比率为中心。首先，分析历史数据的月收益算术平均值，以此衡量收益。其次，考察收益的标准差，以此衡量风险。再其次，考察 4 种风险调整后的业绩衡量指标（夏普比率、欧米伽衡量、索尔蒂诺比率、卡尔玛比率）。最后，我们用布拉维·皮尔逊（Bravais Pearson）系数来衡量投资收益之间的相关性。

在业绩分析中，我们考察历史收益的均值。计算平均收益是取算术平均还是取几何平均会造成差异。算术平均假设收益被提取出来，几何平均假设收益被用于再投资。因为文献中一般是结合既有的投资组合来分析 CTA，所以对我们的研究目的来说，算术平均法可能就够用了⑬。如果 T 代表我们所考察的月份数，并且在 t（$t=1, \cdots, T$）月份，证券

---

⑪ 这些策略、指数和数据的具体细节可参见 www.cisdm.org。注意，这些指数都是不可投资的。也有可投资的指数，如标准普尔管理型期货指数。然而，由于不同的 CTA 策略的时间序列较长而且投资基础较广，所以我们选用既包含封闭式基金也包含开放式基金的 CISDM 指数。此外，必须注意到，CTA 的数据库存在不同程度的偏差，这些偏差可能影响衡量结果，使得指数收益偏高（See William Fung 和 David A. Hsieh, "Survivorship Bias and Investment Style in the Returns of CTA," *Journal of Portfolio Management* 24, no. 1 (1997), pp. 30–41; and William Fung and David A. Hsieh, "Performance Characteristics of Hedge Funds and Commodity Funds: Natural vs. Spurious Biases," *Journal of Financial and Quantitative Analysis* 35, no. 3 (2000), pp. 291–307）。

⑫ See Franklin R. Edwards and James M. Park, "Do Managed Futures Make Good Investments?" *Journal of Futures Markets* 16, no. 5 (1996), pp. 475–517; and Franklin R. Edwards and Jimmy Liew, "Hedge Funds versus Managed Futures as Asset Classes," *Journal of Derivatives* 6, no. 4 (1999), pp. 45–64.

⑬ 在投资组合选择理论中使用的是算术收益（See, for example, Roger G. Ibbotson and Peng Chen, "Long-Run Stock Returns: Participating in the Real Economy Stocks," *Financial Analysts Journal* 59, no. 1 (2003), pp. 88–98）。

i 的时间离散收益为 r_{it}，那么平均收益 r_i^d 即为

$$r_i^d = \frac{1}{T}\sum_{t=1}^{T} r_{it} \tag{27.1}$$

收益均值是表示收益分布位置的指标；标准差表示收益分布的离散程度。标准差反映了偏离均值的正离差和负离差，因此是投资总风险的衡量指标。债券 i 的标准差 σ_i 用下式估计

$$\sigma_i = \sqrt{\frac{1}{T-1}\sum_{t=1}^{T}(r_{it}-r_i^d)^2} \tag{27.2}$$

在投资业绩分析中，经常使用风险调整后的业绩衡量指标。运用这些指标，我们能把收益与某种恰当的风险衡量联系起来。最广为人知的业绩衡量指标是夏普比率，它考察的是基金投资收益的标准差与风险溢价之间的关系[14]。风险溢价是指获得的收益中超出无风险利率 r_f 的部分。夏普比率（SR_i）为

$$SR_i = \frac{r_i^d - r_f}{\sigma_i} \tag{27.3}$$

除了夏普比率，我们还要分析另外三种 CTA 研究中特别常见的风险调整后业绩衡量指标：欧米伽衡量（O_i）考察的是基金收益中超出最低可接受收益 τ 的部分与一阶下偏矩的关系；索尔蒂诺比率（SOR_i）计算的是基金收益超过 τ 的部分与二阶下偏矩的关系，卡尔玛比率（CR_i）是基金收益超出 r_f 的部分除以最大跌幅[15]

$$O_i = \frac{r_i^d - \tau}{LPM_{1i}(\tau)} + 1 \tag{27.4}$$

$$SOR_i = \frac{r_i^d - \tau}{\sqrt[2]{LPM_{2i}(\tau)}} \tag{27.5}$$

$$CR_i = \frac{r_i^d - r_f}{MD_i} \tag{27.6}$$

最后，我们需要算出各个证券之间的收益相关性。布拉维·皮尔逊相关系数给出了两种证券收益之间的线性关系。我们按（27.7）式计算债券 i 和债券 j 的布拉维·皮尔逊相关系数 $k_{i,j}$

$$k_{i,j} = \left(\sum_{t=1}^{T}(r_{it}-r_i^d)(r_{jt}-r_j^d)\right)/\sqrt{\sum_{t=1}^{T}(r_{it}-r_i^d)^2 \sum_{t=1}^{T}(r_{jt}-r_j^d)^2} \tag{27.7}$$

---

[14] See William F. Sharpe, "Mutual Fund Performance," *Journal of Business* 39, no. 1 (1966), pp. 119 – 138.

[15] 注意，在后文的计算中 τ 被设定为 r_f。关于业绩测度更多的细节，参见 Martin Eling and Frank Schuhmacher, "Does the Choice of Performance Measure Influence the Evaluation of Hedge Funds?" *Journal of Banking and Finance* 31, no. 9 (2007), pp. 2632 – 2647.

CTA 历史收益

1996—2005 年间的分析

本节，我们在整个考察期内分析上一节所提出的财务比率。这样，就可以澄清上一节开始部分提出的那两个支持 CTA 投资的经典理由。整个考察期内的结果作为基准，用于后文中对不同时期和市场条件的分析。

图表 27.1 列出了整个考察期内（1996 年 1 月至 2005 年 12 月）的收益均值、标准差、4 种风险调整后业绩测度指标，以及与不同市场指数的相关性（我们用 JP 摩根美元 3 月期指数（月均 0.30%）作为无风险利率；注意，卡尔玛比率不能用于 JP 摩根美元 3 月期指数的计算，因为该指数的所有收益都是正的）。

CTA 投资的第一个理由是，CTA 的风险收益组合很有吸引力，因而风险调整后的业绩很高。图表 27.1 中的结果支持这种观点：CTA 的业绩比传统投资好很多。例如加总型 CTA 指数的夏普比率（资产加权指数和等权重指数的夏普比率均为 0.16）超过了传统投资的夏普比率，甚至位于后者的最大值之上（即 GPR General PSI Global 指数的 0.15）。在这 8 种 CTA 指数中，有 4 种指数的业绩高于股票、债券、货币市场或房地产，自主型 CTA 指数的业绩 0.30 为最高。尽管大多数 CTA 提供相对较高的收益，这些 CTA 收益的标准差却大都介于股票和债券之间。因此从夏普比率来看，我们可以得出结论：许多 CTA 提供的风险收益组合要优于传统投资。这些结论被其余的风险调整后业绩衡量指标所证实[16]。

CTA 投资的第二个理由是 CTA 收益与传统投资收益的相关性较低。图表 27.1 的结果同样支持这一观点：大多数 CTA 与股票市场相关性较低，与债券市场、货币市场和房地产市场的相关性也不高。例如 CTA 资产加权指数与股票（MSCI 世界指数）的相关性为 -0.05，与债券（JPM 全球政府债券指数）的相关性为 0.32，与货币市场（JPM 美元三月期指数）的相关性为 0.16，与房地产市场（GPR General PSI Global 指数）的相关性为 0.09。CTA 收益与商品收益的相关性也很低。例如 CTA 资产加权指数与高盛商品指数的相关系数为 0.18。由于这些低度相关性，在此模型框架下，把 CTA 加入传统投资组合中似乎大有作为。

在整个考察期内，另类投资的两个经典理由得到了 CTA 指数分析结果的高度支持。无论是作为单项投资，还是作为传统投资组合的构成元素，CTA 似乎都是一项有吸引力的投资。那么当改变考察时期或考虑不同的市场情况时，这些结论还能够成立吗？

不同时期的分析

为了分析上述结论的时间稳定性，我们把 10 年的整个考察期间（120 个月度收益）

---

[16] 注意，所有这些数字都是基于指数，而且单个基金的计算结果可能与这些数值出入很大。

图表 27.1　整个考察期间的分析

指数	CTA 资产加权指数	CTA 等权重指数	CTA 资产加权货币指数	CTA 资产加权自主指数	CTA 资产加权分散化指数	CTA 资产加权金融指数	CTA 资产加权股票指数	CTA 资产加权系统化指数	股票—MSCI 世界	债券—JPM 全球政府债券	货币—JPM 美元三月期	房地产—GPR General PSI Global	商品—高盛商品指数
均值（%）	0.69	0.70	0.47	0.75	0.66	0.91	0.49	0.59	0.72	0.51	0.30	0.79	0.95
标准差（%）	2.41	2.57	1.74	1.51	2.90	3.31	2.32	2.44	4.18	1.82	0.09	3.36	6.17
夏普比率	0.16	0.16	0.10	0.30	0.12	0.18	0.08	0.12	0.10	0.11	0.00	0.15	0.11
欧米伽	1.52	1.49	1.30	2.30	1.38	1.63	1.27	1.37	1.29	1.35	1.00	1.44	1.30
索尔蒂诺比率	0.27	0.27	0.16	0.66	0.21	0.33	0.12	0.20	0.14	0.19	0.00	0.21	0.17
卡尔玛比率	0.05	0.05	0.02	0.10	0.03	0.04	0.01	0.04	0.01	0.03	Div/0	0.02	0.01
相关性股票	−0.05	−0.11	0.16	0.18	−0.09	−0.13	0.06	−0.04	1.00	0.01	−0.13	0.58	0.03
相关性债券	0.32	0.33	−0.01	0.15	0.30	0.35	0.11	0.31	0.01	1.00	0.01	0.10	0.13
相关性货币市场	0.16	0.19	0.05	0.13	0.19	0.09	0.04	0.14	−0.13	0.01	1.00	−0.10	−0.16
相关性房地产	0.09	0.09	0.15	0.17	0.08	0.04	0.09	0.10	0.58	0.10	−0.10	1.00	0.08
相关性商品	0.18	0.19	−0.06	0.11	0.19	0.16	−0.10	0.17	0.03	0.13	−0.16	0.08	1.00

资料来源：根据 CISDM 和 Datastream 的数据创建图表。

分为 4 个等长的子期间（即每个子期间包含 30 个月收益）。接着再测算每个子期间内所有的财务比率（均值、标准差、夏普比率、欧米伽比率、索尔蒂诺比率、卡尔玛比率及相关性）。结果如图表 27.2 所示。

图表 27.2 表明，在不同的时期全体财务比率的差异都很大。例如，CTA 资产加权分散化指数在月均 0.26%（2003 年 7 月至 2005 年 12 月）到月均 0.97%（1998 年 7 月至 2000 年 12 月）之间变化。然而我们发现，传统投资收益的变化范围要大得多。例如，MSCI 世界指数的收益在月均 0.82% 至月均 1.55% 之间变化，GPR General PSI Global 指数的收益在月均 0.23% 至月均 1.96% 之间变化。我们还注意到，在所有的时间期限内，CTA 收益全部都是正的，而传统投资有时会出现负收益。因此 CTA 似乎提供了比传统投资更稳定的收益。

各种投资收益之间的相互比较能够带来更多有意思的见解。2001 年 1 月至 2003 年 6 月间，有 3 种 CTA 指数的收益比任何传统指数都高。然而在 1996 年 1 月至 1998 年 6 月和 2003 年 7 月至 2005 年 12 月期间，没有一种 CTA 指数的收益高于传统指数。由此可见，不同投资的相对评价会随着时间而变化。

我们还发现随着时间的推移，收益的标准差发生大幅的变化。例如，CTA 资产加权股票指数的标准差在月均 2.43% 至月均 3.79% 之间变化。CTA 资产加权股票指数标准差的变化范围更大——从月均 1.01% 到月均 3.30%。因此在第一个考察期内，CTA 资产加权股票指数似乎非常安全，但在第二个考察期内风险却相当高。

最后，我们还发现 4 个子期间的风险调整后业绩衡量存在大幅波动。例如，CTA 资产加权股票指数的夏普比率为 -0.02 ~ 0.49。但传统投资再次表现出更大的波动：MSCI 世界指数的夏普比率为 -0.22 ~ 0.57，GPR General PSI Global 指数的夏普比率为 -0.04 ~ 0.71。由此可以得出结论：CTA 的业绩比传统投资更稳定。其余的风险调整后业绩衡量指标再一次证实了这些结论。例如，CTA 资产加权股票指数的欧米伽比率为 0.63 ~ 3.84，而 MSCI 的欧米伽比率为 -0.24 ~ 6.38。

夏普比率的相对评价与根据 CTA 收益所得出的结论非常相似。1998 年 6 月至 2000 年 12 月间，按照夏普比率排序，前 7 个指数中有 6 个是 CTA 指数。然而 1996 年 1 月至 1998 年 6 月间以及 2003 年 7 月至 2005 年 12 月间，没有任何一种 CTA 指数的夏普比率超过传统投资。因此再次体现出 CTA 的业绩随时间剧烈变化。根据图表 27.2 中列出的结果，我们没有发现多少证据支持 CTA 投资的第一个理由，即 CTA 总是能提供有吸引力的风险收益组合。但我们必须强调：这一结论主要是由传统投资的收益大幅变化造成的，相比之下，不管考察哪一段时期，CTA 都能提供非常稳定的正收益。对大多数投资者来说，这无疑是大有吸引力的特点。

图表 27.3 列出了 4 个子时期内 CTA 收益与股票、债券、货币市场以及房地产收益的布拉维·皮尔逊相关系数。

根据图表 27.3 中列出的结果，相关性也随时间剧烈波动。例如，CTA 资产加权分散化指数与 MSCI 世界指数的相关性在 -0.48（2001 年 1 月至 2003 年 6 月期间）至 0.65（2003 年 7 月至 2005 年 12 月期间）之间变化。在其余的 CTA 指数上也可以发现类似的变化，例如 CTA 资产加权指数（与股票的相关性为 -0.40 ~ 0.63）和 CTA 资产加权货币指数（与债券的相关性为 -0.38 ~ 0.40）。因此 CTA 投资的第二个理由（CTA 收益与传统投

· 456 · 商品投资手册

图表 27.2 时间稳定性分析：均值、标准差、夏普比率

指数	时期	CTA资产加权指数	CTA等权重指数	CTA资产加权货币指数	CTA资产加权自主指数	CTA资产加权分散化指数	CTA资产加权金融指数	CTA资产加权股票指数	CTA资产加权系统化指数	股票—MSCI世界	债券—JPM全球政府债券	货币—JPM美元三月期	房地产—GPR General PSI Global	商品—高盛商品指数
均值（%）	整个时期	0.69	0.70	0.47	0.75	0.66	0.91	0.49	0.59	0.72	0.51	0.30	0.79	0.95
	1996-01—1998-06	0.80	0.81	0.81	0.78	0.59	1.07	0.20	0.74	1.52	0.30	0.37	0.23	-0.11
	1998-07—2000-12	0.66	0.78	0.29	0.77	0.97	0.60	0.84	0.54	0.63	0.29	0.32	0.56	1.94
	2001-01—2003-06	0.81	0.81	0.48	0.75	0.82	1.08	0.68	0.63	-0.82	0.81	0.32	0.41	0.11
	2003-07—2005-12	0.48	0.39	0.32	0.70	0.26	0.86	0.68	0.46	1.55	0.62	0.18	1.96	1.86
标准差（%）	整个时期	2.41	2.57	1.74	1.51	2.90	3.31	2.32	2.44	4.18	1.82	0.09	3.36	6.17
	1996-01—1998-06	2.69	2.65	1.91	1.70	3.23	3.79	1.80	3.01	3.19	1.18	0.05	4.01	4.47
	1998-07—2000-12	2.25	2.69	1.16	1.50	3.05	3.49	3.30	2.53	4.90	2.02	0.07	3.87	7.11
	2001-01—2003-06	2.67	2.94	1.86	0.88	2.86	3.51	2.59	2.47	5.28	2.05	0.07	2.63	6.62
	2003-07—2005-12	2.07	2.03	1.94	1.87	2.52	2.43	1.01	1.67	2.42	1.92	0.02	2.51	6.19
夏普比率	整个时期	0.16	0.16	0.10	0.30	0.12	0.18	0.08	0.12	0.10	0.11	0.00	0.15	0.11
	1996-01—1998-06	0.16	0.16	0.23	0.24	0.07	0.18	-0.10	0.12	0.36	-0.06	0.00	-0.04	-0.11
	1998-07—2000-12	0.15	0.17	-0.02	0.30	0.21	0.08	-0.02	0.09	0.06	-0.01	0.00	0.06	0.23
	2001-01—2003-06	0.18	0.17	0.09	0.49	0.17	0.22	0.20	0.13	-0.22	0.24	0.00	0.03	-0.03
	2003-07—2005-12	0.14	0.11	0.07	0.28	0.03	0.28	0.49	0.17	0.57	0.23	0.00	0.71	0.27
欧米伽	整个时期	1.52	1.49	1.30	2.30	1.38	1.63	1.27	1.37	1.29	1.35	1.00	1.44	1.30
	1996-01—1998-06	1.87	1.89	2.02	2.01	1.38	2.27	0.63	1.68	3.43	0.83	1.00	0.78	0.39
	1998-07—2000-12	1.84	2.07	0.93	2.38	2.53	1.55	0.86	1.49	1.45	0.94	1.00	1.40	3.08
	2001-01—2003-06	2.09	2.01	1.41	2.57	2.05	2.51	2.26	1.71	-0.24	2.32	1.00	1.18	0.77
	2003-07—2005-12	2.00	1.68	1.43	3.17	1.22	3.40	3.84	2.06	6.38	2.72	0.00	7.86	3.90
索尔蒂诺比率	整个时期	0.27	0.27	0.16	0.66	0.21	0.33	0.12	0.20	0.14	0.19	0.00	0.21	0.17
	1996-01—1998-06	0.49	0.53	0.69	0.79	0.19	0.66	-0.21	0.36	1.14	-0.13	Div/0	-0.09	-0.27
	1998-07—2000-12	0.53	0.66	-0.05	1.01	0.93	0.29	-0.06	0.29	0.18	-0.04	Div/0	0.18	0.83
	2001-01—2003-06	0.56	0.52	0.25	1.30	0.52	0.71	0.65	0.38	-0.52	0.85	Div/0	0.09	-0.09
	2003-07—2005-12	0.48	0.33	0.21	1.26	0.10	1.05	2.02	0.54	2.51	0.76	Div/0	2.33	0.92
卡尔玛比率	整个时期	0.05	0.05	0.02	0.10	0.03	0.04	0.01	0.04	0.01	0.03	Div/0	0.02	0.01
	1996-01—1998-06	0.09	0.11	0.12	0.14	0.04	0.12	-0.03	0.07	0.17	-0.01	Div/0	-0.01	-0.02
	1998-07—2000-12	0.06	0.08	-0.01	0.10	0.12	0.02	0.00	0.03	0.02	0.00	Div/0	0.02	0.07
	2001-01—2003-06	0.08	0.07	0.02	0.39	0.08	0.07	0.05	0.05	-0.03	0.09	Div/0	0.01	-0.01
	2003-07—2005-12	0.04	0.02	0.02	0.14	0.01	0.11	0.33	0.05	0.37	0.10	Div/0	0.26	0.12

资料来源：根据 CISDM 和 Datastream 的数据创建图表。

图表 27.3　时间稳定性分析：相关性

指数	时期	CTA资产加权指数	CTA等权指数	CTA资产加权货币指数	CTA资产加权自主指数	CTA资产加权分散化指数	CTA资产加权金融指数	CTA资产加权股票指数	CTA资产加权系统化指数	股票—MSCI世界	债券—JPM全球政府债券	货币—JPM美元三月期	房地产—GPR General PSI Global	商品—高盛商品指数
相关性股票	整个时期	-0.05	-0.11	0.16	0.18	-0.09	-0.13	0.06	-0.04	1.00	0.01	-0.13	0.58	0.03
	1996-01—1998-06	0.38	0.41	0.03	0.26	0.41	0.32	0.46	0.41	1.00	0.09	0.07	0.76	0.01
	1998-07—2000-12	-0.25	-0.32	-0.12	0.26	-0.31	-0.37	0.16	-0.35	1.00	0.13	0.01	0.53	0.07
	2001-01—2003-06	-0.40	-0.45	0.33	-0.29	-0.48	-0.39	-0.25	-0.28	1.00	-0.18	-0.38	0.64	0.01
	2003-07—2005-12	0.63	0.62	0.43	0.58	0.65	0.42	0.46	0.54	1.00	0.27	0.08	0.54	-0.05
相关性债券	整个时期	0.32	0.33	-0.01	0.15	0.30	0.35	0.11	0.31	0.01	1.00	0.01	0.10	0.13
	1996-01—1998-06	-0.08	-0.12	-0.38	-0.12	-0.04	-0.03	0.07	-0.10	0.09	1.00	-0.20	-0.04	0.10
	1998-07—2000-12	0.37	0.34	-0.08	0.07	0.36	0.45	0.18	0.37	0.13	1.00	0.33	0.08	0.16
	2001-01—2003-06	0.46	0.51	-0.14	0.36	0.44	0.53	0.04	0.46	-0.18	1.00	-0.10	-0.03	0.37
	2003-07—2005-12	0.44	0.48	0.41	0.33	0.39	0.34	0.05	0.54	0.27	1.00	0.56	0.44	-0.15
相关性货币市场	整个时期	0.16	0.19	0.05	0.13	0.19	0.09	0.04	0.14	-0.13	0.01	1.00	-0.01	-0.16
	1996-01—1998-06	0.24	0.21	0.28	0.19	0.25	0.17	-0.19	0.25	0.07	-0.20	1.00	0.22	0.05
	1998-07—2000-12	0.34	0.31	0.20	0.25	0.29	0.22	0.18	0.27	0.01	0.33	1.00	0.23	-0.10
	2001-01—2003-06	0.09	0.16	-0.40	0.29	0.20	0.05	0.26	0.03	-0.38	-0.10	1.00	-0.30	-0.30
	2003-07—2005-12	0.04	0.16	-0.05	0.10	0.04	0.01	-0.06	0.06	0.08	0.56	1.00	0.35	0.01
相关性房地产	整个时期	0.09	0.09	0.15	0.17	0.08	0.04	0.09	0.10	0.58	0.10	-0.10	1.00	0.08
	1996-01—1998-06	0.34	0.37	0.02	0.22	0.41	0.27	0.21	0.35	0.76	-0.04	0.22	1.00	0.14
	1998-07—2000-12	-0.04	-0.03	0.14	0.08	-0.14	-0.06	0.05	-0.08	0.53	0.08	0.23	1.00	0.11
	2001-01—2003-06	-0.32	-0.31	0.38	-0.17	-0.37	-0.39	-0.11	-0.19	0.64	-0.03	-0.30	1.00	0.18
	2003-07—2005-12	0.45	0.45	0.26	0.44	0.43	0.39	0.43	0.34	0.54	0.44	-0.35	1.00	-0.24
相关性商品	整个时期	0.18	0.19	-0.06	0.11	0.19	0.16	-0.10	0.17	0.03	0.13	-0.16	0.08	1.00
	1996-01—1998-06	0.10	0.10	-0.10	0.16	0.10	0.15	0.09	0.08	0.01	0.10	0.05	0.14	1.00
	1998-07—2000-12	0.19	0.16	0.08	0.15	0.12	0.22	-0.13	0.16	0.07	0.16	-0.10	0.11	1.00
	2001-01—2003-06	0.39	0.35	0.14	0.23	0.37	0.37	-0.17	0.44	0.01	0.37	-0.30	0.18	1.00
	2003-07—2005-12	0.04	0.12	-0.29	0.01	0.18	-0.13	-0.05	0.00	-0.05	-0.15	0.01	-0.24	1.00

资料来源：根据 CISDM 和 Datastream 的数据创建图表。

资收益的相关性较低）似乎也有待评判，因为随着时间的推移，输入参数不太稳定。

不同市场环境的分析

现在，我们分析不同的市场环境及其对财务比率的影响，先把全部120个月的收益根据大小分为四组。市场环境"– –"包含传统市场指数的30个最低收益，因此代表很差的市场环境；市场环境"–"包含接下来的30个收益，代表差的市场环境。同样，"+"和"++"分别代表好的和很好的市场环境[17]。图表27.4显示了针对MSCI世界指数的市场环境分析[18]。

比较4种市场环境发现，不管市场环境如何，大多数CTA策略都能获得正收益。例如，无论是在很差（– –）还是很好（++）的市场环境中，CTA资产加权指数的收益都相对较高。此外，该指数的最高收益出现在好的（+）市场环境中，最低收益出现在差的（–）市场环境中。图表27.5列出了CTA资产加权指数的收益，以及CTA资产加权货币指数、CTA资产加权自主指数和MSCI世界指数的收益。

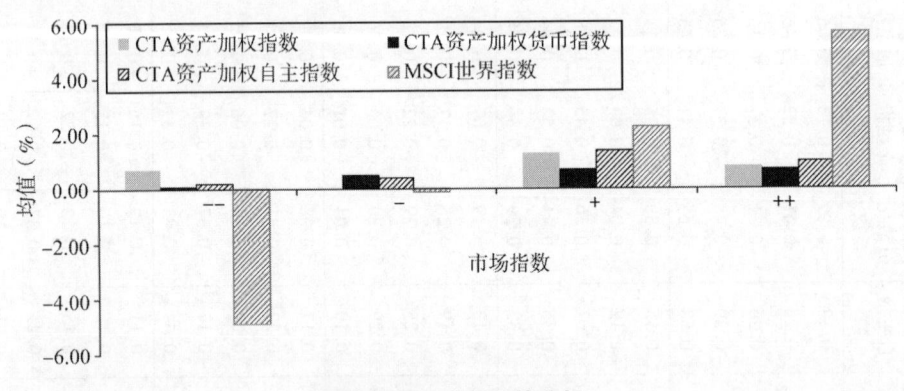

图表27.5　市场环境分析

资料来源：根据CISDM和Datastream的数据创建图表。

CTA资产加权货币指数和CTA资产加权自主指数的收益状况与MSCI世界指数存在很大差异。二者的收益都在不利的市场环境中接近于0，在有利的市场环境中为正。在其他CTA指数上也可以得到类似的结论。文献中经常把这类指数的收益状况与期权的收益进行比较，因为它与MSCI世界指数的看涨期权相类似[19]。投资者们应该注意这样的事实：通过把管理型期货加入投资组合中，他们可以构造一个类似于期权的风险收益状况。

此外，图表27.4还表明经典业绩测度的结果是不稳定的。例如CTA资产加权股票指数收益的标准差在月均1.47%~3.40%之间变动。该指数还是在第一种市场条件下显示很

---

[17] See Magnus Könberg and Martin Lindberg, "Hedge Funds: A Review of Historical Performance," *Journal of Alternative Investments* 4, no.1 (2001), pp. 21–31.

[18] 注意，我们不能在不同的市场环境下分析卡尔玛比率，因为这一比率的计算要求在特定的投资期内进行时间序列分析。

[19] See Fung and Hsieh, "Survivorship Bias and Investment Style in the Returns of CTA."

第27章 商品交易顾问基金：历史业绩回顾

图表27.4 市场环境分析：均值、标准差、夏普比率

指数	时期	CTA资产加权指数	CTA等权重指数	CTA资产加权货币指数	CTA资产加权自主指数	CTA资产加权分散化指数	CTA资产加权金融指数	CTA资产加权股票指数	CTA资产加权系统化指数	股票—MSCI世界	债券—JPM全球政府债券	货币—JPM美元三月期	房地产—GPR General PSI Global	商品—高盛商品指数
均值（%）	整个时期	0.69	0.70	0.47	0.75	0.66	0.91	0.49	0.59	0.72	0.51	0.30	0.79	0.95
	− −	0.71	0.94	0.07	0.19	0.73	1.38	0.16	0.52	−4.88	0.33	0.31	−1.49	0.29
	−	0.01	−0.08	0.45	0.42	−0.28	−0.02	0.24	0.13	−0.09	0.64	0.29	−0.34	0.85
	+	1.25	1.30	0.72	1.39	1.42	1.45	0.74	1.13	2.20	0.31	0.30	1.83	1.97
	++	0.77	0.63	0.66	1.00	0.78	0.82	0.82	0.60	5.64	0.74	0.29	3.16	0.69
标准差（%）	整个时期	2.41	2.57	1.74	1.51	2.90	3.31	2.32	2.44	4.18	1.82	0.09	3.36	6.17
	− −	2.58	2.92	1.56	1.19	3.38	3.49	3.40	2.59	2.84	2.34	0.08	3.86	6.53
	−	2.10	2.25	1.92	1.09	2.61	2.74	1.90	2.32	0.90	1.63	0.08	2.56	5.79
	+	2.18	2.32	1.59	1.50	2.62	3.09	1.47	2.39	0.61	1.65	0.12	2.23	5.72
	++	2.68	2.66	1.86	1.90	2.81	3.78	2.11	2.48	1.47	1.60	0.08	2.48	6.77
夏普比率	整个时期	0.16	0.16	0.10	0.30	0.12	0.18	0.08	0.12	0.10	0.11	0.00	0.15	0.11
	− −	0.16	0.22	−0.15	−0.10	0.12	0.31	−0.05	0.08	−1.83	0.01	0.00	−0.47	0.00
	−	−0.14	−0.16	0.08	0.12	−0.22	−0.11	−0.03	−0.07	−0.43	0.22	0.00	−0.25	0.10
	+	0.44	0.43	0.27	0.72	0.43	0.37	0.30	0.35	3.15	0.01	0.00	0.69	0.29
	++	0.18	0.13	0.20	0.37	0.17	0.14	0.25	0.12	3.63	0.28	0.00	1.16	0.06
欧米伽	整个时期	1.52	1.19	1.30	2.30	1.38	1.63	1.27	1.37	1.29	1.35	1.00	1.44	1.30
	− −	1.92	2.37	0.42	0.67	1.82	3.35	0.72	1.45	−2.39	1.05	1.00	−1.13	0.98
	−	0.36	0.22	1.40	1.43	−0.07	0.36	0.87	0.63	−0.05	2.09	1.00	−0.11	1.79
	+	3.86	3.97	2.28	5.19	4.20	3.99	2.43	3.41	9.62	1.03	1.00	5.79	3.89
	++	2.10	1.77	2.00	3.30	2.10	2.01	2.50	1.69	25.35	2.39	1.00	11.70	1.46
索尔蒂诺比率	整个时期	0.27	0.27	0.16	0.66	0.21	0.33	0.12	0.20	0.14	0.19	0.00	0.21	0.17
	− −	0.52	0.82	−0.34	−0.22	0.44	1.22	−0.12	0.25	−1.75	0.03	0.00	−0.89	−0.01
	−	−0.34	−0.42	0.25	0.33	−0.50	−0.32	−0.06	−0.19	−0.75	0.70	0.00	−0.56	0.29
	+	1.81	1.92	0.77	3.26	1.88	1.61	0.82	1.49	7.47	0.02	0.00	2.59	1.11
	++	0.57	0.38	0.64	1.67	0.54	0.45	0.80	0.37	21.08	1.04	0.00	7.17	0.19

资料来源：根据 CISDM 和 Datastream 的数据创建图表。

图表 27.6　市场环境分析：相关性

指数	时期	CTA资产加权指数	CTA等权重指数	CTA资产加权货币指数	CTA资产加权自主指数	CTA资产加权分散化指数	CTA资产加权金融指数	CTA资产加权股票指数	CTA资产加权系统化指数	股票—MSCI世界	债券—JPM全球政府债券	货币—JPM美元三月期	房地产—GPR General PSI Global	商品—高盛商品指数
相关性股票	整个时期	-0.05	-0.11	0.16	0.18	-0.09	-0.13	0.06	-0.04	1.00	0.01	-0.13	0.58	0.03
	- -	-0.40	-0.48	0.29	-0.32	-0.56	-0.40	-0.18	-0.35	1.00	-0.29	-0.42	0.42	0.09
	-	0.21	0.21	0.14	0.38	0.15	0.18	0.00	0.20	1.00	0.06	-0.07	0.39	-0.13
	+	-0.25	-0.14	-0.19	-0.10	-0.20	-0.30	0.30	-0.21	1.00	-0.07	-0.03	-0.14	0.24
	++	-0.27	-0.28	-0.04	-0.13	-0.25	-0.29	-0.15	-0.29	1.00	0.20	0.10	0.02	-0.26
相关性债券	整个时期	0.32	0.33	-0.01	0.15	0.30	0.35	0.11	0.31	0.01	1.00	0.01	0.10	0.13
	- -	0.49	0.44	-0.08	0.41	0.45	0.54	0.28	0.42	-0.29	1.00	0.29	-0.05	0.28
	-	0.02	0.02	-0.10	0.16	0.01	0.10	0.03	0.10	0.06	1.00	-0.34	0.15	-0.04
	+	0.40	0.45	0.02	0.05	0.38	0.50	-0.35	0.37	-0.07	1.00	0.05	0.16	0.22
	++	0.34	0.44	0.13	0.07	0.36	0.25	0.13	0.35	0.20	1.00	-0.03	0.29	0.01
相关性货币市场	整个时期	0.16	0.19	0.05	0.13	0.19	0.09	0.04	0.14	-0.13	0.01	1.00	-0.10	-0.16
	- -	0.25	0.25	-0.19	0.50	0.31	0.15	0.24	0.10	-0.42	0.29	1.00	-0.08	-0.10
	-	0.18	0.19	0.28	0.22	0.15	0.07	-0.08	0.03	-0.07	-0.34	1.00	-0.11	-0.28
	+	0.37	0.39	0.36	0.39	0.40	0.19	-0.14	0.45	-0.03	0.05	1.00	-0.13	-0.23
	++	-0.18	-0.16	-0.36	-0.38	-0.22	-0.09	0.03	-0.16	-0.10	-0.03	1.00	-0.01	-0.03
相关性房地产	整个时期	0.09	0.09	0.15	0.17	0.08	0.04	0.09	0.10	0.58	0.10	-0.10	1.00	0.08
	- -	-0.07	-0.14	0.28	0.09	-0.14	-0.19	-0.17	-0.02	0.42	-0.05	-0.08	1.00	-0.01
	-	0.10	0.18	-0.05	0.18	0.11	0.18	0.28	0.11	0.39	0.15	-0.11	1.00	-0.10
	+	0.15	0.19	0.11	-0.18	0.07	0.29	-0.20	0.09	-0.14	0.16	-0.13	1.00	0.29
	++	0.15	0.28	-0.01	0.05	0.24	0.10	0.43	0.19	0.02	0.29	-0.01	1.00	0.15
相关性商品	整个时期	0.18	0.19	-0.06	0.11	0.19	0.16	-0.10	0.17	0.03	0.13	-0.16	0.08	1.00
	- -	0.26	0.22	0.18	0.19	0.16	0.20	-0.06	0.26	0.09	0.28	-0.10	-0.01	1.00
	-	-0.02	-0.05	-0.42	-0.24	0.05	-0.01	-0.12	0.03	-0.13	-0.04	-0.28	-0.10	1.00
	+	0.02	0.17	-0.18	0.01	0.17	-0.05	-0.31	-0.04	0.24	0.22	-0.23	0.29	1.00
	++	0.34	0.33	0.11	0.24	0.31	0.39	-0.07	0.35	-0.26	0.01	-0.03	0.15	1.00

资料来源：根据 CISDM 和 Datastream 的数据创建图表。

安全，而在第二种市场条件下风险很高。CTA资产加权自主指数的夏普比率为-0.10~0.72。CTA的夏普比率仅在4种市场环境中的一种环境下（即很差的市场环境"—"）高于传统投资。因此，CTA投资的第一个理由（CTA的风险收益组合有吸引力，业绩高）并不是在所有的市场环境中都成立。但CTA的业绩还是比传统投资更稳定。

经验证据表明，市场环境很差时，对冲基金的收益与传统投资收益的相关性会相对较高[20]。那些在下跌的股票市场中寻求稳定投资组合收益的投资者，可能会对这一特征感到郁闷。这一结论对CTA也成立吗？图表27.6列出了不同市场环境下，CTA收益与股票、债券、货币市场、房地产以及商品的布拉维·皮尔逊相关系数。

我们不能证实上述结论也适用于CTA，因为相关性在市场环境差时一般并不比市场环境好时高。例如在很好的市场环境中，CTA资产加权指数与股票的相关性为-0.27，而在很差的市场环境中为-0.40。与其他传统指数的相关性也得到类似的结论，例如如果市场环境很好，CTA资产加权指数与商品的相关性为0.34；如果市场环境很差，相关性则为0.26。

因此，CTA在所有市场环境下都是优良的投资组合分散因子。而且CTA似乎是比对冲基金更优良的投资组合分散因子，因为文献研究表明，对冲基金在市场环境差时显现出缺乏吸引力的高相关性，而CTA则并非如此[21]。

结 论

我们经常使用经典的业绩衡量指标（如夏普比率），或者经典的马科维茨投资组合选择模型来分析CTA。由于它们特殊的风险收益状况以及与传统投资的低度相关性，在这种框架下，CTA是非常有吸引力的投资。在对1996—2005年间国际证券与衍生品市场研究中心（CISDM）CTA指数分析的基础上，我们证实了这一结论。

然而我们也发现，CTA投资的吸引力会随所考察时期和市场环境的不同而变化。在某些时期，几乎所有CTA指数的业绩都优于传统市场指数；但在另一些时期，几乎没有任何CTA指数的业绩能超过传统投资。但我们必须强调的是，业绩衡量结果变化最大的是传统投资，而不是CTA。与传统投资相比，CTA能够提供相当稳定的正收益，无论考察的是哪一段时期。另外，我们发现CTA与对冲基金的不同之处在于：在市场环境差时，对冲基金收益与传统投资的相关性特别高，而CTA则不然。因此CTA可能是比对冲基金更优良的投资组合分散因子。

经典业绩分析所依据的输入参数，在不同时期和不同市场环境下并不稳定。对于运用经典业绩衡量指标来评价CTA，这一事实会造成很大影响，因为取决于所考察的时期和市场环境，CTA既可能显得很有吸引力，又可能毫无吸引力。因此建议：投资者慎重地解读经典业绩衡量指标。

---

[20][21] See, for example, Könberg and Lindberg, "Hedge Funds: A Review of Historical Performance."

第28章
把握微型商品交易顾问基金中的未来之星*

格雷格·N·格雷戈里奥（Greg N. Gregorious）博士
金融学教授
纽约州立大学（普拉茨堡校区）

法布里斯·道格拉斯·罗哈（Fabrice Douglas Rouah）博士
副总裁
道富集团

说到投资于**商品交易顾问基金**（CTA），机构投资者往往青睐那些管理较多资产的基金，这是因为微型 CTA 的死亡率较高，而且其收益的波动率通常也比较高。但是，一些微型 CTA 具有演化为未来之星的潜力，提交了卓越的业绩并且生存的时间很长。识别出这些潜力之星的愿望与避免基金过早夭折的要求，二者之间必须达到平衡。虽然某些微型 CTA 会成为未来之星，但它们是从一群死亡风险极高的基金中成长起来的。这种死亡的高风险也不一定殃及所有的微型 CTA。本章考察微型 CTA 演化为未来之星的潜力。

CTA 及其资产

当投资者决定选择 CTA 并添加至投资组合时，通常他们的第一想法是根据业绩和规模进行选择。小型基金常常被排除掉，因为他们担心这些 CTA 不大可能在长期内蓬勃发展。特别的，如果小型基金没有达到平均的业绩水准，投资者会将其视为潜在的失败投资。此外小型基金往往比大型基金具有更高的波动率，这也限制住了不少潜在的投资者。

---

* 本章中所表达的观点是作者的观点，而不一定是道富集团的观点。

另外，小型 CTA 渴望打造出好的声誉，相比于大型 CTA 更为激进，它们的投资策略更为主动、更加灵活，风险厌恶程度更低，并且较小的规模使其能够更有效地执行交易。因此它们的高收益潜质使其成为有吸引力的投资。不过有些 CTA 在成立时就拥有庞大的规模。这些基金通常由知名人士组建，这些人交易过很多年的管理型期货，并最终决定另立门户。由于声望卓著，这些人能够吸引大量的资本（一般来自原有客户），并且推出初始资本规模庞大的基金。

小型 CTA 通常可以募集足够的资金以达到临界规模，临界规模是指当管理费足够支付运营成本时的资产规模，这对于业绩较差的年景，没有业绩提成费用可赚时尤为重要（译者注：通常基金收取固定的管理费用，如 2%；附加超额业绩提成费用，如 20%；但是年景较差的时候，没有提成。那么管理费用就要能够保证基金的运行成本）①。没有达到临界规模的小型 CTA，其业绩一般比不过大型 CTA，因为较高的开支比例侵蚀了投资的收益。在将资产配置于 CTA 之前，机构投资者、养老基金以及捐赠基金通常要求该 CTA 具有 3~5 年的业绩记录。与小型基金相比，它们更青睐大型基金，因为大型基金往往具有更长的业绩记录以及更广泛的客户群。CTA 如果不能吸引足够的资本以抵补运营开支，很快就会面临灭顶之灾。本章的结论表明这种情况是可能发生的。尽管如此，一些非常小型的 CTA 时常能取得良好的业绩，并且维持长期的运营。在 CTA 因投资规模限制而拒绝接收新增投资之前，投资者投资小型 CTA，并寄希望于该 CTA 成长为未来之星。CTA 在发起基金时，通常会规定目标的资产规模。一旦达到该资产规模限制，它们就会拒绝新的资金注入，因为如果它们变得过于庞大，就不能像小型基金那样自如地调整头寸。对于在流动性不足的市场中运作的 CTA 而言，尤其是这样。

根据巴克莱交易集团的数据库（www.barclaygrp.com），微型 CTA（那些我们定义为在头两年运营期间管理 1 千万美元以下资金的 CTA）的数量从 20 世纪 90 年代中期开始，就以指数速度增长。一些微型 CTA 在达到临界规模后继续积攒势头吸引资本，但研究发现，资产低于 1 千万美元的 CTA 有 70% 以上会死亡。因此希望投资于运营初期 CTA 的投资者，面临着两难选择。一方面，他们想要选择出未来之星；但另一方面，他们是在一群淘汰率极高的 CTA 中做选择。高淘汰率②意味着在给定的时期内，CTA 群体中的许多基金在时期结束前就破产了。由于基金通常以收益欠佳而告终，所以持有由高淘汰率基金构成的组合会侵蚀投资业绩。

在本章中，我们说明生存分析能作为筛选 CTA 的有效工具，并有助于权衡选取未来绩优基金与承担高风险之间的关系，因为这些未来之星终究是出自高风险的 CTA 群体。

CTA 的死亡率和生存偏差

许多研究表明 CTA 的死亡率通常是很高的。布朗、戈茨曼和帕克（Brown, Goetz-

---

① 存活的和死亡的微型、大型 CTA 的管理费与奖励费中位数分别为 2% 和 20%。
② 淘汰率是一个比例，通常每年计算一次。举例来说，在年初时如果投资组合由 100 只基金组成，在年末之前有 5 只基金死亡了，那么年淘汰率为 5%。

mann and Park）估计 CTA 生存时间的中位数为 24 个月，并且发现年淘汰率为 20%，初创基金的淘汰率则更高③。迪兹（Diz）观测到其样本中近半数 CTA 在 1989—1995 年期间死亡了④。斯帕金（Spurgin）发现，1994—1995 年间的年淘汰率为 22%，其中绝大多数是小型 CTA⑤。方和谢（Fung and Hsieh）的研究结果与之相当，他们发现，1989—1995 年期间的年均淘汰率为 19.0%，1995 年高达 25%，而 1989—1994 年期间的整体死亡率为 52%⑥。格雷戈里奥、霍伯纳、帕帕耶奥尔尤和罗哈（Gregoriou, Hübner, Papageoriou and Rouah）⑦ 运用巴克莱数据库，估计出 1990—2000 年间 CTA 生存时间的中位数为 4.42 年。他们发现，平均来看，业绩良好且保证金占资本金比率较低的大型 CTA 会存活得更久，这反映出当流动性约束对交易策略不造成影响时，CTA 业绩卓越。

其他研究表明，存活 CTA 的业绩通常比死亡的 CTA 的业绩要高很多。这意味着 CTA 数据库中的生存偏差⑧可能是个问题。方和谢（Fung and Hsieh）发现，1989—1995 年期间，死亡的和存活的 CTA 平均月收益分别为 0.81% 和 1.61%，与比林斯利和钱斯（Billingsley and Chance）的结论大体相当⑨。迪兹⑩认为，存活的和死亡的 CTA 年均业绩大约相差 9%；而方和谢⑪则认为，这一差额在 3.5% 左右；迪兹⑫估计随机选取的投资组合的生存偏差大约为每年 4.5%。

在本章中，我们采用一种略微不同的方法，而且专门考察微型 CTA 的业绩与生存周期，考察的期限也比前人研究加长了不少。我们证明一些微型 CTA 能够增大规模，并且其未来收益也在绝大多数 CTA 之上，因此未来之星更有可能出自微型 CTA，而不是大型 CTA。我们也说明，微型 CTA 的预期寿命依赖于代表业绩、规模、费率以及类型的诸多预测变量，而且未来之星远比其他微型 CTA 生存得久。

数据与方法

数据集合中包含 546 家存活的 CTA 和 965 家停止运作的 CTA，它们都向巴克莱集团

---

③ Stephen J. Brown, William N. Goetzmann, and James T. Park, "Careers and Survival: Competition and Risk in the Hedge Fund and CTA Industry," *Journal of Finance* (October2001), pp. 1869–1886.

④ Fernando Diz, "Is Performance Related to Survival?" Working Paper, The Barclay Group, 1996.

⑤ Richard Spurgin, "A Study of Survival: Commodity Trading Advisors, 1988–1996," *Journal of Alternative Investments* (Winter1999), pp. 16–22.

⑥ William Fung and David A. Hsieh, "Survivorship Bias and Investment Style in the Returns of CTA," *Journal of Portfolio Management* (Fall1997), pp. 30–42.

⑦ Greg N. Gregoriou, Georges Huübner, Nicolas Papageorgiou, and Fabrice Rouah, "Survival of Commodity Trading Advisors: 1990–2003," *Journal of Futures Markets* 25, no. 8 (2005), pp. 795–816.

⑧ 当只采用存活的基金而忽略死亡的基金来计算历史收益时，就会引入生存偏差。由于死亡基金往往具有较差的收益，忽略生存偏差会造成历史业绩的高估。

⑨ Randall Billingsley and Donald M. Chance, "Benefits and Limitations of Diversification among Commodity Trading Advisors," *Journal of Portfolio Management* (Fall1996), pp. 65–80.

⑩ Diz, "Is Performance Related to Survival?"

⑪ Fung and Hsieh, "Survivorship Bias and Investment Style in the Returns of CTA."

⑫ Diz, "Is Performance Related to Survival?"

数据库汇报扣除管理费和业绩费的月收益，时间框架为1988—2005年间共216个月。在这些CTA中，有344家存活的CTA和829家死亡的CTA在其存续期头两年内管理1千万美元以下的资产，它们都被划分为微型CTA。图表28.1给出了我们样本中微型CTA的统计量，分类依据的是生存状态（存活的或死亡的）与存续期头两年内所管理资产均值的增幅。在巴克莱数据库中，所有CTA都看作是存活的，直到它们连续3个月停止汇报月度净收益为止，此时它们将被认定为死亡并且转移到死亡组中。不过，它们可能在随后的任何时间重新进入数据库，在该时刻它们的收益就会被往回填充（译者注：即向过往追溯）。

图表28.1　存活CTA与死亡CTA的统计量（按规模分类）

按规模分类（百万美元）	存活CTA			死亡CTA		
	数量	收益均值	标准差[a]	数量	收益均值	标准差[a]
0~0.5	73（20%）	2.28	11.07	294（80%）	1.77	12.23
0.5~1	40（24%）	1.91	7.83	126（76%）	1.75	10.21
1~2	62（32%）	1.77	7.13	133（68%）	1.79	9.17
2~3	38（34%）	1.84	7.39	75（66%）	1.44	7.67
3~4	34（39%）	1.48	5.52	53（61%）	1.84	7.41
4~5	24（36%）	1.39	5.70	42（64%）	1.52	7.64
5~10	73（41%）	1.55	6.80	106（59%）	1.63	7.28
总计0~10	344（29%）	1.82	8.09	829（71%）	1.72	10.13
>10	202（60%）	1.11	5.25	136（40%）	1.17	7.19
全部CTA	546（36%）	1.16	6.46	965（64%）	1.07	8.84

注：a 月均标准差。

我们在本章中所使用的CTA分类方法列在图表28.2中。自主判断型和系统型分类方法针对的是交易风格，本章不予考察，而其他分类方法则通常针对的是期权和期货的投资组合。

图表28.2　CTA分类的定义

分　类	定　义
农产品	专门交易农产品和肉类市场的交易商
货币	专门交易货币的交易商
分散型	所交易的分散化组合中包含绝大多数主要行业的交易商
能源	专门交易能源市场的交易商
金融类/金属	至少交易以下两类产品的交易商：能源、利率、股指、贵金属
利率	交易期货合约的交易商，其标的资产为债券类形式

我们用卡普兰-迈耶（Kaplan-Meier）估计量（KM）来估计生存函数，它被定义为 $S(t)=\Pr(T>t)$，即CTA在时间t之后仍然生存的概率。利用KM估计量$\hat{S}(t)$，我们得到生存时间中位数和生存时间均值，前者被定义为半数基金死亡时的年龄，后者由

$\hat{S}(t)$ 对所有 t 值取积分而得到。我们用精算估计量来估计危险函数，并画出危险图。最后，我们用加速失效时间（AFT）生存模型来考察微型 CTA 生存时间对预测变量的依赖性。该模型假设生存时间 T 具有对数线性形式

$$\log(T) = \alpha + \beta^T X + \sigma\varepsilon$$

其中 α 为截距项，X 和 β 分别为预测变量的向量和系数，ε 为随机扰动项。因为我们发现广义伽马分布对微型 CTA 生存时间的拟合效果，要优于我们所尝试的其他分布，例如威布尔分布，因此对 T 选用该分布[13]。

经验分析结果

规模、生存以及收益

如图表 28.1 所示，生存时间与规模之间存在正向关系。特别的，在存续期前两年内资产低于 50 万美元的 CTA 中，在观测期结束前，有 80% 死亡了；但是在资产超过 1000 万美元的基金中，只有 40% 死亡。全体微型 CTA（0~1000 万美元）的死亡率都很高，70% 以上会死亡。然而图表 28.1 显示微型 CTA 的业绩可能会非常好。事实上，在其存续期的前两年内，存活的最小型 CTA 上交了最大的月均收益率 2.28%。但由于月标准差为 11.07%，这些 CTA 是极具波动性的。尽管如此，图表 28.1 显示即使在以死亡告终的基金中，小型 CTA 一般也能产生较好的业绩。对于死亡的微型 CTA，其业绩（1.72%）甚至比资产超过 1 千万美元的存活 CTA 业绩（1.11%）还要高。这些结果给出了第一个证据：虽然它们的死亡率较高，但在最终存活下来的微型 CTA 中存在很好的投资机会。

图表 28.3 列出了微型 CTA 预期能生存多久的估计值。它给出了对生存时间中位数的估计，以及生存时间均值及其标准差的 95% 置信区间。与图表 28.1 类似，它表明随着规模增大，CTA 的寿命也在增加。最小一组 CTA 的生存时间中位数仅为 3.7 年，但对于 500 万~1000 万美元的这一类 CTA 而言，生存时间中位数为 5.2 年，至于大型 CTA（平均资产超过 1000 万美元），生存时间中位数几乎翻倍至 6.8 年。图表 28.1 已说明微型 CTA 虽然具有较好的收益，但死亡率较高。图表 28.3 进一步表明微型 CTA 虽然试图避免死亡，但也只能存活短短的 4.3 年左右。全体 CTA 的生存时间中位数为 4.7 年，与格雷戈里奥等人得出的 4.42 年相近[14]。

为了更进一步研究微型 CTA 的死亡风险，我们在图表 28.4 中画出了由 $S(t)$ 精算估计量得出的危险函数，其中包括存续期头两年内资产为 0~500 万美元的 CTA（实线）、500 万~1000 万美元的 CTA（虚线）、超过 1000 万美元的 CTA（点虚线）。三类 CTA 的危

---

[13] Jack D. Kalbfleisch and Ross L. Prentice, *The Statistical Analysis of Failure Time Data* (New York: John Wiley & Sons, 2002).

[14] Gregoriou, Hübner, Papageorgiou, and Rouah, "Survival of Commodity Trading Advisors: 1990–2003."

图表 28.3　　CTA 的生存时间，根据规模分类

按规模分类 （百万美元）	生存时间中位数 （年）	95% 置信区间 （年）	生存时间均值 （年）	标准误 （年）
0~0.5	3.7	(3.3, 4.2)	4.7	0.2
0.5~1	3.9	(3.4, 4.4)	5.1	0.3
1~2	4.7	(4.1, 5.1)	5.5	0.2
2~3	4.9	(4.3, 5.8)	6.3	0.5
3~4	4.4	(3.4, 5.5)	6.2	0.5
4~5	5.5	(3.9, 6.8)	6.3	0.5
5~10	5.2	(4.6, 6.2)	6.6	0.4
总计 0~10	4.3	(4.0, 4.6)	5.6	0.1
>10	6.8	(6.2, 7.9)	8.4	0.3
总计 CTA	4.7	(4.4, 4.9)	6.1	0.1

险率大体上是成比例的，它随着规模的增大而减小，这反映了图表 28.1 和图表 28.3 的结论，即小型基金比大型基金更具死亡风险。我们注意到在这三类 CTA 中，危险率都不是恒定不变的。它起初较小，在存续期的第一年中大幅攀升，然后大约在第 4 年或第 5 年中达到峰值，此后便一直下降。这表明，如果 CTA 不能产生较好的收益，而且不能吸引足够的资本以抵补运营开支，那么在最初的几年中它们就要竭力打拼。但是如果它们能够熬过初创期，而且确立了地位，那么它们的长期前景则愈发看好。

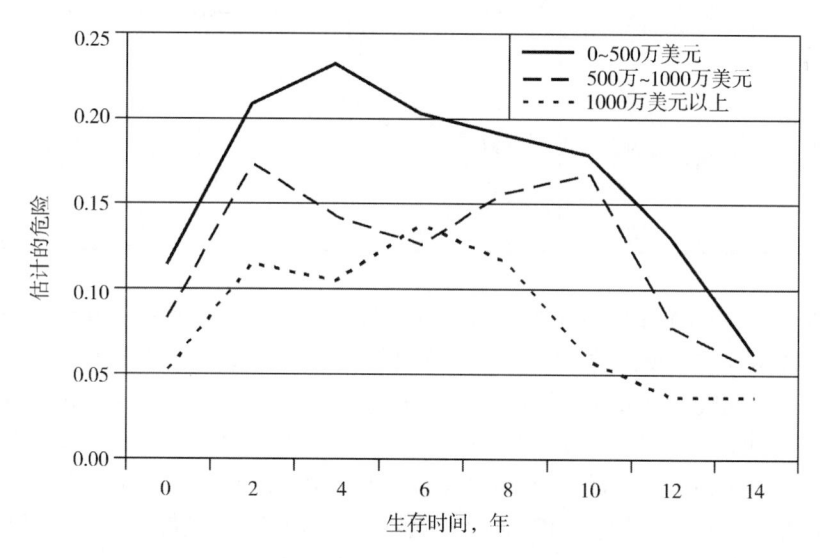

图表 28.4　估计的危险函数

识别出未来之星

鉴于上述结果，投资者可能愿意承受微型 CTA 所遭遇的高死亡率与短存活期，寄希望于某些初创阶段的 CTA 能够演化为未来之星。为了研究这种可能性，我们计算每一类微型CTA的月收益率、月标准差，以及存续期前两年内（"初"期）与末两年内（"末"期）的规模。继而不考虑规模因素，计算在全体存活基金的样本中，末期收益战胜所有CTA平均收益的CTA比例，得出存活基金的平均月收益为1.159%。类似地，计算全体死亡基金的样本中，末期收益战胜所有CTA平均收益的CTA比例，得出死亡基金的平均月收益为1.071%。图表28.5显示更多的未来之星出自于微型CTA，而非大型CTA，在存活的CTA中更是如此。举例来说，在最小一类存活的微型CTA（低于50万美元）中，有49%的末期收益要高于整个样本的末期收益，而在全体存活的微型CTA（低于1000万美元）中，只有38%如此。在存活的大型CTA中（超过1000万美元），只有17%能产生战胜样本的末期收益。总的来说，未来之星在小型CTA中更为普遍。不过每一组死亡基金中催生的未来之星比例，还不到相对应存活基金中的一半。

图表28.5　　　　　　　　未来之星的收益、规模和波动率

按规模分类（百万美元）	存活CTA			死亡CTA		
	收益增加占比	规模与收益均增加占比	收益增加且波动率下降占比	收益增加占比	规模与收益均增加占比	收益增加且波动率下降占比
0～0.5	49	44	20	22	20	10
0.5～1	39	32	24	23	18	6
1～2	32	30	23	14	11	7
2～3	33	30	21	19	14	8
3～4	29	29	7	20	16	14
4～5	37	30	26	15	9	4
5～10	34	31	19	17	11	6
总计0～10	38	34	21	20	16	8
>10	17	13	9	14	9	6
全部CTA	30	28	16	19	15	8

为了研究小型CTA如何能在两年后有所成长并产生卓越的收益，我们计算每组CTA中收益战胜样本且增大规模的CTA比例。在观测的CTA中，如果两年后的平均规模大于头两年内的平均规模，那么就认为该CTA有所成长。未来之星被定义为那些规模增大且收益战胜样本的基金。在这个意义上，图表28.5再次表明微型CTA比大型CTA更能催生未来之星。例如在最小一类存活的微型CTA中，44%成为未来之星，而在最大的CTA（超过1000万美元）中，只有13%如此。此外大多数未来之星都出自于存活的CTA中，只有极个别的出自于最终死亡的CTA中。然而一些微型CTA的规模有所增大，仅仅是因为这些CTA在因容量限制而拒绝新的资本之前，存在更大的增长空间。

正如布朗、戈茨曼和帕克[15]所指出的，未来之星的出现可能仅仅是它们试图改善未来收益而增加波动率的结果。为了克服这种可能性，在每个规模的类别中，我们计算出这类

---

[15] Brown, Goetzmann, and Park, "Careers and Survival: Competition and Risk in the Hedge Fund and CTA Industry."

CTA 比率，它们两年后的收益高于样本均值而且相对于头两年波动率有所下降。满足这两个条件的 CTA 被定义为未来之星。图表 28.5 再次表明，更多的未来之星出自小型 CTA，但这种模式不如先前明显。特别地，在最小一类存活的微型 CTA 中，20% 成为未来之星，与全体微型 CTA 中未来之星的比例（21%）相近。在存活的大型 CTA 中，仅有 9% 成为未来之星。

微型 CTA 的生存时间

鉴于微型 CTA 短暂的生存时间，识别与其寿命相关的特征就很重要，因为未来之星不仅要产生卓越的收益并在规模上有所增长，而且它也应当生存很长的时间。我们将 AFT 模型运用到全体微型 CTA 中，所得的结果如图表 28.6 所示。我们找到强有力的证据，表明未来之星（被定义为两年后在收益和规模都有所增长的微型 CTA，如图表 28.5 的第 3 列和第 6 列所示）具有更长的寿命。图表 28.6 也显示，存续期头两年内的收益和资产规模都是生存时间的高效预测指标。存续期头两年内的波动率会缩短生存时间，但是在 10% 的置信水平上该影响并不显著。管理费会大幅地缩短生存时间，而业绩激励费则不是显著的预测指标。我们没找到证据表明 CTA 的分类会影响生存时间，CTA 分类方法是当做类型变量来处理的。在我们的模型中，能源被选定为基准类型。由于利率类的 CTA 较少，我们就剔除了这类 CTA。

图表 28.6 微型 CTA 的生存预测

变量	β 系数	标准误	p 值
截距项	1.8161	0.1806	0.0001
未来之星	0.3888	0.0581	0.0001
前 24 个月收益	0.0445	0.0118	0.0001
前 24 个月 STD	−0.0070	0.0045	0.1212
前 24 个月 AUM	0.0203	0.0085	0.0165
分散型	0.1039	0.1172	0.3757
金融类/金属	0.1102	0.1205	0.3603
货币	0.1389	0.1255	0.2682
农产品	−0.1445	0.1436	0.3143
能源	—	—	—
奖励费	−0.0004	0.0050	0.9414
管理费	−0.0407	0.0153	0.0077
尺度参数（σ）	0.5742	0.0172	—
形状参数（δ）	−0.5800	0.1534	—

为了说明这些预测变量如何影响生存时间的百分比变化，我们考察生存时间分别为 T_1 和 T_2 的两种 CTA，它们所有的预测变量都相同，唯一的区别在于一个是未来之星，

另一个则不是。这意味着 $T_1/T_2 = \exp(\beta_{FS})$，其中 $\beta_{FS} = 0.3888$ 取自图表 28.6，它是虚拟变量的系数，虚拟变量对应着微型 CTA 是否为未来之星。因此与未演化成未来之星的 CTA 相比，未来之星的生存时间增长了 $[\exp(0.3888)-1] \times 100\%$，即 50% 左右。控制变量的影响也可类似地计算出来。例如，月收益增加 1% 会导致生存时间增长 $[\exp(0.0455)-1] \times 100\%$，即 5% 左右。类似的，初始资产增加 1000 万美元会导致生存时间增长 $[\exp(0.0203)-1] \times 100\%$，即略大于 23%；而管理费增加 1% 会减少生存时间 $[\exp(-0.0407)-1] \times 100\%$，即 4% 左右。最后，尺度参数与形状参数的 95% 置信区间分别为 (0.5414, 0.6090) 和 (-0.8806, -0.2794)，二者都不包含原假设的值 1。

图表 28.7 给出了微型 CTA 数据的概率图，它依据的是采用广义伽马分布的生存模型。概率图大体上是一条直线，从视觉上可判定拟合程度较好。图表 28.7 中大部分点都位于以虚线标示的置信带之内[16]。

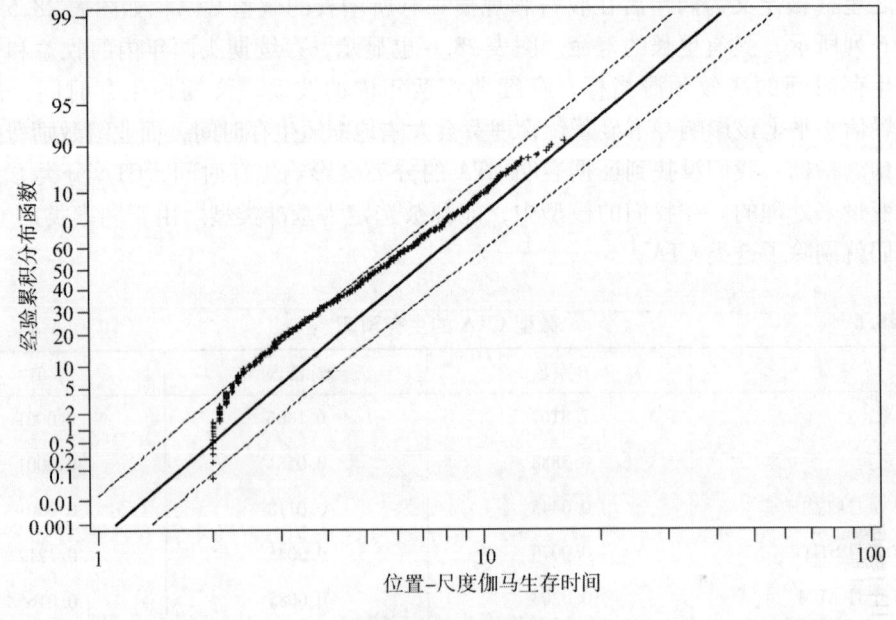

图表 28.7 概率图

结 论

本章研究了 1988—2005 年间微型 CTA 的业绩与生存状况。我们的研究表明，微型 CTA 的死亡风险很大，但这些 CTA 依然能成为有吸引力的投资，因为它们具有催生未来之星的潜力。我们发现，识别未来之星在很大程度上依赖于生存状况，因为大多数未来之星都出自未过早夭折的 CTA 群体中。因此未来之星也是那些具有长期生存潜力的微

---

[16] 图表 28.7 给出了**概率图**（PP），纵轴为观测到的生存时间的经验累积分布函数（CDF），横轴为用广义伽马分布拟合的对数生存时间的累积分布函数。

型 CTA。

由于停止运作的 CTA 必须从数据库供应商处另行索取,所以对 CTA 进行生存分析并非易事。此外,数据库中停止运作的意义等同于已停止汇报,既可能源于运作失当或者倒闭关门,也可能源于其他各种原因,如持续性的业绩欠佳、与其他基金合并或者因容量限制而不愿吸引新的资本。因此正如方和谢[17]以及梁(Liang)[18]所指出,许多数据库中被认定为死亡的 CTA 并未停止运作,其中一些还具有很好的收益。不过,与大型 CTA 相比,微型 CTA 停止汇报更可能是因为真的倒闭关门了,而非出于容量限制。

投资者往往不青睐微型 CTA,因为微型 CTA 难以蓬勃发展并且维持长期运作。它们被认为是极具风险性的,因而用不着认真纳入考虑范围。但是本章的结论表明,确实有一些未来之星以微型规模起家,而且显现出不错的长期生存前景。如果忽略微型 CTA,那么在未来之星的初创阶段,在投资者对管理费和奖励费的议价能力最高之时,在 CTA 拒绝新投资者之前,投资者会错过良好的投资机会。

---

[17] Fung and Hsieh, "Survivorship Bias and Investment Style in the Returns of CTA."

[18] Bing Liang, "Alternative Investments: CTA, Hedge Funds, and Funds-of-Funds," *Journal of Investment Management* 3, no. 4 (2004), pp. 76–93.

第29章
能源对冲基金入门*

奥利弗·恩格伦（Oliver Engelen）
风险分析师
基准资本管理有限公司

迪特尔·G·凯瑟（Dieter G. Kaiser）博士
另类投资主管
Feri 机构顾问有限公司
实用数量化金融中心研究员
法兰克福金融管理学院

2004—2006 年，能源对冲基金的数量和种类都有了大幅的增加：基金数量从 2003 年年末的 20 只增加到 2006 年 5 月底的 500 多只[①]。从对冲基金的视角来看，能源市场和商品交易市场还处于起步阶段。

根据对冲基金网（HedgeFund.net）的数据，能源对冲基金所管理的资产也同步增加：从 2003 年的 193.7 亿美元增至 2006 年的 792.6 亿美元。

这种显著增长现象的主要原因包括：(1) 能源商品供需方面的动态变化；(2) 获取更高收益的投资机会；(3) 熟练且经验丰富的能源交易人员从崩盘的交易市场大规模涌入（Fusaro and Vasey[②]）。能源商品的供需变化将商品价格推至历史新高。因此波动率——对冲基金套利机会的主要来源——也增加了。

由于能源对冲基金尚处于初期阶段，而且产品种类大都为被动型或指数型，因此专注于能源的交易策略能够带来主动型投资的机会。然而纽约商品交易所（NYMEX）的一项

---

* 作者感谢 Channel 资本集团的 Joel Schwab 和 Peter Laurelli 提供关于能源对冲基金的数据，取自对冲基金网数据库。
① 能源对冲基金中心：《能源对冲基金目录》（2006 年 11 月）。
② Peter C. Fusaro and Gary M. Vasey *Energy and Environmental Hedge Funds: The New Investment Paradigm*（Hoboken, NJ: John Wiley & Sons, 2006）.

研究显示：能源价格的波动率与基金的数目呈负相关，即主动交易型能源对冲基金的数目越多，价格的波动率越低[③]。

商品对冲基金的种类

许多对冲基金都进行商品交易。有些对冲基金只关注一个商品行业（如基本金属）；另一些基金则交易多种商品（如能源、谷物和贵金属）。有些采用相机抉择策略，另一些则采用技术信号方法或两者兼用。大部分商品对冲基金都可以被划分为绿色对冲基金或者能源对冲基金，下面我们将具体分析这两种商品对冲基金。

绿色对冲基金

其中一类能源（"绿色"）基金专门从事与环境相关的投资。它可能集中投资于股票、商品或二者兼顾，但关注环境的使命使它绕不开能源行业（例如，废物排放、可再生能源、能源效率等）。根据阿里（Ali）的观点，环境类对冲基金面临着一个其他对冲基金通常不会碰到的问题：它们"需要解决谨慎投资者规则中的财务性标准，与推动环境类对冲基金的非财务性的环境目标或理念，这二者之间的潜在紧张关系"[④]。

另一种类型的能源对冲基金关注水资源行业，它们通过股权或诸如用水权等其他方式进行投资。而困境债务与资产型能源基金专门投资于能源及其他行业中的困境资产，此外它们还涉足公司重组与债务重组。

能源对冲基金

根据弗萨罗和瓦西的研究，能源对冲基金包括多种类型。特种能源基金与能源导向型基金的区别之一在于：前者仅仅投资于能源行业或能源相关产品，后者只将一定比例的资产（超过20%）配置于各类能源投资。能源敞口占到20%以上的对冲基金通常被定义为能源对冲基金[⑤]。

图表29.1显示了专业化能源对冲基金的分类。如果一只基金投资于能源公司的股权（公募或私募）、其他证券或者期权，该基金就被定义为能源股权基金。它往往也运用交易所交易基金（ETF）或其他工具来实现对冲目的。我们可以进一步区分多头/空头型能源股权基金与只做多型能源股权基金。

与其他能源对冲基金相比，能源股权基金的价格波动率相对较低。分散型能源股权基金被定义为由能源股权主导的基金，它将高达20%的资产投资于能源商品，投资的途径

---

③ NYMEX, A Review of Recent Hedge Fund Participation in NYMEX Natural Gas and Crude Oil Futures Markets, Working Paper, 2005, p. 10.

④ Paul Ali, "Investing in the Environment: Some Thoughts on the New Breed of Green Hedge Funds," *Journal of Derivatives and Hedge Funds* 12, no. 4 (2007), pp. 351–357.

⑤ Fusaro and Vasey, *Energy and Environmental Hedge Funds: The New Investment Paradigm*, pp. 21–25.

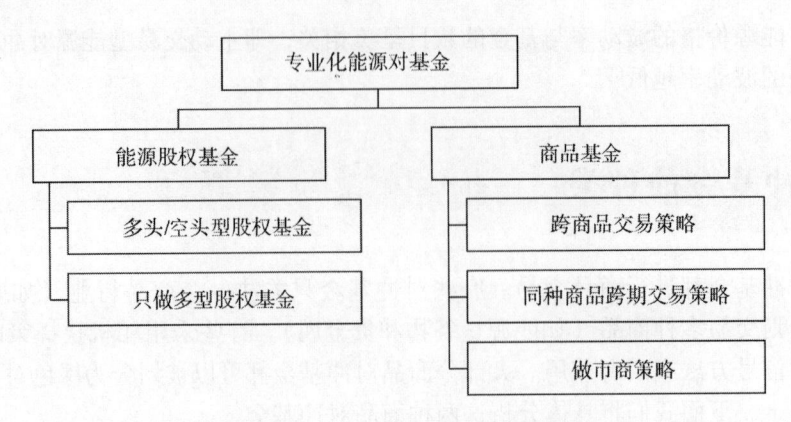

```
                    ┌─────────────────────┐
                    │   专业化能源对基金    │
                    └──────────┬──────────┘
                ┌──────────────┴──────────────┐
        ┌───────┴────────┐            ┌───────┴────────┐
        │   能源股权基金  │            │    商品基金     │
        └───────┬────────┘            └───────┬────────┘
        ┌──────┴─────────┐            ┌──────┴──────────┐
        │ 多头/空头型股权基金│            │   跨商品交易策略  │
        └────────────────┘            └─────────────────┘
        ┌────────────────┐            ┌─────────────────┐
        │  只做多型股权基金 │            │ 同种商品跨期交易策略│
        └────────────────┘            └─────────────────┘
                                      ┌─────────────────┐
                                      │    做市商策略    │
                                      └─────────────────┘
```

图表 29.1　专业能源对冲基金的分类

资料来源：作者。

为交易所交易的期货和期权或者地下油气储备等。这种基金的商品敞口可以提供股权套利的机会。

对冲基金最具风险性的策略是商品交易，其次是能源类商品基金。所交易的商品可以是交易所交易的期货，也可以是场外交易的期权或者被动型指数。这种基金还可以交易金融类与（或）实货类能源产品，以及任何与能源相关的商品（例如，天气、糖类和铀）。

根据希尔伯（Hilpold）的研究，这类基金主要有三种交易策略：跨商品交易策略，同种商品跨期策略以及做市商策略[6]。在跨商品交易策略中，利润主要来自套利机会。对这种策略感兴趣的投资者着眼于能源商品价格之间的短期供/需变化[7]。商品跨期策略管理人投资于同一种商品不同期限的期权、期货或者远期合约，试图从价格结构曲线的变动中获利[8]。做市商通过提供连续的报价来为市场提供流动性，利润则来自现货和期货价格的差额。

对冲基金的能源基金

如果一只基金出于分散风险的目的，对多只能源对冲基金进行投资，该基金就被称作**对冲基金的能源基金**（Energy Funds of Hedge Funds）。这种基金的基金旨在限制各个商品

---

[6] Claus Hilpold, "Hedgefonds im Rohstoff-Bereich: Relative Value Commodities," in *Handbuch Alternative Investments*, vol. 2, edited by Michael Busack and Dieter G. Kaiser (Wiesbaden: Gabler, 2006), pp. 393–412.

[7] 典型的交易策略包括：（1）**发热量**，它专门在高度相关的电力市场中交易电力，在天然气产量较高的地区交易天然气；（2）**裂解价差**，它关注原油、燃油和汽油之间的相关性，并且以历史价格的走势为特征；（3）**点火价差**，它关注电力和天然气之间的相关性；（4）**裂化价差**，它关注天然气与丙烷之间的相关性；（5）**能源证券**，持有能源行业公司股权的多头或空头；（6）**天气**，它关注天气风险和能源市场之间定价失当，以及电力和天然气之间的定价失当。由于天气是影响能源合约价格短期走势的首要因素，当天气市场相对于能源价格出现定价偏差时，常常存在套利机会。

[8] 同种商品跨期交易策略的例子包括：（1）**区域价差**，它关注高度相关且地理上相连的区域性电力市场。（2）**天然气时间价差**，它关注日历价差的交易，日历价差是指两个月之间的价差。（3）**区域天然气价差**，它专门交易亨利枢纽（Henry Hub）划定的天然气地区。（4）**日前与实时价差**，它关注每日市场出清价格与预期实时收盘价之间的差额。（5）**原油与炼成品的时间价差**，它包括沿着远期曲线的交易。举例来说，煤气市场在夏季通常处于期货溢价状态，因为需求有所下降。2006 年的夏季则为现货溢价，而且波动率较高。

投资管理人的特有风险和操作风险，并通过分散化投资策略来最小化市场风险⑨。这类基金已经颇具吸引力。在2005—2006年间，25只以上能源和自然资源对冲基金的基金进军能源领域⑩。通过投资由能源基金构成的组合，投资者获得了更丰富的盈利机会。然而，由于能源行业的风险和波动率难以评估，所以需要谨慎地选择各只对冲基金。管理对冲基金的基金尤其需要了解影响能源行业的诸多因素。

能源对冲基金的风险

根据梯尔和京茨堡（Till and Gunzberg）的研究，与商品投资相关的风险主要有两类：特有风险和宏观风险⑪。特有风险是指与某种特定商品市场相关联的风险，而宏观风险包括那些导致意外相关性的因素。霍加（Khoja）在其针对三只能源型商品基金的案例研究中指出：这些基金面临的主要风险是事件风险⑫。但在各种基金之间，事件风险的定义可能会存在很大差异。事件风险可能产生于：（1）非常规事件，例如原油期货近月合约的价格一下子变动30美元；（2）不同月份合约间极高的波动率；（3）预期之外的相关性变动⑬。

佛萨罗和瓦西也注意到，除了价格风险之外，交易量风险也是能源市场中的重要隐患。交易量风险是由商品实货交割的要求引起的，并且它和其他众多风险因素互相关联。在实货导向型的能源交易中，存在不计其数的风险，例如政治风险、事件风险、天气风险、法律风险、税务风险等。阿玛兰斯基金公司⑭和母岩基金公司⑮（Amaranth and Mother Rock）这两个案例警示我们能源商品交易的风险性。

除了投资风险，投资者还应当提防与对冲基金敞口相关的操作风险。经验研究表明：操作风险是对冲基金倒闭的主要原因⑯。相对于传统的资产管理而言，在另类资产领域

---

⑨ Rian Akey, Hilary Till, and Aleks Kins, "Natural Resources Funds of Funds: Active Management, Risk Management, and Due Dilligence," in *Funds of Hedge Funds*, edited by Greg N. Gregoriou (Oxford: Elsevier, 2006), pp. 383 – 399.

⑩ Fusaro and Vasey, *Energy and Environmental Hedge Funds: The New Investment Paradigm*, pp. 21 – 25.

⑪ Hilary Till and Jodie Gunzberg, "Absolute Returns in Commodity (Natural Resource) Futures Investments," in *Hedge Fund & Investment Management*, edited by Izzy Nelken (Oxford: Elsevier, 2006), pp. 25 – 42.

⑫ Moazzam Khoja, Risk Management Practices within Three Leading Commodity Hedge Funds, Working Paper, SunGard Kiodex, 2006.

⑬ Khoja, "Risk Management Practices within Three Leading Commodity Hedge Funds."

⑭ 2006年9月初，天然气期货的价格下跌之后，阿玛兰斯（一家专门进行能源交易的多重策略基金）在天然气价格的豪赌中亏损了65%的资产。阿玛兰斯持有了夏季空头/冬季多头的天然气价差合约以及三月多头/四月空头的天然气价差合约。该基金的策略在以往气象冲击情形中常能盈利，但此次遭遇了严重的清算压力，因为所投资的额度远高于基金自身的资本金（See Hilary Till, EDHEC Comments on the Amaranth Case: Early Lessons from the Debacle, Working Paper, 2006）。

⑮ 专门交易天然气的母岩基金由纽约商业交易所前任总裁 Robert Collins 组建。在2006年8月，基金在亏损3亿美元后倒闭。该基金9月对10月的天然气（NG U-V）空头价差交易（即做多10月合约而做空9月合约）也遭遇了清算压力（See Till, EDHEC Comments on the Amaranth Case: Early Lessons from the Debacle）。

⑯ Christopher Kundro and Stuart Feffer, "Valuation Issues and Operational Risk in Hedge Funds," *Journal of Financial Transformation* 10 (2004), pp. 41 – 47.

中，操作风险更为突出，因为对冲基金可能会交易难以合理定价的复杂金融工具。对冲基金往往也是很小规模的创业型公司，它们的基础设施、组织管理以及业务素质参差不齐。

莫伊斯和巴赫曼（Moix and Bachmann）提出了两种降低操作风险的方法[17]。**基本**（basic）操作风险管理方法在投资者治理的层面上，识别并且评估可以降低风险的控制措施；**基础**（fundamental）操作风险管理方法关注的是投资策略，并借助应用型风险管理技术来识别操作风险。奥德里奇（Aldrich）重点提出了对冲基金需要记住的5个关键性操作问题[18]：

- 操作人员的经验水平如何？
- 应遵守的政策是否表述明确并且被理解？它们是否得到了持续的监督与执行？
- 是否备有充分的战略性内控措施和步骤？
- 投资组合的估值是否透明、一致且独立？
- 是否具备高质量的服务提供商（主要经纪商，管理人）？

基金特征

我们用来描述能源对冲基金特征的数据取自对冲基金网（HFN）数据库[19]，该数据库包含695只商品类对冲基金。我们的样本由能源行业的158只单一型对冲基金所组成[20]。除了其中的两只基金之外，我们将其余的基金归类为能源股权基金，并运用多个标准分析它们在1991年1月至2006年12月间的业绩[21]。

我们样本的主要来源地是北美地区，其中的104只基金（65.82%）位于美国（56.33%）、加拿大（5.06%）、巴哈马（1.27%）或是百慕大（1.90%）。1/3左右（30.38%）是欧洲籍的基金。这些欧洲基金大多数在英国（19.62%），其次在挪威（3.80%）和瑞士（3.16%）；在欧元区国家（EMU）中，法国、爱尔兰和西班牙各有一只基金。

此外，样本中有18只基金（11.39%）是以欧元发起的。非欧元区的欧洲国家货币，如英镑（1.90%）、挪威克朗（1.27%）及瑞士法郎（0.00%），只被极少数基金用做基础货币（base currency）。在我们的样本中，对冲基金的主要币种是美元，使用美元的基金有127只（80.38%）。

---

[17] Pierre-Yves Moix and Bernard Bachmann, "Operational Risk Management Approaches and Concepts: Lessons Drawn from a Fund of *Hedge Funds Provider*," in *Hedge Funds and Managed Futures: A Handbook for Institutional Investors*, edited by Greg N. Gregoriou and Dieter G. Kaiser (London: Risk Books, 2006), pp. 175–196.

[18] David Aldrich, Hedge Fund Operational Risk: Meeting the Demand for Higher Transparency and Best Practices, Working Paper, The Bank of New York, 2006.

[19] 对冲基金网数据库包含3900只基金的收益数据，它是从1976年开始的。从这些数据中，我们构造了5个加总指数和33个单一策略指数。

[20] 除了能源行业，HFN数据库还列出了241只商品基金和296只专注能源交易的CTA/管理型期货。

[21] 对冲基金的数据由Channel资本集团及旗下机构提供；上述公司及其股东、员工、董事和代理人并未独立地核实这些数据，并不认定这些数据为准确、真实且完整的，对这些数据不做明示的或暗示的担保，因这些数据的充分性、准确性、真实性和完整性缺乏保证所引致的亏损、损害或损失，概不承担任何责任。

考察能源对冲基金**管理的资产规模**（AuM），规模最低的为51万美元，规模最高的为50亿美元，由此可见相差之大。中位数是5300万美元，**标准差（SD）**为4.9826亿美元（图表29.2）。

图表29.2　　　　　单一型对冲基金的不同特征（a）

	n/a	否	是	最小值	最大值	相差	标准差	中位数	Ø
AuM（百万美元）	9	0	149	0.51	5500.00	5499.49	498.26	53.00	189.11
基金年龄（月）a	0	0	158	1.00	192.00	191.00	48.88	53.00	66.08
最小投资额（千美元）	0	5	153	25.00	20 000.00	19 975.00	1733.92	500.00	747.06
认购期（天）	0	2	156	1.00	180.00	179.00	28.83	30.00	36.60
赎回期（天）	0	2	156	1.00	360.00	359.00	70.63	30.00	73.01
锁定期（月）	5	75	78	1.00	36.00	35.00	5.08	12.00	12.05
管理费（年）	0	6	152	0.75%	3.00%	2.25	0.41%	1.50%	1.50%
业绩费（年）	0	6	152	7.50%	25.00%	17.50	2.12%	20.00%	19.59%

资料来源：根据Channel资本集团的数据创建图表。

注：N/A表示这些基金未提供任何数据，"否"表示这些基金不符合该标准，"是"表示这些基金符合该标准。以第一行为例，9只基金没有AuM信息，0只基金不符合AuM标准，149只基金符合AuM标准。

a 1997年1月至2006年12月间报告了收益的月份数。

我们也注意到，能源对冲基金的年龄大小不一。此处把基金的年龄定义为自1991年1月至2006年12月间报告收益的月份数（对我们的样本来说，是从1~192个月不等）。年龄的中位数为4.5年，只有4.43%的基金在2006年12月之前停止报告收益。

绝大多数对冲基金（91.77%）是开放型的（即当前仍接受投资）。约8.23%已达到其最大投资容量，因此不再接受任何投资。最低投资额度平均为50万美元（见图表29.3）。认购通知期和赎回通知期的中位数均为30天，但后者的标准差更高。大概一半的能源对冲基金设有锁定期（lockup period）（平均12个月）。

图表29.3　　　　　单一对冲基金的不同特征（b）

	是	否	n/a	总数	是	否	n/a
基金状态（开放型）	145	13	0	158	91.77%	8.23%	0.00%
"死亡基金"a	7	151	0	158	4.43%	95.57%	0.00%
高水位线条款	152	6	0	158	96.20%	3.80%	0.00%
预设收益率	17	139	2	158	10.76%	87.97%	1.27%

资料来源：根据Channel资本集团的数据创建图表。

注：N/A表示某些基金没有数据，否表示某些基金不符合该标准，是表示某些基金符合该标准。

a 在此处，死亡基金是指那些在我们观测期截止之前就停止报告收益的基金。

管理费和业绩费的中位数分别为1.50%和20.00%。在我们的样本中，绝大多数基金（96.20%）只对新增盈利部分（高水位线条款）收取业绩费。少数基金（10.76%）设置最低业绩限制，只有达到了该业绩（预设收益率）才能收取业绩费。

风险和收益特征

在本节中，我们运用几个指数来更细致地研究能源对冲基金的风险和收益特征，并选取对冲基金网的能源行业平均指数（HNES）作为能源对冲基金的基准。我们把该指数与其他指数进行对比，其中包括标准普尔500指数（S&P 500）、MSCI世界指数（MSCW）、JP摩根全球政府债券指数（JPGB）、瑞士信贷对冲基金指数（CSHF）[22]、高盛商品现货指数（GSCS）、高盛商品现货能源指数（GSEN）[23]、巴克莱商品交易顾问指数（BARC）[24]和道琼斯-AIG商品指数（DJAC）[25]，样本期间为1997年1月至2006年12月。所有的计算都是基于月收益率。

我们首先从"指数角度"说明，能源对冲基金组合相对于传统的及另类的市场基准而言，具有哪些基本风险和收益特征。接下来，从"基金角度"论述，投资者如果通过配置于各只基金的方式进行能源对冲基金投资，将会面临的业绩差异程度。

指数角度

图表29.4 显示了各种指数的异质性特征。如表中结果所示，HNES获得了最高的收益，平均月收益率为1.11%，平均年化收益率为14.13%；JPGB的年化收益率最低（5.32%）。二者的年化收益率极差达8.81个百分点[26]。CSHF的年化收益率排在第二[27]。

与HNES高业绩相伴随的是高标准差（5.38%）和高波动率（18.64%）；只有GSCS和GSEN的值比HNES更高，它们的标准差分别为6.34%和9.59%，波动率分别为21.96%和33.21%。

HNES的风险调整后业绩测度也相对较高，例如夏普比率、索尔蒂诺比率和欧米伽。CSHF的夏普比率、索尔蒂诺比率和欧米伽最具吸引力。HNES的卡尔玛比率（0.33）和

---

[22] 基于TASS和Tremont数据库的CSHF是一个资产加权指数；即它是根据各只基金的净资产值计算出来的。CSHF在对冲基金行业中作为行业标准使用。

[23] 高盛商品现货收益指数是基于高盛商品指数（GSCI）中合约的价格水平。GSCI由期货合约计算得出，它按照世界产量赋予权重。高盛商品现货收益能源指数是GSCI的子指数，它属于高盛商品现货收益指数的一部分。

[24] BARC是一个等权重指数，目前包括428个商品交易顾问，它是主要的行业基准。

[25] DJAC由23种实物商品的期货合约计算得出。DJAC是基于滚动期货头寸构建（指的是该指数构造方法），它假设卖出近月合约、买入尚未达到交割期的合约。

[26] 相差的定义为最大值减去最小值。

[27] 在此处应注意到，我们为对冲基金和CTA所选用的基准（HNES、CSHF和BARC）是不可投资的指数。从它们的构造方法来看，这些指数也容易受到一些扭曲因素的影响，造成业绩的高估（例如，存活偏差、报告偏差等）。关于这些偏差的更多信息，参见Mark J. P. Anson, *Handbook of Alternative Assets*, 2nd ed. (Hoboken, NJ: John Wiley & Sons, 2006), pp. 180–186；William Fung and David A. Hsieh, "Benchmarks of Hedge Fund Performance: Information Content and Measurement Biases," *Financial Analysts Journal* 58, no. 1 (2002), pp. 22–34；Thomas Heidorn, Christian Hoppe, and Dieter G. Kaiser, "Construction Methods, Heterogeneity and Information Ratios of Hedge Fund Indices," in *Hedge Funds and Managed Futures: A Handbook for Institutional Investors*, edited by Greg N. Gregoriou and Dieter G. Kaiser (London: Risk Books, 2006), pp. 3–30；and Franc, ois-Serge Lhabitant, *The Handbook of Hedge Funds* (Hoboken, NJ: John Wiley &Sons, 2007), pp. 479–511.

图表 29.4　不同的风险和收益特征（1997 年 1 月至 2006 年 12 月）

	HNES	SP500	MSCW	JPGB	CSHF	BRAC	GSCS	GSEN	DJAC
月收益率（RoR）（%）	1.11	0.54	0.49	0.43	0.83	0.44	0.59	0.76	0.65
年化收益率（%）	14.13	6.71	6.10	5.32	10.48	5.43	7.26	9.47	8.08
标准差（%）	5.38	4.42	4.17	1.90	2.08	2.25	6.34	9.59	4.22
波动率（%）	18.64	15.33	14.45	6.58	7.22	7.80	21.96	33.21	14.61
半标准差（%）	3.76	3.31	3.19	1.27	1.42	1.52	4.41	6.49	2.88
夏普比率（2%）	0.65	0.31	0.28	0.50	1.17	0.44	0.24	0.22	0.42
夏普比率（4%）	0.54	0.18	0.15	0.20	0.90	0.18	0.15	0.16	0.28
索尔蒂诺比率（2%）	1.09	0.44	0.40	0.87	2.19	0.73	0.37	0.37	0.69
索尔蒂诺比率（4%）	0.89	0.25	0.20	0.32	1.59	0.29	0.23	0.26	0.44
卡尔玛比率	0.33	0.12	0.11	0.09	0.32	0.10	0.11	0.13	0.14
斯特林比率	0.35	0.03	0.05	0.01	0.07	0.01	0.08	0.11	0.07
欧米伽（2%）	1.73	1.31	1.28	1.46	2.65	1.41	1.27	1.31	1.41
欧米伽（4%）	1.60	1.20	1.17	1.17	2.11	1.17	1.19	1.26	1.28
偏度	0.13	-0.54	-0.64	0.33	0.18	0.25	0.11	0.38	0.18
超额峰态系数	0.95	0.53	0.62	0.01	3.94	0.21	-0.13	0.65	-0.45
雅克-贝拉	4.84	7.16	10.26	2.24	78.12	1.43	0.35	4.98	1.67
最大跌幅（%）	-43.02	-54.26	-57.29	-56.96	-32.53	-56.10	-64.82	-70.64	-59.0
平均正收益（%）	4.09	3.42	3.19	1.79	1.70	2.00	5.50	8.07	3.60
平均负收益（%）	-4.02	-3.68	-3.61	-1.18	-1.28	-1.47	-4.79	-7.19	-3.01
正收益月份（%）	65.00	60.83	61.67	55.00	71.76	55.83	54.17	55.00	56.67
自相关	0.22	-0.01	0.05	0.14	0.11	-0.05	0.01	0.01	0.03
涉险价值（0.99）（%）	-12.52	-10.29	-9.71	-4.42	-4.85	-5.24	-14.75	-22.30	-9.81

资料来源：根据 Channel 资本集团和彭博社的数据创建图表。

斯特林比率（0.35）最高。

　　HNES 的最大跌幅 -43.02% 相对较低，尽管它的涉险价值（VaR）相对较高。GSCS 和 GSCE 的最大跌幅和涉险价值最高，因而风险调整后的业绩比率指标是最低的。特别的，GSEN 的风险和收益特征很糟糕。各指数在 VaR（17.88）方面表现出极大的差异。

　　在我们的样本时期内，HNES 在 65% 的月份里取得了正收益，而且具有最高的自相关性（0.22）。只有 CSHF 的正收益在 HNES 之上。BARC 的自相关性最低（-0.05），GSCS 的正收益月份占比则是最低的（54.17%）。

　　HNES 呈右偏尖峰厚尾的收益分布，与 GSCS 和 DJAC 商品指数形成对比。雅克-贝拉检验证实了这些结果，该统计量的值在 95% 的显著性水平上低于 5.991，JB 检验依据的是偏度和超额峰态系数这两方面因素，并将原假设规定为正态分布。JB 统计量

如下

$$JB = \frac{n}{6} \times [S^2 + \frac{1}{4} \times (K-3)^2] \tag{29.1}$$

其中 n 代表样本规模，S 是基金收益的偏度，K 为基金收益的超额峰态系数。

图表29.5更细致地考察了过去12个月间的风险和收益路径（"蜗牛路径"），并将能源对冲基金的投资收益与美国股票及全球对冲基金的投资收益进行比较。图表应当作如下解读：投资者寻求的是低风险（左侧角落）、高收益（上边界）的投资，而且风险和收益不能给投资者带来过多的意外（低方差）。如图所示，HNES 的收益与 SP500 和 CSHF 相比，即是典型的高波动率和高方差，尽管有时它的波动率会更低些。CSHF 收益的风险/收益搭配得最好。

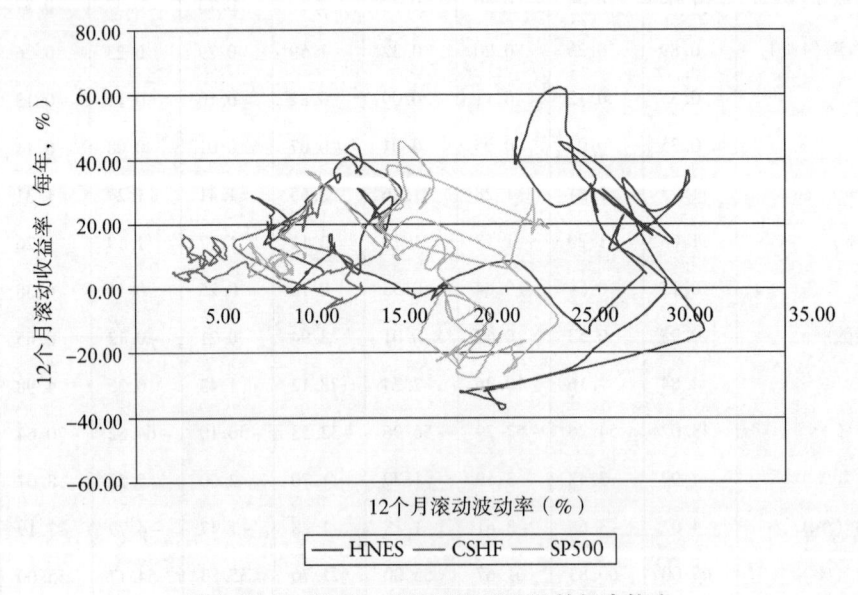

图表 29.5　HNES、SP500 和 CSHF 的蜗牛轨迹。

资料来源：根据 Channel 资本集团和彭博社的数据创建图表。

图表29.6显示了12个月滚动操作组合的夏普比率变化，它假定商品类指数 HNES、GSEN、DIAC 以及 CSHF 的无风险利率为2%。在滚动操作的基础上，CSHF 的夏普比率最高（5.71），DJAC 的夏普比率最低（-2.85）。

HNES 与 GSCS 高度相关，尽管二者风险调整后的业绩比率指标相差悬殊。此外，GSCS 与 GSEN 正收益的相关性（上侧相关性（upside correlation））比它们负收益的相关性（下侧相关性（downside correlation））要高（见图表29.7）。HNES 与宽基市场指数 SP500、MSCW 是正向相关的（相关性分别为0.30和0.33）。

进一步地观察上侧相关性和下侧相关性可以发现：HNES 与"熊"市呈负相关，与"牛"市呈正相关（见图表29.8）。因此分散化效益是存在的。

我们还注意到，HNES 与 GSEN、商品类指数（BARC，DJAC）以及 CSHF 的相关性，似乎在样本时期内呈逐渐升高之势（见图表29.8）。它与非商品类指数 CSHF 也存在高度的相关性。

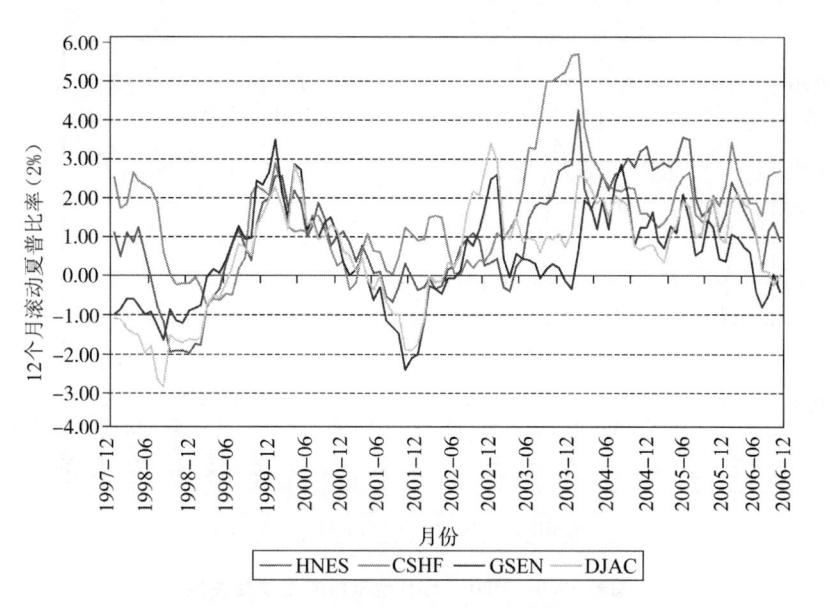

图表 29.6 各指数的 12 个月滚动夏普比率。

资料来源：根据 Channel 资本集团和彭博社的数据创建图表。

图表 29.7	相关性（1997 年 1 月至 2006 年 12 月）								
	HNES	SP500	MSCW	JPGB	CSHF	BARC	GSCS	GSEN	DJAC
相关性（SP500）	0.30	—	0.95	-0.07	0.49	-0.15	-0.03	-0.05	0.08
相关性（MSCW）	0.33	0.95	—	0.02	0.52	-0.13	0.03	0.00	0.14
相关性（JPGB）	0.13	-0.07	0.02	—	-0.06	0.32	0.17	0.18	0.16
相关性（GSHF）	0.31	0.49	0.52	-0.06	—	0.16	0.12	0.11	0.14
相关性（BRAC）	0.09	-0.15	-0.13	0.32	0.16	—	0.21	0.19	0.24
相关性（GSCS）	0.45	-0.03	0.03	0.17	0.12	0.21	—	0.97	0.82
相关性（GSEN）	0.47	-0.05	0.00	0.18	0.11	0.19	0.97	—	0.76
相关性（DJAC）	0.42	0.08	0.14	0.16	0.14	0.24	0.82	0.76	—
正收益相关性（SP500）	0.27	—	0.81	0.26	0.41	0.12	0.01	0.17	-0.07
正收益相关性（MSCW）	0.23	0.81	—	0.05	0.28	-0.07	-0.16	-0.01	-0.08
正收益相关性（JPGB）	0.09	0.26	0.05	—	0.25	0.54	0.02	-0.01	-0.10
正收益相关性（GSHF）	0.40	0.41	0.28	0.25	—	0.19	-0.10	-0.07	-0.21
正收益相关性（BRAC）	0.21	0.12	-0.07	0.54	0.19	—	0.15	0.15	0.02
正收益相关性（GSCS）	0.32	0.01	-0.16	0.02	-0.10	0.15	—	0.95	0.75
正收益相关性（GSEN）	0.39	0.17	-0.01	-0.01	-0.07	0.15	0.95	—	0.62
正收益相关性（DJAC）	0.23	-0.07	-0.08	-0.10	-0.21	0.02	0.75	0.62	—
负收益相关性（SP500）	-0.14	—	0.93	-0.05	0.52	0.16	0.05	-0.18	0.01
负收益相关性（MSCW）	-0.04	0.93	—	0.11	0.54	0.07	-0.12	-0.28	-0.15
负收益相关性（JPGB）	-0.16	-0.05	0.11	—	0.33	0.06	-0.40	-0.39	-0.08
负收益相关性（GSHF）	-0.10	0.52	0.54	0.33	—	-0.12	0.04	0.07	0.07
负收益相关性（BRAC）	-0.11	0.16	0.07	0.06	-0.12	—	0.07	0.14	-0.14
负收益相关性（GSCS）	0.05	0.05	-0.12	-0.40	0.00	0.07	—	0.92	0.60
负收益相关性（GSEN）	0.27	-0.18	-0.28	-0.39	0.04	0.14	0.92	—	0.38
负收益相关性（DJAC）	0.12	0.01	-0.15	-0.08	0.07	-0.14	0.60	0.38	—

资料来源：根据 Channel 资本集团和彭博社的数据创建图表。

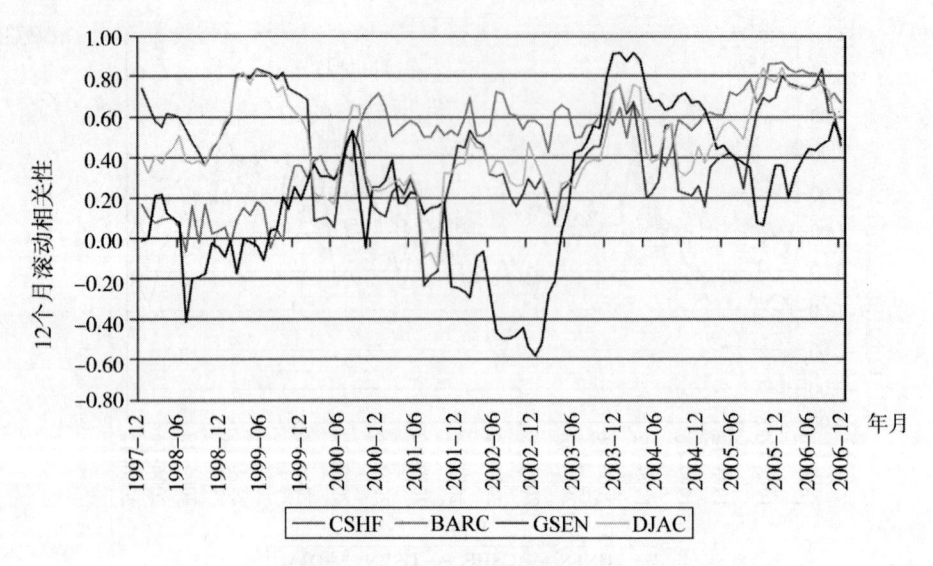

图表 29.8　HNES 与其他指数的滚动相关性

资料来源：根据 Channel 资本集团和彭博社的数据创建图表。

从月度数据来看，HNES 指数的以往正收益与未来正收益之间的持续性（PP 正正）最强，以往负收益与未来负收益的持续性（NN 负负）则相对较弱[28]。如果改用季度收益数据来考察，HNES 正收益的业绩持续性并不会提高，这与基准指数正好相反（见图表 29.9）。

图表 29.9　业绩的持续性（1997 年 6 月至 2006 年 12 月）　　（%）

月度收益	HNES	SP500	MSCW	JPGB	CSHF	BRAC	GSCS	GSEN	DJAC
正正	46.22	34.45	45.38	32.77	25.21	26.89	31.09	30.25	31.09
正负	19.33	24.37	21.01	19.33	29.41	28.57	23.53	25.21	25.21
负正	18.49	23.53	20.17	22.69	28.57	28.57	23.53	25.21	25.21
负负	15.97	17.65	13.45	25.21	16.81	15.97	21.85	19.33	18.49
季度收益	HNES	SP500	MSCW	JPGB	CSHF	BRAC	GSCS	GSEN	DJAC
正正	42.50	40.00	60.00	40.00	30.00	32.50	40.00	45.00	37.50
正负	22.50	25.00	20.00	20.00	30.00	30.00	22.50	17.50	20.00
负正	22.50	25.00	17.50	22.50	27.50	27.50	22.50	20.00	20.00
负负	12.50	10.00	2.50	17.50	10.00	10.00	15.00	17.50	22.50

资料来源：根据 Channel 资本集团和彭博社的数据创建图表。

基金角度

在本节中，为了评估指数与各只基金在业绩方面的差异程度，我们计算出数据库中

---

[28]　根据以往和未来的收益进行分类：正收益之后仍为正收益（PP 正正），正收益之后变为负收益（PN 正负），负收益之后变为正收益（NP 负正），负收益之后仍为负收益（PP 负负）。

158 只能源对冲基金的各种业绩测度指标[29]，并观测到在风险和收益特征方面，各基金存在巨大的差异。如图表 29.10 所示，能源对冲基金的月收益率中位数为 0.88%，年化收益率中位数为 11.06%。年化收益率的最低值为 -1.53%，年化收益率的最高值为 63.95%，二者相差 65.48 个百分点。

图表 29.10　单一能源对冲基金的风险收益特征（1997 年 1 月至 2006 年 12 月）

	最小值	最大值	差幅	均值	中位数
月收益率	-0.13%	4.21%	4.33	1.00%	0.88%
年化收益率	-1.53%	63.95%	65.48	12.92%	11.06%
标准差	0.11%	14.35%	14.24	2.72%	2.26%
波动率	0.39%	49.71%	49.32	9.43%	7.82%
半标准差	0.07%	10.32%	10.25	1.87%	1.48%
夏普比率（2%）	-0.68	8.64	9.32	1.49	1.25
夏普比率（4%）	-1.49	6.86	8.35	1.11	0.94
索尔蒂诺比率（2%）	-8.98	18 476.07	18 485.05	215.57	29.45
索尔蒂诺比率（4%）	-65.73	39.48	105.21	13.08	13.40
卡尔玛比率	-0.10	16.52	16.63	2.28	1.49
斯特林比率	-0.13	2.45	2.58	0.65	0.56
欧米伽（2%）	0.55	2280.00	2279.45	24.45	2.58
欧米伽（4%）	0.26	152.93	152.67	4.63	2.13
偏度	-3.93	5.25	9.18	0.01	-0.04
超额峰态系数	-0.98	31.37	32.36	2.40	1.14
雅克-贝拉	0.00	5280.87	5280.86	167.97	4.99
最大跌幅	-90.27%	-0.71%	89.56	-13.70%	-8.03%
平均正收益	0.36%	11.62%	11.25	2.41%	1.99%
平均负收益	-9.56%	-0.26%	9.30	-1.93%	-1.34%
正收益月份	50.48%	100.00%	49.52	71.36%	69.54%
自相关	-0.46	0.68	1.15	0.16	0.16
涉险价值（0.99）	-33.38%	-0.26%	33.12	-6.33%	-5.25%
相关性（SP500）	-0.69	0.94	1.63	0.34	0.38
相关性（GSCS）	-0.30	0.78	1.08	0.12	0.11
相关性（GSEN）	-0.29	0.73	1.02	0.09	0.08

资料来源：根据 Channel 资本集团的数据创建图表。

我们考察风险测度指标发现，其差异性同样很大。标准差的中位数为 2.26%，波动率的中位数为 7.82%，最高值与最低值分别相差 14.24 个百分点和 49.32 个百分点。相应的，风险调整后的业绩比率也表现出巨大的差异（夏普比率、索尔蒂诺比率、卡尔玛比

---

[29]　为了计算不同的业绩测度指标，我们删除了样本中报告记录不足 12 个月的基金，以及所有双重策略基金。

率、斯特林比率以及欧米伽)。

根据平均偏度判断,我们样本中单一型能源对冲基金的收益符合正态分布。绝大多数基金(75%)的超额峰态系数为正,因此表现出尖峰厚尾的收益分布特征。JB 检验值较低证实了这些结论。

我们进一步观察最大跌幅发现,其中存在很大的差异。最大跌幅的最小值为 –0.7%,最大值为 –90.3%,相差 89.6 个百分点。不同基金的涉险价值也存在较大差异。单一能源对冲基金与 S&P 500 相关性的平均值为 0.38,但与 GSCS 和 GSEN 与 S&P 500 的相关性较弱(相关系数分别为 0.11 和 0.08)。

图表 29.11 显示了数据库(以 d 标记)与指数(以 i 标记)在年化**收益率**(RoR)、**波动率**(VOL)、**最大跌幅**(MD)以及涉险价值(VaR)等指标上的差异程度,我们的样本期间以 12 个月为基础滚动数据。在数据库层面上,这 4 种测度指标都显著高于它们在指数层面上的值。这种现象也许可以理解为选择偏差——如果我们假设投资者选择能源对冲基金仅仅是为了与能源对冲基金指数(其中收益序列被平滑化了)比较业绩,而不是为了研究各只基金。

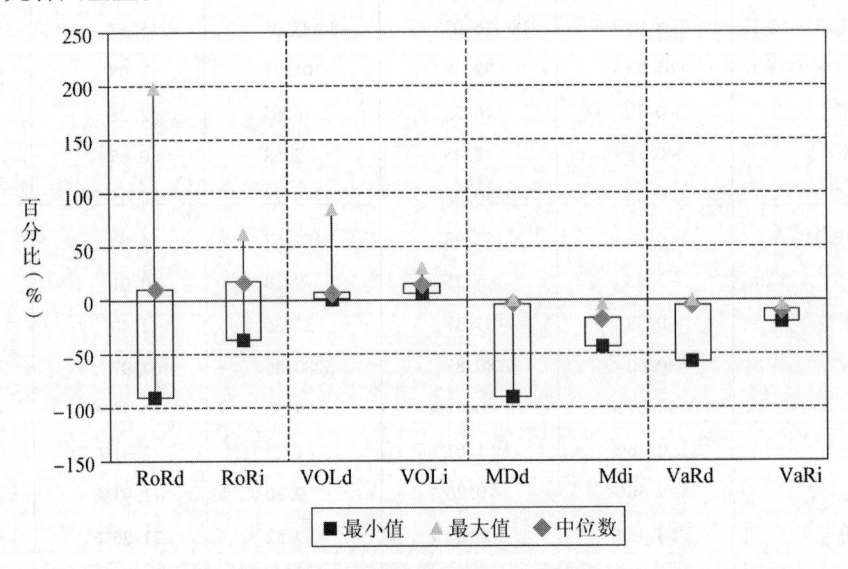

图表 29.11 风险收益特征的分散程度

资料来源:根据 Channel 资本集团的数据创建图表。

结 论

本章我们所考察的单一能源对冲基金,在资产规模、基金年龄和最低投资额等方面存在异质性的特征。虽然相对较短的认购期和赎回期似乎提供了灵活的投资环境,但很多基金都设有锁定期,一般为 12 个月左右。风险与收益特征表明,对冲基金网能源行业平均指数具有较高的业绩水平,尽管通常这是与较高的风险调整后业绩比率有关。在我们的观测期间内,只有瑞士信贷对冲基金综合指数表现出了更高的风险调整后收益。

对冲基金网能源行业平均指数表现出如下的风险与收益特征：（1）正收益的百分比很高；（2）正收益具有持续性；（3）最大跌幅较小；（4）与道琼斯－AIG商品指数正相关；（5）与股票市场的"熊市"负相关；（6）与股票市场的"牛市"正相关；（7）与高盛能源现货收益指数在长期内高度正相关，但基于12个月期的滚动操作，也可能变为严重负相关。

从单一能源对冲基金的角度看，它们的风险与收益特征是异质化的。风险调整后业绩比率整体上较高。大多数基金（75%）表现出尖峰厚尾的收益分布特征。与对冲基金网能源行业平均指数相反，单一能源对冲基金与高盛商品现货收益指数以及高盛商品现货能源指数的相关性均较低，但是它们与股票市场的相关性很高。

我们的结论是：投资者既可以把能源对冲基金当作传统组合的分散化工具，也可以把它们作为对冲基金、商品甚至股票等投资品种的替代物。至于进一步地实现分散化效益，对冲基金的能源基金也值得考虑。

第六部分
特殊商品类别

第30章
商品行业概览

罗兰·埃勒（Roland Eller）
执行董事
Roland Eller 咨询公司

克里斯汀·萨格瑞尔（Christian Sagerer）
结构化产品销售经理
JP摩根大通银行

20世纪80年代末期至90年代初期是股票投资的好年份，利率产品的收益也很可观。从那时起，商品资产作为一个投资类别已经不再受关注。

如图表30.1所示，商品基本上可以按照两种方式划分：硬质商品和软质商品。硬质商品可以进一步细分为能源和金属，而软质商品则可细分为三个部分：可食用产品、工用

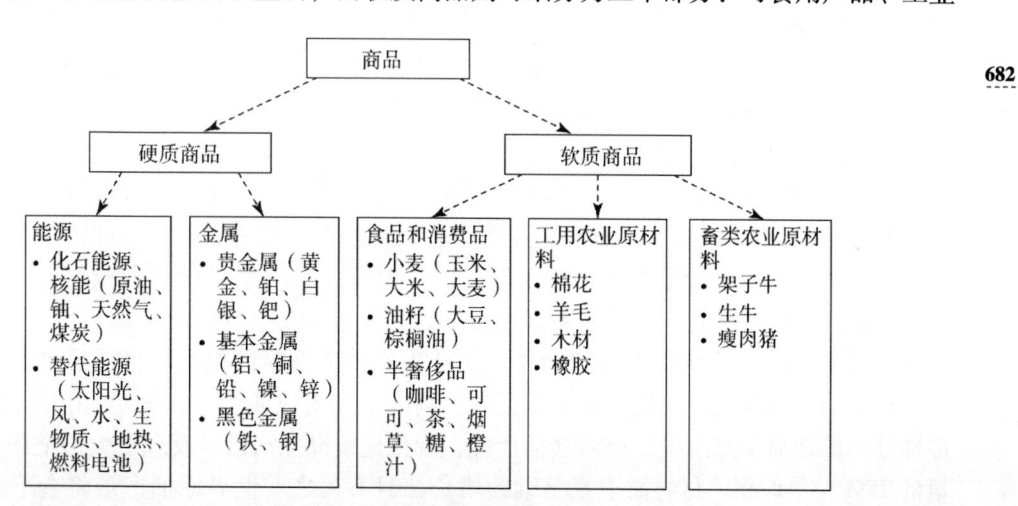

```
                          商品
                   ┌───────┴────────┐
               硬质商品            软质商品
               ┌──┴──┐         ┌─────┼─────┐
             能源   金属    食品和消费品  工用农业原材料  畜类农业原材料
```

- 能源
  - 化石能源、核能（原油、铀、天然气、煤炭）
  - 替代能源（太阳光、风、水、生物质、地热、燃料电池）

- 金属
  - 贵金属（黄金、铂、白银、钯）
  - 基本金属（铝、铜、铅、镍、锌）
  - 黑色金属（铁、钢）

- 食品和消费品
  - 小麦（玉米、大米、大麦）
  - 油籽（大豆、棕榈油）
  - 半奢侈品（咖啡、可可、茶、烟草、糖、橙汁）

- 工用农业原材料
  - 棉花
  - 羊毛
  - 木材
  - 橡胶

- 畜类农业原材料
  - 架子牛
  - 生牛
  - 瘦肉猪

图表30.1 商品资产的类别划分

资料来源：作者。

用农产品和畜类产品。在能源子类别中,可以区分化石能源和替代能源;在金属子类别中,可以区分贵金属、工业金属和黑色金属;在软质商品中,只有"可食用产品"这个子类别可以进一步细分为玉米、油脂和消费品。

硬质商品:能源

能源包括化石能源和替代能源。本节将对两者进行介绍。

化石能源

对于人类来说,能源的供给通常是头等大事。能源可以解决我们绝大部分的基本需求:它提供光、抵御寒冷或炎热、并使得现代的技术和交通运输成为可能。但由于"化石资源"的有限性,能源政策开始着重关注替代能源。

原油 在全球范围内,原油在能源原材料中所占的比重最大,截至2005年,几乎占到了45%。该原材料是我们最重要的能量来源,其次是煤炭和天然气。

当藻类和浮游生物死亡后,它们的残体堆积在水底河床上,由此产生了原油的原始材料。在数百万年的时间里,脱氧过程与水压结合在一起,形成了被称为主岩的物质。在1500米的深度和100℃~150℃的温度下,这些有机物质构成了如今的石油矿床。石油的轻质量部分上升至地表,形成了油板与油砂。在这些石油矿床之上,常常也会形成天然气室。

全球范围内大约有250种不同类型的石油,它们的质量等级和含硫量各不相同。所以,石油不是一种同质化的产品,在未经过精炼厂的加工前,我们不能直接使用自然形态的石油。

石油是一种历史最短的原材料,仅可追溯至150年前。在19世纪中叶,美国人在寻找新型灯油来源时,偶然发现了液态石油。随着1855年硫酸的使用,科学成功地实现了将石油变成能量来源。

如今,汽油被看成是最重要的能源原材料。具有讽刺意味的是,汽油曾经被看成是一种令人讨厌的原油副产品。随着人类发明了汽车,之后亨利·福特又在1905年进行大规模汽车生产,原油的崛起势不可当。

原油的地理分布很广泛。实际上,截至2007年全球范围内已知的油田有43 000多处。其中排在前10位的大油田蕴藏着世界上石油总量的12%。最大的油田是沙特阿拉伯的加瓦尔油田,它每天生产石油5百万桶。在中东5个国家(沙特阿拉伯、伊拉克、伊朗、阿联酋和科威特)的原油蕴藏量中,将近2/3的原油比较易于开采。

大约20年来,新油田的发现远跟不上年度石油消费量的增长。目前看来,人们在消费4桶原油的时间里,仅能发现1桶原油。高峰石油研究协会(ASPO)由一群原服务于原油公司的地质学家组成,该协会估计称,现代地震勘探法已经发现了大约全部石油蕴藏量的95%。他们相信尽管需求量会继续增长,但不久之后世界原油产量将会下降。他们预计这会导致强烈的价格反应和宏观经济扰动。

与其他重要的原材料不同，原油**供应**方面存在一部分的垄断势力，它们组成欧佩克卡特尔（石油输出国组织）。1960年，该组织由6个国家组成：伊朗、伊拉克、科威特、沙特阿拉伯和委内瑞拉。此后又增加了6个国家：卡塔尔（1961）、印度尼西亚（1962）、利比亚（1962）、阿联酋（1967）、阿尔及利亚（1969）和尼日利亚（1971）。

1965年以后，欧佩克将总部设在维也纳，如今欧佩克占世界石油产量的将近40%。欧佩克具有一项协调政策，用于控制每个成员的交付量，以此避免油价出现崩盘。因此它们对原油的价格和产量有巨大影响。欧佩克成员生产的石油类型包括：阿尔及利亚的**撒哈兰混合油**，印度尼西亚的**米纳斯**、伊朗的**伊朗重质油**、伊拉克的**巴士拉轻质油**、科威特的**科威特出口原油**、利比亚的**锡德尔原油**、尼日利亚的**伯尼轻质油**、卡塔尔的**卡塔尔马林**、沙特阿拉伯的**阿拉伯轻质油**、阿联酋的**穆尔本原油**和委内瑞拉的BCF17。

石油**需求**方面也存在巨大的失衡。现今，排位前十的石油消费国家使用将近60%的可用原油，主要的石油消费国美国就占了25%。当前，全球原油需求为每天85百万桶左右（1桶=159升）。但1980—2006年，日需求量上升了20%（每年1.2%）以上。

虽然欧佩克国家的石油需求仅小幅增长，但中国和印度的石油消费却急剧增加，而且过去几年中，两国对石油总需求产生了重要影响。举例来说，2006年中国是第二大石油消费国，但中国的人均石油消费量仅为美国的6%，美国每1000人中有800人拥有汽车；而中国每1000人中，仅有18人拥有汽车。

印度是第五大石油消费国。印度的人均石油消费量仅为美国的3%。但由于中国和印度经济的不断增长，汽车销量也一直在增加。如今这两个国家的石油需求已经扩大到不能自给自足的地步。因此我们认为这两个国家将继续表现出巨大的需求增加。

除了定价决策的长期依据——基本供需因素以外，投机行为也发挥着重要的短期影响。虽然原油是全球范围内交易最多的原材料，但现货市场上出售的石油仅占一小部分（鹿特丹和纽约）。在场外交易市场中（纽约、伦敦、新加坡和东京）每天的石油售卖量要高于全球产量的1倍以上。例如每天在场外市场上出售的美国WTI轻质低硫原油达到几亿桶。但每天实际的原油产量还不到1百万桶。

在经历了20世纪70年代的价格暴涨之后，原油价格进入了长达18年的下跌，从1980年40美元/桶的价格峰值下跌到1998年12月的10美元/桶。此后，原油价格呈现出趋势上涨，近来创历史新高即是明证。

如果我们仔细考察原油的季节性周期可以看出，3月份和5月份以及7月份到9月份是持有原油战术性多头的好时机。

如今，我们关心的不再是世界原油蕴藏量会不会枯竭，而是何时会枯竭。我们不能指望原油自然资源会显著增长，因此原油价格会继续上涨。

天然气 天然气的开发与原油的开发相类似。天然气从原油矿藏的上部开采出来，天然气的构成也因地理位置而存在差异。所有天然气的主要成分都是甲烷，其他的常见成分有乙烷、丙烷和丁烷，此外还含有不产生能量的硫氢化合物。天然气是一种无色、无味、无毒、可燃的气体。它比空气轻，燃点为600℃。

与石油相比，获取天然气需要使用更为复杂的运输设施。因此直到20世纪60年代才出现天然气的分销，这比原油晚多了。但我们可以改变天然气的形态，或者将其凝聚，以便于运输。所用的技术方法包括：

- 压缩在压力罐中，从而得到压缩天然气（CNG）。
- 通过压缩和冷却将其液化，从而得到液化天然气（LNG），液化天然气常常用船舶运输。
- 转化成液态碳氢化合物，即气转液。

在160℃时，液化天然气的体积将缩小至原始体积的0.2%。需要指出的是，运输船只的气罐一直是处于常温状态，从而将天然气体积保持在恒定水平。现在使用的LNG船大约有190只。到2010年时，该数据预计会上升至300只。

2004年，全球范围的天然气产量为2.7万亿立方米。主要的生产国是俄罗斯和美国，两国的产量分别占22%和20%。大约36%的天然气矿藏位于海湾地区，31%位于西伯利亚，另有20%位于北非和欧洲。

与原油相类似，天然气的供给也可能是有限的。天然气资源的开发也跟不上需求增长的速度。有关的研究预测称，原油供给将维持今后43年。天然气供给预计能维持65年左右。

天然气与原油具有很强的正相关性。在原油价格大约达到历史低位时，天然气价格也跌至最低水平，即1998—1999年间的2美元。自2001年出现价格下跌之后，天然气价格再次呈现出趋势上涨。

煤炭 在全球范围的化石能源中，只有煤炭储量丰富，能够满足可预见的未来需求。最大的煤炭蕴藏地位于中东，与原油蕴藏地相近。但主要的储煤场则位于欧洲、北美和澳大利亚。

煤炭是黑色或棕黑色的石块，产生于植物残体的碳化过程。枯死的植物沉入沼泽的底部，由于失去氧元素而变成腐叶土。随着时间的推移，腐叶土被沉淀物覆盖，而且水压的不断增大会引致碳化过程，因此形成棕煤。当地球发生板块移动时，棕煤就会形成。压力越大，更多的水分就会被挤出，于是形成无烟煤。所以煤炭的质量随着矿藏的深度而增加。

棕煤含水分较多，所以质量较差。它主要在露天矿井里开采，而且几乎专门用于发电。在不同类型的棕煤中，可以区分出有光泽的棕煤、无光泽的棕煤和软棕煤。

另一方面，黑煤比棕煤具有更高的总热值。无烟煤则被看成是一类最好的煤炭。它特别坚硬，几乎专门用于供热；燃烧时，它发出短小而炙热的蓝色火焰，留下的煤灰也非常少。

在全球能源需求中，煤炭现已占25%以上。最大的煤炭生产国包括澳大利亚、南非、印度尼西亚、美国和中国。按照当前的估计，全球范围的煤炭蕴藏量将可维持约200年的使用。在过去几年里，由于钢铁行业的繁荣使得煤炭相对稀缺，煤炭价格经历了大幅上涨。近5年来，全球范围的煤炭蕴藏量一直处于较低水平。

铀 铀是银白色、有光泽、质地柔软的放射性重金属。当它遇到氧气时，就会开始氧化并变成蓝色。1789年，德国化学教授马丁·克拉普洛特（Martin Klaproth）发现了铀，他以行星天王星的名字为其命名。

克拉普洛特识别出铀元素，法国人尤金·佩里高（Eugene Peligot）则在1841年成功地提取出了纯金属铀。1896年，亨利·贝克勒尔（Henri Becquerel）发现了铀的放射性质。1938年，奥托·哈恩和弗里兹·斯特拉斯曼（Otto Hahn and Fritz Strassmann）通过运用中子轰炸铀，成功地进行了首次原子裂变。1942年，第一个核反应堆在芝加哥建成，在 J. R. 奥本海默（J. R. Oppen heimer）的领导下，仅在一年之后，曼哈顿计划就完成了第一颗原子弹的制造，并于1945年7月16日在新墨西哥州引爆。第二次世界大战期间，1945年8月6日第二颗原子弹在日本的广岛引爆，致使90 000多人死亡，而且大片地区受到放射性污染。

铀在自然界中并不以纯金属的形态存在，而是以铀化合物的形态存在。最重要的铀矿物是沥青铀矿和水硅铀矿。铀不是稳定的元素，可能会不断地分解裂变为其他的短寿命元素，最常见的是氡。其他活性略低的元素还包括钍、镭、钋和铅。铀矿开采行业会对人类和环境造成巨大的危害。

最重要的铀矿藏位于美国、澳大利亚、南非、尼日尔、加拿大、哈萨克斯坦、巴西、俄罗斯、乌克兰和乌兹别克斯坦。这10个国家的铀产量就达到世界总产量的95%左右，全球目前投入运行的核电厂有442个，核电产量占到电力供给的16%。

国际原子能机构（IAEO）预计在2030年时，全球原子能和核能的消耗量将增加2.5倍。当前，核电厂每年消耗66 000吨铀。虽然如何处理放射性废料的问题很棘手，而且远未解决，但预计在未来核能会愈发重要。

截至2004年，最大的能源消费国是美国。但是中国是最大的煤炭消费国。中国的煤炭消费量也高于原油消费量。除中国之外，只有印度的煤炭消费量超过原油消费量。

替代能源

在长期内，传统能源预计会出现短缺，而且全球的能源需求日益增加，这就迫使我们开始考虑替代能源问题。除了价格因素之外，引入替代燃料还可以提高化石原材料行业的竞争程度。

从环境保护的角度看，例如在关于保护气候的《京都议定书》框架下来看，替代能源的发展极为重要。2005年2月15日，55个国家批准了《京都议定书》（这55个国家总计占到了1999年世界碳排放量的55%）。《京都议定书》的签署国承诺，到2012年时，削减5.2%的温室气体排放量。温室气体来源于化石燃料的燃烧过程，并被普遍认为是全球变暖的祸因。

瑞士和欧盟进一步承诺将削减各自碳排放量的8%。最大的二氧化碳排放国美国则拒绝签署该文件。尽管如此，随着俄罗斯的批准，《京都议定书》成功地实现了必要的碳排放量削减。风能、太阳能或地热等设备所产生的无污染能源迅速增加，除了化石燃料价格急剧上涨的原因外，还要归因于经合组织国家接受了《京都议定书》。

欧洲高度重视替代能源的推广使用。2004年，德国采用了《可再生能源法案》——以它的德语简写EEG著称——要求到2010年时，德国至少将替代能源的使用比重增至12.5%，2010年时则增至20%。2000年，欧盟给出了一份"绿皮书"，作为进一步发展可再生能源的策略基础。欧盟预期，到2010年，可再生能源发电量将占到其电力消费总量的21%。

太阳能 太阳能来自抵达地球表面的微量太阳光照射，它可以是热能或光伏能。太阳能是世界能源消费总量的25 000倍左右。太阳每20天释放的能量等于4000兆瓦。因此毋庸置疑，太阳能已成为我们能源供应方程中越来越重要的部分。

热能使用：太阳能加热设备 太阳热能发电是从太阳热能收集装置中获得的，主要用于工业水加热。它的能效大概为85%。为了将太阳光转化成热能，需要使用扁状管或真空管集热器。金属吸收器将太阳光传递给管子中的循环水流。这些管子包含在隔绝的盒子里面，盒子上面覆盖着一层高度透明的玻璃或塑料。在真空管集热器内部，吸收器的表面包含在抽出了空气的玻璃管中，这比扁平状的收集装置更为有效。由于单个管子的灵活性更大，管状集热器可以安置在曲面区域或阳光强度不大的区域。

太阳热能的根本问题在于供给与需求的长期错位。在冬季里，能源供应处于最低水平，而需求处于最高水平；反之亦然。因此，太阳能加热系统依赖于大型的热量收集装置。

光伏：电力生产 光伏效应是法国物理学家埃德蒙·贝克勒尔（Edmond Becquerel）在1839年发现的。1905年，当阿尔伯特·爱因斯坦（Albert Einstein）发现光的量子性质时，首次阐明了光与电子的相互联系。美国人查尔斯·福利特（Charles Fritts）在1883年制成了第一块光电电池，它的能效为1%~2%。

1954年，贝尔电话实验室的一组研究人员奠定了今日光电电池的基础。他们以硅为主要元素，制备了一块电池。原材料硅广泛存在而且价格低廉，并普遍运用于电子半导体中。太阳能电池由两种晶体组成，正的和（或）负的超纯硅。硼用作正的掺杂，磷用作负的掺杂。正的和负的荷载之间存在所谓的"正-负结"。如果太阳光照到硅移相，电子就以高能光子的形式释放出来。这就使静电强度进入负区，导致正区形成一个空穴。这种光伏效应就产生了电流。

在光伏电池内部，我们可以区分出岛状设备与联网设备。岛状系统绝大部分用于远程情形，例如在野营中。太阳光产生的直流电可以利用岛状设备（不连接到公用电力网络）或电池储存起来，并且可直接用于消费。或者，我们也可以借助逆向整流器将其转化成交流电，这样它就能以联网设备的形式进入公用电力网络。

EEG法案要求德国的网络运营商能够交付太阳能电量。生产出的每千瓦时太阳能电力最低补贴45.7美分，并维持20年（截至2004年12月31日）。

光伏部件可以安装在几乎任何类型的屋顶或墙面上，常常也不需要任何特殊的规划或建造许可证。在支付了安装费用之后，太阳流设备几乎不涉及保养费，所以成本非常低廉。

被动地使用太阳能 在最优化能源供给方面，太阳能建筑已经显示出新的可能性。所谓的"智能设计"建筑物都安装有大型窗户或保暖型通风系统（它在暖房里加热空气，然后均匀地输送到整个屋子），它们使用很少的能量，也不涉及较高的额外成本。舒适型通风系统也越来越普及。在冬季，它们能保证较好的空气质量，并能减少能量从窗户流失。

透明隔热层（TWD） 是被动地使用太阳能的另一种可能形式。它由小型透明的塑料构成，并将内表面与外表面隔绝开来。例如这种隔热材料可以放置于两片玻璃板之间。它也可以悬挂在能吸光的外墙壁上，以用于加热墙壁。

风能 风能间接地来自太阳能，太阳光照射温暖了地球表面，但各地的温度上升都不相同，取决于地理位置。在温度升幅最明显的地区，空气上升并形成低压区域。而在温度较低的地区，存在着高压空气区域，空气从高压区域流到低压区域就形成风。风力的大小取决于地理位置：水面或低地上的风速会高于内陆地区的风速。随着高度的增加，风速也会增加。

风能是最重要的而且使用最悠久的能源之一。风车首次出现在 12 世纪的欧洲。在 18 世纪，荷兰人建造了大约 9000 架风车，这极大地刺激了荷兰的经济发展。

然而现代的风能利用开始于 1891 年的丹麦，当时的乡村地区都有直流电供应。在 19 世纪末的美国，风能首次被大规模地用于工业化生产，人们利用风能抽取地下水。随着蒸汽机和廉价石油的出现，全球范围内的风能使用开始减少。然而在通胀时期或是在高能源价格时期，风能的使用往往变得更加盛行——例如在第一次世界大战和第二次世界大战时期，以及 20 世纪 70 年代的石油价格冲击时期。特别是在丹麦这个发起现代风能利用的国家，在 1973—1979 年间，风能行业的产品曾经向国外出口。

风力发电场是在同一个地方安装多个风能设备的发电方式，这可以减少基础设施的重复建设和维护成本。风力发电场最好是建在多风的海滨地区、直接建在海中（离岸设备）、或是建在空旷的田野上。离岸设备的安装成本虽然较高，但实际上更为经济实惠，因为海面上的风力更大。离岸设备至少需要 3 级风力才可以生产电能。当风力达到 10 级时，它会自动停止电能的生产。

水能 与风能一样，水能也源自太阳能。太阳光照射引起水分蒸发并上升，然后它又会下降，我们就可以利用这种势能。水能是一种最古老的能源。至少在公元前 3 年，中国人就开始利用堤坝或水车产生的能量。

从 20 世纪初起，水能就被用来发电。如今，世界上大约 17% 的电能来自水力发电。因此这种替代能源几乎达到了核能的利用水平。

水能的优势在于效率高、污染低、热量散失少；而劣势包括大坝对水源平衡的破坏。限制水电设备的规模，进而限制对自然资源的潜在破坏，是满足两方面要求的最好解决办法。

生物质能 生物质是指植物、动物和人类的整体有机物质。它是另一种不分季节和天气、可以不间断地使用的替代能源。提到生物质，我们可以这样区分：

- 固体生物质（例如木材和稻草）；
- 液体生物质（植物油、生物燃料和生物乙醇）；
- 气体生物质（例如，生物气）。

生物质若要成为一种能源生产方式，二氧化碳循环必须大体上保持恒定。生物质燃烧过程中释放的二氧化碳由植物吸收。生物质的能量平衡是正的，因为形成生物质所消耗的能量要小于它释放的能量。

固体生物质：木材 最古老且最为人类所熟悉的生物质能获取方式是燃烧木材。这种类型的供热方式是最有效率的，与环境也最为兼容。木材中的碳元素与空气中的氧气结合，所引起的化学反应（燃烧）释放出热量。在这种情况下，由于燃烧木材所释放的二氧化碳与木材之前所吸收的二氧化碳同样多，所以燃烧木材对气候的影响是中性的。

在木材供热方式中，燃烧木材颗粒是特别有效的方法。优质木材颗粒的大小和能量含量被定义为 DIN51731（基准）和 OENORMM7135（基准），相关的标准如下：

- 直径为 6 毫米；
- 长度为 10～30 毫米；
- 热值为 4.9～5.0 千瓦时/千克；

木材颗粒使建立全自动的木材供热系统成为可能。通过一条整合的运输渠道，木材颗粒从炉子上部运送至燃烧室，并且自动点燃。借助恒温器和计时器，全自动颗粒加热器与石油、天然气中央加热器一样便捷，能效可高达95%。

目前，木材颗粒供热系统比化石燃料供热系统的安装成本更高。但由于化石能源价格预计会急剧上涨，所以这些额外支出是很值得的。

液体生物质：生物乙醇作为汽油替代品 生物乙醇是生物质经过特定的发酵和蒸馏处理而得到的，它包括多种类型的醇（如乙醇）。它的制备工艺与烈酒的蒸馏相类似。我们几乎可以从任何有机物质中获取乙醇来替代汽油，包括甘蔗、谷物、植物残体或是废旧木材，甚至房屋废料的有机物部分都可用于生产乙醇。

但最简单的方法是从甘蔗或甜菜中提取生物乙醇。它们的葡萄糖被酵母菌或细菌直接结合成乙醇，然后再经过蒸馏和沥干而得到。在更普遍的谷物制乙醇工艺中，酶首先将种子转化成葡萄糖，然后再发酵。生物汽油的环境优势在于更好的二氧化碳平衡。乙醇燃烧所释放的绝大部分二氧化碳，通过光合作用，又被用于制造乙醇的植物吸收了。

在不对引擎作出任何改造的情况下，目前我们最多可以在汽油中添加10%的乙醇。乙醇燃料的性能和噪音与汽油几乎相同。此外，许多国家还对生物燃料给予退税政策。

巴西是世界上最大的产糖国，同时它也是最大的乙醇燃料生产国和消费国。2005年，巴西首次出现灵活燃料汽车（FFV）销量多于传统汽油动力汽车的情况。如今该国约有一半的糖产量被加工成乙醇。实际上，早在20世纪70年代的石油危机期间，巴西就将1/3的糖用于生产生物乙醇。

2005年7月，加拿大企业洛根公司（Logen Corporation）推出了一款新型生物汽油**G8高峰**。G8高峰使用的是纤维素乙醇，不同于传统的生物乙醇，它由稻草制成，而不是由谷物、甜菜或甘蔗制成。酶将稻草分解成含糖液体，然后再被蒸馏成乙醇和一种可燃的副产品。洛根与两家石油企业（皇家荷兰公司和加拿大石油公司）以及加拿大政府合作，它是首家将纤维素应用于商业的企业。

由于化石能源的有限性，预计在未来的几十年里，生物汽油、生物乙醇和生物燃料会变得越来越重要。

气体生物质：生物气 生物气的主要成分是一种天然气——甲烷系烃。生物气产生于有机物质的微生物分解。生物质中包含的能量来自于光合作用——植物将太阳能转化为生物化学能。因此生物气作为可再生能量的载体，代表着一种间接形式的太阳能利用。

在生物气工厂中，转化设备通过四个步骤来生产生物气，并且涉及多种有机体。当有机生物质被分解的时候，会产生一种由水、未被分解的有机物质（纤维素）以及无机物质（矿物质）组成的混合物。

转化的第一步是水解作用，细菌将高分子有机物分解细化成小单位物质；在第二步中，小单位物质被进一步分解成较简单的分子有机酸；第三步是酸化作用，较简单的分子有机酸和醇类被分解成乙酸、二氧化碳和氢气；甲烷生成反应是第四步，也是最后一个步骤——在这一步中，乙酸、二氧化碳和氢气被细菌转化成甲烷，多余的二氧化碳则留在气体混合物中。

生物气由下列物质构成。具体权重取决于转化过程中所用的基底：甲烷（45%~

75%)、二氧化碳（25%～55%）、水蒸气（0%～10%）、氮气（0%～5%）、氧气（0%～2%）、氢气（0%～1%）、氨（0%～1%）和硫化氢（0%～1%）。

生物气的使用进一步遵循了利用农业废料的生态规则，它也提供了另一种农业获利的途径。目前生物气主要用于发电机燃料和生产能源。此外，从生物质中提取的天然气用于供热厂的燃料，所产生的热能也进入电力系统。生产生物气本身需要使用大约30%的所得热量。剩余的部分用于家庭供热、烘干农产品以及外部的商业供给。生物气主要用于发电和处理农业残余物，欧洲的丹麦和德国是最大的生物气消费国。

地热　地热是生产效率最高的可再生能源。热量储存在深度为10千米以内的上层地壳中。地热能量可直接用于供热，也可间接用于发电。

一方面，地热能量来源于地球本身；另一方面，地壳的放射性衰减过程所产生的热量远大于此。该过程开始于数百万年之前，并且持续至今。深度每增加100米，地核的温度大约就上升3℃。在内核的岩浆里，温度达到40 003～50 003℃。地热因而是唯一一种既不直接与太阳光照射相联系，也不间接与太阳光照射相联系的可再生能源。

地热能量可用于供热和发电。根据用途，我们作出以下区分：
- 地表附近的地热（深度在500米以内）；
- 深层地热（深度在1000～6000米之间）。

地源热泵用于抽取地表附近的地热，这是一种直接形式的热量使用。至于深层地热，人们将温水从深处抽到地表处，并将所获得的热量接入地区供热系统。根据抽取热量的深度和步骤，我们可以进一步区分液热（1500～3000米）和干热岩地热（3000～6000米）。液热系统抽取地下现有的热水，而干热岩地热系统则是人为地将冷水注入热岩层的岩石缝中，再将加热过的水抽取上来。

地热总是可以获取，并不依赖于天气、日期或一年中的任何时点。它可用于冬季取暖和夏季降温。它是一种取之不尽的能量资源，千百年来，地热温水一直被人类用于烹饪、洗浴和供热。例如早期古罗马人和古代中国人用其洗浴。

2005年，全球范围内安装的地热设备能够生产出大约28千兆瓦的地热能量。瑞典和冰岛是领先的地热能量生产国。两国是该领域的先驱，它们都广泛地采用这种方法。

燃料电池技术　严格说来，燃料电池技术不是一种可再生能源，它是一种替代形式的能源。在燃料电池技术中，可燃物氢气与氧化剂氧气的化学反应能量被转化成电能。克里斯汀·弗里德里希·舍恩拜因（Christian Friedrich Schönbein）在19世纪中期发现了氢氧燃料电池的原理。由于我们假定在生产氢气的过程中已经使用了化石或可再生能源，所以氢气是二级能源载体。相比之下，氧气以天然形态存在于地球的大气层中。

燃料电池基本上由两根电极组成，电极之间存在一层膜充当离子导体。阳极（负极）被氧化燃料（氢气）包围，氧化剂（氧气）则将阴极（正极）包围。由于电子转至阳极，于是燃料（氢气）转化成氢离子，这些电子经由电导线流向阴极，使得氧气变为阴离子。在水中，氧离子与松散的氢离子发生反应。由于氢氧燃烧后的唯一副产品是水，所以燃料电池技术实际上是零排放的能源。

直到近期，燃料电池技术还仅仅应用于太空旅行和潜艇中。但便携式燃料电池产业（便携式电子产品）日益成熟。戴姆勒克莱斯勒公司就在中国的公交车上，首次测试用于汽车工业的移动燃料电池。

移动氢燃料电池的最大问题在于如何存储活性高的氢气。氢的存储有三种传统方法：压力罐、液态氢和金属氢化物。未来还可能有一种利用硅的存储方法。由于硅是由石英砂构成，它可以轻易地用于存储和运输能源，这也会极大地减少氢气存储和运输过程中潜在的危险。

由于石油和天然气资源的有限性，以及日益严峻的全球环境问题，在能源大类中，未来化石能源的使用将会减少。我们相信巨大的全球市场正在等待着可再生替代能源的开发。

硬质商品：金属

金属包括贵金属、基本金属和黑色金属。本小节分别介绍各类金属。

贵金属

金属整体上是最大的一组化学元素。它们的特征是具有金属光泽、不透明性和可延展性。金属是坚固的、均相的、易破碎且易混合的。任何尺寸的金属都可运输。我们可以区分重密度金属和轻密度金属，也可以按照反应性区分贵金属和基本金属。

黄金、白银和铂被称为**贵金属**。铂、钯、铑、铱、钌和锇被称为铂族金属。贵金属的主要特点是它们的性能，它们呈现出高度的抗腐蚀性和抗氧化性，其光泽来自于光与自由电子间的反应：光源越亮，金属的光泽越强。

贵金属有许多商用形态：

- **金属块**可被浇铸、塑造成板状或条状。两种形式都用于资本投资和工业加工。
- **金属粒**是不规则的颗粒，将液态贵金属浸泡在水池中就会产生金属粒。金属颗粒被用于工业加工和珠宝行业。
- **硬币**是由国家管辖的一种支付方式。硬币仅可用于资本投资。
- **纪念章**与硬币不同，它没有名义价值。如今，纪念章主要由私人企业制造，被收藏家购买。纪念章的市场并不大，因此它们按照面值交易。
- **交割要求权**（delivery claim）是特定数量贵金属的账户余额。这种交易形式是银行业务的前身。
- **共有权**（Co-ownership）是对实物金属、金属存单或金属库存的要求权。
- **实物贵金属**可以按照约定的利率出借，构成一种信贷形式。

各家银行自主设定贵金属的批发价格。但竞争会导致价格趋同。硬币的总重量是它的毛重量，由贵金属的重量与添加物的重量加总而成，这些添加物用以提高硬币的硬度。净重量指的是纯粹贵金属重量。

贵金属的纯度取决于其中每种合金的含量。硬币的纯度用千分数来表示，而珠宝的纯度则通常用"开"来表示。请注意，贵金属纯度的开与贵金属矿石重量的克拉（1 克拉对应的是 0.2 克）不能混淆。贵金属的纯度划分为 7 个等级（译者注：克拉与开的英文都是 carat，克拉衡量的是重量，开衡量的是纯度，每个纯度等级为特定的千分数区间）：

- 24 开指纯度达到 999∶1000；
- 22 开指纯度达到为 917∶1000；
- 18 开指纯度达到为 750∶1000；
- 14 开指纯度达到为 585∶1000；
- 10 开指纯度达到 416∶1000；
- 9 开指纯度达到 375∶1000；
- 8 开指纯度达到 333∶1000。

黄金 贵金属黄金（元素名称 Au，取自拉丁文、罗马单词 *aurum*）一直都让人类着迷。法老们受其金黄色泽的启发，将其与太阳相比。罗马人和印加人称黄金为神灵的金属。

黄金常被看成是财富和权力的度量。它的名字可能来自于印欧语系的单词"ghel"，意为发光的或闪光的。虽然黄金被看成是一种稀有的贵金属，但实际上它在世界各地均有发现。由于开采 1 吨的金沙矿仅提炼 2.5 克的黄金并不划算，所以当今的冶金工艺实际上只采掘出一小部分的黄金资源。

公元前 4000 多年，黄金开始用于制作珠宝。然而直到公元前 6 世纪黄金才被当作货币使用。根据传说，吕底亚国王克罗伊斯首次使用黄金雕刻出遁形纹章的硬币，于是成为官方的支付方式。

黄金具有货币全部的 7 个特性：
- 它是**奢侈品**，绝大多数人认为其有价值；
- 它**可分割**成几乎任何单位大小；
- 它**易于运输**；
- 随着时间变化，它完全保持**稳定**；
- 它可被精确地**称重**；
- 它**不易伪造**或人为地生产出来；
- 它**不能瞬时大量生产**。

黄金具备货币的三种功能：可用作交换媒介或支付手段，以算术单位表示，而且它的购买力不随着时间的推移而减少。

在自然界中，黄金或是以高质量游离金（块状或粒状）的形式存在，或是以混有白银、铜或汞等金属的、分布均匀的矿物质形式存在。将黄金与白银混合，会使其表面变白；将黄金与铜混合，则使其颜色变为粉红。

黄金有两种主要的类型：初级矿山金，即从地下石英中发现；次级肥皂金，它是初级黄金分解过程的副产品；矿山金依然存在于其初始的（初级的）矿藏中，但往往伴有硫；肥皂金存在于溪水或河流（次级矿藏）中经过气候变化和流水冲刷，沙砾等杂质已被清理干净。

最简单形式的黄金开采是通过冲洗或筛动含金尘土，直至质量较重的黄金从岩石中分离出来。除了这种简单的冲刷工艺之外，还有一种利用氢化钠和氢化钙稀释剂的化学工艺氰化浸滤法，也可用于将黄金从岩石中分离出来。在用电解法清洗铜时，也可提取到大量的黄金。

如今，初级矿山金的开采专门由矿业公司（工业采矿）运营，金矿深度通常为 3000 ~

4000米。除非勘测出新的矿藏，预计黄金的价格不会上涨得太剧烈。但整体上，过去7年中新矿的发现要落后于黄金的开采。在过去15年里，相对较低的金价已经导致勘探活动减少，这又导致金价的大幅下跌。如今全球范围内约900处矿山中的黄金蕴藏量估计为100 000吨左右。

与其他消费原材料不同，开采出的黄金中近乎90%仍然处于流通状态。每年的需求量估计为4000吨，而当前的供给量仅为2500吨。供给缺口由中央银行的黄金出售和废旧黄金回收来补足。

为了方便实物黄金的交易，人们把它浇铸成金属块。标准的金条重量为400盎司左右，即12.5千克左右（1盎司等于31.1035克）。制造商名称、黄金纯度、条形码等信息都刻在金条上。黄金纯度至少应为995。条形码用于黄金的鉴定。

除了标准的金条之外，还存在小型的金条、铸币用的小型金板和珠宝行业的颗粒材料。实物黄金最重要的商业中心是伦敦（伦敦金银市场协会）、苏黎世和东京。纽约的黄金期货合约在纽约商品交易所（COMEX）交易。

在供给方面，冶金企业和央行出售是主要的供给来源。南非的供给量（15%）最大，其次为美国11%、澳大利亚9%、中国8%、俄罗斯和秘鲁各为7%、印度尼西亚6%、加拿大5%，其余国家的黄金生产量之和不及5%。

排在黄金的开采之后，中央银行的黄金储备是第二大供给来源。这些黄金供给可追溯至金本位时期，当时各国货币都必须镀有黄金。美国的中央银行目前拥有8135吨黄金，其次为德国的3440吨，国际货币基金组织（IMF）的3217吨，法国的3025吨，意大利的2452吨，瑞士的1666吨，荷兰的801吨，欧洲中央银行的767吨，日本的765吨，中国的600吨。全球范围的中央银行大约持有黄金32 000吨。

需求主要来自珠宝业、制造业、牙医业和私人黄金投资。珠宝业占80%以上；出于投资目的而持有的黄金大约占2%，它代表着黄金需求中最小的一部分。

在20世纪70年代，黄金价格急剧上涨之后，1980年，黄金开始了19年之久的下跌趋势。黄金价格的峰值为850美元/盎司，1999年9月黄金价格触底252美元/盎司。此后，黄金价格再次呈现趋势上升。

如果考察黄金价格的季节性周期可以看出，5月和9月以及12月至次年2月是持有黄金多头的好时机。

白银 白银（元素符号Ag，取自拉丁文 *argentum*）是最常见的贵金属。它出现的频率是黄金的15~20倍。矿场中的白银几乎从不以纯金属形式出现。大约60%的白银是在铜、锌或铅的生产过程中，作为副产品提取出来；15%来自黄金的生产过程，只有25%来自纯粹的银矿。

白银的名字起源于斯堪的纳维亚语言，意思是光芒、白色或明亮。与黄金相类似，白银至少在公元前4000年就已经被人类使用，既作为珠宝又充当货币。在古代，埃及人、希腊人和罗马人实际上认为白银比黄金更有价值。

作为一种贵金属，白银具有出色的坚固性（它比铜软，但比金硬）、耐久性和可延展性。在所有金属中，它还具有最好的导电性和导热性，以及最好的反射性和吸光性。除了电力行业的应用之外，胶性银还运用在摄影和医药行业。但在普遍用于工业生产之前，白银早就被当作货币来使用。它也很好地执行了货币的三项功能。

在中世纪和现代时期，白银出色地保持着它相对于黄金的购买力和价格。从公元前1600年开始，法令将金银比率关系固定为13∶33。在19世纪，存在着一种双金属货币本位，它规定金银价格比率等于1∶15。流通中的所有货币要么是黄金，要么是白银。金银双本位被废除之后，19世纪末期建立起了纯粹的黄金本位制度，白银褪去了往日的光彩，直至停止扮演任何货币角色，而是主要作为中央银行的货币储备。

供给方面，由于央行不再持有白银，所以矿业生产是唯一的白银供给来源。白银的年度总产量为6亿3千万盎司，其中的90%来自10个国家：墨西哥和秘鲁占据前两位，分别供应16%和15%，其次为澳大利亚11%，中国10%，波兰和智利各占7%，加拿大、美国和俄罗斯各占6%，哈萨克斯坦则占3%。

需求方面，珠宝业、制造业、摄影业和私人投资用途占据着绝大部分的需求。制造行业是最大的消费主体，占43%左右；其次为珠宝业占30%，摄影业占22%；私人的白银投资需求占4%左右，它是需求中的最小一部分。

与黄金类似，白银在20世纪80年代经历了巨大的价格上涨，并在1980年1月止步于50美元/盎司。此后，白银开始了下跌趋势，直至跌到1992年的3.55美元/盎司。在长时期的低价格之后，白银与黄金一起，在2003年又开始了上涨趋势。

如果考察白银价格的季节性周期可以看到，7月和9月以及12月至2月是持有白银多头的好时机。

白银的价格与黄金高度相关。白银实货需求超出供给的情况比黄金更严重。虽然白银价格的涨幅大于黄金，但二者价格之间的关系依然为1∶60左右（1盎司黄金可换取60盎司白银），从历史上来看，这一比率是非常高的。历史价格比率的均值接近1∶15，历史低值为1∶3，历史高值则在1∶100以上。此外，白银是唯一一种当前市价与历史高值之间差异巨大的金属。许多工业金属和铂都接近其历史价格峰值，而白银依然比其最高价位50美元低80%。

伯克希尔·哈撒韦公司的CEO、历史上最成功的投资者之一沃伦·巴菲特，在1997年1月至1998年2月之间购买了1.29亿盎司的白银。它在1998年2月3日向公众透露自己的购买行为，于是造成了白银价格的暴涨。除了沃伦·巴菲特之外，对冲基金传奇人物乔治·索罗斯和微软公司的创始人比尔·盖茨也大量地投资于白银和（或）白银股票（阿佩克思银业公司和泛美银业公司）。因此，对于聪明的投资者来说，白银可能是黄金之外的另一种值得关注的资产。

铂 与金银不同，铂（Pt）被发现得较晚——在1750年由英国人威廉·沃特森（William Watson）发现。西班牙黄金勘探者很早就在南美安第斯山脉地区发现了铂，但他们认为这种不知名的金属没有价值。他们称之为"*platina*"，意为小块银子。

在19世纪，科学家们发现在铂内部还存在其他的金属，即是今日我们所称的**铂族金属**（PGM），例如钯、铑、铱、钌和锇。目前铂是最贵的贵金属，其次为铑。铂及铂族金属的质地天然就很好，它们出现的频率与黄金相同。在纯金属形态下，铂非常软，这就是为什么它需要掺入族内金属，才能获得极度的坚固性。铂主要是铜和镍生产过程中的副产品。

供给方面，世界年均铂产量为200吨左右。其中约有75%来自南非，而在已知的铂矿藏中，90%都位于南非；另有15%来自第二大铂生产国俄罗斯，其余的铂主要来自北美。

在南非和美国，铂金属的生产本身就是一个大行业；而在俄罗斯和加拿大，这些金属主要是镍生产过程中的副产品。铂的产地不同，铂中每种铂族金属的含量也不相同。例如，南非铂具有较高的铂含量，而俄罗斯和美国的铂中则含有较多的钯。

需求方面，汽车工业（用作催化剂）占用了43%的铂产量，珠宝业大约占35%。其余的铂需求则分布于电子、玻璃、化学和石油化学行业。铂凭借出色的化学属性，适合用作汽车催化转换器。它将氢气、氧气和其他气体保持在活性状态。铂在汽车燃料电池技术行业也发挥重要作用。在珠宝行业内，真铂珠宝带有印记"950Pt"。

与金银一起，在1980年1月铂价也达到历史高位。价格峰值为1050美元/盎司，此后便开始下跌趋势，直至1998年跌到340美元/盎司。从那以后，铂与金银类似，也开始了趋势上涨过程。

由于近来铂价居高不下，在汽车和珠宝行业里，钯金越来越多地代替了铂金。

钯 最轻的铂族金属钯（Pd）是英国人威廉·沃拉斯顿（William Wollaston）在1803年发现的，当时他在南美勘探铂。钯的名字来自小行星智神星（Pallas），智神星是在1802年被发现的。

在自然界中，钯几乎总是与其他铂族金属一起出现。它最重要的属性在于吸收氢气的能力和高反应性。在催化转换器的生产中，它对于汽车工业尤为重要。人们现已开发出了新的汽车引擎，使得排气系统既可使用铂，也可使用钯，具体使用哪种金属取决于哪一种金属更便宜。

供给方面，全球年均钯产量大约为200吨。其中约有46%来自俄罗斯，36%来自南非，14%来自北美。钯也是镍、铜、铅、黄金、白银和铂等金属生产过程中的副产品。未来，预计钯的回收再利用（例如，从老化的催化转换器中）会成为越来越重要的行业，与铂的回收再利用相类似。

钯的需求方面由汽车工业所主导，它占到了钯需求的50%左右；其次是电子行业，占15%；牙医行业占12%；化工行业占6%左右。在珠宝行业里，钯被用于将黄金转变为白金。纯钯珠宝带有印记"950Pd"。

与其他所有的贵金属类似，在1980年1月，钯的价格达到峰值。此后价格开始趋势下跌，直至1992年跌到80美元/盎司。在较长时期的低价之后，在1997年，钯价再次开始了趋势上涨。

基本金属

工业金属（基本金属）主要用于建筑行业。因此，其需求高度依赖于全球范围内的经济发展状况。由于当前中国巨大的需求——中国当前消耗20%以上的全球基本金属产量——对这些金属供给短缺的担忧变得日益严重。

铝 铝（Al）是最重要的基本金属原料，也是地壳中最为常见的金属。这种银白色金属在自然状态下的质地并不是很好，但通过化学处理可以得到改善。它主要是从铝土矿中提取的，铝土矿位于赤道附近。铝土矿中包含氧化铝、二氧化铁、一氧化硅和水。

铝生产的不利之处在于成本较高，因为在熔化工艺中，铝与冰晶石一起融化时会释放大量的能量。这可能会占生产成本的 50%。因此铝价与油价的走势高度相关。大部分的铝加工是通过铸造工艺进行的。除了用铝土矿生产之外，汽水瓶等废料的回收再利用也成为铝材料的重要来源。铝的轻质量、耐腐蚀性、非常好的延展性使其成为汽车、飞机和建筑工业不可或缺的材料。

供给方面，全球年均铝产量大约为 3000 万吨。其中的 20% 来自于中国，13% 来自于俄罗斯，10% 来自于美国。

需求方面由汽车工业主导，该行业消耗了供给量的 26%；其次是包装行业和建筑行业各占 22%。在国家层面上，最大的需求来自于美国和欧洲。

与其他所有的金属类似，铝价在 1980 年达到历史高位；其后价格开始趋势下跌，直至 1993 年跌到 1020 美元/吨。铝价在 1999 年再次开始趋势上涨。

铜 青铜合金的成分之一铜（Cu）是一种最古老的金属，它从青铜时代使用至今。铜在自然界里以重金属的形态存在，天然就具有很好的质地。它的拉丁文名称"cuprum"取自于塞浦路斯岛（aes cyprium：塞浦路斯的矿砂）。铜凭借出色的导热性，以及变形能力和高度耐腐蚀性，成为仅次于铝的一种最为常用的工业金属。铜也用于生产黄铜（一种铜锌合金）和青铜（一种铜锡合金），这两种合金的硬度都比铜本身要高。

铜的原材料由 60% 的精矿和 40% 的旧铜（铜屑）组成。铜的提炼要经历几个步骤。精铜矿砂由铜矿生产出来。这种含有铜、铁和硫的精矿与粉末很相似，在精炼厂里它被融化成砂眼和阳极。然后阳极再经过电解精炼过程，成为优质铜，即所谓的"阴极铜"。最终产品是铜片，凭借着其出色的传导性，它可用作屋顶、设备导管和电缆。为了能在交易所交易，阴极铜的纯度至少为 99.99%。

供给方面，世界年均铜产量为 1600 万吨。其中大约有 35% 来自于智利，9% 来自于印度尼西亚，8% 来自于美国；10% 来自于旧铜屑。

需求方面由建筑行业（使用铜板）主导，占 37% 左右；其次为电子行业（使用双绞电缆），占 26%；制造工程行业占 15%；交通运输和消费品行业各占 11%。2003 年，中国首次取代美国成为最大的铜消费国。

铜价在 1980 年达到历史高位。其后便开始了趋势下跌，与黄金类似，铜也是在 1999 年结束下跌，触底价格为 1320 美元/吨。在 2001 年达到历史次低价位后，铜价再次开始趋势上涨。

镍 镍（Ni）已被使用了大约五千年。然而它曾被误认为是铜矿砂中不可熔化的成分（白铜）。由于它增加了纯铜生产的难度，所以被称为"魔鬼金属"（在中世纪）。18 世纪中期，在克龙斯泰特（Cronstedt）男爵的努力下，独立的金属镍行业首次出现。

镍是铁族金属中的磁性金属，普遍用于 300 000 种以上的不同产品中。它是非常坚硬的传导性金属，具有显眼的银色光泽。全球范围内所生产的镍有 60% 以上用于制造优质钢铁和其他抗氧化合金。钢铁合金中加入少量的镍可极大地提高坚固性和抗腐蚀性。虽然它作为微量元素少量地存在与人体中，但如果达到 50 毫克以上，实际上镍就会毒害人体。皮肤接触镍后也会发生过敏反应。

供给方面，全球年均镍产量为 120 吨。其中的 24% 来自于俄罗斯，16% 来自于美国，13% 来自于加拿大。废旧镍的回收再利用越来越显得重要，因为 20% 左右的世界镍产量现已来自于镍屑。

需求方面，建筑行业是主要的消费主体，其次为汽车工业。含镍的优质钢铁特别适用于建筑行业。世界上大约40%的镍产量流向欧洲，其次为亚洲和美洲。

镍价也在1980年达到历史高位。熊市在1998年结束，触底价为3725美元/吨，随后镍价再次呈现出上涨趋势。

锌 锌（Zn）是工业金属中第三常用的金属，前两位分别为铝和铜。锌是蓝白色的金属，常用于保护其他的金属，例如，涂在车身上防止锈蚀。电子行业中一种被称为镀锌的工艺使用大约50%的锌产量。锌在空气中会形成一层防止腐蚀的保护膜碳酸锌。此外，锌也与铜结合使用，生产黄铜。生产黄铜是锌的第二大用途，其用锌量占到锌产量的20%。

自然界中不存在纯金属形态的锌。闪锌矿（一种锌占65%的锌/硫化合物）和菱锌矿（一种锌占50%的碳酸锌）是从两种锌矿石中提取出来的。闪锌矿要在熔炼炉中转化成氧化锌，菱锌矿则要在井式炉中转化为氧化锌，所得到的氧化锌再与煤炭混合在一起，倒入马弗炉中冶炼蒸汽态的粗锌（98%）。利用电解工艺反复地熔化粗锌，即可提炼出优质锌（99.99%）。

供给方面，世界年均锌产量为1000万吨。中国和澳大利亚是最大的两个产锌国，各占20%，其次为加拿大和秘鲁，二者产量之和约占25%。

需求方面，建筑行业是锌的主要消费主体，其次为汽车工业。除了这些行业之外，在机械制造和家用电器行业也常常会用到钢质燕尾槽。

锌价在1980年达到历史高位，其后开始了下跌趋势，直至2001年跌至737美元/吨。此后，锌价再次呈现出上涨趋势。

铅 在自然界中，重金属铅（Pb）主要是与铜、锌或银等一同出现在矿石中。它的名字取自印度日耳曼语言，意思是闪烁的、发光的或闪光的。从青铜时代的初期开始，铅就与其他材料一起，用于生产青铜。最有名的一种铅是方铅矿，由87%的铅、铅砂或硫酸铅矿构成。

铅是一种抗腐蚀、非常软且轻度可延展的金属。因此在罗马时代，它是管道建造的首选材料。但由于它有毒，所以1970年以后大多数发达国家都停止使用铅作为管道材料。现在，含有铅的餐具也已被禁止使用。长期地、少量地摄入铅会积存于人体，并导致慢性铅中毒，典型症状是头痛、疲劳和肌肉萎缩。塑料、铝、锌和铁是铅的常见替代物。

如今，铅主要用于汽车电池、备用机组和爆破防护层。与其他工业金属类似，铅要经过两步生产过程——提纯和冶炼。当前市场上流通的铅中有一半以上是从汽车电池中回收的。最重要的冶炼工厂位于发达国家，但分解拆卸主要在发展中国家进行。

供给方面，全球年均铅产量为700万吨。其中的22%来自于美国，20%来自于中国，6%来自于德国。需求方面，制造汽车电池占75%以上，其次为生产备用机组所占的15%。铅可以提供放射性防护的另一个领域是制造安全设备，例如医疗行业的铅围裙或"KASTOR"运输放射性废料所采用的交通工具。

与其他所有的工业金属相类似，铅价在1980年达到历史高位。在价格峰值之后，铅价便开始了趋势下跌，下跌过程结束得相对较晚，直到2001年铅市场才开始上涨。从此，铅价一直处于趋势上涨状态。

贵金属和工业金属中不包含铁成分，因此被称为**非铁金属**（NE金属）。在技术上，工业金属可以划分为重金属（密度在 4.5 克/立方厘米以上）和轻金属（密度在 4.5 克/立方厘米以下）。铝属于轻金属，铜、镍、锌和铅则属于重金属。

铁 最古老的铁（Fe）制器件出自埃及和苏美尔古文明地区（今日的伊拉克），大约有 6000 年历史。在欧洲，凯尔特人在公元前 700 年左右开始用炭火炼铁。铁的名字取自印度日耳曼单词 eison，意思是闪光的。铁是地壳中含量第 4 多的元素，占 6% 以上。

铁是质地柔软的银白色金属，它属于基本金属。在自然界中，人们几乎从未发现过纯铁金属。含铁 20% 以上的岩石被称为铁矿石。铁矿石在露天开采和采掘过程中被分解，目前主要是在南美地区。巴西是世界上最大的铁矿石生产国，其次是澳大利亚、加拿大、中国和东欧。原先几个最大的铁矿石生产国是法国、瑞典和德国，但如今它们在铁矿石生产中已不再发挥作用。德国的最后一个铁矿场位于上巴拉丁纳特的奥厄巴赫地区，该矿场在 1987 年被关闭。

在加热至 2000℃ 的鼓风炉中进行粗铁矿石化学分解过程，就可以得到液态铁。铁熔浆中的副产品是矿渣和鼓风炉瓦斯。矿渣用作肥料和道路铺设材料；鼓风炉瓦斯则用作炼焦炉的燃料。

钢 在钢的名目下，可以刻画出所有以铁为主要成分的、可塑可延的金属合金。也就是说，碳从生铁中被剔除直至含量低于 2%。于是脆铁被转化为延性钢。如果含碳量高于 2%，我们就称其为铸铁。

钢是最常用的金属材料。除生铁以外，钢屑在钢生产中扮演着重要角色。在古典的氧气鼓风炉冶炼工艺中，钢屑使用率接近 20%。借助合适的炼钢添加剂，例如铬或镍，优质钢的性质得以改善。这些钢材在建筑业或机械制造过程中最为常用。最重要的产钢国是中国、日本和美国；在欧洲，最重要的产钢国是俄罗斯、德国和意大利。

由铁制成的钢是理想的生态材料，因为它在几乎无限的时期内可以回收再利用，而且不会有损质量。

软质商品

在过去的几个月里，大多数硬质商品的价格都达到了历史高位，初级软质商品的价格依然很强劲。尤其是随着亚洲国家如中国和印度的经济繁荣发展，它们所消费的食品也急剧增加了。但具有讽刺意味的是，尽管全球范围的工业化进程推高了农产品原材料的需求，但调整通胀因素之后，其价格却接近历史最低水平。

饮食习惯也随着经济繁荣而改变，这意味着更多的肉类和水果消费、更多的面食类产品消费。由于全球范围内的化石燃料价格不断上涨，人们可能更多地将谷物和糖用于生产能源。因此日益增加的需求导致价格剧烈上涨，或许仅仅是时间问题。

食品和消费品

小麦 小麦是世界上最重要的农业原材料（agro-raw material）。全球范围内 1/5 以上的热量需求是通过小麦得到满足的。小麦主要用于生产面粉，但它也用于制作酒精饮料，例如啤酒、威士忌和乙醇，此外还用于养牛业。根据小麦作物种植的时间以及生长的气候条件，可以区分出不同类型的小麦。最重要的两种小麦是芝加哥小麦（软红冬麦）和堪萨斯小麦（硬红冬麦）。名称中的"冬"字是指小麦种植的时间，修饰词"硬（软）"指的是小麦在何种气候条件下生长。

供给方面，全球年均小麦产量大约为5.6亿吨。其中的18%来自于欧盟，16%来自于中国，13%来自于印度。俄罗斯和美国的小麦收成分别占9%和8%。需求方面，中国和欧盟主导着市场，分别占用了供给量的17%和18%；其次为俄罗斯7%和美国5%。全球小麦产量中仅有1/5能进入国际市场。其余的部分由生产国自行消费。

玉米 玉米排在小麦之后，是世界上另一种最重要的谷物。玉米是一种特别顽强的植物，几乎可以种植在任何地方。它常被用作动物饲料，但也用于制作食品（例如，酒精、人造奶油和甜化剂）。与小麦类似，它也可以用于生产乙醇。

供给方面，全球年均玉米产量是6亿吨；其中的38%来自于美国，20%来自于中国，8%来自于巴西，7%来自于欧盟。需求方面，美国和中国主导着该市场，分别占32%和20%；其次为巴西和墨西哥，分别占6%和4%。由于最大的生产国同时也是最大的消费国，因此仅仅有少量的玉米供能流向国际市场。

大豆 大豆排在小麦和玉米之后，也是一种最重要的农产品。凭借着40%的蛋白质含量，大豆具有多种不同的用途。除了制作食物（20%）之外，大豆常用于制作婴儿食品、减肥食品（diet food）、面食、豆腐和豆奶。然而大豆产量的绝大一部分（80%）是以豆粕的形式作为动物饲料；另一种大豆产品是豆油，它是由压榨豆粒而得到的。

此外，大豆产品已经越来越频繁地应用于生产工业品，例如油漆、颜料、肥皂、黏合剂、墨水乃至生物燃料。由于日益严峻的能源问题，生物燃料的生产已经吸引了很大的注意力。

供给方面，全球年均大豆产量为2.1亿吨；其中约有90%来自于美国、巴西和阿根廷。需求方面，欧盟几乎占到50%，其次为中国。以世界产量来衡量，谷物和豆类是最重要的软质商品大类，它们在原材料指数中的权重要高出工用农产品行业和畜类行业2倍以上。

咖啡 咖啡豆起源于埃塞俄比亚，它在14世纪的埃塞俄比亚首次被烘焙并煮成咖啡。如今，咖啡已成为最重要的一种国际性农业原材料。全球范围内存在2种主要的咖啡类型，它们生长在大约80个亚热带和热带国家，种植面积超过1100万公顷。优质的阿拉比卡咖啡豆（在纽约交易）主要来自于西半球，而烈性的罗巴斯塔咖啡豆（在伦敦交易）则生长在亚洲和非洲的热带地区。

因为很少有植物像咖啡那样对天气很敏感，所以在有价值的植物中，它被认为是尤其珍贵。早晨短时间的霜冻就可以摧毁数百万棵咖啡树。此外，从种植到首次结果需要三四年的时间，这使种植成本的摊销期变得很长。由于亚洲地区显现出减少茶树种植、加大咖啡作物种植的趋势，咖啡的需求预计在将来只会增加。

供给方面，全球年均咖啡产量为1.15亿袋（60千克）。其中的35%来自于巴西，其次为越南的10%，哥伦比亚的9%。需求方面，欧盟以34%占据主导地位，其次为美国。在欧洲，德国是最大的咖啡消费国，它占到了全球需求的8%。咖啡生产国也存在着咖啡需求。例如现今巴西要消费其咖啡收成的40%。

可可 可可是一种对气候特别挑剔的植物，仅能种植在最温暖的区域。从种植到可可树首次结出棕黄色或黄绿色的果实，需要3~5年时间。这种对天气非常敏感的可可树每年有两次收成。80%的主收成是在冬季，另外20%的收成则是在夏季。可可豆经过发酵，便会散发出典型的可可气味。

供给方面，全球年均可可产量为350万吨。其中的70%来自于西非（其中的40%来自于象牙湾），17%来自于东南亚，13%来自于中南美。需求方面，荷兰的需求最高为13%，其次是德国，德国的人均巧克力消费量是世界最高的。糖果行业对可可的需求量，占全球可可收获量的90%以上；其余的部分则用于化妆品和制药行业。

糖 农业原材料糖是用甘蔗和甜菜制造出来的。甘蔗生长在热带地区，如巴西、印度和古巴；甜菜则生长在温带气候下，例如欧洲、澳大利亚和中国。甘蔗作物与甜菜作物的比率大约为60:40。

糖用于改善食品的风味和保存食品，但它也以乙醇燃料的形式，越来越多地用做汽油的替代品。巴西是世界上最大的产糖国，也是最大的乙醇生产国和消费国。巴西每年生产1500万立方米的乙醇，而且产量还在不断上升。当前，巴西有一半的糖产量被加工成生物燃料。在2005年，巴西人购买的乙醇动力汽车（可用汽油或乙醇运行）数量首次超过了传统的汽油动力汽车。

然而，随着越来越多的糖被用于生产乙醇，巴西可供出口的糖就越来越少，这最终会导致供给问题。如果原油供给问题变得更严峻，那么从经济和生态方面的原因看来，这种替代燃料很可能继续大受欢迎。

在18世纪，英国人在茶水中加入蔗糖晶体以增加甜味，这些蔗糖晶体是用殖民地的甘蔗（*saccharum*）制造出来的。1747年，德国药物学家和化学家安德烈亚斯·马格拉夫（Andreas Marggraf）发现，从藜属植物甜菜的根部中，也可以提取出一种甜味剂，这种甜味剂与从甘蔗中提取的甜味剂是同一种东西（蔗糖）。自此以后，糖一直被用做人类的能源，现在又被用作机器的能源。

虽然全球范围内每年的人均糖消费量接近23千克，中国人每年平均只消费11千克。经济繁荣度与糖消费量之间存在正相关关系，所以中国以后或许会对糖价产生决定性影响，就像对绝大多数其他的原材料的影响一样。

当前，美国和欧洲都对糖产业进行补贴。5000名左右的美国糖农每年接受50亿美元的补贴，6000名左右的欧盟糖农则接受30亿欧元的补贴。

供给方面，全球年均糖产量为150吨。最大的生产国巴西占比20%，其次为欧盟15%、印度10%、中国7%、美国5%。

需求方面，印度的糖需求量最大，占比13%，其次为欧盟12%、东欧和拉美各占11%、非洲占10%、中国占8%、美国占7%。

工用农业原材料

棉花 棉花的使用在印度超过了5000年；在中国、埃及和美国也有1000多年。如今，70多个国家和地区种植棉花，其中中国和美国是最重要的产棉国。棉花要求亚热带气候，并且要有大量的阳光和水分。种植时间，一般是在四五月份，棉苗对过度炎热或过度潮湿气候的反应极为敏感；采摘期间，是在从 9—12 月，则需要尽可能干燥的天气。在采摘之后，棉花要经过晒干、清理并装包。棉花纤维用于纺织行业。供给方面，世界棉花产量的 25% 左右来自于中国，其次为美国 20%，印度 14%；需求方面，中国和印度尼西亚是最大的棉花进口国。

木材 农业原材料木材可以划分为硬木和软木两种。软木占木材消费总量的 85% 左右。地表约有 1/3 的面积被树木覆盖，即 40 亿公顷。热带雨林仅占地表面积的 7%。这些树木防止水土流失、雪崩和洪水；此外，它们还吸收了世界上一半的碳排放。

在全球范围内，每年砍伐的树林约为 600 万公顷。砍伐量在 1980—1990 年间达到峰值 1500 万公顷之后，过去几年里的砍伐速度有所放缓。

畜类农业原材料

架子牛 架子牛指的是年轻的牛，大多数情况下指阉割的公牛，它们被饲养至达到被屠宰的重量。在 6~8 个月的喂养之后，它们的体重达到 600~800 磅。此时，这些年轻的牛被归类为生牛。

生牛 生牛指的是准备屠宰的牛，平均重量为 1200 磅。在生长到目标体重后，就被出售给屠宰场。供给方面，全球年均产量为 5000 万吨牛肉；其中的 25% 来自于美国，16% 来自于巴西，15% 来自于欧盟，12% 来自于中国。需求方面由美国主导，美国的需求量占 26%；其次为欧盟，占 15%；巴西占 13%；中国占 12%。

瘦肉猪 瘦肉猪指的是待宰的猪，这些猪大约是 6 个月大。与牛不同，猪通常是一直呆在同一个饲养场，直至出栏上市。猪的最优屠宰重量为 250 磅。其中 90 磅的猪肉流入市场，其余部分则加工成火腿。

供给方面，全球年均产量为 9000 吨猪肉；其中的 50% 来自于中国，其次为欧盟的 20%，美国的 10%。需求方面，中国是最大的消费国，其次为欧盟和美国。由于中国既是最大的生产国，又是猪肉消费大国，所以欧盟成为世界上最大的猪肉出口地区。

请注意，畜类饲养过程中的能量平衡问题也需要关注：为了生产出 1 卡路里的肉，需要消耗掉 10 卡路里的植物能量。

结 论

在商品大类内部有一个主要区别。化石燃料的数量是有限的，不可（或者，只在高额的代价下才可能）再生（例如原油）；软质商品的数量不是有限的（例如咖啡），而且相对容易再生。这两大类商品都是人类必不可少的资源。

化石燃料的市场价值受到需求、供给和全球范围内已探明蕴藏量的影响；可再生资源的价值仅由供给和需求决定。

大多数硬质商品的市场价值仍然低于它们的历史价格高位。在很多年里，这些商品的价格都处于熊市阶段。这其中除了政治因素之外，一个原因在于现有的资源量被过快使用。由于需求已经超过了供给，而且人们预计供给方面不会有大幅的增加，所以预计这些商品的市场价值会继续上升。

  软质商品，例如食物和消费品、畜类农业原材料、工用农业原材料等，都是可再生资源，它们的需求普遍都在增加。玉米、小麦和糖是大多数人每日饮食的基本成分。消费品如咖啡和可可等，也被看成是我们日常生活的一部分。这些商品都是可再生的，但也会受到各种外部因素的影响（如天气）。这些因素对供给造成影响，因而也会间接地影响这些产品的价值。

第 31 章
黄金投资实务指南

查理·X·蔡（Charlie X. Cai）博士
讲师
利兹大学商学院
利兹大学

伊恩·克拉契（Iain Clacher）博士
讲师
利兹大学商学院
利兹大学

罗伯特·法弗（Robert Faff）博士
金融学教授
会计与金融系
莫纳什大学首席研究员
利兹大学商学院
利兹大学

戴维·希利尔（David Hillier）博士
金融学教授
利兹大学商学院
利兹大学

黄金作为一种贵金属，代表着财富与权力。千百年来，人类社会一直很看重黄金的获取和拥有。在古代的文明社会里，如罗马、拜占庭，黄金不仅被（直接）作为一种货币，而且是珠宝首饰等奢侈品的象征。至今，黄金仍然代表着财富与奢侈，而且直到 20 世纪 70 年代，黄金仍然作为一个国家货币价值的基础；黄金也被国际货币基金组织（IMF）

和国际清算银行（BIS）用做货币本位的基础。此外随着技术的进步，目前黄金也被广泛应用于工业活动，如牙医业和电子业。

本章有两个目标：首先，概述黄金投资和黄金市场的运行情况；其次，提供一份关于黄金研究的最新调查。我们从回顾黄金的用途入手。

黄金的用途

黄金独有的一个特征是它具有财富保值功能，并且可以为个人和机构投资者提供流动性。因此，19世纪末以来，黄金一直作为中央银行重要的储备资产。由于黄金在本质上是同质的，仅仅存在纯度上的差别，所以它可作为国家之间货币价值的一种衡量标准。例如在历史上，国家之间签订过一些协议，将主权国家的货币价值与其黄金储备相联系，即所谓的金本位制度。

黄金作为货币本位

金本位制度下，中央银行发行银行券，并保证持有人凭此银行券可从中央银行兑换一定数量的黄金。从国际范围来看，这种制度在本质上就固定了货币之间的汇率（被称为黄金输送点）。对中央银行而言，该制度使得国际收支账户的余额可以用黄金来结算。如果一国出现收支顺差，中央银行将获得净黄金流入，并增加黄金储备。央行就能够增加货币供给，并可能会引起国内物价水平的上升，继而增加对进口品的需求。当出现国际收支逆差时，就存在相反的效应。

布雷顿森林体系是最后的国际金本位制度。布雷顿森林体系于1944年7月建立，旨在为重建第二次世界大战后的国际贸易提供一个框架。该体系具有许多重要特点，并且催生了两个重要的国际金融机构——国际复兴与开发银行（IBRD，现为世界银行的一部分）和国际货币基金组织（IMF）。从货币政策的角度来看，布雷顿森林体系的重要特点之一是美元价值固定在35美元每一盎司黄金，而各国央行将其货币盯住美元，并维持波动幅度在1%以内。然而各国货币对美元汇率波动幅度维持在1%区间内的要求，严重限制了全球经济的发展，于是导致美元与黄金的兑换权被中止，最终，1971年布雷顿森林体系崩溃。

黄金作为储备资产

布雷顿森林体系崩溃后，虽然不存在盯住汇率制下的协议安排，但各国中央银行仍然将黄金作为储备资产来持有。其原因可能不再像过去那样有说服力，但在压力与危机时期，黄金储备确实是中央银行的一种非常有效的政策工具。最近央行得益于黄金资产的一个例子发生在1997年亚洲金融危机中。由于韩元对美元出现贬值，韩国无法偿还其外债。韩国政府以本币债务证券大量购买国民手中的黄金。韩国政府利用这个方法筹集到500多万盎司黄金，并将其兑换成美元。韩国政府最终得以偿还外债，并且避免发生违约。1999

年,时任美国联邦储备局主席的艾伦·格林斯潘在美国国会做证词时说道:"黄金是终极的支付方式,它被看成是币值稳定的要素之一,而且代表着货币的终极价值。"

截至1973年,尽管美元的黄金价格进行过多次上调,但主要货币兑美元的汇率均已浮动。因此,黄金从仅仅作为一种储备资产,转变为一种投资品。1971年,在原先的金本位制下黄金价格为35美元/盎司,但到1973年底时,伦敦黄金定盘价已上涨至120美元/盎司。纽约商品交易所(COMEX)于1975年推出首支黄金期货,这在很大程度上可归因于黄金价格的迅速上涨。在随后的几年里,黄金的投资需求显著增长,并且在1980年达到峰值,此时黄金价格达到前所未有的高位——700多美元/盎司[1]。

布雷顿森林体系崩溃以后,伴随着世界各地的金融市场逐渐放松管制,黄金和黄金衍生品的投资需求保持着强劲势头。其中的原因有多个:首先,黄金与其他金融资产大体上是不相关的,因此能为投资组合提供许多分散化的机会;其次,这种低相关性也使黄金成为投资者的优良对冲工具;最后,在金融局势紧张时期,黄金能为组合带来流动性,所以黄金是不错的投资工具。

黄金的基本面

为了评估黄金及其衍生品的投资价值,我们需要理解黄金供求关系背后的独特驱动力量。黄金的供给有两个来源:市面上的黄金供给(即已处于流通环节中的黄金)和新开采的黄金;黄金需求的来源主要有三个方面:工业、奢侈品市场和投资者。

世界黄金协会(WGC)的资料显示,2005年黄金供给中61%是来自于矿业生产(其中的70%产于南非地区),17%来自于官方的黄金出售,22%来自于废旧黄金的回收再利用(译者注:再生金)。矛盾的是,虽然矿产金构成黄金供给的最大部分,但黄金价格对于金矿产量水平的变化并不是很敏感[2]。其中的原因非常简单:另外的两个供给来源(即官方出售的黄金与再生金)构成"实际的"黄金供给。

从理论上来讲,中央银行和私人拥有的全部黄金都能够供应给市场。据估计,已提炼出的黄金总量大约为155 500吨。相比之下,2006年世界黄金协会的一份报告指出,年度新开采的黄金量仅有2400吨左右,也就是说,每年新增的黄金供给是现有黄金存量的2%。与其他任何商品尤其是石油相比,这一比率相差甚远。因此,这就是黄金区别于其他绝大多数商品的特点之一。大多数商品都是提炼出来即用于消费,或是加工转化成其他产品而消费;黄金则可由银行和个人获取并持有。这种大量的(潜在的)黄金供给构成一个缓冲层,它可以化解任何可能发生的供给冲击。

中央银行和超国家组织,如国际货币基金组织和世界银行,持有全球已开采黄金量的1/5左右作为其储备资产,所以它们在国际黄金市场中起着重要的供给方角色。除了在公开市场上买卖黄金之外,中央银行也通过出借、互换和其他衍生品交易来影响黄金的价

---

[1] 需要指出的是,1980年黄金价格达到峰值不大可能仅是需求因素造成的,例如高油价和美元疲软也是其中的原因。但需求因素是黄金价格上涨的一个很重要因素。
[2] 油价与铜价则不同,它们对提炼量变化是高度敏感的。

格。另外，它们也是黄金租赁市场上最大的供给方。

黄金需求可以分为三类：时尚饰品、工业应用和投资品。珠宝业一直占据着黄金最终需求的最大份额，约占总需求的75%[③]。因此，珠宝行业的发展趋势对黄金市场的整体表现极为重要。

珠宝行业对黄金的需求具有季节性特点。在一年中，因为几大年终庆典和节日都发生在第四季度，所以第四季度的黄金需求最为强劲，如印度教庆典排灯节和圣诞节，此时珠宝首饰礼物是很常见的。在第一季度中则有中国的春节、印度的结婚高峰期以及情人节等，这些节日都不同程度地使第一季度成为第二大黄金需求季节。由于缺少大型的黄金礼品馈赠场合，所以第二、第三季度的黄金需求通常较低。

印度、中国等国家的经济发展也是珠宝业季节性特点的另一个因素，同时也增加了黄金需求。据估计，印度的中产阶级人口数已增至2亿。随着经济不断繁荣，具有较高可支配收入的个人将增加在礼品上的开支，如排灯节赠送的礼物。因此，这些国家经济的发展既增强黄金需求的季节性变化，又增加黄金需求。

工业与医疗方面的用途占全球黄金需求的11%，每年约为400公吨[④]。黄金也应用于装饰品工艺，例如镀金、镶金和金丝线等，这些用途大体上为总需求的2%~3%。需要指出的是，这些用途产生极少量的可回收黄金，所以在通常情况下，工业与医疗用途方面的黄金存货量会更大。

作为一种贵金属，黄金凭借其财富保值和分散风险的特性，成为投资组合中具有吸引力的资产。世界黄金协会（WGC）报告称，黄金的投资需求相对较小，每年约占总需求的4%。不过，这个看似较小的数字却反映出一个事实：世界黄金协会仅统计金币、小型金条等实货投资以及其他可辨认的零售投资，例如投资于在交易所挂牌交易的黄金基金。因此，这种统计方法忽视了通过间接方式进行的大量黄金投资。

黄金投资产品

远期

黄金远期合约与其他类型的远期合约相类似，如远期利率协议、远期汇率协议等。在黄金远期合约中，交易双方约定在未来某个时间，按当前商定的价格买卖黄金。

期货

就其本质而言，黄金期货是在交易所内交易的标准化远期合约。理论上，黄金期货是指双方在某个特定的日期，以确定的价格交割规定数量、规定质量黄金的合约。但在实践中，双方根据黄金价格变动所引起的盈亏进行结算，而不进行实物交割。黄金期货价格由多种因素决定，并且在本质上反映的是市场对黄金持有成本的估计，即借入黄金的利息费

[③④] 世界黄金协会认为，这是2001—2005年间每年需求量的平均值。

用、保险费用、储存费用和交割费用等。

为了开展黄金期货的交易，投资者必须在经纪公司开立保证金账户，并存入一定数量的保证金，以此向交易所提供保证同时也可维持头寸的流动性。纽约商业交易所（NYMEX）会员的初始保证金为每份合约2500美元，而非会员的初始保证金为每份合约3375美元。

大力发展黄金衍生品市场的好处、衍生品市场对现货金价的潜在影响等问题还颇有争议。对大力发展衍生品市场的批评主要在于现货黄金的美元价格同期呈下跌趋势。与此针锋相对的观点是，衍生品市场的发展提高了黄金市场的流动性，增强风险管理能力并提供对冲机会。

衍生品市场对黄金市场参与者产生了积极影响是无可争议的。中央银行从其黄金储备上获得收入。借助衍生品市场，黄金存货的持有大户能够对冲金价下跌引起的风险，黄金的生产和加工企业也可以对冲黄金价格风险。这种风险对冲能力也使生产企业得以运用项目融资来开发新矿场。

期权

黄金期权给予持有者的是权利而不是义务，持有者有权在约定的日期按照事先确定的价格，买入（**看涨期权**）或者卖出（**看跌期权**）一定数量的黄金。黄金期权的价格取决于许多因素，如现货黄金价格、执行价格、无风险利率、估计的黄金价格波动率以及期权的剩余到期时间等。

权证

在20世纪80年代，黄金权证被用于为采矿项目融资。黄金权证与黄金期权有很多共同点——投资者购买权证，权证赋予买方在特定时间、按照特定价格购买黄金的权利。

黄金账户与黄金积累计划

20世纪80年代，日本率先推出黄金积累计划（GAP）。这些计划很受日本大型银行欢迎，据估计，目前黄金积累计划已持有约200公吨黄金。黄金积累计划与传统储蓄计划相类似。两者的区别在于，储蓄账户中的存款会得到利息，而黄金积累计划的每月收益则投资于黄金。作为一种黄金投资形式，该计划非常实用，因为它甚至允许小额投资者开展黄金投资。每月固定的缴纳额度可以很小，根据投资者个人意愿而定；由于该投资是长期性质的，所以对于小额投资者来说，它还可以消除大笔投资失误的风险。此外，这种间接黄金投资还可避免黄金实货投资（金币等）所涉及的费用。

黄金凭证

黄金凭证起源于美国内战时期，并且也作为金本位制度的一部分。它们在本质上是财政部发行的银行券,而且可兑换同等价值的黄金。美国财政部于 1933 年停止发行黄金凭证,从此黄金凭证退出流通。事实上,黄金凭证是非常受追捧的收藏品。

如今,黄金凭证由投资银行发行。该凭证允许投资者持有黄金,而且不涉及实物交割。在德国和瑞士,黄金凭证也是很常见的。由于银行以信托的形式持有凭证,所以投资者既拥有黄金,又不需要过问黄金的储存和安保问题。此外,如果凭证拥有者决定出售部分或全部的黄金,该操作可随时进行。

交易所交易基金

另一种证券化黄金投资形式是交易所交易基金(ETF)。与大多数衍生品不同,交易所交易基金紧紧追踪黄金价格,而且是受监管的金融产品。其中的一个原因在于交易所交易基金是 100% 地用黄金实货抵押,因此其也被称为交易所交易的黄金。一些最大的交易所交易基金包括 LyxOR 金条证券、金条证券(澳大利亚)、streetTRACKS 黄金股份、NewGold 金条债券、iShares Comex 黄金信托、苏黎世银行黄金 ETF、伊斯坦布尔黄金 ETF、加拿大中央基金和中央信托基金。

矿业股票与基金

在金矿业股票投资方面,存在多种形式的集合投资方案。其中包括共同基金、开放型投资公司基金、封闭型基金和单位信托基金。这些基金产品在世界各国交易,并且常常受到监管。不同基金的投资范围差别很大,一些基金仅投资于金矿业股票,而大多数基金则投资于各种矿产公司。某些基金也通过衍生品投资或直接的黄金投资来获取黄金价格敞口。

黄金挂钩债券与结构化票据

黄金挂钩债券由世界最大的一些黄金做市商和投资银行发行。这些投资产品也非常有用,因为它们提供黄金价格的敞口、带来收益,而且在不同程度上保障本金的安全。无论投资者看涨金价还是看跌金价,市场都可以提供符合投资者观点的结构化票据。根据他们有关金价走势的观点,一部分投资将配置于看跌期权或看涨期权,其余的投资则配置于货币市场以获取收益。一些产品也能够提供保障资本安全的功能,具体视其产品设计而定,而且取决于投资者的市场观点及风险情况。

黄金市场投资与黄金工具

市场和交易所

与其他投资产品一样,黄金在全球有活跃的交易市场。主要的黄金实货交易所位于伦敦和纽约；同时，上海、迪拜等地的新兴交易所发展迅猛。此外，全球黄金市场已经开发出一系列黄金衍生品，其中包括场外交易的远期合约、交易所交易的期货和期权等。

黄金交易所 主要的黄金实货交易所是伦敦场外交易市场（OTC）、纽约商业交易所（NYMEX）及其分部纽约商品交易所（COMEX）。此外，还有众多的黄金实货交易所分布在世界各地，1918年中国香港金银业贸易场向英国政府登记注册，东京商品交易所（TOCOM）则是在1982年开始交易。其他有名的实货交易所包括上海黄金交易所和伊斯坦布尔黄金交易所，后者主要面向珠宝市场。

上海黄金交易所交易的品种是纯度为99.99%与99.95%的黄金，最小提货量包括1千克和3千克，并且均以元/克标价。与伊斯坦布尔黄金交易所类似，上海黄金交易所主要服务于珠宝行业，2006年的黄金实货交易量约为中国珠宝需求量的2倍。在此后的几年里，上海黄金交易所值得投资者关注，这是由于中国经济的市场化在不断推进，而且交易所的3名会员已获准进行衍生品交易。

在未来几年，印度的交易所也会受到关注。2003年开始，电子交易平台已在黄金交易中使用，通过印度多种商品交易所（MCX）、印度国家商品与衍生品交易所（NCDEX）进行交易。除黄金之外，两家交易所也进行其他商品的交易，印度国家商品与衍生品交易所还提供多种贵金属交易合约。印度多种商品交易所也与其他的商品交易所以及孟买黄金协会等建立战略联盟。自开始交易以来，两家交易所的交易量不断攀升。

2005年，迪拜黄金与商品交易所（DGCX）开业，这是黄金交易最新的进展。迪拜已经成为一个重要的黄金实货交易中心，中东、印度的大部分黄金交易均集中于此。值得一提的是，世界实货黄金交易的20%要通过迪拜进行[5]。迪拜市场的另一项重大发展是迪拜金属和商品中心制订了《迪拜合规交割标准》。《迪拜标准》规定，在交易所交易的金条重量须在100~1000克之间，最低纯度为99.5%。该标准也是对《伦敦大型金条交割标准》的补充，小型金条在形状、外观及标记方面均遵循伦敦标准。

场外交易市场 全球黄金交易由黄金现货市场的场外交易、黄金远期和期权、交易所内交易的期货、期权以及其他更复杂的黄金衍生品（如互换）等构成。场外交易是指买卖双方不经由交易所而直接进行的交易。这是因为场外交易包含特定的条款与条件。由此可见，交易双方需要管理每一笔交易的交易对手风险和信用额度安排。因此场外交易具有高度灵活性，全球黄金交易大部分也都是以场外交易形式进行的。

在世界范围内，场外交易市场全天候运作。主要场外交易市场的中心是伦敦、纽约和苏黎世，三者都是批发市场。尽管这些市场具有较大灵活性，但由于其最小交易规模一般都不低于1000盎司，所以小型投资者难以进入该市场。我们还应当注意，由于主要的场外交易市场分布在不同的时区，所以批发市场的日内流动性会根据不同的时段而变化。

对于矿业公司和中央银行而言，伦敦和纽约是最主要的交易中心。纽约市场除开展珠宝业和工业的黄金交易以外，还进行投资和投机交易。苏黎世市场则专门向珠宝业和工业产品制造商提供黄金实货。迪拜和远东地区也存在大量的场外交易中心，主要进行珠宝行业和私人投资的交易，产品通常为不足1千克的小型金条。

黄金投资的证券交易一般使用电话进行，并通过电子交易系统来完成。该市场的一个

---

⑤ 参见世界黄金协会，伦敦，http：//www.gold.org/value/markets/supply_demand/。

重要特点是每日两次（上午和下午）的**伦敦黄金定盘价**，在伦敦交易时段内，"定盘价"成为当日交易的参考价格。此外，定盘价也被作为该交易日内长期合约定价、其他合约估值的基础。

伦敦黄金下午定盘价是世界所有黄金交易的参考价格，可见其十分重要。当世界各地的大多数市场，包括美国、欧洲、中东以及非洲的交易所进行交易时，下午定盘过程宣告开始。因此这一时段往往是该交易日最具流动性的时段。定盘价由伦敦黄金市场协会的五大做市商会员决定，它们是伦敦定盘成员。目前，这五大做市商是德意志银行、法国兴业银行、汇丰银行、加拿大丰业银行和巴克莱银行。定盘价上的任何一笔交易都要经由五大做市商之一来执行。

定盘过程实质上是市场轧清买卖订单的公开拍卖过程，在定盘价确定之后，才开展最终的交易过程。定盘价是单一的价格。在定盘过程中，客户向交易对手下达订单，交易对手要么本身就是五大定盘成员之一，或者是与定盘成员（以及该客户）保持联系的金块交易商。定盘成员先整理所有的订单、得出净额，然后再交流各自的买卖头寸。定盘开始时，主席首先提出一个反映当时市场价格的"试探价"，之后定盘成员将该价格报告给各自的交易室，各交易室与对此感兴趣的所有相关人员保持联系。市场参与者可随时进入定盘过程，或是根据各自对所接收到价格的看法来调整或撤销订单。黄金价格被不断地上下调整，直至买卖订单相匹配，此时的价格即被宣布为黄金定盘价。在极少数情况下，如果买卖订单数量难以达到平衡，那么黄金价格将由定盘主席斟酌决定，这种情况被称为"**斟酌定盘价**"。所有的订单都会参照这个价格进行交易。各家新闻频道以及各家黄金信息网站都会迅速地报道定盘价。伦敦金银市场协会认为，定盘价完全公正地反映出当时全体市场成员的头寸。

黄金价格动态

在研究了黄金市场的基本面和不同类型的投资策略之后，现在探讨黄金在金融市场中的角色。首先，回顾一下金价收益的表现和特性。

黄金价格与收益的特性

图 31.1 显示的是 1971—2006 年间的伦敦黄金下午定盘价。1973 年布雷顿森林体系崩溃之后，黄金价格得以自由浮动。随后，1975 年时黄金价格已经翻倍，在 1980 年达到史上最高水平。在 1980—2000 年期间，由于美元走强和低通货膨胀率等原因，黄金价格缺乏强劲的表现，并在 1999 年跌至 20 年来的最低水平。但从那时起，黄金价格已经上涨了 1 倍以上。人们提出了许多金价回升的驱动因素。常被提及的一个因素是国际安全的不确定性上升，这与黄金作为"避风港"的观点相契合[6]。其他被提到的原因还包括能源价格

---

[6] David Hillier, Robert Faff and Paul Draper, "Do Precious Metals Shine? An Investment Perspective," *Financial Analyst Journal* 62, 2 (2006), pp. 98–106.

上涨、原油价格上涨以及美元汇率走弱。

图表 31.1　伦敦黄金下午定盘价（1971—2006 年）

资料来源：数据来自伦敦金银市场协会。

因此，我们不禁要问：黄金价格的决定因素有哪些？已有的大量研究试图运用统计模型对黄金价格的长期、短期变化进行分析，这些研究可划分为三类：

第一类是考察黄金对冲通货膨胀的功能[7]。

研究普遍证实，黄金是一种长期的对冲通货膨胀工具。美国物价指数每上升 1 个百分点，金价会出现相应的上涨。而且，当这种长期关系出现偏离时，黄金价格会呈现缓慢的均值回归过程。

从短期价格波动来看，黄金价格与美国通货膨胀、美国通货膨胀的波动率以及信用风险呈正相关关系，而与美元的贸易加权汇率、黄金租赁利率呈显著的负相关关系。有意思的是，莱文和赖特（Levin and Wright）[8] 的研究结果显示，黄金价格变化与世界通货膨胀、世界通货膨胀的波动率、世界收入水平以及黄金贝塔值的变化并未表现出关联性。

第二类主要关注投机行为的影响以及黄金价格变动的合理性[9]。

---

[7] David Chappell and Kevin Dowd, "A Simple Model of the Gold Standard," *Journal of Money, Credit and Banking* 29, 1 (1997), pp. 94 – 105; Dipak Ghosh, Eric J. Levin, Peter Macmillan, and Robert E. Wright, "Gold as an Inflation Hedge?" *Studies in Economics and Finance* 22, 1 (2004), pp. 1 – 25; Bahrat R. Kolluri, "Gold as a Hedge against Inflation: An Empirical Investigation," *Quarterly Review of Economics and Business* 21, 4 (1981), pp. 13 – 24; Saeid Mahdavi and Su Zhou, "Gold and Commodity Prices as Leading Indicators of Inflation: Tests of Long-Run Relationship and Predictive Performance," *Journal of Economics and Business* 49, 5 (1997), pp. 475 – 489; David Ranson, *Why Gold, Not Oil, Is the Superior Predictor of Inflation* (London: World Gold Council, 2005); and David Ranson, *Inflation Protection: Why Gold Works Better Than "Linkers"* (London: World Gold Council, 2005).

[8] Eric J. Levin and Robert E Wright, *Short-Run and Long-Run Determinants of the Price of Gold* (London: World Gold Council, June 2006).

[9] Jess Chua, Gordon Sick and Richard Woodword, "Diversifying with Gold Stocks," *Financial Analysts Journal* 46, 4 (1990), pp. 76 – 79; Anna Koutsoyiannis, "A Short-Run Pricing Model for a Speculative Asset, Tested with Data from the Gold Bullion Market," *Applied Economics* 15, 5 (1983), pp. 563 – 581; Robert S. Pindyck, "The Present Value Model of Rational Commodity Pricing," *Economic Journal* 103, 418 (1993), pp. 511 – 530.

乔戈尔（Tschoegl）[⑩]、索尔特和斯万森（Solt and Swanson）[⑪]、阿加沃尔和索能（Aggarwal and Soenen）[⑫] 对美国黄金市场的性质和有效性等多个方面进行了探究。尽管存在收益依赖性和非正态性的迹象，但他们大体上认同黄金市场是有效的。

史密斯（Smith）[⑬] 运用随机游走假说，对伦敦黄金上午定盘价、下午定盘价以及收盘价进行检验。他发现上午定盘价和下午定盘价都存在自相关性，而收盘价遵循随机游走理论。他认为收盘价相对而言更为有效，原因在于收盘价由一天当中更多的信息所决定，而且涉及更多的市场参与者。

第三类关注的是黄金衍生品合约。针对1982—2002年期间的纽约商品交易所现货交易、期货市场上交易的黄金与白银合约，卢塞和塔利（Lucey and Tully）[⑭] 研究每日黄金、白银合约的条件与非条件均值、方差的季节性特征。他们发现在黄金、白银的现货与期货市场上，都存在负的星期一效应（译者注：即星期一金价下跌）。

在日内数据层面上，柴、张和王（Cai、Cheung and Wong）[⑮] 对纽约商业交易所黄金期货的收益波动率给出了详细的刻画。对应着每日交易时段的开始和结束，日内波动率呈现出明显的U型模式。强烈的日内周期性又同等程度地导致绝对收益呈现出有规律的自相关模式。他们在研究美国宏观经济公告的影响时发现，就业报告、国内生产总值、消费物价指数以及个人收入等信息对金价波动率产生的影响最大。最后，他们考察了1983—1997年期间25个最大的绝对收益（以5分钟为单位），发现这些收益大都与下列事件相联系：中央银行出售黄金储备、对黄金消费需求的担忧、利率、石油价格、通货膨胀率、美国失业率、亚洲金融危机以及南非的政治局势。

黄金作为战略资产的战术举措

希利尔、德雷珀和法弗（Hillier、Draper and Faff）[⑯] 认为，贵金属纯粹的战术作用不足以完整反映出其为投资组合所带来的潜在长期收益。他们的研究表明，被动型的长期买入并持有策略，要明显优于在包含黄金在内的广义资产组合中开展的主动型短期买卖炒作策略。他们的研究结果还显示，在1976年1月至2004年12月的28年内，广义国际股票组合中的最优黄金权重约为9.5%。

[⑩] Adrian Tschoegl, "Efficiency in the Gold Market-A Note," *Journal of Banking and Finance* 4, 4 (1980), pp. 371-379.

[⑪] Michael Solt and Paul Swanson, "On the Efficiency of the Markets for Gold and Silver," *Journal of Business* 54, 3 (1981), pp. 453-478.

[⑫] Raj Aggarwal and Luc Soenen, "The Nature and Efficiency of the Gold Market," *Journal of Portfolio Management* 14, 3 (1988), pp. 18-21.

[⑬] Graham Smith, "Tests of the Random Walk Hypothesis for London Gold Prices," *Applied Economics Letters* 9, 10 (2002), pp. 671-674.

[⑭] Brian M. Lucey and Edel Tully, "Seasonality, Risk and Return in Daily COMEX Gold and Silver Data 1982-2002," *Applied Financial Economics* 16, 4 (2006), pp. 319-333.

[⑮] Jun Cai, Yan-Leung Cheung and Michael C. S. Wong, "What Moves The Gold Market?" *Journal of Futures Markets* 21, 3 (2001), pp. 257-278.

[⑯] Hillier, Draper, and Faff, "Do Precious Metals Shine?"

米肖、米肖和普尔弗马克（Michaud, Michaud and Pulvermacher[17]）进一步研究了黄金的长期投资价值，或者说策略投资价值。他们指出：

> 黄金也许是一种有价值的战术资产。黄金对地缘因素非常敏感。在相对稳定的时期，少量的黄金配置可能有好处。在经济活动异常高涨时期，黄金的收益可能反映出乘数效应，这种乘数效应与文化背景相联系。在财政或货币管理失当时期、在各种类型的危机时期、或是在主导货币出现根本性变动的时期，黄金可能会成为非常有用的风险对冲资产（p.26）。

与此相反，他们发现黄金作为分散化资产，其组合权重与小盘股、新兴市场股票等资产类别相当。然而黄金的战略配置水平要依据投资组合的风险程度而定。他们的研究结果显示，低风险组合中的黄金配置比例在1%~2%就可以了，平衡型组合中的黄金配置比例则应在2%~4%。

黄金作为潜在的对冲工具

几百年来，黄金或直接以硬币的形式充当货币，或间接作为各种金本位制度下的货币。纵观历史，黄金与其他商品不同，其主要功能是作为流动性的财富储存工具，而不是作为工业投入品或消费品。因此在经济周期中，黄金价格较少出现波动。当以某种货币表示的黄金价格发生变化时，就反映了市场对该货币价值评估的改变。黄金通常被看成是抵御纸币贬值的避风港。主要原因之一在于黄金的购买力在长时期内都相当稳定。例如，1833年时黄金价格为20.65美元/盎司，调整物价变动因素之后，约等于2005年的415美元/盎司，而2005年的实际黄金价格为445美元/盎司。因此莱文和赖特[18]认为，黄金的实际价格在172年时间里仅发生较小的变动。

对于养老基金等机构投资者而言，黄金的"避风港"特征和高流动性使其成为具有吸引力的商品。

利用黄金对冲状态变量的不确定性

默顿（Merton）[19] 的**跨期资本资产定价模型**（ICAPM）假设，投资者能够构建组合以对冲状态变量的不确定性。由于跨期资本资产定价模型并未在理论上识别出这些因子，所以，识别出合适的因子就成为经验研究的问题。默顿认为，利率即是一个这样的状态变

---

[17] Richard Michaud, Robert Michaud, and Katharine Pulvermacher, *Gold as a Strategic Asset* (London: World Gold Council, September 2006).

[18] Levin and Wright, Short-Run and Long-Run Determinants of the Price of Gold.

[19] Robert Merton, "An Intertemporal Capital Asset Pricing Model," *Econometrica* 41, 5 (1973), pp. 867–887.

量,卢比奥、尚肯和斯克鲁格斯(Rubio[20],Shanken[21] and Scruggs[22])等人进而考察了这种可能性。

戴维森、法弗和希利尔(Davidson、Faff and Hillier)[23]认为,黄金是一个可供选用的对冲因子。他们运用1975—1994年期间的34种全球行业指数,在国际跨期资本资产定价模型(international ICAPM)的框架下研究黄金的作用。尽管实际的黄金溢价为负值(自20世纪80年代初期以来),但他们发现,许多行业具有显著的黄金价格敞口。总的来说,纳入黄金的国际跨期资本资产定价模型能够得到数据支持,特别的,黄金似乎充当合理的对冲代理变量。米肖、米肖和普尔弗马克[24]的研究也发现,对于长期战略性的机构投资者,黄金能够在恶劣的市场状况和经济环境下提供稳定性,因此进一步支持黄金作为跨期资本资产定价模型中的一个状态变量。

黄金作为货币对冲工具

考察黄金作为货币对冲工具的有效性时,需要区分对冲国内的价格变化与对冲货币自身的购买力变化。

黄金与其他商品类似,也是以美元标价的。当其他条件保持不变时,美元走弱会引起黄金价格上涨。这也就部分地解释了近年来黄金价格走强的原因。有鉴于此,将美元汇率变动的效应从影响黄金收益的众多因素中分离之后,才能体现出黄金作为美元币值波动的对冲工具的效果如何。我们在考察黄金与其他以美元标价资产的分散化功能时,这一点显得尤为重要。

1971年至2002年6月,卡派、米尔斯和伍德(Capie,Mills and Wood)[25]考察了黄金与多种货币兑美元汇率之间的关系,其结论是:尽管在这段时期黄金价格存在大幅的波动率,但黄金仍可被看成是一种能够对冲美元汇率波动的优良资产。卡瓦里斯(Kavalis)[26]也指出,从对冲美元汇率波动的方面来看,黄金要优于其他商品。因此黄金可以视为是一种有别于其他商品的独特资产。

图表31.2显示,自1978年以来,黄金价格与按贸易加权的美元汇率之间的相关性,我们可以观察到二者相关性是随着时间而变化的;还可以看出,在1978—2006年期间,黄金与美元的相关性一直小于0,并且在某些时期达到-0.6的超低水平。

---

[20] Gonzalo Rubio, "An Empirical Evaluation of the Intertemporal Capital Asset Pricing Model: The Stock Market in Spain," *Journal of Business Finance and Accounting* 16, 5 (1989), pp. 729–743.

[21] Jay Shanken, "Intertemporal Asset Pricing: An Empirical Investigation," *Journal of Econometrics* 45, 1–2 (1990), pp. 99–120.

[22] John T. Scruggs, "Resolving the Puzzling Intertemporal Relation between the Market Risk Premium and Conditional Market Variance: A Two-Factor Approach," *Journal of Finance* 53, 2 (1998), pp. 575–603.

[23] Sinclair Davidson, Robert Faff and David Hillier, "Gold Factor Exposures in International Asset Pricing," *Journal of International Financial Markets, Institutions and Money* 13, 3 (2003), pp. 271–289.

[24] Michaud, Michaud and Pulvermacher, *Gold as a Strategic Asset*.

[25] Forrest Capie, Terence C. Mills and Goeffrey Wood, Gold as a Hedge against the U. S. Dollar (London: World Gold Council, 2004).

[26] Nikos Kavalis, *Commodity Prices and the Influence of the U. S. Dollar* (London: World Gold Council, 2006).

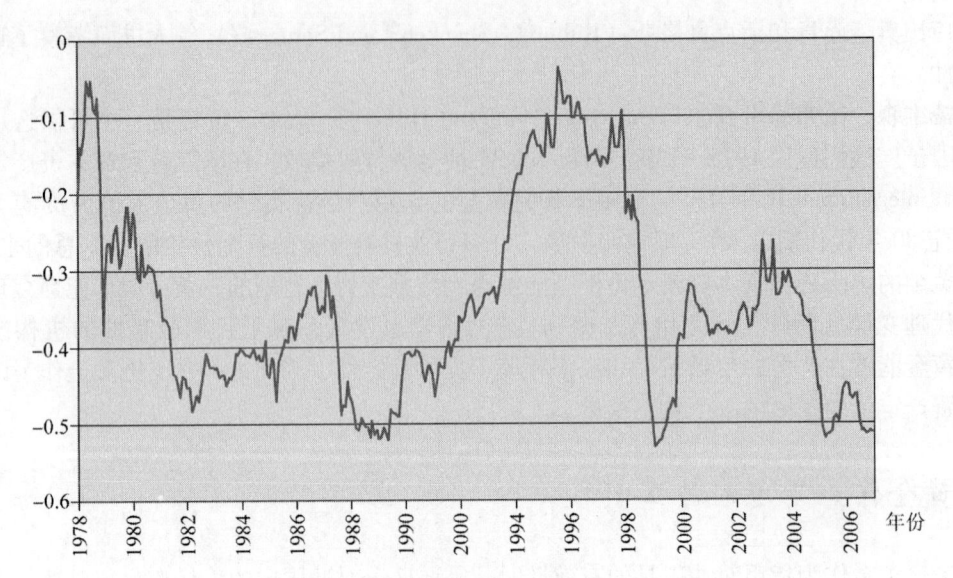

图表31.2　黄金价格收益与美元贸易加权汇率之间60个月期的滚动相关性
（以美元计，1978—2006年）

资料来源：数据来自伦敦金银市场协会和圣路易市联邦储备银行。

黄金作为通胀对冲工具

雅斯特拉姆（Jastram）[27]认为，不论在通货膨胀还是通货紧缩时期，黄金均能在相当长的时期内保持其购买力。在后续跟进的研究中，哈姆斯顿（Harmston）[28]发现，虽然黄金价格存在波动，但相对于货币以及其他商品，黄金始终如一地回归至其历史购买力平价水平。因此一些人就更加有理由相信，随着时间流逝、经济环境和经济周期的不断变动，黄金能够为财富保值。哈姆斯顿研究结果也显示，长期的黄金投资或许是一种非常有效的长期通胀对冲方式，不仅在美国是这样，在英国、法国、德国和日本也是这样。

兰森（Ranson）[29]的最新研究不仅证实黄金是优良的通胀对冲工具，而且指出与消费物价指数（CPI）、原油价格等其他指标相比，黄金是一种更好的通货膨胀预测指标。这就有力地支持了以下观点：黄金可以对冲极端事件、通货膨胀冲击等不利经济形势。

图表31.3显示1973年1月至2007年期间，黄金对冲美国通货膨胀的倾向。黄金投资的收益对起始日期的选取很敏感。20世纪70年代初期的黄金价格低于公允价值，投资者如果在此时购买黄金，金价的上涨幅度超过整个样本期间的通货膨胀率。然而如果投资者在20世纪80年代初期购买黄金，通货膨胀会使其遭受损失。例如，如果投资者在1980年金价达到顶峰时购买黄金，那么金价只有在2006年12月达到每盎司2016美元的

---

[27] Roy W. Jastram, *The Golden Constant*: *The English and American Experience* 1560–1976 (New York: John Wiley & Sons, 1977).

[28] Stephen Harmston, *Gold as a Store of Value* (London: World Gold Council, 1998).

[29] See Ranson, *Why Gold, Not Oil, Is the Superior Predictor of Inflation and Inflation Protection*: *Why Gold Works Better Than "Linkers."*

情况下，黄金才能成为有效的通胀对冲工具。

投资与分散化特性

投资黄金的重要原因之一是其能够充当优良的分散化资产。黄金收益的变动往往独立于其他资产或关键经济指标。如图表 31.2 和图表 31.4 的滚动相关性所示，黄金降低组合风险的效果随着时间而变化。一般而言，在包含股票的投资组合中，黄金是一种很有效的分散化资产。仅仅在 20 世纪 80 年代，上述相关性达到 0.1 以上，在 1984 年达到最高值 0.25 左右。

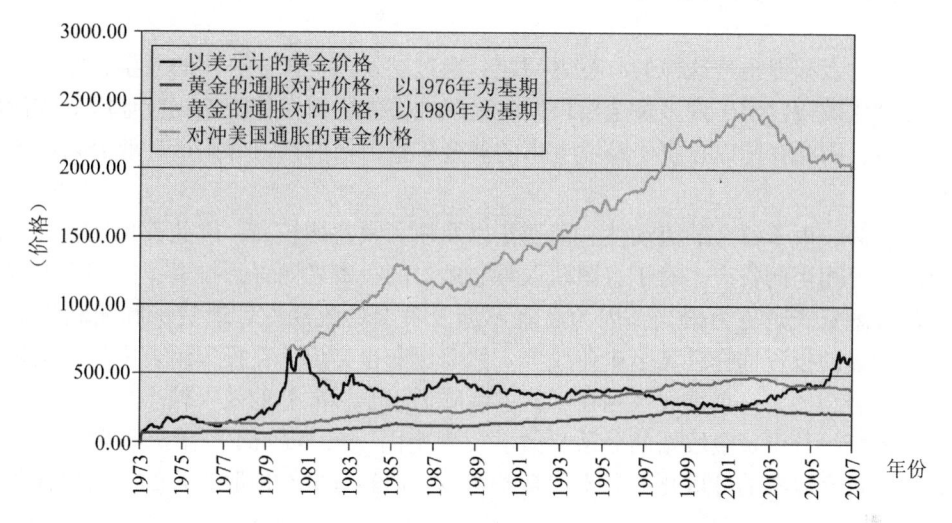

图表 31.3　黄金成为美国通胀对冲工具所要求的黄金价格（美元，1973 年 1 月至 2006 年 12 月）

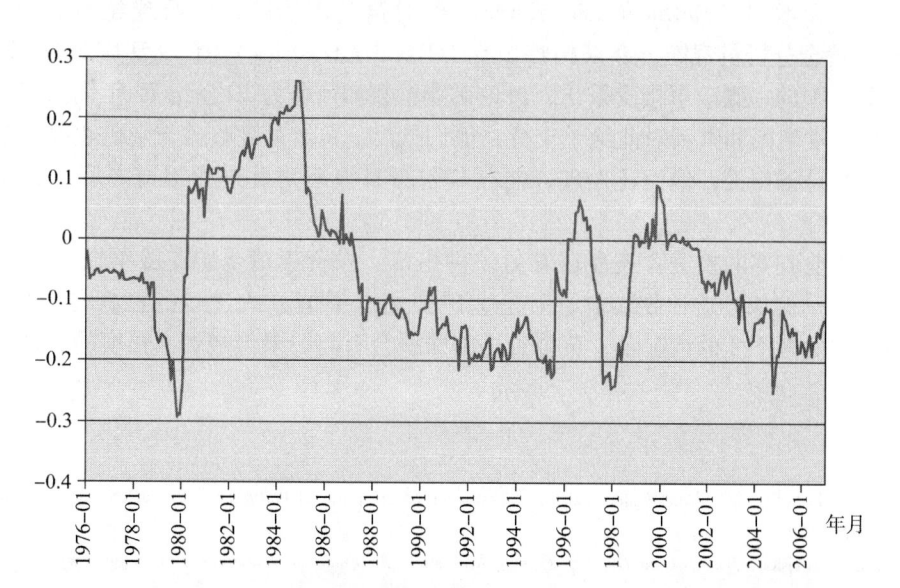

图表 31.4　黄金收益与标准普尔 500 指数收益之间的 60 个月期滚动相关性（1976 年 1 月至 2006 年 12 月）

资料来源：数据来自伦敦金银市场协会和 DataStream。

贾菲（Jaffe）[30]证实加入黄金可增加组合的平均收益，同时可降低收益标准差，以此论证黄金和黄金股票是机构投资者组合中合适的资产。包含黄金的投资组合通常显得更加稳健，并能更好地应对市场的不确定性。

关于黄金分散化的效益，一个有意思的研究问题是为何黄金收益与其他商品、金融资产的收益之间缺乏相关性。劳伦斯（Lawrence）[31]研究黄金收益与其他资产之间的相关性，他发现低相关性要归因于市面上的黄金存货可供动用。黄金存货充当着经济周期不同阶段的缓冲器，使得黄金成为组合中一种有用的资产，发挥分散化功能。

黄金还是黄金矿业股票

不少研究者都提出过这样的有意思问题：通过纳入黄金矿业公司的股票，能否就实现黄金的分散化效益？由于许多黄金出口国是新兴经济体，而且伴随着相应地区的政治风险和经济风险，因此在国内投资于跨境上市的黄金矿业公司股票或外国金矿公司股票，常常更加方便。

贾菲认为，由于黄金的流动性、消费量以及便利收益均较高，因此其预期收益可能会低于风险程度相当的资产。对于意图获取黄金敞口的投资者而言，投资于能够反映黄金价格走势的金融资产则更为恰当，因为后者不涉及黄金的流动性、消费量和便利收益等问题。一个明显的投资选择是黄金矿业股票。然而贾菲也指出，在投资组合中包含金矿业股票与包含黄金相比，一个重大区别在于，前者降低组合标准差的效果较小。

关于投资组合中黄金股票的分散化效益，麦奎因（McQueen）[32]给出更多的支持。他指出，尽管黄金股票的分散化效果不如金条明显，但其分散普通股组合的能力要强于一般的普通股。

麦奎因和索利（McQueen and Thorley）[33]对黄金市场的另一有趣特点进行了研究。1979年，黄金分析员戴维·菲茨帕特里克（David Fitzpatrick）就1979年8月27日《华尔街日报》中的一则故事接受采访，讨论矿业指数如何作为20世纪70年代末黄金价格的先行指标。麦奎因和索利对此给予支持，他们指出，黄金月度收益与金矿业股票组合的前一月份收益呈正相关；他们还发现，在《华尔街日报》对此进行报道之后，这种异象减弱了。

但金矿业股票的投资者还存在着另一种担忧。投资于黄金矿业股票通常不是"单纯的投资"——例如，这种股票本质上是金矿公司以举债方式进行的杠杆化投资。因此，在其他条件保持不变的情况下，黄金价格的涨跌会引起股票价格更大幅度的涨跌。也就是

---

[30] Jeffrey F. Jaffe, "Gold and Gold Stocks as Investments for Institutional Portfolios," *Financial Analysts Journal* 50, 5 (1989), pp. 53–59.

[31] Colin Lawrence, *Why is Gold Different From Other Assets? An Empirical Investigation* (ondon: World Gold Council, 2003).

[32] Grant McQueen, Diversifying with Gold Bullion and Gold Stocks, Working Paper, Brigham Young University, 1991.

[33] Grant McQueen and Steven Thorley, "Do Investors Learn? Evidence From a Gold Market Anomaly," *Financial Review* 32, 3 (1997), pp. 501–525.

说,金矿业股票的黄金价格弹性应该大于1。布洛兹和谢(Blose and Shieh)[34]的理论模型和经验研究证实,对于以开采金矿为主营业务的公司,其股票的黄金价格弹性确实大于黄金。布洛兹[35]在另一份研究中进一步指出,如果共同基金投资了黄金工业公司的股票,那么同样存在这种关系。然而黄金收益绝不是黄金矿业股票收益的唯一决定因素。布洛兹和谢的研究显示,黄金价值还受到生产成本、黄金储备水平以及与金价风险无关联的资产比例的影响。这就突显了一个事实:作为投资组合中的分散化资产,共同基金和矿业股票具有明显区别于黄金本身的特征。

黄金与商品期货指数

投资于分散化的商品期货合约篮子,投资者既能获得黄金及其他商品投资的敞口,又可避免标的产品的交割不便问题,这是另一种可供选择的投资方案。这些产品一般是基于商品指数的。

市场上存在几大热门的商品指数,其中包括高盛商品指数、路透/杰弗瑞商品研究局指数、道琼斯–AIG商品指数和罗杰斯国际商品指数。

在这些商品期货指数中,黄金的配置权重比较低,介于1.5%~6%,因此所获得的黄金敞口非常小[36]。米肖、米肖和普尔弗马克考察的是,与投资于充分分散化的商品篮子相比,直接投资于黄金的相对盈利性。他们指出,商品期货收益与黄金价格收益无关,并提出黄金价格收益指数是一个更明晰且更直接的衡量指标。

研究总结

黄金市场本身是相对有效的。此外黄金还提供潜在的分散化机会,大多研究结论支持投资组合中长期包含黄金。有意思的是,投资黄金矿业股票却达不到直接黄金投资的效果,原因在于组合中的一些黄金矿业股票显示出不同的分散化效果。黄金也是一种优良的对冲工具,尽管黄金价格的波动率较高,但黄金是对冲许多货币汇率变动的有效工具。然而,黄金作为一种通胀对冲资产,其有效性在不同时间是不同的。

与仅考察线性关系的以往研究相比,未来富有成果的研究领域将是运用更复杂的经验方法。我们可以合理地假设对黄金价格产生影响的一些因素之间存在非线性关系。如果这些关系可以被考察,那么黄金作为对冲工具,或是作为投资组合中的分散化资产,其有效性可能会提高。

---

[34] Laurence E. Blose and Joseph C. P. Shieh, "The Impact of Gold Price on the Value of Gold Mining Stock," *Review of Financial Economics* 4, 2 (1995), pp. 125–140.

[35] Laurence E. Blose, "Gold Price Risk and the Returns on Gold Mutual Funds," *Journal of Economics and Business* 48, 5 (1996), pp. 499–514.

[36] 关于商品期货指数构成的更多讨论,参见 Gillian Moncuicle, *Indexes Enticing Investors* (London: World Gold Council, September 2005).

黄金的未来

过去 30 年中的黄金投资以及黄金价格动态所发生的变化,在事先极难被我们预测到,甚至是难以作出大概的估量。所以黄金发展的前景如何是一个很难回答的问题。先声明一点,我们的研究方法是考察黄金应用的主要领域,首先作为中央银行储备资产,其次作为工业商品,最后作为投资品。

黄金作为中央银行的资产,其角色发生着变化。1999 年,欧洲多家央行签署了《央行售金协议》(CBGA)。该协定实质上设定了央行出售黄金数量的上限,即在未来 5 年不得超过 2000 吨。对黄金出售数量的上限作出规定,这种现象表明,一些央行不再乐意持有大量的黄金储备,可见该协议的签订是一个重要举措。在随后的时期里,英国、瑞士成为主要的黄金出售方。截至 2002 年年末,欧洲的中央银行持有黄金储备总额从 1999 年的 16 128 吨下降至 14 289 吨。在协议签订之前,比利时出售黄金 299 吨,从而将其黄金储备削减一半,英国、瑞士也打算出售一半的黄金储备。因此,这种出售现象反映出黄金作为储备资产的用途正在下降。

英国希望出售黄金的主要原因在于,1999 年年初的净外汇储备约为 130 亿美元,其中黄金储备不足 65 亿美元(即净外汇储备的 50%)。对以往净储备中的资产收益波动率以及不同资产类别收益之间相关性的分析表明,如果黄金持有水平下降至 0~20%,净储备的市场风险将会降低,具体下降程度取决于所使用的样本期间[37]。因此,英国财政部决定在中期内将黄金持有量削减一半。持有平衡型(充分分散化)储备组合的策略与中央银行以往所遵循的策略不同,而且它进一步证实这个观点——黄金不再是首选的储备资产,而仅仅是储备资产组合中的一种资产。

在珠宝行业中,黄金需求增长的空间很广阔。鉴于世界上的黄金珠宝需求大多与宗教节日紧密相连,那么经济发展应该会对黄金需求产生影响。我们可以合理地预测,随着经济繁荣、个人拥有更多的财富和可支配收入,节假日期间的黄金需求将会增加。这种趋势在印度和中国已经发生。

至于未来的工业应用,过去十年间的研究已发现大量新的黄金实际用途,其中的一些尚在研究之中,而且也会明显地增加黄金在工业上的应用。例如作为燃料电池、化学加工、污染控制和纳米技术中的催化剂。导体镀金技术也会引起黄金的巨大工业需求。此外,许多处于发展阶段的新医学技术也要用到黄金,如抗癌治疗和 X 射线技术。

在投资方面,黄金已经演化为一种便捷的投资品。对于所有的投资者,不论以投机、对冲还是分散风险为目的,如今都能通过衍生产品进行黄金投资。此外,由于黄金作为投资品或工业商品的需求不可能出现下降,因此市场对这些衍生产品的需求可能会维持在高水平。

---

[37] H. M. Treasury, Review of the Sale of Part of the UK Gold Reserves, October 2002.

结　论

黄金投资再次引人关注的原因有多种，其中包括对美元波动率的担忧、通货膨胀的预期、持续且高度的地缘政治不确定性，以及投资者愈加认可黄金的组合分散因子作用。

珠宝行业和工业对黄金的需求日益增长，而黄金作为储备资产的需求却在下降，目前黄金市场上的这些趋势反映出黄金的角色正在发生变化。但可以肯定的是，黄金作为投资品的需求会增加。不论是以金币和金条形式进行的实货投资，还是出于对冲或分散化目的而进行的投资，黄金作为资产，其业绩表现非常好。

黄金在投资组合中的作用也不太可能会降低；工业和珠宝业增长的黄金需求，以及对冲或抵消金价不利变动的需要，意味着黄金衍生品的需求依然会很强劲。此外，黄金在组合中的分散化效益越来越得到证实，这意味未来的黄金需求依然会很强劲。

第32章
黄金在传统投资组合中的作用

托马斯·海多恩（Thomas Heidorn）博士
金融学教授
法兰克福金融与管理学院

纳得什达·德米多瓦-门泽尔（Nadeshda Demidova-Menzel）
股票分析师
Equinet 公司（ESN）

自 2000 年以来，黄金价格持续飙升，这使黄金备受关注并成为投资组合的一部分。金价上涨的一个重要原因是，2004 年 15 家欧洲央行决定限制未来 5 年内黄金的出售数量；另一个原因则是许多资产类别表现欠佳，迫使投资组合经理寻找新的投资方案。

本章首先阐述黄金价格的主要决定因素，并且考察短期效应和长期效应。我们在讨论黄金与通货膨胀、美元和欧元汇率之间相关性的基础上，考察黄金对传统投资组合的作用。

从收益和分散化角度来说，2000—2006 年期间，黄金对欧元（EUR）和美元（USD）资产组合作出了积极贡献，原因在于它的收益高而且与其他资产之间的相关性低。然而，这段时期情况特殊。在大多时期里，黄金虽然与股票、债券具有低相关性，但其收益也非常低，这就抵消了正的分散化效应。

黄金价格的决定因素

与其他市场类似，黄金市场的价格由供给和需求因素决定。更准确地说，是指"真实的"供给和需求，即不包括中央银行的黄金出售和购买活动，或者市面上废旧金料的"回收再利用"。2000 年之前的许多年，尽管全球黄金市场上存在长期的过度需求，但由于中央银行供给过多的黄金，导致黄金价格持续下跌。

2004 年 9 月，15 家欧洲央行就黄金出售数量达成协议，规定在未来 5 年中，每年黄金的出售数量不得超过 500 吨，5 年期间的出售总量不得超过 2500 吨。由于签订了这项协议，而且持续走低的黄金价格迫使许多金矿停产歇业，因此黄金供给出现了短缺（见图表 32.1）。

图表 32.1　以欧元（EUR）和美元（USD）计的黄金价格（1988 年 1 月至 2007 年 1 月）
资料来源：根据彭博的数据创建图表。

随着黄金价格开始上涨，黄金的供不应求状况也显现出来。黄金勘探与生产之间的时滞意味着采矿公司难以满足市场需求。此外，开采活动所得到的实际黄金供给还要受到资源可获得性的制约。据估计，地下约有 100 000 吨黄金可供开采，但合乎成本的开采活动仅能提炼出其中一半的黄金。

由于能源和运输费用的增长以及更严格的环保管制，采金业的成本十分高昂。许多采金地区（非洲、拉丁美洲、亚洲）政局不稳以及俄罗斯不明确的资源产权[1]是引发供给突然减少的深层次因素，这也增大了黄金价格的波动率。

与此同时，从**需求方面**来看，黄金越来越受欢迎。黄金的需求可以分为两个部分："使用"需求（如珠宝行业、工业）与"资产"需求（如投资）。黄金是可用于消费和生产的"实际"商品，但它也是金融资产或储备资产。每年约 15% 的黄金产量由投资者以实物形式持有[2]。由于黄金与美元之间存在负相关关系，所以黄金是抵御货币疲软的天然对冲工具[3]。

黄金的"使用"需求量与金价反向变化（价格弹性小于零），与收入正向变化（收入弹性

---

[1] 在俄罗斯，投资者只被允许持有矿业公司的少数股份。这一规定明显对金矿业公司的股票不利。
[2] 据世界黄金协会统计，截至 2005 年 12 月，世界各国的中央银行共持有 30 988.3 吨黄金，其中约 26% 由美国联邦储备银行持有。
[3] Nikos Kavalis, *Commodity Prices and the Influence of the US Dollar* (London: World Gold Council, 2006)。

大于零）。所以珠宝的需求受到价格（波动率）影响，并随着可支配收入的增长而上升。最明显例子是印度、中国等财富不断增长的亚洲国家，自古以来黄金珠宝在这些国家颇受欢迎。2005年，珠宝行业的黄金需求占世界黄金产量的71%，与2004年相比增长了12%。

2005年，印度对黄金珠宝的需求占到世界总需求的22%，比2004年增长了17%。印度拥有的黄金接近15 000吨，即占世界上已开采的黄金存量的10%。中国的黄金需求也呈现上升趋势：2005年黄金交易量（包括金币、金条形式的净零售投资）增长了36%④。

黄金的"资产"需求受到诸多因素影响，其中包括实际利率、美元汇率预期、通货膨胀预期、对政治动乱的"担忧"、其他资产的收益率、黄金与其他资产之间的相关性等。投资于黄金能有效降低资产组合的波动率，因为导致股票价格暴跌的事件往往也会引起黄金价格上涨。

除以上原因之外，还必须考虑一些国家的中央银行持有高额外汇储备，为了达到资产分散化目的，它们会购买黄金实货（如中国、日本、俄罗斯和印度）——这也可能引起黄金价格的暴涨（见图表32.2）。

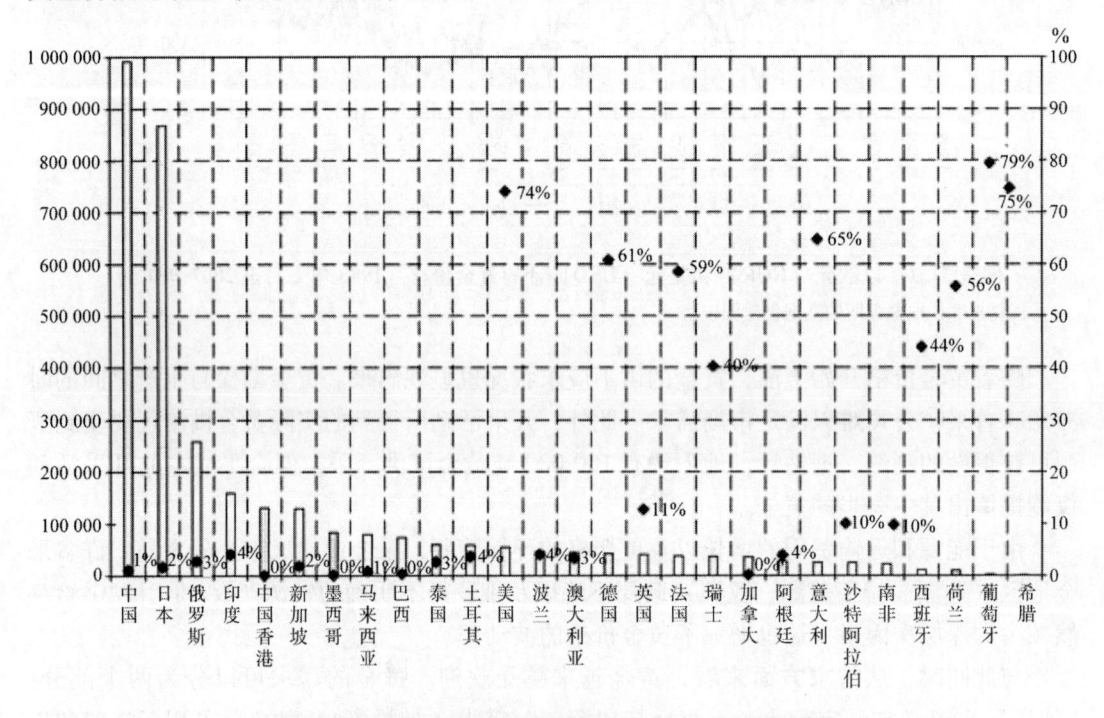

图表32.2　外汇储备与黄金储备（2006年第三季度）

资料来源：根据世界黄金协会的数据创建图表。

我们注意到，这些国家所持黄金的价值不足其储备资产总额的5%。相比较而言，在当前市场价格下，全球总储备资产中黄金占比的国际平均水平约10.5%，欧盟超过40%，美国约为70%。

为深入研究黄金价格的走势，区分黄金价格**短期**和**长期决定因素**十分重要。黄金的**长期价格**预计会与通货膨胀一同上涨。由于黄金的长期价格与提炼黄金的边际成本相关，因

---

④ 数据来自世界黄金协会（http://www.gold.org/value）。

此黄金可作为**通货膨胀的对冲工具**。假设生产成本与通货膨胀之间存在密切联系，那么金价会随着生产成本和通货膨胀的上升而上涨。但这种效应没有理论所预言的那样明显，而且欧洲并没出现这样的情况。

短期看来，黄金价格极具波动性。如前文所述，短期价格由供给和需求决定，并围绕着所谓的"通胀对冲价格"⑤ 大幅波动。金价的短期变化是对供给和（或）需求变化作出的反应。

短期价格决定因素

影响**黄金短期供给**的因素包括当前的和滞后的黄金价格、前期和当期黄金租赁利率（实货利率，近似地表示实际利率）、便利收益率、违约风险，以及按前期租赁利率偿还的租赁黄金数量。**黄金的短期需求**受到黄金价格、可用人均收入、美元汇率、黄金租赁利率、黄金贝塔值、美国通货膨胀、信用风险以及政治不确定性的影响。

短期黄金供给 当前较高的黄金价格激励黄金生产者或从金矿中提炼出更多的黄金，或是向中央银行租赁黄金以增加供给。但在矿业公司对金价变化作出反应并真正开始提炼黄金之前，通常存在很长的滞后时间，所以本期提炼得到的黄金供给量与前一期金价（滞后的金价）存在正向关系。

黄金租赁利率决定黄金租赁的数量。如果黄金租赁利率低于黄金的边际提炼成本，那么黄金生产商将通过向中央银行租赁黄金来满足短期的黄金需求。同时生产商承诺在下一期偿还黄金。所以提炼活动产生的黄金供给量与前一期租赁且需本期偿还的黄金数量负相关，与前一期黄金租赁利率也是负相关。

黄金租赁利率代表着实货利率，在此处我们用其代表实际利率。"黄金租赁利率"与**便利收益**和**违约风险溢价**关系密切。**违约风险溢价**是一种由借方信用状况决定的金融信用风险衡量指标。信用违约风险受金融冲击和国际经济结构变化的影响。人们认为在金融环境动荡时期，黄金需求（因而黄金价格）会增加。违约风险溢价不断地发生变化，在政局不稳时期可能会更高。

便利收益是指持有黄金实货所获得的好处。中央银行以实货利率（租赁利率）向外租赁黄金，在均衡状态下，实货利率等于便利收益率加上违约风险溢价。中央银行调整租赁出的黄金数量，使得实货利率等于便利收益加上违约风险溢价，因此也就决定了黄金供给量。这也解释了在政局动荡或金融风暴时期，中央银行减少黄金租赁数量的原因：这些时期的违约风险或便利收益会上升，所以黄金租赁利率也会上升。

短期黄金需求 黄金的短期"使用"需求与黄金价格负相关，与可用人均收入正相关。图表32.3 用全球人均**国内生产总值**（GDP）代表收入变量，图表32.4 显示全球 GDP 呈上升趋势。

图表32.3 和图表32.4 表明，世界收入增加（相应的，人均收入增加）会提高黄金珠宝的需求和黄金的投资需求（这可由大于0.5的相关系数证实），需求的变化进而影响黄

---

⑤ Eruic J. Levin and Robert E. Wright, "Short-Run and Long-Run Determinants of the Price of Gold." World Gold Council, Research Study, no. 32, June 2006. **通胀对冲价格**是指均值回归价格。

金的长期价格。然而确切地解释这种关系却很困难，因为收入和金价都会随着物价水平而上涨，也就需要区分这两种效应。

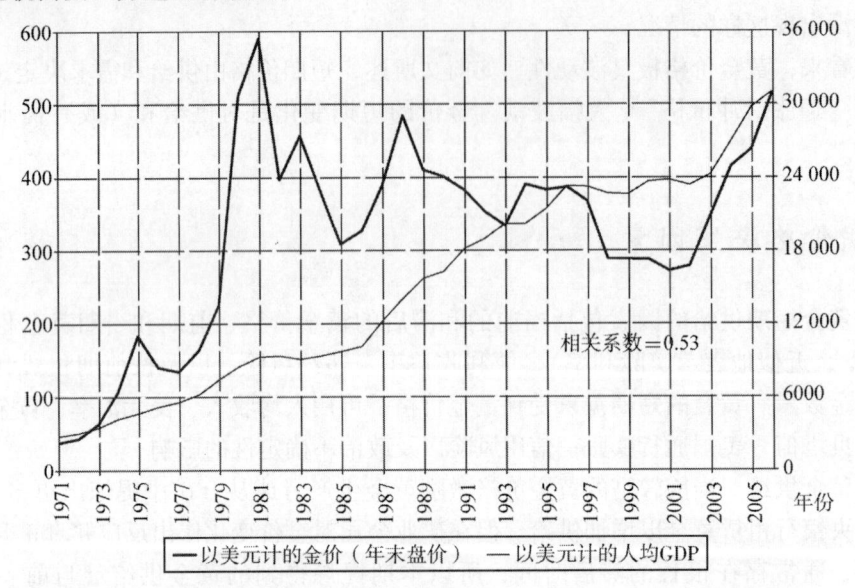

图表32.3　以美元计的黄金价格与世界人均GDP（1971—2006年第三季度）

资料来源：根据经济合作与发展组织的数据创建图表。

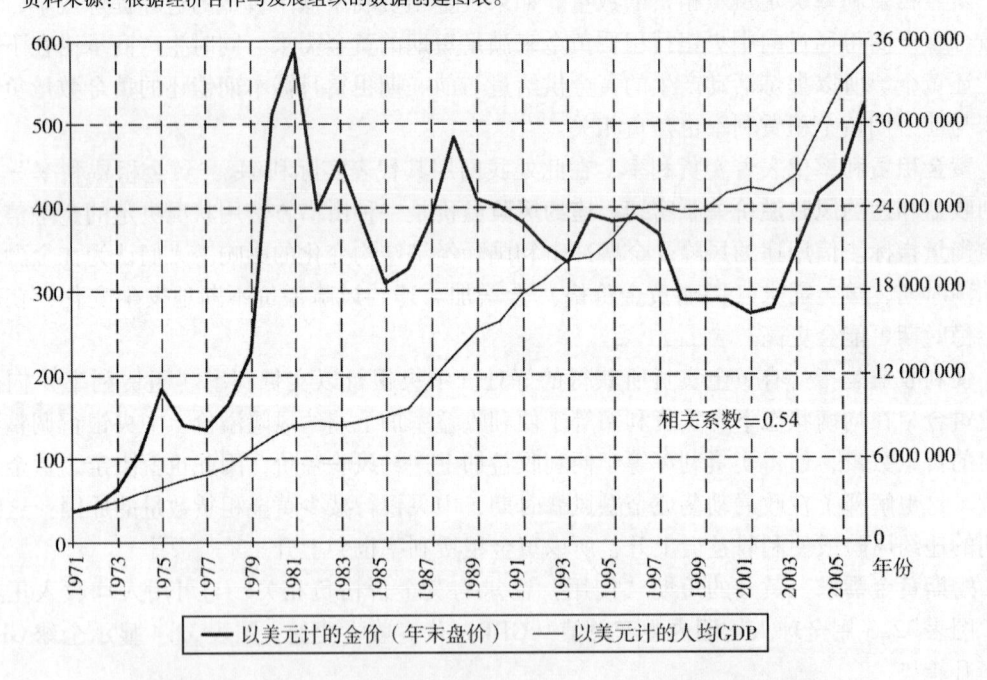

图表32.4　以美元计的黄金价格与世界GDP（1971—2006年第三季度）

资料来源：根据经济合作与发展组织的数据创建图表。

短期"资产需求"受到诸多因素的影响，其中包括美元汇率预期、通货膨胀预期、黄金租赁利率、其他资产的收益率、黄金与其他资产之间的相关性等。图表32.5至图表32.9分别显示黄金名义价格（以美元标价）与各个解释变量之间的关系。

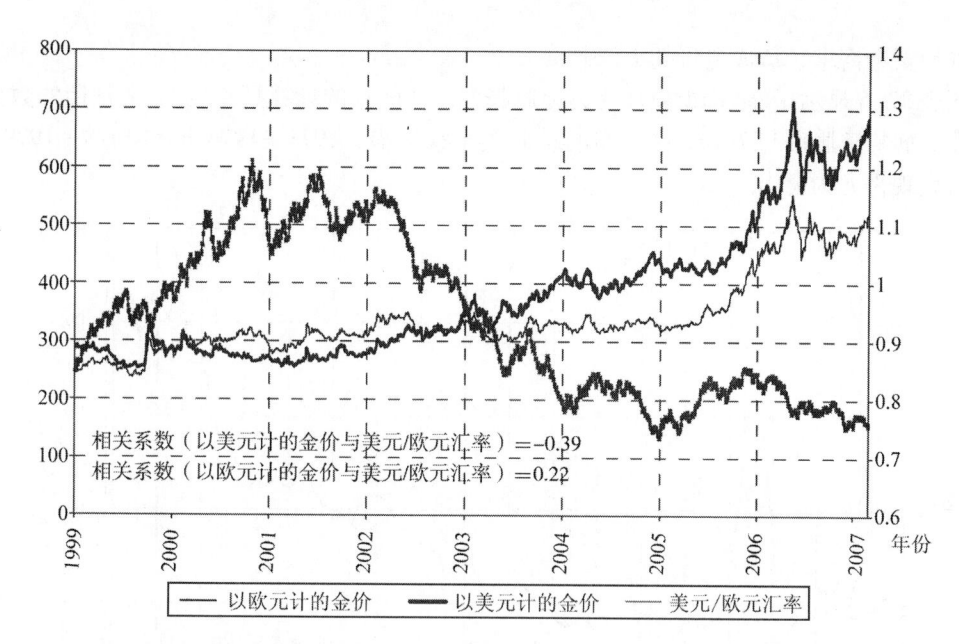

图表 32.5　黄金价格与美元/欧元汇率（1999 年 1 月至 2007 年 1 月）

资料来源：根据彭博的数据创建图表。

图表 32.6　黄金价格与美国通胀率（1970 年 1 月至 2007 年 1 月）

资料来源：根据彭博的数据创建图表。

图表 32.5 显示了黄金价格与美元/欧元汇率之间存在明显的负向关系。如果美元汇率上升，那么对于美元区以外的投资者而言，黄金将变得更加昂贵。这又会减少黄金需求，黄金价格随之下降。

由图表 32.5 可以得到两个重要结论。如果美元走弱，以美元标价的黄金价格将会上涨；同时以欧元标价的黄金价格将会下跌（也就是说，以欧元标价的黄金会变得更便宜，这将推动黄金需求，造成金价的上涨趋势）。

图表 32.6 显示了滞后 12 个月的美国通胀率，通胀率的计算是基于 12 个月期的数据。美国滞后通货膨胀率与黄金价格之间的正向关系很明显，1973—1974 年和 1978—1979 年等年份表现得尤为突出。

图表 32.7　黄金价格与黄金租赁利率（1998 年 1 月至 2007 年 1 月）

资料来源：根据彭博和伦敦金银市场协会的数据创建图表。

图表 32.7 显示了黄金价格与**黄金租赁利率**之间的关系。我们通过将 3 月期美元的伦敦同业拆借利率（LIBOR）减去 3 月期的黄金远期汇率来计算黄金租赁利率[6]。如前文所述，黄金租赁利率可用做**实际利率**的经验替代指标，这是因为在市场均衡条件下，套利行为将使得**实货利率**（黄金租赁利率）等于实际利率。

从理论上来讲，矿业公司将如下两种方案看成是无差异的：(1) 当前提炼黄金并在当前将其出售；(2) 当前借入黄金、出售黄金，将所得收入投资于债券并在一年后出售，用出售债券所得的收入和持有债券所得的利息来支付黄金的提炼成本和实货利息，并将提炼出的黄金偿还给租赁方。如果黄金提炼成本与通胀率一同上升，那么黄金租赁利率等于实际利率[7]。

因此可以假设，黄金的资产需求随着实际利率的变化而变化，并且假设黄金价格与利率的变化方向相反（见图表 32.7）。实际利率表示持有黄金的机会成本，即因未持有生息资产而放弃的收益（译者注：黄金不同于债券或者股票，没有利息和红利）。在黄金租赁利率较低时，与低息资产相比，投资者们更加青睐黄金，这种"资产需求"的上升将推动黄金价格上涨。

所以，黄金的实际价格与租赁利率反方向变化。但在某些时期，这种关系会不明显，

---

⑥ 在早些年里，并非每天都开展黄金租赁。所以在整个样本期间，我们对黄金价格和当月的租赁利率取平均值。
⑦ Eric J. Levin and Robert E. Wright, "Short-Run and Long-Run Determinants of the Price of Gold," World Gold Council, Research Study, No. 32, June. 2006.

相关系数甚至会落入正值区域内（见图表32.8）。

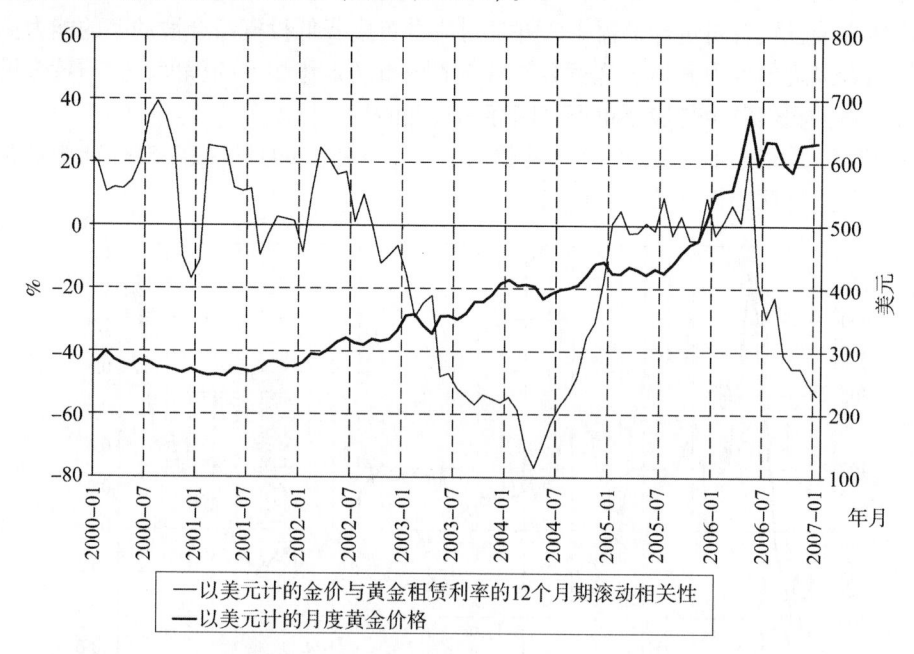

图表32.8　黄金价格与黄金租赁利率之间的滚动相关性（2000年1月至2007年1月）
资料来源：根据彭博和伦敦金银市场协会的数据创建图表。

此外，如果利率上升反映的是对通货膨胀或对美元汇率的担忧，那么黄金价格与利率将会一同变动（二者均会上升）。在研究利率与金价之间关系时，需要区分实际利率、名义利率以及引起利率上升的真正原因。当名义利率（联邦基金利率）上升的速度低于通货膨胀率（即负实际利率）时，我们将能观测到黄金价格上涨（见图表32.9）。

图表32.9　通货膨胀率、联邦基金利率与黄金价格（1970年1月至2007年1月）
资料来源：根据彭博的数据创建图表。

黄金与其他资产之间的相关性，尤其与股票市场的相关性，是由黄金贝塔值表示的。黄金贝塔值影响投资者对黄金的需求，并且对应着黄金降低投资组合波动率的能力。黄金降低投资组合风险的效力衡量的是黄金价格与股票市场走势相反的程度，它与黄金贝塔值反向相关。人们相信黄金与股票市场之间存在较低的贝塔值。

图表 32.10 是基于前一期 36 个月的数据信息，将黄金的月度收益对标准普尔 500 指数的月度收益进行回归而计算出贝塔值。

图表 32.10　黄金价格及其与股票市场的相关性（1977—2006 年）

资料来源：根据彭博的数据创建图表。

经验证据表明，二者在整体上不存在相关关系（从图表 32.10 可以看出，黄金的贝塔值非常低，接近于零）[8]。然而，如果黄金贝塔值在某一时期上升，那么黄金的组合投资需求将下降。由于分散化效应能够降低风险，所以负贝塔值使得黄金成为一种具有吸引力的资产组合成分。因此黄金的投资需求与贝塔值负相关。

2006 年则不属于这样的情形，当时黄金需求是由对冲基金等专业投资者主导的。图表 32.10 显示，在 1980—1986 年期间以及在 2006 年，黄金贝塔值与黄金价格之间表现出正相关关系，但在其余的大多数期间内，二者保持负相关。如果投资者只打算在黄金贝塔值为负值时进行黄金投资，那么他大概需要具备完全预见性（perfect foresight）。

在股票市场的业绩特别低时，黄金投资的收益与股票市场收益也呈负相关，这种关系在 2001—2002 年表现得很明显。

---

[8] Colin Lawrence, *Why Is Gold Different from Other Assets? An Empirical Investigation*, (London: World Gold Council, 2003); Rhona O'Connell, *What Sets the Precious Metals Apart from Other Commodities?* (London: World Gold Council, 2005); and Katherine Pulvermacher, *Investing in Commodities: A Risky Business?* (London: World Gold Council, 2005).

长期价格决定因素

黄金价格的短期波动是由政治动荡和金融风暴、通货膨胀率和汇率变化、实际利率以及黄金贝塔值等因素引起的。但在长期内,多种宏观经济因素也对黄金价格走势产生重要影响。投资者的通货膨胀担忧对黄金投资起着关键作用,因为黄金实货常被用做对冲货币疲软的工具。2006年,投资者们将黄金作为美元疲软的对冲工具的热情也推高了黄金价格。然而从长期来看,黄金因其**实际**资产的属性而维持实际购买力。

黄金的长期价格随物价水平(消费物价指数)而变化,因此它成为对冲通胀的工具。原因是黄金的长期价格与黄金的边际提炼成本相联系,而黄金的边际提炼成本随通货膨胀率的上升而增加。这一结论不会受到黄金生产商是向中央银行租借黄金,还是从金矿中提炼黄金的影响。因为租借的黄金必须偿还,所以这只会影响黄金的短期供给。

黄金生产商的利润最大化行为确保黄金的租赁成本等于提炼成本。我们将美国物价水平作为解释变量来检验黄金价格随物价水平变化的假设。图表32.11给出美国价格指数的经验分析结果。

图表32.11 黄金价格与美国消费物价指数(1970年1月至2007年1月)
资料来源:根据彭博的数据创建图表。

黄金价格与物价水平有可能存在长期关系,而且黄金在长期内能够成为通胀对冲工具,图表32.11显示出的上行趋势即与该观点相一致。然而在短期内,黄金价格的走势与物价水平的变动之间存在严重偏离。显而易见,在短期内黄金不能成为通胀对冲工具。

如果将消费物价指数换算成通货膨胀率,那么从图表32.11中可以看出,黄金价格与美国通货膨胀率之间也存在联系。在高通货膨胀时期,黄金作为通胀对冲工具的需求增加,黄金价格也随之上涨。例如在1972—1974年、1978—1980年和1986—1987年等时期里，我们可以看出这一点。然而在 2002—2005 年期间，这种关系似乎并不成立。

但在欧元区，以欧元标价的黄金价格与消费物价指数（或通货膨胀率）之间肯定不存在关系（见图表 32.12 和图表 32.13）。在图表 32.12 中，2007 年黄金价格收敛于所谓的"**通胀对冲价格**"，这意味着当前黄金价格非常接近于长期的通胀对冲价格。

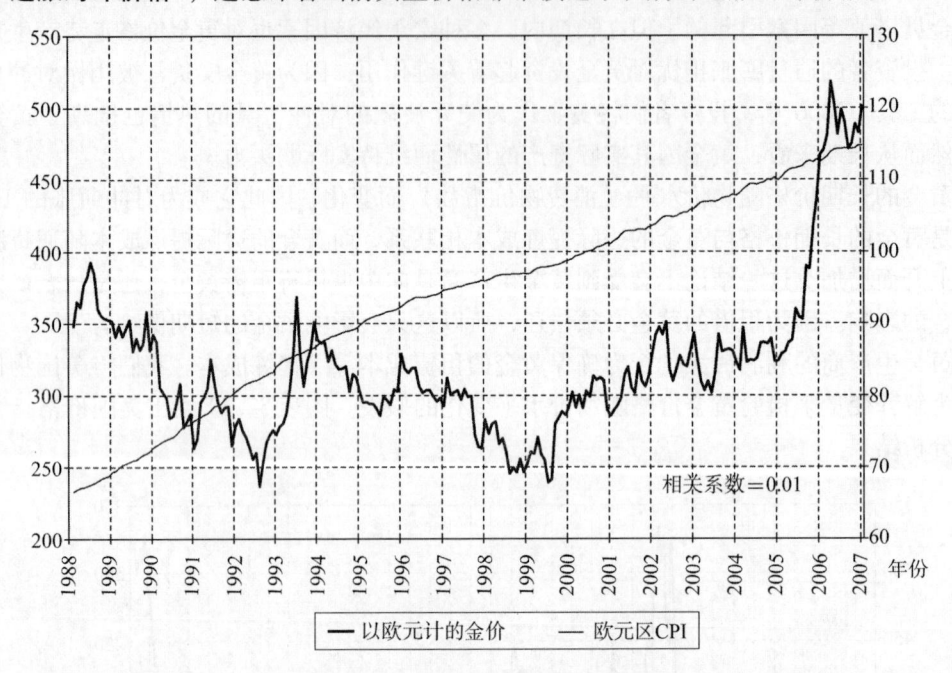

图表 32.12　以欧元计的黄金价格与欧元区消费物价指数（1988—2007 年）

资料来源：根据经济合作与发展组织的数据创建图表。

对于美国以外的其他国家而言，黄金能否成为长期的通胀对冲工具取决于该国货币与美元的强弱对比。值得注意的是：（1）在不同时期，美元与其他货币之间的汇率会波动；（2）在不同时期，各个国家的通货膨胀率会变化；（3）黄金以美元标价。因此假设美国的投资者将黄金看成是通胀对冲工具，则对于外国投资者而言，如果本国货币相对于美元的贬值程度足以弥补两国之间的通胀差异，那么持有黄金将是有利可图的。

在因持有黄金而获利的国家中，主要的黄金消费国占有较大比例，而这并非是巧合。由于欧元相对美元升值，这种有利的投资效应并未在欧元区出现[⑨]。

黄金的特殊属性

黄金具有三个与众不同的属性，使其成为独一无二的商品：（1）可以流通；（2）不易磨损且可储存；（3）已开采出的黄金形成了巨大的库存，而且库存量远大于供应流[⑩]。

---

⑨　一些研究者认为，与消费者物价指数或债券市场相比，黄金是更好的通胀预测指标。这意味着二者之间的因果关系发生了改变。也就是说，不再是通货膨胀影响黄金价格，而是从黄金价格走势中可以预测通货膨胀（See David Ranson, *Why Gold, Not Oil, Is the Superior Predictor of Inflation* (London: World Gold Council, 2005)）。

⑩　目前已开采的黄金存量共有 150 000 吨。2005 年，开采活动产生的黄金供给量约 2500 吨，总供给量（包括中央银行出售、废旧黄金回收以及空头头寸）约为 3700 吨。

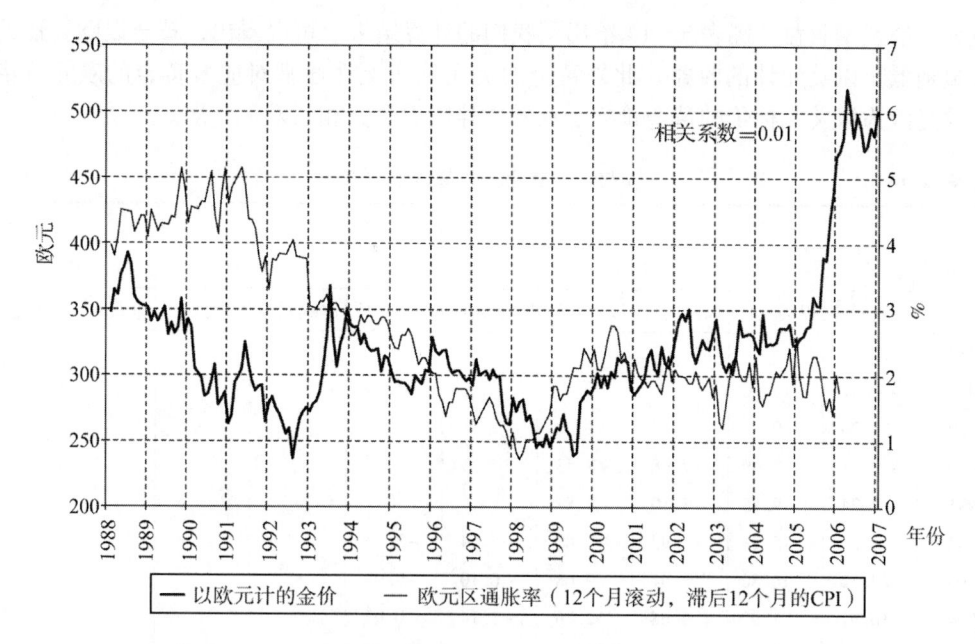

图表 32.13　以欧元计的黄金价格与欧元区通胀率（1988—2007 年）

资料来源：根据经济合作与发展组织的数据创建图表。

第三条属性意味着当市场上的黄金需求突然大幅上升时，通过出售现有的黄金珠宝，或是增加从废旧碎料中回收的黄金数量，即可轻易且迅速地满足这种需求。黄金租赁市场机制也可以满足上述需求。

黄金不同于其他商品的原因，还在于黄金具有高流动性和高价格弹性的潜力；另一重要特征是黄金市场常常处于期货溢价状态[11]，这是由黄金可储存性和大量的库存决定的。以上特性也对黄金期货价格为何总是高于现货价格作出解释：

远期价格＝现货价格＋利息成本（＝黄金租赁利率）＋储存/保险成本

黄金库存能够平衡黄金的供给与需求，所以库存充当着金价波动的减震器，但储存黄金也产生额外的成本。便利收益是指投资者持有黄金实货所享有的好处，因为持有黄金能够避免生产过程出现中断，或是令投资者心安。便利收益和信用风险溢价均包含在黄金租赁利率中。

黄金作为投资组合中的成分

由于黄金价格的波动模式完全不同于股票或债券，所以黄金在投资组合中具有良好的分散化功能。因此我们有必要考察黄金对整个投资组合风险－收益关系的贡献度。

首先，需要考虑各种黄金投资方式的可能收益，并且需要区分以美元计的预期收益与

---

[11] 当现货价格低于远期价格时，就可以说市场处于期货溢价状态。与期货溢价相反的情形是现货溢价，即现货价格高于远期价格。

以欧元计的预期收益。图表 32.14 给出了我们的计算结果。可以看出，黄金以欧元计的收益明显地低于以美元计的收益。此外黄金的美元价格上涨通常对应着黄金的欧元价格下跌，这是因为以美元标价的黄金价格上涨常常伴随着美元相对欧元走弱。

图表 32.14　　　　　　　　　　以欧元、美元计的黄金收益率　　　　　　　　　　（%）

至该年年底	复合年均收益									
	1 年		3 年		5 年		10 年		15 年	
	以欧元计	以美元计	以欧元计	以美元计	以欧元计	以美元计	以欧元计	以美元计	以欧元计	以美元计
1987										
1988	-4.31	-15.26								
1989	-15.70	-9.84								
1990	-3.41	3.49	-7.98	-7.53						
1991	-7.74	-7.75	-9.10	-4.87						
1992	4.04	-5.28	-5.93	-5.88	-5.64	-7.13				
1993	27.32	16.80	6.91	0.68	-0.10	-0.97				
1994	-10.91	-1.92	5.68	2.76	-1.14	-0.92				
1995	-3.12	1.02	3.19	4.99	1.07	0.22				
1996	-1.55	-5.01	-5.28	-2.00	2.39	0.81				
1997	-11.79	-21.39	-5.60	-8.97	-0.93	-2.88	-3.32	-5.03		
1998	-6.32	-0.28	-6.65	-9.36	-6.83	-5.90	-3.52	-3.47		
1999	16.25	-0.09	-1.33	-7.82	-1.73	-5.55	-1.44	-3.26		
2000	1.18	-5.47	3.29	-1.98	-0.88	-6.80	0.09	-3.35		
2001	8.13	2.46	8.34	-1.09	1.00	-5.37	1.69	-2.33		
2002	5.75	24.77	4.98	6.52	4.73	3.78	1.86	0.40	-2.18	-0.71
2003	0.81	21.72	4.50	15.13	6.06	7.58	-0.59	0.62	0.08	-0.43
2004	-2.18	5.54	1.07	16.27	2.46	8.77	0.34	1.36	0.59	-0.16
2005	35.08	17.92	9.66	14.10	8.56	13.69	3.73	2.94	2.02	2.84
2006	10.49	23.15	13.44	15.27	4.29	10.37	4.94	5.64	4.01	4.08

资料来源：根据彭博的数据创建图表。

如图表 32.14 所示，黄金在相当长的时期内经历了负收益。直到 2002 年前后，黄金才成为具有吸引力的投资组合资产。但相对而言，1993—1999 年也是黄金投资的好年份。然而 1999 年对于欧元投资者来说，美元汇率的变化使其黄金投资由盈利变为亏损（见图表 32.14），总体而言，黄金对欧元投资者的吸引力较小。

欧元区

图表 32.15 显示以欧元标价的月度黄金价格变化与德国股票、债券市场之间的 3 年期滚动相关系数。可以看出，黄金与 REXP（德国政府债券指数）、DAX（德国股市指数）的相关性特别低。黄金与其他金融资产之间的低相关性，使得投资组合实现更好地分散化。图表 32.16 归纳了在不同时期，黄金、股票和债券投资的业绩状况。

第32章 黄金在传统投资组合中的作用

―― 以欧元计的金价与REXP指数的3年期滚动相关
―― 以欧元计的金价与DAX指数的3年期滚动相关

图表32.15 黄金与欧元区债券/股票市场之间的滚动相关性（1991年1月至2006年12月）
资料来源：根据彭博的数据创建图表。

图表32.16 欧元区黄金、债券和股票市场的收益率、相关性以及波动率

1998—2006年					
相关性	以欧元计的黄金收益	以美元计的黄金收益	REX	DAX	Eurostoxx50
以欧元计的黄金收益	1.00	0.67	-0.02	0.02	0.13
REX			1.00	0.08	-0.01
DAX				1.00	0.45
Eurostoxx50					1.00
复合年均收益	1.43%	1.45%	5.88%	10.44%	14.09%
年均					
业绩（平均收益）	1.37%	1.39%	5.52%	9.59%	12.74%
波动率	14.83%	13.80%	3.35%	21.87%	30.11%
1990—1999年					
以欧元计的黄金收益	1.00	0.57	-0.02	0.00	0.14
REX			1.00	0.25	0.06
DAX				1.00	0.27
Eurostoxx50					1.00
复合年均收益	-1.44%	-3.26%	7.62%	14.54%	31.36%
年均					
业绩（平均收益）	-1.40%	-3.20%	7.09%	13.11%	26.33%
波动率	14.86%	12.22%	3.11%	19.40%	36.20%

续表

2000—2006 年					
以欧元计的黄金收益	1.00	0.80	-0.01	0.04	0.07
REX		1.00	-0.16	-0.18	
DAX			1.00	0.91	
Eurostoxx50				1.00	
复合年均收益	7.91%	11.95%	5.24%	-0.33%	-0.35%
年均					
业绩（平均收益）	7.21%	10.95%	4.90%	-0.74%	-0.49%
波动率	14.93%	16.14%	3.00%	25.43%	23.31%

资料来源：根据彭博的数据创建图表。

由于 REXP 指数的数据最早始于 1988 年，所以我们的研究期间选为 1988—2006 年。在考察期间的任何一个时间段内，以欧元标价的黄金价格与债券之间的相关性极低。由于在 1990 年以前，黄金的收益率非常低，所以我们研究股票高收益率时期（1990—1999 年）以及股票收益率低于零的时期（2000—2006 年）。

马柯维茨投资组合理论中引入了有效组合的概念，并在均值 - 标准差（μ-σ）图中展示出最优的风险 - 收益组合。如果添加某一资产会使投资组合线向左上方移动，投资者便认为该项资产具有吸引力，使这些组合在较小风险条件下获得较大收益。

图表 32.17 至图表 32.19 显示在不同时期，加入黄金对投资组合的影响。图表 32.17 显示在整个考察期间（1988—2006 年）内，黄金所造成的影响。很明显对于整个组合而言，黄金并不能提供合理的风险调整后收益。尽管黄金具有低相关性的特征，但它不到 2% 的收益率以及约为债券 4 倍的波动率，使其不具有吸引力。仅由债券和股票构成的投资组合的业绩会更好。在 2000 年以前的所有时期内几乎都是这样。

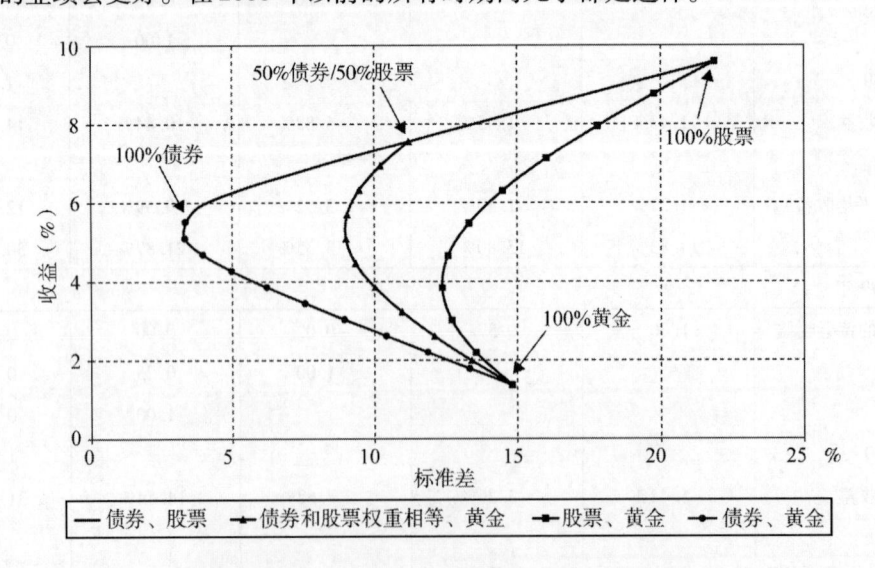

图表 32.17　欧元区：年收益率（1988—2006 年）

资料来源：根据彭博的数据创建图表。

例如在1990—1999年这段时期内，股票的收益特别高（见图表32.18），而黄金在这些年中产生负的收益。所以投资者如果在组合中添加黄金，就会承担较高的风险并获得较低收益。债券和股票组合是更加明智的选择。

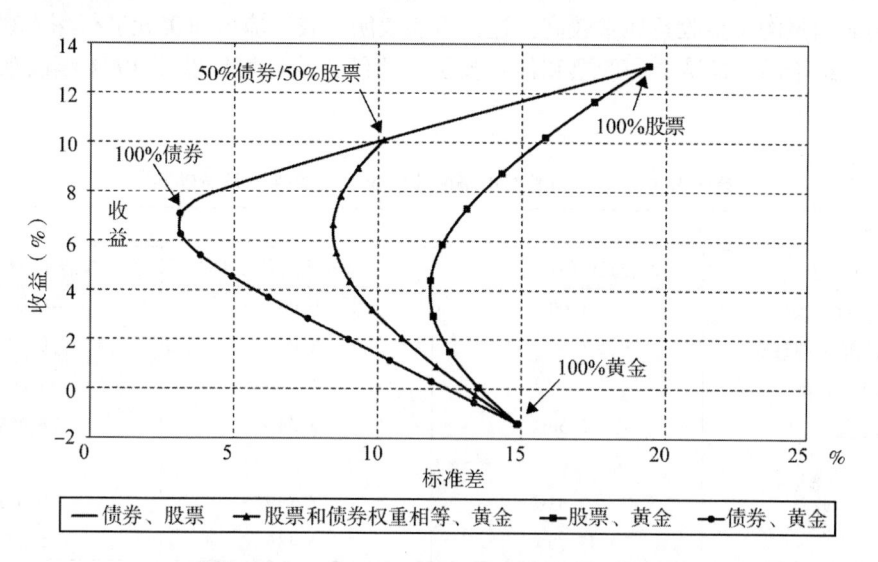

图表 32.18　欧元区：年收益率（1990—1999 年）

资料来源：根据彭博的数据创建图表。

图表32.19突出了黄金降低风险的能力（2000—2006年）。有效边界曲线向左移动到低波动率、高收益率的区域内。与收益率极低的股票资产相比，收益率高于7%的黄金显得很有吸引力（这也不同于大多数时期）。

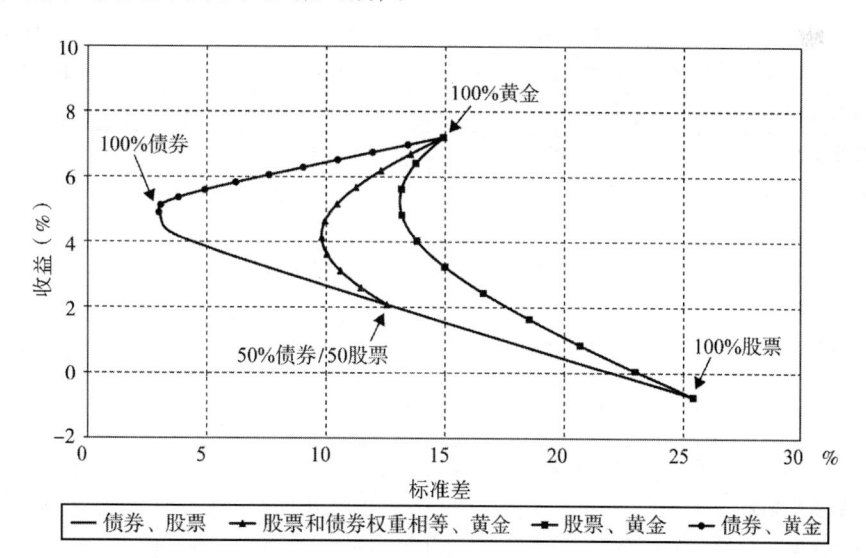

图表 32.19　欧元区：年收益率（2000—2006 年）

资料来源：根据彭博的数据创建图表。

美国

以美元衡量的黄金收益通常较高。这一事实表明,我们应该对美元进行深入观察。图表 32.20 总结不同时期黄金、股票和债券投资的业绩,我们可以获得 1974 年以来的所有数据。

图表 32.20　美国黄金、债券和股票市场的收益率、相关性以及波动率

1974—2006 年			
相关性	以美元计的黄金收益	雷曼美国政府债券指数	标准普尔 500 指数
以美元计的黄金收益	1.00	0.00	-0.01
雷曼美国政府债券指数		1.00	0.18
标准普尔 500 指数			1.00
复合年均收益	5.56%	8.34%	8.45%
年均业绩(平均收益)	7.33%	8.19%	9.31%
波动率	19.79%	5.48%	15.27%
1974—1979 年			
以美元计的黄金收益	1.00	0.01	-0.11
雷曼美国政府债券指数		1.00	0.32
标准普尔 500 指数			1.00
复合年均收益	25.80%	6.05%	1.87%
年均业绩(平均收益)	29.96%	6.08%	3.09%
波动率	27.32%	3.85%	16.98%
1980—1989 年			
以美元计的黄金收益	1.00	0.01	0.17
雷曼美国政府债券指数		1.00	0.25
标准普尔 500 指数			1.00
复合年均收益(%)	-4.75%	12.35%	11.96%
年均业绩(平均收益)	0.14%	11.81%	13.28%
波动率	22.95%	7.40%	16.38%
1990—1999 年			
以美元计的黄金收益	1.00	-0.04	-0.13
雷曼美国政府债券指数		1.00	0.35
标准普尔 500 指数			1.00
复合年均收益	-3.59%	7.60%	16.14%
年均业绩(平均收益)	-2.58%	7.29%	15.23%
波动率	12.24%	4.27%	13.42%

续表

2000—2006 年			
相关性	以美元计的黄金收益	雷曼美国政府债券指数	标准普尔 500 指数
以美元计的黄金收益	1.00	0.09	-0.01
雷曼美国政府债券指数		1.00	-0.34
标准普尔 500 指数			1.00
复合年均收益	12.25%	6.12%	0.24%
年均			
业绩（平均收益）	12.35%	6.11%	0.51%
波动率	14.07%	4.81%	14.28%

资料来源：根据彭博的数据创建图表。

从以美元计的黄金价格来看，我们发现黄金与其他资产之间的相关性非常低。以美元标价的黄金年收益率要高于欧元标价的年收益率。在 1974—1979 年以及 2000—2006 年，黄金收益率高于其他资产，但高收益伴随着极高的波动率。我们还发现 1980—1989 年和 1990—1999 年期间，黄金收益率为负值，但在 1990—1999 年期间黄金的波动率较低。

图表 32.21 显示了以美元标价的月度黄金价格与美国股票、债券市场之间的 3 年期滚动相关关系。其中黄金作为一种重要的组合分散化资产。

图表 32.21 黄金与美国债券/股票市场月收益率之间的滚动相关性
（1977 年 1 月至 2006 年 12 月）

资料来源：根据彭博的数据创建图表。

图表 32.22 至图表 32.26 显示，在美元投资组合中加入黄金的影响。尽管黄金收益率高于欧元，但由于它的波动率较高，所以常常不受投资者青睐。图表 32.22 显示了在 1974—2006 年期间，由债券和股票构成的投资组合更为有效。

图表 32.23 显示 1974—1979 年期间，即通货膨胀高而股票收益低的时期，黄金能提高整个组合的收益率。尽管在这段时期，黄金的波动风险很高，但超过 25% 的收益率使其成为有吸引力的资产。

图表 32.22　美国：年收益率（1974—2006 年）

资料来源：根据彭博的数据创建图表。

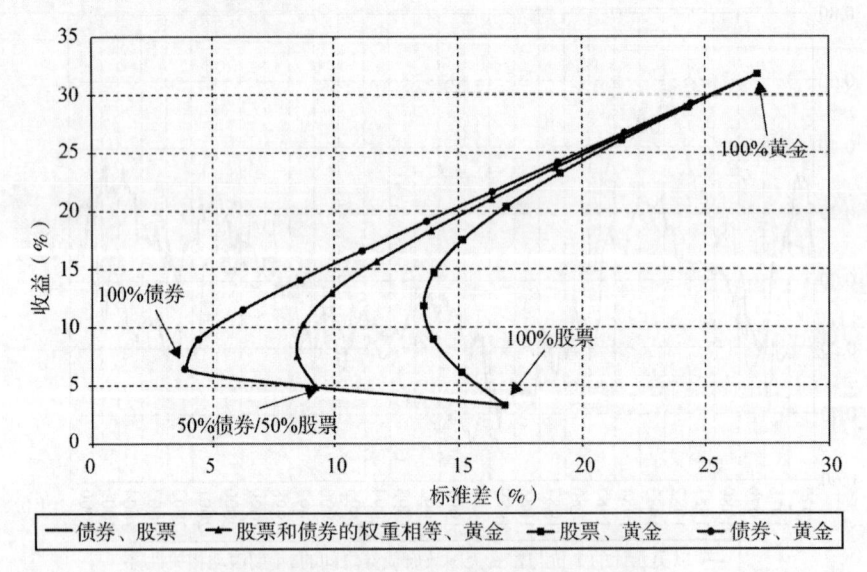

图表 32.23　美国：年收益率（1974—1979 年）

资料来源：根据彭博的数据创建图表。

然而在接下来的年份里这种情况并未持续，直到 1999 年才再次出现。图表 32.24 显示了在 1980—1989 年期间，黄金的负收益率和高波动率不断地侵蚀其投资价值。

1990—1999 年期间，黄金的波动率与前期相比约下降了一半。但由于它的收益率低于零，所以黄金一直没能成为投资组合中合意的资产（见图表 32.25）。1980—1999 年期间，股票更具吸引力。它们表现出更高的收益率，而且波动率与黄金类似甚至更低。

图表32.26突出了最近6年黄金降低风险并提高收益的能力。在此期间,股票收益率几乎为零,而黄金收益率则达到12%以上。在2000—2006年期间,黄金与债券构成的组合能将有效边界曲线大幅移动到左侧区域。所以投资经理们转而将黄金作为一种具有吸引力的备选资产。

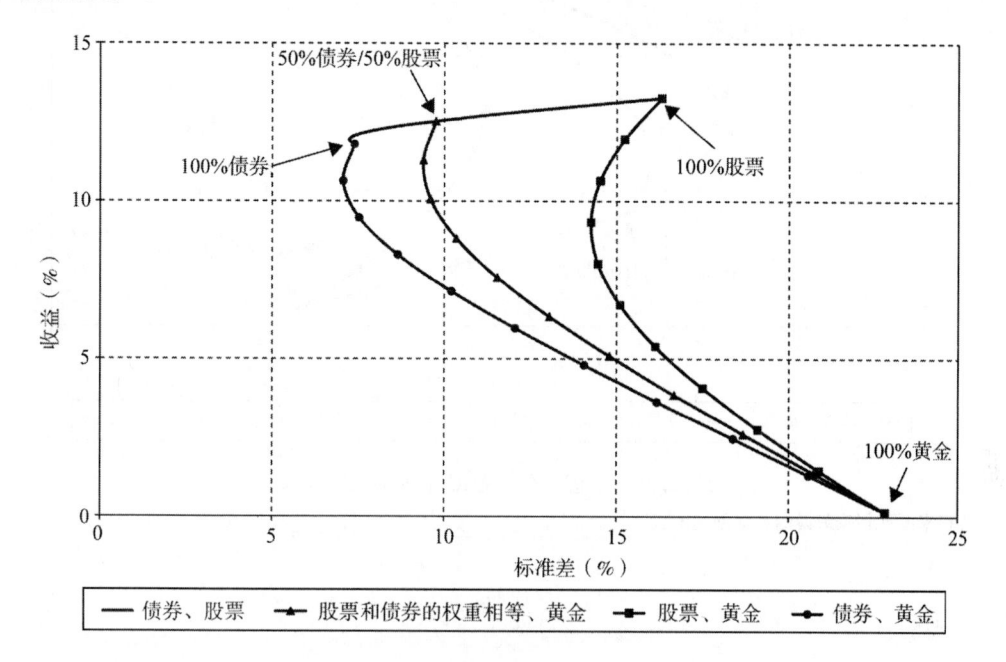

图表 32.24　美国:年收益率(1980—1989年)

资料来源:根据彭博的数据创建图表。

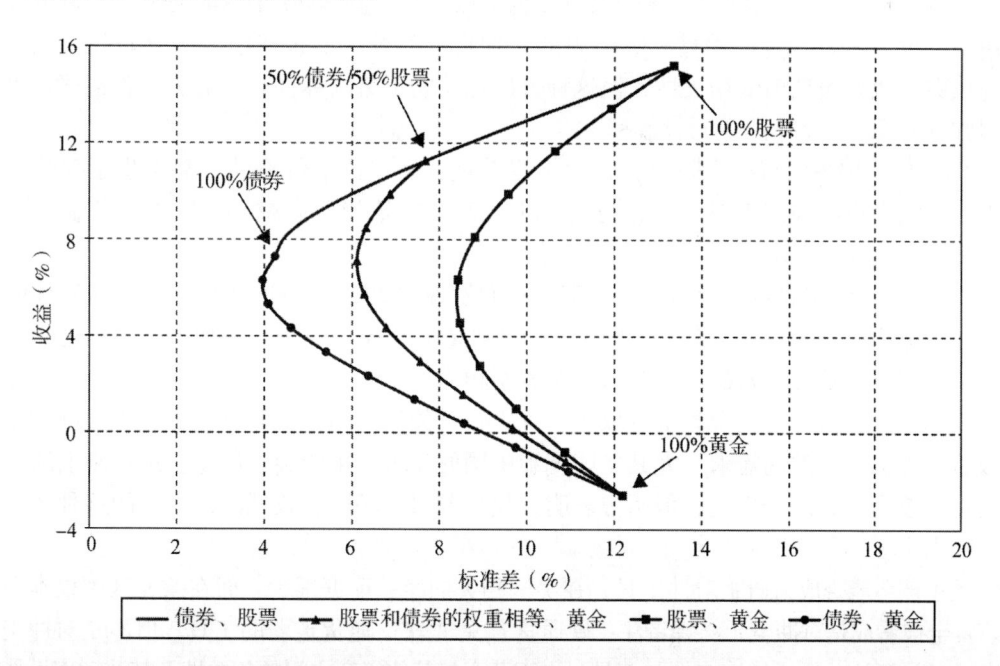

图表 32.25　美国:年收益率(1990—1999年)

资料来源:根据彭博的数据创建图表。

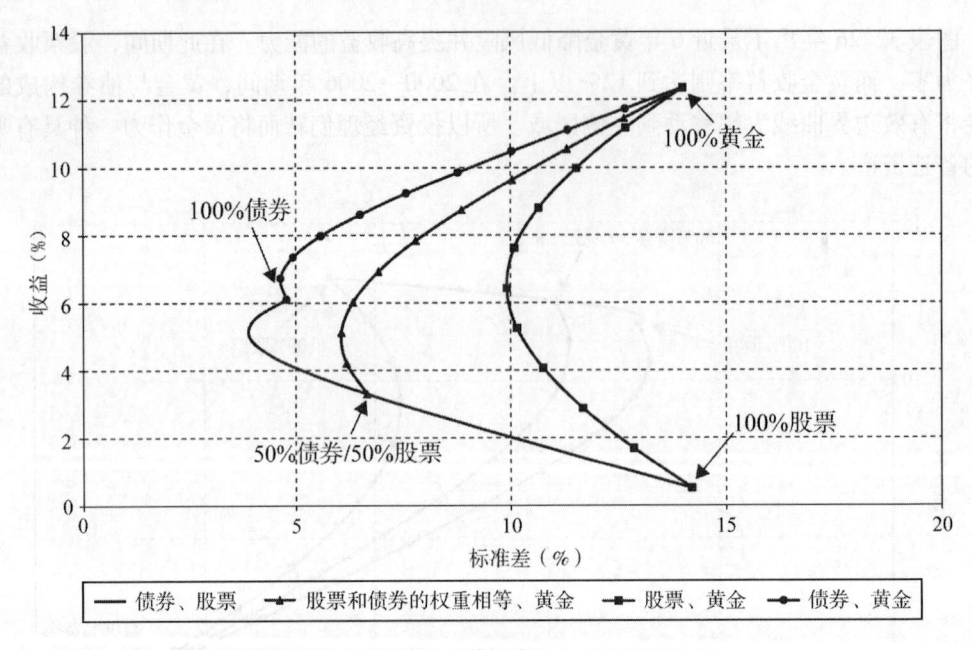

图表 32.26　美国：年收益率（2000—2006 年）

资料来源：根据彭博的数据创建图表。

结　论

在过去近 30 年的时间里，黄金具有极低的收益率。在 2000 年以前的美国，黄金仅在 1974—1979 年期间成为一种具有吸引力的长期投资品种。尽管在绝大部分时间段里，黄金与债券、股票表现出低相关性，但这种分散化功能不足以弥补其负的美元收益率，也不足以弥补其低于 1.5% 的欧元收益率。

2004 年，中央银行决定限制黄金的出售数量以后，黄金价格的走势发生了变化。自此以后，黄金供给与需求对中央银行黄金出售政策的依赖程度减小。这引起黄金供给短缺，进而价格大幅上涨。

由于自 2002 年起黄金价格开始上涨，我们发现在 2000—2006 年期间，以欧元计的黄金的年收益率接近 8%，以美元计的年收益率则高于 12%。黄金与其他金融资产之间的相关性依然很低，黄金收益的波动率目前与股票相当。

我们认为，未来的黄金投资将取决于中央银行如何处理黄金储备。如果央行延续现行的政策，那么黄金的高需求，尤其是印度和中国的需求，可能会引起金价进一步上涨。黄金有助于投资组合的分散化，但历史表明，仅在股票市场业绩较低时，黄金的这种特性才具有吸引力。

关于黄金能否成为通胀对冲工具，在美国相关的经验证据很少；而在欧元区则根本不存在。黄金被看成是对冲美元（译者注：硬通货）兑"软"通货走弱的工具，但不是对冲美元兑欧元（译者注：硬通货）走弱的工具。由于黄金与其他资产之间的相关性及其波动率可能会维持在较低水平，所以未来黄金投资在很大程度上取决于投资者对黄金价格的预期。

第33章
世界白银市场的基本面分析*

杰弗里·M·克里斯汀（Jeffrey M. Christian）
常务董事
CPM集团

　　白银是一种相当独特的商品，因为它既属于金融市场又属于商品市场；它既可以像金融资产那样进行交易，也可作为工业原料用于制造各种加工产品。

　　在某些方面，白银和黄金具有很多共同特点，然而两者还存在许多重要的区别。白银凭借其工业基本特征，具有比黄金更大的制造业需求。全世界每年产出的黄金几乎都流入两个领域：形成投资者的金砖库存，或者是用于制作珠宝。黄金珠宝具有准投资品的性质，许多不同文化背景的国家将其作为一种投资和储蓄的方式。每年只有不到10%的黄金被用于制作珠宝之外的工业品。相比之下，大部分的白银被用于制造工业品，并且这些工业品与白银的其他用途（如投资品和储蓄方式）无关。购买白银可以作为一项投资或是一种储蓄方式，但是在白银市场上，这种投资需求产生的购买只占每年白银总需求的很小一部分。一般来说，投资和珠宝制品的需求还不到白银总需求的1/3。因此黄金价格主要由投资需求的模式决定，而白银价格则是由更多的因素共同决定（见图表33.1）。

　　另一方面，白银与黄金也具有很多相似之处。过去五千年里，就像比白银更值钱的黄金一样，白银也被当作一种货币来使用。因此数个世纪以来，大量的白银已被开采并被储存起来。白银库存包括以数亿盎司计的银砖，和以百亿盎司计的白银珠宝、装饰用品、宗教物品以及其他可回收的白银制品。以这些形式存在的白银数量预计可以满足几十年的制造业用银需求。在这方面，它与五千年货币历史的基本金属存在很大区别。基本金属如铜、铝、铅、锌等，其库存量是以满足几个星期的消费量计算的，也就是说，它们的市场库存规模是已知的。黄金和白银的库存则以数年、数十年衡量，因为世界上存在大量的黄金白银。这些金属作为价值储存手段已经具有几千年的历史。人们与政府都不会丢弃黄金

＊ 关于更加详细的讨论，参见 Jeffrey M. Christian's *Commodities Rising*（Hoboken, NJ: John Wiley & Sons, 2006）and The CPM Silver Yearbook（Hoboken, NJ: John Wiley & Sons, 2007）。

和白银，至少不会轻易地将其丢弃。这两种金属不像大部分工业产品那样，在产品的使用周期结束时往往被扔进垃圾堆。人们渴望获得这些金属并将其贮藏起来，几千年以来都是这样。它们也不会像基本金属那样生锈或腐蚀。

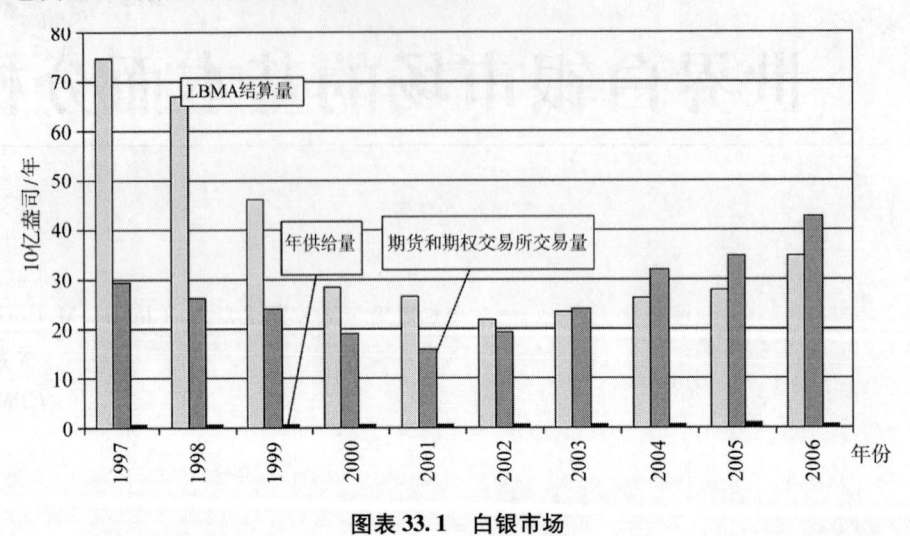

图表 33.1　白银市场

资料来源：根据纽约商品交易所、伦敦金银市场协会、芝加哥商品交易所、东京商品交易所、印度多种商品交易所和 CPM 集团的数据创建图表。

有意思而且在我们意料之中的是，历史上开采出的白银估计有很多已经遗失而且无法收回，该比例远高于黄金。据估计，从古至今大约有 46 亿盎司的黄金被开采出来了。其中的 90% 左右仍然以可辨认的和可回收的形式存在，例如，以金砖形式被私人或中央银行持有，或是以黄金珠宝、装饰用品和宗教物品的形式存在。相比之下，自从白银开始被开采以来，大约出产了 426 亿盎司的白银，这其中超过半数已经遗失且无法回收了。这在直觉上也是可以理解的，因为黄金具有更高的价值和更小的应用范围。人们很小心地避免丢失金币或黄金珠宝，然而对于白银则没有这样谨慎。

白银价格

与黄金一样，白银更像一种金融资产而非商品（见图表 33.2）。每天白银在金融市场的交易规模十分巨大，远超出基于供给和需求基本面作出的预期数量。截至 2005 年年中，每年伦敦银行间市场白银的总交易量大约为 250 亿～300 亿盎司，即每天 0.5 亿～1.5 亿盎司。在纽约商品交易所，每年以白银期货和期权形式交易的白银还有 300 亿盎司。相比之下，每年新增的白银供给和制造需求还不足 10 亿盎司。这些数字虽然庞大，但比起 20 世纪 90 年代末期的交易量还差得远呢！当 1996 年年末和 1997 年年初伦敦金银市场协会刚开始公布其清算量时，每年通过伦敦的银行清算的白银就超过 740 亿盎司。

这些交易量体现的是白银的金融资产的特征，而不是工业商品的特征。如此大的交易量不可能代表以银行和交易商作为中间人的、从生产者到半成品制造商再到成品制造商的正常的工业商品流量。在其他商品中也无法轻易获得衍生品对标的实货交易量的比率。但是据市场估计，这些比率在玉米等传统商品上可达到 5∶1，而在汽油等商品上可达到 20∶1。白银

图表 33.2 白银价格

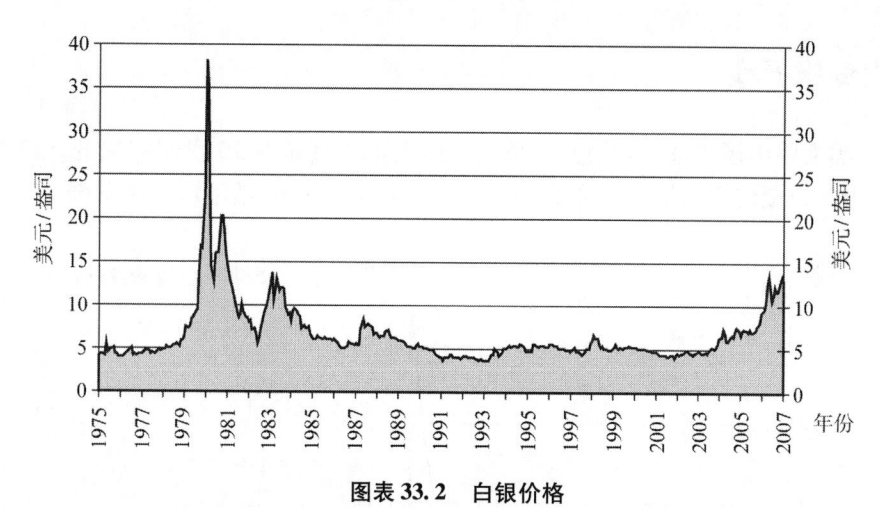

资料来源：根据纽约商品交易所和 CPM 集团的数据创建图表。

的衍生品对标的实货交易量比率从之前的 100:1 下降到接近 60:1，但与黄金一样，该比率远远地高于其他商品。以在全球做市商市场和交易所交易的债务工具、货币工具的交易量来计算，金银市场的衍生品对标的实货交易量比率与金融市场接近，例如美国长期国债、短期国库券和货币等金融市场。

与其他商品和金融资产相比，在不同时期，白银价格的波动是极大的。虽然一些研究人员认为，投资者对白银产生兴趣的部分原因在于白银的价格低于黄金的价格（美元/盎司），这使人们以同等价值获得更多数量的白银；但似乎很多投资者进行白银投资的真正目的是为了分散化贵金属组合，因为白银价格的波动率更大。白银价格变化的百分比要大于黄金，投资者正是基于这种感觉而寻求更高的收益。

有人认为，仅在一定程度上，这两种金属的价格是同步变化的。另一种关于黄金和白银的看法是，二者价格的变动总是密切相关的。事实上，二者价格往往差异很大。自从政府在 20 世纪 60 年代放弃制定金银价格以来，过去 30 年中金银价格比率的变动范围在 16:1～100:1 之间。

一些市场参与者根据金银价格比率作出投资和交易决策。金银价格比率（gold-silver ratio）是两种金属相对价值变动的晴雨表，但不存在物理、化学、自然或人定的法则，规定该比率具体应该是多少；相反，一些投资者和交易商还有那些服务于前两者的新闻编辑，关注这两种金属的平均价格比率，并假定这一比率终究要回归至长期平均值。事实并不是这样的，并且也没理由相信这种说法。并不存在经济理论、物理性质或其他可论证的理由能使我们相信，任何财务比率必须在将来某个时点回归至其均值。市场条件是不断变化的，市场间关系也随之变化。当人们在等待一种资产重拾往日辉煌的时候，致富机会就已经错过了，他们最终会发现，就像早年蒸汽船上的缆索一样，资产价值的基本面因素和经济基础已经永远改变了。

与黄金一样，白银拥有很多忠实的信徒。他们自认为了解白银市场，赋予白银许多不可实现的性质，而当白银价格与他们毫无根据、非理性预期不一致时，他们便认定市场上存在操控银价的阴谋——的确，白银市场上存在阴谋论。

世界白银产量

自从人类文明出现以来,白银开采总量的绝大部分都是在 20 世纪完成的。仅仅在过去的 15 年中,白银的开采量就占到了 420 亿盎司总量中的 60 亿盎司(见图表 33.3)。

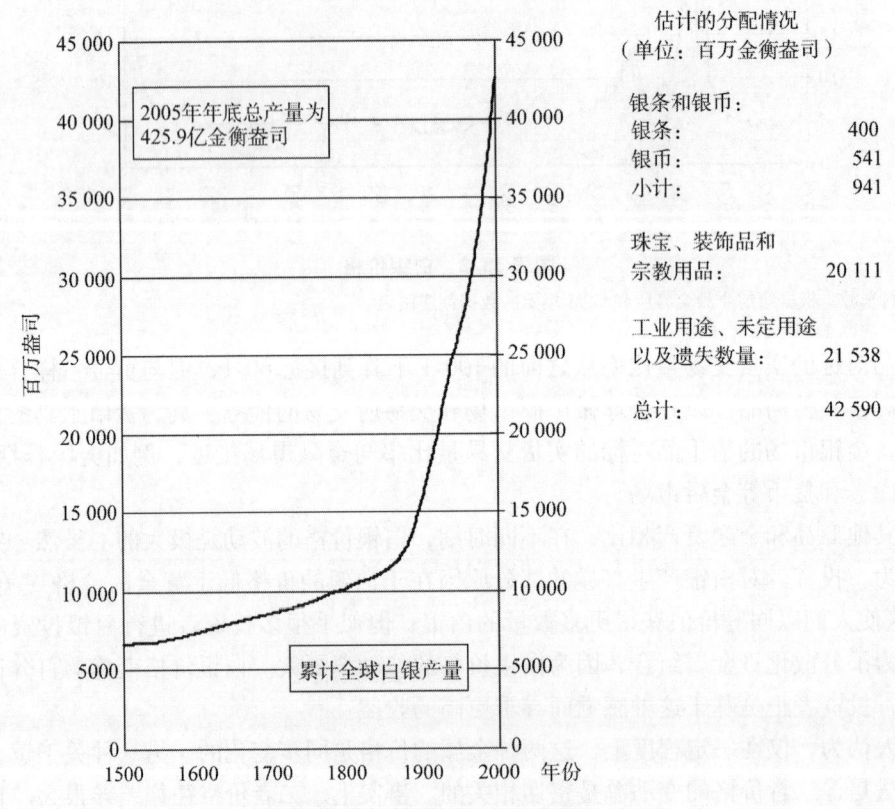

估计的分配情况
(单位:百万金衡盎司)

项目	数量
银条和银币:	
银条:	400
银币:	541
小计:	941
珠宝、装饰品和宗教用品:	20 111
工业用途、未定用途以及遗失数量:	21 538
总计:	42 590

2005 年年底总产量为 425.9 亿金衡盎司

累计全球白银产量

图表 33.3 全球累计白银产量以及分配

注:由于历史数据的四舍五入和其他误差影响,总计的分配值可能与累计产量值不相等。1493 年以前的 6681 百万盎司产量的分配情况无法进行核实。以产品形式存在的白银包括:珠宝、艺术品、银器、宗教用品、博物馆陈列品以及其他含银物品。关于过去五千年的白银产量和消费量历史数据肯定存在较大的误差。与我们此处资料来源所得出的估计值相比,其他一些累计产量估计值可能相差几十亿盎司。

资料来源:澳大利亚矿业经济公司 AME、Schmitz、Metschaft、联合国、汉迪和哈曼、安大略省自然资源部、Adolph Soetbeer 博士、USGS 以及 CPM 集团。

在总量中,可以被辨认的白银约有 210 亿盎司。大约有 5 亿盎司的白银是以银砖的形式存在,另有 5 亿盎司白银以银币的形式存在,约有 200 亿盎司是以珠宝、银器、纯银制品、宗教用品和艺术品的形式存在,其余的 210 亿盎司被用于不可回收或遗失了的产品中。由于自古以来白银的价值低于黄金,所以白银的回收力度也就小于黄金。每年,许多白银被回收、再循环和再利用,数百年来都是这样。但是在许多工业产品中,白银并没有被大量回收。在过去的几十年中,大多数白银都是从摄影材料的废弃物中提炼出来的,如旧胶片、照相纸和显影液等。虽然许多国家都明令禁止排放含有银离子的摄影显影液,但显而易见,还是有大量的这种溶液直接排入污水系统中。

白银市场上常有重量级投资者制造巨大的价格冲击,这反映出白银市场的规模相对较小。白银市场的美元价值远小于黄金市场,相对于整个金融市场而言更是微不足道。在20世纪90年代中期,伯克希尔·哈撒韦公司曾研究白银市场并得出结论:这是一个值得投资的市场。伯克希尔·哈撒韦是一家以股票和债券为主要投资对象的公司,一般不会投资于商品。在1996—1997年间,这家公司管理着大约350亿美元的资产,因此白银头寸需要达到7亿美元左右,也就是其投资组合总值的2%,才会对其组合具有足够的重要性。这个数额大于当时世界上全部白银开采公司的总市值。换句话说,如果伯克希尔·哈撒韦公司当时要构建一个足够大的白银股票头寸,使得该头寸能对整个投资组合产生影响,它就必须购买每一家白银开采公司的每一份股票,这显然是无法办到的。由于对白银感兴趣,它决定购买银砖。伯克希尔·哈撒韦公司决定购买银砖并且实际交割,进一步的,它以指定分配账户的形式持有白银,从而使其远离主要市场参与者。通过禁止白银托管银行以非指定分配账户或混合账户的形式持有白银,伯克希尔·哈撒韦公司断绝了白银托管银行使用这些库存作为抵押品、借出白银并做空市场的行为。2006年,伯克希尔·哈撒韦公司宣布它已经卖出了所持有的白银,因为银价已经到达了其价格目标。伯克希尔·哈撒韦公司在1997—1998年买入白银时,银价不足每盎司5美元,而卖出时已经涨到8～9美元每盎司。

伯克希尔·哈撒韦公司只是近年来最杰出的白银投资者之一。20世纪70年代后期,亨特兄弟也曾在白银市场上进行投资。在其他时期也有一些投资者参与白银投资。时常会有一些著名的投资者构建起相当大的白银市场头寸。

在白银市场中被奉为圣经的是亨特兄弟创造的神话。20世纪70年代,尼尔森和赫伯特(Nelson and Herbert)兄弟试图垄断白银市场。那时,笔者与他们有些联系,并且接触的白银市场中其他的一些业务。笔者从未看到亨特兄弟试图垄断白银市场,而且笔者断定那并不是他们的目的,所看见的只是亨特兄弟买入大量的白银。他们似乎认为白银市场价格将暴涨,并希望顺势而为。在某些价位,他们构建了非常好的头寸。开始,他们告诉所有人——从富有的阿拉伯酋长和巴西富豪到服务于小投资者的交易商们——白银是一个多么好的投资!白银价格将毫无悬念地上涨,他们告诉所有人:"我们已经大量买进了白银,你们也应该这么做。"他们关于白银的基本理念即供求失衡将推动价格急剧上涨,是基于对白银基本面的准确且切实的分析;同时也是基于对宏观经济环境的分析,因为宏观经济环境会刺激投资者对白银和其他商品的兴趣。根据当时他们所说的和笔者所见的,确信亨特兄弟当时意图构建一个庞大的白银头寸,然后乘着银价上涨的势头获利。他们也许推高了银价上涨的势头,但是即便他们什么也不说,什么也不做,价格仍然会上涨。

经济学家们事后得出研究结论:亨特兄弟购买白银的行为对银价产生微乎其微的影响。这意味着,银价由5美元左右上涨到1979年年末和1980年年初的50美元是由其他因素导致的。与此同时,石油价格翻了4倍,黄金价格由原来200美元上涨到850美元,而铂金价格由340美元上涨到1040美元。计量研究表明,亨特兄弟没有对白银价格产生太大影响[1]。

---

[1] L. C. G. Rogers and Surbjeet Singh, "Modelling Liquidity and List Effect on Price," Working Paper, University of Cambridge, 2006.

直觉上这也是可以理解的：当时商品价格普遍上涨，而并非只是白银。那是个糟糕的时期，通胀率为13%，利率为21%，伊朗扣押美国人质，苏联军队入侵阿富汗，伊朗和苏联的资产在世界范围内被冻结。而且全球的经济、金融市场和政治问题错综复杂。大多数国家的股票市场都陷入低谷，在之前十年的大部分时间里，债券收益率都低于通货膨胀率。石油价格翻了4倍。世界上大多数的投资者都很难对冲其股票、债券和外汇敞口。当时还没有外汇期权，也没有股指期权或是股指期货。要保护自己的金融资产安全，仅有的两种简便可行的途径就是购买黄金或白银。

白银供给

世界范围内有几十个国家开采白银。开采的白银矿山往往还蕴藏其他多种金属，如铅、锌、铜、金、铋、钙、碲、硒等。世界银产量的4/5开采于白银并非作为主要产品的矿山。

墨西哥一直是世界上最大的白银开采国。自2001年以来，它每年的产量接近1亿盎司。数世纪以来秘鲁都是重要的白银生产国，20世纪90年代末，每年生产的白银约6千万盎司。但从那之后，秘鲁的银产量迅速增长，到2005年左右，年产量已经大致与墨西哥持平。其他大型的白银出产国还包括美国、加拿大和澳大利亚。

目前，每年共约有5.3亿盎司的白银产自市场经济国家。中国、哈萨克斯坦以及其他一些国家也出产白银，但是目前还很难获得准确的产量数据。21世纪前几年，中国的白银产量快速增加，而且有望在未来的十年里超过墨西哥和秘鲁，成为世界最大的白银开采国。

同时，中国也成为一个主要的白银提炼国，原料既有本国的矿石，也有含铅、锌、铜成分的进口精矿石。近十年来，随着经济的发展，中国在世界上已经扮演重要的基本金属冶炼国角色。当前，中国从印度尼西亚、秘鲁、墨西哥、加拿大和其他国家进口的基本金属精矿石，其中也附含着黄金和白银成分。因为中国的金银产量高于国内制造业和投资者的需求，在将精矿石中的各种金属成分提炼出来后，黄金和白银便出口苏黎世、伦敦、沙特阿拉伯、印度和其他国家。白银产量的其他部分还来自回收的零碎物品，包括旧的白银首饰、1949年共产主义革命之前充当货币的外国银币等。有些人曾错误地认为这些出口的白银是来自官方库存；另一些人则重复计算，先测算出不同国家矿产中的白银含量，然后再加上中国出口的白银数量，得出进入市场的白银总量估计值。

目前，除每年从矿产中提炼5.3亿盎司白银外，还有2.3亿盎司白银是从废弃的制造品中提炼出来。其中包括旧珠宝首饰和银器等，尤其是在印度、巴基斯坦和其他亚洲国家。但最大的一部分来自废旧的摄影材料。前文已提到，很多废弃显影液被认为是非法排入污水系统中。尽管如此，还会有大量白银从照相纸、胶卷和显影液中获得。每年从废料中提炼的2.3亿盎司白银中，多达80%是来自摄影材料。每年还有几百万盎司白银是从旧电子产品中回收的。很多其他银产品则没有得以回收，或是被消费主体循环往复地加工使用。例如，在基本塑料材料环氧乙烷的制造中，白银被当做催化剂使用。这些催化剂频频地循环再利用，但白银的属性并未发生变更。

在21世纪初的几年中，含银废料的来源在不断变化。直到近年，绝大部分通过二手渠道回收来的白银还是来自废弃的摄影材料。但是随着冲洗照片中使用的卤化银技术被数字成像技术所取代，摄影行业中的白银使用量逐年减少。由于技术的变迁一直在发生，从照相纸、胶片和显影液中回收的白银量随着这些原料中用银量的减少而成比例下降。含银摄影材料的产品寿命往往相对较短，使用不到一年就回收再利用。白银废弃物的来源在世界范围内日益减少。

这种减少正在被两种新兴的趋势所抵消，至少是暂时地抵消。其一，白银在电子设备和电池中使用量增加，从这些产品中回收的白银量也随之增加；其二，2005年前后，随着银价的飙升，白银首饰和装饰品的销量也在不断增长。由于白银价格上涨，持有白银首饰、雕塑和装饰品的投资者将其出售，以变现其中白银成分的价值。特别是在印度和中东地区，这种趋势更为普遍。

白银的需求

目前，每年约有8亿盎司白银被用于制造业。

许多研究人员和投资者担心，终止白银在摄影行业使用会对白银价格的潜在上涨趋势形成负面影响。然而这些研究人员没有意识到，白银在摄影行业中使用量的下降与从该行业废品中回收的白银量减少将同时发生，因此这一趋势对于白银的总需求、白银供求平衡以及白银价格的负面影响被夸大了。该趋势对白银市场的净效应远远小于总需求量的减少。在1999年，白银用于摄影行业的数量达到峰值，为2.672亿盎司，当年从废弃摄影产品中回收的白银量为1.4亿盎司，因此摄影行业的"净需求"接近1.27亿盎司，或者说还不到摄影材料制造商用银总量的一半。

2005年，白银在珠宝和银器生产中的使用量合计为2.46亿盎司，这已超过摄影行业成为主要的终端用途。虽然与1997年的2.94亿盎司相比有所下降，但是这些产品中白银使用量的下降远不及摄影行业使用量的下降那样剧烈。白银还被用于制造其他各种各样的工业品。大多数人都知道白银可用做镜子的衬背；一些人还知道，白银可用于制造助听器、照相机、计算器和其他小型电子产品的电池；它还被应用于鱼雷及其他军用设备的大型电池中。白银还可用于制造钎焊合金和焊接剂、电子产品、生物灭虫剂、环氧乙烷以及其他化学催化剂。

21世纪初，白银的用途似乎扩展到超导电缆的护套。然而该行业对于其白银的用法和质地要求严格保密，也没有披露太多的有关白银使用量的信息。依据对交易量的研究和其他的市场调查，市场研究人员对这个新兴行业的白银使用量作出了估计。几年之后，超导电线技术的进一步发展似乎使得这个领域对白银的需求大幅下降。不过小到绷带、袜子，大到船舶和海岸建筑的工业涂料，白银都有应用，而且它在生物灭虫剂方面的使用也不断增加。也有传言，白银化合物将取代铬化砷酸铜作为树木防腐剂，但是这种可能性比较小。出于健康原因考虑，许多国家的环保机构都试图淘汰铬化砷酸铜，但有很多更有效、价格低廉的铜化合物可以取代这种化学品。

市场平衡

过去的 15 年中，白银市场一个有意思的特点是长期的供不应求。白银市场的供给和需求变化很慢，这也部分地反映出市场供求双方的价格弹性都比较小。

大部分白银供给是作为其他金属的副产品而出现的，或是以较低的生产成本从废料中回收而来。因此白银的供给对于银价变化的反应不是很迅速或很强烈。

从市场的需求方来看，大多数制造业的白银用量对价格反应非常迟钝。银价每上涨 1 美元，拍一张照片的成本仅上涨 1 美分。摄影行业的更新换代并不是对银价或使用成本的反应，而是由于技术的变革。白银在许多其他的工业应用中也是如此，从电池、电子元件和连接器、钎焊合金、焊接剂到轴承、环氧乙烷催化剂和镜子。在制造业需求中，价格弹性比较明显的领域是珠宝和银器，尤其是在南亚和中东国家，珠宝和银器在这些地区常常是投资和储蓄的形式。这反映了一个事实：在许多工业制成品的价值中，白银只占一小部分；而在珠宝和银器的价值中，白银的占比很高。

银价对市场失衡做出迟缓反应的另一原因是，五千年以来，白银已经形成了巨大的库存储备。当 1990 年白银市场出现供不应求时，至少有 24 亿盎司的银砖是可以动用的。数亿盎司的白银以银币形式存在，还有数十亿盎司的白银以珠宝和银器的形式持有，如果银价开始上涨，它们会立即进入市场。

由于这些巨大的库存量，当进入市场的新炼白银不足以满足制造业的需求时，白银市场可以长期维持这种供不应求的状态，而不会出现任何让市场人士察觉的价格反应。这种大量库存效应在其他市场中也可以见到，但是持续期会比较短，因为它们的库存量比较小。人们不会像储存金银那样储存铜、铅、咖啡或可可。在银行保险库和私人保险箱中，也不会存储够几百年使用的铜或咖啡。但是对于金银，人们会这样做。因此，1990 年白银市场就进入了供不应求状态，而市场价格在大约 14 年后才出现大的反应。以上只是一个缩影，事实上早在 1994 年库存量就出现了减少的迹象。银价在 1991 年达到最低值 3.51 美元，1993 年为 3.52 美元，继而伴随着库存量被动用，价格上升到 4.4~5.8 美元，并在此区间持续了很多年。库存量则一直在减少。到 20 世纪 90 年代末，以往经营保险库业务的银行都停止开展这项业务，因为白银库存量已经缩减到造成保险库业务不再有利可图的程度。在此期间，白银远期合约套利的交易量也大幅缩减，当突然有人需要白银现货而供给不充裕时，价格就会出现一些峰值。因此，这些迹象表明市场确实是在供不应求的状态下运行的，而且库存量在稳步下降。直到 2003 年年末，这些银砖的库存量才下降得足够低了，以至于价格开始对白银供给紧缺作出更大力度的反应。

在 20 世纪 80 年代末期，银价疲软的原因之一是市场中存在过度供给；另一个原因是投资者停止大量买入，而且开始卖出以前购买的白银；第三个原因是没有人向投资者推销白银。

20 世纪 80 年代见证了长期而持续的供给过剩：进入市场的新炼白银量远多于制造商生产制成品所需的买入量。80 年代初，白银市场价格从 5 美元上升到 50 美元，吸引了投资者进入市场并大量购买白银；但是到了 1988 年，投资者群体变得谨慎起来，于是出售之前购买的白银。

如何投资白银

白银是一种重要的投资品。实物白银形式的投资品种包括1000盎司、100盎司的银条。一些炼银厂还可以为投资者生产1盎司和10盎司的银条以及银章。同时还有美国铸币局铸造的银币"银鹰"，以及加拿大皇家铸造厂的"枫叶"。

白银期货和期权在纽约商品交易所（COMEX）进行交易，东京商品交易所（TOCOM）和芝加哥交易所（CBOT）也有交易，不过交易量相对较小。孟买的多种商品交易所（MCX）从2004年开始交易白银和黄金期货。截至2006年，从合约中的白银交易总量上看，多种商品交易所已经超过了东京商品交易所和芝加哥商品交易所，成为仅次于纽约商品交易所的第二大白银交易所。

白银企业的股票是投资者购入白银价格敞口的一种常见方式。较大的白银制造企业包括赫克拉矿业公司、科达伦矿业公司和泛美银业公司，开采银矿的企业包括阿佩克思银业公司和银标准资源公司，以及勘探企业和服务于开采前环节的企业，例如澳大利亚的麦克明白银公司和矿业管理公司（Mines Management）。还有一些较大的墨西哥生产企业，包括佩诺莱斯工业公司。

2006年4月，巴克莱全球投资者公司在美国推出了白银交易所交易基金。到2006年底，白银交易所交易基金拥有约1.2亿盎司的白银资产，以指定分配账户（译者注：allocated account 指定分配账户是以实物黄金为基础的，账户上注明投资者拥有的黄金数量和金条编号，投资者对账户上的黄金享有绝对支配权、对其所有权也不受发行人信誉的影响，但需要支付安保费用）形式储存在摩根大通银行的伦敦保险库中。

投资者在购买白银时会使用各种方法和策略。他们的投资期限短到日内和单日头寸，长到数年期的头寸。一些投资者会持有白银现货或者白银股票作为长期的核心投资，同时他们也持有短期头寸以寻求短期价格变动的收益。

结 论

白银和黄金一样，是人类已知的最古老的一种投资工具和价值储存手段。一些研究人员宣称白银对于投资者具有根本性且无法阻挡的诱惑；另有一些人认为白银和黄金是两种经得起时间考验的投资品种；还有一些人引用宗教经文作为白银投资的依据。放着所有这些信仰体系不谈，白银确实为投资者提供了一种有意思的投资方式，无论白银是作为单项投资，还是作为分散化投资组合的一部分。白银价格的波动率高于其他许多资产。这吸引了一些投资者，因为他们觉得潜在的收益足以补偿较高的风险。

第34章
基本金属投资*

迈克尔·基利克（Michael Killick）工程学硕士
常务董事
Lincoln Vale 资产管理公司

1980年9月29日，有两个人下了著名的赌注——经济学家朱利安·西蒙（Julian Simon）认为，技术进步能够且必将解决目前存在的资源枯竭问题；而生物学家保罗·埃利希（Paul Ehrlich）则认为，人口膨胀问题正在以毁灭性的速度耗尽地球上的资源，而这一过程必将抬高所有商品的价格。为此西蒙与埃利希"打赌"：在未来的十年内，任何不受政府控制的原材料价格都会下跌。在咨询了两位伯克利的物理学家后，埃利希没有选择石油、天然气或是木材，而是选择了5种金属的价格作为赌局标的物。可以说，埃利希的选择再好不过了。基本金属是最为典型的可耗尽资源。正如土地、石油及其他自然资源一样，我们提炼基本金属所用的矿藏是不可再生的。虽然存在可再生能源，但是到目前为止，人们还无法合成金属。然而结局却是埃利希输了。在1990年9月29日，上述5种金属每一种都比十年前更便宜。对于每一种金属，技术进步要么引入了一种替代品，要么增加了供给量。在本章中，我们将从投资者的角度介绍基本金属行业。尽管我们必须承认基本金属价格的长期趋势是极有可能上涨的，但也必须承认，就像前文提到的"赌局"那样，它们的价格也具有极大的波动性。为了应对这种价格波动性，本章也向读者提供了相应的投资建议。感兴趣的读者应该会注意到，这场关于技术进步及其在减轻资源消耗方面效果如何的争论至今仍在持续[①]。

什么是基本金属

基本金属是一个宽泛的概念，指在化学意义上活跃性介于非常活跃的**碱金属**（如钾

---

* 笔者感谢克里斯·哈里斯的宝贵建议与观点。
① Howard Petith, "The Possibility of Continuous Growth with Exhaustible Resources," *Natural Resource Modeling* 16, no. 2 (Summer 2003), pp. 161–174.

和钠）和不活跃的**贵金属**（如黄金和铂金）之间的金属。在商品市场上，基本金属是指流动性介于低流动性金属（如钴）和高流动性金属（如黄金）之间的一类中等程度流动性工业金属，包括铜、铝、镍、锌、铅和锡。

人类从矿石中提炼金属已有数千年的历史[②]。金属提炼技术的成果对我们祖先的文明和进步具有十分重要的意义，以至于在三个史前时代中有两个是以金属命名的——青铜时代和铁器时代。青铜时代的青铜是一种铜和锡的混合物（称为**合金**），时至今日，这两种金属仍是我们日常生活中的一部分。不过这些金属的重要性已经从远古时代用于制造工具和兵器的原材料，演变为今天用于制造从冰箱到电脑等复杂产品的重要原材料[③]。

基本金属从何而来

就其本质而言，基本金属的投资原理与金属开采行业的经济学原理相同。尽管在发达国家，基本金属的回收再利用是金属供给的一个重要来源，但世界金属消费量的扩张必须由新的开采量来满足，而不是从可回收物中提取更多的金属。原因在于基本金属消费量的增长发生在发展中国家，而在这些地区，回收的金属只是原料来源的很小一部分。那么，基本金属从何而来呢？

岩石由矿物质堆积而成。矿物质是地球形成时产生的基本固体物质（也称**尘土**）。矿物质在哪里形成、矿物由什么构成贯穿在整个地球形成的历史进程中。我们应当意识到，形成地壳的外力作用已经消失了（但愿如此），但矿物质因此也就无法再生成了（令人遗憾）。我们发现，基本金属元素都是与其他元素相结合并以化合物形式存在的。这些化合物由金属元素与氧、硅、硫、碳元素结合而成，偶尔还包括氟和氯元素。含有金属化合物的岩层又被称为**矿床或矿体**。从矿体中冶炼出近乎纯净金属的过程需要两种不同的作业：（1）物理作业，如从地层中挖掘矿石；（2）化学作业，即将化合物中的金属与其他元素分离。我们将这些作业统称为**开采和提炼**。

从地层中挖掘岩石的过程与其他所有的开采活动相似。采矿所必须考虑的经济因素有两个：（1）矿体的物理位置、环境状况、和地缘政治条件；（2）岩石的自然属性。

矿体的物理位置很重要，因为开采矿体需要劳动力、电力、水和任何与冶炼相关的基础设施。环境和地缘政治问题很重要，因为开采商需要了解矿体究竟是位于一个美丽的国家公园还是一个战争地带。地质（岩石）的自然属性也很重要，因为不同的地质构造会对矿体开采带来不同的挑战。这些挑战包括开采矿体的难易程度（你必须进行多少挖掘作业）、矿床的金属含量或品位（挖上来矿石后，我可冶炼出多少金属），以及矿体相对于地表的位置（是露天矿还是深井矿）。一般情况下，深井矿只有蕴藏丰富的贵重矿石和金属（如钻石和黄金）才具备开采价值。

把化合物中的金属和其他原子分离开来，需要考虑的经济因素有：

（1）**矿体中化合物的种类**。例如提炼铜氧化物通常比铜硫化物更便宜也更容易。

[②] Arthur Wilson, *The Living Rock: The Story of Metal Since Earliest Times And Their Impact On Civilization* (Cambridge: Woodhead Publishing, 1994).

[③] Martin Lynch, *Mining in World History* (London: Reaktion Books, 2003).

（2）**分离金属的冶金工艺选择**。通过高温（**火法冶金**），包含煅烧（硫矿石）、熔炼和吹炼等方法；还是通过溶剂（**水法冶金**），包括沥滤、堆浸和减压。

（3）**提纯金属的精炼工艺选择**。通过电积法（低温电解金属溶液，使金属聚集在阴极），还是通过电解法（高温电解熔融的金属化合物，使金属聚集在阴极）。

（4）**燃料、电力和还原剂的价格和可得性**。根据这些因素作出金属的提炼和精炼选择。

（5）**环境**。处理/回收有毒的药剂/试剂和副产品的成本。恢复被污染环境的成本。

图表34.1显示了全球六个区域以"公吨"计的矿物产量。亚洲（中国、哈萨克斯坦等国）是世界最大的基本金属产地。拉丁美洲的智利是世界最大的几处矿山所在地。位于智利安第斯山脉的阿塔马卡沙漠上的埃斯康迪达矿，其铜产量占到世界铜产量的8%[④]。

图表34.1　　2006年全球主要基本金属产量的地理分布　　单位：公吨

	铜	镍	铝	锌
北美洲	2 024 000	162 000	5 271 000	1 104 000
拉丁美洲	4 367 000	180 000	2 496 000	810 000
非洲	695 000	54 000	1 715 000	276 000
澳大利亚	449 000	161 000	2 277 000	475 000
亚洲	7 146 000	298 000	12 864 000	5 614 000
欧亚大陆	1 671 000	296 000	4 658 000	550 000
欧洲	2 047 000	190 000	4 164 000	1 997 000

资料来源：路透社。

铝的提炼过程与其他金属明显不同。从铝土矿（主要的铝矿石）中提炼铝需经过两个阶段，而每一个阶段都需要大量的电力：每生产1千克铝需要79千瓦时的电能[⑤]。这种能耗是提炼相同质量铜的近2倍，也是提炼1千克锌能耗的4倍。因此，通常铝提炼厂位于水力发电厂附近或由水力发电厂经营，也就不足为奇了。需要注意的是，采矿的地点与提炼的地点并不一定相同，因为提炼过程还需要大量的能源。

其他基本金属的提炼过程与此大致相同。矿石首先通过泡沫浮选工艺集中起来，并被磨成细小的颗粒；再将粉尘投入泡沫溶液中，溶液中的特殊试剂有选择地将所需的颗粒附着在气泡上，并将其带到溶液的上层。继而撤去并烘干这些上层的泡沫。于是就得到金属**浓缩物**，这些金属浓缩物重量的40%~70%是金属。进一步的提炼也有多种不同方式。一些浓缩物适合低温化学反应，例如滤沥和其他形式的溶剂萃取。这些通常是氧化矿浓缩物。而硫化矿石则一般通过煅烧或电解加热的方式，与不同还原剂（如碳、硅或石灰石）进行熔炼。

[④] Helmut Waszkis, Mining in *the Americas*: *Stories and History*（Cambridge：Woodhead Publishing, 1993）.

[⑤] 首先，通过低温（200℃）溶剂萃取过程（拜耳过程）将其转化为氧化铝，接着进入高温烘焙阶段。将金属铝从氧化铝中提炼出来是通过霍尔·赫劳尔特（Hall Heroult）过程进行的，它是一种需用150 000安培电流和3~5伏电势差的高温电解过程。

基本金属行业

基本金属生产

由于经济、环境以及监管方面的压力,矿业公司自然而然地在经历一场整合过程。可以看出,一体化既发生在纵向层面,即公司开展金属开采、提炼和制造等多项业务;也发生在横向层面,即公司开采多种矿产品⑥。图表34.2列出以公吨计的基本金属产量,以此显示基本金属行业的规模。

图表 34.2　每年全球基本金属产量　　　　单位:公吨

年份	铜	镍	铝	锌	铅	锡
2006	18 399 000	1 340 000	33 445 000	10 825 000	8051	280
2005	17 270 000	1 309 000	31 149 000	9 924 000	7579	274
2004	16 147 000	1 274 000	29 751 000	10 181 000	6951	262
2003	15 420 000	1 213 000	27 880 000	9 957 000	6764	263
2002	15 669 000	1 186 000	26 256 000	9 741 000	6670	268

资料来源:路透社。

所有基本金属的开采都是由大型跨国公司主导的,它们大部分是多元化的矿业公司。一般来说,任何基本金属市场中30%~40%的矿产量都是由前五大生产商开采的。只要信贷市场的风险溢价较低(低廉的融资成本)且基本金属价格较高(健康的生产商现金流),比如在2005—2007年期间,大型多元化公司都会吞并小型专业化公司。斯特拉塔(Xstrata)收购鹰桥(Falconbridge)、淡水河谷(CVRD)有兴趣购买英可(INCO),就是这种整合阶段的两个典型案例。在上一节中已提到,开采和提炼是金属生产行业的两个不同部分。一些较小的公司拥有并经营矿山或冶炼厂。在全球对环保加强监管的大环境下,这些规模小的非多元化公司在未来将难以维持成本有效的生产活动。图表34.3列出全球前十位的矿业公司。

图表 34.3　占彭博矿业指数比例前十位的矿业公司　　单位:%

BHP Billiton	15.8	Xstrata PLC	4.0
Rio Tinto	10.9	Anglo Patinum Ltd	3.7
Anglo American PLC	9.5	Alco Inc	3.7
CVRD	6.7	Phelps Dodge Corp	3.3
MMC Norilsk	4.5	Alcan Inc	2.5

资料来源:彭博矿业指数。

---

⑥ 美铝(Alcoa)是世界最大的铝业公司,它开采铝土矿,生产铝制品原料(铝片、铝箔、铝线、铝缆)及门、窗、汽车的零部件。美铝是纵向一体化企业。必和必拓(BHP Billiton)是世界市值最大的矿业公司,目前在彭博世界矿业指数中占比16%。它除了在铝土开采领域占据领先地位之外,还同时开采和冶炼铁、钻石、煤炭和铜。必和必拓是横向一体化企业。

图表 34.4 显示了开采/冶炼 1 单位重量金属的边际现金成本。这条曲线有三个明显的部分。第一部分表明，一定数量内的金属相对容易获得；第二部分表明，根据目前已知的位置和现有矿山的开发状况，很大一部分矿石原料立即可以开采出来；第三部分则显示出成本的迅速增加，开采低品位的矿石，更深度挖掘以得到新的矿体，以及从难以用化学方法处理的化合物中提炼金属。

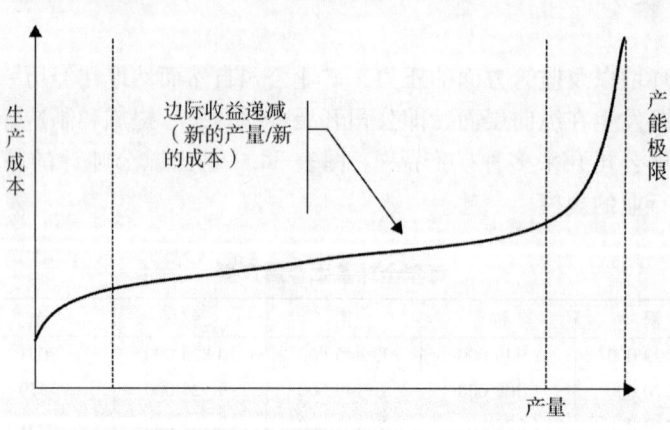

图表 34.4　全球生产的典型（供给）现金成本曲线

劳动力成本是生产投入成本的一部分。劳动力成本经常是工会合同谈判及其他政治问题的主要内容。由于这些矿井通常位于发展中国家，矿业公司必须对当地民众的经济需求时刻保持敏感性。

最后，考虑多方追逐耗尽性资源的经济学道理，也就很容易明白为什么边际成本曲线的形状如图表中所示。生产者似乎总是在寻求技术的创新，从而使得开采矿体比原先设想的更有效率。但不可避免的是，终有一天我们将真正开始耗尽我们的矿产资源。

基本金属消费

基本金属生产者必须非常善于估计产品的需求量，因此也必须善于生产恰好与每年需求量相对应的产品。如此，几乎所有生产出的原材料都被消费掉。图表 34.5 显示了世界上每种基本金属的不同用途。

图表 34.5	基本金属各种用途所占比例					单位:%
	铜	锌	铅	镍	铝	锡
合金						19.0
军火			6.0			
电池			71.0			
电缆套			3.0			
包装					16.0	
化工	12.5					

续表

	铜	锌	铅	镍	铝	锡
建筑	50.0	48.0			18.0	
消费品	12.5	10.0			7.0	
电子元件	12.5	9.0			8.0	28.0
机械制造		10.0			8.0	
其他				23.0	12.0	15.0
颜料			12.0			
金属薄片				10.0		38.0
轧制板			8.0			
钢件				67.0		
运输	12.5	23.0			31.0	

资料来源：高盛、JBWere、雷曼兄弟。

如今基本金属的物理性质使其在经济生产中得到了多方面应用；它们具有韧性和延展性，这意味它们可以被拉伸成管子或金属线，还可以被捶打成各种复杂形状而且不变形。

铜是优良的导电体，而且容易被拉伸成管状，这就是为什么铜消费量的50%都是用于制造住宅和商业建筑中的电线和管道。几乎每个发动机和发电机的核心部分都使用铜导线。铜还是优良的导热体，这就是为什么它可用做热交换器的原材料，用于制造计算机、电子元件、空调和冰箱的冷却芯片组。

铝具有很高的强度/重量比率，可以用于制造飞机框架和表层以及高端的汽车。它同样也是很好的导电体。但是由于比铜轻，铝主要在电力输送中用于制造高强度的导线。铝的防腐蚀性强，因而被用于制造多种包装物，最常见的是易拉罐。

镍主要用于制造不锈钢。它也应用于硬币和磁铁的生产中。

锌在制造业中被用作钢铁构件的防锈涂层。锌在交通工具领域也发挥着同样的作用。它还是电子配件软焊剂的组成成分。

铅产量的71%被用于制造铅酸电池。在医药卫生行业，铅被用于制造针对X射线的防护罩。大多数的弹药是用铅制造的。它还被用作核电厂的冷却剂。

图表34.6显示，1990年以来，中国和印度铜消费量的增长情况。发展中国家（如巴西、印度、俄罗斯和中国）有着较高的个位数或较低两位数的GDP工业增长。为满足经济体发展的需要，这些国家的企业越来越多地进入市场购买基本金属。事实上，中国目前的人均铜、铝消费量分别是美国的1/3、1/4。可见这些经济体对基本金属的需求还有很大的上升空间[7]。

---

[7] 关于基本金属工业的更多信息，参见 James F King, *The Aluminum Industry* (Cambridge: Woodhead, 2001); Nnamdi Anyadike, *Copper: A Material For The New Millenium* (Cambridge: Woodhead, 2002); Simon Clow, *International Nickel Trade* (Cambridge: Woodhead, 1992); Nnamdi Anyadike, *Lead and Zinc: Threat and Opportunities In the Years Ahead* (Cambridge: Woodhead, 2002); and Peter Roddy, *The International Tin Trade* (Cambridge: Woodhead, 1995)。

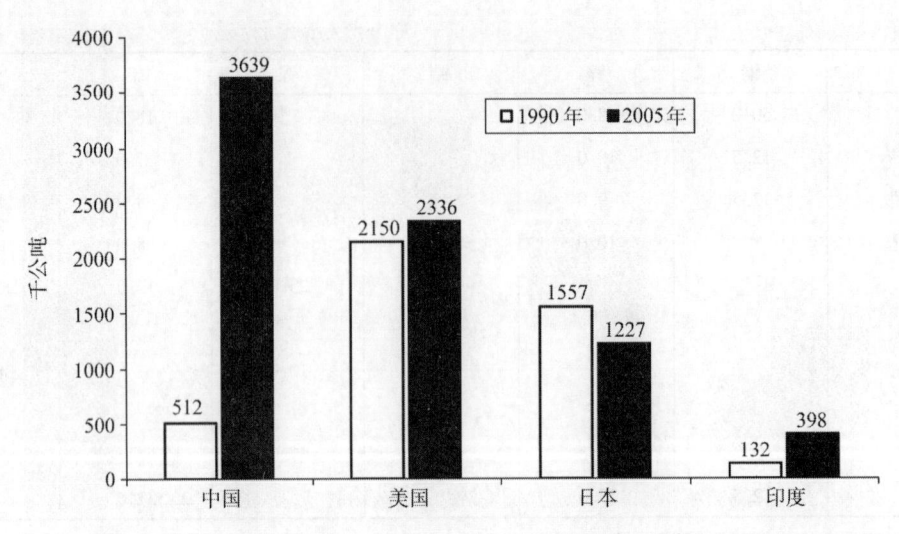

图表 34.6　中国、美国、日本和印度的铜消费量（1990 年和 2005 年）

市场结构

期货市场首先兴起于商品，这不足为奇。除非你真的想交割 25 吨电解铜的实货，否则最好还是以账面形式买卖商品。还有什么方法比在当下交易未来日期交割的金属更好呢？对于那些实际拥有或需要金属实货的人来说，交易时点与交割时点之间的缓冲期给予买方和卖方充足的时间来确定未来某一天的需求量。

交易所

伦敦金属交易所　伦敦金属交易所（LME）里的金属交易单位是公吨。公吨是公制单位，相当于 2204.0623 磅（不同于吨，1 吨 = 2240 磅）。伦敦金属交易所金属的显著特点是，每种金属的流动性最好合约都按照滚动 3 个日历月（经过周末和节假日调整）的交割日来交易（即伦敦金属交易所交割日）。另外还有其他三种不变到期日的合约，交割期限分别为：2 天、15 个月和 63 个月。除这四种不变到期日的合约之外，还有一系列固定结算日的合约，如同传统的期货。这些伦敦金属交易所合约的到期日包括：

- 3 个月到期日内的任一天；
- 3 个月到期日至 6 个月到期日之间的任一个星期三；
- 63 个月内，每个日历月的第三个星期三。

铜、铝、锌和铅的期货合约单位为 25 公吨，镍为 6 公吨，锡为 5 公吨。

伦敦金属交易所指数（LMEX）是 6 种金属在三个结算日价格的平均指数。这 6 种金属包括 6 种主要的基本金属（铜、铝、锡、铅、锌和镍），交割日期是前三个日历月（calendar month）中每个月的第三个星期三。更长期限的交易很少每月都发生，因而通常用平均值来代替。到期日越久，用于平均的期限就越长。另外，伦敦金属交易所目前还提供 5 公吨的铜、铝、锌等期货合约，这些合约都折合成标准规模的合约来结算（实货交割），它们也被称为伦敦交易所的小型金属期货合约。

虽然伦敦金属交易所合约被称为期货，但我们需要注意，它们实际上是远期。远期与期货的区别在于，价格波动产生的现金流直到合约的结算日才结算，因而并没有逐日盯市制度。

伦敦金属交易所是当今世界上最重要的且最具流动性的基本金属价格信息来源。图表34.7 列出了过去几年中的期货和期权总交易量。

图表 34.7　　伦敦金属交易所的期货和期权合约交易量　　单位：百万份

	2003 年		2004 年		2005 年		2006 年	
	期货	期权	期货	期权	期货	期权	期货	期权
铝	26.95	1.76	26.95	2.27	30.43	4.62	36.42	4.79
铜	19.44	1.33	18.17	1.76	19.23	2.18	18.86	1.90
铅	4.50	0.10	3.79	0.09	4.06	0.14	4.57	0.17
镍	4.22	0.15	3.18	0.12	3.48	0.20	4.18	0.17
锡	1.45	0.01	0.97	0.00	1.10	0.01	1.28	0.02
锌	10.47	0.40	10.21	0.48	10.62	1.02	11.71	1.36

资料来源：LME。

伦敦金属交易所的仓库网络遍布全球。世界上每个主要的港口都设有它的仓库。就像投资者们使用路透、彭博或基本金属在线（Basemetals.com）作为交易所数据的界面来跟踪 300 万条金属价格信息一样，他们也可以跟踪各地仓库的金属存货量信息。关于伦敦金属交易所的大量资料可以在相关文献中查到[8]。

纽约商品交易所

纽约商品交易所（COMEX）是纽约商业交易所（NYMEX）的一个分部，COMEX 提供基本金属的期货和期权合约，合约品种包括铜（25 000 磅）和铝（44 000 磅）。这些都属于传统期货，（与 LME 的合约结算日不同）COMEX 上价格波动所造成的现金流变动在第二天就会进行结算。基本金属市场中，COMEX 的铜合约最有名。金属期货的到期日是固定的，就像一般的期货合约那样。在交割月份内，期货的卖方有权选择任意一天交割金属。与 LME 不同，截至 2006 年，COMEX 的仓库网络只分布在美国。图表 34.8 列出了近些年来 COMEX 铜期货、铜期权和铝期货的交易量。

图表 34.8　　COMEX 铜期货、铜期权和铝期货合约的交易量　　单位：百万份

年份	铜		铝
	期货	期权	期货
2006	3.28	0.08	0.01
2005	3.95	0.14	0.03

---

[8] Paddy Crabbe, *Metals Trading Handbook* (Cambridge: Woodhead, 1999).

续表

年份	铜		铝
	期货	期权	期货
2004	3.19	0.22	0.07
2003	3.09	0.05	0.11
2002	2.81	0.03	0.07
2001	2.86	0.02	0.04
2000	2.78	0.07	0.05

资料来源：NYMEX。

通过公开喊价和 GLOBEX 电子系统完成交易。现今投资者可以通过任何接入 GLOBEX 的零售经纪商来交易 COMEX 铜、铝期货合约。

COMEX 基本金属期权是美式期权，在标的期货合约交割月份之前的 1 个月内，该期权可以行权成期货合约，行权在倒数第 4 天之前的任意时间进行。

上海期货交易所

上海期货交易所（SHFE）开展铜、铝期权和期货的交易。尽管外国企业可以和中国企业一起组建合资公司，但目前该交易所内的交易还是只对国内个人和企业开放。铜和铝期货合约的单位均为 5 公吨。合约的卖方可以选择在交割月的任意时间进行金属实货交割。SHFE 的仓库网络全部位于中国，期货合约以人民币标价。图表 34.9 显示，2003—2006 年，该交易所的期货交易总量。

图表 34.9　　　　上海期货交易所的合约交易量（百万份）

年份	2003	2004	2005	2006
铜	22.3	42.5	24.7	10.8
铝	4.3	13.7	4.3	27.9

资料来源：路透、上海期货交易所年报和东方汇理金融。

价格发现过程

商品的两大基本属性对价格发现过程产生重大影响：（1）商品储存和运输的经济因素；（2）商品生产的经济因素。

消费者的观点

商品的特殊性质在于能够在需要的时间和地点立即可用，与在其他时间和/或地点的相同物质是两种完全不同的资产。消费者还有可能进一步考虑商品质量或规格（设想当你需要山泉水时，却只有苦咸水）。商品价格的波动率在很大程度上可以归因于材料的储存成本（时间维度）十分高昂，或材料的运输成本（地点维度）十分高昂。拥有储存基本金属的能力，就意味着可在今天使用的金属也能留到下周使用；但反之则并不完全成立。例如，如果你现在需要使用某种金属，那么虽然1000英里以外的金属也是你所需金属的良好替代物，但是它不能满足你的立即需求。最后，即使商品可以被储存，消费者也倾向于在真正需要时再为它们付款。即时库存（just-in-time inventory）这一概念就是基于最小化资产规模而获得最大化收益的做法，亦即避免持有你所不需要的原材料。

生产者的观点

采矿和从矿石中提炼金属需要花费大量的时间和金钱，这会促使生产者只愿意生产有市场需求的金属。把地层中的矿石变成仓库中的金属需耗时数月。事实上，生产者所要面对的问题要比这还糟糕。探明并决定开采一处矿体需要经历数年之久。

生产者试图提前几个季度估计出金属的需求。这里所谈到的需求者是指制造商，他们加工金属使其增值，并将产品提供给客户。所以金属原料的需求存在着很大的不确定性。这种不确定性导致了基本金属价格的波动。有可能存在这种情况：矿场在金属价格达到其收支相抵点之上时开始经营，但在经营过程中，金属价格却波动至新的水平，使得经营已不再有利可图。例如，一项采矿工程只有在金属价格为1000美元/公吨时才能盈利，但在采矿过程中，金属价格下降了一半，那该怎么办？一项采矿工程是否应该承受金属价格风险，关于这个问题有两种不同的观点。首先，如果采矿公司的股东相信金属价格会上升，特别是当我们处于商品超长周期的起始阶段时，他们就愿意承担商品价格变动的风险；相反，采矿工程的债权人或银行家——这些人不能从商品价格的上涨中获益——更愿意获得确定的项目收入流，以此增加安全感；因此他们希望矿业公司在当前的公开市场中出售未来的金属产量，用以对冲收入流风险。从生产者的角度来看，理想的情况是他们可以控制供应给消费者的原料数量，使原料总是基本能够满足消费需求。让价格稳定在高位，可以同时让股东和债权人满意。但事实上，一种金属通常不会只有一个供应商，因而在任何价格上，供应商群体难以控制原料的供应量。然而在商品价格较低时，生产者们倾向于采取相同的行事方案（互相之间不过于激进）；而在商品价格较高时，则倾向于采取不同的行事方案（相互之间更加激进）。事实上，在过去的商业周期中，生产者群体行为的反复变动使金属价格形成了天然的上限和下限。

基本金属的期限结构

在一个供给不足的市场中，稀缺性金属在今天的价格和在明天的价格之间并不存在一种简单的函数关系：针对学术文献中价格变动模型的一份综述表明，人们对这个问题依然莫衷一是⑨。我们进一步直观分析。在这里起主导作用的经济原理是"今天是明天的近似

---

⑨ Clinton Watkins and Michael McAleer, "Econometric Modeling of Non-Ferrous Metals Prices," *Journal of Economic Surveys* 18, no. 5 (2004), pp. 651–701.

替代品，明天则不一定是今天的近似替代品"。在不同日期之间，基本金属价值变化的非对称性是理解基本金属远期曲线形状的关键概念。在实践中，由于消费者会预期金属短缺，因而提早购买比他们预期需求量更多的金属。一有供应中断的信号，消费者可能就会放弃即时库存管理方式。不过，相对于长期期货价格，消费者的这种"囤积"趋势只会对短期期货价格有提升作用，因为人们会理性地意识到短缺只会在有限时期内持续。与储存货币或黄金（在有效市场中不可能存在负利率）[10] 不同，在商品远期曲线中，只存在单边的边界条件，即持有现货套利（译者注：cash-and-carry arbitrage 也称实盘套利、正向套利，指购买现货、卖出期货而套利）。与其他所有商品一样，基本金属的远期曲线具有如下边界条件：基本金属价格变化率作为时间的函数，它的上限是购买和储存金属的机会成本[11]。因此持有现货的费率可以表示为

$$\text{持有现货的费率(cash and carry rate)} = \text{购买金属的借款成本} + \text{储存成本} \quad (34.1)$$

储存成本包括仓库空间的租金和库存物品的保险费用。不同时点上商品价格的差异被称为价差，并可以表示为价格之差（美元/公吨或美分/磅）。

$$\text{持有现货的价差(cash and carry spread)} = \text{持有现货的费率} \times \text{金属的购买价格} \quad (34.2)$$

图表 34.10 是典型的稳态下基本金属曲线的简化例子。曲线的短端最容易受到供给冲击的影响而出现价格暴涨，而长端则与假设的金属长期平均价格联系密切。

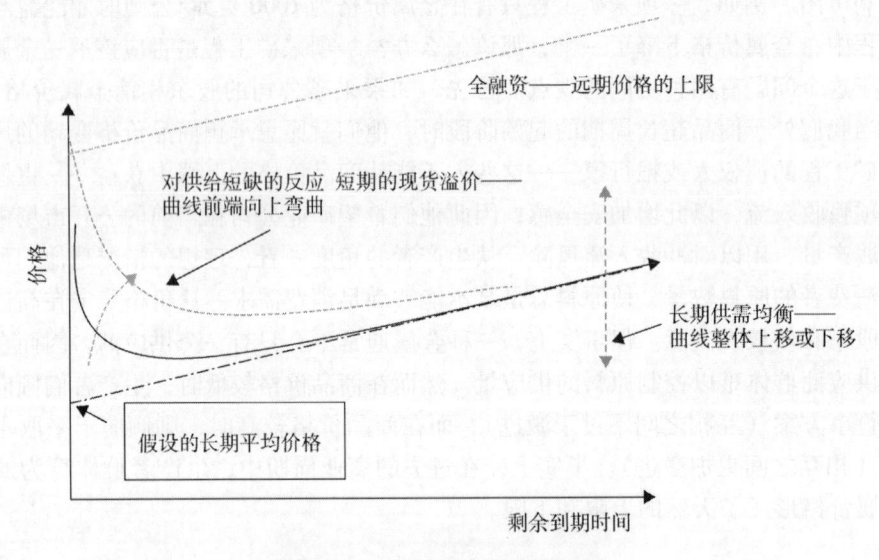

图表 34.10　基本金属的远期曲线

如果远端期货的价格高于近端期货，则称这种状态的商品价差为**期货溢价**；如果期货溢价的价差幅度与持有现货的价差相等，则称其为**全融资**（full fiance）。当然，如果一种

---

[10] Chris Harris, "Structure of Metal Markets and Metal Prices," in *Commodities and Commodity Derivatives Modeling*, edited by Helyette Geman (Chichester: Wiley, 2005).

[11] Harold Hotelling, "The Economics of Exhaustible Resources," *Journal of Political Economy* 39, no. 2 (1931), pp. 137–175.

金属处于全融资状态，它应该是非常充足的，购买并储存金属不会改变供需平衡。因此真正的全融资只是特例，而不是惯例。

当出现真正的、或者感知的金属短缺时，立即可用的金属的价格就高于未来交付的金属的价格。

基本金属交易商密切关注仓库中的金属存货水平。一些全球供货仓库在金属交易所那里注册。这些已注册仓库中的金属存货水平是公开的，而且更新频繁，如伦敦金属交易所和纽约商品交易所每天更新一次，而上海期货交易所每周更新一次。因此若市场参与者得知库存量下降，就会提前作出计划以应对即将到来的短缺；反之亦然。图表34.11清楚地显示，在1995—2006年间，铜的价格与库存水平呈反向变动关系。这种因果反应并不是单向决定的，实际上，在消费者与生产者之间以及可用金属的地点与数量之间存在一个动态均衡点。通常情况下，由于消费者普遍采取即时库存策略，所以市场参与者将严重短缺视为随时可触发的风险。消费者对这些明显短缺的反应是购买更长期限的期货。我们可以从两个方面对所感知的短缺的深度和严重程度进行衡量，一是短缺溢价持续的期间长短，二是某天金属的供应相对于第二天金属供应的溢价大小。当基本金属的短端合约价格高于长端合约价格时，我们就称这种价差状态为现货溢价。

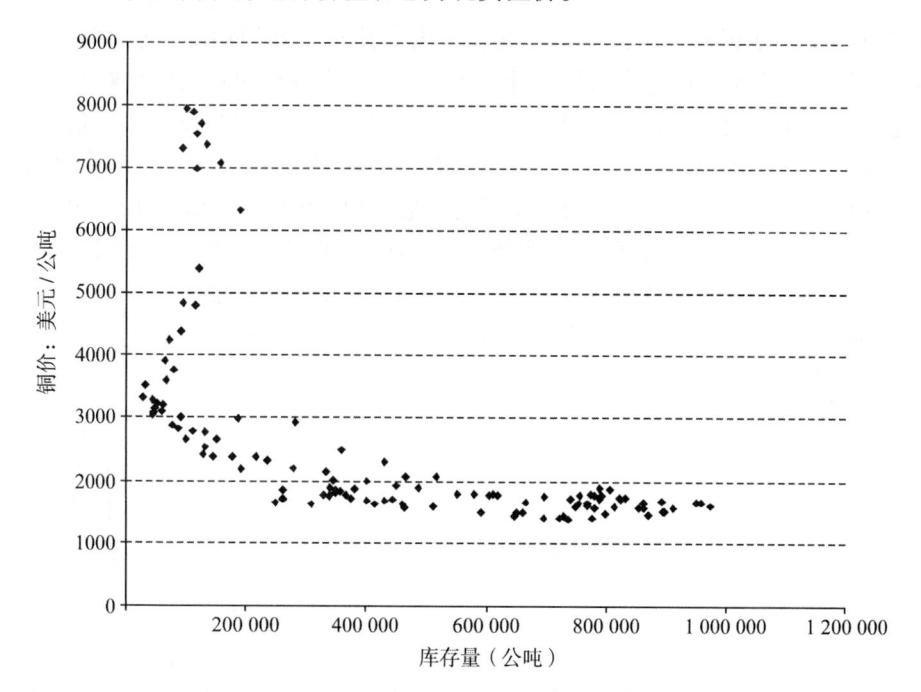

图表34.11 铜库存与铜价之间关系的散点图（1995—2006年）

资料来源：路透社。

许多公司专门从事金属实货的交易，而且这类市场参与者非常了解官方仓库和所谓"自由金属"的位置；自由金属是当前可用的金属，但其储存地点只有通过搜索金属实货交易商（在伦敦金属交易所圈子中，也被称为"金属商人"）网络才能知道。除"自由金属"外，上游精炼厂也存有半加工品形式的金属，如铜精矿和氧化铝。因此在估计金属的供求平衡状况时，不应只局限于官方的交易所仓库存货量。这些额外的库存量信息可能只有内部人士掌握，而他们也没有义务将其公之于众。

继上文的逻辑，可以合理地推断，库存量的下降会导致现货价格攀升，而且期货的期限结构出现反转或是出现现货溢价。这种效应属于传统观点的范畴，但近几年基本金属期货市场上出现大量的被动型指数投资，在某种程度上也对其产生了影响。换言之，在其他条件相同的情况下，金属实货供应紧缺会导致金属曲线出现现货溢价。在现货溢价型市场中，将期货多头的到期日由短调长，这种滚动操作可以缓解市场紧缺状况并减少现货溢价。

投资策略

基本金属投资的方法有很多种，大体可以分为三类：（1）直接的金属价格敞口；（2）通过持有基本金属公司股票而获得金属价格敞口；（3）风险套利和相对价值。

直接的金属价格敞口

21世纪初，由于巴西、俄罗斯、印度和中国（简称BRIC四国）等国家工业产量的迅速增长，原材料需求也存在巨大的上升空间。由于矿产资源的有限性及未来需求增长的前景，金属价格在长期内应该会不断攀升。也正是如此，在2002—2007年期间，大批资金流向了被动型商品指数和商品型对冲基金。截至2005年年末，用于商品指数投资的资金大约有800亿美元。高盛商品指数占据了其中最大的市场份额，吸引了约500亿美元的投资，其中约10%为基本金属的直接投资（铜和铝的投资各占3%），而且这些投资从1995年便开始了。图表34.12显示了这种投资超长周期对铜价的影响。

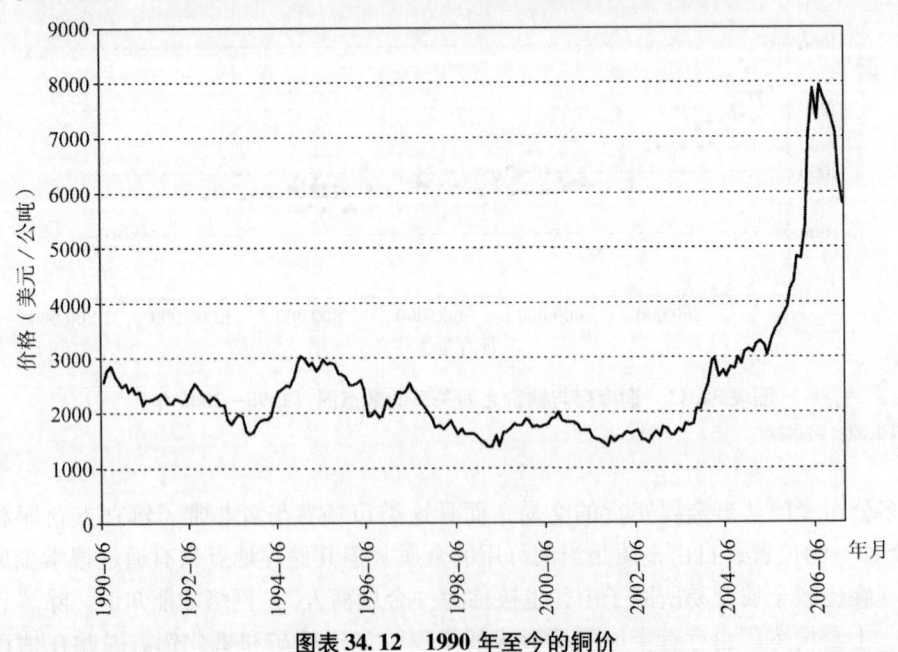

图表34.12　1990年至今的铜价

资料来源：路透社。

金属期货交易商往往持有"世界末日"的观点，而当价格上涨且存货量下降时，他们一般就放弃这个观点。在过去几十年中，由于需求的变化是周期性的，因此工业金属价格的变化也被认为是周期性的。此外，金属的近似替代品如塑料、复合材料以及其他将要被发明出来的新技术使得需求压力一再下降。鉴于这些针对基本金属的巨大投机力量，基本金属的价格极具波动性（见图表34.13）也就不足为奇了。

图表34.13　　　　基于日度数据的年化金属价格波动率　　　　单位：%

年份	锡	镍	铜	锌	铝	铅
1995	15	17	14	7	14	22
1996	11	29	42	7	19	20
1997	10	32	39	32	8	25
1998	13	48	20	21	21	22
1999	19	81	38	29	37	12
2000	11	46	15	14	14	19
2001	45	46	30	38	25	13
2002	17	27	15	12	10	20
2003	37	77	39	32	18	55
2004	38	38	24	24	18	30
2005	38	34	42	46	28	22
2006	44	108	64	75	17	60

图表34.14显示了从1995年4月到2006年3月期间基本金属价格的变化趋势。在图表34.14中，我们以1995年4月为基期，将其价格设定为指数100，从而方便读者更加容易地比较不同时期基本金属的相对价格走势。在图表中，前2/3部分趋势遵循周期性模式，金属价格在指数50~150之间蜿蜒爬行。剩下1/3部分则显示出投资的超长周期。镍表现最好，而铝表现最差。不同金属的价格波动率之间具有高度的关联性。根据月度样本数据测算，两两之间的平均相关性为52%，年标准差为17%。

当我们开始研究过去十年间的夏普比率时，才真正开始了解单个基本金属的直接投资意味着什么。图表34.15的汇总统计量表明，从整个期间的日度数据来看，投资者如果投资于全体金属，那么其组合的年均标准差为0.15。从2002年年初到2006年年末，该统计量得到了大大改善，变为1.10，这是被动型投资者可以接受的风险回报水平，在此期间的平均年收益为23%。如果这种超长投资周期现象持续下去，这类数字极有可能会重复出现，基本金属将会是一项比较吸引人的投资。

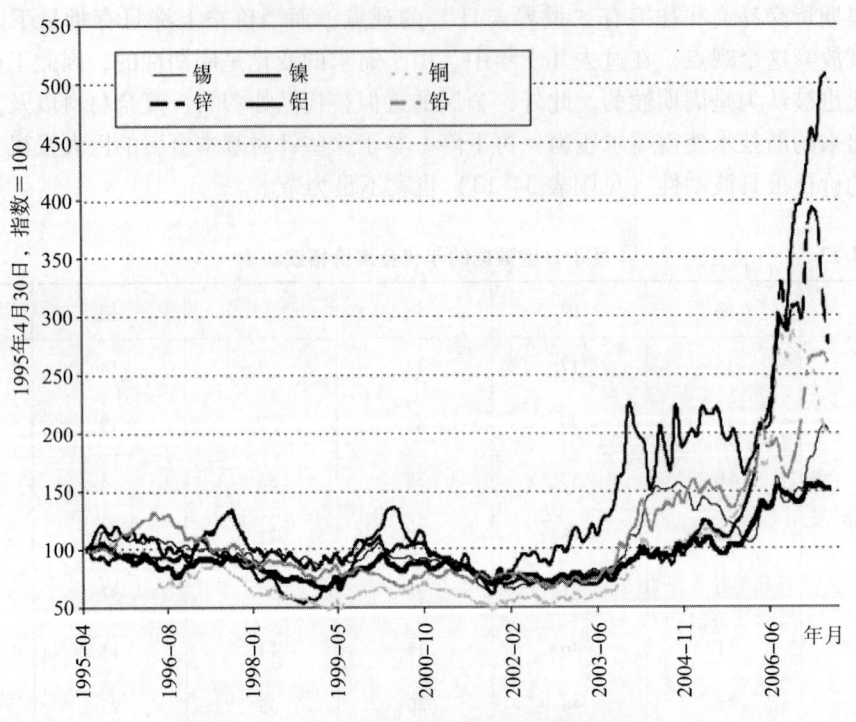

图表 34.14　基本金属价格指数（1995—2006 年）

图表 34.15		基本金属直接投资的夏普比率				（年收益/年波动率）
年份	锡	镍	铜	锌	铝	铅
1996	(0.80)	(0.92)	(0.81)	0.35	(0.63)	(0.14)
1997	(0.98)	(0.23)	(1.14)	0.20	0.04	(1.50)
1998	(0.41)	(2.07)	(1.10)	(1.12)	(2.84)	(1.30)
1999	1.43	2.08	0.82	1.27	1.52	0.25
2000	(1.76)	(0.72)	(0.23)	(1.18)	(0.34)	(0.18)
2001	(2.14)	(0.69)	(2.48)	(4.26)	(1.17)	0.18
2002	0.45	1.01	0.27	(0.20)	(0.04)	(1.00)
2003	4.21	2.64	1.68	1.36	1.16	2.12
2004	0.83	(0.18)	1.14	0.75	1.72	1.07
2005	(1.33)	(0.39)	2.22	2.47	0.83	0.26
2006	1.72	3.02	1.04	2.00	1.05	1.14

资料来源：路透社。

　　直接金属投资可以通过以下几种途径实现：（1）购买金属并将其储存在仓库中；（2）购买并滚动期货头寸；（3）投资于结构性票据；（4）进行场外互换。此外，这几种投资途径既适用于投资单个金属，也适用于投资由两种或两种以上金属构成的金属篮子。金属篮子的权重可以设为恒定的金属重量比例，或者设为恒定的美元价值比例。为了决定在这些差异巨大的投资途径中选择哪一种途径，投资者必须作出若干决策。

首先，期货头寸的初始保证金必须要远小于期货合约标的金属的总价值，这意味着杠杆化也是一个需要管理的风险。简单地说，如果初始保证金是合约总价值的20%，那么"实际资金"投资将要求投资者银行账户中保有另外80%的资金，以随时应对期货多头头寸的保证金波动（我们称这种头寸是被全额抵押担保了）。

若投资者想要运用期货头寸创造2倍杠杆，则可以将占合同初始价值30%的资金存入银行账户，而且将占合同初始价值20%的初始保证金存入银行账户。这种抵押的方式同样适用于场外互换交易。

其次，投资者需要滚动期货头寸，这是另一个需要管理的风险。除竞价和报价因素外，投资者在考虑展期成本的时候需要明白：在一个无交易成本的有效市场中，滚动期货头寸的成本往往与购买并储存金属的成本相同，甚至还更便宜。可以考虑两种期货展期的情况：（1）在全融资状态下滚动期货头寸，即买入较长期限的合约并卖出较短期限的合约，其经济成本与买入并持有金属的经济成本是相同的，这是由持有现货套利决定的。（2）在期货溢价状态下滚动期货，即市场上期货溢价水平比全融资状态要小，当然也会低于现货溢价情况下的水平。在现货溢价的情形中，远期价格曲线的形状对投资者有利，因为投资者向紧缺的市场出借金属并获得回报。

这种额外的风险可以酿成损失也可能为投资者带来收益，因而我们首先必须要清楚一些指导性原则：当你持有短端期货头寸时，如果金属的远期曲线一直处于全融资状态，那么（除交易费用外）你所面临的唯一展期风险就是市场的有效性风险（在非有效市场中，不存在持有现货套利约束，滚动期货的成本将比全融资状态下的成本要高）。如果金属曲线呈平缓或现货溢价状态，那么投资者将承担这样的风险——囤货恐惧消失，曲线回调至全融资状态，因而展期成本比曲线初始形态所蕴含的成本要高。为了规避这种风险，投资者只需购买一份到期日与其投资期限相同的期货合约。换句话说，你所投资的金属在投资期末会进行交割，因此，期间内的曲线形状对你的投资结果毫无影响。

最后，如果金属价格持续上涨，那么曲线的形状就是个次要问题。购买金属并将其储存在仓库中是一件很容易的事，因为金属本来就是储存在仓库中。投资者只需将所持的期货多头头寸进行交割，金属的卖方就会出具授权书，授权其提走实际仓库中一两个货架的金属。这种授权书可以转手收回，用于为期货合约的空头头寸平盘。投资者必须注意到，期货多头对金属交割的地点没有选择权，而且授权书包含租金支付的义务，一些金属的租金还会高于另一些金属的租金。只能说这并不是一个可以随便参与的交易活动。

与投资于单个金属相比，投资于金属篮子或（分类）指数具有如下优势：（1）它是分散化投资，因此波动率要小于单一金属投资；（2）除此之外，恒定美元价值加权的方式还可以将一部分波动率转化为收益。伦敦金融交易所的指数期货——伦敦金融价格指数（LMEX）就是一种方便投资者的现成投资组合。图表34.16显示出随着时间推移，3个月期限的基本金属两两之间的平均相关性。

如果你认为基本金属的价格会持续上涨，而且是整体上涨，那么可以考虑采用恒定美

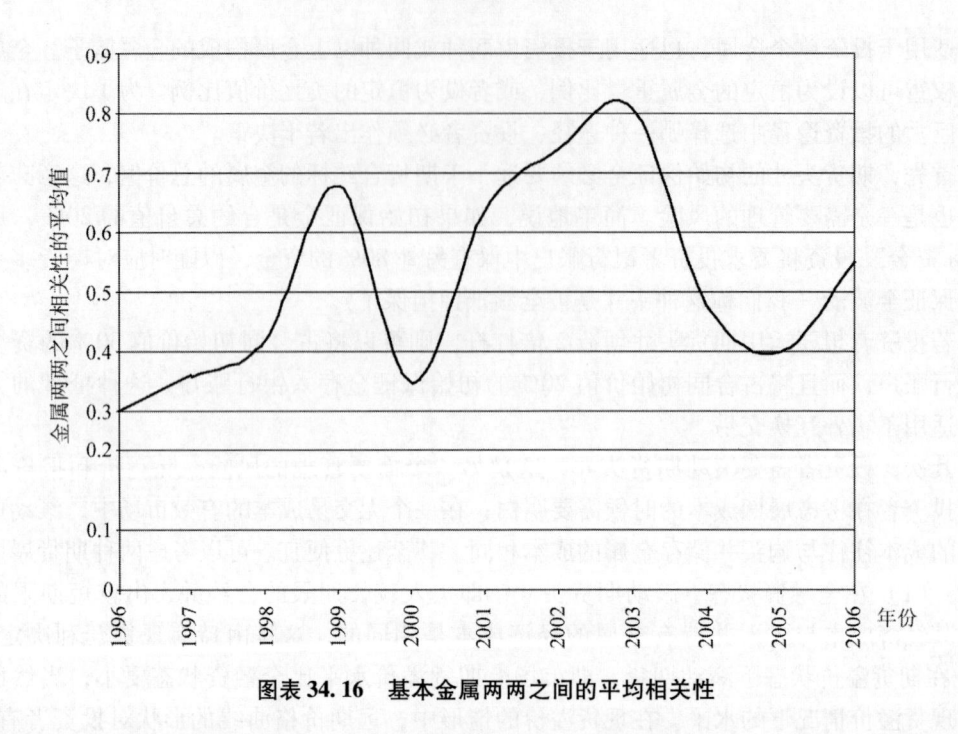

图表 34.16 基本金属两两之间的平均相关性

元价值比例的组合权重方案。这种策略可以根据个人的喜好，选用初始权重构建金属组合，为了方便讨论，这里假设每种金属的权重都是相等的。在组合的投资期，你可以定期对组合进行维护，以保证各金属的美元价值依然相同。随着时间的推移，价格开始出现波动，到了组合维护期的结束阶段就调整权重。对于那些升值的金属，需要出售一些期货合约；而对于那些价值贬值的金属，则需要买入一些期货合约。事实上，升值和贬值是相对的；因此，即使假设所有的金属都升值了，我们还是要卖出一些升值幅度最大的金属，买入一些升值幅度最小的金属。你可能会认为两两之间的相关关系是均值回归过程，即平均来看，两两金属之间的相关性会向同一个方向变动。但仅仅这一个观点并不能够保证你获得比恒定金属重量比例的指数更好的投资收益，因为相关性是有强弱之分的，强趋势金属的收益可能会是弱趋势金属的好几倍。然而通过观察图表 34.4 可以发现，这些金属的价格收益也存在居中趋势。因此成功投资的关键在于选择最佳的组合维护频率。如果维护期间太短，会错失相对强势金属的业绩表现；如果维护期间太长，会错失相对弱势金属的业绩恢复。

基本金属的股票投资

投资者应注意到，投资金属及矿业公司的普通股存在几个合理的原因。投资研究的一个重要目标是，寻找到那些记录在案的、不会或只会对冲掉一部分基本金属产量风险的公司，购买这些公司的股票以获得标的金属价格的敞口。要注意的是：如果生产者以固定销售价格与消费者签订了长期合同，从而对冲掉（或部分对冲）价格风险，那么该公司将不具有金属价格敞口。此外投资者还应注意，避免金属价格对冲者（译者注：矿产商）对长期金属的销售进行现金抵押，因为在这种情况下，该公司可能具有负的金属价格敞口。

风险套利/相对价值

基本金属的收益存在如此大的波动率与峰度，以至于二阶风险变量不仅值得关注，而且十分具有吸引力。我们可以交易不同金属的价差和比率，以及沿着同种金属的远期曲线来交易价差和比率，从而利用这种风险来获利。

在寻找那些整体波动率小于各成分波动率的基本金属配对时，需要记住如下几个指导原则。如果相关系数小于1，则将随机变量相加会降低风险；如果相关系数大于0，那么随机变量相减会降低风险。同时（这正是价差交易的危险所在）你希望你所选择的多/空头寸是足够不相关的，从而你可以获利，但当这种情形发生的时候，你的交易也最具风险性。分散化是一个更好的原则，因为相比于寻找相关的事物并从其差异中获利，寻找不相关的事物、并将其进行组合以降低风险则更为容易。例如图表34.14显现出镍的收益率急速提高，而铝价则缓慢上涨。在此期间，如果因为二者相关性是均值回归的，因而持有铝的多头和镍的空头，将蒙受巨大的损失。此时投资的底线就是你不可以持有镍的空头头寸，如果你做出灾难性决策而持有了镍的空头头寸，那么无论你持有的是铝的多头还是空头，都将无法挽回损失，因为事实证明二者是不相关的。不过同时持有铝和镍的多头头寸可以实现最大利润，尽管这个投资组合比上述例子中的投资组合风险要小。

我们知道，陡峭的收益曲线、坚挺的货币以及上扬的股市是携手并进的；我们也知道，金属库存量的减少、金属价格的上涨以及更陡的现货溢价也是携手并进的。这些都是平常事件，但为下文的讨论提供了很好的切入点。如果对价格过程作出了假定，那么预测价差交易的盈利状况如何将是十分容易的。举个例子，我们可以合理地说，如果铜和铝都可以用作电缆，而此时铜因为稀缺而变得极其昂贵，那么它们之间的价格差异应该存在一个天然的上限，因为在一定的价差水平上，消费者会停止买铜而开始买铝。该假设所得结论的有效性取决于假设本身的真实性。每种金属还可能会有其他方面的用途，而且这些用途可能更为重要，这些也会让价格彼此背离。

图表34.17显示了铜、铝价格之间的背离期和恢复期。图表中假定期初的比率和价格差异都设为100。持有1公吨（重量差别）的多/空头寸与持有1美元（价值比率）的多/空头寸之间存在巨大区别。这是因为：（1）在这个时期，铜的波动率大于铝；（2）铜的合约在初始时就更值钱。我们要记住，价差交易的目的是从业绩表现相对较好的金属上获利，因此消除价差交易中隐含的其他风险就十分重要了。在反方向交易一对资产时，投资者面对的风险有三个部分：各资产权重（合约价值）、各自的波动率和它们相对的表现（收益）。最不激进的价差交易是购买/卖出初始等量美元价值的金属，这里的美元价值经过了相对波动率调整。购买/卖出相等公吨的一对资产似乎看起来更容易些，但这种操作有可能会含有额外的投资权重风险。

借入和借出金属与固定收益债券市场中曲线陡度（curve steepener）和平坦度（flattener）相对应。做多短期交割的期货时，投资者借入金属；做空短期交割的期货时，投资者借出金属。投资者借入金属是为了从两个交割日之间的供应紧缺中获益。与到期日较

图表 34.17 铜-铝价差和比率

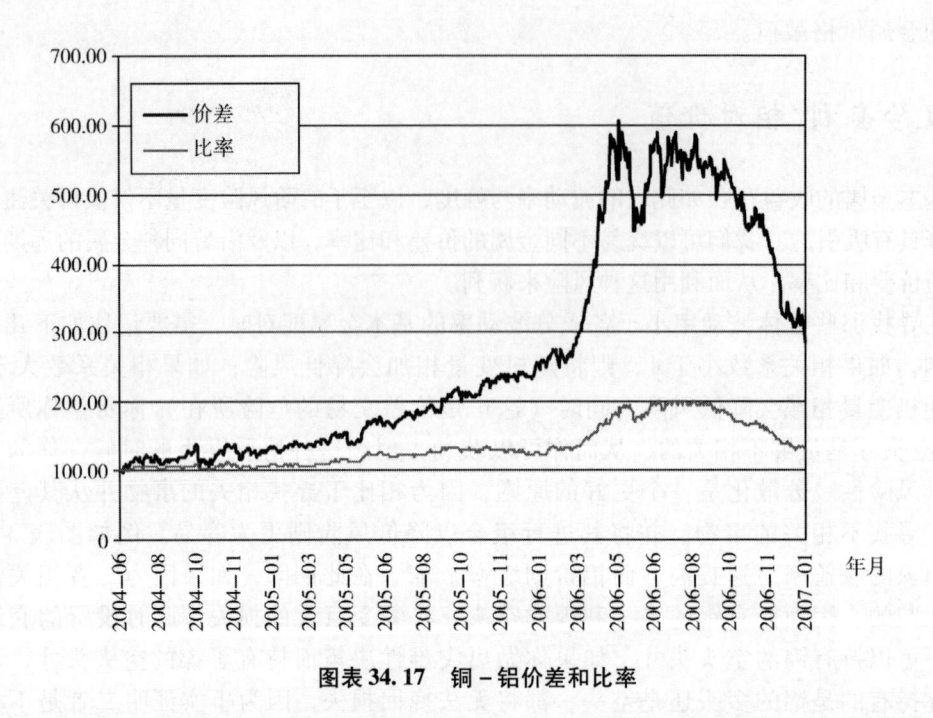

长的期货相比,短期期货的日历价差更具波动性,因为供应紧张实际上只是与短期相关的问题。

短期价差的波动性和流动性都足够大,使得它们本身就可以用于交易。价差的缩小伴随着铜价的上涨,价差的拉大则伴随着铜价的下跌。图表 34.18 中的现金价格到 3 月期期货价格的价差,以及图表 34.19 中的 3 月期到 15 月期的价差即是如此。

图表 34.18 现货铜价与现金铜价之间的价差
(现金价格减去 3 月期的期货价格)

图表 34.20 中将短期价差(现金到 3 月期)与长期价差(3 月期到 15 月期)做了对比,两者都以百分比形式表示 3 月期的价格。两者之间恰好存在适当的关联度。这充分说

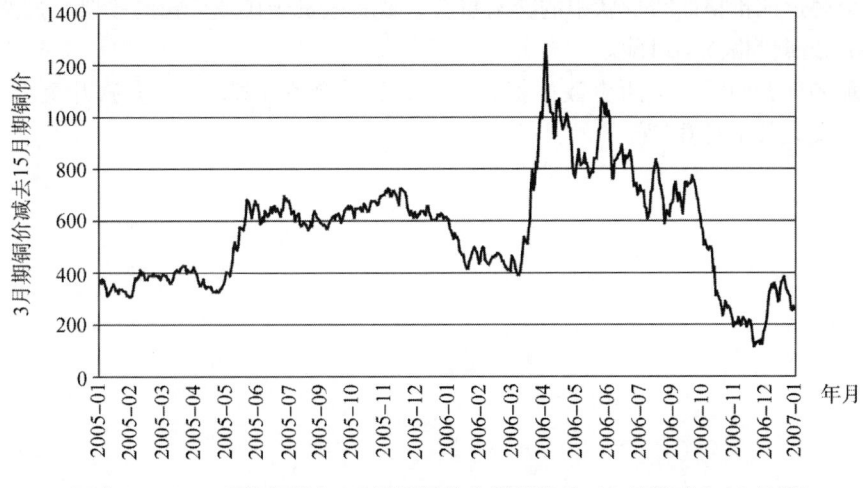

图表 34.19　3 月期铜价与 15 月期铜价之间的价差（3 月期减去 15 月期）

明，相关性存在于某些有限可交易的价差策略之间（买入一个并卖空一个），与没有交易机会的价差策略的关联度较低。

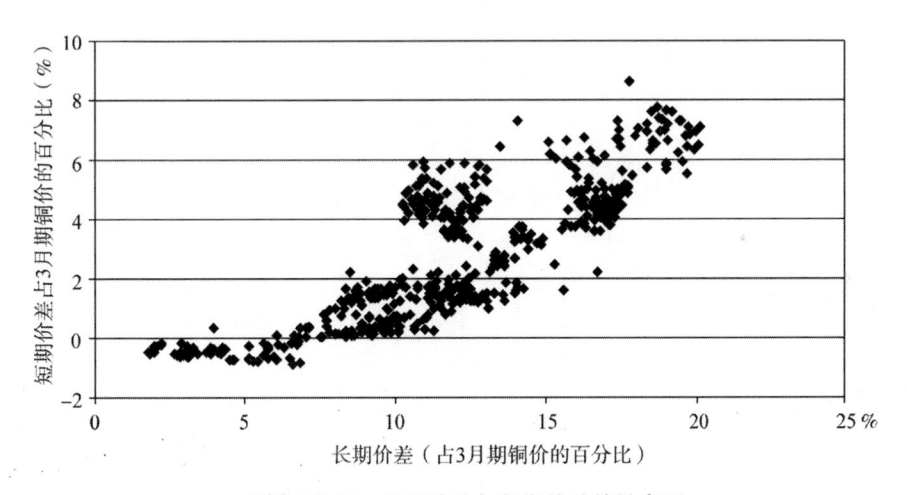

图表 34.20　短期价差与长期价差的散点图

结　论

制定投资策略时，最重要的就是周密考虑各种促进与妨碍基本金属供求关系的因素。未来至关重要的宏观因素是科技创新能否减缓矿产资源耗尽的速度。反过来，宏观经济发展的关键因素在于我们是否可以有效合理地利用充足的资本资源，以减轻自然资源的稀缺状况。在本文写作时，正处于长期利率偏低的情况，较高的金属价格和较低的信用利差似乎催生出相反的情景：生产企业整合，形成寡头，并抬高金属价格。这一形势的发展又取决于主要金属生产国的政治气候。

利用金属远期价格曲线形状中的交易机会、或者投资于矿业公司的股票，显然都可以应对直接的金属价格波动风险。

有兴趣的读者回顾一下历史数据就会发现，铜价曾在 1917 年一度飙升至 4 美元/磅（以 1997 年美元价值计算）[12]。

---

[12] Daniel E. Sullivan, John L. Sznopek, and Laurie A. Wagner, "20th Century US Mineral Prices Decline in Constant Dollars," U. S. Department of the Interior, U. S. Geological Survey, Open File Report 00-389.

第35章
欧盟的电力交易

斯特芬·乌尔赖希（Stefan Ulreich）博士
发电/上游行业
德国意昂集团

　　由于电力与不同消费群体密切相关的缘故，德国、挪威以及英国的电力交易市场已经实现了自由化，而且已经发展成为非常重要的市场。类似的，欧盟（EU）范围内的电力市场自由化使其他欧洲国家也发展了各自的电力市场，从而导致国际电力交易持续增长。欧盟新成员国的加入将进一步推动欧洲能源市场的发展。

　　欧洲电力与天然气的交易量仍在增长。根据欧洲能源交易商联盟（EFET）[①] 的估计，2005年德国电力市场交易量超过了2500万亿瓦时（TWh）[②]，这个数据大约是德国电力消费量的5倍。2005年英国的交易量也为2500TWh，斯堪的纳维亚地区大约为2000TWh。EFET估计，2004年欧洲电力与天然气的交易总额大约为6000亿欧元。欧盟行业调查显示的交易量更大：德国的交易量为该国年消费量的650%以上，北欧地区的交易量则在550%以上。欧洲能源交易所（EEX）位于莱比锡，它被视为中欧电力的基准交易所，2006年的交易量接近1100TWh，而2005年为602TWh，2004年为397TWh。这些数据表明，电力市场仍然存在巨大的增长潜力。

　　电力作为商品显示出一种特殊性：它不能被储存，生产出来就必须被消费。电力只在有限的条件下可以储存，比如利用水电泵。在基于这种技术的发电厂里，水被抽入水库，在短时间内就可以生产大量的电力。但是这种技术的效率限制了其在经济上的使用。水电泵主要用于高峰时段（比如午餐时间左右）交付电力。如此一来，电力的不可存储性质导致电力在一天中每个小时都有不同的市场价格。此外这也使电力市场与可储存商品如原油和天然气相比，存在根本性区别。存储行为使后两种商品能够平滑季节性效应，例如供暖期间的较高石油和天然气需求。

[①] 关于EFET的更多信息，参见http://www.efet.org。
[②] 1 TWh = 1 000 000MWh；1 MWh = 1000kWh。

欧洲的电力市场

欧洲的电力既在**场外**（OTC）交易，也在交易所交易。在场外交易中，彼此双方直接进行交涉，有时也可能是在经纪人的帮助下取得联系。交易通过电话进行，近几年也越来越多地通过电子网络平台进行。这些平台是由大型经纪行运作的。通过点击与交易，便可以进行标准化电力的购买和出售。因此电力市场效仿了历史更为悠久的债券市场和股票市场的发展，如今这些市场上的电子化交易很常见。

电力市场的参与者自然是生产和消费电力的大小企业。交割的方向并不像我们想的那样固定。例如，如果对方发电厂的电价更便宜，大型电力生产商也会在市场中充当买方。另一方面，用电企业也常筹划其工厂的用电量——计划之内的还是计划之外的——并在市场上出售多余的电。此外许多工业用户拥有自己的发电厂。这些企业每天都要作出"生产或购买"决策：是用自己的发电厂发电，还是从市场上买电更便宜？除此之外，越来越多的投机交易商参与到市场中，他们既没有生产设施也没有消费设施。特别的，商品交易背景雄厚的投资银行在电力市场中越来越活跃。当然，这些公司关注的核心是金融交易，而不是电力实货交割。

人们常常低估电力批发市场的国际属性。有人会天真地认为，当地的电力生产会决定市场价格，而且交易只发生在当地的电力运营商与本地区的消费者之间。但事实并非如此。由于存在一个欧洲范围内的高压电网，欧洲各国市场间存在着联系。例如德国与丹麦、荷兰、法国、瑞士以及奥地利相互连接。新的欧盟成员国捷克共和国和波兰也可以向德国输送或从德国进口电力。有些人可能会吃惊，德国与瑞典的电网之间甚至有一段海底连线。这就导致了在发电层面上的国际竞争。由于欧洲高压电网仍然显示出一些瓶颈问题，所以欧洲不同地区仍然存在着电价差异。一些国家由于庞大的输送能力而互相具有很紧密的联系（比如德国和法国），所以批发市场价格没有显示出太大的差异；另一些国家之间的输送能力则很有限。德国和荷兰就是一个例子。由于荷兰电力批发市场的价格通常更高一些，所以电力一般都是从德国到荷兰单向输送。欧洲的输送能力在不断提高。例如在过去几年中，瑞士和意大利之间的连线不断改善，另一个新项目是在荷兰与挪威之间建立海底连线。新的输送能力将使得批发市场价格实现均等（见图表35.1）。

图表 35.1　2004 年一些国家 NTC 电力的平均每小时总输入能力相对于装机容量

国家	百分比（%）	国家	百分比（%）
英国	2	比利时	25
意大利	6	匈牙利	38
西班牙	6	丹麦	50
希腊	12	斯洛文尼亚	68
荷兰	17	卢森堡	90

资料来源：根据欧盟的行业调查数据创建图表（截至 2007 年 1 月 27 日的最终报告）。

只是对于交易量足够大的企业而言，才有必要直接进入 OTC 市场或者电力交易所。但是因为存在提供市场接入服务的中介机构，小型消费者或生产者也没有被排除在 OTC 市场之外。这一点与金融市场相类似，金融市场中的银行或经纪人协助其客户进入股票交易所。

电力交易所

与其他商品或金融证券相类似，电力 OTC 市场先建立起来，之后才出现了交易所。欧洲电力市场自由化开始后不久，第一批交易所就在欧盟成立了。它们主要是用于减少交易对手的信用风险。通常，交易所是买方的交易对手，也是卖方的交易对手。买卖双方都需要在交易所中开立保证金账户，交易所保证卖方交货、买方付款。这种服务由交易的手续费提供资金支持；另一种服务是清算场外市场上的交易。例如北欧电力交易所（Nordpool）、欧洲能源交易所（EEX）或法国未来电力交易所（Powernext）都提供这种服务。

此外，在发布交易产品的价格与交易量信息方面，交易所发挥着关键作用。因此所有的市场参与者都可以接收到中立方发出的信息。类似的，经纪人也提供关于流动性和批发价格的信息，例如通过电子邮件形式。在欧洲，一些电力交易所现已非常活跃，其中最重要的交易所见图表 35.2。

图表 35.2　　　　　　　　　　欧洲的电力交易所

交易所名称	网址	位置
EEX	www.eex.com	德国
Powernext	www.powernext.fr	法国
IPEX	www.mercatoelettrico.org	意大利
APX	www.apx.nl	荷兰
EXAA	www.exaa.at	奥地利
PolPX	www.polpx.pl	波兰
Nordpool	www.nordpool.com	丹麦、芬兰、挪威、瑞典
Borzen	www.borzen.sl	斯洛文尼亚
OMEL	www.omel.es	西班牙
UKPX	www.ukpx.co.uk	英国

资料来源：作者。

这些交易所的参与者来自不同的国家。EEX 的参与者来自 19 个国家，APX 的参与者来自 14 个国家，Nordpool 市场（欧洲最古老的电力交易所）的参与者来自 20 个国家。而且这些交易所也开始交易国际产品。例如 EEX 不仅交易德国的电力，也交易法国与瑞士的电力。

OTC 市场

通过电话或电子平台进行交易，双方需要签订一个主协议。这个主协议规定了一些相关的细节信息,例如实物交割的交货地点、付款安排和交割日期。另外,电网故障所导致的交割无法进行被定义为**不可抗力**事件。在欧洲大陆,EFET 主协议被广泛采用③。

OTC 交易的重要问题是信用风险。由于交易是双边开展的,电力卖方需要买方企业的信用风险信息。一些企业可以使用评级机构(例如穆迪、惠誉或者标普)给出的信用评级;未被评级的公司则可以通过内部评级系统进行评级,或者使用银行担保。几年前的安然公司④案例也引发了欧洲对信用事件的关注,因为安然公司是欧洲电力市场的重要参与者。类似的,电力买方需要得到保证:所购买的电力会被交付。这种保证也可以写成金融条款,因为如果电力未被交付,则可以挪用其他买家的电力。在这种情况下,金融补偿是必需的。

大多数市场参与者既在交易所内交易,也在 OTC 市场上交易。其他交易者会仔细观察交易的费用并且比较这两个交易场所的优劣之处,从而决定在哪个市场上进行交易。但对于批发价格而言,这两个市场没有区别。两个市场都具有流动性而且存在套利者,这些因素保证了价格差异处于买卖价差之内。

电力的现货市场和远期市场

本节主要研究交易所,但 OTC 市场也是按照类似的方式运行。现货市场上的价格形成是由供求竞争所驱动的,一般会涉及电力的实货交割。相比之下,期货市场上的交易可能具有实货背景,但也并非总是如此。由于敞口头寸都可以在当天轧平,市场的流动性也就允许参与者使用期货和远期进行纯粹的金融交易。本节不考虑电力实货交割的特殊性(例如需要与电网运营商签订合同),原因在于它们对价格形成并不重要。

现货市场

前文已经指出,电力不可储存。所以,现货市场上交易的并不是实际消费的电力,而是日前(day-ahead)消费的电力,实际消费的电力则在能源平衡市场(the market for balancing energy)上进行交易。电力的价格取决于具体的消费时间,因此现货市场上交易的标准产品是次日 24 小时中每个小时的电力⑤。如果交易日为周五,现货市场中就交易周六、周日和周一每个小时的电力;如果次日是假期,那么假期后的一天也包含在现货市场的竞价过程中。

为了使交易更加方便并提高流动性,现货市场上通常还提供另外两种产品:基本时段产品和高峰时段产品。基本时段包括次日的全部 24 小时,而高峰时段只包括需求量高的时段。高峰时段的定义在很大程度上取决于各国的电力市场。德国的高峰时段为工作日(不包括周六)的 8:00~20:00(即上午 8:00 到晚上 8:00);也就是说,交割是从

---

③ EFET 主协议最真实的版本可以从 http://www.efet.org 网站下载。
④ 由于未平仓合约的交割和金融结算都不能实现,交易商安然公司的破产在电力市场上造成了一些混乱。
⑤ 夏令当天交易 23 个小时的电力,第二天交易 25 个小时的电力。

7：00～20：00（即早上7：00到晚上8：00）。荷兰的高峰时段为7：00～23：00（即上午7：00到晚上11：00)⑥。

一般而言，时段产品（block product）和小时产品（hour product）的最小交易规模为5MW（即5 000 000W）。举个例子，普通电灯泡的能源是100W，也就是说，一笔现货交易对应的是50 000只灯泡！

基本时段产品和高峰时段产品的日前交割都是连续交易的。但单个小时的价格由交易所的拍卖过程决定。每个市场参与者向交易所报出一个竞价曲线（通常是电子形式的）。这个曲线需要在特定时点前送达交易所（例如在正午）。对于每个小时，竞价曲线都包含交易者的电力需求量或供给量，以及愿意购买或出售电力的价格。当然，价格越高，竞价曲线中的供给量会增加，而购买量会下降。交易所利用全部的竞价曲线来计算价格，以使在这个价格上产生最大的电力交易量；这个价格于是就成为市场价格。报出该价格的所有卖方或生产者就必须在次日的这个时点交付电力；愿意至少支付该价格的所有买方或消费者将在这个时点接受电力⑦。

如图表35.3所示，考察EEX上的拍卖结果。我们看到高峰时段的电力需求比较高，所以价格相对于非高峰时段就高一些。电力最贵的时间通常是12：00（即上午11：00至中午12：00），因为这段时间要准备午饭；由于傍晚要开电灯和看电视，通常也会有第二个用电高峰。但夜晚时段的电力需求较低，因为私人和工业企业都不会在此时大规模地用电。所以电价也较低。当然，也有不同于这种典型拍卖结果的例外情况，比如元旦的时候。因为在这特殊的日子，社交生活集中在傍晚时段，而白天则非常安静，所以我们会看到一个完全不同的需求模式（见图表35.4)⑧。

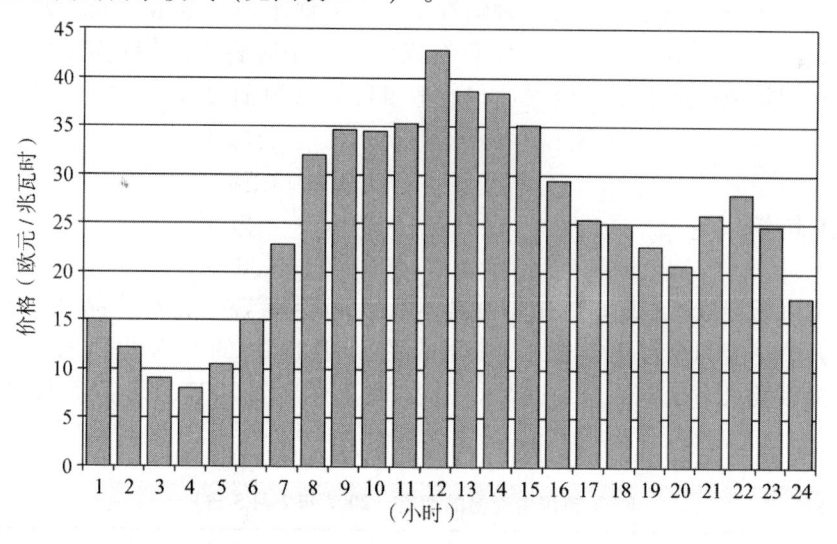

图表35.3　EEX现货市场的拍卖结果（2003年5月6日星期二）

资料来源：根据EEX的数据创建图表。

---

⑥ Nordpool市场是个例外，由于该市场由大型水力发电厂主导，电力生产很容易掌控，所以不需要规定高峰产品。
⑦ 我们也可以利用远期产品在现货市场上进行金融交易，比如在远期市场上买入，而在现货市场上卖出。
⑧ 此外，节假日的工业用电需求一般都比较低，所以价格水平也比较低；2003年元旦最贵的时段还不及2003年5月普通工作日里电价的1/3。

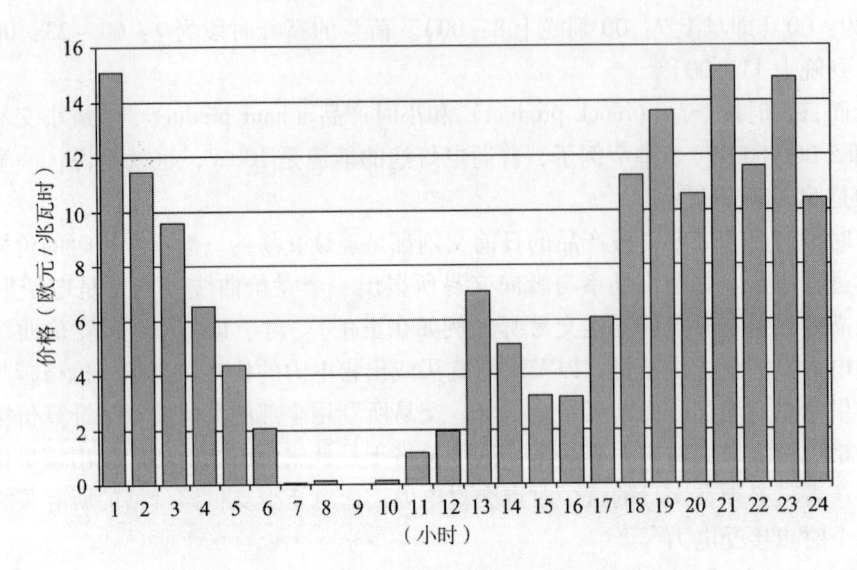

图表35.4　EEX现货市场的拍卖结果（2003年1月1日）

资料来源：根据EEX的数据创建图表。

电力一生产出来就要被用掉，这种特性导致了现货市场具有相当高的波动率。这种波动率又被其他影响电力价格的波动因素所加剧，使得电价有时会在几个小时里剧烈变动。

特别的，未预期到的天气变化会导致巨大的价格变动。例如极度寒冷的时期，或是2003年发生在欧洲的热浪。在后一种情况中，一方面水力发电量较低，另一方面空调的使用造成了过高的电力需求。然而只有仅仅几个小时表现出特别高的价格。另外，通过酌情在期货和远期市场上做对冲，这些事件导致的金融风险可以在很大程度上被降低。

远期市场

与现货市场类似，远期市场中也有基本产品和高峰产品。这些产品是关于今后几个月、今后几个季度和今后几年电力交割的合约。例如德国的EEX提供未来6个月、未来7个季度以及未来6年的合约交易。图表35.5列出了2007年2月5日可供交易的合约。

图表35.5　EEX市场中交易的期货（2007年2月5日）

月份	2007年3月基本产品	2007年3月高峰产品
	2007年4月基本产品	2007年4月高峰产品
	2007年5月基本产品	2007年5月高峰产品
	2007年6月基本产品	2007年6月高峰产品
	2007年7月基本产品	2007年7月高峰产品
	2007年8月基本产品	2007年8月高峰产品

续表

季度	2007 年第 2 季度基本产品 2007 年第 3 季度基本产品 2007 年第 4 季度基本产品 2008 年第 1 季度基本产品 2008 年第 2 季度基本产品 2008 年第 3 季度基本产品	2007 年第 2 季度高峰产品 2007 年第 3 季度高峰产品 2007 年第 4 季度高峰产品 2008 年第 1 季度高峰产品 2008 年第 2 季度高峰产品 2008 年第 3 季度高峰产品
年度	2008 年基本产品 2009 年基本产品 2010 年基本产品 2011 年基本产品 2012 年基本产品 2013 年基本产品	2008 年高峰产品 2009 年高峰产品 2010 年高峰产品 2011 年高峰产品 2012 年高峰产品 2013 年高峰产品

资料来源：根据 EEX 的数据创建图表。

期货市场和远期市场上的交易是连续的。通常情况下，交割时间最近的产品最具有流动性，基本产品比高峰产品的交易更为活跃。产品的流动性越好，买卖价差越小。对于基准的基本产品而言，买卖价差一般在 0.10 欧元/兆瓦时左右。

在欧洲大陆的交易所和 OTC 市场里，基准合约（benchmark contract）是关于下一年度基本时段的电力交割合约。在前面的 EEX 例子中，基本时段电力交割的年份是 2008 年。由于 2008 年是闰年，需要交割 366 天的电力（即 366 天 × 24 小时/天 = 8784 小时）。基本交割的规模一般为 25 兆瓦，2008 年的基本频带（base band）对应着 219 600 兆瓦时的电能。假设一个三口之家一年的消费量为 3.5 兆瓦时，那么基本合约相当于 6 万多个家庭的年消费电量[9]。

所交易的期货不会存在套利机会；也就是说，一个季度交割的期货，其市场价格要与该季度的各个月份中所交割期货的市场价格保持在买卖价差之内。接近交割期的合约被划分成级联。例如，一个季度交割的合约级联为 3 个月期的合约，一年期合约级联为 4 个季度期的合约和 3 个月期的合约。用现货市场作为指数，可以计算出进入交割月份的期货合约的货币价值。

为了感受相关的数量级，我们仔细考察 2007 年的基本交割（见图表 35.6）。在市场价格为 55.33 欧元/兆瓦时，合约的价值为 219 000 兆瓦时 × 55.33 欧元/兆瓦时 = 12 117 270 欧元，略高于 1.2 千万欧元。市场价格每改变 0.10 欧元/兆瓦时，合约价值将改变 21 900 欧元。OTC 市场上也交易较小规模的合约；例如交割 5 兆瓦电力的合约，中介机构也会向市场提供较小规模的合约。

我们利用图表 35.6 中的例子，也可以尝试找出市场有无套利机会。用 2007 年的 4 个季度来计算 2007 年基本交割的市场价格，我们发现

---

[9] 对于平年，基准合约对应着 8760 个小时的电力交割，即 21.9 万兆瓦时的电能。

$$(2160 \times 62.48 + 2184 \times 49.61 + 2208 \times 51.14 + 2208 \times 58.18 \text{欧元})/8760 \text{小时} = 55.33(\text{欧元/兆瓦时})$$

它与上述价格相同。

图表35.6　　EEX市场期货价格（2006年2月10日）

交割期	小时数	基本产品（欧元/兆瓦时）	高峰产品（欧元/兆瓦时）
2006年3月	744	62.75	87.40
2006年4月	720	54.50	78.50
2006年5月	744	50.90	69.84
2006年6月	720	54.94	79.20
2006年7月	744	55.15	79.23
2006年8月	744	55.40	79.20
2006年第2季度	2.184	53.42	75.67
2006年第3季度	2.208	55.88	80.50
2006年第4季度	2.208	61.48	89.86
2007年第1季度	2.160	62.48	89.86
2007年第2季度	2.184	49.61	68.39
2007年第3季度	2.208	51.14	69.86
2007年第4季度	2.208	58.18	81.81
2007年	8.760	55.33	77.50
2008年	8.784	54.30	76.14
2009年	8.760	53.60	74.18
2010年	8.760	53.00	73.75
2011年	8.760	52.33	73.35
2012年	8.784	52.28	73.25

资料来源：根据EEX的数据创建图表。

各个月份合约具有不同的价格（见图表35.7），这是由预期的天气状况、节假日天数等因素导致的，当然最主要的影响因素还是燃料市场。我们将在后文更具体地对此进行讨论。

在图表35.8中，季度合约反映了电力市场的季节性。我们注意到，由于冬季的电力需求更高，所以冬季合约比夏季合约要贵一些。

在2006年的大部分时间里，各个年度合约的远期曲线呈现出现货溢价（也就是说，交割越晚的合约越便宜）。这在电力市场中并不常见，但是它反映了当时市场的普遍观点，特别是关于能源市场和碳排放交易市场的观点（见图表35.9）。

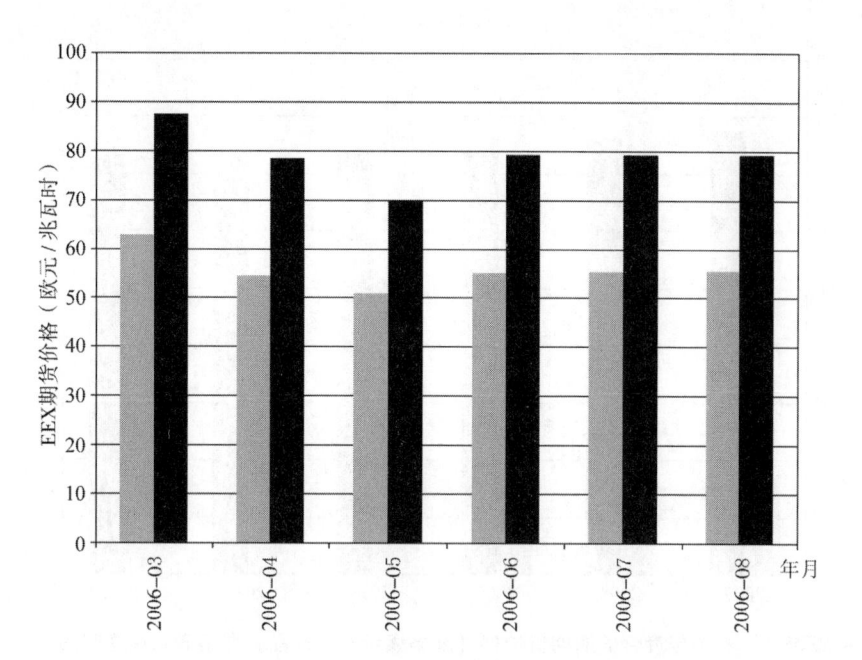

图表 35.7　各个月份合约的期货价格（灰条表示基本产品，黑条表示高峰产品）
资料来源：根据 EEX 的数据创建图表。

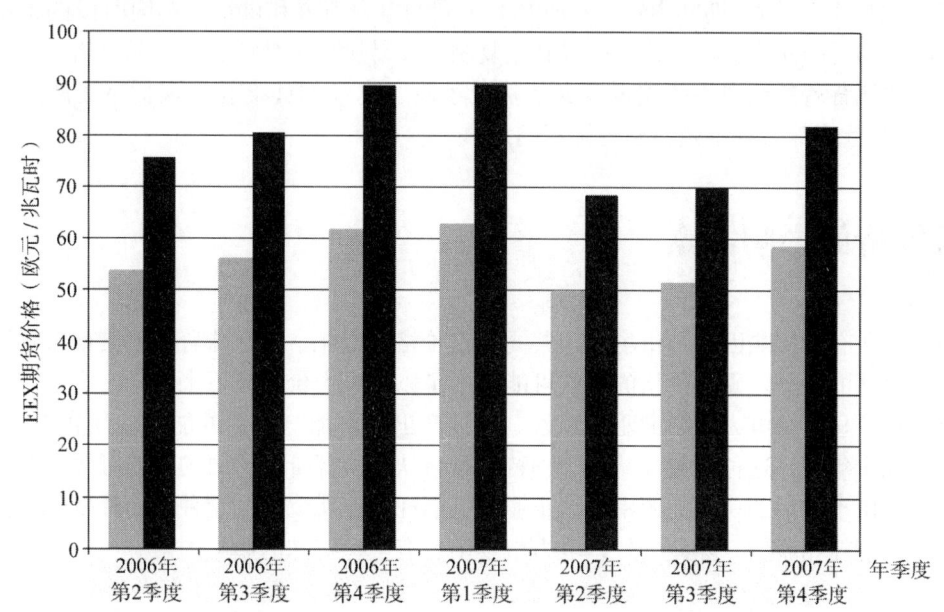

图表 35.8　各个季度合约的期货价格（灰条表示基本产品，黑条表示高峰产品）
资料来源：根据 EEX 的数据创建图表。

价格曲线

几乎没有消费者只用基本时段产品和高峰时段产品就能满足电力需求，因为他们一天 24 小时之中有不同的需求。因此在 OTC 市场中不同时段的电力都有交易。对于特定的交

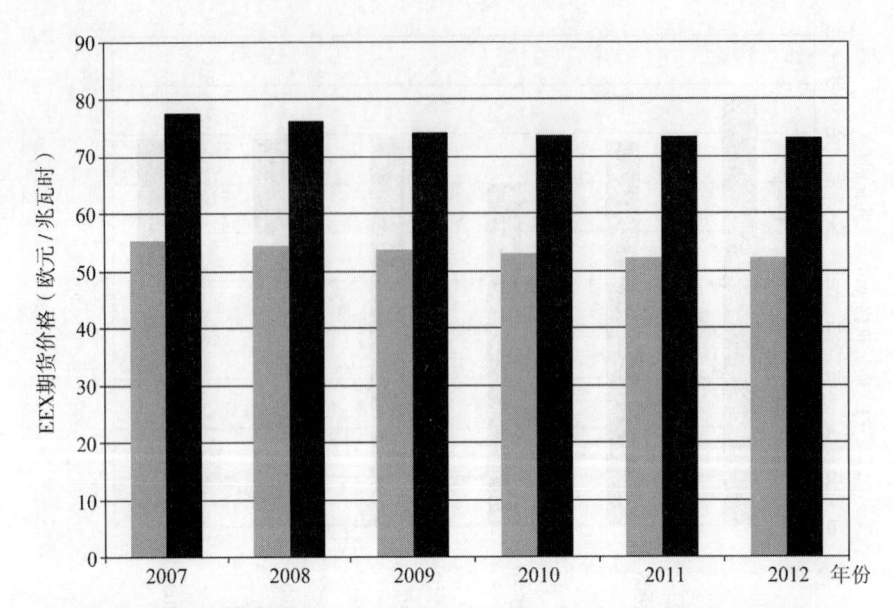

图表 35.9 各个年度合约的期货价格（灰条表示基本产品，黑条表示高峰产品）

资料来源：根据 EEX 的数据创建图表。

割期间（比如 3 个月），期间内每一小时都有不同的电力需求和供给。不同时段的价格可由每个小时的远期曲线决定。这条曲线必须复制出交易所里标准产品的远期价格。

这条曲线背后的数理关系或多或少是基于经验事实（例如交易所现货市场的历史价格）。但是也就意味着它不是精确的计算结果[⑩]。

市场价格的影响因素

当然，所有的影响因素与市场心理共同决定价格的变化。这意味着如果其他影响因素给市场以上涨的信号，硬煤价格的下跌可能就不足以将电力价格拉下来。

经济增长显然是电力价格的驱动因素。经济产出的增加与更多的能源使用密切相关。在过去的几十年中，这种相关性减弱了，特别是自从高能源价格导致的高能源效率时期以来。另外，由于欧洲的一些能源密集型企业被低能耗企业所取代，这种结构性变化使得经济增长与高能耗相脱钩。除此之外，电力市场中也有一些特殊的影响因素。

电力存在最高价格吗

当一些负面影响因素发生时，现货市场可能会显示出极端的价格飙升。这种情况比较罕见。例如，我们看一下 2003 年和 2004 年在 EEX 交易的基本负荷现货市场。在图表 35.10 中，价格按如下方式显示：首先显示的是最高价格，接下来是第二高价格，以此类推。2003

---

⑩ 我们没有仔细考察的其他市场包括能源平衡市场（以实际生产来匹配实际需求，因而不可缺少）以及电网输送能力的跨境拍卖市场。

年欧洲的热浪造成了高电价，尤其是在意大利和法国，德国市场也受到了影响。相比之下，2004年比较平静而没有特殊事件发生。因此，现货市场的电价只有很小的波动[11]。

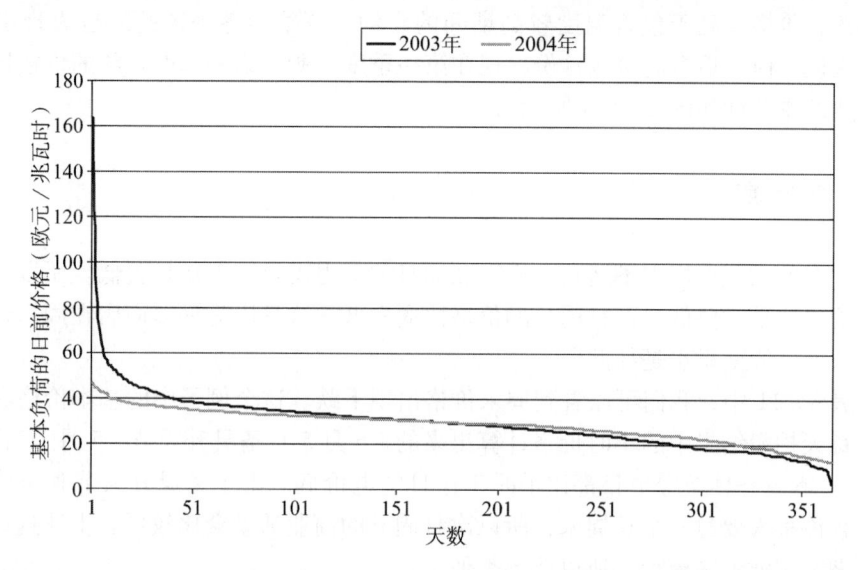

图表35.10　2003年和2004年EEX基本产品的日前现货价格（按市场价格升序排列）
资料来源：根据EEX的数据创建图表。

在远期市场上，这些价格高峰的影响力很小。因为远期市场产品的交割期在许多天之后，所以单一事件只造成很小的影响。

但是，长端远期产品的中期价格预期由新生产设备的成本所决定，每一种商品市场都是如此。这是边际成本法的必然结果。在远期价格较高时，建造新发电厂有利可图——这些新增的生产能力在中期内会抑制价格。新发电厂的成本由燃料的远期价格决定，因而受到煤炭、天然气和石油等远期曲线的影响——自2005年开始也受CO_2配额价格的影响。现货市场可能显示出非常高的价格，远期市场则不会这样，因为新发电厂的成本设定了价格水平的上限。只在很短的时间里，市场价格会比这个水平高[12]。

季节性

电力价格遵循季节性模式。原因在于一年中不同季节的平均气温各不相同，而且燃料市场（特别是天然气）存在白昼模式和季节模式。在中欧，冬季的电力需求比夏季大。因此，冬季的市场价格比夏季高。一般来说，在冬季的白天会有第二个价格峰值。除了正午，傍晚的需求也很高，因为人们会打开电灯。在其他国家如意大利和美国，由于使用空调，夏季的电价与冬季差不多。

---

[11]　短期看来，特殊事件可以被预测。例如我们可以使用关于明天的天气预报，对明天的天气作出预测。中期或长期的天气预报不足以准确到可用于模型预测。

[12]　电力行业中用来预测现货价格或远期价格的大多数模型，都是很复杂的数值模拟，它们需要对电力生产的边际成本作出假定。远期模型也用于天然气和煤炭的价格预期，而且它们都必须预期到发电企业的整体变化，以及不同国家或电网地区之间的电网连接。

远期市场也表现出季节性模式。但这在年度合约中的作用不大，因为季节性在整年中被平均了。月度合约和季度合约显示出季节性效应，所以包含较冷期间如12月份或第1季度的合约，价格会高于包含温度较高期间的合约。夏季与冬季彼此间也表现出些许差异。总体来说，由于更多的寒冷月份出现在第一季度，所以第一季度合约的价格比第四季度高。一般的季节性如图表35.8所示。

周末与假期

由于大多数企业在周末不运营，周六和周日的电力需求比工作日要低。所以周六和周日的现货价格比平时要低。而且周日的价格比周六低，这是因为许多商店在周六营业，但在周日不营业。假期里也是如此。

在图表35.11中，我们可以看到周末价格出现下跌。这个例子中的基本价格和高峰价格都是用每天拍卖结果中的小时价格计算出来的。5月5日圣灵升天节、5月16日圣灵降临节和5月26日圣体节等节日都比平时工作日的电价低。由于圣灵升天节和圣体节都在周四，而且许多人要过一个长周末，所以次日周五的商业活动会比较低。上述这些假期至少是在欧洲天主教地区流行，所以情形类似。

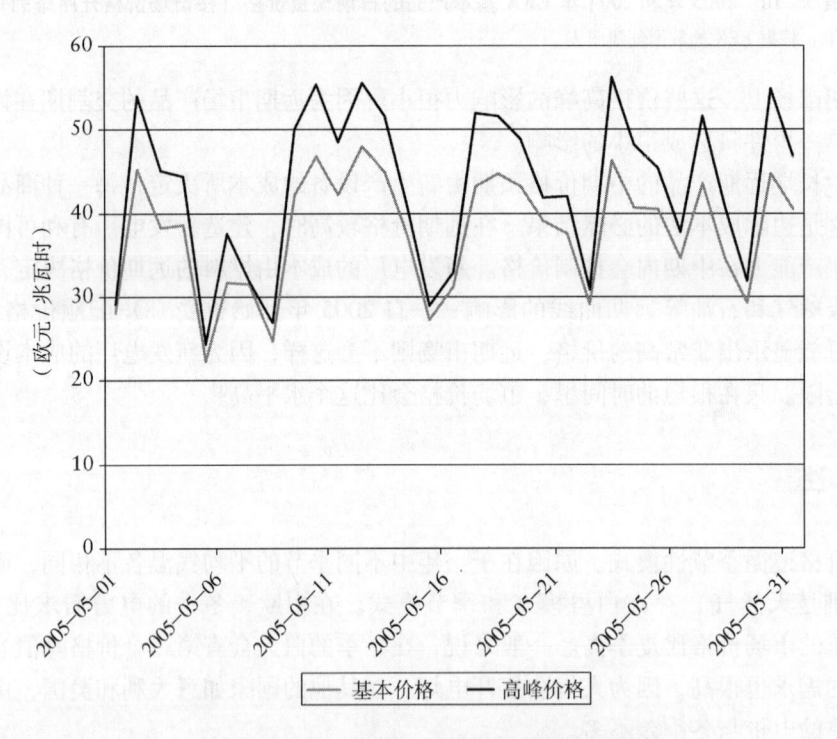

图表35.11　2005年5月EEX现货市场价格

资料来源：EEX数据表。

电力的国际性交易不断增加也造成一些影响：邻国的假期会影响电价。法国、奥地利和瑞士的假期为电力出口至比利时、德国或荷兰提供了机会，并会在一定程度上抑制电价。全国性节日期间也是如此，比如在国庆节过后的法国——这也是电力不可储存的结果。

天气

天气既影响需求方也影响供给方。除了上文讨论的季节性，降雨的作用也很重要。雨和雪补充水力发电厂的水库，当然雪的融化有一定的时滞。雪的融化更多地依赖于春天的平均温度，因此又多了一个天气变量。过去几年中，欧洲风力电站的发展也使得电力生产依赖于风力状况（即风力和风向）。所以第二天的天气预报，特别是对24小时中每个小时的预测，在电力现货市场上至关重要。

上文已提到，降雨给现货市场带来看跌的信号，这是因为降雨使得河流和堤坝的蓄水增加，水力发电厂能够生产更多的电。当然，如果水力发电的比重非常高，那么影响就会更大一些。欧洲的例子是北欧国家和阿尔卑斯山脉上的瑞士和奥地利。由于降雨量的波动率一般较高，所以这些国家的现货市场通常也会有较高的波动性。另外这些国家与化石燃料电厂或核电厂占比较大的法国、意大利、德国、丹麦以及芬兰相连接。这有利于降低现货市场的波动性，或者说从电力行业的角度来看，增加了供给的安全性。

如此一来，这种互相依赖关系使得地区性天气影响对于整个欧洲非常重要。2005年，西班牙发生了大规模的干旱，导致水力发电量低于长期平均水平，所以西班牙增加了从法国的电力进口；但是，法国从德国进口的电力更多——这就改变了电力从法国输送至德国的正常流向。

阿尔卑斯或斯堪的纳维亚的降雪也会影响远期市场，特别是对于春季月份的合约，以及头两个季度的合约。首先，降雪量很重要。在雪融化的过程中，水库充盈起来。然而雪开始融化的准确时间不容易预测。在不同的平均温度下，雪开始融化的时间会相差几个月。

最近几年，欧洲风力发电的比重不断增加，这对电力的现货市场造成了影响。在有风的时候，可再生能源的电力生产会代替传统发电厂的生产，尤其是因为大多数国家的法律鼓励优先使用可再生能源。在最近几年里，人类开发了风能的预测工具。虽然现今的风力预测已经非常成功，但仍然会出现不小的预测误差；当然，预测什么时候会刮风仍然很困难。

在撰写本文时，光伏作为另一种可再生能源正经历着迅速发展。虽然在将来可能会更多地利用光伏，但目前光伏发电量的比重还很小。这会导致现货市场价格更加依赖于阳光，也意味着云量已开始发挥重要作用。

大多数可再生能源（即水电、风能和太阳能）会增加电力生产对天气的依赖性。如果在不能依靠可再生能源发电的时候（例如极度干燥时期的漆黑无风夜晚），仍然有足够的备用发电厂可以发电，这种依赖性才会减轻。只有在技术发达到可以用很经济的方式存储电力的时候，才能够完全依靠可再生资源发电。

燃料市场

化石燃料发电厂需要用硬煤、褐煤或者天然气来发电；核电站则依赖铀。所以煤、天然气和铀的市场价格会影响电力的生产成本及其市场价格。

铀的价格只具有很小的影响作用。核电站最重要的成本因素在于建造设施的固定成本。营运成本则不是那么重要。在过去几年里,铀可供交易并且经历了价格上涨[13]。铀的价格上涨源于供给方面因素,由于旧核武器已经被转化为核电厂的燃料,新铀目前只能从矿中开采。但需求方也对铀不断表现出兴趣,因为中国、印度、芬兰、法国等国家在建设新的核电站。尽管如此,市场参与者并不认为铀的价格会对电力远期价格造成重大影响。

硬煤的价格更为重要,特别是对于基本负荷。火力发电厂主要用于满足基本负荷和中等负荷;相反,天然气价格对高峰负荷的电力价格有影响,其原因是天然气发电厂主要用于满足高峰负荷。这不仅是源于天然气发电厂启动速度的技术问题,而且源于大多数国家的煤比天然气要便宜的经济原因。与硬煤不同,褐煤并不参与交易。褐煤发电厂通常位于褐煤矿附近,褐煤的能量值很低,所以长距离运输不划算。在德国、罗马尼亚、捷克共和国以及波兰等中欧国家中的电力系统中,褐煤占据举足轻重的地位。

在欧洲,除意大利之外,石油发电厂发挥的作用并不重要。不过油价对所有电力市场都具有潜在的影响。煤的进口通常依赖于轮船,这就与轮船的柴油价格产生了关联,增加了运费,所以发电厂的煤价实际上部分地取决于原油价格。现今中国经济的巨大发展导致油价以及运费的大幅增加。运费的增加主要是由从巴西到中国的铁矿石运输所导致的。此外中国与印度自身的需求增加也抬高了煤的国际价格。这些原因是过去数年里欧洲电力价格上涨的重要推动因素。显然欧洲市场与全球能源市场并未脱钩。

2005年,天然气市场经历了一次令人印象深刻的价格上涨,这归因于油价的上涨。此外英国意识到北海天然气将会在几年内枯竭,因而向市场发出了另一个心理上的上涨信号。这些因素导致了英国电价的大幅上涨。2006年的暖冬使天然气价格下跌很多。虽然英国天然气供应的基本面情况没有变化,但市场心理反应已经沉稳了许多。

煤和原油通常以美元交易,所以这些市场给欧元区国家的交易商带来了外汇风险。类似的外汇风险也存在于英国市场和斯堪的纳维亚市场,因为挪威、瑞典和丹麦使用各自的货币克朗。这意味着外汇市场也是影响电价的一个因素。

对　冲

认真考察电力市场的价格信息和价格波动之后,我们自然要问如何才能对冲掉该市场上的金融风险。对于最终消费者而言,显然这意味着他们需要充分了解自己的电力需求,作出充分准确的预测,并且善于运用工具来控制风险。但是交易成本也需要考虑在内。电力总成本的作用并不大,普通的全额供应合约就足以解决这个问题,而且很方便。企业的电力成本越重要,企业就越应该关注借助结构化产品来购买电力;专业人员就应当负责作出关于能源投资组合的决策。对于纯粹的金融炒家,考虑下列因素有助于更好地理解电力市场的一些基本面因素;而对于分析师,这些基本面因素则有助于更好地理解一家企业是否在电力市场中游刃有余。

企业的出发点是预期的需求量。每小时用电量的数据应该是最理想的。分析这些信息,可以为判断月度、季度和年度的基本合约和高峰合约是否合理,提供有价值的信息。

---

[13] 关于铀市场的更多信息,可见于 http://www.uxc.com。

再加上对于市场价格未来走势的判断,一般可以得出以下决策结果:如果预期价格上涨,那么采购量应稍微多于需求量,从而获得销售机会;反之亦然:如果预期价格下降,那么采购量应少于预期的需求量,在将来再以更低的价格购买。当然,整套策略必须适合企业的风险框架。例如全部采购都通过现货市场进行,通常这是可行的;但是企业会完全受到价格变动的影响。企业往往试图将市场风险降低至一个可接受的水平。如此的话,企业必然会在远期市场上采购合理的电量。

除电力采购的金融因素,技术优化也应当予以考虑。企业可以将电力需求稳定下来,并且避免需求高峰吗?企业可以将部分用电需求从价格高的时段,转移至价格低的时段吗?电力采购不仅仅是关于价格风险的问题,也是关于使用量风险的问题。对于其他商品如天然气、原油,使用量风险可以由储存设施解决。但电力则并非如此,这就需要在采购过程中作详尽的分析[14]。

电力远期曲线

给定市场价格之后,我们就能够预测出电力的需求曲线。由于大多数交易所至多会提供未来价格的月度报价信息,为了得到小时价格的远期曲线,就需要进行更多的计算分析。简单的解决办法是,将月度合约或季度合约中的月度价格或季度价格作为每个小时的价格。这是一个有效的近似方法,特别是当负荷曲线变化不大时。如果不是这种情况,而是在一般情况下,我们就难免要用到每小时的远期曲线。这条曲线需要复制出远期合约中既定的价格,从而满足无套利条件。此外市场的季节性因素也要能够反映出来。

得到这类曲线的方法有很多,这里粗略地给出一种。这种方法的基本思想是逐步提高时间精度。在第一步中,先构造出月度远期曲线,交易所的月度报价可以直接使用;其他来源的季度或年度报价也会被用到。

在季度价格与该季度的两个市场报价均已给定的情况下,月度价格的计算十分简单。在图表35.6中可以看到,2006年第2季度的基本负荷价格,以及2006年4月和5月的基本负荷价格。运用这种套利关系,得到下式:

$$720 \times 54.50 + 744 \times 50.90 + 720 \times 6月基本负荷价格 = 2184 \times 53.42$$

所以2006年6月交付的电力价格为54.94欧元——正好是交易所里的报价。

如果只能得到季度价格,则需要另做一些假设,才能计算出电力的月度价格。我们一般假设,通过价格历史数据的统计分析,可以计算出月份之间固定的价格比率[15]。利用月度报价的曲线,可以构造出每日报价的远期曲线[16]。

---

[14] 关于对冲的更多细节,可参见 Vincent Kaminski (ed.), *Managing Energy Price Risk* (London: Risk Books, 2005)。

[15] 例如,我们假设4月和6月的权重都是1,而5月由于节假日原因,所以权重为0.85,因此6月的价格即为第二季度的价格除以2.85。

[16] 关于更详细的讨论,参见 Les Clewlow and Chris Strickland, *Energy Derivatives* (London: Lacima Publications, 2000)。

期权

在欧洲的大多数电力交易所中,也有电力期货期权的交易,标的物为年度基本合约和季度基本合约。年度合约比季度合约更具流动性。这一点不难理解,因为远期市场上年度合约的交易更为活跃。

图表35.12中显示在2006年2月10日,对2007年基本时段交割电量的期权报价。期权风险分析的工具通常涉及著名的布莱克-斯科尔斯公式。虽然在其他市场上该公式的使用也受到批评[17],但大多数市场参与者把它当作标准的工具来使用。

图表35.12 2007年基本时段交割的期权报价

期权:类型与执行价格	报价
看涨,44 欧元/兆瓦时	11.581
看涨,45 欧元/兆瓦时	10.758
看涨,48 欧元/兆瓦时	8.5
看涨,49 欧元/兆瓦时	7.831
看涨,60 欧元/兆瓦时	3.256
看涨,61 欧元/兆瓦时	3.033
看跌,49 欧元/兆瓦时	0.106
看跌,40 欧元/兆瓦时	1.644

资料来源:根据EEX的数据创建图表。

摆动期权

摆动期权在金融市场中并不常见,但在电力市场中或多或少地较为常见。每位读者都会用到摆动期权,只是你可能没有意识到。每个家庭开关电灯都不会提前通知电力供应商。在这种情形中,消费者有权在任意时点使用任意数量的电力——仅仅受到技术条件的限制。这种类型的期权被称为摆动期权,其定价非常复杂[18]。摆动期权采用"二叉树"甚至"三叉树"来定价,并涉及极其复杂的数值运算。由于在叉树的每个节点都要做许多不同的决策,所以计算起来很费时间。

结　论

由于新加入欧盟的国家增大了欧洲电力市场的参与度,而且原来的一些成员国仍朝着

---

[17] Marek Musiela and Marek Rutkowski, *Martingale Methods in Financial Modelling* (Berlin: Springer Verlag, 1997).
[18] Clewlow and Strickland, *Energy Derivatives*.

自由化方向发展，因此欧洲电力市场为交易商提供了许多有意思的盈利机会。因此交易额会继续增加。众多的生产者和消费者以及对市场价格的不同影响因素，都会造成市场价格的震荡。电力价格受能源市场走势的影响——如天气事件、政治决策和整体经济形势。根据具体的市场形势，这些因素中会有一个起主导作用的因素。因此投资者在得出自己对市场的看法之前，需要仔细地分析市场。

第36章
英国的天然气市场

克里斯·哈里斯（Chris Harris）博士
行业、网络与协议总监
RWE npower 公司

本章介绍英国天然气市场，旨在让读者了解这种大宗交易商品的价格决定因素，这里的天然气是指英国**国家平衡点（NBP）**市场上实货和金融合约形式的天然气。我们重点关注生产、运输和消费的基本面状况与市场体制安排之间的关系。我们发现，虽然天然气的消费对天气变化高度敏感并且具有潜在的高弹性，但是现行的交易安排会大幅减少这种弹性，因而增大价格的波动性。努力改善需求方管理或许能改变需求的基本面状况，相关行业的变化也可能会增加 NBP 市场上的基差风险。我们还考察天然气与其他商品如煤炭、石油和二氧化碳之间的深层次关系。这些关系可以从经济学上理解，但难以进行计量分析，因为这些关系是周期性的、变化的并且很复杂。

基本概念

为了理解价格变动的机理，需要理解实货经营、市场机制以及供需要素等基本情况——我们先从这开始。

实货

生产 天然气的主要成分是甲烷，并含有一些高级烃。它是有机物质经过厌氧分解而形成的。化石天然气主要存在于地质层中，分为伴生气（伴随原油共生）和非伴生气（产自贫气井）两种类别。在天然气加工厂里，天然气经过剔除石油、冷凝物、水、液化天然气、硫和二氧化碳等杂质的加工处理而得到管道贫气。

不同产地的天然气成分各不相同，例如挪威交付的天然气和**液化石油气**（LNG）[①]的"沃贝"热值指数相对高于英国天然气，荷兰天然气的沃贝指数则较低，而俄罗斯天然气是优质的混合气，因为它的甲烷含量很高。

英国的天然气需求量大约为 100 亿立方米/年[②]，占其主要能源需求的 40%[③]，并以每年 2% 左右的速度增长。目前 90% 以上的天然气由英国油气田供应，但随着天然气的枯竭，预计到 2020 年这一比例将降至 20% 以下。

管道和网络 来自英国和挪威大陆架的天然气在苏格兰的圣弗格斯登陆，向南到达蒂赛德、伊辛顿和泰德勒索普。这条从奥门朗格天然气田到泰德勒索普的管道是世界上最长的海底天然气管道。贝克顿终端接有来自荷兰巴尔格赞和比利时泽布勒赫的管道。输送至贝克顿的天然气最终来自于荷兰、俄罗斯（已有多条不同的路线，更多线路在计划筹建中）和北非（途经西西里岛）。

从西北海岸输入的天然气在巴罗登陆，另有两条从苏格兰接入的管道供应爱尔兰和北爱尔兰的需求，以接济那里有限的天然气产量。目前只有一个液态天然气的进口接收站（泰晤士河上的格兰岛），蒂斯波特、米尔福德港以及其他地方则正在筹备建设中。

全国的天然气经由一条 275 000 公里长的主管道运输，它由钢铁和聚乙烯制成。高压传输系统由 6400 多公里的高质量焊钢管道组成，其最高传输压力达到 85 巴[④]。

储存 天然气可以储存在盐穴、枯竭的油气田、液化天然气终端以及其他的洞穴结构中。英国的储存水平低于德国，目前由两大贮存设施主导——罗夫（Rough，一个离岸的枯竭油气田，它可以满足每日 10% 的峰值需求量和 8% 的冬季需求总量）和霍恩西（Hornsea，是盐穴群）。根据目前的提案，库存水平有望在 2007—2017 年期间增加 1 倍以上。

天然气的注入率和采出率有限，前置时间（lead time）一般也要几个小时。例如罗夫的 30TWh 天然气只能以 455GWh/天的速率释放，大约为其储存总量的 1.5%。这限制了贮存设施减轻需求高峰和价格尖峰的能力。

天然气管道对压力有一定的承受能力。高压会增加分销过程中的泄漏量，低压则会因散失火焰而增加安全隐患。储存容量被称作**管存**（linepack），这在传输系统（96GWh 管存）和分销系统（290GWh）中分开管理。在正常压力下，天然气以每小时 25 英里的速度通过管道，这个速度限制了管存的释放率和补给率。

天然气产业及其安排

产业结构 在过去几年里，英国的天然气产业一直在拆分。英国天然气公司于 1986 年被私营化，随后分化为生产、运输和供应三家公司。1996 年解除了对天然气批发的限制，1998 年开始形成自由竞争，至 2002 年已完成最后阶段的国内价格解除管制。自 1997

[①] 在零下 160℃ 以下储存，使其体积缩小 600 倍。
[②] 天然气的单位是 10 亿立方米（bcm），1bcm = 10.9TWh（万亿瓦时）。由于差异性非常大，所有这些数字都应该视为象征性的举例。
[③] 天然气交易量数据存在巨大的变化。
[④] 1 巴指 1 个大气压。

年开始，国际石油交易所（IPE）的合约在国家平衡点交割，这是欧洲第一份天然气期货合约。《新天然气交易安排》于 1999 年实施。电力系统的所有者/运营商国家电网公司买下了天然气输送权，这家公司保留了（高压）**国家运输系统**，后来卖掉了 13 个（低压）地方分销区域（LDZ）特许权中的 8 个，并将 4 个分销网络（DN）整合成 3 家不同的公司。输送和分销都是受监管的行业，要接受监管方 5 年的价格/收入管制。在英国，相关行业（例如流量计的供应和管理）的拆分和解除管制过程依然是大趋势。

市场结构和参与者 承运方将天然气运上岸，在国家平衡点交易天然气和容量，在流量计接入点（meter point）向供应商收取费用。只有供应商有权向消费者出售天然气。生产商、交易商和供应商通常都有承运方许可证。交易商主要在国家平衡点进行买卖。

国家电网公司负责国家运输系统的运营和维护，并且负责管理流经这一系统的天然气。在报告天然气系统的长期使用状况方面，国家电网发挥着重要作用。分销网点运营商负责地区分销系统的运营，包括压力管理和流量管理。Xoserve 是一家由国家电网公司主要控股、分销网点少量持股的公司，它负责财务的安排，并且管理流量计接入点的登记和结算。天气与电力市场办公室（Ofgem）是英国天然气和电力的监管机构，它负责监督批发市场和零售市场的整体治理。

最主要的天然气市场是纯双边交易市场，包括直接的双边交易和由经纪人安排的双边交易。国际商品交易所（ICE，它收购了国际石油交易所）是 NBP 天然气的主要交易所，并有效地充当中间交易对手。伦敦清算所/清算网为国际商品交易所执行清算业务。天然气消费量与生产量（严格地说，是与之相关的结算量）之间的失衡以及交易所汇报的交易量，都由 Xoserve 结清轧平。**当日商品市场**（OCM）有利于轧平头寸，促进天然气市场的自我平衡。

在节点装载天然气 输送系统的进气点被称为"节点"。尽管天然气可以在节点和上游的任何一处进行双边交易，但在节点并没有太活跃的市场。承运方参与系统进气容量拍卖（SECA）以获得将天然气从节点运至国家平衡点的权利。天然气进入 NBP 需要支付商品费，但是除对收缩损失做小幅调整（体积损失源于泄漏和增压机的燃料耗费）以外，并不作出其他的体积调整。通过节点输入的天然气中只有很少一部分直接进入分销系统。

国家平衡点 国家平衡点（NBP）是英国天然气交易的主要场所。它不设置具体的交割场所，也不进行天然气的生产或消费（译者注：国家平衡点是一个虚拟的天然气网上交易中心）。目前的交易时间是每天 6：00（即早上 6：00）开始，所以每天承运方的账户是根据当天的天然气结算量计算的，而不考虑日内的具体交易情况如何。有人提议，提高天然气平衡的频率，分为 4 个小时制的交易时段也是可能的。

当日商品市场（OCM） 在 OCM 里，承运方可以提交天然气交割的买价和卖价，交易信息以匿名的方式公布在显示屏上。为了平衡该交易系统，国家电网接受买卖报价，并且用所接受的价格来计算出清价格：SMP 买入价和 SMP 卖出价。OCM 受到《统一网络法典》中相关法规的管理，该市场在天然气交易日结束的 2 个小时前停止运行。

失衡 承运方买/卖天然气，并向 Xoserve 汇报净结算量。如果生产/消费结算量与汇报量不一致，差额部分就按照系统买/卖价格轧平。为了更好地参与到平衡周期小于 1 个小时的电力市场中，联合循环燃气轮机（CCGT）要求天然气市场缩短平衡周期（译者注：电力市场的平衡周期短于天然气市场，燃气发电厂希望两者的平衡周期达到一致，以降低燃料市场和电力市场上的交易错配)。

网络 大体上讲,网络运营商向承运方收取年容量费(运用某种算法从结算量推导出),这笔费用在实际上或名义上与流量最大值相挂钩;除此之外,还需要按每单位收取商品费,这笔费用与通气量有关。虽然网络运营商的成本中大约90%是固定的,但容量收费的比例远远低于商品费用,主要因为特殊消费者造成系统不断扩容,增加了收费的难度。网络收费的市场发展面临竞争压力。一方面,运输公司在协定了资金成本之后,偏好于锁定收益,这主要通过上调容量费(该费率是固定的,提前一年定好每立方米的费用是多少)而非商品费(取决于实际流量)来实现;另一方面,为了鼓励需求管理并最小化容量扩建中的浪费,就需要上调天然气消费大户的费率,或是在系统需求量大的时段提高费率。

在出气点改革下,国家传输系统内的承购商将来只能从国家传输系统到地方分销区域(NTS-to-LDZ)的116个出气点⑤或其他出气点购买出气容量,容量权是根据每小时的最大流量界定的。

供应方面的体制安排 在消费流量计接入点,承运方将天然气"出售"给供应商;国家平衡点与流量计接入点之间的输送和分销费用由承运方承担,以流量计测得的结算量为准⑥。结算量和用电模式(profile,译者注:用电模式是指特定时期如一天、一个月或一年内电力使用的模式)依据**供应商运量分配**⑦测得的输气量而定,并由Xoserve负责管理,而且在每个消费环节都有所不同,如下文所述。

消费

发电站消费 电力生产占全部天然气需求的30%,在联合循环燃气轮机系统中,34%的电力生产是以天然气为燃料。热电联供产生5千兆瓦⑧的电量,英国政府希望到2010年该数据可以翻一番,而其中绝大部分的电量是大型发电站生产的。最后一家油电站、核电站和火电站分别于1981年、1995年和1974年建立,以后几乎所有的新电站都是以天然气为燃料。未来,天然气发电站的相对产量将取决于碳排放价格和交易制度、核电产量、电厂建造的限制(《电力法》第三十六条关于电厂审批、暂停或重启的规定)、热电联供的补贴,以及出于地缘政治和电力系统稳定性原因而对天然气过度依赖现象的担忧。

工业消费和商业消费 工业消费遵循白天、工作日、季节等周期性模式,对天气状况则不是特别敏感。供应商对所有大型消费者的流量分配都是以测得的日使用量为依据。那些直接与国家传输系统连接的用户不需要支付分销费。

对于小型工业和商业消费者,系统运营商则根据**年度总量**(AQ,由流量计的历史数据决定)和假设的用电模式来估计流量分配安排。随后,供应商再参照流量计实测数据

---

⑤ 目前有64个"直接连接点"向大规模消费者、发电站和输气管供气。
⑥ 现行的安排显得有些复杂。从经济效益的观点来看,最佳的交易安排是承运方在NBP将天然气出售给供应商,由供应商承担NBP下游所有的费用。
⑦ 这实际上是一个电力词汇,但是能很好地解释这一过程。
⑧ 千兆瓦(Gigawatts)。电力按兆瓦(MW)进行交易。1兆瓦时(MWh)=3.6千兆焦耳(GJ)。对比来看,联网电站的输送容量大概是80千兆瓦。

来上调/下调结算量,关于用电模式的假设则保持不变。网络成本不做历史值调整。

截至目前的经验表明,与价格管理相比,需求管理在能力或意愿上都受到限制,即使是在批发价格涨得非常高的时候。从历史来看,绝大部分的工业和商业供应合约中都存在"摆动"——因此,消费者在一定程度上可以偏离合约规定的用电模式,而无需调整合约费用。此举在让合约变得更简单的同时,降低了对需求管理的激励。

如果地方或全国天然气供应出现紧急状况,发电站和大型消费者需要自行中断天然气消费。一些天然气消费者自愿地参与这种安排,以换取较低的收费。

家用消费 天然气的家用消费主要是供热,一部分天然气用于做饭,家用消费占全部天然气需求的35%。天然气占英国家用能源消费的70%。英国的天然气需求量对天气非常敏感⑨,而且家用需求的变化主导着天然气需求的变化。冬初和冬末"平季"的敏感度很高,此时消费者会开启冬天的供热系统或是关闭供热系统。当供热系统不分昼夜地全力运行时,就存在一个理论上的需求最大值。这会造成在气温非常低的时候,需求量/气温曲线呈现负的曲率,但是观测不到最大值。气温变化与家用消费量的反应之间也会有一天左右的时滞。

从读取流量计数据到费率作出调整这段时期,家庭用户一般是按固定的价格向供应商支付天然气费用,因此目前尚不存在鼓励短期需求管理的价格信号。这使家用消费在短期内无弹性,并由外生的天气因素决定。虽然费率的变动已经越来越频繁,但是目前看来,费率因素导致的需求方管理还受到流量登记技术和供应商流量分配安排的制约。

假定用电模式已经进行了天气因素调整,并且该用电模式与**季节性正常需求**(SND)相关,而与实际的天然气消费无关,那么承运方在流量计接入点的结算账户就等于流量计显示的年度总量数据。在管理需求的研究中,这是很重要的一个事实。然而实际的天然气消费会影响下一年的年度总量数据。

从实际情况和政策因素的角度来看,家用天然气消费极为重要。死亡率和发病率的季节性变化体现了住房供热是一个重要福利因素。如果10%以上的家庭收入花费在燃料上,就称为**燃料贫困**。如果其他的安排不到位,例如直接的政府补贴、供热效率措施的支持、需求方管理的工具和教育等,就会抑制价格作为需求方管理工具的效果。

运用**差异调和法**(RBD),系统运营商的天然气账户可由家用消费量加总得出。因此,为了便于结算,流量表测得的家用消费量需要做上调处理⑩。

由于家用厨具缺少相关的安全机制这一主要原因,断气之后的重新供应是很费力的过程,因此,如果发生供应安全事件,家用天然气供应将优先于其他所有的天然气和电力供应。在天然气短缺时期,这会给天然气和电力管理造成重大影响,对市场结构和高峰价格也造成重大影响。

---

⑨ 关于消费和天气之间的关系已多有研究(For example, Timothy J. Considene, "The Impacts of Weather Variations on Energy Demand and Emissions," *Resource and Energy Economics* 22, no. 4 (2000), pp. 295–314)。关于价格影响则研究得较少,储存量信息会对其造成很大影响(For example, Xiaoyi Mu, "Weather, Storage and Natural Gas Dynamics: Fundamentals and Volatility," *Energy Economics* 29, no. 1 (2007), pp. 46–63)。

⑩ 由于偷气和其他未经登记的消费以及体积收缩变化,一般都会做上调处理。RBD方法吸收了运营商输气用电模式和其他假设中的系统性预测错误。系统运营商因违约而受到的经济损失,则运用"中性"机制而非RBD方法,由全体家庭用户按结算量的一定比例分摊。

需求趋势　影响长期需求趋势的因素有很多。近几年,冬天的温度高于70年平均值,持续的城市化进一步推动了冬天平均室温的上升。近几年暖冬的持续或许与气候变化有关。英国的能源强度(能源消费量除以国内生产总值)正在下降,但是人均国内生产总值和人口都在缓慢增长;天然气消费量占总消费量的比例也在上升,这主要是由于发电过程中联合循环燃气轮机的使用比例上升,同时也是由于越来越高的人口比例接入天然气网络。在将来,不断提高的房屋隔热质量会抵消这种效应。有人认为,最近的零售价格上涨造成了**需求崩溃**(demand destruction),但目前还没有足够的数据证实这一点[11]。

商品关系

石油

多数情况下,地下的天然气与石油共生。天然气与石油在产权、政治敏感性、勘探生产和加工方法上存在很多相似之处,在物流和下游市场方面的相似性则要低一些(液化天然气和非天然气供热使这种联系有所加强)。在很大程度上,这些原因导致石油与天然气市场的全球主要参与者之间存在很多共性。

生命周期和参与者的共性造成了石油和天然气的价格关联[12]。长期天然气合约大大增强了这种关联。由于需要建立精密的管道基础设施,天然气供应合约通常都是长期合约。为了提高对冲能力和成本反射率,并减少合约落空风险,这些合约一般都盯住石油价格指数。

这种指数化有两个效应:第一个效应是将短期和长期天然气价格的波动率从"自然"商品的层次,提高到由石油输出国组织控制的长期石油价格波动率;另一个效应是在一定程度上创造纵向整合。

长期合约会提高准入壁垒,同时减少竞争,所以来自监管方面的压力要求减少长期合约的使用,进而减少天然气的石油价格指数化。

对美国市场的研究表明,石油和天然气市场波动率呈现双向传导,天然气对市场冲击的波动率更具持续性[13]。

电力[14]

收盘时(交割前1小时),电力市场价格与厂商的边际生产成本相挂钩[15]。当天然气

---

[11] 例如,国家电网的预测中考虑3%左右的削减量。
[12] 石油价格驱动天然气价格,但天然气价格对石油价格没有多大影响。参见 Frank Asche, Petter Osmundsen, and Maria Sandsmark, "The UK Market for Natural Gas, Oil and Electricity: Are the Prices Decoupled?" *Energy Journal* 27, no. 2 (2006), pp. 27–40.
[13] Bradley T. Ewing, Farooq Malik, and Ozkan Ozfidan, "Volatility Transmission in The Oil and Natural Gas Mark," *Energy Economics* 24, no. 6 (2002), pp. 525–538.
[14] 关于电力市场的细节内容,参见 Chris Harris, *Electricity Mark: Pricing, Structures, Economics* (Chichester: John Wiley & Sons, 2006).
[15] 在边际成本中,发电站纳入了循环成本、最低稳定发电量的效率成本等因素。

价格等于电力的边际成本时，天然气和电力的价格密切关联。在不同时期，英国天然气发电的盈利情况不同，这取决于需求量、碳排放价格和其他燃料价格。

由于天然气价格有很强的季节性，而煤炭价格几乎没有季节性（由于它在全球交易且易于储存），因此在夏季，天然气发电量通常高于火力发电量，而在冬季则低于火力发电量，尽管这种关系会变动而且还取决于碳排放的价格。

中长期（4年以上）的关系与此不同。从20世纪80年代早期至2007年以后，联合循环燃气轮机主导了新进入的发电企业，大多数发电站都设计为按基本负荷运行。因此，长期基本负荷电价是由天然气决定的。电力价格有可能对天然气价格产生影响，但这种影响很有限，原因是在一定程度上，天然气供给合约的长期性质减弱了天然气产量对短期价格的弹性。

在理论上，长期内的基本负荷价格[16]或许由可再生资源决定，而不是由天然气决定。较高的**可再生能源义务**[17]（RO）、不引入可再生能源买断价的分级制度[18]、碳排放价格的上涨以及限制天然气发电厂的修建，这些因素将增强可再生资源对长期基本负荷价格的影响。长期来看，洁净煤会决定长期基本负荷价格；而最终看来，核能或许会决定长期基本负荷价格。

二氧化碳

英国的电力价格与《欧洲交易计划》（ETS）中二氧化碳的价格有很密切的联系。天然气产量变化对ETS价格只有很小的影响，但ETS的价格会影响边际发电量。

在适中的碳排放价格范围内，碳排放价格的上涨会提升联合循环燃气轮机相对于火电厂的短期竞争力；但如果碳排放价格过高，碳排放价格的增加则会降低联合循环燃气轮机相对于可再生资源发电厂和核电厂的长期竞争力。天然气发电站和火电站都有可能做到（近乎）零排放，但是相关的资金成本、运行/消耗/效率成本都很高，目前英国还没有零排放的发电厂。

如果碳排放价格过高，随之上涨的电价会推动需求方管理，反过来又会影响天然气价格。碳排放价格并不直接影响消费者的使用量，因为家用消费所产生的碳排放并不会被直接或间接地征税。

对碳排放价格的依赖性还取决于《欧洲交易计划》中的具体规定。例如积攒和拆借安排的演变，新工厂的碳排放配额上限，以及《欧洲交易计划》和《京都议定书》对排放物的分类等。

煤炭

世界范围内，煤炭和天然气之间的直接竞争非常有限，因此几乎没有共同的国际价格影响

---

[16] 除了维护期间以外，基本负荷发电厂每天都全天候运行。

[17] 在2006—2007年期间，供应商总电量的6.7%（2020年时计划提高至20%）必须来自可再生资源（以可再生能源义务证书为凭证）；否则需支付买断价，目前是33.24英镑。这笔收入全部归可再生发电站所有。

[18] 目前，所有可再生能源发电站每生产1兆瓦时电力会收到一份证书。在分级制度下，不同发电技术会收到不同数量的证书。

因素。但由于它们对石油价格的依赖性，故每年的合约价格存在很高的中期相关性[19]。

在天然气和煤炭存在竞争的领域，煤炭价格确实对天然气价格造成短期的局部影响。碳排放价格与之相关。联合循环燃气轮机整体上比煤炭和核原料更有效率（55%相对于35%）。有鉴于此，且由于天然气中具有更高的氢含量，在英国生产1兆瓦时电力，天然气产生的二氧化碳大约只为煤炭所产生二氧化碳的40%。

近期的电力、天然气、煤炭和碳排放之间价格关系如图表36.1所示。我们能清楚地看到短期波动之间的关系和长期价格之间的关系，差异非常显著而且很持久。

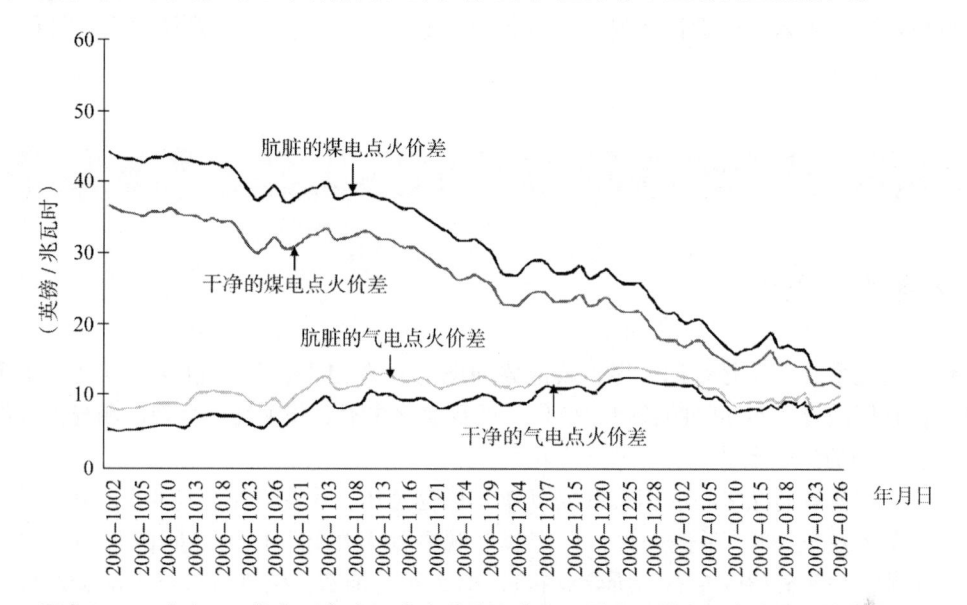

图表36.1 电力－天然气（气电）点火价差和电力－煤炭（煤电）点火价差的趋同过程

注：图中"干净的"表示包含碳排放成本；"肮脏的"表示不包含碳排放成本。合约月份是2007年2月。

资料来源：RWE npower 公司。

蒸馏物

2005—2006 年的冬季市场出现供应紧张，随后引起了对供应安全的担忧，在此之后，许多联合循环燃气轮机（目前装机容量的 23% 以上）已经可以用蒸馏油运行。在理论上，这可以限制短期天然气价格的上涨。但是目前来看，几乎没有数据证明这一点。

欧洲大陆天然气

输气管将英国与欧洲大陆的天然气价格紧密联系起来，但短期运输成本、长期运输成

---

[19] 就价格联动关系而言，"相关性"一词或许过于正式。交易商比计量经济学家更能理解商品之间的关系，因为商品之间的关系千变万化，而且取决于具体的价格结构。关于美国商品市场之间和商品市场内部一体化状况的分析，参见 Lance J. Bachmeier and James M. Griffin, "Testing for Market Integration, Crude Oil, Coal and Natural Gas," *Energy Journal* 27, no. 2 (2006), pp. 55–71。

本回收、管道限制[20]、欧洲大陆市场的流动性和物流[21]、市场两端的势力会对价格联系产生影响。此外，在某些时期限制天然气出口的国家供应安全政策[22]也会对其造成影响。

指数

一些指数与天然气直接相关，并且具有不同程度的流动性。这些指数主要包括石油、气温（机场附近）、综合天气变量（比气温更好的需求指标）、每日国家输送系统出气量、零售价格指数（收入的监管往往追踪零售价格指数）和电力（目前是经纪商估计的日前价格（day-ahead price））。

价格结构

跨商品相关性

跨商品关系（特别是石油、煤、碳排放和电力）在白天、假日和各季节呈现出不同的结构，它们随着考察期限的长短而变化，而且变化多端。相关性还呈现出明显的非线性关系（在不同的价格水平上，它们会变化）。

通过构造所有商品之间的相关系数矩阵，并检验其一致性（半正定性），就可以估计大概的相关系数范围[23]。举例来说，假定我们观察到天然气和电力之间的长期相关性为 0.70（可能是由于外生变量石油所导致的），那么我们推断：碳排放价格上涨会对煤炭价格产生抑制效应（相关系数或许为 -0.20），对天然气价格的影响则不确定。因为在发电过程中，煤炭和天然气是替代燃料，但天然气整体需求会减少（试试相关系数 0.00）。这些估计的结果如图表 36.2 所示。

图表 36.2　　　　　　　　　由初始估计值构造出的自洽相关性矩阵

	煤炭	天然气	二氧化碳
煤炭	100%	52%	-10%
天然气	52%	100%	-3%
二氧化碳	-10%	-3%	100%

---

[20] 关于管道容量利用率与价格之间关系的研究，参见 Augusto Rupérez Micola and Derek W. Bunn, "Two Markets and a Weak Link," *Energy Economics* 29, no. 1 (2007), pp. 79–93。

[21] 关于欧洲天然气枢纽之间较低的联系，参见 Anne Neumann, Boriss Siliverstovs, and Christian von Hirschhausen, "Convergence of European Spot Market Prices for Natural Gas? A Real-Time Analysis Using the Kalman Filter," *Applied Economics Letters* 13, no. 11 (2006), pp. 727–732。

[22] 长期合约的定价在一定程度上考虑了政治风险 (See Frank Asche, Petter Osmundsen, and Ragnar Tveterås, "European Market Integration for Gas? Volume Flexibility and Political Risk," *Energy Economics* 24, no. 3 (2002), pp. 249–265)。

[23] 关于用初始估计值来构造最佳自洽矩阵的方法，参见 Peter Jackel and Riccardo Rebonato, "The Most General Methodology for Creating a Valid Correlation Matrix for Risk Management and Option Pricing Purposes," *Journal of Risk* 2, no. 2 (1999), pp. 17–24。图表 36.2 中使用的是这种方法。

图表36.3 显示出现实中的日度收益之间存在明显的相关性。请注意，这些都是季节性的，同时具有日内结构（intraday structure）。

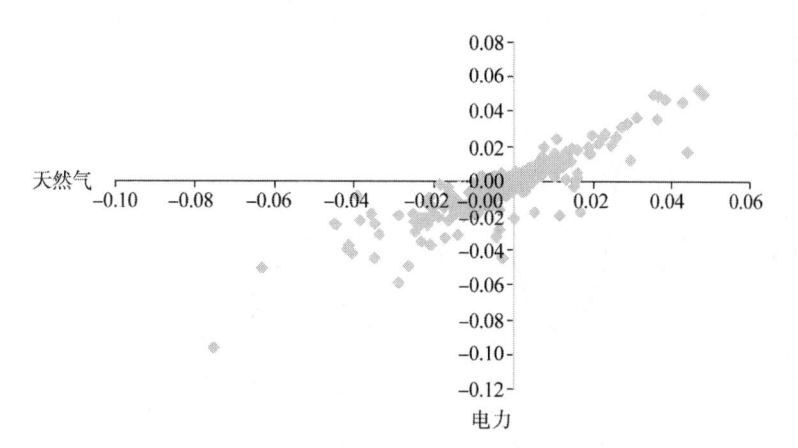

图表 36.3　天然气与电力的日度价格相关性

注：2004 年 5 月至 2007 年 2 月期间的 2007 年 2 月合约价格数据。
资料来源：电力数据来自 RWE npower。天然气数据来自 Spectron。

需要指出的是，商品间的套利关系意味着我们常常要考察协整关系（它是由绝对价格驱动的）以及相关性（通常用价格变化来衡量）。与收益的相关性类似，在一段时间内，我们观察到价格之间也存在关系，并且还具有季节性和日内结构（见图表36.4）。

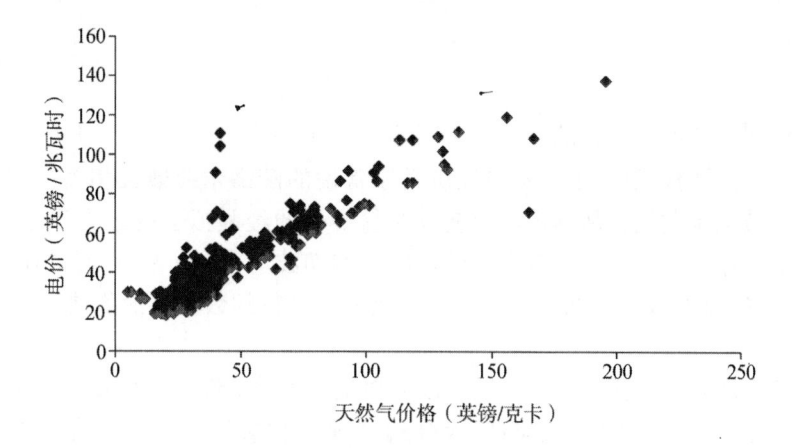

图表 36.4　天然气与电力的日前价格（day-ahead price）之间关系

注：样本期间为 2004 年 5 月至 2007 年 2 月。
资料来源：电力数据来自 RWE npower。天然气数据来自 Spectron。

远期价格

冬季价格高峰的高度和宽度取决于储存量（输气量、注入率和采出率以及储存成本）、家用需求和家用需求管理、一般性的需求管理，以及联合循环蒸汽轮机的运转状况和灵活程度。

远期价格曲线的峰值会受到容量收费变更的极大影响，特别是输送网络和管道的费用变更。当前的季节性结构如图表 36.5 所示。

图表 36.5　天然气远期价格的季节性

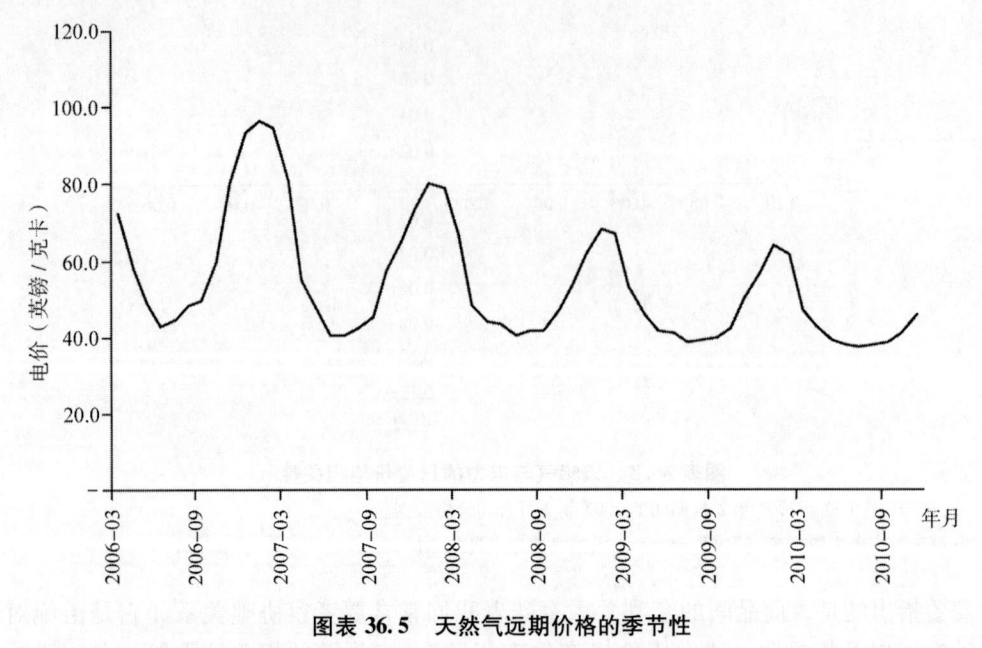

资料来源：RWE npower 公司。

波动率

常用且相对有效的计算天然气波动率的公式是 $\sigma_\tau = (a + b\tau) e^{-c\tau} + d$，其中 σ_τ 是瞬时波动率[24]，τ 是合约期限。正数 a 与经济学家常说的**萨缪尔森效应**相关；b 则用于调整短期到中期的波动率曲线，从而提高对期权交易价格的经验拟合度。"c"表示对应于价格的变化，资源流动的速度或消费变动的速度。即期波动率 $(a + d)$ 通常在 200% 左右；而长期波动率 d[25]则取决于校准的选择，10% 是一个可行的数值。油价波动和币值波动会导致 d 增大。

随着观测期间和合约交割日的不同，波动率呈现出季节性，存货套利行为也会造成波动率的季节性特征（它增加了不同期限合约之间的相关性——所谓的"去相关性[26]曲线"）。

---

[24]　平均（期权）波动率可以通过对相应时期的瞬时波动率平方取积分而得到。这是一个普遍使用的经验公式，而不仅限于某个特定的价格过程。关于局部波动率的进一步解释，参见 Riccardo Rebonato，*Volatility and Correlation*，(New York：John Wiley & Sons，2002)。

[25]　估计参数 d 的方法有很多种。例如在合约期内，冲击持续性的衰减可能是非指数型的。关于纽约商业交易所（NYMEX）亨利枢纽（Henry Hub）天然气冲击持续性的研究（该研究中假定 $d = 0$，我们是根据期限结构的持续性中推断出来的），参见 Donald Lien and Thomas H. Root，"Convergence to Long-Run Equilibrium：The Case of Natural Gas Markets"，*Energy Economics* 21，no. 2 (1999)，pp. 95–110。

[26]　关于价格关系的更多信息，包括相关性信息，参见 Alexander Eydeland and Krzysztof Wolyni *Energy and Power Risk Management：New Developments in Modeling，Pricing and Hedging* (New York：John Wiley & Sons，2002)。

在很大程度上，波动率的绝对水平和期限结构受到基础设施建设、需求管理、容量收费方式的影响。

从长期来看，天然气与石油一样，1973年以前的波动率期限结构比较平稳（恒定），1973年以后也比较平稳只是水平有所提高[27]，而且弹性相对增加，这表明价格会对不断增加的天然气使用强度作出灵活反应。

摆动

在终端市场发展起来之前，天然气一直都是通过"照付不议"型长期合约来供应的。在这些合约中，买方根据合约价格可以在一定范围内改变日度或年度的购买量。一方面这保证了生产商能够获得一定水平的收入（对应着最低的年度购买量）；另一方面也在一定程度上给消费者提供了灵活性（对应着最高购买量所决定的基础设施水平）。对于发电站来说，这些往往是**燃烧器喷头**（burner tip），意思是说天然气如果买下了就必须消费掉，而不能再卖掉。这种合约渐渐地演变成市场合约，不仅仅只针对消费，任何一方都可以向另一方提供这种**摆动合约**。

出于实践中的估值需要，而且由于标准的衍生品定价方法只在某些（相当限制性的）假设下适用（特别是与较长期限或季节性波动率有关的假设），这种摆动合约的估值因而受到学术界的广泛关注。

风险成本

由于在得知消费者的需求量之前，生产者就已经锁定了生产成本，所以大多数商品的长期合约具有正的风险成本（所以远期价格要低于产品价格的期望值）。但石油可能是个例外，因为股票市场具有大额的正风险成本，同时股票篮子的价格又与石油价格负相关。关于风险成本对天然气价格的净影响，目前还没有形成定论。大多数研究者认为，短期的风险成本是负数（市场参与者避免做空头），因为天然气价格通常只有下限而没有上限。

分布形状

天然气价格分布模型的构建涉及一些问题。一方面，由于缺乏计量经济学意义上的一致性，我们难有机会观察到其分布形状；另一方面，存货的周期性以及需求管理的变化使其分布具有周期性，而且易于变化。天然气确实显示出价格尖峰[28]（价格翻倍的现象大概每4年出现一次），但是其高度和宽度都取决于具体条件，而且难以刻画。过低的价

---

[27] 参见 Noureddine Krichene, "World Crude Oil and Natural Gas: A Demand and Supply Model," *Energy Economics* 24, no. 6 (2002), pp. 557–576；或者，也可以进行主成分分析 (See Boriss Siliverstoves, Guillaume L'Hegaret, Anne Neumann, and Christian van Hirschhausen "International Market Integration for Natural Gas?: A Co-integration Analysis of Prices in Europe, North America and Japan," *Energy Economics* 27, no. 4 (2005), pp. 603–615)。

[28] 关于商品价格走势的更多信息，参见 Hélyette Geman, *Commodities and Commodity Derivatives* (Hoboken, NJ: John Wiley &Sons, 2005)。

格很少出现或者转瞬即逝，但是它们通常都出现在连线调试的时候。一般来说，其结构与其他商品价格的分布结构相类似（带有厚尾的对数正态分布），厚尾的原因主要在于需求对气温的依赖性或是基础设施内（例如罗夫气田）的大型部件出现故障。由于需求管理的相对缺乏，在政府干预供应安全这一问题上仍然存在很多不确定性，这在供应不足时会对价格造成影响。如图表36.6所示，我们可以清楚地看到价格在实际变化中具有厚尾特征。

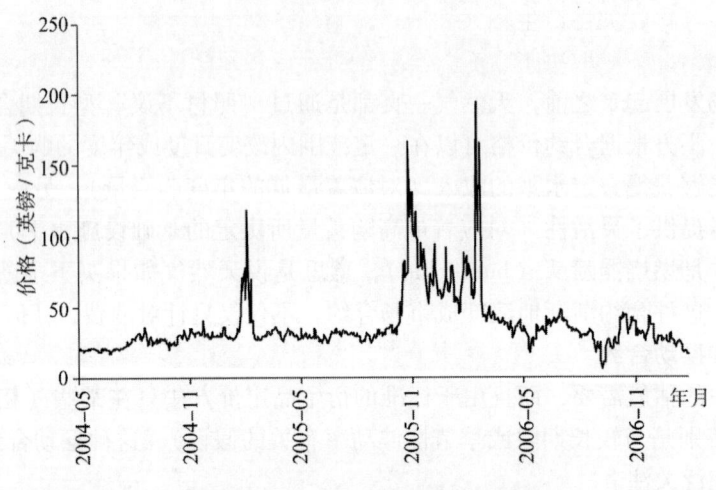

图表36.6 天然气日前价格的走势

资料来源：天然气数据来自Spectrum。

在英国天然气市场中，不存在最高价格限制或监管性损失负荷价值（VOLL）。值得注意的是，用电量的变动性很大，这造成损失负荷的经济价值达到基本负荷价格的1000倍左右，天然气则主要是用于供热。热量储存地越好，热量损失负荷的边际经济价值也就越低。迄今为止的研究[29]表明，损失负荷的经济价值大致在5~25英镑/克卡[30]，能源消费大户大概位于这个范围的中间部分。

英国天然气价格的混沌行为模式意味着交易机会。纽约商业交易所（NYMEX）一项关于天然气的研究[31]表明并不存在混沌行为的迹象。

结　论

在英国，国家平衡点天然气市场是一个成熟的而且流动性好的市场。远期价格的总体趋势、周期性、波动率及其模式、期限结构相关性等都是由产量的基本面关系、需求、需求弹性、库存以及库存信息决定的。天然气与电力、煤炭、石油和碳排放之间关系很复杂、具有周期性而且不断变化。由于这些关系的瞬时性，我们可以从经济学的角度加以理

---

[29] For example, See *Economic Implications of a Gas Supply Interruption to UK Industry*, ILEX Energy Consulting Ltd (2006).

[30] 该市场以克卡（therm）为单位进行交易，1克卡=0.0293兆瓦时。截至2007年中期，价格约为0.4英镑/克卡。

[31] Victor Chwee "Chaos in Natural Gas Futures?" *Energy Journal* 19, no. 2 (1998), pp. 149–164.

解，但难以从计量经济学的角度进行分析。需求弹性是波动率的关键影响因素，我们也看到居民用气量的变化是天然气需求量波动的主要原因，但它实际上缺乏弹性。为提高需求管理而进行的体制性变革，可能会显著改变波动率、价格和价格之间的关系结构，而其中的一些变革可能会影响国家平衡点天然气市场与上下游市场之间的相对价格。供应安全问题有着重大的政治影响，因此政府可能会大举干预天然气体系。库存量在平滑天然气输入流量和抑制价格波动率方面发挥着重要作用，库存项目的迅速发展会对价格的季节性、短期波动率和期限结构相关性产生重大影响。英国与欧洲大陆天然气市场的联系，既取决于当前的管道使用情况，又取决于欧洲大陆的管道容量管理措施。

第37章
欧盟的碳排放交易

斯特芬·乌尔赖希（Stefan Ulreich）博士
发电/上游行业
德国意昂集团

从2005年1月1日起，欧洲联盟（即欧盟25国EU-25，下文简称欧盟EU）开始实施碳排放交易系统，此举旨在提供一种经济有效的工具来减少温室气体的排放。碳排放交易系统的目的是为了让企业找到尽可能便宜的二氧化碳减排方案。在欧盟，二氧化碳排放市场已经兴起，并且发展成为活跃的交易场所。在2007年12月召开的巴厘岛会议中，澳大利亚新一届政府批准了《京都议定书》。其他国家，例如挪威、加拿大和日本也考虑在2008年推出类似的交易方案。美国等一些国家并不认同温室气体减排的必要性，因此它们没有批准《京都议定书》。然而美国一些区域性行动也已经开始，例如《区域性温室体倡议》（RGGI）[1]。

图表37.1展示了各国温室气体排放的分布情况。随着经济的发展，未来排放总量肯定会增加，尤其是在中国和印度。预计几年之后，中国就会成为最大的温室气体排放国家[2]。

图表37.1　　　　　2003年全球二氧化碳排放量（261亿公吨）*

国家和地区	在全球二氧化碳排放量中的比重（%）
美国	21.7
欧盟25国	14.8
中国	14.2
俄罗斯	5.8
其他亚洲国家	4.9

---

[1]　关于区域温室气体倡议的更多信息，请参考http://www.rggi.org。
[2]　参见《联合国气候变化框架公约》（http://ghg.unfccc.int）。

续表

国家和地区	在全球二氧化碳排放量中的比重（%）
日本	4.7
印度	4.2
近东	4.2
南美	3.2
非洲	3
加拿大	2.1
韩国	1.7
澳大利亚	1.3
其他国家	14.2

注：＊相比之下，1990 年全球二氧化碳排放量为 219 亿公吨。
资料来源：根据《联合国气候变化框架公约》的数据创建图表。

背 景

《京都议定书》

欧盟碳排放交易系统的背景是《京都议定书》。《京都议定书》的签署国已承诺减少向大气中排放温室气体。由于大多数科学家认为温室气体是全球变暖的罪魁祸首，《京都议定书》被看成是在全球范围内应对人类活动导致的（即人为的）气候变化所迈出的第一步。《京都议定书》制订了 2008—2012 年间的目标。欧盟欲成为环境保护的先行者，所以欧盟碳排放交易计划率先进入一个测试阶段，期间为 2005—2007 年。然而在某种程度上，测试阶段是一个误导性概念：交易系统已经全面运作，而且强制性地要求企业排放量低于欧盟法令的标准。碳排放覆盖发电、炼钢和造纸等行业的经济活动。

该计划的基本思想很简单。在交易期间内，政府将排放配额分配给应参与排放交易计划的企业。这种分配是通过**国家分配计划**（NAP）来执行的。每年，碳排放交易计划所覆盖的排放设施必须履行各自的义务，这可以通过购买一定的排放配额来实现，排放配额与该设施的排放量相对应。国家分配计划实施之后，各家企业都可获悉自己的排放配额，并据此确定是在市场上购买份额，还是通过技术措施和加大设备投资来减少二氧化碳的排放量。排放量超过配额的企业将被处以罚款——另外还得在市场上购买排放配额。在 2005—2007 年交易期间，罚款额为每吨 40 欧元，在 2008—2012 年交易期间为每吨 100 欧元。这种机制保证了环境保护目标得以实现。欧盟排放设施的二氧化碳排放量不会超过欧盟国家分配计划规定的总和。

举例来说，假设一家炼钢厂分配到了 100 万吨的排放配额。这些配额被记录在电子注册表中，并且是根据这家公司的历史排放数据计算得出的。为了实现环保目标，配额应低于历史排放量。于是这家企业可以有以下选择：

- 削减钢产量，卖出多余的排放配额。

- 增加钢产量，买入所需的排放配额。
- 制定一个既增加钢产量又减少排放量的减排方案。

在以上的备选方案中，排放配额的价格就成为经济决策的考虑因素之一。当排放配额价格较高时，投资于减排技术或者削减钢产量会比较有吸引力。

排放配额

为了实现环保目标并且建立碳排放交易市场，温室气体的全部排放配额应该低于企业在无约束情况下的预期排放总量。稀缺性能够保证排放配额存在需求。与排放最密切相关的温室气体是二氧化碳（CO_2）——在前两个交易期间内，欧盟集中关注二氧化碳。

温室气体的排放配额仅在其交易期间内有效；也就是说，2005年分配的排放配额只能用于履行2005年、2006年和2007年的排放义务。由于排放配额不能累积，因此2005年的排放配额不能在2008年使用。类似的，在2008—2012年期间分配的排放配额仅在2008—2012年有效。由于每年排放配额的分配在履行排放义务之前就已完成，因此企业经营方在刚开始的几年里不大可能缺乏排放配额。

尽管第一个交易期间的国家分配计划（NAP）已贯彻执行，但除了一些法律争议之外，在某些案例中，第二个期间的NAP仍是草案。虽然欧盟委员会希望在2006年6月30日之前收集到所有的NAP草案，但是截至当天只有4个成员国提交。尽管如此，《京都议定书》有效期内的排放配额已经在市场上活跃地交易，不过市场参与方会考虑这项政治决策所带来的风险。

排放配额只存在于电子注册表中。每个欧盟成员国都有一份电子注册表。为了建立欧洲交易市场，电子注册表之间的转账都通过电子系统执行。每个企业都配备一个账户，排放配额即划拨到该账户中。与电子银行业务相类似，不同注册表的不同账户之间也可以相互转账。履行《碳排放交易法令》中规定的排放义务，可以通过扣减账户中的排放配额进行。通过互联网可以接入注册表（见图表37.2）。账户的开立不仅限于企业经营方——任何个人都可以在注册表中创立一个私人账户并参与碳排放的交易。

图表37.2　　　　　　　　　　欧洲注册表的网络连接[*]

注册表	网站
澳大利亚	http：//www.emissionshandelsregister.at
比利时	http：//www.climateregistry.be
捷克共和国	http：//www.ote-cr.cz
丹麦	http：//www.kvoteregister.dk
爱沙尼亚	http：//www.khgregister.envir.ce
芬兰	http：//www.paastokaupparekisteri.fi
法国	http：//www.seringas.caissedesdepots.fr
德国	http：//www.register.dehst.de/
希腊	http：//WWW.EKPAA.GR

续表

注册表	网站
匈牙利	www.hunetr.hu
爱尔兰	http://www.etr.ie/
意大利	http://www.greta-public.sinanet.apat.it/
拉脱维亚	http://etrlv.lvgma.gov.lv/
立陶宛	http://etr.am.lt
荷兰	http://www.nederlandse-emissieautoriteit.nl
葡萄牙	http://rple.iambiente.pt
斯洛伐克	http://co2.dexia.sk
斯洛文尼亚	http://rte.arso.gov.si
西班牙	http://www.renade.es
瑞士	http://www.utslappshandel.se
英国	http://www.emissionsregistry.gov.uk
欧洲	http://ec.europa.cu/environment/ets

注：＊截至 2007 年 2 月。
资料来源：根据欧盟交易委员会的数据创建图表。

欧盟碳排放交易计划的先驱是美国某些地区的氮氧化物（NO_X）和二氧化硫（SO_2）交易系统。在相关法规制定出来之前，排放是免费的，而且排放的代价由全社会来承担。因而无从实施排放量的削减。二氧化碳（CO_2）、二氧化硫（SO_2）或氮氧化物（NO_X）的交易系统则按照"污染者买单"的原则，将排放成本内部化[③]。

每个市场参与者都应注意到，政治因素会对该市场造成巨大影响。只有在建立了监管框架并且市场参与者都信赖这个框架后，才可能出现流动性好的交易。在分配期间内，不应当对这个框架作出变动，因为这些变动会对价格形成产生巨大的影响，并会造成反复无常的价格跳跃。

欧盟排放配额的交易运作

交易运作

在欧盟议会通过欧盟碳排放交易法令之前，在欧盟委员会批准 25 个国家分配计划之前，欧盟排放配额的交易运作就早已启动。当然，由于对国家分配计划的细节缺乏了解，初期的交易量非常低。但这段时期非常重要，不仅是因为它能够提供市场上的价格信号，而且因为在此期间建成了有用的碳排放交易基础设施。

[③] Cyriel de Jong, André Oosterom, and Kasper Walet, "Dealing with Emissions," Chapter 10 in *Managing Energy Price Risk*, edited by Vincent Kaminski (London: Risk Books, 2004), pp. 373–393.

企业常常低估碳排放交易运作所必需的准备工作。例如制订一份主协定的工作。交易通常在电话或者电子平台上完成。为了使交易具有法律约束力，也为了让交易者集中精力于本质性数据（即所交易的商品、价格和交易量），就需要用到主协定。这个具有法律约束力的文件确定了交割地点、交割日期、付款安排等细节性内容，还确定了一些规则用以处理信用风险和交割风险。现货市场交易的交割与付款仅相隔几天时间，因此不需要像远期市场交易那样严格的规则。对于后者而言，交割日期与付款日期可能相隔几年。因此，远期市场交易的主协定也更为复杂。早在排放配额注册表出现之前，**不可抗力**就是一个讨论已久的话题——因为排放配额的交割需要涉及电子注册表中的卖方账户和买方账户。于是当注册表尚未安排妥当而且交割不能被执行时，就必须通过法律界定如何行事。这在商品市场中是一个常见的问题。在欧盟电力交易长期经验的基础上，欧洲能源交易商联盟（EFET）制订了碳排放交易的主协定，这个协定在欧洲的碳排放交易中频繁使用[④]。前几笔碳排放交易的一个重要意图是借助多家不同领域企业的律师对主协定进行多方面检验。在很大程度上，此举有助于制订一个被广泛认可的主协定。

除了市场参与者往往可以自行解决的法律方面问题之外，市场参与者还面临着其他一些主要问题，例如税收、一般性贸易法律框架，以及如何将排放配额整合到公司的资产负债表中。通过前几笔交易，负责处理此类问题的企业员工已意识到这些问题，并在交易的准备过程中制定出解决方案。不幸的是，这其中的某些问题不是企业自身就能解决的；相反，企业必须等待国家税务机关的决策，或者等待国际会计准则委员会对会计规则的明确阐释。虽然在撰写本章时，这些问题还不同程度地存在，但人们并未将其视为严重的交易障碍因素。

积极开展风险管理的公司自然成为欧盟碳排放交易计划的领导者，石油、天然气和电力等行业的国际性企业尤其如此。这些企业熟悉商品交易，并且具备必要的基础设施。通过修改其成熟的交易流程和后台操作流程，这些企业可以很容易地将排放配额整合到交易运作当中。商品交易经验不足的企业为了建立自己的交易基础设施，在很大程度上就需要求助于资深顾问。当2005年欧盟碳排放交易计划启动的时候，一些企业还不具备开展交易的能力。此外，对于更小规模的参与者而言，将交易活动外包是有道理的。从交易成本的角度来看，这些参与者利用中介机构的市场化途径，比依靠企业内部交易人才来构建基础设施，更能节省成本。

目前，排放配额的交易主要是通过**场外交易市场**（OTC）进行的。在这个市场中，参与者可以进行双边会晤，而且常常借助经纪人来安排。随着碳排放交易市场逐步走向成熟，交易所也越来越重要；依据其他商品市场或金融市场的普遍经验，它们的市场份额预计会在未来几年内进一步增加。交易所的主要优势是它可以消除信用风险（即交易对手风险）。在由欧盟25个国家的参与者构成的市场中，大部分潜在交易者从未进行过交易。例如，芬兰的一家电力企业与葡萄牙的一家水泥生产商从未有过接触。所以大多数参与者无法评估其交易对手的信用风险。交易所可以解决这个难题。另外，交易所是市场价格信息的可靠来源，对于中小企业来说尤其如此，因为交易所使得中小企业容易进入市场。目前欧洲有7家排放配额交易所：

[④] 电力交易主协定和碳排放交易附件的最新版本可见于EFET网站 http://www.efet.org。

- 欧洲能源交易所（EEX，德国）；
- 北欧电力交易所（Nordpool，斯堪的纳维亚和芬兰）；
- 奥地利能源交易所（EXAA，奥地利）；
- 未来电力交易所（Powernext，法国）；
- 欧洲气候交易所（ECX，荷兰）；
- 新价值交易所（NewValues，荷兰）；
- Sende CO_2（西班牙）。

目前，波兰和意大利的排放配额交易所正在建设之中。每家交易所都向欧盟27个成员国和非欧盟成员国的参与者开放。我们应当认识到，由于排放配额交易市场无法支撑如此多的交易所，因此交易很快就会开始集中。如果交易所想要盈利，就必须拥有几个核心交易活动。一些专家认为，最终会有2~3家交易所存活下来[5]。

除了活跃于碳排放交易市场上的Spectron、TFS和ICAP等经纪行之外，碳排放交易所也公布欧盟排放配额的市场价格和每日的交易量信息[6]。这增加了市场的透明度，因此也增强了参与者对市场价格的信心。市场价格信心增强的另一个因素在于，套利因素使得场外市场与交易所里的价格差异处于买卖价差之内。如今市场的流动性已经足够好了，一旦价格差异扩大，套利者立即会在价格较低的市场上买入，从而在价格较高的市场上卖出。这种机制已经如此有效，以至于几乎不出现价格差异[7]。大多数市场都采用连续交易，但是某些交易所仍然提供拍卖。同其他市场一样，交易所和经纪行的报价被收集起来，与市场评论一同展示给公众。道琼斯、路透社和阿格斯等老牌资讯供应商都提供以上信息，此外某些专业领域企业如挪威点碳公司也提供此类服务。

价格历史和价格形成

从2000年以来，欧盟排放配额的交易以远期的形式进行。买卖双方根据当前政策讨论中的分配细节信息，形成自己的观点，并对欧盟排放配额的价格作出评估。因此存在很高的不确定性。在市场中，不确定性会导致很大的买卖价差。随着交易双方越来越深入地了解欧盟法令、碳排放交易总体框架以及国家分配计划等细节，买卖差价缩小了，这反映出确定性日渐增强。例如2003年2月，买方给出的价格是3.5欧元/公吨，而卖方要求的价格是7.5欧元/公吨。因此平均市场价格为5.5欧元/公吨，价差为4欧元/公吨。截至2007年中期，价差减少至0.10欧元/公吨，某些时候甚至减少至0.05欧元/公吨。

在同一交易期间内，现货价格与远期价格之间的关系是由这两个交割日期之间的利率

---

[5] Peter Koster [of ECX] and Patrick Weber [of Dresdner Kleinwort Wasserstein], "What Will Drive Survival in the Consolidation of Exchanges?" Presentation, Carbon Expo 2006, Cologne.

[6] 德国EEX在其网站http://www.eex.de上发布了欧盟配额的现货价格和远期价格。由于EEX（欧洲电力交易所）主要是电力交易所，因此电力市场的价格也在其网站上显示。

[7] 数据供应商点碳公司将每天的结算价格发布在《每日碳市场》上。2007年1月12日，根据点碳和Spectron提供的数据，EXAA的现货价格为3.94欧元/公吨，EEX 3.99欧元/公吨，ECX 3.95欧元/公吨，Nordpool 4.00欧元/公吨，Powernext 3.98欧元/公吨。经纪行Spectron提供的当天场外市场上的结算价格为4.00欧元/公吨。

决定的。公式如下：

$$远期价格 = 现货价格 \times \exp(利率 \times 交割日之间的时间差)$$

因为期间内的排放权可以积攒，所以现货市场（或远期市场）上的任何变动都会立即影响远期市场（或现货市场）。从这个角度看，排放配额可被视为零息债券。

由于上述因素，5 欧元/公吨左右的市场价格已经持续了很长时间。2003 年中期以来，市场价格开始出现偏离，如图表 37.3 所示。这些变动主要是由政治决策所致。

图表 37.3　EU 排放配额的报价（欧元/公吨）

资料来源：根据作者收集的场外交易市场数据创建图表。

例如，欧盟批准碳排放交易法令造成了市场价格上涨。当时看来，此前所交易的碳排放权很明显会在 2005 年 1 月 1 日具有市场价值。其结果就是价格上涨至 13 欧元/公吨。国家分配计划第一个草案的推出，抑制了价格的上涨，因为这些计划中公布了慷慨的配额。欧盟委员会批评这些草案与气候目标相脱节。相应的，市场用更坚挺的价格作出了回应。在 2004 年下半年，市场价格的波动范围变小，价格大约为 9 欧元/公吨。有意思的是，这时，基本面因素而非政治因素开始变成市场的主导力量。当欧盟的 27 个国家分配计划都被通过时，整体的政治框架也就成形了。欧盟委员削减了国家分配计划草案中 2.9 亿公吨的排放配额，因此欧盟总排放配额减少至 21.84 亿公吨。在 2005 年，一些国家的分配计划仍然在讨论当中（例如英国国家分配计划的修订）。但是，在大部分时间里，仍然是基本面因素引导市场。

2005 年年初，天气温和，休假季节使得电力需求降低，而且斯堪的纳维亚和德国北部的风力发电量比往常高，因而造成排放配额的价格有所下跌。但到 2006 年 1 月底的时候，情况完全相反了，价格攀升至出乎大多数市场参与者预期的水平。这种情况的主要原因在于天然气市场的价格行情发生了变化。天然气市场价格的变化立刻会导致排放配额价格的变化，这是因为发电厂通常依据不同生产方式的成本差异（即燃料价格和排放配额价格与市场电价的差额）作出生产决策。

碳市场的基本面驱动因素

天气是电力现货市场上价格形成的重要影响因素，它会同时影响需求方和供给方。额外的电力需求通常由化石燃料发电厂来满足，因为核能和水力发电设施覆盖的是基本负荷。因此额外的电力需求导致更多的二氧化碳排放。一般来说，冬季如果气温偏高，就会降低电力需求，而夏季气温偏高则会增加电力需求。这是由更多地使用空调所导致的。在2005年夏季的欧洲南部和西部（例如西班牙、葡萄牙、法国南部、意大利等地区），我们可以清晰地观察到这种效应。另外夏季高温会引发冷却水效率降低的问题，因此核电站的发电量将有所下降。例如法国在2005年就发生过这种情况。

降雨量是水力发电的主要影响因素。图表37.4列出了欧盟各国的年度水力发电量。水力发电厂越多，就越少地用到化石燃料发电厂，因此二氧化碳的排放也就越少；反之亦然。2005年欧洲西南部的干旱导致了水力发电厂发电量的大幅度减少，尤其是西班牙不得不启动远远超出预期的化石燃料发电厂。在大多数欧洲国家里，每年水力发电量的变化都在万亿瓦时这个数量级上；也就是说，由此产生的二氧化碳排放量变化会达到几百万公吨[⑧]。

图表37.4 年度水力发电量（万亿瓦时 TWh）

国家	1980年	1990年	2000年	2004年
澳大利亚	28.9	32.3	43.3	38.7
德国	18.0	21.0	28.9	27.5
西班牙	30.4	26.2	31.4	34.1
法国	69.8	57.2	71.0	63.8
意大利	46.4	34.6	50.2	49.3
葡萄牙	7.9	9.1	11.6	10.0
瑞典	58.1	71.4	77.8	60.1
挪威	83.1	120.3	141.1	108.5

资料来源：根据欧洲发电联盟的数据创建图表。

2005年，影响欧盟排放配额价格的主导因素是煤、天然气和原油等主要燃料市场。将使用的燃料从煤更换为天然气，既可以立即减少二氧化碳的排放量，又不需要太长的准备时间，可谓是一种难得的快速解决方案。然而它取决于电力行业是否能够实现这种更换，也就是说，煤发电厂和天然气发电厂的产能应当足够大。在欧洲，只有英国和荷兰满足这个前提条件。每天要做决策是启动煤发电厂还是天然气发电厂。决策依据的是天然气和煤的燃料价格、电力的市场价格以及欧盟排放配额的价格。随着2005年天然气价格上涨，天然气发电厂的成本变得高于燃煤发电厂。从经济方面考虑，只要排放配额的价格足够高，运行天然气发电厂也可能是合理的。然而这正是碳排放交易计划的目标——首先将

---

⑧ 作为经验法则，我们可以做一个粗略的估计，燃煤发电厂的二氧化碳排放为1千克/千瓦时，天然气厂为0.5千克/千瓦时。现代化发电厂的碳排放有所降低，例如硬煤发电厂为0.75千克/千瓦时。但如果是为了估计出碳排放的数量级，使用1千克/千瓦时（或100万公吨/万亿瓦时）会更方便。

碳价格纳入决策中，再给低碳发电提供激励。因此天然气价格的上涨与煤价的相对稳定，共同导致了排放配额价格的上涨。由于欧洲其他地区的发电厂也将碳价格纳入日常的运营决策之中，因此碳价格上涨的影响遍及整个欧洲。除此之外，英国居高不下的电力价格也促使法国通过"互联线路（interconnector）"[9] 向其出口更多的电力，从而导致法国电力价格上涨，也使法国从周边各国更多地进口电力。

燃料的更换几乎成为二氧化碳减排的唯一选择，然而这一事实并不足以解释为什么燃料更换会成为市场的主流做法。另一个因素在于，英国分配给电力企业的排放额度非常紧张，因此英国电力企业几乎担负了整个国家的减排目标。相比之下，英国的制造企业却获得了几乎正好满足需求的排放配额。这种紧张的分配导致风险规避型策略；也就是说，在远期市场上出售的电力立即会在碳排放市场上进行对冲。由于生产既售电力所需的碳排放配额是从市场上购买的，因此，排放配额的需求量相当高，而且供给方面并未相应增加，例如，制造企业的出售活动可以增加排放份额的供给。

对于碳排放交易计划所覆盖的全行业而言，经济增长是一个基本的价格驱动因素。更高的工业产出会导致更高的二氧化碳排放量，从而引发碳排放配额需求的增加。据预计，出于制造业和电力企业减少二氧化碳排放量的利益动机考虑，这种依赖性会在未来逐渐削弱。这种情况与20世纪70年代原油价格上涨的情形相类似。原油价格的大幅上涨引导了更高的能源利用效率，类似的，气候目标也会激励企业更有效地使用能源。在文献中，关于碳市场的模型基本上依赖于减排的边际成本曲线。供求变动会导致曲线变化，因此导致不同的市场价格[10]。

除了与政治和监管问题相关的价格驱动因素外，我们仅考虑与电力和供热相关的因素。这或许会让人感到奇怪，因为欧洲57%的排放配额分配给了供电和供热行业，其余还有43%的排放配额分配给了制造企业。然而由于以下几个原因，制造业尚未成为碳排放市场中的活跃分子。

首先，制造业拥有相当比重的小型排放设施，这些小型设施每年的总排放量很低。例如德国，每年排放量低于50 000公吨温室气体的排放设施有1278家。这些工厂的总排放量还不到德国总排放配额的4%，低于《碳排放交易计划》的标准。这些企业仅仅通过市场来履行各自的排放义务，而不是积极地进行交易。另外，对于大多数制造业企业来说，交易活动本身就是一个挑战。大多数企业在努力创建交易所需的基础设施，或者引入投资经理。除此之外，其中一些企业仍然预期（或是希望）经济增长。这导致了对碳排放配额不足的担心。经常参加交易的企业通常不会抱有上述想法，因为它们仅仅考虑风险管理，根据它们对价格的判断，买进所需的份额，售出多余的份额。

排放配额剩余量的发布

2006年最剧烈的价格冲击源自于欧盟注册表的信息政策。在2006年4月和5月，

---

[9] 该互联线路是法国与英国之间穿越英吉利海峡的直流电线路连接，容量为1兆瓦。

[10] Bo Nelson and Clas Ekström, Influence of the future oil price on CO2-abatement costs, the energy system and climate policy (29 th IAEE International Conference, Cleveland (Ohio), 2006) pp. 1 – 2, Per-Anders Enkvist, Thomas Nauclér, and Jerker Rosander, A cost curve for greenhouse gas reduction (The McKinsey Quarterly 2007, Number 1) pp. 35 – 45.

2005年度欧盟成员国的碳排放配额的剩余量数据公布出来了。因为事先缺乏协调,大多数欧盟成员国的信息都是陆续地提供给市场,而且每个国家都公布自己的数据。重大新闻包括:(1) 2005年的排放配额总量远远高于总排放量;(2) 能源行业分配到的排放配额短缺,而制造企业占据了全部的多余配额(见图表37.5)。多余配额甚至远远大于短缺配额;然而由于风险规避型的市场参与者不出售其多余的配额,因此多余的配额无法进入市场,这导致了排放配额的价格上涨。

图表37.5　　　　　　　　　　配额信息:欧盟交易行业

行　业	在欧盟总配额中的比重(%)	2005年配额的多余(+)/短缺(-)状况,以兆吨(Mt)计
电力和供热	59	-35兆吨
水泥、石灰和玻璃	11	+17,2兆吨
石油和天然气	8	+13,1兆吨
金属	11	+35,1兆吨
制浆和造纸	2	+9.9兆吨
其他	11	+26,6兆吨

资料来源:根据欧盟独立交易登记系统(CITL)的数据创建图表。

欧盟代表们现在已意识到碳排放配额的剩余量信息对市场的影响,他们许诺会在2007年发布2006年度碳排放配额的剩余量数据的时候,采取更好的解决方案。

最终,市场供给过剩的事实引发了价格暴跌:2006年4月中旬,排放配额的报价超过了30欧元/公吨;而5月中旬,报价曾跌至9欧元/公吨以下。这些事件之后,价格稳定在15欧元/公吨左右并持续了几个月。由于越来越多地拥有多余配额的参与者感受到了抛售压力,价格从此逐渐走低,截至2007年1月末已跌破3美元/公吨。

配额市场中的产品

现货与远期产品　到此为止,我们还未详细介绍交易产品。现货市场和远期市场都交易排放配额。在现货市场中,交割与付款在几个交易日内就可以完成。这与股票交易市场差不多。交割是通过注册表中电子转账方式进行的。在远期市场中,12月1日被确定为交割日。因为在年末,企业能够充分了解各自的年度排放量,所以它们面临的价格风险较小,而面临的交易量风险较大。不过,商品市场中的交易量风险最好是在现货市场上对冲掉,从而尽可能地降低交割风险。到目前为止,欧盟共经历过两个交割日,2005年12月1日和2006年12月1日。这两天的交割都没有出现问题。正如人们所预料的那样,越临近交割日期,产品的流动性越大。但是波动率也随之增加,并且更依赖于远期市场,而不太依赖于剩余交割日期。这基本上可以用配额的积攒机制来解释。只要两个相关的交割日期之间没有太大的利率波动,价格走势仍然是并行的。例如2007年1月所交易的产品分别在2007年12月、2008年12月和2009年的12月交割。由于现货产品与2007年12月远期市场在同一个交易期间内,就存在无风险套利机会,所以现货市场和 2007 年远期市场的价格差异由相应的货币市场利率所决定的。因为 2005—2007 年第一个交易期间的排放配额会在 2008—2012 年交易期间内失效[11],所以这两个期间的排放配额不存在套利关系。人们普遍认为 2012 年后,也许能够不受约束地积攒排放份额。

场外市场和交易所内的交易规模一般都是 10 000 配额,对应着 10 000 公吨二氧化碳的排放量。根据之前提到的 2007 年 1 月初市场价格,这些标准交易的规模为 40 000 欧元。

与其他市场不同,碳排放市场对注册表做出另一条特殊的规定:排放配额账户不允许存在负数配额,亦即不能卖空。这样的话,远期市场也可作为卖空的手段。

之前已提到,任何个人都可以直接进入碳排放的场外市场和交易所。另外市场中介也提供进入市场的渠道。有些银行甚至开发了追踪排放配额价格的存单,并卖给零售客户。

碳排放配额的期权市场 欧盟碳排放配额的期权市场也出现了,但流动性很有限。经纪商定期地提供现货和远期报价,而期权价格则并非如此[12]。期权价值是由著名的布莱克-斯科尔斯期权定价公式决定的,原因在于排放配额可以被看成是不分红的股票。一些更复杂的模型(例如 GARCH 模型)已经用于研究欧盟排放配额的价格动态变化[13]。由于价格存在不同的阶段特征,而且收益表现出一定的波动率模式(图表 37.6)[14],这些论文建议,利用马尔科夫转换和 AR-GARCH 模型为随机性建模。文献中的研究结果有力地证实了这些模型足以捕捉偏度、峰值等特性,尤其是收益在不同阶段中的波动率模式。

市场参与者预计,期权市场会在 2008 年到 2012 年的《京都议定书》阶段变得更具活力。监管的不确定性应该会降至最低,而且现货和远期市场也应该由基本面因素所驱动。

延迟期权(即决定将项目推迟)的价值对公司的决策制定流程非常有意义,尤其是在考虑许多项目的时候。这些考虑并未体现在当前的二氧化碳市场上,但对于美国酸雨项目来说非常重要[15]。

基于项目的机制 除了碳排放交易,《京都议定书》中还提到了另外两个灵活的机制:联合履约机制和清洁发展机制。在**联合履约**(JI)机制中,减排项目是在另一个《京都议定书》签订国进行的。投资者必须为该项目买单,而卖方国家要从其国家减排量中扣除这部分减排量,以免重复计算。**清洁发展机制**(CDM)项目是在非《京都议定书》签订国进行的,因此卖方国家没有更多的责任。但是所有这些项目都必须遵循一定的规

---

[11] 事实上,法国和波兰等一些国家允许积攒 2005—2007 年期间的排放配额,并在 2008—2012 年期间使用。但这是有条件的,即减排项目要成功地实施,而且这些配额仅限于当事国的企业使用。因此真正可以积攒的排放配额相当小,不能导致两个交易期间之间合理的套利关系。

[12] 欧盟排放配额的期货价格公开数据可从欧盟气候交易所 ECX 网站获得 http://www.ecxeurope.com。

[13] Eva Benz and Stefan Trück, Modelling the Price Dynamics of CO_2 Emission Allowances, Working Paper, Graduate School of Economics Bonn, 2006; and George Daskalakis, Dimitris Psychoyios, and Raphael N. Markellos, Modelling CO_2 Emission Allowance Prices and Derivatives: Evidence from the European Trading Scheme, Working Paper, 2007.

[14] 不同阶段的价格和波动率模式主要是突发事件造成的结果,起初是因为监管的不确定性,后来又是因为突发的天气状况或燃料市场事件。

[15] Hung-Po Chao and Robert Wilson, "Option Valuation of Emission Allowances", Journal of Regulatory Economics 5, no. 3 (1993), pp. 233–249.

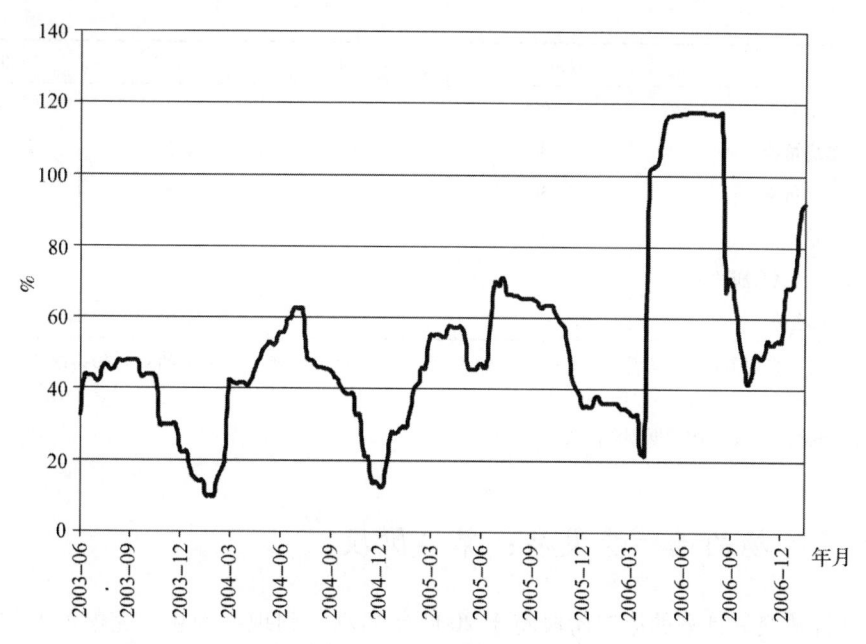

图表 37.6　历史波动率：使用现货价格计算的欧盟碳排放交易配额[a]

注：a 作为对比，2007年1月欧盟气候交易所报出的隐含波动率为62%。
资料来源：根据作者搜集的场外交易市场数据创建图表。

则，并且应当由独立机构验证、认证和监督，以确保这些机制得以遵循。项目开发商运用欧盟排放配额来对冲交割风险。图表37.7展示了不同因素对碳排放交易市场造成的影响。利用远期市场的排放配额来对冲项目风险，已经在该市场上发挥至关重要的作用。另外，这些基于项目的机制也对市场情绪产生影响——预期这些项目提供更多（更少）的排放配额会引发看跌（看涨）市场信号。

图表 37.7　兴业银行在其每周研究报告中使用的碳排放市场价格的影响因素及权重[a]

	权重（%）	15.1	22.1	29.1
市场基本面	65	2,2	2,9	2,6
需求	70	2,2	3	2,4
天气	40	2,9	3	4
电力	40	1	2	2
工业活跃度	20	3	3	4
供给	30	2,2	2,8	3,2
天然气相对于煤炭	30	2	4	2
清洁发展机制和联合履约对冲	50	2	2	4
工业减排	20	3	3	3
市场信号	35	2,9	2,6	2,6
市场动量	20	2,4	2,8	2
交易量	40	3	4	2

	权重（%）	15.1	22.1	29.1
技术分析	60	2	2	2
市场情绪	80	3	2,5	2,7
石油价格	30	2	3	3
政策变动	50	4	2	2
清洁发展机制和联合履约项目	20	2	3	4
总趋势		2,4	2,8	2,6

注：a 计分：1＝强烈看跌；2＝看跌；3＝中立；4＝看涨；5＝强烈看涨。模型中的总趋势表明市场是轻微看跌的。

资料来源：根据兴业银行的数据创建图表。

碳排放市场的进一步发展：第二阶段

欧盟碳排放交易计划的第二阶段将于 2008 年启动。到现在为止，完整框架的细节内容还不为人知，因为大多数的国家分配计划还只是草案——碳排放交易法令不会改变。活跃的交易已经展开，而且第二阶段的碳排放交易市场会比 2007 年的配额更加紧张（见图表 37.8）。基本原因在于人们都预期欧盟会严厉地削减国家分配计划的草案。

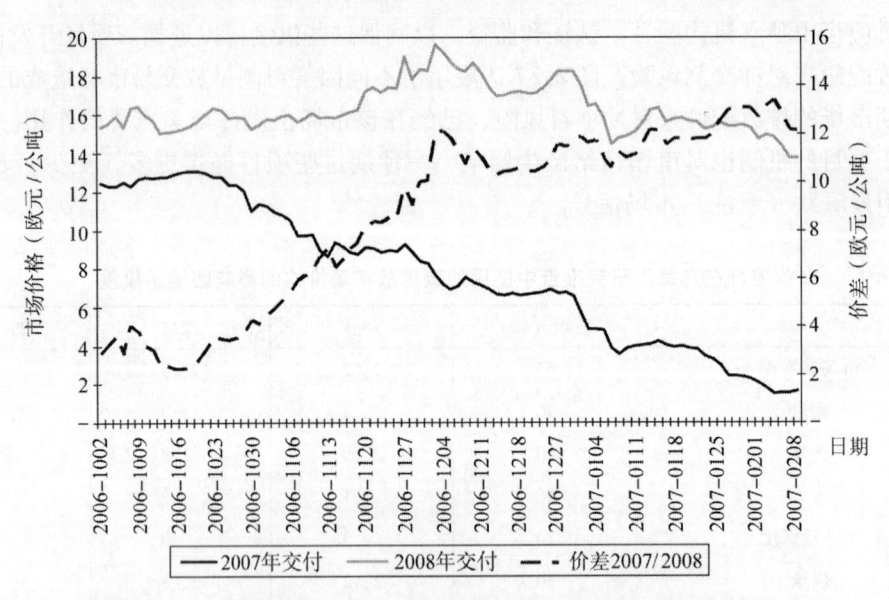

图表 37.8　2007 年和 2008 年交割的欧盟碳排放交易配额的报价及价差

资料来源：根据作者收集的场外交易市场数据创建图表。

然而这个阶段会发生一些变化。欧盟计划引进一个新的市场参与者——国际航空运输企业。与其他计划的连接也在考虑之中，尤其是连接到挪威和加州系统。这可以看作是将碳排放交易计划扩展至全球范围的一个信号，而全球范围的碳排放交易对于应对气候变化是极其必要的。在 2003 年全球二氧化碳排放总量中，以下国家或地区占 70%：美国、欧盟、中国、印度、俄罗斯、日本、加拿大、韩国和澳大利亚。尤其是中国和印度,因为它们的经济增速高而且能源需求大,这两个国家将会经历巨大的年排放量增长。

因此,纯粹出于全球环境保护的背景,碳排放交易市场可能会发展成为一个真正的全球市场。这在第二阶段发生的可能性极小,而且肯定会需要更多时间。尽管如此,该行业内现在也出现了一些着眼于全球碳市场前景的倡议[16]。在欧盟内部,有一点是很清楚的,即在 2013 年后也会进行碳排放交易。

结　论

尽管碳排放交易市场存在较大缺陷,但它仍显示出不断增强的流动性和增长潜力。随着监管问题逐渐明朗,大多数市场参与者预期未来几年内,碳排放交易市场的流动性将得以提高。通过将欧盟碳排放交易计划与其他国家的计划相连接,该市场有可能会成为一个全球性的市场。

到目前为止,交易主要集中于现货和远期市场。由于纯粹的金融炒家的存在和积极参与,衍生工具的进一步发展是非常可能的,而且期权市场的出现也指日可待。金融炒家在碳排放交易市场上活动有多个原因。首先,排放配额是一个新的资产类别,与天气、燃料价格和经济增长具有相关性,所以一些银行已经为零售客户开发出基于排放配额价格的产品(例如指数证券)。其次,它为国家和国际项目融资提供了新的机遇,也为资产抵押证券的发展提供了新机遇。最后,排放配额价格已成为股票分析师评估公司价值的重要因素。

---

[16] 其中一个倡议就是 "3C" 倡议。更多的信息可参见 http://www.combatclimatechange.org。

第38章
农产品和畜类商品的基本面分析

罗纳德·C·斯普尔加（Ronald C. Spurga）
副总裁
荷兰银行

在过去几年里，与价格不断上涨的能源和金属期货不同，农产品期货市场的营利性并不突出。考虑通货膨胀因素之后，一些农业期货的业绩甚至为负值。由于工业国家和发展中国家的生产率提高了，农产品供给一直在增加，因而价格受到了抑制；由于农产品面临着与日俱增的风险，如全球变暖、植物（动物）的病害（传染病）、高额的运输费用以及发展中国家与两大自由贸易区（欧盟和北美自由贸易区）之间的自由贸易和补贴问题，其商品期货的波动性有可能再次上升。本章概述最主要的农产品期货和畜类期货，即谷物、牛、猪及其基本面因素。

谷 物

在美国，谷物和油籽的生产、销售和加工业务是一个价值数十亿美元的产业。本章集中讨论最重要的农作物——小麦、玉米和大豆；也简要地介绍次要的作物，例如大麦、高粱、燕麦、亚麻籽和黑麦。但应该注意到，许多大型谷物公司也都进行次要作物的交易。

小麦

小麦被分为五个类别：硬红冬小麦、软红冬小麦、硬红春小麦、硬粒小麦和白小麦。

硬红冬小麦是最大的小麦类别。它生长在包括科罗拉多、堪萨斯、内布拉斯加、俄克拉荷马和得克萨斯的大平原地区，堪萨斯是目前最大的生产地。这种小麦含有很高的蛋白质成分，主要用于制作面包和优质烘焙面粉；它在堪萨斯期货交易所（KCBOT）交割。

软红冬小麦的蛋白质含量较低，它主要生长在中部和南部的几个州。从产量上看，软红冬小麦是第二大的小麦类别；它主要用于制作曲奇饼和蛋糕；它在芝加哥期货交易所（CBOT）交割。

白小麦的蛋白质含量及用途与软红冬小麦类似。白小麦生长在西北地区，而且主要产自太平洋海岸。

硬春小麦蛋白质含量最高，主要用于制作优质面包。它主要产自于中北部地区：明尼苏达州、北达科他州和南达科他州。硬春小麦在明尼阿波利斯谷物交易所（MGEX）交割。

硬粒小麦用于生产粗面粉，而粗面粉主要用于制作通心粉（意大利面）等产品。硬粒小麦与硬红春小麦的生长区域相同。

冬小麦在秋季播种夏季收割，而春小麦则是在春季播种夏末收割。国产小麦的大部分是用于出口或者碾磨成面粉；其余部分则用于饲料和种子。主要的出口包括俄罗斯联邦（和前苏联的其他国家，如乌克兰）、中国、日本、东欧、巴西、埃及、伊朗和韩国等国家和地区；其他主要出口至阿根廷、加拿大、澳大利亚和欧盟成员。

玉 米

玉米主要分为黄玉米和白玉米两种类别，其中黄玉米目前是最主要的类别。主要的生长区域是中部的几个州，即爱荷华、伊利诺伊、明尼苏达和内布拉斯加。玉米在春天播种，于秋季收割。在美国境内，玉米主要是用作饲料，或者直接用于喂养畜类，或者先经过碾磨程序。加工过的玉米也用于人类消费，或是用于生产高果糖玉米糖浆。玉米的另一个潜在用途是生产乙醇，从而制成乙醇汽油混合燃料。玉米的主要出口市场为日本、俄罗斯、西班牙、西德、意大利、波兰、韩国和中国台湾。

大 豆

大豆主要分为黄豆、绿豆、棕豆和黑豆，其中黄豆为主要的类别。大豆的主要生长地区为中西部和中南部的几个州，其中最大的生产地为伊利诺伊和爱荷华。大豆在春末播种，于秋末收割。

大豆本身几乎没有商业用途；它主要是加工成豆粕和豆油。豆粕是一种高蛋白的牲畜饲料，也越来越多地用作烘焙类产品以及香肠中的蛋白质和矿物质强化剂。

提炼后的豆油被添加至蔬菜起酥油、人造奶油和沙拉油中。它也用于油画颜料和清漆中。

大豆的主要出口市场是日本、荷兰、西德和西班牙。巴西和阿根廷也是主要的大豆生产国。

下文简要介绍粮囤、经销商以及出口商所提供的服务，并分辨农产品行业的某些通用做法和风险因素。必须指出的是，该行业极为复杂，并且下文只是一般性简介。

储存

乡村粮囤 在进入销售渠道之前，谷物一般是先从生产者处购买，或是由乡村粮囤为生产者储存。谷物通常由卡车运至粮囤，接着进行采样以称重和分级。谷物或者被粮囤购买，或者由粮囤储存。如果是为生产者储存，粮囤会出具仓库收据。通常情况下，在乡村粮囤处负责称重、取样和监督工作的并不是官方机构雇佣人员。由于售价是根据质量级别确定的，所以对谷物的评级十分重要。在给谷物评定恰当的等级时，需要考虑每蒲式耳的检测重量、坏损谷粒、杂质、水分含量等事项。

除了等级，小麦也按照蛋白质水平进行分类，蛋白质含量较高的小麦通常以溢价交易。小麦和玉米分为 1~5 等，外加一个美国样本等级，后者并不满足 1~5 等的要求。1 等是最优级别。大豆被分为 1~4 等，外加一个美国样品等级，后者为不满足 1~4 等条件的大豆。在谷物的储存期间，粮囤维护好谷物的质量这一点十分重要，因为它负责向收据持有人交割定量定质的谷物。除了存储，乡村粮囤还提供烘干、清洁、筛选和自动采样等服务，并且这些服务一般要收取费用。对于用自身账户购买的谷物，粮囤还利用这些烘干和清洁设备来提升其质量等级，使其能够以更高的价格转售出去。

谷物存储的两大风险为质量恶化和谷物损坏的可能性，这源自火灾或粮囤爆炸。谷物质量的维护是通过仓库管理和专业设备来实现的；通过观察仓库管理经验并且与行业内的其他公司相比较，或许能够更好地评估其维护能力。爆炸、火灾等引致的谷物质量恶化可以由保险来赔付，也可以通过适当的作业程序来减轻。人们正在积极研究谷物爆炸的原因，也在设计可以减少谷物粉尘的设备，从而增强粮囤的通风性能并且更准确地测量气体和蒸汽的浓度。保险既应该覆盖房地产和谷物的价值，还应当覆盖业务中断所导致的损失。

终端粮囤、分站粮囤和河道粮囤 谷物销售链的下一个环节通常涉及将谷物直接运至加工企业，或者作为饲料销售，或者出售给终端粮囤、分站粮囤和河道粮囤。相比较于乡村粮囤而言，这些粮囤的存储能力通常更大，谷物处理设备的效率也更高，而且坐落于主要的交通干线上。这些粮囤旨在将谷物聚集到交通方便的地带，以便于批量运输至出口渠道或用于国内加工。它们通常从乡村粮囤或采购员处采购，并且为采购员和加工商存储谷物。

谷物从乡村粮囤运走之后，需要称重和评级，此后承运人才可以开具提单。如果该粮囤并非官方的转运站，那么谷物在官方站点将会再一次称重和评级。官方出具的重量和等级报告进而与汇票一同送达终端粮囤。这些汇票属于形式发票，要求支付合约价格的 90%。当终端粮囤接收谷物之后，再一次进行称重和评级，然后支付汇票的余额。这些汇票通常是跟单即期汇票，并通过银行渠道回收。可转让提单则允许谷物在运送途中频繁交易。

终端粮囤是主要的内陆储存设施，在谷物交易所里交割的谷物还会指定某些粮囤作为储存设施。谷物可以用卡车、火车或驳船运送至这些粮囤处；决定这些粮囤运营效率的一个重要因素是它们接收和装卸谷物的能力。在这些粮囤处，一般都由官方机构人员或《美国谷物标准法》授权人员对谷物进行采样、称重和评级。如果各项要求都能够满足，重量和评价就被认为是官方出具的,并且用于开展交易。终端粮囤与乡村粮囤提供相同的服务,储存过程中所涉及的主要风险也是相同的。

交易所粮囤 三大谷物交易所中的每一家都指定了可用于谷物交割的粮囤。在检查过粮囤后,芝加哥期货交易所(CBOT)才会宣布其"正常"用于交割。CBOT 可以要求移走粮囤内的全部谷物,对其检查并评级,之后再开具新的收据。同时,粮囤必须配备适当的铁路设施,而且必须具有充足的设备来接收、处理和运送散装谷物。适当的担保和保险必须到位,仓库也必须具有良好的财务状况。每天收到的谷物和交割的谷物都必须按照等级进行记录,每个周末也需要记录在库的谷物,并且保存记录结果。

交易所每年至少要检查两次仓库。被指定为"正常"用于交割玉米、小麦和大豆的仓库位于芝加哥(4730 万蒲式耳)、托莱多(4540 万蒲式耳)和圣路易斯(1690 万蒲式耳)的调车区,它们都是主要谷物经销商和合作社的粮囤。在芝加哥期货交易所内,可用于交割的存货收据都必须在其处登记,由该交易所核实签名。

仓库需要领有联邦政府、堪萨斯、或者密苏里签发的公用仓库牌照,并且储存能力应达到 100 蒲式耳以上,才能成为堪萨斯市交易所"正常"用于交割的仓库。粮囤必须具有适当的设施和铁路网络,还必须具有无可争议的财务状况;根据总容量计算,其资产净值至少应达到 0.15 美元/蒲式耳;粮囤必须进行适当的担保和保险;粮囤"正常"用于交割的地位必须每年审查一次;可交割的谷物总容量为 8 420 万蒲式耳。

出口粮囤 出口粮囤的主要功能是将内陆运输(即火车、驳船或卡车)的谷物运送到货船上。此项服务需要收费,这在业内被称为"装船费"。这笔费用按照每蒲式耳收取,因此粮囤装卸谷物的能力至关重要。为了提高使用率,粮囤会与托运方订立吞吐量协议,协议中托运方同意使用粮囤处理一定量的谷物。在出口粮囤的业务收入中,谷物储存这一项业务收入只占很小的份额。当谷物离开粮囤并装上船后,会进行采样、称重和评级,并出具收货单。收货单是所有权文件。随后收货单再用于交换提货单。出口粮囤与终端粮囤和乡村粮囤提供相同的服务。

经销

粮囤业务中必不可少的一个部分是谷物销售。粮囤的目标是最大限度地使用储存能力。其实现方式包括:尽快地移交谷物,只储存从营销角度看必不可少的谷物,并且以利用现有空间为目的而储存谷物。在理想情况下,当买入谷物时,粮囤(经营者)希望能够以弥补其处理费用并赚取利润的价格立即将谷物出售。然而这并不总是可能的,粮囤必须能够向客户提供服务,因此当客户准备出售谷物时,它们必须买入。在这种情况下,粮囤可以在谷物交易所内对冲掉所购买的谷物风险。通常情况下,粮囤一直与其他粮囤和经销商保持联系,接收在特定时间、特定地点交割谷物的竞价。粮囤可以下调运输费和利息费,并了解如何进行谷物竞价。如果没有积极的买家,粮囤会以谷物交易所的报价为基础,调低运输费和利息费。由于谷物价格可能会极度地波动,而且粮囤和经销商交易的谷物大大超过其资本,因此他们的经销和对冲政策十分重要。

经销风险 谷物经销所涉及的风险主要来自三个方面:信用风险、合同撤销风险和运输风险。

信用

一般而言，谷物行业不向供给方提供信贷。国内销售通常采用跟单即期汇票。汇票支付合约价值的90%，并伴随有提货单、称重单、评级单和其他必备的货运文件。这些汇票一般是通过银行渠道回收，因此直到汇票被支付之后，卖方才会发放所有权文件（提货单）。

这种汇付程序降低了与国内交易相关的信用风险。卖方承担的信用风险敞口降低至发票价格的10%，因为只有这笔金额未通过汇票支付。这笔10%的金额在买方对谷物称重和采样之后支付。虽然在理论上这笔余额应当很快就会付清，但据业内人士透露，由于运输和文件处理过程的延误，支付往往会拖延几个月。

散装货物通常由火车或驳船运输。正常的斗仓船可以装载3500蒲式耳，驳船则可以装载43 000蒲式耳。考虑到运输费用的折扣因素，现在也通过75节车厢进行铁路运输；并且多驳船服务也会出售给运输量大的客户。这笔10%敞口的意义显然取决于卖方公司的资本和交易规模。

国际贸易的发货通常是依据保兑的或通知的信用证（即期或远期），或者采用付款交单方式。当使用基于信用证的远期汇票时，银行一般对贴现的汇票没有追索权。因此信用风险仅限于这样一种情形：虽然卖方根据信用证妥善地出具汇票，但通知行（advising bank）拒绝议付汇票。这种风险敞口属于主权和境外银行风险，这与付款交单（CAD）货运方式所面临的风险相类似。

合同撤销 比起发货日期，谷物公司作出购买和销售谷物承诺的时间要提前很多。这些承诺通常是被对冲掉，或者是通过背对背交易完成。粮囤可能会在谷物收割之前与生产商订立购买谷物的合同，或是为了延期交割而与其他粮囤或经销商订立谷物购买合同。

当谷物供应商违约时，该公司不得不购回其对冲交易，或者到公开市场上购买谷物。在价格上涨的市场上，一般而言，亏损额度等于买方在合同中购买谷物的价格与公开市场中的价格之差。当买方违约时，该公司在价格下跌的市场上会遭受损失。

运输

对于公司的盈利性来说，能够以最便宜且最有效的方式运输谷物是至关重要的。哪一方负责运输由销售条款确定；国内运输的主要方式为驳船和火车。运输能力紧张时，常常还会使用铁路漏斗车。如果销售条款规定谷物在特定时间内运至墨西哥湾港口的有轨车内，并且由于车厢紧缺而未能及时交货，此时就可能出现违约。为了减少车厢紧缺的风险，也为了降低铁路运费，大型公司将会租用或购买漏斗车。

驳船运输也存在同样的问题，大型公司同样会保有驳船队伍。虽然掌控有轨车和驳船可以降低运输紧缺的风险，但运输系统的延误也会构成风险。驳船运输可能会因河流水位低或堵塞而延误。火车运输的延误则主要是由于出口粮囤未能及时地装卸车厢。当这些车厢出现堵塞的时候，铁路方面有可能会宣布禁运。

内陆运输也必须与出口船只的行程相互协调，当船只到达港口时，若谷物尚未到位，则要承担滞期费;另一方面,如果谷物早到,而汽车或驳船不能装卸,则也要承担滞期费。大型货运每日的滞期费可达 800 万 ~ 1000 万美元。此外由于在特定时间内运费会降低,所以公司运载大量谷物的能力将有助于提高利润。

例如铁路方面最近推出一套方案,以 75 节车厢为单位运输谷物的,可以享受折扣。可以享受此折扣优惠的公司将比小型公司更具竞争力。主要的谷物公司都设有专门负责协调运输的部门。

主要风险总结

粮囤和经销业务的主要风险为粮囤爆炸和火灾,这些风险可以通过适当的保险而降低;谷物质量恶化的风险可以由妥善的操作程序来控制;价格波动所导致的存货亏损则可由精心构思的对冲方案来减轻。合同违约也是一种潜在的风险,然而谷物行业违约的现象比较少见。

与应收账款相关的风险在任何行业都存在,通过汇票程序,国内销售的应收账款风险可被降低至发票价值的 10%,而对于国外销售,如果使用的是未兑保的信用证和付款交单条款,则通常涉及对外国和境外银行的风险敞口。

对于存货价格波动风险和销售款项的信用风险,虽然业内创造了各种解决风险的办法,但对于外部因素(如天气和运输)却无能为力。因此由于收成欠佳或运输延误的关系,谷物公司会面临业务量缩减或利润率降低的风险。由于该行业的竞争十分激烈,谷物交割系统的高效运作就显得非常重要;否则,受到高额的滞期费、运输途中谷物质量恶化等因素的影响,公司微薄的利润空间就所剩无几了。

与其他行业一样,谷物行业所涉及的风险必定是每一家谷物公司都会面临的;因此合同违约或应收账款 10% 的信用敞口可能产生巨大影响,具体取决于合同中对手方公司的规模。

加工商

谷物的加工处理越来越集中于大型农业综合企业。与业内公司的讨论表明,谷物行业的未来走势取决于大型企业,而单一型的加工企业已濒临淘汰。

面粉碾磨 大部分小麦都用于碾磨面粉。磨坊通常是用来加工特定类别的小麦,这些小麦面粉的用途各异。硬红冬小麦和硬红春小麦磨成的面粉适合制作优质面包,因为这种面粉的蛋白质含量高。软冬小麦面粉用于制作烘焙制品、曲奇饼和饼干;而硬粒小麦用于生产粗面粉,它主要用于制作面食。小麦的面粉提取率约为 72%,剩余的 28% 称为"麦麸",用作动物饲料。磨坊主从农民、粮囤或经销商那里直接购买谷物,他们的磨坊通常有能力存储待加工的谷物。磨坊主一般采用即期汇票的方式从粮囤或经销商处购买谷物。接着,面粉将以汇票或 60 天期以内赊销账户的方式销售给烘焙商或批发商,大型企业则以自己的名义进行零售。

谷物加工企业通常预约 120 天的业务,这期间不会向买方收取利息。在近来的高利率环境下,免收利息款项的期限缩短至 60 天。谷物企业积极地利用小麦期货市场来对冲存货和购销承诺。虽然并不存在面粉期货市场，却有一个活跃的实货市场为各种面粉报价。面粉的价格受到小麦价格和麦麸价格的影响，麦麸也在该实货市场上交易。当麦麸市场十分强劲时，由于麦麸的销售收入增加，磨坊主可能会下调面粉价格。影响磨坊经营的另一个主要因素是运输费用，其中包括向碾磨设备输送谷物的费用，以及为买方运送面粉和麦麸的费用。如果企业能够充分利用批量装载的运费折扣，它就可以维持利润空间。

玉米碾磨　玉米的碾磨方法有两种：干磨和湿磨。干磨过程会产生颗粒、谷类产品、饲料、油脂和工业产品；在湿磨过程中，除了上述产品之外，还会产生高果糖玉米糖浆，这被用作糖的替代品。玉米通常会产生66%的淀粉、30%的饲料和3%的油脂，其中淀粉用于制作糖浆。饲料产品和高果糖玉米糖浆虽然不在期货交易所交易，但也有活跃的实货市场。

大豆加工　大豆加工后的产品包括豆粕和豆油，两者均在芝加哥期货交易所里交易。豆粕的交易标准参照的是全国大豆加工商协会（NSPA）的交易规则。豆粕主要用作畜类和家禽的饲料，并同时用于国内消费和对外出口。大豆中提取出的豆油在食用或工业应用之前，必须先进行脱胶和精炼处理。NSPA建立了粗豆油和脱胶粗豆油的等级和质量标准。精炼豆油主要用于食品加工业，但在肥皂、油漆、涂料等工业生产中也有用途。

据估计，每60磅蒲式耳的大豆，加工后能得到10~11磅的豆油和47~48磅的豆粕。大豆加工的盈利性基本反映在大豆与豆粕、豆油之间的价格关系上。这种关系被称作"榨油利润"。丰厚的榨油利润会带来较高的压榨产能利用率，而微薄的榨油利润则会削减产量。世界市场决定着大豆、豆油和豆粕的价格，因此压榨企业很难控制其利润空间。由于大豆、豆油和豆粕市场可能出现大幅的价格波动，企业通常在芝加哥期货交易所进行对冲操作。

风险

加工企业所面临的一部分风险与粮囤运营商的风险相同。由于两者的原材料（玉米、小麦和大豆）以及制成品的价格会大幅波动，未对冲的头寸就代表着风险，因此了解企业针对存货和远期承诺的对冲政策十分有用。火灾、爆炸、谷物或制成品质量恶化等事件造成的亏损，可以通过适当的操作程序和保险所减轻。加工企业开出的销售条款通常比谷物经销商的销售条款更为灵活，这是由于它们可以向烘焙商、饲料制造商等提供60天以内的赊销账户，而加工企业则以即期汇票的方式购买。运输费用也同样重要；在通常情况下，运输掌控能力越强的企业能够获得越多的利润。

需求　根据美国农业部（USDA）公布的数据，2004年世界小麦消费量为609.25百万公吨。关键国家如印度和尼日利亚的消费量创出了新高，苏联和欧洲国家的消费量也达到历史最高水平。

美国农业部的数据显示，美国是全世界最大的玉米消费国家（228.23百万公吨），其次为中国（134.0百万公吨）和欧盟25国（50.6百万公吨）。

大豆的世界消费量从2003—2004年间的189.96百万公吨增长至2004—2005年间的205.65百万公吨（美国农业部数据）。

在不断增加的大豆和豆制品的全球贸易中，南美出口国预计会占据最大的份额，其中大部分将用于满足中国激增的需求。以巴西为首的南美国家在近十年内连创出口新高，在 2002—2003 销售年度，其外贸交易额首次超过美国（美国农业部数据）。

然而即使国内市场使用量的小幅增长也会挤压可供出口的份额，结果就导致美国和国外竞争者的价格差距不断扩大，与 2004—2005 年度 10.60 亿蒲式耳的出口量相比，2013—2014 年度大豆出口量将降至 10.40 亿蒲式耳。USDA 经济研究服务署预测今后十年间，外国出口量的强劲扩张会使得美国在全球大豆市场中的份额降低至 29%，而在 2002—2003 年度它占的份额为 45%。

供给 据美国农业部估计，2004—2005 年度世界小麦产量大约为 627 百万公吨。以下数据也出自美国农业部。

在全球范围内，欧盟的小麦产量最高，2005—2006 年度为 122.94 百万公吨，其次为中国（97 百万公吨）、印度（72 百万公吨）和美国（57.28 百万公吨）。前几位出口国分别是美国（27.22 百万公吨）、澳大利亚（16.5 百万公吨）和加拿大（16.5 百万公吨）。

在 2005—2006 年度，美国生产了 57.3 百万公吨，与 2004—2005 年度的 58.7 百万公吨相比，下降了 2%。出口同样有所降低，这是由于向中国的销量减少了。

美国农业部预计，硬质小麦的供给会继续紧张，**硬红冬小麦**（HRW）和**硬红春小麦**（HRS）产量分别降至近 9 年和近 10 年的冬季低位。硬红冬小麦供应紧张的原因在于强劲的国外需求，主要是尼日利亚和伊拉克；硬红春小麦供应紧张的原因则是产量降低以及强劲的国外需求。另外**软红冬小麦**（SRW）出口会有所增加，这是由于软红冬小麦的种植面积较大而且软质小麦的竞争程度较低。

2004—2005 年全球玉米总产量估计为 708.38 百万公吨，在 2003—3004 年则为 623.04 百万公吨。美国主导着全球玉米市场，它在 2005—2006 销售年度的出口总量达 46.99 百万公吨。第二大出口国为阿根廷，它在 2005—2006 年度出口 10 百万公吨。

全球范围内的大豆产量在稳步上升，2003—2004 年度为 186.75 百万公吨，2004—2005 年度估计达 215.3 百万公吨。巴西的破纪录高产量和南美其他国家大规模的新增供给，给美国出口造成了压力。

交 易

无论是采购还是出售谷物，企业都会面临价格风险，除非这笔交易通过实货购销已冲抵，或是在交易所中已冲抵。在评估粮囤或经销商的融资风险时，非常重要的一点是要考虑其对冲政策。对冲政策中需要解决的问题包括：公司愿意维持的净头寸规模，建立头寸与运用实货或期货交易来对冲该头寸的时间间隔，是否维持周末头寸，以及交易所休市后的实货交割方式等。虽然对冲操作能降低存货的价格风险，但不能消除这类风险。

对交易进行对冲之后，如果期货价格与谷物实货价格的价差向不利于企业的方向变动，也会造成风险。该风险可以由下例描述。

4 月 2 日：

企业以 4.25 美元/蒲式耳的价格购进 5000 蒲式耳小麦。

在芝加哥期货交易所出售 5 月交割的期货合约 1 份，售价为 4.35 美元/蒲式耳。

4月10日：

企业出售5000蒲式耳小麦，售价为4.35美元/蒲式耳	盈利0.1美元/蒲式耳
企业买回5月期货合约，买入价为4.46美元/蒲式耳	亏损0.11美元/蒲式耳
净额	亏损0.01美元/蒲式耳

如果谷物实货的价格上涨超过了5月期货的价格涨幅，则对冲操作使企业获利。谷物实货与期货的价格变动之间可能出现背离，这在小麦上表现得尤为明显，它有三种不同的类别，而且主要在三家不同的交易所中交易。软红冬小麦主要在芝加哥交易，硬红冬小麦主要在堪萨斯城交易，硬红春小麦在明尼阿波利斯交易，由于芝加哥期货交易所的交易量较大，所以三类小麦大额交易的对冲操作均在芝加哥进行。三类小麦的价格时常独立波动，这就增加了在芝加哥期货交易所对冲硬质小麦的风险。不同小麦的价格变动存在差异。考虑到企业的对冲理念，还应该讨论当价格波动不利于企业时的对冲政策。

与头寸风险相关的另一个方面是基差定价。谷物企业通常在期货交易所中、在特定合约月份、以特定价差订立谷物买卖的期货合约；例如以高出5月芝加哥小麦期货0.4美元的价格，购买墨西哥湾地区的软红冬小麦。购买或出售5月芝加哥小麦期货合约可以形成对冲。因此在前一例中，该企业会出售5月合约以形成对冲。于是在承诺购买与实际出售谷物这段间隔期内，该企业能够规避期货市场上的价格波动风险。价格风险被减小为波动率较低的基差风险。因此如果在出售谷物时基差下降，谷物售价仅比5月期货价格高出38美分，那么该企业就遭受2美分的损失。

这个例子表明，投资者应该对基差具备透彻的理解——基差是商品的当地现金价格与任意时间点上该商品特定期货合约之间的价格之差；换言之，当地现金价格－期货价格＝基差。

当地现金价格	2.00美元
12月期货价格	－2.20美元
基差	12月，－0.2美元

在本例中，现金价格比12月期货价格低20美分，套用市场"行话"，你可以说基差为"比12月贴水20"；另外，如果现金价格比12月期货价格高20美分，你可以说基差为"比12月升水20"。

当地现金价格	2.20美元
12月期货价格	－2.00美元
基差	12月，＋0.2美元

从某种意义上说，基差将期货价格"本地化"，期货价格代表了谷物的世界价格，并充当基准来确定当地的谷物价值。基差反映的是当地市场状况，这意味着它受到许多因素的影响，其中包括运输成本、本地供需状况、利率/储存成本、装卸成本和利润空间等。

关注基差变化有助于期货交易商就接受或拒绝某一价格，或是否与特定买方（卖方）进行交易作出明智的决定。基差同样有助于判定何时购买、销售或储存谷物，具体取决于当前价格与平均基差孰强孰弱。如果基差好于或等于你估计的基差水平，这可能是停止商品对冲交易的信号。最后，远端期货月份的基差报价如果比近端期货月份的报价更有吸引力，那么可据此决定是否对冲、何时对冲以及用哪个交割月份的合约来对冲。

芝加哥期货交易所提供了基差的5种特征，期货交易商在选择买卖时机时必须谨记：

- 基差往往有一致的历史模式；
- 基差为评估当前价格提供了很好的参照框架；
- 基差通常在收割季节里减弱；
- 基差往往在收割季节后增强；
- 即使价格出现波动，基差往往保持一致。

芝加哥期货交易所提供了如下两个例子，展示如何利用基差进行空头和多头对冲[①]。

第一个例子是空头对冲者。由于基差具有一定的"可预测性"，谷物行业一直参照基差而作出购买和销售的决策。假设你有 3 年的基差历史数据，并且知道在 11 月初，当地粮囤的基差比 12 月期货合约平均要低 30（-0.3 美元）。春天时，联系了自己的粮囤，得知其给出的玉米现金远期合约竞价为 1.95 美元/蒲式耳。交割需要在 11 月 5 日进行。此时，12 月的玉米期货价格为 2.35 美元/蒲式耳。你计算出 11 月初比 12 月的交割要低 40 个基点[②]：

11 月 15 日交割的现金远期价格	1.95 美元/蒲式耳
12 月期货价格	-2.35 美元/蒲式耳
基差	12 月，-0.40 美元/蒲式耳

你是否会接受这个远期竞价？与历史数据相比，该基准是比较弱的（-0.40 与 -0.30 相比），因此基准有可能会走强，你可能考虑放弃这个竞价。但是如果你满意当前的期货价格水平，你可以利用期货来对冲价格风险。如果基差走强，你应通过远期合约或者现货销售来轧平（抵销）期货对冲。

如果对冲，你预期的售价为：

12 月期货价格	2.35 美元/蒲式耳
11 月初交割的预期基差	+（-0.30）美元/蒲式耳
预期的售价	2.05 美元/蒲式耳

影响最终售价的唯一因素是基差相对于预期价格的变动。如果基差强于预期值，则玉米售价将高于 2.05 美元；如果基差弱于预期值，则玉米售价将低于 2.05 美元；如果现金远期竞价为 2.15 美元，由于 12 月期货价格为 2.35 美元，则基准即为 -0.20：

11 月 15 日交割的远期现金价格	2.15 美元/蒲式耳
12 月期货价格	-2.35 美元/蒲式耳
基差	12 月，-0.20 美元/蒲式耳

贴水 20 的基差比历史平均值"贴水 30"要强不少，所以你决定出售一部分预期的玉米收成，接受现金远期竞价 2.15 美元。

第二个例子是关于多头对冲者。假设[③]：

1 月交割的当前现金报价	0.28 美元/蒲式耳
1 月期货合约	-0.25 美元/蒲式耳
当前基差	+0.03 美元/蒲式耳

根据历史基差数据，你确定 1 月份的基差一般在 0.5 美分/磅左右，也就是说，比当前的基差弱 2.5 美分。考虑当前的基本面因素，你相信基差会朝着历史平均水平变动。此

[①②③] 数据来源为芝加哥期货交易所。

时，你可以通过期货市场上的对冲操作保护你的购买价格——购买期货合约随后再抵消期货头寸，或者以28美分/磅的价格购买豆油的远期合约，通过这两种方式对冲价格风险。如果你建立多头对冲来维护你的购买价格，那么预期的购买价格可以计算如下：

$$期货价格 + 预期的基差 = 预期的购买价格$$

根据这个公式，你可以计算出预期的购买价格：

$$0.25\text{ 美元/磅} + (+0.005)\text{ 美元/磅} = 0.255\text{ 美元/磅}$$

该价格比现金远期报价0.28美元/磅要低。由于预期的基差较低，预期的期货购买价格会低于现金报价，所以你决定建立多头对冲，并购买1月豆油期货。

假设在12月末，期货价格上涨至27美分。同时假设基差走弱，从3美分降至0.5美分。你以27.5美分（0.27美元期货价格 + (+0.005美元基差) = 0.275美元/磅）的价格从供应商处购进1月现金豆油。同时你以27美分的价格出售1月期货合约，从而轧平这笔对冲，或者说抵销该期货该头寸。结果如图表38.1所示。

图表38.1 多头对冲

	当地现金价格	期货市场价格	基差
9月	现金远期报价为0.280美元/磅	购买CBOT1月期货合约，价格为0.250美元/磅	+0.03美元/磅
12月	购买现金豆油，价格为0.275美元/磅	出售CBOT1月期货合约，价格为0.270美元/磅 收益为0.020美元/磅	+0.005美元/磅 收益为0.025美元/磅
净结果			
现金豆油价格		0.275美元/磅	
期货收益 （卖价0.27美元 − 买价0.25美元）		0.020美元/磅	
净购买价格		0.255美元/磅	

资料来源：根据芝加哥期货交易所（CBOT）的数据创建图表。

牛

概述

在自然繁殖的状态下，牛群的大体构成比例为每头成熟的公牛对应着23头母牛。尽管自然繁殖仍然主导着畜牛业，但近些年来人工授精繁殖有所增长。人工授精允许养牛场将新的遗传品系引入牛群中，而无须增加新的公牛——这些遗传品系可以提高牛群的商业价值。

牛的怀孕期为9个月，一般在秋季产仔。这就避免了牛犊将在寒冬天气中的风险，并能保证在小牛出生的头几个月有充足的青草供应。未怀孕的母牛通常被宰杀，代之以新的小母牛。每年平均会宰杀牛群中16%~18%的母牛。宰杀母牛的另一个原因是母牛牙齿不好、高龄以及干旱或是生产成本较高。

牛犊生命中的前6个月伴随在母牛身边。它们出生时唯一的营养来源是牛奶，渐渐地辅之以青草和谷物。小牛犊一般在长到6~8周大时开始断奶。

养牛业需要分配给每对母牛-牛犊一定量的牧草面积，即放牧区，其规模可能会有很大变化，视降雨量和气候而定。例如在中西部和东部地区，放牧区很小，通常为每组母牛-牛犊5英亩；而在西部和西南部地区，放牧区可能比中西部和东部地区大30倍。

牛犊断奶之后，需要越来越多的牧草。养牛场需要付费给牧场经营商，从而给小牛犊提供夏草、冬麦和其他类型的应季粗粮。或者生产商干脆把牛犊直接卖给牧场经营商。在体重达到600~800磅之前，牛犊一直待在牧场经营商那里，此后牛犊会被送往饲养场。

与牧场的经营一样，饲养场的服务可供购买，饲养场也可以直接购买牛犊。许多饲养场是家庭（或近邻）养牛场的扩展，并且仅喂养本地饲养场的牛，它们被称为农民饲养场。这些小型饲养场代表了美国绝大部分的饲养场，但其饲养的牛仅占全美养牛总量的较小一部分。

大型商用饲养场是指那些有能力同时饲养1000头牛以上的饲养场。这些饲养场为大型商业企业所拥有，饲养场只负责照料牛。它们一般都配有营养师和专业设备，从而密切地监测饲养情况，并制订饲料配方以满足母牛的营养需要。这种专业性可以使饲养过程实现个性化和精简化，带来更高的日增重和饲料转化率。

饲养场的菜单一般包括谷物（玉米或小麦）、蛋白质补充剂（大豆、棉籽或亚麻籽饼粉）以及粗饲料（苜蓿、青贮饲料或干牧草）。饲养场阶段的养牛过程一直持续到牛犊形成最优的体重、肌肉和脂肪比例，而此时就可以准备用于屠宰了。美国农业部的资料显示，2000年生牛的屠宰重量平均为1222磅，酮体重量平均为745磅。

养牛场拍卖出栏的牛，或直接卖给屠宰场。屠宰场将牛屠宰，在牛肉制备过程中充分利用牛体的每一部分。屠宰后的牛能为屠宰场带来两大收益来源：牛肉的销售和酮体其余部分（脂肪、骨骼、血液、腺体和皮革）的销售。

屠宰场通常销售包装好的牛肉。主要是真空保存，并成箱运给零售商，零售商再完成余下的牛肉制备工作。然而越来越流行的趋势是屠宰场完成全部的制备工作，并直接将切好的牛肉运给零售商。

在与饲养场商议购入生牛的过程中，屠宰场采用四种定价方式：

第一种被称为公式定价法，它利用数学公式并以其他价格指标作为参考，例如前一周屠宰用牛的平均购买价格。

第二种是签订远期合约，它使用的是基差远期合约或是平价远期合约（flat forward contract）。在基差远期合约中，屠宰场参照屠宰月份的期货市场基差出价购牛；由接受竞价的饲养员决定何时对牛定价。在平价远期合约中，价格在合约签订时即已确定。

第三种是网格定价法，它先建立一个底线价格，在此基础上对各种合约属性（如质量、收益率、等级以及酮体重量）赋予折价或溢价。为了得出底线价格，屠宰场使用各种各样的方法，其中包括期货价格、盒装牛肉的价值以及前一周屠宰用牛的平均购买价格。

第四种，可以在现金市场上销售牛；也就是说，生牛以当前市场价格出售，而无须议价、订立合约或是使用公式定价。这种定价法包括拍卖出售和按现货竞价（即现金价格）直接出售给屠宰场。

需 求

美国农业部经济研究服务署的资料显示，在全球范围内，消费者摄入的肉类蛋白中20%为牛肉，而且牛肉是人均消费量第三大的肉类（不包括鱼）。《CRB 商品年鉴（2005）》上显示，2004 年全球牛肉和小牛肉的全球消费量上升了 0.4%，达到 49.2 百万公吨。该书还显示，牛肉和小牛肉的消费大国为美国（2004 年 12.58 百万公吨）、欧盟（2004 年 8.175 百万公吨）、中国（6.65 百万公吨）和巴西（6.41 百万公吨）。

2004 年，牛肉占到美国红肉消费总量的 56%（美国农业部）。美国平均每人每年消费 67 磅牛肉，其中包括 28 磅碎牛肉，13 磅牛排和 9 磅牛肉制品（美国农业部）。人均消费牛肉最高的地区是中西部（73 磅），其次为南部和西部（均为 65 磅）以及东北部（63 磅）（美国农业部）。据美国农业部估计，2005 年美国消费 27 757 百万磅牛肉，即每人消费 65.4 磅。

供 给

根据《CRB 商品年鉴（2005）》，2004 年全球肉牛和水牛的总数增加了 0.5%，达到 10.19 亿头。比起 2003 年的 40 年来最低值 10.14 亿头，这只是略有上升。另一方面，2004 年全球牛肉和小牛肉的产量增加了 1.2%，达到 50.66 百万公吨。美国是世界上最大的牛肉生产国，2004 年产量为 11.206 百万公吨，其次为欧洲（8.035 百万公吨）、巴西（7.83 百万公吨）和中国（6.683 百万公吨）。

交 易[④]

成功的商品交易要求交易商具备这样的能力：根据对生产周期中不同时点的观察，来估计未来某一时间点上的商品产量。这种估测被称为管道法预测，它将畜类生长周期视为一条"管道"，畜类在出生后便进入该管道。它进一步假设，从管道这端进去的东西一般都会从另一端出来。

管道法预测的基本要求包括：估计出管道内各个时点上的供给，商品从管道中一个阶段到达下一个阶段所需的平均时间，对管道流量造成重大影响的信息因素（如进口、待宰的动物返回至畜群，以及死亡或出口导致的重大漏损量）。美国农业部在其网站上提供了许多此类信息。

[④] 本节选自 CME Livestock Futures and Options: Introduction to Underlying Futures and Options and Strategies for CME livestock Futures and Options（Chicago Mercantile Exchange Inc., 2005）。

在管道法预测中，编制生牛供给数据的入手点是牛群规模信息。计算牛群规模的最精确方法是统计（饲养场内的）入栏牛数或销售量。统计新出生小牛数量的方法并不可靠，这是由于未知数量的小牛在长到出栏重量之前会因疾病或其他原因而死亡。

美国农业部每月都要估计进入饲养场的牛的数量，以及待在饲养场中和从饲养场运至屠宰场（销售）的牛的数量。利用这些信息，商品交易商可以提前 4~5 个月估计出商业屠宰量和牛肉总产量。

管道法预测屠宰量的内在缺陷之一是可能会出现高估或低估，视生牛入栏的月份而定。例如极端的天气状况会妨碍牛的正常增重，因而推迟出栏时间，并且导致屠宰量少于预期值。美国农业部经济研究服务署每月发布的《畜牧业、乳制品以及家禽的现状与前景》简报和《红肉年鉴》数据集文件，都关注突发性天气事件以及其他影响供给的因素（如漏损量和注入量）。

商品交易商还必须留意生牛的进出口在何时进出管道。以美国的总屠宰量和产量数据为例，它代表着美国境内的总屠宰量和生产量。这些总量数据一般不会进行出口调整，原因在于美国的牛肉出口大部分都来自境内屠宰的牛，从而应被包含在美国的总屠宰量和生产量数据内。但这些数据需要对生牛的出口量作出调整；这些牛是在美国境外屠宰的，所以没被包含在美国境内的生产过程。

类似的，只有生牛进口才会影响美国的屠宰量和生产量——这些动物是在美国境内屠宰的，因而计入美国境内的生产过程；另一方面，进口已屠宰的牛肉则不会影响美国的产量数据，因为这些动物不是在美国境内屠宰的。

为了得到牛肉产量的预测，交易商将待屠宰的牛的数量与每头牛的平均重量（如 2000 年时为 745 磅）相乘。交易商运用销售量而不是入栏量来计算产量，这样可以降低估计值的误差幅度。在生产管道中，销售是入栏的下一个阶段，所以避开了饲养场内动物死亡所造成的漏损量问题，而且避开了动物在饲养场育肥时间的不确定性问题（牛在出售之后，直接被屠宰）。由于从销售阶段开始，不再进行牛的出口（或进口），所以，只计算销售量数据还能够降低进出口所造成的误差。

猪

概述

与牛类似，猪的生产周期从猪成功地诞生于养猪场开始。养猪场购买公猪一般是为了配种，公猪的使用期限大约为 2 年。母猪在繁殖 2~3 年后会被出售和屠宰。一般每年交配两次，以确保有源源不断的猪用于生产过程。

母猪的怀孕期通常为 110 天，平均一窝生 9~10 只仔猪。仔猪在 3~4 周后断奶，窒息、疾病、天气状况或其他原因会造成部分仔猪死亡，所以断奶时一窝仔猪的平均数量降为 8.7 只。

断奶后的幼猪按性别分开，从而根据不同的营养需要进行更有效的饲养。幼猪进食大量的谷物，通常为玉米、大麦、高粱和燕麦的混合物。猪也从油籽饼、维生素和矿物质添加剂中摄入蛋白质。在饲养的最后阶段，猪一般能将3磅饲料转化成1磅猪肉，每天增重约1.5磅。

当猪的重量达到250磅时，就可以出栏上市了，这一过程自小猪断奶算起大约需要五个月。美国农业部的报告指出，2000年联邦监测下的平均屠宰重量为262磅，胴体重量为194磅。

养猪主要有三种方法：第一种为"仔猪到断奶幼猪饲养"，把小猪从出生养到3~4周大，此时断奶幼猪的重量大约为10~15磅，并出售给饲养场。第二种方法是"仔猪到保育猪饲养"，这种方法将小猪从出生喂养至保育猪重量（40~60磅重），此时将这些猪运送至育肥场完成最终的增重过程。第三种也是日趋流行的方法为"仔猪到屠宰一贯式饲养"，即小猪从出生到屠宰的整个生长过程都在同一个地方。养猪场青睐这种纵向的整合方式，因为这样使它们能够更大程度地控制其产品质量，也就是说，控制猪的生长过程。

除了进行纵向整合，很多养猪场正在大幅扩充其运营规模，这会带来规模经济效应，既能促进饲养效率又能提高劳动生产率。行业分析师指出，当出栏量达到1000只以后，生产成本会显著下降，并随着出栏量的增加而继续下降，只是下降的速度有所减缓。在1978年，市场销售量的67%来自出栏量低于1000头猪的农场；而在2000年时，市场销售量的78%来自出栏量大于5000头猪的农场。

美国农业部的报告指出，大部分的养猪场都采用"仔猪到屠宰一贯式"饲养方法，并且绝大部分都位于西部玉米地带（美国6000万头猪中的近68%）以及弗吉尼亚州和北卡罗莱纳州的交界区域（美国养猪量的20%）。俄克拉荷马州和犹他州也出现了新的养猪场。

养猪场将出栏的猪直接卖给屠宰场，也会通过购买摊位或拍卖的方式出售给屠宰场。大部分的交易均为非现货交易，只有少于20%的养猪场在现货市场上出售。

猪的价格取决于其出售的方式。直接出售的猪，其价格由猪胴体实际瘦肉率决定（该比率决定了胴体能产生的瘦肉量）。通过拍卖方式出售的猪，则是基于预计的胴体瘦肉率来定价。

养猪场也利用销售合约来出售猪。这些合约可以采用固定价格、固定基差、公式基差、成本加成、分类账、报价窗口以及价格下限等定价方式，下文将简要地概述这些内容。

固定价格协议通常与期货价格相关，它为期货交割设定了一个实际的价格。这些协议通常为短期合约，交割时间通常定为1~2个月之内。

固定基差合约与固定价格协议相类似，但它设定的是基差价格，而非实际价格。由于基差协议适用于特定的期货合约，这些固定基差合约可以持续一年以上。

基本面定价从价格决定的市场推导出来。由于猪的养殖地点或总体质量存在差异，所以价格可能会在此基础上出现上下浮动。当养猪场与屠宰场或其他养猪场签订远期合约时，通常使用基本面定价。

成本加成定价方法是根据饲养成本公式推导出来的。该方法通常设有一个最低价格，并含有平衡条款。

分类账合约一般持续4~7年，并且在市场价格低于合约的价格下限时，买方应向养猪场支付款项。同理，当合约的底线价格高于价格下限时，养猪场必须偿还猪肉价格低时所收到的款项。

价格窗口协议是附有扭转操作的成本加成协议。它们通常设定了猪肉市场价格区间的价格上限和价格下限。当价格超出了这些上下限时，买方和卖方分摊市场价与价格上下限之间的差幅。

价格下限协议结合了分类账和窗口合约的特征，它既设定了价格下限，又设定了价格上限。当猪肉价格高于价格上限时，养猪场将部分猪肉收入存至一个特殊的账户；当猪肉价格低于最低价格时，养猪场则从该特殊账户内取款。

与牛类似，屠宰场将猪的胴体批量切割，并运送至零售商处。体重为230磅的生猪可以产生约88磅的瘦肉。这其中，21%是臀肉，20.3%是腰肉，13.9%是猪腩（用于制作培根），3%是排骨，7.3%是波士顿烤猪排和肋骨猪排，以及10.3%为午餐肉（从猪前腿切下的类似于臀部的肉）（美国农业部平均值）；其余的24.2%为颌部肉、剔割瘦肉、脂肪和切割杂块等。

需求

2004年，世界猪肉消费量增长了2.1%，达到90.503百万公吨；同年，美国占世界猪肉消费总量的9.9%，即8.950百万公吨（《CRB商品年鉴（2005）》）。据美国农业部估计，2005年世界猪肉消费量又增长了0.8%，达到91.197百万公吨；同年，美国的猪肉消费量新增1%，达到9.041百万公吨。

在美国每年的肉类消费量中，猪肉排在第三位，前两位分别是牛肉和鸡肉。美国人一年平均消费51磅猪肉，其中的大部分是在家里消费的。中西部地区的猪肉消费最高（人均58磅），其次为南部（52磅）、东北部（51磅）和西部（42磅）。

就长期而言，个人食物摄入量持续调查（CSFII）预测美国的人均猪肉消费量将下降，这是由于西班牙裔和老年人群占全美人口的比重越来越大，但这些人群的猪肉消费量低于全国平均水平。然而美国农业部的资料显示，由于美国人口总体上在增加，美国猪肉消费总量应该会继续增加。

供给

根据《CRB商品年鉴（2005）》，2004年全球猪肉产量增加了2.1%，达到90.858百万公吨。据美国农业部估计，2005年全球猪肉消费量新增0.8%，达到91.619百万公吨。《CRB商品年鉴（2005）》显示，世界猪肉生产大国是中国（占2004年总产量的52%）、欧盟（23%）和美国（10%）。

2004年，全球猪肉出口增长1.6%、达4.182百万公吨。据美国农业部计，2005年的出口量新增1.2%，达到4.223百万公吨。欧盟为最主要的猪肉出口地，占出口总量的30%；其次为加拿大（23%）、美国（22%）和巴西（14%）（《CRB商品年鉴（2005）》）。

美国是世界第三大猪肉生产国，也是猪肉产品最大的消费国、出口国和进口国（美国农业部）。美国的猪肉出口量约占国内产量的6%，2004年出口增长了2.1%，达到

9.332百万公吨。2005年,美国产量估计新增1.9%,达到95.12百万公吨。

根据《CRB商品年鉴(2005)》,2004年(1月1日)美国的生猪数量增长了0.1%,达到60.501百万头,这是自1980年以来的最高水平。相比之下,中国的生猪数量为466.017百万头,丹麦为152.569百万头(2004年1月1日),它们是世界上另外两个生猪数量最多的国家。据估计,2005年全世界的生猪总量为810.179百万头(1月1日)。

交易[5]

为了运用管道法预测猪的产量,交易商需要从生猪的规模入手,数据可从美国农业部下设的国家农业统计服务署(NASS)处获取。从每月畜类屠宰报告中还可获得更多的统计数据,该报告也是NASS发布的,它提供猪的总屠宰量数据、美国境内和各州商用养猪场的平均生猪重量和胴体重量,以及联邦机构监测到的生猪信息。

关于漏损量、注入量和生猪返栏等方面的信息,可以从美国农业部下设的经济研究服务署(ERS)处获取,它提供每月的进出口数据。ERS也发布胴体重量与生猪重量的季度和年度统计数据(按照所选取的国家分别计算)。

在NASS发布的《成猪和仔猪》报告中(见《育种用猪》和《月度母猪和小母猪繁殖》),可以找到因育种目的而留存的生猪数据。然而交易商必须注意一些数据的变化,这些数据涉及该行业处于扩张阶段还是收缩阶段。

所有这些数据资源都有助于交易商估计特定时间段内的生猪产量。例如将美国2006年第一季度新出生仔猪的数量乘以猪的平均屠宰重量(250磅),交易商可以大概估计出2006年第三季度的猪肉总产量(新出生仔猪长到屠宰重量大约需要两个季度)。

结 论

本章简要介绍了谷物、牛和猪的商品市场基本面状况。其中我们指出,农产品价格的驱动因素包括供给、需求、季节性、滞销量和存货使用比率等。另外谷物市场是以出口为主,而畜类市场则更多地以国内为主。在过去几年里,农产品价格主要是由于中国和印度抬高的,这两个快速增长的经济体加剧了农产品需求,中印两国也推动了其国内的食品消费。例如中国是当今世界上最大的大豆进口国。然而投资者也应该意识到,近期内这些国家的农业和贸易政策变动同样会给市场带来不利影响。

---

[5] 本节选自 CME Livestock Futures and Options: Introduction to Underlying Futures and Options and Strategies for CME Livestock and Options (Chicago Mercantile Exchange Inc, 2005)。

第39章
世界糖市场的基本面分析

罗希特·萨文特（Rohit Savant）
商品分析师
CPM 集团

糖是世界上最普遍的消费品之一。它作为一种甜味剂已经存在了几个世纪。如今随着世界对乙醇等可再生能源的探求，糖在能源领域中的重要性日益提升。糖被广泛地用作制造乙醇的原料。

各国之间存在的一些贸易协定使得糖市场变得复杂。一些政府，特别是发达国家的政府，对其国内的糖生产进行补贴。贸易协定与补贴政策极大地削弱了糖市场的有效性。尽管各国一直在消除关税和配额等方面的贸易扭曲因素，但某些扭曲因素依然存在。

从洲际交易所（ICE）中的未平仓合约量来看，在全体软质商品中，糖市场是最大的交易市场，软质商品包括可可、咖啡、棉花以及橙汁等商品。然而与黄金、铜或者石油等商品市场不同，关于糖市场的研究却很少。本章将向读者介绍一种预测糖价格和分析糖市场的方法。本章讨论影响糖价格的不同因素，并且讨论各因素对糖价格的影响程度。

价格预测

通过基本面分析来预测糖价格时，最重要的度量标准是库存结转量，也就是通常所称的期末库存量。库存的计算涉及供求状况的多方面信息。估计的期末库存量可以由下列公式来计算。

估计的期末库存量 = 期初库存量 + 估计的供给（产量）− 估计的需求（出口以及国内供给的消费量）

期初库存量是指上一年末结转的库存。它也是通过相同的公式计算得出，只需要将该公式的各部分换成上一年度相应的数据即可。

估计供给量

上式计算的出发点是估计出供给量或世界产量。下一年的糖产量在很大程度上取决于天气状况。糖作为一种农产品，预期之外的恶劣天气会导致预测偏差。例如，在收割之前，用于制糖的甜菜和甘蔗均要求低温干燥的天气，而且要有充足的日照[1]。如果不能符合这种天气条件，产量将会下降，进而减少供给。因此我们应该在世界主要的生产国将面临平均气候条件（average weather condition）假设下，对产量进行估计。

在平均气候条件假设下，目前糖的价格以及预期价格可以用作估计下一期甘蔗或甜菜种植量的一种参考指标。价格信息用于比较糖类作物与大豆、小麦及花生等其他竞争性作物的盈利性。它也可用来判断在相应的价格下，种植糖类作物是否有利可图。

尽管如此，价格仅能在一定程度上回答关于未来供给量的问题。除了价格外，其他因素也会影响一个国家的糖类作物种植量。例如在一些国家，政府通过进口关税或者对农场的生产投入给予补贴来提供支持，使得在较低的市场价格下也可以维持产量。在1960—1961年和2005—2006年这两个时期，当年价格与来年产量的相关系数为0.31[2]。

未来价格的预测指标也可以部分地回答下一季度糖类作物种植的盈利性问题。如果预期的糖价具有吸引力，那么下一个季度的糖种植量增加。不过，短期内预期价格的平稳变化或略微下跌也不一定会减少糖的种植面积，这一点对于蔗糖而言尤为正确。长期的低价格或者价格持续下跌，会导致蔗糖种植园的投资不足。甘蔗往往是在前期收割留下的宿根上生长。这种被称为**再生栽培**的耕作方法对农民来说是很经济的，但是会产生转换成本。在耕作成本超出收益之前，这种耕作方法可以被重复3~4次，视土壤质量而定。在再生栽培过程下，糖的产量将会逐年减少。只有当市场价格低于农民在再生栽培过程中节省的成本以及从政府那里得到的额外补贴时，他们才会减少种植量。

糖类作物的品种会影响糖价与产量间的动态关系。制糖用的甜菜对糖价的敏感度要高于甘蔗对糖价的敏感度，这是因为制糖用的甜菜的种植周期较短，种植者可以迅速地对价格上涨作出反应；制糖用的甜菜在6~8个月的时间里就可收割。相比之下，甘蔗的敏感度就要低一些，尤其是对价格下跌不敏感。原因在于甘蔗的种植周期较长，而且它使用再生栽培方法；甘蔗的种植周期需要10~17个月不等，平均约为12个月；周期长短取决于所种植甘蔗的种类以及种植区的地理位置，种植区离赤道越近，种植周期越短。根据商品研究局的报告，全球约75%的糖来自甘蔗[3]。

不过，糖类作物的种植周期相对于其他作物而言还是要短很多，其他作物例如可可，它需要将近五年的时间才能长出果实。与糖相比，金属以及能源类商品需要更长的时间才

---

[1] 收获前的干燥天气有助于提高甘蔗茎部与甜菜根部的含糖量。
[2] 数据来自美国农业部（USDA）和洲际交易所（ICE）。
[3] Commodity Research Bureau, "Sugar," *The CRB Commodity Yearbook* 2006 (Hoboken, NJ: John Wiley & Sons, Inc., 2006).

能对价格上涨做出反应。这主要是由于其开采和勘察项目的准备期较长。相对于这些商品而言，糖对价格变化迅速做出反应的能力可以缩短糖类市场牛市的持续时间。只有在天气恶劣及（或）库存耗尽的情况下，才会出现持续的高糖价。

世界糖产量概况

在长期内（长期指的是从1959—2006年的47年里），全球糖供给的平均复合增长率为2.2%。自1996—1997年以来的最近十年间，复合增长率也只是稍微低了一点，为1.7%。在某些年份，比如1981—1982年，糖产量比上一年增加了约13%之多；但在另一些年份，比如1987—1988年，糖产量却比上一年减少了约9%之多。受产量波动的影响，糖价在1981—1982年下跌了大约56%，而在1987—1988年上涨了大约48%④。

甘蔗产量对糖价下跌的敏感度则要低一些。糖价格下跌很长一段时期后，甘蔗产量才会下降。所以在糖产量没有出现较大变化的年份里，糖价格也经历过大幅的上涨或下跌。尽管如此，糖产量的增加会导致其价格下跌。在1960—1961年至2005—2006年期间，糖价与糖产量间的相关系数约为-0.23⑤。

目前世界上最大的糖生产国是巴西。自1996—1997年以来的十年间，巴西的年均糖产量接近2100万公吨。在这一时期，巴西年均糖产量平均占世界糖总产量的16%。从这一时期的产量来看，巴西的主要竞争者是印度和欧盟。在这十年中，印度糖产量占世界糖总产量的13%，欧盟占大约14%⑥。

巴西是世界上最大的糖生产国，在世界糖市场中发挥关键作用。在研究巴西的糖产量及其对糖价的影响时，我们需要考虑的一个最重要因素是巴西甘蔗中有多少用于乙醇生产，又有多少用于食用糖的生产。前者产量的增加会减少用于生产后者的甘蔗量。这将导致糖产量的下降及其价格的上涨。第二个需要考虑的指标是在食用糖产量中，有多少用于国内消费，有多少用于出口。世界上最大的糖出口国是巴西，它的糖出口量对世界糖价具有举足轻重的影响。

1993—1994年以来（这段时期的数据可以获取），巴西的甘蔗大体上有56%被用于生产乙醇，其余的被用于生产食用糖。近十年里，该比率约为50∶50⑦。许多因素影响着用于生产乙醇的甘蔗用量比例。这些因素包括巴西政府要求乙醇与汽油混合使用的强制性规定、国际原油价格以及糖价。

1975年，巴西政府颁布了国家发展乙醇计划（Proalcool program）。这项计划是20世纪70年代第一次石油危机的产物，其主要目的是降低未来类似危机所带来的冲击。从那时起，巴西政府强制性规定机动车辆将乙醇与汽油混合使用。截至2006年12月，巴西政府规定在汽油中混合23%的乙醇。巴西是世界上最有效率的糖制乙醇生产国，而且其产品在全球范围内具有广泛需求。

---

④⑤　数据来自美国农业部（USDA）和洲际交易所（ICE）。
⑥　数据来自美国农业部（USDA）。
⑦　但在20世纪90年代，该比例不成立。在1994—1995年间，甘蔗产量中的65%用于生产乙醇，这是所考察期间的最高值（数据来自外国农业服务局——专员报告）。

在决定用于生产乙醇的甘蔗量方面，糖价也起着重要作用。较高的糖价往往会减少用于生产乙醇的甘蔗量。

自1996—1997年以来的十年间，巴西年均糖出口量接近1200万公吨。巴西国内糖消费量也在持续增长，年均增长率约3%。糖产量的长期增长率约为年均5%，但在过去十年里，其增长率为年均7.5%。糖产量的增长远远超过其国内消费的增长，这也为出口留下了更大的余额[8]。

印度是全球第二大糖生产国。过去十年间，印度年均糖产量约为1800万公吨。印度糖产量的长期平均增长率为9.1%，与巴西（9.6%）相当。巴西产量的高增长主要是近年来的事。自2001—2002年以来的五年间，巴西糖产量的平均增长率为17.7%，印度则为13.1%[9]。

印度是世界上最大的糖消费国，因此其生产的大部分糖都由本国消费。印度的糖产量间接地影响世界糖市场。印度糖生产的重要目的之一是满足国内需求，而不是供给国外的需求，因为它是世界上最大的糖消费国。如果印度糖产量不足，其需求就要通过从国外进口来满足。这会消耗世界糖市场上的糖量，从而造成糖价的上涨（见图表39.1）。

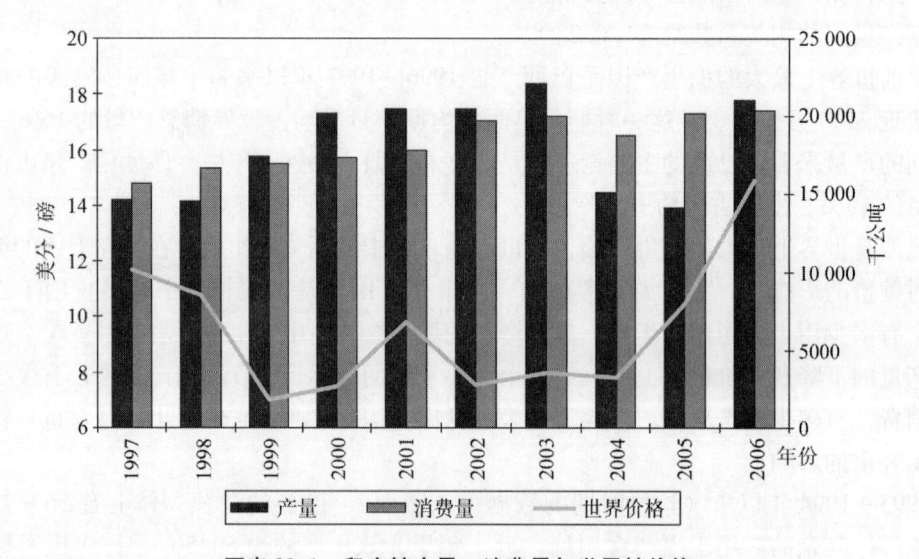

图表39.1　印度糖产量：消费量与世界糖价格

资料来源：根据美国农业部与洲际交易所的数据创建图表。

欧盟是世界上的前三大糖生产地之一。2004年，欧盟15个现有成员国吸纳了10个东欧国家，进一步扩大了糖生产量。这些国家的加入提高了糖总产量约400万公吨。

然而这种产量增长是难以为继。世界贸易组织（WTO）于2005年通过了一项有利于巴西、泰国、澳大利亚的裁决，此前这些国家曾抱怨欧盟的不公平贸易做法。WTO要求欧盟将其补贴性的糖出口量限制为每年130万公吨。而在此裁决之前，欧盟的年均糖出口量为550万公吨[10]。

随着这项裁决的实施，欧盟也着手进行改革，重新构建其糖产业。这些改革旨在增强

---

[8][9][10]　数据来自美国农业部（USDA）。

欧洲糖产业的竞争力，削减不利于全球糖市场的补贴性出口，并且加快平稳过渡。这些改革从2006年7月1日起生效，其中包括将糖的最低保证价格下调36%⑪。之前的价格是世界市场价格的3倍。改革措施中设立了一项重建基金，以鼓励竞争力弱的糖生产商退出市场。在该项计划实施的前两年，通过对所放弃的每一公吨糖生产给予730欧元补偿，竞争力弱的糖生产商被鼓励退出市场。每公吨糖减产所获得的补偿将会逐年下降。这项重建计划将在2010年结束。这种偿付结构是为了使竞争力最弱的生产商首先退出市场，同时也有利于联盟实现增强欧洲糖产业竞争力的目标。这项计划还在实施中，目前谈论其最终成效还为时过早。欧盟的目标是截至2010年，糖产量减少600万公吨。美国农业部（USDA）预测欧盟在2007年的糖总产量约为1500万公吨。这与上一年相比大约下降83%⑫。

这种变化对糖产业的未来走势意味着什么呢？欧盟糖出口量下降的最明显含义是在全球糖市场上，巴西的作用将变得更加重要。今后，糖价会对巴西糖产量或出口量的变化更为敏感。WTO对欧洲不公平贸易做法的裁决，以及将来针对高额补贴或者保护本国糖产业的国家而推出的类似裁决，都会降低价格的扭曲程度。补贴性政策会鼓励农民过量生产，增加供给量。大量的超额供给涌向世界市场，从而引起糖价下跌。实施补贴政策国家的最终消费者则要为糖支付一笔溢价。

泰国和澳大利亚也是世界上重要的糖供给国。1997年以来的十年时间里，泰国糖出口量约占世界总出口量的9%，澳大利亚则大约占全球出口量的10%。平均而言，澳大利亚产量的80%用于出口，泰国产量的65%则用于出口⑬。

近年来，由于恶劣天气事件、病害、收成下降、耕种面积下降等一系列因素的影响，澳大利亚的糖产业处于低迷状态。今后，澳大利亚控制甘蔗黑穗病的能力在很大程度上将影响其在世界糖市场中的地位，黑穗病是一种会降低甘蔗产量的真菌类病害。该国防止将糖类作物耕地另作他用的能力也是一个重要因素。在很大程度上，耕种面积的减少取决于世界市场上的糖价。

美国农业部的资料显示，泰国的目标是截至2010年，将甘蔗年均产量至少提高到7200万公吨。提出这个产量目标是为了满足政府关于提高乙醇产量的计划。但美国农业部认为，理想的水平应该为8000万公吨。在这一水平上，泰国才会有足够的原料用于乙醇生产以及食用糖生产。美国农业部估计2005—2006年的产量为4670万公吨。乙醇由糖的一种副产品糖浆来制备。美国农业部认为，泰国目前用甘蔗来生产乙醇的性价比低于使用糖浆生产乙醇的性价比，部分原因可能是甘蔗在一年中只有4个月的可用期间⑭。

这两个出口市场的未来进展会影响糖的总供给，进而影响价格。种植问题或者作物的其他用途等任何引起产量下降的情况，都会引起全球糖总供给的下降。

---

⑪ Europa-Rapid-Press Releases, Common Agricultural Policy Reform, "CAP Reform: EU Agriculture Ministers Adopt Ground Breaking Sugar Reform," Reference IP/06/194, February 20, 2006.
⑫ 数据来自外国农业服务局（FAS），2006年11月。
⑬ 数据来自美国农业部。
⑭ Ponnarong Prasertsri, "Thailand Sugar Semi-Annual 2006," USDA Foreign Agricultural Service, GAIN Report Number: TH6099, September 2006.

估计需求量

价格方程的另一个组成部分是需求,也即消费。在考察需求时,我们需要研究收入弹性与价格弹性。收入弹性是通过糖需求量的变化率除以实际收入变化率而得到的。收入弹性影响着人均糖消费量。在实际 GDP 显著增长的发展中国家,例如印度、中国,人均糖消费量一直在上升。2006 年,印度人均糖消费量约为 41 磅,与 1995 年相比增长了 26%;同时,中国的人均糖消费量为 18.7 磅,与 1995 年相比增加了 31%[15]。不论个人收入增长如何,每人可以消费的糖量是有限的。在 1995—2006 年间,世界人均糖消费量的增长率约为 8%[16]。发达国家的人均糖消费量在平稳下降。这在本质上可归因于饮食习惯的改变以及向非肥胖甜味剂的转变,如不含糖的甜味剂阿斯巴甜。

第二个影响因素是糖需求的价格弹性。价格弹性是指需求量对价格变化的敏感度。其计算方法是用糖需求量的变化率除以同一时期内价格的变化率。就需求量较大的消费者如汽水或者糖制品生产商而言,糖成本在总成本中占的比例较小。糖价上涨将会影响上述产品生产商的利润,但影响不会很大。因为糖价的大幅上涨将会影响个人消费者的预算,因此个人消费者,尤其发展中国家的个人消费者,可能会比商业消费者(企业)具有更高的糖价格敏感性。

库存占消费比率

库存占消费比率是价格预测所参考的一个有用指标。它是指每单位消费(需求)所对应的库存量(可用的库存量)。价格一般与该比率存在着逆向关系。在 1960—1961 年至 2005—2006 年期间,糖价格与库存占消费比率之间的相关系数为 -0.63[17]。由于二者间的相关性如此之强,因此在预测糖价格时,应着重分析库存占消费比率(见图表 39.2)。

世界糖消费概况

在过去十年中,印度的糖消费量大体占世界消费总量的 14%;同时印度是全球第二大糖生产国,它通常自给自足。由于容易受到虫害和恶劣天气状况的影响,印度糖产量的波动性较大。在过去 47 年中,有 18 个年份印度的国内糖消费量超出了国内产量[18]。在供给紧张且糖价上涨的时期,印度政府也会介入市场以控制价格的上涨。由于糖在印度被认为是一种不可或缺的商品,所以它在印度批发价格指数(IWPI)中占有较大比重。糖在该指数中的比重达到 3.6%[19]。糖价上涨会显著影响 IWPI 指数。如果糖价开始上涨,政府将禁止出口,允许免税进口并且动用库存。印度政府经常使用的一个措施是在优先特许计

---

[15][16] 数据来自联合国人口司与美国农业部。
[17] 数据来自美国农业部与洲际交易所。
[18] 数据来自美国农业部。
[19] 数据来自印度政府工商部经济顾问办公室。

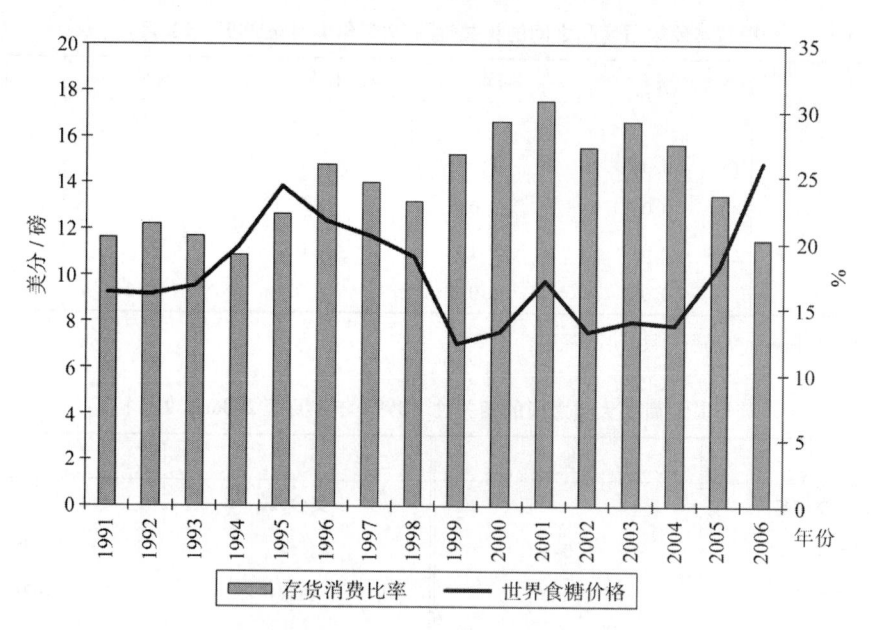

图表 39.2　库存占消费比率与糖年均价格

资料来源：根据美国农业部与洲际交易所的数据创建图表。

划（ALS）下进口糖。在 ALS 下，印度政府允许国内糖厂以零关税进口粗糖。但是这些工厂每进口 1.05 公吨粗糖必须再出口 1 公吨精制糖。这些糖厂必须在 24 个月内完成精制糖的再出口。

糖消费大国还包括中国、巴西和美国。在 1997 年以来的 10 年时间里，上述国家的糖消费量分别占世界消费总量的 7.5%、7.0% 和 6.5%[20]。另一方面，根据美国农业部提供的数据，整体上，日本和俄罗斯等国正在经历糖需求的下降，其年均降幅分别为 1.5% 和 0.5%[21]。

季节性

糖价格的季节性由糖类作物的种植与收获周期来决定。糖价通常在收获阶段下跌，在种植阶段上涨。因为从糖类作物周期来看，在种植阶段，产量具有很大的不确定性，所以糖价往往上涨；而在收割阶段，市场对产量已十分有把握，这种不确定性会降低，而且实货供给也在不断增加。然而糖的季节性并不是特别明显。这主要是因为两种糖类作物在不同的气候条件下种植，因此在全年内，世界上总有部分地区正在进行糖类作物的种植或收获。

糖作为投资品

糖与其他软质商品之间的相关性接近于零（见图表 39.3）。糖与橙汁的相关性最弱。糖与其他商品，如能源、谷物、贵金属和基本金属之间的相关性也非常弱（见图表 39.4）。

---

[20][21]　数据来自美国农业部。

图表 39.3　糖与其他软质商品之间的相关性（1987 年 1 月至 2007 年 1 月）

	糖	可可	棉花	咖啡	橙汁
糖	1				
可可	0.068	1			
棉花	0.063	0.036	1		
咖啡	0.049	0.113	0.027	1	
橙汁	0.005	0.033	0.027	0.046	1

资料来源：根据洲际交易所的数据创建图表。

图表 39.4　糖与其他商品大类之间的相关性（1994 年 1 月至 2006 年 9 月）

	糖		糖
能源大类商品		贵金属	
原油	0.043	黄金	0.055
燃油	0.062	白银	0.071
无铅汽油	0.026	铂	0.048
天然气	0.043	钯	0.047
谷物大类商品		基本金属	
玉米	0.011	铜	0.033
小麦	0.014	铝	0.020
大豆	0.029	锌	0.034
豆油	0.045	铅	0.008
豆粕	0.015	镍	0.015
糖	1	锡	−0.003

资料来源：根据商品系统公司（CSI）的数据创建图表。

因此将糖加入至包含上述资产的组合中，会降低这类商品投资组合的整体风险。在其他商品类别内部，商品间的相关性比软质商品间的相关性要强很多。也就是说，这些商品的价格在很大程度上是一起变化的。而这也就降低了它们作为组合分散因子的潜力。

其他商品类别内部商品之间具有较高相关性，原因有多种。它们的生产方式是单向的——以能源商品为例。原油与燃油、汽油之间的相关性非常强，并且后两者都是原油的蒸馏物。原油的供给因而会影响这两种商品的供给，从而导致它们的价格之间高度相关。基本金属的情形也与之类似，由于它们包含在相同的矿体中，一种金属可能是另一种金属开采过程中的副产品[22]。软质商品的供给与需求却不存在这种密切联系。在软质商品的生产过程中，它们很少或者几乎不存在联系，因而一种软质商品的需求不会对其他商品造成显著影响。

---

[22] 这些产品的需求之间也是紧密相关的。中国推动的基础设施建设与新城市建设增加了从铝到锌的各种金属需求，其中锌用于镀锌钢。类似的，在全球经济环境不安全或不确定时期，黄金与白银的投资量可能会上升。

在 1997—2006 年的十年间，交易活跃的近月糖期货合约的平均总收益（仅仅为价格上涨部分的收益）超过了除橙汁以外的所有软质商品（见图表 39.5）。但在同一时期，糖本身的平均风险也最高。风险是根据每 12 个月期间的收益标准差来计算的。在 1987—2006 年这段更长的时期内，糖的表现优于软质商品类别内部的其他商品，以交易活跃的近月期货合约价格来衡量，它的平均总收益约为 9%。与此同时，糖本身的平均风险也有所降低，排在第三位。

图表 39.5　平均收益和风险　　（%）

	1997—2006 年			1987—1996 年			1987—2006 年		
	平均收益	平均风险	夏普比率	平均收益	平均风险	夏普比率	平均收益	平均风险	夏普比率
糖	7.91	21.05	21.40	10.48	16.09	31.00	8.66	17.51	23.86
咖啡	-1.04	15.37	-28.90	8.32	25.97	10.89	6.43	22.23	8.79
橙汁	13.67	16.12	63.68	1.93	21.52	-16.56	5.63	19.49	5.91
棉花	-0.05	18.23	-18.91	3.68	14.00	-12.94	1.37	15.13	20.53
可可	4.82	18.47	7.66	-1.87	13.96	-52.72	2.12	15.37	-15.32
CRB	4.33	7.56	12.29	1.43	3.86	-105.32	2.61	5.06	-36.85
黄金	7.88	7.56	59.28	-1.09	5.15	-127.74	2.45	5.53	-36.79
白银	12.13	7.56	115.57	-1.88	9.45	-78.02	4.57	10.08	0.93
铂	14.38	7.56	145.28	-3.13	5.55	-155.23	5.25	8.56	9.03
TW 美元	-1.58	7.56	-65.87	-0.99	3.76	-172.37	-0.80	3.42	-154.46
DJIA	5.73	7.56	30.78	11.67	7.05	87.58	9.78	7.31	72.51
S&P500	6.15	7.56	36.36	10.79	8.03	66.00	9.59	7.94	64.35
短期国债	3.40	7.56	3.40	5.49	0.40	5.49	4.48	0.35	4.48
长期国债	5.45	7.56	5.45	7.93	0.37	7.93	6.70	0.33	6.70

资料来源：根据商品研究局（CRB）、洲际交易所、纽约商业交易所、美联储贸易加权美元汇率指数和雅虎金融的数据创建图表。

夏普比率衡量的是风险调整后收益，风险调整后收益与总收益不同之处在于后者未考虑到风险因素，所以夏普比率是更为恰当的收益衡量指标。投资项目的夏普比率越高，吸引力就越大。在 1997—2006 年间，在全体软质商品中，糖的夏普比率再次排第二位，仅次于橙汁。

从 1987—2006 年这段更长时期内的表现来看，糖的夏普比率超过了其他所有软质商品，这也使其成为软质商品中最具吸引力的投资品种。与其他资产相比，这段时期糖的夏普比率超过了金、银、铂、美元以及 CRB 指数；CRB 指数是一种宽基商品指数。在这段时期里，糖与标普 500 指数和道琼斯工业平均指数等覆盖范围广泛的股票指数相比，其收益-风险业绩要差一些；与美国国债相比，其收益-风险业绩也要差一些。糖业绩低于美国国债业绩的原因，可以归结为美国国债的标准差远低于其他资产。糖业绩低于股票指数业绩的原因，可由这些股票指数的分散化收益来解释。

乙 醇

近些年来，乙醇的需求量已经成为分析糖价的一个重要参考指标。2005年年末和2006年年初的糖价上涨，在很大程度上可归因于乙醇在全球范围内日益增长的重要性。一些国家正致力于降低对矿物燃料的依赖性。这些国家重视乙醇的生产，主要在于两个原因。原因之一是大部分矿物燃料都产自世界上政局不太稳定的地区，这使原油价格对这些（产油）国家潜在的政局动荡极为敏感，价格波动会给进口国带来不利影响；原因之二是与燃烧矿物燃料相比，使用乙醇可以减少温室气体的排放。

目前世界上最大的两个乙醇生产国是美国和巴西。巴西也是全球最大的乙醇出口国。两国使用不同的原料来生产乙醇。美国使用玉米，而巴西则使用糖类作物。需要指出的是，这些农作物都是不可或缺的粮食。乙醇需求的不断增加限制了这些商品的食物用途供给。这种影响在农作物歉收的时期会变得更加突出。

为了降低对原油的依赖性，许多国家汽车使用的汽油中按照一定比例加入乙醇。在原油价格较高的时期，人们需要更多的乙醇作为添加物以抵消油价的上涨，所以对乙醇的燃料添加剂用途的投机性需求尤其会上升。乙醇需求的上升又会抬高糖价（见图表39.6）。巴西是糖制乙醇的主要消费国，它强制性规定将乙醇与汽油混合使用。一些国家没有能力生产乙醇，或者是缺乏足够的乙醇来满足其需求。这些国家一般都从巴西进口糖制乙醇。

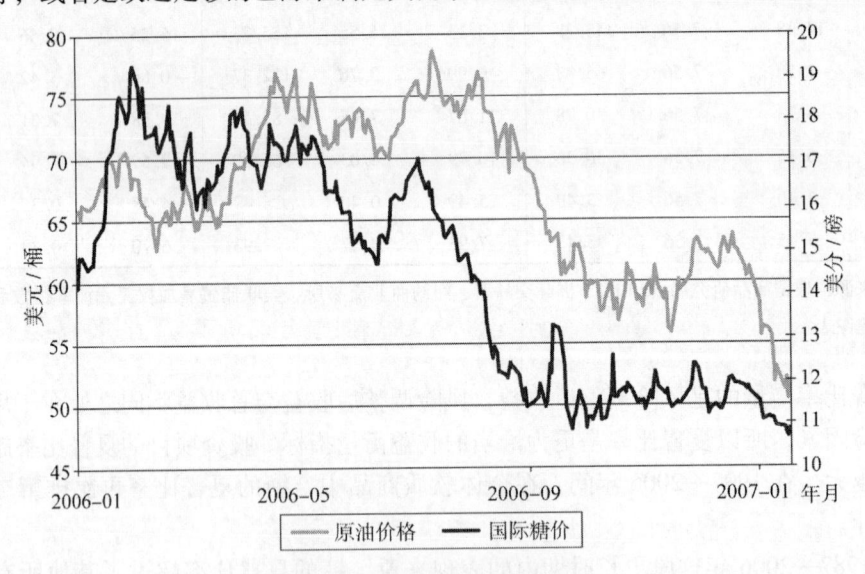

图表39.6 国际糖价与原油价格

资料来源：根据洲际交易所与纽约商业交易所的数据创建图表。

作为全球最大的汽油消费国，美国提出一项雄心勃勃的乙醇计划。乔治·W·布什总统曾提议，至2017年时可再生燃料的使用量要提高到350亿加仑。2007年开始实施的法律要求至2012年混合燃料制造商要使用75亿加仑乙醇。可再生燃料协会（RFA）指出，截至2007年1月22日，111家美国乙醇生物能源精炼厂的总产量已达到54亿加仑。可再生燃料协会还预测,至 2009 年,美国的乙醇生产总量会达到 116 亿加仑;同时,在全部 194 家预计能投入生产的乙醇提炼厂中,只有 9 家使用玉米以外的农作物来生产乙醇。

在美国,只要玉米是生产乙醇的唯一原料,那么玉米的价格就会保持在高位。目前,正在研究用替代方法生产乙醇。基于当前的技术水平及美国政府提供的补贴,玉米是美国进行大量乙醇生产唯一的经济实惠办法。另一方面,巴西是世界上最高效的用糖生产乙醇的国家。同时,利用非食物商品来生产乙醇的新方法也正在研发之中,例如使用纤维素乙醇等。目前这些生产乙醇的方法还不经济实惠,可行的大规模生产尚需几年时间。在新的可行方法研发出来之前,对乙醇生产原料糖的需求将会持续上升。

在美国,夏季汽油的需求通常会上升,这将推动乙醇需求的上升。在驾车的高峰季节,伴随着玉米制乙醇的高原料成本,乙醇需求的增加将引起乙醇价格的上涨。当美国市场的供给紧缺时,这也会对巴西糖制乙醇的需求产生间接影响。为保护本国的乙醇产业,美国对每加仑进口乙醇征收 54 美分关税。这在某种程度上抑制了巴西的乙醇出口量。很大比例的巴西乙醇是经由中美洲国家进入美国的。这些国家都参与了《加勒比海盆地草案》(CBI)。在《加勒比海盆地草案》下,乙醇进口是免税的。随着对糖制乙醇进口需求的增加,全球糖价格将得以支撑。

在很大程度上,乙醇的重要性取决于原油价格。因为乙醇可以降低成本,所以较高的原油价格鼓励消费者增加乙醇的消费量。然而如果油价下降,消费者将很少或根本没有动机去消费乙醇。相对而言,乙醇燃料的效率不如汽油。一加仑 E85(即 85% 乙醇和 15% 汽油的混合燃料)与一加仑汽油相比,会使汽车少跑约 30% 的路程[23]。这也进一步减弱了在油价下跌时消费者的乙醇消费动机。在不同国家,乙醇与汽油的最低混合比率是不同的,这要取决于这些燃料在各国的成本情况。政府对消费者、生产商或混合燃料制造商的税收优惠激励可能改变其选择。

相对而言,乙醇需求量不受汽油价格下跌影响的唯一市场是巴西。巴西强制性地规定汽油与乙醇的混合比例。如果汽油价格下跌,混合燃料汽车(FFV)的拥有者会从使用纯乙醇燃料改为使用汽油。巴西的混合燃料汽车可以使用 100% 乙醇或者汽油与乙醇混合燃料,但汽油中仍然含有政府强制要求的最低乙醇比例。因此每辆车都消耗一定比例的乙醇。

为了使乙醇的需求更具持续性(也就是说,低油价时期也存在乙醇的需求),乙醇的生产效率应当提高。高效率会带来低成本,从而能够降低消费者转换使用乙醇和汽油的门槛价格。这也将降低油价下跌对乙醇造成的影响。为了确保更高的效率,就需要新的生产方法以及新原料。当糖和玉米之外的其他原料成为主要生产原料时,乙醇行业将会迎来范式转变。除非找到更有效的生产方法,并且能更经济实惠地使用;否则糖制乙醇的需求会继续支撑糖价,在收成欠佳的年份尤其如此。

---

[23] U. S. Environmental Protection Agency, "Alternative Fuels: E85 and Flex Fuel Vehicles," October 2006.

如何投资

糖的期权与期货在洲际交易所（ICE）和伦敦国际金融期货与期权交易所（LIFFE）中进行交易。ICE 中交易的是粗糖合约。LIFFE 中则同时交易粗糖和白糖合约。在伦敦和纽约交易的粗糖合约具有相似的合约规格。这两个交易所里的合约具有相同的规模即：112 000 磅或 50 长吨；相同的交割日期即：3月、5月、7月和10月；相似的质量标准即：平均旋光度为 96 的原蔗糖；以及相同的报价方法即美分/磅。相同的粗糖合约在两家大型交易所中交易，为交易者提供了套利机会。电子交易在提高交易量和流动性的同时，也相应地降低了价差。白糖价格与粗糖价格之间的相互作用也提供了有吸引力的交易机会（见图表 39.7）。

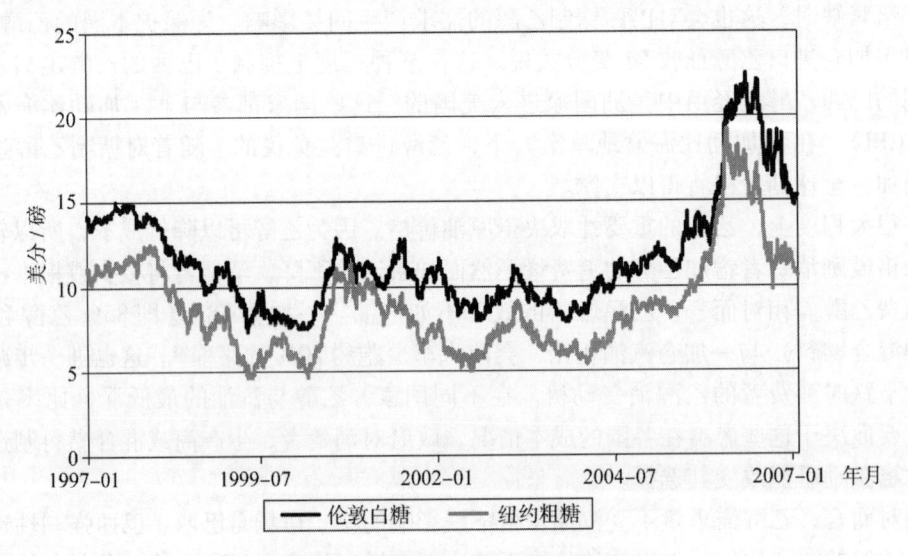

图表 39.7　伦敦白糖与纽约粗糖的价格

资料来源：根据洲际交易所与彭博的数据创建图表。

通常，我们观测到美元走势与商品价格之间存在反向关系[24]。对某些商品来说，这种关系会更显明。例如可可与糖相比，对美元走势的反应更强烈。尽管如此，美元走势会影响所有商品的价格。

糖投资也可以间接地通过投资于糖业股票来实现。当糖价上涨时，糖业工厂的股票通常会上涨。然而这是基于一种假设：随着商品涨价，利润会增加。其他的因素诸如管理水平，可能会扭曲这种假设。经营管理不善，例如较差的融资决策或者较高的运营成本，都会导致成本增加。因此这些因素会减少公司本可从糖价格上涨中获得的潜在收益。各国政府的政策也可能进一步限制糖行业的发展。股市的整体情绪也会影响糖业股票，无论糖本身能否卖个好价格。通过投资于糖业股票，投资者自身往往也面临该公司的风险。

---

[24] 数据来自商品研究局指数与联邦储备委员会按贸易加权的美元指数。

结　论

总之，糖市场为我们提供了很多值得关注的投资机会。不公平贸易做法的撤销（WTO对欧盟的裁决即为先例）是朝向自由市场环境发展的一个进步。这将使糖的供求基本面因素与价格之间紧密地联系起来，也将更有利于糖类的投资。我们必须意识到，完全消除国与国之间的贸易安排是不大可能的。

相似的粗糖合约在伦敦和纽约均有交易，这为市场增强了流动性与深度，两者都是投资者渴求的市场属性。我们应该密切关注乙醇市场的发展。新的生产工艺可能对与乙醇息息相关的糖价格产生巨大影响。最后，需要重申的是，任何预测都应当是在平均气候条件假设下进行。

第七部分
技术分析

第40章
技术分析在商品市场中的盈利性*

朴哲浩（Cheol-Ho Park）博士
经济学家
韩国期货协会

斯科特·H·埃文（Scott H. Irwin）博士
农产品营销学 Laurence J. Norton 讲座教授
伊利诺伊大学香槟分校

技术分析是一种依据历史价格、交易量以及（或）未平仓头寸等信息来预测价格变动的方法。顶级技术分析师普林格（Pring）① 给出了更明确的定义：

> 在本质上，技术分析投资方法反映的是这样一种理念：投资者对经济、货币、政治以及心理等各种因素的观点发生变化，从而决定价格趋势的变动。作为一门艺术，技术分析的目的是在相对较早的阶段识别出趋势反转，并且利用该趋势，直到充分的证据表明或证明该趋势又反转了（p.2）。

技术分析包含诸多预测方法，例如图表分析、周期分析和程序化技术交易系统。虽然一些近期的研究试图运用模式识别算法来检验视觉图表模式，但关于技术分析的学术研究大多数还仅限于考察可以用数学形式表达的方法，即技术交易系统。技术交易系统由一整套交易规则构成，它根据各种参数值生成交易信号（做多、做空或者退市）。流行的技术交易系统包括移动平均、通道以及动量震荡指标。

---

* 经许可，本文的很大篇幅取自以下文章：Cheol-Ho Park and Scott H. Irwin, "What Do We Know about the Pro-tability of Technical Analysis?" *Journal of Economic Surveys* 21, no. 4（September 2007），pp. 786－826.

① Martin J. Pring, Technical Analysis Explained（New York：McGraw-Hill, 2002）.

技术分析广泛应用于商品市场已经有很长的历史了[2]。在斯密特（Smidt）[3] 的开创性研究中，对美国商品期货市场上非专业的交易员进行了调查，发现其中一半以上的调查对象专门地或适度地运用图表分析来识别趋势。最近，比林斯利和钱斯（Billingsley and Chance）[4] 发现约有60%的**商品交易顾问基金（CAT）** 严重依赖、甚至是专门依赖计算机辅助的技术交易系统。方和谢（Fung and Hsieh）[5] 估计了CAT的投资风格因子，并认为趋势跟随策略是唯一的占优策略。

与许多业界人士的观点截然不同，学术界往往对技术分析表示怀疑。其中涉及：（1）接受有效市场假说，这意味着试图利用当前可得的信息（如历史价格趋势）来盈利是徒劳无益的；以及（2）一些针对股市技术分析的早期研究得出了否定性的经验结论，这些研究已经广为人知，比如法玛和布卢姆（Fama and Blume）[6]、范霍恩和帕克（Van Horne and Parker）[7] 以及詹森和贝宁顿（Jensen and Benington）[8] 等人的研究工作。

关于技术分析是否有用的争论引出了大量的相关研究文献。这些经验研究在多个市场中检验技术交易规则的盈利状况，旨在寻找盈利性交易规则或是检验市场的有效性，或者同时达到这两个目的。绝大多数的研究集中在美国国内或国外的股票市场，以及外汇市场。分析商品市场的研究则相对较少。

本章旨在回顾关于商品市场技术分析的经验研究，并讨论技术交易在不同市场、不同时期盈利证据的可靠性与一致性。本章所涉及的商品市场包括农产品、食品、纤维、能源以及金属等市场。所收集的绝大部分研究是1960年以来发表在学术期刊上的文献，或是近期的工作论文，只有少数研究取自于书籍或杂志。根据对每份研究所涉及的技术交易系统数目、交易成本的处理方式、风险、数据探测问题、参数优化、样本外检验（out-of-sample verification）以及统计检验等问题所作出的总体评价，我们把以往的经验研究分为两组——"早期"研究和"现代"研究。在本文所梳理的经验研究中，一些研究检验的是由遗传算法推导出的技术交易系统和交易规则，另一些则检验由某种统计模型推导出的技术交易系统和交易规则，比如**自回归单积移动平均（ARIMA）** 模型。我们对经验研究中所使用的检验方法给予特别关注，并着力讨论各种检验方法的特点与不足。这有助于理

---

[2] 技术分析的历史至少可以追溯到18世纪，日本人发明了一种被称为蜡烛图的技术分析方法。该方法直到20世纪70年代才被西方国家引进（Steve Nison, *Japanese Candlestick Charting Techniques* (New York: New York Institute of Finance, 1991))。

[3] Seymour Smidt, *Amateur Speculators* (Ithaca, NY: Graduate School of Business and Public Administration, Cornell University, 1965).

[4] Randall S. Billingsley and DonaldM. Chance, "Bene?ts and Limitations of Diversi?cation among Commodity Trading Advisors," *Journal of Portfolio Management* 23, no. 1 (Fall 1996), pp. 65–80.

[5] William Fung and David A. Hsieh, "The Information Content of Performance Track Records: Investment Style and Survivorship Bias in the Historical Returns of Commodity Trading Advisors," *Journal of Portfolio Management* 24, no. 1 (Fall 1997), pp. 30–41.

[6] Eugene F. Fama and Marshall E. Blume, "Filter Rules and Stock Market Trading," *Journal of Business* 39, no. 1 (January 1966), pp. 226–241.

[7] James C. Van Horne and George G. C. Parker, "The Random-Walk Theory: An Empirical Test," *Financial Analysts Journal* 23, no. 6 (November-December 1967), pp. 87–92. James C. Van Horne and George G. C. Parker, "Technical Trading Rules: A Comment," *Financial Analysts Journal* 24, no. 4 (July-August 1968), pp. 128–132.

[8] Michael C. Jensen and George A. Benington, "Random Walks and Technical Theories: Some Additional Evidence," *Journal of Finance* 25, no. 2 (May 1970), pp. 469–482.

解技术交易策略的盈利性，并指明后续研究的方向。

有效市场假说

长期以来，有效市场假说是描述投机性市场价格行为的主导范式，它为大多数关于商品市场中技术分析的研究提供了理论基准。法玛给出了有效市场的经典定义："市场中的价格如果总能'完全反映出'可获得的信息，那么该市场就被称为是**有效的**"（p.383）[9]。詹森[10]提出了更详细的定义："如果基于信息集 θ_t 的交易不可能获得经济利润，那么该市场关于信息集 θ_t 是有效的"（p.96）。由于经济利润是扣除交易成本之后的风险调整收益，詹森的定义蕴含着通过考察基于信息集 θ_t 的交易策略的净盈利和风险，我们就可以检验市场有效性。

根据信息集的不同定义，詹森还将有效市场假说细分为三类：

（1）弱式有效，信息集 θ_t 仅限于截至时间 t 的市场价格历史信息。

（2）半强式有效，信息集 θ_t 包含 t 时所有公开可得的信息（这当然包括价格历史信息，所以弱式有效是半强式有效的特殊情形）。

（3）强式有效，信息集 θ_t 包含 t 时所有公开的和私人的可得信息（这包括价格历史信息和其他所有的公开信息，所以弱式有效和半强式有效是强式有效的特殊情形）。

蒂默曼和格兰杰（Timmermann and Granger）[11]通过规定 θ_t 里的信息变量如何用于生成预测，从而拓展了詹森的定义。他们假定集合 M_t 中的预测模型定义于信息集 θ_t 中的预测变量之上，并由集合 S_t 中的搜寻技术选取。如果基于 M_t 中预测模型所生成信号的交易不能获得经济利润，那么市场相对于信息集 θ_t、搜寻技术 S_t 以及预测模型 M_t 就是有效的。有效市场假说的一个主要含义在于，任何利用当前可得信息来盈利的企图都是徒劳的。市场价格已经反映出了从公开可得的信息中所能知晓的一切东西。因此，仅仅基于历史价格信息的技术交易规则的期望收益是零。萨缪尔森（Samuelson）[12]以精彩的语言阐述了其中的逻辑：

> ……通过外推以往期货价格的变化不可能取得预期的盈利，不管是借助图表还是任何魔术般的或数学上的古怪工具。市场报价已经包含了所有关于未来的信息，在这种意义上它已经折现了人类能够想象到的未来情况（p.44）。

技术交易系统

在梳理关于技术交易盈利性的经验文献之前，我们首先需要介绍并明确定义主要的技

---

[9] Eugene F. Fama, "Efficient Capital Markets: A Review of Theory and Empirical Work," *Journal of Finance* 25, no. 2 (May 1970), pp. 383–417.

[10] Michael C. Jensen, "Some Anomalous Evidence Regarding Market Efficiency," *Journal of Financial Economics* 6, nos. 2, 3 (June-September 1978), pp. 95–101.

[11] Alan Timmermann and Clive W. J. Granger, "Efficient Market Hypothesis and Forecasting," *International Journal of Forecasting* 20, no. 1 (January-March 2004), pp. 15–27.

[12] Paul A. Samuelson, "Proof That Properly Anticipated Prices Fluctuate Randomly," *Industrial Management Review* 6, no. 2 (Spring 1965), pp. 41–49.

术交易系统。技术交易系统由一套能生成交易信号的交易规则组成。通常，简单的交易系统由一两个参数来决定生成交易信号的时机。交易系统里的每一个规则都是某一种参数化的结果。例如带有两个参数（一个短期移动平均和一个长期移动平均）的"双重移动平均交叉系统"可能由几百个交易规则组成，而这些交易规则是通过改变这两个参数的组合（combination）而生成的。在技术交易系统中，最广为人知的几种是移动平均、通道（支撑位和阻力位）、动量震荡指标以及过滤指标。这些系统被学术研究者、市场参与者广泛采用，除了过滤指标规则之外，这些规则还在施瓦格、考夫曼和普林格（Schwager[13]、Kaufman[14]and Pring[15]）等人关于技术分析的名著中重点讨论过。在移动平均系统风靡学术圈之前的几十年里（20世纪60年代初期到20世纪90年代初期），研究者们反复地检验过滤指标规则。本节介绍每种主要类型中的代表性交易系统：双重移动平均交叉、外部价格通道（支撑位与阻力位）、相对强度指数以及亚历山大过滤指标规则。

需要注意的是，人们提出的技术交易系统五花八门。至于更多的例子，读者可以参考怀尔德（Wilder）[16]或其他关于技术分析的书。此外，上述例子还不包括其他形式的技术分析方法，例如作图法。关于技术分析的书大多会解释各式各样的视觉图表模式，而一些近期的学术论文（例如Chang and Osler[17]，Lo，Mamaysky and Wang[18]）则通过开发模式识别算法来研究各种图表模式的预测能力。

914 双重移动平均交叉

在业界，基于移动平均的交易系统是最简单也是最流行的趋势跟随系统。萨利·内夫茨（Neftci）[19]认为，（双重）移动平均法是一种少见的、具有明确统计定义的技术交易方法。双重移动平均交叉系统通过识别短期趋势上穿或跌破长期趋势的时间点，来生成交易信号。该系统的设置如下：

1. 定义

a. 时间t之前s天以来的短期移动平均（SMA）：$(SMA_t) = \sum_{i=1}^{s} P_{t-i+1}^c / s$

其中P_t^c指时间t的收盘价，并且$s < t$。

b. 时间t之前l天以来的长期移动平均（LMA）：$(LMA_t) = \sum_{i=1}^{l} P_{t-i+1}^c / l$

其中$s < l \leq t$。

---

[13] Jack D. *Schwager*, *Schwager on Futures: Technical Analysis* (New York: JohnWiley & Sons, 1996).

[14] Perry J. Kaufman, *Trading Systems and Methods* (New York: John Wiley & Sons, 1998).

[15] Pring, *Technical Analysis Explained*.

[16] J. Welles Wilder Jr., *New Concepts in Technical Trading Systems* (Greensboro, NC: Hunter Publishing Company, 1978).

[17] P. H. Kevin Chang and Carol L. Osler, "Methodical Madness: Technical Analysis and the Irrationality of Exchange-Rate Forecasts," *Economic Journal* 109, no. 458 (October 1999), pp. 636–661.

[18] Andrew W. Lo, Harry Mamaysky, and Jiang Wang, "Foundations of Technical Analysis: Computational Algorithms, Statistical Inference, and Empirical Implementation," *Journal of Finance* 55, no. 4 (August 2000), pp. 1705–1765.

[19] Salih N. Neftci, "Naive Trading Rules in Financial Markets and Wiener-Kolmogorov Prediction Theory: A Study of 'Technical Analysis'," *Journal of Business* 64, no. 4 (October 1991), pp. 549–571.

2. 交易规则

a. 如果 $SMA_t > LMA_t$,则在 P_{t+1}^o 价位上做多,其中 P_{t+1}^o 是 $t+1$ 时的开盘价。

b. 如果 $SMA_t < LMA_t$,则在 P_{t+1}^o 价位上做空。

3. 参数:s,l。

外部价格通道

价格通道是另一类广泛使用的技术交易系统。价格通道有时被称作**交易区间突破**或**支撑位与阻力位**。价格通道系统的基本特征是,市场创下新高(低)表明该方向上存在持续的趋势。因此所有的价格通道都是通过比较当日的价格与特定天数之前的价格水平,来生成交易信号。外部价格通道系统与唐契安(Donchian)[20]引入的交易系统相类似,他仅用之前两个日历周的区间作为通道长度。确切地说,当收盘价处于通道区间的最高价之外时(高于最高价),该系统生成买入信号;而当收盘价处于通道区间的最低价之外时(低于最低价),该系统生成卖出信号。该系统的设置如下:

1. 定义

a. 价格通道 = 包含当日的时间区间,长度为 n 天。

b. 最高的高价(HH_t)= max $\{P_{t-1}^h, \cdots, P_{t-n-1}^h\}$,其中 P_{t-1}^h 指 $t-1$ 时的高价。

c. 最低的低价(LL_t)= max $\{P_{t-1}^l, \cdots, P_{t-n-1}^l\}$,其中 P_{t-1}^l 指 $t-1$ 时的低价。

2. 交易规则

a. 如果 $P_t^c > HH_t$ 则做多,P_{t-1}^c 指 t 时的收盘价。

b. 如果 $P_t^c < HH_t$ 则做空。

3. 参数:n。

相对强度指数

相对强度指数由怀尔德[21]引入,它是最著名的动量震荡指标系统之一。动量震荡指标的得名源自于交易信号值围绕中性点上下"震荡"这一事实,中性点通常设为零。在它最简单的形式中,动量震荡指标将当日的价格与 n 天之前的价格作比较。怀尔德解释动量震荡指标的概念如下:

> 动量震荡指标测度的是价格定向变动的速度。当价格快速上涨的时候,在某一点上被看成是超买;当价格快速下跌的时候,在某一点上被看成是超卖。不管哪一种情况,反应或反转即将会发生(p. 63)。

动量值类似于标准的移动平均值,因为它可以被看成是平滑处理过的价格变动。由于动量值一般在趋势发生反转之前就下降了,所以动量震荡指标能够提前识别出趋势的变

---

[20] Richard D. Donchian, "High Finance in Copper," *Financial Analysts Journal* 16, no. 6 (November-December 1960), pp. 133–142.

[21] Wilder, *New Concepts in Technical Trading Systems*.

化，而移动平均值通常则不能。相对强度指数（RSI）的设计理念就是为了克服动量震荡指标的开发过程中所遇到的两个问题：（1）错误的无规则波动；（2）需要客观地度量震荡指标的幅度。该系统的设置如下：

1. 定义

a. t 时的上收盘价（UC）$(UC_t) = P_t^c - P_{t-1}^c$，如果 $P_t^c > P_{t-1}^c$。P_t^c 是 t 时的收盘价。

b. t 时的下收盘价（DC）$(UC_t) = -(P_t^c - P_{t-1}^c)$，如果 $P_t^c < P_{t-1}^c$。

c. 时间 t、$t+1$、$t+2\cdots$之前 n 天内的平均上收盘价（AUP_t）：

$$AUT_t = \sum_{i=1}^{n} UC_{t-i+1}/n$$
$$AUT_{t+1} = (AUC_t \times (n-1) + UC_{t+1})/n$$
$$AUT_{t+2} = (AUC_{t+1} \times (n-1) + UC_{t+2})/n, \cdots$$

d. 时间 t、$t+1$、$t+2\cdots$之前 n 天内的平均下收盘价（ADC_t）：

$$ADC_t = \sum_{i=1}^{n} DC_{t-i+1}/n$$
$$ADC_{t+1} = (ADC_t \times (n-1) + DC_{t+1})/n$$
$$ADC_{t+2} = (ADC_{t+1} \times (n-1) + DC_{t+2})/n, \cdots$$

e. t 时的相对强度（RS）为$(RS_t) = AUC_t/ADC_t$。

f. t 时的相对强度指数$(RSI_t) = 100 - (100/(1+RS_t))$。

g. 进入门槛（ET, $100-ET$）：在此之外的 RSI 值生成买入或卖出信号。

2. 交易规则

a. 当 RSI 跌过 ET 之后又涨至 ET 以上时，做多。

b. 当 RSI 涨过 $100-ET$ 之后又跌至 $100-ET$ 以下时，做空。

3. 参数：n，ET。

亚历山大过滤指标规则

该系统由亚历山大[22]首先引入，此后一直到 20 世纪 90 年代初期的时间里，它被无数的研究者反复检验。而 20 世纪 90 年代之后，它在学术研究中的地位被移动平均方法所取代。如果当日的收盘价比最近的低价位（高价位）涨（跌）过 $x\%$，该系统就会生成买入（卖出）信号。任一方向上低于 $x\%$ 的价格变动则被忽略。因此该系统将不足指定规模的价格变动过滤掉，只考察剩下的价格变动。亚历山大认为："如果股票价格变动是由无趋势的随机游走所生成的，我们就可以预期这些过滤指标的盈利为零，或是随机地围绕零值上下波动"（p. 23）。该系统的设置如下：

1. 定义

a. 高极值点（HEP）= 做多交易中最高的收盘价。

b. 低极值点（LEP）= 做空交易中最低的收盘价。

c. x = 百分比过滤指标的规模。

---

[22] Sidney S. Alexander, "Price Movements in Speculative Markets: Trends or Random Walks," *Industrial Management Review* 2, no. 2 (May 1961), pp. 7–26.

2. 交易规则

a. 如果当日的收盘价高过 LEPx% 以上，则按收盘价做多。

b. 如果当日的收盘价低过 HEPx% 以上，则按收盘价做空。

3. 参数：x。

经验研究

本文所包含的关于技术交易盈利性的最早研究是唐契安（Dochian）[23] 1960 年的研究。虽然早期研究和现代研究的界限比较模糊，但在本文中，卢卡奇、布罗森和埃文（Lukac，Brorsen and Irwin）[24] 1988 年的研究被视为最早的现代研究，因为他们最先在某些重要方面对早期研究进行了大幅改进。他们考察了 12 种技术交易系统，用统计显著性检验方法对优化的交易规则进行样本外检验，并且测算经过交易成本和风险因素调整后的交易规则业绩。因此，我们认为早期的商品市场研究始于唐契安 1960 年的研究，并包括 1987 年之前的相关研究；而现代的研究则始于卢卡奇、布罗森和埃文 1988 年的研究，并包括 2005 年 7 月之前的研究。

早期研究（1960—1987 年）

早期研究考察过一些技术交易系统，包括过滤指标、止损指令、移动平均、通道以及动量震荡指标。在所检验的交易系统里，过滤规则是最流行的。史蒂文森和贝尔（Stevenson and Bear）[25] 的研究在这方面具有代表性。在他们的研究中，与过滤指标方法相关的交易系统有 3 个——霍撒克（Houthakker）[26] 提出的止损指令、亚历山大过滤指标规则以及这两种规则的组合，他们用 1957—1968 年间的 7 月份玉米和大豆期货数据对这些过滤指标进行检验。止损指令的机理如下：投资者在交易的第一天开盘时买入一份期货合约，以低于买入价 x% 的价格下达止损指令。如果指令没有被执行，投资者就持有合约直至到期前的最后日期；如果指令被执行了，则在下一份合约开始交易之前，投资者不再保有任何头寸。每个系统都选取 3 种过滤指标规模（1.5%、3% 和 5%），而且每蒲式耳玉米和大豆都要收取 0.5 美分的手续费。

针对大豆的研究结果表明，5% 过滤指标的止损指令大幅优于买入并持有（B&H）策略；针对玉米的研究结果则表明，相对于基准，所有的过滤指标都大幅降低了亏损。纯过滤指标系统的业绩似乎比较糟糕。对于玉米，虽然 3% 过滤指标和 5% 过滤指标比买入并

---

[23] Donchian, "High Finance in Copper."

[24] Louis P. Lukac, B. Wade Brorsen and Scott H. Irwin, "A Test of Futures Market Disequilibrium Using Twelve Different Technical Trading Systems," *Applied Economics* 20, no. 5 (May 1988), pp. 623–639.

[25] Richard A. Stevenson and Robert M. Bear, "Commodity Futures: Trends or Random Walks?" *Journal of Finance* 25, no. 1 (March 1970), pp. 65–81.

[26] Hendrik S. Houthakker, "Systematic and Random Elements in Short-Term Price Movements," *American Economic Review* 51, no. 2 (May 1961), pp. 164–172.

持有策略的业绩要好，但所有过滤指标的收益均为负。对于大豆，1.5%过滤指标和3%过滤指标的业绩都不及基准，因为它们的收益为负；而5%过滤指标的业绩要优于基准，并且获得了正的净收益。在所有系统中，组合策略系统的业绩是最好的。对于大豆，所有的过滤指标都战胜了买入并持有策略，而3%过滤指标和5%过滤指标更是获得了大额的净收益。对于玉米，3%过滤指标和5%过滤指标的业绩也优于买入并持有策略。另一方面，与市场走势做反向操作的组合策略系统（逆势系统）的业绩则几乎完全相反。总体看来，在绝对意义上止损指令和组合规则是盈利的，优于买入并持有策略。该结论令史蒂文森和贝尔非常怀疑商品期货市场中的价格行为是否适用随机游走假设。

图表40.1中的概要表明，大部分关于商品市场技术交易的早期研究都找到了大额净盈利的证据。这些结果表明在20世纪80年代中期之前，商品市场不是有效的。但我们应当谨慎对待所得的结论，因为早期研究中的检验方法存在诸多局限性。

首先，早期研究一般只考察少数的交易系统，一般只涉及一两个交易系统。所以即使某些研究证明技术交易规则不能带来大额的盈利，据此否定技术交易策略也未免有些草率。

其次，大多数早期研究都没有进行技术交易收益的显著性检验。虽然一些研究在交易规则收益服从正态分布的假设下，运用Z-检验或t-检验来衡量统计显著性，但泰勒（Taylor）[27]注意到，运用这些传统的统计方法来检验交易规则的收益可能是无效的，因为在市场有效的原假设下，我们不知道收益的分布如何。此外，卢卡奇和布罗森[28]指出技术交易收益是正偏的且呈尖峰状分布，所以早期对技术交易收益执行t-检验可能是存在偏差的。

再次，早期研究忽略了技术交易规则的风险程度。如果投资者厌恶风险，他们就会考虑交易规则的风险收益权衡。于是，大额的交易收益并不一定违背市场有效性，因为收益可能是作为承担更大风险的补偿。同理，当把交易规则与基准收益进行比较时，我们需要明确地考虑不同程度风险所导致的收益差异。

最后，早期研究所发现的大额技术交易盈利可能是源于数据探测（选择）偏差。由于技术交易系统并不存在结构化的形式用以预先设定参数，所以技术交易研究不可避免地会搜寻大量的参数。当搜寻了大量的技术交易规则之后，运气好的研究者可能会识别出盈利性交易规则，于是误导他们相信这些规则真的具有预测能力。詹森[29]意识到这个问题，他认为：

> ……如果针对数据检验各种机械性的交易规则，我们几乎可以肯定：如果尝试了足够多的规则以及足够多的变化形式，我们最终能找到一两个盈利程度超过买入并持有策略（即使调整任何风险差异之后）的规则。但关键的问题是，当我们实际地运用这套规则时，它能取得出色的盈利吗？（p.81）

---

[27] Stephen J. Taylor, "The Behaviour of Futures Prices over Time," *Applied Economics* 17, no. 4 (August 1985), pp. 713–734.

[28] Louis P. Lukac and B. Wade Brorsen, "A Comprehensive Test of Futures Market Disequilibrium," *Financial Review* 25, no. 4 (November 1990), pp. 593–622.

[29] Michael C. Jensen, "Random Walks: Reality or Myth-Comment," *Financial Analysts Journal* 23, no. 6 (November-December 1967), pp. 77–85.

依循相同的思路,詹森和贝宁顿(Benington)[30]认为:

> ……如果给予足够长的计算时间,我们肯定能找到某种机械性的交易规则,该规则对给定的随机数据奏效——前提当然是允许我们用相同的数据检验这种规则,但正是这些数据发现了该规则。我们必然意识到这套规则对其他任何随机数据都是无效的……(p.470)

确实,当托梅克和奎林(Tomek and Querin)[31]运用随机生成的价格序列来研究典型的技术交易规则时,例如过滤指标和移动平均规则,他们发现这些规则偶然地在某些随机序列上产生净盈利。

詹森[32]提出了一套检验方法来处理数据探测问题,即在前半个样本期间找出业绩最好的交易模型,在接下来的样本期间检验这些模型。交易规则的优化很重要,因为现实中的投资者可能会提前选取业绩最佳的规则。针对商品市场的早期研究都没有遵循优化和样本外检验,仅有少数的早期研究对交易规则进行了优化处理。

图表 40.1　关于商品市场中技术分析的早期研究概要(1961—1987 年)

研究	考察的市场/数据频率	样本内期间(样本外期间)	技术交易系统	基准策略/优化	交易成本	结论
1. 唐契安(1960)	铜期货/每日	1959—1960 年	价格趋势通道	未考虑	5.50 美元/每笔双向交易	将当前价格与前两周的价格区间相比较。在这种交易规则下,保证金设为 1000 美元,1959 年 12 月和 1960 年 12 月交割的单份铜合约的净收益分别为 3488 美元和 1390 美元
2. 霍撒克(1961)	小麦和玉米期货/每日	1921—1939 年,1947—1956 年	止损指令(0～100%之间的 11 个规则)	买入并持有策略 B&H,卖出并持有策略 S&H	未调整	大多数的止损指令比买入并持有策略(B&H)或卖出并持有策略(S&H)的收益都要高。做多交易比做空交易的业绩更好
3. 格雷和尼尔森(1963)	小麦期货/每日	1921—1943 年,1949—1962 年	止损指令(1～100%之间的 10 个规则)	买入并持有策略,卖出并持有策略	未调整	将止损指令规则运用到主流合约上时,很少有证据表明小麦期货价格不是随机的。他们认为霍撒克的结论是有偏差的,因为他使用的合约太陈旧了,而且战后小麦期货价格的季节性特征是由政府贷款方案诱发的
4. 斯密特(1965a)	5 月大豆期货合约/每日	1952—1961 年	动量震荡指标(40 个规则)	未考虑	0.36 美元每笔双向交易	扣除手续费之后,所检验的交易规则中实现盈利的规则约占 70%。此外,其中一半的交易规则的年收益率至少为 7.5%

---

[30] Jensen and Benington, "Random Walks and Technical Theories: Some Additional Evidence."

[31] William G. Tomek and Scott F. Querin, "Random Processes in Prices and Technical Analysis," *Journal of Futures Markets* 4, no. 1 (Spring 1984), pp. 15–23.

[32] Jensen, "Random Walks: Reality or Myth—Comment."

续表

研究	考察的市场/数据频率	样本内期间（样本外期间）	技术交易系统	基准策略/优化	交易成本	结论
5. 史蒂文森和贝尔（1970）	7月玉米和大豆期货/每日	1957—1968年	止损指令、过滤指标，以及这两种系统的组合	买入并持有策略	两种商品均为每蒲式耳0.5美分	对于所有的交易系统来说，5%过滤指标规则的效果最好，因为它能取得最高的盈利，或者相对于买入并持有策略而言可以大幅减少损失。对于玉米和大豆期货，过滤指标规则也比B&H策略业绩好
6. 路佛德（1972）	30种生牛期货合约/每日	1965—1970年	过滤指标（1%、2%、3%、4%、5%和10%）	未考虑	每笔双向交易的手续费用为36美元	扣除交易成本后，6个过滤指标中的4个是盈利的。3%过滤指标规则在样本期间内年均净收益率高达115.8%
7. 马特尔和菲利帕图斯（1974）	9月小麦和9月大豆期货合约/每日	1956—1969年（1958—1970年）	适应性过滤指标模型和纯信息模型	买入并持有策略/最优化交易规则	经过调整，但未标明	适应性模型在t期所选取的最优过滤指标规模，是$t-1$期取得最高盈利的过滤指标规模，前提是其平均相对信息收益要超过某一最小值。纯信息模型所选取的t期最优过滤指标规则，是$t-1$期取得最高相对平均信息收益的过滤指标规模。仅仅对于小麦期货而言，这两种模型都比买入并持有B&H的净收益高。但在这两种市场中，净盈利的方差都比B&H小
8. 普拉特（1975）	悉尼羊毛期货/每日	1965—1972年	过滤指标（0.5%～25%的24种过滤指标规模）	买入并持有策略	未调整	对于21份18个月期合约中的12份合约以及全部3组8年期的价格序列，B&H策略都比过滤指标规则的业绩好，平均差异分别为0.1%和2%。对于相同的数据集，B&H的收益高于24个过滤指标规则中10个的平均收益。所以，过滤指标规则似乎不能一贯地战胜B&H
9. 马特尔（1976）	9月小麦和9月大豆合约/每日	1956—1969年（1958—1970年）	适应性过滤指标模型和纯信息模型	买入并持有策略/优化交易规则	经过调整但未标明	作者构造了一个新的适应性模型，并将其运用马特尔和菲利帕图斯（1974）所使用的数据中。新模型根据本期的盈利性（例如，最高累计净盈利）和信息收益来选取下一期的最优过滤指标规模。虽然在大约80%的样本期间里，该模型的业绩优于之前的适应性模型，但它既没有表现出对信息约束的稳定性，也没有战胜允许某一时期过滤指标规模反映出新信息的纯信息模型
10. 索尔特和斯万森（1981）	伦敦黄金市场的黄金和汉迪哈曼（Handy & Harman）的白银/每周	1971—1979年	过滤指标（0.5%～50%）和移动平均（参数为26、52和104周并带有过滤指标）	买入并持有策略	每笔单向交易1.0%的手续费加上0.5%的年费	对于黄金，经交易成本调整后10%过滤指标规则能战胜B&H策略。然而对于黄金或白银，没有任何过滤指标规则能够大幅优于B&H策略。移动平均规则并不能改善过滤指标规则的收益

续表

研究	考察的市场/数据频率	样本内期间（样本外期间）	技术交易系统	基准策略/优化	交易成本	结论
11. 彼特森和路佛德（1982）	芝加哥商业交易所（CME）的7种生猪合约	1973—1977年	过滤指标（1%~10%之间的10个规则以及0.5~5美元的10个规则）	零均值盈利	未调整	20个过滤指标规则都获得可观的平均总盈利。在多数情形里，这些盈利水平可以认为超过了任何合理的手续费用。总体上，过滤指标的规模越大，平均总盈利越高，盈利的方差也越大
12. 埃文和乌里希（1984）	8种商品期货：玉米、可可、大豆、小麦、糖、铜、生牛、生猪/每日	1960—1978年（1979—1981年）、1960—1968年（1969—1972年）、1973—1978年（1979—1981年）	价格趋势通道、移动平均、动量震荡指标	零均值利润/优化的交易规则	双倍手续费以反映买卖价差（未标明）	样本期间内交易规则的盈利很高，4个交易系统都是如此。最优交易规则的样本外检验也表明在1979—1981年间，玉米、可可、糖和大豆等期货市场的技术交易系统是盈利的。交易规则盈利似乎集中在1973—1981年间
13. 内夫茨和波利卡诺（1984）	4种期货：铜、黄金、大豆以及国库券/每日	1975—1980年	移动平均（25、50和100天）以及斜率（趋势线）方法	未考虑	未调整	交易信号作为虚拟变量纳入最小均方误差预测的回归式中。然后用F检验判断虚拟变量的显著性。总体上，移动平均规则对国库券、黄金和大豆具有一定的预测能力，而斜率方法的结论则不一致
14. 托梅克和奎林（1984）	每个样本期间的玉米价格所生成的3组随机价格序列（每组序列由300个价格数据构成）/每日	1975—1980年、1973—1974年、1980年	移动平均（3/10天和10/40天）	未考虑	每笔双向交易50美元	从3组随机价格序列中各复制出20个价格数据集，前20个数据集具有轻度价格波动性，中间的数据集有较高价格波动性，剩下的数据集存在价格漂移。除了运用于波动性较大的价格数据集的10/40规则之外，这两种交易规则在3组数据上都不能产生平均为正的净盈利。这意味着技术交易规则或许只是偶然性地获得净盈利，平均来讲它们不能盈利
15. 伯德（1985）	伦敦金属交易所（LME）铜、铅、锡和锌的现货及远期合约/每日	1972—1982年	过滤指标：多头（现货盈利）（1%~25%的25个规则）	买入并持有策略	每笔双向交易1%	对于铜的现金和远期（期货）合约，2/3以上的过滤指标规则可以战胜B&H策略。对于铅和锌也得到了类似的结论，但证据不那么有力；锡的结论则不一致。在前期阶段（1973—1977年）过滤指标规则的业绩明显更好
16. 泰勒（1983，1986）	伦敦农产品期货：可可、咖啡和糖，芝加哥IMM货币期货：英镑、马克和瑞士法郎/每日	1971—1976年（1977—1981年）、1961—1973年（1974—1981年）、1974—1978年（1979—1981年）	价格趋势统计模型	买入并持有策略和银行存款利率/优化的交易规则	农产品期货为每笔双向交易1%，货币期货为0.2%	在他1983年研究的样本期基础上，泰勒（1986）加入了一年的样本外期间（即1981）。技术交易规则在糖期货上的年均净收益比B&H策略高出27%。对于可可和咖啡，技术交易规则与B&H策略收益的差别不大。1979—1980年间货币期货的交易盈利微乎其微，但在1981年所有货币期货的收益都高出银行存款利率7%左右

续表

研究	考察的市场/数据频率	样本内期间（样本外期间）	技术交易系统	基准策略/优化	交易成本	结论
17. 汤普森和沃勒（1987）	纽约咖啡、糖及可可交易所的咖啡和可可期货/每个市场选取交易价格的6个周度数据集	1981—1983年	过滤指标（咖啡：每100磅5～35美分之间，并且为5美分的整数倍；可可：每公吨1～7美元之间）	未考虑	估计的交易执行成本	在其盈利显著大于0的情形里，过滤指标规则在咖啡、可可近月合约和远月合约每笔交易上的盈利，都远低于每份合约的执行费用估计值。每份咖啡期货合约每笔交易的估计执行费用为32.25美元（近月合约）和69.75美元（远月合约），可可期货合约为12.6美元（近月合约）和21.8美元（远月合约）

注：上述文献的完整引用信息如下：(1) Richard D. Donchian, "High Finance in Copper," *Financial Analysts Journal* 16, no. 6 (November-December 1960), pp. 133 – 142. (2) Hendrik S. Houthakker, "Systematic and Random Elements in Short-Term Price Movements," *American Economic Review* 51, no. 2 (May 1961), pp. 164 – 172. (3) Roger W. Gray and Soren T. Nielsen, "Rediscovery of Some Fundamental Price Behavior Characteristics," paper presented at the meeting of the Econometric Society held in Cleveland, Ohio, September 1963. (4) Seymour Smidt, "A Test of the Serial Independence of Price Changes in Soybean Futures," *Food Research Institute Studies* 5, no. 2 (1965), pp. 117 – 136. (5) Richard A. Stevenson and Robert M. Bear, "Commodity Futures: Trends or Random Walks?" *Journal of Finance* 25, no. 1 (March 1970), pp. 65 – 81. (6) Raymond M. Leuthold, "Random Walk and Price Trends: The Live Cattle Futures Market," *Journal of Finance* 27, no. 4 (September 1972), pp. 879 – 889. (7) Terrence F. Martell and George C. Philippatos, "Adaptation, Information, and Dependence in Commodity Markets," *Journal of Finance* 29, no. 2 (May 1974), pp. 493 – 498. (8) Peter D. Praetz, "Testing the Efficient Markets Theory on the Sydney Wool Futures Exchange," *Australian Economic Papers* 14, no. 25 (December 1975), pp. 240 – 249. (9) Terrence F. Martell, "Adaptive Trading Rules for Commodity Futures," *Omega* 4, no. 14 (August 1976), pp. 407 – 416. (10) Michael E. Solt and Paul J. Swanson, "On the Efficiency of theMarkets for Gold and Silver," *Journal of Business* 54, no. 3 (July 1981), pp. 453 – 478. (11) Paul E. Peterson and Raymond M. Leuthold, "Using Mechanical Trading Systems to Evaluate theWeak Form Efficiency of Futures Markets," *Southern Journal of Agricultural Economics* 14, no. 1 (July 1982), pp. 147 – 152. (12) Scott H. Irwin and J. William Uhrig, "Do Technical Analysts Have Holes in Their Shoes?" *Review of Futures Markets* 3, no. 3 (1984), pp. 264 – 277. (13) Salih N. Neftci and Andrew J. Policano, "Can Chartists Outperform the Market? Market Efficiency Tests for 'Technical Analysis'," *Journal of Futures Markets* 4, no. 4 (Winter 1984), pp. 465 – 478. (14) William G. Tomek and Scott F. Querin, "Random Processes in Prices and Technical Analysis," *Journal of Futures Markets* 4, no. 1 (Spring 1984), pp. 15 – 23. (15) Peter J. W. N. Bird, "The Weak Form Efficiency of the London Metal Exchange," *Applied Economics* 17, no. 4 (August 1985), pp. 571 – 587. (16a) Stephen J. Taylor, "Trading Rules for Investors in Apparently InEfficient Futures Markets," Chapter 8 in Manfred E. Streit (ed.), *Futures Markets-Modeling, Managing and Monitoring Futures Trading* (Oxford: Basil Blackwell, 1983). (16b) Stephen J. Taylor, *Modelling Financial Time Series* (Chichester: John Wiley & Sons, 1986). (17) Sarahelen R. Thompson and Mark L. Waller, "The Execution Cost of Trading in Commodity FuturesMarkets," *Food Research Institute Studies* 20, no. 2 (No. 2 1987), pp. 141 – 163.

现代研究（1988—2007年）

前文已提到，"现代"经验研究的开篇之作出自于卢卡奇、布罗森和埃文，他们的研究比任何早期研究都要全面。三位作者模拟了12个技术交易系统，针对的是1975—1984年间12个农产品、金属以及金融期货市场中的价格序列。技术交易通过3年期再优化方法进行模拟，即把前3年获得最大盈利的参数用于下一年的交易中，在下一年年末时再进行新的参数优化，依次进行下去。这种方法能保证优化参数具有适应性，并能得到样本外模拟结果。如果原假设是技术交易获得的总收益为零,则执行双边 t-检验;如果检验的是扣除交易成本后净收益的统计显著性,那么就执行单边 t-检验。假定**资本资产定价模型**(CAPM)成立,詹森 α 指标用来判断风险调整后收益的显著性。

卢卡奇、布罗森和埃文[33]发现 4 个交易系统(双重移动平均交叉、通道、MII 价格通道以及定向抛物线)取得了显著的月度净收益,扣除每份合约每笔双向交易 100 美元的交易成本之后,收益区间为 1.89%~2.78%[34]。这 12 个交易系统在 5 种商品合约上取得了显著的净收益:(1)玉米 5 个;(2)木材 2 个;(3)大豆 1 个;(4)白银 3 个;(5)糖 5 个。在商品合约中,玉米、白银和糖似乎是极具投资潜力的期货合约,因为多种交易系统都实现了大笔的净收益。估计结果表明,这 4 个交易系统具有统计特征显著的詹森 α 截距项,这意味着交易盈利不是源于对承担系统性风险的补偿。因此卢卡奇、布罗森和埃文总结道:在样本期间里,某些期货市场确实是无效的。

由于卢卡奇、布罗森和埃文考察了多种类型的技术交易系统,并且进行参数优化和样本外检验,因此他们的检验方法减轻了数据探测问题。但是他们的方法仍然存在一些局限性。首先,如果所选取的交易系统包含了当时"流行"的盈利性系统,交易系统可能就不能完全地避免数据探测偏差。其次,如果收益序列不是正态分布的,那么传统 t-检验的功效可能会有所下降。最后,CAPM 可能并不是恰当的期货市场定价模型,因为 CAPM 的假设可能与期货市场的结构不一致(比如 Stein[35])。

随后,卢卡奇和布罗森运用卢卡奇、布罗森和埃文[36]一文中类似的方法,考察更多的交易系统(23 个系统)和期货合约(30 种合约),而且样本期间也更长(1975—1986 年)。他们发现对每份合约作出 100 美元的交易成本调整之后,23 个交易系统中的 7 个取得了统计特征显著的净盈利。对于 30 种合约中的 18 种合约,这 23 个交易系统总体上取得了净盈利。下列合约的月度净收益超过了 1%:玉米、白银、铂、黄金、棉花、可可、糖、马克、日元以及瑞士法郎。总体上,外汇期货取得了最高的收益,而畜类期货的收益最低。这些结论与卢卡奇、布罗森和埃文的原始结论相符。

卢卡奇和布罗森[37]评估了许多选取技术交易系统参数的方法。他们运用 23 个参数选取策略(10 个再优化策略、1 个随机策略、12 个固定参数策略),针对 1965—1985 年间 15 种期货合约的投资组合模拟了 2 个交易系统——通道和定向移动系统(directional movement system)。投资组合中包含 9 种农产品、3 种金属和 3 种金融期货合约。结果表明,除了 5 天期固定参数策略的通道系统之外,所有的参数选取策略都取得了统计显著性的净盈利。此外,除了某些情形,不同参数选取策略所导致的收益差别并不显著。从统计结果来看,只有 5 天期和 10 天期的通道交易系统策略比其他大多数策略的收益低。这表

---

[33] Lukac, Brorsen, and Irwin, "A Test of Futures Market Disequilibrium Using Twelve Different Technical Trading Systems."

[34] 这些收益是根据投资总额方法得出的,投资总额由 30% 的初始保证金和 70% 的保证金存款构成。百分比收益通过算术运算直接就可以转化为简单的年均收益率(3.8%~5.5%)。

[35] Jerome L. Stein, *The Economics of Futures Markets* (New York: Basil Blackwell, 1987).

[36] Lukac and Brorsen, "A Comprehensive Test of Futures Market Disequilibrium." Lukac, Brorsen, and Irwin, "A Test of Futures Market Disequilibrium Using Twelve Different Technical Trading Systems."

[37] Louis P. Lukac and B. Wade Brorsen, "The Usefulness of Historical Data in Selecting Parameters for Technical Trading Systems," *Journal of Futures Markets* 9, no. 1 (February 9, no. 1 1989), pp. 55–65.

明在模拟交易系统的过程中,参数优化的作用很小。

泰勒和塔利(Tari)[38]研究了1982—1985年间在伦敦交易的可可、咖啡和糖期货合约,他们运用的是从价格趋势统计模型推导出来的泰勒[39]交易规则。该统计模型与ARIMA(1,1,1)模型类似,用于捕捉价格趋势和收益波动率趋势。对每份合约每笔双向交易扣除1%价值的交易费用之后,这种交易规则相对于无风险利率的超额收益分别为:可可4.78%,咖啡-4.16%,糖18.84%。所以可可和糖合约表明,基于ARIMA模型的交易规则是盈利的。

西尔伯(Silber)[40]运用移动平均交易系统,对1980—1991年间纽约商品交易所(COMEX,目前是NYMEX的一个部门)的黄金和白银合约以及纽约商业交易所(NYMEX)的原油合约进行了研究。他考察1395种移动平均参数组合的盈利性,采用的是与卢卡奇和布罗森1990年论文中相似的参数再优化方法。在样本外期间里,优化后的交易规则在原油合约上取得了年均16.7%的净收益,夏普比率是0.4;但在黄金和白银合约上的收益则为负。由于在相同的样本期间里,移动平均系统对外汇和短期利率产品取得了大额盈利,因此西尔伯断定,政府干预(如央行价格平滑化措施)可能为技术交易者提供获取超额收益的机会。

埃文[41]等人将通道"突破"交易系统和ARIMA模型在大豆产品期货市场中的业绩进行了比较。在通道系统中,3种大豆合约都使用40天作为代表性的通道长度;而在ARIMA模型中,大豆合约的模型设置为ARIMA(2,0,0),豆粕和豆油合约的模型设置为ARIMA(1,0,1)。在样本外的期间里(1984—1988年),通道系统取得了统计特征显著的年均收益:大豆5.1%、豆粕26.6%、豆油23.1%;而ARIMA模型相应的年均收益分别为-13.5%、16.5%和5.0%。由此可见,通道规则大幅战胜了基于ARIMA模型的交易规则。

哈姆和布罗森(Hamm and Brorsen)[42]研究的是1985—1992年间的硬红冬麦和德国马克,他们运用滞后价作为输入变量开发了一套神经网络交易模型。非线性模型例如前馈神经网络或最近邻回归模型,可以用于逼近商品价格的非线性关系。运用神经网络交易模型,哈姆和布罗森估计了在前四个检验期内取得最高平均净收益的隐神经元个数,然后从1985年开始判断一年期样本外检验区间的最优设置。他们根据布洛克、拉克尼肖克和勒

---

[38] Stephen J. Taylor and Abdelkamel Tari, "Further Evidence against the Efficiency of Futures Markets," in Rui M. C. Guimaraes, Brian G. Kingsman and Stephen J. Taylor (eds.), *A Reappraisal of the Efficiency of Financial Markets* (Berlin: Springer-Verlag, 1989), pp. 578-601.

[39] Stephen J. Taylor, "Trading Rules for Investors in Apparently Inefficient Futures Markets," Chapter 8 in Manfred E. Streit (ed.), *Futures Markets: Modeling, Manag-ing and Monitoring Futures Trading* (Oxford: Basil Blackwell, 1983).

[40] William L. Silber, "Technical Trading: When It Works and When It Doesn't," *Journal of Derivatives* 1, no. 3 (Spring 1994), pp. 39-44.

[41] Scott H. Irwin, Carl R. Zulauf, Mary E. Gerlow, and Jonathan N. Tinker, "A Performance Comparison of a Technical Trading System with ARIMA Models for Soybean Complex Prices," *Advances in Investment Analysis and Portfolio Management* 4 (November 1997), pp. 193-203.

[42] Lonnie Hamm and B. Wade Brorsen, "Trading Futures Markets Based on Signals from a Neural Network," *Applied Economics Letters* 7, no. 2 (February 2000), pp. 137-140.

巴伦（Brock、Lakonishok and Lebaron）[43] 提出的基于模型的自举法（bootstrap methodology）来判断交易收益的统计显著性。在自举法中，需要运用一般的资产价格模型生成模拟收益序列，并将其条件收益的经验分布与原始序列的买入（或卖出）信号产生的收益进行比较。2个参照模型分别是带漂移项的随机游走模型和 GARCH（1，1）模型。结果表明，在样本期间内，基于神经网络的模型通常不能取得大额的总收益或净收益。神经网络仅在1989年的马克合约上取得了显著的盈利，而未能在小麦合约的任何一个样本期间内取得显著的盈利。

波斯维克、格里芬和奥姆（Boswijk，Griffioen and Hommes）[44] 针对1983—1997年间伦敦国际金融期货与期权交易所（LIFFE）和纽约咖啡、糖及可可交易所（CSCE）里可可的期货价格，检验了三大流行交易系统（移动平均、交易区间突破和亚历山大过滤指标规则）的5350多个交易规则。对于 LIFFE 的可可期货，经过交易成本和借款成本调整之后，72%的交易规则取得了正的收益。特别的，大部分 LIFFE 合约收益是在1983—1987年间取得的，以 EGARCH 模型来衡量，这段时期里全部交易规则中的30%具有统计显著的预测能力。相比之下，仅有18%的交易策略在 CSCE 可可期货上取得了超额净盈利。波斯维克、格里芬和奥姆将 LIFFE 和 CSCE 可可期货市场上技术交易规则业绩的巨大差异，归结为英镑-美元汇率走势以及两个市场间供求机制的差异。

罗伯茨（Roberts）[45] 将遗传编程运用于技术交易规则上，他研究的是1980—2000年间24种期货合约。这24个市场由19个商品市场和5个金融期货市场组成。**遗传编程**是一种基于达尔文主义适者生存原理的数值优化程序。在这种方法中，计算机对特定问题随机地生成一组潜在解，然后在给定的适应度（表现）标准下，令其连续地进化许多代。满足适应度标准的备选解可能会繁殖，不符合标准的备选解则可能被替换掉。当应用于技术交易规则时，遗传算法的核心部分由历史价格的各种函数、数值和逻辑常量以及逻辑函数构成。

上述遗传编程相较于传统的检验技术交易规则的方法具有一定优势。传统方法考察的是技术交易系统的既定参数空间，而遗传编程考察的是由交易系统或交易规则的逻辑组合所构成的搜索空间。因此，由遗传编程方法识别出的最适（或局部最优的）规则可以看作是**事前**规则，即参数值并非在检验前就给定了。由于这种程序使得研究者避免了参数选取所涉及的某些任意性，所以它可以弱化数据探测偏差。当然，潜在的偏差不能完全根除，因为在实践中，交易系统的搜索区域在某种程度上依然受到限制（Neely，Weller and Dittmar[46]）。

为了避免过度地拟合交易规则，罗伯茨以1980年为起点，设定了2年的训练期

---

[43] William Brock, Josef Lakonishok, and Blake LeBaron, "Simple Technical Trading Rules and the Stochastic Properties of Stock Returns," *Journal of Finance* 47, no. 5 (December 1992), pp. 1731–1764.

[44] Peter Boswijk, Gerwin Griffioen, and Cars Hommes, "Success and Failure of Technical Trading Strategies in the Cocoa FuturesMarket," Tinbergen Institute Discussion Paper (September 2000).

[45] Matthew C. Roberts, "Technical Analysis and Genetic Programming: Constructing and Testing a Commodity Portfolio," Journal of Futures Markets 25, no. 7 (May 2005), pp. 643–660.

[46] Christopher J. Neely, Paul A. Weller, and Rob Dittmar, "Is Technical Analysis Profitable in the Foreign Exchange Market? A Genetic Programming Approach," *Journal of Financial and Quantitative Analysis* 32, no. 4 (December 1997), pp. 405–426.

(training period) 和 2 年的选择期 (selection period), 样本外期间为 1984—2000 年。在第一步中先生成 20 000 个随机规则, 这些规则在 2 年的训练期内根据自身的适应度进化, 其中的最适规则再在 2 年的选择期里接受评估。如果最适规则表现得优于之前所选取的规则, 它就被挑出来用做样本外检验。在每组训练期和选择期内, 都要执行 20 次优化以改善结果的质量, 这 20 次优化中最佳的规则再在样本外检验中接受评估。最适标准就是扣除交易成本 (训练期和选择期里的每笔双向交易为 100 美元, 样本外检验为 50 美元) 后的最高净盈利规则。结果表明, 在美国商品期货交易市场中, 很少有证据支持遗传优化交易规则的盈利性。如果用优化过程之外的数据进行评估, 交易规则仅在 24 个市场中的 2 个市场里获得了统计显著性的盈利。在 13 种农产品期货合约中, 仅有 7 种合约的收益为正, 仅有 1 种合约 (猪腩期货合约) 赚取了统计显著性的月均净盈利。在 6 种金属和能源合约中, 2 种合约取得了净盈利, 但两者平均收益的统计特征都不显著。

图表 40.2 进行了总结, 9 份现代研究中的 6 份找到了明显证据, 支持商品市场中技术交易的盈利性。鉴于大多数研究都指出了盈利性, 由此可见, 在现代时期 (1988—2005 年) 商品市场也是无效的。但是, 在得出定论之前, 我们还应当考虑到研究结果中呈现出的一种有意思的模式。我们注意到, 除了哈姆和布罗森的研究之外, 所有样本期终止于 20 世纪 80 年代和 90 年代初的研究都提供了技术交易盈利性的有力证据。相比之下, 样本期终止于 20 世纪 90 年代末或 2000 年的 2 份研究所提供的盈利性证据则要少得多。在这一点上, 罗伯茨的结论特别值得关注。这种模式表明在 20 世纪 90 年代, 商品市场中技术交易的盈利性可能出现了急剧下降。关于股票市场中和外汇市场中技术交易的近期研究也指出了类似的模式 (Sullivan、Timmerman and White[47] and Olson)[48]。

图表 40.2　关于商品市场技术分析的现代研究概要 (1988—2005 年)

研究	考察的市场/数据频率	样本内时期（样本外时期）	技术交易系统	基准策略/优化	交易成本	结论
1. 卢卡奇、布罗森和埃文 (1988 年)	多家交易所的 12 种合约: 农产品、金属、货币、和利率/每日	1975—1983 年 1978—1984 年	12 个系统 (3 个通道, 3 个移动平均, 3 个震荡指标, 2 个追踪止损, 1 个组合)	零均值利润/优化的交易规则	每笔双向交易 50 美元或 100 美元	样本外结果表明, 12 个系统中的 4 个取得了大幅的整体组合净收益, 不止一个交易系统在 12 种商品中的 8 种商品上取得了统计显著的净收益。马克、糖和玉米市场可能是最具盈利性的。而且詹森检验证实在经过风险调整之后, 这 4 个取得大幅净收益的交易系统依然具有很可观的净收益

---

[47] Ryan Sullivan, Allan Timmermann, and Halbert White, "Data-Snooping, Technical Trading Rule Performance, and the Bootstrap," *Journal of Finance* 54, no. 5 (October 1999), pp. 1647–1691. Ryan Sullivan, Allan Timmermann, and HalbertWhite, "Forecast Evaluation with Shared Data Sets," *International Journal of Forecasting* 19, no. 2 (April 2003), pp. 217–227.

[48] Dennis Olson, "Have Trading Rule Pro?ts in the Currency Markets Declined over Time?" *Journal of Banking and Finance* 28, no. 1 (January 2004), pp. 85–105.

续表

研究	考察的市场/数据频率	样本内时期（样本外时期）	技术交易系统	基准策略/优化	交易成本	结论
2. 卢卡奇和布罗森（1989年）	多家交易所的15种期货：农产品、金属、货币和利率/每日	1965—1985年（多个期间）	价格趋势通道和定向移动（两个系统都有12个参数，取值范围在5天至60天之间，增量为5天）	买入并持有策略/优化的交易规则	每笔双向交易100美元	技术交易规则的盈利是根据多种优化方法测算出来的，其中包括10个再优化策略、1个随机策略以及12个固定参数策略。这两个交易系统都比B&H策略实现了多得多的平均净收益。但是，不同优化策略甚至不同参数的交易系统所取得的盈利相差不大。所以参数优化似乎没有什么作用
3. 泰勒和塔利（1989）	IMM货币期货：英镑、马克和瑞士法郎；伦敦农产品期货：可可、咖啡和糖/每日	1974—1978年（1979—1987年）；（1982—1985年）	价格趋势统计模型	买入并持有策略，零均值盈利/优化的交易规则	货币期货：每笔双向交易0.2%；农产品期货：1%	在样本外期间（1979—1987年），交易规则在3种货币期货上赚取的整体年均净收益为4.3%。马克期货是最盈利的合约（每年5.4%）。1982—1985年，交易规则在可可、咖啡和糖期货上分别产生了4.8%、-4.26%和18.8%的平均净收益；对于可可和糖期货合约而言，交易规则的业绩要优于B&H策略
4. 卢卡奇和布罗森（1990年）	多家交易所的30种期货：农产品、金属、石油、货币、利率和S&P 500指数/每日	1975—1985年（1976—1986年）	23个系统（通道、移动平均、震荡指标、追踪止损、点数图、逆势、波动率以及各种策略组合）	零均值盈利/优化的交易规则	每笔双向交易50美元或100美元	在扣除交易费用之后，23个交易系统中只有3个产生了负的月度净收益，23个交易系统中的7个取得了显著高于0（置信水平10%）的净收益。大部分的交易盈利是在1979—1980年间赚得的。在各个商品市场中，货币期货的收益最高，而畜类期货的收益最低
5. 西尔伯（1994年）	12种期货市场：外汇、短期利率、金属、石油和S&P 500指数/每日	1979年（1980—1991年）	移动平均（短平均：1～15天；长平均：16～200天）	买入并持有（而且展期）策略/优化的交易规则	每笔双向交易的买卖价差（原油和黄金为2个基点；其余的合约则为1个基点）	扣除交易成本之后，除黄金、白银和S&P 500以外的所有合约的年均净收益均为正值。特别地，货币期货的收益大都比较高（1.9%～9.8%）。对于这些盈利的市场，移动平均规则战胜了B&H策略，3月期欧洲美元市场除外。运用夏普比率进行检验的结果与此类似。因此交易盈利可能对于交易成本和风险是稳健的。央行干预可能是交易盈利的解释之一
6. 埃文、朱洛夫（Zulauf）、葛洛（Gerlow）和丁克（Tinker，1997年）	大豆、豆粕和豆油期货合约/每日或每月	1974—1983年（1984—1988年）	通道（40天）、大豆：ARIMA (2, 0, 0)；豆油和豆粕：ARIMA (1, 0, 1)	零均值盈利	未调整	在样本外期间，通道系统在所有市场上取得统计特征显著的介于5.1%～26.6%的收益均值。ARIMA模型也在豆粕期货上取得统计特征显著的盈利（16.5%），但在大豆期货上的收益非常低（-13.5%）。对于每种市场，通道系统都战胜了ARIMA模型

续表

研究	考察的市场/数据频率	样本内时期（样本外时期）	技术交易系统	基准策略/优化	交易成本	结论
7. 哈姆和布罗森（2000年）	德国马克和硬红冬麦的期货合约/每周	1981—1984年（1985—1992年）	基于前馈神经网络的交易规则	优化的模型	每笔双向交易65美元	在样本外期间里，基于神经网络模型的交易规则一般不能取得大额的总收益或净收益。神经网络模型仅在1989年的马克合约上取得了显著的收益，但未在任何样本期间的小麦合约上取得显著的收益
8. 波斯维克、格里芬和奥姆（2000年）	LIFFE 和 CSCE 的可可期货/每日	1983—1997年	移动平均、通道、过滤指标	零盈利	每笔交易0.1%	检验三大流行交易系统的5350个交易规则。对于 LIFE 可可期货，72%的交易规则取得了净超额收益。LIFFE 合约的大部分收益是在1983—1987年间取得的，这段时间里大约30%的交易规则具有显著的预测能力。相比之下，在所有的交易规则中仅有18%的规则在 CSCE 可可期货上取得了净的超额收益
9. 罗伯茨（2005年）	美国24个期货市场/每日	1980—1983年（1984—2000年）	20个交易规则中用遗传编程方法优化的最佳规则	股指收益/优化的交易规则	样本内：每笔双向交易100美元；样本外：50美元	美国商品期货市场上遗传优化交易规则的盈利性证据很少。13个农产品市场中的7个市场存在盈利，但仅有猪腩期货取得统计特征显著的月度净收益。6个金属和能源期货市场中的2个市场存在净收益，但统计特征都不显著

注：上述文献的完整引用信息如下：（1）Louis P. Lukac, B. Wade Brorsen, and Scott H. Irwin, "A Test of Futures Market Disequilibrium Using Twelve Different Technical Trading Systems," *Applied Economics* 20, no. 5（May 1988）, pp. 623–639.（2）Louis P. Lukac and B. Wade Brorsen, "The Usefulness of Historical Data in Selecting Parameters for Technical Trading Systems," *Journal of Futures Markets* 9, no. 1（February 1989）, pp. 55–65.（3）Stephen J. Taylor and Abdelkamel Tari, "Further Evidence against the Efficiency of FuturesMarkets," In RuiM. C. Guimaraes, Brian G. Kingsman and Stephen J. Taylor（eds.）, *A Reappraisal of the Efficiency of Financial Markets*（Berlin: Springer-Verlag, 1989）, pp. 578–601.（4）Louis P. Lukac and B. Wade Brorsen, "A Comprehensive Test of Futures Market Disequilibrium," *Financial Review* 25, no. 4（November 1990）, pp. 593–622.（5）William L. Silber, "Technical Trading: When It Works and When It Doesn't," *Journal of Derivatives* 1, no. 3（Spring 1994）, pp. 39–44.（6）Scott H. Irwin, Carl R. Zulauf, Mary E. Gerlow, and Jonathan N. Tinker, "A Performance Comparison of a Technical Trading System with ARIMA Models for Soybean Complex Prices," *Advances in Investment Analysis and Portfolio Management* 4（November 1997）, pp. 193–203.（7）Lonnie Hamm and B. Wade Brorsen, "Trading Futures Markets Based on Signals from a Neural Network," *Applied Economics Letters*, no. 2（February 2000）, pp. 137–140.（8）Peter Boswijk, Gerwin Grif?oen, and Cars Hommes, "Success and Failure of Technical Trading Strategies in the Cocoa Futures Market," *Tinbergen Institute Discussion Paper* 7（September 2000）.（9）Matthew C. Roberts, "Technical Analysis and Genetic Programming: Constructing and Testing a Commodity Portfolio," *Journal of Futures Markets* 25, no. 7（May 2005）, pp. 643–660.

技术交易盈利的解释

之前的经验研究表明，至少在某些商品市场中技术交易规则实现了盈利。对于观测到的技术交易盈利，学者们从理论和经验的角度作出了各种各样的解释。在理论模型中，技术交易盈利可能是源于市场"摩擦",比如当前均衡价格中的噪音成分、交易者的情绪、羊群行为、市场势力或混沌现象等。经验解释则强调技术交易的盈利来源于指令流、短暂的市场无效性、风险溢价、市场微观结构缺陷或数据探测偏差。尽管这些问题还存在争论,但为了更好地理解技术分析文献的现状,我们需要进行深入的讨论。

理论解释

噪音理性预期模型 在标准的有效市场模型中,当前的均衡价格完全反映了所有可得的信息,而且价格迅速地对新信息作出调整。有效市场模型的一个基本假设认为参与者是理性的,而且对市场信息具有同质信念。在噪音理性预期模型中,由于在当前的均衡价格中存在噪音成分(未观测到的风险资产供给状况或信息质量问题),因此当前价格并未完全反映出所有可获得的信息。所以,对于新的信息,价格呈现出系统性调整滞后现象,因而可能存在盈利性的交易机会。

格罗斯曼和斯蒂格利茨(Grossman and Stiglitz)[49] 关于噪音理性预期均衡模型的研究最有影响力。他们证明如果当前价格反映出了所有可得的信息,竞争性市场中的行为人将没有动力去搜集和分析昂贵的信息,后果就是竞争性市场的崩溃。不过,格罗斯曼和斯蒂格利茨的模型支持弱势市场有效性——分析历史价格(也就是说,技术分析)不能盈利,这是因为该理论假定信息不足的交易者具有理性预期。相比之下,赫尔维希(Hellwig)[50]、布朗和詹宁斯(Brown and Jennings)[51]、格伦迪和麦尼克科尔斯(Grundy and McNichols)[52] 以及布卢姆、伊斯利和奥哈拉(Blume、Easley and O'Hara)[53] 等人构造的模型则允许在投机性市场中,历史价格包含能够实现盈利的有用信息成分。

布朗和詹宁斯提出了一个两期的噪音理性预期模型,在此模型中作为信息源的当前价格,其信息质量要劣于历史价格和当前价格的加权平均值。确切地说,如果当前价格依赖于噪音(也就是说,未观测到的风险资产供给状况)和市场参与者的私人信息,它就不可能作为私人信息的充分统计量。由于当前均衡价格中存在噪音成分,历史价格中公开可得的信息就不能够被完全地反映出来。所以,相对于仅仅依赖当前价格,投资者通过整合历史价格与当前价格信息,可以对历史和当前的价格信号作出更准确的推断。

再举一个例子,布卢姆、伊斯利和奥哈拉提出了一个均衡模型,它强调交易量的信息功能。以往的均衡模型都将风险资产的总供给作为噪音源,而他们的模型假定信息

---

[49] Sanford J. Grossman and Joseph E. Stiglitz, "Information and Competitive Price Systems," *American Economic Review* 66, no. 2 (May 1976), pp. 246–253; and Sanford J. Grossman and Joseph E. Stiglitz, "On the Impossibility of Informationally Efficient Markets," *American Economic Review* 70, no. 3 (June 1980), pp. 393–408.

[50] Martin Hellwig, "Rational Expectations Equilibrium with Conditioning on Past Prices: A Mean-Variance Example," *Journal of Economic Theory* 26, no. 2 (April 1982), pp. 279–312.

[51] David P. Brown and Robert H. Jennings, "On Technical Analysis," *Review of Financial Studies* 2, no. 4 (Winter 1989), pp. 527–551.

[52] Bruce D. Grundy and Maureen McNichols, "Trade and the Revelation of Information through Prices and Direct Disclosure," *Review of Financial Studies* 2, no. 4 (Winter 1989), pp. 495–526.

[53] Lawrence Blume, David Easley, and Maureen O'Hara, "Market Statistics and Technical Analysis: The Role of Volume," *Journal of Finance* 49, no. 1 (March 1994), pp. 153–181.

质量是噪音源。他们证明了交易者的信息质量不能由价格反映出来,但可以由交易量反映出来;因此相对于仅仅观测价格数据而言,同时观测价格和交易量数据可以掌握更大的信息量。技术分析之所以有价值,就是因为当前市场数据不能充分地反映出全部信息。

行为模型 在20世纪90年代早期,金融经济学家们着手开发行为金融领域。行为金融模型中一般都包含两种类型的投资者:套利者(也称**老练的投资者或内行的交易者**)和噪音交易者(**反馈交易者或流动性交易者**)。套利者被定义为对证券收益具有完全理性预期的投资者,而噪音交易者则是那些把噪音当做信息、从事非理性交易的投资者(Black)[54]。行为(或反馈)模型依赖于两个关键的假设:第一,噪音交易者对风险资产的需求受非理性信念或情绪影响,但这些信念情绪并未得到新闻因素或基本面因素的支持;第二,套利(被定义为完全理性投资者不受情绪支配的交易行为)存在风险和限制,原因在于套利者可能厌恶风险(Shleifer and Summers[55])。

与技术交易者或趋势追随者相类似,噪音交易者在价格上涨时买入,在价格下跌时卖出。例如,如果噪音交易者遵从正向反馈策略(价格上涨时买入),这就会增加总的资产需求,从而进一步推高价格。套利者可能会认定该资产定价失当、资产价格高于基本面价值,于是将其卖空。但德龙等人(De Long et al.[56])认为,这种形式的套利存在限制,原因在于市场可能会表现得很强劲(基本面风险),噪音交易者在短期内甚至可能变得更加乐观,这会进一步推高资产价格。只要这种风险是由噪音交易者想法的不可预测性所造成的,那么即使没有基本面风险的干扰,老练投资者的套利也会受到削弱。后果之一就是老练投资者或理性投资者不能全部抵消噪音交易者的影响。于是在这种情况下,套利者自身的最优策略也可能是顺势而为。套利者适度地买入噪音交易者所购买的那种资产,等价格上涨之后再卖出。所以尽管套利者最终会将价格打压回基本面水平,但在短期内他们可能会放大噪音交易者的影响。

在反馈模型中,噪音交易者往往比套利者更为激进:由于他们对市场过度乐观(或过度悲观),因而承担了更多的风险以及相应更高的预期收益。虽然他们承担高风险并过度消费,但噪音交易者这个群体有可能在长期内存续,并且支配市场的财富。因此反馈模型表明,如果技术交易策略(价格上涨时买入、下跌时卖出)基于噪音或"流行的模型",而不基于新闻或基本面因素等信息,那么即使在长期内,技术交易依然存在获利的空间。

羊群模型 弗洛特、沙夫斯泰因和斯泰因(Froot、Scharfstein and Stein[57])指出,短线交易者的羊群行为可能会导致信息无效性。在他们的模型中,只有当类似的投机者将信

---

[54] Fisher Black, "Noise," *Journal of Finance* 41, no. 3 (July 1986), pp. 529–543.

[55] Andrei Shleifer and Lawrence H. Summers, "The Noise Trader Approach to Finance," *Journal of Economic Perspectives* 4, no. 2 (Spring 1990), pp. 19–33.

[56] J. Bradford De Long, Andrei Shleifer, Lawrence H. Summers, and Robert J. Waldmann, "Noise Trader Risk in Financial Markets," *Journal of Political Economy* 98, no. 4 (August 1990), pp. 703–738; and J. Bradford De Long, Andrei Shleifer, Lawrence H. Summers, and Robert J. Waldmann, "Positive Feedback Investment Strategies and Destabilizing Rational Speculation," *Journal of Finance* 45, no. 2 (June 1990), pp. 379–395.

[57] Kenneth A. Froot, David S. Scharfstein, and Jeremy C. Stein, "Herd on the Street: Informational InEfficiencies in a Market with Short-Term Speculation," *Journal of Finance* 47, no. 4 (September 1992), pp. 1461–1484.

息逐渐渗透价格中时,掌握信息且近期打算开展买卖的交易者才能从自身的信息中实现交易盈利。所以短线交易者如果能够根据相同或相似的信息,协调相互之间的交易行为,就可以实现盈利。这种正向的信息溢出可能如此强烈,以至于"羊群"交易者会去分析与资产长期价值并不密切相关的信息。技术分析就是一个例子。弗洛特、沙夫斯泰因和斯泰因认为:"大量交易者使用图表分析模型的事实,就足够为那些已经知道怎样作图的行为人带来盈利。更极端的是,如果这种方法很流行,那么投资者的最优行为也就是作图。"

施密特(Schmidt)[58]引入一个简单的基于行为人的市场价格动态模型,他证明如果技术交易者能够影响市场流动性,他们协调一致的行为就可以将市场价格引向对其有利的方向。该模型假定交易者由"普通"交易者和"技术"交易者组成,并且其总人数不变。价格与超额需求呈线性变动,而超额需求又与两类交易者中过剩的买方人数成比例。如果不存在技术交易者,价格将围绕着渐进值做缓慢地震荡衰减。但是模型中纳入技术交易者之后,价格震荡的幅度加大了。这种结果背后的原因在于:如果技术交易者相信价格会下跌,他们就卖出资产,于是超额需求会下降。结果就是价格下跌,图表分析师们迫使普通交易者出售资产。这导致价格进一步下跌,直到普通交易者的基本面理念再次占据主导地位为止。如果技术交易者经过分析之后作出买入决策,就会发生相反的情形。

混沌理论 克莱德和奥斯勒(Clyde and Osler)[59]提出了技术分析的另一个理论基础,他们证明作图方法可能等价于高维(或混沌)系统中的非线性预测方法。为了检验这种观点,他们针对头肩模式,运用识别算法来研究由模拟得到的高维非线性价格序列。具体而言,他们检验下列两种假设:(1)技术分析对非线性数据的预测能力,并不比对随机数据的预测能力更强;(2)对于非线性数据,技术分析并不能比随机交易规则获得更多的盈利。结果表明,几乎在所有的情况下,命中率(盈利头寸的比例)都超过了0.5。此外,几乎在所有情况下,头肩模式在非线性数据上的盈利,要高于在自举法模拟所得数据上的盈利中位数。于是第一个假设被拒绝了。第二个假设也被命中率检验拒绝了。所以,技术分析在非线性数据上的业绩比在随机数据上的业绩更好,而且比随机交易规则赚取了更多的盈利。

经验解释

交易指令流 奥斯勒[60]运用交易指令流聚集在整数上的现象来解释技术分析在外汇市场中的预测能力。针对大型银行所接受的3种外汇交易(美元-日元、美元-英镑和欧元-美元)的止损指令和止盈指令,他检验两种广泛使用的技术交易预测方法:(1)下行趋势(上行趋势)在所预测的支撑位(阻力位)处会反转,支撑位和阻力位

---

[58] Anatoly B. Schmidt, "Why Technical Trading May Be Successful? A Lesson from the Agent-Based Modeling," *Physica A* 303, no. 1 (January 2002), pp. 185–188.

[59] William C. Clyde and Carol L. Osler, "Charting: Chaos Theory in Disguise?" *Journal of Futures Markets* 17, no. 5 (August 1997), pp. 489–514.

[60] Carol L. Osler, "Currency Orders and Exchange Rate Dynamics: An Explanation for the Predictive Success of Technical Analysis," *Journal of Finance* 58, no. 5 (October 2003), pp. 1791–1819.

通常是整数；(2) 事先识别出的支撑位和阻力位被突破之后，趋势通常会加快。由于其他学者（比如布洛克、拉克尼肖克和勒巴伦[61]）已经证明，在股票市场中，支撑位和阻力位（交易区间突破法则）具有预测能力，所以这些预测完全可以套用于外汇市场上。

奥斯勒发现，在支持技术分析预测能力的数据中，存在两种明显的不对称性：第一是在所执行的指令中，止盈指令比止损指令更频繁地聚集在以 00 结尾的价位上；第二是所执行的买入（卖出）止损指令更频繁地聚集在整数位之上（之下）。奥斯勒认为，指令流聚集在整数价位上是可能的，原因在于：(1) 整数的使用减少了交易过程中的时间和误差；(2) 整数位更容易记忆和处理；(3) 人们可能无缘由地偏好整数。

卡瓦耶克兹和欧德斯-怀特（Kavajecz and Odders-White[62]）通过估计股票市场（纽交所）的限价指令簿并分析其与支撑位、阻力位的关系，也得出了类似的解释。他们的回归结果表明，即使控制了市场中的其他因素之后，支撑位和阻力位与累积深度（cumulative depth）依然呈正向相关而且统计特征显著。特别的，如果将限价指令簿中的累积深度指标（例如众位数和近深比）作为被解释变量，42%~73% 的股票显示技术指标具有统计显著性。此外，格兰杰因果检验和对限价指令流分析的结果均表明，支撑位和阻力位往往能够识别限价指令簿中的指令聚集情况（高深度）。

卡瓦耶克兹和欧德斯-怀特还指出，当短期移动平均线从上（下）方穿过长期移动平均线时，移动平均规则所生成的买入（卖出）信号与报价的变动相对应——趋近卖方（买方）的流动性水平、偏离买方（卖方）的流动性水平。也就是说，移动平均法则生成的信号似乎揭示了限价指令簿中双方流动性偏度的信息。于是卡瓦杰克兹和欧德斯-怀特（p.1066）断定："技术分析和限价指令簿的深度之所以存在关联，是因为技术分析能够识别出限价指令簿中高累积深度股票的价格。"

暂时的市场无效率 技术交易在商品市场中实现盈利，也许仅仅是因为市场暂时性地陷入无效率状态。这种暂时的无效率有两种可能的解释。第一种是技术交易规则具有自我毁灭的性质。蒂默曼和格兰杰[63]（p.26）写道："最终，某种新型金融预测方法的首批用户可能获得短暂的盈利。一旦这种方法被广泛使用，它们的信息就会反映到价格中，这些方法就不再奏效了。"一些研究表明，股市中许多著名的市场异象（比如迪姆森和马什[64]，施瓦特[65]，马奎琳、尼瑟尔和瓦拉[66]）在被学术文献记载之后，便弱化、消失或反转了。

---

[61] Brock, Lakonishok, and LeBaron, "Simple Technical Trading Rules and the Stochastic Properties of Stock Returns."

[62] Kenneth A. Kavajecz and Elizabeth R. Odders-White, "Technical Analysis and Liquidity Provision," *Review of Financial Studies* 17, no. 4 (Winter 2004), pp. 1043–1071.

[63] Alan Timmermann and Clive W. J. Granger, "Efficient Market Hypothesis and Forecasting."

[64] Elroy Dimson and Paul Marsh, "Murphy's Law and Market Anomalies," *Journal of Portfolio Management* 25, no. 2 (Winter 1999), pp. 53–69.

[65] G. William Schwert, "Anomalies and Market Efficiency," Chapter 15 in George M. Constantinides, Milton Harris, and Rene M. Stulz (eds.), *Handbook of the Economics of Finance: Volume 1B, Financial Markets and Asset Pricing* (Amsterdam: North-Holland, 2003).

[66] Wessel Marquering, Johan Nisser, and Toni Valla, "Disappearing Anomalies: A Dynamic Analysis of the Persistence of Anomalies," *Applied Financial Economics* 16, no. 4 (February 2006), pp. 291–302.

在关于技术交易规则的文献中，发表于 20 世纪 80 年代中期和 90 年代初期的一些重要研究（比如卢卡奇、布罗森和埃文[67]，布洛克、拉克尼肖克和勒巴伦[68]）都提到技术交易获得了大额盈利。在这种背景下，20 世纪 90 年代越来越多的投资者和交易者使用技术交易规则，这可能减少或消除了技术交易的盈利机会。与这种观点相一致的是，对冲基金和商品交易顾问基金（CTA）投资在 90 年代急剧增加。仅 CTA 投资（以及其他管理型期货账户）就从 90 年代初期的 70 万亿美元增长至末期的 400 万亿美元以上[69]。

暂时性无效率的第二个可能解释是市场发生了结构性变化。从根本上讲，所有技术交易规则都依赖于市场对新信息作出某种形式的滞后反应。市场结构性变化则可能改变价格对新信息的反应速度，从而达到一种新的均衡。比如更低廉的计算机使用成本、电子化交易的兴起以及折扣经纪行的出现，都可能降低了交易费用，并且增加了许多市场的流动性。这些变化可能加快了市场价格变动的速度，从而降低了技术交易的盈利性。基德和布罗森（Kidd and Brorsen）[70]也认为，经济范围内的变化（例如，更自由的贸易、更准确的经济预测以及更少的大型经济冲击）降低了价格波动率，也相应地降低了对技术性投机者恢复市场均衡的需求。为了检验这种假设，基德和布罗森计算了 1975—1990 年和 1991—2000 年 17 个期货市场的样本统计量。在这两个样本期间内，价格波动率普遍下降了，闭市期间价格变动的峰度（极端程度）则上升了。这两位作者认为，这些变化与技术分析盈利性的降低相符合，原因在于经济范围内发生了结构性变化。

风险溢价 技术交易盈利可能是作为承担风险的补偿。虽然不存在普遍接受的风险模型，但关于技术分析的研究中广泛使用夏普比率（超额收益与标准差的比值），并将其作为风险调整后的业绩测度。为了确定技术交易收益在经过风险调整后是否异常，技术交易规则的夏普比率通常需要与基准策略进行比较，例如买入并持有策略。但一些研究发现，技术交易规则比基准策略取得了更高的夏普比率（如卢卡奇和布罗森[71]）。

资本资产定价模型（CAPM） 提供了另外一个风险调整后的业绩测度指标。虽然采用 CAPM 来估计风险调整收益的大多数研究都假定风险溢价为常数，但也有一些研究工作检验技术交易收益能否由随时间变化的风险溢价来解释。大多数研究发现，恒定的风险溢价不能解释技术交易收益。关于时变溢价的研究结论则存在争议（如奥库涅夫和怀特[72]，苟[73]）。

---

[67] Lukac, Brorsen, and Irwin, "A Test of Futures Market Disequilibrium Using Twelve Different Technical Trading Systems."

[68] Brock, Lakonishok, and LeBaron, "Simple Technical Trading Rules and the Stochastic Properties of Stock Returns."

[69] The source for the data on CTA investment is the Barclay Group(http://www.barclaygrp.com/indices/cta/Money_Under_Management.html).

[70] Willis V. Kidd and B. Wade Brorsen, "Why Have the Returns to Technical Analysis Decreased?" *Journal of Economics and Business* 56, no. 3 (May-June 2004), pp. 159–176.

[71] Lukac and Brorsen, "A Comprehensive Test of FuturesMarket Disequilibrium."

[72] John Okunev and Derek White, "Do Momentum-Based Strategies Still Work in Foreign Exchange Markets?" *Journal of Financial and Quantitative Analysis* 38, no. 2 (June 2003), pp. 425–447.

[73] Bong-Chan Kho, "Time-Varying Risk Premia, Volatility, and Technical Trading Rule Pro?ts: Evidence from Foreign Currency Futures Markets," *Journal of Financial Economics* 41, no. 2 (June 1996), pp. 249–290.

应当注意,前文提到的风险测度存在一些局限性。例如,虽然相对于总风险(即标准差)而言,投资者更关注收益的下跌风险,但夏普比率对盈利波动率和亏损波动率采取相同的处理方式。我们知道,CAPM模型存在联合假设的问题;也就是说,当发现异常收益(正截距)时,研究者不能区分是由于市场真的无效率,还是由于 CAMP 的设置存在问题。

市场微观结构缺陷 技术交易规则的盈利可能被夸大了,原因在于它所使用的交易成本过低,并且未考虑其他与市场微观结构相关的因素。交易成本一般由两部分构成:(1)经纪人手续费,(2)买卖价差。虽然手续费用因投资者(个人、机构或做市商)和交易规模而异,但它易于观测。买卖价差(也称为执行成本、流动性成本或滑点成本)的数据则是直到近些年才普遍可得。

为了考察买卖价差对资产收益的影响,罗尔(Roll[74])、汤普森和沃勒(Thompson and Waller[75])、史密斯和惠利(Smith and Whaley[76])等人引入了买卖价差估计量。但是如果这些估计量的假设条件与实际市场微观结构不相符合,那么这些估计量就不能很好地表示实际的买卖价差。实际买卖价差数据反映了真实的市场影响效应(market-impact effect),或者说交易规模对市场价格的影响。之所以会出现市场影响,是因为一笔交易的规模越大,它的价格就越低。市场影响的幅度取决于市场的流动性和深度。截至目前,仅有一份研究直接估计了技术交易者的市场影响(滑点)成本。格里尔、布罗森和刘(Greer, Brorsen and Liu[77])检验的是20世纪80年代中期一家商品期货基金的交易状况,该商品期货基金运用趋势跟随技术系统来生成交易信号。他们发现,每笔交易的执行成本(滑点)平均为40美元,远远高出基于买卖价差统计量的交易成本。如果无法获得合适的买卖价差数据来源,候选办法可以是使用比真实历史费用更高的交易成本,或是假设多种可能的交易成本。

其他可能影响技术交易收益的市场微观结构因素还包括非同步交易和每日价格限制。由于交易信号是在收盘阶段生成的,所以技术交易一般假定交易能在当日的收盘价执行。然而,戴和王(Day and Wang[78], p. 433)针对道琼斯工业平均指数(DJIA)分析了交易非同步性对技术交易收益的影响,他们认为:"如果买入信号发出时,DJIA 收盘点位比实际指数点位要低,那么所估计的盈利会被夸大。这是因为在市场开盘时,上述收盘价将趋同于它的实际价值"。使用估计的"实际"收盘价或次日的收盘价,可以减轻这个问题。此外,尤其是对期货市场而言,价格变动偶尔会被锁定在每日所允许的限制上。由于趋势追随交易规则一般会在趋势上升(下降)时生成买入(卖出)信号,每日价格限制通常意味着,买入(卖出)交易真正被执行时的价位要高于(低于)交易信号发出时的价位。如果假定交易是在锁定的限制价位上执行的,就可能会导致交易收益被严重夸大。

---

[74] Richard A. Roll, "Simple Implicit Measure of the Effective Bid-Ask Spread in an Efficient Market," *Journal of Finance* 39, no. 4 (September 1984), pp. 1127–1139.

[75] Sarahelen R. Thompson and Mark L. Waller, "The Execution Cost of Trading in Commodity Futures Markets," *Food Research Institute Studies* 20, no. 2 (1987), pp. 141–163.

[76] Tom Smith and Robert E. Whaley, "Estimating the Effective Bid/Ask Spread from Time and Sales Data," *Journal of Futures Markets* 14, no. 4 (June 1994), pp. 437–455.

[77] Thomas V. Greer, B. Wade Brorsen, and Shi-Miin Liu, "Slippage Costs in Order Execution for a Public Futures Fund," *Review of Agricultural Economics* 14, no. 2 (July 1992), pp. 281–288.

[78] Theodore E. Day and Pingying Wang, "Dividends, Nonsynchronous Prices, and the Returns from Trading the Dow Jones Industrial Average," *Journal of Empirical Finance* 9, no. 4 (November 2002), pp. 431–454.

数据探测 前文已提到，由于检验方法存在明显的缺陷，所以支持技术交易盈利性的研究被后续研究所质疑。最具争议性的问题之一是数据探测。怀特[79]（p.1097）认为："如果出于推断或模型选取的目的，多次使用同一个数据集合，那么数据探测问题就会出现。"当这种数据探测问题出现时，任何漂亮的结论都是虚假的，原因在于获得这些结论可能纯属偶然。确切地说，数据探测导致传统假设检验的显著性水平被夸大了，从而导致错误的统计推断（例如洛弗尔（Lovell）[80]、丹顿（Denton）[81]、罗和麦金利（Lo and MacKinlay）[82]）。

在检验技术交易规则的过程中，一类显而易见的数据探测形式是**事后**在样本内寻找盈利性的交易规则，这是许多早期研究的典型特征。库柏和葛兰（Cooper and Gulen）[83]认为，如果某个数据集合被重复地用于寻找盈利性的选择变量——这里的选择变量包括各种交易系统、市场、样本内估计期间、样本外期间以及交易模型的假设条件（例如业绩标准和交易成本等），还会出现其他更为隐蔽的数据探测问题。因此，即使研究者在样本内优化交易规则，并在样本外检验最优规则的业绩，其仍然可能有意地研究一系列优化的样本内和样本外期间，并且选择一组能够提供最佳业绩的样本期间，从而成功地得到技术交易盈利的证据。事前先选取一组样本内和样本外期间可能更为可靠，但选取过程本身也可能严重受到早期研究的影响。

当研究者仅考虑流行的交易规则时，会出现另一种形式的数据探测问题，卢卡奇、布罗森和埃文[84]的研究即是如此。由于卢卡奇、布罗森和埃文的交易系统流行了很长时间，它可能受到存活偏差的困扰。换句话说，如果被检验的交易规则很多，那么即使某些交易规则实际上不具有预测能力，运气成分也可能使它们获得超额收益。仅仅基于存活下来的交易规则做出统计推断，可能会导致某种形式的数据探测偏差，因为它没有考察所有的初始交易规则，而且其中的绝大部分还可能表现糟糕（沙利文、蒂默曼和怀特[85]）。

还有一种形式的数据探测问题是将一种新的搜寻方法，比如遗传编程或最近邻神经网络，运用到这种程序问世之前的样本期间中去。库柏和葛兰认为："在遗传算法或计算机发明之前，就运用计算量极大的遗传算法来寻找预测能力的证据，这是不合适的"（P.67）。大多数关于遗传编程和非线性优化的研究可能存在这种问题。

---

[79] Halbert White, "A Reality Check for Data Snooping," *Econometrica* 68, no. 5 (September 2000), pp. 1097–1126.

[80] Michael C. Lovell, "Data Mining," *Review of Economics and Statistics* 65, no. 1 (February 1983), pp. 1–12.

[81] Frank T. Denton, "DataMining as an Industry," *Review of Economics and Statistics* 67, no. 1 (February 1985), pp. 124–127.

[82] Andrew W. Lo and A. Craig MacKinlay, "Data Snooping Biases in Tests of Financial Asset Pricing Models," *Review of Financial Studies* 3, no. 3 (Fall 1990), pp. 431–467.

[83] Michael Cooper and Huseyin Gulen, "Is Time-Series Based Predictability Evident in Real-Time?" *Journal of Business* 79, no. 3 (May 2006), pp. 1263–1292.

[84] Lukac, Brorsen, and Irwin, "A Test of Futures Market Disequilibrium Using Twelve Different Technical Trading Systems."

[85] Sullivan, Timmermann, and White, "Data-Snooping, Technical Trading Rule Performance, and the Bootstrap"; Ryan Sullivan, Allan Timmermann, and Halbert White, "Dangers of Data Mining: The Case of Calendar Effects in Stock Returns," *Journal of Econometrics* 105, no. 1 (November 2001), pp. 249–286; and Sullivan, Timmermann, and White, "Forecast Evaluation with Shared Data Sets."

结　论

在过去的 40 年中，大量的经验研究检验商品市场中技术交易规则的盈利性。根据检验方法的差异，本文将经验研究文献分成两组——早期研究（1960—1987 年）和现代研究（1988—2005 年）。关于商品市场的大多数早期研究都发现，技术交易取得了大额的盈利。然而早期研究的检验方法中存在某些局限性。仅考察一两个交易系统，忽略交易规则的风险性，一般不对收益的显著性做统计检验，也不做参数（交易规则）优化和样本外检验，而且存在数据探测偏差，以上这些问题都没被给予足够的重视。

现代研究改进了早期研究的局限性，扩大了被检验的交易系统数量，评估交易规则的风险，运用传统的统计检验方法或更加复杂的自举法进行统计检验，并进行参数优化和样本外检验。9 份现代研究中的 6 份找到了商品市场中技术交易盈利性的证据。这些研究结论中存在一种值得关注的模式。样本期终止于 20 世纪 80 年代中期到 90 年代初期的研究几乎都证实技术交易的盈利性。相比之下，样本期终止于 90 年代后期或 2000 年的研究找到的盈利证据则要少得多。这表明在 90 年代，商品市场中技术交易的盈利性已经急剧下降。针对股票市场和外汇市场技术交易的近期研究也指出了类似的模式。

技术交易盈利可以由一些理论模型和（或）经验事实来解释。噪音理性预期均衡模型、反馈模型和羊群模型认为，由于受到市场中噪音、交易者情绪或羊群行为的影响，价格对新信息作出缓慢的调整。混沌理论则认为，技术分析等价于高维（或混沌）系统中的非线性预测方法。各种经验因素，比如指令流聚集、暂时性市场无效率、时变风险溢价、市场微观结构缺陷以及数据探测偏差等，也被看作是技术交易盈利的来源或解释。

尽管盈利性的证据很有力，检验技术交易策略的方法已经过改进，而且各种各样的理论解释头头是道，但许多学者依然对技术交易规则持怀疑态度。例如在一本关于资产定价的教科书中，科克伦（Cochrane）[86] 写道"尽管我们挖掘了几十年的数据，媒体报道中也习惯对市场走势作出预言，但真正能够经受住交易成本的考验并且不将投资者置于风险之中的交易规则至今还未问世"（p.25）。这句话表明了怀疑态度的依据所在——数据探测问题以及经过风险和交易成本调整后微乎其微的经济利润。

处理数据探测问题有两种基本方法[87]。第一种是简单地将之前的研究复制到新数据上。这种方法借鉴的是从实验途径获取科学证据的传统思想。也就是说，如果运用新数据以及与原始文献中相同的方法依然能够得出相似的结论，那么我们可以增强对原始结论的

---

[86] John H. Cochrane, *Asset Pricing* (Princeton, NJ: Princeton University Press, 2001).

[87] 遗传编程可以看成是避免事后选取交易规则引起数据探测问题的第三种方法，这因为在检验期开始之前就运用可得的价格数据选取了遗传编程规则。然而对这种程序问世之前的样本期间应用遗传编程的做法，违反了蒂默曼和格兰杰提出的市场有效性条件。也就是说，用来选取最佳预测模型（或者是一组最佳预测模型）的预测模型、估计方法和搜寻技术，在任何时候都必须可供市场参与者使用。此外，遗传编程开发出的交易规则通常比技术分析员使用的交易规则具有更复杂的结构。这表明该规则并不代表实践中真正使用的技术交易规则。

信心⑱。为了复制以往的研究，下列三个条件应当满足：（1）原始文献中所检验的市场和交易系统应当是全面的，也就是说，我们可以认为其结论大体上代表了技术交易系统的实际使用情况；（2）检验方法应当被仔细地记录下来，当研究发表之时，它们应当是"白纸黑字"有据可查；（3）原始文献的发表日期应当足够久远，使得后续研究能够有合理的样本规模。迄今为止，还没有任何研究工作将商品市场中技术交易的早期结论复制到新数据上。

处理数据探测问题的第二种方法是怀特自举现实检验法（White's bootstrap reality check methodology）。这种方法目前尚未用于关于商品市场技术交易的研究中。怀特的方法为最优交易规则提供了"调整数据探测偏差之后的" p - 值。为了对商品市场中技术交易规则的盈利性提供更全面的证据，我们需要运用现实检验法和复制法作进一步的研究。

在以后的研究中，我们也要解决如何处理风险和市场微观结构的问题。因为每种风险测度都有自身的局限性，而且所有风险都面临着联合假设的问题，所以风险难以评估。买卖价差和非同步交易等市场微观结构问题也需要认真对待。大型交易数据库的出现应该可以为解决这些问题带来不小的进展。后续研究也应该在技术交易模型中纳入准确的交易日价格限制。

最后，关于技术分析，市场参与者和学者们的观点一直存在着很大差异。在他们的近期研究中，格里克和门科霍夫（Gehrig and Menkhoff, p. 3）写道："我们的研究结果表明，技术分析主导了外汇市场，现在绝大多数的外汇交易者似乎都是图表分析师。"希勒（Shiller, p. 55）也认识到了他早期关于 1987 年股市崩盘的问卷调查中所存在的问题，他指出："显然，流行的模型（大多数的经济行为人据以形成预期的模型）与经济学家们使用的模型不同"，并断言："一旦我们承认了这种差异，那么不搜集关于流行模型的数据的话，经济建模将举步维艰"。虽然一些关于外汇市场技术分析的研究中也做了类似的工作，但直接对商品市场中的技术交易者进行问卷调查的研究则要少得多。此外技术分析这类流行的模型可能因商品市场而异，也因时间而异。所以后续研究应当针对多种商品市场，探听并分析技术交易者的观点和行为。这将有助于我们更深入地理解技术交易策略在市场中的实际应用。

---

⑱ 这种说法仅仅针对的是将"旧"结论复制到相同市场的"新"数据中去。许多研究都进行某种形式的复制：将成功的技术交易规则从一个市场套用到同一时期的其他市场中去。不同的研究所得出的结论，其独立性还存在争议，因为许多市场（也就是说，美国股市和美国之外的股票市场）的收益之间存在正相关关系。

索 引

A

Abanomey, Walid S., 241
Abosedra, Salah, 364n
Abramson, Bruce, 373n
Absolute return-based excess returns metrics, 298, 303
Absolute return strategies, 269
Active CISDM CTA Index, passive CISDM CTA Index (contrast), 559e

Active commodity allocations implied returns, 499e
　portfolio characteristics, 500e
Active commodity investing hedge funds,
　usage, 491–496
　management, 479–480
　managers evolution, 481–482
　performance overview, 491–492
　specialist CTAs, usage, 491–496
Active investing, 557–561. See also Hedge funds; Managed futures
Actively managed program, advantage, 561n
Active managers, hedge, role, 501–502
　profit, ability, 559
Adaptive moving averages (AMAs), 399
ADF. See Augmented Dickey Fuller
Agent-based model, usage.
　See Market price, dynamics
Aggarwal, Raj, 724n
AGR. See Barclays Agricultural Traders Index
Agricultural commodities
　CTA specialization, 493–494
　fundamentals, 863

A

亚伯纳美，瓦利德 S.，241
亚伯桑德拉，萨拉赫，364 脚注
艾布拉姆森，布鲁斯，373 脚注
基于绝对收益的超额收益度量，289，303

绝对收益策略，269
主动型国际证券与衍生品研究中心（CISDM）商品交易顾问基金（CTA）指数，被动型国际证券与衍生品研究中心（CISDM）商品交易顾问基金（CTA）指数（与主动型相对比），559 图表

主动型商品配置的隐含收益率，499 图表
　投资组合特征，500 图表
主动型商品投资对冲基金，用法，491–496

　管理，479–480
　经理人演变，481–482
　业绩概览，491–492
　专业化商品交易顾问基金，用法，491–496
主动型投资，557–561。参见对冲基金；管理型期货
主动管理型投资方案，优势，561 脚注
主动型基金经理，对冲，作用，501–502
　盈利，能力，559
自适应移动平均线（AMAs），399
ADF，参见增广型迪基福勒检验
基于代理人的模型，用法
　参见市场价格，动态
阿加沃尔，拉杰，724 脚注
农业，参见巴克莱农产品交易商指数

农产品 CTA 专业化，493–494

基本面因素，863

futures options, exchanges
    (involvement), 574
  study, 73–74
Agricultural CTAs market factor exposure, 496e
Agricultural futures, seasonal hypothesis, 80
Agro-raw materials. See
    Animal agro-raw materials;
    Industrial agro-raw materials
Ai, Chunrong, 84n
Akaike criterion
Akaike information criteria,
    370n, 101–102
Akey, Rian P., 88n, 97n, 204n, 218n,
    225n, 432n, 484n, 664n

  commodity allocation argument, 483–484
Alexander, Carol O., 339n,
    584n, 586n, 587n,
    592n, 593n
Alexander, Sidney S., 393n, 916n
Alexander's Filter Rule, 913, 916–917
Ali, Paul U., 617n, 618n,
    620n, 623n, 624n, 661n
Al-Loughani, Nabeel E., 362n
Alloy, mixture, 777
Alpha
  constancy, 339
  definition, 423
  estimation, 306, 309
  sources. See Commodities
  values, decrease, 253
Alternative energy, 687–695
Aluminum, 701–702
  characteristics, 782
  copper, divergence/recovery period, 799
  judgmental/ECM forecasts, 378e
  production, disadvantage, 702
  spread/ratio, 799e
AMAs. See Adaptive moving averages
Amenc, Noel, 197n, 198n
American options, 589–590, pricing, 589
Amin, Gaurav S., 493n
Animal agro-raw materials, 710–711
Ankrim, Ernest M., 23n, 26n,

期货期权,交易所(参与),574
  研究,73–74
农产品CTA市场因素敞口,496图表
农产品期货,季节性假说,80
农业原材料。参见
    畜类农业原材料
    工业农业原材料
艾春荣,84脚注
赤池准则
赤池信息准则,
    370脚注,101–102
阿基,赖恩P.,88脚注,97脚注,204脚注,218脚注,225脚注,432脚注,484脚注,664脚注

  商品配置争论,483–484
亚历山大,卡罗尔O.,339脚注,
    584脚注,586脚注,587脚注,
    592脚注,593脚注
亚历山大,西德尼S.,393脚注,916脚注
亚历山大过滤规则,913,916–917
阿里,保罗U.,617脚注,618脚注,620脚注,
    623脚注,624脚注,661脚注
艾-罗汉尼,纳贝尔E.,362脚注
合金,混合物,777
超额收益(阿尔法)
  恒定,339
  定义,423
  估计,306,309
  来源。参见商品价值,降低,253

替代能源,687–695
铝,701–702
  特性,782
  铜,背离/恢复周期,799
  判断型/误差修正模型预测,378图表
  生产,劣势,702
  价差/比率,799图表
自适应移动平均线。参见自适应移动平均线
阿曼克,诺艾尔,197脚注,198脚注
美式期权,589–590,定价,589
艾敏,高拉夫S.,493脚注
畜类农业原材料,710–711
安克瑞姆,欧内斯特M.,23脚注,26脚注,

68n, 89n, 527n, 619n
Annual global base metal
　production, 780e
Annual hydroelectric production. *See*
　European Union
Annualized average monthly return/volatility, 32e
Annualized excess return,
　result, 449
Annualized metal volatility, 794e
Annualized negative roll
　yield. *See* Natural gas
Annualized portfolio volatility,
　commodity investment strategies
　(contrast), 411e
Annualized returns. *See* Sector indexes
Annualized volatility. *See*
　Investment opportunity set
Annual quantity (AQ). *See* United Kingdom
　determination, 830
Anson, Mark J. P., 64n, 73n, 84n, 192n,
　241n, 462n, 669n

Apollo (CCO), 620
Arbitrage function, 117
　model, proposal, 98–99
　opportunities, nonoccurrence, 45
　problem, 47
　profits, 44–45
　strategy, 40–41
Arbitrageurs, 5, 6
Arditti, Fred D., 459n
ARIMA. *See* Autoregressive
　Integrated Moving Average
Arithmetic returns, usage, 630n
ARMA. *See* Autoregressive
　moving average
Armesto, Michelle T., 98n
Artzner, Philippe, 471n, 473n
Asche, Frank, 833n, 837n
Asian Contagion, 51
Asian options, 590–591
　averaging period, 590
　prices, approximation, 591
Asness, Clifford, 627n

索　引

ASPO. *See* Association for
　the Study of Peak Oil
Asset classes behavioral context,
　485－486
　commodities, classification, 682e
　defining, benefits, 243－244
　economists, viewpoint, 243－244
　empirical studies, problems, 426
　familiarity, absence, 462
　investors, consideration (reasons), 243
　regressions, 254e
　risk premium, earning, 244－245
Asset-only analysis, usage, 529
Asset-only mean-variance frontier, 530e
Asset-only optimal portfolio weights, 526
Asset-only portfolio,
　combination, 531－532
Assets
　allocation, problem, 242n
　attention, caution, 455－463
　behavior (description),
　correlation (usage).
　See Portfolio funds allocation,
　　negative correlation, 214－215
　gold, correlation, 745
　returns bid-ask spread estimators, 941－942
　covariance matrix, 526
Asset spanning regression,
　Excel (usage), 262－263
Asset-specific risk premium,
　continuous compounding (usage), 119
Assets under management (AuM),
　examination.
　See Energy hedge funds
Asset weighting, equal
　weighting (contrast), 278
Association for the Study of
　Peak Oil (ASPO),
　seismic methods, 683
Assumed volatility,
　difference, 345－346
Asymmetric GARCH model,
　usage, 586
At-the-money (ATM) level, 592

ASPO, 参见石油峰值研究协会
资产类别行为背景
　485－486
　商品, 分类, 682 图表
　定义, 收益, 243－244
　经济学家, 观点, 243－244
　经验研究, 问题, 426
　熟悉, 缺失, 462
　投资者, 考虑 (原因), 243
　回归, 254 图表
　风险溢价, 收入, 244－245
纯资产分析, 用法, 529
纯资产的均值方差边界, 530 图表
纯资产的最优组合权重, 526
纯资产的投资组合,
　组合, 531－532
资产
　配置, 问题, 242 图表
　注意, 警示, 455－463
　行为 (描述),
　相关性 (使用)。
　参见组合基金配置, 负相关性,
　　214－215
　黄金, 相关性, 745 收益
　买卖价差估计量, 941－942
　协方差矩阵, 526
资产扩展多元回归 (本书实际运行的
　是多元线性回归), Excel (使用), 262－263
特定资产风险溢价,
　连续复利 (使用), 119
所管理的资产量 (AuM),
　考察
　参见能源对冲基金,
资产权重方案,
　等权重方案 (对照), 278
石油峰值研究协会 (ASPO),

　地震法, 683
假定的波动率,
　差异, 345－346
非对称 GARCH 模型,
　使用, 586
平价期权 (ATM) 水平, 592

Augmented Dickey Fuller (ADF)
　statistic, 367e
　test, 366
AUP. See Average upcloses
Austrian cameral valuation method, 157–158
Autocorrelation function (ACF), 235
　plotting. See Sample ACF
Autoregressive Integrated Moving Average
　(ARIMA) model, 926–927
　generation, 377n
　specification, application, 927
　usage, 911
　writing, 370, 372
Autoregressive moving average (ARMA),
　363–364
Average down closes (ADC), 916
Average roll yields, 135n
Average term structure timing indicator, 449e
Average upcloses (AUP), 916
Avsar, S. Gulay, 364n

B

Bachmeier, Lance J., 835n
Backfill bias. See Commodity
　trading advisors
Back-testing, 402–403
Backwardated commodity markets,
　downward sloping futures curves, 49
Backwardation, 18–22, 49,
　124–125, 608
　basis. See Scarcity models
　contango, contrast, 47–53, 551e
　cost structure, 551
　definition, 510n
　dependence, 21
　display, 125–126
　hedging pressures, impact, 431
　investment conditional, 448–449
　Keynes term, 49
　performance results, 439
　phenomenon, 257n
　term structure, 78
　curve, 20
　theory, 430–431. See also

增广型迪基福勒模型（ADF）
　统计量，367 图表
　检验，366
AUP。参见平均上涨收盘价
奥地利司法定价方法，157–158
自相关函数（ACF），235
　绘图。参见 ACF 样本
单整自回归移动平均
　（ARIMA）模型，926–927
　生成，377 脚注
　设置，应用，927
　用法，911
　写作，370，372
自回归移动平均（ARMA），363–364
平均下跌收盘价（ADC），916
平均滚动收益，135 脚注
平均期限结构择时指标，449 图表
平均上涨收盘价（AUP），916
阿维萨，S. 古雷，364 脚注

B

巴赫米尔，兰斯 J.，835 脚注
数据回填（向过往追溯）偏差。
　参见商品交易顾问
回溯检验，402–403
现货溢价型商品市场，
　向下倾斜的期货曲线，49
现货溢价，18–22，49，
　124–125，608
　基点。参见稀缺模型
　期货溢价，对照，47–53，551 图表
　成本结构，551
　定义，510 脚注
　依赖性，21
　显示，125–126
　对冲压力，影响，431
　投资条件，448–449
　凯恩斯术语，49
　业绩结果，439
　现象，257 脚注
　期限结构，78
　曲线，20
　理论，430–431。参见

索　引

Normal backwardation time, 427, 430
 usage. See Commodities
Bacmann, Jean-Francois, 507n
Bader, Lawrence N., 525n
Bailey, Warren, 88n
Bannister, Barry B., 445n
Bantwal, Vivek J., 622n
Barberis, N., 83n
Barclay Agricultural Traders Index,
 491, 559n, 560n
Barclay BTO50 Index, 276
Barclay CTA Index (BARC), 669
Barclay GroupIndex, 275
Barclays Global Investors
 iShares COMEX Gold Trust, 567e
Barclays Global Investors
 iShares Silver Trust, 567e
Barclay Trading Group, 558n
Barlow, Martin T., 597n
Barnhart, Bill, 555n
Barone-Adesi, Giovanni, 590n
Barry, Christopher B., 628n
Basak, Suleyman, 472n
Base assets, annualized
 returns/volatilities, 527–528
Base block. See Electricity
Base metals, 701–706
 applications, usage percentage, 783e
 cash and carry rate, 789
 cash and carry spread, 789
 commodities, consumer/producer
 viewpoint, 787–788
 definitions, 777–780
 demand, producer estimation, 788
 diversification, 798
 equities, investing, 797–798
 exchanges, 784–785
 extraction processes,
  differences, 779
 forward curve, 790e
 futures position, leverage (creation),
 795–796
 global production
  cash cost/supply curve, 782e

常态现货溢价时期, 427, 430
 使用。参见商品
巴克曼, 让–弗朗索瓦, 507脚注
巴德, 劳伦斯 N., 525脚注
贝利, 沃伦, 88脚注
班尼斯特, 巴里 B., 445脚注
班特瓦尔, 维韦克 J., 622脚注
巴布里斯 N., 83脚注
巴克莱农产品交易商指数,
 491, 559脚注, 560脚注
巴克莱 BTOP50 指数, 276
巴克莱 CTA 指数 (BARC), 669
巴克莱集团指数, 275
巴克莱全球投资者 ishare 纽约商品交易所黄金信托
 567 图表
巴克莱全球投资者 iShare 白银信托, 567 图表

巴克莱交易集团, 558脚注
巴洛, 马丁 T., 597脚注
巴恩哈特, 比尔, 555脚注
巴伦–安德西, 乔瓦尼, 590脚注
巴里, 克里斯托弗 B., 628脚注
巴萨克, 苏雷曼, 472脚注
基本资产,
 年化收益/波动率, 527–528
基本时段。参见电力
基本金属（与贵金属对比）, 701–706
 应用, 用途所占比例, 783 图表
 持有现货费率, 789
 持有现货价差, 789
 商品, 消费者/生产者观点, 787–788

 定义, 777–780
 需求, 生产者估计, 788
 分散化, 798
 股票, 投资, 797–798
 交易所, 784–785
 提取过程,
  差别, 779
 远期曲线, 790 图表
 期货头寸, 杠杆（创造）, 795–796

 全球产量
  现金成本/供给曲线, 782 图表

geographic distribution, 779e 地理分布, 779 图表
industry, 780–783 产业, 780–783
investing, 776 投资, 776
investment strategies, 792–801 投资策略, 792–801
long-term spread, scatter plot, 801e 长期价差, 散点图表, 801 图表
market stock developments/term structure, 市场存货变动/期限结构,
   synchronization, 444–445   同步化, 444–445
   structure, 784–792   结构, 784–792
mining companies, ranking, 781e 矿业公司, 排行, 781 图表
mining output, 780–781 矿业产量, 780–781
mining/refining, marginal cash cost, 781 采矿/精炼, 边际现金成本 781
origination, 777–780 发起, 777–780
pairwise correlation, 797e 两两相关性, 797 图表
prices, 793 价格, 793
discovery process, 787 发现过程, 787
increase, 796–797 增加, 796–797
index, 794e 指数, 794 图表
production, 780–781. *See also* Annual 产量, 780–781。
   global base metal production   参见全球基本金属年生产、
purification, refining process selection, 778 提炼, 精炼工艺选择, 778
relative value, 798–800 相对价值, 798–800
risk, 796 风险, 796
arbitrage, 798–800 套利, 798–800
separation, metallurgical process 分离, 冶金工艺选择, 778
   selection, 778
Sharpe ratio direct investment, annual 夏普比率 直接投资,
   return/annual volatility, 795e   年收益/年波动率, 795 图表
short-term spread, scatter plot, 801e 短期价差, 散点图, 801 图表
supply/demand balance, 790 供给/需求平衡, 790
term structure, 788–792 期限结构, 788–792
traders, impact, 790–791 交易商, 影响, 790–791
Basic operational risk management, 665 基本操作风险管理, 665
Basis CBOT characteristics, 876 基点, 芝加哥期货交易所特征, 876
   history, 877–878   历史, 877–878
   predictability, 876–877   可预测性, 876–877
   report. *See* Risk management   报告。参见风险管理
Bauer, Rob, 33n, 74n, 447n, 542n 鲍尔, 罗布, 33 脚注, 74 脚注, 447 脚注, 542 脚注

Bayer process, 779n 拜耳过程, 779 脚注
Beaglehole, David, 582n 比格尔霍尔, 大卫, 582 脚注
Bear, Robert M., 918n 贝尔, 罗伯特 M., 918 脚注
Beck, Stacie E., 364n 贝克, 史泰西 E., 364 脚注
Becker, Kent G., 68n 贝克尔, 肯特 G., 68 脚注
Becquerel, Edmond, 688 贝克勒尔, 埃德蒙, 688

Beef production, forecast.
　　See Cattle
Beenen, Jelle, 210n
Behavioral models, 935–936
Benchmarks. *See* Commodity
　　trading advisors correlations, 517e
　　excess return estimates, differences, 289
Benedix, Thomas, 431n
Benington, George A., 393n, 910n, 924n
Benirschka, Martin, 59n
Benth, Fred E., 597n
Benz, Eva, 858n
Bera, Anil K., 467n
Berkshire Hathaway, silver investor, 769
Berndt, Ernst K., 342n
Berndt, Hall, Hall, and Hausman (BHHH)
　　hill-climbing methodology, 341–342
Bessembinder, Hendrik, 61n,
　　77n, 122n, 124n, 597n
Bessembinder-Lemmon model,
　　two-period model (assumption), 600
Bessler, David A., 365n, 373n
Beta-adjusted return comparisons,
　　problems, 306, 309
Beta coefficients. *See* Petroleum
Beta plus, pursuit, 484
Beta-switching behavior,
　　engagement, 485
BFGS. *See* Broyden, Fletcher, Goldfarb, and Shanno
B&H. *See* Buy-and-hold
BHHH. *See* Berndt, Hall, Hall and Hausman
Bid-ask spreads, data, 941–943
Bies, Renée, 522n
Biglova, Almira, 473n
Billingsley, Randall S., 483n, 651n, 910n

Binkley, James K., 59n
Bioethanol, gasoline substitute, 691–692
Biogas, 692–693
Biomass. *See* Gaseous biomass;
　　Liquid biomass; Solid biomass energy, 690–693
Bjerksund, Petter, 582n
Bjornson, Bruce, 59n, 69n,
　　71n, 73n, 75n, 108n

牛肉产量，预测
　　参见牛
宾尼，吉尔，210 脚注
行为模型，935–936
基准。参见商品交易顾问相关性，517 图表
　　超额收益估计，区别，289
本尼迪克斯，托马斯，431 脚注
贝宁顿，乔治 A.，393 脚注，910 脚注，924 脚注
贝尼斯卡，马丁，59 脚注
贝丝，弗莱德 E.，597 脚注
本兹，伊娃，858 脚注
贝拉，阿尼尔 K.，467 脚注
伯克希尔哈撒韦，白银投资者 769
伯恩特，厄恩斯特 K，342 脚注
伯恩特，霍尔，霍尔和豪斯曼（BHHH）
　　爬山法，341–342
贝斯姆宾德尔，亨德里克，61 脚注，
　　77 脚注，122 脚注，124 脚注，597 脚注
贝斯姆宾德尔－莱蒙模型，
　　两期模型（假设），600
贝斯勒，大卫 A.，365 脚注，373 脚注
贝塔调整后的收益比较，
　　问题，306，309
贝塔系数。参见石油
附加贝塔，追求，484
贝塔－转换行为，
　　参与，485
BFGS。参见布洛伊登、弗莱彻、戈德法布和珊诺
B&H。参见购买并持有
BHHH。参见伯恩特、霍尔、霍尔和豪斯曼
买卖价差，数据，941–943
比斯，雷内，522 脚注
比格洛娃，阿尔迈拉，473 脚注
比林斯利，兰德尔 S.，483 脚注，651 脚注，910 脚注
比林斯利，詹姆斯 K.，59 脚注
生物乙醇，汽油替代物，691–692
生物气，692–693
生物质，参见气体生物质；
　　液体生物质；固体生物质能源，690–693
比杰克迅德，彼得，582 脚注
比昂逊，布鲁斯，59 脚注，69 脚注，
　　71 脚注，73 脚注，75 脚注，108 脚注

Black, Fischer, 338n, 588n, 935n
Black, Jürgen-E., 146n
Black-Scholes formula, 588
Blake, David, 526n
Blose, Laurence E., 732n
Blume, Lawrence, 934n
Blume, Marshall E., 393n, 910n
Bodie, Zvi, 10n, 30n, 39n,
   57n, 60n, 63n, 67n,
   89n, 256n, 424n, 456n,
   457n, 461n, 523n
Boeing, futures contract (purchase), 50
Boesch, Rick, 440n
Bollerslev, Tim, 586n
Bonds
   decline, 214–215
   definition, 490
   dependence structure, 237
   indexes, 513–517
Bonds (Continued) monthly returns,
   correlations, 237e
   inflation, impact, 239e
   monthly total returns,
     summary statistics, 235e
   portfolio, efficient frontiers, 64
Booth, David G., 25n, 209n
Bootstrapprocedure, 928
Borrower, commodity price risk exposure, 623
Borrowing costs, 160
Boswijk, Peter, 928n
Boulding, Kenneth E., 149
Brandt, Jon A., 365n, 373n
Bravais Pearson coefficients.
   See Commodity trading advisors
Brazil Proalcool program, 892
   sugar production, 891
Brazil, Russia, India, and China (BRIC), 3
   industrial production, growth, 792
Brennan, Michael J., 431n
Brenner, Robin J., 364n
Brent crude oil, 136
Bretton-Woods gold system, 713–714
Brigo, Damiano, 585n
British London Metal Exchange, 18

索　引

Brock, William, 928, 938n, 939n
Brooks, Chris, 489e
Brorsen, B. Wade, 393n,
　394n, 918n, 923n – 927n,
　939n – 942n, 944n
Brown, David P., 934n
Brown, Stephen J., 650n, 656n
Brownian motion. See
　Geometric Brownian motion
Broyden, Fletcher, Goldfarb, and Shanno (BFGS)
　hill-climbing methodology, 341 – 342
Bullion, precious metal form, 695
Bull market, initiation, 446
Bunn, Derek W., 835n
Burner tip. See United Kingdom Business cycle
　demand/exchange rate effects, combination, 111
　indicators, monetary environment
　indicators (combination), 447
　NBER definition, 446
　phases, 109e
　　return properties, 110e
　relationship. See
　Commodities returns, 219 – 220
Buy-and-hold (B&H) index, 205
Buy-and-hold (B&H) strategy, 25, 918

C

Caglayan, Mustafa Onur, 58n, 463n
CAI. See Citi Alternative Investments
Cai, Jun, 725n
Calendar basis risk, reduction, 590
Calendar spreads, selection, 439 – 445
Calmar ratio, analysis (impossibility), 640n
CalPERS, 204
Calyon Financial/Barclay Index, 275
Campbell, John Y., 25n, 212n, 538n
Candlestick charting, 910n
Capie, Forrest, 727n
Capital Asset Pricing Model
　(CAPM), 10, 28
　assumption, 925
　commodities, conforming (absence), 38
　development, 56
　framework, 29, 57

布洛克，威廉，928，938 脚注，939 脚注
布洛克，克里斯，489 图表
布罗森，B. 韦德，393 脚注，
　394 脚注，918 脚注，923 脚注 – 927 脚注，
　939 脚注 – 942 脚注，944 脚注
布朗，大卫 P.，934 脚注
布朗，斯蒂芬 J.，650 脚注，656 脚注
布朗运动。参见
　几何布朗运动
布洛依登，弗莱彻，戈德法布和珊诺（BFGS）
　爬山法，341 – 342
金块，贵金属形态，695
牛市，初始，446
邦恩，德里克 W.，835 脚注
燃烧器喷头，参见英国商业周期
　需求/汇率效应，组合，111
　指标，货币环境指标（组合）
　447
　国家经济研究局定义，446
　阶段，109 图表
　　收益性质，110 图表
　关系。参见商品收益，219 – 220
买入并持有（B&H）指数，205
买入并持有（B&H）策略，25，918

C

凯格莱恩，穆斯塔法. 奥努尔，58 脚注，463 脚注
CAI。参见花旗另类投资
柴，俊，725 脚注
日历基差风险，下降，590
日历价差，选择，439 – 445
卡尔玛比率，分析（不可能性）640 脚注
加州公共雇员退休系统，204
东方汇理金融/巴克莱指数，275
坎贝尔，约翰 Y.，25 脚注，212 脚注，538 脚注
蜡烛图，910 脚注
卡派，福雷斯特，727 脚注
资本资产定价模型（CAPM），
　10，28
　假设，925
　商品，遵循（缺失），38
　发展，56
　框架，29，57

usage. *See* Structural risk premium
risk-adjusted performance measure, 941
T-bill benchmark, comparison, 286
Capital assets, 9
Capital calculation, loss (percentage), 327e
Capitalism, progression, 159–162
Capital management. *See* Forestry
CAPM. *See* Capital Asset Pricing Model
Carbon dioxide (CO_2) abatement options, 844
emissions. *See* Global CO_2 emissions prices.
See European Trading Scheme Carbon market,
fundamental drivers, 853–856
Carmona, Rene, 593n
Carr, Peter, 589n
Carter, Colin A., 21n, 59n,
61n, 69n, 71n, 73n,
75n, 80n, 108n
CASAM. *See* Credit Agricole
Structured Asset Management
Cash, inflation-protected liabilities
(correlation), 529
Cash and carry rate/spread.
See Base metals
Cash-collateralized commodity
investment, 27–28
Cash copper, spread, 800e
Cashin, Paul Anthony, 359n, 365n,
366n, 506e, 556n
Castagnino, John-Peter, 617n
Cattle, 878–883. *See also*
Feeder cattle; Live cattle
beef production, forecast, 882–883
demand, 880–881
feedlot services, purchase, 879
forward contracting, 880
futures, Sharpe ratio, 427
gestation/breeding, 879
grid pricing, 880
overview, 878–880
producers, product, 880
supply, 881
trading, 881–883
USDA monthly estimates, 882
Causality, treatment, 131–133

使用。参见结构性风险溢价
风险调整后的业绩测度，941
短期国库券基准，对比，286
资本资产，9
资本计算，损失（百分比）327图表
资本主义，进展，159–162
资本管理。参见林业
CAPM。参见资本资产定价模型
二氧化碳（CO_2）减排方案，844
排放。参见全球二氧化碳排放价格
参见欧盟碳排放市场交易计划，
基本面驱动因素，853–856
卡莫纳，雷内，593脚注
卡尔，彼得，589脚注
卡特，科林A.，21脚注，59脚注，
61脚注，69脚注，71脚注，73脚注，
75脚注，80脚注，108脚注
CASAM。参见法国农业信贷银行结构化资产管理
现金，通胀保值（挂钩）负债
（相关性）529
持有现货费率/价差。
参见基本金属
现金抵押型商品投资，27–28
现货铜，价差，800图表
卡欣，保罗·安东尼，359脚注，365脚注，
366脚注，506图表，556脚注
卡斯泰格尼诺，约翰-彼得，617脚注
牛，878–883，参见架子牛；生牛
牛肉产量，预测，882–883
需求，880–881
饲养场服务，购买，879
订立远期合约，880
期货，夏普比率，427
怀孕/产仔，879
网格定价，880
概览，878–880
生产商，产品，880
供给，881
交易，881–883
美国农业部月度估计，882
因果关系，诊断，131–133

CBGA. *See* Central Bank Gold Agreement
CBOT. *See* Chicago Board of Trade
CCGTs. *See* Combined cycle gas turbines
CCOs. *See* Collateralized commodity options
CDM. *See* Clean development mechanism
Center for International Securities and
　Derivatives Market（CISDM）
　　correlation. *See*
　　　Goldman Sachs Commodity Index
CTA Asset Weighted Diversified Index，295
CTA Asset Weighted Index，561
CTA indexes，629
　correlation，489 – 490
　database，282 – 283
　management，268
　indexes，275
　monthly returns，study，628
　physicals index（PHY），491
　Public CPO Asset Weighted Index，514n
　Research Department，627n
　　impact，241 – 242
Central Bank Gold Agreement（CBGA），733
Central bank price-smoothing behavior，927
Central banks，money market instruments，4n
Central moments. *See* Fourth central moment；
　Second central moment；Third central moment
Certificates，13. *See also* Commodity indexes；
　Gold disadvantage. *See* Indexes
CFTC. *See* Commodity Futures Trading Commission
Chan，K. C.，88n
Chance，Donald M.，483n，651n，910n
Chang，Eric C.，60n
Chang，P. H. Kevin，913n
Channel break-out trading system，
　performance（comparison），927
Channel system，analogy，915
Chao，Hung-Po，858n
Chaos theory，937
Chappell，David，723n
Chart patterns，forecasting ability，913
Chatrath，Arjun，84n
Chebanier，Alain，582n
Chen，Yao，628n
Cheung，Yan-Leung，725n

CBGA。参见中央银行售金协议
CBOT。参见芝加哥期货交易所
CCGTs。参见联合循环燃气轮机
CCOs。参见抵押型商品期权
CDM。参见清洁发展机制
国际证券和衍生品市场中心

　相关性，参见高盛商品指数

商品交易顾问基金资产加权分散型指数，295
商品交易顾问基金资产加权指数，561
商品交易顾问基金指数，629
　相关性，489 – 490
　数据库，282 – 283
　管理，268
　指数，275
　月度收益，研究，628
　实货指数（PHY），491
　公募商品基金加权指数，514 脚注
　研究部，627 脚注
　　影响，241 – 242
中央银行售金协议（CBGA），733
中央银行价格平滑行为，927
中央银行，货币市场工具，4 脚注
中心矩。参见四阶中心矩；
　二阶中心矩；三阶中心矩
存单，13。另参见商品指数；
　黄金劣势。参见商品期货交易委员会指数
CFTC。参见商品期货交易委员会
陈，K. C.，88 脚注
钱斯，多纳德 M. 483 脚注，651 脚注，910 脚注
常，艾里克 C.，60 脚注
常，P. H. 凯文. 913 脚注
通道突破交易系统，
　业绩（对比），927
通道系统，类比，915
晁洪波，858 脚注
混沌理论，937
切布尔，大卫，723 脚注
图表模势，预测能力，913
查特拉斯，埃居，84 脚注
切巴尼尔，阿兰，582 脚注
陈耀，628 脚注
张仁良，725 脚注

Chicago Board of Trade (CBOT), 18, 40, 574
    characteristics. *See* basis hard wheat, hedging risk, 875
    silver trading, 774
    warehouse receipts, delivery, 867
    wheat, delivery, 864
Chicago Mercantile Exchange (CME), 18, 40, 574
    futures contracts, 42
    Livestock Futures and Options, 881n, 886n
Chidambaran, N. K., 615n
China
    aluminum consumption, 783
    copper consumption, 783, 784e
    copper demand, 4
    silver refinery, 770–771
Chinn, Menzie D., 363n
Choice, risk measure, 471e
Cholesky decomposition, alternative, 347–348
Cholesky ordering, 103
Chong, James, 35n, 78n
Chow, George, 523n
Chua, Jess, 724n
Chwee, Victor, 842n
CISDM. *See* Center for International Securities and Derivatives Market
Citi Alternative Investments (CAI), 549n
Clean development mechanism (CDM), 859
    project. *See* European Union
ClearPort. *See* New York Mercantile Exchange
Clewlow, Les, 336n, 337n, 338n, 823n, 824n
CL forward curve. *See* New York Mercantile Exchange
    confidence bands, 355e
Click-and-trade, impact, 804
CLNs. *See* Commodity-linked notes
Clow, Simon, 783n
Clyde, William C., 937n
CME. *See* Chicago Mercantile Exchange
CNG. *See* Compressed natural gas
Coal, 685–686
    plant, CO_2 output, 854n
    U.S. dollars, trading, 821
Cocoa, 708
Coefficients, estimation, 95

芝加哥期货交易所（CBOT），18，40，574
    特征。参见基差硬质小麦，对冲风险，875
    白银交易，774
    仓库收据，交割，867
    小麦，交割，864
芝加哥商业交易所（CME），18，40，574
    期货合约，42
    畜类期货和期权，881脚注，886脚注
赤达姆巴兰，N. K.，615脚注
中国
    铝消费量，783
    铜消费量，783，784表
    铜需求量，4
    白银提炼厂，770–771
陈庚辛，363脚注
选择，风险测度，471表
乔莱斯基分解，替代方案，347–348
乔莱斯基排序，103
庄，詹姆斯，35脚注，78脚注
邹至庄，523脚注
蔡，杰斯，724脚注
奎伊，维克多，842脚注
CISDM。参见国际证券与衍生品市场研究中心
花旗另类投资部（CAI），549脚注
清洁发展机制（CDM），859
    项目。参见欧盟
清算港。参见纽约商业交易所
克卢落，雷斯，336脚注，337脚注，338脚注，823脚注，824脚注
原油远期收益曲线。参见纽约商业交易所
    置信带，355
（电子）点击交易，影响，804
CLNs。参见商品挂钩票据
克劳，西蒙，783脚注
克莱德，威廉姆 C.，937脚注
CME。参见芝加哥商业交易所
CNG。参见压缩天然气
煤炭，685–686
    工厂，二氧化碳排放，854脚注
    美元，交易，821
可可，708
系数，估计，95

索　引

Coffee, 707 – 708
commodities, least traded contracts, 379n
　　judgmental/ECM forecasts, 378e
　　judgment/ECM forecasts, 377, 379
　　market, discussion, 127 – 128
　　preciousness, 708
Coffee, Sugar and Cocoa Exchange
　　(CSCE) cocoa futures prices, 928
Coibion, Olivier, 363n
Coins, precious metal form, 695
Cointegration, 365 – 370
Collateral
　　return, 23
　　percentage, 229
　　yield, 26
Collateralized commodity
　　futures indexes, 205n
Collateralized commodity futures returns,
　　descriptive statistics, 61
Collateralized commodity options (CCOs), 614 – 616
　　attraction, 619
　　CLNs, contrast, 615 – 616
　　drivers, 616 – 619
　　flowchart, 622e
　　issuers/originators, 616 – 617
　　legal structure, 620 – 625
　　price risk, 620
　　securities, investment, 619
Combined cycle gas turbines (CCGTs), 829
　　dominance, 834
　　number, increase, 835
COMEX. *See* New York Commodity Exchange
Commodities. *See* Hard commodities; Soft commodities
　　allocation, dissection, 497
　　annualized returns/volatilities, 527 – 528
　　annual risk-return characteristics, 234e
　　asset class
　　　　evidence, 255
　　　　heterogeneity, 6 – 7
　　asset class evidence, 255
　　average returns, empirical results, 136
　　average spot return, 554e
　　backwardation, usage, 22e
　　bear market, 482

咖啡, 707 – 708
商品, 最小交易合约, 379 脚注
　　判断型/误差修正模型预测, 378 表
　　判断/误差修正模型预测, 377, 379
　　市场, 讨论, 127 – 128
　　贵重程度, 708
咖啡, 糖及可可交易所
　　(CSCE) 可可期货价格, 928
柯依毕昂, 奥利维尔, 363 脚注
(金) 硬币, 贵金属形态, 695
协整, 365 – 370
抵押
　　收益, 23
　　百分比, 229
　　收益率, 26
抵押型商品
　　期货指数, 205 脚注
抵押型商品期货收益,
　　描述性统计, 61
抵押型商品期权 (CCOs), 614 – 616
　　吸引力, 619
　　商品挂钩票据, 对比, 615 – 616
　　驱动因素, 616 – 619
　　流程图, 622 表
　　发行人/发起人, 616 – 617
　　法律架构, 620 – 625
　　价格风险, 620
　　证券, 投资, 619
联合循环燃气轮机 (CCGTs), 829
　　主导, 834
　　数字, 增加, 835
COMEX。参见纽约商品交易所
商品。参见硬质商品; 软质商品
　　资产配置, 划分, 497
　　年化收益/波动率, 527 – 528
　　年风险 – 收益特征, 234 表
　　资产类别
　　　　证据, 255
　　　　异质性, 6 – 7
　　资产类别证据, 255
　　平均收益, 经验结果, 136
　　平均现货收益, 554 表
　　现货溢价, 用途, 22 表
　　熊市, 482

benchamark problem,
empirical analysis, 176 – 197
boom/drought, 480
business cycle,
    relationship, 107 – 112
cash prices, long – term cycles, 446
comovements, 88
consumer prices, contrast, 481e
contract months, 451e – 453e
correlations, 460 – 461
    matrix, calculation, 469
CRB monthly cash index, 445
criterion, 10
cycles, market timing (relationship), 445 – 449
demand, 108
    reduction, 100
distributional characteristics, 507 – 509
equity prices, rolling correlation, 563e – 564e
excess returns, 211e
    parameters/p-values, 251e
exposure, 463 – 469
    offering. See Commodity trading advisors
    physical purchases, impact, 463
exposure, obtaining, 227 – 228
forecasts, directional accuracy (relevance), 374
forward curve, principal components, 351 – 352
future, 479
future returns, empirical results, 136
high return, 63 – 64
holding, 99n
homogenous asset class, treatment
    (impossibility), 427
inflation
    hedge, 88 – 97, 505 – 507
    relationship, 67 – 71
inventories, 116
    holding, payoff, 117 – 118
investing, 480 – 481
    alpha sources, 423
literature, concentration, 87 – 88
market opinion, 462
momentum portfolios, 223e
monthly returns, correlations, 237e
    inflation, impact, 239e

基准问题,
    经验分析, 176 – 197
繁荣/低迷, 480
商业周期,
    关系, 107 – 112
现金价格, 长周期, 446
联动, 88
消费品价格, 对照, 481 表
合约月份, 451 – 453 表
相关关系, 460 – 461
    矩阵, 计算, 469
商品研究局（CRB）月度现金指数, 445 页
准则, 10
周期, 市场择时（关系）, 445 – 449
需求, 108
    减产, 100
分布特征, 507 – 509
股权价格, 滚动相关, 563 – 564 表
超额收益, 211 表
    参数/p – 值, 251 表
敞口, 463 – 469
    提供。参见商品交易顾问基金
    实物购买, 影响, 463
敞口, 支付, 227 – 228
预测, 方向性精度（相关度）, 374
远期曲线, 主成分, 351 – 352
期货, 479
期货收益, 经验结果, 136
高收益, 63 – 64
持有, 99 脚注
同质的资产类别, 处理（不可能性）, 427

通货膨胀
    对冲, 88 – 97, 505 – 507
    关系, 67 – 71
库存, 116
    持有, 收益, 117 – 118
投资, 480 – 481
    阿尔法来源, 423
文献, 集中度, 87 – 88
市场观点, 462
动量投资组合, 223 表
月度收益, 相关性, 237 表
    通货膨胀, 影响, 239 表

monthly total returns,
　　summary statistics, 235e
myopic short–term allocation,
　　statistical significance, 539e
NBER monthly cash index, 445–446
　optimization, 475–476
　options, 570
　　markets, 571–574
　performance, 234e
　　analysis, 75–76
　popularity, 549–550
　real prices, 360
　role, investigation, 66
　roll returns, empirical results, 136
　sectors, 6–7
　　classification, 8e
　selection models, 432
　short-term allocations, 536–538
　specialist CTAs, embedded
　　commodity exposure (estimates), 495e
　specialists, activate manager role,
　　497–498
　spot prices
　　reaction, 68
　　variability, 361n
　stability/availability, 7
　strategic allocation. See
　　Retirement savings schemes
　statistical significance, 535e
　tactical allocation, 538–541. See also
　　Retirement savings schemes
　term structure, 126e
　　strategy, 224e
　trigger swaps, 623
　　recharacterization risk, relationship, 624–625
　　status, 624–625
　value, limitation, 524
　weights
　　development, 477e
　　significance, testing, 534–536
Commodities–linked ETFs, 566–567
　Outline, 567e
Commodities-related ETFs, 566, 566e
　winvestment, systematic risk (impact), 562

月度总收益，
　　汇总统计量，235 表
短期配置，
　　统计显著性，539 表
国家经济研究局月度现金指数，445–446
　最优化，475–476
　期权，570
　　市场，571–574
　业绩，234 表
　　分析，75–76
　普及，549–550
　实际价格，360
　作用，调查，66
　滚动收益，经验结果，136
　行业，6–7
　　分类，8 表
　选择模型，432
　短期配置，536–538
　专门化商品交易顾问基金，内置
　　商品敞口（估计），495 页表
　专家，主动型基金经理作用，
　　497–498
　现货价格
　　反应，68
　　变动，361 脚注
　稳定性/可得性，7
　战略性配置。参见
　　退休储蓄计划
　统计显著性，535 表
　战术性资产配置，538–541。另见
　　退休储蓄计划
　期限结构，126 表
　　策略，224 表
　触发互换，623
　　重新定义风险，关系，624–625
　　地位，624–625
　价值，限制，524
　权重
　　发展，477 表
　　显著性，检验，534–536
商品挂钩交易所交易基金，566–567
　大纲，567 表
商品类交易所交易基金，566，566 表
　投资，系统风险（影响）562

Commodity-based equities, 561–562	商品类公司股票, 561–562
Commodity Exchange of New York.	纽约商品交易所。
See New York Commmodity Exchange	见纽约商品交易所
Commodity exchanges, 17–18	商品交易所, 17–18
list, 19e	列表, 19 表
rates	比例
correlations, 107e	相关性, 107 表
relationship, 105–107	关系, 105–107
Commodity funds, 12	商品基金, 12
Commodity futures, 15–17, 40, 45–47	商品期货, 15–17 页, 40, 45–47
active investment, advantages, 17	主动型投资, 优势, 17
annualized monthly returns,	年化月度收益,
historical risk premium, 205	历史风险溢价, 205
annual return, Wilshire forecasts, 225n	年度收益, 威尔希尔预测, 225 脚注
arbitrage, 47e	套利, 47 表
asset class, 63–67, 423–426	资产类别, 63–67, 423–426
benchamark, defining, 171	基准, 定义, 171
cash-collateralized portfolio return,	现金抵押型组合收益,
components, 209–214	成分, 209–214
cost of carry, 115	持有成本, 115
distinction, 116–117	区别, 116–117
equally weighted portfolio, 424–425	等权重组合, 424–425
excess return, 28e	超额收益, 28 表
roll return, contrast, 258e	滚动收益, 对照, 258 表
exchanges, prices, 18–28	交易所, 价格, 18–28
financial futures, distinction, 46	金融期货, 区别, 46
investments, 56	投资, 56
GSCI basis, 418	GSCI 基差, 418
return components, 22–28	收益成分, 22–28
markets	市场
efficiency, 362–364	效率, 362–364
indirect alpha approach, 432	间接阿尔法策略, 432
momentum strategy, 221	动量策略, 221
performance benchamarks, review, 169	业绩基准, 回顾, 169
performance characteristics, 203	业绩特征, 203
portfolios	组合成分,
components, attraction, 57	吸引力, 57
example, 425	例子, 425
risk management, 335–338	风险管理, 335–338
positive excess returns, 257–258	正的超额收益, 257–258
prices	价格
inflation hedging properties, 218	通胀对冲特性, 218
variability, 362n	变动, 362 脚注
pricing/economies, 38	定价/经济, 38

returnspcomponents, 24e	收益成分, 24 表
macroeconomic determinants, 87	宏观经济决定因素, 87
statistical analysis, 227	统计分析, 227
return statistics, 426–431	收益统计量, 426–431
example, 428e–429e	例子, 428–429 表
risk premium models, 118	风险溢价模型, 118
strategic motivations, 56	战略动机, 56
tactical opportunities, 56	战术机会, 56
trades, construction, 410–411	交易, 构造, 410–411
trading program, design process, 406	交易方案, 设计过程, 406
universe, increase, 206	种类, 增长, 206
Commodity futures indexes, 13, 15	商品期货指数, 13, 15
correlation properties, 215	相关性性质, 215
diversification benefits, 241	分散化收益, 241
empirical results, 249–255	经验结果, 249–255
measure, problem, 260	测度, 问题, 260
ranking, 14e	排名, 14 表
relationship. *See* Gold	关系。参见黄金
Commodity Futures Trading Commission (CFTC), 39–40, 391	商品期货交易委员会 (CFTC), 39–40, 391
definition. *See* Commodity pool operator	定义。参见商品基金经理
Commodity trading advisors	商品交易顾问基金
Commodity hedges funds, types, 661–664	商品对冲基金, 类型, 661–664
Providing. *See* Inflation	提供。见通货膨胀
Commodity Index Components, 177e	商品指数成分, 177 表
certificates, 13	存单, 13
commodity returns portfolio, viewpoint, 259–260	商品收益组合, 观点, 259–260
commonality, 93	共性, 93
correlation, monthly excess return data (basis), 470e	相关性, 月度超额收益数据(基点), 470 表
long-only approach, testing, 436, 439	只做多方法, 检验, 436, 439
long-only strategy, 505	只做多战略, 505
negative returns, 110–111	负收益, 110–111
performance, problems, 255–261	业绩, 问题, 255–261
provider/characteristics, 464–465	供应商/特征, 464–465
return rate, inclusion, 556–557	收益率, 包括, 556–557
summary, 171–176	概述, 171–176
values, divergence, 178–179	价值, 178–179
Commodity investments	商品投资
active investments, 479	主动型投资, 479
background, 480–482	背景, 480–482
portfolio implications, 497–501	组合含义, 497–501
benefits, 524	好处, 524
empirical investigation, 526–533	经验考察, 526–533

consideration, 523	考虑，523
evaluation, framework, 484–485	评估，框架，484–485
passive form, 13	被动形式，13
perspective, 462–463	角度，462–263
strategic motivation, 58–74	战略动机，58–74
strategies, contrast. See Annualized portfolio volatility	策略，对照。参见年化组合波动率
tactical opportunities, 74–86	战术机会，74–86
types, 549	类型，549
volatility, 252e	波动率，252 表
Commodity-linked notes (CLNs), 615	商品挂钩票据（CLNs），615
contrast. See Collateralized commodity options	对照。参见抵押型商品期权
Commodity markets alpha strategies, 432–499	商品市场阿尔法策略，432–499
alpha strategies, 432–449	阿尔法策略，432–449
backwardating, 52	现货溢价，52
economics, 47–53	经济学，47–53
events, exposure, 328	事件，敞口，328
manager selection, 432	经理选择，432
participation, prospects, 10	参与，前景，10
supply/demand disequilibrium, 208–209	供给/需求失衡，208–209
technical analysis, profitability, 909	技术分析，盈利性，909
early studies, 918, 923–924	早期研究，918, 923–924
early studies, summary, 919e–922e	早期研究，摘要，919–922 表
empirical studies, 917–930	经验研究，917–930
modern studies, 924–930	现代研究，924–930
technical analysis, studies (summary), 931e–933e	技术分析，研究（摘要），931–933 表
technical strategies, 432	技术策略，432
Commodity-oriented portfolios, risk management techniques/strategies/tactics (applicaiton), 314	商品导向型组合，风险管理技术/策略/战术（应用），314
Commodity pool operator (CPO), CFTC definition, 266n–267n	商品基金经理（CPO），CFTC 定义，266–267 脚注
Commodity portfolios	商品组合
derivation. See Efficient commodity portfolios	推导。见有效商品组合
efficient frontier, 454, 474–477	有效边界，454, 474–477
considerations, 455–463	考虑，455–463
exposure, measurement/calculation process (importance), 317	敞口，测算/计算过程（重要性），317
fund position, lightening, 319	基金头寸，减少，319
guidelines/limits, 317–318	指南/限制，317–318
ideals/realities, 314–315	理想/现实，314–315
iteratives, usage, 317–318	迭代，用法，317–318
liquidity problems, measurements, 318	流动性问题，衡量，318
mean–CVaR efficient frontiers, 475e, 476e	均值–方差有效边界，475 表，476 表

optimization, usage, 35 – 36	最优化，用法，35 – 36
positions, size (measurement), 318	头寸，规模（衡量），318
programs, software, 317	程序，软件，317
Commodity portfolios (Continued)	商品组合（续）
risk management, 313	风险管理，313
approaches, 316	方法，316
infrastructure, 316 – 317	基础设施，316 – 317
performance attribution, 331	业绩归因，331
strategies, 322	策略，322
techniques, 318 – 320	技术，318 – 320
variables, 313 – 314	变量，313 – 314
strategies, usefulness (decision), 319	策略，有用性（决策），319
term structure, basis, 434	期限结构，基差，434
Commodity price index (CRY), 480	商品价格指数（CRY），480
selection, 487e	选择，487 表
Commodity price risk	商品价格风险
exposure. See Borrower	敞口。见借款人
hedge, 616 – 617	对冲，616 – 617 页
proxy. See Credit risk	替代品。见信用风险
securitization, 613	证券化，613
transfer, 620 – 621	转移，620 – 621
Commodity prices	商品价格
business cycles, impact, 446 – 447	商业周期，影响，446 – 447
changes, risk, 51	变化，风险，51
developments, 360 – 365	发展，360 – 365 页
financial asset prices, comparison, 53 – 54	金融资产价格，比较，53 – 54
forecasts	预测
accuracy, assessment, 359 – 360	精度，评估，359 – 360
complication, 358 – 359	复杂性，358 – 359
data, 376 – 379	数据，376 – 379
futures, incorporation, 358	期货，纳入，358
results, 379 – 388	结果，379 – 388
impact, 502	影响，502
inflation, relationship, 205	通货膨胀，关系，205
mean reversion, 106	均值回归，106
nonstationary characteristics, 366	非平稳特征，366
passive/active manager total returns,	被动型/主动型经理总收益，
contrast (performance statistics), 488e	对比（业绩统计量），488 表
real interest rate, increase (impact), 102e	实际利率，增加（影响），102 表
reduction, 108	降低，108
term structure, 122 – 128, 447 – 448	期限结构，122 – 128，447 – 448
Commodity-related companies,	商品类公司，
equity shares (purchase), 562	股份（购买），562
Commodity Research Bureau (CRB)	商品研究局（CRB）

classification, 176n
Commodity Yearbook 2005, 881, 885
    CRB/Reuters, 171–172
    data, 170n, 890n
    Index, 464–465
    LBCI, contrast, 179–180

    monthly cash index. *See* Commodities
    Total Return Index, introduction, 486
Commodity returns, 534
    contrast. *See* Stocks distributions,
        kurtosis (presence), 460
    dynamic linkages. *See* Monetary policy
    exchange rate, impact, 111e
    inflation, relationship, 238–239
    mean reversion behavior, 322–324
    momentum, 83–86
    world demand, impact, 111e
Commodity Sector Weights, 176e
Commodity-specialist active managers, 480
Commodity stock index (CSI), 246, 249
    alpha, *p*-values, 253n
    exception, 250
Commodity stocks, 11–12
Commodity supercycle theory, 4
Commodity trading advisors (CTAs), 12, 391.
    See also Micro-CTAs
    advantages, 630–631
    allocation, standalone investment, 489
    alpha, determination, 280
    asset allocation studies, 483
    assets, 648–650
    Asset Weighted Discretionary Index, 643
    benchmark design
        backfill bias, 277
        data issues, 277–278
        issues, 277–279
        manager bias, 277
        manager selection, 278
        selection bias, 277
        survivorship bias, 277–278
        weighting, 278
    beta switching, neglect, 485
    CFTC definition, 266n

分类，176 脚注
《商品年鉴 2005》，881，885
    商品研究局/路透社，171–172
    数据，170 脚注，890 脚注
    指数，464–465
    雷曼商品指数，
        对比，179–180 页

    月度现金指数。见商品
    总收益指数，引入，486
商品收益，534
    对比。见股票收益分布，
        峰态（存在），460
    动态联系。见货币政策
    汇率，影响，111 表。
    通货膨胀，关系，238–239
    均值回归行为，322–324
    动量，83–86
    世界需求，影响，111 表
商品行业权重，176 表
主动型商品专业化基金经理，480
商品股票指数（CSI），246，249
    阿尔法，p-值，253 脚注
    例外，250
商品股票，11–12
商品超长周期理论，4
商品交易顾问（CTAs），12，391。
    另见微商品交易顾问
    优势，630–631
    配置，单项投资，489
    超额收益，决定，280
    资产配置研究，483
    资产，648–650
    资产加权自主指数，643
    基准设计
        回填偏差，277
        数据问题，277–278
        问题，277–279
        经理偏差，277
        经理选择
        选择偏差，277
        生存偏差，277–278

贝塔转换，忽视，485
商品期货交易委员会定义，266 脚注

classificaitons, definition, 652e	分类，定义，652 表
commodity exposure, offering, 487 – 491	商品敞口，提供，487 – 491
computer-guided technical trading systems, usage, 910	计算机指导技术交易系统，惯例，910
CTA-managed futures industry, 481 – 482	商品交易顾问基金－管理型基金行业，481 – 482
CTA/managed futures strategy benchmarks	商品交易顾问基金/管理型期货策略基准
average manager level, empirical results, 303 – 306	平均经理水平，经验结果，303 – 306
data/methodology, 279 – 283	数据/方法，279 – 283
empirical analysis, 279 – 306	经验分析，279 – 306
performance/review, 266	业绩/回顾，266
strategy index level, empirical results, 289 – 303	策略指数层面，经验结果，289 – 303
diversification, example, 418 – 420	分散化，例子，418 – 420
fund composite/strategy listing, 278	基金综合/策略列表，278
funds allocation, 558	基金配置，558
funds/managers, number, 278	基金/经理，数字，278
growth process, 656	增长过程，656
historical performance, review, 626	历史业绩，回顾，626
input parameters, uncertainty, 628	输入参数，不确定性，628
investment	投资
arguments, 632, 634	争论，632，634
data, source, 940n	数据，来源，940 脚注
increase, 940	增加，940
losses, client acceptance, 416	损失，客户承兑，416
Market Factor Exposures, 490e	市场因子敞口，490 表
money, raising, 649	资金，筹集，649
mortality, 650 – 651	死亡率，650 – 651
portfolio diversification, commodity investment strategy (benefit), 420	组合分散化，商品投资策略（收益），420
returns. See Historical CTA returns	收益。见历史商品交易顾问收益
correlation, Bravais Pearson coefficients, 637, 640	相关性，布拉维·皮尔逊系数，637，640
performance analysis, 630 – 632	业绩分析，630 – 632
risk-return profile, 627 – 628	风险－收益状况，627 – 628
role, 479	作用，479
sector, trading rules/signals, examples, 391	行业，交易规则/信号，举例，391
specialists, usage. See Physicals	专家，使用。见实货
specialization. See Agricultural commodities	专业化。见农业商品
statistics. See Dead CTAs; Live CTAs	统计量。见死亡的商品交易顾问基金；存活的商品交易顾问基金
strategy-based portfolios, 303	基于策略的组合，303
strategy indexes, 274 – 276	策略指标，274 – 276
discretionary trading	自主判断的交易

strategy, 274
  futures markets trend, 274
systematic trading strategy, 274
  trading strategy focus, 274
survival, size classification, 654e
survivorshipbias, 650–651
systems, modification, 399–400
Commodity trading advisors
  (CTAs) indexes, 271–274
  comparison, 273e
  construction, 270–279
  design, 270–271
  investibility, 272
  selection criteria, 271
  Sharpe ratio, changes
    (example), 420e
  style classification, 271
  weighting scheme, 272
Commodity trading strategies, 391
Company-specific risk. See
  Unsystematic risk
Composite indexes
  composition, 171n
  historical performance, 178e
  monthly returns, frequency
    distribution, 189e
Compressed natural gas (CNG), 685
Computing power/data
  availability, increase/
  impact. See Systematic traders
Concentration risk. See Portfolio
Concordance
  Harding-Pagan test, 374
  statistic, 375
Conditional spanning, 539–540
  tests, performing, 540–541
Conditional Value-at-Risk (CVaR)
  contrast. See Value–at–Risk
  risk-return optimal
    portfolios, difference, 472–473
  technical implementation.
    See Mean-CvaR approach
Conditional Value-at-Risk
  (CVaR), risk measure, 471–473

策略，274
  期货市场趋势，274
系统性交易策略，274
  交易策略重心，274
存活，规模分类，654表
生存偏差，650–651
系统，修改，399–400
商品交易顾问基金
  (CTAs) 指数，271–274
  比较，273表
  构造，270–279
  设计，270–271
  可投资性，272
  选择标准，271
  夏普比率，变化
    （例子），420表
  风格分类，271
  权重方案，272
商品交易策略，391
公司特定风险。见
  非系统性风险
综合指数
  构成，171脚注
  历史业绩，178表
  月收益率，频率分布，189表
压缩天然气 (CNG)，685
计算能力/数据
  可获得性，增加/
  影响。见系统化交易商
集中风险。见投资组合
一致性
  哈丁–蒲甘检验，374
  统计，375
条件扩展，539–540
  检验，执行，540–541
条件涉险价值 (CVaR)
  对比。见涉险价值
  风险–收益最优组合，
    区别，472–473
  技术实现。
    参见均值–条件涉险价值方法
条件涉险价值
  (CVaR)，风险测度，471–473

Confidence bands. *See* CL
  forward curve;
  Natural gas
Considene, Timothy J., 831
Constantinides, GeorgeM., 939n
Constant mean reversion rates.
  See Volatility
Constant terminal volatilities.
  See Volatility
Consumable real assets, 454 – 455
Consumable/transferable
  (C/T) assets, 9
Consumer Price Index (CPI), 480
  comparison. *See* Gold
  conversion, 748 – 749
  inflation measurement, 64
  measures, 251 – 252
  usage, 90
Consumer products, soft commodity,
  706 – 709
Consumption
  effect, 116
  inventories, 116
  value, 118
Contango (normal market), 18 – 22
  contrast. *See* Backwardation
  definition, 510n
  dependence, 21
  description, 790
  display, 125 – 126
  futures price, relationship, 20
  market, 49
Continental gas, impact. *See*
  United Kingdom
Continuing Survey of Food
  Intakes by Individuals (CSFII), 885 – 886
Continuously compounded
  investment,
  progression, 150
Contract interrelationships,
  model, 346 – 352
Contract maturities
  expected roll yield, 445
  selection, 439 – 445

置信带。见原油
  远期曲线；
  天然气
康西第尼，提摩西·J.，831
康斯坦丁尼德斯，乔治·M.，939 脚注
恒定均值回归率。
  见波动率
恒定终值波动率。
  见波动率
可消费实物资产，454 – 455
可消费/可转移
  (C/T) 资产，9
消费物价指数 (CPI)，480
  比较。见黄金
  兑换，748 – 749
  通货膨胀衡量，64
  测度，251 – 252
  使用，90
消费产品，软质商品，
  706 – 709
消费
  效应，116
  存货，116
  价值，118
期货溢价（常态市场）18 – 22
  对照。见现货溢价
  定义，510 脚注
  取决，21
  描述，790
  表现，125 – 126
  期货价格，关系，20
  市场，49
大陆天然气，影响。见英国
个人食物摄入量持续调查 (CSFII)，
  885 – 886
连续复利
  投资，
  进程，150
合约间关系
  模型，346 – 352
合约到期日
  预期滚动收益，445
  选择，439 – 445

Convenience yield, 29	便利收益, 29
approximation, 135 – 136	近似, 135 – 136
correlation. See Inventory levels	相关性。见存货水平
distinction, 46	区别, 46
existence, 20	存在, 20
futures return, relationship (absence), 425	期货收益, 关系（不存在）, 425
models, 113 – 114, 120 – 121	模型, 113 – 114, 120 – 121
models, relationship. See Risk premiums	模型, 关系。见风险溢价
risk premiums, impact, 132	风险溢价, 影响, 132
variation, 21	波动, 21
arbitrage-based valuation concept, 114	基于套利的估值概念, 114
derivation, 122	推导, 122
graphical relationship, 133e	图形关系, 133 表
impact. See Futures returns; Term structure	影响。见期货收益; 期限结构
relationship. See Risk premium models	关系。见风险溢价模型
Cooper, Michael, 943n	库柏, 迈克尔, 943 脚注
Cootner, Paul, 21n, 56n, 59n, 258n, 393n, 407n	库特纳, 保罗, 21 脚注, 56 脚注, 59 脚注, 258 脚注, 393 脚注, 407 脚注
Co-ownership, precious metal form, 696	共有权, 贵金属形态, 696
Copper, 702 – 703	铜, 702 – 703
cathodes, 702	阴极, 702
characteristics, 782	特征, 782
judgment, 384	判断, 384
one-year LME convenience yield, warehouse stocks (correlation), 444e	一年期伦敦金属交易所便利收益, 库存量（相关性）444 表
prices, 793e, 801e	价格, 793 表, 801 表
comparison, scatter graph. See Stocks	比较, 散点图。见存货
raw material, 702	原材料, 702
spot/futures prices, 363e	现货/期货价格, 363 表
spread. See Cash copper; Spot copper	价差。见现金铜; 现货铜
spread/ratio, 799e	价差/比率, 799 表
Corn, 707	玉米, 707
B&H strategy, 918	购买并持有策略, 918
commodity, 864	商品, 864
example, 409 – 410	例子, 409 – 410
futures prices, 575e	期货价格, 575 表
NG futures prices, contrast, 412e	天然气期货价格, 对照, 412 表
NG prices, contrast, 413e	天然气价格, 对照, 413 表

milling, 872	碾磨, 872
price, 903	价格, 903
production, 707	生产, 707
forecasts, 575	预测, 575
spot prices, 575e	现货价格, 575 表
Corradi, Valentina, 586n	科拉迪, 范伦汀娜, 586 脚注
Correlated random numbers,	相关的随机数字,
generation, 347	生成, 247
Correlation, 214–215	相关性, 214–215
coefficients, 106, 185.	系数, 106, 185。
See also Petroleum	另参见石油
computation,	计算,
disadvantage, 93	劣势, 93
consideration, 460–461	考虑, 460–461
frowns, 593	皱眉, 593
negativity, reasons, 214	负数, 原因, 214
Correlation matrix, 34e.	相关性矩阵, 34 表
See also Nominal liabilities	另见名义负债
calculation. See Commodities	计算。见商品
decomposition, 346–348	分解, 346–348
quarterly holding period,	季度持有期间,
basis, 537e	基点, 537 表
Cost of carry, 115	持有成本, 115
formula, 121	公式, 121
incorporation, 372	纳入, 372
Cost return, contrast. See Net	成本收益, 比较。见
proceeds	净收益
Cotton, 709–710	棉花, 709–710
spot/futures prices, 363e	现货/期货价格, 363 表
Coughenour, Jay F., 122n	考夫纳, 杰里 F., 122 脚注
Counterparty credit risk, 551	交易对手信用风险, 551
Country elevators, 865–866	乡村粮囤, 856–866
Covariance matrix, usage, 544	协方差矩阵, 使用, 544
CPI. See Consumer Price Index;	CPI。见消费品价格指数;
Consumer price	消费品价格
inflation	通货膨胀
CPO. See Commodity pool operator	CPO。见商品基金经理
Crack spreads, 663n	裂解价差, 663 脚注
CRB. See Commodity Research Bureau	CRB。见商品研究局
Credit Agricole Structured	法国农业信贷银行结构化
Asset Management (CASAM)	资产管理 (CASAM)
CTA Asset Weighted	商品交易顾问基金资产加权
Diversified Index, 295	分散型指数, 295
database, 282–283	数据库, 282–283

management, 268	管理, 268
indexes, 276	指数, 276
Credit risk	信用风险
commodity price risk, proxy, 617e	商品价格风险, 替代品, 617表
securitization, 621e	证券化, 621表
Credit Suisse Hedge Fund	瑞士信贷对冲基金
Composite Index, 668	综合指数, 668
volatility/variance, 671	波动率/方差, 671
Credit Suisse/Tremont	瑞士信贷/特莱蒙
Managed Futures Index, 276	管理型期货指数, 276
Credit Suisse/Tremont	瑞士信贷/特莱蒙
Managed Futures INVX Index, 276	管理型期货 INVX指数, 276
Cremers, Jan-Heim, 508n	克里莫斯, 简-海默, 508脚注
Cross-commodity	跨商品
correlation. See United Kingdom	相关性。见英国
Cross-commodity risk, quantification. See Futures contracts	跨商品风险, 量化。见期货合约
Crude oil, 682–684	原油, 682–684
forward curve, 436	远期曲线, 436
components, 348–349	成分, 348–349
simulation, sample, 354e	模拟, 样本, 354表
forward structure. See New York Mercantile Exchange	远期结构。见纽约商业交易所
GSCI allocation, 509–510	GSCI配置, 509–510
prices, relationship. See World sugar prices	价格, 关系。见世界糖价格
returns, stocks (response), 85	收益, 股票（反应）, 85
roll returns, 231e	滚动收益, 231表
seasonal cycle, examination, 684	季节周期, 考察, 684
Sharpe oil, 927	夏普石油, 927
spot returns, 231e	现货收益, 231表
structure, power, 79	结构, 能力, 79
supply/demand imbalance, 53	供给/需求失衡, 53
time spreads, 663n	时间价差, 663脚注
U.S. dollars, trading, 821	美元, 交易, 821
Crude oil futures, 231e	原油期货, 231表
backwardated market, 52	现货溢价型市场, 52
contango market, 52e	期货溢价型市场, 52表
contract, future value, 46	合约, 未来价值, 46
prices, 230e	价格, 230表

CRY. *See* Commodity price index	CRY。见商品价格指数
CSCE. *See* Coffee, Sugar and Cocoa Exchange	CSCE。见咖啡，糖及可可交易所
CSFII. *See* Continuing Survey of Food Intakes by Individuals	CSFII。见个人食物摄入量持续调查
CSHF. *See* Credit Suisse Hedge Fund Composite Index	CSHF。见瑞士信贷对冲基金综合指数
CSI. *See* Commodity stock index	CSI。见商品股票指数
CS/Tremont Hedge Fund Composite Index, 33	瑞士信贷/特莱蒙对冲基金综合指数，33
CS/Tremont Hedge Fund Index, 31	瑞士信贷/特莱蒙对冲基金指数，31
C/T. *See* Consumable/transferable	C/T。见可消费/可转移
CTAs. *See* Commodity trading advisors	CTAs。见商品交易顾问基金
CTI physicals market factor exposure, 494e	CTI 实货市场因子敞口，494 表
Cuddington, John T., 358n, 366n	库丁顿，约翰 T.，358 脚注，366 脚注
Culp, Christopher L., 144e	卡尔普，克里斯托弗 L.，144 表
Cumby, Robert E., 374n	坎比，罗伯特 E.，374 脚注
Cumby-Modest test, 374	坎比-莫迪斯特检验，374
Cumulative world silver production/distribution, 768e	累计世界白银产量/分配，768 表
Curran, Michael, 591n	科伦，迈克尔，591 脚注
Currencies, 43–45	货币，43–45
arbitrage, 45e	套利，45 表
demonstration, 44	示例，44
CTAs, 289–292	商品交易顾问基金，289–292
indexes, excess return estimates, 292	指数，超额收益估计，292
indexes, performance/benchmark, 290e–291e	指数，业绩/基准，290 表–291 表
definition, 490	定义，490
futures, 39	期货，39
futures markets, trading, 274	期货市场，交易，274
hedge. *See* Gold	对冲，见黄金
Cut-down rule, discussion, 156–157	砍伐规则，讨论，156–157
Cut-down strategy. *See* Optimal cut-down strategy	砍伐策略。见最优砍伐策略
CVaR. *See* Conditional Value-at-Risk	CVaR。见条件涉险价值
CXCI. *See* Deutsche Börse	CXCI。见德国证券交易所
CYM. *See* Convenience yield models	CYM。见便利收益模型

D

D

Daily gas/power returns, correlation. *See* United Kingdom	天然气/电力日收益，相关性。见英国

| Daily log price returns, | 对数日度价格收益 |
| correlation matrix, 346–347 | 相关性矩阵,346–347 |

Damodaran, Aswath, 615n 达摩达兰,阿斯瓦斯,615脚注
Das, Satyajit, 614n, 615n 达斯,萨蒂亚吉特,614脚注,615脚注
Daskalakis, George, 858n 达斯卡拉基斯,乔治,858脚注
Data mining, 402 数据挖掘,402
Data snooping, 943–944 数据探测,943–944
  occurrence, 944   发生,944
  problem, approaches, 946   问题,途径,946
Data snooping-adjusted 数据探测调整之后的 p-值,946
  p-values, 946
Davidson, Sinclair, 727n 戴维森,辛克莱尔,727脚注
Day, Theodore E., 942n 戴,西奥多 E.,942脚注
Day-ahead gas, power prices 日前天然气,电力价格(关系)。
  (relationship). See United Kingdom   见英国
Day ahead versus real time, 663n 日前与实时,663脚注
DBC. See Deutsche Bank DBC。见德意志银行商品指数
  Commodity Index
DBLCI. See Deutsche Bank DBLCI。见德意志银行
  Liquid Commodity Index   流动商品指数
DBLCI-MR. See Deutsche Bank Liquid DBLCI-MR。见德意志银行流动商品
  Commodity Index – Mean Reversion   指数—均值回归
DBLCI-OY. See Deutsche Bank Liquid DBLCI-OY。见德意志银行流动商品
  Commodity Index – Optimum Yield   指数—最优收益
DC. See Down closes DC。见下收盘价
Dead CTAs, statistics, 652e 死亡的商品交易顾问基金,统计,652表
Deaves, Richard, 258n 迪佛斯,理查德,258脚注
De Chiara, Adam, 23n 德齐亚拉,亚当,23脚注
Decorrelation curve. See United Kingdom 去相关性曲线。见英国
Dedicated energy hedge funds, 专业化能源对冲
  classification, 662e   基金,分类,662表
Deepgeothermic heat, 693 深层地热,693
Default risk premium. See Gold 违约风险溢价。见黄金
Default spread, 538 违约价差,538
de Jong, Cyriel, 848n 德容,克里尔,848脚注
Delbaen, Freddy, 471n, 473n 戴尔贝恩,弗雷迪,471脚注,473脚注
Delevered returns, hedge fund strategy, 去杠杆收益,对冲基金策略,
  417e   417表
Delivery claim, precious 交割要求权,贵金属
  metal form, 695   形态,695
De Long, J. Bradford, 936 德龙,J. 布拉德福德,936
Demand 需求
  changes, short-run/long-   变化,短期/长期反应,
  run responses, 106e   106表

destruction, occurrence
  See United Kingdom
Deng, Shi-Jie, 597n
Denson, Edwin, 93n
Denton, Frank T., 943n
Dependence structure. See Bonds; Stocks
De Roon, Frans A., 114n, 245n,
  259n, 522n, 534n, 542n
Descriptive statistics,
  quarterly holding
  period (basis), 537e
Deutsche Bank Commodity
  Index (DBC) Tracking
  Fund, 567e
Deutsche Bank Liquid
  Commodity Index
    (DBLCI), 171–172,
    194, 246, 426
  investable commodity index, 556e
  offering, 465
Deutsche Bank Liquid
  Commodity Index-
  Mean Reversion
    (DBLCI–MR), 246,
    248, 250, 557
Deutsche Bank Liquid
  Commodity Index-Optimum Yield
    (DBLCI-OY), 246–250
  asset-specific risk return
    relation, 255
  monthly excess returns, 262e
  regression output, 264e
  usage. See Excess return
Deutsche Börse (CXCI), 172,
  175–176
Deutsche mark futures,
  inputs, 927–928
Deviations, absence, 180
de Vries Robbe, Jan Job,
  613n, 617n, 620n,
  622n, 623n, 625n
Dewbrey, Daryl, 549n
DGCX. See Dubai Gold and
  Commodity Exchange

崩溃，事件
  见英国
邓，施-杰，597 脚注
邓森，埃德温，93 脚注
丹顿，弗兰克 T.，943 脚注
相关系结构，见债券；股票
德容思，弗兰斯 A.，114 脚注，245 脚注，
  259 脚注，522 脚注，534 脚注，542 脚注
描述性统计量，
  季度持有
  期间（基点），537 表
德意志银行商品
  指数（DBC）追踪
  基金，567 表
德意志银行流动商品指数

    （DBLCI），171–172，
    194，246，426
  可投资商品指数，556 表
  提供，465
德意志银行流动商品指数-

  均值回归
    （DBLCI–MR），246，
    248，250，557
商品指数流动商品指数-最优收益率

    （DBLCI–OY），246–250
  资产特定的风险收益
    关系，255
  月度超额收益，262 表
  回归结果，264 表
  使用。见超额收益
德意志证券交易所（CXCI），172，
  175–176
德国马克期货，
  输入，927–928
偏离，缺失，180
德弗里斯罗贝，简焦伯，
  613 脚注，617 脚注，620 脚注，
  622 脚注，623 脚注，625 脚注
德贝利，达里尔，549 脚注
DGCX。见迪拜黄金与
  商品交易所

Dimson, Elroy, 939n
Dincerler, Canekin, 441n
Direct cash investment, 550–552
Directional accuracy
　measure, 374–375
　relevance. See Commodities
Directional parabolic, 925
Directional price movement
　(velocity), momentum
　oscillator (usage), 915
Direct metal investment,
　achievement, 795
Direct transaction costs,
　variation, 439n
Discretionary CTAs, 298
　indexes, performance/benchmark
　　comparisons, 299e–300e
Distributions
　downside risk, 471–472
　excess kurtosis, presence/
　　absence, 460e
Dittmar, Rob, 929n
Diverged power-gas/power-coal spreads,
　convergence, 836e
Diversification
　equation, 260
　properties. See Gold
Diversification return, 209–214
　drivers, 213e
　mechanics, 212e
Diversified CTAs, 295–298
　average manager
　　level comparison, 306
　average performance/benchmark
　　comparison, 307e–308e
　indexes, performance/
　　benchmark, 296e–297e
Diversified futures markets,
　trading, 274
Dividend rate, subtraction, 42
Diz, Fernando, 650n, 651n
DJAC. See Dow Jones-AIG
　Commodity Index
DJAIG. See Dow Jones-

迪姆森，埃尔罗伊，939 脚注
丁杰尔莱尔，卡内金，441 脚注
直接现金投资，550–552
方向性精度
　测度，374–375
　关联。见商品
定向抛物线，925
定向价格变动
　（速度），动量
　震荡指标（使用），915
直接金属投资，
　实现，795
直接交易成本，
　变动，439 脚注
自主判断型商品交易顾问，298
　指数，业绩/基准
　　比较，299 表–300 表
分布
　下跌风险，471–472
　超额峰度，存在/
　　不存在，460 表
迪特马尔，罗布，929 脚注
背离的电气/电煤价差，
　趋同，836 表
分散化
　方程，260
　属性。见黄金
分散化收益，209–214
　驱动因素，213 表
　机制，212 表
分散型商品交易顾问基金，295–298
　平均经理
　　层面比较，306
　平均业绩/基准
　　比较，307 表–308 表
　指数，业绩/
　　基准，296 表–297 表
分散化期货市场，
　交易，274
股息率，扣除，42
迪兹，费尔南多，650 脚注，651 脚注
DJAC。见道琼斯–AIG 商品指数

DJAIG。见道琼斯–美国国际集团

American International Group DJ-AIGCI. *See* Dow Jones-AIG Commodity Index	DJ – AIGCI。见道琼斯 – AIG 商品指数
Domestic large-capcompany, small-cap/startup company (trade-offs), 562	国内大市值公司，小市值公司/创业公司（权衡），562
Donchian, Richard D., 393n, 915n, 918n	唐契安，理查德 D.，393 脚注，915 脚注，918 脚注
Double-jumpprocesses, 583	双重跳跃过程，583
Dowd, Kevin, 723n	多德，凯文，723 脚注
Dow Jones – AIG Commodity Index (DJ-AIGCI), 13, 205n, 426, 669	道琼斯 – AIG 商品指数（DJ – AIGCI），13，205 脚注，426，669
Dow Jones-AIG Commodity Index (Continued)	道琼斯 – AIG 商品指数（续）
average annualized spot/roll/collateral/total return, 233e	平均年化现货/滚动/抵押/总收益，233 表
excess return, monthly index data, 232	超额收益，月度指数数据，232
investable commodity index, 556e	可投资商品指数，556 表
offering, 464 – 465	提供，464 – 465
performance, 232e	业绩，232 表
spot return index, monthly index data, 232	现货收益指数，月度指数数据，232
total return index, 227	总收益指数，227
monthly index data, 232	月度指数数据，232
performance, comparison, 233	业绩，比较，233
weighting scheme, 232n	权重方案，232 脚注
Dow Jones-American International Group (DJAIG) commodity index	道琼斯 – 美国国际集团（DJAIG）商品指数
calculation, 172, 174	计算，172，174
goal, 465n	目标，456 脚注
introduction, 486	引入，486
Dow Jones Indexes, 461n	道琼斯指数，461 脚注
Dow Jones Industrial Average (DJIA) (technical trading returns), non-synchronous trading (impact), 942	道琼斯工业平均（DJIA）（技术交易收益），非同步交易（影响），942
Dow Jones Industrials Stock Index, futures	道琼斯工业股票指数，期货

960

contracts, 42
Down closes (DC), 916. See also Average down closes
Downside risk, reduction. See Portfolio
Doyle, Emmet, 13n
Draper, Paul, 722n, 725n
Drift, adjustment, 588
Dual Moving Average Crossover, 914, 925
    definitions, 914
    system, parameters, 913, 914
    trading rules, 914
Dubai Gold and Commodity Exchange (DGCX), 720
Duffie, Darrell, 584n
Dupire, Bruno, 344n
Durrleman, Valdo, 593n
Dusak, Katherine, 39n, 57n, 424n

E

Eagleeye, Joseph, 21n, 215n, 432n, 448n, 457n, 542n
Easley, David, 934n
Eber, Jean-Marc, 471n, 473n
ECM. See Error-correction model
Economic cycles, 448e
Economic/political convergence, 3–4
ECOs. See Equity collateralized obligations
Edwards, Franklin R., 16n, 58n, 463n, 483n, 630n
EEX. See European Energy Exchange
EFET. See European Federation of Energy Traders
Efficiency tests, requirement, 372n
Efficient, term (usage), 911–912
Efficient commodity portfolios, derivation, 469–473
Efficient frontiers. See Bonds; Stocks

合约, 42
下收盘价 (DC), 916。同见平均下收盘价
下跌风险, 下降。见投资组合
多伊尔, 埃米特, 13 脚注
德雷珀, 保罗, 722 脚注, 725 脚注
漂移, 调整, 588
双重移动平均交叉, 914, 925
    定义, 914
    系统, 参数, 913, 914
    交易规则, 914
迪拜黄金与商品交易所 (DGCX), 720
达菲, 达雷尔, 584 脚注
迪皮尔, 布鲁诺, 344 脚注
迪尔勒曼, 瓦尔多, 593 脚注
杜撒克, 凯瑟琳, 39 脚注, 57 脚注, 424 脚注

E

伊格利, 约瑟夫, 21 脚注, 215 脚注, 432 脚注, 448 脚注, 457 脚注, 542 脚注
伊斯利, 大卫, 934 脚注
希伯, 让-马克, 471 脚注, 473 脚注
ECM。见误差修正模型
经济周期, 448 表
经济/政治趋同, 3–4
ECOs。见股权抵押债务
爱德华, 富兰克林 R., 16 脚注, 58 脚注, 463 脚注, 483 脚注, 630 脚注
EEX。见欧洲能源交易所
EFET。见欧洲能源交易商联盟
有效性检验, 要求, 372 脚注
有效, 期限 (使用), 911–912
有效商品组合, 推导, 469–473
有效边界, 见债券; 股票

data
    set, analysis, 467
    usage, 465
    expected return, increase, 477e
Efficient market hypothesis, 911–912
    implication, 912
    subdivision, 912
EGARCH. *See* Exponential Generalized Autoregressive Conditional Heteroskedasticity
Egelkraut, Thorsten M., 63n
Ehrlich, Paul, 776
Eibl, Christoph, 434n, 439n
Eicker-Wolf, Kai, 164n
Eigen decomposition, 347–348
Eight-quarter horizon
    forecast performance, 385e–387e
Eight-quarter horizon, futures (incorporation), 384
Einstein, Albert, 688
Ekeland, Lars, 597n
Ekström, Clas, 855n
Electricity, 577, 579
    average hourly total import capacity NTC, 806e
    base block, 808
    bid-ask spread, 811
    commodity peculiarity, 804
    contracts, backwardation, 812–813
    day-ahead consumption, 808
    day-ahead delivery, base/peak, 809
    demand curve, forecast, 822
    demand quantities, simulations, 607e
    equilibrium forward price, 609–610
    exchanges, 805–806
    expected demand, 822
    forward curve, 822–823
    forward markets, 808, 811–815
    mid-term price expectation, 816–817
    price spike, 816
    forward price

数据
    集合，分析，467
    使用，465
    期望收益，增加，477e
有效市场假说，911–912
    含义，912
    分支，912
EGARCH，见指数广义自回归条件异方差

伊歌克劳，托斯顿 M.，63脚注
埃利希，保罗，776
埃比，克斯利托夫，434脚注，439脚注
埃克-沃夫，凯，164脚注
特征分解，347–348
八个季度期限
    预测效果，385表–387表
八个季度期限，期货（纳入），384
爱因斯坦，阿尔伯特，688
艾克朗，拉尔斯，597脚注
埃克斯托姆，克莱斯，855脚注
电力，577, 579
    平均每小时总输入能力 NTC，806表
    基本时段，808
    买卖价差，811
    商品特性，804
    合约，现货溢价，812–813
    日前消费，808
    日前交割，基本/高峰，809
    需求曲线，预测，822
    需求量，模拟，607表
    均衡远期价格，609–610
    交易所，805–806
    预期需求，822
    远期曲线，822–823
    远期市场，808, 811–815
    中期价格期望，816–817
    价格尖峰，816
    远期价格

determination, 603–606	决定,603–606
equilibrium, 605–606	均衡,605–606
spot price, comparison, 608	现货价格,比较,608
tractable approximation, 606	简单近似,606
forward pricing, 599–606	远期定价,599–606
forwards, pricing, 596	远期,定价,596
fuel markets, 820–821	燃料市场,820–821
futures/spot prices, 578e	期货/现货价格,578 表
futures term structure, 579e	期货期限结构,579 表
gate closure, market price, 833	收盘,市场价格,833
hard coal price, impact, 820	硬煤价格,影响,820
hedging, 821–824	对冲,821–824
international exchange, growth, 818	国际交易所,增长,818
market assumptions, 600e	市场假设,600 表
price, factors, 815–821	价格,因素,815–821
market participants, trading, 807–808	市场参与者,交易,807–808
marketplaces. *See* Europe	市场,见欧洲
market price, calculation, 812	市场价格,计算,812
maximum price, existence, 815–817	最高价格,存在,815–817
month contracts, future price, 814e	月度合约,期货价格,814 表
month value, calculation, 823	月度价值,计算,823
nonleap year, impact, 812e	平年,冲击,812 表
numerical application, 606–609	数值应用,606–609
input parameters, 606e	输入参数,606 表
oil power plants, role, 821	石油发电厂,作用,821
options, 823	期权,823
quotes, 824e	报价,824 表
OTC market, 806–808	场外交易市场,806–808
peak block, 808	高峰时段,808
price/availability, 778	价格/可得性,778
prices driver, economic growth, 815	价格驱动因素,经济增长,815
movements, weather changes (impact), 809, 811	变动,天气变化(冲击),809,811
risk, hedging, 601	风险,对冲,601
volatility, 596–597	波动率,596–597
producers, uncertainty, 603–604	生产商,不确定性,603–604
quantity, determination, 602	数量,决定,602
quarter contracts, future price, 814e	季度合约,期货价格,814 表
rainfalls, bearish signals, 819	降雨,熊市信号,819
retailers, uncertainty, 600	零售商,不确定性,600
risk/expected return profile, 604	风险/期望收益状况,604

retailer optimization, 605
schedule, 813
seasonality, 817
skewness, calculation, 609–610
snowfalls, impact, 819
special events, forecast, 816n
spot markets, 808–811
swing options, 824
total costs functions, 602e
traded futures, 812
trading. See European Union uranium
   prices, impact, 820
variables, 601
variance, 604
   equations, 609–612
weather, impact, 818–820
weekend/holiday operation, 817–818
wholesale market, international characteristic, 805
wholesale price determination, 601–603
   distribution, determination, 607–608
year contracts, future price, 815e
Electric power production, 688–689
Eling, Martin, 631n
Elton, Edwin J., 58n, 483n
Embrechts, Paul, 471
Emissions allowances. See European Union
Enders, Walter, 101n
Energy
   alternatives, 687–695
   commodities subgroup, consideration, 456n
   contracts, 572
   ETFs, usage, 662
   exchanges, importance (increase), 597
   funds of hedge funds, 663–664
   hard commodity, 681–695
   markets GSCI allocation, 509–510
   stock developments/term structure, synchronization, 444–445
   options, exchange trading (increase), 572
   securities, 663n
   spread options trading volume, 573e
   trading strategies, 663n
Energy contracts (forward curves),
   backwardation/contango (conversion), 449

零售商最优化, 605
价格曲线, 813
季节性, 817
偏度, 计算, 609–610
降雪, 冲击, 819
特殊事件, 预测, 816脚注
现货市场, 808–811
摆动期权, 824
总成本函数, 602表
交易期货, 812
交易。见欧盟铀
   价格, 冲击, 820
变量, 601
方差, 604
   方程, 609–612
天气, 影响, 818–820
周末/假日运营, 817–818
批发市场, 国际特征, 805
批发价格决定, 601–603
   分布, 决定, 607–608
年度合约, 期货价格, 815表
电力生产, 688–689
伊林, 马丁, 631脚注
埃尔顿, 爱德文, 58脚注, 483脚注
恩布莱西斯, 保罗, 471
碳排放配额, 见欧盟
恩德斯, 沃尔特, 101脚注
能源
   替代品, 687–695
   商品子部分, 考虑, 456脚注
   合约, 572
   场内交易基金, 用途, 662
   交易所, 重要性(增长), 597
   对冲基金的基金, 663–664
   硬质商品, 681–695
   市场高盛商品指数配置, 509–510
   股票走势/期限结构, 同步, 444–445
   期权, 场内交易(增长)572
   证券, 663脚注
   价差期权交易量, 573表
   交易策略, 663脚注
能源合约(远期曲线),
   现货溢价/期货溢价(转换), 449

Energy Hedge Fund Center, 660n
Energy hedge funds, 661–663
    assets under management (AuM),
        examination, 666
    beta exposure, 496
    characteristics, 666–668
    classification. See Dedicated energy
        hedge funds correlations, 674e
    index perspective, 669–673
    market factor exposure, 497e
    performance persistence, 676e
    perspective, 673–677
    risk/return characteristics, 668–677
        dispersion, 678e
    ranking, 670e
    risks, 664–666
    rolling Sharpe ratio, 672e
    specialization, 494–496
    standard deviation (SD), 666
Energy industry, data
        acquisition (difficulty), 347
Energy-related products,
    importance (increase), 597
Engle, Robert F., 372n, 586n
Enkvist, Per-Anders, 855n
Entry thresholds (ET), 916
Equally weighted (EW) buy and–hold
    portfolio, 207–208
Equal weighting, contrast. See Asset weighting
Equilibrium model, proposal, 935
Equity definition, 490
    derivatives, entry, 562, 565
    diversification, example, 418
    indexes, 513–517
    prices, rolling correlation. See
        Commodities returns,
        average returns, 456
    total return swaps, entry, 562, 565
Equity collateralized obligations (ECOs), 617n
Equity futures markets, trading, 274
ER. See Excess return
Erb, Claude, 10n, 20n, 23n,
    28n, 61n, 67n, 78n, 83n, 84n, 138n,
    171n, 188n, 206n, 208n, 209n, 213n,

228n, 255n, 425n, 448n, 455n, 461n, 523n, 529n, 542n, 545n
Error-correction model (ECM)
    forecasts generation. *See* Quarterly ECM forecasts outperformance, 384
    usage, 372
Estimation bias, 101
Estimation results, 925
ET. *See* Entry thresholds Ethanol, 901–904
    importance, 903
ETNs. *See* Exchange-traded notes
ETS. *See* European Trading Scheme
Europa-Rapid-Press Releases, 894e
Europe, electricity marketplaces, 804–808
European Energy Exchange (EEX), 803
    auction result, 809
    daily spot prices, 816e
    futures prices, 813e
    trading, 811e
    ranking, 807e
    spot auctions, result, 810e
    spot market prices, 818e
European Federation of Energy Traders (EFET), 596, 803
    master agreement, 807
    web site, master agreement information, 849n
European options, 588
    price, jumpdiffusion process (usage), 588
European registries, Internet links, 847e
European spread options, price (first analytic approximation), 592
European Trading Scheme (ETS)
    CO_2 prices, 834
European Union
    annual hydroelectric production, 853e
    electricity trading, 803
    sugar producer, ranking, 893
European Union, emissions trading, 844
    active risk management companies, 849
    allocation information, EU trading sectors, 856
    allowances calculation, spot prices (usage), 859e
    factor, dominance, 854

228, 255, 425, 448, 455, 461n, 523, 529, 542, 545 脚注
误差修正模型（ECM）预测生成。
    见季度 ECM 预测突出表现，384,
    用途，372
估计偏差，101
估计结果，925
ET。见准入门槛乙醇，901–904
    重要性，903
ETNs。见交易所交易票据，
ETS。见欧洲交易计划，
欧洲 - 快速 - 新闻发布，894
欧洲，电力市场，804–808
欧洲能源交易所，803
    拍卖结果，809
    每日现货价格，816 表,
    期货价格，813 表
    交易，811 表
    排名，807 表
    现货拍卖，结果，810 表
    现货市场价格，818 表
欧洲能源交易商联盟（EFET），596, 803
    主协定，807
    网址，主协定信息，849 脚注
欧式期权，588
    价格，跳跃扩散过程（用途），588
欧洲注册表，互联网连接，847 表
欧式价差期权，价格（一阶解析近似），592
欧洲交易计划，二氧化碳价格，834
欧盟年度水力发电量，853 表
    电力交易，803
    糖生产者，排名，893
欧盟，排放交易，844
    积极开展风险管理的公司，849
    分配信息，欧盟交易行业，856
    配额计算，现货价格（用途），859 表
    因素，主导，854

962

market, products (offering), 857–860
operational trading, 848–861
background, 844–848
clean development mechanism (CDM)
    project, 859
emissions allowances, 846–848
market, influence
    factors/weights (Socie′te′ Ge′ne′rale
    usage), 860e
operational trading, 848
options market, 858
price quotes, 852e, 861e
emissions inventory, publication, 856
emissions trading directive, approval, 852
historical volatility, 859e
market development, 860–861
OTC market, 849–850
price driver, 855
price history/formation, 851–853
project-based mechanisms, 859
scheme, predecessors, 847–848
spot/forward prices,
    relationship, 851
spot/forward products, 857–858
spot market trades, 848
European Union Emissions Trading
    System, 844–845
EURO STOXX 50
    direct purchase/sale, impossibility, 598
    futures contracts, pricing, 598e
Eurozone
    gold, correlation, 753–756
    gold returns/correlation/volatility, 754e
    yearly returns, 755e, 756e
Eventful periods, examples, 414e
Event risks, measurement, 325–326
EW. See Equally weighted,
Ewing, Bradley T., 833n
EWMA. See Exponentially weighted
    moving average
Ex ante monetary policy indicator,
    usage, 77
Excel, usage. See Asset
    spanning regression

市场，产品（提供），857–860
营运交易，848–861
背景，844–848
清洁发展机制，
    项目，859
碳排放配额，846–848
市场，影响
    因素/权重（法国兴业银行用途），
    860 表
交易运作，848
期权市场，858
报价，852 表，861 表
碳排放剩余量，公布，856
碳排放交易法令，批准，852
历史波动率，859 表
市场走势，860–861
场外交易市场，849–850
价格驱动因素，855
价格历史/形成，851–853
基于项目的机制，859
计划，先驱，847–848
现货/远期价格，
    关系，851
现货/远期产品，857–858
现货市场交易，848
欧盟碳排放交易系统，844–845
欧元区斯托克 50 指数，
    直接购买/出售，不可能性，598
    期货合约，定价，589 表
欧元区
    黄金，相关性，753–756
    黄金收益/相关性/波动率，754 表
    年收益，755 表，756 表
动荡时期，例子，414 表
事件风险，度量，325–326
EW。见等权重
尤因，布拉德利，T，833 脚注
EWMA。见指数加权移动平均

事先货币政策指标，
    用途，77
表格，用途。见资产扩展回归

Excess kurtosis
    increase, 507
    level, impact, 467
    modeling. See Volatility presence/
        absence. See Distributions
        Excess return (ER), 229
    calculation, 27
    conditional nature (capture), DBLCI - OY
        (usage), 259
    correlations, 216e - 217e
    index, 27, 206n, 464
    roll return, contrast. See Commodity futures
        spot return/roll return, sum, 209 - 211
    starting point, 427n
Exchange elevators, 867
Exchange market data, independent
    market data (contrast), 324e
Exchange rates impact. See Commodity
    returns movements contrast, 111 - 112
    initiation, 105n
    relationship. See Commodities
Exchange-traded commodity options,
    American options (similarity), 589
Exchange-traded forwards, 626
Exchange-traded funds (ETFs), 13, 228, 487.
    See also Commodities - linked ETFs;
        Commodities - related ETFs;
        Gold advantages, 565 - 568
    trading/transaction costs, ease, 566 - 567
    usage. See Energy
Exchange-traded notes (ETNs), 566
Execution costs, 941
Expected returns differences, 545 - 546
    models, 28 - 30
    robustness analysis, 545e
Expected seasonal price behavior.
    See Seasonal price behavior, Explicit
        production function, knowledge, 154
Exponential Generalized Autoregressive
    Conditional Heteroskedasticity
        (EGARCH) model, 928
Exponentially weighted moving
    average (EWMA), 395n
Export elevators, 867 - 868

超额峰度
    增加, 507
    水平, 影响, 467
    建模。见波动率存在/不存在。
        见超额
        收益分布, 229
    计算, 27
    条件性质 (捕捉), 德意志银行流动性
        商品 - 最优收益指数 (用途), 259
    相关性, 216 - 217 表
    指数, 27, 206 脚注, 464
    滚动收益, 对照。见商品期货
        现货收益/滚动收益, 总和, 209 - 211
    出发点, 427 脚注
乡村粮囤, 867
交易所市场数据, 独立
    市场数据 (对比), 324 表
汇率影响。见商品收益变动对比,
    111 - 112
    初始, 105 脚注
    关系。见商品
场内交易商品期权,
    美式期权 (相似性), 589
场内交易远期, 626
场内交易基金 (ETFs), 13, 228, 487。
    见商品挂钩 ETFs;
        商品相关 ETFs;
        黄金优势, 565 - 568
    交易/交易费用, 放松, 566 - 567
    用途。见能源
场内交易票据 (ETNs), 566
执行成本, 941
预期收益差别, 545 - 546
    模型, 28 - 30
    稳健性分析, 545 图
预期季节性价格行为。
    见季节性价格行为,
        显性生产函数, 知识, 154
指数广义自回归条件异方差
    (EGARCH) 模型, 928
指数加权移动平均 (EWMA),
    395 脚注
出口粮囤, 867 - 868

Extraction action, 779
  process. See Base metals
Exxon, risk transfer, 48
ExxonMobil, crude oil (nondiversified exposure), 50–51

F

Fabozzi, Frank J., 473n
Factor notation, 198–199
Faff, Robert, 722n, 725n, 727n
Fama, Eugene F., 25n, 59n, 60n, 71n, 80n, 108n, 122n, 134n, 209n, 393n, 435n, 457n, 910n, 911n
Farrow operations. See Hogs
Fat tails, 192, 841
  exhibition, 469
Faustmann, Martin, 153n
  reasoning, 160n
  solution, 156–157
  value, price (equivalence), 164–165
  woodland value, 160
Faustmann capital value, 153–154
Faustmann rotation,
  substitution, 159–160
Federal Reserve Act, 506
Federal Reserve Bank (Fed)
  funds increase,
    interpretation, 77
  index, 106n
  rate, comparison. See Inflation
Feedback models, usage, 936
Feedback traders, 935
Feeder Cattle, 710
Feldman, Barry, 20n, 434n, 441n
Ferguson, Kathleen W., 507n, 508n
Fernando, Chitru S., 615n
Fernholz, Robert, 259n
Ferson, Wayne E., 538n
Feudalism, progression, 159–162
FFV. See Flex-fuel vehicle Filter rule.
  See Alexander's Filter Rule
Financial assets arbitrage, 41e
  futures contracts, 41
  holding, investment purposes, 204

income payment, 42
prices, comparison. See
    Financial assets returns,
    statistical properties, 228
storage, 204
Financial CTAs, 292–295
    average manager level comparison, 303
    average performance portfolio
        level comparison, 304e–305e
    indexes,
    performance/benchmark, 293e–294e
Financial futures, 39–43
    expression, 123
Financial futures contracts, 926
Financial futures markets, trading, 274
Financial ratios, market environment
    impact (analysis), 640
Financial resources, absence (impact), 315
FINEX division. See New York Board of Trade
Finizza, Albert, 373n
Finnerty, John D., 615n
Finnerty, Joseph E., 68n
First derivative yields, 147
Fisher, Irving, 152n
    rules, 152
Fitch Ratings, 614n, 617n, 620n, 623n
Fixed length moving averages
    (FMAs), 399
Flannery, Brian, 341n, 342n
Flex-fuel vehicle (FFV), 904
Floating strike option, 574
Flour milling, 871–872
FMAs. See Fixed length moving averages
Food products, soft commodity, 706–709
Force majeure, 806–807, 848–849
Forecasting methodology,
    ability, 359n
Forecasting models, 370–373
    alternative, 370
Forecast performance,
    assessment, 373–376
Forecasts, performance (examination), 365
Forestry
    capital management, 151–154

收入支付，42
价格，比较。
    见金融资产收益，
    统计性质，228
储存，204
金融类商品交易顾问基金，292–295
    平均组合经理层面的比较，303
    平均资产组合层面的业绩比较，
        304–305 表
    指数，
    业绩/基准，293–294 表
金融期货，39–43，
    表达，123
金融期货合约，926
金融期货市场，交易，274
金融比率，市场环境影响（分析），
    640
财务资源，缺乏（影响），315
金融产品交易所分部。见纽约期货交易所
费里若，阿尔伯特，373 脚注
芬纳蒂，约翰 D.，615 脚注
芬纳蒂，约瑟夫 E.，68 脚注
一阶导数推出，147
费雪，艾文，152 脚注
    规则，152
惠誉评级，614，617，620，623 脚注
固定期限移动平均
    (FMAs)，399
弗兰纳里，布赖恩，341，342 脚注
灵活燃料汽车（FFV），904
浮动执行价格期权，574
面粉碾磨，871–872
FMAs。见固定期限移动平均
食品，软质商品，706–709
不可抗力，806–807，848–849
预测方法，
    能力，359 脚注
预测模型，370–373
    备选的，370
预测效果，
    评估，373–376
预测，效果（考察），365
林业
    资本管理，151–154

examination, 162–164
  production efficiency, 163
  simple problems. *See* Optimal forestry
Fortenbery, T. Randall, 64n
Forward, Paul, 445n
Forward contracts, 550–551
Forward curve components. *See*
  Commodities; Crude oil; Natural gas;
  New York Mercantile Exchange
  front months, 337
  models, 587
Forward position, margin requirements, 336
Forward prices modeling, 336–338
  movements, risk assessment,
    335–336
  simulation, 353
  spot price, excess, 456n
  volatility, 338–339
    term structure, 337–338
Forward pricing, 598–599
Forward products, usage, 809n
Forward strategies, 333e
Forward volatility. *See* Local volatility
  time varying model, 338–346
Fossil energies, 682–687
Fossil resources, limitations, 682
Four-quarter horizon forecast
  performance, 382e–383e
  judgmental forecasts, 384
Fourth central moment, 459–460
Frac spreads, 663n
France, emissions allowances (banking), 857n
Frankel, Jeffrey A., 74n, 98n, 100n, 104n
Frankel, Tamar, 624n
Free metal, 791
French, Kenneth R., 59n, 60n, 71n,
  80n, 108n, 122n, 125n, 134n, 435n, 457n
  Data Library, data source, 246n
Fritts, Charles, 688
Froot, Kenneth A., 5n, 89n, 462n, 483n,
  523n, 619n, 936n
Frost, Peter A., 628n
Frowns. *See* Correlation FTSE Goldmines, 12
FTSE/NAREIT Real Estate Index, 31

FTSE World Mining, 12
FTSE World Oil, 12
Fuel
   markets. *See* Electricity
   price/availability, 779
   switch, CO_2 abatement option, 854–855
Fuel cell technology, 694–695
Full finance, 790
Fundamental operational risk
   management, 665–666
Fundamental risk, 936
Fund management structure, 314–315
Fung, William, 394n, 489n, 626n, 629n,
   643n, 650n, 651n, 669n, 910n
Fusaro, Peter C., 660n, 662n, 664n
Future cash flows, long term
   expectations, 71
Future curve, backwardation, 448
Future dividends (present value decrease),
   inflation (impact), 218
Future profit. *See* Maximum future profit
   computation, 151
   independence, 153
Futures
   complexity, 20
   market participants, 5–6
      margin posting, requirement, 553–554
   options, 554–555
   prices (term structure), information
      content (usage), 222–223
   program, leverage level
      (selection), 416–417
   trader, experience, 555
   trading, 553–554
Futures-based forecasts, 377
Futures contracts, 551–552
   buy/sell agreement, 599n
   portfolios cross-commodity risk
      quantification, 335
   hedging, example, 352–357
   pricing. *See* EURO STOXX 50
   rolling, 17
   seller obligation, 39
Futures exchanges, contract purchase, 552

富时世界矿业指数，12
富时世界原油指数，12
燃料
   市场，见电力
   价格/可得性，779
   开关，二氧化碳减排方案，854–855
燃料电池技术，694–695
全融资，790
基本运营风险管理，
   665–666
基本面风险，936
基金管理结构，314–315
方，威廉，394，489，626，629，
   643，650，651，669，910脚注
弗萨罗，皮特 C.，660，662，664，脚注
未来现金流，
   长期期望，71
期货曲线，现货溢价，448
未来分红（现值减少），
   通胀（影响），218
未来利润。见最大未来利润
   计算，151
   独立，153
期货
   复杂性，20
   市场参与者，5–6
      交付保证金，要求，553–554
   期权，554–555
   价格（期限结构），信息
      内容（用途），222–223
   方案，杠杆水平（选择），
      416–417
   交易商，经验，555
   交易，553–554
基于期货的预测，377
期货合约，551–552
   买/卖协议，599脚注
   跨商品投资组合风险量化，335
   对冲，例子，352–357
   价格。见欧元区斯托克50指数
   滚动，17
   卖方义务，39
期货交易所，合约购买，552

specifications, 16–17
Futures prices change/fluctuation, 129–130, 360, 362
    contracts, total returns (impact), 493
    correlation, 362e
    fair value relationship. *See* Spot prices
    forecast horizon, matching, 379n
    processes, comparison, 580
    random walk, assumptions, 339–340
    single-factor models, 587
    spot prices, relationship, 39–47
    variability, 361n
    volatility, 337
Futures returns, 128–133, 229
    convenience yield model, impact, 129–130
    determinants, 425
    relationship, 130–131
    risk premium model, impact, 128–129
    roll returns, empirical relationship, 138
    time series, computation, 230
    volatilities, 137e

G

G8-peak, 692
Gaivoronski, Alexei A., 472n
Gamma, measurement, 320
GAPs. *See* Gold accumulation plans
GARCH. *See* Generalized Autoregressive Conditional Heteroskedasticity
Garcia, Philip, 59n, 63n
Gaseous biomass, 692–693
Gas forward price, seasonality. *See* United Kingdom
Gas oil, 136
Gas-to-liquids, technical method, 685
Gauss-Newton hill-climbing methodology, 341–342
Gavin, William T., 98n
Gay, Gerald D., 68n
GBM. *See* Geometric Brownian motion
GDP. *See* Gross Domestic Product
Gehrig, Thomas, 947n

规格, 16–17
期货价格变化/波动, 129–130, 360, 362
    合约, 总收益（影响）, 493
    相关性, 362 表
    公允价值关系。见现货价格
    预测期限, 匹配, 379 脚注
    过程, 比较, 580
    随机游走, 假设, 339–340
    单因素模型, 587
    现货价格, 关系, 39–47
    变动, 361 脚注
    波动率, 337,
期货收益, 128–133, 229
    便利收益模型, 影响, 129–130
    决定因素, 425
    关系, 130–131
    风险溢价模型, 影响, 128–129
    滚动收益, 经验关系, 138
    时间序列, 计算, 230
    波动率, 137 表

G

G8—高峰, 692
盖沃龙斯基, 阿列克谢 A., 472 脚注
伽马, 度量, 320
GAPS。见黄金累积计划
GARCH。见广义自回归条件异方差
加西亚, 菲利普, 59, 63 脚注
气体生物质, 692–693
天然气远期价格, 季节性。见英国
瓦斯油, 石油, 136
气转液, 技术方法, 685
高斯–牛顿爬山法, 341–342
加文, 威廉 T., 98 脚注
盖伊, 杰拉尔德 D., 68 脚注
GBM。见几何布朗运动
GDP。见国内生产总值
格里克, 托马斯, 947 脚注

Geman, Hélyette, 11n, 20n, 456n, 457n, 463n, 465n, 841n	格曼，赫利耶特，11，20，456，457，463，465，841 脚注
Generalized Autoregressive Conditional Heteroskedasticity (GARCH), 585-587l, 928	广义自回归条件异方差 (GARCH), 585-587, 928
models, 373	模型，373
continuous limit, 586-587	连续极限，586-587
fitting, 339	拟合，339
usage. See Asymmetric GARCH model process, 586	用途。见非对称广义自回归条件异方差模型过程，586
Genetic programming application. See Technical trading rules consideration, 946n	遗传编程应用，见技术交易规则考虑，946 脚注
definition, 929	定义，929，
features, 929	特点，929
Geometric Brownian motion (GBM), 580-581	几何布朗运动（GBM），580-581
dynamics, 588	动态变化，588
limitations, 582-583	限制，582-583
Georgiev, Georgi, 11n, 84n, 269n, 276n, 279n, 619n	乔治耶夫，格奥尔基，11，84，269，276，279，619
Geothermic heat, 693-694. See also Deepgeothermic heat; Surface-near geothermic heat	地热，693-694。见深层地热；地表附近地热
Gerlow, Mary E., 365n, 373n, 927n	葛洛，玛丽 E.，365 脚注，P373 脚注，927 脚注
German EEX, spot/futures quotes (publication), 850n	德国能源交易所，现货/期货报价（公布），850 脚注
Getmansky, Mila, 493n	格曼斯基，米拉，493 脚注
Ghosh, Dipak, 723n	戈什，狄帕克，723 脚注
Gibson, Rajna, 581n, 597n	吉布森，瑞娜，581 脚注，597 脚注
Global CO_2 emissions, 845e	全球二氧化碳排放量，845 表
Globalization, impact, 3-4	全球化，影响，3-4
Global Property Research (GPR), General Property Share Index (PSI), 629, 637	全球地产研究机构 (GPR)，普通地产份额指数 (PSE), 629, 637
Global search algorithm, iterations, 342	全局搜索算法，迭代，342
Goetzmann, William N., 650n, 656n	戈茨曼，威廉 N.，650 脚注，656 脚注
Gold, 696-698	黄金，696-698
accounts, 718	账户，718
asset demand, 738	资产需求，738
attributes, 750-751	属性，750-751

bond/equity markets,
    rolling correlations, 753e
    U. S. monthly returns, 758e
certificates, 718
commodity futures
    indexes, relationship,
    732 – 733
convenience value, 731
convenience yield, 740 – 741
correlation. See Assets;
    Eurozone
    currency hedge, 727 – 728
default risk premium, 740
demand. See Short – run
    gold demand
demand side, 738
diversification properties, 730 – 731
ETFs, 718 – 719
exchanges, 719 – 720
fixing process, 721 – 722
forward contracts, 717
forward price, calculation, 751
fundamentals, 715 – 716
future, prediction, 733 – 734
futures, 717
    instrument,
introduction. See New
    York Commodity Exchange
hedging instrument, 726
impact. See Portfolio
inflation hedge, 728 – 729, 739
    price, 739, 749
    propensity, 729
instruments, 719 – 722
investment
    asset, guide, 712
    products, 717 – 719
    properties, 730 – 731
lease rate, 740, 743 – 744
price movement,
    comparison, 745
long – run determinants, 739
long – run price, 739
long – run price determinants,

债券/股票市场,
    滚动相关性, 753 表
    美元月度收益, 758 表
凭证, 718
商品期货,
    指数, 关系,
    732 – 733
便利价值, 731
便利收益, 740 – 741
相关性。见资产；
    欧元区货币对冲,
    727 – 728
违约风险溢价, 740
需求，见短期黄金需求

需求方, 738
分散化特性, 730 – 731
交易所交易基金, 718 – 719
交易所, 719 – 720
定盘过程, 721 – 722
远期合约, 717
远期价格, 计算, 751
基本面, 715 – 716
未来，预测, 733 – 734
期货, 717
    工具,
介绍。见纽约商品交易所

对冲工具, 726
影响。见投资组合
通胀对冲, 728 – 729, 739
    价格, 739, 749
    倾向, 729
工具, 719 – 722
投资
    资产, 指南, 712
    产品, 717 – 719
    特性, 730 – 731
租借利率, 740, 743 – 744
价格变动
    对比, 745
长期决定因素, 739
长期价格, 739
长期价格决定因素,

747-750
long-term effects, 736
markets, 719
 consideration, 731
 investment, 719-722
mining, 697-698
 stocks, investment, 732
 stocks/funds, 719
monetary properties, 696-697
monetary standard, 713-714
options, 717-718
OTC market, 719-720
 operation, 721
physical interest rate, 744
portfolio constituent, 751-761
price-determining
 mechanism, 737
prices, 737e. See also Lagged gold price

correlations. See Stocks
Euros, equivalence, 749e, 750e
Eurozone CPI,
 comparison, 749e
Eurozone inflation,
 comparison, 750e
factors, 737-751
gold lease rate,
 comparison, 744e
properties, 722-725
relationship.
 See Inflation research, 724-725
U. S. CPI, comparison, 748e
U. S. inflation rate,
 comparison, 743e
USD/EUR exchange rate,
 comparison, 742e
world GDP, comparison,
 741e, 742e
pricing dynamics, 722-734
producers, profitmaximizing
behavior, 748
producing stocks,
selection, 731-732
real asset, 747

747-750
长期效应，736
市场，719
 考虑，731
 投资，719-722
矿业，697-698
 股票，投资，732
 股票/基金，719
货币特性，696-697
货币本位，713-714
期权，717-718
场外交易市场，719-720
 运作，721
实货利率，744
投资组合成分，751-761
价格决定机制，737

价格，737表。另见
滞后的黄金价格
相关性，见股票
欧元，等价物，749表，750表
欧元区消费物价指数，
 对比，749表
欧元区通货膨胀，
 对比，750表
因素，737-751
黄金租贷利率，
 对比，744表
特性，722-725
关系，
 见通货膨胀研究，724-725
美国消费物价指数，对比，748表
美国通货膨胀率，
 对比，743表
美元/欧元汇率，
 对比，742表
世界GDP，对比，
 P741表，742表
定价动态，722-734
生产商，利润最大化
行为，748
生产商企业股票，
选择，731-732
实际资产，747

real lease rate, 743 – 744
research, summary, 733
reserve asset, 714 – 715
return
　Euros/U. S. dollar, 752e
　properties, 722 – 725
　S&P500 Index, rolling
　　correlation, 730e
safe haven, viewpoint, 722 – 723
short-run determinants, 739
short-run price, 739
short-run price determinants, 740 – 747
short-term asset demand, 741
short-term effects, 736
silver, correlation, 699 – 700
standard, 713 – 714
state variables, hedging
　proxy, 726 – 727
stocks, 750n
strategic assets, 725 – 726
structured notes, 719
supply. See Short – run gold supply
　deficit, 737 – 738
tactical play, 725 – 726
trading. See Physical gold
types, 697
U. S. dollar price, inflation hedge
　requirement, 729e
returns, 756 – 761
U. S. yearly returns, 759e – 761e
uses, 713 – 715
warrants, 718
Gold accumulation plans
　(GAPs), 718
Goldfield, Quant, and Trotter
　hill-climbing
　　methodology, 341 – 432
Goldfield, Stephen, 341n
Gold futures (buy/sell signals
　generation), moving
　averages (usage), 397e
Gold-linked bonds, 719
Goldman Sachs Commodity
　Index (GSCI), 13, 205

实际租贷利率, 743 – 744
研究, 总结, 733
储备资产, 714 – 715
收益
　欧元/美元, 752 表
　特性, 722 – 725
　标准普尔 500 指数, 滚动相关性,
　　730 表
避风港, 观点, 722 – 723
短期决定因素, 739
短期价格, 739
短期价格决定因素, 740 – 747
短期资产要求 741
短期效应, 736
白银, 相关性, 699 – 700
本位, 713 – 714
状态变量,
　对冲替代变量, 726 – 727
存量, 750 脚注
战略资产, 725 – 726
结构化票据, 719
供给。见短期黄金
　供给不足, 737 – 738
战术举措, 725 – 726
交易。见实物黄金
类型, 697
美元价格, 通胀对冲
　要求, 729 表
收益, 756 – 761
美元年收益, 759 – 761 表
用途, 713 – 715
权证, 718
黄金积累计划
　(GAPs), 718
戈德菲尔德, 匡特和特洛特
　爬山法, 341 – 432

戈德菲尔德, 史蒂芬, 341 脚注
黄金期货（买/卖信号生成）, 移动

　平均（用法）, 397 表
黄金挂钩债券, 719
高盛商品指数
　(GSCI), 13, 205

addition, 82–83
aggregate index, 69
Agricultural Sub–Index, 560e
basis. See Commodity futures
CISDM, correlation, 517
commodity excess return
 index, 94–95
commodity indexes, 509–513
comparison. See U.S. equities
economic–production weighted
 index, publication, 61n
Energy Index, 27
energy investment, 30–31
excess return, 260
 indexes, usage, 89–90
Excess Return Index, 510–511
financial assets,
 performance comparison, 31e
futures contract, similarity, 514n
HFRI Index, comparison, 518
histories, 171
impact. See Sharpe ratio
indexes
 metrics, 512e–513e
 NAV, 514e
index weighting, 172e
information source, 246n
introduction, 482–483
investable commodity
 index, 556e
momentum effects, 85
momentum returns, 221e
offering, 464–465
optimization, indexes
 (usage), 509–517
performance, impact, 66
returns, 64
sample, usage, 505
Spot Index, 510–511
subindexes, 22
term structure strategy, 223e
total return index, 486
Total Return (TR)
 Index, 510–511

加入，82–83
加合指数，69
农产品分类指数，560 表
基差。见商品期货国际证券与衍生品市场
研究中心（CISDM），相关性，517
商品超额收益指数，
 94–95
商品指数，509–513
对比。见美国股票
经济产出加权指数，
 公布，61 脚注
能源指数，27
能源投资，30–31
超额收益，260
 指数，用法，89–90
超额收益指数，510–511
金融资产，
 业绩对比，31 表
期货合约，相似性，514 脚注
对冲基金研究所指数，对比 518
历史，171
影响。见夏普比率
指数
 度量指标，512–513 表
 资产净值，514 表
指数权重方案，172 表
信息来源，246 脚注
引入，介绍，482–483
可投资商品
 指数，556 表
动量效应，85
动量收益，221 表
提供，464–465
最优化，指数
 （用法），509–517
业绩，影响，66
收益，64
样本，用法，505
现货指数，510–511
分类指数，22
期限结构策略，223 表
总收益指数，486
总收益（TR）
 指数，510–511

value, contrast, 559e
track record, 486
Goldman Sachs Commodity
　　Spot Energy Index
　　(GSEN), 668–669
Goldman Sachs Commodity
　　Spot Index (GSCS), 668
Goldman Sachs composite
　　index, production weighted
　　index, 90n
Goldman Sachs subindexes,
　　return components, 26e
Gold silver platinum mining
　　companies (XAU) index, 496n
Good, Dareel L., 360n
Gorton, Gary, 12n, 30n, 33n,
　　60n, 63n, 68n, 69n, 71n,
　　72n, 80n, 83n, 89n, 132n,
　　188n, 205n, 208n, 213n,
　　214n, 228n, 229n, 241n,
　　256n, 424n, 434n, 446n,
　　456n, 467n, 506n, 515n,
　　523n, 529n, 556n
Goss, Barry A., 364n
Government bond yield, 538
GPR. See Global Property Research
Grain, 863–878
　　contract cancellations, 869
　　country elevators, 865–866
　　credit, 868–869
　　demand, 873
　　elevator operations, risks
　　　(summary), 870–871
　　exchange elevators, 867
　　export elevators, 867–868
　　forward bid, taking, 877
　　futures price, localizing, 876
　　inland transportation,
　　　coordination, 870
　　long hedge, 878
　　markets, USDA monthly
　　　report, 441
　　merchandising, 868
　　milling firms, business

价值，对比，559表
跟踪记录，486
高盛商品能源现货指数
　　(GSEN)，668–669
高盛商品现货指数 (GSCS)，668

高盛综合指数，
　　产量加权指数，90脚注

高盛分类指数，收益构成，26表

金、银、铂矿业公司 (XAU) 指数，
　　496脚注
古德，达雷尔L.，360脚注
戈登，盖理，12脚注，30脚注，33脚注，
　　60脚注，63脚注，68脚注，69脚注，71脚注，
　　72脚注，80脚注，83脚注，89脚注，132脚注，
　　188脚注，205脚注，208脚注，213脚注，
　　214脚注，228脚注，229脚注，241脚注，
　　256脚注，424脚注，434脚注，446脚注，
　　456脚注，467脚注，506脚注，515脚注，
　　523脚注，529脚注，556脚注
戈斯，巴里A.，364脚注
政府债券收益率，538
GPR，见全球房地产研究机构
谷物，863–878
　　撤销合同，869
　　乡村粮囤，865–866
　　信用，868–869
　　需求，873
　　粮囤运营，风险
　　　(总结)，870–871
　　交易所粮囤，867
　　出口粮囤，867–868
　　远期竞价，取得877
　　期货价格，本地化，876
　　内陆运输，
　　　协调，870
　　多头对冲，878
　　市场，美国农业部月度报告，
　　　441
　　经销，868
　　碾磨企业，业务

(booking), 871–872
pricing. See Physical grain
processors, 871–872
risks, 872–874
summary, 870–871
river elevators, 866–867
storage, 865–868
risk, 866
subterminal elevators, 866–867
supply, 873–874
terminal elevators, 866–867
trades, example, 407–408
trading, 874–878
transaction, hedging, 874–875
transportation, 869–870
Granger, Clive W. J., 372n, 912n, 939n
Granules, precious metal form, 695
Grauer, Frederick L. A., 80n
Gray, Roger W., 393n
Great Depression, New Deal (impact), 445–446
Greeks, measurement/monitoring. See Options
Greene, William, 347n
Green hedge funds, 661
Greenspan, Alan, 714
Greer, Robert J., 9n, 23n, 25n, 30n, 57n, 67n, 89n, 93n, 97n, 244n, 424n, 457n, 483n, 506n, 515n
Greer, Thomas V., 942n
Gregoriou, Greg N., 626n, 628n, 650n, 654n, 669n
Grid pricing. See Cattle
Griffin, Dale, 403n
Griffin, James M., 835n
Griffioen, Gerwin, 928n
Grilli, Enzo, 556n
Grinold, Richard C., 423n
Gross Domestic Product. See Seasonally adjusted GDP

（预订），871–872
定价。见谷物实货
加工商，871–872
风险，872–874
总结，870–871
河道粮囤，866–867
储存，865–868
风险，866
次终端粮囤，866–867
供给，873–874
终端粮囤，866–867
交易，例子，407–408
交易，874–878
交易，对冲，874–875
运输，869–870
格兰杰，克莱夫 W. J.，372 脚注，912 脚注，939 脚注
颗粒，贵金属形态，695
格劳尔，弗雷德里克 L. A.，80 脚注
格雷，罗杰 W.，393 脚注
大萧条，新政（影响），445–446
希腊字母，衡量/监测，见期权
格林，威廉，347 脚注
绿色对冲基金，661
格林斯潘，艾伦，714
格里尔，罗伯特 J.，9 脚注，23 脚注，25 脚注，30 脚注，57 脚注，67 脚注，89 脚注，93 脚注，97 脚注，244 脚注，424 脚注，457 脚注，483 脚注，506 脚注，515 脚注
格里尔，托马斯 V.，942 脚注
格雷戈里奥，格雷格 N.，626 脚注，628 脚注，650 脚注，654 脚注，669 脚注
网格定价，见畜类
格里芬，戴尔，403 脚注
格里芬，詹姆斯 M.，835 脚注
格里芬，杰文，928 脚注
格瑞里，恩佐 C.，556 脚注
格里诺德，理查德 C.，423 脚注
国内生产总值，见经季节调整的 GDP

Gross Domestic Product (GDP)	国内生产总值（GDP）
changes, correlation, 72e	变化，相关性，72 表
Grossman, Sanford J., 934n	格罗斯曼，桑福德 J.，934 脚注
Gruber, Martin J., 58n, 483n	格鲁伯，马丁 J.，58 脚注，483 脚注
Grundy, Bruce D., 934n	格伦迪，布鲁斯 D.，934 脚注
GSCI, 175–176	高盛商品指数，175–176
GSCS. See Goldman Sachs Commodity Spot Index	GSCS。见高盛商品现货指数
GSEN. See Goldman Sachs Commodity Spot Energy Index	GSEN。见高盛商品现货能源指数
Guimaraes, Rui M. C., 926n	吉马良斯，瑞 M. C.，926 脚注
Gulen, Huseyin, 943n	葛兰，胡赛因，943 脚注
Gunzberg, Jodie, 664n	京茨堡，乔蒂，664 脚注

H

Hahn, Otto, 686	哈恩，奥托，686
Hall, Bronwyn H., 342n	霍尔，布朗温 H.，342 脚注
Hall, Robert E., 342n	霍尔，罗伯特 E.，342
Hamilton, James, 337n	汉密尔顿，詹姆斯，337 脚注
Hamm, Lonnie, 927n	哈姆，罗尼，927 脚注
Hard commodities, 6–7, 681, 695, See also Energy; Metals	硬质商品，6–7，681，695，同见能源；
assets, consideration, 454–455	金属资产，考虑，454–455
Harding, Don, 374n	哈丁，道，374 脚注
Harding-Pagan statistic, differences, 376	哈丁-蒲甘统计量，差异，376
Harding-Pagan test, 374	哈丁-蒲甘 检验，374
Hard red spring (HRS) wheat, 874	硬红春小麦（HRS）小麦，874
Hard red winter (HRW) wheat, 874	硬红冬小麦（HRW）小麦，874
inputs, 927–928	输入变量，927–928
Harmston, Stephen, 728n	哈姆斯顿，史蒂芬，728 脚注
Harris, Chris, 789n	哈里斯，克里斯，789 脚注
Harris, Milton, 939n	哈里斯，米尔顿，939 脚注
Harvey, Campbell R., 10n, 20n, 23n, 28n, 61n, 67n, 78n, 83n, 84n, 138n, 171n, 188n, 206n, 208n, 209n, 213n, 228n, 255n, 425n, 448n, 455n, 461n, 509n, 523n, 529n, 542n, 545n	哈维，坎贝尔 R.，10 脚注，20 脚注，23 脚注，28 脚注，61 脚注，67 脚注，78 脚注，83 脚注，84 脚注，138 脚注，171 脚注，188 脚注，206 脚注，208 脚注，209 脚注，213 脚注，228 脚注，255 脚注，425 脚注，448 脚注，455 脚注，461 脚注，509 脚注，523 脚注，529 脚注，542 脚注，545 脚注
Hauge, Ragnar, 597n	豪格，拉格纳，597 脚注
Hauser, Robert J., 64n	豪泽，罗伯特 J.，64 脚注

Hausman, Jerry A., 342n
Hazard functions, estimation,
　　655e
Heaney, Richard, 117n,
　　372n, 440n
Heaney model, usage, 372–373
Heap, Alan, 4n
Heath, David, 471n, 473n, 587n
Heath-Jarrow–Morton
　　(HJM) model, 587
Heating oil, diversification
　　return, 212e
Heat rates, 663n
Hectare profit (HG), 161–162
HedgeFund. net database, 666n
HedgeFund. net Energy Sector
　　Average Index
　　(HNES), 668, 671
　downside/upside
　　correlation, 673
　maximum drawdown, 671
　rolling correlations, 675e
　snail trail, 672e
Hedge fund manager
　net cash payout, 41
　strategy, 40–41
Hedge Fund Research, hedge
　　funds (number), 567–568
Hedge funds
　active investing, 567–568
　characteristics, 667e, 668e
　diversification, example, 420
　embedded commodity
　　exposure, estimates, 495e
　increase, 940
　indexes, 513–517
　operational questions, 665–666
　returns, correlations
　　(empirical evidence), 643
　role, 479
　Sharpe ratio, change, 421e
　specialization. See Energy
　　hedge funds
　strategy, risk, 662–663

豪斯曼，杰里 A.，342 脚注
危险函数，估计，
　　655 表
希尼，理查德，117 脚注，
　　372 脚注，440 脚注
希尼模型，用法，372–373
希普，艾伦，4 脚注
希斯，戴维，471 脚注，473 脚注，587 脚注
希斯-贾罗-莫顿
　　(HJM) 模型，587
燃油，分散化
　　收益，212 表
发热量，663 脚注
公顷利润 (HG)，161–162
对冲基金网数据库，666 脚注
对冲基金网能源行业
　　平均指数
　　(HNES)，668，671
　下跌/上涨
　　相关性，673
　最大跌幅，671
　滚动相关性，675 表
　蜗牛路径，672 表
对冲基金经理
　净现金支出，41
　策略，40–41
对冲基金研究，对冲
　　基金（数），567–568
对冲基金
　主动型投资，567–568
　特征，667 表，668 表
　分散化，例子，420
　嵌入的商品
　　敞口，估计，495 表
　增加，940
　指数，513–517
　操作问题，665–666
　收益，相关性
　　（经验证据），643
　作用，479
　夏普比率，变化，421 表
　专业化、见能源
　　对冲基金
　策略，风险，662–663

survey, 315	调查, 315
Hedgers, 5, 6	对冲者, 5, 6
Hedging considerations, 353	对冲考虑, 353
Hedging pressure hypothesis, 29	对冲压力假设, 29
reasons, 258n	理由, 258 脚注
Heidorn, Thomas, 669n	海多恩, 托马斯, 669 脚注
Helg, Rodolfo, 366n	赫尔格, 鲁道夫, 366 脚注
Hellwig, Martin, 934n	赫尔维希, 马丁, 934 脚注
Helmedag, Fritz, 164n	赫尔迈达, 弗里茨, 164 脚注
Hensel, Chris R., 23n, 26n, 68n, 89n, 527n, 619n	亨塞尔, 克里斯 R., 23 脚注, 26 脚注, 68 脚注, 89 脚注, 527 脚注, 619 脚注
HEP. *See* High Extreme Point	HEP。见高极值点
Herding models, 936–937	羊群模型, 936–937
Heston, Steven L., 584n	赫斯顿, 史蒂文 L., 584 脚注
Heston model, nonzero pricevolatility correlation, 584	赫斯顿模型, 非零价格波动相关性, 584
Heterogeneity indicator, 188	异质性指标, 188
Heterogeneous indexes, solution, 197–200	异质指数, 解决方案, 197–200
Heteroskedasticity, White adjustment (application), 376n	异方差, 怀特调整 (应用), 376 脚注
HFN energy hedge fund index, 491	HFN 能源对冲基金指数, 491
HFRI Fund of Fund Index comparison. *See* Goldman Sachs Commodity Index components, 513n	HFRI 基金的基金指数对比, 见高盛商品指数成分, 513 脚注
total return, 516	总收益, 516
HG. *See* Hectare profit	HG。见公顷利润
Hicks, John R., 430n	希克斯, 约翰 R, 430 脚注
High-dimension nonlinear price series, simulation, 937	高维非线性价格序列, 模拟, 937
Higher moments, 458	高阶距, 458
impact, 457	影响, 457
High Extreme Point (HEP), 917	高极值点 (HEP), 917
High-low moving averages (HLMAs), 400	高–低移动平均 (HLMAs), 400
Hill, Jonathan, 13n	希尔, 乔纳森, 13 脚注
Hill-climbing methodologies, 341–342	爬山法, 341–342
Hillier, David, 722n, 725n, 727n	希利尔, 戴维, 722 脚注, 725 脚注, 727 脚注
Hilpold, Claus, 663n	希尔伯, 克劳斯, 663
Hindsight bias, adjustment, 426	后视偏差, 调整, 426
Hirshleifer, David A., 403n	赫什利弗, 戴维 A., 403 脚注
Historical CTA returns, 632–646	商品交易顾问基金历史收益, 632–646

Historical data (analysis), computer-based mathematical models (development), 391	历史数据（分析），基于计算机的数学模型（发展），391
Historical excess returns, 207e	历史超额收益，207表
Historical price behavior, 574–579	历史价格行为，574–579
Historical returns, 204–209	历史收益，204–209
Historical risk premium. *See* Commodity futures	历史风险溢价，见商品期货
HJM. *See* Heath-Jarrow-Morton	HJM。见赫斯-贾罗-莫顿
HLMAs. *See* High-low moving averages	HLMAs。见高-低移动平均
HNES. *See* HedgeFund Energy Sector Average Index	HNES，见对冲基金能源行业平均指数
Hoevenaars, Roy P. M. M., 523n	霍文纳斯，罗伊 P. M. M.，523脚注
Hogs, 883–887	猪，883–887
cost-plus agreements, 865	成本加成协议，865
cost-plus pricing, impact, 884–885	成本加成定价，影响，884–885
demand, 885–886	需求，885–886
farrow-to-finish operations, 883–884	仔猪到屠宰一贯式饲养，883–884
farrow-to-nursery operations, 883	仔猪到保育猪饲养，883
Hogs (Continued)	猪
farrow-to-wean operations, 883	仔猪到断奶幼猪饲养，883
market readiness, 883	出栏上市，883
price window agreements, 865	价格窗口协议，865
pricing, 884	定价，884
raising, process, 883–884	饲养，方法，883–884
supply, 886	供给，886
trading, 886–887	交易，886–887
Holding period	持有期
correlation matrix, 528e	相关性矩阵，528表
descriptive statistics, 528e	描述性统计量，528表
Hollander, Myles, 180n	霍兰德，迈尔斯，180脚注
Holt, Matthew T., 364n	霍尔特，马修 T.，364脚注
Hommes, Cars, 928n	奥姆，卡茨，928脚注
Homogeneity, degree, 185, 188	同质性，程度，185，188
Hoppe, Christian, 669n	霍佩，克里斯汀，669脚注
Hotelling, Harold, 789n	霍特林，哈罗德，789脚注
Houthakker, Hendrik S., 393n, 918n	霍撒克，亨德里克 S.，393脚注，918脚注
HRS. *See* Hard red spring	HRS。见硬红春小麦
HRW. *See* Hard red winter	HRW。见硬红冬小麦
HSBC Global Mining, 12	汇丰全球矿业，12

Hsieh, David A., 394n, 489n,
    627n, 629n, 643n, 650n,
    651n, 669n, 910n
Huberman, Gur, 524n, 533n
Hübner, Georges, 627n, 650n, 654n
Hull, John C., 584n, 598n
Humphreys, H. Brett, 434n
Hunt brothers, silver
    accumulation, 505–506, 769
Hurricane Katrina, impact, 51.
    See also Refinery capacity
Hydroelectric production,
    precipitation (factor), 853–854

I

IAEO. See International
    Atomic Energy Organization
Ibbotson, Roger, 527n
IBRD. See International Bank
    for Reconstruction and
    Development
ICE. See Intercontinental Exchange;
    International Commodity Exchange
ICI. See Investment Company Institute
    Idzorek, Thomas M., 215n,
    455n, 464n
IMF. See International Monetary Fund
Impact cost
    calculation, 330e
    equation, 330
Impact cost per MMBTU,
    calculation, 330
Implicit total return
    composite index,
    initial total return
    composite indexes
    (comparison), 200e
Implied returns. See Active
    commodity allocations;
    Passive commodity allocations
    reengineering, 498
Implied returns/risk,
    commodity weighting
    schemes, 501e

谢, 戴维 A., 394 脚注, 489 脚注,
    627 脚注, 629 脚注, 643 脚注, 650 脚注,
    651 脚注, 669 脚注, 910 脚注
胡伯曼, 古尔, 524 脚注, 533 脚注
霍伯纳, 乔治, 627 脚注, 650 脚注, 654 脚注
赫尔, 约翰 C., 584 脚注, 598 脚注
汉弗莱斯, H 布雷特, 434 脚注
亨特兄弟, 白银积累,
    505–506, 769
卡特里娜飓风, 影响, 51。
    另见精炼产能
水电生产,
    暴雨（因素）, 853–854

I

IAEO, 见国际原子能机构

伊伯森, 罗杰, 527 脚注
IBRD。见国际复兴开发银行

ICE。见洲际交易所,
    国际商品交易所
ICI。见投资公司协会
    伊德雷克, 托马斯 M., 215 脚注,
    455 脚注, 464 脚注
IMF。见国际货币基金组织
冲击成本
    计算, 330 表
    等式, 330
每百万英热单位的冲击成本,
    计算, 330
隐性总收益综合指数,

    初始总收益综合指数

    （对比）, 200 表
隐含收益。见
    主动型商品配置;
    被动型商品配置
    改动, 498
隐含收益/风险,
    商品权重方案。
    501 表

索　引

Impulse response functions, 102 – 103.
　　See also Orthogonalized
impulse response functions
impact. See Real interest rate
Independent market data,
　　contrast. See Exchange market data
Index-based commodityinvestments,
　　disadvantages, 15
Indexes
　　certificates, disadvantage, 15
　　construction rules,
　　　alternatives, 247e
　　funds, 13
　　mean-skewness chart, 520e
　　metrices, 515e
　　selection, importance, 465
　　trackers, usage, 463
　　weightings, monthly history, 436n
Index providers
　　rebalancing, 175
　　summary, 173e – 174e
India
　　copper consumption, 784e
　　gold jewelry, percentage, 738
　　sugar
　　　consumer, ranking, 892 – 893
　　production, 893e
Indirect investment, 553 – 568
Industrial agro-raw
　　materials, 708 – 709
Inflation, 215 – 219
　　betas. See Unexpected
inflation betas
　　commodities hedge,
　　　providing, 461 – 462
　　Fed rate, comparison, 746e
　　gold prices, relationship, 746e
　　hedge. See Gold
　　price. See Gold
　　hedge property, 93 – 95
　　regression results, 96e
　　impact. See Future
　　dividends inclusion/usage, 95
　　rate, 538

脉冲响应函数，102 – 103。
　　另见正交化的
脉冲响应函数影响。
　　见实际利率
独立市场数据，
　　对照。见外汇市场数据
基于指数的商品投资，
　　缺点，15
指数
　　存单，缺点，15
　　构造规则，
　　　另类，247 表
　　基金，13
　　均值 – 偏度图，520 表
　　度量，515 表
　　选择，重要性，465
　　追踪基金，用法，463
　　权重，月度历史，436 脚注
指数供应商
　　维护，175
　　一览表，173 – 174 表
印度
　　铜消费，784 表
　　黄金珠宝，百分比，738
　　糖消费者，排名，892 – 893

　　生产，893 表
间接投资，553 – 568
工业用农业原材料，708 – 709

通货膨胀，215 – 219
　　贝塔。见非预期到的
通胀贝塔
　　商品对冲，
　　　提供，461 – 462
　　联邦基金利率，对比，746 表
　　黄金价格，关系，746 表
　　对冲。见黄金
　　价格。见黄金
　　对冲特性，93 – 95
　　回归结果，96 表
　　影响。见未来
　　股息包含/用法，95
　　比率，538

increase, 98
reaction, 219-220
relationship. See Commodities;
Commodity returns
Inflation-linked bonds,
inclusion, 251-255
Inflation-protected bonds,
Unavailability (assumption), 530
Inflation-protected liabilities, 524
commodities, optimal
strategic allocation, 533e
correlation. See Cash
mean-variance frontier. See Investor
Inflation-protected pensions,
schemes, 524
Initial margin, distinction, 16
Initial total return composite
indexes, comparison.
See Implicit total
return composite index
Insurance, perspective, 28-29
Intercontinental Exchange
(ICE), 904
Interest-bearing investments,
interest payment, 622
Interest generating energy, 150
Interest rate parity theorem, 44
Interest rates increase.
See Nominal interest rates
knowledge, 154
relationship. See Monetary policy
upper limit, 149-151
illustration, 150e
Intermediate-term
momentum, impact, 84
International Atomic Energy
Organization (IAEO), 687
International Bank for
Reconstruction and
Development (IBRD), 713-714
International Commodity
Exchange (ICE), 828
International Monetary Fund
(IMF), 359n

增加, 98
反应, 219-220
关系, 见商品;
商品收益
通胀挂钩债券,
包含, 251-255
通胀保值债券,
不可得（假定）, 530
通胀保值负债, 524
商品, 最优的战略配置, 533表

相关性。见现金
均值-方差边界, 见投资者
通胀保值养老金,
计划, 524
初始保证金, 区别, 16
初始总收益综合指数, 对比。

见隐性总收益综合指数

保险, 观点, 28-29
洲际交易所
（ICE）, 904
附息投资,
利息支付 622
生息能力, 150
利率平价定理, 44
利率增加,
见名义利率
知识, 154
关系。参见货币政策上限,
149-151
阐释, 150表
中期, 动量, 影响, 84

国际原子能机构
（IAEO）, 687
国际复兴开发银行

（IBRD）, 713-714
国际商品交易所
（ICE）, 828
国际货币基金组织
（IMF）, 359脚注

collaboration. See World Bank
   commodity price observations, 359
International Petroleum Exchange (IPE), 18
   contracts, 827
International portfolios.
   See Optimal international portfolios
International Swaps and Derivatives
   Association (ISDA), 624n
Intracommodity trading strategies,
   examples, 663n
Intra-sector correlation
   structures, 185
Inventory levels convenience yield,
   correlation, 441
   one-year convenience yields,
   correlation, 442e–443e
Investable commodity indexes,
   passive investing, 555–557
   ranking, 556e
Investible CTA indexes,
   performance/benchmark, 287e–288e
Investible manager-based indexes, 271
Investible passive CTA indexes, 276
Investible passive-security based
   CTA indexes, 272, 274
Investment horizons,
   rolling correlation coefficients, 94e
   interval, 150
   selection,
   whole-of portfolio approach, 618–619
Investment Company Institute (ICI)
   statistics/research, 562n
Investment managers, focus, 313
Investment opportunity set monthly
   risk premium, 253e
   standard deviation, 253e
   t-value, 253
   unconditional historic correlation/
   annualized volatility, 247e, 252e
Investment portfolios, commodities
   (role), 482–485
Investor. See Prudent investor rule
   benchmark exposure,
   access points, 557

合作。参见世界银行商品价格观测，
   359
国际石油交易所（IPE），18
   合同，827
国际投资组合。
   参见最优国际投资组合
国际互换与衍生工具协会（ISDA）
   624脚注
同种商品交易策略，
   例子，663脚注
行业内相关性结构，185

库存水平便利收益，
   相关性，441
   一年期便利收益率，
   相关性，442–443表
可投资商品指数，
   被动型投资，555–557
   排名，556表
可投资CTA指数，
   业绩/基准，287–288表
基于组合经理的可投资指数，271
被动型可投资CTA指数，276
基于证券的被动型可投资CTA指数，
   272，274
投资期限，
   滚动相关性系数，94表
   区间，150
   选择，
   整体组合式投资，618–619
投资公司协会（ICI）
   统计/研究，562脚注
投资经理，关注，313
投资机会集合 月度风险溢价，
   253表
   标准差，253表
   t值，253
   无条件历史相关性/年化波动率，
   247表，252表
投资组合，商品（作用），
   482–485
投资者，参见谨慎投资者规则
   基准敞口，
   接入点，557

contract rolling, 553
inflation-protected liabilities,
  mean-variance frontier, 532e, 546e
nominal liabilities, mean – variance
  frontier, 531e
risk, compensation, 621 – 622
risk-return trade-offs,
  consideration, 562
Investor portfolio contribution, 418 – 420
  risk-return trade-off/ efficiency,
  improvement, 242
iPath Dow Jones-AIG
  Commodity Index
  Total Return ETN, 567e
IPE. *See* International Petroleum Exchange
Iron, 705. *See also* Liquid iron
Irwin, Scott H., 58n, 360n,
  365n, 372n, 373n,
  393n, 394n, 627n,
  909n, 918n, 924n,
  927n, 939n, 944n
ISDA. *See* International Swaps and
  Derivatives Association
Isengildina, Olga, 360n
Iteratives, usage. *See* Commodity portfolios
i-th factor, 199

J

Jack, Ian, 13n
Jacka, S. D., 589n
Jäckel, Peter, 837n
Jackson, Thomas E., 372n
Jacquier, Eric, 513n
Jaffe, Jeffrey F., 63n
James, Peter, 580n, 589n
Japan, copper consumption,
  784e
Jarque, Carlos M., 467n
Jarque-Bera (JB)
  statistic, monthly excess
  return data (basis), 468e
  statistic, skewness/kurtosis basis,
  467n
  test statistic, calculation, 467, 469

滚动合同，553
通胀保值负债，
  均值-方差边界，532表，546表
名义负债，
  均值-方差边界，531表
风险，补偿，621-622
风险收益权衡，
  考虑，562
投资者组合贡献，418-420
  风险-收益权衡/效率，
  改进，242
iPath 道琼斯-AIG
  商品指数
  总收益 ETN，567表
IPE，国际石油交易所
铁，705。另见液态铁
埃文，斯科特 H.，58脚注，360脚注，
  365脚注，372脚注，373脚注，
  393脚注，394脚注，627脚注，
  909脚注，918脚注，924脚注，
  927脚注，939脚注，944脚注
ISDA。国际互换与衍生工具协会

艾森基蒂娜，奥尔加，360脚注
迭代，用法。参见商品组合
第 i 个因子，199

J

杰克，伊恩，13脚注
杰卡，S. D.，589脚注
雅克尔，彼得，837脚注
杰克逊，托马斯 E.，372脚注
杰克菲尔，艾瑞克，513脚注
贾菲，杰弗里 F.，63脚注
詹姆斯，彼得，580脚注，589脚注
日本，铜消费，
  784表
雅克，卡洛斯 M，467脚注
雅克-贝拉（JB）
  统计量，月度超额收益数据
  （基点），468表
  统计量，偏度/峰度 基点，467脚注

  检验统计量，计算，467，469

values, 193
Jarrow, Robert A., 587n, 589n
Jastram, Roy W., 728n
JD. See Jumpdiffusion
Jennings, Robert H., 934n
Jensen, Gerald R., 74n, 75n,
　98n, 241n, 486n
Jensen, Michael C., 910n, 911n,
　923n, 924n
Jevons-Fisher formula, priority, 152
Jewelry demand, 734
　feature, 716
Johansen cointegration test results, 371e
Johansson, Per-Olov, 146n
Johnson, Robert R., 74n,
　75n, 98n, 241n, 486n
Joseph II rule, 165 – 166
JPMorgan Global Government Bond
　Index (JPGB), 629, 668
Jum pdiffusion (JD), 582 – 583
　capture, 583
Just, Richard E., 373n
Just-in-time (JIT) inventory, 787

K

Kahn, Ronald N., 423n
Kahneman, Daniel, 509n
Kaiser, Dieter G., 669n
Kalbfleisch, Jack D., 653n
Kaldor, Nicholas, 114n
Kaminski, Vince, 337n, 822n
Kaminsky, Graciela, 364n
Kandel, Shmuel, 524n, 533n
Kansas City Board of Trade
　(KCBOT), 864
Kaplan, Paul D., 30n, 63n
Kaplanski, Guy, 473n
Karavas, Vassilos N., 626n
Kat, Harry M., 18n, 33n, 68n,
　70n, 71n, 95n, 98n,
　192n, 193n, 208n, 211n,
　218n, 225n, 226n, 228n,
　229n, 238n, 425n, 447n,
　455n, 456n, 489e, 493n,

价值, 193
贾罗, 罗伯特 A., 587脚注, 589脚注
雅斯特拉姆, 罗伊 W., 728脚注
JD。参见跳跃扩散
詹宁斯, 罗伯特 H., 934脚注
詹森, 杰拉德 R., 74脚注, 75脚注,
　98脚注, 241脚注, 486脚注
詹森, 迈克尔 C., 910脚注, 911脚注,
　923脚注, 924脚注
杰文斯-费雪公式, 优先, 152
珠宝需求, 734
　特点, 716
约翰森协整检验结果, 371表
约翰逊, 皮尔-欧拿夫, 146脚注
约翰逊, 罗伯特 R., 74脚注,
　75脚注, 98脚注, 241脚注, 486脚注
约瑟夫二世规则, 165 – 166
JP摩根全球政府债券指数 (JPGB),
　629, 668
跳跃扩散 (JD), 582 – 583
　捕捉, 583
贾斯特, 理查德 E., 373脚注
即时库存 (JIT), 787

K

卡恩, 罗纳德 N., 423脚注
卡尼曼, 丹尼尔, 509脚注
凯瑟, 迪特尔 G., 669脚注
卡利夫利斯科, 杰克 D., 653脚注
卡尔多, 尼古拉斯, 114脚注
卡明斯基, 文斯, 337脚注, 822脚注
卡明斯基, 格瑞斯拉, 364脚注
坎德尔, 穆尔, 524脚注, 533脚注
堪萨斯交易所 (KCBOT), 864

卡普兰, 保罗 D., 30脚注, 63脚注
卡普兰斯基, 盖伊, 473脚注
卡拉瓦斯, 瓦西里奥斯 N, 626脚注
凯特, 哈利 M, 18脚注, 33脚注, 68脚注,
　70脚注, 71脚注, 95脚注, 98脚注,
　192脚注, 193脚注, 208脚注, 211脚注,
　218脚注, 225脚注, 226脚注, 228脚注,
　229脚注, 238脚注, 425脚注, 447脚注,
　455脚注, 456脚注, 489表, 493脚注,

516n, 518n, 626n
Kaufman, Perry J., 913n
Kavajecz, Kenneth A., 938n
Kavalis, Nikos, 727n, 738n
KCBOT. See Kansas City Board of Trade
Keyfitz, Robert, 105n
Keynes, John M., 21n, 29n,
  56n, 114n, 256n, 430n
  term. See Backwardation
  theory. See Normal backwardation
Kho, Bong-Chan, 941n
Khoja, Moazzam, 664n
Khokher, Zeigham, 441n
Kholodnyi, Valery, 337n
Kidd, Willis V., 940n
Kim, I. N., 589n
King, James F., 783n
King, Robert G., 108n
Kingsman, Brian G., 926n
Kins, Aleks, 664n
Kirk, Ewan, 592n
Kirk's approximation,
  problem, 592
Klüppelberg, Claudia, 471n
Kogelman, Stanley, 525n
Kolb, Robert W., 424n
Kolluri, Bahrat R., 723n
Könberg, Magnus, 640n, 643n
Koster, Peter, 850n
Krail, Robert, 627n
Krichene, Noureddine, 840n
Krinsky, Itzhak, 258n
Kritzman, Mark, 270n, 508n, 523n
Krkkhmal, Pavlo, 479n
Kroll, Yoram, 473n
Kroner, Kenneth F., 364n
Krukemyer, Terry R., 58n, 627n
Kumar, Manmohan S., 362n, 364n
Kunreuther, Howard C., 622n
Kurtosis, 459–460
  absence/presence. See
    Distributions calculation, 459
  effects, 193
  presence. See Commodity returns

516脚注，518脚注，626脚注
考夫曼，佩里 J.，913脚注
卡瓦耶克兹，肯尼斯 A.，938
卡瓦里斯，尼克斯，727脚注，738脚注
KCBOT。参见堪萨斯交易所
凯菲茨，罗伯特，105脚注
凯恩斯，约翰 M.，21脚注，29脚注，
  56脚注，114脚注，256脚注，430脚注
  术语。参见现货溢价
  理论。参见常态现货溢价交割延期
苟，奉陈，941脚注
霍加，莫扎姆，664脚注
霍哈尔，泽哈姆，441脚注
克洛德尼，瓦列里，337脚注
基德，威尔斯 V，940脚注
金，I. N.，589脚注
金，杰姆斯 F.，783脚注
金，罗伯特 G.，108脚注
金斯曼，布莱恩 G.，926脚注
金斯，阿列克斯，664脚注
柯克，伊万，592脚注
柯克逼近，
  问题，592
克拉佩尔伯格，克劳迪尔，471脚注
科格尔曼，斯坦利，525脚注
科尔布，罗伯特 W，424脚注
考鲁瑞，巴拉特 R，723脚注
科恩伯格，马格努斯，640脚注，643脚注
科斯特，彼得，850脚注
科瑞尔，罗伯特，627脚注
克里钦，努尔丁，840脚注
克里斯基，伊扎克，258脚注
克里兹曼，马克，270脚注，508脚注，523脚注
克罗赫马尔，巴夫洛，479脚注
克勒尔，约拉姆，473脚注
克朗，肯尼思 F.，364脚注
克努克米尔，特里 R.，58脚注，627脚注
库马尔，曼莫汉 S.，362脚注，364脚注
库路热，霍华德 C.，622脚注
峰度，459–460
  不存在/存在。参见分布计算，459

  效应，193
  存在，参见商品收益

relationship. See Skew
Kury, Ted, 337n, 339n
Kyoto Protocol, 844–846

L

Lagged gold price, 740
Lagging indicator, 395
Lakonishok, Josef, 928n, 938n, 939n
Lamm, Jr., R. McFall, 481e, 483e, 489e
Lane, George, 401
LaPlume, Joseph W., 624n
Lawrence, Colin, 746n
Layard-Liesching, Ronald G., 204n
Layard-Liesching institutional investors, investment, 203–204
Lazar, Emese, 586n
LDZ. See Local Distribution Zone
Lead, 704–705
    production, 705
    usage, 704
Lean hogs, 575–576, 710–711
    futures/spot prices, 576e
Lease rates, 46
LeBaron, Blake, 394n, 928n, 938n, 939n
LeBlanc, Michael, 363n
Ledoit, Oliver, 584n
Left-skewed distributions, 189, 192
Lehman, John, 339n
Lehman Brothers
    LBCI, 172
    TIPS, usage, 252n
    total return composite index, 177n
    U.S. Aggregate Bond Index, 246
    U.S. Aggregate Bond Total Return Index, 64
Lehman U.S. Intermediate Treasury Index, usage, 527n
Leibowitz, Martin L., 525n
Leitch, Gordon, 373n
Lemmon, Michael L., 597n
León, Javier, 366n

L

关系。参见"偏度"
库里·特德，337脚注，339脚注
京都议定书，844–846

L

滞后的黄金价格，740
滞后指标，395
拉克尼肖克，约瑟夫，928脚注，938脚注，939脚注
拉姆，Jr，R. 麦克福尔，481表，483表，489表
里恩，乔治，401
拉普路姆，约瑟夫 W.，624脚注
劳伦斯，科林，746脚注
莱亚德-利钦，罗纳德 G.，204脚注
莱亚德-利钦机构投资者，投资，203–204
拉扎，埃迈谢，586脚注
LDZ，地方分销区域
铅，704–705
    生产，705
    用途，704
瘦肉猪，575–576，710–711
    期货/现货价格，576表
租借利率，46
莱巴伦，布莱克，394脚注，928脚注，938脚注，939脚注
勒布朗，迈克尔，363脚注
莱多里特，奥利弗，584脚注
左偏分布，189，192
雷曼，约翰，339脚注
雷曼兄弟
    商品指数LBCI，172
    通胀膨胀保值债券TIPS，用法，252脚注
    总收益综合指数，177脚注
    美国综合债券指数，246
    美国综合债券总收益指数，64

雷曼美国
    中期国债指数，用法，527脚注
雷博维茨，马丁 L.，525脚注
利奇，戈登，373脚注
莱蒙，迈克尔 L.，597脚注
莱昂，哈维尔，366脚注

LEP. *See* Low Extreme Point	LEP。参见低极值点
Leuthold, Raymond, 59n	路佛德，雷蒙德，59 脚注
Leverage, level, 416–417	杠杆化，水平，416–417
selection. *See* Futures program	选择。参见期货方案
Levered returns, hedge fund	杠杆化收益，对冲基金策略，
strategy, 417e	417 表
Levin, Eric J., 724n, 726n,	莱文，埃里克 J.，724 脚注，726 脚注，
739n, 744n	739 脚注，744 脚注
Levy, Edmond, 591n	列维，爱德蒙，591 脚注
Levy, Robert A., 393n	列维，罗伯特 A.，393 脚注
Lewis, Michael, 246n	刘易斯，迈克尔，246 脚注
Lhabitant, Franois-Serge, 404n,	拉比唐，弗朗索瓦塞尔，404 脚注，
626n, 669n	626 脚注，669 脚注
L'Hegaret, Guillaume, 840n	罗赫格兰特，纪尧姆，840 脚注
l'Hospital's rule, 156–157	洛必达法则，156–157
Liabilities annualized returns/	负债年化收益/波动率，
volatilities, 527–528	527–528
assets, correlation matrix, 528	资产，相关性矩阵，528
Liability hedging portfolio,	负债对冲组合，组合，
combination, 531–532	531–532
Liang, Hong, 365n, 366n	梁，鸿，365 脚注，366 脚注
Lien, Donald, 839n	里恩，唐纳德，839 脚注
Liew, John, 483n, 627n	刘，约翰，483 脚注，627 脚注
LIFFE. *See* London International	LIFFE。参见伦敦国际金融期货及
Financial Futures and Options Exchange	期权交易所
Limit books, estimation, 938–939	限价簿，估计，938–939
Lindberg, Martin, 640n, 643n	林德伯格，马丁，640 脚注，643 脚注
Linear weighted moving average	线性加权移动平均（LWMA），
(LWMA), 395n	395 脚注
Linepack. *See* United Kingdom	管存。参见英国
Liquefied natural gas (LNG), 685	液化天然气（LNG），685
import facility, 826	进口接收站，826
Liquid biomass, 691–692	液体生物质，691–692
Liquid iron, 705	液态铁，705
Liquidity	流动性
costs, 941	成本，941
data, 175–176	数据，175–176
risks, measurement, 328–331	风险，衡量，328–331
traders, 935	交易者，935
Litzenberger, Robert H., 117n	林森贝格，罗伯特 H.，117 脚注
Liu, Shi-Miin, 942n	刘，曦敏，942 脚注
Liu, Te-Ru, 365n, 373n	刘，特如，365 脚注，373 脚注
Live cattle, 710	生牛，710
Live CTAs, statistics, 652e	存活的 CTA，统计量，652 表

Livestock commodities,	畜类商品，
fundamentals, 863	基本面，863
excess return index, 192	超额收益指数，192
futures, seasonal hypothesis, 80	期货，季节性假说，80
Livestock, Dairy, and Poultry Situation and Outlook, 882	《畜牧业、奶制品以及家禽的现状与前景》，882
LMA. *See* Longer moving average	LMA。参见较长期的移动平均
LME. *See* London Metal Exchange	LME。参见伦敦金属交易所
LMEX. *See* London Metal Exchange Index	LMEX。参见伦敦金属交易所指数
LNG. *See* Liquefied natural gas	LNG。参见液化天然气
Lo, Andrew W., 493n, 913n, 943n	罗，安德鲁 W.，493 脚注，913 脚注，943 脚注
Local Distribution Zone (LDZ), 827	地方分销区域（LDZ），827
Local volatility (forward volatility), 584–585	局部波动率（远期波动率），584–585
implication, 585	含义，585
Löfgren, Karl-Gustaf, 146n	洛夫格伦，卡尔-古斯塔夫，146 脚注
Logen Corporation, 692	罗根公司，692
Logged spot prices, 367e	对数现货价格，367 表
Logged three-month futures prices, 368e–369e	对数三月期期货价格，368–369 表
Logie, Michael J., 617n	洛吉，迈克尔 J.，617 脚注
Log-normal distribution, impact, 131	对数正态分布，影响，131
Log-normality, implication, 583	对数正态，含义，583
Log-spot price change, expectation, 135	对数现货价格变化，期望，135
London Bullion Market Association, clearing volumes (publication), 766	伦敦金银市场协会，结算量（公布），766
London fix, 721	伦敦定盘价，721
London International Financial Futures and Options Exchange (LIFFE), 904, 928	伦敦国际金融期货与期权交易所（LIFFE），904，928
London Metal Exchange Index (LMEX), 785, 796	伦敦金属交易所指数（LMEX），785，796
London Metal Exchange (LME), 784–785	伦敦金属交易所（LME），784–785
base metal trading, 426n	基本金属交易，426 脚注
convenience yield,	便利收益，
warehouse stocks (correlation). *See* Copper	库存量（相关性）。参见铜
futures/options volumes, 785e	期货/期权交易量，785 表
warehouse stocks, interest rate (relationship), 440–441	库存量，利率（关系），440–441
London PM dollar fixing price, 723e	伦敦贵金属美元定盘价，723 表
London white sugar prices, New York raw sugar prices (comparison), 905e	伦敦白糖价格，纽约粗糖价格（对比），905 表
Longer moving average (LMA), 914	长期移动平均（LMA），914

Longer-term moving average sample, 398e
　usage, 397
Long hedge. See Grain
Long-only investing. See Passive investing
Long-only investments, justification, 29
Long-short portfolio, rebalancing, 78
Longstaff, Francis A., 597n
Long-Term Capital Management
　(LTCM), crises, 328
Long-term passive commodity
　futures, 22–23
Long-term price movements, 210
Long-term real price level, 106
Look ahead bias, 403
Look back design, 487
Lovell, Michael C., 943n
Low Extreme Point (LEP), 917
Lowry, Kenneth, 523n
LTCM. See Long-Term Capital Management
Lu, Sa, 516n
Lucey, Brian M., 724n
Lucia, Julio J., 338n, 597n
Lukac, Louis P., 393n, 394n,
　918n, 923n, 925n, 926n,
　939n, 941n, 944n
Lummer, Scott L., 30n, 63n
LWMA. See Linear weighted moving average
Lynch, Martin, 777e

M

MacKinlay, A. Craig, 943n
Macmillan, Peter, 723n
Macro economic conditioning variables,
　graphical description, 540e
Macroeconomic factors, effects, 71
Macroeconomic variables basis, 542
　L-dimensional vector, 540
Macro fundamentals, hedge (role),
　501–502
Macroportfolio hedging, 416
Mahdavi, Saeid, 723n
Makarov, Igor, 493n
Malik, Farooq, 833n
Mamaysky, Harry, 913n

长期移动平均样本, 398 表
　用法, 397
多头对冲。参见谷物
只做多投资。参见被动型投资
只做多投资, 合理性, 29
多/空投资组合, 维护, 78
朗斯塔夫, 弗朗西斯 A, 597 脚注
长期资本管理 (LTCM) 公司,
　危机, 328
长期被动型商品期货,
　22–23
长期价格变动, 210
长期实际价格水平, 106
前视偏差, 403
回溯设计, 487
洛弗尔, 迈克尔 C, 942 脚注
低极值点 (LEP), 917
劳里, 肯尼斯, 523 脚注
LTCM。参见长期资本管理公司
卢, 萨, 516 脚注
卢塞, 布赖恩 M., 724 脚注
卢西亚, 胡里奥 J., 338 脚注, 597 脚注
卢卡奇, 路易 P., 393 脚注, 394 脚注,
　918 脚注, 923 脚注, 925 脚注, 926 脚注,
　939 脚注, 941 脚注, 944 脚注
卢默, 斯科特 L., 30 脚注, 63 脚注
LWMA。参见线性加权移动平均
林奇, 马丁, 777 表

M

麦金利, A. 克雷格, 943 脚注
麦克米伦, 彼得, 723 脚注
宏观经济条件变量,
　图形描述, 540 表
宏观经济因素, 影响, 71
宏观经济变量基本, 542
　L–维向量, 540
宏观基本面, 对冲 (作用),
　501–502
宏观组合对冲, 416
马赫达, 赛义德, 723 脚注
马卡罗夫, 伊戈尔, 493 脚注
马利克, 法鲁克, 833 脚注
曼梅斯基, 哈利, 913 脚注

Managed-based CTA indexes, 271–272, 276	管理型 CTA 指数, 271–272, 276
investibility, 272	可投资, 272
selection criteria, 271	选择标准, 271
style classification, 271	风格分类, 271
weighting scheme, 272	权重方案, 272
Manager-based index series, 270	基于组合经理的指数系列, 270
Manager-based investible CTA indexes, 276	基于组合经理的可投资 CTA 指数, 276
Managed futures, 557–561	管理型期货, 557–561
active investing, 557–561	主动型投资, 557–561
advantage, 561	优点, 561
asset class, funds allocation, 558	资产类别, 基金配置, 558
assets, management, 269e	资产, 管理, 269 表
benefits/risks, research, 267	收益/风险, 研究, 267
description, 269–270	描述, 269–279
growth/benefit, 268	增长/收益, 268
indexes, 513–517	指数, 513–517
label, 417	标记, 417
products, investor demand (growth), 268	产品, 投资者需求（增长）, 268
returns, regression, 419e	收益, 回归, 419 表
strategies benchmarks, performance/review. See Commodity trading advisors	策略基准, 业绩/回顾。参见商品交易顾问基金
futures markets trading, 269–270	期货市场交易, 269–270
Manager bias. See Commodity trading advisors performance, representation, 484	经理偏差, 参见商品交易顾问业绩, 表示, 484
Manager-based CTA indexes, 283	基于组合经理的 CTA 指数, 283
Manager-based stock/bond indexes, 270	基于组合经理的股票/债券指数, 270
Manaster, Steven, 68n	马纳斯特, 斯蒂文, 68 脚注
MAR. See Minimum acceptable return	MAR, 见可接受的最低收益
Marckhoff, Jan, 596n	马克霍夫, 简, 596 脚注
Margrabe, William, 592n	马格拉布, 威廉, 592 脚注
Markellos, Raphael N., 858n	马克艾拉斯, 拉斐尔 N., 858 脚注
Markert, Viola, 27n, 229n, 425n	玛克特, 维奥拉, 27 脚注, 229 脚注, 425 脚注
Market efficiency, 911–912	市场效率, 911–912
test, 364–365	检验, 364–365
environments analysis, 641e–642e, 643e, 644e–645e	环境分析, 641–642, 643, 644–645, 表
comparison, 640, 643, 646	比较, 640, 643, 646

environments, impact (analysis). See Financial ratios	环境，影响（分析）。见财务比率
frictions, 930–931	摩擦，930–931
inefficiencies, 939–940	无效率，939–940
microstructure deficiencies, 941–943	微观结构缺陷，941–943
microstructure factors, impact, 942–943	微观结构因素，影响，942–943
microstructure issues, treatment, 947	微观结构问题，处理，947
participants, 5–6	参与者，5–6
risk. See Systematic risk	风险，见系统性风险
structural change, inefficiencies, 940	结构性变化，无效率，940
timing, relationship. See Commodities trends, prediction (absence), 396	择时，关系。见商品趋势，预测（不存在），396
volatility, 83	波动率，83
Market-factor-based excess returns metrics, 298, 303	基于市场因素的超额收益度量指标，298, 303
Market price dynamics, agent-based model (usage), 937	市场价格动态，基于行为人的模型（用法），937
Market-ready cows, sale, 880	出栏上市牛，销售，880
Markowitz, Harry M., 35n, 454n, 628n	马科维茨，哈利 M.，35, 454, 628，脚注
Markowitz mean-variance efficient frontier, 474	马科维茨均值–方差有效边界，474
Mark-to-market report, 332e	盯市价值报告，332 表
MARPE. See Mean absolute relative pricing error	MARPE，见绝对相对定价误差均值
Marquering, Wessel, 939n	马奎琳，维塞尔，939 脚注
Marsh, Paul, 939n	马什，保罗，939 脚注
Martellini, Lionel, 197n, 198n	马特里尼，莱昂内尔，197 脚注, 198 脚注
Martingale process, usage, 583	鞅过程，用法，583
Mathur, Ike, 241n	马瑟，艾克，241 脚注
Maximum drawdown (MaxDD), 466–467	最大跌幅（MaxDD），466–467
examination, 675	检查，675
illustration, 466e	展示，466 表
insurance, 467	保险，467
measurement, 474n	衡量，474 脚注
Maximum future profit, 148–149	未来利润的最大值，148–149
Maximum return portfolio (MaxEP), 35	最大收益组合（MaxEP），35
Maximum returns, 468e	最大收益，468 表
McAleer, Michael, 788n	麦阿里，迈克尔，788 脚注
McCarthy, David, 483n	麦卡锡，大卫，483 脚注
McDermott, C. John, 359n	麦克德莫特，C. 约翰，359 脚注

365n, 366n, 505n, 556n
McKean, Henry P., 589n
McKenzie, Andrew M., 364n
McNichols, Maureen, 934n
McQueen, Grant, 731n
MCX. See Multi Commodity
  Exchange of India
Mean absolute relative
  pricing error (MARPE), 373-374
  Mean-C VaR approach,
  technical implementation, 473-474
Mean-CVaR efficient frontiers.
  See Commodity portfolios
Mean return, indicator, 630-631
Mean reversion behavior. See
  Commodity returns
  modeling, alternative, 582
  rates. See Volatility
  Mean semideviation model, 520e
Mean-variance frontier. See Investor
Mean-variance model, 56
Mean-variance optimizer, impact, 244-245
Mean-variance spanning
  formal tests, total returns
  (usage), 245n
  presence, 541
  test, 241
Mean-variance utility
  function. See Pension fund
Meats, excess return index, 192
Medals, precious metal form, 695
Medium-term market timing, 448e
Melenberg, Betrand, 522n
Mengle, David, 614n
Menkhoff, Lukas, 947n
Mercer, Jeffrey M., 74n, 75n,
  98n, 241n, 486n
Mercurio, Fabio, 585n
Merrill Lynch TIPS, usage, 252
Merton, Robert C., 376n,
  583n, 726n
Messina, Joseph, 516n
Metal futures

seasonal hypothesis, 80
traders, world viewpoint, 792–793
Metals. *See* Base metals;
Nonferrous metals;
Precious metals
hard commodities, 695–706
investment, achievement.
See Direct metal investment
prices increase, 796
prices, direct exposures, 792–797
volatility. *See* Annualized metal volatility
Mexico, silver mining, 770
Mezger, Markus, 434n, 439n
MFI. *See* Standard & Poor's Managed Futures Index
MFSB Composite Index, 289
MFSB program, nonpublic form, 289n
MGEX. *See* Minneapolis Grain Exchange
Michaud, Richard, 725n, 727n
Michaud, Robert, 725n, 727n
Micola, Augusto Rupérez, 835n
Micro-CTAs, 648
 characteristics, 656e
 data/methodology, 651–653
 death, risk, 654–655
 empirical results, 653–659
 future, 655–657
 number, increase, 649–650
 performance, 653
 predictor variables, impact, 658
 size/survival/returns, 653–655
 survival
  estimate, 654
  prediction, 657e
  times, 653, 657–659
Miffre, Joelle, 35n, 78n, 83n, 432n
MII price channel, 925
Mikosch, Thomas, 471n
Miller, Merton H., 144e
Mills, Terence C., 727n
Milonas, Nikolaos T., 117n

金属期货季节性假说，80
交易商，世界观点，792–793
金属。见基本金属；有色金属；贵金属
硬质商品，695–706

投资，实现。
见直接金属投资
价格上涨，796
价格，直接敞口，792–797
波动率。见年化金属价格波动率

墨西哥，银矿开采，770
梅兹格，马库斯 434，439 脚注
MFI，见标准普尔管理型期货指数

管理型期货证券指数（MFSB）综合指数，289
MFSB 投资品种，非公募形式，289 脚注
MGEX。见明尼阿波利斯谷物交易所

米肖，理查德，725，727，脚注
米肖，罗伯特，727 脚注
米古拉，奥古斯托·鲁佩雷斯，835 脚注
微型商品交易顾问基金，648
 特征，656 表格
 数据/方法，651–653
 死亡，风险，654–655
 经验结果，653–659
 未来，655–657
 数目，增加，649–650
 业绩，653
 预测变量，影响，658
 规模/存活/收益，653–655
 存活
  估计，654
  预测，657 表
  时间，653，657–659
米弗尔，若埃勒，35，78，83，432，脚注
MII 价格通道，925
麦考斯基，托马斯，471 脚注
米勒，莫顿 H.，144 表
米尔斯，特伦斯 C.，727 脚注
米勒纳斯，尼古拉斯 T.，117 脚注

Mineral deposit, 778	矿床,778
Minimum acceptable return (MAR), 508n	可接受的最低收益(MAR), 508 脚注
Minimum returns, 468e	最低收益,468 表
Minimum-risk portfolio, volatility implication, 530-531	最低风险组合, 波动率含义,530-531
Minimum variance (MVP), 35-36	最小方差(MVP)组合,35-36
Mining, action, 779	矿业,活动,779
Minneapolis Grain Exchange (MGEX), 864	明尼阿波利斯谷物交易所 (MGEX),864
MLM. See Mount Lucas Management	MLM,见芒特·卢卡斯基金管理公司,
Model-based bootstrap methodology, 928	基于模型的自举法,928
Modest, David M., 374n	莫迪斯特,戴维 M.,374 脚注
Molenaar, Roderick D. J., 33n, 74n, 447n, 522n, 523n, 542n	莫勒奈尔,罗德里克 D. J.,33,74, 447,522,523,542,脚注
Molenaar, Tom, 33n	莫勒奈尔,汤姆,33 脚注
Moment statistics, 468e	矩统计量,468 表
Momentum oscillators, 913 usage. See Directional price movement	动量震荡指标,913 用法。见价格定向变动
Momentum portfolios, 222e	动量投资组合,222 表
Momentum strategy. See Commodity futures application, 221-222 earnings, 432	动量策略,见商品期货应用, 221-222 收益,432
Momentum values, moving averages (similarity), 916	动量价值,移动平均(相似性), 916
Moncuicle, Gillian, 732n	孟翠科,吉莉安,732 脚注
Monetary environment indicators, combination. See Business cycle	货币环境指标, 组合,见商业周期
Monetary policy commodity returns, dynamic linkages (vector autoregressive analysis), 97-104 environment, interest rates (relationship), 74-77	货币政策 商品收益, 动态关联 (向量自回归分析), 97-104 环境,利率(关系), 74-77
Monte Carlo simulation, usage, 587	蒙特卡洛模拟, 用法,587
Monthly arithmetic returns correlations, 65e descriptive statistics, 62e	月度算术收益相关性, 65 表 描述性统计量,62 表
Monthly commodity returns	月度商品收益经验/正态密度,

empirical/normal density, 236e
sample ACF FUNCTION, 236e
Monthly inflation,
　correlations, 91e
Moosa, Imad A., 362n
Morana, Claudio, 373n
Morgan Stanley Capital
　International (MSCI)
　　systematic CTA indexes,
　　non inclusion, 276n
　　World Materials, 12
Morgan Stanley Capital
　International World
　（MSCW), 629, 668
　　returns, 634
Morgan Stanley Commodity
　Related Index, 12
Morton, Andrew, 587n
MotherRock, establishment/
　problems, 665n
Mount Lucas Management
　（MLM), 172
　　composite indexes, 185
　　development, strong
　　deviation (usage), 200n
Moving-average-based trend
　following systems,
　　limits, 398–400
Moving averages
　disadvantages, 398–399
　discovery, objective, 397–398
　optimal length, 398
　parameter combinations, 927
　rules, buy/sell signals, 939
　signals, 394–398
　smoothing devices, 395
　usage. See Gold futures
MSCI. See Morgan Stanley
　Capital International
MSCW. See Morgan Stanley
　Capital International World
Multi Commodity Exchange of India
　（MCX), 720
　　silver trading, 774

236 表
样本自相关函数, 236 表
月度通胀,
　相关性 91 表
穆萨, 伊玛德 A., 362 脚注
莫拉那, 克拉迪奥, 373 脚注
摩根斯坦利资本国际（MSCI)

系统化商品交易顾问基金指数,
不包含, 276 脚注
世界原料指数, 12
摩根斯坦利资本国际世界指数

（MSCW), 629, 668
收益 634
摩根斯坦利商品指数, 12

摩顿, 安德鲁, 587 脚注
母岩基金公司, 建立/问题,
665 脚注
芒特·卢卡斯基金管理公司（MLM),
172
综合指数, 185,
发展, 严重偏离（应用),
200 脚注
基于移动平均的趋势跟随系统, 限
制, 398–400

移动平均
缺陷, 398–399
发现, 目的, 397–398
最优长度, 398
参数组合, 927
规则, 买/卖信号, 939
信号, 394–398
平滑装置, 395
用法, 见黄金期货
MSCI。见摩根斯坦利资本国际

MSCW。见摩根斯坦利资本国际世界指数

印度多种商品交易所
（MCX), 720
白银交易, 774

索　引　·757·

Multifactor benchmarks,
　　excess return/alpha determinations, 281e
Multifactor regression format, 282e
Multivariate analysis, 237–238
Musiela, Marek, 823n
Mutual funds, passive investing, 562–565
MVP. *See* Minimum variance
Myers, Robert J., 615n
Myneni, Ravi, 589n
Myopic short-term allocation,
　　statistical significance.
　　See Commodities

N

NAP. See National allocation plan
NAREIT series, 527n

NASDAQ 100 Index, futures
　　contracts, 42
Nash, Daniel J., 211n, 434n
National allocation plan
　　(NAP), 845–846
　　implementation, 846–847
National Balancing Point
　　(NBP), 825, 828
National Bureau of Economic
　　Research (NBER) definition.
　　See Business cycle
　　monthly cash index. See
　　Commodities
National Commodity and
　　Derivative Exchange
　　(NCDEX), 720
National Futures Association,
　　membership, 391
National Grid, 827–828
National Transmission System (NTS),
　　827, 829
Natural gas (NG), 577, 684–685.
　　See also Compressed natural gas;
　　Liquefied natural gas;
　　New York Mercantile Exchange
　　annualized negative roll yield, 430
　　contract, seasonal price

多因素基准模型，281 表
　　超额收益/阿尔法的决定，281 表
多因素回归格式，282 表
多变量分析，237–238
莫西拉，马瑞克，823 脚注
共同基金，被动型投资，562–565
MVP。见最小方差组合
迈耶斯，罗伯特，615 脚注
麦涅尼，拉维，589 脚注
短期的资产配置，
　　统计量显著性，
　　见商品

N

NAP。见国家分配计划
NAREIT 序列，
　　527 脚注
纳斯达克 100 指数，期货合约，42

纳什，丹尼尔，211 脚注，434 脚注
国家分配计划（NAP），
　　845–846
　　实施，846–847
国家平衡点
　　825, 828
美国国家经济研究局（NBER）
　　定义，
　　见商业周期
　　月度现金指数，见商品

国家商品与衍生品交易所（NCDEX），
　　720

国家期货协会，会员，391

国家电网，827–828
国家运输系统（NTS），827, 829

天然气（NG），577, 684–685。
　　见压缩天然气；液化天然气；纽约
　　商品交换所，年化的负滚动收益率，
　　430

合约，季节性价格行为（例子），

behavior (example), 435	435
forward curve confidence bands, 355e	远期曲线置信带，355 表
principal components, 349–351	主成分，349–351
simulation, sample, 354e	模拟，样本，354 表
Natural gas (Continued)	天然气，
futures, decline, 665n	期货，价格下跌，665 脚注
futures prices, 578e	期货价格，578 表
contrast. See Corn	对照，见玉米
increase, March-to-April contract, 350–351	增加，三月份至四月份合约，350–351
level component (principal component), 350–351	水平成分（主成分），350–351
market. See United Kingdom	市场，见英国
measurement, 826n	衡量，826 脚注
spot prices, 578e	现货价格，578 表
time spreads, 663n	时间价差，663 脚注
Natural resource companies, investment, 11	自然资源公司，投资，11（宋体）
Nauclér, Thomas, 855n	诺克雷，托马斯，855 脚注
NAV. See Net asset value	NAV，见净资产价值
NBP. See National Balancing Point	NBP，见国家平衡点
NCDEX. See National Commodity and Derivative Exchange	NCDEX，印度国家商品与衍生品交易所
Nearest-to-maturity futures price, usage, 134n	到期日最近期货价格，用法，134 脚注
Near-month contract, 229	近月合约，229
Neely, Christopher J., 929n	尼利，克里斯托弗 J.，929 脚注
Neftci, Saher N., 395n	内夫次，萨赫 N.，395 脚注
Neftci, Salah, 16n, 118n	内夫次，萨拉，16，118，脚注
Neftci, Salih N., 914n	内夫次，萨利 N.，914 脚注
Negative excess kurtosis, risk-averse investors preference, 192	负的超额峰度，风险规避型投资者，偏好，192
Negative excess return performance, 286	负的超额收益业绩，286
Neher, Philip A., 158n	涅赫，飞利浦 A.，158 脚注
Nelken, Izzy, 664n	涅尔肯，伊兹，664 脚注
Nelson, Bo, 855n	尼尔森，博，855 脚注
Nelson, Daniel B., 586n	尼尔森，丹尼尔 B.，586 脚注
Net asset value (NAV)	净资产价值（NAV）
difference, hypothetical MMBTU, 325e	差异，假设的百万英热单位 MMBTU，325 表
marking, 324–325	标记，324–325

price changes, impact, 330e
Net-linked installations,
  688–689
Net proceeds, cost return
  (contrast), 148–151
Neumann, Anne, 836n, 840n
Newey, Whitney K., 375n, 536n
Newey-West adjusted *p*-values, 250
Newey-West adjustment, 250n
Newey-West heteroskedastic
  autocorrelated
  consistent standard
  errors, usage, 375
New Gas Trading Arrangements,
  implementation, 827
Newton-Raphson hillclimbing
  methodology, 341–342
New York Board of Trade (NYBOT)
  FINEX division, 40
  soft commodities complex, 888
New York Commodity
  Exchange (COMEX), 786, 927
  aluminum futures volumes, 786e
  copper contract, 426
  copper futures/options, 786e
  gold futures instrument,
    introduction, 714
  metal options trading volume, 573e
  silver trading, 774
  trading, activity, 571–572
New York Mercantile
  Exchange (NYMEX),
  18, 719–720, 927
  ClearPort, 324
  CL forward curve principal
    components, 348e, 352e
  weighted principal
    components, 349e, 352e
  crude oil, forward structure, 440e
  daily movement, 326e
  energy options trading volume, 572e
  futures/options trading volume, 571e
  Heating Oil, consideration, 328
  Henry Hub (HH) contrast. *See* PJM

价格变化，影响，330表
联网设备，688–689

净收入，成本收益（对比），148–151

纽曼，安妮 836 脚注，840 脚注
纽维，惠特尼 K.，375 脚注，536 脚注
经过纽维-韦斯特调整的 *p* 值，250
纽维-韦斯特调整，250 脚注
纽维-韦斯特异方差自相关一致标
  准误，用法，375

新天然气交易协定，实施，827

牛顿-拉弗森爬山法，341–342

纽约期货交易所（NYBOT）
  FINEX 分部，40
  全体软质商品，888
纽约商品交易市场（COMEX），
  786，927
  铝期货交易量，786
  铜合约，426
  铜期货/期权，786 表
  黄金期货工具，
    介绍，714
  金属期权交易量，573
  白银交易，774
  交易，活动，571–572
纽约商业交易所（NYMEX），18，
  719–720，927

清算港，324
原油远期曲线主成分，348 表，
  352 表
加权主成分，349 表，352 表

原油，远期结构，440 表
每日价格变动，326 表
能源期权交易量，572 表
期货/期权交易量，571 表
燃油，考虑，328
亨利枢纽（HH）对照。见 PJM

Western Hub Natural Gas Prompt contract, 330	西部枢纽天然气最近月合约, 330
natural gas (NG) contracts, 342	天然气 (NG) 合约, 342
historical/projected volatility curve, 346e	历史/预计的波动率曲线, 346 表
historical volatility, 341e	历史波动率, 341 表
refit volatility curve, 345e	重新拟和的波动率曲线, 345 表
volatility curves, 343e	波动率曲线, 343 表
natural gas (NG) forward curve principal components, 350e, 352e	天然气 (NG) 远期曲线主成分, 350 表, 352 表
weighted principal components, 351e, 352e	加权主成分, 351 表, 352 表
natural gas (NG) futures contracts, historical volatility, 340–341	天然气 (NG) 期货合约, 历史波动率, 340–341
trading activity, 571–572	交易活动, 571–572
Unleaded Gasoline, consideration, 328	无铅汽油, 考虑, 328
WTI, relative mean reversion, 323e	WTI, 相对均值回归, 323 表
WTI crude oil market, backwardation/contango approximation, 231n	WTI 原油市场现货溢价/期货溢价近似, 231 脚注
WTI spot price, 323e	WTI 现货价格, 323 表
New York raw sugar prices, comparison. See London white sugar Prices Next-t-expire futures contract, 134	纽约粗糖价格, 比较, 见伦敦白糖价格次近月期货合约, 134
NG. See Natural gas	NG。见天然气
Nickel, 703	镍, 703
forward curves, 436	远期曲线, 436
production, 703	生产, 703
usage, 782	用法, 782
Niechoj, Torsten, 164n	尼可, 托斯顿, 164 脚注
Nielsen, Bjoern F., 597n	尼尔森, 比约 F., 597 脚注
Nielsen, Soren T., 393n	尼尔森, 索伦 T., 393 脚注
Nijman, Theo E., 114n, 245n, 259n, 463n, 534n, 542n	尼曼, 西奥 E., 114 脚注, 245 脚注, 259 脚注, 463 脚注, 534 脚注, 542 脚注
Nikkei 225 Stock Index, futures contracts, 42	日经 225 股票指数, 期货合约, 42
Nison, Steve, 910n	尼森, 斯蒂夫, 910 脚注
Nisser, Johan, 939n	尼瑟尔, 约翰, 939 脚注
No-arbitrage condition, 581n	无套利条件, 581 脚注

Nogueira, Leonardo M., 584n
Noise traders, 935
    purchase, 935–936
Noisy rational expectations
    equilibriums model, 934
Noisy rational expectations
    model, 934–935
    proposal. *See* Two-period
    noisy rational
    expectations model
Nominal interest rates,
    increase, 99
Nominal liabilities
    mean-variance frontier. *See*
      Investor
    real liabilities, correlation
      matrix, 528–529
Nominal pension liabilities,
    conditional meanvariance
    spanning test, 541e
Non-complying investment,
    selection, 618
Nonferrous metals, 705
Noninvestible active
    manager-based CTA
    indexes, 274–275, 279
Noninvestible CTA indexes,
    283, 286
    performance/benchmark
      comparisons, 284e–285e
Noninvestible manager-based indexes, 271
Nonlinear optimization. *See*
    Volatility failure, 342
Nonparametric Friedman test, 180
Nonperishable commodity assets,
    purchase, 550
Nonperishable real assets, 454–455
Nonrelated commodity groupings,
    negative correlations, 461
Nonstorable commodities
    commodity spot price,
    relationship, 121n
    spot price, impact, 125n
Nontrend followers, 400–402

诺盖拉，莱昂纳多 M.，584 脚注
噪音交易者，935
    购买，935–936
噪音理性预期均衡模型，934

噪音理性预期模型，934–935

    建议。见两期噪音理性预期模型，

名义利率，增加，99

名义负债
    均值方差边界。见投资者

    实际负债，相关性矩阵，528–529

名义养老金负债
    条件均值-方差扩展检验，541 表

不合规的投资，选择，618

有色金属，705
基于组合经理的
    主动型不可投资 CTA 指数，
    274–275，279
不可投资的商品交易顾问基金指数，
    283，286
    业绩/基准
    比较，284 表–285 表
不可投资的基于组合经理的指数，271
非线性最优化。参见波动率失灵，342

非参数弗里德曼检验，180
不易腐坏的商品资产，购买，550

不易腐坏的实物财产，454–455
非关联的商品组，
    负相关性，461
不可储存的商品
    商品现货价格，
    关系，121 脚注
    现货价格，影响，125 脚注
非趋势追随者，400–402

Nordpool market, 808n
Normal backwardation, 29, 49
    empirical findings, 257
    existence, absence, 259
    theory, 21n, 114
    Keynes theory, 56, 430, 456
Normalized third central distributional moment, 189
Normal market. See Contango
NTS. See National Transmission System
Null hypothesis, 180
    correspondence. See t-value
    rejection, absence, 250
    usage, 923
    value, 193
NYBOT. See New York Board of Trade
NYMEX. See New York Mercantile Exchange

O

Occurrence of normality, 193
OCM. See On-the-Day Commodity Market
Odders-White, Elizabeth R., 938n
OECD countries, oil demand, 684
OECD stocks, 441
OECD U.S. CPI, monthly data, 232
O'Hara, Maureen, 934n
Oil. See Crude oil
    demand side, imbalances, 683–684
    prices comparison, 396e
    OPEC-driven long-term volatility, 833
    term structure, 125–126
Oil producing/service companies (XOI) index, 496e
Okunev, John, 941n
OLS. See Ordinary least squares
Olson, Dennis, 930n
One-dimensionality, assurance, 199
One-dimensional summary,

北欧电力市场，808脚注
常态现货溢价，29，49
    经验研究结果，257
    存在，不存在，259
    理论，21脚注，114
    凯恩斯理论，56，430，456
标准化三阶中心分布矩，189

常态市场。参见期货溢价
NTS。参见国家运输系统
原假设，180
    对应。参见 t - 值
    拒绝，不存在，250
    用法，923
    值，193
NYBOT。参见纽约期货交易所
NYMEX。参见纽约商业交易所

O

出现正态分布，193
OCM，参见当日商品市场

欧德斯-怀特，伊丽莎白R.，938脚注
经济合作与发展组织国家，石油需求，684
经济合作与发展组织存货量，441
经济合作与发展组织 美国消费价格指数，月度数据，232
奥哈拉，莫林，934脚注
石油。参见原油
    需求方面，失衡，683–684
    价格比较，396表
    石油输出国家组织控制的长期波动率，833
    期限结构，125–126
石油生产/服务公司（XOI），指数，496表

奥库涅夫，约翰，941脚注
OLS。参见普通最小二乘法
奥尔森，丹尼斯，930脚注
一维，保证，199
一维汇总，得到，199

achievement, 199
One-factor Pilipovic model, 582
One-quarter horizon
  forecast performance, 380e – 381e
  models, usage, 377
One-sided boundary condition, 789
One-year deferred contract,
  termination point, 435 – 436
One-year LME convenience
  yield, warehouse stocks (correlation).
  See Copper
Ontario Teachers' Pension Plan, 203
On-the-Day Commodity
  Market (OCM), 828
Oomen, Roel C. A., 18n, 33n, 68n,
  70n, 71n, 95n, 98n, 192n,
  193n, 208n, 211n, 218n,
  225n, 226n, 228n, 229n,
  238n, 425n, 447n, 456n
OPEC
  base, 683
  members, crude oil (glut), 51
  shocks, impact, 410 – 411
Operational risks management.
  See Basic operational risk
    management;
  Fundamental operational risk
    management mitigation, 331 – 334
Operational trading, 848 – 851.
  See also European Union
Oppenheimer, J. R., 686
Optimal commodity investments,
  analysis, 69
Optimal cut-down strategy, 162 – 163
Optimal forestry, simple problems, 146
Optimal international portfolios, 419e
Optimal mean-variance
  portfolio, pension
  liabilities (inclusion), 544 – 545
Optimal portfolio allocations,
  seasonality (display), 80, 82
Optimal portfolio weights, 70e
  GDP growth, 73e
  momentum, 85e

单因素 – 皮利波维奇模型, 582
一个季度期限预测效果, 380 表 – 381 表

  模型, 用法, 377
单边的边界条件, 789
一年期递延合约,
  终点, 435 – 436
一年期伦敦金属交易所便利
  收益, 库存量（相关性）。
  参见铜
安大略教师养老金计划, 203
当日商品市场（OCM）828

欧门, 罗尔 C. A., 18 脚注, 33 脚注, 68 脚注,
  70 脚注, 71 脚注, 95 脚注, 98 脚注, 192 脚注,
  193 脚注, 208 脚注, 211 脚注, 218 脚注,
  225 脚注, 226 脚注, 228 脚注, 229 脚注,
  238 脚注, 425 脚注, 447 脚注, 456 脚注
石油输出国组织
  基地, 683
  成员, 原油（供过于求）, 51
  冲击, 影响, 410 – 411
操作风险管理
  参见基本操作风险管理；

基本操作风险管理的缓释, 331 – 334

交易运作, 848 – 851。
  参见欧盟
奥本海默, J. R., 686
最优商品投资,
  分析, 69
最优砍伐策略, 162 – 163
最优林业管理, 简单问题, 146
最优国际组合, 419 表
最优均值 – 方差投资组合,
  养老金负债（包含）, 544 – 545

最优组合配置,
  季节性（表现）, 80, 82
最优的组合权重, 70 表
  国内生产总值增长, 73 表
  动量, 85 表

monetary policy, 76e	货币政策, 76 表
seasonal portfolios, 81e	季节性组合, 81 表
term structure, 79e	期限结构, 79 表
Optimal strategic allocation.	最优战略性配置。
See Inflation-protected liabilities	参见通胀保值负债
Optimal strategic portfolio, 531–532	最优战略性投资组合, 531–532
Optimization energy, absence, 476	最优化能源, 不存在, 476
usage. See Surplus optimization	用法。参见盈余最优化
Option-linked structures, impact, 615	期权挂钩型结构, 影响, 615
Options. See Commodities; Futures; Gold	期权。参见商品; 期货; 黄金
greeks, measurement/monitoring, 320	希腊字母, 衡量/监测, 320
Options (Continued)	期权
pricing models,	定价模型,
parameters, 579	参数, 579
rights, 554–555	权利, 554–555
speculator usage, 570–571	投机者使用, 570–571
trading, risk management	交易,
analysis requirements, 320	风险管理分析要求, 320
Order books, estimation, 938–939	指令簿, 估计, 938–939
Order flow, usage, 938–939	指令流, 用途, 938–939
Ordinary least squares (OLS)	普通最小二乘 (OLS)
estimation technique, 492–493	估计方法, 492–493
regression, 101	回归, 101
application, 100	应用, 100
Ore body, 778	矿体, 778
compound type, 778	化合物种类, 778
Oren, Shmuel S., 597n	奥伦, 施米尔 S., 597 脚注
Originators, commodity price	发起人, 商品价格
risk exposure (absence), 625	风险敞口 (不存在), 625
Orphandies, Anthanasios, 506n	奥法尼德斯, 阿萨内修斯, 506 脚注
Orthogonalized impulse	正交脉冲响应函数, 103
response functions, 103	
Ortobelli, Sergio, 473n	奥特贝利, 赛尔吉奥, 473 脚注
Osler, Carol L., 913n, 937n, 938n	奥斯勒, 卡罗尔 L., 913 脚注, 937 脚注, 938 脚注
Osmaston, F. C., 156n	奥斯马斯顿, F. C., 156 脚注
Osmundsen, Petter, 833n, 837n	奥斯蒙德森, 皮特, 833 脚注, 837 脚注
Out-of-sample period, usage, 929	样本外期间, 使用, 929
Out-of-sample verification	样本外检验
usage, absence, 944–945	用法, 缺失, 944–945
Out-of-sample verification,	样本外检验, 执行, 918, 925
conducting, 918, 925	
Outside Price Channel, 914–915	外部价格通道, 914–915
definitions, 915	定义, 915
parameters, 915	参数, 915

support/resistance, 913
  trading rules, 915
Over-the-counter (OTC)
  averaging conventions, 333
Over-the-counter (OTC)
  broker data, curve
  (seasonal shaping), 325
Over-the-counter (OTC)
  commodity options,
  trading, 574
Over-the-counter (OTC)
  confirmations, 333 – 334
Over-the-counter (OTC)
  contracts, commodity trades, 324
Over-the-counter (OTC)
  forwards, 626
Over-the-counter (OTC)
  market. See Electricity;
  Gold direct access, 805
Over-the-counter (OTC)
  product markets, 482n
Ozfidan, Ozkan, 833n

P

Pagan, Adrian, 374n
Page, Sebastien, 508n
Palladium, 701
Palmquist, Jonas, 479n
Papageorgiou, Nicolas,
  627n, 650n, 654n
Parameter optimization,
  conducting, 925
Park, Cheol-Ho, 394n, 909n
Park, James M., 483n, 630n,
  650n, 656n
Parker, George G. C., 393n, 910n
Pascucci, Jerry, 549n
Passive/active allocation, 498 – 501
Passive/active manager total returns,
  contrast (performance statistics).
  See Commodity prices
Passive CISDM CTA Index,
  contrast. See Active
  CISDM CTA Index

支撑位/阻力位, 913
交易规则, 915
场外 (OTC)
  数据统计惯例, 333
场外 (OTC)
  经纪商数据, 曲线
  (季节性形状), 325
场外 (OTC)
  商品期权,
  交易, 574
场外 (OTC)
  确认, 333 – 334
场外 (OTC)
  合约, 商品交易, 324
场外 (OTC)
  远期, 626
场外 (OTC)
  市场。参见电力;黄金直接进入, 805

场外 (OTC)
  产品市场, 482 脚注
奥兹非坦, 厄兹坎, 833 脚注

P

蒲甘, 艾德里安, 374 脚注
佩奇, 塞巴斯蒂安, 508 脚注
钯, 701
帕姆奎斯特, 乔纳斯, 479 脚注
帕帕耶奥尔尤, 尼古拉斯,
  627 脚注, 650 脚注, 654 脚注
参数最优化,
  执行, 925
朴, 哲浩, 394 脚注, 909 脚注
帕克, 詹姆斯 M., 483 脚注, 630 脚注
  650 脚注, 656 脚注
帕克, 乔治 G. C., 393 脚注, 910 脚注
帕斯库奇, 杰里, 549 脚注
被动型/主动型配置, 498 – 501
被动型/主动型基金经理总收益,
  对照 (业绩数据)。
  参见商品价格
被动型国际证券与衍生品市场研究中心
  (CISDM) 商品交易顾问基金指数,
  对照。参见主动型 CISDM

Passive commodity allocations	被动型商品配置
implied returns, 499e	隐含的收益, 499 表
portfolio characteristics, 500e	组合特征, 500 表
Passive commodity investing, 485–491	被动型商品投资, 485–491
Passive investing (long-only investing), 555–557.	被动型投资（只做多投资）, 555–557。
See also Investable commodity indexes; Mutual funds	另参见可投资商品指数；共同基金
Passive long-only commodities exposure, providing, 555–556	被动型只做多商品敞口，提供, 555–556
Payne, John W., 508n	佩恩, 约翰 W., 508 脚注
PC. See Principal components	PC。参见主成分
PDF. See Probability density function	PDF。参见概率密度函数
Peak block. See Electricity	高峰时段。参见电力
Pennings, Joost M. E., 63n	彭宁斯, 约斯特 M. E., 63 脚注
Pension fund assets, availability, 527	养老基金资产，可得性, 527
mean-variance utility function, assumption, 526	均值-方差效用函数，假设, 526
Pension liabilities, inclusion. See Optimal meanvariance portfolio	养老金负债，包含。参见最优均值-方差组合
Performance characteristics, 30–35	业绩特征, 30–35
persistence. See Energy hedge funds	持续性。参见能源对冲基金
statistics, 488e	统计数据, 488 表
Periodical profit (PG), 155	定期利润 (PG), 155
Perishable real assets, 454–455	易腐坏的实物财产, 454–455
Perold, André F., 25n, 261n	佩罗德, 安德烈 F., 25 脚注, 261 脚注
Perron, Pierre, 100n	佩荣, 皮埃尔, 100 脚注
Petith, Howard, 776n	佩蒂特, 霍华德, 776 脚注
Petroleum companies, beta coefficients/ correlation coefficients, 48e	石油公司, 贝塔系数/相关系数, 48 表
complex, example, 409	产品，例子, 409
seasonal sales/production patterns, 409e	季节性销售/生产模式, 409 表
Pflug, Georg, 472n	弗拉格, 乔治, 472 脚注
PG. See Periodical profit	PG。参见节性收益
Phillips, Peter C. B., 100n	菲利普斯, 皮特 C. B., 100 脚注

Phillips-Perron (PP) statistic
　　test, 367e
Phillips-Perron (PP) test, 366
Photovoltaics, 688–689
PHY. *See* Center for
　　International Securities and
　　Derivatives Market
Physical commodities, 45–46
　　purchase/sale, 552
　　short selling, 117
Physical futures markets,
　　trading, 274
Physical gold, trading, 697–698
Physical good, purchase, 11
Physical grain, pricing, 875
Physical interest rate. *See* Gold
Physical precious metal,
　　precious metal form, 696
Physicals, CTA specialists
　　(usage), 492–493
Pilipovic, Dragana, 582n
Pindyck, Robert S., 84n, 88n,
　　336n, 338n, 339n
PJM daily movement, 326e

PJM spot electricity, prices, 577
PJM Western Hub, NYMEX
　　HH (contrast), 326
Platinum, 700–701
　　prices, 700–701
　　production, 700
Plosser, Charles I., 108n
p-n crossing, 688
PointCarbon, daily
　　settlement prices, 851n
Point value, 15–16
Poland, emissions allowances
　　(banking), 857n
Portfolio
　　active management, 558
　　allocation, 36e
　　asset behavior (description),
　　　　correlation (usage), 455
　　concentration risk, 411–413

菲利普斯-佩荣（PP）
　　统计检验, 367 表
菲利普斯-佩荣（PP）检验, 366
光伏电池, 688–689
PHY。参见国际证券和衍生品市场

实货商品, 45–46
　　购买/销售, 552
　　卖空, 117
实货期货市场,
　　交易, 274
实货黄金, 交易, 697–698
实货商品, 购买, 11
实货谷物, 定价, 875
实货利率。参见黄金
实货贵金属,
　　贵金属形态, 696
实货, 专业化商品期货交易顾问基金
　　（用法）, 492–493
皮利波维奇, 德拉加纳, 582 脚注
平狄克, 罗伯特 S., 84, 88
　　336, 338, 339 脚注
宾夕法尼亚-新泽西-马里兰电力市场
　　（PJM）每日价格变动, 326 表
PJM 电力现货, 价格, 577
PJM 西部枢纽, 美国纽约商业交易所
　　亨利枢纽 HH, 326
铂, 700–701
　　价格, 700–701
　　生产, 700
普洛瑟, 查尔斯 I., 108 脚注
正负结, 688
点碳公司, 每日结算价格, 851 脚注

基点价值, 15–16
波兰, 碳排放配额（积攒）, 857 脚注

投资组合
　　主动型管理, 558
　　配置, 36 表
　　资产行为（描述），
　　　　相关性（用途）455
　　集中风险, 411–413

construction, 403-404
diversification, 411
diversified strategies,
    combination, 411-413
diversifier, 462-463
downside risk, reduction, 518
evaluation, 75-77
Global Advisors LP
    (GALP), Stark
    diversified CTA index
    (addition), 421e
gold, impact, 736
hedging. See
    Macroportfolio hedging
improvement, statistical
    significance, 533-536
investments, alternatives, 504
    impact, 517-521
mark to market values,
    time series, 356
mean-skewness chart, 520e
metrics, 519e
optimization, usage. See
    Commodities results, 79
return, 474
risk, constraints, 476
values, simulation (application),
    356-357
VaR, incremental
    contribution, 414
volatility, commodity
    investment strategies,
    contrast. See Annualized portfolio
    volatility
Portfolio-effect risk
    measures, 415e
Positive excess returns,
    guarantee (absence), 257n
Positively skewed distribution,
    returns (increase), 459
Positive risk premium, 194
Positive technical trading profits,
    explanation, 945
Pound-dollar exchange rate/

构建, 403-404
分散化, 411
分散化策略,
    组合, 411-413
分散因子, 462-463
下跌风险, 降低, 518
估值, 75-77
全球顾问有限合伙人
    (GALP), 斯塔克分散化商品交易
    顾问基金 (CTA) 指数
    (添加), 421表
黄金, 影响, 736
对冲。参见
    宏观组合对冲
改进, 统计
    显著性, 533-536
投资, 另类投资, 504
    影响, 517-521
市场重估,
    时间序列, 356
均值-偏度图, 520表
度量指标, 519表
最优化, 用法。参见商品结果, 79

收益, 474
风险, 约束条件, 476
价值, 模拟 (应用), 356-357

涉险价值, 增量
    作用, 414
波动率, 商品
    投资策略,
    对照。参见年化的组合波动率

组合效应的风险
    测度, 415表
正的超额收益,
    确保 (不存在), 257脚注
正偏分布,
    收益(增加), 459
正的风险溢价, 194
正的技术交易盈利,
    解释, 945
英镑-美元汇率/差异, 928

differences, 928
PP. See Phillips-Perron
PPI. See Producer Price Index
Prasertsri, Ponnarong, 895n
Prebisch, Raul, 359n
Prebisch-Singer hypothesis, 365–366
Precious metals, 695–701
   commercial forms, 695–696
Prentice, Ross L., 653n
Press, William, 341n, 342n
Pressler, Max Robert, 163n
Pretest bias, 402
Price lines, crossing, 396
Price movements, forecasting, 909
Price oscillations, amplitude, 937
Pricing options, 587–593
Principal components (PC)
   analysis, 198
   relationship. See Total return
Proalcool program. See Brazil

Probability density function (PDF), 458
Probability plot, 658e
Producer Price Index (PPI), 480
Production
   function, 147e
   period, derivation, 149
   time consumption, 145–148
Profit, referral, 148
Profit rate, maximization, 151
Prompt dates, 784
Prudence, duty, 618
Prudent investor rule, 617–619
PSI. See Global Property Research
Psychoyios, Dimitris, 858n
Public databases, manager universe
   (representation), 272e
Pulvermacher, Katharine,
   725n, 727n, 746n
Pure composite index, 198
Pure filter systems, 918
p-values, 250, 541. See also
   Commodity stock index
   correspondence, 251e, 263

Q

Quandt, Richard, 341n
Quarterly ECM forecasts,
　　generation, 377, 379
Quarterly holding period, basis.
　　See Correlation matrix;
　　Descriptive statistics
Quasi-asset price, 120
Querin, Scott F., 924n

R

Raab, Daniel M., 23n
Rabinowitz, Nir, 117n
Rachev, Svetlozar T., 473n
Rallis, Georgios, 83n, 432n
Random number, generation
　　(impact), 349
Random walk model, 370
Ranga, Nathan, 486n
Ranson, David, 723n, 729n,
　　750n
Rate of return (RoR), 675
Rational utility functions,
　　usage, 472–473
Rausser, Gordon C., 21n,
　　59n, 80n, 373n
Ravindran, K., 592n
RBD. *See* Reconciliation by
　　difference
Real commodity indexes,
　　computation, 100
Real diversifier, usage, 463
Real estate
　　price, demand (impact), 163–164
　　value, 153
Real estate investment trusts
　　(REITs), 461
Real interest rate
　　change, absence, 99
　　impact, 102–103
　　increase, impulse response
　　　function (impact), 104e
Real lease rate. *See* Gold

Q

匡特, 理查德, 341 脚注
季度误差修正模型预测,
　　生成, 377, 379
季度持有期, 基点。
　　参见相关系数矩;
　　描述性统计量
准-资产价格, 120
奎林, 斯科特 F., 924 脚注

R

拉布, 丹尼尔 M., 23 脚注
拉比诺维茨, 尼尔, 117 脚注
拉切夫, 斯维特洛兹 T., 473 脚注
拉利斯, 乔治斯, 83 脚注, 432 脚注
随机数, 生成（影响）, 349

随机游走模型, 370
兰加, 南森, 486 脚注
兰森, 戴维, 723 脚注, 729 脚注,
　　750 脚注
收益率（ROR）, 675
理性效用函数, 用法, 472–473

劳泽, 戈登 C., 21,
　　59 脚注, 80 脚注, 373 脚注
拉文德兰, K., 592 脚注
RBD。参见差异调和法

实际商品指数,
　　计算, 100
实际分散因子, 用法, 463
房地产
　　价格, 需求（影响）, 163–164
　　价值, 153
房地产投资信托基金（REITs）, 461

实际利率
　　变动, 缺失, 99
　　影响, 102–103
　　增加, 脉冲响应函数（影响）, 104 表

实际租借利率。参见黄金

Real liabilities, correlation
matrix. See Nominal liabilities
Real money growth, increase, 99
Real returns, consideration, 238
Rebalanced portfolio,
geometric return/weighted average
geometric return
(difference), 212
Rebalancing effect, 211–212
Rebalancing return, 25
Rebonato, Riccardo, 837n, 839n
Recession, observation, 110
Recharacterization risk,
relationship. See Commodities
Reconciliation by difference (RBD).
See United Kingdom
method, 832
Red Meat Yearbook, 882
Reducing agents, price/availability, 778
Refinery capacity, Hurricane
Katrina (impact), 7
Refinery product time spreads, 663n
Refit volatility curve.
See New York Mercantile
Exchange
Regional gas spreads, 663n
Regional Greenhouse Gas
Initiative (RGGI), 844
Regional spreads, 663n
Regression diagnostics, 265e.
See also Spanning regression
diagnostics difference, 245
Excel, usage. See
Asset spanning regression
statistics, 263–265
Regression-based meanvariance
spanning testse,
empirical results, 249–255
REITs. See Real estate
investment trusts
Relative mean reversion. See
New York Mercantile Exchange
phenomenon, 323–324
Relative Strength Index (RSI),

实际负债，相关性矩阵。参见名义负债
货币实际增长率，增加，99
实际收益，考虑因素，238
维护型组合，
 几何收益率/加权几何平均收益率
 （差异），212
组合维护效应，211–212
组合维护收益，25
里伯内特，里卡多，837脚注，839脚注
衰退，观测，110
重新定性风险，
 关系。参见商品
差异调和（RBD）。
 参见英国
 方法，832
红肉年鉴，882
还原剂，价格/可得性，778
冶炼产能，卡特里娜飓风（影响），7

炼成品时间价差，663脚注
重新拟合波动率曲线。
 见纽约商业交易所

区域天然气价差，663脚注
区域温室气体倡议（RGGI），
 844
区域价差，663脚注
回归诊断，265表。
 另见扩展回归诊断差异，245

Excel，用法。参见
 资产扩展回归统计量，
 263–265
基于回归分析的均值–方差检验，

 经验结果，249–255.
REITs。参见房地产投资信托
相对均值回归。参见纽约商业交易所

 现象，323–324
相对强度指数（RSI），

400–401, 913, 915–916
  calculation, 400, 401
  definitions, 916
  parameters, 916
  trading rules, 916
Relative strength (RS), 916
Remillard, Jason, 267n, 280n
Renewable Energy Sources Act, 687
Renewable resources,
  optimal rotation period, 145
Renewables obligation (RO), 834
  impact. See United Kingdom
Rent for land lease, isolation
  (absence), 161
Rentzler, Joel C., 58n, 483n
Reoptimization method, 924–925
Replicating portfolio, function, 117
Replication trading strategy,
  feasibility, 116
Reproducible resources, 146n
Residual correlation matrix, 103e
Restrictive monetary policy, 74–75
Retirement savings schemes,
  commodities
  (strategic/tactical allocation), 522
Return average gain/loss,
  183e–184e
  characteristics.
    See Single-commodity return
      characteristics
  composition, 427, 430
  decomposition, 138, 209–214
  distributions, 507
  matrix, 198
  periods, positive returns, 182e
  properties, investigation, 181
  rate. See Rate of return
  sources, 229–231
  standard deviation, 637
  statistics CTA portfolio, 433e
  volatility, relationship, 178–185
Reuters/Jeffries CRB,
  investable commodity

400–401, 913, 915–916
  计算, 400, 401
  定义, 916
  参数, 916
  交易规则, 916
相对强度(RS), 916
雷米拉德, 杰森, 267脚注, 280脚注
可再生能源法案, 687
可再生资源,
  最优轮伐期, 145,
可再生能源义务(RO), 834
  影响。参见英国
土地租赁的收入, 隔离
  (缺失), 161
兰咨勒, 乔C., 58脚注, 483脚注
再优化方法, 924–925
复制组合, 功能, 117
复制交易策略, 可行性, 116

可再生资源, 146脚注
残差相关性矩阵, 103表
紧缩性货币政策, 74–75
退休金储蓄金计划,
  商品(战略性/战术性配置), 522

收益平均收益/亏损, 183–184表

特征。
  参见单个商品收益特征

构成, 427, 430
分解, 138, 209–214
分布, 507
矩阵, 198
时期, 正收益, 182表
性质, 考察, 181
收益率。参见收益率
来源, 229–231
标准差, 637
商品交易顾问基金组合的统计
  指标, 433表
波动率, 关系, 178–185
路透社/杰弗瑞商品研究局指数,
  可投资的商品指数

index, 556e
Revenues, commodity prices
    (correlation), 617
Revenues finance
    expenditures, 154–158
REXP data, 753
RGGI. *See* Regional Greenhouse
    Gas Initiative
Ricardo, David, 162
RICI. *See* Rogers International
    Commodity Index
Risk
    allocation, 412
    analysis, gaps, 315
    assessment. *See* Forward prices
    capital
        allocation, 404
        quantification, 326, 328
    characteristics, 30–35
    components, 10n
    diversification,
        relationship, 246–249
    hedging, 335–336
    indexes, betas
        (insignificance), 256n
    issues, treatment, 947
    measures, 413–416. *See also*
        Portfolio-effect
        risk measures;
        Strategy-level risk measures
        examples, 415e
    quantification, 316
    return, relationship, 246–249
Risk-adjusted basis, 941
Risk-adjusted performance
    measures, 631. *See also*
        Capital Asset Pricing Model
    ratios, 675
Risk-adjusted returns, 194
    significance, 925
Risk-averse investors,
    preference. *See* Negative excess kurtosis
Risk-free asset, availability, 534
Risk-free rate, 115

556 表
收入，商品价格（相关性），617

收入为支出融资，154–158

德国政府债券指数（REXP）数据，753
RGGI。参见区域性温室气体倡议

李嘉图，大卫，162
RICI。参见罗杰斯国际商品指数

风险
    配置，412
    分析，差距，315
    评估。参见远期价格
    资本
        配置，404
        量化，326，328
    特征，30–35
    部分，10 脚注
    分散化，关系，246–249

    对冲，335–336
    指数，贝塔（不显著），256 脚注

    问题，处理，947
    测度指标，413–416。另见
        资产组合-效应
        风险测度；
        战略层面的风险测度
        例子，415 表
    量化，316
    收益，关系，246–249
风险调整后的基准，941
风险调整后的业绩测度指标，631。
    另见
    资本资产定价模型
    比率，675
风险调整后的收益，194
    显著性，925
风险厌恶型投资者，偏好。
    见负的超额峰度
无风险资产，可得性，534
无风险利率，115

adjustment, 123 – 124	调整, 123 – 124
calculation, 135	计算, 135
Risk management, 413 – 416	风险管理, 413 – 416
analysis requirements.	分析要求。
See Options	参见期权
basis report, 329e	基差报告, 329 表
gaps, 315	差距, 315
hedging, example, – 357	对冲, 例子, 357
inadequacies, 315	不足, 315
performance attribution, 331	业绩归因, 331
practices, market data nonincorporation (danger), 324 – 325	实践, 市场数据未纳入（危险）, 324 – 325
Risk metrics, usage, 316	风险度量指标, 用法, 316
Risk neutral pricing, limitation, 115 – 118	风险中性定价, 局限性, 115 – 118
Risk neutral probability measure, 580 – 581	风险中性概率测度, 580 – 581
Risk premium models (RPM), 113 – 114, 118 – 120	风险溢价模型（RPM）, 113 – 114, 118 – 120
convenience yield models relationship, 119e	便利收益模型关系, 119 表
synthesis, 121 – 122	综合, 121 – 122
graphical relationship, 133e	关系图, 133 表
impact. *See* Futures returns; Term structure	影响。见期货收益；期限结构
usage, 133	用法, 133
Risk premiums (premia), 940 – 941.	风险溢价（溢价）, 940 – 941。
See also Positive risk premium	另见正的风险溢价
adjustment, 123	调整, 123
appendix, 143 – 144	附录, 143 – 144
consideration, 455 – 457	考虑, 455 – 457
consistency, 60 – 61	一致性, 60 – 61
convenience yield models, relationship, 113	便利收益模型, 关系, 113
diversification return selection, 259 – 261	分散化收益选择, 259 – 261
diversification return, misidentification, 213 – 214	分散化收益, 错误识别, 213 – 214
empirical evidence, 59 – 61	经验证据, 59 – 61
impact. *See* Convenience yield	影响。参见便利收益
presence, 364	存在, 364
relationships, summary, 142e	关系, 总结, 142 表
Risk-return characteristics, 170	风险收益特征, 170
divergences, 171	背离, 171

Risk-return-dominating indexes, 194
Risk-return trade-off/efficiency,
　improvement. See Investor portfolio
River elevators, 866–867
RMSE. See Root mean squared error
RO. See Renewables obligation
Roberts, Matthew C., 929n
Robustness analysis, 545–546.
　See also Expected returns
　usage, 531n
Rockafellar, Tyrrell R., 471n
Roddy, Peter, 783n
Rogers, L. C. G., 769n
Rogers International Commodity Index
　(RICI), 170n, 171, 175–176, 426
　data history, absence, 181, 183
　introduction, 486
Roll, Richard A., 941n
Rolling, 17n. See also Futures contracts
　average means,
　correlations, 92e
　process, 228
　up/down, 210, 229
Rolling correlation coefficients.
　See Investment
Roll-over date, 230
Roll returns, 23, 211e. See also
　Unexpected roll returns
　expression, 24–25
　process, 228
　result, 24
　roll/spot/futures return,
　　conditioning, 139e–140e
　volatilities, 137e
Roll yield, 134. See also
　Average roll yields
　inclusion. See Spot yield
　process, 228
Rom, Brian M., 507n, 508n
Root, Thomas H., 839n
Root mean squared error (RMSE),
　373–374
　magnitude, 374
RoR. See Rate of return

风险-收益-主导指数，194
风险收益权衡/效率，
　改善。参见投资组合
河道粮囤，866–867
RMSE。参见均方根误差
RO。参见可再生能源义务
罗伯茨，马修 C.，929脚注
稳健性分析，545–546。
　另见预期收益
　用法，531脚注
洛克菲勒，泰雷尔 R.，471脚注
罗迪，皮特，738脚注
罗杰斯，L. C. G，769脚注
罗杰斯国际商品指数（RICI），170
　脚注，171，175–176，426
　数据历史，缺失，181，183
　引入，486
罗尔，理查德 A.，941脚注
滚动，17脚注。另见期货合约
　平均收益，
　相关性，92表
　过程，228
　上/下，210，229
滚动相关性系数。
　参见投资
滚动日，230
滚动收益，23，211表。另见
　非预期的滚动收益
　表达式，24–25
　过程，228
　结果，24
　滚动/现货/期货收益，
　　条件，139–140表
　波动率，137表
滚动收益，134。
　另见平均滚动收益
　包含。见现货收益
　过程，228
罗姆，布莱恩 M.，507脚注，508脚注
罗特，托马斯 H.，839脚注
均方根误差（RMSE），373–374
　幅度大小，374
RoR。见收益率

Rosander, Jerker, 855n
Rosansky, Victor I., 10n, 30n, 39n, 57n, 60n, 63n, 67n, 89n, 256n, 424n, 456n, 457n
Ross, Stephen A., 144e
Rotemberg, Julio J., 84n, 88n
Rouah, Fabrice, 626n, 650n, 654n
Rouwenhorst, K. Geert, 12n, 30n, 33n, 60n, 63n, 68n, 69n, 71n, 72n, 80n, 83n, 89n, 132n, 188n, 205n, 208n, 213n, 214n, 228n, 229n, 241n, 256n, 424n, 434n, 446n, 456n, 467n, 506n, 515n, 523n, 529n, 556n
RPM. See Risk premium models
RS. See Relative strength
RSI. See Relative Strength Index
Rubio, Gonzalo, 726n
Rudolf, Markus, 608e
Russell 1000 Index, futures contracts, 42
Rutkowski, Marek, 823n

S

Sagl, Wolfgang, 163n
Salisbury, Ian, 565n
Sample ACF
　Function. See Monthly commodity returns
　plotting, 235, 237
Samuelson, Paul A., 146n, 157n, 912n
Samuelson effect, 839–840
Sandsmark, Maria, 833n
Santa-Clara, Pedro, 584n
Satyanarayan, Sudhakar, 418n
Savarino, James E., 628n
Scarcity models,
　backwardation (basis), 432–439
Schadt, Rudi, 538n
Scharfstein, David S., 936n
Scherer, Bernd, 9n
Schmidt, Anatoly B., 937n
Schmitz, Andrew, 21n, 80n
Schneeweis, Thomas, 267n, 269n, 276n,

279n, 280n, 483n, 517n
Scholes, Myron, 338n, 588n
Scholtes, Saskia, 614e
Scholz, Stefan, 507n
Schotman, Peter C., 523n
Schuhmacher, Frank, 631n
Schwager, Jack D., 913n
Schwarcz, Steven L., 613n
Schwartz, Eduardo S., 336n, 338n, 581n, 582n, 597n
Schwert, G. William, 939n
Scott, Alasdair, 506n
Scott, James H., 9n
Scourse, Andrew, 593n
Scruggs, John T., 726n
SD. See Standard deviation
Seasonality, 80–83
Seasonally adjusted GDP, 72
Seasonal normal demand (SND), 831
   relationship. See United Kingdom
Seasonal price behavior
   examples, 434–435
   expectation, 445
Second central moment,
   portfolio risk measure, 457–460
Sector indexes, 198
   annualized returns, 179e
Sector-specific stocks, correlation, 11
Securities and Exchange
   Commission (SEC),
   non-regulation, 391
Securities coupon, 622
Securitization. See
   Commodity price risk;
   Credit risk evolution, 613–614
Security-based index series, 270
Seguin, Paul J., 122n
Selection indicator, relative term
   structures (basis), 435e
Semistrong form efficiency, 912
Shanghai Futures Exchange (SHFE), 786–787, 790
   contract volume, 787e
Shanken, Jay, 538n, 726n

279脚注, 280脚注, 483脚注, 517脚注
斯科尔斯, 迈伦, 338脚注, 588脚注
肖尔斯, 萨斯基亚, 614表
肖尔茨, 斯特凡, 507脚注
肖特门, 彼得C., 523脚注
修马克, 弗兰克, 631脚注
施瓦格, 杰克D., 913脚注
施瓦茨, 史蒂芬L., 613脚注
施瓦茨, 爱德华多S., 336脚注, 338脚注, 581脚注, 582脚注, 597脚注
施瓦特, G. 威廉, 939脚注
斯科特, 阿拉斯代尔, 506脚注
斯科特, 詹姆斯H., 9脚注
斯考斯, 安德鲁, 593脚注
斯克鲁格斯, 约翰T., 726脚注
SD。见标准差
季节性, 80–83
经过季节调整的国内生产总值, 72
季节性正常需求 (SND), 831
   关系。见英国
季节性价格行为
   例子, 434–435
   预期, 445
二阶中心矩,
   组合风险测度指标, 457–460
行业指数, 198
   年化收益, 179表
特定行业股票, 相关性, 11
证券交易委员会 (SEC),

   非监管, 391
证券息票, 622
证券化。见商品价格风险;

   信用风险演化, 613–614
基于证券的指数系列, 270
塞甘, 保罗J., 122脚注
选择指标, 相对期限结构 (基准),
   435表
半强式有效, 912
上海期货交易所 (SHFE), 786–787, 790
   合约交易量, 787表
尚肯, 杰伊, 538脚注, 726脚注

Shapiro, Alex, 472n
Sharpe, William F.,
　　25n, 171n, 194n, 271n,
　　516n, 525n, 631n
Sharpe ratio, 82, 194–197
　　combination, 286n
　　comparison, 197
　　criterion, 66
　　illustration, 195e–196e
　　improvement, 205
　　increase, GSCI (impact), 70, 79
　　portfolio weights, maximum, 67e
　　Sortino ratio, relationship, 197
　　standard deviation,
　　　　replacement, 197
Shay, Brian, 259n
SHFE. See Shanghai Futures Exchange
Shieh, Joseph C. P., 732n
Shiller, Robert J., 947n
Shimko, David C., 434n, 592n
Shleifer, Andrei, 83n, 935n, 936n
Shore, Mark S., 508n, 516n, 518n
Shorter moving average (SMA), 914
Short positions, analysis, 58n
Short-run correlations, influence, 91
Short-run gold demand, 741–747
Short-run gold supply, 740–741
Short-run momentum-based strategies,
　　performance, 84
Short-run supply curves, 105–106
Short-term asset demand. See Gold
Short-term contracts, 89
Short-term price fluctuations, 91
Short-term shocks, impact, 71
Sick, Gordon, 724n
Silber, William L., 927n
Siliverstovs, Boris, 836n, 840n
Silver, 576, 698–700
　　amount, estimation, 764
　　correlation. See Gold demand,
　　　　772–773

夏皮罗，亚历克斯，472脚注
夏普，威廉F.，
　　25脚注，171脚注，194脚注，271脚注，
　　516脚注，525脚注，631脚注
夏普比率，82，194–197
　　组合，286脚注
　　对比，197
　　标准，66
　　图示，195表–196表
　　改进，205
　　增加，高盛商品指数（影响），
　　　　70，79
　　投资组合权重，最大值，67表
　　索尔蒂诺比率，关系，197
　　标准差，
　　　　替代，197
谢伊，布莱恩，259脚注
SHFE，见上海期货交易所
谢，约瑟夫C. P.，732脚注
希勒，罗伯特J.，947脚注
西姆科，戴维C.，434脚注，592脚注
施莱弗，安德烈，83脚注，935脚注，936脚注
肖尔，马克S.，508脚注，516脚注，
　　518脚注
短期移动平均（SMA），914
空头，分析，58脚注
短期相关性，影响，91
短期黄金需求，741–747
短期黄金供给，740–741
基于短期动量的策略，
　　业绩，84
短期供给曲线，105–106
短期资产需求，见黄金
短期合约，89
短期价格波动，91
短期冲击，影响，71
希克，戈登，724脚注
西尔伯，威廉L.，927脚注
希立夫斯多夫斯，鲍里斯，836脚注，
　　840脚注
白银，576，698–700
　　数量，估计，764
　　相关性。见黄金需求，772–773

futures/options, 774	期货/期权, 774
investment process, 774–775	投资过程, 774–775
jewelry use, 772	珠宝用途, 772
market, 764e	市场, 764 表
balance, 773–774	平衡, 773–774
demand side, 773	需求方, 773
fundamental analysis.	基本面分析。
See World silver market	见世界白银市场
investor susceptibility, 767–768	投资者的敏感性, 766–767
participants, 766–767	参与者, 766–767
mining, 699	矿业, 699
price, 765–770	价格, 765–770
change, 769	变化, 769
illustration, 765e	图示, 765 表
volatility, 766	波动率, 766
scrap, sources, 771	废料, 来源, 771
supply, 770–771	供给, 770–771
Simin, Timothy, 441n	斯敏, 蒂摩西, 441 脚注
Simon, Julian, 776	西蒙, 朱利安, 776
Simple standard deviation, impact.	简单标准差, 影响。
See Volatility	见波动率
Singer, Hans, 359n	辛格, 汉斯, 359 脚注
Singh, Surbjeet, 769n	辛格, 瑟伯基特, 769 脚注
Single-beta conditional equilibrium asset pricing model,	单贝塔条件均衡资产定价模型
development, 69	发展, 69
Single-commodity futures,	单个商品期货,
geometric average return, 455–456	几何平均收益, 455–456
Single-commodity return characteristics, 466	单个商品收益特征, 466
Single-energy hedge funds returns, 675	单一能源对冲基金收益, 675
risk/return characteristics, 677e	风险/收益特征, 677 表
Single-factor benchmarks,	单因素基准,
excess return/alpha determination, 281e	超额收益/阿尔法 决定, 281 表
Single-stock exposure, risk (absence), 565	个股敞口, 风险 (缺失), 565
Size orders, placement, 404	指令规模, 下达指令, 404
Skew, kurtosis (relationship), 188–194	偏态, 峰度 (关系), 188–194
Skewed distribution,	有偏分布
contrast. See Symmetric distribution	对照。见对称分布
Skewness, 189	偏度, 189

descriptions, 458 – 459	描述, 458 – 459
excess kurtosis,	超额峰度,
relationship, 190e – 191e	关系, 190 – 191 表
exhibition, 235n	呈现, 235 脚注
normal distribution, 190e – 191e	正态分布, 190 – 191 表
Slippage control, 403	滑点控制, 403
costs, 941	成本, 941
SMA. See Shorter moving average	SMA。见短期移动平均
Smart money traders, 935	内行的交易者, 935
Smeeton, Nigel C., 180n	斯米顿, 奈杰尔 C., 180 脚注
Smidt, Seymour, 393n, 910n	斯密特, 西摩, 393 脚注, 910 脚注
Smith, Graham, 724n	史密斯, 格雷厄姆, 724 脚注
Smith, Tom, 942n	史密斯, 汤姆, 942 脚注
Smithson, Charles, 614n	史密森, 查尔斯, 614 脚注
Smoller, Margaret Monroe, 122n	斯莫勒, 玛格丽特梦露, 122 脚注
Smoothing device. See Moving averages	平滑装置, 见移动平均
SMP Buy/Sell, cashout prices (calculation), 828	SMP 买/卖, 出清价格（计算）, 828
Snail trail, 671	蜗牛路径, 671
SND. See Seasonal normal demand	SND。见季节性正常需求
Soenen, Luc, 724n	索能, 吕克, 724 脚注
Soft commodities, 6 – 7, 681, 706	软质商品, 6 – 7, 681, 706
assets, consideration, 454 – 455	资产, 考虑, 454 – 455
sugar, correlation, 898e	糖, 相关性, 898 表
Soft winter wheat (SRW), 874	软质冬小麦（SRW 的）, 874
Solar heat installations, 688	太阳能加热设备, 688
Solar power, 688 – 689	太阳能, 688 – 689
passive use, 689	被动地使用, 689
photovoltaic use, 688 – 689	光伏使用, 688 – 689
thermal use, 688	热能使用, 688
Solid biomass, 691	固体生物质, 691
Solt, Michael, 724n	索尔特, 迈克尔, 724 脚注
Song, Frank, 84n	宋, 弗兰克, 84 脚注
Sophisticated investors, 935	老练的投资者, 935
Sortino ratio, 194 – 197, 631	索尔蒂诺比率, 194 – 197, 631
illustration, 195e – 196e	图示, 195 – 196 表
relationship. See Sharpe ratio	关系, 见夏普比率
Soto, Raimundo, 366n	索托, 雷蒙, 366 脚注
Soybeans, 707	大豆, 707
commodity, 865	商品, 865
milling, 872	碾磨, 872
production, 707	生产, 707
stop-loss order, results, 918	止损指令, 结果, 918

Spanning F-test, presence, 535e
Spanning regression diagnostics, 265e
Spanning test, usage, 534
SPCI. See Standard& Poor's
　　Commodity Index
SPDR. See Standard&Poor's
　　Depositary Receipt
Special purpose vehicle (SPV), 620
　　interest-bearing
　　investments, holding, 621
Speculative inventories, 116
Speculator position limit,
　　COMEX reduction, 505 – 506
Speculators (traders), 5 – 6
　　compensation, 48 – 49
S&P/IFCG Emerging
　　Markets, 31
Spindt, Paul A., 615n
Spot commodity price behavior,
　　336 – 337
　　log price change, 129 – 130
Spot copper, spread, 800e
Spot index, 464
Spot-month contract, 229
Spot prices correlation, 362e
　　excess, See Forward prices
　　　forecasting, 23n
　　futures prices, fair value
　　　relationship, 582
　　growth, 125
　　modeling, 336 – 338
　　processes, 581 – 582
　　comparison, 580
　　relationship, See Futures
　　　prices series, 375
Spot return (SR), 23n
　　comparison, 136, 137e
　　index, 27
　　series, computation, 230 – 231
　　volatilities, 137e
Spot yield, roll yield (inclusion),
　　134 – 135
Spread options, 591 – 593
　　exchange options, 592 – 593

扩展F检验, 存在, 535 表
扩展回归诊断, 256 表
扩展检验, 用法, 534
SPCI。见标准普尔商品指数

SPDR。见标准普尔存托凭证

特殊目的机构（SPV）, 620
　　附息投资, 持有, 621

投机性库存, 116
投机者头寸限额, 纽约商品交易所
　　下调, 505 – 506
投机者（交易商）, 5 – 6
　　补偿, 48 – 49
S&P/IFCG 新兴
　　市场指数, 31
斯宾德, 保罗 A., 615 脚注
现货商品价格行为, 336 – 337

　　对数价格变化, 129 – 130
现货铜, 价差, 800 表
现货指数, 464
现货月份合约, 229
现货价格相关性, 362 表格
　　超额。见远期价格预测, 23 脚注

　　期货价格, 公允价值关系, 582

　　增长, 125
　　建模, 336 – 338
　　过程, 581 – 582
　　对比, 580
　　关系, 见期货价格序列, 375

现货收益（SR）, 23 脚注
　　对比, 136, 137 表格
　　指数, 27
　　序列, 计算, 230 – 231
　　波动率, 137 表
现货收益, 滚动收益（包含）,
　　134 – 135
价差期权, 591 – 593
　　交换期权, 592 – 593

Sprent, Peter, 180n	斯普伦特，彼得，180 脚注
Spurgin, Richard, 269n, 270n, 276n, 279n, 483n, 493n, 517n, 650n	斯珀金，理查德，269 脚注，270 脚注，276 脚注，279 脚注，483 脚注，493 脚注，517 脚注，650 脚注
SPV. *See* Special purpose vehicle	SPV。见 特殊目的机构
SR. *See* Spot return	SR。见 现货收益
SRW. *See* Soft winter wheat	SRW。见 软质冬小麦
St. Jevons, William, 152n	杰文斯，威廉，152 脚注
rules, 152	规则，152
Standard deviation (SD)	标准差（SD）
differences, 457–458	差异，457–458
impact. *See* Volatility	影响。见 波动率
ratio (S-ratio), 508	比率（S-比率），508
risk, misperception, 516–517	风险，理解不当，516–517
Standard & Poor's, 486	标准普尔，486
Commodity Index, usage, 464–465, 527n	商品指数，用法，464–465，527 脚注
correlation, 298, 303	相关性，298，303
diversification return, 212e	分散化收益，212 表
futures contracts, 42, 43	期货合约，42，43
S-ratio, 516	S-比率，516
Total Return Index, 64	总收益指数，64
volatility/variance, 671	波动率/方差，671
investable commodity index, 556e	可投资商品指数，556 表
Standard & Poor's Despository Receipt (SPDR), 565	标准普尔存托凭证（SPDR），565
Standard & Poor's Managed Futures Index (S&P MFI), 276, 629n	标准普尔管理型期货指数（S&pMFI），276，629 脚注
Stapledon, Geof, 618n	斯蒂伯尔顿，高夫，618 脚注
State Street, StreetTracks Gold, 567e	道富银行，道富黄金信托，567 表
Stationarity, 365–370	平稳性，365–370
evidence, 366	证据，366
Stationary variables, 100–101	平稳变量，100–101
Statistical price-trend model, trading rule derivation, 926	价格趋势统计模型，交易规则推导，926
Steel, 705–706	钢，705–706
Steenkamp, Tom, 74n, 447n, 523n, 542n	斯蒂恩康普，汤姆，74 脚注，447 脚注，523 脚注，542 脚注
Stein, Jeremy C., 936n	斯泰因，杰瑞米 C.，936 脚注
Stein, Jerome L., 925n	斯泰因，杰罗姆 L.，925 脚注
Stevenson, Richard A., 918n	史蒂文森，理查德 A.，918 脚注
Stiglitz, Joseph E., 934n	斯蒂格利茨，约瑟夫 E.，934 脚注
Stochastic deflator setting, 120n	随机平减指数设定，120 脚注
Stochastic oscillator, 400–401	随机振荡指标，400–401
development, 401	发展，401

effectiveness. See Trading ranges
indication, 401
Stochastic processes, 579–587
  usage. See Vanilla options
Stochastic volatility, 583–584
  models, quasi analytic
    solution, 584
Stock, James H., 108n
Stock index arbitrage, 43e
Stocks
  bonds, outperformance, 82
  change (expectation),
    global market
    balances (impact), 445
  convenience yield,
    relationship, 441, 444
  copper price, comparison
    (scatter graph), 791e
  decline, 214–215
  dependence structure, 237
  markets gold prices,
    correlation, 747e
    reactions, 11–12
  monthly returns,
    correlations, 237e
  inflation, impact, 239e
  monthly total returns,
    summary statistics, 235e
  performance, reversal, 82
Stocks (Continued)
  portfolio, efficient frontiers, 64
  response. See Crude oil returns
  returns, commodity returns
    (contrast), 238e
Stocks-to-consumption ratio.
  See World sugar market
Stock-to-use levels, 447–448
Stop-loss orders, usage, 938
Storable commodities, shortrun
  supply, 105
Storage costs, 45–46, 115
  incurrence, 46n
  theory, 20
Storage hypothesis, 20n, 21, 29, 440

效果。见交易区间
显示,401
随机过程,579–587
  用法。见香草期权
随机波动率,583–584
  模型,准解析解,584
斯托克,詹姆斯 H.,108 脚注
股票指数套利,43 表
股票
  债券,业绩领先,82
  变化(期望),
    全球市场供需差额
    (影响),445
  便利收益,
    关系,441,444
  铜价,比较(散点图),791 表

下降,214–215
相关性结构,237
市场黄金价格,相关性,747 表

反应,11–12
月度收益,
  相关性,237 表
通货膨胀,影响,239 表
月度总收益,
  汇总统计量,235 表
业绩,逆转,82
股票(续)
  组合,有效边界,64
  反应。见原油收益
  收益,商品收益(对照),238 表

库存占消费比率。
  参见国际糖市场
库存占使用比率,447–448
止损指令,用法,938
可储存商品,短期供给,105

储存成本,45–46,115
  引致,46 脚注,
  理论,20
储存假设,20 脚注,21,29,440

coincidence, 26
Stoyanov, Stoyan, 473n
Strassmann, Fritz, 686
Strategic asset allocation, 524–533
Strategic mean-variance efficient frontier
　　expansion, tactical timing
　　strategies (usage), 542–543
　　improvement, 536
Strategic portfolio. See
　　Optimal strategic portfolio
Strategy drift, 331
Strategy-level risk measures, 415e
Streit, Manfred E., 926n
Stress tests/testing, 414
　　usage, 316
　　VaR, usage, 326–328
Strickland, Chris,
　　336n, 337n, 338n, 823n, 824n
Strong-form efficiency, 912
Structural risk premium (existence),
　　CAPM framework (usage),
　　256n
Structured notes. See Gold
Student-t distribution,
　　increase, 344
Stulz, Rene M., 939n
Stumpage value, 151–152
Substitution effect, 505n
Subterminal elevators, 866–867
Sugar, 708–709
　　agro–raw material, 708
　　average returns/risk, 900e
　　correlation, 899e.
　　See also Soft commodities cropcycle,
　　shortness, 809
　　investment, 898–901
　　market conclusion, 905–906
　　fundamental analysis. See
　　World sugar market prices,
　　comparison. See London white
　　　sugar prices
　　production, crop usage, 890
Sugarcane (saccharum), 709
Sullivan, Daniel E., 802n

相吻合, 26
斯托扬诺夫, 斯托扬, 473脚注
斯特拉斯曼, 弗里兹, 686
战略性资产配置, 524–533
战略性均值–方差有效边界,
　　扩展, 战术性择时策略（用法）,
　　542–543,
　　改进, 536
战略性投资组合。参见
　　最优战略投资组合
策略漂移, 331
策略层面的风险测度, 415表
施特赖特, 曼弗雷德, 926脚注
压力测试/测试, 414,
　　用法, 316
　　涉险价值, 用法, 326–328
斯特里克兰, 克里斯, 336脚注, 337
　　脚注, 338脚注, 823脚注, 824脚注
强式有效, 912
结构性风险溢价（存在）,
　　资本资产定价模型（CAPM）框架
　　（用法）, 256脚注
结构化票据。参见黄金
学生氏t–分布,
　　增加, 344
斯塔茨, 勒内 M., 939脚注
未伐树木的价值, 151–152
替代效应, 505脚注
次终端粮囤, 866–867
糖, 708–709
　　农业原材料, 708
　　平均收益/风险, 900表
　　相关性, 899表。
　　参见软质商品
　　作物周期短, 809,
　　投资, 898–901
　　市场结论, 905–906
　　基本面分析。参见
　　国际糖市场价格,
　　对比。参见伦敦白糖价格,
　　生产, 农作物, 用途, 890
甘蔗（蔗糖）, 709
沙利文, 丹尼尔 E., 802脚注

Sullivan, Ryan, 930n, 944n
Summers, Lawrence H., 935n, 936n
Super cycle, 4
　illustration, 481e
Super cycle theory. See Commodity supercycle theory
Super cycle unfolding, 479
Supply/demand disequilibrium. See Commodity markets
Supply/demand imbalance. See Crude oil
Support/resistance, 913, 914. See also Outside Price Channel levels, explanation, 938–939
Surface-near geothermic heat, 693
Surplus optimization, usage, 525
Survivorshipbias. See Commodity trading advisors impact, 558; introduction, 651n
Swanson, Paul, 724n
Sweeney, Richard J., 393n
Swing options, 593–594. See also Electricity
Swinkels, Laruens P., 463
Swiss forests, impact, 163n
Symmetric distribution, skewed distribution (contrast), 458e
Symmetric return distribution, comparison, 459
Systematic CTAs, 298, 303
　indexes, performance/benchmark comparisons, 301e–302e
Systematic passive stock/bond indexes, 270
Systematic risk (market risk), 10n
　degree, 63–64
Systematic traders, computing power/data availability (increase/impact), 391–392
Systems, term (usage), 392
Sznopek, John L., 802n

沙利文，赖安，930脚注，944脚注
萨莫斯，劳伦斯 H．，935脚注，936脚注
超长周期，4
　图示，481图
超长周期理论。参见商品超长周期理论

超长周期逐步展开，479
供给/需求失衡。参见商品市场

供给/需求失衡。参见原油

支撑位/阻力位，913，914。另参见外部价格通道水平，解释，938–939

近地表地热，693
盈余最优化，用法525
生存偏差。参见
　商品交易顾问基金影响，558；引入；651脚注

斯万森，保罗，724脚注
斯维尼，理查德，393脚注
摆动期权，593–594。另参见电力

斯温科斯，劳伦斯 P．，463
瑞士林业，影响，163脚注
对称分布，有偏分布（对照），458图

对称的收益分布，对比，459

系统化商品交易顾问基金，298，303，指数，业绩/基准比较，301–302表

系统化被动型股票/债券指数，270

系统性风险（市场风险），10脚注，程度，63–64
系统交易商，计算能力/数据可得性（增加/影响），391–392

系统，术语（用法），392
兹奥皮克，约翰 L．，802脚注

T	**T**
Tactical asset allocation, 220–224, 536–543	战术性资产配置，220–224，536–543
Tactical commodity timing strategies, spanning, 543e	战术性商品择时策略，扩展，543表
Tactical timing strategies, usage. See Strategic mean-variance efficient frontier	战术性择时策略，用法。参见战略性均值–方差有效边界
Tail risk, emphasis. See Wheat	尾部风险，强调。参见小麦
Take or pay contracts. See United Kingdom	照付不议合约。参见英国
Take-profit orders, usage, 938	止盈指令，用法，938
Tanner, J. Ernest, 373n	坦纳，J. 欧尼斯特，373脚注
Tari, Abdelkamel, 926n	塔利，阿伯戴卡梅，926脚注
Taylor, Simon, 280n	泰勒，西蒙，280脚注
Taylor, Stephen J., 394n, 923n, 926n	泰勒，史蒂芬J.，394脚注，923脚注，926脚注
Taylor series expansion, usage, 611–612	泰勒级数展开，用法，611–612
T-bills. See U.S. Treasury bills	短期国库券。参见美国短期国库券
Technical analysis, 392–394	技术分析，392–394
defining, 909	定义，909
empirical literature, 911	经验文献，911
inclusion, 909	包含，909
rules, profitability (investigation), 392–393	规则，盈利能力（考察），392–393
usage, history, 910	用法，历史，910
usefulness, controversy, 911	有用性，争论，911
Technical traders, market impact/slippage costs, 942	技术分析交易员，市场影响/滑点成本，942
Technical trading profits	技术分析交易盈利的经验解释，
empirical explanations, 938–944	938–944
evidence, 930	证据，930
explanations, 930–944	解释，930–944
observation, 930–931	观测，930–931
presence, 923–924	存在，923–924
theoretical explanations, 934–937	理论解释，934–937
Technical trading returns (significance), statistical tests (conducting), 923	技术交易收益（显著性），统计检验（执行），923
Technical trading rules application, 924	技术交易规则应用，924
genetic programming,	遗传编程，

application, 929	应用, 929
riskiness, 923	风险程度, 923
searching, problem, 923-924	搜寻, 问题, 923-924
Sharpe ratios, 941	夏普比率, 941
testing, 943-944	检验, 943-944
Technical trading systems, 913-917	技术交易系统, 913-917
parameters, selection, 926	参数, 选择, 926
proposals, 913	提议, 913
Telpner, Joel S., 615n	特尔普纳, 乔尔 S., 615 脚注
Telser, Lester G., 56n, 59n	特尔瑟, 莱斯特 G., 56 脚注, 59 脚注
Terminal elevators, 866-86	终端粮囤, 866-86
Term spread, 538	期限价差, 538
Term structure (TS), 77-79.	期限结构 (TS), 77-79。
See also Commodities;	另参见商品;
Commodity prices; Futures basis.	商品价格; 期货基差
See Commodity Portfolios change,	参见商品组合变化,
question, 440-441	问题, 440-441
convenience yield model	便利收益模型
impact, 124-125	影响, 124-125
version, 133	版本, 133
decrease, 124	下降, 124
empirical example, 125-128	实例, 125-128
interpretation, 127e	解释, 127 表
relationship, 125	关系, 125
risk premium model,	风险溢价模型,
impact, 122-124	影响, 122-124
slope, representation, 123	斜率, 表示, 123
synthesis, 131	综合, 131
timing indicator. *See* Average term structure timing indicator	择时指标。参见平均期限结构择时指标
TS per indicator, annualized arithmetic outperformance, 437e-438e	每个指标的期限结构年化算术超额业绩, 437 表-438 表
Teukolsky, Saul, 341n, 342n	托伊科尔斯基, 绍尔, 341 脚注, 342 脚注
Thailand, sugar production (increase), 895	泰国, 糖产量(增加), 895
Theil's U, usage, 373n	泽尔 U 统计量, 用法, 373 脚注
Third central moment, 458-459	三阶中心矩, 458-459
Thomadakis, Stavros B., 117n	托马达基斯, 斯塔夫罗斯 B., 117 脚注
Thompson, Sarahelen R., 942n	汤普森, 赛拉海伦 R., 942 脚注
Thorley, Steven, 731n	索利, 史蒂文, 731 脚注
Three-month futures prices,	三个月期的期货价格, 平稳性, 366,

stationarity, 366, 368
Tick, 15–16
Till, Hilary, 20n, 21n, 30n,
　33n, 209n, 215n,
　432n, 434n, 441n,
　448n, 457n, 483n,
　511n, 542n, 664n
Timber, 710 costs per unit,
　minimization, 162
Timber sector, theoretical
　evidence, 145
Time periods, analysis, 634–640
Time spreads. See Natural gas
Time stability, analysis, 635e–636e
　correlation, 638e–639e
Time-varying beta, possibility,
　489–490
Time-varying convenience yield,
　admission, 130
Timmerman, Alan, 912n,
　930n, 939n, 944n
Tin, least traded contracts, 379n
Tinker, Jonathan N., 927n
Tint, Lawrence G., 525n
TIPS. See Treasury inflation
　protected securities
TMVs. See Triple moving averages
Tokyo Commodities
　Exchange (TOCOM), 720
　silver trading, 774
Tomek, William G., 924n
Total debt, interest (share), 165
Total investigation period,
　analysis, 633e
Total MMBTU, calculation, 330
Total return (TR), 177, 229
　calculation, 27
　indexes, 181, 194, 206n, 464.
　See also Goldman Sachs
　Commodity Index
　principal components analysis,
　relationship, 199e
　selection, 487e

368
基点, 15–16
梯尔, 希拉里, 20脚注, 21脚注,
　30脚注, 33脚注, 209脚注,
　215脚注, 432脚注, 434脚注,
　441脚注, 448脚注, 457脚注,
　483脚注, 511脚注, 542脚注,
　664注脚
木材, 710
　每单位成本, 最小化, 162
木材行业, 理论证据, 145
时期, 分析, 643–640
时间价差。参见天然气
时间稳定性, 分析, 635表–636表,
　相关性, 638表–639表
时变贝塔值, 可能性, 489–490

时变便利收益,
　允许, 130
蒂默曼, 艾伦, 912脚注,
　930脚注, 939脚注, 944脚注
锡, 最小交易合约, 379脚注
丁克, 乔纳森N., 927脚注
廷特, 劳伦斯G., 525脚注
通胀保值债券。参见通胀保值债券

TMVs。参见三重移动平均
东京商品交易所(TOCOM), 720

　白银交易, 774
特梅克, 威廉G., 924脚注
债务总额, 利息(比重), 165
整个考察期间, 分析, 633表

总百万英热单位(MMBTU), 计算, 330
总收益(TR), 177, 229
　计算, 27
　指数, 181, 194, 206脚注, 464。
　参见高盛商品指数

主成分分析,
　关系, 199表
　选择, 487图

Total risk-based return comparisons, problems, 306, 309
Toth, Thomas E., 461n, 465n
TR. *See* Total return
Trades construction. *See* Commodity futures discovery, 406–410
Trade-sizing, 416
Trading cost bias, 403
Trading model, Humphreys/Shimko development, 434
Trading ranges break-out, 914–915
   signals, 400–402
   stochastic oscillators, effectiveness, 402
Trading rules, overfitting (avoidance), 929–930
Trading strategy, storability/feasibility, 116n
Trading systems positive net returns,
   generation, 926
   yield, 925
Transparent thermal insulation (TWD), 689
Treasury inflation protected securities (TIPS), 251–253
   monthly returns, usage, 252
Trend followers, 394–398
Trend-following portfolio, return, 221–222
Trend-less random walk, usage, 917
Trends, ex ante identification, 938
Trigger
   range, 623
   swaps, recharacterization risk (relationship)
   See Commodities
Triple moving averages (TMVs), 400
Trotter, Hale, 341n
Trück, Stefan, 858n
TS, *See* Term structure
Tschoegl, Adrian, 724n
t-statistics estimation, 95
   Two-tailed *t*-tests, 925

基于总风险的收益对比，问题，306，309
托斯，托马斯 E.，461 脚注，465 脚注
TR。参见总收益
交易的构造。参见商品期货发现，406–410
交易规模的选择，416
交易成本偏差，403
交易模型，汉弗莱斯/西姆科开发，434

交易区间突破，914–915
   信号，400–402，
   随机震荡指标，
   有效性，402
交易规则，过度拟合（避免），929–930

交易策略，可储存性/可行性，116 脚注
交易系统净盈利，
   生成，926
   收益，925
透明隔热层（TWD），689

通胀保值债券（TIPS），251–253

   月收益率，用法，252
趋势追随者，394–398
趋势追随型投资组合，
   收益，221–222
无趋势随机游走，用法，917
趋势，事前识别，938
触发
   区间，623
   互换，重新定性风险（关系）

参见商品
三重移动平均
   （TMVs），P400
特罗特，黑尔，341 脚注
扎克，斯蒂芬，858 脚注
TS，参见期限结构
乔戈尔，亚德里安，724 脚注
t – 统计量估计，95
   双边 *t* – 检验，925

values, indication, 233	值，表明，233
t-value calculation, 248e	t-值计算，248 表
null hypothesis,	原假设，
correspondence, 535e	对应，535 表
conducting, 60	执行，60
Tully, Edel, 724n	塔利，埃德尔，724 脚注
Turnbull, Stuart M., 591n	特恩布尔，斯图尔特 M.，591 脚注
Turvey, Calum G., 614n, 615n, 619n	特维，卡伦 G.，614 脚注，615 脚注，619 脚注
Tversky, Amos, 403n, 509n	特沃斯基，阿莫斯，403 脚注，509 脚注
Tveterås, Ragnar, 836n	泰瓦特若，莱格纳，836 脚注
TWD. See Transparent thermal insulation	TWD。参见透明隔热层
Two-dimensional performance measures, 201	二维业绩测度指标，201
Two-period noisy rational expectations model, proposal, 935	两期噪音理性预期模型，建议，935
Tzu, Lao, 395–396	老子，395–396

U

UC. See Upcloses	UC。参见上收盘价
Unconditional historic correlation. See Investment opportunity set	无条件历史相关性。参见投资机会集合
Unconditional risk premium,	无条件风险溢价，
existence (support), 256–257	存在（支持），256–257
Underlying asset, sale, 40	标的资产，出售，40
Unexpected inflation betas, 219e	非预期的通胀贝塔值，219 表
Unexpected roll returns, 219e	非预期的滚动收益，219 表
United Kingdom,	英国，
natural gas market, 825	天然气市场，825
annual quantity, 830	年度总量，830
arrangements, 827–829	安排，827–829
baseload plants, operation, 834n	基本负荷发电厂，营运，834 脚注
basics, 825–837	基本概念，825–837
carbon dioxide,	二氧化碳，
relationship, 834–835	关系，834–835
coal, relationship, 835	煤，关系，835
commercial consumption, 830	商业消费，830
commodity cost at risk, 841	商品的风险成本，841
relationships, 832–837	关系，832–837
consumption, 830–832	消费，830–832
continental gas, impact, 835–836	大陆天然气，影响，835–836
cross-commodity correlation, 837–838	跨商品相关性，837–838
daily gas/power returns,	日度天然气/电力收益，
correlation, 838e	相关性，838 表
day-ahead gas/power prices,	日前天然气/电力价格，

索 引

relationship, 838e	关系, 838 表
demand destruction, occurrence, 832	需求崩溃, 发生, 832
demand trends, 832	需求趋势, 832
direct connects, 829n	直接连接点, 829 脚注
distillate, impact, 835	蒸馏物, 影响, 835
domestic consumers, 831	家庭用户, 831
domestic consumption, 830–832	家用消费, 830–832
electricity, relationship, 833–834	电力, 关系, 833–834
forward prices, 838–839	远期价格, 838–839
gas day ahead price development, 842e	天然气日前价格走势, 842 图
gas distribution shapes, modeling (problems), 841–842	天然气价格分布形状, 建模（问题）, 841–842
gas forward price, seasonality, 839e	天然气远期价格, 季节性, 839 图
imbalance, 829	失衡, 829
indexes, 836–837	指数, 836–837
industrial consumption, 830	工业消费, 830
industry, 827–829	行业, 827–829
restructure, 827	重组, 827
inter-connector commissioning, 841	连线调试, 841
landing gas, 828	装载天然气, 828
life cycle/players, commonality, 833	生命周期/参与者, 共性, 833
networks, 829	网络, 829
oil, relationship, 832–833	石油, 关系, 832–833
physical characteristics, 826–827	实货特征, 826–827
pipelines/networks, 826	管道/网络, 826
power stations burner tip, 840 consumption, 830	发电站燃烧器喷头, 840 消费, 830
price cap, absence, 841	价格上限, 不存在, 841
price structures, 837–842	价格结构, 837–842
production, 826	生产, 826
reconciliation by demand (RBD), 832	差异调和法（RBD）, 832
renewables obligation (RO), impact, 834	可再生能源义务（RO）, 影响, 834
seasonal normal demand (SND), relationship, 831	季节性正常需求（SND）, 关系, 831
self-consistent correlation matrix, 837e	自洽相关性矩阵, 837 表
storage, 826–827	储存, 826–827
arbitrage, decorrelation curve, 840	套利, 去相关性曲线, 840
capability (linepack), 827	容量（管存）, 827
structure/players, 827–828	结构/参与者, 827–828

supply, institutional arrangements, 829	供给，体制安排，829
swing contracts, 840–841	摆动合约，840–841
take or pay contracts, 840	照付不议合约，840
transmission system,	运输系统，
entry points (beach), 828	进气点（节点），828
value of lost load (VOLL),	损失负荷价值（VOLL）
absence, 841–842	不存在，841–842
volatility, 839–840	波动率，839–840
United States Grain Standards Act, 867	美国谷物标准法，867
Unit root tests, 367e–369e	单位根检验，367 表–369 表
Univariate analysis, 231–237	单变量分析，231–237
data, 231–232	数据，231–232
distributional characteristics, 234–235	分布特征，234–235
risk/return characteristics, 232–234	风险/收益特征，232–234
serial correlation, 235–237	序列相关，235–237
Unsystematic risk (company specific risk), 10n	非系统性风险（公司特定风险），10 脚注
Upcloses (UC), 916. See also Average upcloses	上收盘价（UC），916。另见平均上收盘价
Up/down markets, correlation, 560e	上涨/下跌市场，相关性，560 表
Uranium, 686–687	铀，686–687
prices, impact. See Electricity	价格，影响。参见电力
Uryasev, Stanislav, 471n, 473n	尤亚赛夫，斯坦尼斯拉夫，471 脚注，473 脚注
U.S.-based futures, 175	美国的期货，175
U.S. copper consumption, 784e	美国铜消费量，784 表
U.S. dollar gold price, tradeweighted dollar returns (rolling correlation), 728e	黄金的美元价格，按贸易加权的美元收益（滚动相关性），728 表
U.S. equities, GSCI (comparison), 514–515	美国股票，高盛商品指数（对比），514–515
U.S. gold returns/correlations/volatility, 757e	黄金的美元价格收益/相关性/波动率，757 表
U.S. inflation rate, comparison. See Gold	美国通货膨胀率，对比。参见黄金
U.S. Oil Fund, 567e	美国石油基金，567 表
U.S. Treasury bills returns, 70–71, 511 comparisons, 306, 309	美国国库券收益，70–71，511 对比，306，309
U.S. Treasury bonds, inflation rate (subtraction), 101	美国国债，通货膨胀率（扣减），101
U.S. yearly returns. See Gold	美元年收益率。参见黄金
USD/EUR exchange rate, comparison. See Gold	美元/欧元汇率，对比。参见黄金

V

Valla, Toni, 939n
Value assets, store, 9
Value-at-Risk (VaR)
    characteristics, problems, 479
    CVaR, contrast, 471–472
    risk measure, 471e
    drawbacks, 472–473
    examination, usefulness, 413
    risk-return optimal
        portfolios, difference, 472–473
    usage. *See* Stress tests/testing
Valued-weighted commodity
    index, construction, 25
Value of lost load (VOLL), 841–842
    absence. *See* United Kingdom
Van Horne, James C., 393n, 910n
Vanilla options (prices), stochastic
    process (usage), 579–580
van Suntum, Ulrich, 146n
Varangis, Panos, 418n
Variable length moving averages
    (VMAs), 399
Variance, portfolio risk measure,
    457–460
Vasey, Gary M., 660n, 662n, 664n
Vector autoregressive (VAR)
    analysis. *See* Monetary policy
    model application, 100–101
    coefficients, 102
Veld, Chris, 114n, 259n
Venkatramanan, Aanand, 592n
Vetterling, William, 341n, 342n
Vishny, R., 83n
VMAs. *See* Variable length moving
    averages
Vogel, David, 549n
Volatility, 186–187, 675. *See also*
    Local volatility adjustment, 588
    curves characteristics, 340–341
    constant mean reversion rates, 339e
    constant terminal volatilities, 340e
    derivation, historical prices
        (usage), 345

Function excess kurtosis,
    modeling, 344
nonlinear optimization, 341–344
modeling, simple standard
    deviation (impact), 345–346
relationship. See Return
    strategy, 331, 333e
VOLL. See Value of lost load
Volume, informational role
    (emphasis), 935
von Hirschhausen, Christian, 836n,
    840n
von Thünen, Johann Heinrich, 155n
    impact, 154–156
Vorst, Ton, 591n
Vrugt, Evert B., 33n, 74n, 447n, 542n

W

Wacker, Holger, 146n
Wagner, Cristof, 158n
Wagner, Laurie A., 802n
Wakeman, Lee MacDonald, 591n
Waldmann, Robert J., 936n
Walet, Kasper, 848n
Waller, Mark L., 942n
Wang, Ashley W., 597n
Wang, Jiang, 913n
Wang, Pingying, 942n
Waszkis, Helmut, 779e
Water energy, 690
Watkins, Clinton, 788e
Watson, Mark W., 108n
Weak form efficiency, 912
Weather premium, usage, 410
Weather risk premium, 259n
Weibull distribution, 653
Weighted dollar exchange rate,
    commodity prices (relationship), 107e
Weighted long-only approach, 83
Weighted principal components.
    See New York
    Mercantile Exchange
Weller, Paul A., 929n

函数超额峰态系数,
    建模, 344
非线性最优化, 341–344
建模, 简单标准差 (影响),
    345–346
关系。参见收益策略,
    331, 333 表
VOLL。参见损失负荷价值
交易量, 信息作用 (强调), 935

万海斯奥森, 克里斯汀, 836 脚注,
    840 脚注
范·杜能, 约翰·海因里斯, 155 脚注
    影响, 154–156
沃斯特, 通, 591 脚注
乌如吉特, 埃弗特 B., 33 脚注, 74 脚注, 447 脚注,
    542 脚注

W

瓦科尔, 霍尔格, 146 脚注
瓦格纳, 克瑞斯特夫, 158 脚注
瓦格纳, 劳里 A., 802 脚注
威克曼, 李麦克唐纳, 591 脚注
瓦尔德曼, 罗伯特 J., 936 脚注
瓦雷特, 卡斯帕, 848 脚注
沃勒, 马克 L., 942 脚注
王, 阿什利 W., 597 脚注
王, 江, 913 脚注
王, 平英, 942 脚注
瓦兹克斯, 赫尔穆特, 779 表
水能, 690
沃特金, 克林顿, 788 表
沃特森, 马克 W., 108 脚注
弱式有效, 912
天气溢价, 用法, 410
天气风险溢价, 259 脚注
威布尔分布, 653
加权美元汇率,
    商品价格 (关系), 107 表
加权的只做多策略, 83
加权的主成分。
    参见纽约商业交易所

维勒, 保罗 A., 929 脚注

Werker, Bas J. M., 534n, 542n
West, Kenneth D., 375n, 536n
WGC. See World Gold Council
Whaley, Robert E., 590n, 942n
Wheat, 706–707
   commodity, 864
   futures spread,
      Cootner empirical study, 407e
      price change, Cootner example, 408e
      price change, frequency distribution
         (histogram), 408e
   production, 706–707
   spread strategy, tail risk
      (emphasis), 408
   supplies, USDA anticipation, 874
White, Alan, 584n
White, Derek, 941n
White, Halbert, 930n, 943n, 944n
White adjusted p-values, 250
White adjustment, application.
   See Heteroskedasticity
White correction, 253n
White p-values, indication, 253
Wicksell, Knut, 149n
   terminology, 149–150
Wicksell-Boulding solution, 151
Wiener processes, impact, 581
Wilder, Jr., J. Welles, 913n, 915n
Wilkens, Sascha, 597n
Wilson, Arthur, 777e
Wilson, Robert, 858n
Wimschulte, Josef, 597n
Wind energy, 689–690
   share, increase, 819
Wobbe index, 826
Wolf, Dorothee, 164n
Wolfe, Douglas A., 180n
Wong, Michael C. S., 725n
Wood, Goeffrey, 727n
Wood, solid biomass, 691
Woodard, Joshua D., 63n
Wood futures, seasonal hypothesis, 80
Woodland prices, limits, 159
   productive powers, 152–154

沃克，巴斯 J. M.，534 脚注，542 脚注
韦斯特，肯尼斯 D.，375 脚注，536 脚注
WGC。参见世界黄金协会
惠利，罗伯特 E.，590 脚注，942 脚注
小麦，706–707
   商品，864
   期货价差，
      库特纳经验研究，407 表
      价格变化，库特纳实例，408 表
      价格变化，频数分布（柱状图），
         408 图
   产量，706–707
   价差策略，尾部风险
      （强调），408
   供给，美国农业部预期，874
怀特，艾伦，584 脚注
怀特，德里克，941 脚注
怀特，海波特，930 脚注，943 脚注，944 脚注
经过怀特调整的 p - 值，250
怀特调整，应用。
   参见异方差
怀特修正，253 脚注
怀特 p - 值，表明，253
维克塞尔，克努特，149 脚注
   术语，149–150
维克塞尔 - 鲍尔丁解，151
维纳过程，影响，581
怀尔德，J. 威尔斯，913 脚注，915 脚注
威尔肯斯，萨斯查，597 脚注
威尔森，亚瑟，777 表
威尔森，罗伯特，858 脚注
温斯库特，约瑟夫，597 脚注
风能，689–690
   份额，增加，819
沃贝指数，826
沃尔夫，多罗西，164 脚注
沃尔夫，道格拉斯 A.，180 脚注
王，迈克尔 C. S.，752 脚注
伍德，杰弗里，727 脚注
木材，固体生物质，691
伍达德，约书亚 D.，63 脚注
木材期货，季节性假说，80
林地价格，范围，159
   生产能力，152–154

Wood production, profit, 161	木材产量，利润，161
Woodword, Richard, 724n	伍德奥德，理查德，724 脚
Working, Holbrook, 58n, 114n, 431n	沃金，霍尔布鲁克，58 脚注，114 脚注，413 脚注
World Bank, IMF(collaboration), 376–377	世界银行，国际货币基金组织（合作），376–377
World commodities futures exchange, 552e	世界商品期货交易所，552 表
World demand, impact. See Commodity returns	世界需求，影响。参见商品收益
World GDP, comparison. See Gold	世界 GDP，对比。参见黄金
World Gold Council (WGC), 720e annual demand, 716n report, 715	世界黄金协会（WGC），720 表 年度需求，716 脚注 报告，715
World industrial production, quarterly changes, 109e	世界工业产出，季度变化，109 图
World silver market, fundamental analysis, 763	世界白银市场，基本面分析，763
World silver production, 67–770. See also Cumulative world silver production/ distribution	世界白银产量，67–770。参见累计世界白银产量/分布
World stocks/bonds, negative correlation, 90–91	世界股票/债券，负相关，90–91
World sugar consumption, overview, 896–897	世界糖消费，概况，896–897
World sugar market Advance License Scheme (ALS), 896	世界糖市场，优先特许计划（ALS），896
annual average sugar prices, 897e	糖年均价格, 897 图
Brazil, role, 891	巴西, 作用, 891
demand, 895–896	需求, 895–896
fundamental analysis, 888	基本面分析, 888
investment process, 904–905	投资过程, 904–905
prices forecasting, 888–898	价格预测, 888–898
gauge, 890 impact, 892	预测指标, 890 影响, 892
seasonality, 897–898	季节性, 897–898
stock-to-consumption ratio, 896, 897e	库存占消费比率, 896, 897 图
supply, estimation, 889–890	供给, 估计, 889–890
weather conditions, impact, 889	天气状况, 影响, 889
World sugar prices, crude oil prices (relationship), 902e production, overview, 891–896	国际糖价, 原油价格（关系）, 902 图 产量, 概述, 891–896
World Trade Organization(WTO), sugar ruling, 893–894	世界贸易组织(WTO), 糖价裁决, 893–894
Worst-case loss, examination,	最坏情况损失, 考察, 413, 414

413, 414
    portfolio event risk,
        incremental contribution, 414
Worst-equity market months,
    isolation, 214–215
Wright, Robert E., 723n, 724n,
    726n, 739n, 44n
WTI crude, 136
WTO. *See* World Trade Organization
Wu, Guojun, 473n

X

XAU. *See* Gold silver platinum
    mining companies
Xiao, Yoram, 473n
XOI. *See* Oil producing/service companies

Y

Yen/dollar exchange rate,
    futures contract, 44
Yield, return component, 133n
Yuen, M. C., 556n

Z

Zhou, Su, 723n
Zimmermann, Heinz, 608n
Zinc, 703–704
    occurrence, 704
    usage, 782–783
Zogg-Wetter, Claudia, 608e
Z-statistic, 407
Zulauf, Carl R., 58n, 372n, 627n,
    927n

投资组合事件风险,
    增量作用, 414
最差股票市场月份,
    分离, 214–215
赖特, 罗伯特 E., 723脚注, 724脚注,
    726脚注, 739脚注, 44脚注
西德克萨斯中质原油, 136
世界贸易组织。参见世界贸易组织
吴国俊, 473脚注

X

XAU。参见黄金、白银、铂金矿业公司

肖, 约兰姆, 473脚注
石油类股票指数。参见原油生产/服务公司

Y

日元/美元汇率, 期货合约, 44

收益, 收益成分, 133脚注
约恩, M. C., 556脚注

Z

周, 素, 723脚注
兹默曼, 海因茨, 608脚注
锌, 703–704
    发生, 704
    用法, 782–783
佐格-维特, 克劳迪娅, 608脚注
Z-统计量, 407
朱洛夫, 卡尔 R., 58脚注, 372脚注, 627脚注, 927脚注

译　后　记

人类社会的存在离不开对物质资源的开发与利用。现代市场经济的发展，使人们尤其重视那些具有商品属性和工农业生产与消费用途的大批量买卖的物质商品，商品投资随之发展起来。21世纪伊始，全球经济跌宕起伏，特别是美国次债危机后，主要市场经济国家纷纷采用量化宽松货币政策，潮水般的流动性推动了全球大宗商品价格的上涨。商品投资的资产配置、风险管理和产品认识成为每一个商品市场参与者关心的重要问题。

商品投资对中国更具有特殊意义。随着改革开放的发展，中国经济体量迅速壮大，成为世界工厂，对资源的消耗亦开始在很多方面居于世界的首位。发展商品投资，有利于我国实体经济的稳定运行。但也应看到，随着我国商品市场在产品设计、运作规范和制度保障等方面逐步与国际先进市场接轨，对商品投资从业人员的能力也提出了更高要求。业界迫切需要掌握商品投资有关的知识和技术。

为支持中国商品投资的更好发展，我们一直在致力寻找一本关于商品投资的权威书籍，旨在向中国投资界的从业人士和感兴趣的研究人员系统介绍商品投资的基本知识、操作手段和运行原理，以为国内的商品投资研究和实践提供借鉴。

《商品投资手册》是法博齐投资系列丛书中一部经典之作，本书由活跃在世界商品投资实践一线的业界人士与位于学术前沿的理论家共同撰写。一方面，从实务角度介绍商品投资的工具、交易策略和主要的商品行业，并向投资者提供投资建议和操作指南；另一方面，从理论角度探讨商品投资的收益来源、业绩测度和产品定价，阐释商品投资独特的风险收益特征与组合价值。本书分为7篇共计40章，涉及商品市场的运行机制、可供投资的商品品种、重要的商品市场，商品投资的风险管理、组合配置、业绩评估，以及技术交易在商品市场中的应用等多方面内容，任何关注商品投资的读者都可以在本书中找到自己感兴趣的话题。由于译者的学术水平有限，对本书所涉及的实务领域或理论知识的解读可能不够精准，本书翻译中如有不当之处，恳请读者批评指正。

本书从开始翻译到最终出版历时四年，在此期间，我的许多同仁和学生积极投入本书的翻译或译稿的审读，他们的参与和反馈极大地提升了本书译稿的质量。他们是南开大学金融学系2009级硕士刘建鲁、张丹妮、苑倩、肖楠、戴青、于思洋、卢小曼、王丽，2010级硕士王珊珊、高雅慧、郭步超、范新、张译文、陈澎、方翔、徐昕、张婧、张璞，以及2011级硕士汪灿宇、姚凯、刘永余、陈雷、郑子龙、廉永辉等同学。此外，张靖佳博士、王博博士和王伟博士在翻译、协调和审读等环节的帮助也保证了本书翻译工作的顺利进行。特别是我的助手文艺博士，参与全书的翻译、校对工作，译制了本书的图表，并承担了大部分组织工作，为此书的最后翻译出版做出了至关重要的贡献。借此机会向他们以及那些甘当无名英雄的人感谢。

要感谢财政部财政科学研究所的李全博士，是他积极向出版社推荐翻译此书。要感谢

译后记

我的同事范小云教授,她对全书翻译给予了诸多帮助。此外,我们还需要感谢经济科学出版社金梅编辑与齐伟娜、赵蕾编辑,本书翻译工作的顺利完成离不开她们长期以来的支持与理解,各位编辑的细致编校与修改建议也为本书的中文版增色不少。同时,我们也对王秀琴女士出色的排版工作表示感谢。

最后,特别要感谢金梅编辑对此书翻译出版的大力支持。记得当时向金梅编辑推荐此书原版时,她慧眼识书,积极联系版权,安排出版。我在组织翻译此书的时候,正值家父病重,身心俱疲,金编辑在对此书翻译出版给予鼎力支持的同时,亦对我时常开导鼓励,使我得到莫大的慰藉。译者在敬佩金编辑的职业素养和品德的同时,衷心地道一声:谢谢金梅大姐,好人一生平安!

刘澜飚
2013 年 5 月 18 日于南开园

图字：01－2011－1022

All Rights Reserved. This translation published under license. Authorized translation from the English language edition, entitled The Handbook of Commodity Investing, ISBN 978－0－470－11764－4, by Frank J. Fabozzi, Roland Roland Füss, Dieter G. Kaiser, published by John Wiley & Sons. No part of this book may be reproduced in any form without the written permission of the original copyrights holder.

Copyright © 2008 by John Wiley & Sons, Inc. All rights reserved.
Published by John Wiley & Sons, Inc., Hoboken, New Jersey.
Published simultaneously in Canada.

© 2013 中国大陆地区中文简体专有出版权属经济科学出版社
版权所有　翻印必究

图书在版编目（CIP）数据

商品投资手册／（美）法博齐（Fabozzi，F. J.）著；
刘澜飚等译．—北京：经济科学出版社，2013.9
　ISBN 978 - 7 - 5141 - 3706 - 4

Ⅰ．①商…　Ⅱ．①法…②刘…　Ⅲ．①商品－投资－
手册　Ⅳ．①F830.59 - 62

中国版本图书馆 CIP 数据核字（2013）第 194214 号

责任编辑：齐伟娜　金　梅　赵　蕾
责任校对：郑淑艳　刘欣欣　王凡娥
版式设计：代小卫
责任印制：李　鹏

商品投资手册

［美］弗兰克·J·法博齐（Frank J. Fabozzi）
罗兰·福斯（Roland Füss）
迪特尔·G·凯瑟（Dieter G. Kaiser）
刘澜飚　文　艺　等译
经济科学出版社出版、发行　新华书店经销
社址：北京市海淀区阜成路甲 28 号　邮编：100142
总编部电话：88191217　发行部电话：88191540
经济理论编辑中心电话：88191435　88191450
电子邮件：jjll1435@126.com
网址：www.esp.com.cn
天猫网店：经济科学出版社旗舰店
网址：http://jjkxcbs.tmall.com
北京季蜂印刷有限公司印装
787×1092　16 开　50.75 印张　1240000 字
2013 年 12 月第 1 版　2013 年 12 月第 1 次印刷
ISBN 978 - 7 - 5141 - 3706 - 4　定价：218.00 元
（图书出现印装问题，本社负责调换。电话：88191502）
（版权所有　翻印必究）